समकालीन मानवशास्त्र

समकालीन मानवशास्त्र

(Contemporary Anthropology)

एस.एल. दोषी

रावत पब्लिकेशन्स

जयपुर • नई दिल्ली • बैंगलोर • गुवाहाटी • कोलकाता

ISBN 978-81-316-0269-0 (HB)
ISBN 978-81-316-0270-6 (PB)

Reprinted, 2016

Published by
Prem Rawat for **Rawat Publications**
Satyam Apts., Sector 3, Jawahar Nagar, Jaipur 302 004 (India)
Phone: 0141 265 1748 / 7006 Fax: 0141 265 1748
E-mail: info@rawatbooks.com
Website: www.rawatbooks.com

New Delhi Office
4858/24, Ansari Road, Daryaganj, New Delhi 110 002
Phone: 011-23263290

Also at *Bangalore, Mumbai, Guwahati* and *Kolkata*

Printed at Nice Printing Press, New Delhi

समर्पण

श्रीमती मोहिनी दोषी, तुषार और पंकज

विषय-सूची

(Contents)

प्राक्कथन

(Preface)

भारत में मानवशास्त्र एक दुविधा की स्थिति से गुजर रहा है। लगता है, इसका भविष्य खतरे में है। इसकी विषय सामग्री जिसे यह परम्परा से खंगालता आ रहा है, किसी गीले साबुन की तरह उसके हाथ से फिसल रही है। मानवशास्त्र ने प्रजातियों, जातियों, गाँवों और आदिवासियों का सिलसिले से अध्ययन किया है। इस तरह का कथन ऐतिहासिक है। आज इसकी सम्पूर्ण विषय सामग्री उलट–पुलट हो गई है। इस परिवर्तन का हाल के मानवशास्त्र ने कोई विधिवत अंकेक्षण नहीं किया है। गाँव, जाति और आदिवासी समुदाय के साथ हमारा जो रोमानी वास्ता था, अब नहीं रहा है। ये हमारी जमीनी असलियत है और मानवशास्त्र को इससे जूझना पड़ेगा।

आज की स्थिति में सब कुछ सार्वभौमिक है—ग्लोबल है। सूक्ष्म अध्ययनों को अब ग्लोबल संदर्श देना होगा। प्रत्येक गाँव और इसी अर्थ में प्रत्येक जाति को विश्व के संदर्श में समझना पड़ेगा। ये कुछ विडम्बनाएँ मानवशास्त्र की हैं। इसमें जो कुछ अनुसंधान सामग्री हमारे समाज विज्ञान के भंडार में है, न्यूनतम है। मानवशास्त्र को अन्य समाज विज्ञानों और विशेषकर समाजशास्त्र के साथ जोड़ कर देखना चाहिए। समाजशास्त्र की समझ मानवशास्त्र के बिना अधूरी है और मानवशास्त्र का उपागम समाजशास्त्र के बिना रीता है। कम से कम भारत में तो ये दोनों विज्ञान चोली–दामन की तरह जुड़े हुए हैं। आज मानवशास्त्र की हिन्दी में लिखी पुस्तकों का जो अभाव है, प्रस्तुत पुस्तक इसे पूरा करने का प्रयास है।

मैंने अपने जीवनकाल में मानवशास्त्र में काम किया है, अध्यापन किया है, अनुसंधान किया है और मध्यप्रदेश, गुजरात तथा दक्षिण राजस्थान के आदिवासियों से आनुभविक अनुसंधान के माध्यम से रु–ब–रु हुआ हूँ। यह पुस्तक मेरे अनुभव का लेखा–जोखा भी है। मैं गाँवों और आदिवासियों के प्रति कतई रोमानी नहीं हूँ। वास्तविकता को जैसे मैंने समझा है, रख दिया है।

कोई भी पुस्तक किसी अकेले लेखक की कृति नहीं होती। इसमें कई जोड़–तोड़ होते हैं। प्रस्तुत पुस्तक मेरे कई मित्रों के प्रोत्साहन का परिणाम है। रावत पब्लिकेशन्स के कैलाश भाई का सहयोग अनन्य रहा है। इसी प्रकार के.एल. शर्मा की मुझ पर महती कृपा रही है। नरेश भार्गव मेरे निकट सहयोगी रहे हैं। एस.एल. शर्मा मेरे अनन्य सहयोगी रहे हैं। इन सबने मुझे पीठ थपथपा कर उत्साहित किया है। मधु नागला, बी.के. नागला, प्रकाश जैन, विजय पारीख, भगवतीलाल दोषी और मदनलाल शाह ने मेरे उत्साह को बराबर बनाए रखा।

परिवार में, मेरी लड़की संध्या शाह और ज्योति शाह ने मुझसे दूर शहरों में रहते हुए भी मेरे मनोबल को बनाए रखा। इधर मेरी पोतियों—पुरबी, परिधी, बौनी और नन्नी ने मेरी छोटी–छोटी आवश्यकताओं की पूर्ति बड़ी तत्परता से की है। ये सब मेरे आशीर्वाद के पात्र हैं।

एस.एल. दोषी

1

मानवशास्त्र का पूर्वावलोकन

(Orientation of Anthropology)

समाज विज्ञानों में, मानवशास्त्र आज संकट के दौर से गुजर रहा है। इवान्स–प्रिचार्ड ने जिन अजान्डे और नूएर आदिवासियों का अध्ययन किया, फोर्ट्स ने तेलेन्सा का, ग्लूकमेन ने बेरोस्ट का और मेलिनोस्की ने ट्रोब्रिमण्ड द्वीपों के क्षेत्रों का, वे सब लोग आज बदल गए हैं। उनमें न जादू–टोना रहा और न धर्मकाण्डों का बखेड़ा है। वे आज आधुनिक हैं और उत्तर–आधुनिकता उनके द्वार को खटखटा रही है। जब आदिवासी आदिवासी नहीं रहे तब मानवशास्त्र किन समूहों का अध्ययन करेगा।

भारत में मानवशास्त्र की स्थिति अफ्रीका से जुदा नहीं है। यहां भी मुण्डा, गौड, भील और चौधरा तेज गति से बदल रहे हैं। यहां भी मानवशास्त्रियों के सामने प्रश्न है कि वे अब किन समूहों का अध्ययन करेंगे। यही कारण है कि विगत कई वर्षों में मानवशास्त्र में कोई महत्वपूर्ण प्रकाशन हमारे सामने नहीं आया। ऐसा लगता है कि इस समाज विज्ञान की सांस अब फूल गई है।

हालांकि मानवशास्त्र के सामने ऐसी कोई भयावह स्थिति नहीं है। विदेशों में मानवशास्त्र बुलंदियों को छू रहा है। अब इसके संदर्श (Prospective) बदल रहे हैं। देखा जाए तो यूरोप और अमेरिका में मानवशास्त्र तीन मुद्दों या कहें थीम्स (Themes) पर अपना ध्यान केन्द्रित कर रहा है। पहला, वह यह देखना चाहता है कि दुनियाभर के समाजों और सांस्कृतिक प्रतिमानों में कौनसी विभिन्नताएं हैं। दूसरा, वे कौनसी संस्थाएं हैं जो इन विभिन्नताओं के होने पर भी इन समाजों को बुनियादी रूप से एक जैसा बनाती हैं। हम कहते हैं कि भारतीय समाज अमेरिका के समाज से जुदा है। उस समाज के परिवार, वर्ग, धर्म आदि से जुड़े मूल्य हमारे यहां से अलग हैं। वे व्यावहारिक (Pragmatic) हैं, जो कुछ करते हैं, उसके परिणाम को देखते हैं। हमारा समाज आदर्शोन्मुखी है। इसके नैतिक मूल्यों में बहुलता है। मानवशास्त्र, इस भांति समाज की विभिन्नता (Diversity) को देखता है, दूसरी इस भिन्नता में निहित जो सार्वभौमिक समानता है, उसे भी समझने का प्रयास करता है।

मानवशास्त्र का एक और तीसरा संदर्श संश्लेषण (Synthesis) और अनुपूरक (Complementary) है। इसके विकास के प्रारंभिक दौर में यह समझा जाता था कि इसकी अध्ययन विधि वैज्ञानिक है। समाजशास्त्री अपने अध्ययन काल की अवधि में आदिवासियों और गांवों में स्वयं निवास करता था। सहभागी अवलोकन उसकी विधि थी। मेलिनोस्की ट्रोब्रिमण्ड वासियों में रहता था। यही काम हमारे यहां के मानवशास्त्री एम.एन. श्रीनिवास ने किया था। उनका तो कहना था कि एक मानवशास्त्री को कई महीनों तक गांवों में रहना चाहिए। मानवशास्त्रियों की इस अध्ययन विधि में बाद में चलकर अंतर आया। अब उनकी समझ में आने लगा कि अकेली वैज्ञानिक विधि अधूरी है। इसकी पूरक विधि मानवीय है। मानवीय (Human) विधि के बिना केवल वैज्ञानिक विधि अपूर्ण है। दोनों से संश्लेषण के रूप में काम करना चाहिए।

इस पुस्तक में हमने मानवशास्त्र को आज की दुनिया और भारत के विकास के संदर्भ में रखा है। यहां हम स्पष्ट करना चाहते हैं कि आज का मानवशास्त्र कोई पचास वर्ष पहले के मानवशास्त्र से एकदम भिन्न है। पहले भारत में जो मानवशास्त्र था, वह वस्तुतः जातीय (Ethnography) अध्ययन था। इसे हम तकनीकी शब्दों में, सजातीय शास्त्र भी कह सकते हैं। इस बात से सभी सहमत हैं कि भारत में मानवशास्त्र पर जो कुछ भी लिखा गया है, वह आदिम जातियों की सामाजिक संरचना, उनके धर्म, निवास, बंधुत्व और रीति–रिवाजों पर आधारित है। स्पष्ट शब्दों में, मानवशास्त्र ने आदिवासियों और ग्रामीण सामाजिक संरचनाओं की परंपराओं पर लिखा है।

मानवशास्त्र की विषय सामग्री पर जो पुस्तकें आज अंतर्राष्ट्रीय स्तर पर आ रही हैं, उनके संदर्श और थीम एकदम जुदा हैं। पहले और दूसरे विश्व युद्ध के बीच में यह समझ में आने लगा कि किसी भी समाज विज्ञान का उद्देश्य समाज को तरक्की की ओर मोड़ना है। तरक्की नहीं तो कुछ भी नहीं। वैश्वीकरण ने आज़ कई चुनौतियां हमारे सामने रखी हैं। हमें स्पष्ट होने लगा है कि संसार के विभिन्न समाजों में कई अंतर हैं—कहीं वर्ग सामाजिक स्तरीकरण को बनाते हैं तो कहीं जाति और वर्ग, शहर और गांव समाज को बांटते हैं। मानवशास्त्र का बहुत बड़ा उद्देश्य इन विभिन्नताओं और समानताओं का विश्लेषण करना है। दूसरे शब्दों में, समाजशास्त्र को समानता में विभिन्नता को देखना है और विभिन्नता में समानता को। आज के बढ़ते वैश्वीकरण ने समानता और विभिन्नता के संदर्श को नई धार दी है।

हाल में संयुक्त राष्ट्र संघ ने यूनेस्को (UNESCO) के माध्यम से यह जानने का प्रयास किया है कि आज की दुनिया सांस्कृतिक और सामाजिक दृष्टि से कितनी समान है और कितनी भिन्न। इसके लिए इस संगठन ने एक पुस्तक प्रायोजित की है। इस पुस्तक के संपादक प्रख्यात मानवशास्त्री माइकल हर्जफील्ड (Michael Herzfeld) हैं। इस पुस्तक—*एन्थ्रोपोलॉजी* (*Anthropology,* Rawat, 2004) में हर्जफील्ड तथा उनके सहयोगी मानवशास्त्रियों ने सांस्कृतिक तथा वैज्ञानिक–मानवीय दृष्टिकोण से दुनिया के समाजों का तुलनात्मक अध्ययन किया है। इस अध्ययन ने संपूर्ण मानवशास्त्र की दिशा को ही बदल दिया है। वे क़हते हैं कि आम आदमी की सहज बुद्धि (Common Sense) ही मानवशास्त्र की परिभाषा है। उनका तर्क है कि विभिन्न

समाजों में आम आदमी से जो व्यवहार (Behaviour) होता है, वह किसी भी अर्थ में मनमाना नहीं होता। उसके पीछे कोई न कोई सिद्धांत अवश्य होता है। अतः मानवशास्त्र आम या सामान्य आदमी के व्यवहार में जो सहज बुद्धि होती है, इसे सिद्धांत रूप में प्रस्तुत करने का प्रयास करता है। यह संदर्श एकदम नया है।

एक जमाने में मानवशास्त्र को संपूर्ण मनुष्य जाति के तुलनात्मक अध्ययन का समाज विज्ञान कहा जाता था। अपने इस उद्देश्य की पूर्ति में मानवशास्त्र परंपरा से आदिवासियों का अध्ययन करता आ रहा है। भारत में तो इसे सामंतवाद और साम्राज्यवाद के साथ जोड़ा गया है। अंग्रेज यहां अपना साम्राज्य स्थापित करना चाहते थे। इसके लिए उन्हें यहां के समाज को गहराई से समझना आवश्यक था। इसी कारण अंग्रेज अफसरों ने मानवशास्त्री के रूप में यहां की जातियों, जनजातियों और गांवों का अध्ययन किया। हमारे यहीं से मानवशास्त्र की शुरुआत हुई।

संविधान बनने के बाद देश का हुलिया बदल गया। हमने तय किया कि जनजातियों और पिछड़े वर्गों को आगे बढ़ाने के लिए विशेष आर्थिक, राजनीतिक और विकास की विशेष सुविधाएं दी जाएंगी। विकास के ये सब अवसर हम कमजोर वर्गों को 1950 से देते आ रहे हैं। अब पहले वाले गांव नहीं रहे। राष्ट्र कवि मैथिलीशरण गुप्त या रवीन्द्रनाथ टैगोर गांव की जिस तस्वीर को उपस्थित करते थे, वह आज 'आधुनिक' (Modern) हो गई है। गांवों में कल–कारखाने चलने लगे हैं। बिजली आ गई है। आवागमन के साधन बदल गए हैं। ऐसे ही हालात आदिवासियों और आदिवासी गांवों के हो गए हैं।

जातियों, आदिम समाजों और गांवों की आज जो नई तस्वीर हमारे सामने है, वह पूरी तरह से बदली हुई है। इसका मतलब यह हुआ कि मानवशास्त्र की परंपरागत विषय–वस्तु आज इसके हाथ से निकल गई है। इस तरह का परिवर्तन हमारे देश में ही हुआ हो, ऐसा नहीं है। विदेशों में तो यह परिवर्तन और भी तेज गति से हुआ है। वहां समाजों का मिजाज तो कहां से कहां पहुंच गया है और इसके परिणामस्वरूप वहां के मानवशास्त्र की विषय–वस्तु, संदर्भ और संदर्श पूरी तरह से बदल गए हैं। वहां अब रूथ बेनिडिक्ट (Ruth Benedict) या क्रोबर (Kroeber) का मानवशास्त्र विगत की बात हो गई है। भारत के मानवशास्त्र को इस संपूर्ण संदर्भ में फिर से परिभाषित करना पड़ेगा। यदि समय रहते, इसकी दशा और दिशा को नहीं बदला गया तो इसका भविष्य ही समाप्त हो जाएगा। इसी एक चेतावनी से समझा जाना चाहिए कि कब तक हम पाठ्यक्रम में मानवशास्त्र की शोभा को स्थान देते रहेंगे। जब विषय सामग्री ही नहीं बदलती तो पाठ्यक्रम की उपयोगिता ही समाप्त हो जाएगी। दूसरे शब्दों, में जब मानवशास्त्र की विषय–वस्तु बदल जाएगी तो इसके पाठ्यक्रम भी बदल जाएंगे।

हाल तक जिस तरह का मानवशास्त्र या सामाजिक–सांस्कृतिक मानवशास्त्र दुनियाभर में विकसित हुआ है वह कई विसंगतियों से भरपूर है। आदिवासियों के अध्ययन के दौरान यह समझा गया कि ये आदिवासी एकदम पिछड़े हुए हैं, इनकी कोई संस्कृति नहीं, कोई कला नहीं, कोई साहित्य–संगीत नहीं, वे केवल शिकार करना जानते हैं, और खाना–पीना परिणति, मौज करना ही इनके जीवन की परिणति है। इन

मानवशास्त्रियों ने आधुनिकता को अपनी विचारधारा मानकर दूसरे समाजों का अध्ययन किया। दूसरी तरफ यह कहा गया कि मानवशास्त्र समाजों का अध्ययन बराबर वैज्ञानिक पद्धति से करता है। यह कौनसा विज्ञान है जो स्वयं को तो आधुनिक मानता है और दूसरों को एकदम असभ्य, और अनपढ़। मानवशास्त्रियों की इस विचारधारा ने उपनिवेशवादी देशों जैसे अफ्रीका, भारत और ऑस्ट्रेलिया को अपने शोषण का क्षेत्र बना दिया।

स्वतंत्रता से पहले का भारत, मानवशास्त्रियों की करतूत का शिकार था। ब्रिटिश मानवशास्त्रियों और उनसे जुड़े हुए भारतीय मानवशास्त्रियों ने यहाँ के समाज–धर्म, नातेदारी, परिवार, गांव और जाति का जो लेखा–जोखा ब्रिटिश शासन को दिया, इसका लाभ लेकर इन विदेशियों ने भारत में अपनी जड़ें मजबूत कर लीं। यही काम कमोबेश अफ्रीका में भी हुआ। इस युग में मानवशास्त्री वैज्ञानिक विधि को एक ओर रखकर शोषण के प्रणेता बन गए। अगर एक समाज विज्ञान की दृष्टि से मानवशास्त्र का कोई ईमानदार इतिहास लिखा जाए तो यह निष्कर्ष होगा कि इस विज्ञान का पिछला इतिहास काला युग (Black History) कहा जाएगा।

ऐसा सब समाज विज्ञान या मानवशास्त्र ने क्यों किया? इसके पीछे सैद्धांतिक पृष्ठभूमि है। मानवशास्त्र के ही नहीं संपूर्ण समाज विज्ञानों में उद्‌विकास (Evolution) की विचारधारा 18वीं और 19वीं शताब्दी में बहुत ताकतवर थी। उद्‌विकासवादियों का तर्क था कि जिस तरह मनुंष्य का विकास जीवाष्म (Sapims) ने आगे मनुष्य के स्तर पर बढ़ा है, वैसे ही विभिन्न समाजों का भी उद्‌विकास हुआ है। अपनी इस सैद्धांतिक विचारधारा के अंतर्गत मानवशास्त्रियों ने अपने आपको तो आधुनिक स्थापित कर दिया और दूसरों को आदिवासी या ग्रामीण यानी फूहड़ घोषित कर दिया। यह कहना अनुचित नहीं होगा कि 20वीं शताब्दी के अंत तक मानवशास्त्र ने पिछड़े समाजों के साथ डटकर जालसाजी की है। आज समय का तकाजा है कि मानवशास्त्र अपनी भूमिका को ईमानदारी से स्पष्ट करे, उसे परिभाषित करे।

यह कोई पुरानी बात नहीं। 21वीं शताब्दी के प्रारंभ में उद्‌विकासवादी सिद्धांत का अवसान प्रारंभ हो गया। इस नए दौर में मानवशास्त्रियों ने एक नई विचारधारा का सूत्रपात किया। उन्होंने दुनिया के समाजों को परंपरा (Tradition) और आधुनिक (Modern) की श्रेणी में बांट दिया। मानवशास्त्री अब समाजों को इन दो श्रेणियों में डालकर देखते हैं। इसका अर्थ यह निकला कि अमेरिका, ब्रिटेन और अन्य विदेशी समाज आधुनिक हैं और एशिया, अफ्रीका तथा अन्य विकासशील देश परंपरागत।

मानवशास्त्र में यह सब चल रहा है, लेकिन हाल में इस समाज विज्ञान में एक बड़ा क्रांतिकारी परिवर्तन आ रहा है। यह अब सामान्य मान्यता है कि किसी भी समाज को गहराई तक समझने के लिए आनुभविक पद्धति (Empirical) ही एकमात्र विश्वसनीय विधि है। मानवशास्त्री अब किसी भी अध्ययन को आनुभविकता की कसौटी पर ही कसते हैं। प्रारंभ में मानवशास्त्र के नाम पर जो अध्ययन किए गए, वे वस्तुतः एथ्रोग्राफिक्स (Ethrographics) अध्ययन ही थे। एथ्रोग्राफिक का मतलब जाति या नृजातीय अध्ययन से है और इस अध्ययन में फील्डवर्क (Fieldwork) यानी क्षेत्रीय

कार्य अध्ययन की मुख्य विधि है। मानवशास्त्री किसी भी अनुसंधान में क्षेत्रीय कार्य के लिए केन्द्रीय स्थान ग्रहण करता है। इसका अनुसंधानकर्ता किसी स्थान विशेष पर रहता है और स्थानीय समुदाय का आंखों देखा वर्णन करता है। इस तरह का अध्ययन पुस्तकालय के अध्ययन से जुदा होता है। यह मेज–कुर्सी पर बैठकर होने वाला अध्ययन नहीं। इसमें तो अध्ययनकर्ता आम लोगों के सहयोग से तथ्य सामग्री का संकलन करता है। यही वह क्षेत्र है जहां से वह मानव जाति के अध्ययन की सामग्री एकत्र करता है।

विदेशों में रहने वाले मानवशास्त्री जहां तक संभव हो, अपने देश को छोड़कर अन्य देशों में जाकर क्षेत्रीय कार्य करते हैं। अफ्रीका, भारत तथा ऑस्ट्रेलिया जैसे देशों के आदिवासियों का अध्ययन विदेशी मानवशास्त्रियों ने किया है। लेविस (Oscar Lewis, 1951) ने एक मोर्क्सकन गांव में रहकर इसके अध्ययन को क्षेत्रीय कार्यविधि से पूरा किया। इवान्स–प्रिचार्ड (Evans-Pritchard, 1940), ने नूएर (Nuer) जनजाति में रहकर क्षेत्रीय कार्य को किया है, फ्रांस और जर्मनी के मानवशास्त्रियों ने थोड़ी–थोड़ी अवधि में किसी विशेष क्षेत्र में रहकर आदिम जाति की संस्कृति को समझने का प्रयास किया है। कभी–कभी तो ये मानवशास्त्री प्रतिवर्ष अपने क्षेत्र का अध्ययन करने के लिए जाते रहे हैं। लीच (E.R. Leach, 1954) ने मान्यवाद में रहकर पहाड़ी क्षेत्र में रहने वाले आदिवासियों का अध्ययन किया है। क्षेत्रीय कार्य में अनुसंधानकर्ता लोगों को उनके स्थानीय परिप्रेक्ष्य में देखता है, उन्हें गांवों की मेड़ पर खड़ा रखकर बात करता है, चाय के ढाबे पर बैठकर साक्षात्कार लेता है। इससे उसे स्थानीय एथ्रोग्राफी का पर्याप्त ज्ञान हो जाता है। इस विवरण से यह स्पष्ट है कि आज मानवशास्त्र तथ्य सामग्री का संकलन आनुभविक विधि द्वारा क्षेत्र में लंबी या लघु अवधि तक रहकर करता है। ऐसा करने में वह सामान्य तथा अवलोकन विधि को काम में लेता है।

आज जिस तरह का मानवशास्त्र चल रहा है, इसमें तुलनात्मक विधि महत्वपूर्ण है। वास्तव में दूसरे विश्व युद्ध के बाद इस विधि का प्रचलन प्रारंभ हुआ। लोगों में यह जानने की आतुरता जगी कि दुनियाभर के लोगों में क्या समानता और क्या विभिन्नता है। मानवशास्त्र विभिन्नता जानने में अधिक रुचि रखता है। मानवशास्त्रियों का यह सशक्त तर्क है कि हम विभिन्नता जान कर हमारे समाज को अधिक गहराई से समझ सकते हैं। अगर इवान्स व नूएर जनजाति को समझ लेते हैं तो अपने समाज को अधिक अच्छाई समझा पाएंगे। मानवशास्त्रियों की एक और मान्यता है। वे कहते हैं कि प्रत्येक समाज दूसरे समाजों से भिन्न होता है। इस भिन्नता के होने पर भी कुछ ऐसी सामाजिक संस्थाएं हैं जो सभी में समान रूप से पाई जाती हैं। परिवार सभी समाजों में होते हैं। यौन संबंधों को नियंत्रित करने के लिए उनके लिए कोई न कोई विवाह व्यवस्था अवश्य होती है। यह तुलनात्मक विधि द्वारा ही है कि मानवशास्त्र एथनोग्राफिक मानचित्र को बनाता है।

भारत में जब मानवशास्त्र की शुरुआत हुई (1950 में) तब इसे पहली बार लखनऊ विश्वविद्यालय में चलाया गया। इसे अर्थशास्त्र के साथ जोड़ा गया। इसके प्रारंभिक प्रणेताओं में राधाकमल मुकर्जी, डी.पी. मुकर्जी और ए.के. सरन थे। इनके साथ में डी.एन. मजूमदार भी थे। मजूमदार कहा करते थे कि मानवशास्त्र एक

प्रयोगशाला विज्ञान (Laboratory Science) है। वस्तुतः यह क्षेत्रीय विज्ञान (Field Science) है।

भारत में क्षेत्रीय कार्य का महत्व पचास के दशक में आया। डी.एन. मजूमदार ने मानवशास्त्रीय अध्ययन को क्षेत्रीय कार्य के आधार पर किया। यह क्षेत्रीय कार्य सामान्यतया आदिवासियों में किया गया। उन्होंने छोटा नागपुर (झारखण्ड), मिर्जापुर (उत्तर प्रदेश), जान्सरबावर (उत्तरप्रदेश) और देश के अन्य भागों में स्वयं क्षेत्रीय कार्य किया। उन्होंने हौ (Ho), थारू (Tharu) और खासा (Khasa) आदिवासियों को अपने अध्ययन का विषय चुना।

मानवशास्त्रियों में एम.एन. श्रीनिवास का नाम अग्रणी है। वे क्षेत्रीय अध्ययन के प्रणेता थे। उनके इस अध्ययन की विधि सहभागी अवलोकन थी। उनका कार्य कूर्ग (Coorg) कर्नाटक रामपुरा गांव तक सीमित था। सन् 1976 में उन्होंने रामपुरा गांव को फिर याद किया। हुआ यह कि रामपुरा गांव के बाद जो क्षेत्रीय सामग्री उन्होंने एकत्र की थी, उसे लेकर वे अमेरिका गए। विश्वविद्यालय के जिस कमरे में यह सामग्री पड़ी हुई थी, उसमें आग लग गई। रामपुरा की संपूर्ण तथ्य सामग्री स्वाहा हो गई। श्रीनिवास ने जो कुछ उन्हें याद था, उसे लिख दिया। उनकी यह पुस्तक–याद किया गया गांव–*दि रिमेम्बर्ड विलेज* (*The Remembered Village*, 1976) प्रकाशित हुई। क्षेत्रीय कार्य का यह बहुत अच्छा दृष्टांत है। श्रीनिवास का सुझाव था कि क्षेत्रीय कार्य के लिए एक अनुसंधानकर्ता को किसी गांव में एक या डेढ़ वर्ष तक रहना चाहिए।

कई भारतीय और विदेशी मानवशास्त्री हैं जिन्होंने अपने अध्ययन में तर्क सहभागी अवलोकन को ही स्वीकार किया। इन मानवशास्त्रियों में ए. अय्यपन (A. Aiyappan), एन.के. बोस (N.K. Bose), लुई ड्यूमो (Louis Dumont), इरावती कर्वे (Irawati Karve), एस.एफ. नेडल (S.F. Nadel) आदि मुख्य हैं।

हमारे देश में क्षेत्रीय कार्य स्थानीय प्रदेशों और राज्यों में ही होने की परंपरा है। आर्थिक खस्ताहाली के कारण हम अफ्रीका, ऑस्ट्रेलिया आदि देशों में नहीं जा सकते। सामान्यतया मानवशास्त्र आदिवासियों का अध्ययन करते हैं। इनकी संस्कृति कस्बाई और शहरी संस्कृति से भिन्न होती है। आदिवासियों के अतिरिक्त मानवशास्त्रियों ने हमारे यहां ग्रामीण इलाकों का अध्ययन भी बहुतायत से किया है। श्रीनिवास का रामपुरा, मजूमदार का महुआ, घुर्ये का लोनीकण्ड, आन्द्रेबैतई का शिवपुरम्, एस.सी. दुबे का शमरपेट इसी शृंखला के अध्ययन हैं। यह कहना गलत नहीं होगा कि 1955 से 1965 की अवधि में भारत में ग्रामीण अध्ययनों की बाढ़ सी आ गई। इन अध्ययनों के विश्लेषण को मैकिम मेरियट ने *विलेज इंडिया* (*Village India*) और एम.एन. श्रीनिवास ने *इंडियाज विलेजेज* (*India's Villages*) में संपादित किया है। ये ग्रामीण अध्ययन मानवशास्त्रीय दृष्टिकोण से गांवों की मूलभूत समस्याओं को अवधारणात्मक और सैद्धांतिक रूप से प्रस्तुत करते हैं।

इधर हाल में के.एस. सिंह (K.S. Singh) ने *पिपल ऑफ इंडिया प्रोजेक्ट* (*People of India Project*) के अगणित खण्डों में भारतीय मानवजाति (Ethnography) को वृहद् विवरण में रखा है। के.एस. सिंह का बहुत बड़ा योगदान यह

है कि उन्होंने भारत की विभिन्नताओं का लेखा–जोखा प्रस्तुत करते हुए इसका विश्लेषण किया है। यह विभिन्नता किस भांति देश को एक संबद्धता (Linkage) में बांधती है, इसका वर्णन किया है।

भारत में मानवशास्त्र का उद्‌गम ब्रिटिश काल में हुआ। यह अंग्रेजों की प्रशासनिक आवश्यकता थी जिसने मानवजाति अध्ययन को प्रोत्साहित किया। वे इस देश पर अपना कब्जा करना चाहते थे। ऐसा करने के लिए उन्हें भारतीय समाज को पूरी तरह से समझना आवश्यक था। जब तक उन्हें यहां के रीति–रिवाजों की जानकारी नहीं होती, वे अपने शासन को ठीक तरह से चला नहीं सकते थे। प्रारंभ में उन्होंने कई गलतियां कीं और इसके परिणामस्वरूप उन्हें कई आंदोलनों और खिलाफतों का मुकाबला करना पड़ा। वे निढ़ाल हो गए और तब उन्होंने भारतीय मानवजाति के अध्ययन को प्रारंभ किया। यहां मानवजाति अध्ययन बाद में चलकर मानवशास्त्र के नाम से जाना जाने लगा। इस अध्ययन के अंतर्गत जाति, गांव, धर्म, संस्कार, रीति–रिवाज आदि का अध्ययन व्यवस्थित और सिलसिले से प्रारंभ हुआ। इस प्रारंभ को आज के मानवशास्त्र को समझने के लिए जानना बहुत रुचिकर होगा।

सबसे बड़ा सवाल है—अंग्रेजों को मानवजाति अध्ययन की आवश्यकता क्यों पड़ी? यह समय 19वीं शताब्दी का अंतिम भाग था। अंग्रेजों के लिए भूमिकर यानी राजस्व भारत में जमे रहने के लिए बहुत आवश्यक था। जब तक सरकारी खजाने में पर्याप्त धन नहीं हो, कंपनी अपने आपको सुदृढ़ नहीं बना सकती थी। मतलब हुआ, किसानों में अंग्रेजी शासन के लिए सद्‌भावना होनी चाहिए थी। लेकिन 1857 के इर्द–गिर्द देश में किसानों ने जो असंतोष विभिन्न आंदोलनों द्वारा व्यक्त किया, वह खतरे की घंटी के अतिरिक्त और कुछ नहीं था। डलहौजी ने अपनी नीति द्वारा किसान असंतोष को आग में घी डालने का काम किया। उसने 1856 में अवध को अपने साम्राज्य में मिला लिया। किसान भड़क उठे। अब ब्रिटिश सरकार ने अपने साम्राज्य के लोगों को दो भागों में बांट दिया। एक वे लोग थे, जो सरकार के वफादार थे और दूसरे वे जो खिलाफत में आंदोलन करने को तैयार थे। 19वीं शताब्दी में अंग्रेजी कंपनी एक ओर तो वृहद् किसान आंदोलन और असंतोष से घिरी थी और दूसरी ओर उसकी आर्थिक स्थिति दिन–प्रतिदिन खस्ता हो रही थी।

इसी अवधि में एक और घटना हो गई। यह घटना 1857 की क्रांति या विद्रोह की थी। अंग्रेजी इतिहासकारों ने इसे गदर (Mutiny) का नाम दिया। वस्तुस्थिति यह है कि अंग्रेजों ने अपनी एक फौज फ्रांस–इंडियन आर्मी (France-Indian Army) के नाम से कोलकाता में खड़ी कर दी थी। इस फौज का काम कानून और व्यवस्था को बनाए रखना था। इसके लगभग सभी सिपाही या तो ब्राह्मण थे या मुसलमान।

ऐतिहासिक संदर्भ में हम यह देख रहे हैं कि वे कौनसी परिस्थितियां थीं, जिन्होंने मानवजाति अध्ययन प्रारंभ करने के लिए अंग्रेजों को प्रेरित किया। 1857 में इंडियन आर्मी ने एक और बगावत को खड़ा कर दिया। किसान असंतोष के बाद यह दूसरी मुसीबत खड़ी हो गई। हिन्दू सिपाहियों में यह बात फैल गई कि उन्हें जो कारतूस दिए जाते हैं, उनकी चर्बी गाय के मांस की है और उन्हें इसे अपने मुंह से खोलना पड़ता है।

यह कार्य अपवित्र है। इधर मुसलमान सिपाहियों में कहा गया कि उनके कारतूस में सूअर की चर्बी है। यह उनके लिए धर्म विरोधी था। 1857 की क्रांति के कई पहलू हैं। इसे राजनीतिक कहा जाता है। अंग्रेजों ने तत्कालीन राजाओं, नवाबों के राज्यों को ले लिया। कानपुर से नाना, झांसी में लक्ष्मीबाई आदि ने बगावत का झण्डा अपने हाथों में लिया और अब किसान असंतोष के साथ सिपाही और राजा–महाराजा का असंतोष बढ़ गया। अंग्रेजी उपनिवेशवाद की नींव डगमगाने लगी। यह सब क्यों हुआ? लक्ष्मीबाई की जंग लगी तलवार आखिर क्यों चमकने लगी? इंडियन आर्मी के हिन्दू और मुसलमान चर्बी को लेकर क्यों भड़कने लगे? बहुत स्पष्ट है कि अंग्रेजों को भारतीय संस्कृति, समाज, तिथि–त्यौहार और धर्म का ज्ञान नहीं था। अगर वे यह सब जानते तो उन्हें बगावत या क्रांति के स्वर को सुनना नहीं पड़ता। अब वे क्या करते?

अंग्रेजों ने मानवजाति अध्ययन का सहारा लिया और यह मानवशास्त्र का उद्‌गम था। इसी अवसर पर यह विवाद उठा कि अंग्रेजों को इस देश में स्थापित होने के लिए यहां के समाज को किस भांति समझना चाहिए। अंग्रेज मिशनरी जो यहां गांवों और आदिम क्षेत्रों में काम करती थी, उनका अनुभव यह था कि उनके काम में सबसे बड़ा रोड़ा जाति व्यवस्था थी। यदि यह समाप्त हो जाए तो वे यहां सशक्त रूप से काम कर सकते हैं। कर्नल वीलेर (Wheler) जो फौज में एक आला अफसर थे, उन्होंने कहा कि फौज की कार्य प्रणाली में बहुत बड़ी रुकावट जाति से पैदा होती है।

सर सैयद अहमद खां (Sir Sayyad Ahmed Khan) ने 1857 में विप्लव के कुछ महीनों बाद टिप्पणी करते हुए लिखा कि अंग्रेजी हुकूमत को अगर भारतीय जीवन पद्धति का, खान–पान, पसंदगी–नापसंदगी का सही ज्ञान होता तो सिपाहियों में असंतोष नहीं पैदा होता। अहमद खां का यह निश्चित विचार था कि भारत में स्थायी रूप से जमने के लिए यहां के धर्मों और जातियों को पर्याप्त रूप से महत्त्व देना आवश्यक है। इसी विचारधारा से प्रेरित होकर उन्होंने अलीगढ़ में 1875 को मोमेडन एंग्लो ओरियंटल कॉलेज की स्थापना की।

1857 के विप्लव की कई व्याख्याएं हुई। विभिन्न विचारधाराएं आईं। विभिन्नता के होते हुए भी यह सभी में आम सहमति थी कि भारतीय समाज की केन्द्रीय विचारधारा जाति व्यवस्थाएं थीं। 1857 में जो विप्लव हुआ उसकी गहराई में जाति ही थी। सूअर या गाय चर्बी का मसला वस्तुतः पवित्र और अपवित्र का मसला था। इसे अंग्रेजों की हुकूमत नहीं समझ पाई।

इसी अवधि में अलेक्जेंडर डफ (Alexandar Duff) जो मिशनरी शिक्षा के भारत में मुख्य सिद्धांतवेत्ता थे, 1857 के विप्लव से जुड़ी हुई, दो पुस्तकें लिखीं। इन पुस्तकों में उन्होंने वो बुनियादी प्रश्नों को उठाया—जाति किसे कहते हैं? एक ईसाई सरकार को जाति के मसले को कैसे हल करना चाहिए? उन्होंने दृढ़ता से कहा कि जाति की धार्मिक व्यवस्था है। पर वे यह भी कहते हैं कि जाति एक नागरिक संस्था भी है। वे अपने निष्कर्ष में कहते हैं कि एक मिशनरी संस्था को जाति से कोई सरोकार नहीं रखना चाहिए। सरकार के लिए, जाति का अस्तित्व बेमतलब है।

जाति को लेकर ब्रिटिशकाल में जो विवाद था, उसके दो पहलू थे। कुछ विचारकों का मत था कि जाति का जुड़ाव धर्म से है, और इसलिए उपनिवेशवाद को इसमें हस्तक्षेप नहीं करना चाहिए। अन्य विचारकों का कहना था कि जाति एक सामाजिक संरचना है और इसलिए इस व्यवस्था में राज्य को सुधार करने में कोई आनाकानी नहीं करनी चाहिए। मेक्स मूलर (Max Muller) जो एक जर्मन दार्शनिक, और संस्कृत भाषा के प्रकाण्ड विद्वान थे, उनका कहना था कि जाति का जो अर्थ भारतीय समाज लेता है, वह वेदों के अनुकूल नहीं है। उनकी सलाह थी कि ब्रिटिश राज्य को जाति का अर्थ एक सामाजिक संरचना के रूप में लेना चाहिए। इसके धार्मिक अर्थ को आम लोगों पर छोड़ देना चाहिए।

विक्टोरिया ने लंदन में घोषणा करते हुए कहा कि भारत में ब्रिटिश राज को कोई ऐसा काम नहीं करना चाहिए जो लोगों की परंपरा, आचार–विचार और मान्यताओं के विपरीत हो। 19वीं शताब्दी के अंत में पहुंचकर भारतीय मानवजाति अध्ययन को एक पुस्तक में स्थान मिला। यह समझा जाने लगा कि यहां के लोग अत्यधिक पिछड़े हैं, उनमें अंधविश्वास है और उन्हें अधिक से अधिक नए विचारों से रूबरू कराना चाहिए।

20वीं शताब्दी के प्रारंभ में, हरबर्ट होप रिजले (Herbert Hope Risley) जब भारतीय सिविल सर्विसेज में आए तब इस विचार पर गहराई से सोचा जाने लगा। अब अंग्रेजी प्रशासन को इस तथ्य पर विश्वास हो गया कि देश में उनके खिलाफ जो विप्लव, गदर और किसान असंतोष था, इसका कारण यह था कि उन्होंने भारतीय जीवन को पूरी तरह से समझा नहीं था। स्थानीय लोगों को लगा कि अंग्रेज पाश्चात्य संस्कृति को, अपनी सभ्यता को, हमारे ऊपर थोप रहे हैं। इस मसले को रिजले ने तत्परता से उठाया और उन्हीं के प्रयासों से भारतीय मानवजाति सर्वेक्षण (Ethnological Survey of India) का सूत्रपात हुआ।

अब हमें थोड़े विस्तार के साथ रिजले के मानवजाति अध्ययन के बारे में जो विचार थे, उन्हें देखना चाहिए। इस विवरण से हमें मानवशास्त्र के विकास का ऐतिहासिक संदर्भ ज्ञात हो जाएगा। रिजले भारत में 1873 में सिविल सर्विसेज में अंग्रेज अफसर बनकर आए थे। इसमें उन्हें लोगों के रीति–रिवाजों और त्यौहारों से जुड़े तथ्यों को एकत्र करना था। 1891 में रिजले ने अपने सांस्कृतिक तथ्यों को *कास्ट्स एण्ड ट्राइब्स ऑफ बंगाल* (*Castes and Tribes of Bengal,* 1891) पुस्तक रूप में रखा। इन तथ्यों को प्राप्त करने के लिए उन्होंने ब्राह्मण और उच्च जातियों के कथन पर भरोसा किया। रिजले ने जहां तक संभव था मनु धर्म सूत्रों से अपने आपको अलग रखा। जाति पर उनकी जो भी समझ थी, उसका आधार ब्राह्मणों की मान्यताएँ हैं। यह ब्राह्मणों ने ही उन्हें बताया कि वे किसके हाथ से पानी पीते हैं और किसके हाथ से बने खाने को खाते हैं।

रिजले की यह दृढ़ मान्यता थी कि जाति चाहे धार्मिक हो या सामाजिक संरचना, जनजीवन के प्रत्येक क्षेत्र में इसका हस्तक्षेप था। प्रशासन के हरेक संगठन में जमीन–जायदाद, अपराध, अकाल सभी में जाति का प्रभाव देखने को मिलता था। इधर जाति एक ब्राह्मणीय संस्कृति के हिसाब से संपूर्ण भारतीय स्तरीकरण को प्रभावित

करती है। इस दृष्टि से ब्रिटिश प्रशासन को अपनी जड़ें जमाने के लिए भारतीय जाति व्यवस्था, संस्कारों और रिवाजों को समझना चाहिए। रिजले के पास बंगाल की जातियों और जनजातियों की पूरी आनुभविक सामग्री थी। उनके हिसाब से यह तथ्य सामग्री पुख्ता थी। इसके आधार पर ब्रिटिश राज ने भारत में 1901 में मानवजाति (Ethnography) अध्ययन कक्ष की स्थापना की। रिजले इस कार्य के लिए एक उपयुक्त व्यक्ति थे। उन्हें कहा गया कि वे 1901 की जनगणना के साथ मानवजाति से जुड़े तथ्य को भी संकलित करें। मानवजाति अध्ययन से ब्रिटिश राज का क्या मतलब था, इसका स्पष्टीकरण भी रिजले को दिया गया। उन्हें कहा गया कि वे ब्रिटिश राज में रहने वाली मुख्य जातियों, उनकी परंपराओं, रीति–रिवाजों और संस्कारों का विस्तृत ब्यौरा प्रस्तुत करें। इस ब्यौरे में जनजातियों और प्रजातियों का उल्लेख करना आवश्यक था। यही मानवजाति अध्ययन का विषय क्षेत्र था। इसका मतलब यह हुआ कि जाति, जनजाति, प्रजाति आदि के बारे में रिजले के जो विचार थे, उन पर ब्रिटिश राज ने अपनी मोहर लगा दी। इस मोहर ने सरकार के सामने भारतीय समाज की पूरी पुस्तक खोल दी। अब ब्रिटिश राज को लगा कि उसका प्रशासन पहले से अधिक सशक्त हो गया है।

मानवजाति अध्ययन जिसे रिजले ने प्रारंभ किया था, वस्तुतः एक प्रकार की जनगणना ही थी। रिजले ने इन दोनों को पृथक नहीं किया था। बाद में चलकर मानवजाति अध्ययन ने मानवशास्त्र का रूप ग्रहण कर लिया। अब मानवशास्त्र का विकास केवल विवरण के रूप में न होकर विज्ञान के रूप में आ गया। देखा जाए तो मानवशास्त्री अब भारतीय जातियों, जनजातियों, गांवों और संस्कृति के अध्ययन में लग गए। एक स्थान पर रिजले ने यह भी कहा कि यह उनके आग्रह पर ही था कि ब्रिटिश राज ने मानवशास्त्र को एक वैज्ञानिक विधा के रूप में स्वीकार किया। कौनसी जाति किस जाति से ऊंची या नीची है, इसका निर्णय उन्होंने आम लोगों की मान्यता पर किया। यदि जाति व्यवस्था में ब्राह्मण सबसे ऊपर हैं और चांडाल सबसे नीचे।

जाति के विवाद को रिजले ने और आगे बढ़ाया। जो कुछ उन्होंने पूर्व में कहा उसका सरोकार आज के गणतंत्र से भी है। वास्तव में ई. 1908 में रिजले ने 1901 की जनगणना के आधार पर *पिपल ऑफ इंडिया* (*People of India,* 1908) लिखी। इसी अवधि में यानी 1905 में बंगाल के बंटवारे की बात उठी। तब रिजले ने दृढ़ता के साथ कहा कि यह जाति व्यवस्था ही है जो संपूर्ण भारत को बांधे रखती है, लेकिन उन्होंने एक सबसे महत्वपूर्ण बात यह कही कि एक राष्ट्र के रूप में भारत जातियों के अस्तित्व को बनाए रखकर अपना निर्माण नहीं कर सकता। जाति और राष्ट्र एक साथ नहीं चल सकते। इस संबंध में रिजले का कहना था कि यदि राष्ट्र का निर्माण करना है तो हमें जाति को मारना ही पड़ेगा। वे कहते हैं कि यदि जाति की भावना बनी रहती है, तब राष्ट्र की संबद्धता और एकता कैसे रह सकती है।

रिजले ने अपनी पुस्तक *'पिपल ऑफ इंडिया'* में कहा है कि भारत एक विभिन्न मानवजाति अध्ययन का भंडार है। यहां सैकड़ों जातियां हैं और यह देश अनिवार्य रूप से एक अराजनैतिक (Non-Political Society) समाज है। इस समाज में सबसे बड़ी

रुकावट जाति व्यवस्था है। इसके रहते हुए यहां कभी भी राष्ट्रीय चेतना की भावना लोगों में नहीं आ सकती। रिजले ने निश्चित शब्दों में कहा है कि भारतीय समाज में ब्राह्मणों के जो विशेष अधिकार हैं उन्हें एकबारगी समाप्त कर देना चाहिए। रिजले ने मानवशास्त्र के नाम से जिन निष्कर्षों को दिया, वे राष्ट्र निर्माण के विरोधी नहीं थे। इन विचारों ने संपूर्ण देश को सांप्रदायिकता के खतरे से जागरूक रहने का आह्वान किया।

ब्रिटिशकाल में मानवशास्त्र का जो विकास हुआ, वह अनिवार्य रूप से मानवजाति अध्ययन का ही विकास था। यह भारत में भी प्रचलित है कि ब्रिटिशकाल में हमारे यहां सबसे ज्यादा मानवजाति अध्ययन हुए। भारतीय जातियों, धर्मों और गांवों के बारे में बारीक जानकारी हमारे यहां उपलब्ध है। स्वतंत्रता प्राप्ति के बाद भी इन अध्ययनों में कोई कमी आई हो, ऐसा नहीं है। मजूमदार, बोस, डी.पी. मुखर्जी, इरावती कर्वे, एम.एन. श्रीनिवास और घुर्ये ने क्षेत्रीय कार्य में जूझकर तथ्य सामग्री एकत्र की है। मानवशास्त्रियों ने जाति और ग्रामीण जीवन के बारे में खूब लिखा है। गांव के लोग कहां स्नान करते हैं, शौच के लिए कहां जाते हैं और चौपाल पर किस भांति गांव के बारे में बात करते हैं। यह सब इन ग्रामीण अध्ययनों में लिखा पड़ा है। यहां हम मजूमदार, एस.सी. दुबे की पुस्तकों का संदर्भ नहीं देना चाहते। हम केवल यही कहना चाहते हैं कि मानवशास्त्र के नाम पर इन समाज वैज्ञानिकों ने जो चाहा लिख दिया। इन पुस्तकों में जो कुछ लिखा है, इसकी जानकारी किसी बेहद आम आदमी से करें तो उसकी क्या प्रतिक्रिया होगी। उसकी धारणा में मानवशास्त्र और कुछ न होकर सामान्य बुद्धि के स्तर से भी बहुत नीचा है। मानवशास्त्र को पढ़ने के बजाय तो हिन्दी के लेखक प्रेमचंद के किसी उपन्यास को ही पढ़ना ज्यादा लाभदायक होगा।

यह सब लिख देने के बाद भी मानवशास्त्र के अस्तित्व पर जो बुनियादी सवाल है, वह आज भी ज्यों का त्यों है। यह सही है कि मानवशास्त्र ने या मानवजाति अध्ययन ने ब्रिटिश राज को भारत में अपनी नींव गहरी करने में बड़ी मदद दी। उन्होंने स्वतंत्रता की लड़ाई का मुकाबला मानवजाति अध्ययन के तथ्यों के आधार पर किया। कई बार यह भी कहा जाता है कि मानवशास्त्र का हमारे ऊपर परतंत्रता को बनाए रखने में बड़ा योगदान है। यह सब होते हुए भी यदि सावधानी से चला जाए तो विकास योजनाओं में मानवशास्त्र बड़ी उपयोगी विधा है।

यहां एक और सवाल मानवशास्त्र का है। भारत में विदेशी मानवशास्त्रियों ने बहुत अध्ययन किया है। उन्होंने भी यहां के गांवों और जातियों पर ढेर सारी सामग्री एकत्र की है। कहना यह चाहिए कि इन विदेशी मानवशास्त्रियों की देखादेखी भारतीय मानवशास्त्रियों ने भी बड़े शास्त्रीय या क्लासिकल ग्रंथ दिए हैं। यह सही है कि पश्चिमी देशों को भारतीय समाज के बारे में अधिक से अधिक जानकारी चाहिए। इन देशों की दिलचस्पी एशिया के बाजार में अपने पांव जमाने की रही है। वे पूंजीवाद का परचम यहां भी फहराना चाहते हैं, लेकिन भारतीय मानवशास्त्रियों को इस तरह की दिलचस्पी से क्या लेना–देना है। हम सभी अपने गांवों से परिचित हैं। एक समाज विज्ञान के नाम पर यानी मानवशास्त्र के नाम पर तथाकथित शास्त्रीय ग्रंथों का निर्माण

करना कहां तक उचित है। ये सब ऐसे मुद्दे हैं जिन पर मानवशास्त्र को गंभीरता से सोचना पड़ेगा। हमें याद है जब एस.सी. दुबे की *इंडियन विलेज* बाजार में आई तो मानों जैसे सामाजिक मानवशास्त्र की दुनिया में भूचाल आ गया हो, जिन्होंने इस पुस्तक को पढ़ा, उन्हें लगा कि यह कोई टेलीफोन डायरी है, जिसमें उबाऊ और बेमतलब सामग्री भरी पड़ी है। गांव का आम आदमी इस तरह की जानकारी से पूरी तरह परिचित है। यह सब जो मानवशास्त्र के नाम पर 1950 और 1960 के दशक में हुआ, किसी नाटक से कम नहीं है।

विदेशी मानवशास्त्रियों में रेडक्लिफ–ब्राउन (Radcliffe-Brown), मारग्रेट मीड (Margaret Mead), ए.सी. नायर (A.C. Nayer), ई.आर. लीच (E.R. Leach), स्टीफन फूक्स (Stephen Fuchs), मैकिम मेरियट (Mckim Marriott), एफ.जी. बैली (F.G. Bailey), मोरिस कारस्टेयर्स (Morris Carstairs) आदि मुख्य हैं।

ग्रामीण, जातीय और मानवजातीय अध्ययनों की इस बाढ़ ने आखिर सामाजिक मानवशास्त्र में अवधारणात्मक और सैद्धांतिक रूप से कौनसा बड़ा योगदान दिया? सिद्धांत के क्षेत्र में जो उपलब्धि हुई, उसे शून्य ही कहा जाना चाहिए। दूसरे शब्दों में, भारतीय मानवशास्त्र में आज कोई सिद्धांत नहीं है। यह एकदम रीता है। इसी तरह अवधारणा के क्षेत्र में कुछ प्राप्तियां अवश्य हुई हैं। उदाहरण के लिए संस्कृतीकरण, पाश्चात्यीकरण, देहातीकरण, कास्ट रैंकिंग, पवित्र–अपवित्र, प्रभव जाति, ग्रामीण अभिजन, ग्रामीण स्तरीकरण आदि।

एक और टिप्पणी यहां करनी चाहिए। जिस अवधि में हमारे मानवशास्त्रियों ने गांवों और जातियों का अध्ययन किया, उसी अवधि में भारत सरकार ने सामुदायिक विकास कार्य देश के कई भागों में प्रारंभ किए। इन विकास कार्यक्रमों का बहुत बड़ा मुद्दा गांवों को कृषि के क्षेत्र में आत्मनिर्भर बनाना, सिंचाई के साधनों को उपलब्ध करना और जहां तक संभव हो गांव के लिए बुनियादी ढांचा–शिक्षा, सड़क, बिजली, पानी उपलब्ध कराना था। इस वृहद् विकास कार्यक्रम में मानवशास्त्रीय अध्ययनों का योगदान कितना था, इसका लेखा–जोखा निराशाजनक है। मानवशास्त्रियों का कई महीनों तक किया गया क्षेत्रीय कार्य, केवल कागजी या किताबी कार्य ही रह गया। ऐसा लगता है कि भारतीय मानवशास्त्र कभी आम आदमी से जुड़ा नहीं, धरती तक आया नहीं।

मानवशास्त्रियों ने गांव और जाति को बड़ी निकटता से देखने का दावा किया है। थोड़ा गहराई से देखने पर लगता है कि मजूमदार के महुआ गांव की, घुर्ये के लोनीखण्ड की या दुबे के शमरपेट में गांवों की जानकारी उपलब्ध है, वह आम जानकारी से कुछ जुदा नहीं।

एक और पते की बात यह है कि मानवशास्त्री देश की मुख्यधारा से एकदम कटे हुए हैं। जब मजूमदार हौ (Ho) और थारू जनजातियों के क्षेत्रीय कार्य में लगे थे, मुख्यधारा आजादी की लड़ाई और राष्ट्र निर्माण की समस्या से ग्रस्त थी। मजे की बात तो यह है कि एन.के. बोस जो गांधीजी के साथ नौआखाली में थे, उन्होंने सांप्रदायिकता पर कुछ नहीं लिखा है। वे तो इस मुद्दे को उठाते हैं कि आदिवासियों

का हिन्दू समाज में कैसे विलय किया जाए। इसी भांति घुर्ये संसार में जो भी विषय है—साधु से लेकर अमेरिकी महिला के यौन व्यवहार पर लिखने के लिए तैयार रहे हैं। उन्होंने भारत की विभिन्न समस्याओं पर भी लिखा है। पर यह सब हिन्दू समाजशास्त्र या मानवशास्त्र है। उन्हें जलियांवाला बाग या कर्नल डायर की गोली या 1928 का गुजरात का किसान आंदोलन नहीं दिखाई देता। गुजरात में निकली दांडी यात्रा जो मुंबई के बगल में है, नहीं दिखाई देती।

आजादी की लड़ाई के दौरान भारतीय मानवजाति की संरचना में जो उतार–चढ़ाव आया, उससे हमारा मानवशास्त्र बेसरोकार ही रहा। कहते हैं, जब रोम जल रहा था, तब वहां का राजा नीरो, अपनी तुरही बजा रहा था। हमारे मानवशास्त्री आदिम जातियों के बहुविवाह और लड़कियों को भगा ले जाने की वारदातों का उल्लेख करने में व्यस्त थे।

आजादी की लड़ाई अपनी तरह की एक खौफ की लड़ाई थी। इसमें सभी जातियों और धर्मावलंबियों ने शिरकत की थी। अंग्रेजों ने लाखों स्त्रियों पर जुल्म ढाये, उन्हें पेट के बल चलाया, उनके कौमार्य को लूटा और जिन आदिवासियों की चर्चा करते मानवशास्त्री थकते नहीं, उन आदिवासियों पर जो जुल्म का कहर ढाया, उन पर कुछ नहीं लिखा गया। मानवशास्त्रियों को ग्रामीण जीवन और आदिवासियों के लोकनृत्य ही भाए।

यह तो मानवशास्त्रियों की ब्रिटिश राज की मानवजाति अध्ययन के प्रति उदासीनता व घोर उपेक्षा थी। इधर देशी राज्यों की स्थिति और अधिक वीभत्स थी। यहां बेगार, ने आम आदमी की कमर को तोड़ दिया था। इन राज्यों में राजा, महाराजा और जागीरदार थे। इस व्यवस्था में किसान तो, सरोत की सुपारी की तरह थे।

एक तरफ राजा–महाराजा और जागीरदार थे तो दूसरी तरफ साहूकार और ऊंची जातियां थीं। इस दमनकारी व्यवस्था में मानवशास्त्री क्या कर रहे थे। यही नहीं कि वे मानव–विज्ञान के नाम मानवशास्त्र की तुरही बजा रहे थे। यह सही है कि मानवशास्त्र का भारत में एक विज्ञान की दृष्टि से विकास होना था। इस विज्ञान को दुनिया के मानवशास्त्र के साथ दौड़ना था, लेकिन स्थानीय समाज की यथार्थता को अनदेखा करके, कोई भी समाज विज्ञान तरक्की नहीं कर सकता।

इस पूर्वावलोकन (Orientation) के अध्याय में यह कहना चाहते हैं कि सामाजिक शास्त्र का इतिहास हमारी बेदाग चुनरी की तरह नहीं है। यह कहना अनुचित नहीं होगा कि भारत ही क्यों अफ्रीका, ऑस्ट्रेलिया और दुनिया भर में बसे टापुओं के आदिवासियों का मानवशास्त्र भी कुछ इसी तरह का है। मानवशास्त्र का सबसे पहला सबक यह है कि अपने समाज को छोड़कर—क्योंकि यह अपना है, किसी दूसरे समाज का अध्ययन किया जाए। इसी कारण मानवशास्त्रियों ने अफ्रीका, ऑस्ट्रेलिया, श्रीलंका और भारतीय समाजों का अध्ययन किया। यहां के मानवशास्त्री इस सबक का लाभ नहीं उठा पाए। उनकी मानवजाति अपने देश तक ही सीमित रही। कुछ मानवशास्त्री तो अपने अध्ययन के लिए अपने मोहल्ले को ही नहीं छोड़ पाए और कुछ तो ऐसे हैं जो दुभाषियों के माध्यम से ही हमारे पास आए।

ब्रिटिश राज में कुछ मानवशास्त्री जैसे ओ. मैले (O. Malley), हटन, रिजले आदि ने तो अपने अधीनस्थों (Subordinates) के जरिए ही तथ्य सामग्री एकत्र करके मानवशास्त्र के नाम से उपस्थित कर दी। इसमें कितनी विश्वसनीयता होगी, यह किसी के भी चिंतन का विषय नहीं है। इन मानवशास्त्रियों ने वही किया जो ब्रिटिश राज अपने हित में समझता था।

हम यह आग्रहपूर्वक कहना चाहते हैं कि दुनियाभर में मानवशास्त्र का इतिहास एक प्रकार का राग दरबारी इतिहास है। इसने कई पिछड़े देशों में उपनिवेशीय शासन की नींवों को जमाने का काम किया है। ये देश चाहे भारत हो, ऑस्ट्रेलिया और अफ्रीका या अगणित द्वीप समूह। अभी कुछ वर्षों पहले कहा गया कि समाजशास्त्री आज संकट के दौर से गुजर रहे हैं। यही बात मानवशास्त्र पर भी लागू होती है। आज मानवशास्त्र राग दरबारी भी नहीं अलाप सकता। वह किसी भी तथ्यपूर्ण विषय सामग्री से मुक्त है। जिन आदिवासियों का अध्ययन यह बड़े रोमांटिक लहजे में करता था, वे आदिवासी आज पूरी तरह से आधुनिकता की दौड़ में शामिल हो गए हैं। उनके यहां तकनीकी आ गई है, वे पढ़–लिख गए हैं, हुनर में अधिक फाजिल हो गए हैं। देश के गांवों का मिजाज बदल गया है। आदिवासी व गांव के बाद मानवशास्त्रियों का तीसरा बड़ा लोकप्रिय विषय जाति रही है।

संविधान ने जाति को औपचारिक रूप से समाप्त कर दिया है। इस हिसाब से सरकार लिंग, धर्म और जाति के आधार पर भारतीय नागरिकों में कोई भेदभाव (Discrimination) नहीं करती। यद्यपि कानूनी रूप से जातियों का भारतीय सामाजिक जीवन में कोई अस्तित्व नहीं है। फिर भी इसका नया अवतार शायद पहले से ज्यादा खौफनाक है। इसने अब राजनीति, व्यापार और भाई–भतीजावाद के क्षेत्र में प्रवेश किया है। जाति के तेवर तो बदल गए हैं। राष्ट्र निर्माण के क्षेत्र में इसकी भूमिका भी बदल गई है। अब जातियों के नए समीकरण बन रहे हैं। यह सब होने पर भी मानवशास्त्र ने जातियों के इस नए अवतार पर कोई अनुसंधान कार्य नहीं किया है। हाल में किसी मानवशास्त्री का जाति पर कोई तथ्यपूर्ण अनुसंधान तो देखने को नहीं मिला। मानवशास्त्र के थैले में से आदिवासी भाग निकले, उनका चमत्कारिक, रोमांटिक, सांस्कृतिक जीवन भी उनकी अध्ययन सामग्री से निकल भागा और जातियों का ठोस स्वरूप, उनका स्तरीकरण, परंपरागत व्यवसाय, भेदभाव पर आधारित जीवन पद्धति अब मानवशास्त्र के अध्ययन विषय नहीं रहे। इस विज्ञान के जो भी तीर तरकश में थे या तो समाप्त हो गए, या भोथरे हो गए। मानवशास्त्र का यह संकट किसी भी दृष्टि से देखें, बहुत गहरा है। यही स्थिति यदि थोड़े समय और रही तो यह विषय अंधेरे के गर्त में खो जाएगा।

दुनियाभर के मानवशास्त्री इस दिशाहीन गति से परिचित न हों, ऐसा नहीं है। अभी जो अनुसंधान आ रहे हैं, वे बहुत स्वस्थ संकेत देते हैं। अमेरिका जैसे प्रगतिशील देशों में भी मानवशास्त्र का सरोकार एक महत्वपूर्ण दिशा का रहा है। वहां विश्वविद्यालयों में जो नए पाठ्यक्रम आ रहे हैं, वे जटिल समाजों से उनकी नई

समस्याओं के संदर्भ में देख रहे हैं, इनमें वर्ग और पूंजीवाद का विश्लेषण दिया है। दुबे ने शेमरपेट की जो जानकारी दी है जो मानवशास्त्र के अनुसंधान भंडार में है, उसका विकास की दृष्टि से हमारे लिए कोई महत्व नहीं है। इन अध्ययनों में जो गेलनो बंद स्याही उंडेली गई है, वह पानी में घुल गई है, ऐसा लगता है।

और देखिए जाति के अध्ययन में मानवशास्त्र का योगदान। ब्रिटिशकाल में जाति के संबंध पर बड़ा मुद्दा यह उठा था कि क्या जाति के रहते हुए हम एक राष्ट्र का निर्माण कर सकते हैं। यह सभी स्वीकार करते हैं कि जाति की प्रकृति खण्डात्मक और विभाजनकारी है। इसने देश का विभाजन कर दिया, सांप्रदायिकता को पनपाया, लाखों लोगों को इधर–उधर कर दिया, शरणार्थी बना दिया। इस जाति व्यवस्था की विभाजनकारी प्रकृति पर मानवशास्त्रियों ने क्या अनुसंधान किया? यह जैसा कि लुई ड्यूमो (Louis Dumont) ने कहा है, यह स्तरीकरण करने वाली संस्था है, यह गैर–बराबरी को बनाए रखने वाली व्यवस्था है। इसमें कुछ जातियां प्रभावशाली व शक्तिशाली होती हैं। इस संस्था में रैंकिंग नहीं होती है। इसमें पवित्र–अपवित्र की भावना बलवती होती है। जो कुछ मानवशास्त्रियों ने आंकड़ों के मकड़जाल में रखा है, उसे ठेलागाड़ी चलाने वाला आम आदमी भी जानता है।

जाति और ग्रामीण अध्ययनों की एक बहुत बड़ी उपलब्धि परंपरा की अवधारणा है। ईसाई मिशनरी जो दूरदराज क्षेत्रों में काम करती हैं वे बराबर यह कहती आ रही हैं कि भारत के लोग परंपरागत होते हैं यानी वे पिछड़े हुए हैं। मिशनरी उन्हें सभ्य बनाने आई हैं और मानवशास्त्री भी इसी नतीजे पर आए हैं कि यहां के लोग पिछड़े हुए हैं। कुल मिलाकर भारत में मानवशास्त्र का जो योगदान है, वह किसी ज्ञान में वृद्धि नहीं करता। क्या किसी समाज विज्ञान को ऐसे निठ्ल्ले काम के लिए जीवित रहने का अधिकार है।

भारत में सामाजिक मानव–विज्ञान के लिए अनुसंधान करने की पर्याप्त संभावनाएं थीं। ठीक 1857 के विप्लव से लेकर स्वतंत्रता प्राप्ति की अवधि तक देश अपनी आजादी के लिए जूझ रहा था। उसके लिए 'करो या मरो' का मुद्दा था। इस अवधि में मानवशास्त्र जाति, जनजाति और गांवों के बारे में अनूठे और विचित्र या कहिए परंपरागत व्यवहारों को लिपिबद्ध करने में लगा था। इसके दृष्टान्त मजूमदार, बोस, मदन या इरावती कर्वे हैं।

इधर हमारे देश में मानवशास्त्र आदिवासियों का अध्ययन तो कर रहा है, लेकिन अब उसका ध्यान यह समझने में लग रहा है कि किस भांति ये आदिवासी शोषण के शिकार बन रहे हैं। अब मानवशास्त्री आदिवासियों के विचित्र और चमत्कारिक व्यवहारों के विवरण से हट इन राष्ट्रीय मुद्दों पर अपने आपको केन्द्रित कर रहे हैं जिनका सरोकार आदिवासियों से है। उदाहरण के लिए डेविड हार्डीमन (David Hardiman) ने भीलों और साहूकारों के परंपरागत संबंधों को शोषण के दायरे में समझने का प्रयास किया है। कुछ सबआल्टर्न (Subaltern) मानवशास्त्रियों ने आदिवासियों का स्वतंत्रता संग्राम में जो योगदान था, उसका विश्लेषण भी किया है।

ए.आर. देसाई (A.R. Desai) ने आजादी की लड़ाई का मार्क्सवादी संदर्श से विश्लेषण किया है।

मानवशास्त्रियों ने स्वतंत्रता की लड़ाई को एकदम अनसुना कर दिया हो, ऐसा नहीं है। अपवाद रूप में कुछ मानवशास्त्री इस लड़ाई को अपने–अपने अध्ययन का हिस्सा बना पाए हैं। पर यह सब मानवशास्त्र की मुख्यधारा में नहीं हुआ है। मुख्यधारा तो जैसे हमने पहले कहा है—जाति, गांव और आदिवासियों के रीति–रिवाजों से ही जुड़ी रही है। यह बात पाठ्यक्रमों में तो बहुत स्पष्ट रूप से दिखाई देती है। किसी भी विश्वविद्यालय के पाठ्यक्रम को उठा लीजिए तो इसके मानवशास्त्र के अंतर्गत आदिवासियों का अध्ययन ही विशेष रूप से मिलेगा। जो पुस्तकें आज से दशकों पहले पाठ्य–पुस्तक की तरह पढ़ाई जाती थीं, आज भी पढ़ाई जाती हैं। न नया पाठ्यक्रम आया है और न ही नई पाठ्य–पुस्तकें। लगता है जैसे मानवशास्त्र का पानी किसी तालाब की तरह बंध गया है। उसमें कोई बहाव नहीं, गति नहीं। लगता है इसका पानी सड़ गया है। इसको आज बदलने की नितांत आवश्यकता है।

आज मानवशास्त्र अपने अस्तित्व के निर्णय के द्वार पर खड़ा है—इधर या उधर अब मानवशास्त्र को सार्वभौमीकरण, उदारीकरण और बाजार व्यवस्था के साथ अपने आपको जोड़ना पड़ेगा। अब भील, संथाल, चौधरा और थारू जनजातियों का अध्ययन मानवशास्त्रीय पुराने मॉडल से नहीं चलेगा। समाजशास्त्र और समाज विज्ञान आधुनिकता और उत्तर आधुनिकता की विचारधारा से ग्रस्त हैं। उत्तर आधुनिकता क्लासिकल सिद्धांतों को एकबारगी निरस्त करने का आग्रह करती है। मार्क्स, वेबर, पारसंस, मर्टन आदि के सिद्धांतों को उत्तर आधुनिकता केवल महान वृत्तांत (Great Traditions) कहता है। उसका कहना है कि अब समय आ गया है जब हम आम आदमी को अपने अध्ययन का केन्द्र बनाएं। उत्तर आधुनिकता लघु वृत्तांतों (Little Traditions) की पैरवी करती है और कहता है कि हमें सार्वभौमीकरण, बाजार और उदारीकरण को लघु परंपराओं के माध्यम से समझना चाहिए। यह समझा जाता है कि इस तरह की विचारधारा, वर्तमान मानवशास्त्र को एक नई गति देगी।

अब मानवशास्त्र मानवजाति विज्ञान (Ethnology) की ओर मुड़ रहा है। यह देखा जा रहा है कि किस भांति विकासशील देश अपने आप में विकसित राष्ट्र बन रहे हैं। विकसित राष्ट्र बनने की यह प्रक्रिया अफ्रीका, ऑस्ट्रेलिया और एशिया में देखी जा सकती है। इनका अध्ययन मानवजाति विज्ञान के संदर्भ में देखा जा सकता है। इन राष्ट्रों के अंतर्गत लघु परंपराएं विकसित हो रही हैं। इसका अच्छा दृष्टांत भारत जैसे विभिन्नताओं वाले देश हैं। हमारे यहां एकाधिक संस्कृतियां हैं। इन्हीं के आधार पर राजनीतिक दल भी हैं और जो केन्द्रीय सरकार है, वह भी इन्हीं एकाधिक संस्कृति वाले राजनीतिक दलों से बनी है। वस्तुतः यह सरकार विभिन्न संस्कृतियों का गठजोड़ है। यह मानवशास्त्र अध्ययन का केन्द्रीय बिंदु है। दूसरे शब्दों में, मानवशास्त्र लघु वृत्तांतों को लेकर अपना अध्ययन प्रारंभ करता है।

हाल में यूनेस्को (UNESCO) के प्रयास से मानवशास्त्र पुस्तक प्रकाश में आई है। इसका संपादन माइकल हर्जफील्ड (Michael Herzfeld) ने किया है। इस पुस्तक

का शीर्षक *एन्थ्रोपोलॉजी* (*Anthropology*) है। संपादन ने मानवशास्त्र के लिए एक नया संदर्श गढ़ा है। वे कहते हैं कि मानवशास्त्र को विभिन्न संस्कृतियों और समाजों के अध्ययन का क्या व्यावहारिक और आदतन स्वरूप है, इसका विवरण देना चाहिए। संस्कृति बहुत जटिल है। इसमें कई विवाद और पूर्व धारणाएं हैं और इस कारण इसे वैज्ञानिक ढंग से ही समझना चाहिए। समाज और संस्कृति को यदि मनमाने ढंग से समझा जाए, व्यवहार में लाया जाए तो अनर्थ हो जाएगा। उदाहरण के लिए प्रजाति (Race) को लिया जाए। यदि जैसा कि हिटलर ने कहा, केवल आर्य जाति में ही सभ्यता का रक्त है, तो यहूदियों की तरह कई लोग गैस (Gas) चैम्बर के शिकार हो जाएंगे। प्रजाति के बारे में ऐसी गलतबयानी और नासमझी सैकड़ों वर्षों से चली आ रही थी। यह तो मानवशास्त्र जैसे समाज विज्ञानों से स्पष्ट है कि प्रजाति एक जैविकीय अवधारणा (Biological Concept) मात्र है। इसका कोई सामाजिक और सांस्कृतिक बोध नहीं है। हमारे यहां भी यह कहा गया कि आर्य लोग सभ्य थे और अनार्य असभ्य। इसकी पूर्व धारणाएं किसी भी समाज के लिए घातक होती हैं। अतः यूनेस्को द्वारा प्रायोजित मानवशास्त्र की यह पुस्तक मानवशास्त्र को एक नई विषय सामग्री प्रदान करती है। दुनिया में कई संस्कृतियां हैं, कई समाज हैं। सभी के अपने–अपने व्यवहार के प्रतिमान और तौर–तरीके हैं। इन व्यवहारों का सैद्धांतिक उद्गम क्या है, सैद्धांतिक संरचना क्या है, इसका अनुसंधान मानवशास्त्र को करना चाहिए। इस तरह की व्याख्या मानवशास्त्र को सैद्धांतिक स्तर पर खड़ा कर देगी। बहुत सरल शब्दों में मानवशास्त्र, अपने संदर्भ में, मानव संस्कृति और समाज का अध्ययन सैद्धांतिक अभ्यास के रूप में देखता है।

यूनेस्को द्वारा प्रायोजित पुस्तक में माइकल हर्जफील्ड मानवशास्त्र को, उसकी विषय सामग्री को जो नई दिशा देते हैं, उसके अनुसार वे यह तो स्वीकार करते हैं कि यह विज्ञान दूसरों की संस्कृति का अध्ययन करता ही है। इसमें कोई विवाद नहीं। अब वे यह बताते हैं कि दूसरों की संस्कृति क्या है। इसका साधारण उत्तर यह है कि संस्कृति आम आदमी का विवेक, उसकी अनुभूति या अनुभव (Common Sense) है। इस तरह से देखा जाए तो मानवशास्त्र लोगों की जो आम धारणाएं हैं, मान्यताएं हैं, उनका अध्ययन करता है। उदाहरण के लिए यह लोगों का आम अनुभव है कि गरीब आदमी या भूखा–नंगा आदमी चोरी–चकारी करता है। यह उसकी मजबूरी है। या वह व्यक्ति या समूह जिसके पास शक्ति (Power) है, उसका कभी कोई दोष नहीं होता। वह हर समय सही होता है। इस तरह के भले या बुरे जो आम अनुभव (Common Sense) होते हैं, उनका अध्ययन मानवशास्त्र वैज्ञानिक और सैद्धांतिक रूप में करता है। इस तरह आम आदमी का व्यवहार मानवशास्त्र का व्यावहारिक रूप है। इसी का अध्ययन यह विज्ञान करता है।

हर्जफील्ड इस तरह के अध्ययन में एक खतरा भी देखता है। होता यह है कि जब मानवशास्त्री क्षेत्र में जाता है, तब उसमें उसके स्वयं के समाज की संस्कृति लगी रहती है। वह इस संस्कृति को जब क्षेत्र में आता है, घर की खूंटी पर टांगकर नहीं

आता, साथ में लाता है। ऐसी स्थिति में उसे अपनी स्वयं की संस्कृति ऊंची दिखाई देती है और जिस संस्कृति का वह अध्ययन करता है, वह हल्की या निम्न दिखाई देती है। परिणामस्वरूप जो कुछ मानवशास्त्री देता है, वह यथार्थ नहीं होता। इसी कारण हर्जफील्ड कहता है कि मानवशास्त्री को आम अनुभव या आम विवेक (Common Sense) का ही अध्ययन करना चाहिए। ऐसा करने में वह स्वयं की संस्कृति की उच्चता को भूल जाता है। इस तरह का मानवशास्त्र विभिन्न संस्कृतियों और समाजों का अध्ययन सैद्धांतिक व्यवहार (Theoretical Practice) में करता है।

आज का सामाजिक मानवशास्त्र सही अर्थों में उत्तर आधुनिक मानवशास्त्र बन रहा है। यूनेस्को का अस्तित्व इस पर है कि यह दुनियाभर की संस्कृतियों में जो आम अनुभव है, उसका विश्लेषण करे। मानव समाजों में जो समानता और विभिन्नता है, उसे समझने का प्रयास करे। घूम फिर कर बात फिर मानवजाति विज्ञान (Ethnology) के अध्ययन पर आती है। जब 19वीं शताब्दी में मानव जाति विज्ञान अध्ययन बड़ी संख्या में आ रहे थे, तब इनकी बड़ी आलोचना हुई थी और फिर यही कहा जाने लगा है कि मानवशास्त्र का उत्तर आधुनिकता के संदर्श में अध्ययन होना चाहिए।

अपने उपागम में उत्तर आधुनिकता मानवशास्त्रीय प्रकार्यवाद को संदेह की दृष्टि में देखता है। उसका रुझान नकारात्मक (Negative) है। जो कुछ समाज विज्ञानों में है वह उत्तर आधुनिकता को स्वीकार नहीं है। दूसरा, इसका अटूट विश्वास भिन्नता (Difference) में है। इस धारणा से प्रेरित होकर मानवशास्त्र घूम–फिर कर पुनः मानवजाति विज्ञान की ओर आ गया है। जिसे उत्तर आधुनिक सिद्धांतवेत्ता लघु वृत्तांत (Little Narratives) कहते हैं, उसे मानवशास्त्री मानवजाति विज्ञान कहते हैं। कुल मिलाकर आज का मानवशास्त्री छोटे समाजों, लघु समुदायों की जमीन से जुड़ी हुई संस्कृतियों का अध्ययन करता है।

यहां और महत्वपूर्ण चीज मानवशास्त्र की नई दिशा में देखने को मिलती है। अब यह समाज विज्ञान केवल आदिम जातियों, गांवों और जातियों का अध्ययन ही नहीं करता, यह महानगरों और यहां तक कि संपूर्ण देश के आम विवेक (Common Sense) को भी अपने अध्ययन का केन्द्र बनाता है। आम विवेक सभी संस्कृतियों, संस्थाओं और समाजों में पाया जाता है और इसी का अध्ययन सामाजिक और सांस्कृतिक मानवशास्त्र करता है।

भारतीय मानवशास्त्र परंपरागत रूप से जिस तरह के समाज का अध्ययन करता आ रहा है, वह समाज आज संपूर्ण रूप से बदल गया है। ऐसी अवस्था में मानवशास्त्र के लिए दूसरी विषय वस्तु और अध्ययन सामग्री बदलने के अतिरिक्त और कोई विकल्प नहीं है। देखा जाए तो मानवशास्त्र के सामने आज उसके जीवित रहने का सवाल है। उसे अपने सरोकार को जो समाज के लिए है, सिद्ध करना है। कोई भी राष्ट्र या सरकार इतने धनाढ्य नहीं होते कि वे किसी समाज विज्ञान को बेमतलब जीवित रखने के लिए खर्चा करें।

एक और सवाल भारतीय मानवशास्त्र के लिए है। यहां इस विज्ञान का इतिहास कोई मैदानी इतिहास की तरह सरल और साफ–सुथरा नहीं है। कहीं टीले हैं, कहीं

पहाड़ और कहीं अथाह सागर। प्रारंभ में इसे अर्थशास्त्र के साथ जोड़ा गया, कहीं इतिहास के साथ और अधिकतर क्षेत्रों में समाजशास्त्र के साथ। आज तो यह स्थिति है कि जो समाजशास्त्री है, वह मानवशास्त्री भी है और जो मानवशास्त्री है वह समाजशास्त्री भी। व्यक्ति औपचारिक समाजशास्त्र विभाग में है और उसका संपूर्ण अकादमिक क्रियाकलाप मानवशास्त्र के क्षेत्र में है। बड़ी ऊहापोह की अवधारणा है। इस देश में समाजशास्त्र और मानवशास्त्र इतने मिले–जुले हैं कि इन्हें अलग करना बहुत कठिन है। समाजशास्त्री भी गांव और जाति का अध्ययन करता है और मानवशास्त्री भी। ऐसी अवस्था में क्या मानवशास्त्र है और क्या समाजशास्त्र। निश्चित रूप से समाजशास्त्र मानवशास्त्र नहीं है और न मानवशास्त्र, समाजशास्त्र। दोनों ही पृथक–पृथक मानव विज्ञान हैं। अब अवसर आ गया है जब हमें इन दोनों समाज विज्ञानों को उनकी प्रकृति, अध्ययन विषय और अध्ययन विधा में अंतर करना चाहिए।

किसी भी समाज विज्ञान को अपना निश्चित स्थान बनाने के लिए सीमारेखा खींच लेनी चाहिए। दोहरा जीवन संदर्श संकटग्रस्त होता है। मानवशास्त्र का अपना एक संदर्श (Prospective) होना चाहिए। यह संदर्श उसे अन्य समाज विज्ञान से पृथक करता है। यह निश्चित है कि समाजशास्त्र और मानव–विज्ञान का एक ही संदर्श नहीं हो सकता। जब दोनों ही समाज विज्ञान अपना जुदा–जुदा अस्तित्व रखते हैं तो इनका संदर्श भी जुदा–जुदा ही होना चाहिए। यह मानवशास्त्र पर ही लागू नहीं होगा। सभी मानव–विज्ञान अपने पृथक अस्तित्व को पृथक संदर्श द्वारा ही बनाए रखे हैं। यह संदर्श स्थाई हो, ऐसी बात नहीं। इनमें बराबर संशोधन, सुधार और बदलाव आता रहा है। उदाहरण के लिए राजनीतिशास्त्र एक समाज विज्ञान है। यह लंबी अवधि तक संसद, विधानसभा और ग्राम पंचायत की संरचना का अध्ययन करता आ रहा है। यह संरचना ही इसका संदर्श रहा है, लेकिन अब इसने इस संदर्श को अधिक वृहद् कर दिया है। अब राजनीतिशास्त्र शक्ति संरचनाओं (Power Structures) का अध्ययन करता है। अर्थशास्त्र अब आदिवासियों का अध्ययन करता है, तब वह उन्हें उत्पादन, वितरण और उपभोग के संदर्श में देखता है। ये अवधारणाएं उसकी संदर्श हैं।

इसी अर्थ में समाजशास्त्र की विषय वस्तु यह संपूर्ण समाज है। समाज में जो कुछ होता है, सभी का यह विज्ञान अध्ययन करता है। आसमान और धरती के बीच में जो कुछ है, सभी को अपने विषय क्षेत्र में समेट लेता है। इतने विशाल क्षेत्र के होते हुए इस विज्ञान में कोई अराजकता नहीं है। सभी अध्ययन अनुचित ढंग से हो जाते हैं। इसका कारण यह है कि इसके निश्चित संदर्श होते हैं—वस्तुओं को देखने का नजरिया है। यह दृष्टिकोण ही इसे एक निश्चित दिशा देता है, मार्गदर्शन देता है। हमारे समाज में समाजशास्त्र का केन्द्रीय संदर्श अन्तःक्रिया व्यवस्था (Interaction System) है। यह जब गांवों, जाति या दंगों को देखता है तो अन्तःक्रिया इसका संदर्श होता है। जातियों के बीच में सहयोग, संदर्श आदि इसी संदर्श के मूल में आ जाते हैं। अन्तःक्रिया की यह व्यवस्था ही भारतीय समाज की विविधता और समानता को समझने में सहायक होती है।

थोड़े शब्दों में यही कहा जा सकता है कि अन्य समाज विज्ञानों की तरह मानवशास्त्र को अपने अध्ययन का निश्चित संदर्श तय कर लेना चाहिए। समाजशास्त्र के साथ इसका जो लंबा जुड़ाव है, वह इसके पृथक अस्तित्व को गड्ड–मड्ड कर देता है। निश्चित है, दो समाज विज्ञानों का एक ही संदर्श नहीं हो सकता। ऐसी स्थिति में प्रश्न उठता है कि मानवशास्त्र का अपना निजी संदर्श क्या है? इसे कैसे निश्चित किया जा सकता है? इन प्रश्नों का उत्तर देने हमें मानवशास्त्र में जो भी अनुसंधान का भंडार है, उसे देखना पड़ेगा। उसी के आधार पर हम दूसरे संदर्श को देख सकते हैं।

भारतीय मानवशास्त्र बुनियादी रूप में विश्व मानवशास्त्र के अर्थ से भिन्न नहीं है। यह विज्ञान संपूर्ण मानवजाति का अध्ययन करता है। यह मानकर चलता है कि संसारभर के समाज मूलतः एक ही हैं। सभी के अपने दुःख–दर्द हैं, सभी का अपना गम है, खुशी है। इस समानता के होते हुए भी पर्याप्त विभिन्नताएं भी इन समाजों में पाई जाती हैं। समानताओं और विभिन्नताओं के पीछे अगणित प्रक्रियाएं काम करती हैं। मानवशास्त्र की केन्द्रीयता विभिन्नताओं को देखने की होती है। संपूर्ण मानवजाति के अध्ययन की इस प्रक्रिया में पिछले कई वर्षों में मानवशास्त्र ने परिवार, जाति, वर्ग, धर्म, लिंग और बांधव व्यवस्था तथा राज्य का अध्ययन किया है। हाल में इस समाज विज्ञान ने विशाल संगठनों, महानगरों, दंगों और युद्धों का अध्ययन भी किया है। यह विज्ञान वस्तुतः तुलनात्मक है। इसका संदर्श इस अर्थ में मानव जाति विज्ञान (Ethnology) का है। बहुत समय पहले जी.पी. मुरडोक (G.P. Murdock, 1945), रूथ बेनेडिक्ट (Ruth Benedict, 1946) और कतिपय अन्य मानवशास्त्रियों ने दुनिया के विभिन्न समाजों का तुलनात्मक अध्ययन किया है। इस तरह के मानवशास्त्रीय अध्ययन किए जाते हैं तब इनका अनिवार्य संदर्श एथनोलॉजी मानवजाति विज्ञान (Ethnology) होता है।

हमारे देश में भी जो मानवशास्त्र विकसित हुआ है, इसमें भी एथनोलॉजी केन्द्रीय संदर्श रहा है। यहां गांवों, जातियों और धर्म तथा जादू में पर्याप्त रूप से संदर्श मिलता है। प्रत्येक जाति एथनोलॉजी का एक ज्वलंत दृष्टांत है। एथनॉलोजी एक विशद् अवधारणा है जिसमें धर्म, जनजाति, भाषा, जैविकता, भूगोल सभी आ जाते हैं। जब हम पंजाबी, बंगाली, ईसाई, तमिल, मलयाली आदि समूहों का उल्लेख करते हैं, तब हम वास्तव में एथनिक समूह के अर्थ में करते हैं। एथनिक सिटी के संदर्श में जाति, धर्म, जादू–टोना, भाषा सभी गड्डमड्ड हो जाते हैं। उदाहरण के लिए तमिल ब्राह्मण और केरल के नंबूदरि ब्राह्मण सांस्कृतिक दृष्टि से दोनों जुदा–जुदा हैं। दक्षिण भारत के मोयला और उत्तर भारत के अशरफ–मुसलमान होते हुए भी अपनी अलग–अलग पहचान रखते हैं। देखा जाए तो एथनिक सिटी की अवधारणा बहुत विशाल है, और इसके अंतर्गत धर्म, जाति, क्षेत्रीयता, भाषा सभी कुछ आ जाता है। अतः जब हम कहते हैं कि मानवशास्त्र का केन्द्रीय संदर्श एथनिसिटी है, तब इससे हमारा तात्पर्य इसकी विशाल और वृहद् अवधारणा से है।

इस अर्थ में जहां समाजशास्त्र अन्तःक्रिया के संदर्श से समाज की विभिन्न संभावनाओं को देखता है, तब मानवशास्त्र इन्हीं संस्थाओं को एथनिकसिटी के संदर्श

से देखता है। इसलिए मानवशास्त्र की खासियत या विशेषता दूसरी एथनिसिटी है। मजूमदार, ओ. मैल, हटन, रिजले, घुर्ये सभी मानवशास्त्रियों ने इसी एथनिसिटी के संदर्श से भारतीय जनजातियों, गांवों, जातियों व धर्मों को समझने की कोशिश की है।

संदर्श ही मानव–विज्ञान को अपनी अलग और स्पष्ट पहचान देता है। अब एक और प्रश्न उठता है। आज के इस नए दौर में जब गांव बदल गए हैं, वे शहर बन गए हैं या शहर जैसे हो गए हैं, जब जातियां बदल गई हैं और शहर की जातियों को औंधे मुंह गिरा रही हैं तब क्या ये समूह सामाजिक मानवशास्त्र की विषय–वस्तु बने रह सकते हैं? क्या बदलता हुआ धर्म अब मानवशास्त्र का विषय क्षेत्र रह सकता? इन प्रश्नों के अतिरिक्त बहुत सारे प्रश्न ऐसे हैं जो मानवशास्त्र की अध्ययन सामग्री से बाहर निकाले जा सकते हैं। इस तरह का तर्क या विवाद सही नहीं कहा जा सकता।

कहने को तो अर्थशास्त्र, राजनीतिशास्त्र, अपराधशास्त्र और समाजशास्त्र सभी की अध्ययन सामग्री एकबारगी बदल रही है, या बदल गई है तो क्या ये समाज विज्ञान अपने अस्तित्व को खो देंगे। वास्तविकता ऐसी नहीं है। अध्ययन सामग्री बदल जाने से ज्ञानशास्त्र नहीं बदलता। हो सकता है कि ज्ञानशास्त्र के संदर्श में परिवर्तन आ जाए तो इससे कुछ नहीं होता। संदर्भ के अतिरिक्त किसी भी समाज विज्ञान की अपनी एक परंपरा होती है। यही परंपरा विज्ञान को संचयी (Cumulative) बनाती है और यह संचयी प्रकृति ही ज्ञान का विकास करती है। मानवशास्त्र को संचयी बनना होगा, परंपरा को जारी रखना होगा। इसे गांव, जाति, भाषा, धर्म, जादू, बांधव व्यवस्था सभी का अध्ययन जारी रखना होगा। अगर आदिवासी बदल गए हैं तो इससे क्या हुआ? मानवशास्त्र बदले हुए आदिवासियों की एथनिसिटी को समझने का प्रयास करेगा। ऊपर हमने आम विवेक की बात कही है। यह विवेक सामान्य आदमी का समाज के बारे में बोध (Perception) है। इस बोध में सभी लोगों की भागीदारी होती है। यह समझा जाता है कि अध्यापक ज्ञानी होता है। माता–पिता, संतान के हित चिंतक होते हैं तो यह बोध परंपरागत होता है। हो सकता है, कुछ अध्यापक ज्ञानी न हों, माता–पिता, बच्चों के हित चिंतक न हों फिर भी सामान्य बोध जो परंपरागत होता है, दोषपूर्ण नहीं हो सकता। इसका तात्पर्य यह हुआ कि गांव, जाति, धर्म, बांधव के बारे में हमारी अनुभूति है, धारणा है, इसमें कोई बुनियादी अंतर नहीं आता।

आज के गांव में परिवर्तन देखा जा सकता है। इसमें आधुनिकता, तकनीकी, शिक्षा, औद्योगिकता पाई जा सकती हैं। कई गांव ऐसे हैं जो शहर में समा गए हैं फिर भी आमजन की धारणा में गांव ही है। अतः गांव वह है जिसे आम आदमी गांव कहते हैं। यह जनता की धारणा, विवेक या बुद्धि है। ऐसी स्थिति में मानवशास्त्र जब गांव को परिभाषित करता है तो यह परिभाषा सामान्य विवेक या अनुभव पर निर्भर है। हमारा तर्क यह है कि मानवशास्त्र परंपरा से गांव, आदिवासी, जाति, धर्म, बांधव आदि का अध्ययन करता आ रहा है। इसी क्षेत्र को आज उसे परिवर्तन के संदर्भ में देखना चाहिए। यही सब कुछ नया मानवशास्त्र का संदर्श है।

इस पूर्वावलोकन के उपसंहार में हम यही कहना चाहते हैं कि आज के सार्वभौमीकरण और उदारीकरण के दौर में मानवशास्त्र पहले से अधिक महत्वपूर्ण हो जाता है। यह ठीक है कि अतीत में इस समाज विज्ञान ने उपनिवेशवाद की जड़ें स्थापित करने में विदेशियों को बड़ा सहयोग दिया। यह ठीक है कि इसने 'जयचंद' का काम किया, लेकिन यह भी ठीक है कि किसी राष्ट्र को प्रगति पर लाने के लिए राष्ट्र की एथनिसिटी को समझना अत्यंत आवश्यक है। यह एथनिसिटी राष्ट्र की समस्याओं को समझने के लिए आवश्यक है। भाषा, क्षेत्र, जाति, धर्म, पूंजीवाद और उद्योग आज ऐसे मुद्दे हैं जिन्हें समझना है जिनका निदान खोजने में मानवशास्त्र की भूमिका बहुत अधिक प्रासंगिक है। यहां यह भी कहना चाहिए कि मानवशास्त्र का केन्द्रीय संदर्श एथनिसिटी होते हुए भी यह समस्याग्रस्त हाशिए के लोगों को समझने में भी अत्यधिक सहायक है।

मानवशास्त्र ने अपने इतिहास में आदिवासियों, जातियों और धर्मों के क्षेत्र में अच्छा अध्ययन किया है। ऐसा करने में उसकी दक्षता या विशेषता रही है और देखिए, ये क्षेत्र आज सबसे अधिक संकट में हैं। आदिवासियों को पिछले पचास वर्षों से आरक्षण का लाभ मिल रहा है। इस आरक्षण की सुविधा ने उन्हें नई समस्याओं से ग्रस्त कर दिया है। वे उपभोक्तावादी हो गए हैं। यदि अ–अनुसूचितकरण (Descheduling) कर दिया गया, तब उनकी समस्याएं विराट रूप ले लेंगी। उनकी समस्याएं जो आरक्षण से पहले थीं, वे कई गुना अधिक बढ़ जाएंगी। उन्हें मानवशास्त्र की और अधिक आवश्यकता होगी।

जातियां आज जिस मोड़ पर खड़ी हैं, वह मोड़ भी कोई सामान्य नहीं है, वास्तव में भीषण है। जातियों के कई आंदोलन हैं, वे अपना पृथक राज्य बनाना चाहती हैं, वे राज्य में एक दल के रूप में भागीदारी करना चाहती हैं, वे अपना एथनिक दर्जा उठाना चाहती हैं। एक तरह से जाति एक सामाजिक और सांस्कृतिक संरचना न रहकर राजनीतिक सौदेबाजी करना चाहती है। निम्न जातियां ब्राह्मणों के साथ जुड़कर राजनीतिक शक्ति को अधिक से अधिक अपने हिस्से में करना चाहती हैं। अब जातियों की सांस्कृतिक पहचान हाशिए पर आ गई है। मतलब हुआ जातियों को ठीक तरह से समझने के लिए हमें एक समृद्ध मानवशास्त्र की आवश्यकता है।

गांव अब हेनरीमैन के गणतंत्र नहीं रहे। वे विशाल समाज से जुड़ गए हैं। उनकी अर्थव्यवस्था स्वावलंबी नहीं रही, उनकी कृषि पूंजीवादी हो गई है। उनमें अभिकरण समूह उभर आए हैं। अब गांव में एकता जैसी कोई परंपरागत बात नहीं है। एक ही गांव में कई गुट खड़े हो गए हैं और गुट का आधार राजनीति, धर्म और पूंजीवादी हित है अतः गांवों के विकास के लिए भी मानवशास्त्र आवश्यक है।

परंपरा से मानवशास्त्र बांधव व्यवस्था या नातेदारी का अध्ययन करता आ रहा है। उसका यह सबसे धनाढ्य अध्ययन क्षेत्र है। मानवशास्त्री कहते हैं कि आदिम समाज तो वस्तुतः बांधव समाज है। एक गांव में रहने वाले सभी आदिवासी आपस में

भाई–बहन हैं, इसीलिए उनमें बहिर्विवाह (*Exogamy*) प्रथा प्रचलित है। इरावती कर्वे का तो कहना है कि जाति व्यवस्था की उत्पत्ति बांधव व्यवस्था से ही हैं। दूसरे शब्दों में, जाति नातेदारी का विस्तार मात्र ही है। आवागमन के साधनों और संचार व्यवस्था ने बिखरे हुए बांधवों को पास–पास कर दिया है। अब विवाह का क्षेत्र भी बड़ा हो गया है। ऐसी अवस्था में भाई–भतीजावाद का विस्तार भी बड़ा हो गया है। इसमें जटिलता आ गई है। इसका अध्ययन मानवशास्त्र अधिक दक्षता के साथ कर सकता है।

यह सही है कि भारत एक धर्मनिरपेक्ष राज्य है। यह किसी भी धर्म के साथ भेदभाव नहीं करता। इसके लिए सभी धर्म आदरणीय और सम्माननीय हैं। यह सब होते हुए भी कई धार्मिक संप्रदाय धर्म के आधार पर बहुमत प्राप्त करके शक्ति केन्द्रों में प्रवेश कर जाते हैं। कभी–कभी तो आम चुनावों में भी सत्ता हथिया लेते हैं। सरकारी नीति से आदिवासी हिन्दू नहीं हैं, उन्हें आदिवासी धर्मावलंबी कहा गया है पर आमबोध में यही प्रचलित है कि वे हिन्दी हैं। देश में धर्म का सामाजिक और सांस्कृतिक हुलिया विवादास्पद है। हरेक जाति अपने इष्टदेव के नाम पर मंदिर बनाती है। नित नए मंदिर बन रहे हैं। जितनी जातियां लगभग आती हैं उतने मंदिर। 1931 की जनगणना ने कोई तीन हजार जातियों की गणना की थी। हाल में के.एस. सिंह ने चार हजार से अधिक जातियों (इन्हें वे समुदाय कहते हैं) का नामांकन किया है। इसका मतलब हुआ पूरे देश में हजारों मंदिर हैं, सैकड़ों देवी–देवता हैं।

सामाजिक संस्थाओं में धर्म की संस्था पूरी तरह संकटग्रस्त है। धर्म का अध्ययन राज्य सरकार और राष्ट्र निर्माण के लिए आज की सबसे बड़ी समस्या है। धर्म निरपेक्षता के नाम पर धर्म के अध्ययन को हाशिए पर डाल देना, किसी भी स्थिति में उचित नहीं कहा जा सकता। मानवशास्त्र का यह सबसे बड़ा संभावित (**Potential**) क्षेत्र है।

इस पुस्तक में हम मानवशास्त्र की विस्तृत जानकारी देंगे। इसके पहले यह कहना चाहते हैं कि परंपरा से यह विज्ञान जिस विषय सामग्री का अध्ययन करता आ रहा है, अभी भी इसमें पहले से अधिक संभावना है। यह सामग्री संकट के दौर में है और समाज विज्ञानों में, मानवशास्त्र ही एक ऐसा समाज विज्ञान है जो दक्षता के साथ इसका अध्ययन कर सकता है। इसका अपना एक परंपरागत संदर्श है। समाज के लिए, हाशिए से लोगों के लिए, इस समाज विज्ञान का विकास उपयोगी है।

2

मानवशास्त्र का अर्थ और परिभाषा

(Definition and Meaning of Anthropology)

एक ज्ञान शाखा के रूप में मानवशास्त्र की कुछ विशेषताएं हैं। पहली तो यह कि मानवशास्त्र एक समाज विज्ञान (Social Science) है जो सामाजिक व्यवस्था और प्रक्रियाओं का अध्ययन करता है। प्राकृतिक विज्ञान जैसे कि भौतिकशास्त्र, रसायनशास्त्र, जीव–विज्ञान आदि भौतिक दुनिया और भौतिक वस्तुओं का अध्ययन करते हैं, इन्हें विशुद्ध (Accurate) या निश्चित तथा सटीक (Exact) विज्ञान कहा जाता है। प्राकृतिक विज्ञानों की इस धारणा के विपरीत मानवशास्त्र मनुष्य के व्यवहार के विभिन्न भागों या कहिए संपूर्ण सामाजिक दुनिया का अध्ययन करता है। यह निश्चित विज्ञान नहीं है। यह इसकी क्षमता के बाहर है कि मानव व्यवहार के बारे में कोई पूर्व कथनीयता (Prediction) कर सके। इस दृष्टि से मानवशास्त्र सदैव एक अनिश्चित (Inexact) समाज विज्ञान रहेगा।

इस विज्ञान की दूसरी विशेषता यह है कि यह एक सामान्य विज्ञान है जो संपूर्ण समाज का अध्ययन करता है। मनोविज्ञान, राजनीतिशास्त्र, इतिहास आदि जहां समाज के विशेष पक्षों का अध्ययन करते हैं, वहां मानवशास्त्र संपूर्ण समाज को अपने आगोश में ले लेता है। इसका कलेवर व्यापक है। उदाहरण के लिए अर्थशास्त्र समाज के उत्पादन, विनिमय, वितरण और उपभोग की ही चर्चा करता है, वहां मानवशास्त्र समाज के सभी पहलुओं को अपने अंदर समेट लेता है। वह सामाजिक व्यवस्था, आर्थिक स्थिति, राजनीति, परिवार, गोत्र तथा मूल्यों का संपूर्ण रूप से अध्ययन करता है। मानवशास्त्र एस्कीमों, जूलू, राजपूत, केरल के नैयर और असम के बोडो का विश्लेषण करता है। इसका क्षेत्र वस्तुतः बहुत विशाल है। ऐसा करने में यह विज्ञान सामाजिक व्यवस्था में पाई जाने वाली विभिन्नता, समानता और इससे उभरते हुए प्रतिमानों को देखता है। इनमें जो प्रक्रियाएं काम करती हैं, उनका लेखा–जोखा भी रखता है।

कुल मिलाकर मानवशास्त्र एक सामान्य मानव विज्ञान है जो संपूर्ण समाज का अध्ययन करता है। दूसरी ओर अन्य समाज विज्ञान समाज के विभिन्न भागों का उनकी विशेषताओं के साथ गहराई से अध्ययन करते हैं।

मानवशास्त्र—आम विवेक की समीक्षा
(Anthropology: A Critique of Common Sense)

माइकल हर्जफील्ड ने अपनी हाल में प्रकाशित *एन्थ्रोपोलॉजी* (*Anthropology*, 2004) पुस्तक में जो यूनिसेफ द्वारा प्रायोजित है, उसकी व्याख्या में मानवशास्त्र को एक नए दृष्टिकोण से परिभाषित किया है। वे कहते हैं संपूर्ण मानवजाति के अध्ययन को वैश्विक संदर्भ से देखना बहुत आवश्यक है। आज की दुनिया बहुत सिमट गई है। राष्ट्र की सीमाएं धूमिल हो गई हैं। ऐसी अवस्था में मानवशास्त्र के अध्ययन का नजरिया और दृष्टिकोण दोनों ही बदल गए हैं। अब इस नए संदर्भ में मानव–विज्ञान आम विवेक (Common Sense) या अनुभव का तुलनात्मक रूप से अध्ययन करता है। इस लेखक का आग्रह है कि मूल रूप से मानवशास्त्र समाज और संस्कृति के संबंधों को देखता है। वस्तुतः यह विज्ञान तुलनात्मक अध्ययन करता है, और इसका क्षेत्र संस्कृति और समाज है। यह संस्कृति कोई भी हो सकती है, कोई भी समाज हो सकता है। इस तरह का दृष्टिकोण वैश्वीय (Global) है।

हर्जफील्ड के अनुसार मानवशास्त्र मनुष्य के व्यवहार का अध्ययन करता है। वह किसी सैद्धांतिक लड़ाई में नहीं पड़ता है। आम आदमी जो कुछ करता है, खाता–पीता है, हंसता–गाता है, वही सब कुछ मानवशास्त्र की विषय–वस्तु है। इस कारण मानवशास्त्र किसी भव्य सिद्धांत (Grand Theory) की बात नहीं करता। यह मानव व्यवहार की तुलनात्मक समीक्षा करता है। दूसरा यह अर्थ नहीं निकलता कि वर्तमान मानवशास्त्र सिद्धांत निर्माण का विरोधी है। इसमें सिद्धांत तो बनते हैं, लेकिन इनका आधार मानवजाति यानी एथनोग्राफिक (Ethnographic) होता है। इस संपूर्ण निर्माण में एक ओर भव्य सिद्धांत होते हैं और दूसरी ओर आम आदमी की सोच, उसका व्यवहार और अनुभव होते हैं।

हर्जफील्ड मानवशास्त्र की व्याख्या में आगे चलकर कहते हैं कि यह समाज विज्ञान एक तरह का स्थानीय बौद्धिक इतिहास है जिसकी बुनियाद आनुभविकता है। यह आनुभविकता एथनोग्राफिक अनुसंधान सामग्री पर निर्भर है। मूल में यह समाज विज्ञान व्यवहार को गहराई से देखता है, और फिर इसका विवरण प्रस्तुत करता है। इसकी विधि अनिवार्य रूप से क्षेत्रीय कार्य है। इसी क्षेत्रीय कार्य के आधार पर यह आम आदमी की संस्कृति का अध्ययन करता है। इसकी एक विशेष परंपरा रही है और यह परंपरा हाशिए के लोगों, गरीब–गुरबों और शोषितों के अध्ययन की रही है। इस बदलाव के दौर में मानवशास्त्र इन उपेक्षित लोगों को छोड़ने के लिए तैयार नहीं है। इन लोगों के अध्ययन के बाद यह समाज विज्ञान उन क्षेत्रों तक पहुंचता है जिनके पास शक्ति है और जो राष्ट्र—राज्य चलाने की क्षमता रखते हैं। मतलब हुआ मानवशास्त्र ठेठ नीचे की जमीन से उठकर शीर्ष पर जो समुदाय बैठे हुए हैं, उनकी गतिविधियों का भी विश्लेषण करता है। यह सूक्ष्म (Micro) से लेकर वृहत् (Macro) तक के अध्ययन को अपने अंदर समेट लेता है। कुल मिलाकर यूनेस्को द्वारा प्रायोजित इस पुस्तक में माइकल हर्जफील्ड मानवशास्त्र को एक सार्वभौमिक या व्यापक (Global) संदर्श देते

हैं। इस संदर्श का आधार आम विवेक और जन–जन की संस्कृति है। इस संस्कृति में परंपरा से उपेक्षित लोगों को शीर्ष स्थान प्राप्त है।

मानव-विज्ञान की परिभाषाएं एवं भेद (Anthropology and Its Interpretation)

हर्जफील्ड ने व्यापक रूप से मानवशास्त्र को समझने की कोशिश की है। वे इसे जमीन से जुड़े हुए आम आदमी को उसके समाज और संस्कृति से जोड़ते हैं, लेकिन मानवशास्त्र वर्षों से जिन घोड़ों पर चढ़कर अपनी विरासत को चला रहा है, उसको एक झटके में छोड़ नहीं सकता। परिवार, आदिम जातियां, उनकी नातेदारी, धर्म, जादू, बिरादरी, रस्म रिवाज से किनारा नहीं कर सकता। मानवशास्त्र चाहे किसी सामाजिक संस्था का अध्ययन करे इसका संदर्श महत्वपूर्ण होता है और संदर्श एथनोग्राफिक है। इस व्यापक अर्थ में देखें तो मानवशास्त्र की जो समझ भारत में है, ब्रिटेन और यूरोप में है और अमेरिका तथा संसार के विभिन्न भागों में है वह एक समान नहीं है। अफ्रीका, ऑस्ट्रेलिया और भारत में इस विज्ञान को सहानुभूति की दृष्टि में नहीं देखा जाता। कहीं इसका अर्थ संस्कृति से लिया जाता है तो कहीं विचित्र संस्थाओं के अध्ययन से।

सन् 1950 में जब ई.ई. इवान्स–प्रिचार्ड (E.E. Evans-Pritchard) ने ऑक्सफोर्ड विश्वविद्यालय में भाषण दिया था तब उन्होंने कहा था कि मानवशास्त्र में बहुत सीमित शब्दावली है। यह आम बोलचाल की भाषा से अपना काम चलाती है। ऐसी बोलचाल की भाषा इस विषय के तकनीकी अर्थ को समझने में असमर्थ होती है। यह इसी शब्दावली के कारण है कि लोग इस समाज विज्ञान का मनमाना अर्थ निकालते हैं। इंग्लैंड में मानवशास्त्र का जो अर्थ लिया जाता है, वह अमेरिका से भिन्न है। यहां इस विज्ञान को मानव संस्कृति के अध्ययन का विज्ञान कहा जाता है। यूरोप के अन्य देशों में मानवशास्त्र को शारीरिक और जैविकीय अध्ययन के अर्थ में लिया जाता है। थोड़ा विस्तार से देखें तो पता लगेगा कि इंग्लैंड में मानवशास्त्र के विकास में ए.आर. रेडक्लिफ–ब्राउन (A.R. Radcliffe-Brown) और मेलिनोस्की (Bronislaw Malinowaski) की परंपरा बड़ी महत्वपूर्ण रही है। इसी के अनुसार यहां इस विज्ञान को मानव संस्कृति, सामाजिक व्यवस्था और सामाजिक संबंधों के अध्ययन का विषय समझा जाता रहा है।

अमेरिका में मानवशास्त्र की परंपरा का निर्माण ए.एल. क्रोबर (A.L. Kroeber), जी.पी. मुरडोक (G.P. Murdock) और हर्सकोविट्ज (Melville Jean Herskovits) ने डाली है। इनका मत है कि मानवशास्त्र की केन्द्रीय अध्ययन सामग्री संस्कृति है। ये मानवशास्त्री संस्कृति का बड़ा व्यापक अर्थ निकालते हैं। हर्सकोविट्ज तो कहते हैं कि मानवशास्त्र तो मनुष्य और उसके संपूर्ण कार्यों (Man and his Works) का अध्ययन है।

भारत में मानवशास्त्र को यहां की परिस्थितियों के संदर्भ में परिभाषित किया जाता है। इसे समाजशास्त्र का ही अंग समझा जाता है। एक तरह से ये दोनों समाज विज्ञान जुड़वां बहनों की तरह देखे जाते हैं। जहां अमेरिका में मानवशास्त्र को दूसरी संस्कृतियों (Other Cultures) का अध्ययन समझा है, वहां हमारे यहां यह समाज विज्ञान जाति, गांव, धर्म, नातेदारी आदि के अध्ययन का विषय है।

मानवशास्त्र की कोई एक निर्विवाद परिभाषा देना बहुत कठिन है। इसका बहुत बड़ा कारण यह है कि यह विषय आज भी अपने निर्माणकाल में है। जो परिपक्वता एक विज्ञान में होनी चाहिए, उसे विकसित करने में इसे अभी लंबा समय लगेगा। वास्तविकता यह है कि प्रत्येक समाज की अपनी सांस्कृतिक पहचान होती है और इसी पहचान के अनुरूप मानवशास्त्र को अपने आपको गढ़ना पड़ता है, और यह बहुत कठिन काम है। भारत में संस्कृति और सामाजिक संरचना एक विशाल सभ्यता के उतार–चढ़ाव पर बनी है, यूरोप में इस विज्ञान का सरोकार सामाजिक व्यवस्था के अध्ययन से जुड़ा है। सामाजिक संरचना की विभिन्नताएं अनेक हैं और इसके साथ मानवशास्त्र को जूझना पड़ेगा।

मानवशास्त्र—चार उप-क्षेत्र (Anthropology: The Four Sub-Fields)

मानवशास्त्र की परिभाषा की जटिलता से मुक्ति पाने के लिए हाल में कुछ विद्वानों ने प्रयास किया है। वे इस बात को स्वीकार करते हैं कि यह विज्ञान संपूर्ण मानवजाति का उसकी समग्रता (Totality) में अध्ययन करता है। लेकिन यह समग्रता क्या है, यह विवादास्पद हो सकता है। अंग्रेजी भाषा का शब्द एन्थ्रोपोलॉजी (Anthropology) मूल में एन्थ्रोपॉज (Anthropos) से बना है। यह एक ग्रीक शब्द है जिसका अर्थ है मानवजाति (Humanism) और लोजी (Logy) का मतलब है ज्ञान। इस भांति मानवजाति के बारे में ज्ञान एकत्र करने का काम यह समाज विज्ञान करता है। मानवशास्त्र की यह परिभाषा उसे अन्य समाज विज्ञानों से पृथक नहीं कर पाती। देखा जाए तो समाजशास्त्र, राजनीतिशास्त्र, अर्थशास्त्र, इतिहास सभी मनुष्य जाति का अध्ययन व्यवस्थित ढंग से करते हैं। इन समाज विज्ञानों के अध्ययन का दृष्टिकोण भिन्न हो सकता है, लेकिन यह अध्ययन तो मुख्य रूप से मनुष्य जाति का ही होता है। इस समानता के होते हुए भी मानवशास्त्र की अपनी एक खासियत या विशेषता है जो इसे अन्य समाज विज्ञानों से पृथक करती है। मानवशास्त्र के चार मुख्य उपभाग (Sub-Fields) हैं जो इसकी संपूर्णता को बनाते हैं। ये चार उपभाग इस समाज विज्ञान को प्राकृतिक विज्ञानों, समाज विज्ञानों और मानविकी (Humanities) के साथ जोड़ते हैं। इस भांति मानवशास्त्र एक विशाल सेतु है जो ज्ञान की तीन शाखाओं से—प्राकृतिक, सामाजिक और मानविकी को जोड़ता है। एक तरह से मानवशास्त्र संपूर्ण मानवता को उसके अतीत तथा वर्तमान के सन्दर्भ में देखता है।

मानवशास्त्र की ये चार उपशाखाएं इस तरह हैं—

1. शारीरिक मानवशास्त्र (Physical Anthropology), 2. पुरातत्व विज्ञान (Archaeology), 3. भाषा विज्ञान (Linguistic Anthropology), 4. मानवशास्त्र और सांस्कृतिक मानवशास्त्र (Cultural Anthropology or Ethnology)। वास्तव में मानवशास्त्र के इन उपभागों की उत्पत्ति पश्चिम के देशों में हुई है। इस उदय का कारण गैर–पश्चिमी देशों को समझना था। वास्तव में 15वीं शताब्दी में क्रिस्टोपर कोलंबस नए देशों की खोज के लिए निकला था। इन देशों के स्थानीय लोगों को मिलने का यह उसका पहला अवसर था। अपनी इस खोज में वह अमेरिका, अफ्रीका,

मध्य एशिया और कई देशों में गया था। पश्चिमी देशों के कुछ सरकारी अधिकारियों को भी इन देशों में जाने का अवसर मिला। गैर–पश्चिमी देशों के वृत्तांत बराबर आने लगे। इधर 19वीं शताब्दी में मानवशास्त्र का सामान्य विकास हुआ। मानवशास्त्रियों ने इन गैर–पश्चिमी देशों को समझने के लिए इन चार उपशाखाओं का निर्माण किया था। उनका मानना था कि संपूर्ण मानवजाति का अध्ययन इन उपभागों के मानदंडों पर समझा जा सकता है। अब हम मानवशास्त्र के इन चार उपभागों को थोड़े विस्तार से देखेंगे। वे लोग जो मानवशास्त्र की परिभाषा देते हैं, उनका संदर्भ इन चार उपभागों से होता है। वे कहते हैं कि मानवशास्त्र जैविकीय शरीर के अध्ययन से जुड़ा होता है, यह पूर्व ऐतिहासिक यानी पुरातन समाज का अध्ययन करता है, इसका क्षेत्र भाषायी संरचना को समझना होता है और एथनोलॉजी को भी अपने अध्ययन क्षेत्र में सम्मिलित करता है। ये सब उपभाग मानवशास्त्र को मानवजाति का अध्ययन समग्र रूप से करने का मौका देते हैं। मानवशास्त्र की परिभाषा को सूत्र रूप में इस भांति रखेंगे—

मानवशास्त्र = जैविकीय अध्ययन + पुरातन मानव + संरचनात्मक भाषायी समूह
+ सांस्कृतिक मानव यानी मानक मूल्य धर्म, कला आदि।

मानवशास्त्र के चार उपभागों को चित्र में हम इस भांति रखेंगे—

शारीरिक मानवशास्त्र (Physical Anthropology)	पुरातत्व मानवशास्त्र (Archaeology)
भाषायी मानवशास्त्र (Linguistic Anthropology)	सांस्कृतिक मानवशास्त्र या एथनोलॉजी (Cultural Anthropology or Ethnology)

19वीं शताब्दी के यात्रियों ने जिन गैर–पश्चिमी देशों का विवरण दिया है, उन्हें आधार मानकर मानवशास्त्र एक समाज विज्ञान के रूप में उभर कर यूरोप में विकसित हुआ। इन प्रारंभिक मानवशास्त्रियों के सामने कुछ प्रश्न थे, वे उनका उत्तर जानना चाहते थे। उनकी जिज्ञासा थी कि इन गैर–पश्चिमी देशों के समाज और संस्कृतियों में कौनसे बुनियादी अंतर थे और कौनसी समानताएं। वे यह जानना चाहते थे कि विभिन्न देशों के लोगों में किस प्रकार की शारीरिक बनावट है। मानवशास्त्रियों के ये अनुसंधान आज भी चल रहे हैं और चारों भागों में यह समाज विज्ञान आज भी अनुसंधानरत है। इस भांति मानवशास्त्र मानवजाति के समग्र अध्ययन को अपना केन्द्रीय विषय मानता है। अब हम इन चार उपभागों का जो मानवशास्त्र की अध्ययन सामग्री है, वर्णन करेंगे।

शारीरिक मानवशास्त्र (Physical Anthropology)

शारीरिक मानवशास्त्र मनुष्य को एक जैविकीय प्राणी के रूप में देखता है। जैविकीय (Biological) दृष्टि से मानवशास्त्र की यह शाखा प्राकृतिक विज्ञानों से जुड़ी है। शारीरिक मानवशास्त्री मनुष्य के जैविकीय अध्ययन में दो विषयों में विशेष रुचि रखते हैं—(1) मनुष्य का उद्‌विकास (Human Evolution), और (2) आधुनिक मानव रूपांतरण (Modern Human Variation)। शारीरिक मानवशास्त्र मनुष्य की

विशेषताओं का विश्लेषण करते हैं। उदाहरण के लिए, हाल में मानवशास्त्रियों ने अफ्रीका की जनजातियों का लाखों वर्ष पहले के उद्विकास का ब्यौरा दिया है। ऐसा करने में वे जीवावशेष (Fossils) का परीक्षण करते हैं। ये जीवावशेष मानव हड्डियों के रूप में पत्थरों में छिपे पाए जाते हैं। इनका गहराई से परीक्षण करने के बाद इस नतीजे पर पहुंचा जा सकता है कि आदमी की उत्पत्ति कितनी पुरानी है। भौतिक मानवशास्त्र की इस तरह की शोध जो जीवावशेष पर होती है, जीवाश्म विज्ञान (Palaeoanthropology) कहलाती है। इसका अर्थ इतिहास से पहले के आदमी का अध्ययन जीवाश्म विज्ञान कई यंत्रों की सहायता से हड्डियों को वर्गीकृत करता है और यह जानने का प्रयास करता है कि आधुनिक मानव पूर्वजों से कितना भिन्न है।

शारीरिक मानवशास्त्र का एक और भाग भी बहुत सक्रिय है। इसे नर वानर विज्ञान (Primatology) कहते हैं। यह विज्ञान मनुष्य की उत्पत्ति वानर या बंदर से खोजता है। चिंपांजी, गुरिल्ला, गिबन आदि ऐसे बंदर हैं जिनकी शारीरिक बनावट वर्तमान मानव से बहुत अधिक मेल खाती है। इन बंदरों का आज का व्यवहार मनुष्य के उद्गम को समझने में बहुत सहायक है।

शारीरिक मानवशास्त्रियों का एक और समूह है जो वर्तमान मानव में पाए जाने वाले रूपांतरणों (Variations) का अध्ययन करता है। ये मानवशास्त्री मनुष्य शरीर के भागों में पाए जाने वाले अंतर का गहराई से अध्ययन करते हैं। यह सही है कि मनुष्य के दो आंखें, दो कान और एक नाक होती हैं, लेकिन इनकी बनावट लंबाई, चौड़ाई एक मनुष्य को दूसरे से भिन्न कर देती है। किसी के बाल घुंघराले होते हैं, किसी के सीधे और किसी के ऊनी। यह इन्हीं शारीरिक रूपांतरणों के कारण ही है कि हम विभिन्न प्रजातियों (Races) के अंतर को समझने में सफल हो पाते हैं।

मानवशास्त्री शरीर के इन लक्षणों की समानता और विभिन्नता को समझने का प्रयास करते हैं। शारीरिक मानवशास्त्र की इस शाखा को अस्थिविज्ञान (Osteology) कहते हैं। यह विज्ञान मनुष्य के रक्त समूह (Blood Group), शरीर के कद, रंग, आंख और नाक की बनावट, वंशानुक्रम के लक्षण आदि का अध्ययन करता है। इस तरह के अध्ययन में आनुवंशिकी (Genetics) अनुसंधान को अत्यधिक महत्व दिया जाता है। आनुवंशिकी वह क्षेत्र है जो जन्मजात लक्षणों को देखती है। हमारी जो शारीरिक बनावट है, वह वस्तुतः आनुवंशिकता (Heredity) के कारण है। शारीरिक लक्षण तो जन्मजात होते हैं, लेकिन कुछ बीमारियां भी ऐसी होती हैं जो जन्मजात समझी जाती हैं। हड्डियों के अध्ययन में आनुवंशिकी का गहरा संबंध है।

मानवशास्त्र की परिभाषा सामान्य से संपूर्ण मानवजाति का अध्ययन करना है। यह संपूर्णता या समग्रता शारीरिक, पुरातनकाल, एथनोलॉजी और भाषायी संरचना में निहित है। अभी हमने शारीरिक मानवशास्त्र का बहुत थोड़े में विवरण दिया है। इसके अनुसार शारीरिक मानवशास्त्र की रुचि मनुष्य के उद्विकास और उसके रूपांतरण में है। दुनियाभर के लोग एक समान होकर भी एक–दूसरे से बहुत भिन्न हैं। वे प्रजातियों में बंटे हुए हैं। उनकी संस्कृति में बुनियादी समानता होते हुए भी बड़ी विभिन्नता है। इस सबको जानने–पहचानने का प्रयास मानवशास्त्र और उसकी विभिन्न शाखाएं करती हैं।

पुरातत्व मानवशास्त्र (Archaeology)

पुरातत्व विज्ञान के कई स्वरूप हैं। इसकी प्रकृति पूर्व ऐतिहासिक और ऐतिहासिक है। यह विज्ञान पुरानी वस्तुओं को देखकर यह अनुमान लगाता है कि इन वस्तुओं (Artifacts) के साथ में किस प्रकार संस्कृति जुड़ी होती। ये वस्तुएं निम्न हैं—हथौड़ा, कटोरा, थाली, लोटा, चूल्हा, मकान, आदि। कुछ पुरातत्व वस्तुओं में आभूषण और शिकार करने वाले हथियार भी हैं। मोहनजोदड़ो और हड़प्पा (अब पाकिस्तान में है) की खुदाई में कई तरह के आर्टिफेक्ट्स मिले हैं। ये सब वस्तुएं तत्कालीन समाज की सभ्यता और संस्कृति को बताती हैं। पुरातत्व वैज्ञानिक अपनी जांच बड़े ही सूक्ष्म माध्यमों की सहायता से करते हैं। पुरातत्वशास्त्री पूर्व ऐतिहासिक खोजों को देखते हैं और उन पर अपने निष्कर्ष रखते हैं। कुछ पुरातत्वशास्त्री लिखित इतिहास को आधार बनाकर खुदी हुई वस्तुओं को देखते हैं। वे पुरातत्वशास्त्री जो इतिहास को लेकर अध्ययन करते हैं, उन्हें ऐतिहासिक पुरातत्वशास्त्री (Historical Archaelogist) कहा जाता है।

पुरातत्वशास्त्रियों के कई प्रकार हैं। इनमें औद्योगिक, प्राचीन और मध्ययुगीन पुरातत्वशास्त्री भी हैं। वास्तव में पुरातत्वशास्त्री अतीत की कई विशेषताओं पर अपना अध्ययन केन्द्रित करते हैं। देखा जाए तो मानवशास्त्र का यह उपशाखाशास्त्र अत्यधिक धनाढ्य है। इसमें अनुसंधान की कई संभावनाएं हैं।

भाषायी मानवशास्त्र (Linguistic Anthropology)

भाषाविद् का अध्ययन क्षेत्र वस्तुतः दार्शनिक है। भाषायी मानवशास्त्र का संबंध इस विधा से संस्कृति के कारण है। किसी भी संस्कृति की अभिव्यक्ति उसकी भाषा के माध्यम से होती है और इसलिए भाषा द्वारा ही संस्कृति की समझ, जानकारी हमें प्राप्त होती है। भाषा का अपना एक साहित्य होता है और इस साहित्य के द्वारा ही हम विभिन्न संस्कृतियों को समझ सकते हैं। यदि किसी संस्कृति में कोई वस्तु होती है तब इसकी अभिव्यक्ति के लिए कोई न कोई शब्द अवश्य होता है। यूरोप या इंग्लैंड में होली, दिवाली आदि त्यौहार नहीं होते, ऐसी अवस्था में अंग्रेजी, फ्रेंच और जर्मन भाषा में इसके लिए कोई शब्द नहीं है। स्पष्ट है कि प्रत्येक संस्कृति की अपनी एक भाषा होती है और जब मानवशास्त्र संपूर्ण मानवजाति का अध्ययन करता है तब इसे विभिन्न जातियों की संस्कृतियों का अध्ययन करना पड़ता है और यह भाषा के बिना नहीं हो सकता। इस भांति मानवशास्त्र भाषा और संस्कृति के संबंधों की पड़ताल करता है। अपनी इस खोज में मानवशास्त्र यह देखता है कि किस भांति एक भाषा समूह दूसरे भाषा समूह के समान है या भिन्न है।

भाषायी मानवशास्त्र दो तथ्यों पर जोर देता है। एक तो वह भाषा की संरचना (Structure) को समझता है और दूसरा भाषा के इतिहास को खोजता है। भाषा का इतिहास सांस्कृतिक परिवर्तन के विश्लेषण में सहायक होता है। उदाहरण के लिए हमारे यहां कोई दर्जनों भाषाएं हैं और बोलियां सैकड़ों की तादाद में हैं। मुख्य रूप से यहां तीन भाषायी परिवार हैं—इण्डो–आर्यन (Indo-Aryan), द्रविड़ियन (Drawidian)

और सिनो–तिब्बती (Sino-Tibetian) प्रत्येक भाषा परिवार में कई भाषाएं हैं। जैसे इंडो–आर्यन भाषा में हिन्दी, गुजराती, मराठी, कश्मीरी, असमी आदि हैं। ये भाषाएं विभिन्न संस्कृतियों को बतलाती हैं। प्रत्येक भाषा का अपना साहित्य होता है और यह साहित्य अतीत तथा वर्तमान संस्कृति के इतिहास को बताता है।

भाषा की एक संरचना होती है। यह संरचना एक निश्चित व्याकरण द्वारा नियंत्रित होती है। भाषा को समझने के लिए उसकी संरचना को समझना आवश्यक है। क्रियाकर्म आदि व्याकरण की संरचना को बताते हैं। संरचना के अतिरिक्त प्रत्येक भाषा का एक निश्चित इतिहास होता है। उदाहरण के लिए हिन्दी भाषा में रीति–काल है। इस काल में जो साहित्य रचना हुई, वह प्रेम और रोमांस की है। गाथाकाल में शौर्य और युद्ध का साहित्य बना। भाषा की संरचना और इसका इतिहास भाषायी मानवशास्त्र के मुख्य मुद्दे हैं।

भाषायी मानवशास्त्र की एक और शाखा है जिसे सामाजिक भाषायी (Socio-Linguistic) कहते हैं। इसमें यह देखा जाता है कि भाषा किस भांति सामाजिक समूहों को परिभाषित करती है। उदाहरण के लिए गुजराती भाषा में 'आप' जैसा कोई शब्द नहीं है। सभी के लिए 'तमे' या 'तमारे' शब्द को काम लिया जाता है। इसी भांति थाईलैंड की भाषा में सर्वनाम के लिए कोई तेरह प्रकार हैं। एक प्रकार सभी व्यक्तियों के लिए जो बराबरी के होते हैं, काम में लिया जाता है, दूसरा प्रकार ऊंची प्रतिष्ठा वाले लोगों के लिए प्रयोग में आता, एक और प्रकार स्त्रियों के लिए संबोधन करते हुए प्रयोग में आता है। इस भांति एक ही भाषा में समूहों के लिए अलग–अलग शब्द काम में आते हैं। ये सब सामाजिक भाषायी के क्षेत्र में आते हैं। भाषायी मानवशास्त्र इतिहास का सहारा भी लेता है जब वह विभिन्न की भाषा के व्याकरण का तुलनात्मक अध्ययन करता है। यह इसी विधा के अंतर्गत है कि अमेरिका के मूल निवासियों का उद्‌गम एशिया के देशों से हुआ है।

सांस्कृतिक मानवशास्त्र या एथनोलॉजी (Cultural Anthropology or Ethnology)

सांस्कृतिक मानवशास्त्र को कई एथनोलॉजी के नाम से भी पुकारते हैं। मानवशास्त्र की यह शाखा दुनियाभर के समकालीन समाजों और संस्कृतियों का तुलनात्मक अध्ययन करती है। इस विज्ञान में सामान्यतया गैर–पश्चिमी संस्कृतियों और समाजों का अध्ययन किया जाता है। ब्राजील, मध्य एशिया के देशों, चीन और अन्य देशों की संस्कृति तथा समाज को समझने का प्रयास सांस्कृतिक मानवशास्त्र करता है। हाल में कुछ मानवशास्त्री अपने ही समाज या विकसित देशों की संस्कृति का भी अध्ययन करने लगे हैं। जब गैर–विकसित देशों को समझ लिया जाता है, तब स्वयं के देश की संस्कृति को समझना अधिक सरल हो जाता है।

सांस्कृतिक मानवशास्त्रियों को एथनोलॉजिस्ट तो कहते ही हैं, पर कभी–कभी उनको सामाजिक, सांस्कृतिक मानवशास्त्री या एथनोग्राफर के नाम से भी पहचाना

जाता है। ये मानवशास्त्री सामान्य रूप से सहभागी अवलोकन विधि से क्षेत्रीय कार्य करते हैं। ऐसा करने में वे क्षेत्र की भाषा और वहां के लोक जीवन को सही तरीके से समझ लेते हैं, सहभागी अवलोकन अनुसंधानकर्ता को गहराई से देखने का अवसर देता है। हमारे यहां एम.एन. श्रीनिवास ने दक्षिण भारत के एक गांव रामपुरा के अध्ययन में कई महीने लगा दिए थे। सांस्कृतिक मानवशास्त्री संस्कृति के अंतर्गत समूह के परिवार, धन, बांधव, जाति, गांव और मूल्यों तथा मानकों का विस्तारपूर्वक अध्ययन करता है।

मानवशास्त्र—कुछ और परंपरागत परिभाषाएं (Anthropology: Some Other Traditional Definitions)

हमने इस अध्याय का प्रारंभ मानवशास्त्र को परिभाषित करने के प्रयास में किया है। पिछले दस–बीस वर्षों में समाज विज्ञान में बड़े उथल–पुथल करने वाले परिवर्तन आए हैं। अब यह मानव–विज्ञान केवल आदिवासियों, जातियों, धर्म, जादू और चमत्कारी रीति–रिवाजों का विवरण मात्र ही नहीं रहा। न ही इस विषय का क्षेत्र सूक्ष्म (Micro) तक ही सिमटा रहा। अब तो इसकी परिभाषा बहुत वृहद् हो गई है। कहा जाता है कि यह समाज विज्ञान आम आदमी के विवेक, अनुभव और अनुभूति का विज्ञान है। इसमें शरीर रचना, वंशानुक्रमण, पुरातत्व, कस्बे, महानगर और संपूर्ण एथनिसिटी का समावेश हो जाता है। परिभाषा के बदलाव के साथ इसके संदर्श भी बदल गए हैं यह सब होते हुए भी मानवशास्त्र मनुष्य मात्र का उसकी समग्रता में अध्ययन करता है। इस परिवर्तन के बाद भी आज यह विज्ञान अपने परंपरागत अध्ययन क्षेत्रों को छोड़ने के लिए तैयार नहीं है। इस तथ्य को ध्यान में रखते हुए हम मानवशास्त्र की कतिपय परंपरागत परिभाषाओं का नीचे उल्लेख करेंगे।

रेमण्ड फर्थ (Raymand Firth)

रेमण्ड फर्थ ने *इंटरनेशनल एनसाइक्लोपीडिया ऑफ दि सोशल साइंसेज* (*International Encyclopedia of the Social Sciences*) में सामाजिक मानवशास्त्र की व्याख्या करते हुए लिखा है कि इस विज्ञान का उद्देश्य मनुष्य व्यवहार की विविधता को समझना और विश्लेषण करना है। ऐसा करने में यह विज्ञान यथासंभव विशालकाय समाजों के सामाजिक संबंधों और प्रक्रियाओं का तुलनात्मक अध्ययन करता है। जिन सामाजिक संबंधों का मानव–विज्ञान अध्ययन करता है, ये संबंध संस्था का रूप ग्रहण कर लेते हैं। इसका अर्थ है कि मनुष्य किसी विशेष समूहों या श्रेणियों के सदस्यों के नाते नियमित रूप से एक विशेष प्रकार का व्यवहार करते हैं। फर्थ के अनुसार, इन संस्थाओं में परिवार, विवाह और बंधुत्व, आर्थिक और राजनीतिक संगठन, सामाजिक नियंत्रण, नैतिकता, कर्मकांड और धर्म सम्मिलित हैं। सामाजिक संबंधों का किसी भी सामाजिक विज्ञान में अंतिम विश्लेषण नहीं हो सकता। सामाजिक मानव–विज्ञान के निर्माण की भी अन्य पूरक आधार सामग्री (Data) जनांकिकीय (Demographic) और मनोवैज्ञानिक है। इस सीमा के होते हुए भी एक सामाजिक मानव–वैज्ञानिक अपने क्षेत्र में होने वाले व्यवहार के जोड़–तोड़ को निश्चित रूप से

परिभाषित करते हुए सामाजिक संबंधों का एक अवबोध (Understanding) उपस्थित करता है।

विनिक (Winick) ने मानवशास्त्र परिभाषा कोष में मानव–विज्ञान की परिभाषा देते हुए लिखा है कि यह विज्ञान सामाजिक स्वरूपों और संस्थाओं का विधिवत् और तुलनात्मक अध्ययन करता है। अतः उनके अनुसार सामाजिक मानवशास्त्र सामाजिक व्यवहार का अध्ययन है। होबेल (Hoebel) ने मानवशास्त्र की व्याख्या में स्पष्ट किया है—"मानवशास्त्र सामाजिक व्यवहार और सामाजिक समूहों के संगठन (अथवा समाज–रचना) के अध्ययन पर अपना ध्यान केन्द्रित करता है।" इंग्लैंड के सामाजिक मानवशास्त्री इवान्स (Evans) ने मानवशास्त्र को परिभाषाबद्ध करते हुए लिखा है—"मानवशास्त्र परिवार, बंधुत्व, राजकीय संगठन, विधि–विधान और धार्मिक संप्रदायों जैसी संस्थाओं के पारस्परिक संबंधों का अध्ययन करता है।" वास्तव में जैसा कि क्लूखोन (Kluckhohn) ने एक बार कहा था कि मानवशास्त्र एक मछली की खोज है जिसने पानी के अस्तित्व को पाया। मानवशास्त्र के उद्देश्य को और अधिक स्पष्ट करते हुए बोहनन (Bohannan) कहते हैं कि मानवशास्त्र का दोहरा महत्व है। एक ओर जहां यह विज्ञान मनुष्यों के बारे में ज्ञान एकत्र करता है और उसका वर्गीकरण और विश्लेषण करता है, वहीं दूसरी ओर अर्वाचीन संसार के विषय में हमारे जो भी बुनियादी विचार हैं, उनके विश्लेषण में हमें सूक्ष्म दृष्टि प्रदान करता है। इसीलिए इस लेखक के अनुसार मानवशास्त्र मनुष्य जीवन के प्रति एक अभिवृत्ति है। यह अभिवृत्ति मनुष्य की गतिविधि और विचारों के संबंध में एक त्रिविमितीय दृष्टिकोण (Stereoscopic View) विकसित करती है। ऐसा करने के लिए मानवशास्त्र उन अवधारणाओं का निर्माण करता है जिनके द्वारा एक संस्कृति के मुहावरों को दूसरी संस्कृति की भाषा में बदला है। जब हम सामाजिक मानवशास्त्र की प्रकृति को वैज्ञानिक सीमा में रखते हैं, तो हमारे सामने यह बुनियादी प्रश्न आता है कि हम विज्ञान किसे कहें। यदि हमारी विज्ञान की अवधारणा सुस्पष्ट हो जाती है, तो हम यह निश्चयपूर्वक कह सकते हैं कि सामाजिक मानवशास्त्र विज्ञान है अथवा नहीं।

विज्ञान की प्रकृति (Nature of Science)

सामान्यतया सुव्यवस्थित ज्ञान को विज्ञान कहते हैं। अब प्रश्न है—सुव्यवस्थित किसे कहेंगे? यदि ज्ञान के कोष से विज्ञान को परिभाषित किया जाए, तब भी हमारे सामने दार्शनिक प्रश्न उठता है कि ज्ञान किसे कहते हैं? इसका स्वरूप क्या है? ऐसा लगता है कि विज्ञान एक विधि है—अध्ययन पद्धति है जिसे किसी भी समस्या पर लागू किया जा सकता है। जॉनसन (Johnson) ने किसी भी विज्ञान के लिए चार तत्वों को आवश्यक माना है। जॉनसन ने विज्ञान के इन बुनियादी चार तत्वों को समाजशास्त्र पर लागू किया है और वे इस निष्कर्ष पर पहुंचते हैं कि एक निश्चित सीमा तक समाजशास्त्र भी एक सामाजिक विज्ञान है। विज्ञान के इन लक्षणों को हम मानव विज्ञान पर भी घटाना चाहते हैं, पर ऐसा करने से पहले हम इन लक्षणों का उल्लेख करेंगे—(1) विज्ञान के पास सिद्धांत होता है। (2) विज्ञान संचयी (Cumulative) होता

है। (3) विज्ञान आनुभविक (Empirical) होता है। (4) विज्ञान नैतिकता–मुक्त (Non-Ethical) होता है।

उपर्युक्त लक्षण विज्ञान की प्रकृति को स्पष्ट करते हैं। विज्ञान प्राकृतिक विज्ञान हो सकता है और सामाजिक विज्ञान भी। जिस किसी ज्ञान–शाखा को हम विज्ञान कहते हैं, उसमें इन लक्षणों का होना आवश्यक है। यह संभव है कि एक ज्ञान–शाखा में विज्ञान के लक्षण अधिक हों और दूसरी में कम। पर जॉनसन के अनुसार ये लक्षण किसी भी एक ज्ञान–शाखा के निर्धारक तत्व हैं। इन तत्वों को हम सामाजिक मानव विज्ञान पर लागू करके देखें कि इसमें ये तत्व किस सीमा और मात्रा में पाए जाते हैं।

सामाजिक मानवशास्त्र और सिद्धांत (Social Anthropology and Doctrines)

सिद्धांत एक प्रकार की निगमन पद्धति (Deductive System) है। इसमें एक से अधिक अवधारणाओं में कार्य—कारण या तार्किक संबंध होता है। भविष्य में मनुष्य का व्यवहार कैसा होगा, इसका पूर्व संसूचन (Prediction) विज्ञान में होता है। सिद्धांत की एक और विशेषता सर्वव्यापकता है। भौतिकशास्त्र में इस प्रकार के सिद्धांत बहुतायत से पाए जाते हैं। यही बात प्राकृतिक विज्ञान की अन्य शाखाओं में पाई जाती है। जिस विज्ञान में अधिक सिद्धांत होते हैं, वह विज्ञान उतना ही अधिक परिपक्व समझा जाता है।

सामाजिक मानवशास्त्र में क्या इस प्रकार के सिद्धांत हैं? यह विज्ञान जिस मोड़ पर खड़ा है उसमें मानवशास्त्रियों की रुचि उद्‌विकास में नहीं है। अब सामाजिक मानवशास्त्र का केन्द्र मनुष्य समाज के संस्थागत व्यवहार हैं। सामाजिक मानवशास्त्र की प्रकृति का यह परिवर्तन उसकी संचयी वृत्ति को बताता है।

सामाजिक मानवशास्त्र तथा आनुभविकता
(Social Anthropology and Empiricism)

आनुभविकता (Empiricism) एक प्रकार की अनुभूति है। अनुसंधानकर्ता प्रघटनाओं के संबंध में जानकारी को जब अपनी इन्द्रियों द्वारा ग्रहण करता है, तो यह आनुभविकता अर्थात् अनुभवजन्य जानकारी है। प्राकृतिक–विज्ञान द्वारा प्रयोगशाला में इस प्रकार की जानकारी प्राप्त करते हैं। किसी भी विज्ञान की कसौटी उसकी आनुभविकता है। अनुभव द्वारा प्राप्त की गई जानकारी ऐसी होती है जिसका सत्यापन (Verification) किया जा सकता है। उदाहरणार्थ रसायनशास्त्र में यदि यह कहा जाता है कि पानी का सूत्र H_2O है, तो प्रयोगशाला में दो भाग हाइड्रोजन और एक भाग ऑक्सीजन को मिलाकर इस कथन का सत्यापन किया जा सकता है। यह आनुभविकता है। विज्ञान में आनुभविकता का होना आवश्यक है।

क्या सामाजिक मानवशास्त्र में यह आनुभविकता है? हमारा उत्तर होगा कि एक सीमा तक इस विज्ञान में भी आनुभविकता है। कहना तो यह चाहिए कि सामाजिक विज्ञानों की तुलना में सामाजिक मानवशास्त्र में आनुभविकता अधिक है। आज हमारे देश में जनजातियों और ग्रामीण समुदायों के संबंध में जो बहुत कुछ तत्व सामग्री हमारे पास है, उसे आनुभविक विधि द्वारा ही एकत्र किया गया है। इस संबंध में भारतीय

सामाजिक मानव–वैज्ञामिक आन्द्रे बैतेई (Bèteille) लिखते हैं—"हमारे बंधत्व, धर्म और स्थानीय स्तर की राजनीति के संबंध में बहुत बड़ी अंतर्दृष्टियों का आधार सामाजिक मानव–वैज्ञानिकों द्वारा किए गए गहन अध्ययन हैं जिनकी विधि सहभागी अवलोकन (Participant Observation) रही है।" हमारे देश में मोहाना, लोनीकण्ड, शमरपेट, रामपुर आदि गांवों के जो अध्ययन हुए हैं, उनमें आनुभविकता ही एक विश्वसनीय विधि रही है। सामाजिक मानवशास्त्र में क्षेत्रीय कार्य (Fieldwork) एक अनिवार्य अंग है। और इसीलिए हम इस विज्ञान को अन्य सामाजिक विज्ञानों की तुलना में अधिक अनुभवपरक कहते हैं।

सामाजिक मानवशास्त्र और उसकी नैतिकता-मुक्ति
(Social Anthropology and its Value-freeness)

नैतिकता का अर्थ मूल्य (Value) के रूप में लिया जाता है। मूल्य को लेकर सामाजिक–विज्ञानों में लंबी अवधि से यह विवाद रहा है कि सामाजिकशास्त्र मूल्य–मुक्त (Value-Free) रहने चाहिए या नहीं। विचारकों के एक वर्ग का मत है कि यदि सामाजिक–विज्ञान को शुद्ध विज्ञान का स्थान पाना है, तो इसे मूल्य–मुक्त होना चाहिए। इस विज्ञान को सुझाव से मुक्त रखना चाहिए। उसे तो केवल यही बताना चाहिए कि प्रघटनाएं ऐसी हैं। प्रघटनाएं कैसी होनी चाहिए, यह समाज सुधारकों, आयोजकों और प्रशासकों का क्षेत्र है। वेबर (Weber) ने सामाजिक–विज्ञान को मूल्य–मुक्त रूप में स्थापित करने का बहुत बड़ा प्रयास किया है।

इस संबंध में दूसरे वर्ग का अभिमत यह है कि सामाजिक–विज्ञान का संबंध जीवन की यथार्थता से जुड़ा हुआ है। यदि सामाजिक–विज्ञान मनुष्य की समस्याओं के निदान में अपना योग नहीं दे सकते, तो उसे घड़ी भर भी जीवित रहने का अधिकार नहीं है। इस वर्ग के अनुसार सामाजिक–विज्ञानों के साथ वैचारिकता (Ideology) लगी हुई है।

जब हम विज्ञान के नैतिकता–मुक्त होने की बात करते हैं, तो इसमें हम एक मध्यम मार्ग अपनाते हैं। अनुसंधानकर्ता को प्रघटनाओं का अध्ययन करते समय व्यक्तिनिष्ठता (Subjectivity) से ऊपर उठकर वस्तुनिष्ठता (Objectivity) के साथ तथ्यों को देखना चाहिए। यही विज्ञान की नैतिकता–मुक्ति है।

सामाजिक मानवशास्त्र में इस प्रकार की नैतिकता–मुक्ति आंशिक रूप में पाई जाती है। जब अनुसंधानकर्ता किसी दूसरे समूह में जाकर अध्ययन करता है, तो सामान्यतया वह इस समूह को स्वयं से पृथक करके देखता है। पर फिर भी अपने उपागम (Approach) में पूर्णरूपेण नैतिकता–मुक्त होना कठिन है और इसलिए हम एक सीमा तक सामाजिक मानव–विज्ञान को एक विज्ञान कहते हैं।

हम सामाजिक मानवशास्त्र की प्रकृति का विश्लेषण कर रहे थे। अपने इस विश्लेषण में हमने जॉनसन द्वारा दिए गए विज्ञान के लक्षणों को सामाजिक मानवशास्त्र पर लागू किया है। हमारी व्याख्या से यह लगता है कि इस विज्ञान में जो अनुसंधान कार्य आज हो रहा है, उसकी विधियों को देखकर यह स्पष्ट कहा जा सकता है कि ज्ञान की यह शाखा उत्तरोत्तर अपने आप को वैज्ञानिकता की ओर ले जा रही है।

मानवशास्त्र समग्र मानवजाति का अध्ययन करता है। यह अंतर्विद्या अनुसंधान तथा वैश्विक संदर्भ का समाज विज्ञान है। (Anthropology is Holistic, Interdisciplinary and of Global Perspective) मानवशास्त्र का परिवेश बहुत वृहद् है। इसमें इसके सभी उप–भाग यानी शारीरिक मानवशास्त्र, पुरातन विज्ञान, भाषायी मानवशास्त्र तथा एथनिसिटी सम्मिलित हैं। इन संपूर्ण उप–भागों पर दुनियाभर में कोई सैकड़ों जॅरनल और पुस्तकें प्रकाशित होती हैं। ऐसी स्थिति में किसी एक मानवशास्त्री का सभी भागों के साथ तालमेल बैठाना बड़ा कठिन होता है। दूसरे शब्दों में एक मानवशास्त्री का समग्र मानवशास्त्र के भागों के साथ चलना मुश्किल होता है। वह किसी एक या दो विभागों पर अपनी दक्षता पा सकता है। इस सीमा के होते हुए भी मानवशास्त्री अपने विशाल उद्देश्य को कभी भूलता नहीं है। वह विभिन्नताओं के बीच समग्र रूप प्रस्तुत करने का पूरा प्रयास करता है।

व्यावहारिक मानवशास्त्र (Applied Anthropology)

इस अध्याय में हम यह बराबर दोहरा रहे हैं कि मानवशास्त्र अपनी चार शाखाओं के अध्ययन से तथ्य सामग्री (Data) को एकत्र करता है। आखिर यह तथ्य सामग्री समाज के लिए किस काम की है। यह तो निश्चित है कि किसी भी विज्ञान या समाज विज्ञान की उपलब्धियां अन्ततोगत्वा समाज या राष्ट्र के लिए बहुत उपयोगी होती हैं। अगर विज्ञान राष्ट्र को आगे नहीं बढ़ाता, तो उसकी कोई प्रासंगिकता राष्ट्र के लिए नहीं है तो इसे जीवित रहने का कोई अधिकार नहीं है? कोई भी राष्ट्र अपना धन ऐसे विज्ञान पर खर्च करना नहीं चाहेगा। इस अर्थ में सामाजिक मानवशास्त्र की राष्ट्र समाज के लिए एक निश्चित उपयोगिता है। उपयोगिता की दृष्टि से मानवशास्त्र दुनिया के विभिन्न समाजों और संस्कृतियों की अपार जानकारी से समृद्ध है और इसीलिए दूसरी उपयोगिता महत्वपूर्ण है।

कई बार यह सवाल उठता है कि किसी भी विद्यार्थी को मानवशास्त्र पढ़ने की क्या आवश्यकता है? उसके यह किस काम का है? इस प्रश्न का उत्तर मानवशास्त्र देता है। पहला तर्क तो यह है कि यह विज्ञान व्यावहारिक (Applied) है। इसका अभ्यासी (Practical) स्वरूप आम आदमी को समझने में सहायक हैं। आधुनिक समाज की कई समस्याएं उसकी परंपराओं से पैदा हुई हैं। जब परंपराएं आधुनिकता से रूबरू होती हैं तब वे कई नई समस्याओं को पैदा करती हैं। परिवर्तन से पैदा हुई इन समस्याओं के निवारण में मानवशास्त्र बड़ा सहायक होता है।

दूसरा, हमारे देश को तो विकास के संदर्भ ने मानवशास्त्र की उपयोगिता को और भी बढ़ा दिया है। देश में आदिवासियों और पिछड़े वर्गों के लिए ढेर सारे विकास कार्यक्रम हैं। विकास के मार्ग में मानवीय तत्व (Human Factor) बहुत बड़ा अवरोधक हैं। ठीक इसी तरह से जैसे परंपराएं। भारत ही नहीं, एशिया और खाड़ी देशों के विकास में व्यावहारिक मानवशास्त्र अत्यधिक उपयोगी है। तीसरा, मानवशास्त्र की तथ्य सामग्री आनुभविक होती है। जमीन से जुड़ी होती है और इसलिए हाशिए पर रहने वाले लोगों के विकास में इसकी प्रासंगिकता बहुत अधिक है। इन क्षेत्रों में

मानवशास्त्रियों की भूमिका आदर और सम्मान के साथ देखी जाती है। अतः जब हम मानवशास्त्री की उपयोगिता को देखते हैं, तब हमें व्यावहारिक मानवशास्त्र की व्याख्या अवश्य करनी चाहिए।

मानवशास्त्रीय स्पष्टीकरण (Anthropological Explanation)

एक मूलभूत प्रश्न मानवशास्त्रियों से किया जाता है। उनसे पूछा जाता है कि जिन क्षेत्रीय तथ्यों को उन्होंने दिया है, उनका विश्लेषण या खुलासा किस भांति किया जाए। यह विश्लेषण किस तरह मानवशास्त्रीय होगा। पहली बात तो यह है कि मानवशास्त्र और इस अर्थ में किसी भी समाज विज्ञान का बहुत बड़ा सरोकार ज्ञान (Knowledge) से है और यह ज्ञान मनुष्य के व्यक्तिगत अनुभव से प्राप्त होता है। दूसरे अर्थों में ज्ञान अनुभवजनित होता है। ज्ञान का दूसरा स्रोत मनुष्य विश्वास, मूल्य और परंपराओं में होता है। ज्ञान के इन दो स्रोतों के अतिरिक्त, एक तीसरा स्रोत भी है। इसके अनुसार ज्ञान हमारे धार्मिक ग्रंथों जैसे कि बाइबिल, कुरान, गीता, महाभारत, वेद और पुराण में भी निहित होता है। ये ग्रंथ मानव मूल्य और विश्वास के भी भंडार होते हैं। यह इन्हीं ग्रंथों में है कि मानवशास्त्र एथनिक तथ्य सामग्री इनसे ग्रहण करता है। ये ग्रंथ अपनी–अपनी संस्कृतियों के विषय में जातीय (Ethnic) पूर्व धारणाएं पैदा करते हैं। कहा गया है कि प्रजातियों में आर्य प्रजाति ही ऐसी है जिसे सभ्य कहा जा सकता है या यह समझा गया कि नीग्रो प्रजाति एकदम पिछड़ी हुई और निरक्षर है। भारत में ये धारणा इन्हीं ग्रंथों ने पैदा की कि जहां स्त्रियों की पूजा होती है, वहां देवता निवास करते हैं। यह भी समझ आम लोगों को दी गई कि पशुओं, गंवारों, कमजोरों या हाशिए के लोगों और स्त्रियों को पीटना ही उचित है। वे इसी के लायक हैं।

मानवशास्त्र इस तरह पूर्व धारणाओं (Prejudices) का खुलासा कर देता है। वृहद् वैज्ञानिक अनुसंधान द्वारा वह तथ्यों को उनके वैज्ञानिक संदर्भ में देखता है। जब मानवशास्त्र दुनियाभर की संस्कृतियों, समाजों का तुलनात्मक अध्ययन करता है, तब उसका स्पष्टीकरण स्टेन्डर्ड धरातल पर पहुंच जाता है। 19वीं और 20वीं शताब्दी में उद्‌विकास के क्षेत्र में मानवशास्त्र ने जो कार्य किया है वह उसके स्पष्टीकरण करने की विधा का बहुत अच्छा दृष्टांत है।

वैज्ञानिक विधि (Scientific Method)

पिछले पृष्ठों में हमने इस बात का उल्लेख किया है कि मानवशास्त्र विभिन्न संस्कृतियों और समाजों से जुड़ी हुई तथ्य सामग्री को एकत्र करता है। इसी संदर्भ में यह भी कहना चाहिए कि ये तथ्य वैज्ञानिक विधि से एकत्र किए जाते हैं। तथ्यों का मूल्यांकन तार्किक आधार पर किया जाता है। इससे व्यवस्थित अवलोकन होता है और इस विधि द्वारा एकत्र तथ्य विज्ञान की कसौटी पर कसे जाते हैं।

जब मानवशास्त्री क्षेत्र में आम आदमी या सामान्य लोगों की अनुभूति का ब्यौरा प्राप्त करता है, तब यह जानकारी केवल सहज और सामान्य होती है। इस तरह के ज्ञान को जो क्षेत्र में प्राप्त है, मानवशास्त्र एकाएक स्वीकार नहीं करता। इसके लिए

इस जानकारी का सत्यापन होना आवश्यक होता है। क्षेत्र में पता लगा कि यह आम आदमी ज्ञानी है—भूखा व्यक्ति प्रायः चोरी कर लेता है। क्षेत्र का यह ज्ञान क्या सही है? क्या मानवशास्त्री इसे ज्यों–का–त्यों स्वीकार कर लेगा? नहीं, इस ज्ञान का सत्यापन (Verification) होना आवश्यक है। क्या कई और समूहों, गांवों, जातियों का भी ऐसा ही अनुभव है। ऐसा तो नहीं है कि भूखा आदमी अपने मूल्यों और आचारों के आधार पर भूखा मर जाएगा, वह पेट भरने के लिए चोरी तो नहीं करेगा। एक यह भी अनुभवजनित ज्ञान है। क्या इसे भी मानवशास्त्री स्वीकार कर लेगा।

वास्तविकता यह है कि मानवशास्त्री अपने एकत्र किए गए तथ्यों को सत्यापन की कसौटी पर परखेगा। विज्ञान क्या है? वैज्ञानिक विधि क्या है? वैज्ञानिक विधि का बुनियादी तथ्य यह है कि इसका आधार परीक्षयता (Testability) और सत्यापनीयता (Verifiability) है। सबसे पहले मानवशास्त्री क्षेत्र में उन अनुभवों या तथ्यों का संग्रहण करता है, जिनका परीक्षण किया जा सके। ये प्राथमिक सत्य परीक्षणीय होते हैं। फिर इन तथ्यों को वह सत्यापन के लिए क्षेत्र में ले जाता है।

परीक्षयता और सत्यापनीयता जो किसी भी वैज्ञानिक विधि के विश्वसनीय आधार हैं, इनका संबंध आगमनात्मक विधि (Inductive Method) और निगमनात्मक विधि (Decluctive Method) से जुड़ा होता है। हम आगमनात्मक और निगमनात्मक विधि का थोड़े विस्तार से विवरण करें, इससे पहले यह निश्चित कर लेवें कि जिन तथ्यों का हम अवलोकन करते हैं, वे ऐसे होने चाहिए जिनमें परीक्षयता हो, अर्थात् जिनकी जांच की जा सके। हम कहें कि हमारे पड़ोस के नीम के पेड़ पर रात को भूत आता है, वह नाचता और गाता है, अब इस तथ्य की कोई जांच करना चाहे, इसका परीक्षण करना चाहे तो नहीं कर सकता। मतलब हुआ इस तथ्य में परीक्षयता नहीं है। इसकी कोई जांच नहीं हो सकती। वस्तु या विषय जिसमें मानवशास्त्री हाथ डालता है, ऐसे होने चाहिए कि कोई भी मानवशास्त्री उसकी जांच कर सके है, यानी परीक्षण कर सके।

अब हम देखें कि अनुसंधान में किसी भी प्रस्ताव (Proposition) के बनाने में आगमनात्मक विधि को किस भांति काम में लेते हैं। अनुसंधानकर्ता एक क्षेत्र में जाता है वहां वह अवलोकन विधि द्वारा वस्तुओं को देखता है। लोगों से पूछताछ करता है और एक या अधिक प्रस्तावों को बनाता है। उसका एक प्रस्ताव कुछ ऐसा है—गांव में जब कोई आपत्ति आती है, तब लोग सब भेदभाव भूलकर एक हो जाते हैं। इस आपत्तिकाल में जाति, वर्ग, धर्म या आपसी वैरभाव नहीं आ पाते। अब अनुसंधानकर्ता का प्रस्ताव तैयार हो गया। उसने अवलोकन किया, लोगों से सूचना ली–राम से, सुरेश से, लता से। यानी वह विशेष (Particular) रुचि से अपने प्रस्ताव को बनाता है। यह आगमन का नियम (Inductive Law) है। अब वह दूसरे गांव में जाता है। तीसरे गांव में जाता है। वहां गांव की आपत्ति को देखता है। लोगों से कोई जानकारी नहीं लेता। उसे तो गांव की आपत्ति ही दिखाई देती। वह पहले के प्रस्ताव को इन गांवों पर लागू करता है और कहता है कि इन गांवों के लोग भी इस आपत्ति में एक हो जाएंगे। यह आगमन के नियम का निगमन (Deduction) है। यहां वह विशेष से सामान्य के नियम को लागू करता है।

मानवशास्त्री क्षेत्रीय अध्ययन में प्रस्ताव बनाता है। इन प्रस्तावों को प्राक्कल्पना (Hypothesis) कहते हैं। प्राक्कल्पना एक ऐसा बयान है जिसमें परीक्षयता (Testability) होती है। इसे भिन्न–भिन्न क्षेत्रों या मसलों पर लागू किया जा सकता है। जब प्रस्ताव सत्यापित हो जाता है, तब यह सिद्धांत का रूप ले लेता है। इस भांति मानवशास्त्र किसी भी समाज विज्ञान या प्राकृतिक विज्ञान की तरह सिद्धांत निर्माण करता है। यह सिद्धांत ही ज्ञान की गठरी है। इस अर्थ में मानवशास्त्र मनुष्य जाति के बारे में ज्ञान के भंडार को भरता है।

इस अध्याय में हमने मानवशास्त्र की परिभाषा देने का विषय उठाया है। केवल कुछ मानवशास्त्रियों की परिभाषा देने से, इसके अर्थ और इसकी व्यापकता को नहीं समझा जा सकता। इसे समझने के लिए थोड़ा विस्तार में जाना पड़ेगा। मानवशास्त्र की बहुत बड़ी विशेषता इसका संदर्श (Perspective) है, इसके वस्तुओं को देखने का नजरिया या दृष्टिकोण है। इसमें मानवशास्त्री घटनाओं, प्रक्रियाओं को अपनी अनुशासित आंख से देखता है। कई बार वह लोगों के सामान्य ज्ञान को अवलोकन द्वारा पुष्ट करता है, नकारता है। दूसरे शब्दों में, मानवशास्त्री का अपना एक संदर्श होता है, इसी संदर्श के आधार पर वह सामाजिक वस्तुओं की पड़ताल करता है। उदाहरण के लिए, हम समझते हैं कि हम आजाद हैं, जो मन में आए कर सकते हैं और कर भी लेते हैं, लेकिन वास्तविकता कुछ और है। हम पर हमारे समूह के मूल्य, विश्वास और रीति–रिवाज का बहुत बड़ा प्रभाव होता है। अतः हमारी सोच और गतिविधियां हमारी कुछ भी नहीं हैं। हम तो सब अपने समाज की उपज हैं। ऐसी अवस्था में मानवशास्त्र का संदर्श हमे समझना अत्यधिक महत्त्वपूर्ण है।

मानवशास्त्रीय संदर्श (Anthropological Perspective)

मानवशास्त्र के संदर्श को इसकी अनुसंधान कृतियों से जाना जा सकता है। सामान्यतया मानवशास्त्रीय संदर्श के अग्रलिखित आयाम (Dimensions) हैं—

1. मनुष्य समूहों में रहते हैं और इसलिए उनके विचार और क्रियाएं, एक सीमा तक उनकी प्रकृति का निर्धारण भी समूहों द्वारा ही होता है। समूह की संस्कृति ही व्यक्ति के लिए सब कुछ है। कुछ व्यक्ति तुनक मिजाज या खप्ती होते हैं, कुछ मृदुभाषी और मिलनसार। व्यक्ति की ये सब विशेषताएं उसकी संस्कृति के कारण होती हैं। इसीलिए मानवशास्त्र का सर्वोपरि संदर्श संस्कृति है। मानवशास्त्री एक प्रशिक्षित वैज्ञानिक होता है। वह व्यक्ति को विशाल सामाजिक संदर्श में देखता है। जब कार्ल मार्क्स ने कहा कि आदमी के विचारों पर सामाजिक स्थानीयता (Social Location) का प्रभाव बहुत स्पष्ट होता है तो इससे उनका यह तात्पर्य था कि वर्ग लोगों की विचारधारा को प्रभावित करते हैं। सी. राइट मिल्स (C. Wright Mills) ने अपने लोकप्रिय निबंध ''सोश्योलॉजिकल इमेजिनेशन'' ("Sociological Imagination", 1959) में आग्रहपूर्वक कहा कि समाज वैज्ञानिक वस्तुओं को आलोचनात्मक ढंग से देखता है। यही सब मानवशास्त्री का संदर्श है।

2. समाजशास्त्रीय संदर्श का दूसरा आयाम वस्तुओं की यथार्थता (Reality) को सामाजिक संरचना द्वारा रचित यथार्थता से भिन्न करना है।
मानवशास्त्री कई बार सामाजिक यथार्थता (Social Reality) का निर्माण करता है। भारतीय दर्शनशास्त्र का कहना है कि इस संसार में कुछ भी सत्य नहीं है, यथार्थ नहीं है, सब कुछ 'माया' है। हमें यह भी कहा जाता है कि जो कुछ हम आंख से देखते हैं, उसी में विश्वास भी करते हैं (Seeing is Believing)। हम यह मानकर चल सकते हैं कि जिसे हम देखते हैं, इसमें हमारा विश्वास होता है, लेकिन यह भी सही है कि वास्तविकता या यथार्थता का देखने या नहीं देखने से कोई संबंध नहीं है। दूसरी ओर, यदि कोई समूह किसी वस्तु को सही या यथार्थ मानकर चलता है तब समूह के सदस्य भी इसे सही या यथार्थ मानकर चलेंगे। उदाहरण के लिए किसी भी समाज में अच्छे या बुरे शगुन होते हैं। समाज की इनमें मान्यता होती है। परिणामस्वरूप समाज के व्यक्ति भी इन शगुनों को अच्छा या बुरा यानी यथार्थ मानकर चलते हैं।
मानवशास्त्र के संदर्श का एक यह आयाम भी है कि वह मूलभूत यथार्थ और समाज द्वारा रचित यथार्थता के अंतर को स्पष्ट करने का प्रयास करता है। इसका अर्थ यह हुआ कि मानवशास्त्रीय संदर्श समाज की सचाई या वास्तविकता (Reality) को समझने की कोशिश करता है।
3. मानवशास्त्रीय संदर्श केवल यथार्थ का अध्ययन ही नहीं करता। यथार्थता की कई परतें होती हैं। कुछ यथार्थता तो नकाब में ही हमारे सामने आती हैं। मानवशास्त्री इसको उघाड़ने का प्रयास करता है। यह भी होता है कि प्रत्येक अपनी धारणा की दृष्टि से ही वास्तविकता का अर्थ निकालता है। ऐसे में देखा जाए तो वास्तविकता के कई रूप या इसकी कई धारणाएं हमारे सामने आती हैं। वास्तविकता को बेनकाब करना या उसकी परतों को खोलने का काम मानवशास्त्रीय संदर्श करता है।
4. मानवशास्त्र व्यक्ति की दिन–प्रतिदिन की गतिविधियों का अध्ययन करता है। लोग ऐसा क्यों करते हैं? ऐसा क्यों सोचते हैं, ऐसी अनुभूति क्यों रखते हैं? इन सब प्रश्नों का उत्तर मानवशास्त्र दिन–प्रतिदिन के व्यवहार में खोजता है। ऐसा करने में वह सामाजिक परिवेश को तो देखता ही है, वह इतिहास के संदर्भ में यह सब समझने का प्रयास करता है। वस्तुतः मानवशास्त्र इतिहास से भी बहुत कुछ सीखता है। देखा जाए तो समकालीन परिस्थितियों की मानवशास्त्र सामाजिक और ऐतिहासिक भूमिका में व्याख्या करता है। यह इसका चौथा संदर्श है।

मानवशास्त्र वैज्ञानिक और मानविकी भी है
(Anthropology is Scientific and Humanistic)

यह निश्चित है कि मानवशास्त्र की प्रकृति वैज्ञानिक है। यह समाज और संस्कृति से जुड़ी हुई समस्याओं को वैधानिक विधि और तर्क के आधार पर देखता है, लेकिन

इसका इतिहास और अनुसंधान कार्य बताता है कि यह अपने दृष्टिकोण में मानव मात्र के विकास और कल्याण को चाहता है। इस दृष्टि से इसे मानविकी भी मानते हैं। सदैव से मानवशास्त्र की अध्ययन विधि समाज के पिछड़े और हाशिए के लोगों को समझने की रही है। किस भांति आदिवासी जंगलों में रहते हैं, अछूत समाज के दायरे से बाहर रहकर उपेक्षा की त्रासदी को उठाते हैं, यह सब मानवशास्त्र की मानविकी है। मानविकी में सौंदर्यानुभूति भी होती है। आदिवासी किस भांति मौसम के बदलाव में अपनी बांसुरी से मीठे स्वर उगलते हैं, किस भांति जंगलों और पहाड़ों के साथ अठखेलियां करते हैं, मानवशास्त्र का दूसरा पहलू मानविकी है।

मानवशास्त्र एथनोग्राफी को अपना मुख्य अध्ययन केन्द्र मानकर जन रीतियों–रिवाजों और संस्कृति का अध्ययन करता है। इसका मूल उद्‌देश्य मानविकी है। जब हम इसको परिभाषित करते हैं, तब हमें इसके वैज्ञानिक और मानविकी विशेषताओं का अवश्य उल्लेख करना चाहिए। इस काम को सांस्कृतिक और पुरातन मानवशास्त्री विशिष्टता से करते हैं। ये शाखाएं जन–जीवन से जुड़े हुए मिथकों, लोकगीतों, कहानियों, संगीत आदि का अध्ययन भी करती हैं। कभी–कभी तो ऐसा लगता है कि मानवशास्त्र का मानविकी पक्ष वैज्ञानिक पक्ष से अधिक ताकतवर है। हाल के मानवशास्त्र में एथनोपोईटिक्स (Ethnopoetics) और एथनोमोसिकोलॉजी (Ethnomosicology) एक सशक्त शाखा के रूप में उभर कर आए हैं। यह सब मानविकी का विस्तार है।

आलोचनात्मक सोच और वैश्वीय बोध
(Critical Thinking and Global Awareness)

मानवशास्त्र अपने अनुसंधान द्वारा दुनिया भर के लोगों की संस्कृतियों और समाजों का अध्ययन करता है। यह बताता है कि कहां संस्कृतियां भिन्न हैं, और कहां समान। इस समानता और अंतर के बीच में किस प्रकार मानवशास्त्र सिद्धांत निर्माण करता है। यह इसी विज्ञान के कारण है कि आज के संचार युग में नई पीढ़ी संस्कृतियों की विभिन्नता के प्रति सहानुभूतिपूर्ण व्यवहार पैदा करती है। जहां यह पीढ़ी संस्कृति और समाज के अंतर को समझती है, वहीं वह इस अंतर में निहित समानता को भी समझती है।

सच्चाई यह है कि अगर हम हमारे समाज और हमारी संस्कृति को ठीक तरह से जानना और समझना चाहते हैं, तो हमें पहले दूसरों की संस्कृति और समाज को समझना चाहिए। भारतीय गांवों, जातियों और अर्थव्यवस्था को बहुत बड़ी तादाद में विदेशी मानवशास्त्रियों ने समझने का प्रयास किया है। इस अध्ययन के पीछे उनका बहुत बड़ा उद्‌देश्य अपने ही देश के गांवों, जातियों और वर्गों को समझना है। इस तरह मानवशास्त्र दुनियाभर के गांवों, कस्बों और सामाजिक संगठनों को सुचारु रूप से समझने का अवसर हमें देता है। व्यक्ति रूप में मानवशास्त्र हमें अपने व्यवहार को तुलनात्मक रूप से समझने का मौका देता है।

कुछ ऐसे देश जो बहुलवादी संस्कृति के हैं, उनके लिए तो मानवशास्त्र वरदान स्वरूप है। हमारे देश में कई सांस्कृतिक क्षेत्र, भाषाएं और बोलियाँ हैं। इस विभिन्नता

में एकता लाने का काम मानवशास्त्र करता है। लोग सीखते हैं कि कोई भी संस्कृति किसी दूसरी संस्कृति से न तो ऊंची है और न ही निम्न। प्रत्येक संस्कृति की अपनी एक निजी पहचान है। ऐसी स्थिति में हमें दूसरी संस्कृतियों को सम्मान और आदर के साथ देखना चाहिए। यह कहना कि पंजाब का भांगड़ा गुजरात के गरबा से अच्छा है, या फिर नीचा है, एकदम गलत है। हमें दोनों को प्रशंसा की निगाह से देखना चाहिए। मानवशास्त्र अपने एथनोग्राफिक अध्ययन के द्वारा एक वैश्वीय जन–जागरण को पैदा करता है।

उपसंहार (Conclusion)

मानवशास्त्र एक ऐसा समाज विज्ञान है जिसका अध्ययन क्षेत्र बहुत वृहद् है। यह संपूर्ण मानवजाति का अध्ययन करता है। संपूर्ण अध्ययन के लिए इसकी चार उपशाखाएं हैं—शारीरिक मानवशास्त्र, पुरातन मानवशास्त्र, भाषायी मानवशास्त्र और सांस्कृतिक या एथनोलॉजी मानवशास्त्र। प्रत्येक उपशाखा की अपनी निश्चित और विशिष्ट विधियां हैं। शारीरिक मानवशास्त्र मनुष्य के उदगम की पड़ताल करता है। पुरातन मानवशास्त्र अतीत की खोज करता है, भाषायी मानवशास्त्र विभिन्न समाजों की भाषा की संरचना को देखता है और सांस्कृतिक या एथनोग्राफिक मानवशास्त्र लोगों की जीवन पद्धति का ब्यौरा प्रस्तुत करता है। ऐसा करने के लिए यह क्षेत्रीय कार्य को करता है।

मानवशास्त्र की कई परिभाषाएं हैं। हाल में यूनेस्को द्वारा प्रायोजित एक पुस्तक में मानवशास्त्र को आम आदमी की अनुभूति या अनुभव (Common Sense) द्वारा परिभाषित किया है। भारत में एथनोग्राफिक अध्ययन मानवशास्त्रियों ने बहुतायत रूप से किए हैं। एथनोग्राफी में उन्होंने जाति, परिवार, बांधव, धर्म–जादू और गांव को सम्मिलित किया है। जनजातियां उनके अध्ययन का केन्द्र रही हैं।

मुख्यरूप से मानवशास्त्र एक समाज विज्ञान है। इसका मुख्य सरोकार सामाजिक व्यवस्था, संस्कृति और प्रक्रियाओं से रहा है। यह एक सामान्य विज्ञान है और समाज की उभरी समग्रता में देखने का प्रयास करता है। इसके कुछ निश्चित संदर्श हैं और ये संदर्श ही उसके दृष्टिकोण को निर्धारित करते हैं। कुल मिलाकर यह समाज विज्ञान संस्कृति का तुलनात्मक अध्ययन करता है और इस अध्ययन से सार्वभौमिक सोच और जनचेतना का विकास होता है। यह समाज विज्ञान वैज्ञानिक और मानविकीय है।

3

मानवशास्त्र और अन्य समाज विज्ञान

(Anthropology and Other Social Sciences)

प्राकृतिक विज्ञान प्राकृतिक प्रघटनाओं का अध्ययन करते हैं। वायु, पानी, पेड़–पौधे, पृथ्वी और ऐसी कई प्रघटनाएं जो परमात्मा की देन हैं और जिनकी उत्पत्ति प्रकृति से हैं, प्राकृतिक विज्ञानों के अन्तर्गत आते हैं। भौतिकशास्त्र, जीवशास्त्र, रसायनशास्त्र, भू–विज्ञान आदि सब प्राकृतिक विज्ञान हैं। समाज विज्ञानों का क्षेत्र जुदा है। ये विज्ञान सामाजिक प्रघटनाओं का अध्ययन करते हैं।

समाज विज्ञानों का उद्देश्य समाज के विभिन्न पहलुओं का अध्ययन करना होता है। समाज सामाजिक संस्थाओं का एक जाल है। इसमें अर्थशास्त्र है, राजनीति है, अपराध है, मनोविज्ञान है और साहित्य तथा कला भी हैं। समाज के सब पहलू समाज विज्ञानों के अध्ययन क्षेत्र में आते हैं। प्रत्येक समाज विज्ञान अपने–अपने संदर्श के अनुसार समाज का अध्ययन करता है। संदर्श की विविधता के होते हुए भी ये सब समाज विज्ञान आनुभविकता को अपना मूल आधार मानकर चलते हैं। कहीं–कहीं ऐसे समाज विज्ञान भी होते हैं जिनमें आनुभविकता का अभाव होता है। इसका बहुत बड़ा दृष्टांत इतिहास है। कुल मिलाकर यह कहना चाहिए कि मानव.विज्ञान अपनी प्रकृति में मानसिक और सांस्कृतिक होते हैं।

मानवशास्त्र एक विशिष्ट समाज विज्ञान है। विवेचन के इस स्तर पर यह आवश्यक है कि हम समाज विज्ञान के अर्थ को स्पष्ट करें। राजनीतिशास्त्र, समाजशास्त्र, अपराधशास्त्र, मानवशास्त्र, इतिहास, मनोविज्ञान आदि समाज विज्ञान की तालिका में सम्मिलित किए जाते हैं, लेकिन इस समाज विज्ञान की तालिका से सभी सहमत हों, ऐसा नहीं है। कुछ विचारकों के अनुसार इतिहास समाज विज्ञान नहीं है यह इसलिए कि इतिहास केवल अतीत की घटनाओं का विवरण देता है और यह विगत हो चुका है, गुजर चुका है। कुछ इसी भांति मनोविज्ञान समाज विज्ञान नहीं है। पहला मनोविज्ञान व्यक्ति पर केन्द्रित होता है। वह केवल मस्तिष्क की बनावट को देखता है और दूसरा व्यक्ति के मस्तिष्क में निहित अन्तर्वस्तु को समझने का प्रयास करता है। उसका समाज और उसकी संस्कृति से कोई सरोकार नहीं होता।

इतिहास और मनोविज्ञान को समाज विज्ञान नहीं मानने का यह विवाद कई समाज वैज्ञानिकों को स्वीकार नहीं है। वे यह तर्क देते हैं कि इतिहास अन्ततः सामाजिक प्रक्रियाओं का उल्लेख तो करते ही हैं इस अर्थ में इतिहास अतीत का समाजशास्त्र तो निश्चित रूप से है ही। मनोवैज्ञानिक प्रक्रियाओं का सरोकार भी सामाजिक प्रक्रियाओं से ही होता है।

इस विवाद के होते हुए भी, हमारे लिए यह आवश्यक है कि हम समाज विज्ञान को परिभाषित करें, और इसके बाद मानवशास्त्र और अन्य समाज विज्ञानों के संबंधों को देखें। यह पारस्परिक तुलना के माध्यम से ही है कि हम मानवशास्त्र को अधिक गहराई से समझ सकेंगे। हमारा यह आग्रह है कि जब तक हम मानवशास्त्र को अन्य मानवविज्ञानों की तुलना द्वारा नहीं समझते, हमारी संपूर्ण जानकारी अधूरी रहेगी।

समाज विज्ञान—अर्थ एवं परिभाषा
(Social Sciences: Meaning and Definition)

यह निश्चित रूप से कहा जा सकता है कि समाज विज्ञान—अर्थशास्त्र, राजनीतिशास्त्र, इतिहास, मानवशास्त्र, समाजशास्त्र—मनुष्य के अध्ययन पर अपने आपको केन्द्रित करते हैं। इस दृष्टि से देखें तो समाज विज्ञान मनुष्य का अध्ययन समूह के सदस्य के नाते करता है। यह अध्ययन अपने मूल में संस्कृति का अध्ययन है। मनुष्य की जो कुछ संस्कृति है वह उसे अपने समूह—परिवार, नातेदारी, जाति, वर्ग, गांव और शहर से ही प्राप्त होती है। इसीलिए समाज विज्ञानों से समूह की सदस्यता के कारण व्यक्ति को अपना अध्ययन केन्द्र बनाया गया है।

एक और परिभाषा के अनुसार समाज विज्ञान वह मानसिक और सांस्कृतिक विज्ञान है जो मनुष्य की उन सभी गतिविधियों का अध्ययन है जिन्हें वह समूह के सदस्य होने के नाते करता है।

क्रोबर (A.K., Kroeber, *Anthropology,* 1948) ने समाज विज्ञान की परिभाषा अधिक विस्तार से दी है। वे कहते हैं कि समाज विज्ञान संस्कृति के अध्ययन पर सबसे अधिक जोर देते हैं। इसी संस्कृति का अध्ययन विभिन्न समाज विज्ञान अपने–अपने संदर्श से करते हैं। यह विभिन्न संदर्शों से मिला–जुला अध्ययन हमें समाज को उसकी समग्रता में समझने का मौका देता है।

क्रोबर ने विस्तारपूर्वक यह बताया है कि किस भांति समाज विज्ञान संपूर्ण समाज को एक निश्चित आकार में रखने का प्रयास करता है। ऐसा करने में वे समाज की विभिन्नता को एक समानता के स्तर पर रखने की कोशिश करते हैं। अनिवार्य रूप से समाज विज्ञान मानसिक और सांस्कृतिक विज्ञान है। ये सब समाज विज्ञान अपनी–अपनी विशिष्टताओं के अनुसार समाज के विभिन्न पहलुओं का अध्ययन करते हैं।

मानवशास्त्र और समाजशास्त्र (Anthropology and Sociology)

समाजशास्त्र और मानवशास्त्र एक–दूसरे के बहुत निकट हैं। ब्रिटेन में तो मानवशास्त्र को समाजशास्त्र का ही एक अंग मानते हैं। भारत में ये दोनों समाज विज्ञान आपस में

इतने घुलेमिले हैं कि इनको पृथक करना मुश्किल है। इस समानता के होते हुए भी इन दोनों समाज विज्ञानों को विश्लेषण के लिए पृथक किया जा सकता है।

समाजशास्त्र किसी भी समाज की विशेष समस्याओं को समझने का प्रयास करता है। अगर हमारे देश यानी भारतीय समाज में शिक्षा का अभाव है, सामान्यतया गांव के लोग अनपढ़ हैं तो इस समस्या का अध्ययन समाजशास्त्र करता है। यह समाज की सामान्य समस्या है।

यदि क्षेत्र की विभिन्नता की दृष्टि से देखें तो दोनों समाज विज्ञान, एक–दूसरे से पृथक हैं। बहुत स्पष्ट रूप से इस अंतर को देखें तो कहना पड़ेगा कि मानवशास्त्र समाजों, गांवों और पिछड़े वर्गों का अध्ययन करता है। इसके लिए मानवशास्त्री लंबी अवधि के लिए क्षेत्रीय कार्य करते हैं। वे छोटे समाजों (Simple Societies) का उनकी समग्रता में समझने की कोशिश करते हैं। वे समाज का पूर्ण रूप से अध्ययन करते हैं, ऐसा करने में वे समाज की विशेष समस्याओं तक ही अपने आपको सिमटा कर नहीं रखते।

इवान्स–प्रिचार्ड (Evans-Pritchard) कहते हैं कि सामान्तया ये दोनों समाज विज्ञान समाज का अध्ययन करते हैं, लेकिन ये दोनों विज्ञान एक–दूसरे से पृथक हैं। इस अंतर को प्रिचार्ड ने निम्न बिंदुओं में रखा है—

क्षेत्र का अंतर (Field Differences)

मानवशास्त्र का केन्द्र आदिम जातियाँ हैं। वे भील, गौंड, संथाल और हलपती आदि जनजातियों का अध्ययन करते हैं। समाजशास्त्र के अध्ययन का क्षेत्र सभ्य समाज हैं। इनमें उद्योग, शिक्षा और शहर से जुड़े हुए लोग होते हैं।

विधि संबंधी अंतर (Methodological Differences)

मानवशास्त्री अपनी लक्ष्य सामग्री का संकलन क्षेत्रीय कार्य द्वारा करते हैं। वे अवलोकन विधि द्वारा क्षेत्र की जानकारी लेते हैं। उदाहरण के लिए भारत में एम.एन. श्रीनिवास रामपुरा गांव में कई महीनों तक रहे। वे लोगों के सुख–दुःख के साथी बन गए। उन्होंने रामपुरा गांव की जानकारी अपनी पुस्तक *रिमेम्बर्ड विलेज* (*Remembered Village*) में दी है। श्रीनिवास के अतिरिक्त आन्द्रे बैतई भी शिवपुरा गांव में लंबी अवधि तक क्षेत्रीय कार्य के लिए रुके थे।

समग्र और विशिष्ट का अंतर (Holistic and Specific Differences)

मानवशास्त्र का विश्वास है कि आदिम समाजों का अध्ययन उनकी समग्रता और पूर्णता में होना चाहिए। अगर मानवशास्त्री भीलों या गौंड का मानवशास्त्री अध्ययन करता है तो वह उनके वर्ग, धर्म, गोत्र, बांधव, जादू और बिरादरी सभी का अध्ययन करता है। मानवशास्त्री यह मानकर चलते हैं कि सामाजिक संस्थाओं में प्रकार्यात्मक या कामकाजी संबंध होता है और इस धर्म, बांधव, जाति और बिरादरी को एक–दूसरे से

पृथक करके नहीं देखा जा सकता। ये सब प्रकार्यात्मक रूप से एक–दूसरे से जुड़े हुए हैं।

दार्शनिक रुझान (Philosophical Orientation)

मानवशास्त्री अपने अमूर्तिकरण (Abstration) में आदिम जाति के बारे में सामान्य जानकारी देता है। इसमें आनुभविक तथ्यों का भंडार होता है, लेकिन इन तथ्यों का कोई सशक्त अमूर्तिकरण या सामान्यीकरण नहीं होता। दूसरी ओर समाजशास्त्र में सिद्धांत निर्माण की प्रवृत्ति अधिक होती है। इन सिद्धांतों का झुकाव दार्शनिक होता है।

अगर गहराई से या तात्विक दृष्टि से देखा जाए तो समाजशास्त्र और मानवशास्त्र का अंतर करना बहुत कठिन है। फिर भी यह कहा जा सकता है कि ये दोनों समाज विज्ञान अपने संदर्श और महत्व (Emphasis) की दृष्टि से एक–दूसरे से भिन्न हैं। इस भांति इन समाज विज्ञानों में यदि कोई अंतर है तो यह अंतर संदर्श और महत्व का ही है।

भारत में समाजशास्त्र और मानवशास्त्र में अंतर (Difference in Sociology and Anthropology)

भारत में समाजशास्त्र और मानवशास्त्र के विकास को एक निश्चित सामाजिक संदर्भ में देखा जाना चाहिए। यहां औपनिवेशिक हुकूमत थी। अंग्रेजी राज था। अंग्रेज अपने साथ आधुनिकता भी लाए थे। यहां औद्योगीकरण का प्रवेश हो गया था। दूसरी ओर स्वाधीनता संग्राम भी शुरू हो गया था। इसके परिणामस्वरूप समाज विज्ञानों में भी इसका प्रभाव देखने को मिला। इन प्रभावों का मूल्यांकन करते हुए योगेन्द्र सिंह लिखते हैं—

> भारत की सामाजिक दशा ऐतिहासिक प्रभाव के कारण निर्मित हुई है। विदेशों में समाज विज्ञानों में जो अंतर आया है, इसलिए वहां की औद्योगिक क्रांति है। इसके कारण वहां के समाज में सांस्कृतिक उथल–पुथल भी आई और इसी ने उनके समाजशास्त्र व मानवशास्त्र को उद्वेलित कर दिया।

योगेन्द्र सिंह यह भी कहते हैं कि ब्रिटिश मानवशास्त्री भारत में जाति और जनजाति को सामाजिक संरचना का बहुत बड़ा स्तंभ मानते रहे हैं। इसलिए इन्होंने जाति–जनजाति को अपने अध्ययन का मूल आधार माना। इधर वेरियर एल्विन (Verrier Ellvin) जो अंग्रेज थे, जिन्होंने आदिवासी अध्ययन को अपना केन्द्रीय मुददा माना, कहा कि भारत के एथनोलॉजिस्ट यानी सांस्कृतिक मानवशास्त्रियों ने आदिवासियों को अपने विश्लेषण का केन्द्र स्वीकार किया। ब्रिटिश मानवशास्त्री जो आदिवासियों के अध्ययन से जुड़ गए थे, उन्होंने आदिवासी समाज को एक पृथक समाज के रूप में देखा। उन्होंने बताया कि आदिवासी हिन्दू नहीं हैं। वे जंगलों में रहने वाले उदारचेता अविकसित (Noble Savage) लोग हैं। उनका जीवनयापन एकदम सौम्य और सरल है।

जब हम समाजशास्त्र और मानवशास्त्र को ब्रिटिश उपनिवेशकाल के संदर्भ में देखते हैं तो बहुत स्पष्ट है कि इन दोनों समाज विज्ञानों पर उपनिवेशवाद का बहुत बड़ा प्रभाव था। दोनों समाज विज्ञानों का उपनिवेशवाद में एक ही अध्ययन क्षेत्र बन गया। दोनों ही जाति, जनजाति, धर्म, परिवार और ऐसी ही सामाजिक संरचना के अध्ययन में जुट गए। एम.एस. गोरे (**M.S. Gore**) जो मूल में यानी औपचारिक रूप से समाजशास्त्री थे, जाति पर लिखने लग गए। ठीक इसी तरह एम.एन. श्रीनिवास जो समाजशास्त्र के प्रोफेसर थे, जीवनभर उन्होंने गांव, जनजाति और धर्म पर लिखा, उनका कूर्ग और उनके समाज तथा धर्म के अध्ययन *(Religion and Society among the Coorgs of South India)* पर लिखा ग्रंथ क्लासिकल समझा जाता है। इसी तरह समाजशास्त्री होते हुए भी उन्होंने गांवों के अध्ययनों को स्वयं द्वारा संपादित पुस्तक *इंडियाज विलेज* (*India's Villages*) में रखा है।

एक और दृष्टांत है। एस.सी. दुबे, टी.एन. मदन और आन्द्रे बैतई समाजशास्त्री होते हुए भी मानवशास्त्र पर लिखते हैं। इस भांति यदि ऐतिहासिक संदर्भ में देखा जाए तो हमारे देश में समाजशास्त्र और मानवशास्त्र में इस तरह का मेल–जोल है कि इन्हें पृथक करना बहुत कठिन है। प्रख्यात अमेरिकी मानवशास्त्री क्रोबर ने भारत ही नहीं विश्व स्तर पर यह स्वीकार किया है कि समाजशास्त्र और मानवशास्त्र इतने घुले–मिले हैं कि उन्हें किसी प्रकार स्पष्ट रूप से पृथक करना एक तरह से भगीरथ काम है।

समाजशास्त्र और मानवशास्त्र के संबंधों को समझने में एक और कठिनाई है। मानवशास्त्र का विषय क्षेत्र या अध्ययन सामग्री बहुत वृहद् है। इसमें शारीरिक मानवशास्त्र, पुरातनशास्त्र, भाषायीशास्त्र और सांस्कृतिक मानव विज्ञान उपशाखाओं की तरह सम्मिलित हैं। अतः हम समाजशास्त्र और मानवशास्त्र के संबंधों की चर्चा करते हैं तब हमें मानवशास्त्र की विभिन्न उपशाखाओं को भी देखना चाहिए। देखा जाए तो मानवशास्त्र की उपशाखाएं संपूर्ण समाज को अपने अध्ययन में समेटती हैं जबकि समाजशास्त्र विशाल समाज की चर्चित समस्याओं को अपने अध्ययन में लेता है। इस तरह मानवशास्त्र के उपविभाग संपूर्ण समाज का अपने अंदर समावेश कर लेते हैं। इधर समाजशास्त्र संपूर्ण समाज की विशिष्ट समस्याओं को अपने अध्ययन का केन्द्र बनाता है।

भारत में सांस्कृतिक मानवशास्त्र एक महत्वपूर्ण अध्ययन का केन्द्र है। यह इसलिए कि मानवशास्त्र का मुख्य मसला संस्कृति का अध्ययन करना है। देखा जाए तो सामाजिक मानवशास्त्र और सांस्कृतिक मानवशास्त्र दोनों ही सगी बहनों की तरह हैं। यह इसलिए कि सामाजिकता और संस्कृति में अंतर करना बहुत कठिन है। अमेरिका में तो मानवशास्त्र का सामान्य अर्थ सांस्कृतिक मानवशास्त्र से ही लिया जाता है। ब्रिटेन में दूसरी परंपरा है। वहां सांस्कृतिक और सामाजिक मानवशास्त्र इस तरह गड्डमड्ड हो गए हैं कि इनमें कोई अंतर नहीं किया जाता। सामाजिक हो या सांस्कृतिक, ब्रिटेन में तो मानवशास्त्र का अर्थ सामाजिक संरचना के अध्ययन से ही लिया जाता है। एशिया और स्वयं हमारे देश में भी मानवशास्त्र का उद्देश्य सामाजिक

अध्ययन से ही लिया जाता है। सामाजिक अध्ययन में संस्थाओं, सामाजिक संबंधों, परिवार, जाति, वर्ग, धर्म, समुदाय आदि का अध्ययन होता है। जब संस्कृति का अध्ययन होता है, तब इसके अंतर्गत संस्कृति, मूल्य, मानक, विचारधारा आदि अध्ययन सामग्री के अंदर शामिल किए जाते हैं।

समाजशास्त्र और मानवशास्त्र में एक और महत्वपूर्ण अंतर है। यह अंतर विधि (Method) का है। इसमें कोई विवाद नहीं कि मानवशास्त्र और समाजशास्त्र दोनों ही वैज्ञानिक विधि से क्षेत्र में तथ्य सामग्री एकत्र करते हैं। दोनों की प्रकृति वैज्ञानिक है, लेकिन दोनों की वैज्ञानिक विधि एक जैसी नहीं है। उदाहरण के लिए समाजशास्त्र अनुसूची, वैयक्तिक अध्ययन, प्रश्नावली आदि का प्रयोग करता है। इसका अध्ययन विशाल क्षेत्र में होता है। इसकी अध्ययन की इकाइयां भी विशाल (Macro) होती हैं। इसका निदर्शन (Sample) भी बहुत बड़ा होता है। इस अध्ययन में लंबे समय तक क्षेत्र में नहीं रहना पड़ता। मानवशास्त्री का क्षेत्रीय कार्य लंबी अवधि तक चलता है।

मानवशास्त्र और समाजशास्त्र के संबंधों के विषय पर उपसंहारात्मक टिप्पणी में हम यही कहना चाहेंगे कि दोनों समाज विज्ञानों का विकास अलग–अलग सामाजिक और ऐतिहासिक संदर्भों में हुआ है। यह संदर्भ ही दोनों को पृथक कर देता है। अमेरिका में मानवशास्त्र संस्कृति का अध्ययन करता है, ब्रिटेन में सामाजिक संरचना का और भारत में इन दोनों का समाज विज्ञान के पृथक नाम होने पर दोनों में अंतर करना कठिन है। जो समाजशास्त्र है, वह मानवशास्त्र भी है और जो मानवशास्त्र है वह समाजशास्त्र भी है। कोई विशेष अंतर न होने पर भी एक निश्चित अंतर है। इसमें परंपरा की भूमिका है। यह परंपरा ही इन दोनों समाज विज्ञानों को पृथक पहचान (Identity) देती है। परंपरा से मानवशास्त्र एक वृहद् समाज विज्ञान है। इसमें कई उपशाखाएं हैं और इसका उद्‌देश्य तुलनात्मक रूप से समग्र मनुष्य जाति का अध्ययन करना है। इसकी दूसरी परंपरा आदिवासियों, गांवों और जातियों का अध्ययन करना रही है। मोटे रूप में, मानवशास्त्र अविकसित और 'असभ्य' समाजों का अध्ययन करता है। समाजशास्त्र सामान्य नहीं बल्कि जटिल समाजों का अध्ययन करता है। इसकी परंपरा शहरों, विशाल संगठनों और संस्थाओं का अध्ययन करने की रही है। इसका अध्ययन समस्या प्रधान होता है। एक और परंपरा इन दोनों समाज विज्ञानों की रही है। इनकी प्रकृति वैज्ञानिक होते हुए भी मानवशास्त्री आनुभविक और क्षेत्रीय कार्य पर अधिक जोर देते हैं, वे अवलोकन पद्धति से तथ्य एकत्र करते हैं। वे सामान्य रूप से अवलोकन की अपेक्षा प्रश्नावली विधि को काम में लेते हैं। ये दोनों समाज विज्ञान एक ही बिरादरी के होकर, एक–दूसरे से भिन्न हैं। यह भिन्नता कुछ तो इनकी परंपराओं के कारण है, कुछ इनके किसी बिंदु पर जोर देने (Emphasis) के कारण।

इतिहास और मानवशास्त्र (History and Anthropology)

इतिहास का सामान्यतया अतीत की घटनाओं से सरोकार होता है। जो कुछ गुजर चुका है, वही इतिहास है। व्यक्तिगत घटनाएं इतिहास को नहीं बनातीं। वे घटनाएं जो समाज के बहुत बड़े हिस्से को प्रभावित करती हैं, इतिहास को बनाती हैं। मंगल पाण्डे

की 1857 की घटना व्यक्तिगत होकर भी 1857 के राष्ट्रीय विप्लव के साथ जुड़ जाती है। इतिहास विभिन्न घटनाओं को जोड़कर हमारे सामने रखता है और हम इन घटनाओं को वर्तमान के साथ जोड़ते हैं। वर्तमान की घटनाओं को अतीत के साथ जोड़कर इन्हें समझने का प्रयास होता है। यही मोटे रूप में समाजशास्त्र और इतिहास का संबंध है।

देखा जाए तो इतिहास अनन्य या बेजोड़ (Unique) और विशिष्ट घटनाओं का उल्लेख करता है। विश्व युद्ध, फ्रांसीसी क्रांति, चीन की क्रांति और हमारी आजादी की लड़ाई, ऐतिहासिक होकर भी समाजशास्त्रीय है। उदाहरण के लिए हमारी आजादी की लड़ाई में, सभी धर्मावलंबी भागीदार थे। इस भागीदारी में जात–पात, हिन्दू–मुसलमान किसी में भेदभाव नहीं था। यहां तक कि गृहस्थी का काम करने वाली स्त्रियां, खेल और खलिहान में काम करने वाले किसान सभी इस लड़ाई में जुट गए थे। इस दृष्टि से इतिहास का यह भाग जो अतुल्य है या बेजोड़ है, समाजशास्त्र से जुड़ जाता है। समाजशास्त्र का यह ऐतिहासिक पहलू है। इतिहास के अनन्य और बेजोड़ (Unique and Particular) विवरण में समाजशास्त्र अपना सरोकार खोजता है। यह सरोकार ही मानवशास्त्र को इतिहास के साथ जोड़ता है। वस्तुतः मानवशास्त्र एक सामान्य समाज विज्ञान है जिसका इतिहास के साथ गहरा संबंध है।

हाल में टी.एन. मदन (T.N. Madan) का *पॉलिटिकल एण्ड इकोनोमिक वीकली* (*Political and Economic Weekly,* 2007) में एक लेख छपा है। इसमें उन्होंने इतिहास तथा समाजशास्त्र–मानवशास्त्र के संबंधों पर बड़े विस्तार के साथ लिखा है। वे कहते हैं कि हमारे संस्थापकों यानी मेक्स वेबर, दुर्खीम, और कार्ल मार्क्स ने समाजशास्त्रीय और मानवशास्त्रीय विवेचन में इतिहास का बहुत सहारा लिया है। दुर्खीम ने आत्महत्या के कारकों को यूरोप के इतिहास से जोड़ा है, मेक्स वेबर ने प्रोटेस्टेण्ड धर्म की व्याख्या ऐतिहासिक संदर्भ में करके पूंजीवादी भावना का विश्लेषण दिया है। मार्क्स ने तो भौतिक इतिहास को द्वंद्वात्मक संदर्श में देखा है। उनका यह बयान आज तक भी अपनी प्रासंगिकता बनाए हुए है कि अब तक का इतिहास वर्ग संघर्ष का इतिहास है।

हाल में जो समाजशास्त्र और मानवशास्त्र विकसित हुआ है, वह छोटे समाजों (Simple Societies) और लघु समुदायों (Little Communities) का है। इस तरह के अध्ययन मानवशास्त्रियों ने किए हैं। गांवों के अध्ययन में मानवशास्त्रियों की महारत या दक्षता है। इन अध्ययनों में इतिहास का बहुत बड़ा सहयोग लिया गया है। जी.एस. घुर्ये (G.S. Ghurye) का एक ग्रामीण अध्ययन है—*आफ्टर ए सेन्चुरी एण्ड ए क्वार्टर* (*After a Century and a Quarter*)। इस पुस्तक में लेखक ने लोनिकण्ड गांव (महाराष्ट्र) में सवा सौ वर्षों में जो परिवर्तन आए हैं, उनका अध्ययन प्रस्तुत किया है। यह मानवशास्त्र और इतिहास के निकट संबंध बताता है। डी.एन. मजूमदार (D.N. Majumdar) के अध्ययन में यू.पी. के मोहाना गांव में जाति का अध्ययन एवं अन्य जातियों के संचार के कारण आने वाले परिवर्तन का लेखा–जोखा है। एफ.जी. बैली (F.G. Bailey) ने *कास्ट*

एण्ड दि इकोनोमिक फ्रंटीयर (*Caste and the Economic Frontier*) में उड़ीसा के एक गांव को इतिहास की पृष्ठभूमि में समझने का प्रयास किया है। ये सब सामान्य समाजों के अध्ययन स्पष्ट रूप से बताते हैं कि मानवशास्त्र का इतिहास के साथ गहन संबंध है।

यह समझना भूल होगी कि इतिहास केवल राजा–महाराजा का ब्यौरा मात्र है। यह ब्यौरा सामाजिक संस्थाओं का भी एक प्रमाणित दस्तावेज है और मानवशास्त्र इस दस्तावेज से बड़ा सरोकार रखता है। यह अवश्य है कि ब्रिटिश युग में जो इतिहास लिखा गया है, वह वस्तुतः ब्रिटिश राज और शक्ति सामंतों की विरुदावली यानी स्तुतिगायन है। कहना चाहिए ऐसे इतिहास के बहुत सारे पृष्ठ राग दरबारी पृष्ठ हैं। इस तरह के परंपरागत इतिहास का अब विरोध होने लगा है। आज नई किस्म के इतिहासकारों की पौध उभर कर आ रही है। इन्हें सब–आल्टर्न (Subaltern) इतिहासकार कहते हैं ये इतिहासकार गरीब–गुरबों, उपेक्षित लोगों और हाशिये के समुदायों का संघर्ष प्रस्तुत करते हैं। रणजीत गुहा (Ranjit Guha) ने इस तरह के इतिहास की पहल की है। उनके संपादन में अधीनस्थ लोगों (Subordinate) व ऐतिहासिक परंपरा में पिछड़े लोगों का विस्तार से विवरण है।

आज आवश्यकता इस बात की है कि मानवशास्त्री सब–आल्टर्न यानी अधीनस्थों के साथ अपने आपको जोड़ें। इस तरह का प्रयास मानवशास्त्र के इतिहास के साथ संबंध अधिक प्रगाढ़ करेगा।

मानवशास्त्र और अर्थशास्त्र (Anthropology and Economics)

अर्थशास्त्र एक और समाज विज्ञान है जिसका मानवशास्त्र के साथ संबंध है। अर्थशास्त्र का केन्द्रीय अध्ययन बिंदु आर्थिक व्यवहार, मुद्रा, मांग और पूर्ति की शक्तियों, उद्योग, आर्थिक विकास आदि हैं। यह समाज विज्ञान सामाजिक प्रघटनाओं के साथ जुड़ा है। धर्म, राजनीति, शिक्षा, व्यवसाय आदि ऐसी प्रघटनाएं हैं जिन पर आर्थिक व्यवस्था का बहुत बड़ा प्रभाव पड़ता है। अर्थशास्त्र समाज के सभी भागों का अध्ययन नहीं करता। इसका तो विशिष्ट क्षेत्र है—उत्पादन, वितरण और उपभोग। मानवशास्त्र विशिष्ट नहीं है, यह बहुआयामी है, समाज के प्रत्येक अंग का यह अध्ययन है। संपूर्ण समाज सिमट कर मानवशास्त्र की कोख में आ जाता है।

सहलिन्स (Marshall D. Sahlins) ने आदिम समाजों की अर्थव्यवस्था का गहन अध्ययन किया है। वे कहते हैं कि जिस प्रकार आदिम समाज नातेदारी से जुड़ा हुआ है, आधुनिक समाज अर्थव्यवस्था से बंधा हुआ है। यह अर्थव्यवस्था आदिम समाज में भी पाई जाती है। इन समाजों में लोगों के पारस्परिक संबंध, उत्पादन, विनिमय और उपभोग से जुड़े रहते हैं। मेलिनोस्की (Malinowaski) ने यह सिद्धांत रखा है कि आदिवासी जीवन के सांस्कृतिक और आर्थिक पहलुओं से अर्थव्यवस्था बंधी होती है और उनकी सामाजिक व्यवस्था का अंतरंग भाग आर्थिक संबंध होते हैं।

हाल में मानवशास्त्र की एक और शाखा उभर कर आई है, इसे आर्थिक मानवशास्त्र (Economic Anthropology) कहते हैं। अब यह कहा जाने लगा है कि

आदिवासी अर्थव्यवस्था सामान्य अर्थव्यवस्था से बुनियादी रूप से भिन्न है। आदिवासी अर्थव्यवस्था की विशिष्टता पर टिप्पणी करते हुए एरिक्सन (Eriksen) लिखते हैं—

> मानवशास्त्री हमेशा इस बात पर जोर देते हैं कि आदिवासी जीवन के सांस्कृतिक और सामाजिक क्षेत्र का अभिन्न अंग (Integrate Part) अर्थव्यवस्था है। अगर हमें आदिवासी अर्थव्यवस्था का मतलब समझना है, तो हमें अर्थव्यवस्था और सामाजिक संबधों के पारस्परिक आदान–प्रदान को देखना पड़ेगा। आदिवासी अर्थव्यवस्था का कोई भी विश्लेषण उसकी सामाजिक–सांस्कृतिक व्यवस्था से पृथक करके नहीं देखा जा सकता।

इस तरह मानवशास्त्रियों की दृष्टि में आदिवासी अर्थव्यवस्था की प्रकृति प्रकार्यात्मक है। इस अर्थव्यवस्था का संबंध आदिवासी जीवन के विभिन्न अंगों से हैं। उदाहरण के लिए आदिवासी के घर में जब अच्छी फसल होती तब वह भेंट स्वरूप केले, मूंगफली और नारियल की फसल का एक हिस्सा अपने रिश्तेदारों, पड़ोसियों और गांव के लोगों को बांटता है। आदिवासी अर्थव्यवस्था सामान्य अर्थव्यवस्था से इस भांति जुदा होती है। देखा जाए तो इस व्यवस्था का संबंध, राजनीति, धर्म, विवाह और गांव से होता है।

अकादमिक अर्थव्यवस्था आदिवासी अर्थव्यवस्था से अलग होती है। यह अर्थव्यवस्था बुनियादी रूप से पूंजीवादी–कार्पोरेट (Capitalist-Corporate) होती है। इसमें जाति संबंध (Ethnicity) का अभाव होता है। मेलिनोस्की ने ट्रोब्रिमण्ड (Trobimand) टापू के आदिवासियों का जो उल्लेख किया है। उनकी अर्थव्यवस्था मूल रूप से आदिवासी अर्थव्यवस्था है। टापूवासियों की अर्थव्यवस्था का केन्द्र उनकी भेंट (Gift) देने की परंपरा है। इसी परंपरा को आदिवासी अर्थव्यवस्था का एक भाग समझा जाना चाहिए। मानवशास्त्र और अर्थशास्त्र के संबंधों को हम संक्षेप में निम्न बिंदुओं में रखेंगे—

(1) मानवशास्त्र मूलरूप में आनुभविक है जबकि अर्थशास्त्र विश्लेषणात्मक (Analytical) है।

(2) मूलतया मानवशास्त्र सूक्ष्म अध्ययन (Micro-Study) में रुचि रखता है। अर्थशास्त्र पूर्णतः एक विशाल अध्ययन (Macro-Study) है। यह गांव, कस्बों और छोटे तथा लघु समुदायों तक नहीं पहुंचता।

(3) मानवशास्त्र अपने अध्ययन में अर्थशास्त्र को समाज का अभिन्न अंग मानकर चलता है। इसका अध्ययन पृथक विधा के रूप में नहीं होता। दूसरी तरफ अर्थशास्त्र अपने आप में एक अलग पहचान रखता है। इसे एक पृथक समाज विज्ञान का दर्जा प्राप्त है।

(4) मानवशास्त्र में अर्थशास्त्र वस्तुतः एक समुदाय का अर्थशास्त्र है, समाज का नहीं। जो अर्थशास्त्र गौंड या हलपती (गुजरात) जनजाति का है, वह मध्यप्रदेश या राजस्थान का अर्थशास्त्र नहीं है।

(5) मानवशास्त्र के अर्थशास्त्र की शुरुआत गांव या समुदाय से होती है, वहां अकादमिक अर्थशास्त्र केवल विशाल या जटिल समाज से प्रारंभ होता है।

(6) मानवशास्त्र आर्थिक प्रक्रियाओं को संस्कृति संदर्श में देखता है। सामान्य अर्थशास्त्र का दृष्टिकोण राष्ट्रीय होता है। इसकी निगाह अधिकतम लाभ की ओर होती है।

मानवशास्त्र और राजनीति शास्त्र (Anthropology and Political Science)

सैद्धांतिक रूप में मानवशास्त्र आदिवासियों की सांस्कृतिक और सामाजिक संरचना का अध्ययन करता है। यद्यपि मानवशास्त्र के अमेरिका, यूरोप और एशिया में अलग–अलग रूपांतर (Variant) हैं फिर भी यह समाज विज्ञान कुल मिलाकर लोगों की सामाजिक–सांस्कृतिक जीवन पद्धति का अध्ययन करता है। इसके विपरीत, राजनीतिशास्त्र का अध्ययन क्षेत्र बहुत सीमित है। यह मुख्यतया शक्ति (Power) और प्राधिकार (Authority) को अपने अध्ययन का विषय बनाता है। इन दोनों समाज विज्ञानों का उपागम और संदर्श पृथक है।

मानवशास्त्र में जो परंपरागत पाठ्य–पुस्तकें हैं, वे विभिन्न समाज विज्ञानों के संबंधों को बड़े ही औपचारिक रूप से प्रस्तुत करती हैं। वे समाज विज्ञान की परिभाषा और विषय–वस्तु को रख देते हैं और फिर संबंधों और अंतर का सिलसिला चल पड़ता है। कहीं भी आनुभविक अनुसंधानों का उल्लेख नहीं किया जाता। समाज विज्ञानों के संबंधों को बताने का यह उपागम आज बेमतलब और अप्रासंगिक हो गया है। इस समाज विज्ञान के संबंधों और अंतर को समकालीन अनुसंधानों के संदर्भ में रखना चाहिए।

एम.जे. स्वाट्र्ज (M.J. Swartz) ने अफ्रीका की जनजातियों की राजनीतिक व्यवस्था का हाल में आनुभविक अध्ययन किया है। वे कहते हैं कि समाज या समुदाय कैसा भी हो, आदिवासी या गैर–आदिवासी दोनों में एक समान ही राजनीतिक व्यवस्था होती है। उन्होंने पाया कि राज्य का काम कानून और व्यवस्था (Law and Order) बनाए रखना होता है। इस दृष्टि से देखें तो मानवशास्त्र और राजनीति शास्त्र कंधे से कंधा मिलाकर चलते हैं। दोनों की यह समानता इनके संबंधों को बताती है।

मानवशास्त्र का शक्ति और प्राधिकार को देखने का नजरिया भिन्न होता है। जॉन ग्लेडहिल (John Gledhill) ने हाल में प्रकाशित एक पुस्तक में राजनीतिक मानवशास्त्र के परिप्रेक्ष्य को रखा है। डेविड टेट (David Tait) ने अफ्रीका की एक ऐसी जनजाति का विस्तृत ब्यौरा दिया है जहां न तो कोई राजा होता और न कोई राज्य। ग्लेडहिल और टेट द्वारा किए गए अध्ययन इस तथ्य को भलीभांति स्थापित करते हैं कि मानवशास्त्र और राजनीतिशास्त्र में संदर्शों की बहुत बड़ी समानता है। दोनों की राजनीतिक गतिविधियां लगभग एक जैसी हैं। यदि उनमें कोई अंतर है तो यह कि जहां मानवशास्त्र आदिवासियों की राजनीतिक गतिविधियों का अध्ययन करता है, वहां राजनीतिशास्त्र विशाल और जटिल समाजों की गतिविधियों को देखता है।

राजनीतिशास्त्र और मानवशास्त्र का एक बड़ा अंतर यह है कि राजनीतिशास्त्र सामान्यतया औपचारिक संस्थाओं जैसे कि संसद, विधानसभा और स्थानीय निकायों का अध्ययन करता है। हाल में इस समाज विज्ञान को शक्ति केन्द्रित संस्थाओं के

अध्ययन से परिभाषित किया जाता है। पंचायतीराज इसके अध्ययन की नवीनतम विधा है। मानवशास्त्र आदिवासियों की राजनीतिक संस्थाओं का अध्ययन करता है पर यह अध्ययन परंपरागत पंचायतों तक ही सीमित है। कई आदिवासी समूह तो ऐसे हैं, जहां राज्य जैसी कोई संस्था ही नहीं होती। ऐसी अवस्था में मानवशास्त्र नातेदारी और धर्म के अध्ययन में ही संतोष कर लेता है।

इन दोनों समाज विज्ञानों के संबंधों की मीमांसा करते हुए अंत में यह कहना चाहिए कि ये दोनों विज्ञान शक्ति का अध्ययन करते हैं। आदिवासियों में यह शक्ति उनकी परंपरागत संस्थाओं, रस्म–रिवाजों और जनरीतियों में पाई जाती हैं, जबकि जटिल समाजों में शक्ति की उपस्थिति औपचारिक संस्थाओं में होती है। मानवशास्त्र की प्रकृति आनुभविक है जबकि राजनीतिशास्त्र सामान्य तथा द्वितीयक सामग्री के आधार राजनीतिक प्रक्रियाओं का विश्लेषण करता है। राजनीतिशास्त्र में हाल में एक परिवर्तन यह देखने को मिला है कि कतिपय राजनीतिज्ञ आनुभविक अध्ययन भी करने लगे हैं। लोगों के मतदान व्यवहार (Voting Behaviour) का अध्ययन उनका उभरता हुआ क्षेत्र है।

इन दोनों समाजों विज्ञानों में बहुत बड़ा अंतर यह है कि दोनों विज्ञानों की तथ्य सामग्री एकत्र करने का तरीका जुदा–जुदा है। राजनीतिशास्त्र अपने आंकड़े या तथ्य द्वितीयक सामग्री से जुटाते हैं। वह इतिहास से भी बहुत ग्रहण करता है। मानवशास्त्र की तथ्य सामग्री अनिवार्य रूप से प्राथमिक होती है। बहुत संक्षेप में, हम कहेंगे कि दोनों समाज विज्ञान शक्ति का अध्ययन तो करते हैं, लेकिन एक सूक्ष्म (Micro) समाजों, यानी आदिवासियों, गांवों, और कस्बों का अध्ययन है तो दूसरा जटिल समाजों, औपचारिक संगठनों और संस्थाओं का। यह बुनियादी अंतर तो हमने कर दिया, लेकिन नए दौर में मानवशास्त्र और राजनीतिशास्त्र दोनों ही परिवर्तन की दौड़ में हैं। मानवशास्त्र विशाल (Macro) समुदायों का अध्ययन करने लगा है और राजनीतिशास्त्र सूक्ष्म (Micro) की ओर जा रहा है।

4

सामाजिक मानवशास्त्र का अध्ययन : विषय तथा क्षेत्र

(Subject-Matter and Scope of Social Anthropology)

मानवशास्त्र का अध्ययन–विषय बहुत व्यापक है। यह संपूर्ण मानवजाति के अध्ययन का वादा करता है। यह हम भलीभांति जानते हैं कि यह विशाल संसार दिन–प्रतिदिन छोटा होता जा रहा है। आवागमन के साधन बहुत तेजी से बढ़ रहे हैं। संचार साधन इससे भी अधिक तेज गति में हैं। अब दूर–दराज क्षेत्रों से व्यापार और उद्योग चल रहे हैं, अंतर्राष्ट्रीय आवागमन बढ़ गया है। दुनियाभर की संस्कृतियां एक–दूसरे के बहुत निकट आ गई हैं। ऐसी अवस्था में मानवशास्त्र की परंपरागत विषय सामग्री जैसी की तैसी बनी रहे, यह संभव नहीं है। यह सही है कि मानवशास्त्र का अध्ययन क्षेत्र आदिवासी, लघु समुदाय और छोटे समूह रहे हैं। यही इसका ऐतिहासिक संदर्भ रहा है।

परिवर्तन के इस संदर्भ में यह भी अवश्य देखना चाहिए कि जिन आदिवासियों, गांवों, जातियों, एथनिसिटी का अध्ययन मानवशास्त्र कर रहा था, वह सब बदल गया है। इतिहास ने पलटी खाई है। समाज ने नई दिशा को पकड़ लिया है। आज आदिवासी आधुनिकता और उत्तर आधुनिकता की चौखट पर खड़े हैं। वैश्वीकरण और बाजारीकरण आदिवासियों को प्रलोभित कर रहे हैं। गैर–सरकारी संस्थाएं और स्वयं सरकारी नुमाइन्दे दूर–दूर तक विकास कार्यक्रमों को लागू कर रहे हैं। आदिवासी हरित क्रांति तक पहुंच गए हैं। पशुपालन ने श्वेत क्रांति का सूत्रपात किया है। अब गांवों में नई तकनीकी और प्रौद्योगिकी आ गई है। गांवों, जातियों और लघु आकार के समूह बदल रहे हैं, ऐसी अवस्था में मानवशास्त्र के लिए परिवर्तन का अध्ययन एक चुनौती है। यह सही है कि मानवशास्त्र की परंपरागत अध्ययन सामग्री आदिवासी और गांव रहे हैं पर ये आदिवासी और गांव अपने नए अवतार में हमारे सामने हैं। इनका अध्ययन अब नए सिरे से होना चाहिए।

भारत में नियोजित विकास कार्यक्रमों की शुरुआत 1952 में हुई। तब सामूहिक विकास प्रोजेक्ट योजना लागू की गई। कृषि का विकास हुआ। शिक्षा को जन–जन तक पहुंचाया गया। बुनियादी ढांचा–सड़क, पानी, बिजली और स्वास्थ्य को दूर–दराज क्षेत्रों तक लाया गया। उद्योग, बाजार और सार्वभौमीकरण ने आदिवासी जीवन को प्रभावित किया। इन नई सामाजिक प्रक्रियाओं को ध्यान में रखकर हमें सामाजिक मानव की अध्ययन सामग्री को देखना होगा।

संस्कृति, व्यक्तित्व और समाज (Culture, Personality and Society) यह कहना ठीक है कि सामाजिक मानवशास्त्र मूलतः आदिम समाज और अब औद्योगिक तथा शहरी समुदायों का अध्ययन करता है, लेकिन ये समाज तो केवल अध्ययन की अन्तर्वस्तु रहे हैं। मुख्य रूप से सामाजिक मानवशास्त्र संस्कृति, व्यक्तित्व और समाज का अध्ययन करता है। संस्कृति, व्यक्तित्व और समाज आदिम हो सकते हैं और औद्योगिक भी। सामाजिक मानव–विज्ञान की बुनियादी अभिरुचि तो संस्कृति और व्यक्तित्व में है। किसी भी समाज में संस्कृति और व्यक्तित्व इस प्रकार मिले–जुले होते हैं कि उन्हें पृथक करना बहुत कठिन है। व्यक्तियों के सामाजिक संबंधों का आधार संस्कृति और उसके प्रतिमान होते हैं, हम अपने एक परिचित मित्र से मिलते हैं, हाथ जोड़ते हैं, कुशलक्षेम पूछते हैं, और उसे अपने निवास–स्थान पर आने को आमंत्रित करते हैं। हमारा यह संपूर्ण व्यवहार, एक निश्चित समाज के संदर्भ में व्यक्तित्व और संस्कृति का सम्मिश्रण है। विश्लेषण के लिए संस्कृति, व्यक्तित्व तथा समाज को पृथक किया जा सकता है, पर वास्तविक या आनुभविक स्थिति में इन्हें पृथक करना कठिन है।

सामाजिक मानवशास्त्र के अध्ययन क्षेत्र की धुरी संस्कृति, व्यक्तित्व तथा समाज रहे हैं। ये इसके अध्ययन की परंपरा रहे हैं। सामाजिक मानवशास्त्र की इस परंपरा ने समाजशास्त्र को भी प्रभावित किया है। समाजशास्त्री पारसन्स (Parsons) का बहुचर्चित क्रिया–व्यवस्था–सिद्धांत (Action System Theory) इसका बहुत बढ़िया दृष्टांत है। क्रिया–सिद्धांत में पारसन्स ने किसी भी सामाजिक क्रिया के विश्लेषण के लिए तीन व्यवस्थाओं को रखा है—व्यक्तित्व–व्यवस्था, सामाजिक व्यवस्था और सांस्कृतिक व्यवस्था। उनका कहना है कि यदि हम मनुष्य–व्यवहार का सही और वैज्ञानिक विश्लेषण करना चाहते हैं, तो ये तीनों व्यवस्थाएं हमारे लिए बहुत उपयोगी हैं। यहां हम पारसन्स के क्रिया–व्यवस्था–सिद्धांत की व्याख्या नहीं करना चाहते, लेकिन यह अवश्य स्पष्ट करना चाहते हैं कि समाजशास्त्र में इस सिद्धांत की चर्चा पिछले तीन दशकों में बहुत प्रभावपूर्ण रही है और इस पर सामाजिक मानव–विज्ञान की छाप भी उतनी ही गहरी है। यह सामाजिक मानव–वैज्ञानिकों के अध्ययन के परिणामस्वरूप ही है कि आज सामाजिक विज्ञानों में अवधारणा के स्तर पर संस्कृति, समाज और व्यक्तित्व को समुचित रूप से परिभाषित करना संभव है।

सामाजिक मानवशास्त्र का परंपरागत अध्ययन-विषय—आदिम तथा अनपढ़ समाज (Subject-Matter of Social Anthropology)

सामाजिक मानवशास्त्र का बहुत बड़ा उद्देश्य मनुष्य के व्यवहार में पाई जाने वाली विभिन्नता को समझना तथा उसका विश्लेषण करना है। इस उद्देश्य की प्राप्ति के लिए यह विज्ञान संसारभर के विभिन्न समाजों का अध्ययन करता है। सामान्य रूप से इसकी अवधारणात्मक विधि (Conceptual Method) तथा इसके सैद्धांतिक उपागम अन्य सामाजिक विज्ञानों जैसे ही हैं, लेकिन सामाजिक मानव–विज्ञान की परंपरा प्रारंभ से ही आदिम समाजों के अध्ययन की रही है और इस परंपरा के कारण इसकी अध्ययन विधि भी समग्रतावादी (Holistic) है। सामाजिक मानवशास्त्र की यह मान्यता रही है कि व्यक्ति एक इकाई के रूप में समाज के संपूर्ण (Whole) का एक भाग है और संपूर्ण में जो लक्षण होते हैं, वे इकाई या भाग में भी पाए जाते हैं। अतः व्यक्ति का व्यवहार वस्तुतः संपूर्ण के व्यवहार का प्रतिबिंब है। यह एक प्रकार की प्रकार्यात्मक पराश्रयता है। इस प्रकार की मान्यता अन्य सामाजिक वैज्ञानिकों की भी है। सामाजिक मानवशास्त्र के इस प्रभावशाली संदर्श के कारण यह ऐसे समाजों का अध्ययन करना अधिक सुविधाजनक समझता है जो आकार में लघु, छोटे और सरल हैं। ऐसे समाज में सामाजिक मानवशास्त्री प्रत्येक व्यक्ति को व्यक्तिगत रूप से जान सकता है।

हमने प्रारंभ में कहा है कि सामाजिक मानवशास्त्र का अध्ययन क्षेत्र सतत् रूप से बदलता रहा है। इसने प्रारंभ में अपना अध्ययन क्षेत्र आदिम समाज रखा तथा बाद में चलकर आदिम समाज से मिलता–जुलता क्षेत्र ग्रामीण समुदाय अपनाया। यह अध्ययन क्षेत्र की सीमा–वृद्धि में दूसरा चरण था। इसके बाद तीसरे चरण में इसने औद्योगिक समाज को भी अपने अध्ययन क्षेत्र में सम्मिलित किया। सर्वप्रथम, हम आदिम समाज के अध्ययन क्षेत्र को लेते हैं। इस क्षेत्र को स्वीकार करने की कुछ विशेष परिस्थितियां थीं, कुछ ऐतिहासिक शक्तियां थीं।

सामाजिक मानवशास्त्र के विकास के प्रारंभिक युगों में नृजाति अध्ययन (Ethnographic Studies) की अधिकता थी। प्रारंभिक सामाजिक मानव–वैज्ञानिकों में लेफिटा (Lafitan), गेरसिलासो डि ला वेगा (Gyarcilaso de la Vega) तथा कुक (Cook) के नाम उल्लेखनीय हैं। सैद्धांतिक सामाजिक मानव–वैज्ञानिकों के बहुत सारे विचारों का उद्गम मेन (Maine) और विशेषकर के मोरगन (Morgan) की कृतियों से है। स्टार्के (Starcke) के परिवार तथा नातेदारी और टाइलर (Tylor), स्मिथ (Smith) तथा फ्रेजर (Frazer) के धर्म तथा जादू संबंधी अध्ययनों ने सामाजिक मानव–विज्ञान की संस्कृति संबंधी अवधारणा को बहुत कुछ सशक्त बनाया है। इस प्रकार के अनुसंधान कार्य आदिम समाजों में किए गए थे और इनके परिणामस्वरूप सामाजिक संस्थाओं के उद्विकास तथा इतिहास पर हमें प्रमाणित सामग्री प्राप्त हुई है। अमेरिका में बोआस और ब्रिटेन में हैडन (Hadden) ने व्यवस्थित रूप से क्षेत्रीय अध्ययन प्रारंभ किया। आदिम समाज के इस व्यवस्थित अध्ययन को मिशनरी, राज्य अधिकारियों और शुद्ध वैज्ञानिकों ने आगे बढ़ाया। इस अध्ययन का पहला उद्देश्य पिछड़े हुए महाद्वीपों

में उपनिवेशवाद और राजनीतिक प्रभुत्व को स्थापित करना था। दूसरा उद्देश्य स्थानीय लोगों में ईसाई–धर्म–परिवर्तन करना था। इन अध्ययनों के परिणामस्वरूप सामाजिक मानवशास्त्र में प्रचुर तत्व–सामग्री एकत्र हो गई। लोई (Lowie) ने प्रिमिटिव सोसायटी पुस्तक में ऐसी तत्व–सामग्री को वैज्ञानिक स्तर पर रखा। इसी बीच रेडक्लिफ–ब्राउन और मेलिनोस्की ने गहरे सैद्धांतिक प्रशिक्षण के आधार पर किए गए क्षेत्रीय अध्ययन को रखा जो आज भी सामाजिक मानव–विज्ञान की एक अमूल्य निधि है। एक लंबी अवधि तक सामाजिक मानवशास्त्रियों ने आदिम समाजों का अध्ययन किया।

हमारे देश में आदिम समाजों का अध्ययन भी सामाजिक मानवशास्त्र की इसी परंपरा की एक कड़ी है। ब्रिटिश सामाजिक मानवशास्त्री रिवर्स (Rivers) ने ई. 1906 में दक्षिण भारत की टोडा (Toda) जनजाति का अध्ययन किया था। इसके बाद शरतचन्द्र राय (S.C. Roy) ने ई. 1912 में मुन्डा जनजाति समाज का अध्ययन वैज्ञानिक आधार पर प्रस्तुत किया। ई. 1914 में गुरडन (Gurdon) ने खासी (Khasi) आदिम समाज का अध्ययन किया। दूसरे और तीसरे दशकों में भारतीय और ब्रिटिश सामाजिक मानवशास्त्री ने नागा, कूकी, हो आदि आदिम समाजों का व्यवस्थित रूप से अध्ययन किया। ये सब आदिम समाज अपने आकार में लघु थे और उनकी सामाजिक व्यवस्था भी जटिलता से परे थी। इस प्रकार के अध्ययन से जो तत्व–सामग्री प्राप्त हुई, उसके परिणामस्वरूप सामाजिक मानव–विज्ञान का वैज्ञानिक स्वरूप और अधिक सशक्त हुआ।

यह प्रश्न उठना स्वाभाविक है कि 20वीं शताब्दी के दूसरे और तीसरे दशक में सामाजिक मानवशास्त्र ने अपनी अध्ययन सामग्री के चयन में आदिम समाजों में इतनी अभिरुचि दिखलाई? दूसरे का उत्तर इतिहास तथा सैद्धांतिक पृष्ठभूमि में दिया जा सकता है, लेकिन इससे पहले हम इस बात का विवेचन करेंगे कि आदिम समाज से हमारा क्या तात्पर्य है।

आदिम समाज वे समाज हैं जो सभ्यता के प्रकाश से दूर हैं। इसकी व्याख्या करते हुए इवान्स–प्रिचार्ड लिखते हैं—"ये वे समाज हैं जो जनसंख्या, क्षेत्र और सामाजिक संपर्क की परिधि की दृष्टि से छोटे पैमाने के हैं और जो अधिक प्रगतिशील समाजों की तुलना में सरल, औद्योगिक तथा आर्थिक क्षेत्र में पिछड़े हुए हैं और जहां सामाजिक कार्यों का विशेषीकरण कम पाया जाता है।"

बैली (Bailey) ने अपने उड़ीसा के एक अध्ययन के आधार पर जाति, समाज और जनजातीय समाज का विश्लेषण किया है। जनजातीय समाज (Tribal Society) वस्तुतः आदिम समाज है। जनजातीय समाज का पहला लक्षण तो उसका भौगोलिक पृथकःकरण (Geographical Isolation) है। इस समाज के सदस्य जंगलों और पहाड़ों पर रहते हैं। इसका दूसरा लक्षण इसकी पृथक भाषा है। समाज के सदस्य एक ही भाषा बोलते हैं। तीसरा लक्षण उनका धर्म है। इस समाज के लोग आत्मवादी (Animist) हैं। आर्थिक दृष्टि से इसके सदस्य पिछड़े हुए होते हैं। इनके पास उत्पादन

के न्यूनतम साधन होते हैं। इस समाज का एक और लक्षण यह है कि इसे आदिवासी समझा जाता है। आदिवासी इसलिए कि सभ्य समाज के आने से पहले ही ये समूह यहां निवास कर रहे थे। आदिम समाज के ये कुछ लक्षण हैं जिनका उल्लेख बैली ने किया है, लेकिन वे इन लक्षणों से सहमत नहीं हैं। उनका कहना है कि जनजाति और जाति दोनों पृथक्–पृथक् व्यवस्थाएं हैं। इन व्यवस्थाओं को नैरन्तर्य (Continuum) की दृष्टि से देखा जाना चाहिए। नैरन्तर्य के एक छोर पर आदिम समाज है जो समानता का एक प्रकार है और जिसमें कोई आश्रित समूह या जातियां नहीं हैं, और दूसरे छोर पर जाति–व्यवस्था है जिसमें अधिकांश लोग अपना कार्य आश्रित समूह के रूप में करते हैं। अतः किसी क्षेत्र विशेष के लिए यह कहा जा सकता है कि अमुक बिंदु पर आदिम जातियां नहीं हैं और क्षेत्र के अमुक बिंदु से जातियों का प्रभाव प्रारंभ होता है। कोई विशेष समूह आदिम जाति या जाति है इसे स्थापित करने की पद्धतियां एक ही हैं। बैली कहते हैं—"यदि उनका साधनों (Resources) पर प्रत्यक्ष अधिकार है और अर्थव्यवस्था की उपज पर उनका अधिकार किसी बिचौलियों के बिना निर्भर स्थिति का नहीं है, तब उन्हें आदिम जाति कहा जाना चाहिए। इसमें एक शर्त और है और वह यह कि वे उस क्षेत्र में अपेक्षित रूप से संपूर्ण जनसंख्या का विशाल भाग हैं। यदि वे पहली शर्त को पूरी करते हैं, लेकिन जनसंख्या में छोटे अनुपात में हैं, तब उन्हें जाति कहा जाना चाहिए।"

आदिम समाज के लक्षण की कुछ प्रमुख विशेषताएं इस प्रकार हैं—(1) लघु आकार; (2) सीमित तकनीकी ज्ञान; (3) सादी एवं पिछड़ी अर्थव्यवस्था; (4) लेखन–कला का अभाव; (5) गोत्र–वंश, और गांव के आधार पर सामाजिक संगठन; (6) भौगोलिक पृथकता; (7) पृथक् भाषा; (8) आत्मवादी धर्म।

संसार के सभी भागों में आदिम समाज पाए जाते हैं। कुछ आदिम समाज विकसित होते हैं और कुछ पिछड़े हुए। अब हम अपना प्रश्न दोहराते हैं—सामाजिक मानवशास्त्र इस प्रकार के समाजों के अध्ययन में क्यों अभिरुचि रखता है। यदि इस प्रश्न का उत्तर तुरंत देने को कहा जाए, तो हम कहेंगे कि इन समाजों की व्यवस्था सरल है और इसलिए सामाजिक मानवशास्त्र इनका अध्ययन करता है। पर शायद इस प्रश्न का उत्तर हमें और अधिक गहराई तथा विस्तार से देना होगा।

1. आदिम समाज के अध्ययन का पहला कारण ऐतिहासिक है। 18वीं शताब्दी में यूरोप में औद्योगिक क्रांति हुई। इस क्रांति के परिणामस्वरूप जहां एक ओर कारखानों में वस्तुओं का उत्पादन बढ़ा, वहीं दूसरी ओर कच्चे माल की आवश्यकता भी बढ़ी। कारखानों को चलाए रखने के लिए जहां उत्पादित माल को बेचने की समस्या थी, वहीं कच्चे माल को प्राप्त करने की आवश्यकता भी थी। इस क्रांति के परिणामस्वरूप और इन कारणों को लेकर नए बाजारों की खोज प्रारंभ हुई। कारखानों के एजेंट अफ्रीका और एशिया में आए। उन्होंने यहां के देशवासियों के विचित्र रीति–रिवाजों को देखा। रीति–रिवाजों और परंपरा की इस विभिन्नता ने सामाजिक मानव–विज्ञान को जन्म दिया। बहुत समय तक

यूरोप और अमेरिका में इसी कारण सामाजिक मानव-विज्ञान को अ-यूरोपीय समाजों के अध्ययन का विज्ञान कहा गया। हमारे देश में अंग्रेज व्यापारी बनकर आए थे। इन व्यापारियों ने ईस्ट इंडिया कंपनी की स्थापना की थी। उन्हें हमारे देश के रीति-रिवाज विचित्र लगे और इस तरह इस देश में भी सामाजिक मानव-विज्ञान का विकास हुआ।

2. सामाजिक मानवशास्त्र की आदिम समाज के अध्ययन में रुचि का दूसरा कारण उद्विकास (Evolution) है। डार्विन (Darwin) की पुस्तक *ऑरिजन ऑफ स्पीशीज* (*Origin of Species*) ई. 1859 में प्रकाशित हुई। कुछ लोग इस पुस्तक के प्रकाशन के वर्ष को मानव-विज्ञान का जन्म-वर्ष कहते हैं। डार्विन के समकालीन समाजशास्त्री स्पेन्सर ने यह स्थापित किया कि मनुष्य शरीर की तरह सामाजिक जीवन का भी क्रमिक विकास हुआ है। डार्विन ने एक प्रकार से बौद्धिक क्रांति ला दी। इसके परिणामस्वरूप सामाजिक मानवशास्त्रियों में छोटे समाजों के अध्ययन करने की अभिरुचि उत्पन्न हुई। उद्विकास सिद्धांत का बहुत बड़ा आधार यह है कि सामाजिक संस्थाएं आरंभ में सरल होती हैं पर विकास क्रम में क्रमशः जटिल होती जाती हैं। इस सिद्धांत के सत्यापन के लिए सामाजिक मानव-वैज्ञानिकों ने अपना अध्ययन सरल समाजों में किया। आदिम समाज आकार और प्रकार दोनों में ही सरल थे और इसलिए इन समाजों का अध्ययन सामाजिक मानव-विज्ञान की एक परंपरा बन गई।

3. आदिम समाज के अध्ययन का एक कारण अवधारणात्मक (Conceptual) भी है। क्लूखोन का कहना है कि सामाजिक मानवशास्त्र तुलनात्मक अध्ययन करता है। अन्ततोगत्वा इसका लक्ष्य आधुनिक समाज का विश्लेषण करना है, लेकिन आधुनिक समाज के विश्लेषण के लिए आदिम समाज का अध्ययन इसलिए आवश्यक है कि जब तक हमें सभी प्रकार के समाजों का पर्याप्त ज्ञान नहीं होता, हम अपने समाज के संबंध में ठोस निष्कर्ष नहीं निकाल सकते। दूसरा, सादे, सरल और छोटे आदिम समाजों के अध्ययन के परिणामस्वरूप जो सामग्री प्राप्त होती है, उसके आधार पर जटिल समाजों का अध्ययन करना सरल हो जाता है। औद्योगिक समाजों की संरचना बहुत पेचीदा होती है। यदि ऐसे समाजों में कोई अध्ययन प्रारंभ किया जाए तो अध्ययनकर्ता समाजों की इस पेचीदगी में खो जाएगा और इसलिए आदिम समाज का अध्ययन प्राथमिक और प्रमुख दोनों ही है।

4. अध्ययन विधि को वैज्ञानिक स्तर पर स्थापित करने के लिए भी आदिम समाज का अध्ययन महत्वपूर्ण है। यदि हम समाजों का वर्गीकरण सरल और जटिल प्रकारों में करते हैं और अध्ययन की विधियों को सरल समाजों के अध्ययन द्वारा विकसित करके उनका प्रयोग जटिल समाजों के अध्ययन में करते हैं तो इससे अध्ययन विधि न केवल विकसित होती है, सशक्त भी बनती है। आदिम समाज के सरल होने का कारण यह है कि इस समाज का क्षेत्र सीमित होता है,

जनसंख्या थोड़ी होती है, और इसमें सांस्कृतिक सजातीयता होती है। ऐसे समाज के अध्ययन के लिए अध्ययन विधियां सुविधापूर्वक बनाई जा सकती हैं और इन विधियों में थोड़े बहुत हेर–फेर और संशोधन के बाद, इन्हें जटिल समाजों पर लगाया भी जा सकता है। जब सामाजिक मानवशास्त्री आदिम समाज का अध्ययन कर लेता है, तो कम से कम उसे यह तो स्पष्ट हो ही जाता है कि समाज की प्रकृति कैसी होती है। फर्थ ने इस विधि को माइक्रोकॉस्मिक विधि (Microcosmic Study) कहा है। इसमें बड़ी इकाई का अध्ययन लघु इकाई के माध्यम से होता है।

5. इवान्स ने आदिम समाज के अध्ययन के लिए एक और कारण देते हुए कहा है कि इस समाज के कुछ विशिष्ट अन्तर्निहित मूल्य होते हैं और यदि इन मूल्यों को लेकर ही चला जाए, तब भी इन समाजों का अध्ययन होना चाहिए। मनुष्य की बुनियादी प्रकृति का विशुद्ध प्रतिबिंब इन्हीं समाजों में देखने को मिलता है। मनुष्य के सामाजिक और आर्थिक मूल्य समाज के विकसित होने के साथ जटिल हो जाते हैं, इसका विश्लेषण इन लघु समाजों के अध्ययन से ही संभव है।
6. शायद आदिम समाज के अध्ययन करने का एक बहुत बड़ा कारण यह है कि ये समाज आज संघर्ष की अवस्था से गुजर रहे हैं। आज उनके सामने सबसे बड़ी समस्या उनके सामाजिक अस्तित्व की है। संसारभर में संचार और आवागमन के साधन बढ़ गए हैं। यह विशाल दुनिया सिमट रही है। संचार की प्रक्रिया के परिणामस्वरूप आदिम समाज भी त्वरित गति से परिवर्तित हो रहे हैं। परिवर्तन के दौर में आदिम जातियों के सामने दो विकल्प हैं—या तो वे अपने सामाजिक अस्तित्व को खोकर विशाल समाज में अपने आपको एकीकृत कर लें, अथवा परिवर्तन की शक्तियों से जूझकर अपने सामाजिक अस्तित्व को बनाए रखें, लेकिन परिवर्तन की हवा आज जिस तरह बह रही है, उसका सामना आदिम समाज नहीं कर सकते। ऐसी अवस्था में इन समाजों के सामने परिवर्तित होने के अतिरिक्त और कोई विकल्प शेष नहीं है। बैली का कहना है कि आदिम समाज की भौगोलिक पृथकता अब देखने को नहीं मिलती। अब जनजातियों का योजनाबद्ध रूप से पुनर्वास होने लगा है। उनकी भाषा–संबंधी पृथकता भी संचार साधनों के कारण टूट रही है। जनजातियां जिस क्षेत्र में रहती हैं, उस क्षेत्र की भाषा बोलने लगी हैं। यही बात धर्म पर लागू होती है। अब जनजातियां आत्मवाद को छोड़कर हिन्दू या ईसाई धर्म अपनाने लगी हैं। बैली कहते हैं "यह बताना अब बहुत सरल है कि जनजातियों के धर्म में हिन्दू धर्म के तत्व और मूल्य विद्यमान हैं।" आज जनजातीय समाज को आर्थिक रूप में कृषक समाज में अधिक पिछड़ा हुआ नहीं कहा जा सकता। इसलिए घुर्ये (Ghurye) का कहना है कि भारत में जनजातियों की समस्या वस्तुतः कृषकों की समस्या है। ये सब तत्व इस बात को बताते हैं कि आदिम समाज के सामने आज जो संघर्ष है, वह बहुत बड़ा है।

यदि सामाजिक मानवशास्त्री शीघ्र परिवर्तित होने वाले आदिम समाज का लेखा–जोखा नहीं करता, तो शायद उसे भविष्य में यह अवसर फिर नहीं मिलेगा।

त्वरित रूप से परिवर्तित होने वाले किसी भी समाज की क्या समस्याएं होती हैं, परिवर्तन के क्या सामाजिक और मानसिक संताप होते हैं, इसके विश्लेषण के लिए इन समाजों का अध्ययन आज और भी अधिक आवश्यक हो गया है।

हमने इस अध्याय के प्रारंभ में कहा है कि सामाजिक मानवशास्त्र की अध्ययन सामग्री सदैव एक ही नहीं रही है। इस सामग्री में समय–समय पर नए अध्ययन क्षेत्र सम्मिलित हुए हैं। प्रारंभ में सामाजिक मानवशास्त्र के अध्ययन विषय का केन्द्र आदिम समाज था, और आज भी यह उसका एक अंग है। इसलिए हमने आदिम समाज के अध्ययन–क्षेत्र को सामाजिक मानव–विज्ञान का एक परंपरागत अध्ययन–क्षेत्र कहा है। आदिम समाज, अनपढ़ समाज है। यह सभ्यता से दूर है। तकनीकी क्षेत्र में पिछड़ा हुआ है। आर्थिक दृष्टि से जीविकोपार्जन स्तर पर है। सब मिलाकर ये समाज सीधे–सादे और सरल हैं। सामाजिक मानवशास्त्रियों ने ऐतिहासिक शक्तियों और अवधारणात्मक कारणों से इन समाजों का अध्ययन प्रारंभ किया। संसार भर की जनजातियां आज अपने सामाजिक अस्तित्व के संघर्ष की लड़ाई लड़ रही हैं। ऐसी अवस्था में इन समाजों का अध्ययन आज जितना आवश्यक और महत्वपूर्ण है, उतना पहले कभी नहीं था।

सामाजिक मानवशास्त्र के अध्ययन-विषय के नए आयाम—ग्रामीण समाज, औद्योगिक समाज और राष्ट्रीय चरित्र (New Dimensions of the Subject-Matter of Social Anthropology)

यह ठीक है कि परंपरागत रूप से सामाजिक मानव–विज्ञान आदिम समाजों का अध्ययन करता रहा है। लेकिन इस शताब्दी के दूसरे दशक से सामाजिक मानव–वैज्ञानिकों का ध्यान ग्रामीण समुदाय के अध्ययन की ओर भी आकर्षित हुआ है। इस प्रकार के अध्ययन का प्रारंभ रेडफील्ड द्वारा 1928 ई. में किए गए टेपोजलान (Tepoztlan) गांव के अध्ययन से है। रेडफील्ड का अमेरिका के शिकागो विश्वविद्यालय के समाजशास्त्रियों के साथ संपर्क था। इन दिनों इस विश्वविद्यालय में समाजशास्त्रीय सिद्धांत में गांव और शहर के अंतर को लेकर बहुत बड़ा विवाद था। रेडफील्ड ने इस विवाद के परिणामस्वरूप मैक्सिको के गांव का अध्ययन किया और उन्होंने ग्रामीण तथा आदिम समाज की संस्कृति को जन–संस्कृति (Folk Culture) का नाम दिया। इसी संदर्भ में उन्होंने कृषक–संस्कृति (Peasant Culture) की अवधारणा को भी रखा, तब से ग्रामीण समुदाय का अध्ययन सामाजिक मानव–वैज्ञानिकों की अध्ययन सामग्री रहा है। अरेन्सबर्ग (Arensberg, 1937), एम्ब्री (Embree, 1937), फे (Fie, 1939) आदि ने गांवों का अध्ययन वैज्ञानिक विधि से प्रारंभ किया। हमारे देश में भी द्वितीय विश्व युद्ध के बाद ग्रामीण अध्ययन की परंपरा प्रारंभ हुई। दुबे, मजूमदार, घुर्ये, आन्द्रे बैतई और विदेशी सामाजिक मानव–वैज्ञानिक मेरियट, ऑस्कर लुइस (Oscar Lewis), मेन्डलबाम (Mandelbaum), मेयर (Mayer), बैली आदि ने ग्रामीण समुदायों का अध्ययन विस्तृत रूप से किया। भारत और एशिया तथा अफ्रीका के विकासशील देशों के सामने आज सबसे बड़ी समस्या गांवों के विकास और प्रगति की

है। ऐसी अवस्था में विकास की समस्याओं को देखते हुए गांवों का अध्ययन करना और भी आवश्यक हो गया है।

सामाजिक मानवशास्त्र में ग्रामीण अध्ययन एक नया क्षेत्र है। रेडफील्ड ने गांव और शहर के अंतर की व्याख्या करते हुए गांव का आदर्श–प्रारूप (Ideal Type) रखा। उन्होंने ग्रामीण समाज के निम्न लक्षण दिए हैं—(1) छोटा आकार; (2) पृथक्ता; (3) शिक्षा का अभाव; (4) सजातीयता या समरूपता (Homogeneity); (5) पीढ़ियों में विचार मूल्य और अभिवृत्तियों को लेकर न्यूनतम अंतर; (6) अहम् की भावना; (7) अविकसित तकनीक; (8) न्यूनतम श्रम–विभाजन; और (9) आत्मनिर्भरता।

सामाजिक मानवशास्त्रियों के ग्रामीण समूहों के अध्ययन में भी वही प्रकार्यात्मक विधि लागू की है, जिसे वे आदिम समाज पर लागू कर रहे हैं। गांव को वे अपने आप में एक छोटी दुनिया समझते हैं। वे मानते हैं कि गांव ब्रह्मांड का एक सूक्ष्म अंश है। इस सूक्ष्म अंश में समुदाय की जो आंतरिक संरचना होती है, वे उसका अध्ययन करते हैं। गांव का बाहर की दुनिया के साथ जो अन्तःसंबंध होता है, उस पर सामाजिक मानवशास्त्री अधिक ध्यान नहीं देते। वे तो गांव को विशाल समाज से पृथक करके देखते हैं।

हमारे देश में जो भी ग्रामीण अध्ययन हुए हैं, उनके परिणामस्वरूप जहां एक ओर गांवों के विकास में हमें सहायता मिली है, वहीं दूसरी ओर सामाजिक मानवशास्त्र और समाजशास्त्र की अवधारणात्मक निधि अधिक समृद्ध हुई है। संस्कृतीकरण (Sanskritisation); पाश्चात्यीकरण (Westernisation); प्रभावी–जाति (Dominant Caste); लघु परंपरा (Little Tradition); महान् परंपरा (Great Tradition); क्षेत्रीयकरण का देहातीकरण (Parochialisation); और सामान्यीकरण (Universalisation) आदि ऐसी अवधारणाएं हैं जिनका प्रादुर्भाव और विकास ग्रामीण समुदाय के अध्ययन से हुआ है। भारतीय जाति–व्यवस्था, और ग्रामीण व्यवस्था के विश्लेषण में हम आज पहले की अपेक्षा अधिक सक्षम हैं।

इस प्रकार दूसरे दशक से लेकर आज तक सामाजिक मानव–विज्ञान में ग्रामीण समुदाय का अध्ययन बराबर विकसित हुआ है। इन समुदायों का अध्ययन विकास की आवश्यकता और विज्ञान संबंधी प्रगति की दृष्टि से बहुत महत्वपूर्ण है।

सामाजिक मानव–विज्ञान की अध्ययन सामग्री में एक और नई सामग्री औद्योगिक समाजों ने प्रदान की है। इस विज्ञान में आदिम समाज और ग्रामीण समाज के अतिरिक्त तीसरे दशक के अंत से शहरी और औद्योगिक समुदायों का अध्ययन भी होने लगा है। इस प्रकार के अध्ययन का शास्त्रीय दृष्टांत हाथोन संयंत्र (Hawthorne Plant) का अध्ययन है। इस अध्ययन को मेयो (Mayo, 1939) ने किया था। इसका सारांश यह है कि कारखाने के उत्पादन को बढ़ाने तथा कारखाने के काम में संतोष देने के लिए कामगारों की प्रतिष्ठा और उनके सामाजिक संबंधों की संरचना बहुत महत्वपूर्ण है। मेयो का यह अध्ययन सामाजिक मानव वैज्ञानिकों के लिए अनुकरण का स्रोत बन गया और इसके परिणामस्वरूप कारखानों में कार्य करने की विभिन्न स्थितियों को लेकर कई अनुसंधान हुए। पाउडरमेकर (Powdermaker, 1950) ने

फिल्म उद्योग का अध्ययन किया। व्हाइट (Whyte, 1948) ने जलपान गृह–उद्योग का अध्ययन किया। हार्डिंग (Harding, 1955) ने औद्योगिक संयंत्रों के अनुसंधानों के आधार पर यह स्थापित किया कि प्रत्येक उद्योग या कारखाना एक सामाजिक व्यवस्था है और इसके क्रियाकलाप इसमें काम करने वाले मजदूर और कामगारों के औपचारिक तथा अनौपचारिक सामाजिक संबंधों पर निर्भर हैं। उद्योग के अतिरिक्त सामाजिक मानवशास्त्रियों ने चिकित्सालय और शहरी जीवन का अध्ययन भी किया है।

हमारे देश में भी सामाजिक मानव–विज्ञान के अध्ययन–विषय के ये नए आयाम देखने को मिलते हैं। मजूमदार और बोस (Bose) ने क्रमशः कानपुर तथा कलकत्ता के शहरी जीवन का अध्ययन किया है। सेठ (Seth) ने गुजरात के बड़ौदा शहर के एक कारखाने का सामाजिक व्यवस्था के रूप में विश्लेषण किया है।

सामाजिक मानवशास्त्र के अध्ययन–विषय में एक और नवीन सामग्री है जिसे राष्ट्रीय चरित्र–अध्ययन (National Character Studies) कहते हैं। परंपरागत रूप से इतिहासकार किसी एक युग के चरित्र और उसके महान् पुरुषों का अध्ययन करते रहे हैं। सामाजिक मानव–वैज्ञानिकों ने पांचवें दशक के लगभग इस क्षेत्र में भी प्रवेश किया। वास्तव में अध्ययन सामग्री की इस विधि की ओर सामाजिक मानव–वैज्ञानिकों का ध्यान द्वितीय विश्व–युद्ध की अवधि में गया, जबकि सेना को लेकर कुछ महत्वपूर्ण निर्णय लेने पड़े। राष्ट्रीय चरित्र–अध्ययन में सामाजिक मानव–वैज्ञानिक किसी एक ही संस्कृति को अपनाने वाली जनसंख्या की अभिवृत्तियों का सामान्यीकरण करते हैं। इस प्रकार के अध्ययन पर नवीन फ्रायडवादियों की विचारधारा का प्रभाव अधिक है। राष्ट्रीय चरित्र के अध्ययन के लिए महान् व्यक्तियों को लिया जाता है। इसमें यह प्रयास किया जाता है कि इन व्यक्तियों में व्यक्तित्व, प्रजाति और पर्यावरण को लेकर कौनसे अंतर पाए जाते हैं।

मानवशास्त्रीय राष्ट्रीय चरित्र–अध्ययन श्रृंखला में सबसे पहली पुस्तक मार्गेट (Margaret) की *एन्ड कीप युवर पाउडर ड्राई—ऐन एंथ्रोपोलॉजिस्ट लुक्स एट अमेरिका* (*And Keep Your Powder Dry : An Anthropologist Looks at America*) है। इसके बाद बेनेडिक्ट (Benedict, 1949) ने जापान के राष्ट्रीय चरित्र को मानव–वैज्ञानिक संदर्भ में प्रस्तुत किया। इस संबंध में ग्रोफी (Geoffrey) की अमेरिका की राष्ट्रीय चरित्र–संबंधी पुस्तक भी उल्लेखनीय है।

हमारे देश में अभी राष्ट्रीय चरित्र–अध्ययन के क्षेत्र में कोई सामाजिक मानव–वैज्ञानिक अध्ययन नहीं हुआ है। फुटकर रूप में मेन्डलबाम ने गांधीजी के जीवन–वृत्तांत पर एक शोध लेख लिखा है। मेन्डलबाम का कहना है कि मानव–वैज्ञानिकों ने मानव विकास के अध्ययन के लिए दो मुख्य उपागम अपनाए हैं। पहला उपागम जीवन वृत्त (Life Cycle) संबंधी है जिसमें यह देखा जाता है कि एक व्यक्ति के विकास में सामाजिक संरचना का क्या प्रभाव पड़ता है। दूसरा उपागम जीवन कथा (Life History) संबंधी है। इसमें यह देखा जाता है कि एक व्यक्ति समाज के दबाव को किस प्रकार अपने व्यक्तित्व में उतारता है।

राष्ट्रीय चरित्र–अध्ययनों की बहुत बड़ी आलोचना यह हुई है कि इनमें अध्ययन विधि सशक्त नहीं है। इस प्रकार के अध्ययन व्यवहार के विभिन्न प्रकारों के उद्‌गम का विश्लेषण नहीं कर पाते, लेकिन यह अवश्य कहा जा सकता है कि सामाजिक मानव विज्ञान की इस नवीन अध्ययन–सामग्री में यह क्षमता अवश्य है कि यह संपूर्ण राष्ट्र के सामान्य मापक और मूल्यों का सही ब्यौरा देने में समर्थ है।

आज सामाजिक मानव–विज्ञान की विषय–सामग्री में बहुत बड़ी विविधता है। इस विविधता के होते हुए भी सामाजिक मानव–विज्ञान, संस्कृति, व्यक्तित्व और समाज को अपने अध्ययन की केन्द्रीय धुरी मानता है। सामाजिक मानव–विज्ञान के बारे में यदि संक्षेप में कहा जाए, तो हम कहेंगे कि वह एक ऐसा विज्ञान है जो आदिम समाज, ग्रामीण समुदाय, शहरी और औद्योगिक समुदाय तथा राष्ट्रीय चरित्र का अध्ययन करता है। सामाजिक मानव–विज्ञान की अध्ययन सामग्री में ये तत्व अंतिम नहीं हैं। किसी भी विज्ञान की यात्रा अनंत होती है। इस यात्रा में जब–जब समाज की समस्याएं उभरती हैं, तब–तब सामाजिक मानव–विज्ञान अपनी सैद्धांतिक विधि–संबंधी क्षमता को देखकर अपनी अध्ययन–सामग्री की परिधि को बढ़ाता है।

सामाजिक मानवशास्त्र का क्षेत्र (Scope of Social Anthropology)

सामाजिक मानव–विज्ञान का क्षेत्र बहुत विशाल है। इसके क्षेत्र की परिसीमा इसकी परिभाषा और अध्ययन सामग्री में देखी जा सकती है। मनुष्य जाति के उद्‌गम से लेकर आज तक उसमें जो उतार–चढ़ाव आए हैं, वे सब सामाजिक मानव–विज्ञान के अध्ययन क्षेत्र को बनाते हैं। इसका क्षेत्र सभी प्रकार के सामाजिक संबंधों आर्थिक, राजनीतिक और धार्मिक तक सीमित है। ये सामाजिक संबंध छोटे आदिम समाजों में हो सकते हैं और जटिल तथा विकसित राष्ट्रों में भी। सभी प्रकार के संस्थागत सामाजिक संबंध, सामाजिक जाल–संरचना और सामाजिक संरचना, इसके अध्ययन क्षेत्र को बनाते हैं। ये सामाजिक संबंध चाहे जीविकोपार्जन के लिए हों या राजनीतिक सत्ता हटाने के लिए, सामाजिक मानव–विज्ञान इनका अध्ययन करता है। यह विज्ञान न केवल विविध सामाजिक पहलुओं का अध्ययन करता है वरन् इन पहलुओं के अन्तःसंबंधों और उनसे पैदा होने वाली समस्याओं का भी अध्ययन करता है। मनुष्य के दैनिक जीवन से लेकर उसकी महान् उपलब्धियों एवं सामान्य ग्रामीण से लेकर अभिजात वर्ग तक, सभी विषय सामाजिक मानव–विज्ञान के क्षेत्र में आ जाते हैं।

हमने सामाजिक मानव–विज्ञान की अध्ययन सामग्री का ब्यौरा दिया है। इस अध्ययन–सामग्री में आदिम–समाज, ग्रामीण समाज, औद्योगिक समाज एवं राष्ट्रीय चरित्र और इनके विभिन्न पहलुओं का समावेश हो जाता है। इवान्स (Evans) ने सामाजिक मानव–विज्ञान के क्षेत्र की व्याख्या करते हुए निम्न तत्वों पर जोर दिया है जो उनके अनुसार इस विज्ञान के क्षेत्र को निर्धारित करते हैं।

1. यद्यपि सामाजिक मानवशास्त्र का क्षेत्र समस्त मनुष्य जाति का अध्ययन करना है, फिर भी इसकी विशेष अभिरुचि आदिम समाज और ग्रामीण समाज में ही रही है।

ये समाज अपने आकार–प्रकार में छोटे होते हैं और इसलिए इनका अध्ययन वैज्ञानिक पद्धति से सरलतापूर्वक किया जा सकता है। यह विज्ञान इन समाजों की भाषा, धर्म, कानून, साहित्य, कला और सत्ता का अध्ययन करता है।

2. सामाजिक मानवशास्त्र उन व्यवहारों के अध्ययन पर जोर देता है जो संस्थागत हैं। मनुष्य का व्यवहार समाज के मूल्यों और मापकों द्वारा निर्धारित होता है। व्यवहारों के इन प्रतिमानों का अध्ययन, सामाजिक मानव–विज्ञान का क्षेत्र है।

3. सामाजिक मानव–विज्ञान सामाजिक संस्थाओं के अध्ययन में सामाजिक यथार्थता पर अधिक जोर देता है। यह यथार्थता क्षेत्रीय कार्य द्वारा प्राप्त की जाती है। सामाजिक मानव–वैज्ञानिक एक संस्था का अध्ययन करते समय संपूर्ण सामाजिक संरचना को अपनी दृष्टि में रखता है। सामाजिक मानव–वैज्ञानिक द्वारा एकत्र की गई तत्व–सामग्री प्राथमिक तत्व–सामग्री (Primary Data) होती है, और इसलिए इस तत्व–सामग्री में वास्तविकता होती है, एक प्रकार की गति होती है।

4. सामाजिक मानवशास्त्र समाज में पाए जाने वाले सामाजिक संबंधों का विज्ञान है, संस्कृति का नहीं। यह शायद इसी कारण है कि सामाजिक मानव–विज्ञान समाजशास्त्र के अधिक निकट है। यद्यपि मनुष्य के सामाजिक संबंधों का नियंत्रण और परिचालन सामाजिक मूल्यों द्वारा होता है, फिर भी सामाजिक विज्ञानों के श्रम–विभाजन की दृष्टि से सामाजिक मानव–विज्ञान का अभिस्थापन संस्कृति की ओर न होकर सामाजिक संबंधों की ओर होता है। यह इसलिए है कि इस विज्ञान का क्षेत्र सामाजिक संरचना है। कहना यह चाहिए कि सामाजिक मानव–विज्ञान का सशक्त मुहावरा सामाजिक संरचना और उसकी परिधि में होने वाले, सामाजिक संबंध हैं।

सामाजिक मानव–विज्ञान के क्षेत्र को और अधिक स्पष्ट करने के लिए हमें संक्षेप में, उसके उद्देश्यों की व्याख्या करनी चाहिए। सामाजिक मानव–विज्ञान के उद्देश्यों को निम्न तत्वों में रखा जा सकता है—

1. मानव–विज्ञान का सबसे बड़ा उद्देश्य मानव–जाति का तुलनात्मक अध्ययन करके कुछ ऐसे सामाजिक सिद्धांतों का प्रतिपादन करना है जिनके द्वारा समाज में व्यवस्था स्थापित की जा सके। हम ऐसे सिद्धांत बनाना चाहते हैं जो मनुष्य–व्यवहार के संबंध में हमें गहरी दृष्टि प्रदान करें। ऐसे नियम अपनी प्रवृत्ति में सर्वव्यापक होते हैं।

2. सामाजिक संबंध जटिल होते हैं। सामाजिक परिवर्तन के परिणामस्वरूप इन संबंधों में भी संरचनात्मक परिवर्तन आते हैं। संरचनात्मक परिवर्तन के परिणामस्वरूप अनुकूलन और व्यवस्थापन की समस्याएं उत्पन्न होती हैं। ये समस्याएं सामाजिक, राजनीतिक और आर्थिक क्षेत्रों में देखने को मिलती हैं। सामाजिक मानव–विज्ञान का एक उद्देश्य इन समस्याओं के विश्लेषण और निदान में सहायता करना है।

3. मानव के सामाजिक इतिहास का पुनर्निर्माण करना भी इस विज्ञान का उद्देश्य है। मनुष्य के उद्गम से लेकर वर्तमान अवस्था तक उसकी एक लंबी कहानी है। सामाजिक मानव–विज्ञान प्रमाणित तथ्यों द्वारा इस कहानी की शृंखलाओं को जोड़ने में हमारी सहायता करता है।

सामाजिक मानवशास्त्र का सबसे बड़ा उद्देश्य मनुष्य के व्यवहार में पाई जाने वाली विविधता का तुलनात्मक अध्ययन करना है। यहां यह अत्यंत स्पष्ट हो जाना चाहिए कि यह विज्ञान ऐसे व्यवहार का अध्ययन नहीं करता जो केवल अपवाद स्वरूप है। इसका अध्ययन–क्षेत्र निश्चित रूप से संस्थागत व्यवहार है। सामाजिक मानव–विज्ञान की अध्ययन सामग्री और इसके उद्देश्य को लेकर विभिन्न प्रतियां रही हैं। अब भी इसे केवल आदिम समाजों के अध्ययन का विज्ञान ही समझा जाता है। पर वस्तुस्थिति आज बदल गई है। सामाजिक मानव–विज्ञान के क्षेत्र की सीमाएं आज विस्तृत हो गई हैं। मनुष्य का संपूर्ण व्यवहार इसका अध्ययन क्षेत्र है। आदिम समाज से लेकर औद्योगिक समाज तक का अध्ययन, नर–कंकाल को गले में डालकर नृत्य करने वाली कला से लेकर, आलीशान होटल में होने वाले “कैबरे” तक का अध्ययन सामाजिक मानवशास्त्र का क्षेत्र है। किसी भी विज्ञान के लिए इतने विशाल क्षेत्र पर नियंत्रण रखना, उसकी क्षमता को स्पष्ट करता है।

5

मानवशास्त्र की अध्ययन विधियाँ

(Methods in Anthropology)

मानवशास्त्र का परिवेश बहुत विशाल है। इसमें इसकी कई शाखाओं का समावेश है। शारीरिक मानवशास्त्र, पुरातन मानवशास्त्र, भाषाई मानवशास्त्र और एथनिक या सांस्कृतिक मानवशास्त्र सभी मिल जुलकर विशाल मानवशास्त्र को बनाते हैं। ये सब एक होकर भी समाज को अपने विशिष्ट दृष्टिकोण से समझने का प्रयास करते हैं। पहले मानवशास्त्र का उद्‌देश्य अन्य समाज विज्ञानों की तरह सामाजिक घटनाओं की वास्तविकता को जानने का था। अब उत्तर आधुनिकता (Postmodernity) के प्रवेश ने यह कहना प्रारंभ कर दिया है कि मानवशास्त्र समाज की वास्तविकता से आगे बढ़कर समाज के बारे में जो भी सत्य है, उसे ढूंढने का प्रयास करता है। यदि हमें सत्य का पता लग जाए तो हम समाज को खुशहाली दे सकते हैं।

अगर समाज को सुखी और समृद्ध बनाना चाहते हैं तो हमें अनिवार्य रूप से अपनी इस खोज में वैधानिक विधि को काम में लेना होगा। यह स्पष्ट है कि मानवशास्त्र के वृहद् परिवेश को किसी एक विधि में बाँधना कठिन है। विज्ञान की विधियाँ अनेक हैं जो विधि सांस्कृतिक मानवशास्त्र के लिए उपयुक्त है, वह पुरातन विज्ञान या शारीरिक मानवशास्त्र के लिए सही नहीं है। उदाहरण के लिए, सामाजिक या सांस्कृतिक मानवशास्त्र अपनी तथ्य सामग्री को क्षेत्र (Field) से एकत्र करता है, वह आनुभविक अध्ययन को करता है, आम आदमी की गतिविधियों से परिचित होता है और इस तरह जमीन से जुड़ी हुई सच्चाई से रू–ब–रू होता है। शारीरिक मानवशास्त्र का कार्य प्रयोगशाला का है। वह आँख, नाक, जबड़ा, बाल, कद आदि का अध्ययन प्रयोगशाला में नाप–तोल करके सचाई की ओर बढ़ता है। पुरातन मानवशास्त्र खुदाई करता है और उससे प्राप्त वस्तुओं का विश्लेषण करता है।

इस तरह के विजातीय मानवशास्त्र के लिए कोई एक ही वैधानिक विधि लागू नहीं हो सकती। विधि में विविधता का होना आवश्यक है। विधि सम्बन्धी इस अध्याय में हम सांस्कृतिक और सामाजिक मानवशास्त्र में प्रयुक्त विधियों का ही उल्लेख करेंगे। यही हमारा सीमित क्षेत्र है। अगर किसी मोटे आधार पर सामाजिक मानवशास्त्र को

अन्य समाज विज्ञानों में पृथक किया जा सके, तब हम यही कहेंगे कि सामाजिक–सांस्कृतिक मानवशास्त्र की प्राथमिक और महत्त्वपूर्ण कोई विधि है तो वह क्षेत्रीय कार्य (Fieldwork) है। मानवशास्त्री अपनी तथ्य सामग्री जुटाने के लिए किसी पुस्तकालीय या अपने आरामदायक कमरे की कुर्सी पर बैठकर सामग्री नहीं जोड़ता और इधर हमारे विश्वविद्यालयों में समाजशास्त्र की पाठ्यपुस्तकों का यह आलम है कि वे कहीं भी क्षेत्रीय कार्य को कोई विस्तार नहीं देतीं।

होता यह है कि जब मानवशास्त्री का मुकाबला किसी समस्या के साथ होता है तो वह तार्किक आधार पर इसका विश्लेषण करता है। वह सोचता है कि किस विधि द्वारा इस समस्या को सुलझाया जा सकता है। अतः समस्या के आधार पर तार्किक ढंग से उचित विधि को अपनाता है। साफ शब्दों में विधि (Method) का मतलब तर्क (Logic) से है। इस अर्थ में मानवशास्त्री समस्या के निराकरण के लिए तर्क पर आधारित कई विधियों में से उपयुक्त विधि को काम लेता है। यदि हम सामाजिक, सांस्कृतिक मानव के सम्पूर्ण अनुसंधान का इतिहास खंगालें तो यह तथ्य उभरकर सामने आएगा कि यह समाज विज्ञान अनिवार्य रूप से आनुभविक और क्षेत्रीय कार्य को अपने अनुसंधान की विधि मानता आया है।

थोमस हिलेंड एरिक्सन (Thomas Hylland Eriksen) ने मानवशास्त्रीय अध्ययन में क्षेत्रीय कार्य को सर्वाधिक महत्त्व दिया है। सामाजिक मानवशास्त्र में, वे कहते हैं कि क्षेत्रीय कार्य एक ऐसी विश्वसनीय विधि है जो तार्किक रूप से हमें समाज की वास्तविकता और सच्चाई के आमने–सामने करती है। एरिक्सन के बयान को हम नीचे देते हैं—

> समाज और संस्कृति में नए ज्ञान को प्राप्त करने के लिए सामाजिक मानवशास्त्र अन्य समाज विज्ञानों से एकदम भिन्न है। क्षेत्रीय अध्ययन लम्बी अवधि के लिए यानी कुछ महीनों या दो वर्षों या उससे अधिक के लिए होता है। इसका उद्देश्य क्षेत्र में रहने वाले लोगों के साथ सामन्जस्य स्थापित करना होता है। यद्यपि क्षेत्रीय विधि अपनाने वाले मानवशास्त्रियों में कितनी अवधि तक क्षेत्र में रहना चाहिए इसको लेकर विवाद है फिर भी सभी इस तथ्य पर सहमत हैं कि उन्हें लोगों के साथ जब तक तादात्म्य नहीं हो जाता, क्षेत्र में कार्य करना चाहिए।

इस अध्याय में आगे चलकर हम विस्तारपूर्वक क्षेत्रीय कार्य पर लिखेंगे, यहाँ तो केवल इतना ही कि सामाजिक, सांस्कृतिक, मानवशास्त्र की बड़ी महत्वपूर्ण विधि क्षेत्रीय कार्य और आनुभविकता है। दोनों वैज्ञानिक विधियाँ इस समाज विज्ञान को अन्य समाज वैद्यानिकों से पृथक कर देती हैं।

क्षेत्रीय कार्य और सिद्धान्त (Fieldwork and Theory)

मानवशास्त्र का बुनियादी आधार क्षेत्रीय कार्य है। इस अनुसंधान द्वारा तथ्यों को एकत्र किया जाता है। ये तथ्य प्राथमिक होते हैं। इन्हीं तथ्यों पर सामान्यीकरण (Generalisation) किया जाता है और आगे चलकर इन पर अनुसंधान बनाने के लिए प्राक्कल्पनाओं का सत्यापन (Verification) होना आवश्यक होता है। आपने देखा कि

सिद्धान्त का बहुत बड़ा आधार क्षेत्रीय कार्य या आनुभविकता है। रोबर्ट मर्टन (Robert Merton) ने कहा कि क्षेत्रीय कार्य का बड़ा आधार सिद्धान्त होता है। क्षेत्रीय कार्य और सिद्धान्त पारस्परिक (Mutual) हैं। ठीक इसी तरह हरबर्ट स्पेन्सर (Herbert Spencer) ने एक स्थान पर लिखा है कि किसी भी सिद्धान्त की हत्या क्षेत्रीय कार्य द्वारा होती है। जब तथ्य बदल जाते हैं, तब सिद्धान्त की साँस फूल जाती है, उसकी मृत्यु हो जाती है। कुल मिलाकर मानवशास्त्र जिन सिद्धान्तों को बनाता है, वे क्षेत्रीय कार्य पर ही बनते हैं।

मानवशास्त्र में सिद्धान्त और क्षेत्रीय कार्य का गठजोड़ इतना सामान्य नहीं है। यह हमारे समझने में दोष है कि क्षेत्र में लोग जिस तरह का कार्य करते हैं, उसके पीछे कोई सिद्धान्त नहीं होता। देखिए, यदि लोग त्रिवेणी संगम पहुँचकर जमुना–गंगा में स्नान करते हैं तो यह उनके लिए पुण्य कार्य है। सिद्धान्त जो तर्क पर आधारित है, शायद इसे पुण्य न मानें लेकिन वे लोग जो ऐसा करते हैं, उनकी समझ में इसके पीछे कोई सिद्धान्त अवश्य है। माइकल हर्जफील्ड मानवशास्त्र के सिद्धान्त को एक नई परिभाषा देते हैं। उनका कहना है कि मनुष्य के व्यवहार में स्वतः ही सिद्धान्त निरूपण होता है। जनजीवन की कोई भी गतिविधि बिना सिद्धान्त के नहीं होती। ऐसी अवस्था में मानवशास्त्र को लोगों के अभ्यास (Practice) में सिद्धान्त खोजना चाहिए। इसी कारण वे मानवशास्त्र को आम विवेक (Common Sense) द्वारा परिभाषित करते हैं। वे अपने ग्रन्थ *मानवशास्त्र* (*Anthropology,* 2004) में जो यूनेस्को द्वारा प्रायोजित है, दुनियाभर की संस्कृतियों का विश्लेषणात्मक ब्यौरा देते हैं और मानवशास्त्रीय सिद्धान्त को लोगों के प्रयासों में खोजते हैं।

मानवशास्त्रीय क्षेत्रीय कार्य कोई सामान्य अनुसंधान कार्य नहीं है। यह जानलेवा होता है। क्षेत्र में आम लोगों की तरह अनुसंधानकर्ता को रहना पड़ता है। लोगों को उनके निजी संदर्भों में समझना होता है और सबसे महत्वपूर्ण बात तो यह है कि लोग जिस संस्कृति में रहते हैं, उनके पीछे उनकी सैद्धान्तिक सोच क्या है? क्षेत्रीय कार्य करने वाला अनुसंधानकर्ता कभी निराशा का मुकाबला करता है और कभी प्रसन्न हो जाता है। एक अच्छा क्षेत्रीय कार्य करने वाला अनुसंधानकर्ता हिम्मत नहीं हारता और अपने क्षेत्र में टिका रहता है। आगे चलकर हम क्षेत्रीय कार्य पर एक विस्तृत टिप्पणी करेंगे।

सामाजिक मानवशास्त्र की अध्ययन विधियाँ और विषय क्षेत्र (Methods and Subject-Matter of Social Anthropology)

हमने पिछले अध्याय में इस बात पर जोर दिया कि किसी भी विज्ञान का विकास उसकी अध्ययन–विधियों और सिद्धान्तों पर निर्भर है। यदि अध्ययन विधियों में वैज्ञानिकता का अभाव है, तो इस विज्ञान के सिद्धान्तों में निश्चितता और पूर्वकथनीयता का अभाव अपने आप आ जाएगा। अब प्रश्न उठता है—कोई भी विज्ञान अपनी अध्ययन विधियाँ किस प्रकार बनाता है? अध्ययन विधियों का प्रादुर्भाव कैसे होता है? ये प्रश्न महत्वपूर्ण है। इन प्रश्नों के उत्तर के अभाव में हम यदि सामाजिक मानव–विज्ञान की

विधियों का विवेचन करें, तो यह विवेचन अपने अर्थ में अधूरा ही होगा। किसी भी विज्ञान की विधियाँ सिलेसिलाए वस्त्रों की तरह बाजार में नहीं मिलतीं। प्रत्येक विज्ञान का अपना अध्ययन–क्षेत्र होता है। प्रत्येक विज्ञान की अध्ययन सामग्री की अपनी समस्याएं होती हैं। अतः अध्ययन–सामग्री और उसकी समस्याओं की प्रकृति को देखकर अध्ययन–विधियाँ बनानी पड़ती हैं। इस संदर्भ में सामाजिक मानव–विज्ञान की आज जो भी विधियां हैं, वे रातों–रात नहीं बनीं। इन विधियों का विकास भी सामाजिक मानव–विज्ञान की अध्ययन सामग्री के विकास के साथ हुआ है। सामाजिक प्रघटनाओं का जैसा स्वरूप होता है, उसी के अनुकूल अध्ययन विधियाँ भी विकसित करनी पड़ती हैं। अब प्रश्न उठते हैं—"सामाजिक मानव–विज्ञान का अध्ययन क्षेत्र क्या है?" "अध्ययन क्षेत्र के विकास के साथ सामाजिक मानव–विज्ञान की विधियों में परिवर्तन आया है?" यदि हम इन दो प्रश्नों का उत्तर देने का प्रयास करें, तो हमें सामाजिक मानव–विज्ञान की अध्ययन विधियों का सही ज्ञान हो जाएगा।

आज हम जिसे सामाजिक मानवशास्त्र कहते हैं, उसका स्वरूप बहुत लम्बे समय तक एथनोलॉजी (Ethnology) का था। यूरोप और अमेरिका में 18वीं तथा 19वीं शताब्दियों में इन दोनों विज्ञानों में कोई विशेष अन्तर नहीं किया जाता था। 1908 ई. में फ्रेजर (Frazer) ने सामाजिक मानव–विज्ञान शब्द का प्रयोग किया था। इसके बाद भी मोटे अर्थों में सामाजिक मानव–विज्ञान और नृजाति–विज्ञान एक ही समझे जाते रहे। तब इन दोनों विज्ञानों पर पर्याप्त रूप से मनोविज्ञान का प्रभाव था। 1930 ई. तक ब्रिटेन के मानव–वैज्ञानिक सामाजिक तथ्यों का विश्लेषण वैरुक्तिक मनोविज्ञान द्वारा करते थे। जब दुर्खीम के समाजशास्त्र का प्रभाव सामाजिक मानवशास्त्र पर पड़ा, तब रेडक्लिफ–ब्राउन और मेलिनोस्की ने यह तर्क प्रस्तुत किया कि सामाजिक तथ्यों के विश्लेषण में मनोवैज्ञानिक विधियों का प्रयोग अनुचित है।

इस शताब्दी के दूसरे दशक में आकर सामाजिक मानव–वैज्ञानिकों ने एथनोलॉजी के साथ अपनी पृथकता घोषित की। रेडक्लिफ–ब्राउन ने 1923 ई. में अपने एक लेख में एथनिक और सामाजिक मानव–विज्ञान की विधियों के अन्त को स्पष्ट किया। उनका कहना था कि सामाजिक मानव–विज्ञान की प्रकृति ऐतिहासिक है तथा वह आदिम समाजों के सामाजिक इतिहास का पुनर्निर्माण करता है। नृजाति–विज्ञान संस्कृति का विवरण है। प्रत्येक मानव समूह की अपनी भाषा होती है, प्रजाति होती है, और संस्कृति का विवरण होता है। ऐसी स्थिति में नृजाति विज्ञान संस्कृति के इतिहास का पुनर्निर्माण करता है। ऐसा करने में इसका संदर्भ ऐतिहासिक होता है। इसके विपरीत सामाजिक मानव–विज्ञान संस्कृति के इतिहास का पुनर्निर्माण नहीं करना चाहता। इसका उद्देश्य तो शुद्ध रूप से निगमनात्मक अध्ययन (Inductive Study) होता है, जिसके द्वारा यह विज्ञान सामान्य नियमों की खोज करता है।

प्रारंभ में एथनोलॉजी और सामाजिक मानव–विज्ञान ने आदिम समाजों और पिछड़े जनसमूहों का अध्ययन किया। जैसा कि हमने बार–बार दोहराया है,

एथनोलॉजी विज्ञान और सामाजिक मानव–विज्ञान, एक लम्बी अवधि तक मिले–जुले रहे हैं। इसका परिणाम यह हुआ है कि इन दोनों विज्ञानों की अध्ययन सामग्री भी एक सी ही रही है। इन विज्ञानों ने आदिम समाजों को अपने अध्ययन का केन्द्रीय आधार बनाया। सामाजिक मानव–विज्ञान और नृजाति–विज्ञान ने आदिम समाजों के परिवार, धर्म, जादू–टोना, टोटम आदि का अध्ययन किया।

अठारहवीं और उन्नीसवीं शताब्दी में जहाँ एथनोलॉजी ने संस्कृति के विवेचन में ऐतिहासिक विधि को अपनाया, वहाँ सामाजिक मानव–विज्ञान ने तुलनात्मक विधि को अपने अध्ययन का आधार बनाया। इन वैज्ञानिकों ने तुलनात्मक और ऐतिहासिक विधियों द्वारा धर्म, परिवार और अन्य सामाजिक संस्थाओं के क्रमिक विकास की खोज की।

अभी सामाजिक मानवशास्त्र का जो स्वरूप हमारे सामने है उससे पूर्व सामाजिक मानवशास्त्र का अध्ययन–क्षेत्र आदिम समाज था। उनके अध्ययन की विधियाँ ऐतिहासिक और तुलनात्मक थीं। इन लेखकों ने इन दो विधियों के अतिरिक्त मनोविज्ञान की विधियों का प्रयोग भी किया था, लेकिन इस शताब्दी के प्रथम तीन दशकों में सामाजिक मानवविज्ञान के अध्ययन–क्षेत्र में क्रांतिकारी परिवर्तन आए। पहला परिवर्तन तो सामाजिक मानव–विज्ञान का नृजाति–विज्ञान से पृथक होना था। रेडक्लिफ–ब्राउन ने चुनौती भरे शब्दों में कहा कि नृजाति–वैज्ञानिक जिस ऐतिहासिक विधि से अध्ययन कर रहे हैं, वह वास्तव में इतिहास नहीं है। वह तो इतिहास के नाम पर अनुमान मात्र है। ऐसी अवस्था में रेडक्लिफ–ब्राउन और उनके अनुयायियों ने ऐतिहासिक विधि के स्थान पर प्रकार्यात्मक विधि (Functional Method) को सामाजिक मानव–विज्ञान के लिए अधिक उपयोगी पाया। प्रकार्यवाद का प्रादुर्भाव ऐतिहासिक और तुलनात्मव विधि के विरोध स्वरूप हुआ है।

प्रकार्यवादियों का सबसे बड़ा तर्क यह है कि सामाजिक मानव–विज्ञान की अध्ययन–सामग्री केवल आदिम समाज ही नहीं है। रेडफील्ड, मेलिनोस्की और रेडक्लिफ–ब्राउन ने इस बात पर जोर दिया कि सामाजिक मानव–विज्ञान का अध्ययन क्षेत्र आदिम समाज के अतिरिक्त ग्रामीण समुदाय भी हैं। इस संदर्भ में मानव–वैज्ञानिकों की नई पीढ़ी ने सामाजिक संरचना और सामाजिक व्यवस्था को अपने अध्ययन का केन्द्रीय आधार बनाया। अब इन्होंने संस्कृति की अपेक्षा इन नए पदों का प्रयोग प्रारंभ किया। लगभग 1934 में रेडक्लिफ–ब्राउन ने अपने व्याख्यानों में सामाजिक संरचना की अवधारणा का प्रयोग किया था। 1940 ई. के बाद से तो सामाजिक संरचना की अवधारण मानव–विज्ञान में बहुत लोकप्रिय हो गई। इन सामाजिक मानव–वैज्ञानिकों पर युक्तिमूलकता (Rationality) की बहुत बड़ी छाप थी। युक्तिमूलकता कार्य कारण के तर्क पर आधारित है। यह जहाँ एक ओर सामाजिक मानव–विज्ञान नृजाति–विज्ञान से पृथक हो गया, वहाँ दूसरी ओर यह विज्ञान समाजशास्त्र के अधिक निकट आ गया। ब्रिटेन में तो आज भी सामाजिक मानव–विज्ञान समाजशास्त्र का एक अंग माना जाता है। कभी–कभी समाजशास्त्र और सामाजिक मानव–विज्ञान का तुलनात्मक विधि द्वारा अन्तर किया जाता है। इसी संदर्भ

में रेडक्लिफ–ब्राउन ने सामाजिक मानव–विज्ञान को तुलनात्मक समाजशास्त्र (Comparative Sociology) भी कहा है।

सामाजिक मानव–विज्ञान का सबसे बड़ा उद्देश्य जैसा कि हमने बार–बार कहा है, ऐसे सामान्य सिद्धांतों का निर्माण करना है, जिन्हें सम्पूर्ण मानव समूहों पर सर्वव्यापक रूप से लागू किया जा सके। ऐसे सिद्धान्तों के निर्माण की कसौटी आनुभविकता ही हो सकती है। आनुभविकता (Empiricism) एक प्रकार का केन्द्रीय अनुभव है, जिसे अनुसंधानकर्ता सामाजिक प्रघटनाओं के संदर्भ में विकसित करता है। आनुभविकता वह है, जिसका सत्यापन (Verification) किया जा सकता है। इस दृष्टि से सामाजिक मानव–विज्ञान में जो भी आधार–सामग्री एकत्रित की जाती है, उसका मूल स्रोत आनुभविकता होती है।

आज सामाजिक मानव–विज्ञान के अध्ययन के लिए प्रयोग में लाई जाने वाली प्रमुख विधियाँ इस प्रकार हैं—(1) ऐतिहासिक विधि (Historical Method); (2) तुलनात्मक विधि (Comparative Method); और (3) प्रकार्यात्मक विधि (Functional Method)।

इन विधियों का पृथक–पृथक रूप से विवेचन और विश्लेषण इस प्रकार किया जा सकता है–

ऐतिहासिक विधि (Historical Method)

किसी भी विज्ञान में अध्ययन विधि का तात्पर्य अध्ययन के तर्क से है। दूसरे शब्दों में, जब हम अध्ययन विधि की चर्चा करते हैं, तो हमारा अभिप्राय यह होता है कि अमुक समस्या के अध्ययन में कौन–सी विधि तर्कयुक्त है। जब तर्क के अनुसार एक या अनेक विधियों को हम अध्ययन के लिए स्वीकार करते हैं, तब यह निर्धारित करते हैं कि इसके अध्ययन के लिए कौन–सी विधियां उपयोगी होंगी। उदाहरण के लिए यदि हम राजस्थान की जन जातियों का अध्ययन करना चाहते हैं, तो इस कार्य में सर्वप्रथम अध्ययन–विधि निर्धारित करेंगे। मान लीजिए हमने ऐतिहासिक विधि को इस अध्ययन के लिए उपयुक्त समझा है, तो अब हमें इसकी पद्धति निश्चित करनी होगी। यह पद्धति क्षेत्रीय कार्य (Fieldwork) और निरीक्षण (Observation) हो सकती है। इस प्रकार अन्य विज्ञानों की तरह सामाजिक मानव–विज्ञान में भी विधि का तात्पर्य अध्ययन के तर्क से है।

सामाजिक मानवशास्त्र में ऐतिहासिक विधि एक विश्वसनीय और परम्परागत विधि रही है। इस विज्ञान में ऐतिहासिक विधि के दो मुख्य उपागम दृष्टिगोचर होते हैं—प्रथम, वह जिसमें सामाजिक मानव–वैज्ञानिकों ने जैविक विज्ञान के उद्विकास (Evolution) को अपनाया है। उद्विकास विधि में इस बात पर ध्यान केन्द्रित किया जाता है कि प्रघटना का उद्गम और विकास किस प्रकार हुआ है। इस विधि के अन्तर्गत प्रारंभिक सामाजिक मानव–वैज्ञानिकों ने सामाजिक संस्थाओं, समाजों और सभ्यताओं के उद्गम और विकास का उद्विकास के उपागम द्वारा विवरण दिया है। वेस्टरमार्क (Westermarck) ने *हिस्ट्री ऑफ ह्यूमन मैरिज* (*History of Human Marriage*) और ओपेनहेमर (Oppenheimer) ने *स्टेट* (*State*) पुस्तकों में क्रम विकास

विधि का विस्तारपूर्वक प्रयोग किया है। इस विधि का प्रयोग अठारहवीं और 19वीं शताब्दी में बहुतायत से हुआ है। बाद में चलकर उद्विकास–विधि की बड़ी आलोचना हुई। आज यह समझा जाता है कि ग्रामीण समुदाय और आदिम समाज के अध्ययन में यह विधि उपयोगी नहीं है। संस्थाओं के उद्गम और विकास पर किया गया कार्य एक प्रकार से शौकिया काम है। ऐसे काम की व्यावहारिक जीवन में उपयोगिता नहीं है। आज हमारे सामने औद्योगीकरण और आर्थिक विकास की समस्या है। हमारी इस समस्या से उत्पन्न कठिनाइयों का विश्लेषण उद्विकास–विधि द्वारा किए गए अध्ययन में नहीं मिल सकता। इसका यह तात्पर्य नहीं है कि क्रम विकास विधि की उपलब्धियाँ नगण्य हैं। वास्तविकता यह है कि आज सामाजिक परिवर्तन के विश्लेषण में उद्विकास संबंधी अध्ययन का महत्वपूर्ण योगदान है। इस प्रकार के अध्ययन द्वारा प्राप्त सामग्री हमारी आधार सामग्री है। इस विधि का दूसरा योगदान यह है कि इसने हमें नृजाति–विज्ञान के क्षेत्र में बहुत बड़ी महत्वपूर्ण सामग्री दी है।

ऐतिहासिक विधि का दूसरा महत्वपूर्ण स्वरूप ऐतिहासिक उपागम में मिलता है। मार्क्स (Marx) और वेबर (Weber) के अध्ययनों में ऐतिहासिक विधि का प्रचुर मात्रा में प्रयोग मिलता है। अर्वाचीन अनुसंधानों में सी. राइट मिल्स (C. Wright Mills) और रेमण्ड एरो (Raymond Aron) की कृतियों में ऐतिहासिक विधि का सफल प्रयोग देखने को मिलता है। हमने दृष्टान्त रूप में उद्विकास और ऐतिहासिक विधि का यहां उल्लेख किया है। बुनियादी रूप में हमें यह देखना चाहिए कि ऐतिहासिक विधि से हमारा क्या तात्पर्य है? इतिहास किसे कहते हैं? ऐतिहासिक विधि के क्या लक्षण हैं? इन प्रश्नों का उत्तर हम अगले पृष्ठों में देंगे।

इतिहास को लेकर कई भ्रान्तियाँ हैं। कुछ लोग इतिहास को केवल मात्र विलक्षण (Unique) का विवरण मानते हैं। कुछ के अनुसार इतिहास हमें कोई सबक नहीं देता है। इतिहास में पूर्वकथनीयता की क्षमता नहीं है। इतिहास अनिवार्य रूप से व्यक्तिनिष्ठ (Subjective) है। सब मिलाकर, इतिहास एक विज्ञान नहीं है, न ही इसके पास कुछ सिद्धान्त हैं। जब इतिहास में विज्ञान नहीं है, सिद्धान्त नहीं है, तो इसकी विधि सामाजिक मानव–विज्ञान को किस प्रकार एक विज्ञान का स्थान दे सकेगी। इतिहास के संबंध में ये सब धारणाएँ बहुत पुरानी हैं। आज इतिहास के भी कई स्वरूप हैं। इतिहास का एक स्वरूप वह है जिसमें केवल घटनाओं और तिथि क्रम पर जोर दिया जाता है। इतिहास का दूसरा स्वरूप वह है जिसमें घटनाओं को आधार–सामग्री मानकर विश्लेषण तथा निर्वचन पर अधिक जोर दिया जाता है। इस दृष्टि से इतिहास आधार तथ्यों का अध्ययन करता है।

इतिहास वर्तमान और अतीत का संवाद स्थल है। इस संबंध में कार (Carr) का कहना है—"अतीत को हम केवल वर्तमान के संदर्भ में ही समझ सकते हैं। अतीत के समाज को पूरी तरह समझ लेने के बाद हम वर्तमान के समाज पर अपना आधिपत्य बढ़ा सकते हैं। इतिहास के ये दो कार्य हैं।"

यह कहना अनुचित है कि इतिहास विलक्षण का अध्ययन करने के कारण सामान्यीकरण के लिए उपयुक्त नहीं है। वास्तविकता तो यह है कि इतिहासकार की

अनन्य घटनाओं में कोई रुचि नहीं है। यह तो विलक्षण में सामान्य (General) की खोज करता है। इतिहासकार अनोखी घटनाओं को अपने अध्ययन लिए अपनाता है और फिर इन घटनाओं में वे तत्व जो सामान्य हैं, उन्हें लेकर सामान्यीकरण करता है। इस तरह जहाँ एक ओर इतिहास विलक्षण घटनाओं का अध्ययन करता है, वहाँ उसकी प्रकृति सामान्यीकरण की ओर भी है।

इतिहास में पूर्व संसूचन की क्षमता भी है। प्राकृतिक विज्ञानों में पूर्वकथनीयता को लेकर सिद्धान्तों की बात कही जाती है। ये सिद्धान्त वास्तव में भविष्य में घटनाएं जिस प्रकार घटित होंगी, उनके संबंध में प्रवृत्ति (Tendency) का कथन या बयान है, लेकिन एक विशिष्ट (Concrete) वस्तु पर सामान्य नियम नहीं लगाया जा सकता। भौतिकी का गुरुत्वाकर्षण का सिद्धान्त है—पेड़ से गिरता हुआ सेब पृथ्वी पर आएगा। यह नियम है, लेकिन अमुक सेब को लेकर यह हो सकता है कि जमीन पर गिरने से पहले कोई उसे अपनी टोकरी में ले ले। अतः विज्ञान के नियमों का सामान्य स्वरूप तो देखा जा सकता है, पर विशिष्ट वस्तुओं में यह लागू नहीं भी हो सकता है। इतिहास क्रान्तियों के अध्ययन के आधार पर यह कह सकता है कि भारत में क्रान्ति की प्रकृति है। लेकिन किन्हीं कारणों से जो सेब को टोकरी में लेने की तरह आकस्मिक हो सकते हैं, शायद भारत में क्रान्ति न हो। अतः आज इतिहास का जो अर्थ लिया जाता है, उसके अनुसार इतिहास एक विज्ञान है। विलक्षण घटनाओं का अध्ययन करते हुए भी इतिहास विज्ञान की तरह सामान्यीकरण करता है। इसमें पूर्वकथनीयता होती है और इसका निर्वचन और विश्लेषण युक्तियुक्त होता है।

इतिहास के संबंध में हमने एक संदर्भ रखा है, लेकिन जैसा कि ऊपर कहा गया है कि इतिहास का एक और भी दृष्टिकोण है, जो रूढ़िवादी है। इस संदर्भ के अनुसार, इतिहास केवल अतीत की घटनाओं का विवरण मात्र है। मार्क्स और वेबर ने ऐतिहासिक विधि का जिस भांति प्रयोग किया है, उसका हम यहाँ संक्षेप में विवेचन करेंगे।

मार्क्स ने ऐतिहासिक विधि का निश्चयात्मक रूप में प्रयोग किया है। उनका कहना है कि मनुष्यता का इतिहास एक अ–पुनरावृत्ति की प्रक्रिया है जिसके निश्चित नियम हैं। ये नियम सामाजिक संरचना के स्वरूप को निश्चित करते हैं। मार्क्स ने इतिहास के अध्ययन के बाद भौतिकता को एक नियम के रूप में रखा है। जिन समूहों का भौतिक वस्तुओं अर्थात् उत्पादन की प्रक्रियाओं पर स्वामित्व होता है, वे इतिहास को गति देते हैं। सभी समुदायों का इतिहास इस बात को बताता है कि दो वर्गों में उत्पादन के भौतिक साधनों के स्वामित्व को लेकर बराबर संघर्ष रहा है। अतः भौतिक साधनों का स्वामित्व प्रभुत्व को निश्चित करता है।

मार्क्स ने इतिहास को, उत्पादन की विधि, उत्पादन–साधनों का स्वामित्व, उत्पादन संबंधों और उत्पादन शक्तियों के संदर्भ में देखा है। इस दृष्टि से इतिहास का प्रथम काल आदिम समाज था। यह काल हजारों वर्ष तक रहा। इसमें मनुष्य जो अपनी आदिम अवस्था में था, अपने अस्तित्व के लिए प्रकृति से जूझता रहा। इस युग में वह

शिकार करता था और जो कुछ मिलता था, खा लेता था। सभी लोग मिलकर श्रम करते थे और किसी की व्यक्तिगत सम्पत्ति नहीं थी। इस अवस्था में उत्पादन शक्ति और साधनों पर किसी का स्वामित्व नहीं था।

इतिहास का दूसरा युग दास–व्यवस्था का था। प्रारम्भ में दास व्यवस्था की प्रकृति पित्तृसत्तात्मक थी। ऐसी अवस्था में मालिक दास के साथ मिलकर काम करता था, लेकिन जब दास व्यवस्था पूर्ण रूप से विकसित हो गई तो दासों का शोषण होने लगा। इस युग में न केवल उत्पादन के साधन वरन मजदूर भी शोषक समूह की सम्पत्ति थे। जानवरों की तरह दासों को खरीदा और बेचा था।

मार्क्स के अनुसार इतिहास का तीसरा युग सामन्त युग है। रोम साम्राज्य के पतन के बाद पाँचवीं शताब्दी के यूरोप में सामन्तवाद का जन्म हुआ। इस युग में उत्पादन के साधन सामन्तों के हाथ में थे। किसान खेत जोतते थे और अपने नये मालिक सामन्त पर आश्रित थे। अब किसानों का शोषण सामन्तों द्वारा होने लगा, उत्पादन का मुख्य साधन भूमि थी। सामन्त भूमि के मालिक थे। किसानों के पास श्रम बेचने के अतिरिक्त और कोई चारा नहीं था।

इतिहास का चौथा युग पूंजीवादी है। पूंजीपतियों ने उत्पादन के साधनों का स्वामित्व सामन्तों से अपने पास ले लिया। अब पूंजीवादी युग में मुद्रा का महत्व बढ़ गया। मार्क्स इतिहास के इस भौतिकवादी निर्वचन द्वारा यह स्थापित करते हैं कि इतिहास की प्रक्रिया कुछ नियमों पर चलती है। ये नियम किसी को बख्शते नहीं। मार्क्स का यह सिद्धान्त ऐतिहासिक नियतिवाद (**Historical Determinism**) कहलाता है। उत्पादन के भौतिक साधनों का स्वामित्व सामाजिक संरचना के स्वरूप को निश्चित करता है।

जर्मनी के सामाजिक विचारक वेबर (**Weber**) ने अपनी अध्ययन पद्धति में जहाँ तुलनात्मक विधि का प्रयोग किया है, वहीं उन्होंने ऐतिहासिक विधि को भी काम में लिया है। वेबर पर अपनी पीढ़ी के विचारकों का पर्याप्त प्रभाव था। वे ऐतिहासिक विधि को सामाजिक प्रघटनाओं के निर्वचन में बहुत उपयोगी समझते थे। उन्होंने पूंजीवाद, आधुनिक नौकरशाही के विकास और आर्थिक संरचना पर पड़ने वाले धर्म के प्रभावों का ऐतिहासिक विधि से विश्लेषण किया है। उनका उद्‌देश्य दुनिया के छह बड़े धर्मों का ऐतिहासिक और तुलनात्मक विधि द्वारा अध्ययन करना था। उन्होंने अपने जीवनकाल में यहूदी, हिन्दू, ईसाई और कन्फ्यूशियस धर्मों का अध्ययन किया। इन धर्मों को उन्होंने विभिन्न युगों में देखा और यह निष्कर्ष निकाला कि हिन्दू, कन्फ्यूसियस और यहूदी धर्मों में ऐसे आचार नहीं थे जो पूंजीवाद को विकसित कर पाते, जबकि प्रोस्टेन्टेट धर्म के कालविन सम्प्रदाय में ऐसे तत्व उपस्थित थे, जिन्होंने पूंजीवाद को बढ़ाया। इसी ऐतिहासिक विधि से वेबर ने प्रभुत्व (**Domination**) का अध्ययन करके उसके तीन प्रकार निर्धारित किए। परम्परागत प्रभुत्व (**Traditional Domination**), चमत्कारिक प्रभुत्व (**Charismatic Domination**) और विधि संबंधी प्रभुत्व (**Legal Domination**)। वेबर ने प्रभुत्व के इन प्रकारों का प्रतिपादन ऐतिहासिक विधि से एकत्रित आधार सामग्री पर ही किया था।

वेबर की अध्ययन विधि ऐतिहासिक थी, लेकिन वे इतिहास को कार्य–करण समझने वाली विधि नहीं मानते थे। इतिहास तो केवल निर्वचन या विश्लेषण के लिए उपयोगी है। उन्होंने इतिहास की नियतिवादी (Deterministic) विधि को स्वीकार नहीं किया। वे लिखते हैं—"तथाकथित इतिहास की भौतिकवादी अवधारणा जो ऐतिहासिक यथार्थता का कार्य–करण रूप में विश्लेषण करती है, हमें निश्चित रूप में अस्वीकार करनी पड़ेगी, लेकिन इतिहास के आर्थिक विवेचन का विकास करना हमारा उद्देश्य है।"

वर्तमान दशक में राइट मिल्स और रेमन्ड एरो ने भी अपनी कृतियों में ऐतिहासिक विधि को निश्चयात्मक परिप्रेक्ष्य में काम में लिया है। मिल्स ने अपनी पुस्तक *वाइट कोलर* (*White Collar*) में सफेदपोश कर्मचारियों के व्यावसायिक विकास का अमेरिका के संदर्भ में ऐतिहासिक विवेचन प्रस्तुत किया है। इसी तरह एरो ने संघर्ष और युद्ध की स्थितियों को ऐतिहासिक समाजशास्त्र की भूमिका में देखा है। उन्होंने अपनी एक और पुस्तक में युद्ध और औद्योगिक समाज के संबंधों को भी ऐतिहासिक धरातल पर रखा है। आज औद्योगिक समाज हमारे अध्ययन का केन्द्र बिन्दु है। इस समाज का निर्वचन भी बोटोमोर (Bottomore), मारक्यूज (Marcuse) आदि ने ऐतिहासिक दृष्टिकोण से किया है। इस सन्दर्भ में मारक्यूज की *वन डाइमेन्शनल मेन* (*One Dimensional Man*), एवं *एरोस एन्ड सिविलाइजेशन* (*Eros and Civilisation*) उल्लेखनीय हैं।

ऐतिहासिक विधि की आलोचना (Criticism of Historical Method)

जैसा कि हमने प्रारम्भ में कहा है कि सामाजिक मानवशास्त्र में ऐतिहासिक विधि एक महत्वपूर्ण अध्ययन विधि रही है। संक्षेप में, ऐतिहासिक विधि किसी एक संस्था या जटिल संस्थान का विश्लेषण उसके विकास के विभिन्न चरणों के संदर्भ में करती है। ऐसा करने में जहां तक सम्भव हो, परिवर्तित होने वाली स्थितियों के कारण की खोज भी यह करता है। इस विधि में हम संस्कृति या उसके किसी तत्व के क्रमिक विकास को देखते हैं और यदि हमारा अध्ययन विषय ऐसे समाजों का है जिसके पास लिखित इतिहास नहीं है, तो हम ऐतिहासिक विधि द्वारा उस समाज के अतीत का उपकल्पनात्मक पुनर्निर्माण करते हैं। सामाजिक मानव–वैज्ञानिकों ने ऐतिहासिक विधि का प्रयोग किया है, लेकिन बीसवीं शताब्दी के पहले दशक में आकर धीरे–धीरे ऐसा प्रतीत होने लगा कि सामाजिक मानव–विज्ञान जिन समस्याओं का अध्ययन करता है, उनके लिए अध्ययन की यह विधि अधिक उपयोगी नहीं है। इस विधि ने सामाजिक मानव–विज्ञान को आगमनात्मक विज्ञानों (Inductive Sciences) की स्थिति प्रदान नहीं की, और तब सामाजिक मानव–वैज्ञानिकों की एक पूरी पीढ़ी ने तुलनात्मक, उद्विकासीय और ऐतिहासिक विधियों की आलोचना की। हम यहां ऐतिहासिक विधि की आलोचना के कतिपय पहलू प्रस्तुत कर रहे हैं।

1. किसी भी विज्ञान की अध्ययन–विधि का आधार आगमन विधि (Inductive Method) होती है। भौतिकी, रसायनशास्त्र या कोई भी सामाजिक विज्ञान आगमन विधि द्वारा सामान्य नियमों को बनाता है और इस प्रकार विज्ञान के ये सिद्धान्त निगमनात्मक व्यवस्था (Deductive System) का निर्माण करते हैं। निगमन विधि का सार वस्तुतः सामान्यीकरण है। ऐतिहासिक विधि की बहुत बड़ी आलोचना यह है कि इतिहास में निगमन विधि नहीं होती। इतिहास अतीत की गहराई में विभिन्न सामाजिक संबंधों का निर्वचन करता है, पर इस विधि द्वारा सामान्यीकरण नहीं किया जा सकता। अतः ऐतिहासिक विधि आगमनात्मक विधि का प्रयोग नहीं करती और इसके अभाव में सामाजिक मानव–विज्ञान सामान्य नियमों या सिद्धान्तों का निर्माण नहीं कर सकता।
2. हमें जिन समाजों की ऐतिहासिक आधार सामग्री प्राप्त है, उनका अध्ययन तो हम भले ही इस विधि द्वारा कर लें, लेकिन आदिम समाज जैसे समूह जिनके पास कोई इतिहास नहीं है, परम्पराएं और रूढ़ियाँ ही जिनका इतिहास हैं, उनके अध्ययन में ऐतिहासिक विधि क्या करती है? मोरगन, रिवर्स आदि ने आदिम समाजों के अध्ययन में जहां ऐतिहासिक विधि को अपनाया है, उनका प्रयास अनुमान या प्राक्कल्पना द्वारा आदिम समाजों की संस्कृति के विकास की खोई हुई कड़ियों का पुनर्निर्माण करना होता है और प्राक्कल्पनात्मक पुनर्निर्माण सामाजिक मानव–विज्ञान के सिद्धान्त निर्माण में कोई उपयोगी योग नहीं देता। अतः ऐतिहासिक विधि का प्रयोग आदिम समाजों या ऐसे समाजों के अध्ययन में जिनके पास लिखित इतिहास नहीं है, अधिक उपयोगी नहीं है। आज नृजाति–विज्ञान के जो भी विवरण हमें उपलब्ध हैं, इसी ऐतिहासिक विधि द्वारा बनाए गए प्राक्कल्पनात्मक का अनुमानात्मक पुनर्निर्माण के सिद्धान्तों का ढेर मात्र हैं।
3. इस विधि का एक और गम्भीर दोष भी है। यदि यह विधि प्राक्कल्पनात्मक पूर्ण निर्माण करती है, तब भी इन प्राक्कल्पनाओं का किसी भी अवस्था में सत्यापन नहीं किया जा सकता। आदिम समाज इतिहासहीन है। उनकी कोई आधार सामग्री नहीं होती, जिस पर प्राक्कल्पनात्मक पुनर्निर्माण का सत्यापन किया जा सके। अतः इस विधि का प्राक्कल्पनाओं को बनाना कोई दोष नहीं है, लेकिन इन प्राक्कल्पनाओं का सत्यापन तो होना ही चाहिए। पर यह सत्यापन इस विधि द्वारा सम्भव नहीं है, और यह इसकी बहुत बड़ी कमजोरी है।
4. ऐतिहासिक विधि में एक अन्य अभाव भी है। यह विधि अतीत की घटनाओं की जानकारी तो हमें देती है, लेकिन यह जानकारी सिद्धान्त–निर्माण के लिए उपयोगी नहीं होती। यह विधि तो केवल इस बात को बताती है कि घटनाओं का उद्‌गम क्या है और इतिहास के विभिन्न युगों में इन घटनाओं का क्रमिक–विकास किस प्रकार हुआ। इसमें अतीत की घटनाओं के उतार–चढ़ाव का इतिहास अवश्य है, पर इसमें सामान्यीकरण नहीं होता और इसके

परिणामस्वरूप सामाजिक मानव–विज्ञान के सिद्धान्त की विधि कमजोर पड़ जाती है।

5. इतिहास केवल घटनाओं का तैथिक ब्यौरा देता है। इन घटनाओं का निर्वचन एवं विश्लेषण प्रस्तुत नहीं करता और यह इसका सबसे बड़ा अभाव है। यह विधि आगमनात्मक दृष्टि से इस बात का विवेचन नहीं करती कि घटनाओं में यह परिवर्तन क्यों होता है। रेडक्लिफ–ब्राउन ने ऐतिहासिक विधि की पूर्ण आलोचना इसी संदर्भ में की है। उनका कहना है कि यह विधि शैक्षणिक दृष्टि से बहुत रुचिकर लग सकती है, लेकिन व्यावहारिक जीवन में इसकी उपयोगिता बहुत कम है। रेडक्लिफ–ब्राउन का बहुत बड़ा तर्क यह है कि यदि हम किसी भी ज्ञान को व्यावहारिक जीवन में लगाना चाहते हैं तो हमारे लिए यह बहुत आवश्यक है कि घटनाओं के संबंध में हमारा ज्ञान सामान्यीकृत (Generalised) होना चाहिए। ऐसी अवस्था में सामाजिक मानव–विज्ञान को ऐतिहासिक विधि से अधिक आशाएं नहीं रखनी चाहिए।

ऊपर हमने सामाजिक मानवशास्त्र में प्रयोग में लाई जाने वाली ऐतिहासिक विधि की आलोचना की है। इस विधि के कुछ अभावों का उल्लेख भी किया है, लेकिन इसका यह अर्थ नहीं है कि यह विधि आज प्रयोग में नहीं लाई जाती। वास्तविकता यह है कि अध्ययन की कोई भी विधि सर्वांगीण रूप से पूर्ण नहीं हो सकती। ऐसी अवस्था में ऐतिहासिक विधि के भी कुछ अपने दोष हैं। फिर भी आज कुछ सामाजिक मानव–वैज्ञानिक और समाजशास्त्री इस विधि का प्रयोग कर रहे हैं। ऐतिहासिक विधि भी आज शीघ्र बदल रही है। हमारी इतिहास की अवधारणा में भी क्रान्तिकारी परिवर्तन आया है। इतिहासकारों में आज ऐसे लोगों का अभाव नहीं है जो इतिहास को एक विज्ञान स्वीकार करते हैं। उनकी मान्यता है कि ऐतिहासिक घटनाओं का आधार कार्य कारण संबंध होते हैं। इतिहास सामान्यीकरण करता है। इतिहास को देखने या इतिहास के निर्वचन का यह नवीन संदर्श इस विधि को संशोधित करने में बहुत उपयोगी है। अतः जब स्वयं इतिहास और उसकी अध्ययन विधियां, परम्पराएं बदल रही हैं, तो ऐसी स्थिति में ऐतिहासिक विधि सामाजिक मानव–विज्ञान की विधियों में, एक महत्वपूर्ण विधि हो सकती है।

प्रकार्यात्मक विधि (Functional Method)

अठारहवीं तथा उन्नीसवीं शताब्दी में सामाजिक मानव–विज्ञान में बहुत अनुसंधान कार्य हुए हैं, लेकिन इन अनुसंधानों की अध्ययन विधियां प्रायः तुलनात्मक और ऐतिहासिक रही हैं। ऐतिहासिक विधि का एक स्वरूप उद्‌विकास भी रहा है, लेकिन बीसवीं शताब्दी के प्रारंभ में ऐसा लगने लगा कि ऐतिहासिक और तुलनात्मक विधियाँ सामाजिक मानव–विज्ञान को समुचित रूप से आगे नहीं बढ़ा सकेंगी और इसलिए इन विधियों के स्थान पर प्रकार्यात्मक विधि अधिक उपयोगी समझी गई। आज सामाजिक मानव–विज्ञान में प्रकार्यात्मक विधि बहुतायत से प्रयोग में आने लगी है। यह विधि

समाजशास्त्र में भी लोकप्रिय हो गई है। डेविस (Davis) का तो यहाँ तक कहना है कि समाजशास्त्र में आज जो कुछ है, उसका तीन चौथाई भाग प्रकार्यवाद है। प्रकार्यवाद एक फैशन हो गया है। हमारे देश में सामाजिक मानव–विज्ञान में पिछले तीन–चार दशकों में जो भी अनुसंधान कार्य हुआ है, उसकी अध्ययन विधि लगभग प्रकार्यात्मक विश्लेषण ही रही है। प्रकार्यवाद की उपयोगिता और लोकप्रियता के होते हुए भी सामाजिक मानव–विज्ञान में एक ऐसा सम्प्रदाय है जो इस विधि की कटु आलोचना भी करता है। आने वाले पृष्ठों में सामाजिक मानव–विज्ञान में प्रकार्यात्मक विधि का जिस प्रकार से विकास हुआ है, उसका विस्तारपूर्वक विवेचन करेंगे।

प्रकार्यात्मक विश्लेषण—अर्थ और विकास
(Functional Analysis: Meaning and Development)

सामाजिक मानवशास्त्र में प्रकार्यात्मक उपागम का उद्‌गम ऐतिहासिक और उद्‌विकास विधियों के विरोध स्वरूप हुआ है। इस विधि के अग्रणियों में मेलिनोस्की (Malinowaski), रेडक्लिफ–ब्राउन (Brown), फर्थ (Firth) और इवान्स–प्रिचार्ड (Evans-Pritchard) के नाम उल्लेखनीय हैं। इन सामाजिक मानव–वैज्ञानिकों ने तुलनात्मक और ऐतिहासिक विधियों की कटु आलोचना की है। इनके अनुसार, ऐतिहासिक विधि और कुछ न होकर आनुभाविक इतिहास (Conjectural History) है। इस तरह के अनुमान में अव्यवस्थित और असत्यापित आधार सामग्री का प्रयोग सामाजिक जीवन के विश्लेषण में किया जाता है।

सामाजिक कार्य (Social Function) पद का प्रयोग उन्नीसवीं शताब्दी में हुआ था। यह प्रयोग शायद स्पेन्सर ने पहली बार किया था। स्पेन्सर ने इस पद का प्रयोग समाज और मनुष्य के शरीर की उपमा के संदर्भ में किया था। उनका कहना था कि मनुष्य के शरीर या उसकी काया की तरह समाज का भी शरीर है। स्पेन्सर पर डार्विन के विकासवाद का बहुत बड़ा प्रभाव था। जैसे डार्विन ने मानव जीवधारी के विकासक्रम को एक सूत्र में रखा, वैसे ही स्पेन्सर और उसकी पीढ़ी ने 'प्रिन्सीपल्स ऑफ सोश्योलॉजी' (Principles of Sociology) में संक्षेप में सामाजिक प्रकार्य का उल्लेख किया है, लेकिन स्पेन्सर सामाजिक प्रकार्य की अवधारणा को तर्कसंगत रूप में नहीं समझा पाए।

व्यवस्थित रूप से प्रकार्य की अवधारणा का प्रयोग दुर्खीम (Durkheim) ने धर्म संबंधी अपनी पुस्तक में 1895 ई. में किया था। इस दृष्टि से देखें तो सामाजिक मानव–विज्ञान में प्रकार्यविधि का प्रवेश समाजशास्त्र से हुआ है। दुर्खीम ने प्रकार्य की परिभाषा देते हुए लिखा—"किसी भी सामाजिक संस्था का प्रकार्य सामाजिक जीवधारी और उसकी आवश्यकताओं में सादृश्य है।" दुर्खीम का कहना है कि समाज एक जीवधारी की तरह है। इस समाज की आवश्यकताएं होती हैं और इनकी पूर्ति जिन गतिविधियों से होती है, ये गतिविधियाँ प्रकार्य हैं। उन्होंने ऑस्ट्रेलिया की जनजातियों का अध्ययन किया। उनका यह निष्कर्ष था कि धर्म की संस्था समाज में इसलिए काम

करती है कि समाज को धर्म की आवश्यकता है। धर्म का यह प्रकार्य जनजातियों में एकीकरण की भावना उत्पन्न करता है। दुर्खीम के प्रकार्यवाद के इस प्रयोग ने सामाजिक मानव–वैज्ञानिकों को प्रभावित किया। उन्होंने प्रकार्यवाद को एक सामाजिक सिद्धांत की तरह स्थापित करने का प्रयास किया। उनका कहना था कि किसी भी समाजशास्त्रीय विश्लेषण में दो तत्वों का होना आवश्यक है। पहला तत्व किसी भी घटना के घटित होने का कारण है और दूसरा उस कारण का निश्चित प्रकार्य। उनका यह कहना था कि सामाजिक प्रघटनाओं का अस्तित्व केवल उपयोगी परिणामों के कारण नहीं होता। हमें देखना यह चाहिए कि सामाजिक व्यवस्था और प्रकार्य में सादृश्य है या नहीं।

स्पेन्सर और दुर्खीम का प्रभाव सामाजिक मानवशास्त्र की विधियों में बहुत स्पष्ट रूप से देखने को मिलता है। बीसवीं शताब्दी के पहले तीन दशकों में सामाजिक मानव–विज्ञान की अध्ययन विधियों में प्रकार्यवाद को लेकर क्रांतिकारी परिवर्तन देखने को मिलता है। सामाजिक मानव–विज्ञान में प्रकार्यात्मक विधि का प्रयोग व्यवस्थित रूप से मेलिनोस्की और रेडक्लिफ–ब्राउन ने किया। ये दोनों सामाजिक मानव वैज्ञानिक समाज को समग्रता (Holistic) के रूप में देखते थे। इनका कहना था कि समाज को उसके पृथक–पृथक अंगों में नहीं देखा जा सकता। समाज इन अंगों से बना है और इसलिए किसी भी समाज के अध्ययन में उसके सम्पूर्ण भागों का अध्ययन होना आवश्यक है।

वैचारिक और अवधारणात्मक दृष्टि से प्रकार्यवाद की यात्रा बहुत लम्बी रही है। दुर्खीम के धर्म के समाजशास्त्र में प्रस्तावित प्रकार्यवाद आज मर्टन द्वारा प्रस्तावित प्रकार्यवाद तक पहुंच गया है। दुर्खीम से मर्टन तक की यात्रा वास्तव में बहुत लम्बी है। इसमें कई विचारकों का योगदान है। इसके अवधारणात्मक पहलुओं का विश्लेषण करने के लिए मेलिनोस्की, रेडक्लिफ–ब्राउन तथा समाजशास्त्री पारसन्स और मर्टन का संदर्भ देना आवश्यक है।

सामाजिक मानवशास्त्र में प्रकार्य शब्द का प्रयोग विशिष्ट अर्थ में होता है। बोलचाल की भाषा में प्रकार्य का अर्थ कार्य से लिया जाता है। वास्तव में हिन्दी का शब्द प्रकार्य अंग्रेजी भाषा के शब्द फंक्शन (Function) का अनुवाद है। अंग्रेजी भाषा में भी फंक्शन शब्द का प्रयोग विधि के अर्थों में होता है। सामान्यतः इसका एक अर्थ उत्सव ब त्यौहार आदि से लिया जाता है। फंक्शन का दूसरा अर्थ व्यवसाय से लिया जाता है। ब्लन्ट (Blunt) ने भारतीय जातियों के उद्गम के सिद्धान्त को व्यवसाय द्वारा समझाया है और ऐसा करने में उन्होंने व्यवसाय शब्द के लिए फंक्शन शब्द का प्रयोग किया है। इस शब्द का तीसरा प्रयोग किसी एक पद या स्थिति से लगे हुए कार्यों के लिए भी होता है। राजनीति विज्ञान में राज्यपाल की गतिविधियों के ब्यौरे के लिए फंक्शन शब्द का प्रयोग किया जाता है। इस शब्द का चौथा प्रयोग गणितशास्त्र में होता है। लिबेनोश ने गणित में इस शब्द का प्रयोग एक कारक या चर का अन्य कारकों के

साथ संबंध बताने के संदर्भ में किया है। इस शब्द का पांचवाँ प्रयोग जैविकीय विज्ञान में है। यहाँ इसका अर्थ शरीर के एक अंग को अन्य अंगों तथा सम्पूर्ण शरीर के साथ लिया जाता है। प्रकार्य की इस अवधारणा में पारस्परिकता, पराश्रयता आदि लक्षण निहित हैं। आज सामाजिक मानव–विज्ञान और समाजशास्त्र में प्रकार्य शब्द का प्रयोग जैविकीय विज्ञान और गणित के अर्थों में किया जाता है। जब कभी प्रकार्य की अवधारणा का प्रयोग होता है, तो इसके पीछे हमारी सामाजिक संरचना या सामाजिक व्यवस्था की मान्यता होती है। दूसरे शब्दों में, जब कभी हम प्रकार्य शब्द को काम में लाते हैं, तो हमारा अर्थ, ऐसी गतिविधि या क्रियाकलापों से होता है जो किसी सामाजिक संरचना या सामाजिक व्यवस्था को बनाए रखने के लिए है। बिना सामाजिक व्यवस्था के प्रकार्य की चर्चा नहीं हो सकती और जहाँ प्रकार्य की चर्चा होती है, वहाँ सामाजिक व्यवस्था का संदर्भ आवश्यक है।

आज प्रकार्यवाद (Functionalism) के सामान्यतया दो स्वरूप देखने को मिलते हैं। इसका एक स्वरूप वह है जो सामाजिक मानव–विज्ञान में दृष्टिगोचर होता है। इसका दूसरा प्रकार जो अधिक विस्तृत और जटिल है, समाजशास्त्र में मिलता है। प्रकार्यवाद की विधि को सही ढंग से समझने के लिए हमें इसके सामाजिक मानव–वैज्ञानिक और समाजशास्त्रीय, दोनों रूपों को देखना होगा।

प्रकार्यवाद—सामाजिक मानव-विज्ञान संबंधी स्वरूप
(Functionalism: With Reference to Social Anthropology)

सामाजिक मानवशास्त्र की अध्ययन विधि में क्रांतिकारी परिवर्तन लाने का श्रेय दूसरे दशक में मेलिनोस्की को है, जिन्होंने सम्पूर्ण रूप से आदिम समाजों के सामाजिक, सांस्कृतिक रूपों को समझा। उन्होंने इस सम्पूर्ण का अध्ययन विभिन्न सामाजिक संस्थाओं के संदर्भ में किया है। इसी पीढ़ी के लेखकों में रेडक्लिफ–ब्राउन दूसरे सामाजिक वैज्ञानिक है, जिन्होंने प्रकार्य की अवधारणा के सैद्धांतिक पहलू को और अधिक विस्तृत और सुदृढ़ बनाया। रेडक्लिफ–ब्राउन ने सामाजिक जीवन की तुलना जीवधारी के साथ की और इस प्रकार यह स्थापित किया कि सामाजिक जीवन की प्रत्येक संस्था किसी एक आवश्यकता की पूर्ति के लिए होती है। रेडक्लिफ–ब्राउन के बाद क्लूखोन और रेमंड फर्थ ने इस प्रकार्यवादी विधि को अधिक सशक्त और सुदृढ़ बनाया। यहाँ हम सामाजिक मानव–विज्ञान में प्रकार्यवाद को लेकर मर्टन द्वारा स्पष्ट की गई तीन अभिधारणाओं (Postulates) का उल्लेख करेंगे। सामाजिक मानव–विज्ञान में प्रकार्यवाद का जो अर्थ लिया जाता है, उसे स्पष्ट करने के लिए ये अभिधारणाएं पर्याप्त हैं।

प्रकार्यवाद की तीन अभिधारणाएं (Three Postulates of Functionalism)

सामाजिक मानव–विज्ञान में आजकल प्रचलित प्रकार्यवादी की तीन मुख्य अभिधारणाएं इस प्रकार हैं—

समाज की प्रकार्यात्मक एकता की अभिधारणा
(Postulate of the Functional Unity of Society)

रेडक्लिफ–ब्राउन की अध्ययन–विधि में प्रकार्यवाद की अभिधारणा विशिष्ट रूप से उभरती है। रेडक्लिफ–ब्राउन का कहना है कि सामाजिक जीवन और शारीरिक जीवन एक समान है। शरीर के विभिन्न अंग हैं हाथ, पाँव, आँखें, फेफड़े, हृदय, आदि। ये सब अंग अपना–अपना कार्य करते हैं। प्रत्येक अंग की अपनी एक संरचना है। एक अंग का कार्य दूसरे अंगों के कार्यों और सम्पूर्ण शरीर पर निर्भर रहता है। ठीक इसी तरह सामाजिक जीवन भी शरीरधारी है। धर्म, परिवार, जाति, गाँव, पंचायत, साहित्य, आर्थिक तंत्र आदि इस सामाजिक जीवन की संरचनाएं हैं। प्रत्येक संरचना या अंग समाज के अंगों पर पारस्परिक रूप से निर्भर हैं। अंगों के कार्यों की यह पराश्रयता या अन्योन्याश्रितता समाज में एकता बनाए रखती है। रेडक्लिफ–ब्राउन इसी एकता को समाज की प्रकार्यात्मक एकता कहते हैं। कहानी है एक बार शरीर के कुछ अंगों आमाशय–आंत, आदि ने यह तय किया कि भोजन पचाने का भार उनके ऊपर है जबकि भोजन का स्वाद मुंह लेता है। अतः इन अंगों ने हड़ताल कर दी। परिणाम यह हुआ कि सम्पूर्ण शरीर दुर्बल हो गया। स्पष्ट है कि शरीर के एक अंग की शक्ति सम्पूर्ण अंगों की शक्ति है और एक अंग की कमजोरी सम्पूर्ण अंगों की कमजोरी है। यह शरीर के विभिन्न अंगों की पराश्रयता है। रेडक्लिफ–ब्राउन ने पराश्रयता के इस दृष्टांत को सामाजिक जीवन पर भी लागू किया। अपनी इस विधि के सारांश को रेडक्लिफ–ब्राउन ने इस प्रकार प्रस्तुत किया—

> सामाजिक रूढ़ि का सम्पूर्ण सामाजिक व्यवस्था में यह योगदान है कि वह सम्पूर्ण सामाजिक जीवन को कार्यरत रखती है। इस दृष्टिकोण का अर्थ यह है कि सामाजिक व्यवस्था में एक प्रकार की निश्चित एकता होती है जिसे हम प्रकार्यात्मक एकता कह सकते हैं। इसकी परिभाषा हम एक ऐसी दशा के साथ दे सकते हैं जिसमें सामाजिक व्यवस्था के सभी अंग एक साथ काम करते हों और इन अंगों में एक पर्याप्त सीमा तक अनुरूपता या आन्तरिक अनुकूलता होती है। ऐसी दशा में इन अंगों में उन संघर्षों की आवृत्ति नहीं होती, जिन्हें न तो सुलझाया जा सके और न ही नियमित किया जा सके।

रेडक्लिफ–ब्राउन ने समाज की प्रकार्यात्मक एकता की प्राक्कल्पना में कहा है जिसकी और जाँच होनी चाहिए। मेलिनोस्की ने रेडक्लिफ–ब्राउन की इस अवधारणा को स्वीकार किया है। यद्यपि उनका कहीं–कहीं रेडक्लिफ–ब्राउन पर यह आरोप था कि उन्होंने अपनी इस विधि में व्यक्ति की उपेक्षा की है, फिर भी वे केन्द्रीय रूप से प्रकार्यों की एकता पर जोर देते हैं। वे संस्कृति को सम्पूर्ण रूप में देखते हैं और यह स्वीकार करते हैं कि समाज के प्रत्येक सदस्य के लिए किसी भी रूढ़ि और रीति–रिवाज का एक निश्चित प्रकार्य होता है। मेलिनोस्की और रेडक्लिफ–ब्राउन की इस अवधारणा का समर्थन क्लूखोन ने भी किया है। उनका संशोधन केवल यह है कि कभी–कभी रूढ़ियों में समाज की आवश्यकता को लेकर थोड़ा बहुत परिवर्तन आ जाता है। रूढ़ि में परिवर्तन आने के बाद भी, रूढ़ि समाज की प्रकार्यात्मक एकता को बनाए रखती है। वे सामाजिक मानव–वैज्ञानिक। जिन्होंने आदिम समाजों में धर्म का

अध्ययन किया है, उनका कहना है कि धर्म समाज की एकता को बनाए रखने में महत्वपूर्ण योगदान देता है। यह धर्म का प्रकार्यात्मक निर्वचन है। मेलिनोस्की तथा दुर्खीम के आनुभविक अध्ययन इस अभिधारणा का सत्यापन करते हैं।

सार्वलौकिक प्रकार्यवाद की अभिधारणा (Postulate of Universal Functionalism)

इस अभिधारणा के अनुसार, समाज के लिए प्रत्येक सामाजिक–सांस्कृतिक रूढ़ियां परम्परा के निश्चयात्मक प्रकार्य होते हैं। ये परम्पराएं व्यवस्था को बनाए रखती हैं। यदि परम्परा या रूढ़ि का व्यवस्था के लिए कोई प्रकार्य न हो, तो वह रूढ़ि या परम्परा अपने आप समाप्त हो जाएगी। इस तत्व की व्याख्या करते हुए मेलिनोस्की लिखते हैं—

> संस्कृति का प्रकार्यात्मक दृष्टिकोण इस सिद्धांत का आग्रह करता है कि प्रत्येक प्रकार की सभ्यता में हर रिवाज, भौतिक वस्तु, विचार और विश्वास कुछ महत्वपूर्ण प्रकार्य अवश्य करते हैं।

क्लूखोन, मेलिनोस्की की इस अवधारणा पर जोर देकर कहते हैं कि प्रत्येक रूढ़ि का सामाजिक संरचना के लिए निश्चित कार्य होता है, लेकिन क्लूखोन एक और समस्या रखते हैं कि आदमी के ओवरकोट पर शो बटन होते हैं, इन शो बटनों का क्या निश्चित प्रकार्य है? इस प्रश्न का उत्तर क्लूखोन ऐतिहासिक संदर्भ में देते हैं। उनका कहना है कि संस्कृति के कुछ ऐसे तत्व होते हैं, जिनमें उत्तरजीविता (Culture Survival) पाई जाती है और जिनका केवल ऐतिहासिक मूल्य होता है। इस संबंध में रिवर्स का कहना है—"किसी रीति–रिवाज का विश्लेषण उसकी वर्तमान उपयोगिता के आधार पर नहीं किया जा सकता। उसे केवल उसके अतीत के इतिहास द्वारा ही समझा जा सकता है।" ओवरकोट के टिनों का विश्लेषण इसी संदर्भ में होगा। संस्कृति के ऐसे तत्व जीवित तत्व हैं, लेकिन प्रत्येक स्थिति में सामाजिक व्यवस्था के तत्वों का कोई न कोई निश्चित कार्य अवश्य होता है।

अपरिहार्यता की अभिधारणा (Postulate of Indispensability)

सामाजिक मानव–विज्ञान की प्रकार्यवाद–संबंधी यह तीसरी अभिधारणा दूसरी अभिधारणा से जुड़ी हुई है। यदि किसी समाज में कुछ सामाजिक, सांस्कृतिक तत्व विद्यमान हैं, तो इसका यह अर्थ हुआ कि सामाजिक व्यवस्था के लिए इन तत्वों के कुछ निश्चित कार्य हैं। दूसरे शब्दों में, इन तत्वों के बिना सामाजिक व्यवस्था का कारोबार नहीं चल सकता। ये प्रकार्य अपरिहार्य हैं। इनके बिना व्यवस्था नहीं चल सकती। मेलिनोस्की ने इस अभिधारणा की व्याख्या में लिखा है—

> प्रत्येक प्रकार की सभ्यता में, हरेक रीति–रिवाज, भौतिक वस्तु विचार, और विश्वास का कुछ महत्वपूर्ण प्रकार्य होता है। कुछ कार्य करने वाली व्यवस्था में इन तत्वों के बिना काम नहीं चल सकता। ये अपरिहार्य हैं।

यदि हम मेलिनोस्की की इस अभिधारणा की और व्याख्या करें तो ज्ञात होता कि प्रत्येक समाज में कुछ ऐसे प्रकार्य होते हैं, जिनके बिना समाज चल नहीं सकता। समाज के चलने के लिए ये प्रकार्य पूर्व–दशाएं हैं। दूसरा, जिन प्रकार्यों को तत्व कर

सकता है, उन्हें दूसरा नहीं कर सकता। अन्य शब्दों में, प्रत्येक सांस्कृतिक तत्व अपने आप में विशिष्ट है और उसका स्थान दूसरा तत्त्व ग्रहण नहीं कर सकता।

प्रकार्यवाद का जो स्वरूप हमें सामाजिक मानव–विज्ञान में मिलता है, उसके आधार पर यह कहना उचित होगा कि प्रकार्य समाज की एकता को बनाए रखते हैं। प्रकार्य को लेकर सार्वलौकिक प्रकार्यवाद है और अन्त में सामाजिक व्यवस्था को लेकर उसमें पाए जाने वाले प्रकार्य अपरिहार्य हैं। इन प्रकार्यों के अभाव में सामाजिक व्यवस्था नहीं चल सकती। सामाजिक मानव–विज्ञान के इस प्रकार्यवादी स्वरूप की आलोचना करने से पहले हमें समाजशास्त्रीय प्रकार्यवाद का संक्षेप में विवेचन करना होगा।

प्रकार्यवाद—समाजशास्त्रीय स्वरूप (Functionalism: It's Socialistic Nature)

जब वर्तमान शताब्दी के दूसरे और तीसरे दशक में सामाजिक मानव–वैज्ञानिक अपनी अध्ययन–सामग्री की प्रकृति को लेकर प्रकार्यात्मक विधि को विकसित कर रहे थे, तो इसी अवधि में समाजशास्त्री भी इस विधि को संशोधित करने में संलग्न थे। पारसन्स (Parsons) की पुस्तक *दि स्ट्रक्चर ऑफ सोश्यल एक्शन* (*The Structure of Social Action*) 1937 ई. में प्रकाशित हुई। इसमें उन्होंने सामाजिक क्रिया की अवधारणा को सामाजिक व्यवस्था के संदर्भ में रखा। उन्होंने संरचनात्मक प्रकार्यात्मक सिद्धान्त (Structural Functional Theory) की चर्चा की। उन्होंने बताया कि प्रकार्य की अवधारणा संरचनात्मक कोटियों (Structural Categories) को एक श्रृंखला में बांधने का प्रयास करती है। इस अवधारणा के अभाव में सामाजिक व्यवस्था हमें जड़ और स्थाई लगेगी। प्रकार्यात्मक उपागम द्वारा विभिन्न कारकों और उनकी प्रक्रियाओं के पारस्परिक संबंध द्वारा हम सामाजिक व्यवस्था को उसकी गतिशीलता में देख सकेंगे।

पारसन्स ने अपनी इस सैद्धान्तिक रूपरेखा को साध्यपरक (Teleological) कहा है। साध्यपरक से उनका तात्पर्य केवल यही है कि हम प्रकार्य को साधन–साध्य संबंध (Means-End Relationship) रूप में देख सकते हैं। हमारी गतिविधियां या तो सामाजिक व्यवस्था को बनाए रखने या विकसित करने के लिए हो सकती हैं, या सामाजिक व्यवस्था में विघटन करने वाली हो सकती हैं। सामाजिक व्यवस्था पारसन्स की दृष्टि से इस प्रकार है—"सामाजिक व्यवस्था में एक से अधिक व्यक्ति होते हैं जो किसी एक स्थिति में एक–दूसरे के साथ अन्तःक्रिया करते हैं और जिनके संबंधों का विश्लेषण संस्कृति से संरचित और सामान्य प्रतीकों की व्यवस्था के संदर्भ में किया जा सकता है।" किसी भी सामाजिक व्यवस्था के चार पूर्व अपेक्षित (Prerequisites) अवश्यकरणीय (Imperatives) होते हैं। ये इस प्रकार हैं। (1) उद्देश्य प्राप्ति (Goal Attainment); (2) अनुकूलन (Adaptation); (3) एकीकरण (Integration); और (4) प्रतिमान संधारण (Pattern Maintenance)।

उद्देश्य प्राप्ति वह बिन्दु है जहां मनुष्य की सामाजिक क्रिया का वृत्त समाप्त होता है। प्रत्येक सामाजिक व्यवस्था एक या अधिक उद्देश्यों को लेकर होती है और व्यवस्था में काम करने वाले व्यक्ति इन उद्देश्यों की प्राप्ति में लगे रहते हैं। अनुकूलन एक ऐसी प्रक्रिया है जिसके माध्यम से सामाजिक व्यवस्था प्रतिमान संधारण और

उद्देश्यों की उपलब्धि करती है। एकीकरण की प्रक्रिया द्वारा व्यवस्था के विभिन्न व्यक्तियों में एकता स्थापित की जाती है। प्रत्येक व्यवस्था, चेतन या अचेतन रूप में अपने प्रतिमान को बनाए रखने का प्रयास करती है। ये चारों पूर्व अपेक्षित अवश्यकरणीय किसी भी सामाजिक व्यवस्था की समस्याएं हैं और इसलिए पारसन्स के अनुसार, प्रकार्य वे गतिविधियां हैं जो इन पूर्व अपेक्षाओं को प्राप्त करने का प्रयास करती हैं।

रोबर्ट मर्टन (Robert Merton) ने 1939 ई. में अपनी पुस्तक *सोश्यल थ्योरी एण्ड सोश्यल स्ट्रक्चर* (*Social Theory and Social Structure*) में प्रकार्यवाद को और अधिक विकसित करके व्यक्त (Manifest) और अव्यक्त (Latent) प्रकार्यों की अवधारणा को रखा। मर्टन के अनुसार—"प्रकार्य वे देखे जाने वाले परिणाम हैं जो एक सामाजिक व्यवस्था में अनुकूलन या व्यवस्थापन करते हैं।" अतः मनुष्य की वे गतिविधियां जिनके द्वारा सामाजिक व्यवस्था बनी रहती है, व्यवस्थापन है। उदाहरण के लिए भारतीय सामाजिक व्यवस्था का उद्देश्य अधिक उत्पादन करके जीवन स्तर को ऊँचा उठाना है, तो हमारी वे सभी गतिविधियां जो इस उद्देश्य की प्राप्ति में सहायक हैं, प्रकार्य हैं। इसके विपरीत मर्टन पुनः कहते हैं—"हमारे वे प्रकार्यों के परिणाम जो व्यवस्था के साथ अनुकूलन या व्यवस्थापन कम करते हैं, दुष्क्रिया (Dysfunction) कहलाते हैं।" ऐसी भी आनुभविक सम्भावना है जिसमें हमारी प्रक्रियाओं का सामाजिक व्यवस्था के बनाए रखने या न बनाए रखने पर कोई प्रभाव नहीं पड़ता। इन प्रक्रियाओं को अप्रकार्य (Non-Function) कहते हैं। इसी संदर्भ में मर्टन व्यक्त और अव्यक्त प्रकार्यों का विवेचन करते हैं। उनका कहना है कि किसी भी प्रकार्य के कुछ उद्देश्य अव्यक्त होते हैं और कुछ उद्देश्य अव्यक्त या गुप्त। हम प्रायः व्यक्ति के प्रकार्यों की चर्चा तो करते हैं, लेकिन अव्यक्त कार्यों के संबंध में कभी कुछ नहीं सोचते। समाजशास्त्रीय विश्लेषण के लिए व्यक्त प्रकार्यों की अपेक्षा अप्रकट प्रकार्य अधिक रुचिकर होते हैं। मर्टन की भाषा में—"प्रकट प्रकार्य वे वस्तुनिष्ठ परिणाम होते हैं जो व्यवस्था के अनुकूलन या व्यवस्थापन में योग देते हैं और जो अभिप्रेरित (Intended) होते हैं तथा व्यवस्था में कार्य करने वालों द्वारा स्वीकृत होते हैं। "अप्रकट प्रक्रियाएं वे हैं जो न तो अभिप्रेरित होती हैं और न ही स्वीकृत।" व्यक्त व अप्रकट प्रकार्यों को सामान्य दृष्टान्त द्वारा समझाया जा सकता है। संस्कृत में एक मुहावरा है—'ग्रामं गच्छन् तृणं स्पृशति' (गांव को जाते हुए तिनका छूता है।) इसमें व्यक्त प्रकार्य गांव जाने का है। अप्रकट प्रकार्य तिनके छूने का है। दुर्खीम ने इसे आदिम समाज के धार्मिक क्षेत्र में लागू किया। इस समाज के लोग वर्षा लाने के लिए पहाड़ से पत्थरों को लुढ़काते हैं, इसके लिए सभी लोग एक मेले में सम्मिलित होते हैं और खूब पत्थर लुढ़काते हैं। उनकी इस प्रकार्य की व्यक्त अभिप्रेरणा अधिक वर्षा करना है, लेकिन हम जानते हैं कि इस प्रकार पत्थर लुढ़काने से वर्षा नहीं होती। ऐसी अवस्था में हम इस प्रकार्य के पीछे अप्रकट प्रकार्य की खोज करते हैं। तब ज्ञात होता कि पत्थर लुढ़काने का यह मेला आदिम समाज की सुदृढ़ता को बनाए रखने में बहुत सहायक है। व्यक्त प्रकार्यों को सभी जानते हैं, अव्यक्त प्रकार्यों की खोज हमें नई दिशा की ओर ले जाती है। मर्टन का प्रकार्य के क्षेत्र में इस प्रकार की अवधारणा को बनाना, प्रकार्यात्मक विश्लेषण को और अधिक गहन

बना देता है। मर्टन इसे प्रकार्यात्मक विश्लेषण का पेराडिम (Paradigm) कहते हैं। इस पेराडिम में उन्होंने प्रकार्य, व्यक्त प्रकार्य, अव्यक्त प्रकार्य आदि की कई विधाओं को सम्मिलित किया है।

समाजशास्त्र में प्रकार्य विधि का जो विकास हुआ है, उसका आधार व्यवस्था विधि है। समाजशास्त्रीय प्रकार्यवाद के प्रमुख लक्षणों को निम्न तत्वों में रखा जा सकता है—

1. प्रकार्य की चर्चा करने से पहले अपने अध्ययन के लिए सामाजिक व्यवस्था की परिभाषा देना आवश्यक है। सामाजिक व्यवस्था कोई भी व्यक्ति हो सकता है, जिसमें एक से अधिक व्यक्ति एक स्वीकृत सामाजिक, सांस्कृतिक घेरे में सामान्य उद्देश्यों की प्राप्ति के लिए अन्तः क्रिया करते हैं। परिवार, जाति, धार्मिक सम्प्रदाय, कॉलेज, विश्वविद्यालय आदि को व्यवस्था के रूप में देखा जा सकता है।
2. प्रकार्य विधि सामाजिक व्यवस्था की यथापूर्व स्थिति (Status quo) को बनाए रखने में सहायक होती है।
3. यह विधि अपने उद्देश्य में साध्यपरक (Teleological) है।
4. इस विधि की सबसे बड़ी रुचि स्थायित्व और एकीकरण में होती है।

ऊपर हमने प्रकार्यात्मक विधि का एक विस्तृत ब्यौरा दिया है। इसमें हमारा उद्देश्य इस बात को बताना रहा है कि सामाजिक मानव–विज्ञान में एक लम्बी अवधि तक तुलनात्मक और ऐतिहासिक विधियां महत्वपूर्ण रहीं, लेकिन बदलती हुई अध्ययन सामग्री को देखकर लगा कि यह विधि समय से बहुत पीछे है। परिणामस्वरूप अनुसंधान में प्रकार्यात्मक विधि का प्रयोग किया। इस विधि का प्रयोग सामाजिक मानव–विज्ञान के अतिरिक्त समाजशास्त्र में भी हुआ। जहाँ सामाजिक मानव–विज्ञान ने प्रकार्यवाद के केन्द्रीय सिद्धान्त को अभिधारणाओं में रखा, वहां समाजशास्त्र में इसका विकास पेराडिम के रूप में हुआ। अध्ययन विधियां किसी एक विज्ञान की बपौती नहीं होतीं। प्रकार्यवाद चाहे सामाजिक मानव–विज्ञान के क्षेत्र में हो या समाजशास्व में प्रकार्यवाद ही है। सामाजिक मानव–विज्ञान को यदि इस विधि का प्रयोग अपने अध्ययन में करना है, तो प्रकार्यवाद को इसके समग्र रूप में लेना होगा।

प्रकार्यवाद की आलोचना (Criticism of Functionalism)

आज अध्ययन विधियों के क्षेत्र में प्रकार्यवाद एक महत्वपूर्ण स्थान रखता है। पिछले दो दशकों में हमारे देश और विदेशों में सामाजिक मानव–विज्ञान और समाजशास्त्र पर जो भी अनुसंधान कार्य हुए हैं, उनकी विधि प्रायः प्रकार्यात्मक रही है। इन अध्ययनों की प्रकृति को देखकर इस विधि की उपयोगिता और वैज्ञानिकता पर कुछ विद्वानों ने आलोचनाएं प्रकट की हैं। यहां हम कुछ प्रमुख आलोचनाओं का संक्षेप में उल्लेख करेंगे—

1. प्रकार्यात्मक विश्लेषण पर सबसे बड़ा आरोप लगाया है कि यह रूढ़िवादी और दकियानूस है। कुछ की दृष्टि में यह विधि रूढ़िवादी ही नहीं अपितु

प्रतिक्रियावादी भी है। समाज की यथास्थिति को बनाए रखने में यह विधि बड़ी सहायक है। इस दृष्टि से यह सत्तारूढ़ दल की सेविका है, उनके तलवे चाटती है। इस संदर्भ में इस विधि पर यह आरोप भी है कि यह पूंजीपतियों और व्यावसायिकों के हितों की पूर्ति करती है। यही कारण है कि इस विधि का विकास अमेरिका जैसे पूंजीवादी देश में अत्यधिक रूप से हुआ है। संक्षेप में यह विधि इस आलोचना के अनुसार बुर्जुआ विधि है।

2. प्रकार्यात्मक विधि की दूसरी आलोचना यह है कि यह व्यवस्था के घेरे में बंधी रहने के कारण प्रगतिशीलता का विश्लेषण करने में अधिक सहायक सिद्ध नहीं होती है। प्रगतिशील देशों में जो यथास्थिति बनाए रखना चाहते हैं, संभवतयाः उनके लिए यह विधि उपयोगी हो, लेकिन एशिया और अफ्रीका के विकासशील देशों के लिए यह कुंठाग्रस्त है। दूसरे शब्दों में, प्रगति के चक्र की दौड़ को नापने के लिए यह अनुपयुक्त है।
3. पारसन्स जैसे कुछ विद्वानों का मत है कि प्रकार्यात्मक विधि साध्यपरक (Teleological) है। इसकी साध्यपरकता इसे एक निश्चित विचारधारा के क्षेत्र में रख देती है। जिस प्रकार हमारे देश में अर्थव्यवस्था को लेकर सार्वजनिक और निजी क्षेत्र है, इसी तरह विधि के क्षेत्र में प्रकार्यात्मक विश्लेषण निजी कारणों की सुरक्षा करता है। इसकी यह विचारधारा दकियानूसी है और यह निहित स्वार्थों की पूर्ति में रत है।
4. प्रकार्यवाद की एक और आलोचना यह है कि यह ऐतिहासिक विधि का विरोध करती है। वास्तविकता यह है कि इस विधि का जन्म ही ऐतिहासिक और तुलनात्मक विधियों के विरोध स्वरूप हुआ है। यह विधि जो इतिहास और तुलना का बहिष्कार करती है, अपनी अध्ययन–सामग्री का विश्लेषण नहीं कर सकती।
5. प्रकार्यात्मक विधि का बहुत बड़ा दबाव आनुभविकता (Empiricism) है। यह आनुभविकता इस छोर तक पहुंच गई है कि प्रकार्यवादी इतिहास, मनोविज्ञान और अन्य किसी संदर्भ में सामाजिक वास्तविकता को देखने के लिए तैयार नहीं हैं। प्रकार्यवाद की इस प्रकृति को सी. राइट मिल्स (C. Wright Mills) अमूर्त आनुभविकता (Abstract Empiricism) कहते हैं। प्रकार्य विधि मनोविज्ञान के निष्कर्षों को एकदम पृथक करके सामाजिक व्यवस्था का समुचित विश्लेषण नहीं कर सकती।
6. पारसन्स ने प्रकार्य तथा व्यवस्था का जो स्वरूप रखा है, वह किसी भव्य भवन की तरह सुन्दर तो लगता है, लेकिन इसमें अमूर्तता इस सीमा तक पहुंच गई है कि इसे किसी विशिष्ट आनुभविक स्थिति पर लागू करना कठिन है।

प्रकार्यवाद पर कई और आरोप भी हैं। प्रकार्यवादियों ने इन आरोपों का खंडन भी किया है। उदाहरण के लिए जहां एक ओर प्रकार्यवाद को रूढ़िवादी विचारधारा माना जाता है, वहीं दूसरी ओर इसके समर्थन में यह भी कहा जाता है कि यह विधि अपने संदर्श में आमूल क्रांतिकारी है। अभी प्रकार्यवाद को लेकर निश्चित रूप में कुछ नहीं कहा जा सकता। ज्यादा उचित तो यही होगा कि हम रेडक्लिफ–ब्राउन की भाषा में

यह कहें कि प्रकार्यात्मक विधि आज भी हमारे लिए एक प्राक्कल्पना मात्र है। हमें इस विधि का विभिन्न आनुभविक स्थितियों में प्रयोग करना चाहिए। जब हमें यह लगे कि यह विधि हमारी समस्याओं के अध्ययन के अनुकूल है, तब हमें इसे कुछ स्थायित्व की स्थिति देनी चाहिए। वैसे प्रकार्यात्मक विधि सामाजिक मानव–विज्ञान के अध्ययन में एक अच्छी चुनौती है, और इसका प्रत्युत्तर सामाजिक मानव–वैज्ञानिकों को देना चाहिए।

तुलनात्मक विधि (Comparative Method)

यह अनुसंधान करने का एक तर्क है। इसमें यह देखा जाता है कि समस्या की प्रकृति को देखकर किस विधि को अपनाया जाना चाहिए। इसमें तर्क यह होता है कि समस्या को समझने के लिए कौनसी विधि अधिक उपयुक्त होगी। मानवशास्त्र में तुलनात्मक विधि समस्या को समझने के लिए काफी लाभदायक सिद्ध हुई है। हमारे यहां आन्द्रे बैतई ने इस विधि का सफलतापूर्वक प्रयोग किया है।

आन्द्रे बैतई ने *इकोनॉमिक एण्ड पोलिटिकल वीकली* (*Economic and Political Weekly,* October, 1990) में तुलनात्मक विधि पर एक लेख लिखा है। वे कहते हैं—

> यह तथ्यपूर्ण बात है कि समाज और संस्कृति के अध्ययन में तुलनात्मक विधि बड़ी महत्वपूर्ण है। इससे हमारी समस्या के बारे में अन्तर्दृष्टि बढ़ जाती है। तुलनात्मक विधि द्वारा हम अपने समाज को अधिक गहराई से समझने लगते हैं।

आखिर में चलकर, मानवशास्त्र करता क्या है? वह मनुष्य का अध्ययन उसकी समग्रता में करता है। दूसरे शब्दों में, स्पष्ट रूप से समाज कैसा भी हो उसमें कोई न कोई व्यवस्था अवश्य होती है। मानक और मूल्य होते हैं, कायदे–कानून और परम्पराएं होती हैं। सामाजिक मानवशास्त्री तुलनात्मक विधि द्वारा समाज की व्यवस्था बनाए रखने वाले कारकों का पता लगाता है। और इस बात की पड़ताल भी करता है कि समाज और संस्कृतियों में अन्तर कौन से कारक करते हैं।

यहां यह कहना चाहिए कि 19वीं शताब्दी में मानवशास्त्र में कई तुलनात्मक अध्ययन हुए। ये अध्ययन कई समाजों और संस्थाओं जैसे कि परिवार, नातेदारी, धर्म, विवाह आदि के हुए। देखा जाए तो मानवशास्त्र और समाजशास्त्र दोनों में ही तुलनात्मक विधि सदैव से ही एक केन्द्रीय विधि रही है। इस तथ्य पर रविन्द्र के. जैन और आन्द्रे बैतई दोनों ही जोर देते हैं। एक स्थान पर तुलनात्मक विधि पर जोर देते हुए जैन लिखते हैं—

> गैर–आधुनिक प्रकारों के अध्ययन में दुनियाभर में तुलनात्मक विधि हमेशा शीर्ष स्थान पर रही है। आई.सी.एस.एस.आर. (ICSSR) की मानवशास्त्र और समाजशास्त्र के अनुसंधान की जो ट्रेण्ड रिपोर्ट प्रकाशित की है, उसका केन्द्रीय मुहावरा ही तुलनात्मक विधि है।

तुलनात्मक अध्ययन की विधियां (Methods of Comparative Studies)

यह ठीक है कि मानवशास्त्र अपने अध्ययन में तुलनात्मक विधि को काम में लाता है। पर प्रश्न है—यह विधि किसकी और कैसे तुलना करती है? सामान्यतया मानवशास्त्र में

तुलना तीन प्रकार से की जाती है। पहली तुलना वह है जिसमें एक समाज की तुलना दूसरे समाज से की जाती है। दूसरी तुलना समाज की एक संस्था की दूसरी संस्था से की जाती है। उदाहरण के लिए भारतीय परिवार की तुलना चीन, अमेरिका या अन्य किसी देश के परिवार से की जाती है। तीसरी तुलना का प्रकार यह है कि एक देश में परिवार की तुलना विभिन्न क्षेत्रों में की जाती है।

रविन्द्र जैन ने इस तथ्य पर जोर दिया है कि मानवशास्त्र सामाजिक संस्थाओं के प्रायः तुलनात्मक संदर्श में देखता है। वे कहते हैं कि मानवशास्त्र में सामाजिक और सांस्कृतिक पहलुओं को हमेशा से तुलनात्मक दृष्टि से देखा जाता रहा है। यह तुलना पुस्तकालय में बैठकर भी की जा सकती है। मानवशास्त्र में उद्विकासीय अध्ययन तुलनात्मक अध्ययन ही रहे हैं।

तुलनात्मक अध्ययन के निम्न तीन बिन्दु उल्लेखनीय हैं—

1. आँकड़ों के संग्रहण में मानवशास्त्र तुलनात्मक विधि को बिना किसी हिचकिचाहट के अपनी अध्ययन विधि के रूप में स्वीकार कर लेता है। वह यह मानकर चलता है कि समाज की पर्याप्त जानकारी के लिए तुलनात्मक विधि विश्वसनीय है।
2. मानवशास्त्र में तुलनात्मक विश्लेषण अपनी मेज पर बैठकर किया जाता है। इसे निर्वचन का अनिवार्य अंग मानकर चला जाता है।
3. तुलनात्मक अध्ययन में दो बातें की जाती हैं। जब एक ही समाज की संस्थाओं की तुलना होती है तब अन्तर सांस्कृतिक (Inter Cultural) उपागम को अपनाया जाता है और जब तुलना अपने समाज में या दूसरे समाज से की जाती है, तब अन्योन्य सांस्कृतिक (Cross Cultural) उपागम को उचित समझा जाता है।

तुलनात्मक विधि के वस्तुनिष्ठ उद्देश्य (Goals of Comparative Method)

मानवशास्त्र में 19वीं शताब्दी को उद्विकास का युग कहा जाता है। इस अवधि में बहुत बड़ी तादाद में मानवजाति यानी एथनिक अध्ययन हुए। फ्रांस के दुर्खीम से लेकर ब्रिटेन के इवान्स–प्रिचार्ड तक मानवशास्त्र में तुलनात्मक अध्ययन की बाढ़ आ गई। मानवशास्त्रियों ने तुलनात्मक अध्ययन को वस्तुनिष्ठ तथ्य सामग्री एकत्र करने की विश्वसनीय विधि के रूप में स्वीकार किया। इस अवधि के लोकप्रिय होने के निम्नलिखित कारण दिए जाते हैं—

1. तुलनात्मक के माध्यम से मानवशास्त्री अतीत का पुनर्निर्माण (Reconstruction) करते हैं और उन नियमों की खोज करते हैं जो सामाजिक प्रक्रियाओं को निर्धारित करते हैं। देखा जाए तो पुनर्निर्माण के लिए तुलनात्मक विधि सबसे अधिक कारगर है। यह उद्विकास की तुलना से ही हमें ज्ञात हुआ कि प्रारंभ में समाज में मातृ प्रधान परिवार थे। पुरुष तो जंगल में भरण–पोषण के लिए शिकार की खोज में घूमता रहता था और घर की देखरेख स्त्री करती थी। फिर ज्ञात हुआ कि यह समाज पुरुष प्रधान हो गया। इस पुनर्निर्माण की प्रक्रिया द्वारा कुछ मानवशास्त्री कहते हैं कि अगले समाज में पुनः स्त्रियां प्रधान होंगी। हमारा

तात्पर्य यह कि तुलनात्मक अध्ययन हमेशा समाज की संरचना में सहायक होता है।

2. तुलनात्मक अध्ययन वर्गीकरण (Classification) के लिए बड़ी लाभदायक विधि है। जब हम सामाजिक संस्थाओं, संस्कृति और समाज की तुलना करते हैं, तब हमारे लिए इन समाजों, संस्थाओं और संस्कृतियों का वर्गीकरण करना सरल हो जाता है। यह तुलनात्मक अध्ययन के परिणामस्वरूप ही है कि हम कह सकते हैं कि पश्चिमी देशों में वर्ग व्यवस्था है और भारत में जाति व्यवस्था।

कुल मिलाकर तुलनात्मक विधि हमें सामाजिक प्रक्रिया से जुड़े हुए नियमों का पता लगाने में सहायक होती है। इस विधि द्वारा हम समाजों, संस्कृतियों और संस्थाओं का वर्गीकरण कर सकते हैं।

तुलनात्मक विधि—दुर्खीम से आज तक
(Comparative Method: From Durkheim to Present)

तुलनात्मक विधि का मानवशास्त्र में विधिवत प्रारंभ दुर्खीम से माना जाता है। आज से कोई सौ वर्ष पहले दुर्खीम ने अपनी पुस्तक *दि रूल्स ऑफ सोश्योलोजिकल मेथड्स* (*The Rules of Sociological Methods*, 1895) में इस विधि का प्रयोग किया था। उन्होंने आत्महत्या के आँकड़े, यूरोप के कई देशों से एकत्र किए थे, और इन आँकड़ों के आधार पर उन्होंने आत्महत्या के समाजशास्त्रीय सिद्धान्त को रखा था। सच में देखा जाए तो 19वीं शताब्दी में इस विधि का मानवशास्त्रियों ने भरपूर प्रयोग किया। निष्कर्ष यह था कि तुलनात्मक विधि द्वारा समाज और संस्कृति की समानता (Uniformity) और विभिन्नता (Diversity) को सही तरीके से देखा जा सकता है।

बाद में चलकर अमेरिका के मानवशास्त्री बोआस (Franz Boas) ने तुलनात्मक विधि पर संदेह पैदा किया। उन्होंने कहा कि यह विधि कई अर्थों में दोषपूर्ण है। दुर्खीम की आलोचना करते हुए उनकी टिप्पणी यह थी कि उनके कई बयान केवल दुहराने वाले (Sweeping) यानी सतही थे। उन्हें गंभीरता से नहीं लिया जा सकता। दुर्खीम के बाद रेडक्लिफ–ब्राउन ने हस्ले मेमोरियल लेक्चर (Husley Memorial Lecture, 1955) में कहा कि मानव साजिक इतिहास की संरचना में तुलनात्मक विधि बड़ी उपयोगी होती है। जब मानवशास्त्री इस विधि को काम में लाते हैं तब समाज की समानता और विभिन्नता की तह में पहुंच पाते हैं।

सवाल उठते हैं—वर्षों तक तुलनात्मक विधि को काम में लाकर मानवशास्त्र ने कौनसी महत्वपूर्ण जानकारी प्राप्त कर ली है? आखिर उसका ऐसा कौनसा योगदान है? प्रश्न सही है। शिकागो (अमेरिका) में मानवशास्त्रियों का 1937 जो सम्मेलन हुआ, उसमें ये प्रश्न उभरकर सामने आए। इस सम्मेलन में निष्कर्ष निकला कि बोआस से लेकर, हेडन (Hadden) और रेडक्लिफ–ब्राउन ने तुलनात्मक विधि से कोई महत्वपूर्ण प्रगति की हो, ऐसा नहीं है। इससे आगे, इस सम्मेलन ने जोड़ा कि यह विधि केवल खोखली है।

तुलनात्मक विधि के लिए जोश और संदेह (Enthusiasts and Spectics)

मानवशास्त्र में जहां तुलनात्मक विधि के लिए उत्साह है, वहीं संदेह भी है। 19वीं और 20वीं शताब्दी के मध्य तक मानवशास्त्रियों में इस विधि के लिए बराबर ऊहापोह रही। विवाद के होते हुए भी यह विधि आज तक मानवशास्त्र में प्रतिष्ठा का स्थान रखती है। स्थिति, सच में देखा जाए तो बड़ी विचित्र है। इस विधि के प्रति हरबर्ट स्पेन्सर, टाइलर, दुर्खीम, और रेडक्लिफ–ब्राउन काफी उत्साहजनक रहे हैं और दूसरी ओर कुछ ऐसे मानवशास्त्री भी हैं जो इस विधि की उपयोगिता को संदेह की दृष्टि से देखते हैं। संदेह करने वाले मानवशास्त्रियों में बोआस, गोल्डनवेजर, इवान्स–प्रिचार्ड आदि के नाम लिए जाते हैं। पुराने मानवशास्त्रियों में दुर्खीम और रेडक्लिफ–ब्राउन इस विधि को एक सशक्त और भरोसेमंद विधि मानते हैं।

भारत में तुलनात्मक विधि (Comparative Method in India)

भारतीय मानवशास्त्री तुलनात्मक विधि को लेकर दुनिया के अन्य मानवशास्त्रियों से जुदा नहीं हैं। दोनों ही भाई–बन्धु हैं। हमारे यहां अंतर–सांस्कृतिक (Inter-Cultural) तुलनात्मक अध्ययन हुए हैं। इन मानवशास्त्रियों में डी.एन. मजूमदार, एन.के. बोस और इरावती कर्वे सम्मिलित हैं। इन विद्वानों ने अपने स्वयं के संस्कृति क्षेत्र (Culture Area) को छोड़कर पराए संस्कृति क्षेत्र का अध्ययन किया है। ऐसा करने में उनकी अंतर्निहित (Implicit) धारणा यह थी कि तुलनात्मक विधि एक उपयोगी विधि है। रविन्द्र जैन ने मानवशास्त्रियों की इस धारणा पर टिप्पणी करते हुए लिखा है—

> तुलनात्मक विधि को प्रयोग में लाने वाले मानवशास्त्री क्षेत्रीय अध्ययन की अपनी प्राप्तियों को पुस्तकालय में बैठकर द्वैतीयक अध्ययन के साथ देखते हैं। इस तरह का अध्ययन मजूमदार ने अपने आदिवासी समूहों के साथ किया, बोस ने ऐसे ही कुछ अध्ययन पूरे किए; और कर्वे ने नातेदारी व्यवस्था को भी तुलनात्मक विधि द्वारा सम्पन्न किया। ये सभी मानवशास्त्री भारतीय थे और उन्हें भारतीय सामाजिक और सांस्कृतिक संदर्भ का पूरा ज्ञान था।

बाद में चलकर ड्यूमो और पोकोक आए। उनके अध्ययनकाल में तुलनात्मक विधि को बड़ा झटका लगा। ये विदेशी मानवशास्त्री संरचनात्मक उपागम (Structuralism Approach) के क्षेत्र में काम करने वाले थे। ड्यूमो ने *होमो हिरारकिकस* (*Hom Hierarchicus,* 1970) पुस्तक की रचना अपने क्षेत्रीय कार्य में प्राप्त तथ्यों पर की। वे इन्डोलॉजी (Indology) की विचारधारा से प्रभावित थे। उन्होंने भारतीय विचारधारा की तुलना पाश्चात्य देशों की विचारधारा के साथ की। उनका निष्कर्ष है कि भारतीय समाज श्रेणीबद्ध या धर्मतन्त्र (Hierarchy) है। इसमें सोपान होते हैं और इसके पहले पायदान में ब्राह्मण जाति है। यह एक समग्रतावादी (Holistic) समाज है। दूसरी ओर पाश्चात्य समाज व्यक्तिवादी (Individualistic) और समतावादी (Egalitarian)।

क्षेत्रीय अनुसंधान (Field Research)

मानवशास्त्र में क्षेत्रीय अनुसंधान का विधिवत प्रारंभ रेडक्लिफ–ब्राउन (Radclife-Brown) और मेलिनोस्की (Malinowaski) से माना जाता है। बीसवीं शताब्दी के प्रारंभ में भारत और अफ्रीका में इस तरह के अध्ययन बहुत बड़ी तादाद में हुए। एक तरह से ऐसे अध्ययनों की बाढ़ सी आ गई। अफ्रीका में यह पहली बार ज्ञात हुआ कि कई जनजातियां वहां ऐसी हैं जिनमें कोई राज्य (State) ही नहीं है। ये जनजातियां राज्यहीन (Stateless) हैं। इस तरह की अनूठी जानकारी सबसे पहली बार श्रीमती सेलिगमेन (Seligman) ने 1909–10 में दी। इसके बाद इवान्स–प्रिचार्ड (Evans-Pritchard) का अध्ययन आया। प्रिचार्ड ने अजान्डे (Agande) जनजाति का गहराई से अध्ययन किया। यह अध्ययन 1927 में हुआ। इसके बाद तो कई मानवशास्त्रियों ने अफ्रीका की जनजातियों पर ढेर सारे मोनोग्राफ (Monograph) दिए। उदाहरण के लिए शोपेरा (Schopera) ने बेचुअना (Bachuana), फोरबेज़ (Forbes) ने तेलेन्सी (Tellensi) और नेडल (Nadel) ने नाईजीरिया की नूप (Nupe) जनजाति के अध्ययन को रखा। अन्य मानवशास्त्रियों ने क्षेत्रीय अनुसंधान की परम्परा को और आगे बढ़ाया। कूपर ने स्वाज़ी (Swazi) के अध्ययन को राजनीतिक संदर्भ में रखा।

इसी अवधि में क्षेत्रीय अनुसंधान का कार्य भारत में भी प्रारंभ हो गया। यहां रिज़ले (Risley), हटन (Hutton), ग्रीगसन (Grigsan) और हन्टर (Hunter) ने ऐसे अध्ययन प्रारंभ किए। ये अध्ययन अफ्रीका के अध्ययनों से भिन्न थे। यहां के अध्ययन एथनिक थे। गांव, धर्म, जाति, नातेदारी आदि ऐसे अध्ययनों के केन्द्र थे। स्वतंत्रता प्राप्ति के बाद भारत में मानवशास्त्रियों की नई पीढ़ी आई। इसमें इरावती कर्वे, वेरियर एल्विन, एम.एन. श्रीनिवास और आन्द्रे बैतई प्रमुख हैं।

क्षेत्रीय अनुसंधान का अर्थ (Meaning of Field Research)

ज्ञान के किसी क्षेत्र में जब कोई अनुसंधानकर्ता कोई प्रायोगिक (Practical) कार्य करता है तो यह क्षेत्रीय अनुसंधान कहलाता है। एरिक्सन (Eriksen) ने क्षेत्रीय अनुसंधान को मानवशास्त्र के संदर्भ में इस भांति परिभाषित किया है—

> इसमें अनुसंधानकर्ता स्थानीय लोगों के साथ जहां तक संभव हो मिलजुल कर काम करता है। सामग्री एकत्र करने के लिए वह कई प्रकार की प्रविधियों (Procedures) को काम में लेता है। ऐसा करने के लिए वह साक्षात्कार लेता है, निदर्शन निश्चित है और अन्य कई प्रविधियों का उपयोग करता है, सामान्यतया मानवशास्त्री अपने अनुसंधान में एकाधिक प्रविधियों को प्रयोग में लाते हैं।

एरिक्सन क्षेत्रीय अनुसंधान के साथ क्षेत्रीय विधियों को भी जोड़ते हैं। वे अध्ययन के क्षेत्र—गांव, कस्बे, मोहल्ले आदि को मानते हैं। वे अनुसूची या साक्षात्कार के माध्यम से तथ्य सामग्री पैदा करते हैं। विधि का निर्णय वे स्थानीय लोगों की शिक्षा, जागरूकता और विकास के स्तर पर करते हैं। अगर ब्रिटिश परम्परा के अनुसार देखें तो एक अनुसंधानकर्ता को अध्ययन क्षेत्र में कम से कम दो वर्ष तक रहना चाहिए। यह अवधि

एक और दो वर्ष तक बढ़ाई जा सकती है। श्रीनिवास कहते हैं, हमारे यहां, अनुसंधानकर्ता को एक वर्ष के लिए तो अवश्य रहना चाहिए। इस भांति क्षेत्रीय अनुसंधान की दो मुख्य विशेषताएं हैं—पहली तो स्थानीय लोगों के साथ निकटता और दूसरी लोगों के साथ लम्बी अवधि तक निवास।

क्षेत्रीय अनुसंधान की विशेषताएं (Attributes of Field Research)

क्षेत्रीय अनुसंधान करने के लिए, कोई बने–बनाए नुस्खे नहीं दिए जा सकते। स्वयं अनुसंधानकर्ता को अपनी सूझबूझ से काम लेना पड़ता है। एक छोटी सी भूल सारे कार्य को तहस–नहस कर सकती है। ऐसी स्थिति में अनुसंधानकर्ता को क्षेत्र में फूंक–फूंक कर कदम रखना पड़ता है। उसे सबसे पहले यह जान लेना चाहिए कि जिस क्षेत्र में वह अनुसंधान कर रहा है, वह कैसा है। वहां किस किस्म के लोग रहते हैं। उनका धर्म कौनसा है, जाति कौनसी है और खान–पान कैसा है। एक जनजाति गांव (Tribal Village) बहुजाति (Multi-Caste) गांव से भिन्न होता है। सामाजिक और भौगोलिक स्थिति के बदल जाने से अनुसंधान की सम्पूर्ण रणनीति बदल जाती है। वास्तविकता यह है कि क्षेत्र के अनुसार अनुसंधान को दिशा देनी पड़ती है।

इवान्स–प्रिचार्ड ने 1920 में अपने पहले क्षेत्रीय अनुसंधान के संस्मरण लिखते हुए कहा था कि मानवशास्त्रियों ने क्षेत्रीय अनुसंधान को बड़ी गंभीरता से लिया है। फिनलैंड के मानवशास्त्री वेस्टरमार्क (Westermarck) ने जो विवाह की संस्था पर दुनिया में अधिकृत व्यक्ति समझे जाते हैं, कहा है—"किसी भी सूचनादाता से बीस मिनट से अधिक बात न करें। इससे आप भले ही बोरियत महसूस न करें, वह तो बोर हो ही जाता है।" वेस्टर मार्क की इस सलाह पर टिप्पणी करते हुए इवान्स–प्रिचार्ड कहते हैं—"बहुत बढ़िया सलाह है। इस पर अवश्य काम करना चाहिए।" प्रिचार्ड के गुरु चार्ल्स सेलिगमेन (Charles Seligman) थे। उन्होंने एक और सलाह दी थी—"जब आप क्षेत्र में अनुसंधान कार्य करते हैं, तब आपको हमेशा स्त्री से दूर रहने के लिए दस ग्राम कुनैन खाकर सोना चाहिए।" इवान्स–प्रिचार्ड ने एक और स्थान पर अनुसंधानकर्ता से कहा कि वे क्षेत्र में कोई बेवकूफी का कार्य नहीं करें। आँकड़े अपने आप में कुछ नहीं होते। अनुसंधानकर्ता के आँकड़ों के पीछे जो गहराई या महत्वपूर्ण बात होती है, उसे समझना चाहिए। क्षेत्रीय कार्य के लिए बड़ी सावधानी बरतनी चाहिए। बहुत बड़ी बात यह है कि क्षेत्र में स्वयं अनुसंधानकर्ता एक वैधानिक साधन होता है।

अध्याय के इस भाग में हमने अनुसंधानकर्ता के कतिपय महत्वपूर्ण लक्षणों का उल्लेख किया है। यहां हम इनको सिलसिलेवार और व्यवस्थित रूप में रखेंगे।

स्थानीय भाषा का ज्ञान (Knowledge of Local Language)

एक शानदार क्षेत्रीय अनुसंधान की बहुत बड़ी आवश्यकता यह है कि अनुसंधानकर्ता को क्षेत्र की स्थानीय लोगों की भाषा आनी चाहिए। भाषा और कुछ न होकर संकेत (Sign) और प्रतीक (Symbol) है। ये संकेत और प्रतीक समाज की संरचना को बताते हैं। सासुरे (Saussure) ने मानवशास्त्र के संरचनावाद (Structuralism) को बहुत कुछ

दिया है। यह सब भाषावाद के क्षेत्र में है। संरचनावाद कहता है कि किसी भी समाज को अच्छी तरह से समझने के लिए समाज के लोगों की भाषा को अच्छी तरह से समझना चाहिए। लोगों के साथ पूर्ण संचार के लिए लोगों की भाषा में पर्याप्त जानकारी होनी चाहिए। सलाह तो यह भी दी जाती है कि अनुसंधान क्षेत्र में पाँव रखने से पहले अनुसंधानकर्ता को आम लोगों की भाषा को समझ लेना चाहिए।

लोगों की संस्कृति और जीवन पद्धति से घनिष्ठता (Familiarity with People's Culture and Social Life)

अनुसंधानकर्ता को अपने क्षेत्र और इलाके की संस्कृति तथा रीति–रिवाज को अच्छी तरह से समझ लेना चाहिए। ब्रिटेन के मानवशास्त्री मोरिस कारस्टेयर्स (Morris Carstairs) ने राजस्थान के भीलों का एथनिक अध्ययन किया है। वे अपने अनुसंधान के लिए एक गांव में पहली बार पहुंचे। इस क्षेत्र के आदिवासियों का रिवाज है कि पति–पत्नी जिस खाट पर सोते हैं—यौन क्रिया करते हैं, उस पर कोई अन्य पुरुष नहीं बैठ सकता। संयोगवश कारस्टेयर्स खाट के एक कोने पर बैठ गए। परिणामस्वरूप वे आदिवासी परिवार के क्रोध का शिकार हुए और उन्हें दौड़ कर गांव छोड़ने के लिए बाध्य होना पड़ा। कारस्टेयर्स का यह क्षेत्रीय अनुभव बताता है कि अनुसंधानकर्ता को न केवल क्षेत्रीय भाषा आनी चाहिए, वहां के उसकी रीति–रिवाज और लोगों की संस्कृति के साथ भी घनिष्ठता होनी चाहिए।

अपनी संस्कृति की श्रेष्ठता नहीं, उनकी संस्कृति के साथ सम्बन्ध (No Ethnocentric Bias: Stress on Culture Relations)

अनुसंधानकर्ता का क्षेत्रीय कार्य करने का मुहावरा यह होना चाहिए कि वह अपनी संस्कृति के श्रेष्ठ होने का पूर्वाग्रह रखकर नहीं चले। कोई संस्कृति ऊँची या नीची नहीं होती। समूह अपनी संस्कृति से हमेशा ऊँची संस्कृति मानकर चलता है। हम उसे निम्न नहीं समझ सकते। ऐसी अवस्था में जब अनुसंधानकर्ता क्षेत्र में होता है, तब उसे इस पूर्वाग्रह से पीड़ित नहीं होना चाहिए कि उसकी स्वयं की संस्कृति है और क्षेत्र के लोग निरे गँवार और फूहड़ हैं। उनकी संस्कृति एकदम निम्न स्तर की है।

संस्कृति का यह पूर्वाग्रह क्षेत्र को समझने में बाधक होता है। अगर हम देश के मूल्यों प्रजातंत्र, स्वतंत्रता, समानता और धर्म निरपेक्षता को हमारी विशाल संस्कृति का मापदंड मानकर चलें तब भी, स्थानीय संस्कृति को ऊँचा या नीचा नहीं बता सकते। ऐसी अवस्था में जहां हमारे यहां बहु संस्कृति समाज (Multi-culture Society) है, प्रत्येक समूह की संस्कृति को श्रेष्ठ मानकर ही क्षेत्र में जाया जा सकता है।

समाज का अध्ययन गहराई से होना चाहिए (Study Society from Insight)

प्रत्येक समाज की अपनी एक निजी समझ होती है। समाज के लिए यह समझ श्रेष्ठ समझी जाती है। वास्तविकता यह है कि हरेक समाज का अपना एक इतिहास होता है—उसके दुख–सुख होते हैं। इन्हीं संदर्भों में इस समाज को समझा जाना चाहिए। यदि हम अच्छे जीवन के कुछ पैमाने के आधार पर आदिवासी जीवन को देखने लगें

तब हमें निराशा ही हाथ लगेगी। यदि मानवशास्त्री से पूछा जाए कि अच्छा जीवन क्या है, तब वह इसका उत्तर नहीं दे पाएगा। प्रत्येक समूह की अच्छे जीवन की एक परिभाषा है और इसी के अनुरूप वह अपनी संस्कृति का मूल्यांकन करती है। इन तथ्यों से यह स्पष्ट है कि अनुसंधानकर्ता को क्षेत्र का अवलोकन क्षेत्र की संस्कृति के अनुरूप ही करना चाहिए।

वस्तुनिष्ठावाद को छोड़िए और आलोचनात्मक पड़ताल अपनाइए (Reject Positivism and Apply Critical Enquiry)

हाल में मानवशास्त्र में जो नए अध्ययन हमारे सामने आ रहे हैं, वे स्पष्ट रूप से बताते हैं कि अब इस विज्ञान की वस्तुनिष्ठावाद में कोई रुचि नहीं है। वस्तुनिष्ठावाद वस्तुतः विज्ञानवाद (Scientificism) है। अगर हम वस्तुनिष्ठावाद के संदर्श से आदिवासियों को देखें, तब हमें वास्तविकता का सही अन्दाज नहीं होगा। वास्तविकता एकीकृत (Unified) नहीं होती। यह एक समूह से दूसरे समूह में बदल जाती है। अध्ययन के बाद हमें पता लगेगा कि वास्तविकता एक नहीं है, कई वास्तविकताएं हैं। मानवशास्त्र इन सभी वास्तविकताओं को समझ कर एक एकीकृत वास्तविकता का निर्माण करता है।

अमिता बाविस्कर ने अपने अध्ययन—*इन दि बैली ऑफ रिवर* (*In the Belly of River*) में कहा है कि जब अनुसंधानकर्ता क्षेत्र में होता है, तब उसे सामाजिक वास्तविकता को समझने का पूरा अवसर मिलता है। इसे समझने का सबसे बड़ा सूत्र यह है कि लोग जिसे यथार्थता या वास्तविकता समझते हैं, वही वास्तविकता है। मानवशास्त्री कहने–सुनने से कुछ नहीं होता। अमिता, सरदार सरोवर अर्थात् नर्मदा बचाओ के आंदोलन में गुजरात के आदिवासियों के मुखातिब होती हैं। वे कहती हैं, कि क्षेत्र में अनुसंधानकर्ता को आम आदमी से जुड़ी यथार्थता का पता लगाना चाहिए। वे कहती हैं—

> जब लोग कई प्रकार की यथार्थताओं को आगे रखते हैं और अपनी यथार्थता को एकमात्र सही मानते हैं, तब समस्या है, हम किस यथार्थता को सही वास्तविक मानें। सरकार की आदिवासियों के बारे में जो धारणाएं (Perception) हैं, उससे आदिवासी सहमत नहीं हैं और आदिवासी सरकार के बारे में जैसा कुछ समझते हैं वह अलग किस्म की यथार्थता है। धारणाओं के ये दोनों पहलू महत्वपूर्ण हैं।

क्षेत्र में पहुंचकर अनुसंधानकर्ता को बड़े विवेक से काम लेना पड़ता है। उसे यह समझना चाहिए कि क्षेत्र में रहने वाले लोगों की जो धारणाएं हैं, वे ही वास्तविकता हैं। इसी तरह की समझ उसके अध्ययन को पैनी धार देगी।

संस्कृति स्वायत्त है (Culture is Autonomous)

जब अनुसंधानकर्ता क्षेत्र में पहुंचता है, तब उसके सामने दुविधा आती है। एक ओर उसकी स्वयं की विचारधारा होती है—वह गांधीवादी है, मार्क्सवादी है या कहिए नास्तिक है। इधर जब वह क्षेत्र को देखता है तो पाता है कि क्षेत्र में भांति–भांति की

विचारधारा के लोग हैं। इस दुविधा में वह क्या करे। साफ बात यह है कि अनुसंधानकर्ता को अपनी विचारधारा एक तरफ रख देनी चाहिए। संस्कृति की तुलना नहीं की जा सकती। प्रत्येक संस्कृति स्वायत्त है। अपने आपमें स्वतंत्र है। संस्कृति इतिहास द्वारा निर्धारित होती है। यह होते हुए भी निश्चित रूप से अनुसंधानकर्ता धर्म संकट में पड़ जाता है। उसकी विचारधारा और क्षेत्र की विचारधारा में मेल नहीं है, ऐसी अवस्था में अनुसंधानकर्ता को उसी विचारधारा को अपनाना होगा जो आम आदमी के हित में हो।

भौतिक निकटता (Physical Proximity)

यह अनुसंधानकर्ता के लिए बहुत आवश्यक है कि वह क्षेत्र के लोगों के साथ बराबर भौतिक निकटता बनाए रखे। जब वह क्षेत्र में होता है तब उसे लोगों के दिन–प्रतिदिन के व्यवहार को बराबर देखते रहना चाहिए। हो सकता है कि वह इस व्यवहार का अपनी रिपोर्ट में कोई उल्लेख न करे पर दिन–प्रतिदिन का व्यवहार क्षेत्र को समझने के लिए बहुत सहायक है। इवान्स–प्रिचार्ड ने अफ्रीका की जनजातियों के क्षेत्रीय अनुसंधान में इस विधि को बहुत लाभदायक माना है। वे लिखते हैं—

> जहां तक सम्भव हो अनुसंधानकर्ता को क्षेत्र में ही रहना चाहिए। उसे भौतिक और नैतिक रूप से क्षेत्र के समुदाय का भाग बनना चाहिए। अनुसंधानकर्ता के आंख और कान दोनों खुले रहने चाहिए। जो कुछ समुदाय में होता है, उसका ईमानदारी के साथ उसे लेखा–जोखा रखना चाहिए।

नौसिखिया की भूमिका (Role of a Learner)

कभी भी अनुसंधानकर्ता को यह नहीं सोचना चाहिए कि वह क्षेत्र में समाज सुधार के लिए आया है। वह बहुत स्पष्ट है, उसकी ऐसी कोई भूमिका नहीं है। वह बाल विवाह रोकने के लिए या दहेज प्रथा पर पाबन्दी लगाने के लिए क्षेत्र में नहीं आया है, और इसी लहज़े में किसी ईसाई मिशनरी की तरह धर्म परिवर्तन के लिए नहीं आया है। उसका एजेन्डा विकास के परिणामस्वरूप जो परिवर्तन आया है, उसका विश्लेषण मात्र करना है। वह मसीहा नहीं है, समाज वैज्ञानिक मात्र है। बहुत स्पष्ट शब्दों में, वह क्षेत्र में एक नौसिखिया है, सीखने मात्र आया है। इस संबंध में इवान्स–प्रिचार्ड ने अनुसंधानकर्ता के लिए बड़ी महत्वपूर्ण बात कही है—

> अनुसंधानकर्ता क्षेत्र में किसी प्रशासक या अधिकारी के रूप में नहीं जाता। न ही वह कोई मिशनरी है। ऐसी अवस्था में उसे किसी भी तटस्थ व्यक्ति की भूमिका अदा करनी होती है। आम आदमी और अनुसंधानकर्ता के बीच में कोई मध्यस्थ नहीं होता।

केवल जान-पहचान ही नहीं, मित्रता भी चाहिए

मानवशास्त्री बोहानन (Bohannan) ने दक्षिण अफ्रीका की टीव जनजाति का अध्ययन किया था। इस संबंध में वे कहते हैं कि टीव लोग अपने समूह के बाहर किसी भी व्यक्ति से कोई सलाह–मशविरा नहीं करते। आदिवासी समूह नातेदारी के बाहर कुछ

भी देखना पसंद नहीं करते। एक तरह से जनजातियां और कुछ न होकर नातेदारी का विस्तार मात्र हैं।

अनुसंधानकर्ता को जनजाति का मित्र और एक नातेदार बनने का प्रयास करना चाहिए। जब एक बुजुर्ग टीव को संबोधित करते हुए कहा जाता है—"पिताजी, इसका क्या मतलब होता है?" तब वह अत्यधिक प्रसन्न हो जाता है।

जब अनुसंधानकर्ता क्षेत्र को छोड़कर लौटता है, यह कोई मामूली अलविदा नहीं होनी चाहिए। समुदाय और अनुसंधानकर्ता के बीच में यह खुशी और गम का मौका होना चाहिए। आंसू बहने चाहिए। श्रीनिवास ने अपने *रिमेम्बर्ड विलेज (Remembered Village)* रामपुरा में विदाई के अवसर को बड़े भावपूर्ण शब्दों में रखा है। इस अवसर पर गांव के, एक नहीं, कई लोगों ने उन्हें भोजन के लिए आमंत्रित किया और श्रीनिवास जिस बस से रवाना हुए इस पर बहुत बड़ी भीड़ जुट गई। इस अवसर पर बैंड आया, सुरीले गीत गाए गए और उन्हें जुलूस के साथ बस तक पहुंचाया गया। देखा जाए तो श्रीनिवास रामपुरा में लोगों के अनन्य मित्र बन गए थे। उन्होंने गांव के कई झगड़ों में मध्यस्थता का काम किया था।

समग्रता का अध्ययन (Holistic Study)

क्षेत्रीय अनुसंधान बहुत वृहद् होता है। यह गांव का समग्र रूप से अध्ययन करता है। किसी एक संस्था के अन्य संस्थाओं के साथ जो सम्बन्ध होते हैं, उन्हें अनुसंधानकर्ता अपने अध्ययन में समेट लेता है। यह तथ्यपूर्ण बात है कि गांव की कोई भी एक संस्था अपने आप में पूर्ण नहीं होती। इसका किसी न किसी तरह से सम्पूर्ण गांव के साथ संबंध होता है। और इसलिए क्षेत्रीय अनुसंधानकर्ता को अपने उद्देश्य में समग्र होना चाहिए।

क्षेत्रीय अनुसंधान की डायरी (Field Research Diary)

अनुसंधानकर्ता की लोगों में जो आम पहचान है वह यह है कि वह पायजामा, लम्बा कुर्ता, और कन्धे पर झोला लटकाए रखता है। अपने इस झोले में क्षेत्रीय अनुसंधान की डायरी रखता है। इस डायरी में वह जो कुछ देखता है, अवलोकन करता है, उसे लिखता रहता है। छोटी से छोटी बात भी वह विस्तार के साथ इस डायरी में अंकित करता है। उदाहरण के लिए गाय का दूध कैसे दूहा जाता है और मांस को कैसे पकाते हैं। ये सब जानकारियां उसे अपनी अनुसंधान रिपोर्ट लिखने में सहायता देती हैं।

क्षेत्रीय अनुसंधान और रूपान्तरण (Field Research and Translation)

क्षेत्रीय अनुसंधान के साथ जुड़ा हुआ रूपान्तरण या अनुवाद भी है। जब हम क्षेत्र में अवलोकन करते हैं, तब हमें अनुवाद में पूरी ईमानदारी से काम लेना चाहिए। कई बार अवलोकन को हमारी विचारधारा के अनुकूल बनाने के लिए तथ्यों को तोड़–मरोड़ दिया जाता है। मानवशास्त्रियों की यह आम शिकायत है कि क्षेत्र में अनुसंधानकर्ता आंकड़ों को इधर–उधर कर देता है। उदाहरण के लिए भारत सरकार ने आदिवासियों

के कार्य को 'आदिवासी धर्म' के नाम से परिभाषित किया है, लेकिन अनुसंधानकर्ता जाने–अनजाने आदिवासियों को हिन्दू धर्मावलम्बी के नाम से अंकित करता है। स्पष्ट रूप से, यह क्षेत्रीय अनुसंधान में बेईमानी या धोखाधड़ी है। इस तरह के बदलाव सामान्यीकरण को बदल देते हैं।

अनुवाद या रूपान्तरण में मानवशास्त्र की तकनीकी शब्दावली का ही प्रयोग होना चाहिए। तुलनात्मक अध्ययन के लिए अवधारणाओं का सही उपयोग होना चाहिए। उदाहरण के लिए यदि हमने तकनीकी शब्दावली का उपयोग नहीं किया, तब हम संथाल और गौंड की नातेदारी का तुलनात्मक अध्ययन नहीं कर सकते।

क्षेत्रीय अनुसंधान पर टीका (Interpretation and Field Research)

सामान्यतया मानवशास्त्र में क्षेत्रीय अनुसंधान पर जो मोनोग्राफ हैं, उनकी टीका बहुत कमजोर है। जो भी एथनोग्राफिक सामग्री क्षेत्र में है उसे केवल वर्णनात्मक रूप में ही रख दिया है। उसका सैद्धान्तीकरण नहीं के बराबर है। मजे की बात यह है कि रिजले के समय से लेकर लम्बी अवधि तक हमारे पास ढेर सारी एथनिक सामग्री है, लेकिन कोई भी सामान्यीकरण और प्राक्कल्पनाएं नहीं हैं। यह तो श्रीनिवास थे जिन्होंने एथनिक सामग्री को अवधारणात्मक रूप दिया। संस्कृतीकरण और पाश्चात्यीकरण की अवधारणाएं इसी एथनिक सामग्री का परिणाम हैं। अनुसंधानकर्ता को क्षेत्र विशेष की सामग्री विशाल क्षेत्र के साथ जोड़ कर सैद्धान्तीकरण करना चाहिए। इसी कारण यह कहा जाता है कि मानवशास्त्र में क्षेत्रीय अनुसंधान के मोनोग्राफ टीका के क्षेत्र में हमेशा कमजोर रहे हैं।

उपसंहार (Conclusion)

क्षेत्रीय अनुसंधान मानवशास्त्र में तथ्य सामग्री एकत्र करने की बहुत बड़ी विधि है। कहना चाहिए, मानवशास्त्र आदिम जातियों में क्षेत्रीय अनुसंधान करते हुए अनुसंधानकर्ता स्थानीय समूह के साथ ऐसा घुल–मिल जाता है कि वह अपनी निजी पहचान भी भूल जाता है। समुदाय या क्षेत्र से उसे पृथक करना बड़ा कठिन होता है। मानवशास्त्री जो क्षेत्रीय अनुसंधान करते हैं, उनके संबंध में इवान्स–प्रिचार्ड लिखते हैं—

> स्थानीय समाज जिसका अध्ययन अनुसंधानकर्ता करता है वह, उसकी डायरी में ही नहीं होता, उसके व्यक्तित्व में ही समा जाता है। देखा जाए तो अनुसंधानकर्ता गहरी समझ रखने वाला होना चाहिए। उसका ज्ञान और प्रशिक्षण दुरुस्त होना चाहिए।

6

प्राइमेट (नरवानरगण)

(Primate)

मानवशास्त्र एक वृहद् विज्ञान है। इसके अंतर्गत इसकी कई शाखाएं हैं, शारीरिक मानवशास्त्र, पुरातत्व मानवशास्त्र, भाषायी मानवशास्त्र और सामाजिक–सांस्कृतिक मानवशास्त्र। इन शाखाओं की कई और उपशाखाएं हैं। उदाहरण के लिए पुरातन मानवशास्त्र में ऐतिहासिक पुरातत्व, औद्योगिक पुरातत्व आदि सम्मिलित हैं। इसी प्रकार सामाजिक मानवशास्त्र की भी कई उपशाखाएं हैं। भाषा के क्षेत्र में भी इसी भांति अनगिनत उपशाखाएं हैं। जब संपूर्ण मानवजाति के अध्ययन का उद्देश्य लेकर मानवशास्त्र चलता है, तब स्वाभाविक रूप से इसमें कई शाखाएं और उपशाखाएं आ जाती हैं।

जब प्राइमेट की चर्चा सामाजिक–जैविकीय (Social-Biology) मानवशास्त्र में की जाती है तो मानवशास्त्र का सामान्य विद्यार्थी हक्का–बक्का रह जाता है। उसकी समझ में कुछ नहीं आता, लेकिन वह सही संदर्भ में मानवशास्त्र की विशालता को देखता है, तब प्राइमेट या नरवानरगण की संपूर्ण व्याख्या उसकी समझ में आ जाती है। मानवशास्त्र के सामने बहुत बड़ा मुद्दा यह जानने का है कि मनुष्य की उत्पत्ति किस भांति हुई। वह कहां से कहां पहुंच गया। वह सामान्य से जटिल किस तरह बन गया और इसी तरह के परिवर्तन उसकी सामाजिक संरचना और संस्कृति में किस भांति आ गए। इस अध्याय को सहज रूप से हम यहां रखने का प्रयत्न करेंगे।

यदि हम थोड़ा अभ्यास करें और स्तनपायी या स्तनधारी प्राइमेट (नरवानर) को वर्गीकरण में रखें, तब हमें ज्ञात होगा कि स्तनधारी जानवरों की संख्या बहुत बड़ी है। स्तनधारी का मतलब उन जानवरों से है जो अपने बच्चों को अपने स्तन द्वारा दूध देते हैं। जानवरों की इस श्रेणी में मनुष्य भी शामिल है। इसके अतिरिक्त गुरिल्ला, चिंपांजी, लंगूर, कुत्ता, गाय और कई जानवर सम्मिलित हैं, लेकिन स्तनधारी सभी जानवर एक जैसे हों, यह सही नहीं है। शारीरिक बनावट को लेकर उनमें अंतर होता है। शेर स्तनधारी है, लेकिन अन्य जानवरों की तुलना में उसकी दृष्टि बहुत तेज होती है। यदि

बारीकी से देखा जाए तो स्तनधारियों में शरीर की बनावट, कौशलता, दक्षता और अंग संचालन में बड़ा अंतर होता है। इसलिए यह भूल होगी यदि हम सभी स्तनधारी जानवरों को एक श्रेणी में डाल दें।

जानवरों का बारीकी से अध्ययन करने के बाद आज सामाजिक जैविकीय मानवशास्त्री यह कहने लगे हैं कि चार्ल्स डार्विन (Charles Darwin) अपनी इस थीसिस में गलत थे कि मनुष्य की उत्पत्ति बंदरों से हुई है। जैविकीय मानवशास्त्री इसे प्रमाणित रूप से स्थापित करते हैं। वे कहते हैं कि गुरिल्ला और चिंपांजी से पहले कुछ स्तनधारी जानवर थे, जिन्होंने उद्‌विकास की परंपरा में कई शारीरिक लक्षणों को विकसित कर लिया था। उनका अनुमान है कि बंदरों के आने से पहले मनुष्य का उद्‌गम हो गया था। ये ऐसे प्राइमेट थे जिनमें मनुष्य शरीर के लक्षण थे।

प्राइमेट का अध्ययन करने वाले जीवाश्म वैज्ञानिक (Paleontologist) फोसिल (Fossil) यानी जीवाश्म की हड्डियों का अध्ययन करते हैं। इस अध्ययन के सहारे उन्होंने मनुष्य के उद्‌गम की खोज की। उनका अनुमान था कि आज से कई लाख वर्ष पहले मनुष्य इस संसार में आया। सबसे पहले जीवाश्म का सूत्रपात हुआ। इसी कारण प्राइमेट का विशिष्ट अध्ययन होना चाहिए। इस प्रकार से मनुष्य के उद्‌गम का प्रारंभिक स्रोत प्राइमेट ही है।

प्राइमेट या नरवानर के लक्षण (Characteristics of Primate)

शरीर का लचीलापन (Flexibility of Body)

प्राइमेट का जो अब तक अध्ययन हुआ है, उससे हमें यह समझ में आने लगा है कि ये जानवर पेड़ों पर रहने वाले थे। इन जीवाश्मों के शरीर की बनावट और खास करके हड्डियों का कंकाल इस तरह का था कि वे पूरे लचीलेपन से शरीर को घुमा–फिरा सकते थे। जब ये प्राइमेट जमीन पर आए, तब उनका लचीलापन अधिक विकसित हो गया था। वे आराम से पेड़ पर चढ़ सकते थे और एक डाली से दूसरी डाली तक छलांग लगा सकते थे। यद्यपि मनुष्य आज पेड़ पर नहीं रहते पर प्राइमेट के अंग के लचीलेपन के कारण मनुष्य आज मोटरगाड़ी चला सकता है, बास्केटबॉल खेल सकता है और कंप्यूटर के की–बोर्ड (Keyboard) पर अपनी अंगुलियां नचा सकता है। प्राइमेट के शरीर की रचना का एक और लक्षण अंगूठे की दक्षता है। वह अपने अंगूठे से अंगुलियों के पौरों को छू सकता है। मनुष्य के शरीर के ये लक्षण प्राइमेट में भी देखे गए थे।

दांतों की बनावट, दृष्टि एवं मस्तिष्क का आकार (Dentiform, Eyesight and Brain Size)

विभिन्न जानवरों में हमें जो अंतर दिखाई देता है, इसका एक कारण मुंह में दांतों की संख्या और उनकी बनावट है। दांत ऐसे हैं जो न कभी गलते हैं, सड़ते हैं और वर्षों बाद भी सुरक्षित रहते हैं। हड्डियां गल जाती हैं, खोखली हो जाती हैं, लेकिन दांत

ज्यों के त्यों बने रहते हैं। इसी कारण जीवाश्म वैज्ञानिक प्राइमेट के अध्ययन में दांतों को प्रमाणित आधार मानते हैं।

प्राइमेट के दांत एक जैसे नहीं होते। इनकी बनावट में अंतर होता है। मांसाहारी पशुओं के दांत मांस को काटने या खींचने का काम करते हैं। उनकी बनावट ऐसी होती है जो मांस को काट देती है, फाड़ देती है और मुंह तक खींच लाती है। प्राइमेट में बराबर अनुकूलन की प्रक्रिया चलती रहती है। इसके परिणामस्वरूप कई वर्षों में जाकर दांत की बनावट और रचना में अंतर आ जाता है। मांस खाने वाले जानवरों के दांत, फल व पत्ते खाने वाले जानवरों से जुदा होते हैं। इस उद्विकास में प्राइमेट को कई हजार वर्ष लग जाते हैं।

दृष्टि भी प्राइमेट में उद्विकास के कारण भिन्न हो जाती है। कई जानवर या प्राइमेट ऐसे होते हैं जिनकी सूंघने की शक्ति बहुत अच्छी होती है। ऐसे प्राइमेट अपने भोजन को बहुत दूर से ही देख या सूंघ लेते हैं। मस्तिष्क का आकार भी शरीर के आकार पर निर्धारित होता है। जमीन पर रहने वाले जानवरों की तुलना में प्राइमेट का मस्तिष्क अधिक बड़ा होता है। यह विवरण, इस तथ्य को बताता है कि प्राइमेट के कुछ शारीरिक लक्षण थे, जैसे कि शरीर का लचीलापन, दांत की बनावट, दृष्टि जो आगे चलकर अपने उद्विकास से मनुष्य में दिखाई दिए।

प्रजनन और परिपक्वन (Reproduction and Maturation)

अन्य जानवरों की तुलना में प्राइमेट की सन्तति की संख्या बहुत थोड़ी होती है। एक या दो–बस। बच्चे लंबे समय तक मां के गर्भाशय में रहते हैं। उनके बड़े होने में लंबा समय लगता है। पैदा होते ही ये बच्चे लंबी अवधि तक मां के ऊपर निर्भर रहते है। मां के बिना उनका जीवित रहना बहुत कठिन होता है। पर निर्भरता ही प्राइमेट के इन बच्चों का भविष्य होता है। उदाहरण के लिए एक चिलबल्ला यानी बिल्ली का बच्चा बड़ा होने में लगभग एक वर्ष ले लेता है। इससे और आगे बबून बंदर के बच्चे को लगभग सात या आठ वर्ष लग जाते हैं। इन प्राइमेट की तुलना में मनुष्य का बच्चा अपने बालपन के लिए कोई छह वर्ष का समय लगाता है। जब उसकी दाढ़ निकल जाती है, वह वयस्क कहलाता है। कोई बीस वर्ष में उसकी तीसरी दाढ़ आ जाती है।

प्राइमेट में उद्विकास की प्रक्रिया धीरे होती है। उसकी निर्भरता, उसके माता–पिता, भाई–बंधों पर निर्भर रहती है। वह इनकी सहायता से ही शिकार करता है, अपने लिए भोजन का जुगाड़ करता है। प्राइमेट की जिंदगी जानवरों और मनुष्य से भिन्न रही है। हमें नहीं भूलना चाहिए कि प्राइवेट की अवस्था जानवरों और मनुष्यों से पहले की है। यह हजारों, लाखों साल पुराना काल चक्र रहा है।

प्राइमेट का वर्गीकरण (Classification of Primates)

वर्गीकरण (Taxonomy) एक विज्ञान है। यह एक विधि है जिसके माध्यम से मनुष्यों को श्रेणियों में रखा जाता है। इस वर्गीकरण विधि का प्रयोग सबसे पहले स्वीडन के वैज्ञानिक कार्ल वोन लिनेस (Carl von Linnaeus) ने किया था। उन्होंने पेड़–पौधों

और जानवरों को श्रेणियों में रखा था। इसके लिए उन्होंने सोपानिक (Hierarchical) व्यवस्था की विधि अपनाई थी।

यह सही है कि प्राइवेट जीवाश्मों में कुछ शारीरिक लक्षण सामान्य होते हैं। इस समानता के होने पर भी इनमें अंतर होता है। प्राइमेट शास्त्र के वैज्ञानिक इस तथ्य से सहमत नहीं हैं। बात यह है कि प्राइमेट अनुकूलन की प्रक्रिया से परे नहीं है। जो बबूल अफ्रीका के जंगलों में पाए जाते हैं, उनके उद्विकास की प्रक्रिया बंगाल के सुंदर वन के बबूलों या बंदरों से भिन्न होती है। इसके परिणामस्वरूप इन जानवरों में शारीरिक लक्षणों को लेकर भी अंतर है। वर्गीकरण करने में दो तरह की समस्याएं सामने आती हैं। एक समस्या तो आनुवंशिक (Genetic) होती है और दूसरी अनुकूलन (Adoptive) की। जब प्राइमेट का वर्गीकरण किया जाता है, तब हमें वर्गीकरण की इन समस्याओं पर ध्यान रखना चाहिए।

प्राइमेट को मानवशास्त्रियों ने दो बड़े भागों में बांटा है। एक प्राइमेट वे हैं जिन्हें वे प्रोसिमिटी (Prosimiti) या प्रोसिमियन्स (Prosimians) कहते हैं। ये प्राइमेट एशिया और अफ्रीका में पाए जाते हैं। दूसरे प्राइमेट एंथ्रोपोइडिया (Anthropoidea) या एंथ्रोपोइड (Anthropoid) कहलाते हैं। ये प्राइमेट वैसे बंदर जाति के हैं और ये यूरोप, एशिया और अफ्रीका में पाये जाते हैं।

ये प्राइमेट वस्तुतः वानरों या बंदरों से मिलते–जुलते थे। इनके कंकालों को चट्टानों के बीच में फंसा पाया गया था। इन कंकालों की उम्र लाखों–करोड़ों वर्षों की है। प्राइमेट की उम्र को उनकी हड्डियों द्वारा जाना जाता है। शारीरिक मानवशास्त्रियों ने प्रोसिमिटी और एंथ्रोपोइड–दोनों प्रकारों की विशेषताएं जो यूरोप, एशिया, अफ्रीका में मिलती हैं, का विशद् वर्णन किया है।

प्राइमेट व्यवहार (Primate Behaviour)

प्राइमेट के व्यवहार का अध्ययन सामाजिक–जैविकीय (Socio-Biology) शास्त्र करता है। इसका कहना है कि सामान्यतया सभी प्राइमेट ट्रूप (Troop) में रहना पसंद करते हैं। बंदर एक ट्रूप में रहते हैं। इससे, वे समझते हैं, उनकी सुरक्षा रहती है। ये प्राइमेट कई प्रकार के खेल–कूद भी करते हैं। इससे उनके अंगों का सही तरह से घुमाव होता है। वे शरीर के हाव–भाव से अपनी अभिव्यक्ति करते हैं। जब कभी आक्रमण की आशंका होती है, वे हाव–भाव से इसे बताते हैं। प्राइमेट में प्रभुत्व (Dominance) का लक्षण पर्याप्त रूप से देखने को मिलता है। देखा जाए तो प्राइमेट में प्रभुत्व के लिए एक सोपानिक व्यवस्था (Hierarchy) होती है। कौन प्राइमेट शक्तिशाली है, इसके लिए कुछ निर्धारक लक्षण होते हैं। संपूर्ण प्राइमेट ट्रूप में जो शक्तिशाली प्राइमेट होता है, दूसरे को पराजित कर देता है, बड़ी विलक्षणता से कूद–फांद कर लेता है, वह शक्तिशाली प्राइमेट मान लिया जाता है। प्राइमेट के स्तरीकरण में इस भांति प्रभव (Dominant) प्राइमेट ऊंचा स्थान रखता है। अगर सामान्य प्राइमेट प्रभव प्राइमेट को स्वीकार नहीं करता तो उसे दबोच दिया जाता है।

अमुक प्रकार के प्राइमेट, कहिए, गुरिल्ला का अपना एक विशेष क्षेत्र होता है। यही उनका 'साम्राज्य' होता है। बाहर का कोई प्राइमेट यदि इसमें प्रवेश करता है तो उसे खदेड़ दिया जाता है। एक प्राइमेट का समूह दूसरे समूह के ऊपर हमला करने में कोई हिचकिचाहट नहीं करता।

प्राइमेट का यौन व्यवहार बड़ा विचित्र होता है। इसके व्यवहार में बड़ी विभिन्नता होती है। यौन व्यवहार पर्यावरण और परिस्थितियों पर निर्भर रहता है। सामान्यतया एक प्राइमेट समूह के प्राइमेट दूसरे समूह के प्राइमेट के साथ यौन संबंध नहीं रखते। कुछ बंदरों में तो एक संगमनी (Monogamous) यौन संबंध होते है। उदाहरण के लिए गिबन बंदरों में पुरुष बंदर एक स्त्री बंदर के साथ ही यौन संबंध रखता है।

उपसंहार (Conclusion)

प्राइमेट यानी नरवानर पुराने जानवर हैं। उनका वर्गीकरण कतिपय शारीरिक लक्षणों के आधार पर किया जाता है। कुछ लक्षण ऐसे हैं, जो सभी प्राइमेट में समान रूप से पाए जाते हैं। इन लक्षणों में शरीर के अंगों का लचीलापन, तीव्र दृष्टि, मस्तिष्क की जटिलता, लंबी गर्भावधि, सामाजिक प्रशिक्षण और सामान्य कंकाल सम्मिलित हैं। प्राइमेट का कोई वैज्ञानिक वर्गीकरण करना बहुत मुश्किल है। जो कुछ वर्गीकरण हमें उपलब्ध है, उसका आधार कंकाल (Skeleton) हैं। दांत और शरीर की हड्डियां प्रमाणित आधार समझे जाते हैं। समय अवधि इन्हें नहीं बिगाड़ पाती।

आज जो प्राइमेट यानी जानवर हमें मिलते हैं, वे सामाजिक व्यवहार के अच्छे दृष्टांत हैं। सामान्यतया एक ही जाति के जानवर अपने झुण्ड में ही रहना पसंद करते हैं। बंदर, हिरण और ऐसे कई जानवर हैं जो झुण्ड से अलग रहने में अपने आप के लिए खतरा समझते हैं। इन जानवरों का एक प्रकार का स्तरीकरण होता है। प्रत्येक स्तर का यानी झुण्ड का एक मुखिया होता है। यह मुखिया ही अपने झुण्ड को सुरक्षा प्रदान करता है। कतिपय जानवरों में यौन व्यवहार भी नियमित है। प्राइमेट के व्यवहार की व्याख्या सामाजिक जैविक विज्ञान करता है।

7

प्रजाति और प्रजाति वर्गीकरण

(Races and Racial Classification)

यदि ईमानदारी से देखा जाए तो मनुष्य की प्रजातियों को मानवशास्त्र में सम्मिलित करने की कोई आवश्यकता नहीं है। यह होते हुए भी मानवशास्त्री प्रजातियों और प्रजातिवाद का अध्ययन करते हैं। हुआ यह है कि हमने प्रजातिवाद को प्रजातियों से जोड़ दिया है। इसके परिणामस्वरूप दुनियाभर के लोगों के सामाजिक संबंधों में कड़वाहट आ गई है। कई तरह के पूर्वाग्रह (Prejudices) प्रजातियों को लेकर पैदा हो गए हैं। इन पूर्वाग्रहों से निपटने के लिए, प्रजाति का वैज्ञानिक अध्ययन करना आवश्यक हो गया है। यह कहा जाता है कि नीग्रो प्रजाति के लोग कम अक्ल के होते हैं, उनका देख–दिखाना बदसूरत होता है और उनके रीति–रिवाज भ्रष्ट होते हैं। प्रजाति से जुड़ी ये सब धारणाएं प्रजातिवाद के कारण हैं। इसी प्रजातिवाद से पीड़ित जर्मनी के हिटलर ने कह दिया कि केवल आर्य प्रजाति में सभ्यता का खून होता है, अन्य प्रजातियां तो असभ्य और फूहड़ हैं।

हमारे यहां कुछ लोग जाति को प्रजाति के साथ जोड़ते हैं। कहते हैं कि उच्च जातियां ही सभ्य हैं। उनमें ऊंचे स्तर के संस्कार होते हैं। ये ऊंची जातियां ही प्रतिभावान होती हैं। इस तरह के आरोप बेबुनियाद होते हैं। ये सब भ्रांत धारणाएं लोगों के संबंधों में गांठ डाल देती हैं। देखा जाए तो जातिवाद और प्रजातिवाद मानवशास्त्र की विषय–वस्तु हैं। हमें यह बहुत स्पष्ट होना चाहिए कि प्रजाति एक जैविकीय (Biological) अवधारणा है और प्रजातिवाद से इसका कोई सरोकार नहीं। इसी तरह जाति भी अपने मूल में जैविकीय है और जातिवाद मानवशास्त्रीय। अभी तक दुनियाभर के लोग प्रजातिवाद और जातिवाद से पीड़ित हैं। इसी कारण मानवशास्त्र इनका वैज्ञानिक अध्ययन अपने वांगमय में सम्मिलित करता है।

ऊपर हमने जो लिखा है उसे स्पष्ट करने के लिए कुछ और दृष्टांत देंगे। काकेशियन (Cacasian) प्रजाति गोरी (White) प्रजाति है। इनके बाल, नाक, आंख, त्वचा, कद आदि विशेष प्रकार के होते हैं। इसके आधार यह कहा जाता है कि

दुनियाभर में यह प्रजाति ही सभ्य है। यह बयान स्पष्ट रूप से हानिकारक या प्रतिकूल (Prejudicial) हैं। यथार्थता में यह संभव है कि नीग्रो प्रजाति के लोग, एक अच्छी तादाद में गोरी प्रजाति से अधिक प्रतिभावान और सभ्य हैं।

सही बात तो यह है कि शारीरिक लक्षण जैसे कि रक्त समूह, त्वचा, कद और बाल जन्म के आधार पर प्राप्त किए जाते हैं। इधर दूसरी ओर सामाजिक और सांस्कृतिक लक्षण समाज में रहकर, समूह के सदस्य के नाते सीखे जाते हैं, ये जन्म से प्राप्त नहीं होते। दूसरे शब्दों में, शारीरिक लक्षण वंशानुक्रमण द्वारा व्यक्ति को प्राप्त होते हैं और सामाजिक लक्षण सीखे जाते हैं। अगर हम कहें कि मुकेश बहुत अच्छा गीत गाता है या अमिताभ बच्चन का अभिनय शिखर का है, तो इससे हमारा यह तात्पर्य नहीं कि मुकेश या अमिताभ को यह गुण जन्म से मिले हैं। इन्हें इन्होंने समाज से सीखा है। यह इनके अभ्यास या रियाज का परिणाम है।

कुल मिलाकर जब हम प्रजाति या जाति का अध्ययन करते हैं तो हम स्पष्ट रूप से यह मानकर चलते हैं कि शारीरिक लक्षण जन्मजात होते हैं, और सामाजिक–सांस्कृतिक विशेषताएं या एथनिक गुण समाज द्वारा प्रदत्त (Acquire) होते हैं। इस भांति प्रजाति एक वैध अवधारणा है और प्रजातिवाद समाज द्वारा प्रदत्त लक्षण है।

प्रजाति और जाति (Race and Caste)

भारत में हमें काले और गोरे के विषय में कोई चेतना नहीं है। यह अवश्य है कि जब हम उपनिवेशकाल में थे, हमें यह भ्रांत धारणा हो गई थी कि गोरे यानी ब्रिटिश लोग (अंग्रेज) हमसे अधिक सभ्य, सुसंस्कृत और ज्ञानी हैं। इन लोगों ने अपने राज को चलाने के लिए भी यही विचार दिए कि हम बहुत पिछड़े, अंधविश्वासी और दकियानूसी किस्म के लोग हैं। अंग्रेज इस देश में हमें सभ्य बनाने के लिए ही आए थे। यह धारणा जो प्रजाति से उत्पन्न की गई थी, अधिक समय नहीं चली। आजादी की लड़ाई ने प्रजातिवाद का जो अंकुर यहां अंग्रेजों ने बोया था, समाप्त कर दिया।

जाति और प्रजाति में एक सीमा तक समानता है। प्रजाति और जाति जन्मजात होती हैं। जो व्यक्ति नीग्रो प्रजाति में पैदा हुआ है, नीग्रो ही कहलाएगा, और जो व्यक्ति ब्राह्मण जाति में पैदा हुआ है, वह ब्राह्मण ही कहलाएगा, लेकिन इन दोनों में यानी नीग्रो और ब्राह्मण में शारीरिक लक्षणों को लेकर बड़ा अंतर है। एक नीग्रो की शारीरिक संरचनाओं में वे सब लक्षण पाए जाते हैं जो नीग्रो प्रजाति में होते हैं, लेकिन जाति में सामाजिक लक्षणों की समानता नहीं होती। ब्राह्मण, राजपूत और चमार तीनों अलग–अलग जातियां होती हैं, लेकिन इनके सदस्यों में कोई शारीरिक विभिन्नता नहीं दिखाई देती। ब्रिग्ज (Briggs), जिसने चमारों पर अधिकृत कार्य किया है, कहते हैं कि चमारिनें, ब्राह्मणों और राजपूतों से भी सुंदर होती हैं।

जाति और प्रजाति यद्यपि जन्म द्वारा निर्धारित होते हैं, इनमें विभिन्न श्रेणियां होती हैं। भारत में अधिकांश जातियां अपनी उत्पत्ति काकेशियन और उसकी उप–प्रजातियों से खोजती हैं. लेकिन उनकी शारीरिक बनावट में जो अंतर होता है.

वह प्रजातीय नहीं होता। जाति और प्रजाति में बुनियादी अंतर है, फिर भी इन दोनों अवधारणाओं ने दुनिया में एक अघोषित युद्ध की घोषणा कर दी है। अफ्रीका में प्रजाति भेद ने एपार्थिड (Aparthied) नीति को लागू किया और इससे नीग्रो और काकेशियन में लंबी अवधि तक जंग छिड़ी रही। यह भेदभाव (Discrimination) प्रजातीय था।

हमारे देश में जातीय भेदभाव आज भी देखने को मिलता है। राजनीति और विकास कार्यों में यह भेदभाव अधिक मुखर है। आरक्षण (Reservation) नीति ने आज कई आंदोलनों को जन्म दिया है। स्थिति यहां तक पहुंच गई है कि ब्राह्मण जैसी जाति भी जो जाति स्तरीकरण में सबसे ऊंचे पायदान पर है, वह भी आरक्षण पाने की लड़ाई में प्रखर होकर आ गई है। यह लड़ाई कोई नई नहीं है। महाभारत का किस्सा है, जब स्वयंवर में कर्ण जो दलित जाति का था, प्रतियोगिता के लिए उतरा तब उसे कह दिया कि वह क्षत्रिय नहीं है और इसलिए प्रतियोगिता में भाग नहीं ले सकता। अस्पृश्यता जातीय भेदभाव का अच्छा दृष्टांत है।

यहां हम यह कहना चाहते हैं कि प्रज़ाति और प्रजातिवाद का मसला ऐतिहासिक दृष्टि से मानवशास्त्र का अध्ययन क्षेत्र बन गया है। कुछ इसी तरह जाति भी मानवशास्त्र की विषय–वस्तु बन गई है। यहां इस तथ्य पर जोर देना चाहिए कि ब्रिटिश काल में मानवशास्त्रियों ने जहां आदिम जातियों का बहुत बड़ी तादाद में अध्ययन किया, वहीं उन्होंने जातियों को भी अपनी अध्ययन सामग्री बनाया।

प्रजाति किसे कहते हैं? (What is Race?)

क्रो–मेग्नन मानव या मेधावी मानव ही वर्तमान मानव है। आज गोरे व काले अर्थात् संसार के सभी लोग इसी मेधावी मानव की संतान हैं। मेधावी मानव की संतान संसार के विभिन्न भागों में बिखर गई। जो समूह जहां बस गया वहां की स्थानीय परिस्थिति के अनुकूल उसने अपने आपको बना लिया। कालांतर में चलकर कई अन्य कारकों के परिणामस्वरूप कुछ लोग काले रंग के हो गए, कुछ गोरे और कुछ अन्य रंगों के। रंग, आकृति और रुधिर के आधार पर बने हुए इन विभिन्न मानव–समूहों को आज हम प्रजातियां कहते हैं। प्रजातियों के सामाजिक और सांस्कृतिक परिणामों ने आज विश्व में प्रजातिवाद की भयंकर समस्या खड़ी कर दी है। मेधावी मानव की संतान, प्रजाति आधार पर एक–दूसरे से भेदभाव करने लगी है और यह भेदभाव इतना तीव्र और जटिल हो गया है कि इस संपूर्ण समस्या को उसके वैज्ञानिक रूप में समझना हमारे लिए अनिवार्य हो गया है।

हम अपने देश में बैठकर प्रजातिवाद के परिणामस्वरूप फैली हुई घृणा का सही अनुमान नहीं लगा सकते क्योंकि यहां प्रजाति के आधार पर भेदभाव नहीं है। हम तो जातिवाद के दुष्परिणाम से पीड़ित हैं। उधर यूरोप और अमेरिका प्रजातिवाद के दुष्परिणामों से पीड़ित हैं। हमारे देश में धर्म और जाति पर आधारित सांप्रदायिक दंगे होते रहे हैं। इन दंगों की भीषणता से हम अपरिचित नहीं हैं। पर इससे भी अधिक भीषणता प्रजातिवाद से उत्पन्न दंगों में होती है। यह नहीं है कि यूरोप और अमेरिका के सामान्य जनप्रजाति का वैज्ञानिक अर्थ जानते न हों। पर प्रजातिवाद का भूत उन पर

इस तरह चढ़ा हुआ है कि वे अपनी संपूर्ण–वैज्ञानिकता को ताक में रखकर संघर्ष पर उतारू हो जाते हैं। प्रजातिवाद की इस संपूर्ण समस्या का मूल प्रजाति की वर्तमान धारणा से है। इस अध्याय में हम प्रजाति की अवधारणा का वैज्ञानिक संदर्भ में विवेचन करेंगे, उसकी व्याख्या और विश्लेषण देंगे। बाद के अध्याय में प्रजातिवाद से उत्पन्न समस्याओं के परिणाम प्रस्तुत करेंगे।

अब तक मानव–वैज्ञानिक प्रजातियों का अध्ययन जैविकीय और जीवाश्म–विज्ञान के परिप्रेक्ष्य में करते रहे हैं। ऐसा करने में मानव–वैज्ञानिकों ने प्रजातियों के शारीरिक लक्षणों (जैसे कद, खोपड़ी, आंख, नाक, जबड़ा) का विवेचन करके वर्गीकरण किया है। यह संदर्श आज अधिक उपयोगी नहीं है। आवश्यकता इस बात की है कि हम प्रजातियों के सामाजिक पहलुओं, प्रजातियों के अन्तःसंबंधों आदि का विश्लेषण करें। कहना यह चाहिए कि आज प्रजातियों के अध्ययन को लेकर मानव–विज्ञान और सामाजिक मानव–विज्ञान में जो नई विधा चल रही है, वह सूक्ष्म उद्विकास (Micro-Evolution) की है। सूक्ष्म उद्विकास द्वारा मानव–वैज्ञानिक मनुष्य के आनुवंशिक (जैसे कि रक्त समूह और जीव रासायनिक अंतर) विवरण का निर्वचन करते हैं। आनुवंशिक लक्षणों पर यह जोर उद्विकास संबंधी विचारधारा को अधिक स्पष्ट करता है। इस विधि द्वारा कई नए लक्षणों के मिलने की संभावना रहती है और ऐसा करने में गणित संबंधी मॉडल को लगाया जा सकता है। वास्तविकता यह है कि आनुवंशिकता (Genetics) ने मनुष्य के सूक्ष्म–उद्विकास–अध्ययन को एक नया सिद्धांत और विधि दी है। इस प्रकार के अनुसंधानों ने प्रजाति के अध्ययन–क्षेत्र में आमूल परिवर्तनकारी उपलब्धियां दी हैं।

प्रजाति–संबंधी विचार का उद्गम इस अवधारणा की वैज्ञानिक परिभाषा से पहले ही प्रचलित था। लोगों में यह भावना थी कि मनुष्य जाति में बहुत सुस्पष्ट समूह है, लेकिन लोगों ने पहले कभी भी इस विभिन्न समूहों की प्रकृति या इन समूहों की सापेक्षिक सामाजिक स्थिति पर विचार नहीं किया। कभी–कभी केवल एक समस्या जो उनके मस्तिष्क में आती थी, वह केवल यही थी कि मनुष्यों में एकाधिक समूह होते हैं। जब शारीरिक मानव–विज्ञान का प्रादुर्भाव हुआ, तब भी प्रजाति की समस्या पर कोई भी व्यवस्थित अध्ययन नहीं किया गया। बहुत लंबी अवधि तक यदि प्रजातियों के संबंध में कोई जानकारी दी गई तो वह केवल पर्यटकों और खोजकर्ताओं के अतिशयोक्तिपूर्ण विवरण थे। न तो शारीरिक मानव–विज्ञान और न ही किसी सामाजिक विज्ञान के पास प्रजातियों के संबंध में वास्तविक रूप से कोई अनुसंधान उपलब्धियां थीं। ऐसी स्थिति में प्रजातियों के संबंध में सामान्य लोगों की भिन्न–भिन्न धारणाएं थीं। कुछ लोग प्रजाति का अर्थ भाषा, धर्म, संस्कृति और राष्ट्रीय समूहों के साथ जोड़ते थे। कुछ लोग एक ही स्थान पर रहने वाले समूह को प्रजाति का नाम देते थे। प्रजाति संबंधी यह क्षेत्रीय अवधारणा थी। उदाहरण के लिए चीनी लोग चीन में निवास करते हैं। उनके रूप रंग का आकार इंग्लैंड या अमेरिका में नहीं मिलता। परिणामस्वरूप लोगों ने समझा चीनी एक प्रजाति है। यही बात अंग्रेजों और अमेरीकियों के साथ लागू की गई।

किन्तु जैसा कि हम प्रजाति की वैज्ञानिक अवधारणा के विषय में जानते हैं, प्रजाति का किसी विशेष क्षेत्र या राष्ट्र से संबंध नहीं होता है। एक चीनी या अमेरिकी भारत या इंग्लैंड में रह सकता है। भारतीय एक अच्छी संख्या में इंग्लैंड में रहते हैं। अतः सामान्य जनता में प्रजाति की क्षेत्र–संबंधी अवधारणा दोषपूर्ण है। कई बार प्रजाति की अवधारणा को भाषा के साथ भी जोड़ दिया जाता है। इस अवस्था में प्रजाति–समूह को भाषायी समूह समझा जाता है। उदाहरण के लिए आर्य परिवार (Aryan Family) की भाषाओं के बोलने वालों को आर्य प्रजाति का समझा जाता है। यह इसी संदर्भ में है कि द्वितीय विश्व युद्ध की अवधि में हिटलर का यह दावा था कि केवल आर्य प्रजाति में ही सभ्यता का रुधिर है और इसलिए वे संसार पर राज्य करने के लिए पैदा हुए हैं। यह प्रजाति संबंधी खतरनाक अफवाह है और इसने संसार में कभी–कभी बहुत बड़ा अनर्थ किया है। यदि प्रजाति को भाषायी समूहों के साथ जोड़ दिया जाये तो प्रजाति की संपूर्ण अवधारणा भ्रामक हो जाती है। इस अवस्था में तो नीग्रो की भाषा भी अंग्रेजी ही है, तब उनमें और गोरे अमेरिकियों में कोई अंतर नहीं रहता या भारतीय तथा अंग्रेज एक ही भाषा के बोलने के कारण एक ही प्रजाति के सदस्य हो जाते हैं। अतः न तो जर्मन भाषा बोलने वाले जर्मन प्रजाति के हैं और न ही अंग्रेजी भाषा बोलने वाले अंग्रेजी प्रजाति के। वास्तविकता यह है कि हम प्रजाति की अवधारणा को भाषा के साथ नहीं जोड़ सकते।

कई बार प्रजाति का प्रयोग धर्म के आधार पर भी किया जाता है। इस संदर्भ में कैथोलिक प्रजाति आदि शब्दों का प्रयोग किया जाता है। धर्म का संबंध व्यक्ति विशेष की मान्यता से है। एक ही नृजाति समूह के लोग विभिन्न धर्मों का अवलंबन कर सकते हैं। ऐसी स्थिति में धर्म को प्रजाति के साथ जोड़ना अनुचित है।

प्रजाति की अवधारणा को सामान्य लोगों ने उसके परंपरागत अर्थों में लिया है और इसका परंपरागत अर्थ बहुत मनमाना है। परंपरागत अर्थ में नैतिकता, मनोवैज्ञानिक और सामाजिक लक्षण निहित हैं और सामान्य लोगों की दृष्टि में प्रजाति तो मानो एक दुशाला है, जिसे जो भी जैसे भी ओढ़ना चाहे ओढ़ सकता है, लेकिन प्रजाति के संबंध में सामान्य जन के ये विचार वैज्ञानिक नहीं हैं। ये तो केवल प्रजाति संबंधी अफवाहें हैं। वास्तविकता यह है कि प्रजाति का सामाजिक, सांस्कृतिक और नैतिक अर्थ नहीं है। शुद्ध वैज्ञानिक दृष्टि से प्रजाति का अर्थ शरीर संबंधी या जैविकीय लक्षणों से है। इस अवधारणा द्वारा हम मनुष्यों में अंतर अवश्य करते हैं, वर्गीकरण अवश्य करते हैं, लेकिन इनका आधार शारीरिक और आनुवंशिक लक्षण है। जब व्यक्तियों में हम इस तरह का अंतर करते हैं कि एक समूह के लोग गोरे हैं, लंबे कद के हैं, शरीर पर बाल कम हैं तो यह वर्गीकरण शुद्ध रूप से आनुवंशिक लक्षणों का वर्गीकरण है। इस समूह के लोग चोर, उठाईगीर या संभ्रांत–सुसंस्कृत हो सकते हैं। गोरे या काले होने का या लंबे या नाटे होने का ईमानदारी, बेईमानी, सभ्यता, असभ्यता आदि से कोई संबंध नहीं है। नाटे कद के लोग ईमानदार भी हो सकते हैं और बेईमान भी। ये सब लक्षण तो सामाजिक हैं। इन्हें व्यक्ति समाज में रहकर सीखता है और इसलिए प्रजाति से इनका कोई मेलजोल नहीं है। प्रजाति की वैज्ञानिक अवधारणा में

बहुत महत्वपूर्ण बात यह है कि प्रजाति शारीरिक और आनुवंशिक लक्षणों से संबंध रखती है और सामाजिक तथा सांस्कृतिक लक्षणों से इसका कोई नाता नहीं है। प्रजाति की वैज्ञानिक अवधारणा के साथ आज बहुत बड़ी ज्यादती यह है कि इसमें नैतिक, सामाजिक, सांस्कृतिक सभी प्रकार के मूल्य और अर्थ लगा दिए जाते हैं। इसी कारण यह अवधारणा आधा तीतर, आधा बटेर बन गई है।

पिछले तीन–चार दशकों में प्रजाति की इस अवधारणा पर आनुवंशिक जीव–रासायनिक आदि क्षेत्रों में शोध–कार्य हुआ है। इन शोधों के परिणामस्वरूप जीवित प्रजातियों और उनके वर्गीकरण को लेकर वैज्ञानिकों में अंतर हो सकता है, लेकिन जहां तक अवधारणा की स्पष्टता का प्रश्न है, सभी वैज्ञानिक इस संबंध में एकमत हैं कि प्रजाति की अवधारणा शुद्ध रूप से आनुवंशिक या जैविकीय है।

प्रजाति के वैज्ञानिक आधार (Scientific Bases of Race)

प्रजाति ऐसे व्यक्तियों का समूह है जिन्हें सामान्य शारीरिक लक्षणों के आधार पर एक ही कोटि में रखा जा सके। सामान्य शारीरिक लक्षणों से हमारा तात्पर्य सिर की बनावट, नाक की बनावट, खोपड़ी का घनत्व, कद, रक्त–समूह, त्वचा का रंग, केश रचना, आंखों का रंग और बनावट आदि से है। जब एक समूह में ये सब शारीरिक और जीव संबंधी लक्षण एक ही कोटि के अन्तर्गत में आते हैं, तो इस समूह को प्रजाति कहते हैं।

प्रत्येक प्रजाति के सदस्यों की अपनी निजी शारीरिक विशेषताएं या लक्षण होते हैं। ये मूल रूप से आनुवंशिक लक्षण होते हैं और प्रजनन–प्रक्रिया द्वारा समूह के सदस्यों को विरासत में मिलते हैं। इन शारीरिक लक्षणों में अधिकांश लक्षण ऐसे हैं जिनमें बहुत थोड़ा परिवर्तन होता है। कई पीढ़ियों में इन लक्षणों का संचरण होने के बाद भी ये लक्षण वैसे ही बने रहते हैं। इस प्रकार विभिन्न प्रजातियों का अस्तित्व बना रहता है। प्रजातियों में नाक, कान, रंग, कद आदि का बाहर दिखाई देने वाला अंतर तो होता ही है, लेकिन इसके अतिरिक्त रक्त–समूह, खोपड़ी का घनत्व आदि ऐसे लक्षण हैं जो आंतरिक अंतर को बनवाते हैं।

प्रजाति की वैज्ञानिक अवधारणा का बहुत बड़ा आधार परंपरा से चले आने वाले आनुवंशिक लक्षण हैं। इस संबंध में दूसरी बात यह ध्यान में रखने की है कि सभी प्रजातियां काले से लेकर गोरे तक, लंबे से लेकर नाटे तक, मेधावी मानव की संतान हैं। इसलिए शारीरिक विशेषताओं के आधार पर भी विभिन्न प्रजातियों के बीच में कोई लक्ष्मण रेखा नहीं खींची जा सकती। शेक्सपियर के शाइलाक और एंटोनियो में व्यापारिक हितों को लेकर बड़ा तनाव था। ईसाई यहूदियों को घृणा की दृष्टि से देखते थे। इसके प्रत्युत्तर में शाइलाक ने यह कहा था कि क्या हमारे शरीर में सुई चुभोओगे तो रक्त बाहर नहीं आएगा। यहां शाइलाक ने प्रजाति अवधारणा की बड़े ही शास्त्रीय ढंग से, दो टूक शब्दों में व्याख्या दी है। चाहे किसी भी प्रजाति का व्यक्ति हो, सभी की नसों में रक्त बहता है, सभी के हृदय में धड़कन होती है और सभी के फेफड़ों में सांसों की गिनती होती है। सभी एक पूर्वज की संतान हैं।

प्रजाति संबंधी वैज्ञानिक अवधारणा के केन्द्रित तत्वों का विवेचन हमने पिछले पृष्ठों में किया है। यहां यह उचित होगा कि सामाजिक मानव–वैज्ञानिकों की प्रजाति संबंधी व्याख्या को अति सूक्ष्म–रूप में रखें। इससे प्रजाति के विश्लेषण में अधिक निश्चितता आ जाएगी।

बील्स और होईजर (Beals and Hoijer) ने प्रजाति की व्याख्या में इस बात पर जोर दिया है कि विभिन्न प्रजातियों के सदस्यों में समानता के लक्षण उनकी विभिन्नता के लक्षणों से कई गुने अधिक होते हैं। वे लिखते हैं—"यद्यपि प्रजाति की अवधारणा व्यक्तियों में पाए जाने वाले अंतरों पर बल देती है, तथापि वे विशेषताएं जिनके आधार पर व्यक्तियों में अंतर है, सापेक्ष रूप में अल्पसंख्यक तथा नगण्य हैं। वास्तव में सभी प्रजातियों के सदस्यों में विशेषताओं के आधार पर यदि कुछ दर्जन भिन्नताएं हैं, तो सैकड़ों और शायद हजारों समानताएं भी हैं। मानव शरीर के अस्तित्व के लिए आवश्यक आधारभूत शारीरिक विशेषताओं के संबंध में यह बात विशेष रूप में सत्य है।"

क्रोबर (Kroeber) के अनुसार, प्रजाति सामाजिक–सांस्कृतिक अवधारणा नहीं है। यह एक विशुद्ध रूप से जीव संबंधी अवधारणा है। प्रजाति की व्याख्या उनके अनुसार इस प्रकार है—"प्रजाति एक जीव संबंधी अवधारणा है। यह एक ऐसा समूह है जो आनुवंशिकता द्वारा बंधा हुआ है। इसका संबंध पैदाइश, वाहक तत्वों या उपजाति से है।"

होबेल (Hoebel) के अनुसार, प्रजाति का अर्थ इस भांति है—"प्रजाति उस प्राणिशास्त्रीय समूह को कहते हैं जिसमें आपस के संयोग से संतानोत्पत्ति होती है, जिसके शारीरिक लक्षण दूसरों से भिन्न होते हैं। ये भिन्न शारीरिक लक्षण एक पीढ़ी से दूसरी पीढ़ी में शुद्ध रूप में पाए जाते हैं, मिश्रित रूप में नहीं।"

भारतीय सामाजिक मानव–वैज्ञानिक श्यामाचरण दुबे ने प्रजाति के विश्लेषण में लिखा है—"हम प्रजाति उस समूह को कहेंगे जिसमें प्राणिशास्त्रीय दृष्टि के समूह के अंतर्गत दीर्घकाल से विवाह संबंध होने के कारण कतिपय शारीरिक विशेषताएं आ गई हों, जो प्रजनन द्वारा नियमित रूप से एक के बाद एक दूसरी पीढ़ी में क्रमशः जाती हों। दूसरे शब्दों में, हम प्रजाति मानव–जाति के उस खण्ड को कह सकते हैं, जिसकी अपनी निजी शारीरिक विशेषताएं होती हैं और एक के बाद एक हर पीढ़ी में प्रायः उसी रूप में स्थिर बनी रहती हैं।"

प्रजाति की वैज्ञानिक अवधारणा के संबंध में मजूमदार (Majumdar) का कहना है—"यदि व्यक्तियों के एक समूह को समान शारीरिक लक्षणों के आधार पर अन्य समूहों से पृथक पहचाना जा सके तो चाहे इस जीव संबंधी समूह के सदस्य कितने ही बिखरे क्यों न हों, वे एक प्रजाति हैं।"

प्रजाति की वैज्ञानिक अवधारणा को स्पष्ट करने के लिए हमने ऊपर कुछ विद्वानों की व्याख्याओं या परिभाषाओं को रखा है, लेकिन यह बात बहुत स्पष्ट है कि परिभाषा और व्याख्या की शब्दावली में अंतर होते हुए भी सभी विद्वानों के कथन का एक ही बोध है कि प्रजाति समान आनुवंशिक लक्षणों वाले व्यक्तियों का एक समूह है। प्रजाति के अर्थ का बोध निम्न तत्वों में स्पष्ट किया जा सकता है—

1. प्रत्येक प्रजाति के कुछ विशेष जीव संबंधी लक्षण होते हैं जो प्रजाति के सभी सदस्यों में समान रूप में पाए जाते हैं। इन लक्षणों के आधार पर एक प्रजाति को दूसरी प्रजाति से पृथक किया जा सकता है।
2. किसी भी प्रजाति के आनुवंशिक या जीव संबंधी लक्षणों पर पर्यावरण का प्रभाव पर्याप्त रूप से पड़ता है। इस प्रभाव के परिणामस्वरूप बहुत से जीव संबंधी लक्षण ऐसे होते हैं जो सापेक्ष रूप से बराबर बने रहते हैं। सदस्यों की आने वाली पीढ़ियों में इन लक्षणों की सततता या निरंतरता बनी रहती है।
3. प्रजाति के लक्षण बने रहने का एक कारण भौगोलिक असंबद्धता तथा सामाजिक धरातल पर किसी समुदाय के केवल विशिष्ट समूहों में ही वैवाहिक संबंध होने के कारण होती है।
4. पर्यावरण की दृष्टि से भिन्न मानव समूहों में प्रत्येक समूह के विभिन्न व्यक्तियों की शारीरिक बनावट, रंग–रूप, मुखाकृति, आदि में अंतर तो अवश्य होते हैं, लेकिन शारीरिक विशेषता–संबंधी एक 'सामान्य' तथा 'आदर्श' रूप की कल्पना हम सफलतापूर्वक कर सकते हैं। हम समाज के अधिकांश व्यक्ति अपने बाहरी रूप–रंग में सामान्य या आदर्श चित्र के आस–पास रहते हैं।
5. आज कोई भी प्रजाति अपने लक्षणों में विशुद्ध नहीं है। फिर भी यह कहना उचित होगा कि विशेष समूहों की अपनी शारीरिक विशेषताएं होती हैं। यदि इन समूहों के भीतर ही विवाह–संबंध होते रहे, तो संतति में थोड़े बहुत परिवर्तन के साथ समूह की प्रायः सभी शारीरिक विशेषताएं बनी रहेंगी।

प्रजातियों का उद्‌भव (Origin of Races)

संसार में आज अगणित प्रजातियां हैं। इन प्रजातियों में शारीरिक लक्षणों को लेकर सुस्पष्ट अंतर दिखाई देता है। प्रजाति के किसी भी विद्यार्थी के सामने सबसे बड़ी समस्या यह आती है कि जब सभी मनुष्य मेधावी मानव की संतान हैं, तो आज विभिन्न प्रजातियों में इतना बड़ा शारीरिक अंतर क्यों दिखाई देता है। इस प्रश्न को यदि हम और गहराई से देखें, तो हमारी रुचि यह जानने की है कि आज संसार में जो भी जीवित प्रजातियां हैं, उनमें से प्रत्येक की उत्पत्ति और विकास की क्या कहानी है। उदाहरण के लिए यदि हम यह जानना चाहें कि नीग्रो प्रजाति का अस्तित्व कब आया, तो क्या हमारे पास कोई विश्वसनीय आधार सामग्री है जिस पर हम कह सकें कि आज से इतने वर्ष पूर्व नीग्रो प्रजाति का उद्‌भव हुआ। हमारे लिए इस प्रकार के प्रश्न उठाना स्वाभाविक है, लेकिन आज प्रजातिशास्त्र इतना विकसित नहीं हुआ है कि वह हमारे इन प्रश्नों का उत्तर दे सके। यह तो हम देखते हैं कि मानवजाति विभिन्न प्रजातियों में बंटी हुई है, लेकिन प्रत्येक प्रजाति ने अपने विशिष्ट शारीरिक लक्षणों को कब अपनाया, यह बताना हमारे लिए बहुत कठिन है। मनुष्य इन विभिन्न प्रकारों को बनाने वाले जो भी कारक हैं, उनसे संबंधित आधार–सामग्री हमारे पास बहुत न्यून है। इधर–उधर की जो कुछ फुटकर सामग्री हमारे पास है, उसके आधार पर हम इन प्रजातियों के उदगम और विकास के प्रमाणित और व्यवस्थित इतिहास को नहीं बना सकते। आदिमानव का

जो रूप हमें अस्थि पिंजर से मिला है, उसमें और आज जीवित प्रजातियों के जो प्रकार हमें उपलब्ध हैं, उनमें बड़ा अंतर है। यदि हम आदिमानव के चित्र को आधुनिक मानव के सामने रखें, और दोनों की तुलना करें, तो हमें इनमें आकाश–पाताल का अंतर दिखेगा। हम ऐसे मानव अवशेष की कुछ घड़ियां जानते हैं जो मेधावी मानव को आधुनिक मानव से जोड़ती हैं, लेकिन फिर भी इस क्षेत्र में विज्ञान के पास जो भी सामग्री है, वह बहुत सीमित है। ऐसी अवस्था में यह बताना बहुत कठिन है कि आधुनिक मानव के विभिन्न प्रकार जो हम प्रजातियों में देखते हैं, किन अवस्थाओं में से गुजरकर अपनी वर्तमान अवस्था में आए हैं। विज्ञान की इस अवस्था में यह निष्कर्ष निकालना अनुचित नहीं होगा कि आज संसार के विभिन्न भू–भागों में बसी हुई जो अगणित प्रजातियां हैं, उन्हें इस अवस्था में पहुंचने के लिए लाखों वर्ष लगे होंगे। हम निश्चित रूप से उन विभिन्न अवस्थाओं का उल्लेख नहीं कर सकते, जिनमें ये प्रजातियां विभिन्न रूपों को प्राप्त हुई। इस कठिनाई के होते हुए भी निश्चित रूप से हम कुछ ऐसी प्रक्रियाओं का उल्लेख अवश्य कर सकते हैं, जिनके कारण मेधावी मानव की संतान में समय–समय पर परिवर्तन आए। मानव–वैज्ञानिकों ने प्रजातियों के विकास में काम करने वाली प्रक्रिया के कारकों को निम्न तत्वों में रखा है— (1) प्राकृतिक चयन (Natural Selection); (2) उत्परिवर्तन (Mutation); (3) आनुवंशिक आग्रह (Genetic Drift); (4) बहिः समूह सजाति प्रजनन (Outer Group Inbreeding); (5) पृथक्करण (Isolation)।

प्राकृतिक चयन (Natural Selection)

डार्विन ने उद्‌विकास के सिद्धांत को प्रतिपादित करते हुए कहा है कि जो सबसे अधिक योग्य प्राणी होता है वही जीवित रहता है। इसका तात्पर्य यह है कि संसार में आने के बाद प्रत्येक जीव को प्रकृति के साथ संघर्ष करना पड़ता है। इस संघर्ष में जो विजयी होता है, जीवित रहता है। वही प्राकृतिक चयन है। सांप के कितने ही बच्चे होते हैं। यदि सभी बच्चे जीवित रहें तो सड़क पर चलने के लिए स्थान ही नहीं रहेगा। इसी तरह पेड़–पौधों में भी संसार में आते ही प्रकृति से संघर्ष प्रारंभ हो जाता है और यह संघर्ष जीवन पर्यन्त चलता रहता है। प्राणी के सामने प्रकृति की चुनौती के दो विकल्प हैं या तो वे अपने आपको नष्ट कर दें और इस तरह प्रकृति से अपनी पराजय स्वीकार कर लें या अपने आपमें परिवर्तन इस प्रकार कर लें कि प्रकृति के साथ उसका तालमेल बैठ जाए। मनुष्य का संपूर्ण जीवन प्रारंभ से ही इस संघर्ष में रत रहा है। मेधावी मानव की संतान जिन–जिन भूखण्डों में रही, वहां प्रकृति ने उन्हें चुनौती दी। मेधावी मानव के वे समूह, जिन्होंने प्रकृति के अनुकूल अपने आपको बना लिया, जीवित रहे, लेकिन इसका प्रभाव समूहों पर अवश्य पड़ा। समूहों ने कुछ ऐसे शारीरिक लक्षण धीरे–धीरे विकसित कर लिए जो कालांतर में चलकर समूह के विशिष्ट लक्षण बन गए। इस प्रकार प्रजातियों की संरचना में प्राकृतिक चयन द्वारा नवीन शारीरिक लक्षण विकसित हुए और इन लक्षणों ने एक सीमा तक प्रत्येक प्रजाति को अन्य प्रजातियों से विभिन्नता और पृथकता दी।

उत्परिवर्तन (Mutation)

मनुष्य शरीर में जो विभिन्नता दिखाई देती है, उसका कारण वाहकाणु (Genes) है। किसी भी व्यक्ति का गोरा या काला होना मुख्य रूप से वाहकाणुओं पर निर्भर है। इस संबंध में डार्विन की खोज़ महत्वपूर्ण है। उनका कहना है कि कभी–कभी विषम परिस्थितियों का मुकाबला करने में इन वाहकाणुओं में परिवर्तन आ जाता है। वाहकाणु की संरचना में परिवर्तन आ जाने से नए प्रकार के वाहकाणु उत्पन्न हो जाते हैं। ये नवीन वाहकाणु जब प्रभावी होते हैं, तो इनका प्रभाव आने वाली पीढ़ियों पर भी पड़ता है। धीरे–धीरे नई पीढ़ी और पुरानी पीढ़ी में अंतर आने लगता है, लेकिन एक ऐसी अवस्था भी आ सकती है जबकि वाहकाणुओं में उत्परिवर्तन आ जाए और इसके फलस्वरूप व्यक्ति प्रकृति के साथ अनुकूलन नहीं कर सके। ऐसी अवस्था में व्यक्ति का अस्तित्व संकट में पड़ जाएगा। अतः यदि प्राकृतिक पर्यावरण अनुकूल रहे और व्यक्ति के वाहकाणुओं में उत्परिवर्तन आए तो इससे समूहों के शारीरिक लक्षणों में कालांतर में चलकर बड़ा अंतर आ जाएगा।

प्रजातियों के विकास में उत्परिवर्तन का महत्व यह है कि जब मेधावी मानव की संतानों के एक समूह ने इस प्रकार के उत्परिवर्तन का सामना किया होगा तो एक अवधि में उसके शारीरिक लक्षणों में भी अंतर आ गया होगा और इसने नई प्रजातियों को जन्म दिया होगा।

आनुवंशिक प्रवाह (Genetic Drift)

प्रजातियों की संरचना और विकास में आनुवंशिक प्रवाह का एक सीमा तक महत्वपूर्ण स्थान है। यह भी संभव है कि मेधावी मानव के किसी समूह में प्राकृतिक चयन और उत्परिवर्तन के बिना भी आनुवंशिक-प्रवाह के कारण शारीरिक लक्षणों में अंतर आ जाए। इसे सीवेल राइट प्रभाव (Sewell Wright Effect) भी कहते हैं। यह ऐसी स्थिति है, जिसमें प्राणी में नए वाहकाणु उत्पन्न होने की अपेक्षा, उसके परंपरागत वाहकाणुओं में से कुछ वाहकाणु लुप्त हो जाते हैं। मौजूदा वाहकाणुओं में ऐसे परिवर्तन आने से शारीरिक संरचना में अंतर आ जाता है और इस प्रकार कुछ पीढ़ियों में जाकर यह अंतर बहुत कुछ सुस्पष्ट हो जाता है। प्रारंभ में ऐसा हुआ होगा कि कुछ समूह अपने मूल समूहों से पृथक हो गए होंगे और उनमें मूल वाहकाणुओं का लोप हो गया। इसका परिणाम यह हुआ होगा कि ये पृथक अपने शारीरिक लक्षणों को लेकर मूल समूहों से भिन्न हो गए होंगे और इस भांति नवीन प्रजातीय समूहों का निर्माण हुआ होगा।

बहिः समूह सजाति प्रजनन (Outer Group Inbreeding)

मनुष्य का जीवन सदैव से संघर्षपूर्ण रहा है। जीवन की बुनियादी आवश्यकताओं को लेकर यह संघर्ष प्रारंभ में अधिक तीव्र रहा होगा। जीवन निर्वाह के लिए लोग समूह बनाकर दूर–दूर जंगलों, पहाड़ों और मैदानों में घूमते रहेंगे। समूह के लोग मूल समूहों से पृथक होकर अन्य समूहों से मिलते होंगे। ये समूह मिलजुल कर शिकार करते होंगे, जीवनयापन के साधन जुटाते होंगे। दोनों समूहों में विवाह संबंध भी हुए होंगे। प्रजनन

द्वारा नए समूह को तैयार किया जा सकता है। आज कृषि के क्षेत्र में उन्नत बीजों को तैयार करने के लिए इसी विधि को अपनाया जाता है। प्रारंभ में विभिन्न समूहों में प्रजनन–प्रक्रिया चली होगी और इसके परिणामस्वरूप प्रजाति के नए समूह बने होंगे।

एकाकीपन (Isolation)

प्रजातियों के निर्माण में एकाकीपन का योगदान भी है। पृथक्करण के दो प्रकार हो सकते हैं—सामाजिक पृथक्करण और स्थान संबंधी या भौगोलिक पृथक्करण। प्रारंभ में यातायात के साधनों का अभाव था। जो समूह जीवनयापन के लिए मूल समूह से पृथक हो गया, वह शायद हमेशा के लिए पृथक हो गया। इस भांति मेधावी मानव की संतान धीरे–धीरे संसार के विभिन्न भू–भागों में बंट गई। जो समूह जिस भू–भाग में जम गया, उसने उसी भू–भाग के अनुकूल अपने आपको बना लिया। शायद वह समूह जो अफ्रीका में पहुंच गया, वहां गर्मी से शरीर की रक्षा के लिए उसके शरीर में काला रंग विकसित हो गया हो। ठंडे देशों में रहने वाले गोरे हो गए हों। अतः जब एक समूह दूसरे समूहों से भौगोलिक रूप से पृथक हो जाता है, तो उसमें विशिष्ट लक्षण उत्पन्न हो जाते हैं और ये विशिष्ट लक्षण ही प्रजाति के अस्तित्व को बनाते हैं।

संसार में कई प्रजातियां हैं। हमने कहा है कि इनकी संरचना में लाखों वर्ष लगे हैं। ऊपर हमने कुछ ऐसे कारकों का उल्लेख किया है जो एक सीमा तक विभिन्न प्रजातियों के विकास और निर्माण में सहायक रहे हैं। किसी एक कारक द्वारा प्रजातियों की संरचना और विकास को नहीं समझाया जा सकता। वास्तविकता तो यह है कि प्रजातियों के निर्माण में इन सभी कारकों का अलग–अलग या मिलजुल कर बराबर योगदान रहा है। आज भी ये कारक निष्क्रिय नहीं हैं। संसार में प्रजातियों की संख्या बराबर बढ़ती रही है और इसीलिए हम इस बात को दोहराते हैं कि आज कोई भी प्रजाति अपनी संरचना में शुद्ध नहीं है। संचार और आवागमन की आधुनिक सुविधाओं ने प्रजाति निर्माण की इस प्रक्रिया को और भी त्वरित कर दिया है।

प्रजाति वर्गीकरण की प्रकृति (The Nature of Racial Classification)

प्रजाति को समझने के लिए मानव को जानना आवश्यक है। प्रजातियों के वर्गीकरण की प्रकृति जैव रचना संबंधी (Anatomical) होती है। ऐसे वर्गीकरण की उपयोगिता इस बात पर निर्भर है कि हम संसारभर की प्रजातियों को उनके शरीर रचना–संबंधी लक्षणों के आधार पर विभिन्न समूहों में डाल सकें। इन वर्गों में कुछ समूह ऐसे होते हैं जिन्हें एक से अधिक वर्गों में डाला जा सकता है। यह पूछा जा सकता है कि प्रजातियों के वर्गीकरण की क्या उपयोगिता है? इसकी पहली उपयोगिता तो यह है कि संसार की विभिन्न प्रजातियों में अपने संबंध में जो भ्रांत धारणाएं होती हैं, दूर हो जाती हैं। दूसरा, हमें संसार की विभिन्न प्रजातियों के बारे में सामान्यतया कोई सुस्पष्ट जानकारी नहीं होती। वर्गीकरण से यह जानकारी मिल जाती है। उदाहरण के लिए बहुत कम लोगों को मंगोलियन या जापान की ऐनू (Ainu) के संबंध में पर्याप्त जानकारी होती है। ऐसी स्थिति में यदि इन प्रजातीय समूहों का विवरण दे दिया जाए तो हमारी समझ का घेरा

बढ़ जाएगा। तीसरा, नैतिक और प्रजातांत्रिक दृष्टि से भी संसार के नागरिकों के लिए यह आवश्यक है कि वे अन्य नागरिकों के संबंध में थोड़ी बहुत जानकारी रखें।

प्रजातियों के वर्गीकरण का एक अन्य कारण यह है कि इसके द्वारा हम इनके विकास को ऐतिहासिक रूप में देख सकते हैं। वर्गीकरण पिछले इतिहास को समझने में सहायक है। उदाहरण के लिए यदि हम यह स्थापित कर पाएं कि जापान के आदिवासियों की शरीर रचना यूरोप के लोगों से मिलती–जुलती है, तो इससे यह निष्कर्ष निकाल सकते हैं कि ये जनजातियां काकेशियस प्रजाति की एक शाखा हैं और शायद इनकी उत्पत्ति उनके वर्तमान आवास के पश्चिमी भाग में हुई है और जिन मंगोलियन जापानियों के साथ वे अभी रहते हैं, उनसे उनका कोई संबंध नहीं है। हमारा यह निष्कर्ष अप्रत्यक्ष प्रमाण पर आधारित है, लेकिन शायद विज्ञान की यही पद्धति हमें भविष्य में अपनानी पड़ेगी। इस भांति प्रजातियों के वर्गीकरण के पीछे हमारे दो मुख्य उद्देश्य हैं—

1. संसारभर के लोगों की शरीर रचना का विवरण देना जिससे कि हम अपने अन्य मानव समूहों के संबंध में सामान्य जानकारी प्राप्त कर सकें। ऐसी जानकारी रखना संसार के किसी भी चेतन नागरिक के लिए आवश्यक है।
2. प्रजातियों का वर्गीकरण हमारे लिए प्रजातियों की संरचना और विकास के विश्लेषण में सहायक है।

वर्गीकरण की कठिनाइयां (Difficulties in Classification)

बिना किसी तर्क के सामान्तया यह स्वीकार किया जा सकता है कि मानव प्रजातियों के एक विश्वसनीय वर्गीकरण की बड़ी आवश्यकता है, लेकिन इस प्रकार का वर्गीकरण करना कोई साधारण बात नहीं है। वर्गीकरण में कई कठिनाइयां हैं। प्रथम, कोई भी प्रजाति अपने सदस्यों की बहुत बड़ी संख्या का केवल एक औसत है और औसत तथा व्यक्ति में बड़ा अंतर होता है। द्वितीय, जन सामान्य की दृष्टि में प्रजातियों के अंतर बड़े अतिरंजित होते हैं, वास्तविक रूप से जब हम अंतर को नापते हैं, तो यह बहुत कम हो जाता है। यह सत्य है कि हम एक नीग्रो और उत्तरी यूरोप के किसी व्यक्ति को देखते हैं, तो उन दोनों के अंतर में कोई भ्रांति नहीं हो सकती। इसका कारण यह है कि दोनों के शारीरिक लक्षणों में चरम सीमा का अंतर है, लेकिन ज्योंहि हम कम अंतर वाली प्रजातियों को देखते हैं तो यह पता लगता है कि एक ही प्रजातियों के व्यक्तियों में विभिन्न प्रजातियों के व्यक्तियों से अधिक अंतर दिखाई देता है। उदाहरण के लिए नाटे कद की प्रजाति के व्यक्तियों से अधिक अंतर लंबे कद की प्रजाति के सबसे छोटे व्यक्तियों में दिखाई देता है। इसे परस्पर व्यापकता (Overlapping) कहते हैं। यह परस्पर व्यापकता इस सीमा तक बढ़ जाती है कि हमारे लिए प्रजातियों को सुस्पष्ट वर्गीकरण में रखना कठिन हो जाता है। तृतीय, सजातीय प्रजनन (Inbreeding) द्वारा प्रजातियों के शारीरिक लक्षणों में समय–समय पर बराबर अंतर आता रहता है। इस कारण हमारा वर्गीकरण और अधिक कठिन हो जाता है। चतुर्थ, संसार में तीन अरब से

भी अधिक लोग हैं। इन सबकी शारीरिक संरचना का नाप करना कठिन है और इसलिए हमें वर्गीकरण के लिए किसी निदर्शन पद्धति को अपनाना पड़ता है। निदर्शन पद्धति समूह के लक्षणों का प्रतिनिधित्व करती है, लेकिन कुछ व्यक्तियों का अपवाद हो जाना स्वाभाविक है।

सब मिलाकर प्रजातियों का वर्गीकरण एक टेढ़ी खीर है और इसलिए हमें इसमें पूरी सावधानी रखनी चाहिए। वर्गीकरण करने से पहले हमें प्रजाति की शरीर–संरचना का पूरा ज्ञान हो जाना चाहिए। इस कार्य को तुलनात्मक शरीर–संरचनाशास्त्री या शारीरिक मानवशास्त्री अधिक वैज्ञानिकता से कर सकता है। वर्गीकरण की इस विधि में दो महत्वपूर्ण तत्व हैं। पहला तत्व तो यह कि हम किसी भी एक प्रजाति के सभी सदस्यों की शरीर–संरचना की जांच नहीं कर सकते, हमें प्रत्येक परिस्थिति में किसी न किसी निदर्शन व्यवस्था को अपनाना पड़ेगा। निदर्शन लेने में हमें प्रतिनिधि लक्षणों का पूरा ध्यान रखना चाहिए। द्वितीय प्रजातियों का वर्गीकरण वास्तव में शरीर संरचना का वर्गीकरण है और इसलिए इसमें शरीर–संरचना की जांच करते हैं, तो हमें इसी विधि से बुद्धि, भाषा या धर्म की जांच नहीं करनी चाहिए। एक वैज्ञानिक जहां तक संभव हो अध्ययन का सीधा मार्ग अपनाता है। यदि हम भाषा के बारे में जानना चाहते हैं, तो हमें भाषा का अध्ययन करना चाहिए, न कि मस्तिष्क की बनावट का। इसी तरह यदि हम बुद्धि को नापना चाहते हैं, तो खोपड़ी के घनत्व को नापने की आवश्यकता नहीं।

प्रजातियों के वर्गीकरण के आधारभूत लक्षण
(Basic Traits of Racial Classification)

प्रत्येक मनुष्य के शारीरिक लक्षण होते हैं। उसकी खोपड़ी है, उसके बाल हैं, बालों का एक विशेष प्रकार है, उसकी आंखें हैं जो भूरे, काले या नीले रंग की हैं। उसका कद है, लंबा, मध्यम या नाटा। ये सब लक्षण प्रजातियों के वर्गीकरण में महत्वपूर्ण स्थान रखते हैं। वर्गीकरण करते समय एक वैज्ञानिक को इस विषय में बहुत स्पष्ट होना चाहिए कि कौनसे शारीरिक लक्षण अधिक विश्वसनीय हैं और कौन से नहीं। कुछ लक्षण ऐसे हैं जिनको बराबर नापा नहीं जा सकता। उदाहरण के लिए प्रजातियों के पांच रंग बताए जाते हैं—सफेद, काला, पीला, भूरा और लाल। ऐसा होते हुए भी किसी ने ऐसे आदमी को नहीं देखा होगा जो वास्तव में सफेद या काला या लाल हो, जिन्हें हम सफेद लोग कहते हैं, वास्तव में वे गुलाबी होते हैं। इसी तरह जिन्हें काला कहा जाता है वे भूरे होते हैं तथाकथित पीली, भूरी और लाल प्रजातियां मंगोलियन हैं और उन्हें पृथक नहीं किया जाना चाहिए। एक और सावधानी भी प्रजातियों के वर्गीकरण में रखनी चाहिए। हम किसी भी एक लक्षण के आधार पर प्रजातियों के वर्गीकरण को स्थापित नहीं कर सकते। उदाहरण के लिए त्वचा के रंग को हम वर्गीकरण का आधार बनाएं तो ज्ञात होगा कि उत्तरी भारत में ऐसे काकेशियन मिलेंगे जो नीग्रो से भी अधिक काले होंगे। खोपड़ी के प्रकार को लेकर भी यही भ्रांति हो सकती है। शारीरिक लक्षणों को लेकर प्रजातियों के वर्गीकरण का कार्य किसी भी तरह सामान्य नहीं है। इस परिसीमा के होते

हुए भी हम कुछ शारीरिक लक्षणों को प्रजातियों के वर्गीकरण का आधार बना सकते हैं। आने वाले पृष्ठों में हम उन लक्षणों का उल्लेख करेंगे, जिन पर प्रजातियों का वर्गीकरण आधारित है।

सिर की बनावट या शिरस्य अभिसूचक (Head Shape or Cephalic Index)

प्रजातियों के वर्गीकरण में सिर की बनावट सबसे अधिक महत्वपूर्ण लक्षण है। इस लक्षण को मानव समूह के प्रकारों को निर्धारित करते समय सर्वप्रथम प्रयोग में लाया गया था। सिर की बनावट में गणित के सूत्रों का प्रयोग किया जाता है, या सिर की बनावट का एक अभिसूचक (Index) दिया गया है। अभिसूचक वह है जिसमें खोपड़ी की अधिकतम लंबाई से भाग देकर 100 से गुणा किया जाता है। इस सूत्र को इस प्रकार रखा जा सकता है—

$$\text{सिर का अभिसूचक} = \frac{\text{सिर की चौड़ाई} \times 100}{\text{सिर की लंबाई}}$$

यदि किसी जनसंख्या का अभिसूचक 75 से कम है तो इस जनसंख्या का सिर संबंधी लक्षण लंबा सिर कहलाएगा। यदि औसत 75 से 79.9 है, तो मध्यम सिर और यदि औसत 80 या उससे अधिक है, तो चौड़ा सिर कहलाएगा। आधुनिक खोपड़ियों से अतीत के मानव की जो खोपड़ियां हमें मिली हैं, वे औसत रूप से लंबे सिर की हैं। आज नीग्रो जनसंख्या के सिर भी लंबे हैं। इसी तरह उत्तरी व दक्षिणी यूरोप तथा अमेरिकन इंडियन के सिर भी लंबे हैं। यूरोप के पूर्व से पश्चिमी पट्टी के लोगों का सिर मध्यम से लेकर चौड़े हैं। यूरोप के काकेशियन तथा मंगोलियन समूह के सिर लंबे से लेकर एकदम चौड़े तक हैं। इस कारण यूरोप की बहुत बड़ी जनसंख्या को एक ही प्रकार के सिर वाला नहीं कहा जा सका। इस महाद्वीप की जनसंख्या को औसत रूप में लंबे या चौड़े सिर की श्रेणी में रखा जा सकता है। ऐसी अवस्था में प्रजातियों के वर्गीकरण में सिर का अभिसूचक अधिक उपयोगी नहीं दिखता। हाल में प्रजाति–वर्गीकरण के इस लक्षण को लेकर ऐसे ही कुछ संदेह रखे गए हैं। नीग्रो प्रजाति में चौड़े और लंबे दोनों प्रकार के सिर मिलते हैं। यही बात मंगोलियन और गोरी प्रजाति में मिलती है। लेकिन हम सिर के अभिसूचक की अवहेलना एकदम नहीं कर सकते। कभी–कभी शरीर रचना के अन्य लक्षणों के साथ सिर का अभिसूचक भी उपयोगी होगा या नहीं। अपने आप में इस अभिसूचक को न तो भला ही कहा जा सकता है, न बुरा ही। यदि व्यावहारिक दृष्टिकोण से देखा जाये तो प्रजातियों के संपूर्ण वर्गीकरण में सिर का अभिसूचक थोड़ा बहुत महत्व अवश्य रखता है।

कद (Stature)

प्रजातियों के वर्गीकरण में दूसरा महत्वपूर्ण लक्षण कद या शरीर की ऊंचाई है। अभी तक वर्गीकरण में इस लक्षण का हमारा जो अनुभव है, उससे ज्ञात होता है कि यह लक्षण अधिक विश्वसनीय नहीं है। इस लक्षण के साथ बहुत बड़ी बात यह है कि

शरीर–रचना में यह बहुत अस्थाई है। इसकी सहायता केवल इसी में मिलती है कि हम ठिगने और अठिगने लोगों का वर्गीकरण सुविधापूर्वक कर सकते हैं। प्रजाति वर्गीकरण में कद के लक्षण की व्याख्या करते हुए वील्स व होइजर लिखते हैं—प्रागैतिहासिक मनुष्य के औसत कद और उनमें पाई जाने वाली भिन्नताओं से संबंधित पर्याप्त आंकड़ों का अभाव है। परन्तु उपलब्ध आंकड़ों से ऐसा प्रतीत होता है कि पृथ्वी पर मनुष्य के प्रथम आविर्भाव से लेकर अब तक उसके कद में थोड़े परिवर्तन हुए हैं। हाल में कुछ क्षेत्रों में कद में वृद्धि हुई है, उसका कारण दीर्घ काल में होने वाले आनुवंशिक परिवर्तन नहीं बल्कि जीवन धारणा की उन्नत अवस्थाएं हैं।"

सिर की बनावट के अभिसूचक के तीन प्रकार हैं। इसी भांति मानव–वैज्ञानिकों ने कद के निम्न पांच प्रकार बताए हैं—

कद का प्रकार	*पुरुष*	*स्त्री*
बहुत छोटा	4 फुट 11 इंच से नीचे	4 फुट 7 इंच से नीचे
छोटा	5 फुट 0 इंच–4 फुट 3 इंच	4 फुट 8 इंच–4 फुट 11 इंच
मध्यम	5 फुट 4 इंच–5 फुट 7 इंच	5 फुट 0 इंच–5 फुट 3 इंच
लंबा	5 फुट 8 इंच–5 फुट 11 इंच	5 फुट 4 इंच–5 फुट 6 इंच
बहुत लंबा	6 फुट 0 इंच से ऊपर	5 फुट 7 इंच से ऊपर

नाक का अभिसूचक (Nasal Index)

नाक के अभिसूचक में नाक की लंबाई और चौड़ाई को लिया जाता है। नाक के अभिसूचक को सिर के अभिसूचक सूत्र द्वारा ही गिना जाता है। नाक की चौड़ाई में नाक की लंबाई का भाग देकर 100 से गुणा कर नाक का अभिसूचक निकलता है—

$$\text{सिर का अभिसूचक} = \frac{\text{नाक की चौड़ाई} \times 100}{\text{नाक की लंबाई}}$$

संसार की विभिन्न प्रजातियों में जब नाक को देखते हैं, तो ज्ञात होता है कि लगभग सभी नीग्रो व्यक्तियों की नाक चौड़ी होती है। काकेशियन की नाक तंग होती है और मंगोलों में बहुसंख्यक लोग मध्यमाकार की नाक वाले होते हैं। लेकिन नाक का अभिसूचक एक व्यक्ति की आयु के साथ बदलता रहता है और जीवित व्यक्ति की नाक मृत व्यक्ति की खोपड़ी में प्राप्त नाक से एकदम भिन्न होती है। सिर के अभिसूचक की तुलना में नाक का अभिसूचक आनुवंशिकता को स्पष्ट नहीं करता।

मानव–वैज्ञानिकों ने नाक के अभिसूचक के तीन प्रकार पाए हैं। यदि जीवित व्यक्तियों की नाक का अभिसूचक 70 से कम हो तो उसे लंबी नाक कहते हैं और मृत व्यक्ति की खोपड़ी में यह अभिसूचक 47 से कम हो तो उसे लंबी नाक मानते हैं।

काकेशियन प्रजाति में लंबी नाक होती है। नाक का दूसरा प्रकार मध्य या चपटी नाक है। जीवित व्यक्तियों के नाम का अभिसूचक जब 70 से 84 के बीच में होता हो तो इसे मध्यम या चपटी नाक कहते हैं। मृत व्यक्तियों की नाक जब 47 से 51 के बीच में हो तो इसे मध्यम या चपटी नाक के अंतर्गत रखा जाता है। मंगोल प्रजाति के लोगों की नाक चपटी होती है। नाक का तीसरा प्रकार चौड़ी नाक है। जीवित व्यक्तियों में इसका अभिसूचक 84 से अधिक होता है। मृत व्यक्तियों में यह अभिसूचक 51 से अधिक होता है। नीग्रो प्रजाति में चौड़ी नाक पाई जाती है।

खोपड़ी की क्षमता (Capacity of the Skill)

खोपड़ी की क्षमता को मनुष्य की मृत्यु के बाद नापा जा सकता है। प्रजाति वर्गीकरण में शरीर का यह लक्षण अधिक विश्वसनीय है। प्रायः प्रागैतिहासिक अनुसंधानकर्ताओं ने खोपड़ी की क्षमता का अध्ययन किया है। इस प्रकार के अनुसंधान से जो आधार–सामग्री हमें प्राप्त हुई है, उससे ज्ञात होता है कि प्राचीन मानव की खोपड़ी की क्षमता आधुनिक मानव की खोपड़ी से कम है। कुछ ऐसे दृष्टांत भी मिले हैं जहां प्राचीन मानव की खोपडी की क्षमता आधुनिक मानव के समान है।

खोपड़ी की क्षमता पुरुष और स्त्री में भिन्न होती है। उदाहरण के लिए आधुनिक मानव की खोपड़ी की औसत क्षमता 1,450 घन सेंटीमीटर होती है। स्त्रियों की इससे लगभग 10 प्रतिशत कम होती है। नीग्रो में खोपड़ी की यह क्षमता थोड़ी कम होती है। ऑस्ट्रेलॉयड (Australoid) में निश्चित रूप से यह क्षमता कम होती है। लगभग 1,300 सी.सी.। प्रायः छोटे कद की प्रजातियों में जैसे कि बुशमैन, नीग्रो आदि में छोटी खोपड़ी होती। ऐसा लगता है कि खोपड़ी की क्षमता शरीर के आकार पर निर्भर है। दुबली–पतली और नाटे कद की प्रजातियों में यह क्षमता थोड़ी होती है। हिन्दुओं में यूरोप के काकेशियन की तुलना में खोपड़ी की क्षमता कम होती है। इसी तरह एक औसत जापानी की खोपड़ी की क्षमता चीनी से कम होती है। चौड़े सिर वाले लोगों में खोपड़ी की क्षमता अधिक होती है। खोपड़ी के घनत्व को लेकर भी परस्पर व्यापकता अधिक है। खोपड़ी की क्षमता को जीवित व्यक्तियों में जानने का तरीका थोड़ा कठिन है। ऐसी अवस्था में खोपड़ी की क्षमता एक सीमा तक ही प्रजाति निर्धारण में सहायक है।

जबड़ा (Prognathison)

मनुष्य के शरीर में ऊपर और नीचे दो जबड़े होते हैं। ये जबड़े फैलते हैं और जबड़ों का होना मनुष्य की प्राचीनता को बताता है। सभी स्तनधारी जानवरों में मनुष्य से अधिक बड़े जबड़े होते हैं। प्रजाति वर्गीकरण में जबड़े और उनके फैलाव का बहुत बड़ा स्थान है। लगभग सभी नीग्रो बड़े जबड़ों वाले होते हैं। मंगोलों में जबड़े मध्यम आकार के होते हैं और काकेशियन में बहुत सामान्य आकार के। जबड़ों का नाप देना या उन्हें आंकड़ों में रखना कठिन है। मानव–विज्ञान ने अभी ऐसे साधनों का प्रयोग नहीं किया है, जिनसे जबड़ों को नापा जा सके।

रक्त-समूह (Blood Group)

पिछले कुछ वर्षों में प्रजातियों के वर्गीकरण में रक्त–समूह की प्रविधि को अपनाया गया है। रक्त–समूह का संबंध वाहकाणुओं से है और इसलिए कुछ लोग इसे एक विश्वसनीय लक्षण मानते हैं। शरीर के बहुत कम लक्षण वाहकाणुओं से संबंधित होते हैं। रक्त–समूह का सीधा संबंध वाहकाणुओं से होता है और इसीलिए इस लक्षण को महत्वपूर्ण समझा गया है। रक्त–कोष में लस्सीय तत्व होते हैं जो वंशानुक्रमण द्वारा निर्धारित होते हैं और जिन पर पर्यावरण का कोई प्रभाव नहीं पड़ता। एलैलिक वाहकाणुओं (Allelic Genes) के अन्तः क्रिया के फलस्वरूप चार रक्त–समूह उत्पन्न होते हैं जिन्हें ए बी ओ और ए बी का नाम दिया गया है। यद्यपि प्रत्येक प्रजाति में ये चारों रक्त–समूह पाए जाते हैं फिर भी प्रत्येक प्रजाति में कुछ रक्त–समूह प्रभावी होते हैं। अमेरिका के रेड इंडियन में ओ रक्त–समूह तथा यूरोप के लोगों में ये रक्त–समूह अधिक प्रभावी पाया जाता है। भारत में बी रक्त–समूह का प्रभाव अधिक है। इसी रक्त–समूह की प्रधानता चीन, जापान और मलेशिया में पाई जाती है।

प्रजाति वर्गीकरण में हाल में हुए अनुसंधानों के अनुसार, रक्त–समूह को विश्वसनीय आधार नहीं माना गया है। रक्त–समूहों का अध्ययन बताता है कि जिन लोगों में एक प्रकार के रक्त–समूह पाए जाते हैं, वे ही रक्त–समूह मंगोलियन और काकेशियन में भी मिलते हैं जबकि त्वचा के रंग, त्वचा के बाल आदि में इन दोनों प्रजातियों में अंतर है। एक ही भूखण्ड में रहने वाली जनसंख्या में रक्त–समूह के विभिन्न प्रकार पाए जाते हैं। इसका उदाहरण चीन में रहने वाले मंगोलियन हैं। रक्त–समूहों को लेकर जो कुछ संकलित सांख्यिकी हमारे पास है, उसके आधार पर लगता है कि रक्त–समूह को प्रजातियों के वर्गीकरण में अब कोई महत्वपूर्ण स्थान नहीं दिया जाना चाहिए। यह परंपरागत लोगों के लिए आश्चर्यपूर्ण बात होगी कि पहले जहां हम मनुष्य की पहचान उसके रक्त से करते थे, वह पहचान आज निरर्थक हो गई है। यह कहना कि मेरी नसों में मेरे पूर्वजों का रक्त बहता है, कोई अर्थ नहीं रखता। यदि हम कहें कि अमुक लोगों के साथ हमारा रक्त–संबंध है, तो ऐसा साहित्यिक भाषा में कहते हैं, विज्ञान की भाषा में नहीं।

बालों की बनावट (Texture of Hair)

व्यापक रूप से बालों को प्रजातियों के वर्गीकरण का मूल्यवान आधार समझा जाता है। शायद यह आधार और सभी आधारों से अधिक महत्वपूर्ण है। नीग्रो के बालों की बनावट ऊनी (Woolly) होती है, मंगोलियन की सीधी और काकेशियन की लहराती हुई। बालों की बनावट मुख्यतया प्रत्येक बाल के व्यास पर देखी जाती है। यह निरीक्षण सूक्ष्मदर्शक यंत्र द्वारा किया जाता है। ऐसा लगता है कि बालों की बनावट बड़े ही रूढ़िवादी तरीके से आनुवंशिकता पर चलती है और इस पर उम्र, लिंग, पर्यावरण या पौष्टिकता का कोई प्रभाव नहीं पड़ता।

मानव–वैज्ञानिकों ने बनावट की दृष्टि से पांच प्रकार के बालों का वर्णन किया है।

1. सीधे बाल (Straight Hair)—सामान्यतया बालों का यह प्रकार मंगोल प्रजाति में पाया जाता है। कहीं–कहीं काकेशियन प्रजाति में भी बालों का यह प्रकार देखने को मिलता है।
2. लहरदार बाल (Wavy Hair)—इस प्रकार के बाल ऐनू (Ainu) तथा पोलिनेशियन (Polynesian) प्रजातियों की विशेषता है। ऑस्ट्रेलॉयड (Australoid), द्रविड़ (Dravidian), भूमध्यसागरीय, आर्मीन्वायड आदि प्रजातियों के सदस्यों के बाल भी लहरदार होते हैं।
3. घुंघराले बाल (Curly Hair)—बालों की यह बनावट उन प्रजातियों में पाई जाती है जो पश्चिमी एशिया, भारत, यूरोप तथा ऑस्ट्रेलिया में निवास करती है।
4. ऐंठनदार बाल—ये बाल ओसियाना के नीग्रो लोगों की विशेषता है।
5. ऊनी बाल (Woolly Hair)—इन बालों की बनावट भेड़ के मोटे ऊन की तरह होती है। नीग्रो प्रजाति के बालों की बनावट ऐसी ही होती है।

बालों का शरीर पर कम या अधिक संख्या में होना भी प्रजाति–निर्धारण का महत्वपूर्ण आधार है। दाढ़ी में अधिक या कम बालों का होना और इसी तरह शरीर के अन्य भागों में बालों की न्यूनता या अधिकता प्रजाति का विश्वसनीय लक्षण है। काकेशियन प्रजाति के सदस्यों के शरीर पर अधिक बाल होते हैं। मंगोल और नीग्रोइड की त्वचा चिकनी और बिना बालों की होती है। अधिक बालों और उनकी बनावट के कारण ही ऑस्ट्रेलॉयड प्रजाति को नीग्रोइड प्रजाति से और ऐनू को जापानियों से पृथक किया जाता है। यह बहुत आश्चर्यजनक बात है कि गंजापन उन प्रजातियों में अधिक पाया जाता है, जिनमें दाढ़ी और शरीर के अन्य हिस्सों पर अधिक बाल होते हैं। दूसरी ओर स्त्रियों में गंजापन होना अपवाद है।

यद्यपि बालों की बनावट और उनका शरीर के अन्य भागों में कम या अधिक होना, प्रजाति वर्गीकरण का मूल्यवान आधार है, फिर भी बालों को किसी गणित विधि द्वारा नापना बहुत कठिन है। सीधे बाल गोल और आढ़े–टेढ़े बन जाते हैं, लहरदार बाल अंडाकार हो जाते हैं, घुंघराले बाल भी अंडाकार रूप ले लेते हैं और यही स्थिति ऐंठनदार और ऊनी बालों की होती है। यह भी दावा किया जाता है कि बाल में जो गठानें होती हैं उनका संबंध लहरीपन, घुंघरालेपन और ऊनीपन से होता है।

त्वचा का रंग (Skin Colour)

त्वचा का रंग भी प्रजातियों के वर्गीकरण में एक महत्वपूर्ण लक्षण है। वास्तव में रंग के अंतर्गत त्वचा का रंग, बालों का रंग और आंखों का रंग भी सम्मिलित है। रंग का कारण मेलैनिन है जो एक प्रकार का काला पदार्थ होता है। रंग का निरीक्षण भी मानव–वैज्ञानिकों के लिए समस्या पैदा करता है। एक ही रंग में इतने बारीक उतार–चढ़ाव होते हैं कि इस अंतर को परिणाम रूप में रखना बहुत कठिन है। यदि हम आंख से देखें तो लगेगा कि रंगों में अंतर है, लेकिन इस अंतर को किसी संख्या में व्यक्त करना बहुत कठिन है। त्वचा के रंग को पर्यावरण प्रभावित करता है। यदि एक दिन ही कोई व्यक्ति तपती दोपहर में काम करे, तो शाम को उसके चेहरे पर रंगों की

कई झांकियां देखने को मिलेंगी। इस लक्षण के साथ ऐसे अभावों के होते हुए भी यह कहना पड़ेगा कि प्रजातियों के वर्गीकरण में त्वचा का रंग बहुत महत्वपूर्ण है।

मानव–वैज्ञानिकों ने प्रजातियों के वर्गीकरण में मोटे रूप में त्वचा के तीन रंग माने हैं—(1) गोरा रंग (Leucoderm); (2) पीला रंग (Xathnoderm); और (3) काला रंग (Melanderm)।

त्वचा के इन रंगों को तीन मुख्य जीवित प्रजातियों के साथ भी जोड़ा जा सकता है। काकेशियन प्रजाति का रंग गोरा होता है, मंगोल का पीला, और नीग्रो का काला। त्वचा के रंग के आधार पर इन प्रजातियों को गोरी प्रजाति, पीली प्रजाति और काली प्रजाति भी कहते हैं।

आंख का रंग (Eye Colour)

त्वचा के रंग की तरह आंख के रंग के पीछे भी मेलैनिन पदार्थ होता है। प्रजातियों के वर्गीकरण के लिए हम केवल काकेशियन प्रजाति और उसकी उपप्रजातियों को पृथक कर सकते हैं। काकेशियन को छोड़कर और सब प्रजातियों की आंखें गहरी भूरी या आंख का तारा काला होता है। काकेशियन प्रजाति में आंख के तारे का नीला, हरा या भूरा होने का कारण आंख में काले पदार्थ का कम या अधिक होना होता है। कुछ प्रजातियों की आंखों की बनावट बड़ी विचित्र होती है। दक्षिणी यूरोप, उत्तरी अफ्रीका और जापान में आंख की बनावट बादाम के आकार की तरह तिरछी होती है। इन आंखों को अधखुली आंखें (Salt Eye) भी कहते हैं। मंगोलों की आंखें भी यही वैचित्र्य लिए हुए होती हैं। उनकी आंखों की दरार तिरछी तथा बाहर का कोना भीतर वाले कोने के कुछ ऊंचा तथा भीतर वाला कोना खाल की परत से ढंका हुआ होता है।

शरीर की गंध (Body Colour)

प्रजातियों के अंतर को लेकर एक यह मान्यता है कि प्रत्येक प्रजाति की अपनी एक विशेष शरीर की गंध होती है, लेकिन शरीर की इस गंध का कोई वैज्ञानिक प्रमाण नहीं है। एशिया के बहुत से भागों के निवासियों को और विशेष करके हमारे देश के निवासियों को जो मुख्यतया शाकाहारी हैं, यूरोप के मांसाहारी लोगों के शरीर से एक प्रकार की गंध आती है। रसायनशास्त्री जिन महत्वपूर्ण गंधों को जानते हैं, वे हैं—वेलैरिक अम्ल (Valeric Acid) और बुटिरिक अम्ल (Butyric Acid)। व्यक्तियों की त्वचा से ये अम्ल भाप के रूप में निकलते हैं और इस भाप का संबंध दूध, मक्खन तथा अन्य प्रकार की चिकनाई से होता है जिसे एक व्यक्ति ने कुछ घंटे पहले खाया है। यदि काकेशियन प्रजाति के किसी सदस्य के शरीर से कोई गंध आती है, तो इसका कारण इस व्यक्ति का काकेशियन प्रजाति का होना नहीं है, अपितु उसका खानपान है। यह हम सामान्य रूप से जानते हैं कि जो लोग प्याज खाते हैं, उनके शरीर से एक विशेष प्रकार की गंध आती है।

आज इस बात के प्रमाणित हो जाने पर भी मनुष्य के शरीर से आने वाली गंध का मुख्य कारण भोजन और स्वास्थ्य रक्षा है और उसका आनुवंशिकता से कोई संबंध नहीं

है, फिर भी कई ऐसे लोग हैं जो यह मानते हैं कि प्रत्येक प्रजाति की एक विशिष्ट गंध होती है। प्रजातिवाद में गंध संबंधी यह विचारधारा बड़ी भयानक सिद्ध होती है।

आधुनिक जीवित प्रजातियां (Modern Living Races)

प्रजातियों के वर्गीकरण के कुछ शारीरिक आधार हो सकते हैं, लेकिन जब हम वास्तव में मनुष्यों के विविध समूहों का इन लक्षणों के आधार पर वर्गीकरण करने बैठते हैं तो हमारा कार्य बहुत कठिन हो जाता है। लक्षणों को देखकर लगता है कि किसी भी एक समूह की किसी एक लक्षण पर कोई ठेकेदारी नहीं है। प्रत्येक प्रजाति–समूह में लंबे से ठिगने, हल्के रंग से गहरे रंग और कम बाल से अधिक बाल वाले लोग पाए जाते हैं। ऐसी स्थिति में लगता है कि प्रजातियों के वर्गीकरण में यदि महत्वपूर्ण बात है तो वह कोई शारीरिक प्रकारों की परिवर्तनशीलता है (Variability)। वास्तव में कोई भी दो व्यक्तियों में एक जैसी समानता नहीं होती, न ही दो परिवारों में और न दो स्थानीय जन–समूहों में एक जैसी समानता होती है। फिर दो प्रजातियों में ऐसी समानता की चर्चा करना तो और भी कठिन है। इस अवस्था में यदि हम प्रजाति–समूहों में शारीरिक लक्षणों के आधार पर कोई अंतर करना चाहते हैं, तो इस अंतर का संदर्भ सांख्यिकी की समस्या से है।

इस विवेचन से लगता है कि प्रजातियों के अंतर के अध्ययन में परस्पर व्यापकता एक बहुत बड़ा कारक है। हमें यह कभी नहीं भूलना चाहिए कि सभी प्रजातियों के सदस्य बुनियादी रूप से मेधावी मानव की संतान हैं। इसका तात्पर्य यह हुआ कि प्रजातियों के बीच में जो भी अंतर है वह विस्तार का अंतर है। जब हम गहराई में उतरते हैं तो वर्गीकरण की समस्या और जटिल हो जाती है। इस कठिनाई को देखकर कभी–कभी यह भी कहा जाता है कि प्रजाति जैसी कोई बात है ही नहीं। इस तरह का विचार तभी सही हो सकता है, जब हम परिभाषा द्वारा इसका विश्लेषण करें। हमारा सामान्य ज्ञान बतलाता है कि मानव–समूहों के विभिन्न प्रकार एक ही जैसे लक्षणों के विभिन्न रूप हैं। एक चीनी, एक अफ्रीकी और एक अंग्रेज में हमें शारीरिक अंतर दिखाई देंगे और इस अंतर के आधार पर हम एक को अन्य से पृथक कर सकते हैं और इसका अर्थ होगा उस वस्तुनिष्ठ वास्तविकता की अवहेलना करना जो इन अंतरों के अस्तित्व को बतलाती है। यह सब होते हुए भी हमें प्रजातियों को मान्यता देनी चाहिए, चाहे उनके वर्गीकरण का आधार कुछ बाहरी लक्षणों पर ही क्यों न निर्भर हो। ऐसा करना इसलिए आवश्यक है कि वर्गीकरण की इस पद्धति से हम मनुष्य की जैविकीय प्रकृति का मूल्यांकन कर सकते हैं और इसके साथ में मनुष्य की संस्कृति निर्माण की प्रवृत्तियों का लेखा–जोखा भी दे सकते हैं।

वर्गीकरण के सामान्य नियम (General Rules of Classification)

सैद्धांतिक रूप से प्रजातियों का वर्गीकरण दो तत्वों पर आधारित है—

1. शारीरिक लक्षणों में समानता—शायद सर्वप्रथम इस सिद्धांत को जान रे (John Ray) ने लागू किया था।
2. बंधुत्व—टर्नफोर्ट (Tournfort) ने वर्गीकरण के इस आधार को अपनाया था।

हमें प्रजातियों का जो प्राथमिक वर्गीकरण मिलता है, उसका आधार व्यक्तियों में शारीरिक समानता का होना और सामान्य पूर्वजों का होना था। प्रारंभ में वर्गीकरण के कोई ऐसे सिद्धांत नहीं बनाए गए थे, लेकिन जब शारीरिक मानव–विज्ञान का जन्म हुआ, तो लगा कि वर्गीकरण की यह समस्या बहुत जटिल है।

ब्ल्यूमेनबेक (Blumenbach) ने जब प्रजातियों के वर्गीकरण की समस्या को उठाया, तो वे इस बात से अवगत थे कि शारीरिक समानता और सामान्य पूर्वजों का आधार मनमाना तथा स्वेच्छाचारी था। बाद में मानव–वैज्ञानिकों को यह लगा कि प्रजातियों की संख्या अगणित हो सकती है। अतः उनके लिए वर्गीकरण एक ऐसा साधन था, जिसके द्वारा वे प्रजातियों की अस्त–व्यस्त स्थिति को किसी एक व्यवस्था में रख सकें और इसलिए प्राकृतिक वैज्ञानिकों का कहना था कि प्रजाति वर्गीकरण की प्रत्येक विधि केवल वैज्ञानिकों की सुविधा के लिए है।

प्रजातियों का जो सबसे पुराना वर्गीकरण हमें मिलता है, वह सबसे कम कृत्रिम है। उसका आधार बाहर से दिखाई देने वाले सुस्पष्ट अंतर थे। इस वर्गीकरण में केवल बड़ी–बड़ी प्रजातियों को वर्गों में डाल दिया गया था। लेकिन ऐसा वर्गीकरण सुस्पष्ट होते हुए भी बहुत ही सतही था। ऐसा लगा कि प्रजातियों का वर्गीकरण अधिक विस्तार से होना चाहिए।

उन्नीसवीं शताब्दी के अंतिम दशक में मानव–वैज्ञानिकों ने यह प्रयास किया कि प्रजातियों के वर्गीकरण में बंधुत्व के आधार को छोड़कर जीव–वैज्ञानिकों की तरह केवल प्राकृतिक तत्वों को ही काम में लिया जाए। डेनिकर (Deniker) ने अपनी इस विधि के अनुसार कई प्रजातियों के लक्षणों को परिभाषित किया। डेनिकर की विधि और उसमें थोड़े बहुत संशोधन के साथ अन्य मानव–वैज्ञानिकों ने प्रजातियों का वर्गीकरण किया।

मानव–विज्ञान में आज प्रजातियों का जो वर्गीकरण किया जाता है, उसमें मुख्यतया दो बातों पर जोर दिया जाता है—(1) प्रजातियों के प्रकारों की पहचान, (2) और प्रजातियों में सोपान (Hierarchy)। प्रजातियों के प्रकार की पहचान को लेकर जिन आधारों को स्वीकार किया गया है, उनमें सर्वप्रथम यह देखा जाता है कि ऐसे कौनसे शारीरिक लक्षण हैं, जो एक समूह को दूसरे समूह से एकदम पृथक करते हैं। द्वितीय, पहचान में यह भी देखना चाहिए कि विभिन्न प्रजातियां किन भौगोलिक क्षेत्रों में रहती हैं। वास्तव में प्रजातियों के वर्गीकरण का कार्य किसी भी प्रकार सरल नहीं है। पिछले कई दशकों से मानव–वैज्ञानिकों ने इस वर्गीकरण पर पर्याप्त ध्यान दिया है। 1923 ई. में डिक्सन (Dixon) ने ऐसे तीन लक्षणों के आधार पर जिन्हें वे स्वयं मनमाना समझते थे, प्रजातियों का वर्गीकरण किया। रिपले (Ripley) और डेनिकर ने यूरोप की प्रजातियों का दैहिक (Somatic) और भौगोलिक (Geographical) आधार पर वर्गीकरण किया। रिपले और डेनिकर के वर्गीकरण में सबसे बड़ा अंतर यह है कि जहां रिपले केवल तीन मुख्य प्रजातियों के वर्गीकरण से ही संतुष्ट हैं, वहां डेनिकर ने और भी अधिक सूक्ष्म अंतरों के आधार पर विस्तृत वर्गीकरण किया है। मोटे तौर से

प्रजाति–वर्गीकरण में मानव–वैज्ञानिकों ने निम्न तत्वों पर न्यूनाधिक जोर दिया है—(1) शारीरिक लक्षण; (2) सामान्य पूर्वज; (3) दैहिक विशेषताएं; (4) भौगोलिक स्थिति; (5) आकारिकी (Morphology)।

प्रजातियों के वर्गीकरण के प्रकार (Types of Racial Classification)

प्रजातियों के वर्गीकरण में कई आधारों को स्वीकार किया गया है। जिस किसी मानव–वैज्ञानिकों ने वर्गीकरण के क्षेत्र में अनुसंधान किया है, उसने अपनी दृष्टि से कुछ आधारों को विश्वसनीय माना है और उनके आधार पर प्रजाति समूहों का वर्गीकरण किया है। यहां सभी मानवशास्त्रियों का वर्गीकरण देना कठिन है और न ही विभिन्न वर्गीकरणों के सभी प्रकारों को यहां दिया जाना आवश्यक ही है। अतः हम कुछ प्रमुख प्रकारों का विवेचन करेंगे।

क्रोबर का प्रजातियों का वर्गीकरण (Kroeber's Classification of Races)

क्रोबर ने अपने प्रसिद्ध वर्गीकरण को प्रस्तुत करने से पहले इस बात की चेतावनी दी है कि दुनियाभर की प्रजातियों का कोई भी साफ–सुथरा वर्गीकरण नहीं दिया जा सकता। फिर भी यदि वर्गीकरण का कोई प्रयास किया जाता है, तो यह बनावटी और अविश्वसनीय होगा। इसका कारण यह है कि इस वर्गीकरण का आधार शारीरिक लक्षण है। वही वर्गीकरण सही होने का दावा कर सकता है जिसमें अधिकतम शारीरिक लक्षणों पर विचार किया गया हो और जो महत्वपूर्ण तत्वों पर जोर देता हो। ऐसी सावधानी बरतने के बाद भी यदि मनुष्यों के कुछ समूहों में परस्पर व्यापकता या संदेहपूर्ण लक्षण आ जाएं तो यह हमारा दुर्भाग्य है और हमें इसे स्वीकार करना चाहिए। इस प्रकार की सावधानी का संकेत देने के बाद क्रोबर कहते हैं कि मोटे रूप से हम मनुष्य जाति को तीन महान समूहों में बांट सकते हैं—(1) काकेशियन (Caucasian); (2) मंगोलियन (Mongolian); (3) नीग्रो (Negroid)।

ये तीनों प्रकार क्रमशः यूरोप निवासी, चीनी और नीग्रो में पाए जाते हैं। रंग की दृष्टि से हम इन समूहों को श्वेत, पीला व काला कह सकते हैं, लेकिन ऐसा कहने में हमें यह ध्यान रखना चाहिए कि रंगों के ये नाम केवल सुविधा के लिए हैं और इनका कोई विवरणात्मक मूल्य नहीं है क्योंकि ऐसे लाखों काकेशियन उदाहरणतः हिन्दू हैं जो मंगोलियन अर्थात् चीनियों से अधिक काले रंग के हैं।

प्रजातियों के ये तीन समूह सभी राष्ट्रों और दुनिया की जनजातियों का 9, 10वां भाग हैं। जनसंख्या की दृष्टि से इन समूहों में संसार की संपूर्ण जनसंख्या का लगभग 99 प्रतिशत आ जाता है। शेष जनसंख्या को पारस्परिक व्यापकता में रखा जा सकता है।

क्रोबर ने संसारभर में प्रजातियों को तीन महान वर्गों में डालने के बाद उनके उपवर्गों का विवेचन किया है। सुविधा के लिए प्रजातियों के इन तीन महान वर्गों और इसके उपवर्गों को हम अग्र तालिका में रखते हैं—

संसार की प्रजातियों का क्रोबर के अनुसार वर्गीकरण
(Kroeber's Classification of World Races)

1. काकेशियन या श्वेत (Caucasian or White)
   (क) नार्डिक (Nordic)
   (ख) आल्पाइन (Alpine)
   (ग) भूमध्यसागरीय (Mediterranean)
   (घ) हिन्दू (Hindu)
2. मंगोलॉयड या पीत (Mongoloid or Yellow)
   (क) मंगोलियन (Mongolian)
   (ख) मलेशियन (Malaysian)
   (ग) अमेरिकन इन्डियन (American Indian)
3. नीग्रोयड या श्याम (Negroid or Black)
   (क) नीग्रो (Negro)
   (ख) मैलानेशियन (Melanesian)
   (ग) पिग्मी ब्लैक (Pygmy Black)
   (घ) बुशमैन (Bushman)

बील्स तथा होइजर का वर्गीकरण (Beals-Hoijer Classification)

बील्स तथा होइजर ने प्रजातियों के वर्गीकरण को और अधिक विस्तृत रूप में रखा है। ये लेखक इस बात से सहमत हैं कि संसार की सभी प्रजातियों का तीन मोटे वर्गों में विभाजन किया जा सकता है। प्रजातियों के उपविभाजन को लेकर ये लेखक क्रोबर से असहमत हैं। इनका प्रजाति विभाजन निम्न तालिका में दिया जा रहा है—

बील्स तथा होइजर के अनुसार संसार की प्रजातियों का वर्गीकरण
(Beals-Hoijer Classification of World Races)

1. काकेशॉयड (Caucasoid)
   (अ) आर्कइक काकेशॉयड प्रजातियां (Archaic Caucasoid Races)
      (क) एनू (Ainu)
      (ख) ऑस्ट्रेलॉयड (Australoid)
      (ग) द्रविड़ियन (Dravidian)
      (घ) वेड्डा (Vedda)
   (ब) प्राथमिक काकेशॉयड प्रजातियां (Primary Caucasoid Races)
      (ङ) आल्पाइन (Alpine)
      (च) आर्मेनॉयड (Armenoid)
      (छ) भूमध्यसागरीय (Mediterranean)
      (ज) नार्डिक (Nordic)
   (स) द्वितीयक काकेशॉयड प्रजातियां (Secondary Caucasoid Races)

(झ) डिनारिक (Dinaric)
(ञ) पूर्वी बाल्टिक (East Baltic)
(ट) पालीनेशियन (Plynesian)

2. मंगोलॉयड (Mongoloid)
   (क) एशियाटिक मंगोलायड (Asiatic Mongoloid)
   (ख) इंडोनेशियन मालै (Indonesian Malay)
   (ग) अमेरिकन इंडियन (American Indian)
3. नीग्रोयड (Negroid)
   (अ) प्राथमिक नीग्रोयड प्रजातियां (Primary Negroid Races)
      (क) फारेस्ट नीग्रो (Forest Negro)
      (ख) नीग्रिटो (Negrito)
   (ब) द्वितीयक नीग्रोयड प्रजातियां (Secondary Negroid Races)
      (ग) बुशमैन हाटेनटाट (Bushman Hottentot)
      (घ) नाइलोटिक नीग्रो (Nilotic Negro)
      (ङ) ओशियानिक नीग्रो (Oceanic Negro)

प्रजाति वर्गीकरण में यह बात स्पष्ट हो जानी चाहिए कि लगभग सभी मानव–वैज्ञानिकों ने प्रजातियों के तीन महत्वपूर्ण वर्गों को स्वीकार किया है। ये तीन विशिष्ट वर्ग हैं—काकेशियन, मंगोलियन और नीग्रो। इन तीन विशेष वर्गों के उपवर्गों को लेकर मानव–वैज्ञानिकों में मतभेद है। ऐसा लगता है कि जब तक प्रजाति–वर्गीकरण के विशुद्ध वैज्ञानिक आधारों को हम विकसित नहीं कर पाते, कोई भी विश्वसनीय एवं सर्वमान्य वर्गीकरण नहीं बनाया जा सकता। फिर भी मानव–विज्ञान की आज जो भी स्थिति है, उसके अनुसार हमें लगभग ग्यारह प्रजातीय समूह के लक्षणों के संबंध में थोड़ी बहुत जानकारी परिचय के रूप में होनी चाहिए। प्रजातियों के ये प्रकार भी न्यूनाधिक रूप से विभिन्न मानव–वैज्ञानिकों द्वारा मान्य हैं, इनका विवरण नीचे प्रस्तुत है।

मंगोलॉयड (Mongoloid)

मंगोलियन प्रजाति के सदस्यों की संख्या अन्य प्रजातियों की अपेक्षा अधिक है। यद्यपि इनके रंग में कुछ अंतर है, फिर भी औसत रूप से इन सदस्यों का रंग हल्का पीला, भूरा होता है। यह भूरा रंग वास्तव में तांबे के रंग का होता है। इनकी आंखें बादामी या गहरे बादामी रंग की होती हैं। इनके सिर के बाल घने होते हैं और शरीर के शेष भागों में और विशेषकर मुंह पर अत्यंत कम बाल होते हैं। इस प्रजाति के सदस्यों की आंख में भीतरी ऐपीकेन्थिक फोल्ड होता है। कहा जा सकता है कि इनकी आंखें कुछ तिरछी–सी होती हैं। जन्म के समय बच्चों की रीढ़ के निचले भाग में त्वचा पर एक त्रिकोणाकार क्षेत्र होता है, जिसका रंग हल्की ललाई लिए कुछ नीला–सा होता है। इनका कद सामान्यतया छोटा होता है, विशेषकर उनके पैर छोटे होते हैं। इस प्रजाति

के सदस्य उत्तर–मध्य तथा दक्षिण–पूर्वी एशिया में निवास करते हैं। अमेरिका के इंडियन लोगों को भी मूल रूप में इस प्रजाति का अंग माना जाता है। यद्यपि इनमें काकेशियन तथा नीग्रो तत्व मिलते हैं। मलाया हिन्द एशिया की प्रजातियों के व्यक्तियों में भी मंगोल–लक्षणों की प्रधानता होती है। यद्यपि उनमें थोड़े परिणाम में भूमध्यसागरीय काकेशियन के गुण भी मिलते हैं।

काकेशायड (Caucasoid)

काकेशियन की त्वचा के रंग में बहुत बड़ा अंतर पाया जाता है। यद्यपि इस प्रजाति को श्वेत या गोरी प्रजाति कहते हैं, लेकिन इसका रंग वास्तव में श्वेत या गोरा नहीं होता। यह रंग बहुत हल्के प्रकार का होता है। इस प्रजाति के सदस्यों की आंखों का रंग हल्के नीले से लेकर गहरा बादामी होता है। बाल राख जैसी सफेदी से लेकर काले तक होते हैं। बालों की बनावट सीधे, लहरदार और घुंघराले तक होती है। निश्चित रूप से इनके बाल ऐंठनदार या ऊन जैसे नहीं होते। इस प्रजाति के सिर के ऊपर अधिक बाल होते हैं। इसी तरह वक्ष, हाथ, पैर और मुंह पर भी बालों की अधिकता होती है। नाक की बनावट संकरी तथा ऊंची होती हैं। इनमें चौड़ी और चपटी नाक देखने में अधिक नहीं आती। कद की दृष्टि से इनकी ऊंचाई मध्यम से लेकर ऊंची तक होती है।

मानव–वैज्ञानिकों ने इस प्रजाति के तीन उपविभाग किए हैं—आल्पाइन भूमध्यसागरीय व नार्डिक। आल्पाइन व भूमध्यसागरीय उपप्रजातियों में नार्डिक उपप्रजाति जैसी सफेदी नहीं होती। भूमध्यसागरीय हल्के होते हैं जबकि अल्पाइन भारी। इस प्रजाति में पुरुषों के मुंह और वक्ष पर अधिक बाल होते हैं। भूमध्यसागरीय प्रजाति के सदस्य बचपन और यौवन में हल्के होते हैं और बड़े होने पर मोटे और भारी हो जाते हैं। इनके बाल काले और लहरदार तथा कभी–कभी सीधे होते हैं। आंखों का रंग बादामी होता है, शरीर का रंग हल्का बादामी या फीका जैतूनी होता है। नार्डिक प्रजाति की त्वचा और बालों में रंग की बहुत कमी होती है और वे अधिक सफेदी लिए हुए दिखाई देते हैं। इनकी आंखें नीली और भूरी (भूरापन लिए हुए) होती हैं। उनकी नाक संकरी और ऊंची होती है, जबड़े और ठुड्डी प्रमुख रूप में दिखाई पड़ते हैं। शरीर के विभिन्न भागों में बालों की कमी होती है। वयस्क अवस्था के बाद ही बहुतों के सिर के बालों का गिरना शुरू हो जाता है। इनकी शरीर–रचना के संबंध में यह कहा जा सकता है कि ये लंबे और दुबले होते हैं।

क्रोबर ने काकेशियन प्रजाति में ही भारतीय हिन्दुओं को रखा है, वस्तुतः हिन्दू संकरे सिर, काली त्वचा के काकेशियन हैं। हिन्दू प्रजाति भूमध्यसागरीय से कोई अधिक भिन्न नहीं है। हिन्दू काकेशियन के पूर्वी हिस्से का एक अंग है, इसलिए ऐसा अनुमान किया जाता है कि किसी समय ये लोग उत्तर–पश्चिम से भारत में आए होंगे। भारत में उन्हें शायद जनजातियों का सामना करना पड़ा होगा और ये जनजातियां नीग्रो होंगी। भारत में पिछले कुछ हजार वर्षों में प्रजातियों में सम्मिश्रण की प्रक्रिया हुई है। इसके परिणामस्वरूप हिन्दुओं का मूल काकेशियन प्रकार बहुत कुछ परिवर्तित हो गया है। ऐसे प्रयत्न हुए हैं जिनमें नाप द्वारा यह सिद्ध करने का प्रयास किया गया है

कि ब्राह्मण और ऊंची जातियों के सदस्य अपनी शरीर–रचना में काकेशियन हैं और काली त्वचा वाले निम्न जातियों के। सदस्य जनजातियों की वास्तविकता यह है कि प्रजाति की दृष्टि से हिन्दू जितना अपने आप को शुद्ध मानते हैं, उतने शुद्ध वे नहीं हैं।

अफ्रीकी नीग्रोयड (African Negroid)

नीग्रो प्रजाति की जनसंख्या लगभग दस करोड़ की है। इनका रंग अधिक काला होता है, लेकिन इन्हें शुद्ध रूप से काला नहीं कहा जा सकता क्योंकि इनमें कई का रंग गाढ़ा या बादामी काला होता है। बाल की बनावट ऊनी और घुंघराली होती है, नाक चौड़ी होती है। सामान्यतया उनके सिर लंबे और संकरे होते हैं, होंठ निकले हुए और लटकते हुए होते हैं। सिर में घने बाल होते हैं जबकि पुरुषों की दाढ़ी–मूंछों में कम बाल होते हैं। शरीर के अन्य हिस्सों पर भी बालों की कमी होती है। इस प्रजाति की दो और शारीरिक विशेषताएं हैं—इनके हाथों की कुहनी से आगे के भाग बहुत लंबे होते हैं, पैर पतले तथा लंबे होते हैं। मूलरूप में इस प्रजाति के सदस्य अफ्रीका के सहारा के दक्षिण में रहते थे। कालांतर में इस समूह के सदस्यों का एक भाग अमेरिका और यूरोप में जाकर बस गया।

पूर्वी अफ्रीका के नाइलोटिक नीग्रो की विशेषता यह है कि इनके शरीर दुबले और बहुत लंबे होते हैं। पुरुषों की औसत लंबाई छहः फुट से अधिक होती है। इसे अफ्रीकी नीग्रो–समूह कहा जाता है। इसकी दूसरी शाखा ओशियेनिक नीग्रो है। इनका निवास दक्षिणी सागरों के द्वीपों, विशेषकर सालोमन न्यू हैब्रिडीज, न्यू केलेडोनिया तथा न्यूगिनी में पाया जाता है। इस समूह के सदस्यों के चेहरे पर नाक बहुत महत्वपूर्ण है। नाक अपनी जड़ में बहुत नीची होती है। अफ्रीकी नीग्रो की तुलना में इनके होंठ पतले होते हैं। इनके होंठ बाहर लटके हुए भी नहीं दिखाई देते। नीग्रो प्रजाति की एक उपप्रजाति नीग्रिटो है। इसे बौनी प्रजाति भी कहा जाता है। इनका कद बहुत छोटा होता है और ये संसार के कई भागों में पाए जाते हैं। इनका मूल निवास अफ्रीका का कांगो क्षेत्र है। कांगों के अतिरिक्त ये समूह न्यूगिनी, फिलीपीन्स, मलाया तथा अण्डमान क्षेत्रों में भी पाए जाते हैं। इनकी औसत ऊंचाई चार फीट और नौ इंच के लगभग होती है। इनका माथा आगे निकला हुआ होता है। इन समूहों की त्वचा के रंग में काफी अंतर दिखाई पड़ता है। जहां एक ओर काला–सा रंग देखने को मिलता है, वहीं दूसरी ओर ललाई लिए हुए बादामी रंग भी होता है। नाक की बनावट चौड़ी और चपटी होती है।

मैलानेशियन (Melanesian)

बीस लाख सदस्यों की संख्या वाला यह प्रजाति–समूह जिसमें ऑस्ट्रेलॉयड और नीग्रोयड तत्वों का सम्मिश्रण दिखाई देता है, मेलेनेशिया न्यूगिनी से फिजी तक पाया जाता है। हिन्द एशिया के लोग भी इसी क्षेत्र में बड़ी संख्या में आए हैं और उनके यहां के आदिवासियों में घुलमिल जाने से एक मिश्रित प्रजाति उत्पन्न हो गई है, जिसकी अपनी कई स्वतंत्र शारीरिक विशेषताएं हैं। इनका रंग सामान्य गहरे जैतूनी से लेकर

हल्का बादामी तक होता है। इनका कद ठिगने से लेकर साधारण ऊंचाई तक का होता है। माथा गोलाई लिए होता है और भौंहों की हड्डियां प्रमुख रूप से दिखाई देती हैं। इनकी नाक चौड़ी होती है।

माइक्रोनेशियन-पालीनेशियन (Micronessian-Polynessian)

इस समूह के सदस्यों की संख्या लगभग एक लाख आंकी गई है। इस प्रजाति–समूह में मिश्रण अधिक दिखाई देता है। मुख्य रूप से यह समूह भूमध्यसागरीय काकेशियन है और यह अनुमान किया जाता है कि काकेशियन प्रजाति के ये लक्षण इस क्षेत्र में दक्षिण भारत से पहुंचे। इस समूह में ओशियेनिक नीग्रो और एशियाई मंगोलों के लक्षण भी घुलमिल गए हैं। इसमें भूमध्यसागरीय प्रजातियों के तत्वों की प्रधानता होने के कारण, उनके बाल लहरदार हैं, शरीर का रंग कुछ हल्का और नाक ऊंची है। मंगोल लोगों की तरह उनका सिर गोलाई लिए हुए होता है। सिर पर बालों की अधिकता होती है और शरीर पर बालों की न्यूनता।

मध्य अफ्रीका पिग्मी (Central African Pygmy)

इस प्रजाति की जनसंख्या लगभग एक लाख है और प्रजाति के लक्षण की दृष्टि से अधिकांश लेखकों ने इन्हें नीग्रोयड समझा है। परन्तु इनके लक्षण अफ्रीकी नीग्रोयड से बहुत भिन्न हैं। इनका औसत कद पांच फीट से थोड़ा कम है। ये अफ्रीकन नीग्रोयड और मैलेनेशियन की तरह काले रंग के नहीं हैं। इनकी अपेक्षा मध्य अफ्रीकी बौनों में बालों की अधिकता होती है।

सुदूर-पूर्व के बौने (Far-Eastern Pygmy)

इस प्रजाति समूह के अंतर्गत लगभग दो हजार अण्डमान टापू निवासी तथा लूजन, मिन्डेनेओ तथा फिलीपीन के टापुओं में रहने वाले लगभग पच्चीस हजार लोग सम्मिलित हैं। इस प्रजाति के लोगों के होंठ मोटे होते हैं। इनके बालों की बनावट ऊनी होती है और शरीर पर बालों की बनावट अपेक्षाकृत रूप से कम होती है। इनकी त्वचा का रंग बहुत काला होता है। कद की दृष्टि से ये औसत रूप में पांच फीट के होते हैं।

ऑस्ट्रेलॉयड (Australoid)

संभवतः चालीस हजार की संख्या वाला यह प्रजाति–समूह ऑस्ट्रेलिया के काले आदिवासियों की संतान है जिसे ब्रिटिश उपनिवेशवाद का अवशेष कहा जा सकता है। यद्यपि यह प्रजाति–समूह शारीरिक लक्षणों को लेकर एक स्वतंत्र समूह है, फिर भी इसमें अल्प परिणाम में नीग्रो और प्राचीन काकेशियन प्रजातियों के लक्षण दिखाई देते हैं। इनके बालों की रचना लहरदार या घुंघराली है और रंग काला है। शरीर का रंग गाढ़ा चाकलेटी या बादामी है। इनकी ऊंचाई साधारण है और शरीर–संरचना दुर्बल है। इनका सिर लंबा होता है, भौंहों की हड्डियां विशेष रूप से दिखाई पड़ती हैं। इनका मुंह कुछ निकला हुआ सा रहता है और नाक चौड़ी होती है।

बुशमैन हाटेनटाट (Bushman-Hottentot)

कालाहारी मरुस्थल और उसके आसपास के जिलों में रहने वाली बौनी जनसंख्या के अवशेष बीस हजार या उससे अधिक बुशमैन हाटेनटाट हैं। इस समूह में नीग्रो और मंगोलॉयड प्रजातियों के लक्षणों का सम्मिश्रण दिखाई देता है। आकार–प्रकार की दृष्टि से इस प्रजाति समूह को लघु नीग्रो या नीग्रिटो प्रजाति समूह में रखा जा सकता है। लेकिन ये उनसे भिन्न भी हैं। इनकी त्वचा का रंग मंगोलॉयड प्रजाति जैसा होता है। इनकी आंखें भी भीतरी ऐपीकेन्थिक फोल्प की विशेषता वाली हैं। इन शारीरिक लक्षणों के आधार पर यह कहा जा सकता है कि बुशमैन हाटेनटाट प्रजाति की उत्पत्ति नीग्रो और मंगोलॉयड प्रजातियों के मिश्रण से हुई है। इस प्रजाति की बहुत बड़ी विशेषता इसके उठे हुए नितम्ब होते हैं।

ऐनू (Ainu)

इस प्रजाति के सदस्यों की संख्या लगभग दस हजार है जो जापान के होक्केडों और अन्य बाहरी टापुओं में रहते हैं। ये समूह जापान की प्राचीन जनसंख्या का प्रतिनिधित्व करते हैं। ऐनू में ऑस्ट्रेलिया के दक्षिण–पूर्व के आदिवासियों के लक्षण दिखाई देते हैं। उनकी भौंहों की हड्डियां ऑस्ट्रेलॉयड जैसी होती हैं। उनकी नाक भी ऐसी होती है, लेकिन शारीरिक रचना की दृष्टि से ये कद में कम ऊंचे और कुछ मोटे कहे जा सकते हैं। जापानियों के संपर्क में रहने के कारण इस प्रजाति समूह में मंगोलॉयड लक्षण दिखाई देते हैं।

वेड्डोयड (Veddoid)

श्रीलंका के आंतरिक आंचल में बीसवीं शताब्दी के प्रारंभ में कुछ समूह रहते थे। कृषि उनका व्यवसाय था। संख्या में ये लोग अधिक नहीं थे। इन्हीं की संतान वेड्डो कहलाती है। इस प्रजाति–समूह के सदस्यों का सिर लंबा और संकरा होता है। इनकी भौंहों की हड्डियां भारी होती हैं और माथा ऑस्ट्रेलॉयड लोगों की भांति, किन्तु उनसे कुछ कम ऊपर की ओर जाते हुए धीरे–धीरे नीचा होता जाता है। इनका चेहरा चौड़ा होता है और नाक भी चौड़ी। इनके होंठ पतले होते हैं और ठुड्डी नोकदार होती है। बालों का रंग काला होता है और बनावट में बाल लंबे, सूखे और लहरदार होते हैं। इनके शरीर का रंग गहरा बादामी होता है और कद अधिक ऊंचा नहीं होता।

भारत में प्रजातीय स्थिति (Racial Situation in India)

प्राचीनकाल से ही भारत विभिन्न प्रजातियों का घर कहा जाता रहा है। जो भी विदेशी यात्री अतीत में पर्यटन के लिए इस देश में आए, सभी ने यह स्वीकार किया कि इस भूखण्ड में कई प्रजातियां रहती हैं। इतिहास के जनक हीरोडोटस ने भारत की एकाधिक प्रजातियों का उल्लेख किया है जिसे प्राचीनतम कहा जा सकता है। उन्होंने कहा था कि दक्षिणी भारत के काले रंग और घुंघराले बालों वाले योद्धा लड़ने में बहुत बहादुर होते हैं। कहना चाहिए कि तमिल, मेलानीड प्रजाति का यह पहला ऐतिहासिक

संदर्भ था। प्रागैतिहासिक युग में कौनसे नृजातीय–समूह (Ethnic Group) ने भारत के विभिन्न भागों में प्रवेश किया, इसका हमारे पास कोई प्रत्यक्ष प्रमाण नहीं है। पूर्व पाषाणकालीन कुछ अवशेषों की खुदाई मध्यप्रदेश, गुजरात और आंध्रप्रदेश में हुई है, लेकिन इसके परिणामस्वरूप प्रागैतिहासिक मानव अस्थिपंजरों का कोई महत्वपूर्ण प्रमाण उपलब्ध नहीं है केवल गुजरात की एक खुदाई में नीग्रोयड प्रकार के प्राचीन मानव का एक अवशेष मिला है। सिंधुघाटी सभ्यता और नर्मदा की घाटी में जो खुदाइयां हुई हैं, उनसे भी हमें ऐसे स्पष्ट प्रमाण नहीं मिलते, जिन पर हम कह सकें कि इन क्षेत्रों में रहने वाले लोगों की तत्वों की संरचना अमुक प्रकार की थी। सिंधु और पंजाब को ऐसे लोगों का निवास स्थल समझा जाता रहा है। कुछ प्रागैतिहासिकारों का कहना है कि नर्मदा की घाटी में पूर्व पाषाणकाल की प्रजातियां रहती थीं।

हमारे देश की प्रजातीय स्थिति के विश्लेषण के लिए यह आवश्यक है कि हम प्रजातीय क्षेत्र में होने वाले अनुसंधानों का कुछ विवरण दें। सबसे पहले मैनर्स (Meiners) थे, जिन्होंने भारत में मनुष्य के दो प्रकार बताए थे—इंडिड (Indid) और मेलानिड (Melanid)। मैनर्स के बाद रिटर (Ritter) ने भारत में पाए जाने वाले जनसमूहों का दैहिक प्रकार (Somatic Type) प्रस्तुत किया। दक्षिणी–पूर्वी भारत में तीन प्रजाति समूह पाए जाते हैं—इंडिड, मेलानिड और वेड्डो। ये समूह रूप से श्रीलंका के निवासी थे। इंडिड समूह आर्य प्रजाति का ही एक समूह है। मेलानिड समूह का विवेचन हीरोडोटस ने द्रविड़ों की तरह किया है। इन्हें जंगलों में रहने वाला बताया गया है। ई. 1867 में लासेन (Lassen) ने बताया कि भारत में मुख्य रूप से दो प्रजातीय समूह रहते हैं। इन दो समूहों में इन्होंने आर्य और निषाद को सम्मिलित किया है। अपने विवेचन में लासेन ने आर्य, द्रविड़, (द्रविड़ निषाद) और विंध्य समूह (विंध्य निषाद) में अंतर किया है। उनके वर्गीकरण को हम निम्न चित्र में देते हैं।

भारतीय जनसंख्या

आर्य	निषाद
द्रविड़	विंध्य

उन्नीसवीं शताब्दी में जिन विद्वानों ने भारत की प्रजातियों पर अनुसंधान कार्य किया, उनके प्रजातीय वर्गीकरण का आधार भाषा, शारीरिक लक्षण और सांस्कृतिक लक्षण थे। इस संदर्भ में यह भी कहना आवश्यक है कि हमारे देश की प्राचीन प्रजातीय स्थिति के विश्लेषण नें भाषा एक महत्वपूर्ण आधार रही है।

रिजले को भारतीय प्रजातियों के अध्ययन और विश्लेषण में अधिकृत व्यक्ति समझा जाता है। कहना यह चाहिए कि रिजले के समय से हमारे देश में प्रजातियों का विधिवत् अध्ययन प्रारंभ हुआ, लेकिन रिजले से पहले प्रजातियों पर फुटकर रूप से कार्य अवश्य होने लग गया था। इस युग में फाउलर (Fowler) का कहना था कि प्रजातीय वर्गीकरण में शारीरिक लक्षण बहुत महत्वपूर्ण है। उनका तो मत था कि प्रजाति की सही परीक्षा शारीरिक लक्षणों से ही होती है। इसका प्रमाण हमें धार्मिक

ग्रंथों में भी मिलता है। भागवत पुराण में निषादों का उल्लेख है। इनके लक्षण को स्पष्ट करते हुए कहा गया है कि ये कौए की तरह काले होते हैं, इनका कद छोटा होता है और ठुड्डी की हड्डी ऊंची होती है। इनकी नाक झुकी हुई, आंखें लाल और बाल ताम्र रंग के होते हैं। इस प्रकार प्राचीनकाल में भी जनसमूहों को विभाजित करने के लिए शारीरिक लक्षणों का प्रयोग होता था।

पूर्व रिजले युग में टोपीनार्ड (Topinard) ने भारतीय महाद्वीप की जनसंख्या को तीन स्तरों में बांटा—काले, मंगोलियन और आर्य। काले स्तर के लोगों के अवशेष आज भारत के मध्य भाग में मिलते हैं और इन्हें भील, महार, गौंड और वेड्डो के नाम से जाना जाता है। इनके पूर्वजों के शारीरिक लक्षण आज भी इनमें विद्यमान हैं। उदाहरण के लिए उनका रंग काला होता है और कद छोटा। मंगोलियन स्तर के लोगों को द्रविड़ या तमिल जनजातियों में देखा जाता है। टोपीनार्ड का तीसरा स्तर आर्यों का है जो हिन्दुओं में मिलता है।

रिजले से पहले के कई नृजातीय वैज्ञानिकों का यह निष्कर्ष था कि भारत में द्रविड़ प्रजाति के जो समूह पाए जाते हैं, उनका ऑस्ट्रेलिया की जनजातियों से निकट संबंध है। द्रविड़ और ऑस्ट्रेलिया की इन जनजातियों की त्वचा का रंग काला होता है, आंखें गहरी होती हैं, बाल काले होते हैं और इनकी बनावट सीधी, लहरदार या घुंघराली होती है, लेकिन दोनों में से किसी के भी बाल ऊनी नहीं होते। कद को लेकर थोड़ा बहुत अंतर अवश्य है। एक और अंतर यह है कि ऑस्ट्रेलिया की जनजातियों का सिर द्रविड़ों से अधिक भारी होता है। दोनों प्रजातीय समूहों के जबड़ों की तुलना करने से यह प्रतीत होता है कि इन दोनों में कोई निकटता नहीं है।

रिजले के प्रजाति क्षेत्र में आने से पहले जो कुछ अनुसंधान कार्य हुआ, उसके दो लक्षण हैं—पहला तो यह कि इन लेखकों ने अपने अध्ययन का आधार शारीरिक लक्षणों को बनाया, दूसरा यह कि तत्कालीन भारत की जनसंख्या को उन्होंने अनिवार्य रूप से द्रविड़ और आर्यों में बांटा। शायद उनके वर्गीकरण का तीसरा स्तर जनजातियों का था, लेकिन इस युग के अनुसंधान में विधि–संबंधी परिमार्जन नहीं था।

रिजले युग (Risley Era)

रिजले ने सबसे पहली बार बंगाल का मानवजातीय सर्वेक्षण प्रस्तुत किया। इस सर्वेक्षण का आधार मानवमिति (Anthropometry) थी। रिजले को हम प्रजातीय क्षेत्र में युग–प्रवर्तक इसलिए स्वीकार करते हैं कि उन्होंने सर्वप्रथम प्रजाति विश्लेषण में मानवमिति की उन विधियों को अपनाया, जो उन दिनों केवल यूरोप में प्रचलित थीं। इस विधि द्वारा जो आधार सामग्री उन्हें प्राप्त हुई, उस पर उन्होंने भारतीय जनसंख्या को सात वर्गों में बांटा। द्रविड़, मंगोलियन, मंगोल द्रविड़, आर्य द्रविड़, सीथियन द्रविड़, इंडो आर्य और टर्की ईरानी। इन सात प्रकारों को यदि बहुत ही सुस्पष्ट वर्गों में रखा जाए, तो ऐसे तीन वर्ग बनते हैं—आर्य, मंगोल और द्रविड़। वास्तव में भारतीय प्रजातियों को तीन वर्गों में बांटने का यह कार्य विलियम फाउलर ने पहले ही पूरा कर

लिया गया था। इस वर्गीकरण को फ्रांस के टोपीनार्ड और इंग्लैंड के हेडन (Haddon) ने भी स्वीकार किया।

रिजले के वर्गीकरण के बाद अन्य कई मानव–वैज्ञानिकों ने मानवमिति विधि द्वारा इन स्तरों में अनुसंधान कार्य किया है। रिजले के वर्गीकरण में संशोधन करने का श्रेय थर्स्टन (Thurston), होलैण्ड (Holland), गुहा (Guha), सिप्रियानी (Cipriani), बिस्वास (Biswas) और अयप्पन (Aiyappan) आदि को है। सामान्यतया इन सभी मानव–वैज्ञानिकों ने अपर्याप्त निदर्शन में अपने निष्कर्ष निकाले हैं और इसलिए इनकी उपलब्धियों को विश्वसनीय नहीं कहा जा सकता। इन निष्कर्षों की आलोचना करते हुए महालनोबिस (P.C. Mahalanobis) लिखते हैं—"ऐसी आधार–सामग्री पर जो बहुत थोड़े व्यक्तियों का प्रतिनिधित्व करती है, सामान्य निष्कर्ष निकालना कितना असुरक्षित है?"

1901 ई. की जनगणना में सबसे प्रथम बार भारत में प्रजातियों की संरचना के लिए एक व्यवस्थित रूपरेखा बनाई गई। जनगणना की नीति में निश्चित किया गया कि भारत की प्रजातीय स्थिति का विवेचन व्यवस्थित रूप से किया जाएगा। जनगणना की इस रीति–नीति के अनुसार यह बहुत आवश्यक हो गया कि भारतीय प्रजातियों के संबंध में वैज्ञानिक और अधिकृत जानकारी प्रकाशित करें। रिजले के कार्य को हटन (Hutton) ने आगे बढ़ाया। हटन को लगा कि रिजले के बहुत से निष्कर्ष दोषपूर्ण थे।

1931 ई की जनगणना में बहुत महत्वपूर्ण कार्य हुए। हटन ने गुहा, एनथोवेन (Enthoven) आदि की मानवमिति पर आधारित सामग्री का सुंदर विश्लेषण प्रस्तुत किया। प्रजातियों के वर्गीकरण में यह कहा जाता है कि गुहा द्वारा एकत्रित मानवमिति सर्वेक्षण रिजले के निष्कर्षों को संशोधित करने के लिए उपयोगी सिद्ध हुआ।

हमने पिछले विवरण में देखा है कि भारतीय प्रजातियों के अध्ययन क्षेत्र में जो कुछ अनुसंधान कार्य हुआ है, वह अधिक पुराना नहीं है। इस अध्ययन का जनक रिजले को माना जा सकता है। रिजले की अध्ययन विधि और उनके निष्कर्ष अभाव रहित हों ऐसा नहीं है, लेकिन तत्कालीन परिस्थितियों को देखकर रिजले ने वैज्ञानिक विधि के प्रयोग का जो प्रयास किया, इसके लिए हम उन्हें भारतीय प्रजातियों के वैज्ञानिक अध्ययन का संस्थापक ही समझते हैं। रिजले के इस कार्य को हेडन, हटन और गुहा ने आगे बढ़ाया। आज भारत में प्रजातियों की जो स्थिति है, उससे संबंधित ज्ञान का हमारा बहुत बड़ा आधार ये सब पूर्ववर्ती लेखक हैं।

भारतीय प्रजातियों का वर्गीकरण (Classification of Indian Races)

भारतीय प्रजातियों को लेकर वर्गीकरण के जो भी प्रकार उपलब्ध हैं, उनमें मुख्यतया रिजले, हेडन, हटन और गुहा के वर्गीकरण महत्वपूर्ण हैं। इन लेखकों के अतिरिक्त अन्य विद्वानों ने भी कार्य किया है, लेकिन भारतीय प्रजातीय स्थिति को समझने में इन चार मानवशास्त्रियों का वर्गीकरण अधिक सहायक है।

रिजले का प्रजातीय वर्गीकरण (Risley's Classification of Races)

रिजले ने भारत के विभिन्न समूहों का मानवमिति विधि द्वारा अध्ययन करके पाया कि हमारे यहां सात प्रकार के प्रजातीय समूह हैं—

1. **द्रविड़ (Dravid)**—द्रविड़ प्रजाति के लोग भारत के दक्षिण में पाए जाते हैं। इनका निवास स्थान तमिलनाडु, हैदराबाद, दक्षिणी मध्यप्रदेश और छोटा नागपुर हैं। दक्षिण भारत की पनियन और छोटा नागपुर की संथाल जनजातियों में द्रविड़ प्रजाति के लक्षण पाए जाते हैं। इस प्रजाति के सदस्यों की त्वचा का रंग काला, आंखें काली और कद नाटा होता है। बालों की बनावट घुंघराली होती है। इनका सिर लंबा होता है तथा ये लंबी खोपड़ी वाले होते हैं। इनकी नाक भी चौड़ी होती है।
2. **इंडो-आर्यन (Indo-Aryan)**—इस प्रजाति के सदस्य इंडो–आर्यन भाषा परिवारों को बोलते हैं तथा इनका निवास उत्तर भारत में पूर्वी पंजाब, राजस्थान तथा कश्मीर है। इन क्षेत्रों में रहने वाले खत्री और जाट इस प्रजाति के हैं। इनका शरीर लंबा, सिर लंबा और नाक नुकीली होती है। ये भी लंबी खोपड़ी वाले होते हैं। इनकी आंखों का रंग काला और त्वचा का रंग गोरा होता है।
3. **मंगोलियन (Mongolian)**—कई बार इस प्रजाति को भारत में किरात नाम से भी जाना जाता है। प्रायः हिमालय की तराई के क्षेत्रों में ये समूह निवास करते हैं। नेपाल, असम तथा बर्मा में इन समूहों के सदस्यों की अधिकता है। विभिन्न क्षेत्रों में इन समूहों को अलग–अलग नाम से जाना जाता है, लेकिन ये सब अपने मूल में मंगोल प्रजाति के हैं। इनका सिर चौड़ा होता है और नाक छोटी। इनका चेहरा चपटा होता है और आंख पर उभार होता है। इससे ऐसा लगता है मानो उनकी आंखें ढकी हुई हैं। इनके शरीर पर बालों की न्यूनता होती है और इनका कद नाटा होता है।
4. **इंडो-द्रविड़ (Indo-Dravid)**—इस समूह के सदस्य राजस्थान, बिहार और उत्तरप्रदेश में पाए जाते हैं। इनकी उत्पत्ति इंडो–आर्य तथा द्रविड़ प्रजातियों के मिश्रण से मानी गई है। सामान्यतया इस प्रजाति समूह के सदस्य भूरे तथा काले के बीच के रंग के होते हैं। इनकी नाक चपटी होती है। यद्यपि कहीं–कहीं चौड़ी नाक के लोग भी पाए जाते हैं।
5. **मंगोल-द्रविड़ (Mongol-Dravidian)**—यह प्रजाति बंगाल तथा उड़ीसा में पाई जाती है। इसके लक्षण बंगाली ब्राह्मण, बंगाली कायस्थ और बंगाली मुसलमानों में मिलते हैं। इस प्रजाति के सदस्य गुजरात में भी पाए जाते हैं। इनकी त्वचा का रंग काला होता है और चेहरे पर बालों की अधिकता होती है। इनका सिर गोल और चौड़ा तथा नाक मध्यम होती है। इनका कद भी मध्यम ही होता है।
6. **सीथियन-द्रविड़ (Scytho-Dravidian)**—इस प्रजाति के सदस्य जैसा कि इनके नाम से ही स्पष्ट है, सीथियन तथा द्रविड़ के सम्मिश्रण हैं। इनका निवास

मध्यप्रदेश, सौराष्ट्र और कूर्ग के पहाड़ी इलाकों में है। इनकी नाक छोटी होती है, कद मध्यम और रंग गोरा होता है। इनके सिर पर बाल बहुत थोड़े होते हैं।

7. **टर्की-ईरानी (Turo-Iranian)**—इस प्रजाति के लोग बलूचिस्तान तथा पाकिस्तान के सीमा प्रांत में पाए जाते हैं। इनका कद लंबा और रंग गोरा तथा आंखों का रंग काला होता है। यद्यपि कहीं–कहीं भूरी आंखें भी देखने को मिलती हैं। इनकी नाक लंबी और चेहरे पर बाल अधिक होते हैं।

हेडन का वर्गीकरण (Haddon's Classification)

हेडन (Haddon) ने रिजले के वर्गीकरण को अधिक संशोधित और सुस्पष्ट किया है। हेडन का प्रजातीय वर्गीकरण इस प्रकार है।

1. **पूर्व-द्रविड़ (Pre-Dravidian)**—यह वह प्रजाति है जो भारत में द्रविड़ों के आने से पहले ही निवास करती थी। इस समूह के लक्षण ऑस्ट्रेलिया की जनजातियों से मिलते हैं। अतः द्रविड़ से भी पहले यह समूह भारत में आया।
2. **द्रविड़ (Dravid)**—पूर्व द्रविड़ के बाद इस समूह ने भारत में प्रवेश किया। प्रारंभ में ये पश्चिमी बंगाल की घाटी में जा बसे और बाद में छोटा नागपुर तक पहुंच गए।
3. **इंडो-आर्य (Indo-Aryan)**—आर्य प्रजाति के लोग द्रविड़ों के बाद भारत में आए। सबसे पहले ये पंजाब में बसे।
4. **इंडो-एल्पाइन (Indo-Alpine)**—ये चौड़े सिर के लोग थे और इनका संबंध काकेशियन प्रजाति से है। यह समूह मंगोलों से पहले भारत में आकर बसा।
5. **मंगोल (Mongol)**—ये लोग इंडो–एल्पाइन के बाद इस देश में आए।

हेडन ने भारतीय प्रजातीय वर्गीकरण में शारीरिक लक्षणों पर अधिक बल देने की अपेक्षा प्रजातीय इतिहास पर अधिक जोर दिया है। उन्होंने बताया कि भारत में किस प्रकार एक के बाद एक प्रजातियां आईं। उनके इस ऐतिहासिक दबाव ने शारीरिक लक्षणों के महत्व को कम कर दिया।

हटन का वर्गीकरण (Hutton's Classification)

हटन तथा गुहा का वर्गीकरण थोड़े बहुत अंतर के साथ रिजले और हेडन से संबंधित है। अतः हम यहां हटन और गुहा के वर्गीकरण को केवल मुख्य बिंदुओं में देंगे।

हटन (Hutton)

1. नीग्रिटो (Negrito)
2. प्रोटो–ऑस्ट्रेलॉयड (Proto-Australoid)
3. भूमध्यसागरीय (Mediterranean)
   (क) पूर्व–भूमध्यसागरीय (East-Mediterranean)
   (ख) भूमध्यसागरीय (Mediterranean)

4. आल्पाइन प्रजाति आर्मीनॉयड शाखा (Armenoid branch of Alpine)
5. मंगोलॉयड (Mongoloid)
6. इंडो–आर्यन (Indo-Aryan)

गुहा का वर्गीकरण (Guha's Classification)

1. नीग्रिटो (Negrito)
2. प्रोटो–ऑस्ट्रेलॉयड (Proto-Australoid)
3. मंगोलॉयड (Mongoloid)
   (i) प्राचीन मंगोलॉयड (Palaeo-Mongoloid)
      (क) लंबे सिर वाले (Long Headed)
      (ख) चौड़े सिर वाले (Broad Headed)
   (ii) तिब्बती मंगोलॉयड (Tibeto-Mongoloid)
4. भूमध्यसागरीय (Mediterranean)
   (i) प्राचीन भूमध्यसागरीय (Palaeo-Mediterranean)
   (ii) भूमध्यसागरीय (Mediterranean)
   (iii) पूर्वी–प्रारूप (Oriental Type)
5. पश्चिमी–चौड़े सिर वाले (Western-Broad Headed)
   (i) आल्पानॉयड (Alpinoid)
   (ii) डिनारिक (Dinaric)
   (iii) आर्मीनॉयड (Armenoid)
6. नार्डिक (Nordic)

उपसंहार (Conclusion)

इतिहासकार भारत को एक गलनपात्र (Melting Pot) कहते रहे हैं। इससे उनका तात्पर्य यह है कि भारत में इतिहास के विभिन्न कालों में यूरोप और एशिया से कई प्रजातियां आईं। कालांतर में ये प्रजातियां स्थाई रूप से यहां रह गई। स्थानीय लोगों के साथ इन प्रजातीय समूहों ने विवाह संबंध भी स्थापित किए और इस प्रकार वे इस देश के अंग बन गए। प्रजातियों के इस सम्मिश्रण के परिणामस्वरूप ऐसी स्थिति उत्पन्न हो गई है कि हम किसी भी प्रजाति–समूह को उसके शुद्ध रूप में नहीं पाते। शायद यही कारण है कि मानव–वैज्ञानिकों ने भारतीय स्थिति को ऐतिहासिक संदर्भ में अधिक देखा है।

रिजले ने मंगोल–प्रजाति को अत्यधिक महत्व दिया है। मजूमदार, रेसेज एण्ड कल्चर्स आ़फ इंडिया' में रिजले के मंगोल–प्रजाति संबंधी निष्कर्ष को स्वीकार नहीं करते। हटन और गुहा के अनुसार भारत में सर्वप्रथम आने वाली प्रजाति नीग्रिटो है। मजूमदार इस निष्कर्ष से भी सहमत नहीं हैं। मजूमदार ने अपने अध्ययन में मानवमिति विधि को अपनाया है। उनके अनुसार भारत में सर्वप्रथम प्रोटो ऑस्ट्रेलॉयड प्रजाति ने प्रवेश किया। अपने इस कथन के प्रमाण में मजूमदार मोहनजोदड़ों की खुदाई में मिले

अस्थिपंजरों का उल्लेख करते हैं। इस खोज के अनुसार भारत में सर्वप्रथम निवास करने वाले प्रोटो ऑस्ट्रेलॉयड थे, न कि नीग्रिटो। उनका दूसरा प्रमाण रक्त–समूह है। नीग्रिटो में 'बी' रक्त–समूह की प्रधानता होती है जबकि भारत की सभी प्रजातियों में 'बी' रक्त–समूह की प्रधानता नहीं है। दूसरी ओर भारत के आंतरिक क्षेत्रों में रहने वाली प्रजातियों में 'ए' रक्त समूहों की प्रधानता होती है और इसी रक्त–समूह की प्रधानता प्रोटो ऑस्ट्रेलॉयड में भी पाई जाती है। अतः प्रोटो ऑस्ट्रेलॉयड प्रजाति से ही अन्य प्रजातियों की उत्पत्ति हुई है, नीग्रिटो से नहीं।

प्रोटो ऑस्ट्रेलॉयड के बाद द्रविड़ प्रजाति का महत्व है। इसके बाद मंगोल और नार्डिक प्रजातियां आईं। आज भारत में बहुत बड़ी जनसंख्या आर्य और द्रविड़ प्रजातियों के सदस्यों की है। इन बहुसंख्यक प्रजातियों में सम्मिश्रण हो गया है। हमारे यहां प्रजातियों की विभिन्नता को लेकर यूरोप या अमेरिका जैसी संघर्ष की स्थिति नहीं है। सामाजिक संबंधों का आधार, हमारे यहां प्रजातीय न होकर जातीय है।

8

प्रजातिवाद

(Racism)

पिछले अध्याय में हमने प्रजाति की वैज्ञानिक अवधारणा का विवेचन किया है। प्रजाति के किसी भी विवेचन में हमें मिली–जुली चार समस्याओं पर अवश्य विचार करना पड़ेगा। यह इसलिए कि इन समस्याओं को लेकर कई भ्रांतियां हैं। इनमें प्रथम यह है कि विभिन्न मानव–समूहों में आनुवंशिक या वंशानुसंक्रमण के आधार पर शारीरिक अंतर देखने को मिलते हैं। ये अंतर विभिन्न प्रजातियों के अंतर को बनाते हैं। द्वितीय, इन शारीरिक अंतरों को लेकर विभिन्न सांस्कृतिक जन–समूह प्रजातियों के संबंध में अपना–अपना मूल्यांकन करते हैं। तृतीय, ऐसे सिद्धांत हैं जो प्रजातीय लक्षणों पर निर्धारित समूह और कोटियों का संबंध सामाजिक संरचना के साथ जोड़ते हैं। चतुर्थ, कुछ सामाजिक संगठन और तत्व ऐसे हैं, जिन्होंने प्रजाति की अवधारणा में प्रवेश पा लिया है। प्रथम दो समस्याओं का संबंध मानव–वैज्ञानिकों का क्षेत्र है। दूसरी दो समस्याएं जनता द्वारा बनाए गए प्रजाति के प्रकार हैं। सामाजिक मानव–वैज्ञानिक होने के नाते हमारा निकट संबंध अंतिम दो प्रश्नों से है। दूसरे शब्दों में हम यह जानना चाहेंगे कि प्रजाति की अवधारणा जो वस्तुतः शारीरिक तत्वों से संबंधित है, सामाजिक लक्षणों के साथ किस प्रकार जुड़ गई है।

यह प्रश्न कि एक प्रजाति दूसरी प्रजाति से ऊंची या नीची है, अपने आप में जटिल है। यह ठीक है कि कद की दृष्टि से काकेशियन नीग्रोयड से लंबा होता है। यह भी सही है कि रंग की दृष्टि से मंगोलॉयड पीला होता है, और ऑस्ट्रेलॉयड काला, लेकिन प्रजातियों की उच्चता से हमारा तात्पर्य कद, रंग या शारीरिक लक्षणों की उच्चता से नहीं है। वास्तव में प्रजातियों की तथाकथित उच्चता एक प्रकार्यात्मक अवधारणा है। प्रश्न उठते हैं—क्या केवल कुछ प्रजातियां ही ऊंची सांस्कृतिक उपलब्धियों के लिए सक्षम हैं? क्या केवल कुछ प्रजातियां ही स्वाभाविक रूप से अधिक बुद्धिमान हैं? क्या उनमें प्रकृति से ही नेतृत्व करने की अधिक क्षमता है? ये सब प्रश्न गंभीरता लिए हुए हैं और इनका हम प्रजातिवाद के विश्लेषण में उल्लेख करेंगे।

प्रजाति को लेकर आनुवंशिक और शारीरिक अंतरों का विवेचन जनन–शास्त्र करता है। समस्या का यह पहलू बहुत स्पष्ट है। आनुवंशिकी यह बताती है कि शारीरिक लक्षण एक पीढ़ी से दूसरी पीढ़ी को जाते हैं और इस प्रकार समूह के लक्षण बने रहते हैं। सामाजिक और सांस्कृतिक तत्वों को लेकर स्थिति दूसरी है। वे समूह या कोटियां जिन्हें हम प्रजातियां कहते हैं, वास्तव में सामाजिक तथ्य हैं। इन सामाजिक तथ्यों के विषय में आनुवंशिकी और शारीरिक मानव–विज्ञान के कुछ भी विचार हों, लेकिन ये तथ्य हमारे दिन–प्रतिदिन के कार्यों को प्रभावित करते हैं और इसलिए हमारे लिए महत्वपूर्ण हैं। प्रजाति का सामाजिक–सांस्कृतिक पहलू है। इसका अध्ययन सामाजिक मानव–विज्ञान और इतिहास की विधियों द्वारा किया जाता है। जिस प्रकार अमेरिका में रिपब्लिकन और डेमोक्रेट रहते हैं या यहूदी और ईसाई रहते हैं, ठीक इसी प्रकार गोरे और काले रहते हैं। वस्तुतः प्रजातियां आनुवंशिक समूह होते हुए भी सामाजिक कोटियां (Social Categories) हैं जो मनुष्य के व्यवहार को प्रभावित करती हैं।

यदि विश्लेषणात्मक रूप से देखा जाए तो कहना पड़ेगा कि प्रजाति का अध्ययन करते हुए भी समाजशास्त्री और आनुवंशिकी वैज्ञानिक एक ही वस्तु का अध्ययन नहीं कर रहे हैं। समाजशास्त्री प्रजाति के अध्ययन में ऐसे सांस्कृतिक रूप से परिभाषित समूह और कोटियों का अध्ययन करते हैं जिनमें अन्तःक्रिया होती है, जिनकी अन्तःक्रिया के परिणामस्वरूप सामाजिक संरचनाएं बनाती हैं। आनुवंशिकी वाहकाणुओं (Genes) और गुणसूत्रों (Chromosomes) की अन्तःक्रियाओं और उनके परिणामस्वरूप बनने वाले अवयवों का अध्ययन करती है।

निष्कर्ष यह है कि सामाजिक मानव–वैज्ञानिकों का प्रजाति के अध्ययन में संदर्श सामाजिक संरचना होने वाले समूहों की अन्तःक्रिया का संदर्श है। आनुवंशिकी वैज्ञानिकों का संदर्श शारीरिक अवयव या जीवधारी में वाहकाणुओं और गुणसूत्रों की अन्तःक्रिया है। अब इन दोनों को हम एक–दूसरे से कैसे मिलाते हैं? इस प्रघटना का अध्ययन मानव–वैज्ञानिक और सामाजिक मानव–वैज्ञानिक करते आ रहे हैं, लेकिन तर्क और अभिव्यक्ति में स्पष्टता के अभाव के कारण दोनों ही किसी निष्कर्ष पर नहीं पहुंच पाए। इस संबंध में बेनेडिक्ट (Benedict) का उल्लेख अनिवार्य है। बेनेडिक्ट ने शारीरिक मानव–विज्ञान के अध्ययन को आनुवंशिकी अध्ययन बताकर इसका अंतर प्रजातिवाद से किया जो कि प्रजातियों को सामाजिक समूह के रूप में देखता है। लेखिका की भाषा में प्रजातिवाद एक पूर्वाग्रह है, जिसके अनुसार एक प्रजाति दूसरी से अधिक ऊंची है। बेनेडिक्ट का कहना है कि प्रजातिवाद का अध्ययन केवल ऐतिहासिक विधि द्वारा ही हो सकता है और इस इतिहास में अर्वाचीन इतिहास भी सम्मिलित है।

बेनेडिक्ट बड़े विश्वास के साथ आगे कहती हैं कि हमें प्रजातिवाद का अध्ययन ठीक इस तरह करना चाहिए जैसे हम धर्म का करते हैं। धर्म के अध्ययन में तर्क का स्थान नहीं है। यहां विज्ञान का मुहावरा मौन हो जाता है। धर्म विश्वास पर आधारित है। ठीक इसी तरह प्रजातिवाद का विश्लेषण विज्ञान की सीमा से बाहर है। इसमें तर्क

थक जाता है और युक्तायुक्त के पांव लड़खड़ा जाते हैं। ऐसा करने में प्रजातिवाद अपनी उपयोगिता को ध्यान में रखकर मनमाने ढंग से तथ्यों का प्रयोग करता है। कभी–कभी ऐसा भी लगता है कि प्रजातिवाद को तथ्यों से कोई मतलब नहीं। बेनेडिक्ट की तरह रोस (Ross) का भी कहना है कि प्रजातिवाद का प्रयोग एक थोथा पूर्वाग्रह है जो इस प्रस्ताव में विश्वास करता है कि एक समूह ऊंचा है और दूसरा नीचा। जान स्टुअर्ट मिल (John Stuart Mill) का तो कहना है कि प्रजातिवाद एक ऐसी बेहूदी विचारधारा है जो मनुष्य के सामाजिक व्यवहार के अंतर को उनके स्वाभाविक प्राकृतिक अंतरों में देखती है।

प्रजातिवाद के अनुसार एक प्रजाति अपने आप को दूसरी प्रजातियों से ऊंची समझती है। प्रजातिवाद के मूल में उच्चता (Superiority) की भावना निहित है। प्रजातिवाद के कारण आज यूरोप और अमेरिका में जन–जीवन अस्त–व्यस्त हो गया है। गोरी प्रजाति के लोग समझते हैं कि जन्म से ही काली प्रजातियों को पृथक बस्तियों में रहना पड़ता है, उनके स्कूल अलग हैं, उनके गिरजाघर अलग हैं, खेल के मैदान अलग हैं, कहना चाहिए कि जन–जीवन में उनका सब कुछ अलग है। गोरे लोग सरकारी और गैर–सरकारी संस्थाओं में ऊंचा स्थान प्राप्त करते हैं और काले लोगों की स्थिति मजदूर पेशा लोगों की स्थिति हो जाती है। वास्तविकता यह है कि गोरे और काले एक ही समाज के सदस्य होकर भी एक ही भाग्य से बंधे रहकर भी, एक–दूसरे से विमुख हैं। जीवन के प्रत्येक क्षेत्र में यह विमुखता अपनी चरम सीमा तक पहुंच गई है। रंग–भेद से उत्पन्न आक्रोश के कारण इन देशों में कभी–कभी प्रजातीय दंगे हो जाते हैं। विश्वविद्यालय में रंग–भेद के कारण गोलियां चलती हैं और इसी रंग–भेद की नीति ने अमेरिका के नीग्रो नेता मार्टिन लूथर किंग की हत्या कर दी। प्रजातिवाद से उत्पन्न स्थिति भयावह है।

मानव–वैज्ञानिक प्रजातियों का अध्ययन वाहकाणुओं और गुणसूत्रों की अंतःक्रिया के रूप में करते हैं। सामाजिक मानव–वैज्ञानिक प्रजातियों का अर्थ अंतःक्रियाओं के संदर्भ में लेते हैं। जैकोब्ज और स्टर्न (Jacobs and Stern) का कहना है कि प्रजाति संबंधी पूर्व धारणा का आधार झूठी तथ्य सामग्री है। इसके द्वारा यह प्रयास किया जाता है कि कुछ प्रजातियां जन्म से ही महान हैं और कुछ निम्न हैं। विश्लेषण में ये लेखक लिखते हैं— "मानव–विज्ञान की खोजों के विपरीत प्रजातिवाद यह मानता है कि प्रत्येक मानव समूह की अपनी निजी शारीरिक, मानसिक तथा स्वभाव–संबंधी कुछ आनुवंशिक विशेषताएं होती हैं, जो सापेक्षिक रूप से सामाजिक, शिक्षा–संबंधी या अन्य पर्यावरण–संबंधी प्रभावों से अप्रभावित रहती हैं। उत्तम और अधम प्रजातियां जन्मजात होती हैं और आनुवंशिक कारक ही मनुष्य के सांस्कृतिक जीवन के प्रत्येक लक्ष्य को निश्चित करते हैं। इन अवैज्ञानिक धारणाओं को बिना समझे–बूझे स्वीकार करने की अभिव्यक्ति के कारण अनेक अशिष्ट, विभेदकारी तथा विवेकहीन व्यवहार होते हैं।" वास्तव में प्रजातिवाद की भावना के मूल में श्रेष्ठता की भावना है। एक प्रजाति अपने आप को शारीरिक, मनोवैज्ञानिक, ऐतिहासिक, सामाजिक और सांस्कृतिक रूप से जब ऊंचा या श्रेष्ठ समझने लगती है, तो यह प्रजातिवाद का रूप धारण करती है।

हर्सकोविट्ज (Herskovits) का कहना है कि प्रजातिवाद में उल्टी गंगा बह रही है। वास्तविकता यह है कि आनुवंशिक लक्षण संस्कृति को निर्धारित करने की अपेक्षा एक सीमा तक सांस्कृतिक तत्व शरीर–संरचना को प्रभावित करते हैं। वे लिखते हैं—"प्रजाति को लेकर वैज्ञानिक सत्य तो यह है कि संस्कृति शारीरिक प्रकार को अधिक प्रभावित करती है। बनिस्पत इसके कि शारीरिक प्रकार संस्कृति को प्रभावित करें।" जहां तक इसके निश्चयवाद का प्रश्न है, यह बहुत स्पष्ट होना चाहिए कि प्रजाति मनुष्य के सामाजिक और सांस्कृतिक लक्षणों को निश्चित नहीं करती। इसके ठीक विपरीत जब यह माना जाता है कि आनुवंशिक लक्षण संस्कृति और सामाजिक व्यवहार को निश्चित करते हैं, तो यह प्रजातिवाद है। हर्सकोविट्ज प्रजातिवाद के इस विश्लेषण के बारे में लिखते हैं—"प्रजातीय निश्चयवाद एक ऐसी स्थिति है जिसमें शारीरिक प्रकार संस्कृति को निश्चित करते हैं और यह स्थिति बड़े आराम से राजनीति के क्षेत्र में अपना ली जाती है। यहां इसे प्रजातिवाद कहते हैं। प्रजातिवाद की चरम पराकाष्ठा प्रजातीय सिद्धांत (Racial Doctrine) में देखने को मिलती है।"

प्रजातिवाद के मुख्य तत्वों को निम्न रूप से रखा जा सकता है—

1. प्रजातिवाद प्रजाति की वैज्ञानिक अवधारणा का विकृत रूप है।
2. प्रजातिवाद की विधि ऐतिहासिक है।
3. प्रजातिवाद जिस आधार–सामग्री का प्रयोग करता है, वह प्रायः बेबुनियाद है।
4. प्रजातिवाद का कहना है कि कुछ जातियां जन्म से ही श्रेष्ठ हैं और कुछ अधम। दूसरे शब्दों में बुद्धि, विचारधारा, सभ्यता, संस्कृति आदि मनुष्य जन्म से ही लेकर आता है। श्रेष्ठ प्रजातियों में ये लक्षण अपनी उन्नत व्यवस्था में होते हैं।
5. यद्यपि वैज्ञानिक रूप से प्रजातिवाद जैसी कोई बात नहीं है, लेकिन व्यावहारिक रूप में प्रजातिवाद बराबर देखने को मिलता है, यह एक सामाजिक तथ्य (Social Fact) है। इसलिए सामाजिक मानव–विज्ञान को इसका अध्ययन अनिवार्य रूप से करना चाहिए।

प्रजातिवाद की सामान्य व्याख्या करने के बाद अब हम इस अवधारणा के क्रमिक विकास का विवेचन करेंगे।

प्रजातिवाद के सिद्धांत का विकास
(Development of the Theory of Racism)

प्रजातिवाद की व्याख्या में बेनेडिक्ट ने एक बहुत ही रुचिकर बात कही है। उनका कहना है कि प्रत्येक प्रजाति का सदस्य ऐसा मानता है कि उसकी प्रजाति सर्वोच्च है। ऐसा लगता है कि परमात्मा ने श्रेष्ठता के लिए उसकी प्रजाति को ही पसंद किया है। अपनी इस श्रेष्ठता के नशे में वह कहता है—मैं विशिष्ट प्रजाति का हूं (I Belong to the Elite)। विशिष्ट प्रजाति में हर व्यक्ति अपने आप को रखता है और ऐसा करने में प्रत्येक व्यक्ति के अपने–अपने कारण होते हैं। श्रेष्ठता के ये कारण विभिन्न हैं—बंधुत्व राष्ट्रीयता, धर्म या राजनीति। वास्तव में यूरोप में प्रजातिवाद का जन्म सामंतवाद के

साए में हुआ। सामंत अपने आप को सामान्य जनता से श्रेष्ठ समझते थे। शायद यह श्रेष्ठता इसलिए भी थी कि उन्होंने नई दुनिया की खोज की थी। उन्होंने अफ्रीका और हिन्दुस्तान का पता लगाना था। उन दिनों जो साहित्य प्रकाशित हुआ, वह इन सामंतों का गुणगान करता है। साहित्यकार इन सामंतों के लिए चिलम भरते थे। दूसरी ओर सामंतों के लिए कमरतोड़ परिश्रम करने वाले गुलामों की स्थिति खराब थी। सामंत कारखाने के माल की खपत के लिए नए बाजार चाहते थे और माल के उत्पादन के लिए सस्ता मजदूर चाहते थे। ये गुलाम जिन्हें ये गुलाम या देशी मजदूर कहते थे, अपने सामंतों के लिए खेत और खलिहान, कारखाना और बाजार, सभी में बराबर काम करते थे। सब मिलाकर यूरोप के सामंतवादी युग में मजदूर, गुलाम और निम्न वर्ग के लोगों के साथ बहुत खराब व्यवहार किया जाता था। इस अवस्था में आकर सामंत और मजदूर में, अभिजात (Elite) और जनता में सामाजिक अंतर की खाई खुद गई। एक वर्ग जो शोषक था, शासक था अपने आप को उस वर्ग से जो शोषित था, शासित था, श्रेष्ठ समझने लगा। प्रजातिवाद के विकास की बुनियाद यहीं से है। फिर भी यूरोप में प्रजातिवाद के विकसित होने में कोई तीन सौ वर्ष लग गए। प्रारंभ में प्रजातिवाद की भावना को प्रजाति पर विकसित नहीं किया गया। इसका आधार धर्म था। वे लोग जो ईसाई थे, कहने लगे कि वे ही श्रेष्ठ हैं। उनकी इस भावना का शिकार गैर–ईसाई बने। यहूदियों को इसी धार्मिक आधार पर अधम समझा गया। बेनेडिक्ट का कहना है कि सामंती युग में स्थानीय या देशी मजदूरों में हीनता की भावना पैदा की गई। इसके पीछे जहां एक ओर सामंत अपनी संस्कृति को ऊंचा समझते थे, वहीं दूसरी ओर समय उनके अनुकूल था। उन्होंने इतिहास की कई शताब्दियों तक इन मजदूरों और गुलामों पर अपना प्रभुत्व रखा। इस काल में मिशनरियों ने इन पिछड़े हुए वर्गों में थोड़ा सेवा–कार्य किया। उन्होंने गुलामों को मुक्ति दी। परिणामस्वरूप समाज का नया स्वरूप सामने आया, जिसमें दो प्रकार के वर्ग थे। एक वर्ग प्रजातियों की जन्मजात श्रेष्ठता में विश्वास करता था और दूसरा वर्ग वह जो इस मान्यता को अस्वीकार करता था। बेनेडिक्ट ने प्रजातिवाद के विकास का बहुत रुचिकर विवरण दिया है। उनका कहना है कि सामंती युग में स्पष्टता के दो तर्ग बन गए थे—कुलीन वर्ग और जनता वर्ग। इन दोनों वर्गों के संघर्ष के परिणामस्वरूप, प्रजाति का विकास हुआ। बेनेडिक्ट लिखती हैं—"प्रजातिवाद के सिद्धांत का प्रारंभ फ्रांस में हुआ। यह सिद्धांत त्वरित रूप में बदलती हुई क्रांतिकारी स्थिति में सामंतवादी पुरानी व्यवस्था की सुरक्षा के लिए एक बचाव था।"

सामंती फ्रांस में काउंट डे बोलेनविलियर्स (Count De Boulainviliers) जो कुलीन भी थे, सामंतों के प्रवक्ता थे। इन्होंने सामंतों की श्रेष्ठता को ज्ञापित किया। कुलीन और जनता में संघर्ष बराबर बढ़ता गया और परिणामस्वरूप प्रजातिवाद की भावना अधिक सशक्त होती गई। 1791 ई. और फ्रांस की राज्य क्रांति के समय यूरोप की राजनीतिक स्थिति बदल गई थी। इस काल में आकर प्रजातिवाद ने एक कट्टर पंथ का रूप ले लिया। फिर भी 1850 ई. तक प्रजातिवाद की भावना द्रुत गति से विकसित

नहीं हो पाई। यह वही समय है जब डार्विन के जीवों की उत्पत्ति से संबंधित अनुसंधान प्रकाशित हुए। यह वही समय है जब काउंट डे गोबिनोयू (Count De Gobineau, 1853-1857) का प्रजातियों पर शास्त्रीय ग्रंथ *ऐसे आन दि इनइक्वेलिटी आफ दि ह्यूमन रेसेज* (*Essay on the Inequality of the Human Races*) प्रकाशित हुआ। गोबिनोयू ने यह स्थापित किया कि आर्य प्रजाति श्रेष्ठ है। इस समय गोबिनोयू एक राष्ट्रीय व्यक्ति की हैसियत से नहीं लिख रहे थे। वे तो गिरते हुए सामंतवाद के खंभों को सहारा देना चाहते थे। बीसवीं सदी में आकर प्रजातिवाद ने राष्ट्रवाद का रूप धारण किया। अब अंतर्राष्ट्रीय संबंधों में राजनीतिक सत्ता हथियाने में प्रजातिवाद का सहारा लिया गया। जब गोबिनोयू ने लिखा था तब उन्होंने केवल काली, पीली और श्वेत प्रजातियों की बात कही थी। उन्होंने नीग्रो प्रजाति की कोई चर्चा नहीं उठाई। वास्तव में वे तो काकेशियन प्रजाति की तीन उपजातियों का उल्लेख कर रहे थे। गोबिनोयू की प्रजातियों की शुद्धता में भी कोई रुचि नहीं थी। उन्होंने तर्क दिया कि सभी सभ्यताओं को प्रजातियों की आवश्यकता होती है और इन प्रजातियों का विवरण उन्होंने दिया, लेकिन उनका यह भी कहना था कि आर्य प्रजाति ही है। गोबिनोयू की पुस्तक डार्विन की पुस्तक से पहले प्रकाशित हुई थी लेकिन न गोबिनोयू और न डार्विन ने ही एक–दूसरे से विचारों का कोई आदान–प्रदान किया। गोबिनोयू के बाद के लेखकों ने डार्विन के प्रजाति संबंधी सिद्धांतों का लाभ उठाया।

यूरोप के इतिहास में उन्नीसवीं शताब्दी शांति और समृद्धि की शताब्दी कही जाती है। दूसरी ओर यही शताब्दी हृदयहीन और रक्त–पिपासु भी रही है। इस युग में स्पेन्सर ने राज्य की उत्पत्ति को हिंसा और युद्ध से बताया है। इसी शताब्दी में डार्विन ने बताया कि सबसे अधिक शक्तिशाली व्यक्ति ही, जीवित रहता है। उन्होंने नया वैज्ञानिक मुहावरा दिया कि जीवित रहने के लिए कुत्ता कुत्ते को खाता है। अर्थात् आगे बढ़ने के लिए आदमी आदमी की लाश पर चलता है। ये सब सैद्धांतिक विकास उन्नीसवीं शताब्दी को रक्त से लथपथ कर देते हैं। यह इसी शताब्दी में है कि प्रजातिवाद ने अपना विकराल रूप धारण किया।

प्रजाति के संबंध में आधुनिक अभिवृत्तियां (Modern Attitudes towards Race)

उन्नीसवीं शताब्दी में प्रजातिवाद के विकास के पीछे दो बहुत बड़े कारण थे—कुलीन वर्ग का सामंतवाद और धर्म। बीसवीं शताब्दी में आकर प्रजातिवाद ने राष्ट्रीयता का रूप धारण किया। अब अंतर्राष्ट्रीय संबंधों की धुरी प्रजातिवाद हो गई। अमेरिका में ऐसा नहीं हुआ, लेकिन वहां पर भी विभिन्न प्रजातियों की जो भी स्थिति थी, उसे यथावत् बनाए रखने का प्रयास था। वहां प्रजातीय श्रेष्ठता का अर्थ था उत्तरी यूरोपवासियों का मध्य तथा दक्षिणी यूरोपवासियों पर प्रभुत्व बनाए रखना। बाद में अमेरिका में प्रजातीय श्रेष्ठता ने नया मोड़ लिया और यूरोप के विभिन्न राष्ट्रों के लोगों ने जो अमेरिका में रहते थे, नीग्रो प्रजाति के ऊपर अपनी श्रेष्ठता प्रतिपादित की। नीग्रो गुलाम थे। अमेरिका में प्रजातिवाद का विकास तो गोबिनोयू तथा ह्यूस्टन के सिद्धांतों

के आधार पर हुआ। गोबिनोयू ने अपनी एक पुस्तक में लिखा था—"किसी भी राष्ट्र में नार्डिक रक्त का परिमाण उस राष्ट्र की युद्ध और सभ्यता में शक्ति नापने का अच्छा आधार है।" अमेरिका ने नार्डिक प्रजाति की श्रेष्ठता की इस भावना का राजनीतिक प्रयोग किया। इससे प्रेरित होकर उन्होंने आप्रवासी कानून बनाए। बीसवीं शताब्दी के लगभग तीसरे दशक तक कम से कम अमेरिका में नीग्रो और काकेशियन का कोई प्रजातीय संघर्ष नहीं था। बेनेडिक्ट का अध्ययन इस तथ्य को बहुत स्पष्ट करता है। उन दिनों आप्रवासी समस्या ज्वलंत नहीं थी।

उधर यूरोप में फासिस्टवाद की नई लहर बीसवीं शताब्दी में आई। फासिस्टवाद के सिद्धांत का निर्माण भी गोबिनोयू द्वारा ही हुआ। उसने इसे राष्ट्रवाद का रूप दिया। जर्मनी की नाजी सरकार ने जर्मनी के निवासियों को दुनिया की सर्वश्रेष्ठ और शासक प्रजाति घोषित किया। इस सर्वश्रेष्ठ प्रजाति से दूसरी प्रजातियों के मिश्रण को रोकने और अपनी विशुद्धता को बनाए रखने के लिए नाजी फासिस्टवाद ने कठोर नियम बनाए। अब प्रजातिवाद ने फासिस्टवाद के साथ सांठ–गांठ कर ली। नाजी सरकार ने यहूदियों के साथ जो जुल्म किए, उन्हें पढ़कर आज भी रोमांच हो उठता है। नार्डिक प्रजाति की दैवी विशेषताओं तथा उनके संसार के शेष भाग पर राज्य करने और उन्हें सभ्यता प्रदान करने के जन्मजात संबंधी अवैज्ञानिक और अर्द्ध वैज्ञानिक प्रलापों को अभी संसार भूला नहीं है। सच में देखा जाये तो प्रजातिवाद के इतिहास की यह कहानी मनुष्य के उत्पीड़न की करुण कहानी है। संसार के विभिन्न भागों में प्रजातिवाद के नाम पर मनुष्य मनुष्य में किस सीमा तक भेदभाव करता है, वह एक दयनीय कथा है। बेनेडिक्ट की पुस्तक *रेस—साइन्स एण्ड पोलिटिक्स* (*Race : Science and Politics,* 1940) प्रजातिवाद का पर्दाफाश करने में एक महत्वपूर्ण प्रकाशन है। इस संपूर्ण समस्या को वे दूसरे ही संदर्श में देखती हैं। उनका कहना है कि प्रजाति के उत्पीड़न को समझने के लिए हमें प्रजातियों पर अनुसंधान करने की आवश्यकता नहीं है। मनुष्य का मनुष्य द्वारा उत्पीड़न एक पुरानी कहानी है। यह कहानी प्रजातिवाद के आविर्भाव से पहले की है। धर्म, कुलीनता, राष्ट्रीयता, प्रजातिवाद आदि के बहाने मनुष्य मनुष्य का उत्पीड़न करता है। अतः हमें वास्तव में प्रजाति की अपेक्षा उत्पीड़न के क्षेत्र में अनुसंधान करना चाहिए।

हमने पिछले पृष्ठों में प्रजातिवाद की अवधारणा के क्रमिक विकास पर प्रकाश डाला है। उन्नीसवीं और बीसवीं शताब्दी के प्रारंभ तक प्रजातिवाद का आधार बराबर बदलता रहा है। प्रारंभ में धर्म, सामंतवाद, कुलीनवाद और राष्ट्रवाद प्रजातिवाद के आधार स्तंभ थे। वर्तमान शताब्दी के चौथे दशक में आकर प्रजातिवाद के आधार कई आयामों में बदल गए। अब भाषा, राजनीति और उच्चता दूसरे नए आयाम बने। यहां हम संक्षेप में प्रजातिवाद के कुछ आधारों का उल्लेख करेंगे।

शरीर-रचना संबंधी उच्चता (Anatomical Superiority)

जब एक प्रजाति दूसरी प्रजाति से अपने आपको ऊंचा बताती है, तो इसका एक आधार शरीर–रचना है। शरीर–रचना में उत्तम रंग, रक्त की उच्चता और कद आदि हैं। सामान्यतया त्वचा का रंग उच्चता का आधार बताया जाता है। यह कहा जाता है कि

गोरा रंग उच्च है, और काला अधम। इस प्रकार उच्चता का दूसरा आधार रक्त की शुद्धता है। काकेशियन समझता है कि उसका रक्त पवित्र है और वह नीग्रो के साथ विवाह करके अपने रक्त की शुद्धता को समाप्त नहीं करना चाहता।

शरीर–रचना को लेकर जब एक प्रजाति अपने आपको दूसरी प्रजाति से ऊंचा बताती है, तो इसमें कई आपत्तियां उपस्थित होती हैं जो वैज्ञानिक हैं। सबसे पहला प्रश्न तो यह है कि जब संसारभर की सभी प्रजातियां एक ही मेधावी मानव की संतान हैं, तो उनमें रक्त की शुद्धता का प्रश्न कहां आता है। सभी की नसों में मेधावी मानव का रक्त बहता है। इसी तरह त्वचा का रंग भी उच्चता का आधार नहीं बनता। त्वचा का काला होना शरीर का एक लक्षण है और इस लक्षण के आधार पर एक प्रजाति को दूसरी से ऊंचा या नीचा बताना अवैज्ञानिक है और फिर रंग की पसंदगी एकदम व्यक्तिगत है। एक समूह के लिए गोरा रंग अच्छा हो सकता है और दूसरे के लिए काला।

यदि हम शारीरिक लक्षणों को लेकर ही एक प्रजाति को दूसरी से ऊंचा समझते हैं, तो एक सीमा तक उपयुक्त भी है। उदाहरण के लिए यह निश्चित रूप से कहा जा सकता है कि काकेशियन बौनी प्रजाति से अधिक लंबे हैं। यह कहा जा सकता है कि काकेशियन के शरीर पर मंगोल की तुलना में अधिक बाल होते हैं। इस प्रकार के कथन से किसी को भी विरोध नहीं हो सकता। यह इसलिए कि ये लक्षण ऐसे हैं जिनको नापा जा सकता है, जिनका विश्लेषण किया जा सकता है, लेकिन यह कहना है कि लंबे कद वाला संभ्रांत होता है और ठिगने कद वाला असभ्य या जंगली, एकदम बेबुनियाद है। लंबा व्यक्ति असभ्य हो सकता है और ठिगना संभ्रांत। शारीरिक लक्षण वाहकाणुओं और गुणसूत्रों की अन्तःक्रिया द्वारा बनते हैं जबकि सामाजिक और सांस्कृतिक लक्षण समूहों में रहकर सीखे जाते हैं। ऐसी अवस्था में शारीरिक लक्षणों के साथ ऊंच–नीच का मूल्यांकन करना एकदम तर्कहीन और अवैज्ञानिक है।

मनोवैज्ञानिक उच्चता (Psychological Superiority)

प्रजातियां अपनी उच्चता मनोवैज्ञानिक आधार पर भी बताती हैं। इस संबंध में सबसे अधिक महत्वपूर्ण प्रश्न तो यह है कि क्या मानसिक प्रक्रियाएं और मनोवैज्ञानिक अभिवृत्तियां विभिन्न प्रजातियों में स्वाभाविक होती हैं? क्या उन्हें ये प्रक्रियाएं और अभिवृत्तियां जन्म से मिली हैं? इन प्रश्नों का उत्तर देने के बाद यह निर्धारित किया जा सकता है कि कौनसी प्रजातियां किन प्रजातियों से ऊंची हैं। मनोविज्ञान और मानसिक प्रक्रियाओं का संबंध मस्तिष्क के साथ है। यदि एक प्रजाति के मस्तिष्क की संरचना दूसरे से भिन्न है, तो हो सकता है कि मानसिक प्रक्रियाओं और मनोवैज्ञानिक धरातल पर प्रजातियों में अंतर हो। दुर्भाग्य से आज इस संबंध में हमारे पास आधार–सामग्री का अभाव है और ऐसी अवस्था में इस संबंध में हम विश्वास के साथ कोई चर्चा नहीं कर सकते।

कुछ प्रजातियां यह दावा करती हैं कि उनकी मानसिक योग्यता अन्य प्रजातियों से ऊंची है। इस प्रकार की बात बुद्धि–परीक्षा के मनोवैज्ञानिक परीक्षणों के आधार पर

कही जाती है, लेकिन बुद्धि–परीक्षा विधि पूर्णरूपेण विश्वसनीय नहीं है। पहला कारण तो यह है कि बुद्धि की सही व्याख्या करना बहुत कठिन है और हर व्यक्ति इसकी मनमानी परिभाषा दे देता है। एक ही व्यक्ति एक विषय में बड़ा बुद्धिमान लगता है और वही व्यक्ति दूसरे विषय में एकदम मूर्ख भी हो सकता है। दूसरा बुद्धि–परीक्षाओं में चाहे जितनी सावधानी रखी जाए, पर्यावरण संबंधी कुछ न कुछ अंतर अवश्य आ जाता है। यदि गोरी प्रजाति में बुद्धि–लब्धि (Intelligence Quotient) अधिक है और नीग्रो में कम, तो शायद इसका बड़ा कारण यह है कि नीग्रो के पास सामाजिक पर्यावरण संबंधी सुविधाओं का अभाव है। ऐसी स्थिति में बुद्धि–लब्धि या मानसिक योग्यता का संबंध प्रजाति के शारीरिक लक्षणों से जोड़ना कोई अर्थ नहीं रखता।

सांस्कृतिक उच्चता (Cultural Superiority)

मानव वैज्ञानिकों का यह मत है कि सभी प्रजातियों में, अपवाद रूप से ऑस्ट्रेलिया की जनजातियों को छोड़कर सांस्कृतिक विकास की बराबर क्षमता है। यदि एक काकेशियन मधुर गाना गा सकता है, तो नीग्रो भी ऐसे ही स्वर में तान छेड़ सकता है। सांस्कृतिक प्राप्तियों में शारीरिक लक्षणों की ओर से कोई रुकावट नहीं है। ऐसी अवस्था में यह कहना गलत है कि नीग्रो अनंत पीढ़ियों तक असभ्य रहते यदि काकेशियन उन्हें सभ्यता की देहरी पर लाकर खड़ा नहीं करते।

प्रजातियों की सांस्कृतिक उच्चता का आधार किसी भी सीमा तक वैज्ञानिक नहीं है। किसी भी प्रजाति में विभिन्न सदस्यों का सांस्कृतिक और सामाजिक व्यवहार इतना विभिन्न होता है कि ऐसे किसी अंतर के लिए प्रजाति को उत्तरदायी बनाना तर्कसंगत नहीं है। हिन्दू प्रजाति में ही एकाधिक संस्कृतियां मिल जाएंगी। ऐसी स्थिति में नृजाति और संस्कृति साथ–साथ नहीं चलते। दूसरा एक ही प्रजाति के लोग इतिहास के विभिन्न युगों में संस्कृति के भिन्न–भिन्न प्रतिमान उपस्थित करते हैं। किसी युग में चीनी सभ्यता बहुत परिष्कृत थी। आज यह इतनी आधुनिक नहीं है। जापानी सभ्यता जो किसी समय पिछड़ी हुई थी, आज एकदम औद्योगिक है। ऐसे कई दृष्टांत हमें मिलेंगे जिनसे ज्ञात होगा कि प्रजाति का संबंध संस्कृति के साथ नहीं है।

प्रजातिवाद के आधारों में हमने शरीर–संबंधी उच्चता, मनोवैज्ञानिक उच्चता और सांस्कृतिक उच्चता का विश्लेषण किया है। इस विवेचन को लेकर ऐसा लगता है कि अभी प्रजाति के अनुसंधान क्षेत्र में हमारे पास पर्याप्त अध्ययन–सामग्री का अभाव है। ऐसी अवस्था में निश्चित रूप से यह कहना कठिन है कि जन्मजात शारीरिक लक्षणों के साथ मनोवैज्ञानिक अर्थात् बुद्धि–लब्धि अंतर का कोई संबंध नहीं है। हमारी वर्तमान–अनुसंधान की जो स्थिति है, उस पर यह निश्चित रूप से कहा जा सकता है कि प्रजातीय उच्चता के जो आधार आजकल काम में लिए जाते हैं, उनकी विश्वसनीयता अभी प्रमाणित नहीं हुई है। प्रजातिवाद की समस्या के कोई भी कारण हों, आधार हों, आज ये अपने भयानक रूप में समाज के सामने हैं। इसकी भयानकता और इससे संबंधित आधुनिकतम अनुसंधानों का उल्लेख इस अध्याय के अंतिम खण्ड में हम करेंगे।

आजकल पश्चिमी देशों में एक परंपरा काम कर रही है। मनुष्यों के किसी समूह के कुछ मनमाने लक्षणों को लेकर कह दिया जाता है कि यह एक प्रजाति है। अमेरिका में 1951 ई. में ही नीग्रो के वैधानिक अधिकारों पर नियंत्रण कर दिया गया है। आज भी अमेरिका में गैर काकेशियन लोगों पर नियंत्रणात्मक कानून लगाए जाते हैं। ऐसी अवस्था में प्रजाति की अवधारणा का प्रयोग केवल इसी बात के लिए किया जाता है कि कुछ समूहों को शुद्ध या बहिष्कृत का दर्जा दिया जाए। वैज्ञानिकों के हजारों घंटों और करोड़ों शब्दों के प्रयास के बाद भी हमारे लिए यह निश्चय करना संभव नहीं है कि बुद्धि, सांस्कृतिक क्षमता और इसी प्रकार के अन्य अंतरों के लिए प्रजातीय अंतर कहां तक उत्तरदायी हैं। इससे अधिक अच्छा यह होता कि ये वैज्ञानिक अपना समय इस प्रकार व्यर्थ में खोने की अपेक्षा बहुत साफ शब्दों में कह देते कि प्रजाति की अवधारणा की वैज्ञानिक परिभाषा देना संभव नहीं है। संसार का बहुत समय और श्रम बच जाता, यदि वे इस प्रकार का कोई कथन देते। ऐसे प्रश्न कोई महत्व नहीं रखते कि 100 काकेशियन में चार महान व्यक्ति हैं और 100 नीग्रो में दो।

प्रजाति वस्तुतः लोक–अवधारणा है, विश्लेषणात्मक अवधारणा नहीं। सामान्य लोगों का किसी अवधारणा के विश्लेषणात्मक पहलू से कोई मतलब नहीं होता, वे तो उसके लोक अवधारणात्मक रूप से संबंधित होते हैं। विज्ञान भी ऐसा है जिसका प्रयोग सामाजिक विज्ञानों में मनमाने अर्थ में लिया जाता है। किसी एक तथ्य को विज्ञान प्रमाणित भी कर सकता है और रद्द भी। प्रजातिवाद के क्षेत्र में भी यही सब हुआ है, लेकिन इस विवाद के होते हुए भी आज प्रजातिवाद की पीड़ा हमें साल रही है। हम इससे मुक्ति चाहते हैं।

जून 1951 ई. में संयुक्त राष्ट्र संघ की यूनेस्को (*Unesco*) संस्था ने प्रजातिवाद की समस्या के प्रति अपनी सचेतना और गंभीरता बताई। इस संस्था ने आनुवंशिकी वैज्ञानिकों और शारीरिक मानव–वैज्ञानिकों के विशेषज्ञों की एक समिति गठित करके उसे प्रजाति तथा प्रजातिवाद के वैज्ञानिक अध्ययन का कार्य सौंपा। इस समिति का मत था कि प्रजाति की अवधारणा एक वर्गीकरण की विधि के रूप में उपयोगी सिद्ध हो सकती है। यदि हम इसका आधार जीव–विज्ञान रखें, लेकिन इस समिति के अभिमत में प्रजाति का प्रयोग सीमित अर्थों में ही किया जाना चाहिए। इस समिति ने प्रजाति तथा प्रजातिवाद पर कुछ गंभीर निष्कर्ष दिए हैं, जिनका प्रयोग प्रजातिवाद से संबंधित भ्रांत और लोकधारणाओं को दूर करने के लिए किया जा सकता है। ये निष्कर्ष इस प्रकार हैं—

1. सभी मनुष्य एक ही जीव अर्थात् मेधावी मानव से उत्पन्न हुए हैं।
2. मनुष्यों में शारीरिक लक्षणों को लेकर जो अंतर दिखाई देते हैं, वे वास्तव में आनुवंशिक हैं और इन्हीं को लेकर विभिन्न प्रजातियां और उपप्रजातियां बनी हैं।
3. चूंकि मनुष्य एक मेधावी मानव की संतान है, सभी में जनन के लक्षण हैं। इन लक्षणों के कारण प्रजातियों को विभाजित करने वाली रेखा धूमिल हो जाती है।

4. प्रजाति और कुछ न होकर केवल वर्गीकरण का मसला है। विभिन्न प्रजातियों के प्रकारों का विवरण हमें उन प्रक्रियाओं को नहीं बताता जिनके कारण प्रजातियां बनी हैं।
5. ये प्रक्रियाएं आनुवंशिक हैं।
6. राष्ट्रीय, धार्मिक, भौगोलिक, सांस्कृतिक और भाषा समूह प्रजाति नहीं हैं।
7. संसारभर में तीन मुख्य प्रजातियां हैं। इस संबंध में सभी वैज्ञानिक सहमत हैं। ये प्रजातियां हैं—(1) काकेशियन (2) मंगोलियन और (3) नीग्रो।
8. प्रजाति के वर्गीकरण में बुद्धि को सम्मिलित नहीं किया जाता क्योंकि इस पर पर्यावरण का प्रभाव विशेष रूप से पड़ता है। प्रत्येक प्रजाति में बुद्धिमान व्यक्ति होते हैं।
9. शारीरिक लक्षण जन्मजात हैं। सामाजिक लक्षण समाज से सीखे जाते हैं। अतः जो सांस्कृतिक सामाजिक भिन्नताएं हमें प्रजातियों में दिखाई देती हैं, वे प्रजातीय कारणों से नहीं हैं।
10. आज संसार की कोई भी प्रजाति अपने आप में शुद्ध नहीं है। उत्परिवर्तन और विवाह द्वारा प्रजातियों में खूब प्रजातीय सम्मिश्रण हुआ है। ऐसी अवस्था में प्रजाति की शुद्धता की अवधारणा भ्रांति मात्र है।
11. सभी मनुष्य बराबर हैं और कानून के सामने सभी को समान अवसर मिलने चाहिए।

प्रजाति की अवधारणा मानव–वैज्ञानिकों और अन्य वैज्ञानिकों के भगीरथ प्रयत्नों के बाद भी आज अपने अर्थ में अस्पष्ट है। इस अवधारणा ने संसार पर जितने जुल्म ढाए हैं, उतने शायद किसी और अवधारणा ने नहीं। हमारी आंखें भविष्य पर लगी हैं और हमें आशा है कि संसार के लोगों में किसी दिन इस अवधारणा को सही रूप में समझने की बुद्धि आएगी। अभी तो हमें प्रजातिवाद के दानव का मुकाबला करना ही है।

9

संस्कृति और समाज

(Culture and Society)

मानवशास्त्र की बुनियादी अवधारणा संस्कृति है। आम आदमी संस्कृति का अर्थ ऊँची संस्कृति (High Culture) से लेता है। ब्राह्मण, बनियों की संस्कृति, समृद्ध लोगों की संस्कृति, महान संस्कृति समझी जाती है। शहर के लोगों की संस्कृति, कार चलाने वालों की संस्कृति महान समझी जाती है। वे लोग जो शेक्सपियर पढ़ते हैं, पारसंस का पाठ करते हैं या हिन्दी के *कामायनी* (जयशंकर प्रसाद) महाकाव्य रसिक हैं, "ऊँची संस्कृति के लोग" समझे जाते हैं। यह सब आम आदमी की सोच है।

तकनीकी अर्थों में संस्कृति एक जटिल अवधारणा है और इसका अर्थ स्पष्ट करना बहुत कठिन है। तात्विक रूप से देखा जाए तो प्रत्येक समाज की अपनी एक निजी संस्कृति होती है। समाज और संस्कृति का चोली दामन का संबंध है—यदि समाज है तो इसकी कोई न कोई संस्कृति अवश्य होगी; यदि कोई संस्कृति है, तब उसका समाज अवश्य होगा। मानवशास्त्र विभिन्न समाजों का अध्ययन करता है और इस अर्थ में वह विभिन्न संस्कृतियों का अध्ययन भी करता है।

मानवशास्त्रियों ने संस्कृति और समाज के संबंध पर बहुत कुछ लिखा है। नूएर, अजेन्डे, संथाल और गौंड आदिवासी समाजों का मानवशास्त्रियों ने अध्ययन किया है। मानव जब पैदा होता है तब वह एक जैविकीय (Biological) अवयव मात्र होता है। उसकी कोई भाषा नहीं होती, हाव–भाव नहीं होते। उसकी मूल प्रवृत्तियां (Instincts) होती हैं। ये जन्मजात होती हैं। इसके कारण वह टट्टी–पेशाब करता है, भूख लगती है तब रोता है। उसकी अधिकांश हरकतें, नैसर्गिक होती हैं—मूल, प्रवृत्तियों से पैदा होने वाली होती हैं। अभी उसमें संस्कृति का उदय नहीं हुआ है।

यह बच्चा अब अपने माता–पिता, दादा–दादी, भाई–बहन के सम्पर्क में आता है और बोलना, हँसना सीखता है। यहीं संस्कृति का प्रवेश होता है। यहाँ पर संस्कृति और समाज का जुड़ाव होता है। जैसा समाज होगा वैसे ही संस्कृति का प्रवेश होगा। जब मानवशास्त्री विभिन्न समाजों की समानता और विभिन्नताओं की चर्चा करते हैं, तब उनका तात्पर्य संस्कृति की समानता और विभिन्नता से लिया जाता है।

संस्कृति संकट के दौर में (Culture in Crisis)

हाल में प्रकाशित "दि ह्यूमन डेवलपमेंट रिपोर्ट" (The Human Development Report, 1999) ने एक बड़े सनसनीखेज मामले पर आलोचनात्मक टिप्पणी करते हुए कहा है कि दुनियाभर की संस्कृति संकट के दौर से गुजर रही है। सार्वभौमीकरण, बाजारीकरण और प्रौद्योगीकरण के कारण सामान्य संस्कृति का विलोपन शीघ्रता से हो रहा है। लगता है कि आम आदमी की संस्कृति देखते ही देखते लुप्त हो जाएगी। स्थानीय संस्कृति पर आघात भारत में ही नहीं है। लगभग सभी देशों में है, लेकिन भारत जैसे देश में संस्कृति विलोपन की गति कुछ तेज ही दिखाई दे रही है। महाराष्ट्र का तमाशा, राजस्थान का आल्हा–ऊदल, गुजरात का गरबा, पंजाब का भांगड़ा और मध्यप्रदेश की पण्डवाणी की सांस फूलने लगी है। परिवर्तन की इस प्रक्रिया में बेचारे आदिवासी तो संस्कृति के क्षेत्र में मौन संस्कृति (Culture of Silent) के साथ ही निर्वाह कर रहे हैं। स्थिति बहुत जटिल है और इसलिए संस्कृति के अध्ययन पर मानवशास्त्र से अधिक गहराई से चिन्तन करने की आवश्यकता है।

आदिवासी भी आज ऐसे नहीं हैं, जो पहले थे

मेलिनोस्की ने ट्रोब्रिमण्ड टापू के निवासियों का अध्ययन किया था। इसी तरह अफ्रीका के टीव और नूएर का अध्ययन हुआ है। ये सब आदिवासी शीघ्रता से बदल रहे हैं। भारत के भील, गौंड और संथाल आज आधुनिकता की चौखट पर खड़े हैं। वे बाजारू फसलों को पैदा करते हैं। उनके पास कृषि यांत्रिकी है, उनकी खेती–बाड़ी पूँजीवादी हो गई है। वैश्वीय प्रक्रियाओं ने, किसी को नहीं छोड़ा है। संचार, शिक्षा और आवागमन तक उनकी पहुँच है। इस सिलसिले में थोमस हाईलेंड एरिक्सन लिखते हैं—

> मानवशास्त्रियों ने जिन लोगों का प्रारंभ में अध्ययन किया था, उनके साथ उपनिवेश काल में क्या हुआ? लगभग वे सभी विशाल मुख्य धारा में एकीकृत हो गए हैं। उनकी संस्कृति अपने अंतिम दौर में वैश्विक संस्कृति का हिस्सा बन गई है।

एरिक्सन का यह निष्कर्ष बहुत रुचिकर है। आदिम जातियाँ और ग्रामीण जो पहले राष्ट्र की मुख्यधारा से कटे हुए थे, आज पूँजीवादी, प्रजातंत्र और आधुनिकता के दौर में हैं। जान ब्रिमेन (Jan Breman) जिन्होंने दक्षिण गुजरात के आदिवासियों का अध्ययन किया है, कहते हैं कि यहाँ के आदिवासी तीव्र गति से प्रगतिशील अर्थव्यवस्था के भागीदार बन गए हैं। *दि ह्यूमन डेवलपमेंट रिपोर्ट* ने भी इस तथ्य को स्वीकार किया है—

वैश्वीकरण ने दुनियाभर के लोगों के लिए रचनात्मकता के सभी द्वार खोल दिए हैं। विचार और ज्ञान दूर–दूर तक पहुँच गए हैं। गांधीजी ने कहा था कि वे अपने घर की दीवारें सभी तरह से बन्द नहीं चाहते। न ही वे अपने दरवाजे और खिड़कियां बन्द रखना चाहते हैं। वे चाहते थे कि मुक्त हवा उनके घर में बहे, लेकिन उनका यह भी कहना था कि यह हवा आँधी बनकर उनके पाँवों को ही जमीन से हटा न देवे। आज जिस तरह से हवा चल रही है, वह सभी दिशा की ओर नहीं है। यह हवा अमीर देशों से गरीब देशों की ओर आ रही है।

यह बड़ी आश्चर्यजनक बात है कि भारत सरकार की कोई अपनी संस्कृति नीति (Culture Policy) नहीं है। इसके परिणामस्वरूप हमारी स्थानीय संस्कृति के पांव उखड़ रहे हैं। हमारी जैविकीय भिन्नता (Biodiversity) कमजोर होती जा रही है और गाँवों की जनरीतियाँ तिथि–त्यौहार आज लुप्त होने की कगार पर हैं। वैश्वीकरण का एक ऐसा रोड रोलर चल रहा है—जिसके नीचे स्थानीय संस्कृति कराह रही है। ह्यूमन डेवलपमेंट रिपोर्ट का इस सिलसिले में यह कहना सही है कि—

> विदेशी संस्कृति का जो हमला हमारी संस्कृति पर हुआ है। इसने सब तहस–नहस कर दिया है। अब लोगों में यह डर घुस गया है कि न जाने कब उनकी पहचान खो जाए।

अब मानवशास्त्री समझ गए हैं कि उन्हें जितना जल्दी हो सके, संस्कृति का अध्ययन करना चाहिए। हमारी संस्कृति, हमारी सभ्यता का एक अंग है। यह सही है कि मानवशास्त्र की पाठ्यपुस्तकों में संस्कृति का पर्याप्त उल्लेख होता है, लेकिन यह सब रस्म अदायगी के लिए है। मानवशास्त्री वही परम्परागत अन्दाज में संस्कृति को देखते हैं। वे कभी भी वैश्विक संदर्भ में संस्कृति को नहीं परखते। इस दृष्टि से हमारी मानवशास्त्र की पाठ्य पुस्तकें एकदम घिसी–पिटी हैं। आज के तेजी से होने वाले परिवर्तन में विद्यार्थियों को ये पुस्तकें बताती हैं कि आदिवासी जंगलों में रहते हैं, लंगोटी बांधते हैं, हाथ में जहरीले तीर रखते हैं, उनके सिर के बाल, दाढ़ी–मूंछ पर एक तस्वीर खड़ी करते हैं जो आदिवासियों को फूहड़ और जंगली बताती हैं। इस तरह का विवरण सही नहीं है। सच्चाई यह है कि जो वैश्वीकरण और आधुनिकीकरण शहरों में पहुँचा है। उन्होंने आदिवासियों और गाँवों के दरवाजों को भी खटखटाया है। मानवशास्त्रियों को अपने लेखन में बेईमानी नहीं करनी चाहिए। अपनी परम्परा के अनुसार उन्हें ज्यादा से ज्यादा क्षेत्रीय अनुसंधान करना चाहिए, पुस्तकालय में बैठना चाहिए।

संस्कृति किसे कहते हैं? (What is Culture?)

अंग्रेजी शब्द कल्चर (Culture) की उत्पत्ति लेटिन शब्द कोलेरे (Colere) से हुई है। इसका मतलब परिष्कार या पोषण (Cultivate) से है। मानवशास्त्र में संस्कृति की व्याख्या सांस्कृतिक मानवशास्त्र (Cultural Anthropology) करता है। इसके अनुसार संस्कृति का तात्पर्य ज्ञान (Knowledge) से है। यह ज्ञान मानवजाति के बारे में है और जो कुछ मनुष्य ने समाज में रहकर सीखा है, वह सब ज्ञान है। मनुष्य में जो कुछ दक्षता है, उसकी जो भी धारणाएँ हैं और उसके व्यवहार के जो भी स्वरूप हैं, वे सब संस्कृति में सम्मिलित हैं। संस्कृति की परिभाषा एरिक्सन ने इस प्रकार दी है—

एक तरह से, प्रत्येक मनुष्य समान रूप से सांस्कृतिक होता है, इस अर्थ में संस्कृति का मतलब मानवजाति में पाई जाने वाली समानता है। एक दूसरा अर्थ भी है। मनुष्य विभिन्न पर्यावरण में रहकर नई दक्षता, हुनर, और कार्यशैली अपना लेता है। ऐसी स्थिति में, उसकी संस्कृति भिन्न हो जाती है।

इस तरह संस्कृति का अर्थ समानता और विभिन्नता दोनों से ही। संस्कृति की परिभाषा अलग–अलग तरीके से दी गई है। कुछ मानवशास्त्री संस्कृति की परिभाषा

उद्विकास के संदर्भ में देते हैं। उनके अनुसार संस्कृति अधि–जैविकीय (Superorganic) और अधि–वैयक्तिक (Super-Individual) है। इसका मतलब है संस्कृति शारीरिक लक्षणों और व्यक्ति से ऊपर यानी परे है। प्रकार्यवादी मानवशास्त्री कहते हैं कि संस्कृति सावयवी (Organism) है। जैसे शरीर के अलग–अलग भाग एक–दूसरे से अपने प्रकार्य से जुड़े होते हैं, वैसे ही संस्कृति के भी कई भाग होते हैं जो अपने प्रकार्यों द्वारा आपस में जुड़े होते हैं। इस तरह की संस्कृति के विश्लेषक हैं। हाल में पीयर बूरदीए (Pierre Bourdieu) ने कहा है कि संस्कृति का एक द्वन्द्वात्मक (Dialectical) संदर्श भी होता है। इसे प्रतिकार संस्कृति (Counter Culture) भी कहते हैं। जब हम संस्कृति की परिभाषा देते हैं, तब हमें संस्कृति के इन संदर्शों को ध्यान में रखना चाहिए।

राल्फ लिन्टन (Ralf Linton) ने संस्कृति को समाज के साथ जोड़ते हुए कहा है—

> समाज की संस्कृति, समाज के सदस्यों की जीवन पद्धति है। विचारों और आदतों को लोग एक–दूसरे से सीखते हैं। इसमें भागीदारी करते हैं और इसे एक पीढ़ी से दूसरी पीढ़ी तक पहुँचाते हैं।

मानवशास्त्री क्लाड क्लूखोन (Clyde Kluckhohn) ने संस्कृति की परिभाषा इस भाँति दी है—

संस्कृति जीवित रहने की एक प्रणाली या डिजाइन है। व्यवहार करने के लिए मनुष्य में कोई मूल प्रवृत्तियों (Instincts) नहीं होतीं। इसके लिए मनुष्य का मार्गदर्शक केवल समाज होता है। संस्कृति भागीदारी होती है। इसमें समूह के सभी सदस्य संचान और सहयोग से शिरकत करते हैं। मानवशास्त्री संस्कृति की परिभाषा अपनी अपनी समझ के अनुसार करते है। भाषा के शब्द अलग–अलग होते हैं पर उनका सामान्य मुहावरा यह होता है कि संस्कृति की दो मुख्य विशेषताएं हैं—

1. संस्कृति अपने समाज से सीखी जाती है, और
2. यह साझी (Shared) होती है। इसमें समूह के सभी सदस्यों की हिस्सेदारी होती है। बहुत बड़ी संख्या में संस्कृति ही लोगों के व्यवहार को निर्धारित करती है। आज शादी होगी। मीठा भोजन बनेगा। नाचना–गाना होगा और कल दिवाली है, बड़े मजे आएंगे। या चुनाव हो रहा है। अपने विचार में अमुक पार्टी को ही अपना मत जाएगा। इस सारे मसले में हम क्या करेंगे इसका निर्णय हमारी संस्कृति ही करेगी। काम–काज, विचारधारा, पसन्द–नापसन्द सभी कुछ संस्कृति के मार्गदर्शन में ही होता है। अगर हम मारपीट कर लेते हैं, कोई झंझट पैदा कर देते हैं। यह सब प्रतिकार संस्कृति है।

यह एक महत्वपूर्ण बात है कि समाज या समूह का सदस्य संस्कृति की प्रामाणिकता पर कभी कोई सवालिया निशान खड़ा नहीं करता। उसका उसमें विश्वास है और वह आँख मूँदकर उसे मान लेता है। जहां यह भी स्पष्ट हो जाना चाहिए कि मनुष्य व्यवहार आनुवंशिक नहीं है। उसे सीखना पड़ता है और जो कुछ सीखा जाता

है, वही संस्कृति है। साँप को उसकी माँ काटना नहीं सिखाती। यह साँप की मूल प्रवृत्ति है। संस्कृति का मूल प्रवृत्ति से कोई सरोकार नहीं। संस्कृति का परिवेश बहुत बड़ा होता है। इसमें स्पर्शनीय और अस्पर्शनीय दोनों वस्तुएँ होती हैं। सामान्यतया संस्कृति में भौतिक वस्तुएँ तो होती ही हैं, अभौतिक वस्तुएँ भी इसमें सम्मिलित हैं। विचार, धारणाएँ, मूल्य, रूढ़ियां, जन–रीतियाँ, सभी संस्कृति के अंग हैं। अस्पर्शनीय वस्तुएँ भी जैसे मकान, इंजन, कपड़े जिन्हें हम देखते हैं, छूते हैं, संस्कृति के अंग हैं।

यह नहीं है कि किसी भी समाज की संस्कृति में समस्याएं न आती हों। वे तो बराबर आती हैं। कभी–कभी तो संस्कृति के अस्तित्व पर सवाल खड़ा हो जाता है। ऐसी अवस्था में संस्कृति इन समस्याओं को हल करने के निदान भी प्रस्तुत करती है। ये समस्याएं समाज बदलने के साथ बदल जाती हैं। बाल विवाह, विधवा पुनर्विवाह आदि संस्कृति जनित समस्याएं हैं। इस कारण इन समस्याओं के निदान का जो रास्ता है, वह सभी समाजों पर लागू नहीं होता। सचाई यह है कि मनुष्य के व्यवहार को संस्कृति ही निश्चित करती है और ऐसी अवस्था में संस्कृति का अध्ययन मानवशास्त्र या सांस्कृतिक मानव शास्त्र में लिए केन्द्रीय अध्ययन हो जाता है।

संस्कृति का अर्थ और उसकी परिभाषा
(Meaning and Definition of Culture)

मानवशास्त्र की सबसे पुरानी परिभाषा एडवर्ड टाइलर (Edward B. Tylor) की है। इसका प्रायः उदाहरण दिया जाता है और इसलिए संस्कृति की यह एक क्लासिकल परिभाषा है। टाइलर कहते हैं—

टाइलर ने संस्कृति और सभ्यता को पर्यायवाची अर्थ में लिखा है। इसके अनुसार "संस्कृति वह जटिल समग्रता है जिसमें ज्ञान, विश्वास, कला, आचार, कानून, प्रथा और ऐसी ही अन्य क्षमताओं तथा आदतों का समावेश है जिन्हें मनुष्य समाज के सदस्य होने के नाते प्राप्त करता है"। टाइलर की दृष्टि से संस्कृति सामाजिक विरासत है जिसे मनुष्य जन्म लेने के बाद प्राप्त करता है और समाज की सदस्यता की स्थिति में सीखता है। संस्कृति परमात्मा की देन नहीं है। इसे मनुष्य ने ही बनाया है और इसमें मनुष्य ही संशोधन और संवर्द्धन करता है।

टाइलर की संस्कृति की व्याख्या यथार्थवादी है। वे संस्कृति को सामाजिक व्यवहार से जोड़ते हैं और इस संदर्भ के कारण संस्कृति की इस अवधारणा में व्यक्ति का कोई स्थान नहीं है। यह तो एक यंत्र की तरह है जो स्वतः अपना काम करता रहता है।

क्रोबर—पराजैविक अवधारणा का अर्थ—क्रोबर का नाम संस्कृति की पराजैविक (Superorganic) अवधारणा के साथ जुड़ा हुआ है। वास्तव में क्रोबर से पहले स्पेन्सर ने पराजैविक अवधारणा का प्रयोग उद्‌विकास के विश्लेषण में किया था।

संस्कृति को पराजैविक कहा जाता है। पराजैविक अवधारणा की व्याख्या तीन अर्थों में की जा सकती है। स्पेन्सर का कहना है कि कायिक उद्‌विकास (Organic Evolution) के ऊपर प्रभुता रखने का कार्य पराजैविक तत्वों का है। वे कहते हैं कि

ज्यों–ज्यों जीवधारी की शरीर रचना का विकास हुआ, त्यों–त्यों अचेतन रूप से उसमें पराजैविक तत्वों का भी सूत्रपात हुआ। उदाहरण के लिए मधुमक्खी, मकड़ी, और यूथधारी जानवरों में भी सामाजिक संगठन होते हैं। ये सामाजिक संगठन पराजैविक हैं। अतः यहाँ प्राणी की शरीर रचना का विकास हुआ वहीं साथ–साथ पराजैविक तत्वों अर्थात सामाजिक संगठन, रीति–रिवाज और परम्पराओं का विकास भी हुआ। समाजशास्त्र को एक ऐसा विज्ञान कहा जाता है जो मानव–समाजों के विकास, प्रकार्य और संरचनाओं में जो पराजैविक प्रघटनाएं मिलती हैं, उनका अध्ययन करता है। स्पेन्सर कहते हैं कि "किसी भी समाज का पराजैविक पर्यावरण वह है जो समाज और उसके पड़ोसी समाजों की क्रिया और प्रतिक्रिया में पाया जाता है।" स्पेन्सर पराजैविक तत्वों में भौतिक साधन, भाषा विज्ञान, रीति–रिवाज, कानून, दर्शन और साहित्य को सम्मिलित करते हैं।

संस्कृति की पराजैविक अवधारणा का दूसरा अर्थ यह है कि संस्कृति का उद्‌विकास शरीर संरचना के विकास तक सीमित नहीं है। होता यह है कि मनुष्य की शरीर–रचना में अन्तर बहुत धीरे–धीरे होता है जबकि संस्कृति में परिवर्तन तेजी से होता है। मनुष्य में आविष्कार करने की क्षमता है और वह अपनी संस्कृति को बराबर अपनी आवश्यकताओं के अनुकूल बनाता रहता है। पराजैविक अवधारणा का यह दूसरा अर्थ संस्कृति को मनोवैज्ञानिक धरातल पर रखता है। स्पेन्सर की पराजैविक अवधारणा के अर्थ में इसका अर्थ भिन्न है। पराजैविक अवधारणा, स्पेन्सर के अर्थ में सामाजिक अन्तःक्रियाओं से संबंधित है, लेकिन यहाँ इसका अर्थ यह है कि मनुष्य में मनोवैज्ञानिक क्षमताएँ हैं जिनके द्वारा एक व्यक्ति का समूह अपनी आवश्यकतानुसार संस्कृनि में परिवर्तन ले आता है। इस अर्थ में संस्कृति की पराजैविकता मनुष्य के शरीर के निश्चयवाद से स्वतंत्र है। मनुष्य में स्वयं यह क्षमता है कि वह अपनी संस्कृति को निर्धारित करे।

क्रोबर ने संस्कृति की व्याख्या जिस पराजैविक अर्थ में की है, उसमें पराजैविक का अर्थ पिछले दो अर्थों से भिन्न है। कहना यह चाहिए कि क्रोबर ने पराजैविक अवधारणा का प्रयोग तीसरे अर्थ में किया है। क्रोबर का कहना है कि पराजैविकता वह है जो जैव या शरीर–रचना का अतिक्रमण करती है, उससे आगे बढ़ जाती है। स्पेन्सर ने पराजैविकता के अन्तर्गत भौतिक और सामाजिक तत्वों को सम्मिलित किया था। क्रोबर इससे असहमत हैं। वे कहते हैं कि पराजैविक तत्वों में भौतिक तत्व नहीं आते, इसमें केवल सामाजिक और सांस्कृतिक तत्व आते हैं। स्पेन्सर के अनुसार पराजैविकता तो केवल जैव (Organic) का विस्तार मात्र है। इसीलिए ये चींटी और मकड़ी में भी पराजैविकता को देखते हैं। क्रोबर के लिए पराजैविकता का संदर्भ केवल सामाजिक उत्पादन और उपलब्धियों से है जो संस्कृति या सभ्यता को बनाते हैं। क्रोबर की सबसे बड़ी परेशानी थी कि उसके पूर्ववर्तियों ने संस्कृति का विश्लेषण भी जैविकीय संदर्भ में किया था। क्रोबर जैविकता से मुक्ति चाहते थे। उन्हीं दिनों मनोविज्ञान का जोर भी बहुत ज्यादा था। क्रोबर मनोजैविकीय उद्‌विकास के विरोधी थे। अतः यह भी कहना था कि सांस्कृतिक प्रघटनाएं परामनोवैज्ञानिक (Super-Psychic) हैं। क्रोबर का संस्कृति संबंधी पराजैविक और परामनोवैज्ञानिक दृष्टिकोण संस्कृति के अध्ययन में

मानो एक प्रकार की क्रान्ति थी। क्रोबर ने लिखा—"मानसिक वंशानुसंक्रमण का सभ्यता के साथ संबंध न होने का कारण यह है कि सभ्यता मानसिक क्रिया नहीं है, लेकिन मानसिक अभ्यास के परिणामस्वरूप उत्पन्न होने वाले पदार्थों का संग्रह है। मानसिकता का संबंध व्यक्ति से होता है। दूसरी ओर सामाजिकता और संस्कृति का अस्तित्व उसके अवैयिक्तिक होने में है। इस तरह सभ्यता केवल वहीं प्रारंभ होती है जहां व्यक्ति समाप्त हो जाता है, यद्यपि यह तथ्य भोंडा है, सभ्यता के अर्थ को नहीं समझ सकता, और उसके लिए इतिहास के–मांदे शब्दों का गड़बड़ घोटाला मात्र है।"

संस्कृति को लेकर पराजैविक अवधारणा का प्रयोग इस भाँति स्पेन्सर ने किया है। स्पेन्सर पराजैविकता को शरीर–संरचना का विस्तार मात्र मानते हैं। अतः स्पेन्सर की पराजैविकता और कुछ न होकर केवल जीवोपयोगितावाद (Biologism) है। क्रोबर के अनुसार पराजैविकता वह है जो संस्कृति को शरीर रचना से भिन्न मानती है। संस्कृति श्रेष्ठ है और वह शरीर–रचना का अतिक्रमण करती है। संस्कृति शरीर–रचना से ऊपर उठकर मनोविज्ञान से भी मुक्त है। अतः जब हम संस्कृति को पराजैविक कहते हैं, तो संक्षेप में हमारा अर्थ तत्वों से है—

1. पराजैविकता का अर्थ सामाजिक तत्वों से है, भौतिक तत्वों से नहीं।
2. पराजैविकता का शरीर–संरचना के विकास से कोई संबंध नहीं है। संस्कृति का विकास, जैविक विकास से पृथक है।
3. संस्कृति का विश्लेषण जैविक कारकों द्वारा नहीं किया जा सकता। पराजैविकता जीवोपयोगितावाद की विरोधी है।
4. संस्कृति मनोवैज्ञानिक प्रक्रियाओं से पृथक है। पराजैविकता के अनुसार संस्कृति का विश्लेषण परामनोवैज्ञानिक कारकों द्वारा नहीं किया जा सकता।

क्रोबर ने संस्कृति के विश्लेषण में इतिहास, प्रकार्य और मनोविज्ञान को बराबर ध्यान में रखा है। उन्होंने व्यवस्था संबंधी संस्कृति (Systematic Culture), सम्पूर्ण संस्कृति (Total Culture) और संस्कृति के प्रतिमानों (Patterns) में अन्तर किया है। संस्कृति को व्यवस्था के रूप में लिखते हुए वे कहते हैं कि प्रत्येक संस्कृति से उनका तात्पर्य एक समुदाय के जीवन–संबंधी मुहावरों से है। क्रोबर द्वारा दी गई संस्कृति की व्याख्या बहुत विशद है। यहाँ यही कहना पर्याप्त होगा कि उन्होंने संस्कृति को वैज्ञानिक धरातल पर सशक्त रूप में स्थापित करने के प्रयास में कोई कमी नहीं रखी।

मेलिनोस्की—मेलिनोस्की वस्तुतः प्रकार्यवादी सामाजिक मानव–वैज्ञानिक हैं। उन्होंने संस्कृति संबंधी जो अवधारणा प्रस्तुत की है, कालान्तर में उनके आधार पर अन्य लेखकों ने कई प्राक्कल्पनाएँ बनाई हैं। किसी भी योगदान की सबसे बड़ी कसौटी यह है कि उसका अनुसंधान कार्य में कई पीढ़ियों तक प्रयोग किया जा सके। मेलिनोस्की ने स्वयं अपनी संस्कृति की अवधारणा को जनजातियों के अध्ययन पर लागू किया। उन्होंने संस्कृति की परिभाषा इस प्रकार दी है—"संस्कृति प्राप्त आवश्यकताओं की एक व्यवस्था तथा उद्देश्यमूलक क्रियाओं की एक संगठित व्यवस्था है।"

संस्कृति स्वतः शोध प्रणाली (Heuristic Device) है। तथ्यों को देखने का एक तरीका है और इसलिए मेलिनोस्की द्वारा दी गई संस्कृति की परिभाषा से हमारा काम

नहीं चलता है। वे संस्कृति के अन्तर्गत सभी शिल्प तथ्यों (Artifacts) वस्तुओं, तकनीकी–प्रक्रियाओं, विचारों, आदतों और मूल्यों को सम्मिलित करते हैं। इस दृष्टि से मेलिनोस्की की व्याख्या टाइलर से भिन्न नहीं है, लेकिन संस्कृति की अवधारणा का प्रयोग मेलिनोस्की जिस प्रकार करते हैं, उससे ज्ञात होता है कि वे संस्कृति का प्रयोग जनजातियों, व्यवस्थाओं के सम्पूर्ण प्रकार्यों के लिए करते हैं। वे संस्कृति के तत्वों को अन्य तत्वों और सम्पूर्ण सामाजिक व्यवस्था के साथ जोड़ते हैं। उनका मत है कि प्रत्येक संस्कृति का अपने समाज के लिए निश्चित प्रकार्य होता है। समाज की अपनी आवश्यकताएं होती हैं और संस्कृति इन आवश्यकताओं की पूर्ति करती है। मेलिनोस्की के मत में संस्कृति एक संतुलित व्यवस्था है जिसके पृथक–पृथक अंग हैं। अतः मेलिनोस्की के अनुसार संस्कृति का अर्थ प्रकार्यात्मक रूप में लिया जाना चाहिए। मेलिनोस्की की संस्कृति संबंधी दूसरी देन यह है कि उन्होंने तत्कालीन पीढ़ी के अनुसार मनोविज्ञान का विरोध किया। उन्होंने संस्कृति को एक सम्पूर्ण व्यवस्था के रूप में देखा और इसके विश्लेषण में मनोवैज्ञानिक सिद्धान्तों और निष्कर्षों को स्वीकार नहीं किया। उनकी संस्कृति की इस अवधारणा की खूब आलोचना हुई है। इसमें यह कहा जाता है कि जनजातियों में ऐसे रीति–रिवाज प्रचलित हैं जिनकी जनजाति समाज को कोई आवश्यकता नहीं है। यहाँ मेलिनोस्की का संस्कृति का प्रकार्यवादी रूप लागू नहीं होता। इस बात को अस्वीकार नहीं किया जा सकता कि मेलिनोस्की की संस्कृति संबंधी अवधारणा में अभाव भी है, लेकिन यह अवश्य कहना पड़ेगा कि वे पहले मानवशास्त्री थे जिन्होंने संस्कृति को उसके सम्पूर्ण (Whole) रूप में देखा। उन्होंने पहली बार बताया कि संस्कृति के विभिन्न अंग पृथक होते हुए भी सम्पूर्ण को बनाते हैं।

हर्सकोविट्ज्—सांस्कृतिक नाभि (Focus) और सांस्कृतिक सार्विक (Universal)

संस्कृति की व्याख्या में हर्सकोविट्ज का योगदान भी उल्लेखनीय है। इसके विश्लेषण में उन्होंने दो महत्वपूर्ण अवधारणाएँ उपस्थित की हैं—सांस्कृतिक नाभि और सांस्कृतिक सार्विक।

सांस्कृतिक नाभि (Culture Focus)—प्रत्येक संस्कृति में यह प्रवृत्ति होती है कि वह अपने विविध तत्वों में से कुछ को बड़ा उजागर करती है, विकसित करती है और कुछ तत्व ऐसे होते हैं जिन्हें पृष्ठभूमि में डाल देती है। संस्कृति की इस प्रकृति का उल्लेख हर्सकोविट्ज की भाषा में इस प्रकार है—

> सांस्कृतिक नाभि प्रत्येक संस्कृति की वह प्रवृत्ति है जिसमें संस्कृति की जटिलता दिखाई देती है। इसकी विभिन्न संस्थाओं में से कतिपय में कुछ पहलू दूसरों से बड़े भिन्न होते हैं। इन संस्थाओं में जीवन के कुछ पहलुओं को विशेष रूप से विकसित करने की महत्वपूर्ण प्रवत्ति होती है बल्कि कहना चाहिए दूसरे पहलुओं को यह पृष्ठभूमि में डाल देती है और इसका परिणाम यह होता है कि विज्ञान मानव समाजों के अध्ययन में इन नाभि पहलुओं का अध्ययन सम्पूर्ण संस्कृति के लक्षण के रूप में करता है।

हर्सकोविट्ज ने इस बात पर जोर दिया कि संस्कृति में तत्व और संकुल तो एकाधिक होते हैं, लेकिन संस्कृति की प्रवृत्ति कुछ पहलुओं पर अत्यधिक जोर देने की होती है और इसलिए वह संस्कृति इन जोर दिए गए पहलुओं द्वारा जानी जाती है।

उदाहरण के लिए प्राचीन भारत अध्यात्मवाद के नाम से जाना जाता था। यद्यपि प्राचीन भारत की संस्कृति में धर्म के अतिरिक्त राजनीति, साहित्य, कला, आर्थिक तंत्र आदि भी थे, लेकिन इस संस्कृति ने कुछ तत्वों के विकास पर अधिक जोर दिया और इसके परिणामस्वरूप इस संस्कृति को आध्यात्मिक रूप से जाना जाने लगा। हर्सकोविट्ज सांस्कृतिक नाभि का दृष्टान्त देते हुए कहते हैं कि एथेन्स की संस्कृति सत्य की खोज के नाम से, रोम के संगठन का सिद्धान्त और पुनर्जागरण के नाम से जानी जाती है। सांस्कृतिक नाभि की अवधारणा इस बात के विश्लेषण में बहुत सहायक है कि किसी संस्कृति में लोग एक नए विचार को क्यों अपनाते हैं और दूसरों को क्यों छोड़ देते हैं?

सांस्कृतिक सार्विक (Cultural Universals)—हर्सकोविट्ज का संस्कृति के विश्लेषणों में दूसरा योगदान संस्कृति के सार्विकों का है। उनका कहना है कि मानव–विज्ञानों की प्रारंभिक अवधारणाओं की सबसे बड़ी उपलब्धि यह है कि संसार के सभी मनुष्यों की संस्कृतियों में कुछ बुनियादी सांस्कृतिक तत्व ऐसे हैं जो समान रूप से पाए जाते हैं। यदि हम संसार की प्रजातियों की विभिन्न संस्कृतियों की तुलना करें तो ज्ञात होगा कि कुछ सामाजिक संस्थाएं ऐसी हैं जो सभी संस्कृतियों में समान रूप से मिलेंगी। विभिन्न संस्कृतियों में पाई जाने वाली इस बुनियादी समानता को हर्सकोविट्ज सार्विक कहते हैं।

हर्सकोविट्ज से पहले टाइलर और स्पेन्सर ने मनुष्य जाति में मानसिक एकता (Psychic Unity of Mankind) की चर्चा की थी। इसके अनुसार विभिन्न संस्कृतियों की संस्थाओं में कुछ तत्वों को लेकर समानता होती है और यह समानता दुनियाभर के मनुष्यों में पाई जाने वाली मनोवैज्ञानिक एकता को बताती है। टाइलर और स्पेन्सर के बाद विजलर (Wissler) ने विभिन्न संस्कृतियों में पाई जाने वाली इस समानता को संस्कृति–योजना (Culture-Scheme) के नाम से पुकारा था। उन्होंने कहा—"ऐसा दिखाई देता है कि मनुष्यों में जो वस्तुएँ समान हैं वे उसे उत्तराधिकार में मिली हैं।"

हर्सकोविट्ज ने कहा कि मेलिनोस्की की कृतियों में सांस्कृतिक सार्विक मिलता है। उनका कहना है कि कोई भी प्रजाति या समाज हो, संसार के किसी भी भू–भाग में रहता हो, सभी की कुछ समान मूल आवश्यकताएं होती हैं और इन मूल आवश्यकताओं को पूरा करने के लिए कुछ समान सांस्कृतिक प्रत्युत्तर भी होते हैं। मेलिनोस्की द्वारा दिए गए सांस्कृतिक सार्विक का निम्न दृष्टांत है—

मूलभूत आवश्यकताएं (Basic Needs)	*सांस्कृतिक अनुक्रिया (Cultural Responses)*
उपाचयन (Metabolism)	रसद व्यवस्था (Commissariat)
प्रजनन (Reproduction)	बन्धुत्व (Kinship)
शारीरिक आराम (Bodily Comforts)	आवास (Shelter)
सुरक्षा (Sefety)	बचाव (Protection)
गति (Movement)	क्रियाकलाप (Activities)
बुद्धि (Growth)	प्रशिक्षण (Training)
स्वास्थ्य (Health)	स्वास्थ्य विज्ञान (Hygiene)

हर्सकोविट्ज कहते हैं कि मरडोक (Murdock) ने भी सांस्कृतिक सार्विकों की एक तालिका बनाई है। प्रत्येक संस्कृति में कुछ तत्व ऐसे होते हैं जो मूलभूत आवश्यकताओं की पूर्ति करते हैं, कुछ द्वितीयक आवश्यकताओं की पूर्ति करते हैं। इस प्रकार आवश्यकताओं के क्रम के अनुसार संस्थाओं का निर्माण होता है। तुलनात्मक विधि द्वारा ही हम सांस्कृतिक सार्विकों की खोज कर सकते हैं।

स्वयं हर्सकोविट्ज ने सांस्कृतिक सार्विकों का विस्तृत अध्ययन करने के बाद ये निष्कर्ष निकाले हैं कि प्रत्येक संस्कृति में चाहे वह कहीं की भी हो निम्नलिखित सांस्कृतिक सार्विक और उसके परिणामस्वरूप बनी हुई सामाजिक संरचना मिलती है—

सांस्कृतिक सार्विक	सामाजिक, सांस्कृतिक संस्थाएं
भौतिक संस्कृति और उसकी अनुशास्तियां	औद्योगिक आर्थिक तंत्र
सामाजिक संस्थाएं	सामाजिक संगठन, शिक्षा, राजनीतिक संरचना
मनुष्य और ब्रह्माण्ड	विश्वास, व्यवस्था, अतिप्राकृत शक्ति पर नियंत्रण
सौन्दर्य बोध	लेखाचित्रीय तथा प्लास्टिक कलाएं, लोक–कथा संगीत, नाटक, नृत्य

हर्सकोविट्ज ने संस्कृति संबंधी उपयुक्त दो अवधारणाओं को वैज्ञानिक रूप से विकसित करने के अतिरिक्त सांस्कृतिक मानव–विज्ञान में अत्यधिक महत्वपूर्ण कार्य किया है। उन्होंने संस्कृति की अवधारणा की व्याख्या बहुत थोड़े शब्दों में इस प्रकार रखी है—"संस्कृति मनुष्य और उसकी कृतियाँ हैं।" मनुष्य की कृतियों में भौतिक और अभौतिक दानों ही तत्व हैं। इन तत्वों को हर्सकोविट्ज संस्कृति कहते हैं। उन्होंने संस्कृति के इन तत्वों पर इतना जोर दिया है कि उनकी एक महत्वपूर्ण कृति का नाम ही *मैन एण्ड हिज वर्क्स* (*Man and His Works*) है।

लिन्टन—सार्विक, विकल्प और विशेषताएं

लिन्टन ने अपनी पुस्तक *दि स्टडी ऑफ मैन* (*The Study of Man*) में हर्सकोविट्ज की सांस्कृतिक सार्विक अवधारणा को और अधिक आगे बढ़ाया है। उनका कहना है कि यदि हम किसी संस्कृति के विभिन्न पहलुओं का उस संस्कृति के समूहों की आवश्यकताओं की दृष्टि से विश्लेषण करें, तो संस्कृति के ये पहलू तीन वर्गों में रखे जा सकते हैं—(1) सांस्कृतिक सार्विक (Cultural Universals); (2) सांस्कृतिक विकल्प (Cultural Alternatives); (3) सांस्कृतिक विशेषताएं (Cultural Specialities)।

संस्कृति के वे मापक जो सांस्कृतिक सार्विक हैं, समाज के सभी सदस्यों पर समान रूप से लागू होते हैं और जिनसे किसी को भी मुक्ति नहीं है। उदाहरण के लिए समाज का यह मापक है कि व्यक्ति अपने निकट रक्त–संबंधियों से विवाह नहीं करेगा।

इस मापक के अनुसार समूह के सदस्यों के लिए यह अनिवार्य है कि वे भाई–बहन के साथ यौन–संबंध नहीं रखें। संस्कृति के ये कुछ सार्विक हैं जिन्हें सभी सदस्यों को अपने ऊपर लागू करना पड़ता है।

संस्कृति में कुछ मापक जो अधिक संख्या में होते हैं, कुछ विकल्प भी प्रस्तुत करते हैं। उदाहरण के लिए शाकाहारी भोजन मापक हैं तो इसमें पूड़ी, रोटी, चावल आदि कई विकल्प हैं। जहां मापक में पर्याप्त वरण की सुविधा होती है, संस्कृति के उन मापकों को सांस्कृतिक विकल्प कहते हैं। व्यक्ति दाल–रोटी खाना पसन्द कर सकता है। वह चाहे तो चावल खाना पसंद कर सकता है। उसके लिए कई विकल्प हैं।

संस्कृति में कुछ लक्षण ऐसे होते हैं जो एक विशेष वर्ग पर ही लागू होते हैं। ऐसे लक्षणों को सांस्कृतिक विशेषताएं कहते हैं। भारतीय समाज में साड़ी स्त्रियों की पोशाक है, पुरुष इसे नहीं पहनते। जनेऊ धारण करना द्विज के लिए है, शूद्र के लिए नहीं। समाज की संरचना ही एक संस्कृति में ऐसी होती है कि जिस समूह की जो सांस्कृतिक विशेषताएं होती हैं, उसको वही समूह अपनाता है।

पिछले विवरण में संस्कृति–संबंधी जिन महत्वपूर्ण निष्कर्षों को हम निकाल सकते हैं, उन्हें निम्न तत्वों में रखा जा सकता है—

1. वास्तव में संस्कृति जैसी कोई मूर्त वस्तु नहीं है जिसे हम संस्कृति कहते हैं वह अमूर्त है।
2. सामाजिक मानवशास्त्र में संस्कृति का यथार्थवादी संदर्श अपनाना चाहिए। इसका संबंध समाज और व्यक्तित्व से है। वास्तव में सामाजिक प्रघटनाओं के विश्लेषण में हमें इस त्रिवेणी को नहीं भूलना चाहिए—व्यक्तित्व, समाज और संस्कृति।
3. संस्कृति की प्रकृति पराजैविक है। शारीरिक संरचना से इसका स्वतंत्र अस्तित्व है।
4. संस्कृति अलग–अलग तत्वों और प्रतिमानों में बंटी हुई होकर भी अपने आप में पूर्ण है। इसके प्रकार्यात्मक लक्ष्य को नहीं भूलना चाहिए।
5. प्रत्येक संस्कृति में सांस्कृतिक नाभि और सार्विक होते हैं। संस्कृति को सांस्कृतिक सार्विक, सांस्कृतिक विकल्प और सांस्कृतिक विशेषताओं के प्रकारों में भी देखा जा सकता है।

संस्कृति की संरचना (Structure of Culture)

किसी भी समूह की संस्कृति में संगठन होता है। यह संगठन सांस्कृतिक व्यवस्था के संतुलन और अपनी स्थिति बनाए रखता है। संस्कृति की प्रकार्यात्मक अवधारणा बताती है कि संस्कृति के कई अंग या पहलू होते हुए भी, यह अपने आप में सम्पूर्ण होती है। संस्कृति के ये तत्व बताते हैं कि इसकी एक निश्चित संरचना होती है। यदि हम किसी एक संस्कृति की संरचना का विश्लेषण करें, तो हमें इसके कई अंग मिलेंगे। मानवशास्त्रियों ने संस्कृति के इन विभिन्न अंगों को संस्कृति लक्षण (Culture Trait),

संस्कृति संकुल (Culture Complex), संस्कृति संरूप (Culture Pattern) और संस्कृति क्षेत्र (Culture Area) के नाम से पुकारा है—संस्कृति के ये सब उपविभाग पृथक होकर भी अपने प्रकार्यों में अन्य उपविभागों पर आश्रित हैं। संस्कृति के अंगों की यह पराश्रयता सांस्कृतिक संरचना को गठित करती है।

संस्कृति लक्षण (Culture Trait)

संस्कृति लक्षण सांस्कृतिक संरचना की सबसे छोटी पहचानने योग्य इकाई (Identifiable Unit) है। किसी भी संस्कृति में छोटी से छोटी इकाई भी अपने पृथक अस्तित्व को रखती है यह संस्कृति लक्षण कहलाती है। लगता है संस्कृति लक्षण की व्याख्या एकदम सरल है, लेकिन वस्तुस्थिति यह रही है। यदि हमें सम्पूर्ण सांस्कृतिक संरचना में से संस्कृति लक्षणों को पहचानने के लिए कहा जाता है, तो हमारी कठिनाई बढ़ जाती है। संस्कृति लक्षण की व्याख्या में इस जटिलता को हम देखने का प्रयास करेंगे। रसोईघर संस्कृति का भौतिक पक्ष है। इसमें हम संस्कृति लक्षण को पहचानना चाहते हैं। रसोईघर में चूल्हा है, लकड़ी और कोयला हैं, बर्तन हैं और बर्तनों में भी थाली, कटोरी हैं। इनके अतिरिक्त रसोईघर में खाद्य पदार्थ हैं। पका–पकाया भोजन है। इन सबमें हम संस्कृति लक्षण किन–किन तत्वों को कहेंगे। क्या चूल्हा संस्कृति लक्षण है? इसका उत्तर देना कठिन है। यह इसलिए कि चूल्हे के भी कई छोटे–बड़े भाग हैं। इसका पृथक तला है। ऐसी अवस्था में संस्कृति लक्षण की परिभाषा में यह कहा जाता है कि यह वह तत्व है जिसे और आगे विभाजित नहीं किया जा सकता। यदि इस तत्व को आगे विभाजित किया जाए तो इसका अस्तित्व ही समाप्त हो जाता है। इसकी परिभाषा में क्रोबर लिखते हैं—"संस्कृति लक्षण संस्कृति का अति सूक्ष्म परिभाषित करने योग्य तत्व है।" अर्थात् सम्पूर्ण संस्कृति में लक्षण सूक्ष्मतम तत्व है जिसका अपना व्यक्तिगत अस्तित्व है। क्रोबर की तरह हर्सकोविट्ज ने भी संस्कृति लक्षण को किसी संस्कृति विशेष में सबसे छोटी पहचानी जा सकने वाली इकाई कहा है। इस तरह संस्कृति लक्षण के दो महत्वपूर्ण गुण हैं—

1. यह संस्कृति की सूक्ष्मतम इकाई है।
2. इसका अपना निजी अस्तित्व है। इससे आगे विभाजित होने पर इसका अस्तित्व समाप्त हो जाता है।

किसी भी संस्कृति में एकाधिक लक्षण सांस्कृतिक लक्षण होते हैं। लक्षणों की यह संख्या इस बात पर निश्चित होती है कि संस्कृति का संदर्भ और इतिहास क्या है। समय के साथ संस्कृति लक्षणों में वृद्धि भी होती है। इस संबंध में कैलिफोर्निया विश्वविद्यालय में किए गए लक्षण अनुसंधान का हम यहाँ उल्लेख करेंगे। यह अनुसंधान 1935 ई. में किया गया था। इसमें जनजातियों के मछली के शिकार और मृत्यु के संस्कार संबंधी संस्कृति लक्षणों की एक तालिका बनाई गई। ज्ञात हुआ कि मछली के शिकार में 24 संस्कृति लक्षण और मृत्यु के संस्कारों में 17 लक्षण मिले। 1937 ई. में यह संख्या 102 और 48 हो गई। 1942 ई. में यह संख्या 202 और 110 हो गई। इससे

ज्ञात होता है कि लोगों की क्षमता और योग्यता के साथ संस्कृति लक्षणों में वृद्धि होती है।

प्रत्येक संस्कृति लक्षण का अपना एक इतिहास होता है। उदाहरण के लिए हमारे देश में जय हिन्द अभिवादन सांस्कृतिक एकता का प्रतीक है। जब प्रधानमंत्री अपना भाषण समाप्त करते हैं तो समवेत स्वर में जय हिन्द का उच्चारण होता है। जय हिन्द संस्कृति लक्षण है। इसका एक इतिहास है। सुभाष चन्द बोस ने जब आजाद हिन्द फौज बनाई तो उन्होंने जय हिन्द का नारा दिया। आजाद हिन्द फौज का हिन्दुस्तान के लिए विजय पाना मुख्य लक्ष्य था। तब से जय हिन्द हमारा राष्ट्रीय नारा और अभिवादन बन गया। इसी तरह संस्कृति में जो भी लक्षण हैं, सभी का अपना छोटा–बड़ा इतिहास अवश्य होता है।

संस्कृति लक्षणों का निजी अस्तित्व होते हुए भी वे सम्पूर्ण संस्कृति में घुले–मिले रहते हैं। वास्तव में संस्कृति तत्वों की यह प्रकार्यात्मकता है। एक तत्व अन्य तत्वों पर आश्रित रहता है। इसके कई दृष्टान्त हैं। पहले दिया गया रसोईघर का दृष्टांत लें। चूल्हा, कटोरी, चम्मच, माचिस, कोयला, लकड़ी से यह संस्कृति लक्षण पृथक–पृथक होकर भी एक–दूसरे पर आश्रित हैं। लक्षणों का यही प्रकार्यात्मक रूप है।

ऊपर के विवेचन के आधार पर हम संस्कृति लक्षणों की विशेषताओं को निम्न तत्वों में रख सकते हैं–

1. संस्कृति लक्षण बराबर बदलते रहते हैं, उनकी संख्या में भी वृद्धि होती रहती है।
2. प्रत्येक संस्कृति लक्षणों की उत्पत्ति का इतिहास होता है।
3. संस्कृति लक्षण अपने प्रकार्यों में पराश्रित होते हैं। उनका प्रकार्यात्मक रूप होता है।

संस्कृति संकुल (Culture Complex)

संस्कृति संकुल संस्कृति लक्षणों से बना होता है। होबेल इसकी परिभाषा में लिखते हैं। "संस्कृति संकुल परस्पर घनिष्ठ रूप से संबंधित प्रतिमानों का एक जाल है।" बहुत से संस्कृति लक्षण मिलकर जब एक विशेष अर्थ का बोध कराते हैं, तो यह संकुल बन जाता है। गरीब एक संस्कृति संकुल है। इसमें फटे पुराने कपड़े, टूटे फूटे मकान, जीवन साधनों का अभाव ऐसे अनगिनत संस्कृति लक्षण हैं जो मिलकर गरीबी के संकुल को बनाते हैं। धर्म में भी हमें कई संस्कृति लक्षण संकुल को बनाते हुए दिखाई देते हैं। विवाह में होम एक संस्कृति संकुल है। समिधा, घी, पुरोहित, मंत्रोच्चारण आदि एकाधिक संस्कृति लक्षण हैं जो इस संकुल की संरचना करते हैं। संस्कृति संकुल में भी प्रकार्यात्मक लक्षण बहुत महत्वपूर्ण हैं। ये सब संस्कृति लक्षण संकुल में मिलकर समाज की आवश्यकताओं की पूर्ति करते हैं।

संस्कृति संरूप (Culture Pattern)

संस्कृति की संरचना में संस्कृति लक्षण और संस्कृति संकुल के प्रकार्यात्मक संयोग के परिणामस्वरूप संस्कृति संरूप बनता है। वास्तव में संस्कृति संरूप का अर्थ समाज की

सम्पूर्ण संस्कृति के ढांचे से है। संस्कृति की इस अवधारणा के साथ बेनेडिक्ट का नाम अधिक जुड़ा हुआ है। उन्होंने जापान की सम्पूर्ण संस्कृति का विवेचन इसी संरूप के संदर्भ में किया है। प्रत्येक संस्कृति का अपना एक विशेष संरूप होता है जो उसे अन्य संस्कृतियों से पृथक करता है। आधुनिक औद्योगिक संसार की संस्कृति का संरूप मशीन और थोक उत्पादन है। प्रत्येक संस्कृति की विशेष डिजाइन ही संस्कृति का सम्पूर्ण संरूप है।

संस्कृति क्षेत्र (Culture Area)

संस्कृति के संरूप सामान्यतया विभिन्न भू–भागों में पाए जाते हैं। एक विशेष भू–भाग में विशेष संस्कृति संरूप होते हैं और इस भू–भाग को इसीलिए संस्कृति क्षेत्र कहते हैं। हम संस्कृति क्षेत्र का तात्पर्य उन क्षेत्रों से लेते हैं जिनमें एक जैसे सांस्कृतिक संरूप मिलते हैं। इसकी व्याख्या करते हुए होबेल लिखते हैं—"एक संस्कृति क्षेत्र वह भौगोलिक भू–भाग है जिसमें पाई जाने वाली संस्कृतियों में एक सीमा तक समानता होती है जो उन्हें इस भू–भाग से बाहर वाली संस्कृतियों से पृथक करती है।" विजलर लिखते हैं—"संस्कृति क्षेत्र वह भौगोलिक प्रदेश है जिसमें काफी संख्या में एक सी संस्कृति वाली बहुत कुछ स्वतंत्र जनजातियाँ निवास करती हैं।"

एक विशेष भू–भाग में रहने वाली संस्कृतियाँ प्रसार द्वारा एक–दूसरे के बहुत निकट आ जाती हैं। इस प्रकार आपस में थोड़ा बहुत अन्तर होते हुए भी संस्कृति के अधिकांश पहलुओं में समानता होती है। इसलिए इन संस्कृतियों के पाए जाने वाले भू–भाग को संस्कृति क्षेत्र कहते हैं। होबेल, विजलर आदि सामाजिक मानवशास्त्रियों ने संसारभर की संस्कृतियों के लिए संस्कृति क्षेत्रों का वर्गीकरण किया है। यदि हम राजस्थान राज्य में संस्कृति क्षेत्रों का वर्गीकरण करने का प्रयास करें, तो कह सकते हैं कि राजस्थान में मारवाड़, मेवाड़, ढूंढाड़, हाड़ोती, मेवात, ब्रज आदि संस्कृति क्षेत्र हैं। मेवाड़ की संस्कृति में वागड़ की संस्कृति एक–दूसरे से पृथक की जा सकती हैं। यदि हम इस तरह सम्पूर्ण देश को संस्कृति क्षेत्रों में बांटें तो यह वर्गीकरण बहुत ही जटिल हो जाता है।

संस्कृति के लक्षण (Elements of Culture)

पिछले पृष्ठों में हमने संस्कृति की व्याख्या प्रस्तुत की है। इस व्याख्या में ही संस्कृति के लक्षण निहित हैं। फिर भी इस अवधारणा को अधिक स्पष्ट करने के लिए हम इसके कुछ विशिष्ट लक्षणों का उल्लेख करेंगे।

1. संस्कृति सीखा जाने वाला व्यवहार है (Culture is learned behaviour)—संस्कृति सीखा जाने वाला व्यवहार है यही इसकी परिभाषा है। जब मनुष्य संसार में आता है, तो वह केवल पशु ही होता है। समाज में रहकर ही वह खानपान और रहन–सहन के तरीके सीखता है और ये तरीके ही उसकी संस्कृति है। संस्कृति सीखी जाती है इसे प्रमाणित करने के लिए हम एक प्रश्न रखेंगे—यदि जन्म होते ही बच्चों के एक समूह को हम पृथक कर दें, उन्हें उनके भाग्य पर छोड़ दें, तो

इसका क्या परिणाम होगा? उत्तर में कहा जाएगा वे मर जाएंगे। यदि हम उनके आवास और भोजन की व्यवस्था कर दें तब क्या होगा? इस प्रश्न के उत्तर में कहा जाएगा कि बच्चे जीवित रहेंगे, खाएंगे, पीएंगे और सभी प्राकृतिक कार्य करेंगे। हो सकता है कि बच्चों का यह समूह आपस में मिल–जुल कर सभी प्राकृतिक कार्य करेगा। हो सकता है कि बच्चों का यह समूह आपस में मिल–जुल कर प्रेम से रहे या लड़ाई–झगड़ा करे, लेकिन इस समूह का खाना क्या होगा, भाषा क्या होगी, इन सब का निर्णय समाज ही करेगा। अतः संस्कृति वह है जिसको समाज में आने के बाद व्यक्ति परिवार, जाति बन्धुत्व आदि समूहों द्वारा सीखता है। हमारी आदतें, काम करने के तरीके सभी हमने अपने समूह से सीखे हैं। हमारी पाचन शक्ति की श्वास–प्रश्वास प्रक्रिया हमने समाज से नहीं सीखी है। ये शारीरिक लक्षण हैं जिन्हें हमने आनुवंशिक धरोहर में प्राप्त किया है, लेकिन हमारी संगीत में रुचि हमें आनुवंशिकता से नहीं मिली। इसे हमने समाज के विभिन्न समूहों में सीखा है। अतः संस्कृति का मूल आधार जैविकीय न होकर सामाजिक है।

प्रश्न है—क्या पशुओं में भी संस्कृति होती है? शेरनी अपने नन्हे–मुन्ने बच्चों को शिकार करना सिखाती है, उन्हें आक्रमण करना और सुरक्षित रहना सिखाती है। चींटियों में तो पूरी की पूरी सामाजिक व्यवस्था होती है। उनमें रानी होती है, दाई होती है। इन सब तथ्यों के आधार पर क्या हम कह सकते हैं कि जानवरों में भी संस्कृति होती है। वे भी व्यवहार को सीखते हैं। इस समस्या का उत्तर सुविधापूर्वक दिया जा सकता है। जानवरों का व्यवहार एक पीढ़ी से दूसरी पीढ़ी को हस्तांतरित नहीं किया जाता। उनके पास संचार का कोई साधन नहीं है। एक बन्दर यह नहीं जानता कि अमुक परिस्थिति में उसके पूर्वजों ने क्या किया था। उनमें व्यवहार सीखने का मुख्य तरीका केवल नकल या अनुकरण है। जो कुछ प्रत्यक्ष है उसकी नकल की जा सकती है। पीढ़ियों की नकल जानवरों में नहीं की जा सकती। अतः जब संस्कृति को एक सीखा जाने वाला व्यवहार कहते हैं, तो इससे हमारा तात्पर्य यह है कि संस्कृति संचार में रहती है और संचार से अपना अस्तित्व बनाए रखती है। भाषा, चित्र और प्रतीक मनुष्य के संचार साधन हैं और इसी कारण जीवधारियों में मनुष्य ही ऐसा है जो संस्कृति को सीखता है।

2. संस्कृति सदैव समूह द्वारा वहन की जाती है और समूह में ही व्यक्त होती है (Culture is always carried and made manifest by a group)—कोई भी एक व्यक्ति समूह की सम्पूर्ण संस्कृति को नहीं बताता और न ही वह समूह के सम्पूर्ण सांस्कृतिक लक्षणों को जानता है। समाज के सभी सदस्यों के सीखे हुए व्यवहार के लक्षणों की एकीकृत व्यवस्था ही संस्कृति है। संस्कृति और समाज एक नहीं हैं। पशुओं का झुण्ड होता है। मनुष्य समाज इस झुण्ड से कहीं अधिक है। समाज की एकता को बनाए रखने में सामाजिक चेतना बहुत महत्वपूर्ण है। मानव समाज में पशु समाज की तरह झुण्ड में रहने के अतिरिक्त सांस्कृतिक नियंत्रण करने और अपने सदस्यों के व्यवहार को दिशा देने के लक्षण भी होते हैं। इस तरह हम कह सकते हैं कि मानव समाज

स्थाई रूप से संगठित जनसंख्या है जो अपनी संस्कृति के अनुसार कार्य करती है। इसे हम सूत्र रूप में इस प्रकार रख सकते हैं–

स (समाज) = ज (जनसंख्या) + सं (संस्कृति)

बिना संस्कृति का मानव–समूह पशुओं का झुण्ड बन जाएगा। अतः किसी भी संस्कृति को वहन करने तथा अभिव्यक्त करने का एक मात्र साधन समूह ही है। बिना समूह के संस्कृति जीवित नहीं रह सकती और बिना संस्कृति के एक व्यक्ति समूह का सदस्य नहीं बन सकता। प्रत्येक स्थिति में संस्कृति का केन्द्र समूह है।

3. संस्कृति की उत्पत्ति मनुष्य के अस्तित्व के जैविकीय पर्यावरण, मनोवैज्ञानिक और ऐतिहासिक तत्वों से हुई है (Culture derives from the biological, environmental, psychological and historical components of human existence)— संसार के विभिन्न भू–भागों में रहने वाले सामाजिक समूहों को देखने से ज्ञात होता है कि प्रत्येक समूह की अपनी एक पृथक संस्कृति होती है—अपनी भाषा, अपना साहित्य और अपनी जीव पद्धति होती है। इससे प्रमाणित होता है कि संस्कृति का विकास शून्य में नहीं होगा। किसी भी संस्कृति की प्रकृति के सदस्यों की जैविकीय क्षमता, समूह के सम्पूर्ण पर्यावरण तथा मनोवैज्ञानिक और ऐतिहासिक घेरे में निर्धारित होती है। यदि हम भारतीय संस्कृति को देखें, तो इन्हीं तत्वों के संदर्भ में इसका विकास हुआ है।

4. संस्कृति संरचित होती है (Culture is structured)—यदि हम किसी संस्कृति की जीवधारी शरीर की तरह चीर–फाड़ करें, तो इसमें हमें कई तहें मिलेंगी। इस तहों में शायद सबसे छोटी तह तत्व (Trait) है। कई तत्व मिलकर संस्कृति संकुल (Complex) बनाते हैं और अगणित संकुलों से मिलकर प्रतिमान बनते हैं। संक्षेप में संस्कृति की सही संरचना है। संस्कृति के विभिन्न अंग हैं, विभिन्न पहलू हैं और ये सब अपनी–अपनी स्थिति में शरीर के विभिन्न अंगों की तरह अपना प्रकार्य करते रहते हैं। संस्कृति की प्रकृति की बड़ी विशेषता यह है कि इसके विभिन्न पहलू पृथक होते हुए भी अपने प्रकार्यों को लेकर सम्बद्ध हैं, इसलिए संस्कृति की इस संरचना में प्रकार्यात्मक पक्ष भी निहित है।

5. संस्कृति में गतिशीलता होती है (Culture is dynamic)—कोई भी संस्कृति जड़ नहीं होती। गतिशीलता उसका एक अनिवार्य लक्षण है। ऊपर से यह लगता है कि संस्कृति के मापक, नियम, उपनियम बहुत रूढ़िगत हैं, लेकिन इन मापकों को लम्बी अवधि में देखा जाए तो लगेगा कि इनमें परिवर्तन आया है। भारतीय संस्कृति जो गुप्त काल में थी, आज नहीं है। लोगों के रहन–सहन, खानपान और व्यवहार के तरीकों में जमीन आसमान का अन्तर आ गया है। इसी को हम संस्कृति की गतिशीलता कहते हैं।

6. प्रत्येक समूह की अपनी एक पृथक संस्कृति होती है (Each group has its own distrinct culture)—संस्कृति की प्रकृति में गतिशीलता है और इसीलिए प्रत्येक समूह अपने पर्यावरण और इतिहास के संदर्भ में अपनी संस्कृति का विकास करता है। समूह की आवश्यकताएँ पर्यावरण के अनुसार बदलती हैं और इसके परिणामस्वरूप

संस्कृति का प्रकार भी बदलता है। नई सांस्कृतिक खोज तब होती है, जब समूह की आवश्यकताओं का ज्ञान उस देश को होता है। यहाँ यह नहीं भूलना चाहिए कि प्रत्येक समूह की एक विशिष्ट संस्कृति के होते हुए भी सभी विभिन्न संस्कृतियों में कुछ सांस्कृतिक सार्विक भी होते हैं, लेकिन संस्कृति की विशिष्टता को बनाने में जैविकीय पर्यावरण, मनोवैज्ञानिक तथा ऐतिहासिक कारकों का महत्त्वपूर्ण योगदान होता है।

7. संस्कृति समूह के लिए आदर्श होती है (Culture is ideal for the group)—समूह के सदस्य अपनी संस्कृति के होते हैं। अपनी संस्कृति को वे बचपन में सीखते आते हैं। ऐसी अवस्था में उनके सामाजिक व्यवहार का आदर्श उनकी संस्कृति होती है। सैद्धान्तिक रूप से समूह के सदस्यों से यह अपेक्षा की जाती है कि वे अपनी संस्कृति के मापकों का परिपालन करेंगे। इसका अर्थ यह नहीं है कि वे अपनी संस्कृति में परिवर्तन नहीं लाएंगे। किसी भी संस्कृति में एक लम्बी अवधि में जाकर कुछ अनावश्यक तत्व विकसित हो सकते हैं। इन तत्वों को हटाने का प्रयास किया जा सकता है। ऐसी स्थिति में भी संस्कृति आदर्श बनी रहती है। परिवर्तन को अपनी संस्कृति की सीमा में ही रखने का प्रयास किया जाता है। इसके लिए संस्कृति एकीकरण, संस्कृति सम्मिश्रण आदि की प्रक्रियाएं हैं।

8. संस्कृति नियमितता बताती है जिससे इसका वैज्ञानिक विधियों से विश्लेषण होना संभव है (Culture exhibits regularities that permit an analysis by the method of science)—समूहों के सदस्य सांस्कृतिक प्रतिमानों का सामान्यतया बराबर पालन करते हैं। संस्कृति के प्रतिमानों का परिपालन प्रथम, इस कारण किया जाता है कि व्यक्ति समूह की सुदृढ़ता से भागना नहीं चाहता है। इस अर्थ में वह अपने आपको समूह से पृथक नहीं रखना चाहता। द्वितीय, यदि हमें सामाजिक जीवन बिताना है तो इसके लिए सबके साथ रहना आवश्यक है। प्रत्येक संस्कृति में इसी कारण नियमितता देखी जाती है। यह नियमितता ऊपरी और आंतरिक दोनों होती है। ऊपरी नियमितता को हम अपनी इन्द्रियों अर्थात आँख और कान से जान सकते हैं। आंतरिक नियमितता ऊपरी नियमितता का अमूर्त रूप है। विभिन्न सांस्कृतिक प्रतिमानों की तह में हमें ऐसे तत्व मिलेंगे जो संस्कृति की नियमितता को स्पष्ट रूप से बताएंगे। मुरडोक इसे संस्कृति का सामान्य चर कहता है (The Common Denominator of Culture)। बील्स और हाइजर का इस संबंध में कहना है—"ऊपर से देखने से लगता है कि न्यूयार्क या पेरिस और एस्कीमो की संस्कृतियों में पर्याप्त अन्तर है परन्तु यदि दोनों संस्कृतियों का विश्लेषण किया जाए तो उनमें सामान्य विशेषताओं को ढूंढ़ा जा सकता है।" संस्कृति का आंतरिक रूप अपने शुद्ध रूप में होता है जबकि बाहरी स्वरूप में संस्कृति की अन्तर्वस्तु और संरचना दोनों होते हैं। इस भाँति संस्कृति अपने रूप में नियमित होती है। वह एक पीढ़ी से दूसरी में थोड़े बहुत अन्तर के साथ बराबर दोहराई जाती है। अपनी इसी नियमितता के कारण इसके प्रतिमान बन जाते हैं और इसी कारण विज्ञान के लिए यह संभव है कि वह इन प्रतिमानों का विश्लेषण करके किसी पूर्व कथनीयता पर पहुँचे।

9. संस्कृति वह साधन है जिसके द्वारा व्यक्ति अपने सम्पूर्ण परिप्रेक्ष्य से अनुकूलन करता है और क्रियात्मक अभिव्यक्ति के माध्यम को प्राप्त करता है (Culture is the instrument whereby the individuals adjusts to his total setting and gains the means for creative expression)—समाज में आने के बाद अपने अस्तित्व को बनाए रखने के लिए व्यक्ति को अपनी विभिन्न आवश्यकताएं पूरी करनी पड़ती हैं। इनकी पूर्ति संस्कृति द्वारा हो सकती है। ऐसी अवस्था में वह अपना अनुकूलन और व्यवस्थापन संस्कृति की सहायता से करता है। भोजन, आवास, वस्त्र और आवश्यकताएं संस्कृति के माध्यम से पूरे किए जाते हैं। दूसरी ओर व्यक्ति में कुछ कलात्मक और बौद्धिक लक्षण भी होते हैं। इनकी अभिव्यक्ति का साधन भी संस्कृति ही है। संस्कृति के अभाव में कलात्मक अभिव्यक्तियां कुंठित हो जाएंगी और इससे व्यक्ति का जीवन घुटन से भर जाएगा।

10. संस्कृति संचारित होती है (Culture is communicative)—संस्कृति केवल सीखी ही नहीं जाती, इसे व्यक्त भी किया जाता है। प्रत्येक समाज में संचार के विभिन्न साधन होते हैं—भाषा, कला, रेडियो, समाचार पत्र। संचार के इन साधनों द्वारा न केवल संस्कृति अपनी पीढ़ी के सदस्यों में ही संचालित की जाती है, वरन् परम्परा, रीति–रिवाज, रूढ़ियों आदि द्वारा इसे आने वाली पीढ़यों तक भी संचारित किया जाता है। अपनी इसी प्रकृति के कारण संस्कृति में हस्तांतरण के लक्षण होते हैं। हस्तांतरण के कारण ही संस्कृति में नैरन्तर्य बना रहता है।

11. संस्कृति पराजैविक और परावैयक्तिक होती है (Culture is super organic and super individual)—संस्कृति में अजैविकीय तत्व होते हैं जिनका अस्तित्व जैविकीय तत्वों से स्वतंत्र होता है। इसलिए इसे पराजैविक कहते हैं। मनुष्य की वे सभी कृतियाँ जो अजैविकीय हैं पराजैविक कहलाती हैं और इन्हीं को संस्कृति का तत्व माना जाता है। संस्कृति के इसी लक्षण के आधार पर यह कहा जाता है कि संस्कृति व्यक्ति से भी ऊपर होती है। यह ठीक है कि संस्कृति का उद्‌गम व्यक्तियों से ही है, लेकिन सम्पूर्ण संस्कृति व्यक्तियों से स्वतंत्र है। इस कथन के आधार में तीन तत्व हैं—(1) कोई भी व्यक्ति संस्कृति के सभी तत्वों को नहीं अपना सकता, उनका पालन नहीं कर सकता। (2) समूह के अलग–अलग व्यक्तियों की मृत्यु के बाद भी संस्कृति का नैरन्तर्य बराबर बना रहता है। हम अपने समाज की संस्कृति को अपनाते हैं, यदि आवश्यकता हुई तो उसमें परिवर्तन करते हैं और जब हम मर जाते हैं तो इसके बाद भी संस्कृति का नैरन्तर्य बना रहता है। संस्कृति का अपना पृथक जीवन होता है और समूह के सदस्यों के जीवन से इसको कोई मतलब नहीं है। इसलिए व्यक्ति के जीवन से संस्कृति का जीवन काल कहीं अधिक लम्बा होता है। (3) संस्कृति में संचय और वृद्धि के लक्षण होते हैं। प्रत्येक पीढ़ी अपनी आवश्यकतानुसार संस्कृति के प्रतिमानों से जोड़–तोड़ करती है। संस्कृति में कई नए तत्व आते हैं और इस प्रकार इसका नैरन्तर्य बना रहता है। इसी कारण संस्कृति को परावैयक्तिक और पराजैविक कहते हैं।

संस्कृति और व्यक्तित्व (Culture and Personality)

संस्कृति के साथ समाज और व्यक्तित्व भी जुड़े हुए हैं। हमने इन तीनों को त्रिवेणी कहा है। संस्कृति की अवधारणा को सम्पूर्ण रूप से समझने के लिए समाज और व्यक्तित्व का उल्लेख भी आवश्यक है।

संस्कृति का प्रभाव समाज के सदस्यों पर पड़ता है। दूसरे शब्दों में कहा जा सकता है कि संस्कृति व्यक्तित्व को प्रभावित करती है। व्यक्तित्व की परिभाषा मनोवैज्ञानिक और सांस्कृतिक मानवशास्त्रियों ने दी है। मनोवैज्ञानिक व्यक्तित्व की परिभाषा में एकमत नहीं हैं। बात यह है कि किसी भी एक व्यक्तित्व में कई पहलू होते हैं। मनोवैज्ञानिक कुछ पहलुओं पर जोर देते हैं, और कुछ पर नहीं। परिभाषा की इस कठिनाई को देखते हुए अब व्यक्तित्व की परिभाषा व्यक्तित्व की संरचना (Structure of Personality) के आधार पर की जाती है। परिभाषा के इस उपागम में व्यक्तित्व के सभी पहलुओं का समावेश किया जाता है। मनोवैज्ञानिक संस्कृति को विभिन्न रूपों से देखते हैं, जैसे कि (1) व्यक्तित्व लक्षण (Personality Traits), (2) व्यक्तित्व प्रकार (Personality Types), (3) बुनियादी व्यक्तित्व प्रकार (Basic Personality Types)। जिस प्रकार संस्कृति के विभिन्न लक्षण और संकुल एकीकृत होकर एक सम्पूर्ण समाज को बनाते हैं, ठीक इसी तरह व्यक्तित्व के भी कई लक्षण जैविकीय, सामाजिक, सांस्कृतिक आदि होते हैं जो संस्कृति को एकीकृत रूप देते हैं। व्यक्तित्व की यही व्याख्या किम्बाल यंग (Kimball Young) ने दी है। उनके अनुसार "व्यक्तित्व आदतों, अभिवृत्तियों, विचारों और उन लक्षणों का समग्र है जिन्हें व्यक्ति समूह में सदस्य होने के नाते विभिन्न स्थितियों में विकसित करता है।"

सामाजिक मनोवैज्ञानिक यंग व्यक्तित्व को बनाने वाले कारकों का उल्लेख करते हैं। व्यक्तित्व का जो स्वरूप हम देखते हैं, उसके निर्माण में कई कारकों और प्रक्रियाओं का हाथ है। इन कारकों को यंग ने तीन कोटियों में रखा है—

(1) व्यक्ति के शारीरिक लक्षण (Physical Characteristics of the Individual);
(2) संस्कृति जिसमें व्यक्ति रहता है (Culture under which the Individual Lives);
(3) व्यक्ति का अद्वितीय सामाजिक अनुभव (The Unique Social Experience of the Individual)।

व्यक्ति के शारीरिक रूप से प्रभावित करने वाले कारकों में कद, वजन और शरीर का दिखावा है। वास्तविकता यह है कि व्यक्तित्व में इन शारीरिक लक्षणों का सामाजिक अर्थ लिया जाता है। रंग, कद, दिखावा, शरीर की काठी आदि ऐसे तत्त्व हैं जो अनुकूल होने पर व्यक्तित्व को आकर्षक बना सकते हैं।

व्यक्ति जिस संस्कृति में होता है, उसका भी पर्याप्त प्रभाव पड़ता है। संस्कृति के कारक समाज में व्यक्ति के व्यवहार को निर्धारित करते हैं। व्यक्तित्व के सम्पूर्ण विकास में संस्कृति का महत्वपूर्ण योगदान है। संस्कृति ने ही व्यक्ति को जीवन पद्धति, उसकी आदतें, विचार, विश्वास, साहित्य, कला दिए हैं। एक तरह से संस्कृति ही व्यक्तित्व का मुहावरा है। क्लूखोन और मरे ने एक जगह पर लिखा है कि "हर एक आदमी कुछ बातों में सभी आदमियों के समान होता है। कुछ बातों में वह कुछ लोगों के ही समान

होता है और कुछ बातों में वह किसी के समान नहीं होता।" इस प्रकार व्यक्तित्व के कुछ निर्धारित सार्वभौमिक तत्व हैं। प्रत्येक व्यक्ति का जन्म होता है, वह अपने शरीर का प्रयोग नई बातों के सीखने में लगाता है, अपने पर्यावरण की खोज करता है और अपनी सुरक्षा के साधनों को जानता है। प्रत्येक व्यक्ति को भूख लगती है और प्रत्येक व्यक्ति शौचादि से निवृत्त होता है। प्रत्येक व्यक्ति अपने समूह के साथ अनुकूलन करता है। अपने समूह की संस्कृति को सीखता है। सभी व्यक्तियों को बीमारी का अनुभव होता है। ऐसी सब बातों में एक व्यक्ति सभी व्यक्तियों के समान होता है।

कुछ बातों में वह केवल कुछ व्यक्तियों के समान होता है। ये समानताएं सीमित होती हैं। हमारे सामाजिक और सांस्कृतिक पर्यावरण में रहने वाले अन्य व्यक्तियों के समान हम भी होते हैं और दूसरे पर्यावरण के व्यक्तियों में भिन्न होते हैं।

अन्त में प्रत्येक व्यक्ति में उसके व्यक्तित्व के कुछ ऐसे लक्षण या गुण होते हैं जो उसी में पाए जाते हैं। इन अद्वितीय लक्षणों को लेकर यह व्यक्ति अन्य व्यक्तियों से जुड़ा होता है। ये अद्वितीय लक्षण संरचना और सामाजिक दशा पर निर्भर होते हैं। वास्तविकता यह है कि व्यक्तित्व निर्माण में कई कारकों का हाथ होता है। इन कारकों में सांस्कृतिक कारक अत्यधिक महत्वपूर्ण हैं। जब बच्चों का जन्म होता है, उनके पास कोई संस्कृति नहीं होती, और इसलिए उनका कोई व्यक्तित्व नहीं होता। जन्म का अर्थ है कि जैविकीय संबंधों को तोड़ना और उनका स्थान सामाजिक संबंधों को देना। धीरे–धीरे सामाजिक संबंधों का विकास होता है और व्यक्तित्व में संस्कृति लक्षणों की वृद्धि होती है। वस्तुतः संस्कृति लक्षणों की वृद्धि ही व्यक्तित्व का विकास है। ज्यों–ज्यों संस्कृति लक्षण बढ़ते हैं, व्यक्तित्व मुखरित होता है।

व्यक्तित्व के विकास के साथ संस्कृति भी व्यक्तित्व में विकसित होती है। ऐसी अवस्था में संस्कृति व्यक्तित्व का माध्यम बन जाती है। पानी के बिना हम तैर नहीं सकते, अर्थात तैरने का माध्यम पानी है। रंग के बिना हम चित्र नहीं बना सकते, यानी रंग चित्र बनाने का एक माध्यम है। ठीक इसी तरह संस्कृति के बिना व्यक्ति अपनी आवश्यकताओं की, अभिव्यक्तियों की पूर्ति नहीं कर सकता और इसलिए संस्कृति व्यक्तित्व का माध्यम है। संस्कृति और व्यक्तित्व में वही अन्तर है जो चित्र की अन्तर्वस्तु और उसके रंग के माध्यम में है। एक स्तर पर, ये दोनों एक हैं। दूसरे स्तर पर ये दोनों पृथक हैं क्योंकि दोनों को विभिन्न उद्देश्यों और पद्धतियों की दृष्टि से देखा जाता है।

सामाजिक मानवशास्त्र में संस्कृति और व्यक्तित्व पर अनुसंधान कार्य
(Culture and Personality Research done in the Field of Social Anthropology)

सामाजिक मानवशास्त्र में आदिम समाजों और लघु समुदायों में संबंधित जो भी आधार–सामग्री हमारे पास है, उससे प्रमाणित होता है कि व्यक्तित्व निर्माण में संस्कृति की निर्णायक भूमिका होती है। उदाहरण के लिए बेनेडिक्ट कहती हैं कि संस्कृति के कच्चे माल से व्यक्तित्व की डिजाइन बनती है। प्रत्येक संस्कृति जनरीतियों और जन जीवन की पद्धतियों को अपने समुदाय को देती है और समुदाय के सदस्य इन

जनरीतियों और पद्धति के आयाम में अपने व्यक्तित्व के ढांचे का निर्माण करते हैं। बेनेडिक्ट का कहना है कि प्रत्येक पीढ़ी संस्कृति के लक्षणों को अपने अन्दर एकीकृत करने का प्रयास बराबर करती रहती है।

मार्गरेट (Margaret) ने न्यूगिनी स्थित तीन आदिम समाजों का अध्ययन (*Sex and Temperament in Three Primitive Societies,* 1935) किया है। इस अध्ययन की आधार सामग्री पर वे कहती हैं कि प्रत्येक समूह अपने व्यक्तियों पर इस प्रकार दबाव डालता है कि व्यक्ति समूह की संस्कृति का परिपालन व्यवस्थित रूप से करता है। उन्होंने तीन एक समान भौगोलिक दशाओं में रहने वाले आदिम समाज के व्यक्तियों के व्यक्तित्वों में अन्तर पाया। यह अन्तर इस बात को स्पष्ट करता है कि एक जैसे भौगोलिक पर्यावरण के होते हुए भी व्यक्तित्व में अन्तर आना मुख्यतया संस्कृति के कारण है अतः मीड का निष्कर्ष है कि व्यक्तित्व निर्माण में संस्कृति का प्रयास बहुत प्रभावशाली होता है।

पिछले दशक में मार्गरेट और ग्रेगर (Gregor) द्वारा किए गए आठ बाली टापू के बच्चों का अनुसंधान (*Growth and Culture,* 1951) प्रकाशित हुआ है। बाली के ये सभी बच्चे हमउम्र थे। इनके जन्म में दो वर्षों से अधिक का अन्तर नहीं था। इस अध्ययन का निष्कर्ष भी यही है कि बहुत कम महीनों की अवधि में ये बच्चे अपनी संस्कृति के लक्षणों को अपनाना प्रारंभ कर देते हैं।

लेकिन संस्कृति के संदर्भ में की गई व्यक्तित्व की यह व्याख्या अधूरी होगी, यदि हम समाज का कोई उल्लेख नहीं करते। वास्तव में समाज के धरातल पर ही व्यक्तित्व और संस्कृति में आदान–प्रदान चलता है। पारसंस कहते हैं कि समाज वस्तुतः व्यक्तित्व और संस्कृति का मिलाजुला रूप ही है।

संस्कृति और समाज (Culture and Society)

संस्कृति और समाज में भ्रान्ति नहीं होनी चाहिए। ये दोनों अवधारणाएँ पृथक–पृथक प्रघटनाओं का बोध कराती हैं। समाज व्यक्तियों का समूह है जिसमें अन्तः क्रियाओं को देखा जा सकता है। सारांश यह है कि समाज के सदस्य संबंधों की एक व्यवस्था में बंधे रहते हैं और एक जैसी जीवन पद्धति को अपनाते हैं। इनकी जीवन पद्धति में भौतिक वस्तुओं की समानता के अतिरिक्त मूल्य, संवेग और विश्वासों की समानता भी होती है। समाज के सदस्यों का जीवन के प्रति दृष्टिकोण, उनके सम्मिलित विश्वास और अभिमत सब मिलाकर उनके जीवन का तरीका वस्तुतः संस्कृति है। संस्कृति व्यक्तियों को बांधती है और बंधे हुए व्यक्ति समाज कहलाते हैं। समाज को अन्तः क्रियाओं में देखा जा सकता है और संस्कृति को भौतिक और अभौतिक तत्वों में। संस्कृति और समाज की इस निकटता को गिलिन और गिलिन (Gillin and Gillin) इन शब्दों में रखते हैं—"अधिक सामान्य शब्दों में मानव समाज लोगों की अन्तः क्रिया है, संस्कृति उनके व्यवहार का संरूप है।"

हमारे देश में 85 करोड़ से भी अधिक लोग भारतीय समाज को बनाते हैं। संविधान की धाराएं हमारी संस्कृति का अंग हैं। ये धाराएं मापक (Norms) हैं। जो

व्यक्तियों के व्यवहार को नियन्त्रित करती हैं। एक धार्मिक सम्प्रदाय भी इस संदर्भ में समाज है जिसमें पूजा, विधि, पुरोहित आदि संस्कृति के तत्व हैं। समाज को चलाने के लिए संस्कृति आवश्यक है और संस्कृति के अस्तित्व के लिए समाज का होना आवश्यक है। समाज तो एक गाने वाले की तरह है और संस्कृति उसका वाद्य यंत्र। यंत्र के बिना गाया नहीं जा सकता और बिना गायक के यंत्र बज नहीं सकता।

संस्कृति के विश्लेषण में हमें व्यक्तित्व और समाज दोनों के विभिन्न पक्षों को देखना चाहिए। सामाजिक मानवशास्त्र और समाजशास्त्र में अभी पिछले दो दशकों में जो अनुसंधान कार्य हुए हैं, उनमें इस बात पर बराबर जोर दिया गया है कि मनुष्य की सामाजिक क्रिया (Social Action) व्यक्तित्व, समाज, और संस्कृति के इसी निकट संबंध को रखा है। पारसंस ने तो सामाजिक क्रिया के सिद्धान्त में व्यक्तित्व, सामाजिक व्यवस्था और सांस्कृतिक व्यवस्था को जोड़कर एक ही सैद्धान्तिक सूत्र में रखा है। विश्लेषण के लिए हम संस्कृति को व्यक्तित्व या समाज से पृथक कर सकते हैं, लेकिन आनुभविक स्थिति में इन तीनों को किसी भी प्रकार पृथक करना कठिन है।

10

संस्कृति संवर्धन के सिद्धान्त

(Theories of Culture Growth)

संस्कृति समाज जनित है, यह जैविकीय रूप से हस्तांतरित नहीं होती। संस्कृति के उद्‌गम से लेकर आज तक की कहानी उसकी वृद्धि और उसके विकास की कहानी है। संस्कृति अपनी प्रारंभिक अवस्था में एकदम सरल थी। समय की करवटों ने इसे शनैः शनैः और कभी–कभी क्रान्तिकारी रूप से नए परिवर्तन दिए। कालान्तर में चलकर इसका स्वरूप जटिल हो गया। आज गाँव और शहर में, घर और बाहर संस्कृति का जो रूप हम देखते हैं, उसके पीछे एक नियमितता है, आवृत्ति है, जो उसके सिद्धान्तों को बताती है। संस्कृति में गतिशीलता होती है और इस गतिशीलता के विश्लेषण के लिए मानव–विज्ञान में कुछ प्रक्रियाएं हैं। इस अध्याय में हम सर्वप्रथम संस्कृति विकास की कुछ प्रक्रियाओं का विश्लेषण करेंगे। इसके उपरांत संस्कृति विकास को समझाने वाले कुछ सिद्धान्तों और अवधारणाओं का आलोचनात्मक विवरण देंगे। अध्याय के अंतिम भाग में हम भारतीय संस्कृति और उसके एकीकरण का संक्षिप्त ब्यौरा देंगे।

सामाजिक मानवशास्त्र में संस्कृति के अध्ययन की परम्परा
(Cultural Development and its Tradition)

प्रारंभ से ही सामाजिक मानव–वैज्ञानिकों ने संस्कृति के वैज्ञानिक विश्लेषण में रुचि रखी है। टाइलर ने इसे समस्त मानव व्यवहार का जोड़ कहा है। उनके बाद संस्कृति की व्याख्या विभिन्न मानवशास्त्रियों ने अपने–अपने संदर्भ में रखी है। कुछ ने संस्कृति–संकुल, संस्कृत–संरूप आदि अवधारणाएँ संस्कृति के विश्लेषण के लिए विकसित की हैं। संस्कृति को रीति–रिवाज और परम्परागत व्यवहार के रूप में देखा। सामाजिक मानवशास्त्र में एक दौर ऐसा भी आया जब संस्कृति को इसके उद्‌गम और विकास के रूप में देखा गया। लेकिन संस्कृति के अध्ययन के ये सब उपागम बिखरे हुए थे। संस्कृति को उसके सम्पूर्ण रूप में देखने का प्रयास नहीं किया गया था। क्लूखोन, मार्गरेट, आदि ने संस्कृति विश्लेषण को एक नया आयाम दिया। रेडफील्ड ने संस्कृति को साझेदारी अवबोध (**Shared Understanding**) की तरह परिभाषित किया।

मेलिनोस्की ने संस्कृति को प्रकार्यात्मक स्वरूप प्रदान किया। बेनेडिक्ट ने सम्पूर्ण संस्कृतियों के एकीकरण की अवधारणा संस्कृति संरूप (Pattern of Culture) के नाम से दी। इस उपागम ने सांस्कृतिक सापेक्षवाद (Culture Relativism) को जन्म दिया। पिछले चार दशकों में संस्कृति को व्यक्तित्व के संदर्भ में देखा गया। संस्कृति विश्लेषण की विभिन्न अवधारणाओं का निर्माण विगत कुछ वर्षों में हुआ है। सामाजिक मानवशास्त्रियों के सामने सबसे बड़ा प्रश्न यह है कि मानव संस्कृति का विकास किन प्रक्रियाओं द्वारा होता है। इस विकास के विश्लेषण के लिए क्या सामाजिक मानव–विज्ञान के पास कुछ अवधारणाएँ और सिद्धान्त हैं? इस प्रश्न के समाधान में सामाजिक मानवशास्त्री अनुसंधान में रत हैं। हम यह चाहते हैं कि संस्कृति विकास की कुछ विश्वसनीय अवधारणाएँ, प्रक्रियाएं, और सिद्धान्त हमें अपने अनुसंधान के परिणामस्वरूप मिल जाएं तो हम इनके द्वारा मनुष्य व्यवहार में सम्बन्धित पूर्व कथनीयता को ला सकें। ऐसा अनुसंधान मनुष्य को सुख और समृद्धि दे सकता है।

सांस्कृतिक प्रक्रियाएं (Cultural Processes)

संस्कृति जड़ नहीं है, उसका विकास और आवृत्ति बराबर होती रहती है। क्रोबर ने सांस्कृतिक प्रक्रियाओं की व्याख्या करते हुए कहा है कि "संस्कृति की प्रक्रियाओं से हमारा अर्थ उन कारकों से है जो संस्कृतियों को या तो स्थाई और सुरक्षित रखते हैं या उसमें विकास का परिवर्तन लाते हैं।" जब संस्कृति में परिवर्तन आता है तो इसमें नए विकास होते हैं, आविष्कार और खोज होती है तथा नए लक्षणों को अर्जित किया जाता है या संस्कृति के विद्यमान लक्षण निरर्थक हो जाते हैं। इन प्रक्रियाओं के अतिरिक्त संस्कृति विन्यास में कुछ ऐसे परिवर्तन होते हैं जो संस्कृति की सम्पूर्ण अंतर्वस्तु में कोई विशेष अन्तर नहीं करते। संस्कृति की सम्पूर्ण प्रक्रियाओं का यदि हम विश्लेषण करके देखें तो ज्ञात होगा कि कुछ प्रक्रियाएं ऐसी हैं जो संस्कृति लक्षणों को बनाए रखती हैं और कुछ ऐसी हैं जो उसमें परिवर्तन लाती हैं। उदाहरण के लिए नवीनीकरण (Innovations) से यह आशा की जाती है कि इससे संस्कृति के कुछ तत्व अपना स्थान खो देंगे। चाकू का आविष्कार पत्थर के चाकू के प्रयोग को बेमतलब कर देगा और शायद ऐसी परिस्थिति में पत्थर का चाकू एक संस्कार मात्र या उत्तरजीविता रह जाएगा। नवीनीकरण संस्कृत संक्रमण, विसरण, आत्मसात, आदि ऐसी प्रक्रियाएं हैं जो संस्कृति के विन्यास और उसकी सम्पूर्णता को बनाए रखती हैं तथा विन्यास में परिवर्तन और नई दिशा भी लाती हैं।

इस बात पर बराबर जोर दिया जाता है कि किसी भी संस्कृति की पहली समस्या इसे अपने आप को बनाए रखने (Persistance) या जीवित रखने की होती है। संस्कृति की यह प्रकृति आग्रही है। संस्कृति की इस प्रकृति को तार्किक रूप से सत्य कहना पड़ेगा। अगर संस्कृति नष्ट हो जाती है, तो स्पष्ट है, इससे संशोधन और अनुकूलन की समस्या ही समाप्त हो जाती है। ऐसी अवस्था में संस्कृति का यह बराबर प्रयास रहता है कि वह अपने आप को जीवित रखे। संस्कृति की इस समस्या के सामने व्यक्ति को अपने घुटने टेकने पड़ते हैं। संस्कृति सर्वोपरि है और इसलिए व्यक्ति की क्रियाओं का एकमात्र उद्देश्य संस्कृति को जीवित रखना होता है।

हमने कहा है कि किसी भी संस्कृति का विन्यास स्थाई नहीं रहता। उसमें परिवर्तन बराबर होते रहते हैं। इन परिवर्तनों को हम निम्न प्रक्रियाओं द्वारा समझा सकते हैं–

(1) संस्कृतीग्रहण (Enculturation)—संस्कृति के जीवित रखने और अपने विन्यास को बनाए रखने की प्रवृत्ति को संस्कृतीग्रहण द्वारा समझाया जा सकता है। संस्कृतीग्रहण एक ऐसी प्रक्रिया है, जो संस्कृति विन्यास और व्यक्ति द्वारा ग्रहण की गई संस्कृति के बीच का सेतु है। हर्सकोविट्ज की भाषा में—"संस्कृतीग्रहण वह प्रक्रिया है जिसमें "एक व्यक्ति अपने समूह द्वारा मान्य व्यवहार के प्रकारों को सीखता है।" व्यक्ति संस्कृतीग्रहण इस तरह करता है कि उसके विचार और कार्य अपवाद रूप में ही समाज के अन्य सदस्यों के संघर्ष में आते हैं। इसके परिणामस्वरूप समूह के जीवन में संस्थाएं अपना स्थायित्व बनाए रखती हैं और व्यक्ति से पृथक होकर जीवित रह सकती हैं।

संस्कृतीग्रहण प्रक्रिया का सबसे बड़ा कार्य यह है कि वह संस्कृति के नैरन्तर्य और आवृत्ति को बनाए रखती है। जन्म के बाद ही व्यक्ति संस्कृतीग्रहण की प्रक्रिया में प्रवेश करता है। ज्यों–ज्यों उसकी आयु बढ़ती है, संस्कृतीग्रहण की प्रक्रिया अधिक सुदृढ़ होती जाती है। धीरे–धीरे व्यक्ति समझने लगता है कि व्यवहार के कौन से तरीके उसके समूह द्वारा मान्य हैं। संस्कृतीग्रहण प्रक्रिया का सबसे बड़ा योगदान यह है कि यह सामाजिक स्थायित्व और सांस्कृतिक नैरन्तर्य (Cultural Continuity) प्रदान करती है। प्रत्येक समूह में ऐसी संस्थाएं होती हैं जो व्यक्ति का समाजीकरण करती हैं। समाजीकरण की यह प्रक्रिया वस्तुत संस्कृति संदर्भ में संस्कृतीग्रहण की प्रक्रिया है। सभी समाजों में यह प्रक्रिया बराबर कार्य करती है।

(2) उदविकास (Evolution)—1960 ई. से लगभग 1900 तक कुछ सांस्कृतिक मानव वैज्ञानिकों का यह मत था कि सांस्कृतिक इतिहास की एक बहुत बड़ी गत्यात्मक प्रक्रिया उदविकास की रही है जिसमें समुदाय छोटे स्तर से अधिक ऊंचे स्तर को विकसित होते हैं। तब मानवशास्त्रियों का सबसे बड़ा काम यह था कि वे सांस्कृतिक विकास के इन चरणों का विवरण प्रस्तुत करें और यह बताएं कि किन कारकों के परिणामस्वरूप संस्कृति सरल से जटिल हुई है। उदाहरण के लिए टाइलर ने यह तर्क दिया कि धर्म अपनी प्रारंभिक अवस्था में व्यक्ति तक सीमित था। बाद में बहुदेववादी विचारधारा (Polytheistic Ideology) आई, जिसका बाद में एकेश्वरवादी (Monothecism) रूप विकसित हुआ। मोरगन ने बताया कि किस प्रकार परिवार संरूप निम्न स्तर से उच्च स्तर को विकसित हुए। हैडन का तर्क था कि कला के क्षेत्र में प्रारंभ में यथार्थवादी चित्र बनाए जाते थे जो बाद में प्रतीकात्मक और अमूर्त बन गए। इस भाँति इस युग के सांस्कृतिक मानवशास्त्रियों ने विभिन्न प्रकार की आधार सामग्री द्वारा संस्कृति में होने वाले क्रमिक विकास को प्रस्तुत किया। उदविकास प्रक्रिया द्वारा संस्कृति में होने वाले परिवर्तन का ब्यौरा दिया जाता है।

स्पेन्सर जो डार्विन के शारीरिक उदविकास से प्रभावित थे, उदविकास की परिभाषा में लिखते हैं—"उदविकास तत्व (Matter) का समन्वय एक गति है जिसके

दौरान तत्व एक अनिश्चित असम्बद्ध समानता से निश्चित, सम्बद्ध भिन्नता में बदलता है।" स्पेन्सर का यह नियम संस्कृति पर भी लागू होता है। उदाहरण के लिए प्रारंभिक मनुष्य का जीवन अनिश्चित और असंबद्ध था, वह न तो अपने आप को जानता था और न ही सामाजिक व्यवस्था और संस्कृति को। बाद में विकास क्रम द्वारा उनमें निश्चितता तथा सम्बद्धता आ गई। वह अपने समाज और संस्कृति को समझने लगा। उसमें श्रम विभाजन आया और वह निश्चित लक्ष्य की ओर बढ़ने लगा। संस्कृति में यह परिवर्तन उद्विकास द्वारा समझाया जाता है।

टाइलर ने उद्विकास की अवधारणा पर विस्तारपूर्वक लिखा है। उसके अनुसार सांस्कृतिक प्रक्रिया वह है जो जंगली अवस्था से सभ्यता की ओर ले जाती है। उद्विकास पीछे नहीं हटता, आगे ही बढ़ता है। इस प्रक्रिया द्वारा आदमी पुनः वानर की स्थिति में नहीं आता। टाइलर के अतिरिक्त उन्नीसवीं शताब्दी के कई मानवशास्त्रियों ने संस्कृति उद्विकास की इस अवधारणा को विकसित किया है। बोआस, लुई, मोरगन, मैन, आदि उद्विकास की प्रक्रियाओं पर काम करने वाले मानवशास्त्री हैं। उद्विकास की अवधारणा का उल्लेख हम केवल यहाँ इसी अर्थ में करना चाहते हैं कि यह हमें संस्कृति विकास के विश्लेषण में सहायता देती है। इस अवधारणा द्वारा हम संस्कृति को सरल से जटिल की दिशा में देख सकते हैं। संस्कृति उद्विकास के लक्षणों को निम्न तत्वों में रखा जा सकता है—

(1) प्रारंभिक अवस्था में प्रत्येक प्रघटना सरल होती है। धीरे–धीरे यह प्रघटना जटिल होती जाती है। सरल से जटिल होना, यह उद्विकास का बुनियादी सिद्धांत है।

(2) उद्विकास में संस्कृति के विभिन्न लक्षण अपने–अपने ढंग में विकसित होते हैं, फिर भी उनमें अंतः संबंध तथा पराश्रयता बराबर बनी रहती है।

(3) उद्विकास की प्रक्रिया चेतन और अचेतन रूप से समाज में बराबर काम करती रहती है।

(4) उद्विकास विभिन्न चरणों में से गुजरता है और एक ऐसी स्थिति आती है, जब इन चरणों को पहचाना भी जा सकता है।

यहाँ हमने उद्विकास की अवधारणा को केवल सामाजिक प्रक्रिया के रूप में लिया है। हम अभी इस बात का विवेचन कर रहे हैं कि संस्कृति में परिवर्तन होता है और इस परिवर्तन का विश्लेषण विभिन्न सांस्कृतिक प्रक्रियाओं द्वारा किया जा सकता है। अतः एक प्रक्रिया के रूप में ही हमने उद्विकास की अवधारणा को देखा है। इससे संबंधित सिद्धांतों का उल्लेख हम बाद में करेंगे।

(3) आविष्कार (Invention)—नई वस्तुओं को प्राप्त करना आविष्कार है। संस्कृति के अध्ययन में आविष्कार शब्द का प्रयोग सामान्य बोलचाल के प्रचलित अर्थ के विपरीत विस्तृत अर्थों में लिया जाता है। जनजीवन में आविष्कार का अर्थ किसी नई मशीन या वस्तु की खोज है। मानवशास्त्र तथा संस्कृति के इतिहास में आविष्कार का अर्थ, इस अर्थ के अतिरिक्त और भी बहुत कुछ है। संस्कृति में बौद्धिक आविष्कार भी होता है। वैज्ञानिक आविष्कार भी होता है, और किसी एक नए विचार का आविष्कार भी

होता है। मार्क्स के इतिहास का भौतिकवादी निर्वचन सैद्धान्तिक आविष्कार है। इसी तरह भौतिक जगत में भी आविष्कार होते रहते हैं। कई बार आविष्कार की समानार्थक अवधारणा नवीनीकरण (Innovation) का प्रयोग भी होता है।

इस भाँति जैसा कि हर्सकोविट्ज का कहना है—"आविष्कार नवीनीकरण के अन्तर्गत पुराने कामों को नए ढंग से करने के लिए नए तरीकों को स्वीकार करना या पुरानी नीतियों में संशोधन लाया जाना है।" नवीनीकरण की प्रक्रिया संचार के वर्तमान संदर्भ में बहुत महत्वपूर्ण है। दुनियाभर के विभिन्न समूह संचार और आवागमन के साधनों की वृद्धि से एक–दूसरे के बहुत पास आ गए हैं। रेडियो, टेलीविजन और सिनेमा ने विभिन्न संस्कृतियों को एक–दूसरे के निकट ला दिया है। ऐसी परिस्थिति में किसी भी संस्कृति में नवीनीकरण की प्रक्रियाओं में वृद्धि होना स्वाभाविक है।

उपर्युक्त विवेचन के आधार पर हम आविष्कार या नवीनीकरण की सांस्कृतिक प्रक्रिया के रूप में निम्न लक्षणों को प्रस्तुत करते हैं—

(1) आविष्कार केवल मशीन या यंत्र में ही न होकर अभौतिक वस्तुओं में भी होता है।

(2) कोई भी संस्कृति आविष्कारों को तभी स्वीकार करती है जब उसे अपने विद्यमान संस्कृति लक्षणों से असंतोष होता है। निरर्थक रूप में कोई भी संस्कृति सांस्कृतिक आविष्कारों को स्वीकार नहीं करती।

(3) नवीनीकरण को स्वीकार करते हुए भी संस्कृति की यह प्रवृत्ति होती है कि वह अपने विन्यास को बराबर रखे।

(4) नवीनीकरण की प्रक्रिया संचेतन प्रक्रिया है। इसे अपनाते समय व्यक्ति इस बात में चेतन होता है कि वह ऐसे लक्षणों को अपना रहा है जो उसकी संस्कृति के नहीं हैं, पराए हैं। अतः किसी भी संस्कृति या उसकी संस्थाओं में स्वतः परिवर्तन नहीं होता। सांस्कृतिक तत्वों में नवीनता या संशोधन अपने आप नहीं आते। नवीनीकरण स्वयं भी प्रकार्यात्मक है।

(5) नवीनीकरण प्रकार्यात्मक होता है। जब एक सांस्कृतिक तत्व या संस्था में नवीनीकरण आता है, तो इसका प्रभाव संस्कृति के अन्य लक्षणों और संकुलों पर भी पड़ता है।

नवीनीकरण या आविष्कार संस्कृति की गतिशीलता को बताते हैं। यह वह प्रक्रिया है जो समाज की बदलती हुई आवश्यकता के अनुसार अनुकूल करने में सहायता देती है। आज के विकसित संचार युग में नवीनीकरण की प्रक्रिया अधिक मूल्यवान है। आदिम समाजों में तो नवीनीकरण ने कहीं–कहीं इस बात का संकट उत्पन्न कर दिया है कि इन समाजों की संस्कृति अपने अस्तित्व को रख पाएगी या नहीं।

संस्कृति विसरण (Culture Diffusion)

संस्कृति के लक्षणों का विसरित होना भी संस्कृति परिवर्तन की एक महत्वपूर्ण प्रक्रिया है। यद्यपि नवीनीकरण की तरह विसरण की प्रक्रिया सभी संस्कृतियों में पाई जाती है,

फिर भी इसमें महत्वपूर्ण बात यह है कि विसरण विभिन्न संस्कृतियों में अलग–अलग स्वरूप लेता है और इसे स्वीकार करने में संस्कृति स्वयं भी रुकावटें डालती है।

मानवशास्त्रियों ने संस्कृति विसरण की अवधारणा का प्रयोग संस्कृति लक्षणों के फैलने के संदर्भ में किया था। जब एक स्थानीय समूह की संस्कृति का एक लक्षण या लक्षणों का सम्पूर्ण संकुल दूसरे स्थानीय समूह में पहुँचता है तो वह सांस्कृतिक विसरण है। उदाहरण के लिए हम संस्कृति के एक लक्षण को 'क' समूह में पाते हैं। यह लक्षण 'ख' समूह के लक्षण की तरह ही है। इसका एक अर्थ यह है कि संस्कृति का यह लक्षण 'क' समूह से 'ख' समूह में विसरण द्वारा आया है। दूसरा अर्थ यह है कि दोनों समूहों ने स्वतः समानान्तर विकास किया है। संस्कृति विसरण को मानवशास्त्री विभिन्न संस्कृतियों की तुलना द्वारा देखते हैं। इस तुलना में विश्वास, सामाजिक संगठन की विधि तकनीकी, आदि देखे जाते हैं। यहाँ यह स्पष्ट होना चाहिए कि संस्कृति विसरण भौतिक और अभौतिक दोनों संस्कृति लक्षणों में होता है। संस्कृति विसरण को लेकर मानवशास्त्रियों ने सिद्धांतों का प्रतिपादन किया है। इनका विवरण हम इसी अध्याय में अन्यत्र देंगे।

संस्कृति विसरण में कई प्रक्रियाएं काम करती हैं। विसरण संबंधी कुछ तथ्यपूर्ण बातों को हम निम्न बिन्दुओं में रखेंगे—

(1) संस्कृति विसरण में केवल उन्हीं संस्कृति लक्षणों को अपनाया जाता है जिनके लिए दूसरी संस्कृति में अनुकूल वातावरण होता है। दूसरे शब्दों में, एक संस्कृति समूह दूसरे संस्कृति समूह के लक्षणों को तभी अपनाएगा जबकि उसकी अपनी संस्कृति के दृष्टिकोण से वह संस्कृति लक्षण उपयोगी और लाभदायक हैं।

(2) विसरण की प्रक्रिया में संस्कृति लक्षण अपनी यथास्थिति को ज्यों का त्यों नहीं बनाए रख सकते हैं। इन लक्षणों को ग्रहण करने वाली संस्कृति अपनी आवश्यकतानुसार इनमें परिवर्तन भी कर सकती है। हमने अपने देश में पाश्चात्यीकरण को अपनाया है, लेकिन पाश्चात्यीकरण का जो रूप हमारे देश में है, वह पश्चिमी देशों में भिन्न है। इसका कारण यह है कि पाश्चात्य संस्कृति के लक्षणों को हमने अपनी आवश्यकतानुसार संशोधित, परिवर्तित और परिवर्द्धित किया है।

(3) संस्कृति विसरण द्वारा सामाजिक और सांस्कृति परिवर्तन किया जा सकता है। हमारे देश में गाँवों और जनजातियों में जो परिवर्तन दिखाई देता है, इसका एक कारण संस्कृति विसरण की प्रक्रिया भी है। गाँव के लोग शहरी संस्कृति के लक्षण को अपनाते हैं और इस कारण भी गाँवों में परिवर्तन देखने को मिलता है।

संस्कृति संक्रमण (Acculturation)

संस्कृति संक्रमण वह सांस्कृतिक प्रक्रिया है जिसके द्वारा एक व्यक्ति या समूह दूसरे व्यक्ति या समूह की सांस्कृतिक विशेषताओं को सम्पर्क और अंतः क्रियाओं द्वारा ग्रहण करता है। व्यक्ति की दृष्टि से यह समाजीकरण की प्रक्रिया है जिसमें भाषा संबंधी संचार का महत्वपूर्ण हाथ है। सामाजिक दृष्टि से इसका अर्थ विभिन्न मूल्यों, पद्धतियों

और संस्थाओं का विसरण तथा विभिन्न दशाओं में उनका संशोधन है। संस्कृति संक्रमण में एक संस्कृति में होने वाले वे परिवर्तन आते हैं जो दूसरी संस्कृति के सम्पर्क के कारण पाए जाते हैं और इस संस्कृति संक्रमण के परिणामस्वरूप दोनों संस्कृतियों में समानता आ जाती है। क्रोबर का कहना है कि संस्कृतियों का यह प्रभाव पारस्परिक या एकदम से एकतरफा हो सकता है। एकतरफा प्रभाव कभी–कभी इस सीमा तक होता है कि कोई एक संस्कृति अपने व्यक्तित्व को ही खो बैठती है। संस्कृति संक्रमण की प्रक्रिया एकाएक होने की अपेक्षा शनैःशनै होती है। इस संदर्भ में यहाँ यह स्पष्ट हो जाना चाहिए कि संस्कृति संक्रमण में सांस्कृतिक लक्षणों का विसरण और संस्कृति संक्रमण एक–दूसरे में मिले–जुले हैं। उनमें अंतर केवल उपागम और जोर का है। जब हम किसी एक विशेष संस्कृति लक्षण, संकुल या संस्था को एक संस्कृति से दूसरी संस्कृति में पाते हैं तो यह संस्कृति विसरण है। जब हम किन्हीं दो संस्कृतियों को सैकड़ों या हजारों संस्कृति लक्षण के आदान–प्रदान में देखते हैं; और इन लक्षणों के परिणामस्वरूप जो संरचना बनती है, उसका अध्ययन संस्कृति संक्रमण है। अतः विसरण का अर्थ संस्कृति के लक्षणों और अंगों का ब्यौरा है।

1935 ई. में अमेरिका के मानवशास्त्र एसोसिएशन द्वारा गठित एक समिति ने संस्कृति संक्रमण की व्याख्या की थी। इस समिति में रेडफील्ड, हर्सकोविट्ज और लिंटन भी सम्मिलित थे। समिति ने संस्कृति संक्रमण को इस प्रकार स्पष्ट किया—

> संस्कृति संक्रमण का अर्थ उन घटनाओं से लिया जाता है जिनमें विभिन्न संस्कृति वाले व्यक्तियों के समूह एक–दूसरे के निकट और निरन्तर सम्पर्क में आते हैं। इसके परिणामस्वरूप उन समूहों में से किसी एक या दोनों के मूल सांस्कृतिक प्रतिमान में परिवर्तन हो जाते हैं।

इन लेखकों ने संस्कृति संक्रमण का अन्तर सांस्कृतिक परिवर्तन से किया है। इस दृष्टि से संस्कृति संक्रमण सांस्कृतिक परिवर्तन का एक अंग मात्र है। संस्कृति संक्रमण का अन्तर आत्मसात् करना (Assimilation) से भी किया गया है। यह आत्मीकरण वस्तुतः संस्कृति संक्रमण का परिणाम है। इसी तरह विसरण संस्कृति संक्रमण का एक अंग मात्र समझा गया है। संस्कृति संक्रमण की व्याख्या में इसका संबंध और अंतः सांस्कृतिक परिवर्तन, आत्मसात, और विसरण के साथ करना एक प्रकार से बाल की खाल खींचना है। अवधारणाओं को इस भाँति एक–दूसरे से पृथक करके नहीं देखा जा सकता। संस्कृति संक्रमण की व्याख्या में यही कहना पर्याप्त होगा, जैसा क्रोबर ने भी एक जगह कहा है—"एक संस्कृति का अन्य संस्कृतियों के साथ होने वाला प्रभाव ही संस्कृति संक्रमण है।" संस्कृति संक्रमण के अन्तर्गत उन प्रभावों को देखा जाता है जो दूसरी संस्कृतियों के ग्रहण करने के परिणामस्वरूप आते हैं। इस दृष्टि से हम देखें तो लगता है कि इस अवधारणा के साथ कई अर्थ लगे हुए हैं। मानव–विज्ञान में इसका प्रयोग प्रारंभ से ही है। ऐसा लगता है कि संस्कृति संक्रमण का निन्यानवे प्रतिशत भाग अतीत में ही मिलता है और इसलिए इसके विश्लेषण में सांस्कृतिक परिवर्तन का संरूप बहुत महत्वपूर्ण है।

यदि सांस्कृतिक संक्रमण पर दूसरी संस्कृति द्वारा संशोधन या परिवर्तन है, तो सामाजिक मानवशास्त्र में इस अवधारणा पर द्वितीय विश्वयुद्ध तक इतना शोरगुल करने की क्या आवश्यकता थी। वास्तविकता यह है कि इस अवधारणा के साथ राजनीति बंधी हुई है। अमेरिका यह मानता है कि उनकी संस्कृति भव्य है, महान है और दूसरी संस्कृतियों को इस संस्कृति को अपनाना चाहिए। ऐसा लगता था मानो ये देश अपने भवन की सातवीं मंजिल पर बैठकर सड़क पर घिघियाते हुए किसी बोने आदमी को देख रहे हों। उनकी संस्कृति ने देने के लिए हाथ बढ़ाया है। एशिया और अफ्रीका की अविकसित संस्कृतियों ने मानो लेने के लिए हाथ बढ़ाया हो। अमेरिका में यह माना जाने लगा कि दूसरे राष्ट्रों के जो लोग उनके यहाँ आए, उन्हें अमेरिकी संस्कृति को सीखना है। इस संदर्भ में मानव वैज्ञानिकों से उस देश में यह आशा की जाती थी कि वे संस्कृति को आत्मसात करने के लिए कुछ विधियों की खोज करें। इंग्लैण्ड में दूसरी समस्या थी। अंग्रेजी साम्राज्य में सूर्य कभी अस्त नहीं होता था। इंग्लैण्ड को अपने उपनिवेशों को (जिसमें हमारा देश भी था) अंग्रेजी रीति–रिवाज और परम्पराएं देनी थीं। इस राजनीतिक दांव–पेच ने नृजातीय अध्ययन में संस्कृति संक्रमण की अवधारणा को जन्म दिया। इसीलिए शायद, ऑस्ट्रेलिया में अरून्टा, भारत में टोडा, नाइजीरिया में योरूना, और अमेरिका में डकोटाया होपी का अध्ययन किया गया। इनमें प्रत्येक अध्ययन यह बताता है कि इन आदिम समाजों पर स्पष्ट रूप से पाश्चात्य सभ्यता का सांस्कृतिक हमला हुआ था और इस हमले के परिणामस्वरूप ये आदिम समाज संस्कृति संक्रमण का आनन्द ले रहे थे।

संस्कृति संक्रमण की अवधारणा का प्रयोग सर्वप्रथम अमेरिका मानवशास्त्रियों ने किया था। ब्रिटिश विद्वान ऐसा करते समय घबराते थे। उन्होंने संस्कृति संक्रमण के समान्तर दूसरी अवधारणा संस्कृति सम्पर्क (Culture Contact) का प्रयोग पसंद किया। जर्मनी में इस अवधारणा का प्रयोग शायद सबसे पहले दूसरे दशक के मध्य में क्रिकबर्ग (Krickeberg) ने किया। शायद व्यवस्थित रूप से इस अवधारणा का अर्थ रेडफील्ड, लिन्टन और हर्सकोविट्ज ने किया था जिनका उल्लेख हमने ऊपर किया है। इस अवधारणा का प्रारंभ से आज तक का इतिहास बताता है कि इसके अन्तर्गत जो भी अध्ययन हुए हैं, वे सब संस्कृति सम्पर्क के अध्ययन हैं। यह संस्कृति सम्पर्क एशिया और अफ्रीका की संस्कृतियों के साथ रहा है।

ऊपर हमने संस्कृति संक्रमण की अवधारणा को संस्कृति विकास की प्रक्रिया के रूप में लिया है। प्रत्येक समूह की संस्कृति बदलती है, उसके विभिन्न लक्षणों और संकुलों में आमूल परिवर्तन आता है। इसके विश्लेषण में संस्कृति संक्रमण की अवधारणा महत्वपूर्ण है। इस प्रक्रिया के कुछ केन्द्रीय लक्षणों को हम नीचे देते हैं—

(1) रेडफील्ड, लिन्टन, और हर्सकोविट्ज का कहना है कि संस्कृति संक्रमण दोहरी प्रक्रिया है। जहां एक संस्कृति दूसरी संस्कृति को संस्कृति लक्षण और संकुल देती है, वहीं उससे इन लक्षणों और संकुलों को ग्रहण भी करती है। इसमें सामाजिक सम्पर्क दोहरा होता है। ओरटिज (Oritz, 1940) ने संस्कृति संक्रमण

की अवधारणा के लिए एक नया पद दिया है—पार–संस्कृति संक्रमण (Trans-Culturation)। इसका अर्थ है दो या दो से अधिक संस्कृतियों में सम्पर्क और आदान–प्रदान। ओरटिज के सुझाव पर मानव–वैज्ञानिकों ने कोई विशेष ध्यान नहीं दिया।

(2) संस्कृति संक्रमण अपने मूल में संस्कृति सम्पर्क है जैसा कि ब्रिटिश मानव वैज्ञानिकों ने इसे परिभाषित किया है।

(3) संस्कृति संक्रमण अनिवार्य रूप से ऐतिहासिक आधार सामग्री और उपागमों को काम में लाता है।

(4) इस अवधारणा के अध्ययन की दूसरी विधि तुलनात्मक है।

(5) संस्कृति संक्रमण में भाषा संबंधी अध्ययन पर अधिक जोर दिया जाता है।

बील्स ने सामाजिक मानव–विज्ञान के अध्ययनों में संस्कृति संक्रमण की उपयोगिता का विश्लेषण किया है। उनका कहना है कि अब तक इस अवधारणा के प्रति केवल मौखिक सहानुभूति व्यक्त की गई है। आज आवश्यकता इस बात की है कि इस अवधारणा को अधिक तीक्ष्ण और सूक्ष्म बनाया जाए। इसमें परिमाणीकरण (Quantification) की अधिक गुंजाइश है। इसी तरह इसमें तुलनात्मक विधि का प्रयोग भी अधिक गहराई से होना चाहिए।

आत्मसातन (Assimilation)

सांस्कृतिक प्रक्रियाओं में आत्मसात करने की प्रक्रिया एक तरह से अंतिम प्रक्रिया है। इस स्थिति में व्यक्तियों और समूहों में अभिव्यक्तियों, मानसिक प्रक्रियाओं, सामान्य हेतुओं और उद्‌देश्यों को लेकर विकसित समानता दिखाई देती है। संस्कृति विकास में अवधारणा का प्रयोग प्रायः किसी एक अप्रावासी या नृजातीय (Ethnic) समूह के किसी ग्रहण करने वाले समाज के संदर्भ में किया जाता है। अप्रावासी समूह जब दूसरे समाज में जाता है, तो धीरे–धीरे इस समाज के सांस्कृतिक लक्षणों और संकुलों को ग्रहण करता है, उन्हें जब अपने में आत्मसात करता है तो इस प्रक्रिया को आत्मीकरण कहते हैं। हमारे देश में विभिन्न नृजातीय समूह हैं। इन समूहों के अपने–अपने रीति–रिवाज हैं। यह विभिन्नता एकाधिक संस्कृतियों को बताती है, लेकिन देश की राजनीतिक और आर्थिक मुख्यधारा में ये एकाधिक सांस्कृतिक समूह समान हैं। अतः यह कहा जा सकता है कि देश के विभिन्न सांस्कृतिक समूहों का राजनीतिक और आर्थिक धारा में आत्मीकरण हो गया है। अमेरिका और यूरोप में भी एकाधिक सांस्कृतिक समूह हैं। अपनी सभ्यता की मुख्यधारा में इन विभिन्न संस्कृतियों का आत्मीकरण हो गया है। हाल ही हुए अध्ययनों में आत्मीकरण के क्षेत्र में कुछ नए तथ्य सामने आए हैं। आइजनस्टेड (Eisenstadt) ने अपने एक अध्ययन में बतलाया है कि अल्पसंख्यक समूह भी जिस बहुसंख्यक संस्कृति में रहते हैं, उसे अपनी संस्कृति द्वारा प्रभावित करते हैं।

आत्मीकरण के लिए कुछ दशाओं का होना आवश्यक है। उदाहरण के लिए बहुसंख्यक समूहों में अल्पसंख्यकों के प्रति सहिष्णुता होनी चाहिए। उन्हें समान

आर्थिक अवसर देने चाहिए। उनकी मूल संस्कृति को आदर की दृष्टि से देखना चाहिए। आत्मीकरण के लिए सबसे बड़ी आवश्यकता यह है कि अल्पसंख्यक और बहुसंख्यक समूहों के बीच में सुदृढ़ संचार व्यवस्था होनी चाहिए। विभिन्न संस्कृतियों का इतिहास यह बताता है कि आत्मीकरण की प्रक्रिया द्वारा कई बार नई संस्कृतियों का जन्म भी हुआ है। सबसे महत्वपूर्ण बात तो यह है कि इस प्रक्रिया द्वारा सांस्कृतिक परिवर्तन का विश्लेषण सरलतापूर्वक हो जाता है।

एकीकरण (Integration)

उद्‌विकास, विसरण, सांस्कृतिक संक्रमण और आत्मीकरण की प्रक्रियाओं का परिणाम एकीकरण में देखने को मिलता है। सामाजिक और सांस्कृतिक एकीकरण को कभी–कभी सामाजिक एकता भी कहा जाता है। प्रत्येक समाज या सामाजिक समूह में एक सीमा तक एकीकरण पाया गया है, इसके अभाव में समूह का अस्तित्व नहीं रहेगा। जब हम एकीकरण की चर्चा करते हैं तो हमें संस्कृति संरूपों को ध्यान में रखना चाहिए। एकीकरण का अर्थ है समूह के विभिन्न व्यक्तियों में सांस्कृतिक संरूपों को लेकर अनुकूलन स्थापित करना, लेकिन एकीकरण का तात्पर्य कभी भी सजातीयता (Homogeneity) से नहीं है। सजातीयता का अर्थ तो होता है समूह के व्यक्तियों में किसी भी प्रकार का अन्तर नहीं होना। एकीकरण में सजातीयता नहीं होती। इसमें व्यक्तियों में अभिवृत्तियों, मूल्यों, और व्यवहार के प्रतिमानों को लेकर अन्तर तो होता है, लेकिन ये व्यक्ति समूह के सामान्य उद्‌देश्य, को लेकर एक होते हैं। जीवन के दूसरे पहलुओं में वे स्वतंत्र होते हैं। एकीकरण के साथ संस्कृति अनेकता (Plurality of Culture) भी होती है। विशाल संस्कृति में उपसंस्कृतियाँ अपने अस्तित्व को बनाए रखती हैं, लेकिन विशाल संस्कृति के सामान्य हेतुओं और उद्‌देश्यों को लेकर उपसंस्कृतियाँ एकीकृत होती हैं। अतः एकीकरण वस्तुतः संगठन है। इस संबंध में गिलिन और लिलन का उल्लेख आवश्यक है। वे लिखते हैं—

> सजातीयता की अपेक्षा एकीकरण संगठन है। एक समूह को हम उसी सीमा तक एकीकृत कहेंगे जहां तक कि इसके सदस्यों ने समूह के सामान्य उद्‌देश्यों के अर्थों की प्राप्ति में अपने आपको संगठित किया है। एक एकीकृत समूह में सभी सदस्य अपने आपको समूह से जोड़ते हैं। समूह में प्रत्येक व्यक्ति का एक निश्चित स्थान होता है और प्रत्येक रीति–रिवाज के प्रतिमानों का परिपालन करता है।

एकीकरण के लिए सदस्यों का पर्याप्त समाजीकरण होना चाहिए। सदस्यों के लिए सामान्य उद्‌देश्य और अभिस्थापन (Orientation) होने चाहिए तथा सदस्यों के बीच प्रकार्यात्मक शृंखला बंधी हुई होनी चाहिए।

संस्कृति विकास के सिद्धांतों की बदलती दिशा (New Trends of Culture Growth)

उन्नीसवीं शताब्दी के सामाजिक मानव–वैज्ञानिकों की बहुत बड़ी रुचि सामाजिक परिवर्तन की गतिशीलता में थी। यद्यपि कुछ विद्वानों ने जैसे कि लाप्ले (Laplay) ने

तत्कालीन सामाजिक और सांस्कृतिक प्रकारों का विधिवत विवरण देने का प्रयास किया है, उस युग में किसी भी संस्था या सांस्कृतिक लक्षण के उद्‌गम खोजने की प्रवृत्ति बड़ी बलवती थी। इन लेखकों का सामान्य प्रयास यह था कि वे सभ्यता के उत्तरोत्तर विकास को एक श्रृंखला में बांध सकें। कूम्ते, स्पेन्सर, मोरगन सभी ने सांस्कृतिक परिवर्तन के अन्तर्गत संस्कृति के क्रमिक इतिहास को उपलब्ध प्रमाणों द्वारा बांधने का प्रयास किया है।

इस युग के बाद सांस्कृतिक परिवर्तन को काल मार्क्स की विचारधारा में कई नई दिशाएं मिलीं। मार्क्स के समानान्तर प्रकार्यवादी सिद्धान्तों का उदय भी हुआ। प्रकार्यवाद की रुचि सामाजिक संरचना को यथास्थिति (Status quo) में रखने की होती है। हाल में सांस्कृतिक परिवर्तन का विश्लेषण मॉडल विधि (Model Method) द्वारा भी किया जाने लगा है। यहाँ हम सांस्कृतिक परिवर्तन के विश्लेषण को लेकर कुछ प्रमुख सिद्धान्तों का आलोचनात्मक विवरण देंगे।

संस्कृति विकास के कुछ सिद्धान्त (Some Theories of Culture Growth)

सामाजिक परिवर्तन और सांस्कृतिक परिवर्तन में अन्तर है। सामाजिक परिवर्तन मानव व्यवहार में परिवर्तन है—सांस्कृतिक परिवर्तन संस्कृति द्वारा मान्य अर्थपूर्ण प्रतीकों में परिवर्तन है। सांस्कृतिक परिवर्तन के लिए सामाजिक एजेंसियों का होना अनिवार्य है। मानव–विज्ञान में संस्कृति के परिवर्तन संबंधी सिद्धान्तों का अभाव नहीं है। यदि हम मानव–विज्ञान में उपलब्ध साहित्य का अवलोकन करें तो हमें ज्ञात होगा कि संस्कृति के विकास और परिवर्तन को लेकर मानव–वैज्ञानिकों ने सिद्धान्त निर्माण का प्रशंसनीय कार्य किया है। संस्कृति विकास को लेकर मानव–विज्ञान में सिद्धान्त के तीन प्रकार मिलते हैं—(1) उद्‌विकास सिद्धांत (Evolutionary Theory); (2) मार्क्सवादी सिद्धान्त (Marxist Theory); और (3) प्रकार्यात्मक सिद्धांत (Functional Theory)।

उद्‌विकास सिद्धान्त (Evolutionary Theory)

यह ठीक है कि सामाजिक और सांस्कृतिक परिवर्तन होते हैं, लेकिन इन परिवर्तनों की दिशा और उनके परिणामस्वरूप समाज में होने वाले संरचनात्मक विभेद को हम किस प्रकार समझाएंगे। इस प्रश्न के उत्तर में प्रारंभिक सामाजिक मानव–वैज्ञानिकों पर उद्‌विकासीय सिद्धांतों का प्रभाव था। स्पेन्सर, मोरगन और तत्कालीन अन्य लेखकों ने डार्विन के सिद्धान्तों को सामाजिक संरचना पर लागू किया। उद्‌विकास अध्ययन उस युग का फैशन बन गया। परिणाम यह हुआ कि उन्नीसवीं शताब्दी के अन्त में लोगों के सामाजिक विचारों में उद्‌विकास सिद्धान्त का प्रभावपूर्ण स्थान था। क्रम विकास का यह प्रभाव ग्राहम समनर (Graham Sumner) जैसे लेखकों में भी देखने को मिलता है जो कि सामाजिक मूल्यों को लेकर सापेक्षवाद (Relativism) में विश्वास करते थे।

उन्नीसवीं शताब्दी में उद्‌विकासवाद का जो दौर चला, उसमें सिद्धान्त निर्माण का कार्य बड़ी दृढ़ता के साथ किया गया। इन उद्‌विकासवादियों ने सांस्कृतिक और जैविकीय उद्‌विकास के अन्तर को स्पष्ट किया। जैविकीय उद्‌विकास में यह माना

जाता है कि मनुष्य के विकास के सभी तत्व आनुवंशिकता द्वारा सम्बद्ध होते हैं। यद्यपि अनिवार्य रूप से इनका विकास विभिन्न दिशाओं में होता है। सांस्कृतिक उद्विकास में यह माना जाता है कि संसार के विभिन्न भागों में सांस्कृतिक संरूपों का विकास आनुवंशिकता से संबंधित नहीं है, फिर भी यह विकास समानान्तर रूप से चलता है। उद्विकासवादियों की दूसरी मान्यता यह है कि सामान्यतया सांस्कृतिक परिवर्तन सरलता से जटिलता की ओर बढ़ता है। इन वैज्ञानिकों ने विकास की चर्चा भी की। इनके अनुसार विकास का मूल्यांकन परिभाषित किए जाने योग्य मूल्यों द्वारा होना चाहिए। इस संबंध में सामाजिक वैज्ञानिकों (Social Scientist) में आज भी मतभेद हैं। विज्ञान मूल्य मुक्त होना चाहिए या नहीं, यह विवाद का प्रश्न है, लेकिन इस युग के वैज्ञानिकों ने उद्विकास के साथ विकास को भी देखने का प्रयास किया है।

एकरेखीय उद्विकास (Unilinear Evolution)

मोरगन, टाइलर, स्पेन्सर, आदि ने एकरेखीय उद्विकास के सिद्धान्तों को रखा। इनके अनुसार संस्कृति संरूप परिवर्तन की एक दिशा में होता है। सामान्य से जटिल, साधारण से कठिन, और छोटे से बड़ा। स्पेन्सर ने संस्कृति के विकास को जैविकीय विकास की तरह रखा है। उनके अनुसार एक जीवधारी और सामाजिक संस्था के विकास में कोई अन्तर नहीं है। कूम्ते सांस्कृतिक परिवर्तन के एकरेखीय उद्विकास को तीन अवस्थाओं में रखते हैं। धार्मिक, अधिभौतिक और वैज्ञानिक। मोरगन मानव विकास को जंगली अवस्था, असभ्य अवस्था और सभ्य अवस्था में रखते हैं। परिवार के उद्विकास के संबंध में मोरगन ने पांच अवस्थाएं रखी हैं—टाइलर धर्म के उद्विकास को जीवित सत्तावाद, बहुईश्वरवाद और अद्वैतवाद की अवस्थाओं में प्रस्तुत करते हैं।

संस्कृति विसरण के सिद्धान्त (Theories of Culture Diffusion)—उन्नीसवीं शताब्दी में जहां संस्कृति विन्यास के विकास को उद्विकासवादी एकरेखीय उद्विकास सिद्धान्तों द्वारा विश्लेषण कर रहे थे, वहां इस सिद्धान्त के ठीक विपरीत अन्य सिद्धान्तों का भी एक सम्प्रदाय था। यह सम्प्रदाय संस्कृति विसरण के नाम से जाना जाता है। जहां उद्विकास सिद्धान्त प्रत्येक प्रघटना और संस्कृति लक्षण को उसके विकास की दृष्टि से देखता है, जहां विसरणवाद संस्कृति इतिहास (Culture History) का अध्ययन करता है। इसमें वे नृजातीय (Ethnic) अध्ययन विधि द्वारा प्रत्येक समाज का अध्ययन करके इस बात की खोज करते हैं कि अमुख संस्कृति में कौन से तत्व विसरण द्वारा प्राप्त हुए हैं और उनकी संरचनात्मक प्रकृति कैसी है। यहाँ यह कहना चाहिए कि उद्विकास सिद्धान्त इंग्लैण्ड में प्रभावशाली था जबकि विसरणवादी सिद्धान्तों का उद्गम और विकास जर्मनी में हुआ। इसका यह अर्थ नहीं है कि इंग्लैण्ड में विसरणवादी नहीं थे।

विसरणवादियों की सबसे बड़ी विशेषता यह है कि वे उद्विकासवादियों के सिद्धान्तों का विरोध करते हैं। जर्मनी में ग्रैबनेर (Grabner) तथा रीवर्स (Rivers) ने इंग्लैण्ड में संस्कृति विसरण की विधियों को विकसित किया है। जब विसरणवादी संस्कृति के किसी एक ही लक्षण को दो क्षेत्रों में पाते हैं तो उनका यह निष्कर्ष होता है

कि यह लक्षण विसरण द्वारा एक क्षेत्र से दूसरे क्षेत्र में पहुँचा। सामान्यतया वे इस बात को अस्वीकार करते हैं कि एक ही संस्कृति लक्षण का विभिन्न क्षेत्रों में स्वतः ही उद्‌गम हुआ हो। विसरणवाद को लेकर सिद्धान्तों के तीन सम्प्रदाय हैं—(1) ब्रिटिश विसरणवाद या पान इंजिप्शियन सिद्धान्त; (2) जर्मन विसरणवाद या संस्कृति ऐतिहासिक सिद्धान्त; और (3) अमेरिकन विसरणवाद सिद्धान्त।

ब्रिटेन के इलियट स्मिथ ब्रिटिश विसरणवाद के प्रवर्तक हैं। मूल रूप में स्मिथ शरीर रचना विशेषज्ञ थे और वर्षों से मिस्र में रहे थे। उन्होंने जिस सिद्धान्त को प्रतिपादित किया, उसके अनुसार संसारभर की विभिन्न संस्कृतियों के संस्कृति लक्षणों का उद्‌गम मिस्र है। उनके अनुसार संस्कृति का जन्म सर्वप्रथम मिस्र में हुआ और यहाँ से विसरण द्वारा संस्कृति लक्षण अन्य संस्कृतियों में पहुँचे। स्मिथ की तरह पैरी (Perry) भी ब्रिटिश विसरणवादी हैं। उनके अनुसार संस्कृति में विकास और परिवर्तन केवल विसरण द्वारा ही संभव है। सामान्यतया मनुष्य का मस्तिष्क आविष्कार करने की क्षमता नहीं रखता। वह तो स्वाभाविक रूप से उपलब्ध साधनों द्वारा अपनी आवश्यकताओं की पूर्ति करता है। उन्होंने अपनी पुस्तक *दि चिल्ड्रन ऑफ सन* (*The Children of Sun*) में मिस्रवासियों को सूर्य की संतान बताया है। जैसे सूर्य संसार को प्रकाश देता है, वैसे ही मिस्रवासियों ने संसार को संस्कृति दी।

जब उद्‌विकासवाद अपनी उन्नति की चरम सीमा पर था, जर्मनी के रेटजैल (Ratzel) ने इसका विरोध किया। रेटजैल के शिष्य स्मिट्‌ज (Schmidt) इस सम्प्रदाय की विधि को जर्मन भाषा में संस्कृति ऐतिहासिक (Kulturisthorische) कहते हैं। जर्मन विसरण सिद्धान्त के प्रवर्तकों में ग्रेबनर और फाय के नाम उल्लेखनीय हैं। जर्मन विवरणवादियों का कहना है कि उद्‌विकासवादियों का यह सिद्धान्त ठीक है कि अलग–अलग स्थानों में स्वतंत्र रूप में विविध संस्कृति संकुल उत्पन्न हुए लेकिन इसके साथ यह भी स्वीकार करना पड़ेगा कि जिन–जिन स्थानों में लक्षण उत्पन्न हुए, वहां–वहां से यह लक्षण विसरण द्वारा संसार के अन्य भागों में भी पहुँचे। अतः जर्मन विसरणवादियों के अनुसार संस्कृति लक्षणों का विभिन्न क्षेत्रों में स्वतंत्र रूप से उद्‌गम हो सकता है, लेकिन ये लक्षण विसरण द्वारा दूसरे क्षेत्रों में पहुँचे हैं।

अमेरिका के विसरणवादियों में बोआस का नाम अग्रणी है। बोआस ने संस्कृति विसरण के कारणों पर जोर दिया है। उनका कहना है कि संसार को विभिन्न सांस्कृतिक क्षेत्रों में बांटकर, उनमें पाए जाने वाले संस्कृतिक लक्षण का विश्लेषण किया जाना चाहिए, फिर इनके पीछे जो कारक होते हैं, उनकी खोज की जानी चाहिए।

मार्क्सवादी सिद्धान्त (Marxist Theory)

यदि हम कहें कि मार्क्स का सिद्धान्त भी उद्‌विकास सिद्धान्त का एक प्रकार ही है तो यह अनुचित नहीं होगा। मार्क्स ने विभिन्न सभ्यताओं में वर्ग संघर्ष को उद्‌विकास द्वारा खोजा है। उनका यह कहना कि सभी समुदायों का इतिहास वर्ग संघर्ष का इतिहास है, इस बात को बताता है कि वे उद्‌विकासवादी हैं। फिर भी हम उनके सिद्धान्तों को

विशिष्ट स्थान देते हैं। इसके कारण हैं। उद्विकासवादियों ने संस्कृति के विकास में शनैः शनैः जटिलता को पाया है, लेकिन इस जटिलता के पीछे कौन से निश्चयात्मक कारक हैं, इस संबंध में वे मौन हैं। मार्क्स पहले विचारक थे जिन्होंने विकास के पीछे काम करने वाले कारकों का उल्लेख किया है। मार्क्स का आर्थिक निश्चयवाद (Economic Determinism) एक बहुत बड़ा संस्कृति परिवर्तन संबंधी सिद्धान्त है। उनका कहना है कि जिन व्यक्तियों का उत्पादन के साधनों पर स्वामित्व होता है, वे ही आर्थिक संरचना को बनाते हैं और आर्थिक संरचना ही संस्कृति विन्यास को निश्चित करती है। मार्क्स से पहले यह कहा जाता था कि इतिहास में परिवर्तन लाने का कार्य विचारों और मूल्यों का था। मार्क्स ने बताया कि विचार और मूल्य आर्थिक संरचना पर निर्भर होते हैं और इसलिए सांस्कृतिक परिवर्तन आर्थिक संरचना पर निर्भर है। उनके इन सिद्धान्तों को अपने मूल में उद्विकासवादी सिद्धान्त कहा जा सकता है लेकिन उनके सिद्धान्तों का अर्थ प्रचलित सिद्धान्तों में क्रांतिकारी परिवर्तन लाना है और इसलिए संस्कृति विन्यास में होने वाले परिवर्तन के विश्लेषण में मार्क्स को पृथक स्थान दिया जाना चाहिए।

प्रकार्यवादी सिद्धान्त (Functional Theory)

प्रकार्यवाद उत्पत्ति की खोज (Quest for Origin) को अस्वीकार करता है। इसके अनुसार सामाजिक संरचना के विभिन्न तत्व पारंपरिक रूप से एक–दूसरे पर निर्भर रहते हैं और इस प्रकार सामाजिक व्यवस्था में वे एकीकरण और संतुलन बनाए रखते हैं। प्रकार्यवादियों का यह मत है कि संस्कृति के विभिन्न अंग होते हुए भी समूह की सम्पूर्ण संस्कृति बंधी हुई रहती है। संस्कृति के विश्लेषण में इसे विन्यास (Configuration) कहा जाता है।

संस्कृति का विन्यासात्मक दृष्टिकोण बेनेडिक्ट के अध्ययनों में मिलता है। बेनेडिक्ट ने संस्कृति संरूप (Culture Pattern) की अवधारणा को विकसित किया है। संरूप का तात्पर्य है कि किसी भी संस्कृति में जो एकीकरण दिखाई देता है वह संस्कृति की अन्तर्वस्तु के व्यवस्थित हो जाने के कारण होता है। प्रत्येक संस्कृति के कुछ महत्वपूर्ण तथा बड़े खण्ड होते हैं। खण्ड में कई छोटे–छोटे उपखण्ड होते हैं। ये छोटे–छोटे उपखण्ड मिलकर संस्कृति को एक विशिष्ट प्रकार का स्वरूप देते हैं। उपखण्डों का यह समग्र रूप या इसकी डिजाइन संस्कृति विन्यास कहलाती है। इस भाँति किसी भी संस्कृति का विन्यास उसके खण्डों और उपखण्डों से बना होता है। ये खण्ड और उपखण्ड वस्तुतः संस्कृति के अंग या पाट्र्स होते हैं। इन अंगों में पराश्रयता, पारस्परिकता और एकीकरण होते हैं। संस्कृति की इस प्रकृति को प्रकार्यात्मकता कहते हैं। बेनेडिक्ट लिखती हैं—

> व्यक्ति की भाँति संस्कृति भी विचार और क्रिया का बहुत कुछ सुस्थिर संरूप है। प्रत्येक संस्कृति में ऐसे विशिष्ट लक्ष्य या उद्देश्यों का जन्म होता है जो दूसरे समाजों में नहीं पाए जाते हैं। इन उद्देश्यों का पालन करते हुए प्रत्येक समाज अपने अनुभव का उत्तरोत्तर एकीकरण करता जाता है जिसके फलस्वरूप व्यवहार के विभिन्न मदों में एकीकरण उत्पन्न होता है।

बेनेडिक्ट ने संस्कृति विन्यास की अवधारणा 1934 ई. में रखी थी। इस अवधारणा ने बाद में चलकर सांस्कृतिक सापेक्षवाद (Cultural Relativism) को विकसित किया। सांस्कृतिक सापेक्षवाद वह सिद्धान्त है जिसके अनुसार किसी भी संस्कृति को उसके अपने संदर्भ में ही समझा जा सकता है। एक संस्कृति के विश्लेषण में दूसरी संस्कृतियों के मापक नहीं लगाए जा सकते। प्रत्येक संस्कृति अपने स्वयं के संदर्भ में ही देखी जानी चाहिए। किसी भी संस्कृति में एकता या विघटन को उसी विशेष संस्कृति के संदर्भ में देखा जाना चाहिए। इस अवधारणा को हम रेडफील्ड की पुस्तक *दि प्रिमिटिव वर्ल्ड एण्ड इट्स ट्रांसफोरमेशन* (*The Primitive World and its Transformation,* 1953) में देख सकते हैं। इसी अवधारणा ने हर्सकोविट्स को सांस्कृतिक सार्वक की संभावना के लिए प्रेरित किया। सांस्कृतिक व्यक्तित्व को प्रभावित करती है और इस प्राक्कल्पना के प्रभाव ने संस्कृति और व्यक्तित्व के एक नए सम्प्रदाय को जन्म दिया।

भारत में सांस्कृतिक एकीकरण (Cultural Integration in India)

सांस्कृतिक एकीकरण वह प्रक्रिया है जिसके द्वारा एक समाज की सम्पूर्ण उप संस्कृतियाँ एक पूर्णता या समग्रता में बंध जाती हैं। ऐसी दशा में समाज के सदस्यों में सामाजिक व्यवहार, मापक, मूल्य, विश्वास आदि में प्रकार्यात्मक एकता स्थापित हो जाती है। समूह के सभी सदस्य अपने आप को सम्पूर्ण संस्कृति के हिस्सेदार समझते हैं और समूह के उद्देश्यों तथा हेतुओं को अपना उद्देश्य तथा हेतु समझते हैं। सांस्कृतिक एकीकरण की इस अवधारणा को बेनेडिक्ट ने संस्कृति संरूप में रखा है जिसमें व्यक्ति की संस्कृति उसके विचार और कार्य, देश की मुख्य संस्कृति धारा के अंग बन जाते हैं। इस अवस्था में समाज के समूहों और व्यक्तियों के हेतु, समाज के लक्ष्यों के सामने गौण स्थान प्राप्त करते हैं।

निश्चित रूप से सांस्कृतिक एकीकरण की समस्या हमारे युग की सबसे बड़ी समस्या है। पिछले कुछ दशकों में संसार की विभिन्न संस्कृतियों ने कई उतार–चढ़ाव देखे हैं। दूसरे विश्व युद्ध ने प्रत्येक विवेकशील व्यक्ति को सोचने के लिए बाध्य कर दिया है कि संसार में तब तक शान्ति नहीं रह सकती, जब तक संसार के सभी लोगों को उनके सामान्य मानव अधिकार नहीं दे दिए जाते।

भारत में सांस्कृतिक एकीकरण की समस्या अन्य समाजों की तरह ही जटिल है। कोई भी समाज पूर्ण एकीकृत नहीं होता। एकीकरण तो एक ऐसी प्रक्रिया है जो किसी भी समाज के जीवन में निरन्तर चलती है। अतः एक प्रक्रिया की दृष्टि से एकीकरण कभी भी सम्पूर्ण नहीं होता। हमारा देश एक विशाल देश है। यहाँ अगणित धर्म और धार्मिक सम्प्रदाय हैं। यहाँ कई प्रजातियाँ हैं, कई जातियों का निवास है, कई जनजातियाँ हैं। संविधान ने 16 भाषाओं को मान्यता दी है। इनके अतिरिक्त सैकड़ों बोलियां हैं जिनकी कोई गिनती नहीं। यह अनेक संस्कृतियों का देश है। इसका इतिहास बहुत पुराना है। सिन्धुघाटी की सभ्यता ईसा से कोई तीन हजार वर्ष पुरानी है। सिन्धु घाटी से लेकर आज तक इस देश में कई आप्रवासी और प्रवासियों का

उतार–चढ़ाव देखा है। कई युद्ध और आक्रमणकारी देखे हैं। विहंगम दृष्टि से हम यही बताना चाहते हैं कि हमारे देश में संस्कृति का विन्यास बहुत ही जटिल है। यह कहा जाता रहा है कि भारत की सांस्कृतिक विभिन्नताओं में एकता है। इस कथन की सत्यता इस बात का संकेत देती है कि देश की विभिन्न संस्कृतियों में कुछ सांस्कृतिक सार्विक हैं जो सांस्कृतिक एकीकरण को बनाए हुए हैं। लेकिन हमारा यह दृष्टिकोण एकदम सत्य ही है। आज बार–बार इस बात को दोहराया जाता है कि देश की राष्ट्रीय और सांस्कृतिक एकता संकट में है। हम यहाँ इस समस्या को थोड़े विस्तार के साथ देखना चाहते हैं।

संविधान और नए मापक तथा मूल्य (Constitution and New Values)

भारतीय संविधान एक नई सामाजिक, सांस्कृतिक संरचना का प्रारूप प्रस्तुत करता है। संविधान अपने मूल अधिकारों में प्रत्येक व्यक्ति को स्वतंत्रता और समानता प्रदान करता है। व्यक्ति की गरिमा को बनाए रखने का वायदा करता है। राज्य व्यक्तियों में धर्म, जाति और लिंग के आधार पर कोई भेदभाव नहीं करता। राज्य के लिए सभी नागरिक समान हैं। संविधान कुछ नए मूल्यों को देता है। इन नए मूल्यों में व्यक्तिवाद प्रजातंत्र, निरपेक्षवाद और समाजवाद हैं। भारतीय समाज का उद्देश्य एक ऐसी व्यवस्था को स्थापित करना है कि जिसमें प्रत्येक व्यक्ति अपनी गरिमा को बनाए रख कर ऐसे समाज की स्थापना कर सके जो शहर तकनीकी निरपेक्ष प्रजातांत्रिक समाजवादी हो।

भारतीय समाज एकाधिक संस्कृतियों की संरचना है। देश में अनेक संस्कृतियाँ हैं। हिन्दू, मुसलमान, सिख, जैन, ईसाई, पारसी, बौद्ध आदि कई नृजातीय समूह हैं। प्रत्येक सांस्कृतिक समूह में एक उपसांस्कृतिक समूह है। हिन्दुओं में शैव, शाक्त और वैष्णव सम्प्रदाय हैं। मुसलमानों में शिया और सुन्नी हैं। इस प्रकार के उपसांस्कृतिक समूह प्रत्येक समूह में मिल जाते हैं। 1931 ई. की जनगणना से ज्ञात हुआ था कि देश में तीन हजार से भी अधिक जातियाँ हैं। अब तो जातियों की संख्या और भी बढ़ गई होगी। अतः संस्कृति की दृष्टि से हमारे यहाँ एकाधिक संस्कृतियाँ हैं। संविधान ने यह सुविधा दी है कि सभी संस्कृतियाँ अपने अस्तित्व को बनाए रख सकती हैं। राज्य संस्कृतियों के जीवन में हस्तक्षेप नहीं करेगा। राज्य किसी भी समूह के धर्म में दखल नहीं देगा। भाषा में हस्तक्षेप नहीं करेगा और इस प्रकार लोगों के सांस्कृतिक जीवन की जो भी विभिन्नता है, उसमें अपना प्रवेश नहीं करेगा। इस भाँति हमारे समाज में प्रत्येक उपसंस्कृति को अपने क्रियाकलाप करने का पूर्ण अधिकार है।

अब प्रश्न है—एकाधिक संस्कृतियों के इस देश में सामाजिक, सांस्कृतिक एकीकरण को किस प्रकार प्राप्त किया जाएगा? एक ओर संविधान एकाधिक संस्कृतियों को मान्यता देता है, उनके अस्तित्व में बाधा नहीं डालता, वहीं संविधान चाहता है कि भारतीय समाज एक एकीकृत समाज बने। एकीकरण की इस समस्या का एक हल संविधान ने दिया है। सांस्कृतिक एकाधिकता में संविधान का कहना है कि राज्य आर्थिक तथा राजनीतिक जीवन में हस्तक्षेप करेगा। दूसरे शब्दों में, देश के विभिन्न सांस्कृतिक समूह परिवार, विवाह, साहित्य, कला, धर्म, दर्शन आदि क्षेत्रों में

अपने समूह की संस्कृति को या किसी भी संस्कृति को अपनाने के लिए स्वतंत्र हैं। कोई व्यक्ति मन्दिर में जाता है या नहीं, विवाह करता है या नहीं, दाढ़ी रखता या नहीं, इससे राज्य को कोई सरोकार नहीं है। सांस्कृतिक एकता व्यक्ति का मौलिक अधिकार है, लेकिन राज्य का कहना है कि आर्थिक और राजनीतिक क्षेत्रों में देश के विभिन्न समूहों पर राज्य का पूरा नियंत्रण रहेगा। राज्य आर्थिक नीति को निर्धारित करता है। उद्योग और व्यापार को अपने अधिकार में रखता है। इसी तरह कानून और प्रशासन राज्य के क्षेत्र हैं। हमारी ऐसी मान्यता है कि आर्थिक तथा राजनीतिक क्षेत्रों में एकीकरण हो जाने के परिणामस्वरूप आगे चलकर विभिन्न समूहों की सांस्कृतिक विभिन्नता भी कम हो जाएगी और इस तरह हम अधिक सीमा में सांस्कृतिक एकता प्राप्त कर सकेंगे।

अल्पसंख्यक (Minority)

शायद देश में सांस्कृतिक एकता स्थापित करने में बहुत बड़ी कठिनाई अल्पसंख्यकों की है। हमारे यहाँ कई भाषाई अल्पसंख्यक समूह भी हैं और इनके अतिरिक्त जनजाति समूह भी अल्पसंख्यकों की श्रेणी में ही हैं। हिन्दू और मुसलमानों का सांस्कृतिक एकीकरण कई दशकों से देश के लिए समस्या रहा है। इसी समस्या ने दो राष्ट्र के सिद्धान्त को जन्म दिया। पाकिस्तान और हिन्दुस्तान बने, लेकिन फिर भी आज सांप्रदायिक दंगों में कमी नहीं हुई है। भाषा को लेकर आए दिन झगड़े होते रहते हैं। दक्षिणी भारत को हिन्दी स्वीकार नहीं है। प्रत्येक प्रान्तीय भाषा राष्ट्रीय भाषा का दर्जा प्राप्त करने का प्रयास करती है। जनजातियों की संस्कृति सम्पूर्ण संस्कृति (Whole Culture) है। सभ्यता से दूर रहने वाले ये समूह अपने आप में पृथक सांस्कृतिक समूह हैं। यद्यपि संविधान ने जाति को स्वीकार नहीं किया है, फिर भी यथार्थता में आज भी हमें जातीय व्यवहार और उसकी कटुता का सामना करना पड़ता है। देश की यह सांस्कृतिक और सामाजिक स्थिति चुनौतीपूर्ण है।

हमने प्रजातंत्र, निरपेक्षवाद और समाजवाद को अपना राष्ट्रीय उद्देश्य स्वीकार किया है। दूसरे अर्थों में, हमने आधुनिकीकरण को अपना सामाजिक आदर्श स्वीकार किया है। इस अवस्था में हमारा विश्वास है कि आधुनिकीकरण की प्रक्रियाओं में से जैसे कि औद्योगीकरण, नगरीकरण, शिक्षा में विकास द्वारा हम देश के विभिन्न सांस्कृतिक समूहों में प्रकार्यात्मक पारस्परिकता विकसित कर सकेंगे और इसके परिणामस्वरूप न केवल हमें सांस्कृतिक एकीकरण प्राप्त हो सकेगा, वरन् हम राष्ट्रीय सुदृढ़ता को भी प्राप्त कर सकेंगे। जब अमेरिका जैसा राष्ट्र अपने 350 वर्षों के इतिहास में यूरोप के विभिन्न राष्ट्रों और संस्कृतियों के लोगों में सांस्कृतिक एकीकरण प्राप्त कर सकता है तो 5000 वर्षों से अधिक पुरानी यह संस्कृति आधुनिकीकरण के इस नए आयाम में अपना एकीकरण क्यों नहीं कर सकती?

11

सामाजिक संरचना और संरचनावाद

(Social Structure and Structuralism)

यह घटना 1966 की है। दूसरे विश्व युद्ध के बाद फ्रांसीसी मानवशास्त्री क्लाड लेवी–स्ट्रास (Claude Levi-Strauss) की पुस्तक *दि सेवेज माइंड* (*The Savage Mind,* 1966) प्रकाशित हुई। इस पुस्तक में पहली बार स्ट्रास ने संरचना की अवधारणा को मानवशास्त्र में रखा। स्ट्रास वस्तुतः अपने इस अध्ययन में आदिवासी मस्तिष्क का विश्लेषण करते हैं। आदिवासी समुदाय बहुत सामान्य और लघु आकार का होता है। उन्होंने पाया कि सामाजिक संरचना की अवधारणा मूल रूप से मानसिक है। यदि कोई व्यक्ति इस संरचना को अपनी आँखों से देखना चाहता है, तब वह उसे देख नहीं सकता। यह तो मनुष्य के मस्तिष्क में होती है। उसके विचारों में पाई जाती है। अपनी प्राप्ति के आधार पर स्ट्रास ने कहा कि सम्पूर्ण मनुष्य जाति में सार्वभौमिक रूप विचारों के स्वरूप में होते हैं और ये स्वरूप ही संरचना को बनाते हैं।

लेवी–स्ट्रास ने अपनी संरचना की प्राक्कल्पना को विस्तृत करते हुए कहा कि मनुष्य जो कुछ सोचता है, उसमें दोहरा विरोध (Binary Opposition) होता है। अन्य शब्दों में, स्ट्रास का कहना है कि दुनियाभर के लोग वस्तुओं को दो भागों में बाँटते हैं—प्राकृतिक और सामाजिक। यह वर्गीकरण परस्पर विरोधी होता है। रात और दिन; ठंडा और गर्म। वे भोजन को भी दो भागों में बाँट देते हैं—कच्चा भोजन और पका हुआ भोजन। गेहूँ कच्चा है, धान कच्चा है, राटी पक्की है, चावल पक्का है। स्ट्रास कहते हैं कि यह दोहरा विरोध प्राकृतिक और सामाजिक संरचना के समझने में सहायक होता है। साफ शब्दों में, हम दोहरे विरोध के बिना समाज से सम्बद्ध रचना को नहीं समझ सकते।

स्ट्रास ने पहली बार मानवशास्त्र में यह स्थापित किया कि मनुष्य जो कुछ सोचता है, उसमें यह दोहरा विरोध होता है। इस तरह के दोहरे विरोध को उन्होंने नातेदारी, मिथक, विश्वास, आदि में देखा। वे आगे कहते हैं कि मनुष्य के मस्तिष्क में प्रकृति और संस्कृति (Nature and Culture) का यह दोहरा विरोध संरचनात्मक रूप से पाया जाता है। यह अवश्य है कि इस दोहरे विरोध का प्रतिकार समाज के मानक और

मूल्य करते हैं, लेकिन स्ट्रास के हिसाब से यह गहरी सार्वभौमिक संरचना (Deep Universal Structure) तो सभी के मस्तिष्क में पाई जाती है। इसी कारण सार्वभौमिक संरचना के कारण दुनियाभर के लोग समान विचारधारा से सोचते हैं, उनकी धारणाएँ एक जैसी होती हैं। कुल मिलाकर संरचना की अवधारणा मनोविज्ञान के क्षेत्र तक पहुँच जाती है। यह मनुष्य के मस्तिष्क में गहराई से जमी होती है और इसे देखा नहीं जा सकता। इसकी व्याख्या करने का श्रेय लेवी–स्ट्रास को है और इसे उन्होंने आदिवासियों के अध्ययन में पाया। यह मनुष्य के चेतन और अचेतन दोनों मस्तिष्कों में पाई जाती है।

सामाजिक संरचना (Social Structure)

संरचनावाद संस्कृति के अध्ययन में एक प्रभावशाली अवधारणा है। इसका उद्‌गम भाषा विज्ञान से जोड़ा जाता है। संरचनावादियों का कहना है कि सामाजिक दुनिया में जो कुछ होता है, गुजरता है, इस सबका सरोकार भाषा से है। हमारी सम्पूर्ण दुनियादारी भाषा के माध्यम से ही चलती है। संरचनावादी कहते हैं कि हम किसी भी हालत में सामाजिक संरचना को भाषा से अलग नहीं कर सकते। जब हम कहते हैं कि पड़ोस के जंगल से गाँव में चीता आ गया है, तब सभी अपनी जान बचाने के लिए भाग दौड़ करते हैं। लोगों के मस्तिष्क में चीते के बारे में कुछ धारणाएँ हैं, वह आदमी का खून पीता है, बच्चे–बूढे, अपाहिज किसी को नहीं छोड़ता। ये धारणाएँ लोगों के दिमाग में हैं और यही संरचना को बनाती हैं। इसमें भाषा की भूमिका प्रधान है। लोग चीते को कुत्ता या बिल्ली नहीं समझते। चीता तो चीता है। भाषा से अर्थ स्पष्ट हो जाता है और इसी से भय और सुरक्षा की भावना पैदा होती है।

वास्तव में देखा जाए तो सामाजिक संरचना मनुष्य के मस्तिष्क या विचारों में पाई जाती है। इसे मूर्त रूप में देख पाना सम्भव नहीं है। इवान्स–प्रिचार्ड जो प्रखर मानवशास्त्री हैं, उन्होंने एक स्थान पर लिखा है—

> वे लोग जो समाज में रहते हैं, उन्हें इसका ज्ञान नहीं होता और होता है तो बहुत कम कि इस समाज की एक संरचना है। यह मानवशास्त्रियों का काम है कि वे इसे उजागर करें। इसकी व्याख्या करें।

इधर ब्रिटिश मानवशास्त्री प्रिचार्ड बड़े आग्रह के साथ दोहराते हैं कि मानवशास्त्र का मुख्य काम यह है कि वह सामाजिक संरचना का अध्ययन करे। जी.पी. मुरडोक (G.P. Murdock) ने तो अपनी पुस्तक का नाम ही *सोशल स्ट्रक्चर* (*Social Structure*) रखा है। अमेरिका के इस मानवशास्त्री ने तो कहा है कि समाज और कुछ न होकर सामाजिक संरचना ही है। देखा जाए तो मुरडोक ने अपनी इस पुस्तक में कुल मिलाकर संस्कृति का ही विश्लेषण किया है। दूसरे शब्दों में, उनके अनुसार सामाजिक संरचना, सांस्कृतिक संरचना ही है।

अगर हम भारत को देखें तो हमारे यहाँ संरचना के नाम पर एथनोग्राफी यानी संस्कृति का अध्ययन ही हुआ है। मानवशास्त्रियों ने आदिवासियों—गौंड, भील, संथाल आदि की संस्कृति को गहराई से खंगाला है। अगर हम संक्षेप में भारत के बारे में कहें

तो कहना होगा कि यहाँ का सामाजिक मानवशास्त्र और कुछ न होकर एथनोग्राफी ही है। आदिवासियों की संस्कृति का ब्यौरा मात्र ही है। इस ब्यौरे की आधारभूत सामग्री पर हम संरचना का निर्माण करते हैं।

अगर हम सामाजिक संरचना की दृष्टि से देखें तो भारत का समाजशास्त्र मानवशास्त्र से बहुत आगे है। भारत के समाजशास्त्र में सामाजिक संरचना के निर्माण में अत्यधिक कार्य हुआ है। इस प्रयास में एस.एफ. नेडल (S.F. Nadel) का प्रभाव स्पष्ट दिखाई देता है। उन्होंने अपनी पुस्तक *दि थ्योरी ऑफ सोशल स्ट्रक्चर* (The Theory of Social Structure) में इस बात का प्रयास किया है कि सामाजिक संरचना किसी भी अर्थ में सिद्धान्त से कम नहीं है। आज मानवशास्त्र में संरचना या संरचनावाद को पूरी तरह सिद्धान्त का दर्जा प्राप्त है।

सामाजिक संरचना का अर्थ (Meaning of Social Structure)

समाजशास्त्र की तुलना में सामाजिक मानवशास्त्र में सामाजिक संरचना को परिभाषित करना सरल है। पहली बात तो यह कि सामाजिक मानवशास्त्र लघु समुदायों की संरचना का अध्ययन करता है। अगर विधि की दृष्टि से देखें तो इन समुदायों में क्षेत्रीय कार्य सामान्य होता है। इन समुदायों में लोग एक–दूसरे को बड़ी निकटता से जानते हैं। आए दिन वे एक–दूसरे से रू–ब–रू होते हैं। खूब मिलते–जुलते हैं। उनकी अन्तःक्रियाओं से संरचना का निर्माण करना सरल हो जाता है। गाँव के लोगों के सम्बन्ध प्रायः ग्राम तक ही या निकट के कस्बे तक ही सीमित होते हैं। भाषा एक ही होती है, बोली भी एक ही है। इसी कारण लोगों की धारणाएँ, विचार, मूल्य और मानक भी एक जैसे ही होते हैं। इस समाज में एकाधिक संस्कृतियाँ (Plural Cultures) नहीं पाई जातीं।

संरचना की परिभाषा देना, दूसरा, इसलिए भी सरल होता है कि लोगों के व्यवसाय भिन्न नहीं होते। खेती उन्हें भाग्यवादी बना देती है। अगर बरसात ठीक–ठाक हो जाए तो लोगों का जीवनयापन अच्छा हो जाता है। यह सामाजिक संरचना के निर्माण का सुगम उपाय है। भारत में इन लघु समुदायों पर विकास कार्यक्रमों, सार्वभौमीकरण और आधुनिकीकरण का प्रभाव भी पड़ा है। अब ये लघु समुदाय भी शीघ्रता से बदल रहे हैं। इन समुदायों में कुछ मानवीय कारक (Human Factors) ऐसे होते हैं जो बदलाव पर नियंत्रण रखते हैं।

संरचना की परिभाषा देने के सामाजिक मानवशास्त्र में कई प्रयत्न हुए हैं। रेडक्लिफ–ब्राउन, रेमण्ड फर्थ, एस.एफ. नेडल आदि ने अपने–अपने ढंग से इसकी व्याख्या की है। एरिक्सन ने इन सब परिभाषाओं को ध्यान में रखकर संरचना की परिभाषा इस तरह दी है—

> इस भाँति सामाजिक संरचना का उत्पत्ति स्थान (Matrise) समाज है। इसमें मनुष्य नहीं होते। मगर इसके अन्तर्गत कर्त्तव्य, अधिकार, श्रम विभाजन, मानक, मूल्य, सामाजिक नियंत्रण, इत्यादि होते हैं। यह दिन–प्रतिदिन के क्रिया–कलापों का अमूर्तिकरण होता है।

देखा जाए तो एरिक्सन की उपरोक्त परिभाषा मुख्यतया रेडक्लिफ–ब्राउन की परिभाषा से उधार ली गई है। रेडक्लिफ–ब्राउन ने संरचना को परिभाषित करते हुए लिखा है—

> हम जब क्षेत्र में जाते हैं तब गाँव के कई व्यक्तियों के नाम से विभिन्न क्रियाओं का उल्लेख करते हैं। यह सब हमारी डायरी में नोट होता है, लेकिन वैज्ञानिक विश्लेषण के लिए, हमें इन व्यक्तियों के नामों की आवश्यकता नहीं होती। हमें तो केवल, नामों को हटाकर उनका सामान्यीकरण मात्र करना है। यह सामान्यीकरण ही सामाजिक संरचना है।

महुआ गाँव में रामदीन और सुरेखा दोनों भाई हैं। उनमें पुश्तैनी जमीन को लेकर झगड़ा हो जाता है। इसमें स्त्रियाँ भी कूद पड़ती हैं। गाली–गलौच होता है और छोटा भाई सुरेश बड़े भाई रामदीन को कुल्हाड़ी मार देता है। पुलिस इन्सपेक्टर खान साहब आते हैं और पुलिस कार्रवाई होती है। इस सम्पूर्ण घटना में गाँव है, नातेदार हैं, स्त्रियाँ हैं, उनके भी नाम हैं और पुलिस है। सामाजिक संरचना, स्थान के नाम, व्यक्तियों के नाम, पुलिसकर्मियों के नाम, नातेदारों के सम्बन्ध आदि का कोई उल्लेख नहीं करती। वह तो सिर्फ यही कहती है कि निकट सम्बन्धियों में भी सम्पत्ति को लेकर संघर्ष हो जाता है। वास्तव में सामाजिक संरचना खुली आँखों से नहीं देखी जाती। यह एक प्रकार का अमूर्त सोच है जो मनुष्य के मस्तिष्क में होता है। यही संरचना को स्वरूप (Form) देता है।

देखा जाए तो संरचना का नाम, स्थान और अन्य नामजद वस्तुओं से कोई सरोकार या मतलब नहीं होता। इसका व्यक्तियों से लगाव नहीं होता। आनुभविक स्थिति से ऊपर उठकर जो अमूर्तिकरण (Abstraction) किया जाता है, वही सामाजिक संरचना है। एम.एन. श्रीनिवास *दि रिमेम्बर्ड विलेज* (*The Remembered Village*) में कई स्थानों और घटनाओं का बड़ा दिलचस्प विवरण दिया है पर जब वे इसका अमूर्तिकरण करते हैं तब हमें दक्षिण भारत के ग्रामीण जीवन का एक खाका मिल जाता है। यही श्रीनिवास जब कूर्ग जाति के धर्म और समाज का वर्णन अपनी एक अन्य पुस्तक में करते हैं तब इसके अमूर्तिकरण के परिणामस्वरूप हमें संस्कृतीकरण (Sanskritisation) और पाश्चात्यीकरण (Westernisation) की अवधारणाएं मिल जाती हैं। अमूर्तिकरण सामाजिक संरचना के निर्माण में सहायक होता है। इसी को रेडक्लिफ–ब्राउन संरचना का रूप या आकार (Form) कहते हैं। एरिक्सन एक स्थान पर कहते हैं कि संरचना का दिन–प्रतिदिन घटने वाले प्रसंगों से कोई लेना–देना नहीं होता, न ही इसका आनुभविक विस्तार से कोई मतलब होता है। अमूर्तिकरण में सभी अनावश्यक तत्त्व निकाल दिए जाते हैं। यह शुद्ध शब्दों में आनुभविकता का अमूर्तिकरण (Abstraction) है। इसे संक्षेप में इन बिन्दुओं में रखेंगे—

1. सामाजिक संरचना, एक प्रकार का अमूर्तिकरण है।
2. यह विशेष नामों, घटनाओं का वर्णन नहीं देता।
3. इसका प्रयोग तुलनात्मक अध्ययन में होता है।

रेमण्ड फर्थ ने सामाजिक संरचना की परिभाषा को अपने अफ्रीका के आदिवासियों के अध्ययन के आधार पर विकसित किया है। वे सामाजिक संरचना को सामाजिक संगठन (Social Organisation) से भिन्न करके देखते हैं।

सामाजिक संरचना और सामाजिक संगठन में अन्तर है। संरचना समाज में स्थापित नियमों, अधिनियमों, रिवाजों और संस्थाओं से बनी है। दूसरी ओर, सामाजिक संगठन सामाजिक संरचना का गतिशील पहलू है। जब संरचना में गतिशीलता आ जाती है यानी जब यह बदलने लगती है, तब उसे संगठन कहते हैं।

उदाहरण के लिए होली पर रंग लगाया जाता है। यह रिवाज है और इसलिए यह संरचना है। जब इस रिवाज को फूहड़ समझ कर केवल रंग का टीका लगा दिया जाता है तब यह संरचना में बदलाव है और इसलिए इसे सामाजिक संगठन कहते हैं। वस्तुतः संरचना से जुड़ा हुआ सामाजिक संगठन होता है। रेमण्ड फर्थ ने अफ्रीका की जनजातियों के अध्ययन के आधार पर एक और नतीजा निकाला है। वे कहते हैं कि सामाजिक संरचना के अन्तर्गत लोगों का स्टेन्डर्ड (Standard) व्यवहार आता है। लोग अपने व्यवहार को नीचे गिरा सकते हैं। यह स्टेन्डर्ड व्यवहार शहर से गाँव में जाकर बदल सकता है। वास्तव में स्टेन्डर्ड व्यवहार एक प्रकार का प्रतिमान या नमूने (Pattern) का व्यवहार है। जब हम वास्तविकता को देखते हैं तो ज्ञात होता है कि प्रतिमान सामान्यतया बदलता नहीं है।

एस.एफ. नेडल संरचना की परिभाषा में बड़ी सावधानी बरतने पर जोर देते हैं। वे रेडक्लिफ–ब्राउन और फर्थ की आलोचना करते हुए कहते हैं कि संरचना की अवधारणा बड़ी तकनीकी है और इसका प्रयोग हमें मनमाने ढंग से नहीं करना चाहिए। यह कोई रबड़ का तम्बू नहीं जिसे जिधर चाहो, खींच लो। इसका प्रयोग बड़ी सावधानी से होना चाहिए। नेडल ने सामाजिक संरचना को परिभाषित करते हुए कहा है—

संरचना का मतलब है समाज के विभिन्न भागों को व्यवस्थित रूप से जमाना। संरचना सामान्यतया बदलती नहीं है जबकि समाज के भाग प्रायः बदलते रहते हैं।

नेडल ने अपनी परिभाषाओं में दो बातें स्पष्ट की हैं—

1. समाज के कई भाग हैं। इनमें धर्म, अर्थव्यवस्था, उद्योग–धंधे, कला, साहित्य, भौतिक संसाधन, राजनीति इत्यादि हैं।
2. ये भाग बदलते रहते हैं, लेकिन इनके पारस्परिक सम्बन्ध सरलता से नहीं बदलते।

सामाजिक संरचना को प्रकार्यवादी दूसरे दृष्टिकोण से देखते हैं। वे संरचना का सम्बन्ध प्रकार (Function) से जोड़ते हैं। इस सिलसिले में प्रकार्यवादी टॉलकट पारसंस का उल्लेख करना चाहिए। पारसंस कहते हैं कि समाज के विभिन्न भागों जैसे अर्थव्यवस्था, उद्योग, शिक्षा, राजनीति आदि में अपने प्रकार्यों द्वारा पारस्परिक सम्बन्ध होता है। ये भाग सम्पूर्ण सामाजिक व्यवस्था में एकीकरण स्थापित करते हैं। इस तरह की एकता प्रकार्यों से बनी एकता होती है। इसको वे सामाजिक व्यवस्था (Social System) कहते हैं। अगर प्रकार्यवादी संदर्श में देखें तो मानवशास्त्र में जो सामाजिक

संरचना है, समाजशास्त्र में वह सामाजिक व्यवस्था है। प्रकार्यवादी सामाजिक व्यवस्था को परिभाषित करते हुए लिखते हैं, "सामाजिक व्यवस्था नियमित रूप से होने वाले सामाजिक सम्बन्धों से बनी होती है।" देखा जाए तो सामाजिक व्यवस्था और सामाजिक संरचना का अन्तर केवल बल देने (Emphasis) का है। जब मानवशास्त्री समाज के भागों या हिस्सों की बात करते हैं, तब वे अपने पारस्परिक सम्बन्धों के ताने–बाने की जमावट को देखते हैं। कहते हैं कि भागों में परिवर्तन हो सकता है पर इससे संरचना नहीं बदलती। दूसरी ओर जब समाजशास्त्री सामाजिक व्यवस्था की चर्चा करते हैं तब वे भागों की जमावट पर बल न देकर पारस्परिक प्रकार्यों पर बल देते हैं।

मानवशास्त्री कहते हैं कि यह सामाजिक संरचना ही है जो समाज को निरन्तरता (Continuity) देती है। इसी कारण वे सामाजिक संरचना को एक स्वरूप या आकृति की तरह देखते हैं। रेडक्लिफ–ब्राउन अपनी पुस्तक *स्ट्रक्चर एण्ड फंक्शन इन प्रिमिटिव सोसायटी* (*Structure and Function in Primitive Society,* 1964) में स्ट्रक्चर यानी संरचना की व्याख्या पर पूरा एक अध्याय देते हैं। रेडक्लिफ–ब्राउन के विचारों को अधिक स्पष्ट रूप देने के लिए हम कहेंगे कि संरचना में सामाजिक अन्तःक्रियाओं के कई स्वरूप होते हैं। पिता और पुत्र के सम्बन्ध, भाई और बहन के सम्बन्ध, चाचा और भतीजे के सम्बन्ध, नातेदारी के अन्तर्गत आ जाते हैं और नातेदारी एक सामाजिक संरचना है।

रेडक्लिफ–ब्राउन का कहना है सामाजिक सम्बन्ध या सामाजिक संरचना निरन्तर बदलती रहती है, लेकिन संरचना का जो स्वरूप है, उसकी जो आकृति है, वह तीव्रता से नहीं बदलती। नातेदारी या परिवार जो पिछले एक दशक में जैसे थे, वैसे ही आज भी हैं। एक वास्तविक संरचना होती है और दूसरी उसका प्रतिमान या स्वरूप। स्वरूप में परिवर्तन बड़ी लम्बी अवधि के बाद होता है और वास्तविक संरचना तो आए दिन बदलती रहती है। आज जो हमारे मित्र हैं, कल हमारी जान लेने पर तत्पर थे। इस सम्बन्ध में रेडक्लिफ–ब्राउन कहते हैं—

इस तरह, व्यक्तियों और समूहों के बीच के सम्बन्ध दिन–प्रतिदिन, साल–दर–साल बदलते रहते हैं। समुदाय में नए सदस्य आते हैं, कई जन्म होते हैं, कई स्थानान्तरण हो जाते हैं और कई सदस्य मर जाते हैं। विवाह होते हैं, विवाह–विच्छेद भी होते हैं। वास्तविक सामाजिक संरचना बराबर बदलती रहती है, लेकिन संरचना का जो स्वरूप होता है, वह सापेक्षिक रूप से स्थाई होता है।

सामाजिक संरचना के लक्षण (Characteristics of Social Structure)

पिछले पृष्ठों में हमने सामाजिक संरचना की जो अवधारणा मानवशास्त्र में प्रचलित है, उसकी परिभाषा दी है। समाजशास्त्री संरचना को सामाजिक व्यवस्था के रूप में देखते हैं। दोनों के देखने का नजरिया अलग है। मानवशास्त्री समाज के विभिन्न अंगों की बनावट (Structure) को देखते हैं, उनके पारस्परिक सम्बन्धों की पड़ताल करते हैं और समाजशास्त्री समाज के विभिन्न अंगों के प्रकार्यों का विश्लेषण करते हैं। इस भाँति मानवशास्त्री संरचनात्मक संदर्श को अपनाते हैं और समाजशास्त्री प्रकार्यात्मक संदर्श

को देखते हैं। यह सब हमने संरचना के अर्थ में लिखा है। अब इसके मुख्य लक्षणों का नीचे वर्णन करेंगे।

आनुभविक यथार्थता का अमूर्तिकरण (Abstraction of Empirical Reality)

दिन–प्रतिदिन की चहल–पहल में समाज में बहुत कुछ होता है। तेज रफ्तार से चलने वाली मोटरगाड़ी पेड़ से टकरा कर क्षतिग्रस्त हो जाती है, इस दुर्घटना में ड्राइवर मर जाता है, सूने घर में चोरी हो जाती है, कोई नौकरी पा जाता है और इस तरह की अनेक घटनाएँ समाज में हो जाती हैं। ये सब इन्द्रीय जन्म घटनाएँ हैं अर्थात् आनुभविक हैं। इनका संरचना कोई ब्यौरा नहीं देती। वह तो इन घटनाओं का अमूर्तिकरण करती है। इनके स्वरूप (Form) को बनाती हैं। इस स्वरूप में न तो नाम होता है और न कोई अन्य जानकारी।

संरचना व्यक्तियों से स्वतन्त्र होती है (Structure is Independent of Individuals)

सामाजिक संरचना में व्यक्तियों को कोई स्थान नहीं होता। व्यक्ति जो आज है, कल नहीं। हमारे देश में गोखले थे, गाँधीजी थे, नेहरुजी थे और आज ये व्यक्ति नहीं हैं। व्यक्ति तो आते–जाते रहते हैं, लेकिन विभिन्न स्थितियों में होने वाले सामाजिक सम्बन्ध संरचना को बनाते रहते हैं। परिवार, राज्य या विश्वविद्यालय, सामाजिक संरचना हैं। ये लम्बी अवधि तक चलते रहते हैं।

संरचना लगातार चलती रहती है (Structure is Persisting)

मिल्टन सिंगर (Milton Singer) और बर्नार्ड कोहन (Bernard Cohn) ने अपनी संपादित पुस्तक *स्ट्रक्चर एण्ड चेंज इन इंडियन सोसायटी* (*Structure and Change in Indian Society*, 1968) में सामाजिक संरचना के अन्तर्गत जाति, संयुक्त परिवार और भाषा को सम्मिलित किया है। इस ग्रन्थ के लेखकों ने भारतीय सामाजिक संरचना के अन्तर्गत जो खास बात रखी है वह यह है कि यह संरचना बराबर बदलती रही है, लेकिन इसकी निरन्तरता (Continuity) में कोई कमी नहीं है। अतः जब हम संरचना की बात करते हैं तो हमारा तात्पर्य यह है कि इसमें विभिन्न प्रस्थितियों (Statuses) वाले लोग लगातार सामाजिक अन्तःक्रिया करते रहते हैं।

संरचना बराबर निरन्तरता में रहती है (Continuity in Structure)

रेडक्लिफ–ब्राउन, रेमण्ड फर्थ और नेडल बराबर यह कहते हैं कि सामाजिक संरचना में हमेशा परिवर्तन होता है, लेकिन समाज के विभिन्न भागों की जो व्यवस्थित जमावट (Ordered Arrangement) होती है, उसमें कोई परिवर्तन नहीं आता। दूसरे शब्दों में, समाज के भाग तो बदलते हैं पर संरचना अपरिवर्तनीय या स्थिर रहती है।

संरचना समाज के उद्गम का मूल स्थान है (Structure is the Matrix of Society)

थामस हाईलेंड एरिक्सन ने संरचना की विस्तृत व्याख्या की है। वे कहते हैं कि संरचना तो समाज का मूल (Matrix) है। कहना चाहिए समाज की जितनी प्रस्थितियाँ

हैं—प्रोफेसर, राजनीतिज्ञ, वकील, पति, माता–पिता, भाई–बहन, सभी का जोड़ सामाजिक संरचना है।

संरचना का स्थानिक आयाम होता है (Structure has a Spatial Dimension)

सामाजिक संरचना अपरिवर्तनीय और निरन्तर होती है, लेकिन इसका एक निश्चित स्थान होता है। इसका सरोकार किसी न किसी भू–भाग से होता है। दुनियाभर की सामाजिक संरचना एक समान नहीं होती। भारत में जो सामाजिक संरचना का स्वरूप है, वह ब्रिटेन में नहीं, रूस में नहीं है। भारत में ही संरचना की यह स्थानीयता देखने को मिलती है। आदिवासियों में सामान्यतया बहु–पत्नी (Polygamy) प्रथा होती है और कहीं बहुपति प्रथा (Polyandry)। कहीं दहेज प्रथा है, कहीं नहीं। प्रत्येक स्थान की सामाजिक संरचना की अपनी एक निजी विशिष्टता होती है। प्रत्येक संरचना के विकास का उतार–चढ़ाव, दुख–दर्द का एक इतिहास होता है। कुल मिलाकर सामाजिक संरचना स्थान से जुड़ी होती है।

संरचना का चमत्कार या विशिष्ट से सम्बन्ध नहीं होता (Structure is not Connected with the Particular or Unique)

संरचना की एक बहुत बड़ी विशेषता यह है कि इसका किसी विशेष प्रघटना या विशिष्ट वस्तु से कोई सम्बन्ध नहीं होता। महाभारत की कथा में एक जगह कहा जाता है कि कंस ने अपनी बहनों के बच्चों को एक के बाद एक मार दिया। मतलब हुआ मामा ने अपने भांजों को मौत के घाट उतार दिया। यह एक विशिष्ट घटना है। इधर मीडिया में ऐसी खबरें आए दिन छपती रहती हैं कि बाप ने अपने ही बेटों को मार दिया या बेटों ने बाप को मार दिया। ये घटनाएं सामान्य नहीं हैं, न कभी बेटा बाप को जान से मार देता है और न बाप बेटे को। ये असामान्य घटनाएँ हैं। संरचना ऐसी घटनाओं से कोई सरोकार नहीं रखती। ये विशिष्ट हैं, सामान्य नहीं। रोजमर्रा के जीवन में यह सब कभी घटता नहीं है। इस भाँति सामान्य जन–जीवन जो होता है, उसी का अमूर्तिकरण संरचना में होता है।

संरचना सामाजिक व्यक्तित्व से जुड़ी होती है (Structure is Connected with Social Personality)

रेडक्लिफ–ब्राउन का कहना है कि संरचना का संबंध सामाजिक व्यक्तित्व से होता है। प्रत्येक व्यक्ति के दो पहलू होते हैं—एक तो वह व्यक्ति (Individual) होता है और दूसरा पुरुष (Person)। व्यक्ति के अर्थ में वह एक सावयवी (Organic) जीव होता है। उसके फेफड़े होते हैं, रक्त शिराएं और हृदय होता है, उसमें गति होती है। यह उसका जैविकीय (Biological) स्वरूप होता है। उसका दूसरा पहलू पुरुष का होता है। पुरुष यानी कई प्रस्थितियों की गठरी। वह पिता है, पुत्र है, अध्यापक है, नौकर या अफसर है। इस पुरुष का अध्ययन सामाजिक मानवशास्त्र करता है। रेडक्लिफ–ब्राउन कहते हैं कि सामाजिक संरचना व्यक्ति का अध्ययन नहीं करती। उसका तो सरोकार पुरुष से होता है। मतलब हुआ सामाजिक संरचना पुरुष के व्यक्तित्व से जुड़ी हुई प्रस्थितियों का अध्ययन करती है।

सामाजिक संरचना के अध्ययन के उपागम
(Approaches to the Study of Social Structure)

पिछले अध्यायों में हमने कहा है कि सामाजिक मानवशास्त्र के दुनियाभर में कई रूपान्तरण (Variations) हैं। सभी बड़े देशों में जैसे कि इंग्लैंड, फ्रांस, अमेरिका आदि में इसके अध्ययन के विभिन्न स्वरूप हैं। संरचना को इन देशों में अलग–अलग अर्थों में लिया जाता है। इस तरह का तुलनात्मक अध्ययन हमें भारतीय संरचना को समझने में बड़ा सहायक होता है। यहाँ हम इसके विभिन्न उपागमों (Approaches) का संक्षेप में उल्लेख करेंगे।

अमेरिका

हम भारत में जिस अर्थ में सामाजिक मानवशास्त्र को समझते हैं, वैसा अमेरिका में नहीं समझा जाता। इधर हम सामाजिक संरचना को कई बार सामाजिक व्यवस्था के रूप में देखते हैं। ये दोनों अवधारणाएँ आपस में गड्डमड्ड हो जाती हैं। इसका कारण शायद यह है कि हम अपने देश में कई बार समाजशास्त्र और सामाजिक मानवशास्त्र को एक–दूसरे से पृथक नहीं कर पाते और न ही मानवशास्त्री को समाजेशास्त्री से अलग कर पाते हैं। घुर्ये मानवशास्त्री भी हैं और समाजशास्त्री भी।

मानवशास्त्र को हम यहाँ संस्कृति प्रधान समझकर नहीं चलते। हमारे यहाँ मानवशास्त्र में संस्कृति का विश्लेषण द्वैतीयक (Secondary) है, प्राथमिक (Primary) नहीं। समाज विज्ञानों में हमारे यहाँ एक लम्बी बहस वर्षों से चली आ रही है। इस देश की संस्कृति क्या है? विवाद का एक पक्ष कहता है, हमारी संस्कृति धर्मनिरपेक्ष (Secular) है। इसमें कई भाषाएँ, बोलियाँ, संस्कृति क्षेत्र और धर्म आ जाते हैं। विवाद का दूसरा पक्ष कहता है कि इस देश की एक भाषा होनी चाहिए, एक धर्म होना चाहिए और एक विचारधारा होनी चाहिए। बहस के इस पक्ष का समर्थन हिन्दुत्व विचारधारा से बँधा है। हमारे यहाँ संस्कृति का मुद्दा महत्वपूर्ण है।

मजे की बात यह है कि यहाँ का सामाजिक मानवशास्त्र संस्कृति की कोई भी व्याख्या करने के लिए तैयार नहीं है। संस्कृति के विश्लेषण में वह एकदम मौन है। अमेरिका का संरचना के विश्लेषण का उपागम एकदम भिन्न है। यहाँ मानवशास्त्र की केन्द्रीय अवधारणा संस्कृति है। उदाहरण के लिए जी.पी. मुरडोक अपनी पुस्तक *सोश्यल स्ट्रक्चर* में दुनियाभर के आदिवासियों का वर्गीकरण संस्कृति के आधार पर करते हैं। वे आग्रहपूर्वक कहते हैं कि मानवशास्त्र को आदिवासियों की संस्कृति का अध्ययन प्राथमिकता से करना चाहिए। उनका निष्कर्ष है कि संस्कृति को हम पीढ़ियों और स्थानीय स्तर पर देख सकते हैं।

इस भाँति अमेरिका में सामाजिक संरचना का मतलब संस्कृति एवं संरचना से है। यदि हम अमेरिकी मानवशास्त्री हर्सकोविट्ज़ (Herskovits) की बात करें तो वे स्पष्ट रूप से कहते हैं कि सामाजिक संरचना वस्तुतः संस्कृति ही है।

इंग्लैंड

इंग्लैंड के मानवशास्त्र की परम्परा कुछ और है। वहां सामाजिक मानवशास्त्र को सामाजिक संरचना के साथ जोड़ा जाता है। उनके अनुसार मानवशास्त्र परिवार, गोत्र, भाषा, नातेदारी, विवाह आदि का अध्ययन करता है। इंग्लैंड के लिए ये सब सामाजिक संरचना के अंग हैं। भारतीय मानवशास्त्र पर इंग्लैंड का प्रभाव बहुत अधिक है। एम.एन. श्रीनिवास, एस.सी. दुबे, आन्द्रे बैतई आदि मानवशास्त्रियों पर इंग्लैंड के प्रभाव को स्पष्ट रूप से देखा जा सकता है। यह इसी कारण है कि हमारे यहाँ सामाजिक संरचना का तात्पर्य सामाजिक व्यवस्था के साथ जोड़ा जाता है। हमारे प्रारम्भिक मानवशास्त्रियों जिनमें हटन, ओ'मेले और रिज़ले शामिल हैं, ने सामाजिक संरचना का उल्लेख मानवशास्त्र के अन्तर्गत किया है।

फ्रांस

फ्रांस में सामाजिक संरचना का विकास जिस तरह से हुआ है, इसकी दिशा अमेरिका और इंग्लैंड से अलग है। यहाँ उत्तर–आधुनिकता का प्रभाव समाजशास्त्र में बहुत अधिक देखने को मिलता है। भाषा–विज्ञान ने इस देश में मानवशास्त्र ही नहीं, समाजशास्त्र को भी अपने अन्दर समेट लिया है। फर्डनेंड सासुरे का दबदबा सामाजिक संरचना के निर्माण में निर्णायक रहा है। सासुरे के अतिरिक्त सार्त्र, हसरेल, क्लाड लेवी–स्ट्रास तथा अल्थ्यूज़र भी इस दिशा में अत्यधिक महत्त्वपूर्ण रहे हैं। इन सभी विचारकों ने भाषा विज्ञान को अपना केन्द्रीय विषय बनाकर संरचना को महत्त्वपूर्ण अवधारणा के रूप में प्रस्तुत किया है। इस सम्पूर्ण विश्लेषण में उत्तर आधुनिकता की भूमिका प्रभावशाली रही है। फ्रांस में संरचना की अवधारणा का विस्तार इस भाँति हुआ कि इसने धीरे–धीरे एक सिद्धान्त का दर्जा प्राप्त कर लिया।

उपसंहार (Conclusion)

सामाजिक संरचना का स्थान सामाजिक मानवशास्त्र में बहुत महत्त्वपूर्ण है। यह आनुभविकता का अमूर्तिकरण है। इसके अन्तर्गत समाज की अगणित संस्थाएँ होती हैं। परिवार, नातेदारी, आदिवासी अर्थव्यवस्था, राजनीति, धर्म सभी कुछ इसमें सम्मिलित हैं। ये सभी संस्थाएँ सामाजिक संगठन पर निर्भर रहती हैं। एरिक्सन का कहना है कि सामाजिक संगठन में सामाजिक संरचना धरी रहती है। दूसरे शब्दों में, संरचना एक प्रकार से सावयवी है जिसके कई अंग हैं—हृदय, रक्त, आँख, कान, आदि। इन अंगों का समावेश संरचना करती है, या संरचना एक विशालकाय भवन की तरह है जिसमें बड़े–बड़े गुम्बद, कंगूरे, खिड़कियाँ और दरवाजे हैं। ये सब जुड़कर संरचना को बनाते हैं। संरचना इस विशाल भवन का अमूर्तिकरण है। संरचना की विशाल भवन से तुलना करना शायद उपयुक्त नहीं है। संरचना जिन भागों में बनी है, वे इमारत की तरह स्थाई नहीं हैं। समाज के भाग—अर्थव्यवस्था, धर्म, राजनीति, व्यवसाय आदि आए दिन बदलते रहते हैं, संरचना इस गति से नहीं बदलती।

संरचना के इस अंतिम भाग में हम रेडक्लिफ–ब्राउन को पुनः दोहराएंगे। संरचना के विशद वर्णन के बाद वे प्रश्न उठाते हैं—"संरचनात्मक व्यवस्थाएँ परिवर्तन के होते

हुए भी किस भाँति बनी रहती हैं? वे कौनसे रचनातंत्र (Mechanism) हैं जो सामाजिक सम्बन्धों के अस्तित्व को बनाए रखते हैं?" रेडक्लिफ–ब्राउन स्वयं उनके द्वारा उठाए गए प्रश्नों का उत्तर देते हैं—

> नैतिकता, कानून, व्यवहार, धर्म, सरकार, शिक्षा आदि ऐसे जटिल रचनातंत्र हैं जिनके कारण सामाजिक संरचना बनी रहती है। यदि हम संरचनात्मक दृष्टिकोण से देखें तो हम नैतिकता, कानून, शिक्षा आदि को पृथक रूप से नहीं, बल्कि प्रत्यक्ष और अप्रत्यक्ष रूप से संरचना का एक भाग समझ कर ही देखते हैं। ऐसा करने में हम यह देखते हैं कि किस प्रकार एक भाग अन्य भागों से जुड़ा हुआ है और इनके बीच में किस तरह के सामाजिक सम्बन्ध हैं।

संरचनावाद (Structuralism)

आज यूरोप में संरचना को एक सिद्धान्त के रूप में समझा जाता है। इसे फ्रांसीसी संरचनावाद (French Structuralism) कहते हैं। इसके विकास में कई विचारकों का नाम लिया जाता है। इन विचारकों में क्लाड लेवी–स्ट्रास, फर्डीनेंड सासुरे, रोनाल्ड बार्थेज, मोरिस गोडलियर, लुई अल्थ्यूज़र और निकोज़ पुलोंज़ास आदि सम्मिलित हैं। थोड़ा इतिहास के संदर्भ में देखें तो यूरोप में सार्त्र (Sartre) ने मानववाद (Humanism) की विचारधारा को अपने दर्शन में रखा। मानववाद के साथ में उन्होंने अस्तित्ववाद (Existentialism) की धारणा को भी जोड़ा। इधर हसरेल ने इसी अवधि में घटना–क्रिया–विज्ञान (Phenomenology) के सिद्धान्त को प्रस्तुत किया। यूरोप और विशेषकर फ्रांस में सार्त्र और हसरेल का बौद्धिकों ने विरोध किया। इस विरोध के प्रतिकार रूप में संरचनावाद एक सिद्धान्त के रूप में उभर कर आया। इस ऐतिहासिक मोड़ पर फ्रांस ही नहीं, सम्पूर्ण यूरोप में संरचनावाद एक सिद्धान्त के रूप में मानवशास्त्र के साथ जुड़ गया। अब यहाँ मानवशास्त्र के स्थान पर संरचनावाद चल गया। संरचनावाद का विकास या उसकी लोकप्रियता, इटली, दक्षिण अमेरिका, बेल्जियम और नीदरलैंड तक पहुँच गई। इन सब देशों में फ्रांस के संरचनावाद का विस्तार हुआ। भारत में संरचनावाद की शुरुआत लुई ड्यूमो से मानी जाती है। ड्यूमो मूल रूप से फ्रांसीसी थे। उन्होंने हमारे यहाँ जाति व्यवस्था का अध्ययन किया। उनका कहना था कि भारत में जाति व्यवस्था गैर–बराबरी की व्यवस्था है। यह सोपानिक है (Hierarchicus)। इसमें शीर्ष पर ब्राह्मण है और सबसे नीचे स्तर पर चाण्डाल है। ड्यूमो ने जातियों की सोपानिक व्यवस्था को अपनी पुस्तक *"होमो हिरारकिकस"* (*Homo Hierarchicus*) में रखा है।

संरचनावाद किसे कहते हैं? (What is Structuralism?)

फ्रांस में संरचनावाद के उद्‌गम के बाद आज तक इसमें कई संशोधन और रूपान्तरण हुए हैं। जॉर्ज रिटज़र (George Ritzer) ने अपनी हाल में प्रकाशित पुस्तक *पोस्ट मॉडर्न सोश्यल थ्योरी* (*Postmodern Social Theory,* 1997) में संरचनावाद के नवीनतम संशोधन को ध्यान में रखकर इसको इस भाँति परिभाषित किया है—

अपने सामान्य स्तर पर संरचनावाद की जो सबसे बढ़िया परिभाषा दी जा सकती है, वह यह है कि सामान्य संरचना के अन्दर जो छिपी हुई संरचना होती है, उसे खोलना ही संरचनावाद है।

रिट्ज़र ने संरचनावाद की व्याख्या बड़े विस्तार से की है। संरचनावाद का आन्दोलन उनके अनुसार 1960 के दशक में हुआ। पिछले चालीस–पचास वर्षों में इसके विकास में दो झुकाव (Trend) साफ दिखाई देते हैं—

1. संरचनावाद पर दुर्खीम व मॉस का बहुत बड़ा प्रभाव
2. संरचनावाद भाषावाद से बहुत कुछ उधार लेता है

ऐसा नहीं है कि संरचनावाद की कोई कटु आलोचना नहीं हुई हो। यह बराबर कहा जाता है कि संरचनावाद का फ्रांस में जो विकास हुआ, वह केवल दार्शनिक अटकलबाजी ही था। तात्विक रूप से इसमें न मानवशास्त्र था और न समाजशास्त्र। परिणाम यह हुआ कि जिसकी ढफली उसका राग—(1) सासुरे का भाषावादी संरचनावाद, (2) लेवी–स्ट्रास का संरचनावाद, (3) संरचनात्मक मार्क्सवाद और आगे (4) भारतीय संरचनावाद जो जाति, विचारधारा और मूल्यों पर आधारित है।

संरचनावाद क्यों? (Why Structuralism?)

यह पूछना तार्किक है कि यूरोप में ऐसे कौनसे कारक पैदा हो गए जिन्होंने संरचनावाद को जन्म दिया? इसके उत्तर में यह कहना चाहिए कि आज समाजशास्त्र में यहाँ तक कि अमेरिका में, जो कुछ है वह सब यूरोप का समाजशास्त्र है। यूरोप में आज उत्तर आधुनिकता एक शक्तिशाली विचारधारा है। यूरोप के उत्तर आधुनिक विचारकों में हेबरमॉ, ल्योतार, बोड्रिलार्ड, फूको और बूरदीए अग्रणी हैं। इन विचारकों ने संरचनावाद के विकास में अपूर्व योगदान दिया है। यहाँ हम उन कतिपय कारकों का उल्लेख करेंगे जिनके कारण यूरोप और अमेरिका में संरचनावाद विकसित हुआ।

सार्त्र के अस्तित्ववाद का प्रतिकार (Denial of Sartre's Existentialism)

सार्त्र एक फ्रांसीसी दार्शनिक थे। अपनी प्रारम्भिक कृतियों में उन्होंने अपना ध्यान व्यक्ति पर केन्द्रित किया था। उनका कहना था कि व्यक्ति को आजादी होनी चाहिए। वह जैसे चाहे रहे, जैसा सोचे, वैसा करे। वे इस विचारधारा में विश्वास रखते थे कि व्यक्ति पर समाज या समूह का कोई दबाव नहीं होना चाहिए। सार्त्र ने आग्रहपूर्वक कहा कि व्यक्ति पूर्णतया स्वतन्त्र है। उसके अस्तित्व के लिए, गतिविधियों के लिए वह जैसा चाहे कर सकता है। सार्त्र के अस्तित्ववाद का यही मूल मर्म है। वे कहते हैं—"लोग आजाद हैं, वे जो कुछ करते हैं, इसके लिए वे स्वयं जिम्मेदार हैं, अगर वे गलत हैं तो वे जानें।" इस भाँति फ्रांस में संरचनावाद का जन्म सार्त्र के अस्तित्ववाद के प्रतिकार या विरोध स्वरूप हुआ।

मानववाद (Humanism)

फ्रांस में संरचनावाद के उदय का एक कारण सार्त्र का मानववाद था। उन्होंने कहा कि अपने अंतिम विश्लेषण में मनुष्य ही सब कुछ है। उसके विकास में ही जन कल्याण

निहित है। बाद में चलकर सार्त्र ने मार्क्सवाद की भी टीका की। मार्क्सवाद अपने मोटे रूप में शक्ति संरचना को ही सब कुछ मानता है। यह शक्ति आर्थिक और राजनीतिक दोनों ही है। सार्त्र इस निष्कर्ष पर पहुंचे कि समाज की यथार्थता व्यक्ति ही है और इसी विचारधारा से प्रभावित होकर उन्होंने मानववाद की अवधारणा को विकसित किया। जब फ्रांस में संरचनावाद का उद्‌गम हुआ, तब इसका एक उद्देश्य मानववाद को नकारना था। संरचनावाद, दूसरे शब्दों में, मानववाद का विरोधी है। उसका तर्क है कि व्यक्ति अपने आप में कुछ नहीं है, वह तो मात्र हाड़–मांस का पुतला है। उसका निर्धारण तो सामाजिक संरचना करती है। अतः विशाल समाज के किसी भी विश्लेषण में सामाजिक संरचना का स्थान सबसे ऊपर है।

अगर हम विश्लेषणात्मक दृष्टि से देखें तो संरचनावाद के जो विभिन्न स्वरूप हमें देखने को मिलते हैं, उसके पीछे यूरोप का बौद्धिक संदर्भ है। इस सन्दर्भ के अभाव में संरचना की सही व्याख्या नहीं कर सकते। इसी कारण विश्व युद्ध के पश्चात्, सम्पूर्ण यूरोप में संरचनावाद मानवशास्त्र का मुख्य प्रकरण (Theme) बन गया। इस संरचनावाद ने बराबर मानववाद और अस्तित्ववाद को अस्वीकार किया। संरचनावाद ने संरचना—प्रकार्यवाद का भी बाद में चलकर विरोध किया। भारत में तो प्रकार्यवाद का उदय ब्रिटेन और अमेरिका के प्रभाव के कारण हुआ है। यहाँ के मानवशास्त्र में रेडक्लिफ–ब्राउन का प्रकार्यवाद यानी ब्रिटेन का प्रकार्यवाद बड़ा असरकारक रहा है।

देखा जाए तो भारतीय समाजशास्त्र और मानवशास्त्र में प्रकार्यात्मक विधि सर्वसम्मत विधि रही है। प्रकार्यवाद यथा स्थितिवाद (Status Quoist) है। यानी जो जैसा है, वैसा बना रहे। गरीब गरीबी से जूझता रहे और अमीर अमीर बना रहे। प्रकार्यवाद एक दकियानूस और रूढ़िवादी विचारधारा है। प्रकार्यवाद का विरोध संरचनावाद बराबर करता रहा है। भारत में ड्यूमो ने संरचनावाद के थीसिस को आगे बढ़ाया है। वे प्रकार्यवाद के प्रख्यात विरोधी थे।

घटना-क्रिया-विज्ञान (Phenomenology)

फ्रांसीसी संरचनावाद पर घटना–क्रिया सिद्धान्त का भी बड़ा प्रभाव था। इस सिद्धान्त के प्रणेता एडवर्ड हसरेल थे। हसरेल का दरिदा (Derrida) पर प्रभाव था। यद्यपि हसरेल का कोई सीधा असर संरचनावाद पर नहीं था, लेकिन हसरेल ने संरचनात्मक सिद्धान्त के निर्माण में बड़ी उत्साहवर्धक भूमिका अदा की है। वास्तव में हसरेल इस प्रयत्न में थे कि मनुष्य की चेतना (Consciousness) की संरचना का पता लगाया जा सके। उनका यह विश्वास था कि मनुष्य इस वास्तविक दुनिया में जो भी गतिविधियाँ हैं उनकी परतों में कहीं न कहीं चेतना की संरचना अवश्य होती है। उनकी इस बात में रुचि थी कि मनुष्य की चेतना के पीछे जो विशुद्ध (Pure) संरचना है, उसका पता लगाया जाए और ऐसा करने में संस्कृति और व्यक्तियों के नाम को नकारा जाए। यह चेतना का अमूर्त रूप होगा।

रिट्ज़र ने हसरेल की चेतना की संरचना की बड़ी सटीक व्याख्या की है, इसे हम यहाँ स्पष्ट करते हैं—

> हसरेल के लिए, चेतना कोई एक वस्तु या स्थान नहीं है। यह तो एक प्रक्रिया है। चेतना कर्ता (Actor) के मस्तिष्क में नहीं होती। यह तो कर्ता के दूसरे व्यक्तियों के साथ जो सम्बन्ध होते हैं, अन्तःक्रियाएँ होती हैं, उसी में पाई जाती है। हसरेल के लिए चेतना किसी लक्ष्य (Goal) के लिए होती है। इसका निवास अन्तःक्रियाओं (Relationships) में होता है। यह चेतना कर्ता की आन्तरिक वस्तु नहीं है। यह कर्ता के साथ सम्बन्धात्मक (Relational) होती है।

हसरेल ने घटना–क्रिया सिद्धान्त की जो व्याख्या की है, उसके अनुसार चेतना वह है जो कर्ता के दूसरे व्यक्तियों के साथ सम्बन्धों में होती है। इस हिसाब से चेतना और कुछ न होकर क्रियाओं के पीछे जो लक्ष्य होते हैं उन्हें परिभाषित करती है। अगर हम यह चेतना रखते हैं कि हमारा अध्यापक एक ज्ञानी, नैतिक आचरण वाला व्यक्ति है तो यह चेतना जिसके साथ हम अन्तक्रिया करते हैं, जो हमारा लक्ष्य है, उसके बारे में है। यह हो सकता है कि कल हमारी यह चेतना बदल जाए और हमें लगने लगे कि हमारा अध्यापक अपने ज्ञान भंडार में कमजोर है तो हमारी चेतना में बदलाव आ जाएगा। इस भाँति चेतना एक प्रक्रिया है और इसका दूसरे व्यक्तियों से सम्बन्धात्मक जुड़ाव है।

संरचनावाद के विकास में हसरेल के घटना–क्रिया सिद्धान्त का बहुत बड़ा योगदान है। बुनियादी रूप से हसरेल एक मानववादी और अस्तित्ववादी विचारक थे, लेकिन वे मानव चेतना की संरचना के पक्षधर भी थे और ऐसा करने में वे सामाजिक संरचना का भी विवरण देते हैं।

संरचनावाद का वैविध्य (Varieties of Structuralism)

हमने अपने पिछले विवरण में कहा है कि संरचनावाद के कई प्रकार हैं। इसमें वैविध्य है। इस वैविध्यता का हम यहाँ उल्लेख करते हैं—

1. सासुरे का भाषाई संरचनावाद
2. लेवी–स्ट्रास का संरचनावाद
3. संरचनात्मक मार्क्सवाद
4. लुई ड्यूमो का संरचनावाद

संरचनावाद के इन प्रकारों का हम थोड़े विस्तार से नीचे वर्णन करते हैं—

सासुरे का संरचनावाद (Saussure's Linguistic Structuralism)

प्रारम्भ में सामाजिक और सांस्कृतिक मानवशास्त्र में संरचनावाद की व्याख्या सामाजिक और सांस्कृतिक सन्दर्भ में की जाती थी। तात्पर्य हुआ इस व्याख्या का आधार एथनोग्राफी था, लेकिन जब फ्रांसीसी मानवशास्त्री इस क्षेत्र में आए तब संरचनावाद की व्याख्या में एक खिसकन (Shift) आई। बदलाव आया। अब सामाजिक संरचना की व्याख्या भाषा के माध्यम से होने लगी। व्याख्या के इस खिसकन ने संरचनावाद को एक नई दिशा दी। अब समाज वैज्ञानिक संरचना को व्यक्ति की अपेक्षा भाषा के मुहावरे में देखने लगे।

यद्यपि संरचनावाद के उद्‌गम में कई विचारधाराएँ और परिभाषाएँ हैं, लेकिन आधुनिक संरचनावाद का जो स्वरूप है, उस पर भाषा का प्रभाव बहुत अधिक है। भाषा के क्षेत्र में सासुरे का नाम उल्लेखनीय है। इस विधा में उनकी कई उपलब्धियाँ हैं, लेकिन संरचना के विश्लेषण के लिए भाषा के दो आयाम महत्त्वपूर्ण हैं—(1) लेन्गू (Langue) और पेरोल (Parole)। लेन्गू का मतलब है भाषा का व्याकरण (Grammar)। यह एक प्रकार का ध्वनिशास्त्र (Phonic) है। दूसरे शब्दों में, लेन्गू व्याकरण शास्त्र (Grammatology) है। लेखन का यह सैद्धान्तिक विज्ञान है। कुछ भी लिखने से पहले हमें उस भाषा की व्याकरण आनी चाहिए।

लेन्गू को परिभाषित करने के बाद सासुरे पेरोल को समझाते हैं। पेरोल वाणी (Speech) या बोली है जो मुँह से निकलती है। इस वाणी द्वारा मनुष्य अपनी अभिव्यक्ति करता है। एक भाषाविद् (Linguist) अपने आपको भाषा पर केन्द्रित करता है। और यह वह भाषा होती है जो आम आदमी बोलता है। यानी यह बोल–चाल की भाषा होती है।

जब हम लेन्गू का प्रयोग करते हैं तब हम वास्तव में किसी चिह्न या संकेत को काम में लाते हैं। उदाहरण के लिए हम ऊँट शब्द का प्रयोग करते हैं। तब हमारा तात्पर्य एक जानवर से होता है। वास्तव में ऊँट न कोई जानवर है न कोई प्राणी है। यह शब्द तो किसी का चिह्न है। इस चिह्न के माध्यम से हम ऊँट को जानवर समझ जाते हैं। किसी भी चिह्न को हम उसके पूर्ण रूप में समझते हैं। इसमें सूचक (Signifier) होता है। एक संकेत देने वाला होता है। जब व्यक्ति किसी शब्द या बोली को बोलता है तब श्रोता यानी व्यक्ति जो कुछ बोलता है वह बोली जाने वाली बात सूचना (Signified) होती है। जैसे कि हम कहें कि सड़क पर ऊँट खड़ा हुआ है तो यह ऊँट छवि को प्रस्तुत करता है। इस दृष्टान्त में हम (Signifier) सूचना देने वाला है और ऊँट की खबर या जानकारी सूचना (Signified) है। यह बताता है कि ऊँट एक चिह्न या संकेत है, जो जानवर है। इस दृष्टि से देखें तो संकेत एक संरचना है। यहां हम सूचना देने वाला (Signifier) और सूचना (Signified) प्राप्त करने वाले से अधिक महत्त्वपूर्ण इन दोनों के सम्बन्धों को मानते हैं। यहाँ ऊँट तो केवल सन्दर्भ मात्र है। मुख्य वस्तु तो सूचना देने वाला और सूचना पाने वाला है।

सासुरे कहते हैं कि भाषा एक बन्द व्यवस्था है, जिसमें सभी भाग एक–दूसरे से जुड़े होते हैं। भाषा के अर्थ, मस्तिष्क और अंत में चल कर यह सामाजिक दुनिया भाषा की संरचना से ही बनी होती है। सम्पूर्ण मनुष्य जीवन को भाषा ही एक सूत्र में बाँधती है।

संरचनावाद के विकास में सासुरे के अतिरिक्त अन्य भाषाविद् भी हैं। जेकोबसन (Jakobson) ने 1920 से 1930 के दशकों में संरचनावाद पर महत्त्वपूर्ण कार्य किया है। उन्होंने तर्क दिया कि भाषा का अर्थ विवेकपूर्ण और सामाजिक होता है, लेकिन वे इस तथ्य को स्वीकार करते हैं कि सूचना देने वाले और पाने वाले में आवश्यक रूप से

कोई जुड़ाव नहीं होता है। उन्होंने भाषा में दोहरे विरोध (Binary Opposition) की चर्चा की है।

यदि भारत के सम्बन्ध में ड्यूमो की चर्चा करें तो कहना होगा कि उन्होंने जाति के पवित्र और अपवित्र (Purity and Pollution) की धारणा को दोहरे विरोध के रूप में रखा है। इस दोहरे विरोध में ही संरचना का छिपा हुआ अर्थ निहित है। देखा जाए तो मस्तिष्क के काम करने की पद्धति ही ऐसी है कि जिससे वह प्रत्येक वस्तु के विपरीत या विरोधी अर्थ को खोजता है। यहाँ हम दोहरे विरोध (Binary Opposition) के कुछ दृष्टान्त देंगे—

पुरुष	:	स्त्री
बाहर	:	अन्दर
उच्च	:	निम्न
पका हुआ	:	कच्चा
खाने के लिए अन्न	:	बचाने के लिए अन्न
रात	:	दिन
श्वेत	:	काला
हल्का	:	भारी

मानवशास्त्र में संरचना की अवधारणा के विकास में कई नाम हैं। इनमें सासुरे और जेकोबसन मुख्य हैं। ये सभी भाषाविद् थे। इन्होंने संरचना का सम्बन्ध भाषा की संरचना के साथ माना है। जब मानवशास्त्री आदिवासियों का अध्ययन करते हैं तब उनकी बोली और भाषा में सहज रूप से संरचना मिल जाती है। वास्तव में देखा जाए तो यह क्षेत्र भाषाई मानवशास्त्र (Linguistic Anthropology) का है।

लेवी-स्ट्रास का संरचनावाद (Levi-Strauss' Structuralism)

लेवी–स्ट्रास को संरचनावाद का जनक माना जाता है। उन्होंने इस अवधारणा को विस्तृत रूप में रखा है। इसके अन्तर्गत वे संचार के सभी स्वरूपों (Forms) को रखते हैं। वे कहते हैं—

> संरचनावाद कई तरह की सामाजिक प्रघटनाओं का अपने अन्दर समावेश करता है। इसमें संचार, नातेदारी व्यवस्था और विवाह आदि सम्मिलित हैं। वास्तविक संरचना तो एक मॉडल या मस्तिष्क है।

लेवी–स्ट्रास का निष्कर्ष है कि संरचना मनुष्य के मस्तिष्क में होती है। वे देखते हैं कि मनुष्य का मस्तिष्क कैसे और किस तरह काम करता है। लेवी–स्ट्रास ने मस्तिष्क के विश्लेषण पर दोहरे विरोध की अवधारणा को रखा है। देखा जाए तो मेलिनोस्की और रेडक्लिफ–ब्राउन के बाद लेवी–स्ट्रास ही एक महत्त्वपूर्ण मानवशास्त्री उभर कर आए हैं। उनका प्रभाव फ्रांस और अमेरिका में बहुत अधिक है।

लेवी–स्ट्रास ने सामाजिक संरचना की परिभाषा बड़े ही सहज और सरल रूप में दी है। वे तर्क देते हैं कि सामाजिक संरचना जैसी कोई वस्तु यथार्थ में नहीं है। यह तो

केवल मस्तिष्क में ही होती है। इसे देखा नहीं जा सकता। संरचना की उपयोगिता या प्रासंगिकता इसी में है कि सामाजिक व्यवस्था में निहित जो तर्क होता है, उसे समझने में यह सहायक होती है। मस्तिष्क की इस संरचना के आधार पर हम समाज की वास्तविक संरचना को समझ सकते हैं।

लेवी–स्ट्रास ने अपने अध्ययन क्षेत्र में एकत्र तथ्य सामग्री को दोहरे विरोध की श्रेणियों में रखा है। देखा जाए तो स्ट्रास का मुख्य अनुसंधान विवाह और नातेदारी है। नातेदारी में वे बुनियादी सम्बन्धों को देखते हैं। ये सम्बन्ध भाई–बहन, पति–पत्नी, पिता–पुत्र, माँ के भाई और बहन में देखे जा सकते हैं। इस तरह के सम्बन्धों को वे प्रारम्भिक संरचना (Elementary Structure) कहते हैं।

भाषा के संरचनावाद को छोड़ दें तो शेष संरचनावाद का गहन सम्बन्ध लेवी–स्ट्रास है। 20वीं सदी के मानवशास्त्र में संरचनावाद को एक सैद्धान्तिक स्वरूप देने का श्रेय लेवी–स्ट्रास को ही है। नातेदारी से जुड़ी संरचना पर उनका कार्य अतुल्य है। यह सब होते हुए भी स्ट्रास मेलिनोस्की और रेडक्लिफ–ब्राउन से अत्यधिक प्रभावित थे।

संरचनात्मक मार्क्सवाद (Structural Marxism)

फ्रांसीसी संरचनावादियों ने मार्क्स का नए सिरे से निर्वचन किया है। वे मार्क्सवाद में संरचनावाद को खोजते हैं। मार्क्स ने अपनी सभी कृतियों में इस तथ्य पर जोर दिया है कि 'सभी देखे जाने वाले सम्बन्धों' में सुरचना होती है। मार्क्सवादी संरचना की अवधारणा को स्वीकार करते हैं, लेकिन वे कहते हैं कि यह संरचना सामाजिक सम्बन्धों में छिपी होती है। बहुत महत्त्वपूर्ण बात यह है कि संरचनावाद और मार्क्सवादी संरचनावाद दोनों ही आनुभविकता को अस्वीकार करते हैं। दोनों ही आनुभविक संरचना के अन्दर नहीं देखी जाने वाली जो संरचना है, उसकी पड़ताल करते हैं। गोडलियर (Godlier) जो एक मार्क्सवादी मानवशास्त्री हैं लिखते हैं—

> संरचनावादी और मार्क्सवादी संरचनावादी दोनों ही आनुभविक संरचना की परिभाषा को नकारते हैं।

मार्क्स और लेवी–स्ट्रास दोनों ही इस बात से सहमत हैं कि सामाजिक संरचना किसी भी स्थिति में वास्तविक नहीं होगी। उसे प्रत्यक्ष रूप से देखा नहीं जा सकता। मार्क्स की इसी अवधारणा को गोडलियर ने अपनाया है। यही उनका उपागम है। वे कहते हैं कि संरचना तो मनुष्य के मस्तिष्क में होती है। मार्क्सवादी और सामान्यवादी संरचना में कई समानताएँ हैं। इनके होते हुए भी इनके उपागम में एक बहुत बड़ा अन्तर है। मार्क्सवादी संरचनावादी भाषायी संरचना को स्वीकार नहीं करते। उनका दबाव तो आर्थिक और सामाजिक कारकों पर होता है। मार्क्सवाद अपने सम्पूर्ण विश्लेषण में उत्पादन सम्बन्धों (Production Relations) पर जोर देता है। इसी कारण वह संरचना को भी किसी न किसी तरह से उत्पादन सम्बन्धों के साथ जोड़ता है।

ड्यूमो का संरचनावाद—भारतीय संदर्भ
(Dumont's Structuralism: Indian Context)

हम यहाँ संरचना के विभिन्न प्रकारों या बहुमुखता की चर्चा कर रहे हैं। इस बहुमुखता में ड्यूमो ने जिस तरह संरचना को विकसित किया है, उसकी अपने आप में एक पृथक पहचान है। योगेन्द्र सिंह ने आई.सी.एस.एस.आर. (ICSSR, 1969) की ट्रेन्ड रिपोर्ट में ड्यूमो के संरचनावाद पर एक बहुत अच्छी टिप्पणी की है। भारत में संरचना–प्रकार्यवादी उपागम बहुत लोकप्रिय रहा है। 1960 के दशक में संरचनावादी उपागम का यहाँ सूत्रपात हुआ। संरचना के उदगम के जनक ड्यूमो समझे जाते हैं। ड्यूमो ने *होमो हिरारकिकस* (*Homo Hierarchicus*, 1970) में जातियों की उच्चाच्च व्यवस्था को संरचनात्मक दृष्टि से देखा है। उन्होंने संरचनावाद को विचारधारा, भाषा, परिवर्तित होने वाले सामाजिक सम्बन्धों और तुलनात्मक विधि के अन्तर्गत समझने की कोशिश की है। इन सब उपागमों के माध्यम से ड्यूमो ने जाति स्तरीकरण को रखा है। योगेन्द्रसिंह कहते हैं—

> ड्यूमो अनिवार्य रूप से एक संरचनावादी मानवशास्त्री हैं। उनकी निगाह में जाति एक संरचना है। जाति को सम्पूर्ण सामाजिक और सांस्कृतिक समग्रता में देखा जाना चाहिए। जाति को इन सबसे पृथक करके नहीं देखा जा सकता।

ड्यूमो को संरचनावाद का जनक इसलिए समझा जाता है कि इस तरह की मानसिक संरचना केवल हिन्दुओं में ही हो, ऐसा नहीं है। जाति जैसा स्तरीकरण गैर–हिन्दू समूहों में भी पाया जाता है। ईसाइयों में भी जाति जैसा स्तरीकरण है। मुसलमानों में संरचना की ऐसी ही धारणा है। यही बात श्रीलंका में है। इस भाँति भारतीय संस्कृति की जाति की संरचना कई गैर–हिन्दू समुदायों में मिलती है। ड्यूमो आग्रह करते हैं कि हमें जाति का अध्ययन वृहद् भारतीय सामाजिक संस्कृति की सम्पूर्णता में करना चाहिए।

ड्यूमो की संरचना की अवधारणा को हमें फ्रांसीसी संरचनावाद के संदर्भ में देखना चाहिए। यह इसलिए कि ड्यूमो मूल रूप में फ्रांसीसी हैं। यद्यपि उन्होंने ऑक्सफोर्ड विश्वविद्यालय में शिक्षा पाई है, तमिलनाडु में क्षेत्रीय कार्य किया है। उनका विषय जाति के अतिरिक्त विवाह और भाषा भी रहे हैं। थोड़ी अवधि के लिए उन्होंने भारत से प्रकाशित होने वाले अनियमित जरनल (Journal) *कन्ट्रीब्यूशन टु इंडियन सोश्योलॉजी* का संपादन भी किया है।

भारत में टी.एन. मदन ने ड्यूमो के होमो हिरारकिकस पर एक गोष्ठी 1971 में अयोजित की थी। समाजशास्त्रियों के इस जमावड़े में ड्यूमो की पुस्तक पर मिश्रित प्रत्युत्तर था। यद्यपि यह पुस्तक विद्वता की दृष्टि से उच्च कोटि की मानी जाती है फिर भी सैद्धान्तिक दृष्टि से यह एक कमजोर प्रकाशन रहा है। पुस्तक की समीक्षा करते हुए मदन ने कहा है—

> ड्यूमो अपने क्षेत्रीय अनुसंधान और उपलब्ध बौद्धिक स्रोतों के आधार पवित्रता (Purity) की अवधारणा को रखते हैं, लेकिन वे किसी सार्वभौमिक सिद्धान्त को नहीं पाते। यह सब होते

हुए भी आज ड्यूमो को सम्पूर्ण यूरोप पहचानता है। सोपानिक स्तरीकरण एक प्रकार का सबक है। ड्यूमो कहता है कि भारत पश्चिमी देशों को शिक्षा देता है और यह कोई सामान्य सबक नहीं है। पश्चिम के व्यक्तिवाद और उसके समानतावाद को भारत के स्तरीकरण से समझा जा सकता है। इसमें कोई अतिशयोक्ति नहीं है कि ड्यूमो एक उच्च कोटि के संरचनावादी थे। वे व्यक्तिवादी थे और साथ ही समतावादी भी। उनका तर्क था कि समाज अपने मूल्यों और मानकों के हिसाब से स्तरीकृत होता है और ये मूल्य ही समाज को एकता के सूत्र में बाँधते हैं।

संरचनावाद की समीक्षा (Critique of Structuralism)

फ्रांसीसी संरचनावाद की आलोचना कई मुद्दों पर की गई है। प्रकार्यवादियों ने तो इस सम्पूर्ण सम्प्रदाय की समीक्षा करने में कोई कमी नहीं रखी है और रुचिकर बात यह है कि इसका उद्‌गम ही विरोध में हुआ है। इसने मानववाद, अस्तित्ववाद और सम्पूर्णतावाद (Holism) के विरोध में अपने अस्तित्व को स्थापित किया है। संरचनावाद के विरोध में कई तथ्य रखे जाते हैं। इनमें से कतिपय महत्त्वपूर्ण तथ्यों का हम यहाँ उल्लेख करेंगे।

संरचनावाद जैसी कोई बात नहीं है (There is Nothing Like Structuralism)

रिचार्ड जैनकिन्स (Richard Jenkins) ने अपनी पुस्तक *की सोश्योलॉजिस्ट्स* (*Key Sociologists,* 1992) में पीयर बूरदीए (Pierre Bourdieu) की आलोचना की है। इस सिलसिले में वे संरचनावाद के बारे में कहते हैं—यह कुछ नहीं है, केवल बकवास है। यह तो संस्कृति और सामाजिक सम्बन्धों के समझने का एक उपागम मात्र है।

संरचनावाद व्यक्तिवाद का नया स्वरूप है (Structuralism is a New Form of Individualism)

जैनकिन्स ने अपनी इसी पुस्तक में एक और स्थान पर लिखा है कि संरचनावाद व्यक्ति का विरोध करते हुए व्यक्ति को ही वरीयता देता है। जो सोच या चेतना संरचना को बनाती है, वह वस्तुतः व्यक्ति की सोच है। सोच का आधार व्यक्ति की चेतना ही है। चेतना को व्यक्ति के मस्तिष्कं से पृथक नहीं किया जा सकता।

संरचना में निष्पक्ष दृष्टि नहीं है (Structuralism Has No Objectivity)

पीयर बूरदीए ने आलोचना में एक नया संदर्श रखा है। वे कहते हैं कि संरचनावाद में वस्तुगत दृष्टि या निष्पक्ष दृष्टि (Objectivity) नहीं है। यह व्यक्ति के विचारों पर निर्भर है और ये विचार तटस्थ नहीं हैं। केवल व्यक्ति के ही हैं, समाज, समुदाय या कहिए गाँव, शहर के नहीं हैं। इससे इसमें समग्र का समावेश नहीं है।

बूरदीए के अतिरिक्त लेवी–स्ट्रास ने भी संरचना की टीका की है। उनका कहना है कि संरचना केवल मस्तिष्क के सोच से जुड़ी है। यह एक प्रकार का माइन्ड–सेट (Mind Set) है। वे दृढ़तापूर्वक कहते हैं कि संरचना में विश्लेषण करने या पूर्व कथनीयता करने का कोई गुण नहीं है। इसका अर्थ यह है कि किसी भी समाज की यथार्थता का भविष्य क्या होगा, इसे संरचनात्मक विश्लेषण नहीं कर सकता।

संरचना समाज को अस्वीकार करती है

संरचना की समीक्षा में बराबर यह कहा जाता है कि इसमें व्यक्ति के विचार प्रधान हैं, समाज और समूह कुछ नहीं। सूक्ष्म सिद्धान्तवेत्ताओं जैसे कि मीड और गोफमेन आदि ने भी अपने थीसिस में व्यक्ति को ही प्रधानता दी है। इनके लिए समाज का कोई अस्तित्व नहीं। सामान्य सिद्धान्त निर्माण में आज जो नया ट्रेन्ड है, उसमें सूक्ष्म (Micro) और वृहत् (Macro) को जोड़ने की कोशिश की गई है। संरचनावादियों ने स्पष्ट कहा है, कि इस दिशा में कोई कार्य नहीं किया। उनके लिए तो समाज हाशिये पर है।

संरचनावाद को भाषाई संरचना से जोड़ना उचित नहीं है (It is Not Justifiable to Link Structuralism with Linguistic Structure)

संरचना की एक और आम आलोचना यह है कि यह सामाजिक संरचना को भाषा की संरचना बताता है। यह केवल दृष्टान्त ही है और दृष्टान्त सभी अर्थों में सही नहीं होता। इधर भाषा के क्षेत्र में कई तकनीकी प्रगतियाँ हुई हैं। इसकी तुलना में संरचना की अवधारणा पीछे रह गई है। इस बिन्दु को रेण्डाल कोलिन्स (Randall Collins) ने इस तरह प्रस्तुत किया है—

> सामान्य और विशेष रूप में संरचनावादी विचारकों ने अपने दृष्टान्त के लिए भाषावाद से बहुत कुछ उधार लिया है। कहना चाहिए कि उन्हें भाषाविदों ने काफी प्रोत्साहित किया है, लेकिन भाषा के क्षेत्र में जो आधुनिक प्रगति हुई है, उसे वे संरचनावाद में उतारने में असफल रहे हैं।

उत्तर-आधुनिक संरचनावाद मूर्त है (Postmodern Structuralism is Abstract)

उत्तर आधुनिकतावादी विचारक जैसे लाकां (Lacan), दरिदा और फूको ने लेवी–स्ट्रास के संरचनावाद की बड़ी आलोचना की है। उन्होंने उत्तर–आधुनिक संरचनावाद (Postmodern Structuralism) की धारणा को प्रस्तावित किया है। उत्तर–आधुनिक संरचना सामान्य संरचना से भिन्न है। यद्यपि यह सामान्य संरचना से बहुत कुछ लेता है, पर इसे अस्वीकार भी करता है। जॉर्ज रिट्ज़र उत्तर आधुनिक संरचनावाद की व्याख्या करते हुए कहते हैं—

> उत्तर–आधुनिक संरचना अत्यधिक अमूर्त (Abstract) है। दरिदा का उत्तर संरचनावाद इसका बहुत अच्छा उदाहरण है। वे कहीं–कहीं उत्तर–आधुनिक ही दिखाई देते हैं।

संरचनावाद केवल व्याकरण शास्त्र है (Structuralism is Only Grammatology)

रिटजर और दरिदा संरचनावाद की आलोचना में कहते हैं कि यह केवल व्याकरण शास्त्र है और इससे अधिक कुछ नहीं।

संरचनावाद के बारे में बहुत कुछ लिखा गया है। बहुत कुछ कहा गया है। इसे अस्वीकार भी किया गया है। इन आलोचनाओं के होते हुए भी यह निश्चित रूप से कहा जा सकता है कि यह अवधारणा आनुभविकता में अन्तर्निहित जो संरचना है, उसकी

पड़ताल में सफल रही है। आज की यथार्थता जो तीव्रता से बदल रही है, उसके विश्लेषण में संरचनावाद अत्यधिक कारगर सिद्ध हुआ है। रेन्डाल कोलिन्स का यह कहना प्रासंगिक है कि आज जब समाज वैज्ञानिकों का ध्यान सापेक्षवाद (Relativism) और आदर्शवाद की ओर झुक रहा है, संरचनावाद एक मध्य मार्ग (Midway) को बताता है। आज भी यह अवधारणा वैध है।

उपसंहार (Conclusion)

मानवशास्त्र की संरचना की अवधारणा आज अत्यधिक वृहत् हो गई है। इसका उल्लेख बड़े विस्तार के साथ समाजशास्त्र भी करता है। यह मनोविज्ञान और सामाजिक मनोविज्ञान का भी अंग है। इस अवधारणा के विकास में भाषाविद् सासुरे का योगदान अपना एक निजी स्थान रखता है। मानवशास्त्रियों ने भाषा की संरचना से बहुत कुछ उधार लिया है। लेवी–स्ट्रास ने परिवार और विशेषकर विवाह को, सामाजिक संरचना के स्वरूप में स्थापित किया है। ये सभी विचारक संरचना को उसके अमूर्त रूप में रखते हैं। यह विचारों के रूप में होती है और ये विचार आनुभविक यथार्थता से पैदा होते हैं।

उत्तर–आधुनिक विचारकों—दरिदा, लाकां और फूको ने संरचनावाद को कई नए आयाम दिए हैं। उदाहरण के लिए फूको का बहुत बड़ा योगदान यह है कि उन्होंने समाज की व्याख्या शक्ति (Power) की अवधारणा से की है। वे अपराध, पागलपन या यौनिकी (Sexuality) की व्याख्या शक्ति की अवधारणा के माध्यम से करते हैं। समाज में व्यक्ति और समूह शक्ति के प्रयोग द्वारा अपने उद्देश्यों को प्राप्त करते हैं। शक्ति की यह अवधारणा मनुष्य के मस्तिष्क में होती है। यह संरचना है। सभी उत्तर आधुनिक विचारक इस तथ्य को स्वीकार करते हैं कि यह दुनिया एकाधिक संस्कृतियों (Plural Cultures) और विभिन्नता की है और इसी संदर्भ में उत्तर–आधुनिक विचारक संरचनावाद को देखते हैं।

संरचनावाद की व्याख्या बहुमुखी है और इसके किसी भी विश्लेषण में इन सब आयामों को ध्यान में अवश्य रखना चाहिए। बुनियादी बात यह है संरचना सभी समाजों और संस्कृतियों में पाई जाती है। हमारे यहाँ एक संस्कृति उत्तर–पूर्वी राज्यों की है और दूसरी केरल की। इधर भारतीय संस्कृति है और उधर रूस की संस्कृति है। संस्कृतियों की इस विभिन्नता में कोई न कोई संरचना अवश्य होती है। हमारे सम्पूर्ण सोच में संरचना का निवेश होता है। इस संरचना को देखा नहीं जा सकता, लेकिन संस्कृति में यह संरचना समझी जा सकती है। नातेदारी, परिवार, गाँव व शहर संरचना के दृष्टान्त हैं। विभिन्न संस्कृतियों में नातेदारी के विभिन्न स्वरूप देखे जाते हैं। कहीं संयुक्त परिवार हैं, कहीं एकाकी परिवार हैं; कहीं बहु पत्नी व्यवस्था है, कहीं बहुपति। अन्तर होते हुए भी सभी की सामाजिक संरचना एक जैसी ही होती है। कुल मिलाकर संरचना आनुभविक नहीं है। यह विचारों में है, लेकिन इसे आनुभविक स्वरूप में देखा जा सकता है।

12

आदिम अर्थव्यवस्था

(Primitive Economic System)

सामाजिक मानवशास्त्र का विषय क्षेत्र या उसकी अध्ययन सामग्री मुख्यतया आदिवासी जाति और गांव हैं। पिछले पचास वर्षों में भारत ही नहीं, यूरोप, अमेरिका और एशिया के देशों में अर्थव्यवस्था ने एक नया झुकाव दर्ज करवाया है। इन देशों में आधुनिकीकरण, औद्योगीकरण और प्रौद्योगिकीकरण ने जो विकास किया है, वह अ–ऐतिहासिक है। इन कारकों ने आज इन देशों की अर्थव्यवस्था, पूंजीवादी, औद्योगिक और कॉर्पोरेट (Capitalist, Industrial and Corporate) बना दी है। इन सब देशों में प्रजातंत्र है।

भारत में तो अर्थव्यवस्था का मिजाज ही बदल गया है। आदिवासी और गांव विकास योजनाओं, पंचवर्षीय योजनाओं और विशेष विकास कार्यक्रमों की गिरफ्त में आ गए हैं। अब खेती–बाड़ी पूंजीवादी हो गई है। इसमें यंत्रीकरण आ गया है। प्रौद्योगिकी अब गांव की जीवनशैली बन गई है। संचार और आवागमन, आदिवासी जीवन के नए मुहावरे हैं। अब मीडिया की पहुंच और बॉलीवुड की मोहकता आदिवासियों की चौखट पर आ गई है। इस संपूर्ण संदर्भ में आदिवासी अर्थव्यवस्था पूरी तरह से बदल गई है।

भारी परिवर्तन के दौर में भी पूंजीवादी होते हुए भी, आदिवासी और ग्रामीण अर्थव्यवस्था की अपनी एक विशिष्ट पहचान है। यह मजेदार बात है कि मानवशास्त्रियों ने कभी भी आदिवासी अर्थव्यवस्था को गंभीरता से नहीं लिया। सच्चाई यह है कि यहां का मानवशास्त्र उधार का मानवशास्त्र है। ब्रिटिश उपनिवेश काल में, हमारे यहां मानवशास्त्र ब्रिटेन से आया। हमारे नवोदित मानवशास्त्री—एम.एन. श्रीनिवास इंग्लैंड गए। वहां से मानवशास्त्र का प्रशिक्षण लेकर आए। अन्य मानवशास्त्री भी लंबी या थोड़ी अवधि के लिए ब्रिटेन गए और इस सिलसिले ने भारतीय मानवशास्त्र को उसकी स्वतंत्रता से मुक्त कर दिया। परिणाम यह हुआ कि हमारे मानवशास्त्री मात्र एथनोग्राफर रह गए। आम आदिवासी की विपन्नता में उसकी कोई रुचि नहीं थी। वे तो नाच–गानों और जाति के अनुष्ठानों के विवरण में लगे थे। अगर अधिक से अधिक अर्थव्यवस्था में, उनकी कोई रुचि थी तो उन्होंने मेलिनोस्की की तरह निवास

(Habitat) को समाज के साथ जोड़ा। श्रीनिवास तो ब्रिटिश मानवशास्त्रीय परंपरा से इतने अभिभूत थे कि उन्होंने प्रकार्यवाद को अपनी केन्द्रीय विधि के रूप में अपना लिया। प्रकार्यवाद, यदि विचारधारा की दृष्टि से देखा जाये तो यथा स्थितिवाद है। इसमें किसी के लिए कोई बदलाव नहीं है–गरीब गरीब रहेगा और अमीर अमीर नहीं रहेगा। भारतीय मानवशास्त्र इस तरह की अर्थव्यवस्था के प्रति ऐतिहासिक रूप से उदासीन था।

आदिम जाति अर्थव्यवस्था की प्रकृति (Nature of Primitive Economy)

जब मानवशास्त्रियों ने कम से कम मेलिनोस्की के समय से आदिम अर्थव्यवस्था पर लिखना शुरू किया, तब उन्होंने कहा कि इन समुदायों की अर्थव्यवस्था क्लासिकल अर्थव्यवस्था से एकदम भिन्न थी। मेलिनोस्की ने ट्रोब्रिमंड द्वीप समूहों में रहने वाले एग्रोनॉट्स की अर्थव्यवस्था का अध्ययन किया। उनकी यह पुस्तक–*एग्रोनॉट्स आफ द वेस्टर्न पेसिफिक* (*Agronauts of the Western Pacific*, 1922) एक उल्लेखनीय ग्रंथ है। वे बताते हैं कि एग्रोनॉट्स मातृवंशीय समाज है। उनका व्यवसाय उद्यान कृषि है। मेलिनोस्की ने आदिवासियों के कूल (Kule) व्यवसाय का उल्लेख किया है। यह धंधा समुद्री सीपी, गले के हार और सीपियों का था। यह व्यवसाय आदिवासियों के संपूर्ण जीवन से जुड़ा था। मेलिनोस्की ने अपने अध्ययन को निचोड़ रूप में रखते हुए कहा है कि इस जनजाति में अर्थव्यवस्था का कोई स्पष्ट अस्तित्व नहीं है। आज के औद्योगिक समाज में अर्थव्यवस्था का एकदम पृथक स्थान है। इसे सरलता से नातेदारी, धर्म और संस्कृति से अलग किया जा सकता है। मेलिनोस्की ने ट्रोब्रिमंड निवासियों में ऐसा कुछ नहीं पाया। एरिक्सन ने मेलिनोस्की द्वारा प्रस्तुत आदिम जाति अर्थव्यवस्था की समीक्षा करते हुए लिखा है—

मानवशास्त्रियों ने हमेशा यह पाया कि आदिवासियों में अर्थव्यवस्था उनकी संपूर्ण सामाजिक और सांस्कृतिक व्यवस्था की अंतर्भूत अंग है। इसलिए इनकी अर्थव्यवस्था को समझने के लिए इनके समाज और संस्कृति को समझना आवश्यक है।

अगर हम आदिवासियों की भाषा की संरचना को देखें तो लगेगा कि इनमें अर्थव्यवस्था या आर्थिक गतिविधियों के लिए कोई पृथक शब्द नहीं है। अर्थव्यवस्था, इस भांति उनके संपूर्ण जीवन से घुलमिल गई है कि इसके पृथक अस्तित्व को खोजना कठिन है। एरिक्सन अपनी समीक्षा में लिखते हैं कि आदिवासियों की अर्थव्यवस्था पूंजीवादी अर्थव्यवस्था से भिन्न थी। आज की अर्थव्यवस्था बुद्धिसंगत (Rational) है। ऐसी अर्थव्यवस्था आदिवासियों में नहीं रही।

मेलिनोस्की के पश्चात् मानवशास्त्रियों ने इसी परंपरा को अपनाए रखा। मार्शल साहलिन्स (Marshall Sahlins) ने अपने अनुसंधान के आधार पर मेलिनोस्की का अनुकरण करते हुए कहा है कि आदिवासियों की अर्थव्यवस्था उनकी संस्कृति द्वारा निर्धारित की जाती है। इस समूह में वस्तुओं का उत्पादन उनकी आवश्यकता के अनुसार होता है। अगर उनका खाद्यान्न मक्की है तो वे इसका उत्पादन ही करेंगे।

उनकी आवश्यकताएं क्या हैं, इसका निर्धारण उनकी संस्कृति करती है। आदिवासियों का उत्पादन बाजार तय नहीं करता, संस्कृति तय करती है।

आदिम अर्थव्यवस्था और आज की पूंजीवादी–कॉर्पोरेट–औद्योगिक अर्थव्यवस्था में एक बड़ा बुनियादी अंतर है। इस अंतर को सभी मानवशास्त्रियों ने रेखांकित किया है। आदिम अर्थव्यवस्था का निर्धारण आदिम समाज और संस्कृति करते हैं जबकि पूंजीवादी अर्थव्यवस्था का निर्धारण व्यक्ति या कर्ता (Actor) करता है। यह अर्थव्यवस्था आधुनिक बाजार की गिरफ्त में है, उसके हाथ में है, व्यक्ति अपनी लागत का अधिकतम लाभ उठाना चाहता है। वह प्रत्येक वस्तु को लागत–लाभ (Cost-Benefit) के हिसाब से देखता है। आदिम अर्थव्यवस्था में वस्तुओं का उत्पादन समूह, समुदाय या गांव करता है और इधर पूंजीवाद में व्यक्ति उत्पादक होता है। वह बाजार की मांग और पूर्ति के अनुसार वस्तुओं का उत्पादन करता है।

मानवशास्त्र में गोडलियर ने आर्थिक मानवशास्त्र का विकास किया है। वे कहते हैं कि आदिम अर्थव्यवस्था का सरोकार केवल उन संबंधों से है, जो उत्पादन संबंधों से पैदा होते है। गोडलियर का तर्क है कि अंततोगत्वा मानवशास्त्र का संबंध समाज की संरचना से है और संरचना का उद्‌गम उन सामाजिक प्रक्रियाओं से है जिनका सरोकार उत्पादन विधियों (Modes of Production) से है। इस भांति आर्थिक मानवशास्त्र (Economic Anthropology) का संबंध उन समस्याओं से भी है जो इतिहास और समाज से पैदा होती हैं।

रेमण्ड फर्थ (Raymond Firth) ने पोलिनेशिया की टिकोपिया जनजाति की अर्थव्यवस्था का गहन अध्ययन किया है। उन्होंने कुछ निष्कर्ष निकाले हैं जिनका आदिवासी अर्थव्यवस्था से संबंध है। वे लिखते हैं—

> मैंने टिकोपिया जनजाति का अध्ययन किया है और विशेष करके अर्थव्यवस्था का (*We, The Tikopia,* 1936)। मैंने पाया कि आर्थिक संरचना में इस जनजाति के कई सामाजिक संबंधों का समावेश हो जाता है। वास्तविकता यह है कि इस जनजाति में अर्थव्यवस्था ही राजनीतिक और सामाजिक–सांस्कृतिक संबंधों के लिए निर्णायक होती है। यह अर्थव्यवस्था ही समाज के धर्म और संस्थाओं को पक्का करती है।

गोडलियर का कहना है कि आर्थिक संरचना ही कई सामाजिक संबंधों को जन्म देती है। यह आर्थिक संरचना उत्पादन विधियों और संबंधों से पैदा होती है। जो कुछ गोडलियर ने कहा है, वह मार्क्सवादी सिद्धांत का आर्थिक निर्धारणवाद ही है।

इस पुस्तक में हम बराबर यह कहते आ रहे हैं कि मानवशास्त्र जिस विषय–वस्तु का अध्ययन करता है, वह वस्तु आज बहुत बदल गई है। परिवर्तन नई समस्याओं को पैदा करता है। आदिवासी, गांव और जाति जिनका अध्ययन मानवशास्त्र ने परंपरागत रूप से किया है, आज बदल गए हैं, लेकिन इनके बदले हुए स्वरूप को समझाने के लिए हमारे पास कोई नई अनुसंधान सामग्री नहीं है। जो कुछ हमारे पास है, आधुनिकतम नहीं। ऐसी स्थिति में आर्थिक समाज को जानने के लिए जो कुछ हमारे पास है उसे हम इस अध्याय के शेष भाग में देंगे।

आदिम अर्थशास्त्र—विश्लेषण (Primitive Economics: Analysis)

कानून और राजनीति की तरह अर्थव्यवस्था भी सामाजिक संगठन का एक पहलू है जिस पर छोटे समाजों के अध्ययन में बहुत थोड़ा ध्यान दिया गया है। वे लोग जो अर्थशास्त्र को अनिवार्य रूप से मुद्रा और मूल्य की दृष्टि से देखते हैं, बड़ी दृढ़ता के साथ यह तर्क देते हैं कि आदिम समाज में ऐसी कोई आर्थिक व्यवस्था नहीं है जहां वस्तु–विनिमय मुद्रा के लिए नहीं होता, लेकिन जैसा कि राजनीति में यह धारणा गलत थी कि राज्य के बिना राजनीति नहीं हो सकती, उसी तरह यह धारणा भी गलत है कि आदिम समाजों में अर्थव्यवस्था नहीं होती। अर्थशास्त्र की बहुत व्यापक परिभाषाएं हैं। कुछ लोग इसे वरण का विज्ञान (Science of Choice) कहते हैं। इसके अनुसार शायद अर्थशास्त्र संपूर्ण जीवन को अपने घेरे में ले लेता है और निश्चित रूप से संपूर्ण राजनीति को भी। वास्तव में अर्थशास्त्र का संबंध उस विधि से है जिसके द्वारा लोग अपने स्रोतों को विभिन्न प्रयोगों के वरण में काम लाते हैं। इसे न्यून साधनों का स्पर्धात्मक उद्देश्यों के लिए बंटवारा करना कहा जाना चाहिए। रेमन्ड फर्थ जो छोटे समाजों की अर्थव्यवस्था के अग्रणी अध्येयता हैं, का कहना है—

> मनुष्य की गतिविधियों का वह विशाल क्षेत्र जिसका संबंध स्रोतों (Resources), उनकी सीमाओं, प्रयोगों तथा संगठन से है जिसे युक्तिकरण द्वारा मानव आवश्यकताओं से जोड़ते हैं, अर्थशास्त्र है।

पाल बोहनन आर्थिक गतिविधि को पारिस्थितिकी (Ecology) के संदर्भ में देखते हैं। मनुष्य अपने पर्यावरण को आवश्यकतानुसार बदल देता है। यह परिवर्तन जिन साधनों द्वारा लाया जाता है, वे साधन सांस्कृतिक हैं। अतः इस अर्थ में प्रकृति और संस्कृति का जोड़ मनुष्य के लिए पर्यावरण बनता है। इस कथन को हम मोटे रूप में निम्न सूत्र में रख सकते है—

$$\text{प्रकृति} \times \text{संस्कृति} = \text{पर्यावरण}$$

मनुष्य आवश्यकतानुसार बराबर परिस्थिति को बदलता रहता है। ऐसा करने में वह अपने उपलब्ध स्रोतों को देखता है, अपनी तकनीकी का प्रयोग करता है और डटकर काम करता है। बोहनन कहते हैं—

> वह विधि जिसके द्वारा स्रोतों, तकनीकी और कार्यों को इस भांति जोड़ा जाता है कि मनुष्य और सामाजिक समूहों की भौतिक आवश्यकताओं की पूर्ति हो जाए, अर्थशास्त्र कहा जा सकता है।

सामान्य अर्थशास्त्री स्रोत, तकनीकी और कार्य के इस त्रिकोण को बड़ी खूबी के साथ जोड़ते हैं और इसी के आधार पर आर्थिक व्यवहार को विज्ञान की पीठिका पर संस्थापित करते हैं। शायद मानवशास्त्री अर्थशास्त्र को थोड़े अंतर के साथ देखते हैं। वस्तुस्थिति यह है कि आदिम समाज के सदस्य के स्रोत बहुत सीमित हैं, वह शिकार कर सकता है, मछली पकड़ सकता है या सामान्य स्तर पर खेती कर सकता है। इन सीमित साधनों से ही उसे जीविकोपार्जन करना होता है, उसकी तकनीकी भी

अविकसित होती है। इस अवस्था में जनजातियों का अर्थशास्त्र विशिष्ट है। यहां हम स्पष्टतः यह कहेंगे कि जनजातियों की व्यवस्था के सिद्धांत सामान्य आर्थिक सिद्धांतों से भिन्न नहीं हैं। सामान्य आर्थिक सिद्धांत सभी समाजों पर लागू होते हैं। कोई भी ऐसा समाज नहीं है जिसमें उत्पादन, वितरण, विनिमय और उपयोग की विधियां न हों। कोई ऐसा समूह नहीं होगा जिसमें वस्तुओं के मूल्य को लेकर कोई अभिव्यक्ति न हो। यह हो सकता है कि यह मूल्य किसी मुद्रा के प्रतीक रूप में न हो। यह भी नहीं हो सकता कि किसी समाज में श्रम का कोई विशिष्टीकरण न हो और श्रम के बदले में कोई पारितोषिक या भुगतान की व्यवस्था न हो। वास्तव में आदिम समाज की अर्थव्यवस्था की तकनीक सभ्य समाज से भिन्न है। इस तकनीकी के प्रयोग से ही उत्पादन बढ़ता है और इसी के परिणामस्वरूप मुनाफा और आर्थिक असमानता के सामाजिक पक्ष सामने हैं।

आर्थिक मानवशास्त्र (Economic Anthropology) शायद मानवशास्त्र की बहुत कठिन विधा है जिसे भारतीय विद्यार्थियों को पढ़ाया जा सके। इसके दो कारण हैं—हम अपनी आर्थिक गतिविधियों को बहुत गंभीरता से लेते हैं और इसे अपना 'अधिकार' मानते हैं क्योंकि तकनीकी दृष्टि से यह हमारे लिए बहुत सफल सिद्ध हुई है। दूसरा, हमारा उत्पादन संगठन बहुत जटिल है, इसमें अगणित तकनीकी सिद्धांतों का प्रयोग होता है। यहां उत्पादन कठिन नहीं है, लेकिन उत्पादित वस्तुओं का बंटवारा (Allocation) बहुत ही जटिल है। इन दो दृष्टिकोणों को ध्यान में रखकर विद्यार्थी जनजातियों की आर्थिक व्यवस्था को देखता है। जनजातीय आर्थिक व्यवस्था में न तो तकनीकी बारीकी का प्रयोग है और न उस समाज में वस्तुओं के बंटवारे की समस्या है।

वास्तविकता यह है कि छोटे समाज कुछ–न–कुछ उत्पादन अवश्य करते हैं। उत्पादन के परिणामस्वरूप वस्तुओं का वितरण और उपयोग भी होता ही है, लेकिन इस आर्थिक तथ्य को स्वीकार करते हुए भी कुछ विचारकों का कहना है कि जनजातियों में आर्थिक गणना का अभाव है। उनमें दूरदर्शिता नहीं है, वे वस्तुओं के सापेक्षिक मूल्यों की धारणा को नहीं समझते हैं और वे जिस आर्थिक आदर्श व्यक्ति का प्रतिबिंब रखते हैं, वह सभ्य समाज के व्यापारी नहीं हैं। आधुनिक अर्थशास्त्री कुछ ऐसे ही दृष्टिकोण से जनजातियों की आर्थिक व्यवस्था को देखते हैं। वे इस बात की खोज करते हैं कि किन क्षेत्रों में जनजातियों में आर्थिक बुद्धि का अभाव है।

इस अध्याय में हम आदिम अर्थव्यवस्था को तीन महत्वपूर्ण क्षेत्रों में देखेंगे। हमारी पहली रुचि आदिम अर्थव्यवस्था के उत्पादन संगठन में है। इसके बाद हम वस्तु–विनिमय का विवेचन करेंगे और अंत में एक आदिम अर्थव्यवस्था को संपूर्ण सामाजिक संरचना के एकीकरण के रूप में देखेंगे।

उत्पादन संगठन (Organisation of Production)

सामाजिक मानवशास्त्रियों ने आदिम समाज की अर्थव्यवस्था का अध्ययन किया। उनके अध्ययन का क्षेत्र बहुत सीमित रहा है। वे आदिम समाज के जीविकोपार्जन के स्रोतों

का अध्ययन करते हैं। इस बात की खोज करते हैं कि इस समाज में श्रम संगठन कैसा है और आर्थिक क्रियाओं के वर्गीकरण का आधार क्या है? यह सब ठीक है और सामाजिक मानवशास्त्रियों को यह देखना भी चाहिए कि आदिम समाज की अर्थव्यवस्था किस भांति काम करती है, लेकिन हमारी यह खोज पर्याप्त नहीं है। वे अर्थशास्त्री जो परिष्कृत हैं, सिद्धांत में प्रशिक्षित हैं, आदिम समाज को और अधिक विश्लेषणात्मक रूप से देखना चाहते हैं।

आदिम समाज की अर्थव्यवस्था को जीविका अर्थव्यवस्था (Subsistence Economy) कहते हैं। इसका यह अर्थ नहीं है कि आदिम समाज के सदस्य केवल उतना ही उत्पादन करते हैं जितना उनके लिए आवश्यक है, लेकिन इसका यह आशय अवश्य है कि वे इतना उत्पादन अवश्य करना चाहते हैं जिससे उनकी आवश्यकताओं की पूर्ति हो जाए। वे अपने उत्पादन का व्यवसाय करना नहीं चाहते। अर्थशास्त्र में जिसे वस्तु विनिमय कहा जाता है, उसे वे नहीं करते। मानवशास्त्रियों ने आदिम समाज की जीविका अर्थव्यवस्था को मुख्यतया तीन प्रकारों में रखा है। पहला प्रकार वह है जिसमें आदिम समाज के लोग जंगली जानवरों के शिकार और खाद्य–संग्रह द्वारा जीवन निर्वाह करते हैं। दूसरी जीविका अर्थव्यवस्था पशुपालन है। जीविका अर्थव्यवस्था का तीसरा स्वरूप कृषि है। कभी–कभी इन तीनों अवस्थाओं को उद्‌विकास में भी देखा जाता है। आज के संदर्भ में इसे तार्किक रूप में देखना चाहिए जिससे हम आदिवासियों के तकनीकी ज्ञान के विभिन्न स्तरों में अंतर कर सकें।

यद्यपि आदिम समाज जीविका अर्थव्यवस्था पर आधारित है, तथापि इसमें उत्पादन कारकों का कोई–न–कोई संगठन अवश्य मिलता है। यह ठीक है कि आदिम समाज में बाजार का श्रम (Market Labour) नहीं है। भूमि के लिए भी बाजार नहीं है, स्रोतों के लिए भी बाजार का अभाव है, यह सब होते हुए भी इस समाज में उत्पादन के संस्थात्मक रूप को पाना कठिन नहीं है। यह भी ठीक है कि सभ्य समाजों की तरह आदिम समाज में यंत्रों को स्थान नहीं है फिर भी कुछ बातें दोनों समाजों में बराबर पाई जाती हैं। चाहे आधुनिक अर्थव्यवस्था हो या आदिम, दोनों में कच्चे माल की आवश्यकता होती है, भूमि की आवश्यकता होती है और इसी प्रकार कार्य और औजारों की आवश्यकता भी होती है। इन सब वस्तुओं को अर्थशास्त्री उत्पादन के कारक (Factors of Production) कहते हैं। यह बहुत रुचिकर होगा यदि हम इस बात की जांच करें कि लोग उत्पादन के कारकों को किस प्रकार संस्थागत रूप देते हैं। इस खण्ड में हम सर्वप्रथम उत्पादन कारकों का विवरण देंगे।

उत्पादन कारक—कार्य (Production Factor: Work)

कार्य की अवधारणा को लेकर हम में बहुत गलतफहमियां हैं। कई बार हम कार्य का अंतर खेल से करते हैं और कहते हैं कि कार्य हमेशा कष्टसाध्य होता है और खेल आनंददायक। इसी आधार पर औद्योगिक क्रांति को लेकर समाज सुधारकों ने बड़ी ही उपदेशात्मक वाणी में हमें बतलाया कि इस क्रांति ने ऐसे कार्य पैदा कर दिए हैं जो मनुष्य को संतप्त कर देते हैं। कार्य के संबंध में ऐसी अगणित गलतफहमियां हैं। वास्तव में देखा जाए तो कार्य सर्वव्यापक है। यह समाज के सभी क्षेत्रों से संबंधित है।

पुरोहित, किसान, कलाकार और खिलाड़ी सभी की गतिविधियां कार्य ही हैं। कभी–कभी हम कार्य को उत्पादक श्रम (Production Labour) और अनुत्पादक श्रम (Non-Productive Labour) के नाम से भी पुकारते हैं। उत्पादक श्रम वह है जो उन बुनियादी आर्थिक वस्तुओं के उत्पादन के लिए होता है जिनके अभाव में हम नष्ट हो जाएंगे। अनुत्पादक श्रम वह है जो केवल विलासिता का उत्पादन करता है। ऐसा करने में हमने उन गतिविधियों को बड़ी बेदर्दी से उत्पादक काम के वर्गीकरण से निकाल दिया है जो जीवन पद्धति को बनाए रखने वाली है।

अर्थशास्त्री भी कार्य की अवधारणा को बहुत ही सीमित अर्थ में लेते हैं। वे कार्य का अर्थ केवल उस गतिविधि से लेते हैं जिसे बाजार में बेचा जा सकता है अर्थात् जो उत्पादन और वितरण की प्रक्रिया में आता है। गृहिणी जो दिन–रात श्रम करती है, उसके कार्य को अर्थशास्त्री श्रम नहीं कहते क्योंकि इसके लिए कोई भुगतान नहीं किया जाता। इस श्रम को राष्ट्रीय आय में नहीं जोड़ा जाता। यदि गृहिणी के इस श्रम अर्थात् कार्य को बाजार में बेचा जाए और उसकी मुद्रा में गणना की जाए, तो इससे हमारी राष्ट्रीय आय में वृद्धि होगी। कार्य की यह अवधारणा हमें श्रम–विभाजन की समस्या पर लाती है। श्रम–विभाजन के कई स्तर हैं। इसका एक आधार लिंग है। कुछ कार्य ऐसे हैं जिन्हें स्त्रियां बखूबी करती हैं। पुरुष श्रम–विभाजन का एक और आधार उम्र भी है। कुछ कार्य वयस्कों के लिए उपयुक्त हैं और कुछ किशोरों के लिए। आदिम समाज में श्रम–विभाजन वस्तु उत्पादन का एक महत्वपूर्ण कारक है।

श्रम-विभाजन (Division of Labour)

दुर्खीम पहले समाजशास्त्री थे जिन्होंने श्रम–विभाजन के अनुसंधान कार्य में उत्पादन संगठन के परिणामों पर विचार किया है। हमने उनकी यांत्रिक (Mechanical) और कायिक (Organic) सुदृढ़ता का उल्लेख अन्यत्र किया है। वे श्रम–विभाजन को आर्थिक संदर्भ में देखते हैं और कहते हैं कि एक प्रकार के समाज वे होते हैं जिनमें विशेषज्ञ नहीं होते और जहां आर्थिक सहयोग केवल उन लोगों का होता है जो सभी तरह के कार्य को थोड़ा बहुत जानते हैं। ये थोड़ा बहुत जानने वाले लोग हरफनमौला होते हैं। दूसरे समाज वे होते हैं जिनमें विभिन्न कार्य विशेषज्ञों द्वारा किए जाते हैं। इस समाज की आर्थिक व्यवस्था में इन विशेषज्ञों का अपना–अपना योगदान होता है। पहले समाज में यदि लोग कार्य में सहयोग न दें, तो कार्य रुका नहीं रहेगा, चाहे उसकी गति मंद अवश्य हो जाए। दूसरे प्रकार के समाज में यदि विशेषज्ञों का सहयोग न हो, तो कार्य होगा ही नहीं। दुर्खीम की योजना में पहले प्रकार के समाज यांत्रिक सुदृढ़ता वाले हैं और दूसरे प्रकार के समाज कायिक।

वे समाज जिनमें श्रम–विभाजन अधिक नहीं होता, उनमें भी कार्यों के बंटवारे की कोई–न–कोई व्यवस्था अवश्य होती है। बंटवारे का सबसे बड़ा आधार काम करने वाले की क्षमता होती है। न्यूगिनी की जनजातियों और जंगल में रहने वाली सभी जनजातियों में लकड़ी काटने का कार्य पुरुष करते हैं। कुछ जनजातियों में कार्य को

लेकर पुरुष और स्त्री की निश्चित अभिवृत्तियां होती हैं। अफ्रीका की जनजातियों में कुछ समुदाय ऐसे हैं जिनमें पुरुष खेती का कार्य अपनी गरिमा के अनुकूल नहीं समझते। बकरियों को चराने का काम बच्चों का है। छोटी लड़कियां पानी भरने का काम करती हैं।

विशेषज्ञ (Specialist)

यह हमने कहा है कि आदिम समाज में विशेषज्ञों का अभाव होता है। इसका यह अर्थ नहीं है कि इस समाज में विशेषज्ञ होते ही नहीं। जीविकोपार्जन के कुछ साधनों में आदिम समाज के भी विशेषज्ञ होते हैं। कहना यह चाहिए कि दुनिया में ऐसे समाज नहीं होंगे जहां विशेषज्ञ न हों। बुनाई का काम करने वाले, मिट्टी के बर्तन बनाने वाले या लकड़ी का काम करने वाले या ऐसे ही अन्य विशेषज्ञ प्रत्येक समाज में होते हैं। ये विशेषज्ञ औद्योगिक समाज के विशेषज्ञों से भिन्न हैं क्योंकि ये अपनी आजीविका अर्थात् भोजन और आवास की वस्तुओं के विनिमय द्वारा नहीं चलाते। प्रत्येक कारीगर खाद्य संग्राहक भी है। कारीगर अपने खाली समय में काम करता है, अन्यथा उसकी जीविका का आधार तो पशुपालन, शिकार या कृषि है। वे अपनी बनाई हुई वस्तुओं का प्रदर्शन इस आशा में नहीं करते कि कोई ग्राहक आएगा और उनकी वस्तुओं को खरीदेगा। जांबिया की टोंगा (Tonga) जनजाति का यह विश्वास है कि कारीगर के पास जो कुशलता है, वह उसे उसके किसी पूर्वज ने दी है और यदि वह विरासत की इस कारीगरी को नहीं करता है, तो पूर्वज उससे नाराज होंगे। इसी कारण टोंगा कारीगर बराबर काम करता है और अपनी बनाई हुई वस्तुओं को अपने स्वजनों को देता है।

अफ्रीका के कई समाजों में कारीगरों का संबंध राजकीय दरबार से होता था। ये कारीगर सुंदर–सुंदर वस्तुओं को बनाकर राजा को भेंट करते थे। राजकीय प्रोत्साहन को पाकर कारीगरी का विकास भी होता था।

हमारे देश में जाति व्यवस्था भी श्रम–विभाजन का अच्छा दृष्टांत है। प्रत्येक जाति के कुछ अपने परंपरागत कार्य हैं जिनके द्वारा जाति के सदस्य जीविकोपार्जन करते हैं। जातियों पर आधारित यह श्रम–विभाजन ग्रामीण स्तर पर देखा जा सकता है। बैली (F.G. Bailey) ने उड़ीसा के बिसीपाड़ा गांव का अध्ययन किया है। इस गांव में वारियर (Warrior) जाति का प्रभुत्व परंपरागत रूप से गांव की भूमि पर था। यह जाति चावल उत्पादन पर अपना नियंत्रण रखती थी। दूसरी जातियों के सदस्य गांव के सेवक थे। ब्राह्मण जो कि जाति व्यवस्था में सबसे ऊंचे सोपान पर हैं, केवल धार्मिक संस्कारों को करते थे। नाई, धोबी, मेहतर और चरवाहे सभी अपनी–अपनी सेवाएं गांव को देते थे। अछूत वारियर जाति की भूमि पर मजदूरी करते थे। बिसीपाड़ा का यह परंपरागत श्रम–विभाजन व्यापार की नई दिशाओं के खुल जाने से आज बदल गया है, फिर भी यह विवरण हमें गांव के विशेषज्ञों का अच्छा ब्यौरा देता है।

इन लघु समाजों में जादू–टोना करने वाले भी विशेषज्ञ कहे जा सकते हैं। ट्रोब्रिमंड द्वीप में समुद्र में मछली मारने के लिए बनाई गई नाव को जादू–टोने द्वारा संस्कारित किया जाता है जिससे कि वह तेज गति से समुद्र की लहरों को चीरती हुई

चली जाए और इसके मालिक को गौरव प्रदान करे। टिकोपिया में मछली पकड़ने के जाल का धार्मिक संस्कार किया जाता है।

मेलिनोस्की ने ट्रोब्रिमंड द्वीप की जनजातियों के अध्ययन में निष्कर्षात्मक रूप में यह कहा है कि आदिम समाज के सदस्यों को श्रम–विभाजन के क्षेत्र में निरे बुद्धू नहीं समझना चाहिए। वे कुछ तकनीकी सिद्धांतों की जानकारी रखते हैं। उदाहरण के लिए इस द्वीप के लोग यह अच्छी तरह जानते हैं कि मजबूत और टिकाऊ नाव कैसे और किस लकड़ी से बनाई जाती है। नाव के नाजुक हिस्सों को वे बड़ी सावधानी से बनाते हैं। नाव के निर्माण में धार्मिक संस्कारों को करना केवल नाव चलाने वाले के मनोबल को बढ़ाना है, उसे आत्मविश्वास देना है।

श्रम संगठन (Labour Organisation)

किसी भी समाज में चाहे वह कितना ही जटिल क्यों न हो, प्रत्येक व्यक्ति विशेषज्ञ नहीं होता। ऐसी अवस्था में श्रम संगठन एक महत्वपूर्ण कार्य है। यह कार्य सभी समाजों में देखने को मिलता है। कुशल और अकुशल कारीगरों को संगठित करके वस्तु उत्पादन करना किसी भी आर्थिक व्यवस्था की बहुत बड़ी विशेषता है। आदिम समाज में श्रम शक्ति का संगठन मजदूरी की अपेक्षा सामाजिक संबंधों पर अधिक होता है। अफ्रीका के कई भागों में कृषि करने वाले लोग अपने पड़ोसियों से चाहे वे स्वजन हों या न हों, सहायता की आशा करते हैं। बुआई और कटाई के समय यह श्रम और भी अधिक अपेक्षित है। पश्चिम कीनिया की गुसी जनजाति में कृषि में स्वजनों के सहयोग की इस संस्था को रीका (Rika) नाम से पुकारते हैं।

मानवशास्त्रियों ने आदिम जाति के श्रम संगठन का अध्ययन किया है। इन अध्ययनों में मेलिनोस्की द्वारा किए गए ट्रोब्रिमंड द्वीपवासियों और बाद में फर्थ द्वारा किए गए पोलिनेशिया द्वीप के टिकोपिया के अध्ययन विशेष उल्लेखनीय हैं। ट्रोब्रिमंड द्वीप में मछली के शिकार की नाव बनाना एक विशेष कार्य है। नाव बनाने का यह काम विभिन्न लोगों के सहयोग से पूरा किया जाता है। एक नाव को बनाने या दुरुस्त करने में बहुत श्रम की आवश्यकता पड़ती है। फिर, वे कौन लोग हैं जो नाव बनाने का श्रम करते हैं? उनका नियोजक कौन होता है? परिश्रम के बदले में उन्हें क्या मिलता है? नाम बनाने वाले व्यक्ति का क्या कोई रुपया लगाने वाला होता है? इन प्रश्नों के उत्तर आदिम समाज के श्रम संगठन को समझने में बहुत सहायक हैं। टिकोपिया में कोई भी मकान मालिक अपनी नाव बनाने का काम उठा सकता है, लेकिन सामान्यतया यह काम ऊंची स्थिति वाले लोग करते हैं। केवल गोत्र का मुखिया ही पवित्र नाव को बनवा सकता है जिसका प्रयोग धार्मिक संस्कारों के लिए किया जाता है।

नाव बनाने के लिए पेड़ों को काटना पड़ता है। इसके बाद लकड़ी का काम किया जाता है। यह काम टौमाको गोत्र के लोग कुशलतापूर्वक कर लेते हैं। नाव बनाने में लगभग आधा दर्जन लोग चाहिए। इसके अतिरिक्त नाव के विभिन्न हिस्सों को जमाने के लिए और अधिक आदमी चाहिए। इस संपूर्ण काम में स्वजनों के अतिरिक्त कुशल कारीगर भी होते हैं। स्वजनों को काम के बदले में भोजन दे दिया जाता है।

अन्य लोगों को भोजन के अतिरिक्त छालवस्त्र या अन्य वस्तुएं भी दी जाती हैं। इस प्रकार परिश्रम के बदले में यह जनजाति भोजन और कुछ वस्तुएं भेंट में देती है।

मकान बनाने में जो श्रम किया जाता है, उसका पारितोषिक भी इन्हीं सिद्धांतों पर निश्चित किया जाता है। एक नाव बनाने में कई कुशल कारीगरों की आवश्यकता होती है। इन कारीगरों को भोजन के अतिरिक्त चटाइयां और छालवस्त्र दिए जाते हैं। काम समाप्त हो जाने के बाद कुशल कारीगर और अन्य सहायकों को सम्मिलित भोजन कराते हैं। भोजन की यह व्यवस्था मकान बनाने वाला और उसके सजातीय करते हैं।

उत्पादन कारक—भूमि (Production Factor: Land)

आदिम समाज के उत्पादन कारकों में भूमि का महत्वपूर्ण स्थान है। आज संसार में ऐसे कई भाग हैं जहां उत्पादन कारक के रूप में भूमि का अभाव नहीं है। वायु या पानी की तरह, भूमि सभी समाजों को प्राप्त है। अर्थशास्त्री इसे मुक्त वस्तु (Free-Goods) कहते हैं। भूमि के प्रचुर या न्यूनतम मात्रा में उपलब्ध होने पर ही लोग इसका मूल्य आंकते हैं और यह निश्चित रूप से जानते हैं कि उनकी भूमि कौनसी है। मनुष्य के लिए भूमि की उपयोगिता दोहरी है। भूमि समाज की एक अनिवार्य दिशा है। मनुष्य भौतिक है और वह स्थान पर रहता है। इस कारण सभी सामाजिक संबंधों और सामाजिक समूहों की स्थान संबंधी दिशा होती है। व्यक्ति और समूह स्थान की मांग करते हैं। यह केवल इसलिए नहीं कि वे अपनी भौतिक आवश्यकता के लिए उत्पादन करना चाहते हैं, बल्कि इसके अतिरिक्त वे अपनी सांस्कृतिक पृथकता या गोपनीयता को भी बनाए रखना चाहते हैं।

जब हम भूमि के बारे में सोचते हैं, तो एकदम हमारे मस्तिष्क में भूमि की पट्टेदारी व्यवस्था (Land Tenure System) आती है। इसके बाद हम सोचते हैं कि विभिन्न भूमि समाजों में पट्टेदारी की क्या कानूनी व्यवस्था है। ठीक इसके बाद हम भूमि से प्राप्त होने वाली उपज का विश्लेषण प्रारंभ करते हैं। जैसे हम श्रम की बात करते हैं, हमें श्रम संगठन पर सोचना पड़ता है वैसे ही भूमि की बात करने पर पट्टेदारी पर विचारना पड़ता है। भूमि के हमने दो रूप देखे हैं—एक तो भूमि हमारा आवास स्थान है और दूसरा यह वस्तु उत्पादन का साधन है। इन दोनों पहलुओं का विश्लेषण या उनकी जांच पृथक रूप से की जा सकती है, लेकिन सामान्य जीवन में भूमि के ये दोनों पहलू साथ–साथ चलते हैं। सामान्यतया वे लोग जो एक निश्चित भू–भाग में रहते हैं, अपने आसपास की भूमि का उत्पादन के लिए प्रयोग करते हैं, लेकिन सभ्य समाज में जहां भूमि को ठेके पर रखा जाता है, वहां की भूमि पर न रहने वाला भी भूमि को उत्पादक कारक के रूप में प्रयोग करता है।

जहां कहीं भूमि होती है, हम उसे अलग–अलग भूखण्डों में देखते हैं। हम इसे मापी जाने वाली वस्तु समझते हैं। भूखण्डों के कुछ हिस्सों में हम रहते हैं और कुछ में उत्पादन करते हैं। उत्पादन के साथ छोटी–छोटी तकनीक अवश्य लगी रहती है। जैसी भी राज्य व्यवस्था हो, उसमें भूमि पर कानूनी अधिकार प्राप्त किया जा सकता है। इस कानूनी अधिकार को बेचा जा सकता है या किसी मूल्य पर इसका विनिमय किया

जा सकता है, लेकिन भूमि की यह स्थिति उन समाजों की है जो सभ्य हैं। अविकसित या छोटे आकार के समाजों में भूमि की पट्टेदारी और उत्पादक रूप में इसकी अवधारणा भिन्न होती है। यहां हम इसे कुछ जनजातियों के संदर्भ में देखेंगे।

केन्द्रीय नाइजीरिया की टिव जनजाति भूमि को ठीक इस प्रकार से देखती है जैसे कि वह अपने सामाजिक संगठन को देखती। वंश परंपरा के अनुसार भूमि का बंटवारा भी होता है। टिव में एक विशेष भू–भाग में रहने वाले लोगों का 93 प्रतिशत हिस्सा उन लोगों का है, जो एक ही वंश के पितृबंधु हैं। इस भांति इस भू–भाग में रहने वाले लोग भूमि का स्वामित्व पैतृक आधार पर ग्रहण करते हैं। इस समाज में आवास भूमि का संबंध कृषि भूमि से है। जब कोई नया निवासी आता है, तो गांव का मुखिया उसे उन भूखण्डों को देता है जिन पर किसी का अधिकार नहीं है। यह व्यक्ति इसी भूमि पर रहता है और कृषि द्वारा जीविकोपार्जन करता है। ऐसा करने के लिए उसे भूमि से जंगल काटना पड़ता है और अपनी आवश्यकतानुसार कृषि भूमि तैयार करनी पड़ती है। वास्तव में टिव समाज में भूमि पट्टेदारी की अपेक्षा कृषि पट्टेदारी (Farm Tenure) होती है। टोंगा जनजाति में भी भूमि की यही व्यवस्था है।

संक्षेप में टोंगा और टिव जनजातियों में भूमि की अवधारणा सामाजिक संगठन की अवधारणा ही है। प्रत्येक गांव के सामाजिक संगठन की तरह गांव के आसपास की भूमि का भी संगठन होता है। ये समाज सामान्य तकनीकी प्रयोग द्वारा भूमि से जीविका निर्वाह करते हैं। इस अर्थ में केवल टिव या टोंगा जनजातियों में ही नहीं अपितु उन सभी समाजों की आजीविका कृषि पर निर्भर है, भूमि वस्तु उत्पादन का बहुत बड़ा साधन है। जनजातियां इसे इसी साधन के रूप में संगठित करती हैं।

उत्पादन कारक—पूंजी (Production Factor: Capital)

पूंजीवादी समाजों में उत्पादन संगठन का बहुत आधार पूंजी होती है। इन समाजों में पूंजी को उस रुपए के रूप में देखा जाता है जिसका प्रयोग साधन की तरह बाजार में किया जाता है। उत्पादन करने के लिए पूंजी साधन इसलिए है कि इसे लगाकर कारखानों में उत्पादन बढ़ाया जा सकता है। इस भांति पूंजी लगाने से जिन वस्तुओं का उत्पादन होता है, उन्हें उत्पादक की पूंजी (Producer's Capital) या पूंजी पदार्थ (Capital Goods) कहते हैं। उपभोग की वे वस्तुएं जो लंबी अवधि तक चलती हैं और जिनसे उत्पादन करने की क्षमता बढ़ती है, जैसे कि मोटर, स्कूटर, भव्य बंगला, फ्रिज, आदि उन्हें कभी–कभी उपभोक्ता पूंजी (Consumer's Capital) भी कहते हैं। वह व्यक्ति जो बैंक का मैनेजर है, कार में बैठकर बैंक जाता है, अपने आसामियों से शीघ्रतापूर्वक संपर्क स्थापित करता है। इस प्रकार उसके बैंक के व्यवसाय को बढ़ाने में कार बड़ी सहायक है यद्यपि वह कार को टैक्सी बनाकर पूंजी पदार्थ नहीं बनाता। यही बात बीमा अधिकारी की मोटर गाड़ी पर लागू होती है। इस भांति वे समाज जिनमें बाजार व्यवस्था है, पूंजी उत्पादन का साधन है। ऐसे समाजों में कुछ परिस्थितियों में उपभोक्ता पूंजी भी होती है जिसकी सहायता से अधिक उत्पादन किया जा सकता है।

आदिम समाज में पूंजी की अवधारणा पृथक है। पूंजी तो काम करने की परंपरा तथा औजारों (Tools) का एक जोड़ मात्र है। इस समाज में उपभोक्ता पूंजी भूमि के

रूप में होती है। कृषि करने के कुछ साधन पूंजी पदार्थ होते हैं। इन पदार्थों पर भूमि की तरह ही व्यक्ति का स्वामित्व होता है। जनजातियों में उपभोक्ता पूंजी का प्रयोग उत्पादन के लिए अधिक सहयोगी नहीं होता। उनके पास जो कुछ पूंजी होती है, वह प्राकृतिक स्रोतों पर आधारित है और उसी के इर्द–गिर्द उसकी अर्थव्यवस्था चलती है।

इस खण्ड में हमने उत्पादन संगठन का विवेचन किया है। सामान्यतया जनजातियां जीविका कृषि पर निर्भर हैं। उनके उत्पादन का केन्द्र भूमि है। इस भूमि पर वे काम करते हैं। काम की प्रक्रिया में छोटा–मोटा श्रम–विभाजन भी होता है। ऐसे समाज में थोड़े बहुत विशेषज्ञ भी होते हैं और सामान्य प्रकार का श्रम संगठन भी होता है। इन समाजों में पूंजी पदार्थ के रूप में केवल भूमि और प्राकृतिक अनुकूलता होती है। सामान्यतया उपभोक्ता पूंजी उनके पास बहुत थोड़ी होती है। जनजाति समाज की अर्थव्यवस्था बाजार की अर्थव्यवस्था नहीं है। यद्यपि परिवर्तन की जो नवीन दिशाएं आज हमारे सामने हैं, उनके परिणामस्वरूप जनजातियों की अर्थव्यवस्था बाजार की ओर मुड़ रही है। जनजातियों की आज जो स्थिति है उसमें तो उनका उत्पादन संगठन बहुत ही सामान्य है।

निश्चित है कि जनजातियों में बाजार व्यवस्था का अभाव है। जब हम बाजार की बात करते हैं, तो इससे हमारा तात्पर्य, आर्थिक अर्थ में, विनिमय (Exchange) के स्थान से है। यह वह जगह है जहां उत्पादक अपनी वस्तुओं को मुद्रा के माध्यम से विनिमय के लिए लाते हैं। जनजातियों में विनिमय तो होता है, लेकिन यह विनिमय मुद्रा द्वारा नहीं होता। विनिमय का यह स्वरूप विकसित अर्थव्यवस्था से भिन्न है।

वस्तु विनिमय—परस्परता और पुनर्वितरण
(Exchange of Goods: Reciprocity and Redistribution)

शायद कार्ल पोलानी (Karl Polany) आज एक ऐसे निर्भीक आर्थिक इतिहासकार हैं जिन्होंने हमारे लिए बहुसांस्कृतिक अध्ययन में अर्थशास्त्र की वैज्ञानिक प्रकृति को बिगाड़े बिना आदिम समाज के वस्तु विनिमय का अध्ययन संभव कर दिया है। पोलानी अधिकांश अर्थशास्त्रियों में लोकप्रिय नहीं हैं, यह शायद इसलिए कि उन्होंने अर्थशास्त्र की अंध भक्ति छोड़कर निर्भीकता का परिचय दिया है। भविष्य में पोलानी का यह संदर्श अर्थशास्त्र को नीचा दिखाने की अपेक्षा गौरव ही प्रदान करेगा।

पोलानी के अनुसार वस्तुओं के बंटवारे के विनिमय (Allocation) के तीन मौलिक स्वरूप हैं। वे यह नहीं कहते कि ये स्वरूप इससे अधिक नहीं हैं, लेकिन अपने विवेचन के लिए वे इन तीनों स्वरूपों को पृथक कर लेते हैं। वस्तु विनिधान के इन स्वरूपों का नामकरण उन्होंने इस प्रकार किया है; (1) परस्परता, (2) पुनर्वितरण और (3) बाजार विनिमय। प्रत्येक आनुभविक अर्थशास्त्र में इन तीन स्वरूपों में कम से कम एक स्वरूप अवश्य पाया जाता है, अधिकांश दो स्वरूप मिलते हैं और बहुतों में तीनों स्वरूप।

बाजार विनिमय वस्तुओं का वह विनिमय है जो मांग और पूर्ति के नियम द्वारा निर्धारित होता है। इसका केन्द्र मुक्त और आकस्मिक संविदा है। पुनर्वितरण का अर्थ

पोलानी ने उस व्यवस्थित गति से लिया है जिसमें वस्तुएं प्रशासन के केन्द्र की ओर बढ़ती हैं और केन्द्र के अधिकारी उन वस्तुओं का पुनः बंटवारा या विनिधान करते हैं। पुनः बंटवारे का अच्छा दृष्टांत आधुनिक कर व्यवस्था (Tax System) है। राज्य कर वसूल करके उसका पुनः विनिधान और बंटवारा करता है। परस्परता में वस्तुओं का विनिमय लोगों के बीच में होता है। यह विनिमय बाजार की स्थिति में नहीं होता। इसमें विनिमय करने वाले लोगों के संबंध अ–सोपानिक (Non-Hierarchical) होते हैं। विनिमय सामाजिक संबंध स्थापित नहीं करता बल्कि सामाजिक संबंध विनिमय को स्थापित करते हैं। परस्परता का उदाहरण स्वजनों में होने वाले आदान–प्रदान हैं। पोलानी की ये तीन कोटियां दोष रहित नहीं हैं, लेकिन हमारे प्रस्तुत विवेचन के लिए कोटियां बहुत उपयोगी हैं।

ट्रोब्रिमंड अर्थव्यवस्था (Trobrimand Economy)

ट्रोब्रिमंड द्वीपवासियों की अर्थव्यवस्था विनिधान सिद्धांतों के तीनों स्वरूपों का अच्छा प्रतिनिधित्व करती है। दुर्खीम ने सामाजिक मानवशास्त्र में सबसे पहली बार वस्तु विनिमय या परस्परता के क्षेत्र में भेंट विनिमय (Gift Exchange) का सिद्धांत रखा था। इस सिद्धांत को उनके अनुयायी मार्शल मॉस (Marcel Mauss) ने और अधिक पुष्ट किया। दुर्खीम ने आस्ट्रेलिया की अरंडा जनजाति का अध्ययन किया है और मॉस तथा बाद में मेलिनोस्की ने इस व्यवस्था को कूल तथा अन्य ऐसी ही विनिमय व्यवस्थाओं द्वारा समझाया है। ट्रोब्रिमंड की विभिन्न व्यवस्थाओं का प्रचलन निम्न संस्थाओं में पाया जाता है—

1. कूल (Kule)
2. यूरीगूबू (Urigubu)
3. गिमवली (Gimwali)
4. पोकाला (Pokala)
5. बसी (Basi) और
6. सगली (Sagali)

ट्रोब्रिमंड द्वीपवासियों की यह अर्थव्यवस्था परस्परता और विनिमय पर निर्भर है। यह विनिमय त्यौहारों और उत्सवों में विशेष रूप से देखा जाता है। यदि कोई व्यक्ति लंबी समुद्र यात्रा पर जाता है, तब उसे भेंट में वस्तुएं दी जाती हैं। ट्रोब्रिमंड वासियों के इस भेंट विनिमय को थोड़ा विस्तार से देखना पड़ेगा। हम प्रायः कहते हैं कि स्वजनों को व्यावसायिक संबंधों में नहीं जुड़ना चाहिए क्योंकि इसका परिणाम झगड़ा ही होता है। कुछ इससे आगे बढ़कर कहते हैं कि स्वजनों और मित्रों में व्यवसाय हो ही नहीं सकता। इस धारणा के पीछे महत्वपूर्ण बात यह है कि हम वस्तुओं की खरीदी और बिक्री में बहुत बढ़िया सौदा करना चाहते हैं और इसलिए इस सौदे में स्वजनों और मित्रों को उलझाना नहीं चाहते।

दूसरी ओर, सभ्य समाजों में भेंट विनिमय होते हैं और इस भेंट विनिमय में किसी से सौदा करने की अपेक्षा नहीं की जाती। शायद इसी भावना से ट्रोब्रिमंड वासी भेंट

विनिमय करते हैं और इस विनिमय में सौदेबाजी का दृष्टिकोण नहीं रखते। ट्रोब्रिमंड द्वीपों में ऐसे गांव भी हैं जिन्हें समुद्र में मछली मारने का अधिकार नहीं है और ऐसे गांव भी हैं जो समुद्र के किनारे हैं और जिन्हें मछली मारने का अधिकार है, लेकिन उनका भूमि पर अधिकार नहीं है। इन दो प्रकार के गांवों में वस्तुओं की परस्परता होती है। इस परस्परता में वस्तुओं के दाम परिणाम रूप में निश्चित होते हैं। विनिमय की यह व्यवस्था बसी कहलाती है। बसी में गांवों का एक समूह मछलियां देता है और इसके विनिमय में दूसरा समूह खाद्य पदार्थ देता है। ट्रोब्रिमंड द्वीप में विनिमय की एक और संस्था कूल है। कूल में उन वस्तुओं का विनिमय होता है जो जीविका पदार्थों जैसे कि मछली और खाद्यान्नों में से नहीं हैं वरन् संग्रहणीय वस्तुओं में से हैं। संग्रहणीय वस्तुओं के प्रकार हैं। एक प्रकार मूल्यवान वस्तुओं का है जिसे मेलिनोस्की वयगुआ कहते हैं क्योंकि कूल का संबंध स्थाई और मूल्यवान वस्तुओं से होता है, सामान्य लोग विनिमय की इस विधि को नहीं अपनाते। मूल्यवान वस्तुओं में गले के हार, अंगूठी, हीरा आदि हैं। इन वस्तुओं का विनिमय व्यक्ति की सोपानिक स्थिति में वृद्धि करता है। जब सामान्य वस्तुओं का (लेकिन खाने की वस्तुएं नहीं) विनिमय होता है, त: इसे गिमवली कहते हैं। इस विनिमय में सौदेबाजी होती है, कम ज्यादा की खींचातानी होती है। गिमवली आधुनिक बाजार की सौदेबाजी की तरह है। पोकाला विनिमय विधि स्वजनों में होती है। पितृ–बंधुओं में भेंट विनिमय पोकाला नाम से जाना जाता है। यूरीगूबू विनिमय विधि वह है जिसमें जीजाजी को वर्ष में एक बार खाद्यान्न की भेंट दी जाती है। विनिमय का यह प्रकार भी स्वजन व्यवस्था पर निर्भर है।

बाजार विनिमय (Market Exchange)

विकसित समाजों की अर्थव्यवस्था की बहुत बड़ी विशेषता बाजार में किए गए सौदे की प्रभुता है। प्रत्येक परिवार का सदस्य बाजार से प्रभावित होता है। या तो वह अपने श्रम को बाजार में बेचता है या अपनी पूंजी को उत्पादन में लगाता है। किसी न किसी तरह वह अपनी कुशलता को पूंजी या श्रम के रूप में बाजार में लाता है। ऐसा करने में असफल होने पर उसे भूखों मरना पड़ता है। यह अलग बात है कि उसे उसके स्वजन भरण–पोषण के साधन जुटाएं या राज्य या कोई समाजसेवी संस्था उसे भरण पोषण प्रदान करें।

आदिम समाज में बाजार की कोई न कोई व्यवस्था अवश्य होती है। यह ठीक है कि इस समाज में बाजार उतना प्रबल नहीं होता जितना कि विकसित अर्थव्यवस्था वाले समाजों में। वास्तव में जीविका अर्थशास्त्र की हमारी परिभाषा दोषपूर्ण रही है। हम यह मानकर चलते हैं कि जीविका अर्थव्यवस्था में लोग उतना ही उत्पादन करते हैं जितना वे उपभोग कर सकते हैं और इसलिए उनमें बाजार जैसा वस्तु विनिमय का कोई स्थान नहीं होता। ट्रोब्रिमंड जनजाति की आधार–सामग्री हमारी इस मान्यता को गलत सिद्ध करती है। जनजाति संपूर्ण उत्पादन का उपयोग नहीं करती। यहां वस्तुओं की प्रचुर हेराफेरी या आदान–प्रदान होते हैं। एक प्रकार के परिवार के भाई अर्थात् मामा द्वारा उत्पादित वस्तुओं पर जीविकोपार्जन करता है। इस स्थिति में उत्पादक और

उपभोक्ता के बीच में बाजार नहीं होता। अफ्रीका की जनजातियों में बाजार बहुत सक्रिय होता है और यह ऐसी स्थिति में जबकि लोग जीविका अर्थव्यवस्था पर निर्भर रहते हैं।

जीविका अर्थव्यवस्था किसे कहते हैं? यह वह अर्थव्यवस्था है जिसमें वस्तुओं का सौदा बाजार के माध्यम से नहीं होता। कुछ उत्पादन ऐसा अवश्य होता है जो बाजार में आता है, ऐसे बाजार को हम परिधिस्थ बाजार (Peripheral Market) कहते है। इस अर्थव्यवस्था में यद्यपि बाजार नहीं होता फिर भी बाजार का कार्य कुछ सामाजिक संस्थाएं—कार्य, भूमि और पूंजी करते हैं। ये संस्थाएं आर्थिक संस्थाएं हैं और इनका काम भी ठीक वही होता है जो कि बाजार का होता है।

अफ्रीका के कई समाजों में परंपरागत बाजार के स्थान होते हैं। ये बाजार सप्ताह, महीने और वर्ष के निश्चित दिनों में लगते हैं। कीनिया की कीकूयू जनजाति में ऐसे बाजारों में लोग बहुत बड़ी संख्या में आते हैं। घाना में विभिन्न मध्यान्तरों पर बाजार लगते हैं। कोनकोम्बा जनजाति में लगने वाले बाजारों का विस्तृत वर्णन टेट (D. Tait) ने दिया है। कोनकोम्बा जनजाति स्वायत्त गोत्रों में बंटी हुई है। प्रत्येक गोत्र का अपना एक निश्चित क्षेत्र है और इस क्षेत्र में छह दिन के अंतर में बाजार लगता है। बड़े बाजार कई जनजातियों के बीच में लगते हैं। यही एक ऐसा मुख्य बाजार है जो घाना की सभी जनजातियों के लिए वर्ष में एक बार लगता है। छोटे बाजार गोत्र के नियंत्रण में होते है।

जीविका अर्थव्यवस्था में बाजार के महत्व पर अर्थशास्त्रियों ने अध्ययन अभी प्रारंभ किए ही हैं। इन बाजारों में यह देखने की बहुत आवश्यकता है कि जनजाति के सदस्य वस्तु विनिमय में दामों की गणना कैसे करते हैं। सामाजिक मानवशास्त्रियों के लिए भी यह क्षेत्र अभी तक अछूता ही रहा है। इस क्षेत्र में अनुसंधान की बहुत अधिक संभावना है।

मुद्रा और साख (Money and Credit)

किसी भी अर्थव्यवस्था की तरह आदिम समाज अर्थव्यवस्था का तीसरा पहलू मुद्रा और साख है। यदि शुद्ध उद्योग की दृष्टि से देखा जाए तो कहना होगा कि जीविका अर्थव्यवस्था वाला समाज पूर्व–औद्योगिक (Pre-Industrial) समाज है। ऐसे समाज को जब हम मुद्रा और साख की दृष्टि से देखते हैं, तो स्वाभाविक रूप से प्रश्न उठते हैं—जिसे हम मुद्रा कहते हैं, क्या उसका आदिम समाज से कोई संबंध नहीं है? क्या आदिम समाज के सदस्यों के पास ऐसा कुछ है जिसे हम पूंजी की संज्ञा दे सकें? क्या आदिम समाज के लोग ऋण की धन–राशि पर लिए जाने वाले ब्याज पर कुछ सोचते हैं? इन प्रश्नों के उत्तर हमें आदिम अर्थव्यवस्था में मुद्रा और साख की भूमिका समझने में सहायक होंगे।

आदिम मुद्रा (Primitive Money)—मुद्रा का प्रयोग वस्तु विनिमय में होता है। न्यूगिनी के लोगों में खोल मुद्रा (Shell Money) का प्रयोग होता है। यह मुद्रा धार्मिक

संस्कारों और बाजार में भुगतान के काम में ली जाती है। न्यू ब्रिटेन में तोलाई जनजाति इस मुद्रा को टम्बू नाम से पुकारती है। जब वस्तुओं को बेचना होता है और उसके बदले में कुछ लेना नहीं होता, तब टम्बू विनिमय का साधन होता है। अफ्रीका की अन्य जनजातियों में भी वस्तु विनिमय के कोई–न–कोई साधन अवश्य हैं।

ऋण और साख (Loan and Credit)

जनजातियों में ऋण और साख की पद्धति भी काम में लाई जाती है। अफ्रीका की जनजातियों में आपसी झगड़ों को रोकने के लिए कुछ रकम अदा करने की साख रखने की परंपरा है। कभी–कभी कृषि वस्तुओं की खरीद में भी ऐसी ही साख काम में लाई जाती है। ट्रोब्रिमंड द्वीप की कूल विनिमय व्यवस्था में ऋण की रकम पर ब्याज भी लिया जाता है। जब कोई व्यक्ति एक मुद्रा उधार लेता है, तो इसके बदले में उधार की मुद्रा से अधिक मुद्रा देनी पड़ती है। ब्याज की कोई निश्चित दर आदिम अर्थव्यवस्था में नहीं है, लेकिन जो कुछ उधार लिया जाता है उससे कुछ अधिक ही लौटाया जाता है।

पूंजी (Capital)

जनजातियों में पूंजी का कोई–न–कोई स्वरूप अवश्य होता है। उनकी पूंजी उपभोक्ता और उत्पादक दोनों प्रकार की होती है। जीविका कृषि में सबसे बड़ी पूंजी भूमि है। भूमि से संबंधित कृषि साधन–हल, बैल, गाड़ी पूंजी के दूसरे प्रकार हैं। मलाया की जनजातियों में पूंजी का आय से अंतर करने के लिए अलग–अलग शब्द हैं। टिकोपिया में ऐसे शब्द तो नहीं हैं पर ये लोग मूल्यवान वस्तुओं और लौटाई जाने वाली वस्तुओं में भेद अवश्य करते हैं। मूल्यवान वस्तुएं पूंजी है।

आदिम अर्थव्यवस्था में हमने जीविका अर्थव्यवस्था का विवेचन किया है। इस व्यवस्था को उत्पादन संगठन, वस्तु विनिमय और मुद्रा तथा साख के संदर्भ में देखा है। हमने इस बात पर जोर दिया है कि आधुनिक अर्थव्यवस्था जो यंत्र और बाजार पर आधारित है, आदिम अर्थव्यवस्था से भिन्न है। इस अंतर के होते हुए भी अर्थशास्त्र के सिद्धांतों को उनकी वैज्ञानिक प्रकृति को बिगाड़े बिना आदिम अर्थव्यवस्था के विवेचन में लगाया जा सकता है। यहां हम एक बात और कहेंगे। संसारभर की जनजातियां आज संचार साधनों द्वारा एक–दूसरे के बहुत निकट आ रही हैं। संचार के ये नए आयाम जनजातीय क्षेत्रों में यंत्र और बाजार का सूत्रपात कर रहे हैं। आज जनजाति अर्थव्यवस्था के सामने कई नई दिशाएं हैं। इन दिशाओं पर अन्यत्र विचार किया जाएगा। यहां हम भारतीय जनजातियों की अर्थव्यवस्था पर थोड़ा विवरण देंगे।

भारतीय जनजातियों की आर्थिक व्यवस्था
(Economic System of Indian Tribes)

इस अध्याय में प्रारंभ में हमने जीविका अर्थव्यवस्था के तीन प्रकार बताए हैं—पहली जीविका की अर्थव्यवस्था वह है जो शिकार और खाद्य संग्रह पर निर्भर है। दूसरी अर्थव्यवस्था चरवाहा या पशुपालन की है और तीसरी कृषि जीविका। आदिम अर्थव्यवस्था के इन प्रकारों में हमें भारतीय जनजातियों के संदर्भ में कृषि जीविका को

दो भागों में बांटना होगा—स्थानांतरण कृषि जीविका (Shifting Subsistence Farming) और स्थाई कृषि जीविका (Permanent Subsistence Farming)। जब हम भारतीय जनजातियों के आर्थिक मानचित्र को देखते हैं, तो हमें ये जनजातियां जीविका कृषि के इन विभिन्न प्रकारों में बंटी हुई दिखाई देती हैं। यहां हम इन सभी प्रकारों का संक्षेप में विवरण देंगे।

शिकार और खाद्य संग्राहक जनजातियां (Hunting and Food Gathering Tribes)

कुछ जनजातियां आर्थिक विकास के निम्न स्तर पर होती हैं और वे अपना जीविकोपार्जन जंगल के खाद्य पदार्थों–फल–फूल, कंदमूल आदि द्वारा अपना पेट भरती हैं। यदि जंगली पशुओं का शिकार उपलब्ध हुआ तो ये जनजातियां इनके द्वारा जीवन निर्वाह करती हैं। ऐसी जातियों का अपने निकटवर्ती जंगल या समुद्र मार्ग पर स्वामित्व होता है।

छोटा नागपुर के रांची जिले की बिरहोर जनजाति, उड़ीसा के ज्वांग, मध्यप्रदेश के कोरचा, ट्रावनकोर कोच्चि के कादर तथा महाराष्ट्र की कतकारी जनजाति के लोग खाद्य संग्राहक कहे जा सकते हैं। इन जनजाति समूहों में कुछ समूह खानाबदोश भी हैं। बिरहोर जनजाति पूर्णतया खानाबदोश है। ज्वांग जनजाति सभी जानवरों का मांस खाती है, यहां तक कि सांप भी खा जाती है। कोया जनजाति बांस की चटाइयां बनाती है और जंगल से कंद–मूल फल संग्रह करती है। दक्षिण भारत में मालाबार के पास रहने वाली मिलीकोय जनजाति नारियल की फसल करती है। इसके अतिरिक्त यह जनजाति समुद्र में मछली पकड़ती है। इनका सहायक व्यवसाय शिकार के लिए नाव बनाना है। एक नाव की बनावट में 500 रुपए से लेकर 5,000 रुपए तक लग जाते हैं।

उड़ीसा की डोम्बो जनजाति तथा उसकी अन्य उपजनजातियां–ओदिया, ओनोमिया, अंदिरे, मीरगान तथा कोहारा–अपने गोत्र के पशु को छोड़कर अन्य सभी पशुओं और पक्षियों के मांस को खाती हैं। हौ जनजाति आंशिक रूप से शिकार द्वारा जीविकोपार्जन करती है। ट्रावनकोर की मलपंतरम और मदुरा की पाली तथा पानीयान जनजातियां खाद्य संग्राहक हैं।

खाद्य संग्राहक जनजातियों के संबंध में यह बताना बहुत कठिन है कि ये समूह पूर्णतया खाद्य संग्रह द्वारा ही जीविकोपार्जन करते हैं। वास्तव में ये जनजातियां अपने व्यवसाय में विशिष्टीकरण नहीं करती हैं और अपने पर्यावरण के अनुकूल ऐसे साधनों को अपनाती हैं जिनके द्वारा जीविकोपार्जन हो सके। अतः शिकार पर निर्भर रहने वाली जनजातियां खाद्य संग्राहक भी हैं।

चरवाहा (Herders)

जीविका अर्थव्यवस्था का दूसरा प्रकार चरवाहा है। इस व्यवस्था पर जीवनयापन करने वाली जनजातियां पशुपालन करती हैं। पशुपालन के लिए चरागाह चाहिए। अतिवृष्टि या अनावृष्टि की अवस्था में ये लोग अनुकूल चरागाह की तलाश में एक स्थान से दूसरे स्थान को भी जाते रहते हैं। मोटिया जनजाति जो हिमालय की तराइयों में रहती है,

पशुपालन अर्थव्यवस्था का उत्तम उदाहरण है। सर्दी के मौसम में मोटिया अपने पशुओं को लेकर निचली घाटियों में आ जाते हैं और गर्मी में पुनः अपनी मूल घाटियों में पहुंच जाते हैं। इनका सहायक व्यवसाय भी है। ये लोग नमक, हींग, जीरा, जंबू तथा सुहागा बेचकर भी अपनी आजीविका चलाते हैं। इस जनजाति में स्त्रियां बहुत कुशल कारीगर होती हैं। ऊनी वस्त्र जैसे थुलमे, कंबल, गलीचे और पंखी आदि वस्त्रों का निर्माण स्त्रियां ही करती हैं। पुरुषों का काम पशुओं को चराना है। कश्मीर में पांखी प्रदेश में रहने वाले पंखवाल भी पशुपालन करते हैं।

दक्षिण भारत में नीलगिरी की टोड जनजाति भी पशुपालन द्वारा जीविकोपार्जन करती है। ये लोग भैंसों को रखते हैं। भैंसों की उपज दूध, घी व मक्खन है। इसकी बिक्री द्वारा टोडा जीवन निर्वाह करते हैं। जिस व्यक्ति के पास अधिक भैंसें होती हैं, समाज में उसका स्थान अधिक ऊंचा होता है। पशुपालन के अतिरिक्त यह जनजाति जहां तक संभव हो, कृषि भी करती है।

कृषि जीविका (Subsistence Farming)

भारत की अधिकांश जनजातियों की जीविका कृषि पर निर्भर है। 1951 की जनगणना के अनुसार लगभग 1 करोड़ 70 लाख जनजातीय जनसंख्या में से 1 करोड़ 10 लाख कृषि पर निर्भर हैं। 1961 ई. की जनगणना में कृषि करने वाली जनसंख्या घटकर 1 करोड़ 49 लाख हो गई। इसका अर्थ है कि करीब 21 लाख लोगों ने उद्योग या श्रमिक व्यवसाय को अपना लिया। कृषक जनजातियों में उरांव, मुंडा, भील, संथाल, मझबार, साखार, बैंगा, कोरवा तथा गौंड हैं। इन जनजातियों का कृषि स्तर सामान्यतया रूढ़िवादी है। यद्यपि कुछ जनजातियों ने बाजारू फसलें भी लेना प्रारंभ कर दिया है। कृषि कार्य दो प्रकार से किया जाता है। एक वह प्रकार है जिसे मानवशास्त्रीय स्थानांतरित कृषि (Shifting Cultivation) कहते हैं। कृषि का दूसरा प्रकार स्थाई है जिसमें निश्चित भूभाग पर व्यवस्थित रूप से खेती की जाती है। कृषि के इन दोनों प्रकारों का हम यहां उल्लेख करेंगे।

स्थानांतरित कृषि (Shifting Cultivation)

सभ्यता के प्रथम चरणों में कृषि योग्य पर्याप्त भूमि तो थी, लेकिन मनुष्य कृषि की तकनीक को नहीं जानता था। ऐसी अवस्था में जब उसने देखा कि धान भूमि पर फेंक दिया जाता है, तो इससे और धान पैदा होता है, उसने कृषि प्रारंभ की। इसके बाद जहां कहीं भी जमीन मिली उसने कृषि करना प्रारंभ किया। जब कृषि योग्य भूमि का अभाव होने लगा, तो उसने जंगल जलाकर उस स्थान पर खेती करना प्रारंभ किया। जब यहां उपज कम होने लगी तो अन्य जंगलों को जलाया और इस भांति आज यहां कल वहां खेती होती रही। कृषि की इस पद्धति को झूम कहते हैं। मारिया इसे पेंडा कहते हैं, खोंड पौडू और बैंगा बेवर करते हैं।

वेरियर एल्विन ने स्थानांतरण कृषि को एक्स कल्टीवेशन अर्थात् कुल्हाड़ी द्वारा की जाने वाली कृषि कहा है। इसमें व्यक्ति अपनी कुल्हाड़ी से जंगल के वृक्षों को

काटता है। जब कटे हुए वृक्ष सूख जाते हैं, तो वह उनमें आग लगा लेता है। अब सब ओर राख दिखाई देती है। इस राख में वह बीज बो देता है। जंगल गर्मी में काटे जाते हैं और वर्षा आने पर बोआई कर दी जाती है। ऐसे कटे जंगल में दो–तीन फसलें ले ली जाती हैं। फिर किसी नए जंगल की तलाश की जाती है। घूम फिर कर पुराने जंगल को पुनः खेती के काम में लिया जाता है।

जैसा कि गजेटियर से ज्ञात होता है। 1867 ई. तक मध्यप्रदेश की जनजातियों में बिना किसी हस्तक्षेप के स्थानांतरण कृषि का प्रचलन था। इसके बाद राज्य का हस्तक्षेप हुआ। इस हस्तक्षेप के होते हुए भी चोरी छिपे ये जनजातियां सरगूजा, जशपुर, मांडला, बालाभगत, बस्तर, बेतुल, छिंदवाड़ा आदि जंगल और पहाड़ी प्रदेश में स्थानांतरण कृषि करती रहीं। स्वतंत्रता प्राप्ति के बाद सरकारी कानूनों को सख्ती से लागू किया गया। कुछ क्षेत्रों में जनजातियों को विशेष परिस्थितियों में स्थानांतरण कृषि की अनुमति भी दी गई। बस्तर जिले में आज भी थोड़ी–बहुत मात्रा में कृषि की यह विधि प्रचलित है। इस भांति खड़िया जनजाति में भी कृषि की यह विधि पाई जाती है।

बिलासपुर में रहने वाली बैंगा जनजाति में भी स्थानांतरण कृषि का प्रचलन रहा है। इस जनजाति में यह विश्वास है कि कृषि करना पाप है। धरती माता की तरह है और उसकी छाती को हल की नोक से चीरा नहीं जा सकता। यदि कोई उनके समूह का व्यक्ति खेती करता है, तो लोग उसे भ्रष्ट समझते हैं, लेकिन आज सरकारी कानून और जनमत ने बैंगा के इन परंपरागत विश्वासों को बदल दिया है।

उड़ीसा में अब भी कहीं–कहीं स्थानांतरण कृषि देखने को मिलती है, लेकिन यहां कृषि का यह प्रकार पूरक व्यवसाय है। सवारा जनजाति मैदानों में व्यवस्थित रूप से कृषि करती है, लेकिन मौका मिल जाये, तो निकटवर्ती पहाड़ी क्षेत्र में स्थानांतरण कृषि कर लेती है। 1963 ई. के इंडियन काउंसिल आफ एग्रीकल्चरल रिसर्च के आंकड़ों के अनुसार 1956 ई. में मध्यप्रदेश में लगभग 40 हजार एकड़ भूमि में स्थानांतरण कृषि होती है।

असम की अबोर जनजाति तथा उत्तरी–पूर्वी क्षेत्र की अनेक जनजातियों में अब भी स्थानांतरण कृषि की जाती है। यह प्रश्न उठना स्वाभाविक है कि इन जनजातियों को व्यवस्थित रूप से कृषि करने के लिए क्यों बाध्य नहीं किया जाता। वास्तविकता यह है कि आज हमारे पास बहुत सीमित कृषि योग्य भूमि है। हम जनजातियों को पर्याप्त मात्रा में भूमि नहीं दे सकते। दूसरा जनजातियों के विश्वास इतने दृढ़ हैं कि वे सामान्यतया स्थाई कृषि को अपनाने के लिए तैयार नहीं हो पातीं। एक तर्क और भी दिया जाता है जिसका समर्थन एल्विन ने किया है कि जनजातियां ऐसे भू–भाग में रह रही हैं जहां भूमि की बनावट केवल स्थानांतरण कृषि के योग्य है। ऐसी अवस्था में उनके लिए कृषि की इस पद्धति को अपनाने के अतिरिक्त और कोई रास्ता नहीं है।

स्थानांतरण कृषि को समाप्त करने के लिए राज्य ने भी प्रयास किए हैं। इस बात की कोशिश की गई है कि स्थानांतरण कृषि करने वाली जनजातियों को इससे होने वाली राष्ट्रीय क्षति से अवगत कराया जाए। उन्हें स्थाई कृषि के लाभ बताए जाएं। एक और प्रयास इन जनजातियों को मैदानी क्षेत्रों में बसाने का भी किया गया है। राज्य के

इन प्रयासों के परिणामस्वरूप जनजातियों में थोड़ा बहुत अंतर आया है। स्थानांतरण कृषि के पीछे धार्मिक भावना बहुत महत्वपूर्ण है। जब तक धार्मिक विश्वासों को समाप्त नहीं किया जाता, इस क्षेत्र में बहुत बड़े परिवर्तन की कोई आशा नहीं की जा सकती।

जीविका कृषि का दूसरा अंग स्थाई कृषि है। ऐसे अर्थशास्त्र या कृषि में ऐसा कोई वर्गीकरण नहीं है। सामान्यतया कृषि का अर्थ किसी निश्चित भूखण्ड पर खाद्यान्न उत्पन्न करना है। जैसा कि पहले हमने कहा है कि भारत की अधिकांश जनजातियां कृषि को व्यवसाय के रूप में अपनाती हैं। असम के अंगामी नागाओं ने झूम कृषि को छोड़कर व्यवस्थित रूप से कृषि करना प्रारंभ किया है। इससे उनकी आर्थिक अवस्था में बहुत सुधार हुआ है।

कुछ जनजातियों ने कृषि के उन्नत तरीकों को अपनाना प्रारंभ किया है। उन्नत बीज, खाद, औजार आदि के प्रयोग से इन जनजातियों ने अपने जीविका स्तर को ऊंचा उठा लिया है। राजस्थान के दक्षिण भाग में रहने वाले भीलों ने बाजारू फसलें लेना प्रारंभ किया है। इनके कुओं पर बिजली व डीजल से चलने वाले पंप भी हैं। बाजारू फसलों की तकनीक को भी यह जनजाति जानती है। ये लोग कपास, गन्ना और तंबाकू की फसलें लगाते हैं।

भारत की जनजातियों में मुद्रा व्यवस्था वही है जो संपूर्ण देश की है। इनका उत्पादन जिले के बाजारों में बिक्री के लिए जाता है। इनकी साख व्यवस्था परंपरागत बनियों के अतिरिक्त सहकारी समितियों के साथ ही जम गई है। आर्थिक व्यवस्था के ये सब बदलते हुए स्वरूप इस जनजाति को राष्ट्र की आर्थिक मुख्यधारा में ले जाते हैं। जनजातियों की अतिरिक्त जनसंख्या अब नौकरी पेशा करने लगी है। इन लोगों ने तकनीकी शिक्षा भी प्राप्त की है। इसका प्रभाव इनके आर्थिक स्तर पर भी पड़ा है। अन्यत्र हम जनजातियों की आर्थिक व्यवस्था में होने वाले परिवर्तनों का विस्तृत विवेचन करेंगे। यहां यही कहना पर्याप्त होगा कि जनजातियां अब आधुनिक अर्थव्यवस्था की ओर बढ़ रही हैं। अब वे धन और पूंजी के महत्व को समझने लगी हैं। कुछ जनजातियों ने जो औद्योगिक क्षेत्रों के निकट हैं, औद्योगीकरण को भी जीविकोपार्जन का साधन बना लिया है। भिलाई के इस्पात कारखाने में जनजातियों के सदस्य बहुत बड़ी संख्या में काम करते हैं। इसी भांति रांची, जमशेदपुर तथा अन्य औद्योगिक केन्द्रों में जनजातियों ने काम करना व्यवसाय रूप में अपनाया है। गुजरात के औद्योगिक नगरों में भी जनजातियां सूती कपड़ों की मिलों में काम करती दिखाई देती हैं। जंगलों और पहाड़ों में रहने वाली तथा केवल जीविका कृषि पर निर्भर रहने वाली जनजातियों का अपने क्षेत्र को छोड़कर आधुनिक सभ्यता के केन्द्रीय नगरों के इन रात–दिन धड़धड़ाते संयंत्रों में काम करने के लिए आना, संरचनात्मक परिवर्तन के नवीन आयाम का उद्घोष है।

13

आदिम राजनीतिक व्यवस्था

(Primitive Political System)

आज दुनियाभर में राजनीति शब्द एक कोलाहलपूर्ण शब्द है। कई तरह की विचारधाराएं राजनीति के साथ जुड़ी हुई हैं। पिछले दिनों में यह दुनिया या तो समाजवादी थी या प्रजातांत्रिक। एक तीसरा भाग सामंतवाद और उपनिवेशवाद का था। आज तो सभी ओर प्रजातंत्र की चर्चा होती है। महान विद्वान फूकोयामा का तो यहां तक कहना है कि अब इतिहास का अवसान (End of History) हो गया है। प्रजातंत्र और पूंजीवाद के आगे इतिहास में और कुछ नहीं है। बस अब इतिहास का पूर्णविराम है।

मानवशास्त्र की एक उपशाखा है जिसे राजनीतिक मानवशास्त्र (Political Anthropology) कहते हैं। इसके अंतर्गत आदिम जातियों की राजनीतिक व्यवस्था का विश्लेषण होता है। देखा जाए तो मानवशास्त्र में आदिवासियों की राजनीति पर बहुत कम लिखा गया है। राजनीतिक मानवशास्त्र का उद्‌गम अफ्रीका के आदिवासियों के अध्ययन के परिणामस्वरूप हुआ है। इसको फोर्ट्स (Fortes), शपेरा (Shapera), इवान्स–प्रिचार्ड आदि ने किया था। इधर भारत में ऐसा कोई अध्ययन नहीं हुआ, फुटकर अध्ययन के अतिरिक्त म्यांमार में, उदाहरण स्वरूप पहाड़ों में रहने वाले आदिवासियों का अध्ययन, राजनीतिक संदर्भ में एडमन्ड लीच ने अवश्य किया है। रुचिकर बात यह है कि लंबे समय तक मानवशास्त्रियों की यह धारणा रही है कि आदिम समाज में कोई राजनीतिक व्यवस्था नहीं थी।

आज तीसरी दुनिया में राजनीतिक स्थिति बदल गई है। अफ्रीका, लेटिन अमेरिका और एशिया के देशों में आदिम समाज प्रजातांत्रिक व्यवस्था में भागीदारी करने लगा है। हमारे देश के आदिवासी यदि मुख्यधारा में शामिल हैं तो इसका तात्पर्य है कि देश की अर्थव्यवस्था और राजनीतिक व्यवस्था में उनका एकीकरण (Integration) हो गया है। राज्य का उनकी संस्कृति, रहन–सहन, परिधान, खान–पान और भाषा तथा बोली में कोई दखल नहीं है। जब देश प्रजातांत्रिक, पूंजीवादी और धर्मनिरपेक्ष है, तो आदिवासी भी इसमें भागीदार हैं।

आज सभी मानवशास्त्री इस बात को सहज रूप से मानते हैं कि सभी सभ्य समाजों और आदिवासी समाजों में राजनीतिक व्यवस्था सार्वभौमिक है। यह अवश्य है कि राजनीतिक व्यवस्था सामाजिक संदर्भ से अलग नहीं की जा सकती। उदाहरण के लिए गौंड, भील और चौधरा की राजनीतिक व्यवस्था पर इन समाजों के गोत्र, परिवार और नातेदारी का प्रभाव अवश्य पड़ता है। राजनीतिक व्यवस्था की संरचना समाज की संरचना के स्वरूप अवश्य बदल जाती है।

थोमस हाईलेंड एरिक्सन अपने विश्लेषण में बताते हैं कि आदिवासी राजनीतिक व्यवस्था, वर्तमान में प्रजातांत्रिक व्यवस्था से भिन्न है। वे कहते हैं—

> सभी समाजों में यदि विश्लेषण करें तो राजनीति की पहचान हो सकती है। मानवशास्त्रियों ने जिन समाजों का अध्ययन किया है, उनमें राजनीतिक संस्थाएं होती हैं जिन्हें अन्य संस्थाओं से पृथक किया जा सकता है। आज के राष्ट्र—राज्यों में जो भी राजनीतिक संस्थाएं हैं, उन्हें सरलता से समझा जा सकता है। यह कहा जा सकता है कि राजनीति क्या है और क्या नहीं। राजनीति विज्ञान ने यह स्पष्ट कर दिया है कि कौनसी संस्थाएं औपचारिक रूप से राजनीतिक हैं और कौनसी नहीं। विधानसभा और निकाय स्पष्ट रूप से औपचारिक राजनीतिक संस्थाएं हैं। इनमें मतदान की व्यवस्था होती है। दूसरी ओर, गैर–औद्योगिक समाजों में राजनीतिक संस्थाओं की पहचान करना बड़ा कठिन हो जाता है। यहां, परिवार, गोत्र और नातेदारी सभी ऐसे गड्डमड्ड हो जाते हैं कि इन्हें राजनीति से पृथक करना कठिन है।

मानवशास्त्र में अफ्रीका की राजनीति का जो अध्ययन जनजातियों में हुआ है वह चौंकाने वाला है। यहां पर पता लगा कि कुछ जनजातियां ऐसी हैं जिनमें कोई राज्य नहीं है, लेकिन सरकार (Government) है। इस संदर्भ में यह तर्क दिया जाता है कि राजनीतिक व्यवस्था का सरोकार शक्ति के विश्लेषण में निहित है। राज्य के विश्लेषण में नहीं। अफ्रीका में 1940 और 1950 के दशक में मानवशास्त्रियों ने जो अध्ययन किया उसका एक उद्देश्य यह पता लगाने का भी था कि ये राज्यहीन (Stateless) समाज किस भांति एकीकृत (Integrated) थे। किसी केन्द्रीय प्राधिकार (Central Authority) के अभाव में इन समाजों में कानून और व्यवस्था कैसे बनी रहती थी? ऐसे अध्ययनों की प्रक्रिया ने राजनीतिक मानवशास्त्र की अंतर्वस्तु को बड़ा ताकतवर बनाया है।

अफ्रीका में जिस तरह के राज्यहीन समाज हैं, वैसे हमारे यहां कोई राज्य नहीं है। यह अवश्य है कि देशी राज्यों में आजादी के पहले कुछ आदिवासी समूहों ने सामंतवाद के खिलाफ बगावत की थी, लेकिन यह सब आज की लड़ाई का ही एकमात्र अंग थे। वास्तविकता यह है कि भारतीय और विदेशी मानवशास्त्रियों ने यहां कभी भी राजनीतिक मानवशास्त्र को विकसित नहीं होने दिया। इन्होंने तो एक बड़ा सुखद कार्य किया। आदिवासियों की एथनिसिटी, उनके रीति–रिवाज, खान–पान, तिथि–त्यौहार का वर्णन ही उनके लिए आनंददायक था। कई ऐसे कारण थे जिन्होंने भारत में राजनीतिक मानवशास्त्र को विकसित नहीं होने दिया।

समाज के राजनीतिक पहलू (The Political Aspects of Society)

प्रत्येक समाज अपनी राजनीतिक समस्याओं का निदान खोजता है। प्रत्येक समाज राजनीतिक सत्ता के वितरण से प्रभावित होता है। ऐसी स्थिति में यह प्रश्न उठना स्वाभाविक है कि राजनीतिक समस्या से हमारा क्या अर्थ है? यदि बहुत ही सरल शब्दों में कहा जाए तो यह कहना होगा कि राजनीति के अंतर्गत हम नियंत्रण व्यवस्थाओं (Control Systems) का अध्ययन करते हैं। राज्य या राजनीतिक संस्थाओं के पास शक्ति (Power) और बल (Force) होते हैं। इस शक्ति और बल का प्रयोग राजनीतिक संस्थाएं अपने राज्य क्षेत्र में सामाजिक नियंत्रण के लिए करती हैं। राज्य के लिए इन दोनों कारकों का अर्थात शक्ति और बल का होना आवश्यक है। राजनीति जैसी कोई वस्तु शक्ति या बल के अभाव में नहीं रह सकती। इसी प्रकार राज्य क्षेत्र के अभाव में भी राजनीति जैसी कोई वस्तु नहीं हो सकती। वास्तव में देखा जाए तो सामाजिक बल के अवकाशिक (Spatial) पहलू को ही राजनीति कहते हैं।

कुछ समय पहले तक राजनीति की परिभाषा राजनीतिक संस्थाओं के अर्थ में दी जाती थी। परिभाषा का यह क्षेत्र व्यापक हो गया है। अब राजनीति का अर्थ एक ऐसी व्यवस्था से है जो एक निश्चित क्षेत्र में लोगों के व्यवहार को नियंत्रित करती है। लोगों के नियंत्रण के लिए राजनीतिक बल का प्रयोग दो विधियों द्वारा किया जा सकता है। ये दो विधियां हैं—कानून को अमल में लाना या लागू करना तथा युद्ध करना। अतः जब हम किसी भी समाज के राजनीतिक पहलुओं का अध्ययन करते हैं, तो हमें न्यूनतम रूप से चार कारकों को ध्यान में रखना चाहिए। पहला कारक राज्य क्षेत्र का विस्तार और समाज का संगठन है। हमें यह जानना चाहिए कि किसी भू–भाग की पारिस्थितिकी (Ecology) कैसी है। हमें यह भी देखना चाहिए कि राज्य क्षेत्र में ऐसी कौनसी सामाजिक इकाइयां हैं जो भूगोल द्वारा एक–दूसरे से पृथक की जाती हैं।

समाज के राजनीतिक पहलुओं का दूसरा कारक सामाजिक व्यवस्था संबंधी है। इसमें हमें यह देखना चाहिए कि राजनीति किन सामाजिक व्यवस्थाओं द्वारा विभिन्न व्यक्तियों पर बल का प्रयोग करती है। इस संदर्भ में हमें यह ज्ञात होगा कि समाज में कुछ लोग ऐसे हैं जिन्हें व्यवस्था में महत्वपूर्ण स्थान मिला है और जो नियंत्रण तथा बल को प्रयोग में लाते हैं।

तीसरा, समाज के राजनीतिक पहलुओं का कानून कारक है। किसी भी समाज के लिए कानून एक बड़ी व्यवस्था है। अपने युग के महानतम न्यायाधिपति (Jurist) होम्स (O.W. Holmes) का कहना है—

> यदि तुम्हारा विषय कानून है तो मानवशास्त्र में तुम्हारी सड़क सीधी है क्योंकि कानून का अध्ययन एक महान मानवशास्त्र संबंधी प्रलेख है।

सामाजिक विज्ञान में न्याय का विश्लेषणात्मक अध्ययन न्यायशास्त्र (Jurisprudence) कहलाता है। समाज में एक–दूसरे के हितों और हेतुओं की रक्षा आंतरिक शांति द्वारा जब बल को चुनौती देकर की जाती है तो इसे हम कानूनी संस्था कहते हैं। इस अर्थ में सरकार एक कानूनी संस्था है। सरकार का कार्य समाज में शांति रखना तथा लोगों को उनके हितों की पूर्ति में सहायता देना है।

युद्ध, दूसरी ओर वह संगठित बल है जिसका प्रयोग राज्य क्षेत्र और सांस्कृतिक सत्यनिष्ठा (Integrity) को बनाए रखने के लिए किया जाता है। यहां युद्ध का प्रयोग व्यापक है। इसके अंतर्गत कूटनीति भी सम्मिलित है। कूटनीतिज्ञ वहां होते हैं जहां सामाजिक जीवन संगठित होता है और विभिन्न समुदायों में संघर्ष बना रहता है। इस भांति जब हम कानून की चर्चा करते हैं तो इसके अंतर्गत प्राधिकार और शक्ति भी आ जाते हैं। किस व्यक्ति के पास युद्ध करने या कानून बनाने की शक्ति है, कौन यह सब निर्णय लेता है, इसे हम कानून तथा युद्ध के क्षेत्र में देखते हैं।

अतः जब हम समाज के राजनीतिक पहलुओं का विश्लेषण करते हैं तो हमारे सामने निम्न चार पहलू बहुत महत्वपूर्ण प्रतीत होते हैं—

1. राज्य क्षेत्र का विस्तार और समाज का संगठन।
2. सामाजिक व्यवस्थाएं जिनके माध्यम से बल का प्रयोग किया जाता है। इसमें सरकार मुख्य व्यवस्था है।
3. कानून।
4. युद्ध।

बल, शक्ति और प्राधिकार (Force, Power and Authority)

बल (Force), शक्ति (Power) और प्राधिकार (Authority) की अवधारणाओं में भ्रांति नहीं होनी चाहिए। जब कभी हम राजनीति और सरकार की चर्चा करते हैं तो हमें इन तीनों अवधारणाओं या विचारों को स्पष्ट रूप से समझ लेना चाहिए। हम सर्वप्रथम शक्ति को लेंगे। बर्टेन्ड रसेल (Burtrand Russel) ने शक्ति के संबंध में कहा है—

> शक्ति कुछ करने की योग्यता या किसी वस्तु या व्यक्ति को प्रभावित करना है।

रसेल का अभिमत तो यह है कि शक्ति की यह अवधारणा सामाजिक विज्ञान की एक केन्द्रीय अवधारणा है और वे उससे अधिक आगे बढ़कर लिखते हैं कि यह अवधारणा संपूर्ण सामाजिक व्यवस्था और विचार व्यवस्था के लिए बुनियादी है। शक्ति की अवधारणा का ऐतिहासिक विकास बहुत रुचिकर और महत्वपूर्ण है। लॉक (John Locke) ने सत्रहवीं शताब्दी में शक्ति का प्रयोग उस गुण के अर्थ में किया था जो किसी घटना के पीछे कारण होता था। उन्होंने तर्क दिया—यदि तुम एक पत्थर को देख सकते हो तो इसका कारण यह है कि पत्थर में शक्ति है जो उसे दूसरों को दिखाती है। लॉक की इस अवधारणा के बाद के दार्शनिकों ने जिनमें बर्कले (Biashope Berkeley), और ह्यूम (Hume) भी हैं, शुद्ध रूप से व्यक्तिनिष्ठ कोटि में रखा है। मेक्स वेबर ने शक्ति का प्रयोग सामाजिक संबंधों के अर्थ में किया है। शक्ति किसी भी व्यक्ति या समूह की वह दक्षता या योग्यता है जिसके द्वारा वह दूसरों के व्यवहार को उसकी इच्छा के विरूद्ध प्रभावित करती है। आज सामान्यतया शक्ति का प्रयोग हम सामाजिक संबंधों के संदर्भ में ही करते हैं।

जब किसी व्यक्ति या समूह की शक्ति को किसी संस्था या समूह द्वारा वैधता या स्वीकारोक्ति मिलती है तो इसे प्राधिकार कहते हैं। परिवार में मुखिया के पास परिवार

के सदस्यों द्वारा दी गई शक्ति है। इसे हम प्राधिकार कहते हैं। प्रजातांत्रिक अवस्था में सरकार के पास विधानसभा या संसद द्वारा दी गई शक्ति होती है, इसे भी हम प्राधिकार कहते हैं।

बल शारीरिक शक्ति है। इसके द्वारा सरकार खून–खराबा और युद्ध कर सकती है। वह व्यक्ति जिसके पास शक्ति और प्राधिकार है बल को रख सकता है, लेकिन बल रखना उसके लिए अनिवार्य नहीं है। इस अवधारणात्मक विश्लेषण के बाद हम आदिम समाजों में पाई जाने वाली राजनीतिक व्यवस्था का विवरण देंगे।

आदिम समाजों में राजनीतिक संगठन (Political Organisation in Primitive Societies)

इस अध्याय के प्रारंभ में हमने कहा है कि प्रत्येक समाज का संगठन और राज्य क्षेत्र है। राज्य की उत्पत्ति को लेकर राजनीति विज्ञान में विचारकों की ऐसी कड़ी है जिसने राज्य की उत्पत्ति के सिद्धांत प्रस्तुत किए हैं। अरस्तु ने *पॉलिटिक्स* (*Politics*) पुस्तक में यूनान के नगर राज्यों का विस्तृत वर्णन दिया है। प्लेटो की *दि रिपब्लिक* (*The Republic*) भी इस संबंध में उल्लेखनीय पुस्तक है। इटली के मेकियावली ने *दि प्रिंस* (*The Prince*) में राज्य और उसके कार्यों का विवरण दिया है। इन विचारकों ने राज्य संबंधी आधार सामग्री पर अपना ध्यान केन्द्रित करने की अपेक्षा राज्य को क्या करना चाहिए इस पर अधिक जोर दिया है। इनकी कृतियों का मुहावरा चाहिए। इसी कारण हम इन कृतियों के आधार पर राज्य की उत्पत्ति और आदिम समाजों की राज्य व्यवस्था के संबंध में कोई प्रामाणिक सामग्री नहीं पाते।

19वीं शताब्दी के मध्य में राज्य की उत्पत्ति की समस्या पर सामाजिक मानव–वैज्ञानिकों ने अनुसंधान कार्य प्रारंभ किया। मोरगन ने राजनीतिक उद्‌विकास को दो अवस्थाओं में देखा है। राज्य की उत्पत्ति की पहली अवस्था वह है जिसमें कुछ लोगों ने शुद्ध व्यक्तिगत संबंधों पर राज्य की स्थापना की और इसे भ्रातृत्व व्यवस्था द्वारा चलाया। राज्य की इस अवस्था को मोरगन सामाजिक संगठन की अवस्था कहते हैं। शायद इसीलिए अमेरिका के कतिपय मानव–वैज्ञानिक आज भी सामाजिक संगठन का अर्थ बंधुत्व व्यवस्था से लेते हैं जबकि ब्रिटेन में इस पद का प्रयोग समाज के संगठन के लिए किया जाता है। मोरगन इस विचार के थे कि लोगों में संपत्ति की भावना बाद में आई। इस भावना के आने के बाद लोगों ने सरकार की स्थापना की। राज्य के विकास में यह दूसरी अवस्था है। इस अवस्था में पाए जाने वाले राज्य को उन्होंने राजनीतिक संगठन का नाम दिया। इस संगठन में कुछ लोगों के पास एक निश्चित राज्य क्षेत्र पर शासन करने का प्राधिकार था।

मोरगन की इस प्राप्ति के आधार पर कुछ मानव–वैज्ञानिकों ने राज्य की तुलना सरकार से की है और कहा है कि ऐसे समाज भी हैं जहां सरकार नहीं है और फिर भी राजनीतिक व्यवस्थाएं हैं। इस विचारधारा के ठीक विपरीत ब्रिटेन के मानव–वैज्ञानिकों का यह कहना है कि यदि सरकार की समुचित परिभाषा दी जाए तो कहना होगा कि प्रत्येक समाज में कोई न कोई सरकार अवश्य होगी।

हेनरी मेन (Henry Maine) भी मोरगन इस कथन में विश्वास करते हैं कि राजनीतिक निष्ठा का उदय राज्य क्षेत्र के उद्गम के साथ बहुत समय बाद हुआ है।

क्रम विकास अनुसंधान की परंपरा में शपेरा (I. Shapera, 1956) ने इस विचार को प्रस्तुत किया है कि ऐसे कोई समाज नहीं हैं जिनमें राजनीतिक इकाई की सदस्यता पूर्णरूपेण बंधुत्व पर निर्भर हो और न ही ऐसे कोई समाज हैं जिनमें वे सब लोग जो बंधुत्व द्वारा एक कड़ी में बंधे हुए हों और उन पर कोई एक सामान्य प्राधिकार हो। शपेरा दृष्टांत के लिए ऑस्ट्रेलिया की जनजातियों और दक्षिण–पश्चिमी अफ्रीका की बुशमैन जनजाति का उल्लेख करते हैं। ये लोग ऐसे हैं जिनके पास न तो पालतू जानवर होते हैं और न जो कृषि करते हैं। ये लोग जंगली पशुओं का शिकार करते हैं और झुंड बनाकर घूमते हैं। प्रत्येक झुंड की एक स्पष्ट राजनीतिक व्यवस्था होती है, लेकिन इनमें बंधुत्व होना आवश्यक नहीं है।

सामाजिक मानव–विज्ञान 19वीं शताब्दी में राजनीतिक व्यवस्था के संबंध में जो निष्कर्ष निकलते हैं उनमें कतिपय बहुत बड़ी कमियां हैं। इस युग के मानव–वैज्ञानिकों का संदर्श उनकी राजनीतिक संस्थाएं थीं। आदिम समाजों की राजनीतिक व्यवस्था के अध्ययन में उनके दिमाग में यूरोप की सार्वभौमिकता की अवधारणा छाई हुई थी। दूसरा, आदिम समाज के अध्ययन में उन्होंने राजनीतिक व्यवस्था कैसी होनी चाहिए, इस पर अधिक जोर दिया है। इन दो कारणों से आदिम समाज की राजनीतिक व्यवस्थाओं का अध्ययन दोषपूर्ण हो गया है।

आदिम राजनीतिक व्यवस्था के अध्ययन में वर्तमान शताब्दी का चौथा दशक बहुत महत्वपूर्ण है। इस दशक ने आदिम जातियों की राजनीतिक व्यवस्था के विश्लेषण के संपूर्ण संदर्श को ही बदल दिया। फोर्ट्स तथा प्रिचार्ड द्वारा लिखित *अफ्रीकन पॉलिटिकल सिस्टमस्* (*African Political Systems,* 1940) पुस्तक प्रकाशित हुई। इस पुस्तक के लेखकों की सबसे बड़ी और महत्वपूर्ण प्राप्ति यह है कि इन्होंने बिना किसी पूर्वाग्रह के खुले मस्तिष्क से अफ्रीका की जनजातियों की राजनीतिक व्यवस्था का अध्ययन किया है। उनका कहना है—किसी भी राज्य के संगठन के अभाव में भी एक स्थाई और प्रभावपूर्ण रूप से काम करने वाली राजनीतिक व्यवस्था का होना संभव है। इन लेखकों ने बड़े जोर के साथ प्राप्त आधार सामग्री के प्रमाण पर कहा कि राजनीतिक व्यवस्था और राज्य पर्यायवाची नहीं हैं। बिना राज्य के भी राजनीतिक व्यवस्था हो सकती है और बिना राजनीतिक व्यवस्था के भी राज्य हो सकता है।

फोर्ट्स और प्रिचार्ड से पहले शपेरा ने भी यही कुछ कहा था, लेकिन तब उनके कथन की अवहेलना की गई। आज फोर्ट्स और प्रिचार्ड की प्राप्तियां बहुत महत्वपूर्ण हैं। इन लेखकों ने अफ्रीका की जनजातियों की आधार सामग्री पर यह स्थापित किया कि राजनीतिक व्यवस्था और राज्य पर्यायवाची नहीं हैं। राजनीतिक व्यवस्था के विश्लेषण में हमें राजनीतिक प्रक्रियाओं और सामाजिक संस्थाओं को पृथक करके देखना चाहिए। यहां हम थोड़े विस्तार से इन लेखकों की उपलब्धियों पर विचार करेंगे।

अफ्रीका की राजनीतिक व्यवस्थाओं की एक और महत्वपूर्ण प्राप्ति भी है। इस अध्ययन से ज्ञात हुआ कि अफ्रीका में किसी भी समाज के राजनीतिक कार्यों को करने के लिए तीन प्रकार के संगठन थे। इन संगठनों में प्रथम वे समाज थे जिनमें राज्य जैसी कोई संस्था नहीं थी। ये राज्यहीन समाज थे। द्वितीय वे समाज थे जिनमें राज्य था। शेष समाजों को इस अध्ययन में अवशेष कोटि में डाला गया जिनमें राज्य समाजों और राज्यहीन समाजों के कोई लक्षण नहीं थे। राजनीतिक व्यवस्थाओं का यह विवरण हमें इस बात के लिए प्रेरित करता है कि हम उन सिद्धांतों या सामाजिक स्वरूपों की खोज करें जिनके द्वारा ये समाज अपने राजनीतिक कार्य पूरे करते थे, वे समाज जिनमें राज्य थे, राजनीतिक कार्यों को सरकार करती थी। राज्यहीन समाजों में राजनीतिक कार्य दो प्रकार के समूहों द्वारा किया जाता था। एक वे समाज थे, जिनमें राजनीतिक कार्यों को बंधुत्व समूह करते थे और दूसरे वे जिनमें राजनीतिक कार्य अ–बंधुत्व समूह करते थे। पाल बोहनन ने बंधुत्व समूह द्वारा राजनीतिक कार्य किए जाने वाले समाजों को दो भागों में बांटा है। एक समाज जिनमें राजनीतिक कार्य परिवारों द्वारा किया जाता था और दूसरे वे जिनमें इन कार्यों को सीमित बंधुत्व समूह करते थे। पाल बोहनन द्वारा दिया गया यह विवरण निम्न प्रकार का है—

अफ्रीका की राजनीतिक व्यवस्थाएं (Political Arrangements in Africa)

समाज

राजनीतिक संरचना

राज्य — अ–राज्य या राज्यहीन

बंधुत्व समूहों पर आधारित राजनीतिक संगठन — अ–बंधुत्व समूहों पर आधारित राजनीतिक संगठन

परिवार — सीमित बंधुत्व समूह

संक्षेप में राज्य एक ऐसा संगठन है जिसका प्राथमिक कार्य राजनीतिक है। जब इन राजनीतिक कार्यों को दूसरे सामाजिक समूह और विशेषकर बंधुत्व समूह या उत्पादन समूह करते हैं तो इसे हम अ–राज्य अर्थात् राज्य का अभाव कहते हैं। यहां हम राजनीतिक संरचनाओं के उपर्युक्त प्रकारों का कुछ जनजातियों के आधार पर विवरण देंगे।

राज्ययुक्त समाज (Stately Society)

राज्य कार्यों का एक औपचारिक संगठन है जिसमें कानूनी और सैनिक प्राधिकार निहित होते हैं और इस प्राधिकार को राज्य के नागरिक स्वीकार करते हैं। राज्य की दूसरी विशेषता यह है कि इसके पास शारीरिक बल होता है और इस बल के द्वारा वह कानून

और शांति को बनाए रखता है। इस भांति राज्य लोगों का वह समूह है जिसके कुछ उद्देश्य हैं। लोगों के कुछ भौतिक और सांस्कृतिक आदर्श होते हैं जिन्हें राज्य पूरा करता है। इन उद्देश्यों की पूर्ति में राज्य के अधिकारियों को बल प्रयोग करने का अधिकार होता है।

जनजातियों में राज्य के संगठन के कई स्वरूप होते हैं। इसकी संरचना परिवार के आधार पर हो सकती है जिसमें माई–बाप की तरह अपने नागरिकों की देखभाल करता है। राज्य के ऐसे स्वरूप का सुंदर दृष्टांत अफ्रीका का स्वाजी राज्य (Swazi State) है। दूसरी ओर राज्य का संगठन सैनिक प्रकार का भी हो सकता है। ऐसे समाज में राजनीतिक कार्य सैनिक समूह करते हैं। राज्य के इस स्वरूप को हम अशांति जनजाति में देख सकते हैं। कुछ जनजातियों में राजनीतिक कार्यों को धार्मिक संगठनों द्वारा संपादित किया जाता है। इसका दृष्टांत पोलीनेशिया के राज्य हैं। जनजातियों की राजनीतिक व्यवस्था के इन स्वरूपों के अतिरिक्त व्यवस्था का सबसे बड़ा और जटिल स्वरूप वह है जो विकसित देशों में पाया जाता है। ऐसे राज्यों को राष्ट्रीय राज्य (National State) कहते हैं। यहां हम राज्यों के उन स्वरूपों का विवरण देंगे जो संसार की जनजातियों में सामान्तया पाए जाते हैं।

राज्य की परिवार सदृश संरचना—स्वाजी राज्य
(Family Type Structure of State: Swazi State)

दक्षिणी अफ्रीका के गणराज्य में एक छोटा राज्य स्वाजी है। यहां के निवासियों को स्वाजी कहते हैं जो कि एक जनजाति है। वैसे यह जनजाति दक्षिण अफ्रीका के गणराज्य का अंग नहीं है और इस पर नियंत्रण सीधा ब्रिटिश सरकार द्वारा होता है, लेकिन इसका जनजीवन दक्षिणी अफ्रीका के जीवन का ही एक भाग है। ये लोग कभी–कभी आर्थिक दबाव में आकर जनजातीय क्षेत्र छोड़कर अन्य क्षेत्रों में भी जीविकोपार्जन के लिए जाते हैं।

इस जनजाति में एक राजा होता है और उसे परंपरागत संस्कारों द्वारा सिंहासन पर बैठाया जाता है। स्वाजी लोगों के मकान छितरे हुए होते हैं और एक मकान में सात से बीस लोग तक रहते हैं। गांव के बीच बड़ा झोपड़ा होता है जो धार्मिक गतिविधियों का केन्द्र होता है। इस झोपड़े में "माता रहती है।" मकानों के एक समूह में मुखिया होता है जिसके पास सभी प्राधिकार होते हैं। मुखिया के कार्यों पर मुखिया स्त्री का नियंत्रण होता है। जब मुखिया मर जाता है तो उसका उत्तराधिकारी सभी प्राधिकारों को प्राप्त कर लेता है। राजा का मकान भी इसी पद्धति को अपनाता है।

अपने क्षेत्र में राजा का प्राधिकार सर्वोपरि है। वे लोग जो राजा के निकट संबंधी हैं, इन प्राधिकारों के उपयोग में साझेदार होते हैं। राजा के चचेरे और ममेरे भाइयों के पास अधिक शक्ति होती है। कभी–कभी राजा कुछ ऊंचे प्राधिकार सामान्य लोगों को भी देता है। ये सामान्य लोग बहुत महत्वपूर्ण हैं क्योंकि ये राजा को सामान्य जनों से जोड़ते हैं। स्वाजी जनजाति में सैनिक शक्ति भी राजा को केन्द्र मानकर चलती है। इस भांति इस समूह में संपूर्ण क्षेत्र का संगठन राजा के परिवार से जुड़ा होता है। इस

संगठन में जहां राजा का परिवार केन्द्रीय स्थान रखता है, वहां सामान्य वर्ग के अधिकारी भी महत्वपूर्ण स्थान रखते हैं। राजा एक ऐसी कड़ी है जो सामान्य जन और शाही परिवार को जोड़ती है। स्वाजी राज्य उसके परिवार के मुहावरे को छोड़कर अन्य सब बातों में हमारी राज्य व्यवस्था से अधिक भिन्न नहीं है।

अशांति राज्य (Peaceless State)

घाना के अशांति राज्य का मुहावरा या संदर्श एकदम दूसरा है। इसमें सेना, राज्य का केन्द्र है और सभी राजनीतिक क्रियाएं सेना द्वारा ही पूरी की जाती हैं। अशांति राज्य में लगभग दस लाख की जनसंख्या है। यह जनसंख्या पश्चिमी अफ्रीका की लंबी पट्टी पर बसी हुई है। अशांति जनजाति में आठ मातृक गोत्र हैं। प्रत्येक गोत्र का एक सामान्य पूर्वज है। प्रत्येक गांव में साधारण रूप से कई गोत्र मिल जाते हैं। वंश अपने एक स्थानीय मुखिया का वरण करता है। इस वरण पद्धति का आधार यह है कि वंश की वरिष्ठ स्त्री एक पुरुष सदस्य को मनोनीत करती है। इसके अतिरिक्त किसी एक विशेष गोत्र से एक व्यक्ति का वरण गांव के मुखिया के लिए होता है। इस भांति प्रत्येक गांव में अलग–अलग गोत्रों के सदस्य मुखिया का स्थान ग्रहण करते हैं। गांव के मुखिया का सबसे बड़ा कार्य समुदाय के विवादों को निपटाना है। गांव के स्थानीय मुखिया की दो उपाधियां होती हैं। एक तो उसके गोत्र की उपाधि और दूसरी उसके गांव के नाम की उपाधि। इस भांति स्थानीय मुखिया का नाम उसके गोत्र और गांव के नाम से जाना जाता है। प्रत्येक गांव में एक व्यवस्थित सैनिक संगठन होता है।

यदि अशांति जनजाति के गांव के संगठन को बहुत ही सरल रूप में रखा जाए, तो कहना होगा कि गांव के मातृ वंशानुक्रम अपने प्रतिनिधियों को ग्रामीण परिषद् में भेजते हैं और इस सभा का कार्य है कि वह वंशानुक्रम समूहों में कानून और व्यवस्था को बनाए रखे। वंशानुक्रमों के प्रतिनिधियों के संबंध को सैनिक उपाधियों द्वारा समझा जा सकता है। अशांति जनजाति की यह स्थानीय सरकार है। उसमें गांवों के इन समूहों को मिलाकर एक संघात्मक संगठन भी है। संघ के गांवों में से किसी एक बड़े गांव को राजधानी की तरह स्वीकार कर लिया जाता है। अन्य गांवों का संबंध राजधानी के साथ जोड़ दिया जाता है।

अशांति राज्य की यह व्यवस्था एक प्रकार का सैनिक संगठन है। इस राज्य में सैनिक अधिकारियों और राजा के बीच के संबंध बड़े ढीले होते हैं। इस जनजाति का इतिहास बताता है कि कई बार उच्च सैनिक अधिकारियों ने राजा के साथ अपना संबंध विच्छेद कर लिया और उसके साथ विद्रोह घोषित किया, लेकिन इसका यह अर्थ नहीं ह कि अशांति जनजाति राजा की स्थिति को स्वीकार नहीं करती।

संक्षेप में, अशांति राजनीतिक व्यवस्था में राज्य अधिकारी सेनापति थे। वे पुरोहित भी थे। राजा या मुखिया का मूलभूत कार्य यह था कि वह प्रजा की धार्मिक आवश्यकताओं के प्रावधान जुटाए। प्राधिकार संरचना वास्तव में बहुत कमजोर थी। ब्रिटिश प्रशासन ने इस व्यवस्था को तोड़ दिया है और इसके परिणामस्वरूप गांवों में जो परंपरागत सुदृढ़ता थी, वह छिन्न–भिन्न हो गई है।

राज्यहीन राजनीतिक संगठन (Stateless Political Organisation)

सामाजिक संगठन को राजनीतिक संरचना के आधार पर हमने दो भागों में रखा है। पहले वे समाज हैं जो राज्य युक्त हैं अर्थात् जिनमें राज्य का कोई स्वरूप अवश्य है। दूसरे वे समाज हैं जिनमें सामाजिक संगठन तो है, लेकिन राज्य नहीं है। ऐसे समाजों में राज्य की अनुपस्थिति में अन्य राजनीतिक संगठन होते हैं। जो राज्य का कार्य करते हैं। यहां हम ऐसे राज्यहीन राजनीतिक संगठनों का विवरण देंगे।

अ–बंधुत्व समूहों पर आधारित राजनीतिक व्यवस्था का अच्छा दृष्टांत उत्तरी अरीजोना की होपी जनजाति है। उनका राजनीतिक संगठन संस्कार और धार्मिक समूहों के संतुलन से बना था। वयस्क होने पर प्रत्येक व्यक्ति किसी–न–किसी धार्मिक समूह का सदस्य हो जाता था और इस प्रकार बिना किसी अधिकारियों की सोपानिक व्यवस्था के सरकार बन जाती थी। अतः होपी जनजाति एक ऐसा समूह है जिसमें धार्मिक संस्थाएं राजनीतिक कार्यों को करती थीं।

विस्तृत परिवार पर आधारित राजनीतिक संगठन वाले समाज का दृष्टांत उन लोगों में मिलता है जो फिरन्दर है और शिकार द्वारा जीवनयापन करते हैं। ऐसे लोगों में कलहरी रेगिस्तान के बुशमैन और ऑस्ट्रेलिया की जनजातियां आ जाती हैं।

एकपक्षीय वंशानुक्रम समूहों पर आधारित राजनीतिक संगठन मेलेनेशिया और अफ्रीका की जनजातियों में पाया जाता है। विशेष रूप से इस संबंध में नाइजीरिया की टिव जनजाति है। टिव लोग वंश व्यवस्था पर संगठित होते हैं। प्रत्येक वंश समूह एक क्षेत्र से संबंधित होता है। इसलिए जनजाति का संगठन भौगोलिक आधार पर बन जाता है। सभी क्षेत्र मिलकर वंश समूहों का राज्य बनाते हैं और इस प्रकार वंश राजनीतिक गतिविधि के केन्द्र हो जाते हैं।

भारतीय जनजातियों में राजनीतिक संगठन (Political Organisation in Indian Tribes)

हमारे देश की जनजातियों के राजनीतिक संगठन के अध्ययन में यह बात स्पष्ट रूप से ध्यान में रखनी चाहिए कि देश की आजादी के बाद और संविधान के लागू होने के पश्चात् देश के सभी लोग, विभिन्न समूह और समुदाय भारतीय गणराज्य के अंग हैं। सभी संविधान के अंतर्गत कार्य करते हैं। सभी पर भारतीय दंड संहिता लागू होती है। सभी एक ही प्रशासन के अंग हैं। संक्षेप में, सभी भारतीय संवैधानिक परिसीमा में आ जाते हैं। अतः जब हम भारतीय जनजातियों की राजनीतिक व्यवस्था का वर्णन करते हैं तो हम दो बातों को बराबर ध्यान में रखते हैं। पहली बात तो यह कि ये जनजाति समूह भारतीय गणराज्य के संविधान द्वारा संचालित होते हैं। दूसरी यह कि ये जनजाति समूह कुछ क्षेत्रों में अब भी अपनी परंपरागत राजनीतिक व्यवस्था बनाए हुए हैं। यह बहुत आवश्यक है कि जनजातियों की व्यवस्था राष्ट्रीय राजनीतिक व्यवस्था के क्रिया–कलापों में हस्तक्षेप नहीं करे। यदि परंपरागत राजनीतिक व्यवस्था राष्ट्रीय व्यवस्था में हस्तक्षेप करती है, तो संविधान इसे स्वीकार नहीं करता। ऐसी अवस्था में जनजीवन के वे क्षेत्र जो इस संघर्ष में नहीं आते, जनजाति राजनीतिक संगठन द्वारा

संचालित होते हैं। यदि इस संदर्भ में देखा जाए तो हमें ज्ञात होगा कि जनजातियां आज दोहरे संगठन के अंतर्गत कार्य कर रही हैं। जीवन के कुछ क्षेत्र ऐसे हैं जिनमें परंपरागत राजनीतिक व्यवस्था का प्रभुत्व है और कुछ क्षेत्र ऐसे हैं जो पूर्णतया राष्ट्रीय व्यवस्था के अंतर्गत हैं। अतः जब हम यहां जनजातियों के राजनीतिक संगठन की चर्चा करते हैं, तो हम केवल उनकी परंपरागत व्यवस्था का ही उल्लेख करते हैं और यह मानकर चलते हैं कि ये सभी जनजाति समूह राष्ट्रीय राजनीतिक व्यवस्था के अंग हैं।

जब हम जनजातियों को भारत में देखते हैं, तो हमें इनमें विभिन्न राजनीतिक संगठन दिखाई देते हैं। अंडमान द्वीप की जनजातियों की राजनीतिक व्यवस्था का मुहावरा उनकी बंधुत्व व्यवस्था है। अनेक परिवार जो बंधुत्व में बंधे होते हैं, एक सामान्य तथा स्थाई संघ का निर्माण करते हैं। एक गांव का निश्चित भू–भाग होता है और इसमें अन्य पड़ोसी जनजातियां कोई हस्तक्षेप नहीं करतीं। इस संघ में नेतृत्व उन लोगों का होता है जो शिकार या युद्ध कला में निपुण होते हैं। संघ का कार्य क्षेत्र सामाजिक नियंत्रण स्थापित करना होता है। यदि जनजाति का कोई सदस्य ऐसे कार्य करता है जो जनजाति संगठन की प्रतिष्ठा को ठेस पहुंचाता है, तो संघ उसे दंड देता है। यह संघ हत्यारों और अन्य अपराधियों को भी दंड देता है। वैसे सामान्यतया अंडमान की जनजातियों के इस संघ का कार्य क्षेत्र अब मात्र सामाजिक और सांस्कृतिक अधिक है।

संथाल जनजाति में प्रशासन कार्य गांव के मुखिया और उसके सहायकों के हाथ में रहता है। मुखिया मांझी कहलाता है उसका चुनाव गांव के लोग करते हैं। गांव के सामूहिक उत्सव मांझी की अनुपस्थिति में नहीं हो सकते। गांव के सभी स्थानीय मसलों में मुखिया का कार्य बहुत महत्वपूर्ण है। यह मुखिया राज्य को लगान वसूली में भी सहायता देता है।

गांव के मुखिया के सहायकों की तीन श्रेणियां हैं। परमानिक, मांझी का प्रमुख सहायक होता है और उसकी नियुक्ति मांझी ही करता है। गोनन, मुखिया का अर्दली होता है। वह मुखिया के निर्णय और आदेश गांव के लोगों तक पहुंचाता है। उत्सव आदि पर गोनेत हरकारे का कार्य भी करता है। परगनैत, अनेक गांवों का मुखिया होता है। परगनैत के भी सहायक होते हैं। उसका मुख्य सहायक देश मांझी कहलाता है। उसकी अर्दली का कार्य परगनैत चाकलादार करता है।

संथाल जनजाति में सबसे बड़ा राजनीतिक संगठन बंग्लो होता है। प्रत्येक बंग्लो में दो परिषदें होती हैं। परिषद् का मुखिया बहुत महत्वपूर्ण व्यक्ति है। परिषद् जनजाति संबंधी मसलों पर निर्णय लेती है। परिषद् का दूसरा प्रकार कुलीध्रुप कहलाता है। कुलीध्रुप में गांव के परिवारों का प्रतिनिधित्व होता है तथा गांव का मुखिया परिषद् के इस अंग का अध्यक्ष होता है। कुलीध्रुप इस जनजाति की निचली सभा है। छोटे झगड़ों का निपटारा यह निचली सभा करती है। बड़े मामले जिनमें एक से अधिक गांव संबद्ध होते हैं, पंचायत को दिए जाते हैं।

उरांव जनजाति में गांव पंचायत और परहा पंचायत पाई जाती है। पंचायत गांव के सामान्य मसलों पर निर्णय देती है जबकि बड़े मसले परहा पंचायत को दिए जाते

हैं। गांव पंचायत की सदस्यता गांव के बुजुर्गों और प्रभावशाली व्यक्तियों की होती है। अनिल कुमार ने उरांव जनजाति की पंचायत व्यवस्था का आनुभविक अध्ययन किया है। उनकी सूचना है कि इस पंचायत में चार पदाधिकारी होते हैं—(1) मुया (राजमोरल), (2) मुखिया का सहायक, (3) सदस्य (संख्या अनिश्चित) और (4) चौकीदार। अनिल कुमार ने यह भी बताया है कि पंचायत किन मसलों पर अपने निर्णय देती है। ये मसले पंचायत के कार्यक्षेत्र को बताते हैं। मसले निम्न प्रकार के हैं—

1. मारपीट,
2. जमीन के झगड़े,
3. विवाह,
4. सामाजिक नियम एवं परंपराओं का उल्लंघन

यह कहना उचित होगा कि उरांव जनजाति की यह परंपरागत पंचायत व्यवस्था शीघ्रता से कमजोर हो रही है। इस संस्था के राजनीतिक कार्य अब नहीं रहे। राजनीतिक कार्य करने वाली यह संस्था अब केवल सामाजिक सांस्कृतिक कार्य ही करती है।

दक्षिण भारत की टोडा जनजाति की सामाजिक संरचना विशिष्ट है। इस जनजाति में, बहुपति प्रथा प्रचलित है। इस समूह में जनजाति का परंपरागत प्रमुख नहीं होता। इसमें कानून व्यवस्था बनाए रखने के लिए पांच व्यक्तियों की एक परिषद् होती है जिसे नैम कहते हैं। नैम सभी सामाजिक मसलों में हस्तक्षेप करती है। फौजदारी कार्य नैम के क्षेत्र में नहीं आते।

मध्यप्रदेश की कमार जनजाति किसी समय अपनी राजनीतिक व्यवस्था के लिए प्रसिद्ध थी। यह जनजाति अपने अतीत में नरहत्या को भीषण अपराध नहीं मानती थी। ऐसे अपराधी को सहभोज देने के दण्ड से मुक्त कर दिया जाता था। इस जनजाति में पंचायत आज भी कार्य करती है। अब तो पंचायत के कार्य मात्र सामाजिक और सांस्कृतिक रह गए हैं।

राजस्थान की भील जनजाति में गांव स्तर पर पंच होते हैं। पंचों का कोई चुनाव नहीं होता। गांवों के कुछ नेता जिसमें झगड़े सुलझाने की सूझबूझ होती है, इस पंचायत के सदस्य होते हैं। पंचायत की अध्यक्षता गांव के रावत की होती है। रावत गांव का मुखिया होता है और उसका यह स्थान जन्मजात है। गांव स्तर के झगड़ों का निर्णय पंचायत करती है। गांव से बाहर और सभी भील गांवों के लिए पाल संगठन है। एक ही भौगोलिक–सांस्कृतिक क्षेत्र को पाल कहते हैं। पाल में कई गांव होते हैं। पाल में जो प्रभावशाली व्यक्ति होता है, परंपरा से ही वह पाल का मुखिया बन जाता है। ग्रामीण झगड़ों का निर्णय पाल करती है। आजकल जब चुनाव के मौके होते हैं तो कभी–कभी पाल किसी एक निश्चित राजनीतिक दल को सहायता देने का निर्णय भी करती है। पंचायतीराज में पाल और भील ग्रामीण परंपरागत पंचायत में महत्वपूर्ण भूमिका निभाते हैं। पाल और पंचायत दोनों ही राष्ट्रीय राजनीति में सक्रिय रूप से कार्य करते हैं।

पिछले पृष्ठों में हमने कतिपय भारतीय जनजातियों के राजनीतिक संगठनों का बहुत संक्षेप में विवरण दिया है। वस्तुस्थिति यह है कि ब्रिटिश शासन से पहले जनजातियों के ये संगठन सक्रिय रूप से राजनीतिक कार्य करते थे, लेकिन स्वतंत्रता प्राप्ति के पश्चात् पूरी स्थिति ही बदल गई है। अब ये परंपरागत राजनीतिक संगठन राजनीतिक गतिविधियों में हस्तक्षेप नहीं करते। यह कार्य तो राजनीतिक दलों ने ले लिया है। ऐसी अवस्था में परंपरागत राजनीतिक संगठन केवल सामाजिक, सांस्कृतिक क्षेत्र में ही कार्य करते हैं। कहीं–कहीं राजनीतिक दलों ने अपनी गतिविधि में इन परंपरागत संगठनों को अपना माध्यम बनाया है, लेकिन ये सब जनजातियों की राजनीतिक व्यवस्था के बदले हुए आयाम हैं, जिनका विवेचन हम अन्यत्र करेंगे।

आदिम कानून, अपराध एवं युद्ध (Primitive Law, Crime and Warfare)

आदिम समाज के राजनीतिक पहलुओं के संदर्भ में हमने इस अध्याय के प्रारंभ में चार महत्वपूर्ण कारकों को रखा है—राज्य, सामाजिक व्यवस्था, कानून और युद्ध। हमने राज्य क्षेत्र के विस्तार और इसको नियंत्रित करने वाली सामाजिक व्यवस्था का विवरण पिछले पृष्ठों में दिया है। कोई भी राजनीतिक संगठन हो उसका बहुत बड़ा कार्य समाज में शांति और व्यवस्था बनाए रखना है और इसके लिए यदि आवश्यक हो तो हिंसा और युद्ध का सहारा भी लिया जा सकता है।

कानून, अपराध और युद्ध सामाजिक मानव–विज्ञान से सामाजिक नियंत्रण के अंतर्गत आते हैं। यदि हम विशाल दृष्टिकोण से देखें, तो राजनीतिक जीवन के दो मोटे कार्य हैं—कानून और युद्ध। कानून और युद्ध में अंतर किया जा सकता है। पाल बोहनन ने कानून को शांतिपूर्ण निर्णय कहा है जिसे एककेन्द्रिक शक्ति व्यवस्था (Unicentric Power System) में लिया जाता है। युद्ध एक हिंसात्मक निर्णय है जिसे बहुकेन्द्रिक शक्ति व्यवस्था में लिया जाता है।

आधुनिक दुनिया ने एककेन्द्रिक व्यवस्था को कानून, पुलिस कार्रवाई व बल–प्रयोग द्वारा नियंत्रित कर लिया है। राज्य इन साधनों द्वारा बल–प्रयोग करता है और सामाजिक व्यवस्था बनाए रखता है। इससे समस्याओं का हल निकल जाता है। इसके अतिरिक्त जब कानून और पुलिस कार्रवाई सामाजिक व्यवस्था रखने में असमर्थ रहते हैं तो राज्य बहुकेन्द्रिक शक्ति व्यवस्था द्वारा कूटनीति और युद्ध का प्रयोग करता है। यहां हम चार बिंदुओं पर विचार करेंगे—एककेन्द्रिक व्यवस्था में कानून और अपराध की समस्याएं तथा बहुकेन्द्रिक व्यवस्था में कूटनीति और युद्ध की समस्याएं।

कानून (Law)

सामाजिक मानवशास्त्र में कानून पर महत्वपूर्ण अध्ययन हुए हैं। ये अध्ययन अभावों से परे नहीं हैं। अध्ययनकर्ताओं ने कानून व्यवस्था को अपना संदर्भ मानकर आदिम कानून का अध्ययन किया है और इसके परिणामस्वरूप आदिम कानून की व्याख्या दोषपूर्ण हो गई है। यह सब होते हुए भी कानून के क्षेत्र में हमारे अध्ययन बहुत महत्वपूर्ण हैं।

भारतीय जनजातियों में अपराध (Crime among Indian Tribals)

स्वतंत्र भारत में भारतीय जनजातियों की कोई पृथक दंड संहिता नहीं है। उनके ऊपर अन्य नागरिकों की तरह भारतीय दंड संहिता लागू होती है। यह होने पर भी सामान्य अपराधों पर जनजातियों की परिषद् या पंचायत दंड व्यवस्था करती है। देखा यह गया है कि दीवानी मामलों में जनजातीय पंचायत का अधिक हस्तक्षेप है। ऐसे झगड़ों में दावत का दंड सामान्य है। कभी–कभी अपराधी को गांव से बाहर भी निकाल दिया जाता है। उरांव लोगों में चोरी के मामले में जांच–पड़ताल करने की एक विशेष प्रथा है। "जिस व्यक्ति के चोरी हुई हो वह रिक्त तूमड़ी को लेकर प्रत्येक घर में थोड़ा–थोड़ा पानी मांग कर उसमें डालता है, फिर एक मुर्गी को चावल खिलाता है। जब मुर्गी चावल खाती है, तो उसका वध कर दिया जाता है तथा चावल व खून को पानी में मिला दिया जाता है। इन लोगों में यह विश्वास है कि इस प्रकार बनाए गए मिश्रण से स्वतः ही जिस व्यक्ति ने चोरी की है, उसे कष्ट होगा। अतः इस भय की आशंका से वह अपने आप ही कबूल कर लेगा।"

भील जनजाति में अपराध की प्रकृति विवाह से संबंधित है। जब एक भील अपनी पत्नी को किसी के साथ व्यभिचार करते देखता है, तो वह उसको मार डालता है। इसी तरह पत्नी के किसी के साथ भाग जाने पर वह अपराध कर लेता है। भीलों में अपराध का दूसरा प्रकार पशुओं की चोरी करना है। जब कभी वह कठिनाई में होता है, बैल, बकरा या भैंस चुरा लेता है। कभी–कभी आपात स्थिति में वह राहजनी का अपराध भी करता है। यदि भीलों में पाए जाने वाले अपराधों का विश्लेषण किया जाए, तो ज्ञात होगा कि उनके अधिकांश अपराध विवाह या स्त्री, जमीन और पशु से संबंधित होते हैं।

हमने यह कहा है कि भारतीय जनजातियां कानून और अपराध के क्षेत्र में भारतीय दंड संहिता द्वारा नियंत्रित होती हैं। इस नियंत्रण के साथ–साथ उनकी परंपरागत न्याय व्यवस्था भी चलती है। कभी–कभी परंपरागत न्याय से असंतुष्ट अपराधी अदालत की शरण भी लेता है और ऐसा भी होता है कि अदालत की परंपरा से थका हुआ व्यक्ति परंपरागत न्याय व्यवस्था की शरण में भी जाता है। न्याय की इस संघर्षकालीन स्थिति में शायद ऐसा होना स्वाभाविक भी है।

कूटनीति एवं युद्ध (Diplomacy and Warfare)

बहुकेन्द्रिक व्यवस्था में राज्य की स्थिति बहुत कठिन होती है। जहां एक ओर उसे कानून द्वारा मापक और मूल्य को क्रियान्वित करना पड़ता है वहीं दूसरी ओर किसी दूसरे राज्य के साथ संघर्ष करके अपने अस्तित्व को बनाए रखना पड़ता है। यह दूसरा कार्य अपेक्षाकृत अधिक कठिन है। राज्यहीन समाज जिनका हमने इस अध्याय के प्रारंभ में उल्लेख किया है, वास्तव में बहुकेन्द्रिक व्यवस्थाएं हैं। ऐसी व्यवस्था में सबसे महत्वपूर्ण कार्य संचार व्यवस्था है जिससे एक राज्य को दूसरे राज्यों के बराबर संपर्क रखना पड़ता है। संपर्क का यह कार्य कूटनीति द्वारा किया जाता है। कूटनीति तब टूट जाती है जब दोनों राज्यों में से किसी एक राज्य को दूसरे के लिए शंका हो जाती है या दोनों राज्यों के हितों के लिए संघर्ष होता है। ऐसी अवस्था में यह बहुत आवश्यक है

कि राज्य के कूटनीतिज्ञ दूसरे राज्यों के साथ आशाओं को संतुलित रखें। वास्तव में कूटनीतिज्ञ का कार्य बहुत उलझन भरा है और जब कूटनीति असफल हो जाती है, तो उसके दो परिणाम होते हैं—पृथक्करण और युद्ध।

युद्ध की स्थिति को घटनाक्रम के अनुसार इस भांति रख सकते हैं—जब दो राज्यों के बीच में संपूर्ण संचार नहीं होता तो ऐसी स्थिति में सामाजिक संबंध भंग हो जाते हैं। ये वे सामाजिक संबंध हैं जो कूटनीति द्वारा बने रहते हैं। सामाजिक संबंधों के भंग होने पर दोहरा प्रतिकार होता है। दोनों राज्य कूटनीतिक संबंध तोड़ देते हैं और संघर्ष का मार्ग अपनाते हैं। यह संघर्ष छिटपुट हो सकता है या युद्ध। संघर्ष के बाद ऐसी स्थिति आती है, जब सामाजिक संबंधों या कूटनीतिक संबंधों को पुनः स्थापित किया जाता है। यह पुनः स्थापना पुराने या नए आधारों पर हो सकती हैं। इसे हम निम्न तालिका में प्रस्तुत करेंगे—

बहुकेन्द्रिक व्यवस्थाओं में घटनाक्रम

संबंध भंग (Breach of Relationship)	द्वैत प्रतिकार (Dual Counteraction)	संबंधों की पुनः स्थापना (Re-Establishment of Relationship)
मापकों के दो सेट संचार विच्छेद अर्थपूर्ण अ–अर्थपूर्ण	पृथक्करण, युद्ध–छिटपुट हिंसात्मक संबंध	पुराने आधारों पर, नए आधारों पर

युद्ध को समझने के लिए यह बहुत आवश्यक है कि हम उसे संबंधों का एक प्रकार समझें जिसका आधार संघर्ष और न्यूनतम संचार है। युद्ध के कई स्वरूप हैं। ऐसी जगह भी है जहां युद्ध सेनापतियों द्वारा निश्चित किए जाते हैं और ऐसे युद्ध में समाज का एक बहुत बड़ा हिस्सा बेमतलब रहता है। ऐसे युद्ध भी होते हैं जो संपूर्ण समुदायों अथवा संघर्षपूर्ण भीड़ द्वारा लड़े जाते हैं। युद्ध सेनाओं द्वारा भी लड़े जाते हैं। उत्तरी अमेरिका के इंडियनों के युद्ध सेनापतियों द्वारा लड़े जाते हैं। न्यूगिनी में युद्ध का कारण नरमुंडों की आवश्यकता होती है जिसे धार्मिक संस्कारों में प्रयोग में लिया जाता है। कुछ जनजातियां तो अपने पड़ोसी राज्यों से बराबर संघर्ष में रहती हैं और एक–दूसरे का सिर उतारने को आतुर होती हैं।

युद्ध का तुलनात्मक अध्ययन अभी सामाजिक मानवशास्त्रियों ने नहीं किया है। यद्यपि आज अंतरर्राष्ट्रीय संबंध में युद्ध एक महत्वपूर्ण प्रघटना है, तथापि इसके गंभीर अध्ययन की ओर बहुत ही कम ध्यान दिया गया है। वास्तव में देखा जाए तो बहुकेन्द्रक शक्ति व्यवस्था का अध्ययन अभी अछूता ही है। आज जब हम संसार में शक्ति संतुलन की बात करते हैं, तो युद्ध का तुलनात्मक अध्ययन और भी अधिक महत्वपूर्ण हो जाता है।

जनजातीय राजनीतिक आंदोलन—विक्षोभ और स्वायत्तता के संदर्भ में (Tribal Political Movements: In the Context of Unrest and Autonomy)

आदिम राजनीतिक व्यवस्था का कोई भी विश्लेषण अधूरा होगा यदि इसमें आदिम समाज द्वारा किए गए आंदोलन और विक्षोभ का कोई विवरण नहीं दिया जाता। हम

आदिवासियों के पिछले दो शताब्दियों के इतिहास को देखें तो लगेगा कि इन्होंने ब्रिटिश सरकार तथा देशी राजाओं के खिलाफ किसी–न–किसी कारण को लेकर आंदोलन अवश्य किया है। स्वतंत्रता प्राप्ति के बाद भी ऐसे आंदोलन हुए हैं। इन आंदोलनों का एक रूप और शायद प्रभावी रूप राजनीतिक रहा है। 18वीं और 19वीं शताब्दी में मुंडाओं ने बिरसा आंदोलन किया था। भूमिजों ने हंगामा किया था और इसी तरह इन्हीं शताब्दियों में संथाल तथा नागा आंदोलन हुए। स्वतंत्रता के बाद आदिवासियों ने व्यवस्थित रूप से राजनीतिक दल बनाकर भारतीय संघ में आदिवासी राज्यों की मांग के लिए आंदोलन किए हैं। उड़ीसा और छोटा नागपुर के आदिवासियों ने स्वायत्त राज्य (Autonomous State) के लिए आंदोलन किया है। असम की पहाड़ियों में रहने वाले आदिवासियों ने पृथक राज्य की मांग की है। सीमांत क्षेत्रों में रहने वाले आदिवासियों ने अलगाव आंदोलन (Secessionist Movement) चलाए हैं जिन्हें नागालैंड आंदोलन तथा मिजो नेशनल फ्रंट आंदोलन में रखा जा सकता है। सीमांत क्षेत्रों के इन आंदोलनों की प्रकृति प्राथमिक रूप से राजनीतिक आंदोलनों की है फिर भी इनका संबंध विक्षोभ तथा अन्य सामान्य समस्याओं से भी है। इसके दृष्टांत नक्सलवादी आंदोलन, श्रीकाकुलम में होने वाला गिरिजन आंदोलन तथा रांची का बिरसा दल आंदोलन है।

यदि हम आदिवासियों में होने वाले विभिन्न आंदोलनों को थोड़ी गहराई से देखें तो हमें आंदोलनों की राजनीतिक प्रकृति का ज्ञान हो सकेगा।

नागा आंदोलन (Naga Movement)

नागालैण्ड राज्य देश का उत्तर–पूर्वी भाग है। इस राज्य में लगभग 700 गांव हैं। इसमें पाए जाने वाले आदिवासी समूहों में मुख्य रूप से आओ, सेमा, अंगामी, चंखसंघ, लोठा, चैंग, फोम, संघटम, खिनमुनघन, रेनगमा और जेलेंघ हैं। नागाओं के इन समूहों के अतिरिक्त लगभग एक लाख से ऊपर नागा ब्रह्म की सीमा पर रहते हैं।

नागाओं का मुख्य खाद्यान्न चावल है। यह जनजाति बहादुर मानी जाती है। मुंड–आखेट इस समूह के समाज में आदर और प्रतिष्ठा का प्रतीक थी। ग्रामीण सभा इनमें सर्व–शक्तिशाली समझी जाती है।

नागा आदिवासी बराबर हुकूमत से विद्रोह करते आए हैं। किसी भी बाहरी शक्ति को उन्होंने बिना संघर्ष के अपने ऊपर हावी नहीं होने दिया। आजादी से पहले नागाओं ने ब्रिटिश सरकार का विरोध किया था और आजाद हिन्दुस्तान में भी उनके विक्षोभ ने शांति नहीं ली है। नागा स्वतंत्र रहना चाहते हैं और किसी बाहरी प्रशासन को अपने अनुकूल नहीं पाते। उनकी यह चरम स्वतंत्रता, हो सकता है, संवेगात्मक हो या वास्तविक, लेकिन यह बहुत स्पष्ट है कि नागा आदिवासी बाहर के प्रशासन को संदेह की दृष्टि से देखते हैं। नागालैंड राज्य की स्थापना आदिवासियों की इस ऐतिहासिक मांग की पूर्ति का प्रतीक है, लेकिन अपना राज्य बन जाने के बाद भी नागाओं का विक्षोभ एकदम शांत हो गया हो, ऐसा नहीं है। आज भी नागालैण्ड राज्य की राजनीति अस्थिर है। वहां सरकार ने स्थायित्व ग्रहण नहीं किया है। अंतरर्राष्ट्रीय सीमा पर बसी होने के कारण नागा जनजाति की राजनीति देश के लिए बहुत नाजुक हो जाती है।

झारखण्ड आंदोलन (Jharkhand Movement)

झारखण्ड आंदोलन वस्तुतः बिहार के ओंराव, मुण्डा और हो जनजातीय समूहों का पृथक आदिवासी राज्य की स्थापना की मांग का आंदोलन है। यह आंदोलन लगभग चार दशक पुराना है। बिहार में जनजातियों की जनसंख्या लगभग 42 लाख है जो राज्य की संपूर्ण जनसंख्या का 9.05 प्रतिशत है। छोटा नागपुर, रांची और सिंहभूम में जनजातियों का प्रतिशत आधे से भी बहुत अधिक है। ये आदिवासी समूह भूमि पर स्वामित्व के अधिकार तथा संस्कृति और भाषा के क्षेत्र में हिन्दू कृषकों और कारीगरों से भिन्न हैं। गैर–आदिवासी समूहों को ये लोग डीकू कहते हैं।

झारखण्ड आंदोलन का प्रारंभ आदिवासी सभा के निर्माण से है। 1938 ई. में आदिवासी सभा ने घोषित किया कि वह आदिवासियों के हितों की रक्षा के लिए एक राजनीतिक दल की तरह काम करेगी। इस सभा ने स्पष्ट किया कि आदिवासी अपनी शारीरिक बनावट, संस्कृति, भाषा और जीवन के मूल्यों में एक पृथक नृजाति समूह है। आदिवासी क्षेत्र से जो खनिज–संपदा प्राप्त होती है उसका बहुत थोड़ा भाग इन समूहों के कल्याण में लगाया जाता है। हिन्दी भाषा एक बाजारू भाषा है और इसके कारण आदिवासी अपनी सामाजिक शिनाख्त को शीघ्रता से खो रहे हैं। ये कुछ तथ्य झारखण्ड आंदोलन की प्रकृति को बताते हैं। इस आंदोलन की मांग है कि छोटा नागपुर, सिंहभूम, रांची, संथाल परगना और हजारीबाग आदि क्षेत्रों में जहां आदिवासी बहुसंख्या में हैं, एक पृथक आदिवासी राज्य की स्थापना होनी चाहिए। आंदोलन का विश्वास है कि आदिवासियों का कल्याण डीकू समूहों द्वारा नहीं हो सकता। नागालैण्ड और मिजोरम राज्यों की तरह झारखण्ड आंदोलन भी एक पृथक राज्य के लक्ष्य को लेकर चला है। यह राज्य भारतीय संघ व्यवस्था का एक अंग होगा।

दक्षिण गुजरात के आदिवासियों की पृथक राज्य की मांग
(Demand for Separate State of South Gujarat Aboriginal)

देसाई (I.P. Desai) ने दक्षिण गुजरात के आदिवासियों की पृथक राज्य की मांग का एक पैना अध्ययन अपनी हाल में प्रकाशित पुस्तक में प्रस्तुत किया है। दक्षिण गुजरात के चार महत्वपूर्ण जिलों भरूच, सूरत, बलसार और डांग के आदिवासियों ने पृथक आदिवासी राज्य की मांग की है। इन आदिवासियों में वासवा, भील, चौधरा, घोदिया और कुनबी हैं। गुजरात के इन समूहों ने झारखण्ड की तरह कोई पृथक आदिवासी राजनीतिक दल नहीं बनाया है। आदिवासी राज्य की मांग का समर्थन भारतीय साम्यवादी दल (मार्क्स), आदिम जाति राष्ट्रीय महासभा या ब्यारा समूह तथा स्वतंत्र दल ने किया है। साम्यवादी दल का कहना है कि प्रजातंत्र में अल्पसंख्यक समूहों को स्वयं निर्णय करने का अधिकार होना चाहिए। आदिवासियों का शोषण कृषि उत्पादन संबंधों की पूंजीवादी व्यवस्था के कारण है और आदिवासी इस व्यक्तिगत स्वामित्व के सिद्धांत को स्वीकार नहीं करते। इसके अतिरिक्त साम्यवादी दल का यह भी कहना है कि आदिवासी कृषक समुदाय हैं और वे एक पृथक नृजाति समूह हैं। इन आदिवासियों में बहुत शीघ्रता से वर्ग चेतना जागृत हो रही है।

स्वतंत्र दल ने आदिवासी राज्य की मांग के समर्थन में कुछ दूसरे तर्क दिए हैं। इस दल का कहना है कि गुजरात सरकार आदिवासी क्षेत्रों की खनिज संपदा तथा उनके जंगल का बेरहमी से शोषण कर रही है। सरकार आदिवासियों की राजनीतिक स्वतंत्रता का दमन कर रही है और इसलिए इस दल का कहना है कि संविधान के अनुसार आदिवासियों को सामाजिक न्याय, स्वतंत्रता और आर्थिक विकास मिलना चाहिए।

आदिम जाति महासभा जो 'ब्यारा' नाम से भी जानी जाती है, का कहना है कि यदि आदिवासियों का शोषण बंद नहीं हुआ तो उसका अंतिम हल आदिवासी राज्य की स्थापना है। यदि राज्य सरकार ने आदिवासियों को मजबूर किया तो वे पृथक आदिवासी राज्य की मांग को पूरे जोर के साथ रखेंगे।

देसाई ने गुजरात के आदिवासियों के आंदोलन का विश्लेषण किया है। उनका कहना है कि आदिवासी स्वायत्त राज्य के नारे के पीछे राजनीतिक अर्थ है। इस आंदोलन का मुख्य उद्‌देश्य स्वायत्त राज्य की स्थापना करना नहीं है, वास्तव में राजनीतिक संघर्ष में यह एक सशक्त दांवपेंच है और विभिन्न राजनीतिक दल इसे इसी अर्थ में कर रहे हैं। यह होते हुए भी देसाई का कहना है कि आदिवासी आंदोलन इस बात की अभिव्यक्ति है कि ये समूह विशाल भारतीय समाज की गतिविधियों में भागीदार बनना चाहते हैं और हमें उनकी इस राजनीतिक इच्छा को वैधता देनी चाहिए।

राजस्थान राज्य के आदिवासियों में भील एक बहुसंख्यक समूह है। दक्षिण राजस्थान के बांसवाड़ा तथा डूंगरपुर, मध्यप्रदेश के झाबुआ और गुजरात के पंचमहाल तथा सांबरकांठा के भील भौगोलिक दृष्टि से निकटस्थ हैं। इस क्षेत्र के भील नेताओं ने भी अपने–अपने राज्य की विधानसभाओं में इस बात को दोहराया है कि यदि सरकार ने आदिवासियों की समस्याओं का संतोषजनक हल नहीं निकाला तो उन्हें भील राज्य की मांग के लिए राजस्थान, मध्यप्रदेश और गुजरात में आंदोलन चलाने पड़ेंगे। लगता है भील राज्य की मांग का यह नारा भी एक राजनीतिक नारा है। फिर भी देशभर के आदिवासियों के व्यवहार की इस दिशा पर गंभीरता से सोचने की आवश्यकता है।

आंदोलन विक्षोभ के स्रोत (Movement and Sources of Unrest)

(1) विक्षोभ का बहुत बड़ा कारण आदिवासियों का भूमि–संक्रमण (Alienation of Land) है। पिछले कुछ दशकों में बड़े–बड़े कारखानों और बांधों के बनने के परिणामस्वरूप आदिवासी विस्थापित हो गए हैं। दूसरी ओर उपजाऊ जमीन के लिए आदिवासी के पास धन नहीं है।

(2) स्वतंत्रता के बाद आदिवासियों में भी शिक्षा का प्रसार हुआ है। संचार साधनों ने आदिवासियों में महत्वाकांक्षाओं की क्रांति को पैदा कर दिया है, लेकिन आदिवासियों के लिए रोजगार के स्थान नहीं हैं।

(3) आदिवासियों के अभिजात समूह अपने नेतृत्व को बनाए रखने के लिए सामान्य आदिवासियों को किसी न किसी आंदोलन में लगाए रखना चाहते हैं।

आदिवासी राजनीतिक आंदोलन का विश्लेषण
(Analysis of Aboriginal's Political Movement)

सुरजीत सिन्हा आदिवासियों के आंदोलन के कुछ महत्वपूर्ण तथ्य स्पष्ट रूप से हमारे सामने रखते हैं। उनका कहना है कि सीमांत क्षेत्र में रहने वाले समूह भारतीय संघ से संबंध विच्छेद करने के प्रयास में हैं। ऐसे आदिवासी समूहों में नागा नेशनल फ्रंट आंदोलन तथा मिजो नेशनल फ्रंट आंदोलन हैं। अंतः क्षेत्रों में रहने वाले आदिवासी समूह भारतीय संघ में ही पृथक आदिवासी राज्य की स्थापना करना चाहते हैं। ऐसे समूहों के आंदोलनों में झारखण्ड आंदोलन, गारो और खासी जनजातियों के आंदोलन हैं। कुछ आदिवासी समूह ऐसे हैं जो अपना दबाव संपूर्ण राजनीतिक व्यवस्था पर बनाए रखना चाहते हैं। ऐसे समूहों में पश्चिम बंगाल के कौरा और संथाल हैं।

निर्मल कुमार बोस (N.K. Bose) का कहना है कि आदिवासियों के ये राजनीतिक आंदोलन उपराष्ट्रीयता (Sub-Nationalism) बताते हैं। बोस का कहना है कि ऐसे आंदोलन सामान्यतया विकासशील देश के आर्थिक रूप से पिछड़े हुए समुदायों द्वारा किए जाते हैं। इन समूहों के राजनेता सामान्य आदिवासी कृषकों को संगठित करके अपनी महत्वाकांक्षाओं को पूरा करना चाहते हैं।

राय बर्मन (B.K. Roy Burman) आदिवासियों के राजनीतिक आंदोलनों का अन्य प्रकार से विश्लेषण करते हैं। वे निर्मल कुमार बोस से सहमत नहीं हैं। बर्मन का कहना है कि आदिवासियों के आंदोलन की दिशा अधःराष्ट्रीयता (Infranationalism) की ओर है। इसका तात्पर्य यह है कि आदिवासी जन–जातिवाद से ऊपर उठकर राष्ट्रीयता की ओर आगे बढ़ रहे हैं।

पिछले एक दशक में भारतीय आदिवासियों की राजनीतिक व्यवस्था पर बहुत कुछ अनुसंधान सामग्री प्रकाश में आई है। अभी इसका विश्लेषण होना बाकी है, लेकिन आंदोलन की दिशा स्पष्ट होती जा रही है। विकास और जागृति के परिणामस्वरूप आदिवासी अपने अधिकारों के लिए चेतन हो गए हैं। वे देश की मुख्य राजनीतिक धारा में शक्तिशाली रूप से सहभागी बन रहे हैं।

14

परिवार

(The Family)

परिवार सामाजिक संगठन की प्राथमिक और महत्वपूर्ण इकाई है। इसके दो पहलू हैं—जैविकीय (Biological) और सामाजिक (Social)। जैविकीय पहलू बहुत सरल है। यह रक्त से संबंधित है। माता–पिता की संतान–रक्त संबंध को बताती है। माता–पिता के संतति के साथ संबंधों को एक तरफ (Unilateral) रूप से गिना जाता है। ऐसे संबंधों को मातृवंशीय (Matrilineal) या पितृवंशीय (Patrilineal) कहते हैं। मतलब हुआ संतति की पहचान माता से होती है या पिता से। ये सब संबंध जैविकीय हैं।

परिवार का सामाजिक पहलू भी महत्वपूर्ण है। हम जहां कई समुदाय देखते हैं—गाँव–शहर, जाति–बिरादरी, सभी ओर हमें परिवार मिलता है। यह परिवार ही है जो बच्चों का पालन–पोषण करता है, रोटी–पानी देता है। उन्हें शिक्षा–दीक्षा देता है। रेडक्लिफ–ब्राउन कहते हैं कि परिवार के बिना नवजात शिशु बड़ा नहीं हो सकता। जब बच्चा माँ के पेट से बाहर आता है, तब वह निःसहाय होता है। गाय का बछड़ा तो बाहर आते ही अपने पैरों पर खड़ा हो जाता है, आड़ा–टेढ़ा चलने लग जाता है। इस तरह इस बछड़े की गाय के ऊपर निर्भरता बहुत थोड़े समय के लिए होती है। मानव समाज में इस निर्भरता की अवधि एक संस्कृति से दूसरी संस्कृति में बदल जाती है। हम सभी लोग परिवार की उपज या पैदाइश हैं। हम चाहें या न चाहें हमारी जो कुछ पहचान है, अपने परिवार के नाम पर ही है। हमारे देश में तो जन्म से लेकर मृत्यु तक हमारा कोई न कोई जुड़ाव परिवार से होता है। परिवार हमारे दुख–सुख का साथी है। इस भाँति परिवार हमारे अस्तित्व को बनाए रखने की एक अनिवार्य आवश्यकता है।

मनुष्य जाति में परिवार एक सशक्त और शक्तिशाली संरचना है। यह एक बुनियादी और सार्वभौमिक सामाजिक संगठन है—व्यक्ति के लिए भी और समाज के लिए भी। आज परिवार विवादास्पद है। एक विचारधारा तो जो अमेरिका की है कहती

है कि अब परिवार के दिन लद गए। उसकी कोई आवश्यकता नहीं। लोग बिना परिवार के भी रह लेते हैं। बिन–ब्याही माताएं होती हैं और समाज पीढ़ी दर पीढ़ी चल निकलता। स्थिति यह है कि आज अमेरिका में नहीं, दुनियाभर में परिवार संकट के दौर से गुजर रहा है। विवाह विच्छेद की घटनाएं बढ़ रही हैं, विवाह से पहले यौन संबंध सामान्य हो रहे हैं। केवल माता या पिता द्वारा संचालित परिवारों की संख्या बढ़ रही है। यह भी देखा जा रहा है कि अब लोग परम्परागत परिवार से दूर हटकर जीवन बिता रहे हैं। इसकी सफाई देते हुए कुछ मानवशास्त्री कहते हैं कि अब लोगों का झुकाव व्यक्तिवाद की ओर है। वे अपनी निजी स्वतंत्रता के साथ जीवनयापन करना पसंद करते हैं। नई पीढ़ी में ऐसे लोग भी हैं जो वैवाहिक जीवन से मुक्त रहना चाहते हैं, वे अवैवाहिक रह कर जीवन बिताना पसंद करते हैं।

परिवार एक सार्वभौमिक संस्था है, लेकिन इसे परिभाषित करने और समझने के कई उपागम हैं। देखा जाए तो मानवशास्त्र में परिवार की व्याख्या एक अनिवार्यता है। और ऐसा करने में जी.पी. मुरडोक (G.P. Murdock) की पुस्तक *सोश्यल स्ट्रक्चर* (*Social Structure,* 1949) एक महत्त्वपूर्ण ग्रन्थ है। मुरडोक ने दुनिया के अगणित समाजों में से 250 समाजों को अपने अध्ययन के लिए लिया है। परिवार से जुड़े अनेक विवादों में वे यह स्थापित करते हैं कि परिवार मनुष्य समाज के लिए सार्वभौमिक (Universal) है। मुरडोक की इस स्थापना के बाद भी परिवार को विभिन्न विचारधाराओं के संदर्श में देखा जाता है।

परिवार को समझने के विभिन्न संदर्श (Varying Perspectives of Family)

परिवार का विषय क्षेत्र मानवशास्त्र और समाजशास्त्र के अन्तर्गत आता है। इसके विश्लेषण में कई उपागम और संदर्श काम में लिए जाते हैं। उदाहरण के लिए प्रकार्यवादी परिवार केवल प्रकार्यात्मक दृष्टिकोण से परिवार को देखते हैं। इस सिलसिले में परिवार के दुष्प्रकार्यों (Dyfunctions) को भी देखते हैं। कुछ लोग परिवार का विश्लेषण राजनीति के संदर्शों में भी करते हैं। जब हम परिवार की परिभाषा और उसके अर्थ की बात करें, तब हमें इसके विभिन्न उपागमों और संदर्भों को अवश्य देखना चाहिए।

प्रकार्यात्मक उपागम (Functional Perspective)

हेरालम्बोस और होलबोर्न (Haralambos and Holborn) ने अपनी हाल में प्रकाशित पुस्तक *सोश्योलॉजी—थीम्स एण्ड पर्सपेक्टिवज* (*Sociology: Themes and Perspective,* 2000) में परिवार को परिभाषित करते हुए उसे विभिन्न उपागमों से समझने का प्रयास किया है। इस प्रयास में प्रकार्यात्मक उपागम को अपनाते हैं। ऐसा करने में, वे प्रश्न उठाते हैं—परिवार के कौन से कार्य हैं? इसके उत्तर में यह देखना है कि परिवार के ये कार्य सामाजिक व्यवस्था को बनाए रखने में कहां तक कारगर हैं। ऐसी मान्यताएं हैं कि समाज की कुछ पूर्व आवश्यकताएं (Pre-requisites) हैं जिन्हें पूरा

करने के लिए परिवार आवश्यक है। दूसरा प्रश्न है, परिवार का समाज के विभिन्न अंगों के साथ क्या संबंध है? इस उत्तर में, ऐसी मान्यता है कि परिवार का समाज के अन्य भागों के साथ एकीकरण है। तीसरा प्रश्न है—परिवार व्यक्ति के साथ किस भाँति जुड़ा है? यह प्रश्न इस तथ्य को देखता है कि परिवार व्यक्ति के साथ क्या कार्य करता है।

वास्तविकता यह है कि प्रकार्यात्मक उपागम परिवार को समाज से पृथक करके नहीं देखता। परिवार के कार्य समाज के अन्य भागों से जुड़े होते हैं। इस तरह का उपागम आदिम समाज के परिवार के अध्ययन में बहुत अनुकूल होता है। और यही सब मानवशास्त्र ने किया है।

परिवार को प्रकार्यात्मक उपागम से देखने की एक और विधि एज़रा वोगेल (Ezra F. Wogel) और नोरमन बेल (Norman W. Bell) ने रखी है। वे कहते हैं कि प्रकार्यवादियों के सामने परिवार के उपागम के बहुत सीमित साधन हैं। वे परिवार को केवल नकारात्मक दृष्टि से ही देख पाते हैं। अमेरिका के मानवशास्त्रियों का कहना है कि परिवार बच्चों के लिए बहुत दुखदायी होते हैं। उन्हें रोता–बिछुड़ता छोड़कर माता–पिता, विवाह–विच्छेद कर लेते हैं। जब बच्चा देखता है कि माता–पिता अपने पारस्परिक संबंधों में प्रायः मानसिक तनाव में रहते हैं—आए दिन लड़ते–झगड़ते रहते हैं, तब उनका दिल भावुकता के चढ़ाव से रो पड़ता है। नोरमन बेल लिखते हैं—

> इस तरह माता–पिता के तनाव में बच्चा बलि का बकरा बन जाता है। उदाहरण के लिए, एक मामले में माँ जिन लक्षणों के कारण अपने पति से नाराज थी, उन्हीं लक्षणों के कारण वह पुत्र को ही उल्टी–सीधा कहती रहती थी। निश्चित रूप से इस तरह बेकसूर बच्चे को दोषी बताना परिवार की दुष्क्रिया है।

वोगेल और बेल ने परिवार की दुष्क्रियाओं का विस्तारपूर्वक वर्णन किया है और यह सब प्रकार्यात्मक उपागम के अन्तर्गत किया है। वोगेल और बेल के अतिरिक्त एडमंड लीच (Edmund Leach) ने भी छोटे समाजों का अध्ययन किया है। लीच परिवार का अध्ययन वृहद् समाज से अलग करके नहीं देखते हैं। वे कहते हैं कि परिवार नातेदारी के विशाल नेटवर्क का ही एक हिस्सा है। लीच का कहना है—

> अतीत में, सम्पूर्ण नातेदार और पड़ोसी बराबर व्यक्ति को नैतिक सहायता देते रहते थे। उसका हौसला बनाए रखते थे। आज स्थिति कुछ और है। अब कुटुम्ब सम्पूर्ण समाज से कटा हुआ है। उसका कोई नहीं है। उसका तनाव घनिष्ठ हो जाता है। माता–पिता और बच्चों का तनाव इतना बढ़ जाता है कि आज के आदमी के लिए उसे सहन करना कठिन होता है।

लीच वस्तुतः प्रकार्यात्मक मानवशास्त्री हैं। वे परिवार को नातेदारों के साथ जोड़ते हैं और अन्ततोगत्वा विशाल समाज के साथ उसकी प्राक्कल्पना है कि समाज का औद्योगीकरण जितना अधिक होगा, उतना ही परिवार समाज से पृथक हो जाएगा। हमारे यहाँ दिल्ली, कोलकाता, और मुम्बई जैसे महानगर, जहां बहुत बड़ी जनसंख्या है, औद्योगीकरण है, वहां परिवार, आस–पड़ोस, नातेदारों और समाज से कटा हुआ है। देखा जाए तो औद्योगिक समाजों में परिवार तो एक टापू मात्र रह जाता है।

घटना-क्रिया सिद्धान्त उपागम (Phenomenological Approach)

मानवशास्त्र में सामान्यतया परिवार के अध्ययन में प्रकार्यात्मक विधि काम में ली जाती है। ऐसा करने में अमेरिका और यूरोप का पूर्वाग्रह हमारे मानवशास्त्र में होता है, लेकिन हमें यह नहीं समझना चाहिए कि इन देशों के परिवार को हम केवल प्रकार्यात्मक विधि द्वारा ही समझ सकते हैं। यह रुचिकर तथ्य है कि यूरोप में परिवार के विश्लेषण में घटना–क्रिया सिद्धान्त को भी काम लिया जाता है। वहां इस विधि को ज्यादा लाभदायक समझा जाता है। आर.बी.लेंग (R.B. Laing) का कहना है कि परिवार का विश्लेषण प्रकार्यात्मक विधि द्वारा करना सही नहीं है। उनकी दृष्टि से परिवार का जीवन हमेशा मौज–मस्ती का होता है। लेंग कहते हैं कि परिवार अन्तः क्रियाओं का एक जाल है और इस जाल में मिठास भी होती है और कड़वाहट भी। भारत के संबंध में इरावती कर्वे कहती हैं कि यहाँ संयुक्त परिवार शांति का परिवार नहीं होता है। आए दिन झगड़े–टंटे होते रहते हैं—कभी सास–बहू झगड़ पड़ती हैं, तो कभी पिता–पुत्र में तकरार हो जाती है। एक ही परिवार में गुट बन जाते हैं और कभी प्रकट तो कभी प्रच्छन्न रूप से वैमनस्य चलता रहता है। प्रकार्यवादी लेखक परिवार के इस उत्पीड़न की अनदेखी कर देते हैं। लेंग इसी तथ्य की ओर ध्यान आकर्षित करते हुए कहते हैं कि प्रकार्यवादी सही तरह से परिवार की पड़ताल नहीं कर सकते। वे परिवार में चलती गुटबाजी और 'राजनीति' की गहराई तक नहीं पहुँच पाते। एक स्थान पर वे बड़ी कड़वी टिप्पणी परिवार पर करते हैं—

> परिवार तो एक तरह के गुण्डों का अखाड़ा है। आपसी झगड़ों में वे पारस्परिक सहायता करते हैं।

घटना क्रिया सिद्धान्त को परिवार के अध्ययन पर लागू करने में डेविड कूपर (David Cooper) ने पहल की है। वास्तव में वे मार्क्सवाद से प्रभावित थे। उनका कहना है कि यह परिवार ही है जो भेदभाव और शोषण को जन्म देता है। सामन्तवाद इसलिए चलता रहा कि इसे परिवार ने जन्म दिया। परम्परागत परिवार में मुखिया सब कुछ रहा है। उसकी ही जोर जबरदस्ती परिवार पर चलती रहती है। वही परिवार का वास्तविक सम्मत था। कूपर लिखते हैं—

> परिवार शोषण के जनक रहे हैं। यहाँ से गुलाम बनाए रखने की विचारधारा का जन्म होता है। परिवार ही पूंजीवादी समाज बनाने की आधारशिला रखता है।

मार्क्सवादी उपागम (Marxian Approach)

मार्क्सवाद का बुनियादी मुहावरा वर्ग संरचना का निर्वचन करना रहा है। वर्ग को वह उत्पादन संबंधों के साथ जोड़ता है। मार्क्सवाद ने अपनी विचारधारा पर अत्यधिक केन्द्रित होने के कारण परिवार को अपने हाशिए पर रख दिया। वह उपेक्षित रहा। इसके होते हुए भी मार्क्सवादियों ने कहीं–कहीं परिवार पर टिप्पणी की है। फ्राइड्रिच एन्जिल्स (Friedrich Engels) ने परिवार को उद्‌विकास का एक पड़ाव मात्र माना है। ऐसा करके वे परिवार के उद्‌विकासीय सिद्धान्त को लागू करते हैं। एन्जिल्स का

थीसिस है कि उत्पादन संबंधों के बदलने के साथ परिवार की संरचना और कार्य दोनों बदल जाते हैं। उनका निष्कर्ष है कि उत्पादन साधनों पर समुदाय का कब्जा था और इसलिए परिवार जैसी किसी संस्था का अस्तित्व ही नहीं था। यह युग ऐसा था जब समाज में स्वच्छंद यौन (**Promiscuity**) व्यवस्था थी। एन्जिल्स लिखते हैं—

> इस स्वच्छंद यौन व्यवस्था में यौन संबंधों को नियन्त्रित करने के लिए कोई कानून–कायदे नहीं थे और ऐसी अवस्था में समाज या समुदाय ही परिवार था।

कैथलीन गफ (Kathleen Gough) जो मार्क्सवादी मानवशास्त्री रही हैं, उन्होंने लम्बे समय तक दक्षिण भारत में शोधकार्य किया है। वे कहती हैं कि मनुष्य का निकटतम सहयोगी पिंपांजी बन्दर था। बन्दरों की उपजाति में स्वच्छंद यौन संबंध पाए जाते हैं। हो सकता है कि मनुष्य के प्रारंभिक समाज में यौन संबंधों पर कोई नियन्त्रण नहीं रहा हो। मार्क्सवादियों के लिए परिवार का अस्तित्व हमेशा सन्देहपूर्ण रहा है।

परिवार—मानवशास्त्र में विवादास्पद मुद्दा
(Family: A Disputed Issue in Social Anthropology)

मानवशास्त्र में परिवार की संस्था पर बड़ा विशाल साहित्य है। इस संस्था के बारे में कोई आम सहमति हो, ऐसा नहीं है। ऐसी अवस्था में परिवार की परिभाषा और इसके कार्यों का ब्यौरा मात्र देने से काम नहीं चलेगा। यह सब केवल औपचारिकता है। हमें इस संस्था की गहराई में जाना होगा और यह देखना होगा कि मानवशास्त्री इस संस्था से जुड़े विवादों के बारे में अपने क्या विचार रखते हैं। हम परिभाषा और कार्यों की चर्चा करने से पहले परिवार से जुड़े विवाद की चर्चा करेंगे।

परिवार के संबंध में पूर्व आधुनिक और आधुनिक समाज ये मानते आ रहे हैं कि परिवार समाज की एक बुनियादी इकाई रही है। 1960 के आसपास मानवशास्त्रियों ने इस बुनियादी मान्यता पर सवाल पैदा कर दिया। अधिकांश समाज वैज्ञानिकों ने कहा कि परिवार उद्विकास की प्रक्रिया का एक अंग है। जिस तरह आधुनिकता का उद्विकास हुआ, वैसे ही परिवार का उद्विकास भी हुआ। इस अर्थ में परिवार कोई खास महत्व नहीं रखता। जैसे आधुनिकता के बाद उत्तर आधुनिकता आई, वैसे ही परिवार भी कई और रूप ले सकता है। उद्विकास की प्रक्रिया तो जैसे आधुनिकता में काम करती है, वैसे ही परिवार में भी काम करेगी।

इधर परिवार में जो परिवर्तन आ रहे हैं, उनसे परम्परागत परिवारदायी काफी चिन्तित हैं। उन्हें लगता है कि अब परिवार ज्यादा दिन नहीं चल सकते। उनका विचार है कि आज समाज में समस्याओं का जो अम्बार है, वह परिवार के टूटने के कारण है।

उत्तर आधुनिकतावादियों का विमर्श कुछ दूसरा है। वे कहते हैं कि परम्परागत परिवार और आधुनिक परिवार में बड़ा अन्तर है। यह अवस्था भयावह है। ऐसी परिस्थिति में परिवार के बारे में किसी विश्वसनीय सिद्धान्त को बनाना बड़ा कठिन है।

समाज और मानवशास्त्र में आज जिस तरह के बदलाव आ रहे हैं, ऐसे में परिवार राजनैतिक मुद्दा भी बन रहा है। एक समय ऐसा था जब परिवार को केवल एक निजी

संस्था के रूप में देखा जाता था। आज वह राजनैतिक विवाद बन गया है। विवाह से जुड़े हुए झगड़े अदालत में पहुँच जाते हैं। इसके लिए सरकार ने कानून बनाए हैं। विवाह विच्छेद का फैसला, उत्तराधिकार का मसला और कर की अदायगी को सरकार ने अपने हाथ में ले लिया है। यह सब राजनैतिक है, जिसकी गिरफ्त में परिवार आ गया है।

कुल मिलाकर परिवार आज संकट में है। पहले ऐसा कुछ नहीं था। परिवार से जुड़े हुए कुछ मुद्दों को हम मानवशास्त्र में किए गए कतिपय अनुसंधानों की प्रक्रिया के आधार पर देखेंगे—

जॉर्ज पीटर मुरडोक—परिवार एक सार्वभौमिक संस्था है (George Peter Murdock: Family is Universal Institution)

परिवार को कई दृष्टियों से देखा जा सकता है। इस क्षेत्र में मुरडोक का नाम अग्रणी है। इस अध्याय में हमने मुरडोक का उल्लेख किया है। उन्होंने 250 समाजों का सर्वेक्षण किया है। उनकी बहुत बड़ी उपलब्धि यह है कि परिवार की संस्था सार्वभौमिक है। सभी समाजों में परिवार का कोई न कोई स्वरूप अवश्य मिलता है। वे कहते हैं—

> परिवार वह सामाजिक समूह है जिसमें सामूहिक (Common) निवास होता है, आर्थिक सहयोग होता है, और प्रजनन होता है। इसमें पुरुष और स्त्री दोनों सम्मिलित होते हैं। इनमें कम से कम दो लोगों में यौन संबंध होते हैं जो समाज द्वारा वैध माने जाते हैं।

इस भाँति परिवार के लोग साथ–साथ रहते हैं, अपने साधन जुटाते हैं, संतान उत्पन्न करते हैं और समाज की संस्कृति और मान्यता के अनुसार यौन संबंध रखते हैं। परिवार की संरचना विभिन्न समाजों में अलग–अलग रूप में दिखाई देती। परिवार की संरचना चाहे जैसी हो, यह सार्वभौमिक है। यह मुरडोक का निष्कर्ष है। जब मुरडोक परिवार की बात करते हैं तो उनका तात्पर्य एकाकी यानी नाभिक (Nuclear) परिवार से है।

कैथलिन गफ का नैयर जाति पर अध्ययन (Kathleen Gough's Study on Nairs)

गफ का उल्लेख भी हमने पिछले पृष्ठों में किया है। इस महिला मानवशास्त्री ने दक्षिण भारत के केरल राज्य में आनुभविक अध्ययन किया है। केरल में नैयर जाति है। इसमें परिवार है या नहीं, यह विवाद ब्रिटिश राज के आने से पहले था। यह बात 1792 के पहले की है। आज तो ऐसा कुछ नहीं है। वहां इस जाति में परिवार है, ऐसा माना जाता है। गफ ने जो कार्य किया वह 1959 का है। वे बताती हैं कि नैयर समाज में लड़की जब वयस्क हो जाती है अर्थात् जब उसे तारुण्य (Puberty) प्राप्त हो जाता है, उसका अनुष्ठान विधि द्वारा किसी भी नैयर युवक से विवाह कर दिया जाता है। यह विवाह केवल कर्मकांड विधि से होता है। इसमें यौन संबंधों का कोई स्थान नहीं होता। इस तरह के पति को ताली पति कहते हैं। जब लकड़ी पूर्ण रूप से विवाह योग्य हो

जाती है, तब कोई भी ताली पति लड़की के घर जाता है। यहाँ कहना चाहिए कि नैयर जाति के लड़के प्रायः फौज में काम करते हैं। जब वे अवकाश पर घर लौटते हैं तो अपनी चहेती लड़की के घर अवश्य जाते हैं। इस बीच में यौन संबंध भी रखते हैं। एक नैयर लड़की के इस भाँति कई पति होते हैं। सामान्यतया एक लड़की के बारह से अधिक पति नहीं होते। ऐसे विवाह की व्याख्या परिवार के संदर्भ में करते हुए गफ लिखती हैं—

1. जो पति नैयर लड़की के साथ रहने आते हैं, वे जीवन पर्यन्त इस संबंध को बनाए नहीं रखते। कभी भी वे लड़की के पास आना बन्द कर सकते हैं।
2. इस तरह के पति का नैयर लड़की से उत्पन्न संतान के पालन–पोषण का कोई उत्तरदायित्व नहीं होता। यह संभव है कि कोई गैर–नैयर जाति का आदमी बच्चों की देखभाल करने के लिए हो जाता। ऐसा होने पर इस आदमी में नैयर जाति के दस्तूर के अनुसार कपड़ा और गहना देना पड़ता है। इस भाँति बच्चों के लालन–पालन की समस्या हल हो जाती है।
3. नैयर जाति में पति और पत्नी किसी भी आर्थिक इकाई को नहीं बनाते। ऐसे परिवार में आर्थिक इकाई में पत्नी के भाई, बहन, के लड़के सम्मिलित किए जाते हैं। इस तरह की नातेदारी में सबसे बड़ा पुरुष मुखिया समझा जाता है।

विश्लेषण में यह कहा जाएगा कि नैयर जाति में परिवार मातृवंशीय होते हैं। यह नातेदारी जैविकीय (Biological) तथ्यों पर निर्भर रहती है। परिवार की संरचना में विवाह का कोई स्थान नहीं होता।

यहाँ मुरडोक की परिभाषा भी खरी नहीं उतरती। इस परिभाषा के अनुसार कैथलीन गफ कहती हैं कि नैयरों में परिवार जैसी कोई संस्था नहीं है। इस समाज में विवाह होते ही नहीं हैं। समाजीकरण होता ही नहीं हैं। ऐसी स्थिति में, वे कहती हैं, मुरडोक की परिभाषा बहुत सीमित है। परिवार सार्वभौमिक नहीं है। कैथलीन गफ की तथ्य सामग्री के आधार पर मुरडोक कहते हैं कि मातृस्थानीय (Matrilocal) परिवार वास्तव में केवल अपवाद हैं। नियमित नहीं।

परिवार के विश्लेषण में यह बात बार–बार कही जाती है कि यह एक सार्वभौमिक संस्था है। अपवाद स्वरूप कई बार परिवार के विकल्प रूप से कोई न कोई व्यवस्था समाज में पाई जाती है। यह व्यवस्था परम्परागत परिवार से भिन्न होती है। डायना गिटिन्स (Diana Gittins) का इस संबंध में यह कथन महत्वपूर्ण है—

सामाजिक संबंध सार्वभौमिक होते हैं। साथ–साथ रहना, घनिष्ठता, यौन संबंध और संवेगात्मक बन्धन सामान्य रूप से सभी समाजों में मिलते हैं, लेकिन ये संबंध बदलते रहते हैं, इन्हें चुनौती मिलती रहती है। ऐसी अवस्था में परिवार की कोई सर्वसम्मत परिभाषा देना कठिन हो जाता है, लेकिन परिवार की परिभाषा का यह कोई महत्वपूर्ण मसला नहीं है। वास्तव में परिवार की कोई एक परिभाषा देना बड़ा कठिन काम है। ऐसी परिभाषा जो सभी प्रकार के संबंधों को समेट ले देना मुश्किल है।

टॉलकट पारसंस—परिवार के बुनियादी प्रकार्य
(Talcott Parsons: Basic Functions of Society)

परिवार के बारे में मुरडोक ने सार्वभौमिकता का मुद्दा उठाया था। दूसरा मुद्दा परिवार के कार्यों से जुड़ा हुआ है। आखिर, परिवार का अस्तित्व दुनियाभर में क्यों है? इसके उत्तर में कहा जाता है कि परिवार के कुछ ऐसे कार्य हैं जो परिवार ही कर सकते हैं। अन्य कोई नहीं। इस मसले पर समाजशास्त्री टॉलकट पारसंस प्रकार्य की अवधारणा को रखते हैं। वे अमेरिका के परिवार के बारे में कहते हैं कि यहाँ परिवार के दो मुख्य कार्य हैं—(1) बच्चों का प्राथमिक समाजीकरण (Primary Socialisation of Children) और समाज के वयस्क लोगों के व्यक्तित्व का दृढ़ीकरण (Structuring of the Adult Personalities of the Population of the Society)।

प्राथमिक समाजीकरण वह है जिसमें बच्चों के प्रारंभिक जीवन में सिखाया जाता है। इस समाजीकरण में दो बुनियादी प्रक्रियाएं काम करती हैं—एक तो समाज की संस्कृति का भीतरीकरण (Internalisation of Society's Culture) और दूसरा व्यक्तित्व का संरचनाकरण (Structuring of Personality)। बात यह है कि बच्चा यदि जिस समूह में पैदा हुआ है, उसकी संस्कृति को सीखता नहीं है, उसे आत्मसात नहीं करता है, तब समाज का अस्तित्व ही समाप्त हो जाएगा। यह इसलिए कि समाज के मूल्यों, मानकों की साझेदारी नहीं होती, तब सामाजिक प्रक्रियाएं ही नहीं चल पाएंगी। संस्कृति को सीखने मात्र से कुछ नहीं होता, उसका भीतरीकरण होना भी आवश्यक है। समाजीकरण के माध्यम से बच्चा समाज का एक सक्रिय अंग बन जाता है।

वयस्क होने पर बच्चे का द्वैतीयक समाजीकरण शुरू हो जाता है। उसके व्यक्तित्व में दृढ़ीकरण आने लगता है। पारसंस का कहना है कि परिवार एक प्रकार के कारखाने हैं जो मानव व्यक्तित्वों को तैयार करते हैं। परिवार के अतिरिक्त इस काम को कोई और संस्था नहीं कर सकती। पारसंस परिवार को सार्वभौमिकता की दृष्टि से न देखकर केवल प्रकार्य की दृष्टि से देखते हैं।

परिवार पर आलोचनात्मक विचार (Critical Views on the Family)

परिवार की संस्था निर्विवाद हो, ऐसा नहीं है। इस अध्याय के प्रारंभ से ही हम कहते आ रहे हैं कि आज की स्थिति में परिवार संकट की अवस्था में हैं। उन्हें व्यक्ति और समाज के लिए लाभदायक समझा जा रहा है, लेकिन कुछ मानवशास्त्री इस संस्था को आलोचना की दृष्टि से भी देखने लगे हैं। आलोचना को हम यहाँ देखने का प्रयास करेंगे।

एडमन्ड लीच—यह दुनिया एक बेलगाम घोड़े की तरह है
(Edmund Leach: A Runaway World)

लीच एक मुंहफट मानवशास्त्री हैं। उन्होंने अपने 1967 के एक व्याख्यान में कहा है कि यह दुनिया एक भगोड़े समाज की तरह है। उन्होंने लघु औद्योगिक समाजों के अध्ययन के आधार पर कहा कि परिवार और कुछ न होकर नातेदारों का एक गठबन्धन मात्र है।

देखा जाए तो व्यक्ति के व्यवहार पर परिवार की अपेक्षा नातेदारों का नियंत्रण अधिक होता है। नातेदार ही व्यक्ति को मनोवैज्ञानिक सहायता देते हैं। आज के औद्योगिक समाज के संदर्भ में, परिवार की व्याख्या करते हुए, एडमंड लीच लिखते हैं—

> पिछले दिनों में नातेदार और पड़ोसी व्यक्ति को उसके सम्पूर्ण जीवन में बराबर नैतिक सहायता देते थे। आज का व्यक्ति परिवार से कट गया है। अब तो स्थिति यह हो गई है कि परिवार अपने आपको देखकर आश्चर्य में है। पति–पत्नी में तनाव है। यह तनाव बच्चों में भी देखने को मिलता है। इसे सहन करना बहुत कठिन है।

अब परिवार के लिए कोई सहायता नहीं। उसकी सहायता के सभी साधन सूख गए हैं। दूसरी ओर उससे बड़ी–बड़ी अपेक्षाएं की जाती हैं। मांग की जाती है कि परिवार का उपयोग का स्तर ऊंचा उठ जाए, उसके पास, उसके परिवार के प्रत्येक सदस्य के पास, अपनी मोटर कार हो जाए, बच्चों की पढ़ाई राष्ट्रीय स्तर की हो एवं उन्हें नामी–गिरामी स्कूलों में पढ़ाया जाए। अपेक्षाएं अनेक हो सकती हैं। परिवार का रूप पड़ोस और नातेदारों से कटा हुआ है। परिणाम होता है—संघर्ष। लीच के शब्दों में—

> माता–पिता और बच्चे अपने परिवार के एकाकी परिवार में सिमटकर एक गठरी की तरह रह जाते हैं—माता–पिता आपस में झगड़ते हैं और बच्चे बागी बन जाते हैं।

लीच कहते हैं कि परिवार का संकट केवल परिवार तक ही सीमित नहीं रहता। जो तनाव परिवार से पैदा होता है, सम्पूर्ण समाज में आ जाता है। बिछुड़ा हुआ परिवार, विशाल समाज में संघर्ष को जन्म देता है। वह परिवार जो एक निजी संस्था (Private Institution) थी, अब टुकड़ा–टुकड़ा हो गई है। ऐसी अवस्था में भय पैदा होता है और इससे संघर्ष का सूत्रपात होता है। लीच का तो कहना है कि अब समय आ गया है जब व्यक्ति को एकाकी परिवार की जेल के बाहर आ जाना चाहिए। उसकी मुक्ति इसी में है कि वह समाज में आकर खुलकर साँस ले।

लीच ने परिवार के बारे में जो अपना सोच रखा है, वह प्रकार्यवादियों से एकदम जुदा है। जहां प्रकार्यवादी कहते हैं कि व्यक्ति और समाज की आवश्यकताओं के लिए परिवार आवश्यक है, वहां लीच का कहना कुछ और है। वे तो कहते हैं कि परिवार अपने सदस्यों को वृहद् समाज से अलग–थलग करके गुमनामी में छोड़ देते हैं। परिवार तो एक जेल है। इसे छोड़कर आना ही मुक्ति है।

आर.डी. लेंग—परिवार की राजनीति (R.D. Laing: The Politics of the Family)

लेंग ने परिवार की एक बड़ी भद्दी तस्वीर खींची है। जो उनकी पुस्तक *दि पोलिटिक्स ऑफ दि फैमिली* में प्रकाशित हुई। इस पुस्तक का महत्व है कि यह परिवार की खराबियों को बताती है। लेंग ने प्रकार्यवादियों ने परिवार का जो खाओ–पिओ और मौज करो का खाका रखा है, इसका विरोध किया है। परिवार में सब आनन्द ही आनन्द होता हो, ऐसा नहीं है। उन्होंने परिवार के बारे में संक्षेप में निम्न बिन्दु रखे हैं—

1. परिवार कहने के लिए एक सजातीय और सुदृढ़ समूह है। खून पानी की तुलना में गाढ़ा होता है। लेकिन वास्तविकता ऐसी नहीं है। परिवार के सदस्य एक–दूसरे के खिलाफ धड़ेबन्दी करते हैं, गुट बनाते हैं और परिणामस्वरूप परिवार का दिन–प्रतिदिन का व्यवहार कसैला और संदेहपूर्ण हो जाता है। सदस्य एक–दूसरे के खिलाफ रणनीति बनाते रहते हैं।
2. लेंग का कहना है कि परिवार एक ऐसा अन्तर्बधन है, जो प्रत्येक सदस्य की गतिविधियों और सोच को अनुशासित करता है। इस अन्तर्बधन को वर्ग के संदर्भ में अवश्य देखा जाना चाहिए। यह लेंग और लीच ने नहीं किया।
3. इन दोनों मानवशास्त्रियों ने पश्चिमी समाज को अपने एक विशिष्ट दृष्टिकोण से देखा है। उदाहरण के लिए, लीच ने गैर–पश्चिमी देशों की परिवार व्यवस्था को छोटे समुदायों के संदर्भ में देखा है और इसी आधार पर वे परिवार पर अपनी टिप्पणी करते हैं। इधर दूसरी ओर, लेंग का अध्ययन ऐसे परिवारों का है जिसमें मानसिक रोगियों का प्रभुत्व अधिक है।
4. ये दोनों लेखक यह मानकर चलते हैं कि आज का समाज यानी पश्चिमी समाज एक भगोड़ा समाज है, पलायनवादी है और इसलिए परिवार भी उन्हें टूटा–फूटा दिखाई देता है।

लेंग और लीच की समीक्षा में अभाव तो हैं ही फिर भी इन मानवशास्त्रियों ने प्रकार्यवादी दृष्टिकोण को उलट–पुलट तो कर ही दिया है। प्रकार्यवादी हर दृष्टि से परिवार को एक शक्तिशाली संस्था की तरह प्रस्तावित करते हैं। उन्हें इसमें कोई दोष नहीं दिखाई देते। लेंग और लीच ने एक मध्यस्थ रास्ता निकालकर परिवार को कई भूमिकाओं में स्थापित किया है।

परिवार पर मार्क्सवादी संदर्श (Marxist Perspective of Family)

पिछले पृष्ठों में हमने परिवार को समझने के विभिन्न उपागमों का उल्लेख किया है। यहाँ हम इसकी पुनरावृत्ति नहीं करना चाहते। हमारा तो यह आग्रह है कि परिवार को सार्वभौमिक समझकर यह न माना जाना चाहिए कि इसके बारे में विचारों में कोई विभिन्नता नहीं है। जो अनुसंधान हमें उपलब्ध हुए हैं, उनके आधार पर यह कहना चाहिए कि यह संस्था विवादों से परे नहीं है। परिवार, समाज और संस्कृति सापेक्ष हैं। इन्हें हमेशा उनसे जुड़े हुए समूह या संस्कृति के संदर्भ में देखा जाना चाहिए।

मार्क्सवादियों में सबसे पहले एन्जिल्स (Friedrich Engels) ने अपनी पुस्तक *दि ओरिजिन ऑफ दि फैमिली, प्राइवेट प्रोपर्टी एण्ड दि स्टेट* (*The Origin of the Family, Private Property and the State,* 1972) में परिवार के उद्‌गम की चर्चा की है। उन्होंने सामाजिक संस्थाओं के उद्‌गम के सिलसिले में बताया कि परिवार की उत्पत्ति, उत्पादन साधनों के साथ जुड़ी हुई है। उद्‌विकास की प्रारंभिक अवस्थाओं में उत्पादन के साधनों का स्वामित्व, सम्पूर्ण था। उस काल में कोई प्राइवेट सम्पत्ति नहीं थी। ऐसी अवस्था में परिवार का जन्म ही नहीं हुआ था। यह काल यौन साम्यवाद (Sex Communism) की प्रारंभिक अवस्था में था, जब यौन संबंधों और संतान उत्पत्ति पर

अधिकतम पाबन्दियाँ थीं। एन्जिल्स कहते हैं कि कालान्तर में परिवार का उद्‌विकास आगे बढ़ता गया है, और बहुपति, बहुपत्नी परिवार का उद्‌गम हुआ।

एली—व्यक्तिगत जीवन और पूंजीवाद
(Eli Zaretrky: Personal Life and Capitalisation)

एली दूसरे मार्क्सवादी मानवशास्त्री हैं जिन्होंने परिवार की समीक्षा को आगे बढ़ाया है। उनका कथन है कि परिवार एक निजी (Private) संस्था नहीं है। यह वृहद् आर्थिक व्यवस्था का एक अंग है। उन्नीसवीं शताब्दी में परिवार उत्पादन का बहुत बड़ा साधन था। उस जमाने में जब सूती मिलें नहीं थीं, परिवार ही हाथ कर्घे से उत्पादन करता था। कारखानों के आने के बाद परिवार उत्पादन का केन्द्र नहीं रहा। अब स्थिति बदल गई है। एली का कहना है कि पूँजीवादी अर्थव्यवस्था के विकास के साथ परिवार भी उत्पादन प्रक्रिया से जुड़ गया है। कारखानों में मजदूरों को रोजगार के लिए परिवार ही भेजता है। अब परिवार अपनी निजी जिन्दगी के लिए स्वतंत्र है। एली का कहना है कि केवल समाजवाद ही परिवार को पुनः अर्थव्यवस्था के साथ जोड़ेगा।

नारीवादी संदर्श और परिवार (Feminist Perspective and Family)

पिछले कुछ दशकों में नारीवाद (Feminism) की अवधारणा अधिक शक्तिशाली हो गई है। नारीवाद का तर्क है कि समाज में पुरुष और स्त्री दोनों ही बराबर के भागीदार हैं। यह होते हुए भी यह समाज हमेशा से पुरुष प्रधान रहा है। परिणामस्वरूप स्त्रियां हाशिए पर आ गई हैं। तीव्र सामाजिक परिवर्तन, महिला आंदोलन और सर्वशिक्षा ने महिलाओं को आगे बढ़ा दिया है। अब सामाजिक संस्थाओं को भी नारी संदर्श से देखा जाने लगा है। इधर मानवशास्त्र में परिवार को भी इसी दृष्टि से देखने का प्रयास कुछ समाज वैज्ञानिकों ने किया है।

अब परिवार में पुरुष और स्त्री को समानता के धरातल पर रखा जाता है। इस समानता ने परिवार के पारम्परिक शक्ति संतुलन को बिगाड़ दिया है। स्त्रियां भी पढ़ लिख गई हैं। वे भी उत्पादन कार्य में जुट गई हैं। कारखानों में काम करती हैं, प्रतिष्ठानों में अच्छा वेतन पाती हैं और परिवार में जो निर्णय लिए जाते हैं, उनमें अपने विचार बलपूर्वक रखती हैं।

नारी आंदोलन (Feminism) के कई प्रकार हैं। एक प्रकार उग्रवादी (Radical) है। इसकी प्रणेता महिला मानवशास्त्री वेलेरी ब्राइसन (Valerie Bryson) हैं। इनका कहना है कि परिवार में स्त्रियों का बराबर शोषण होता रहा है। यह शोषण दुनियाभर के सभी परिवारों में देखा जा सकता है। ब्राइसन का आग्रह है कि परिवार पुरुष प्रधान होते हैं। ऐसी स्थिति में परिवार को शोषण का केन्द्र माना जाना चाहिए।

महिलावादियों ने परिवार के बारे में जो विचार व्यक्त किए हैं, वे परम्परागत नहीं हैं। परिवार के कार्यों को वे शोषण के दृष्टिकोण से देखते हैं। क्रिस्टीन डेलफी और डियेना लियोनार्ड (Christine Delphy and Diana Leonard) का कहना है कि परिवार

एक आर्थिक संस्था है। परिवार के सदस्यों के संबंध वस्तुतः आर्थिक होते हैं। इसमें जो भी काम होते हैं, वे सब पुरुष मुखिया के लिए होते हैं। इसमें स्त्री का शोषण घर के काम काज और बाहर के काम में होता रहता है। देखा जाए तो घर के काम में बहुत बड़ा योगदान स्त्रियों का होता है। पुरुष तो आदेश देने और निर्णय करने में ही रुचि रखते हैं।

डेलफी और लियोनार्ड ने अपने अनुसंधानों में यह स्थापित करने का प्रयास किया है कि परिवार एक पितृसत्तात्मक (Patriarchal) और श्रेणीबद्ध (Hierarchical) संस्था है, जिसमें पुरुष का आधिपत्य होता है और स्त्रियों का शोषण। पुरुष ही प्रायः परिवार के मुखिया होते हैं और वे ही परिवार में जो भी काम–काज होते हैं, उनका लाभ उठाते हैं। स्त्रियां परिवार के लिए जो श्रम करती हैं, उनका उन्हें कोई भुगतान नहीं किया जाता।

इधर परिवार पर लिखने वाले मानवशास्त्रियों और अन्य सामाजिक वैज्ञानिकों ने परिवार का जो रूप चित्रित किया है, बड़ा रोमान्टिक, सुहावना और प्रेम भरा है। वास्तविकता ऐसी नहीं है। यह नहीं देखा जाता कि परिवार में यौन शोषण होता है, मार–पीट होती है और हिंसा का होना सामान्य बात है।

उपसंहार (Conclusion)

हम सभी ने किसी न किसी परिवार में अवश्य जन्म लिया है। समाज में हमारी पहचान हमारे परिवार से ही है, लेकिन सभी समाजों में परिवार का ही रूप एक हो ऐसा नही है। सबसे बड़ी बात यह है कि सभी समाज परिवार को एक ही संदर्श में, देखते हों ऐसा भी नहीं है। मुरडोक कहते हैं कि परिवार सार्वभौमिक हैं। उसके कुछ बुनियादी कार्य हैं। कैथलीन गफ जैसे मानवशास्त्री हैं जो परिवार को नैयर जाति में लगभग अनुपस्थित मानते हैं। कई लोग कहते हैं कि परिवार शोषण और हिंसा का साधन है। कुछ की दृष्टि में परिवार प्रकार्यात्मक है और कुछ इसे दमन का केन्द्र मानते हैं। देखा जाए तो परिवार विवादों से परे नहीं है। हमारा आग्रह है कि हमें परिवार को समाज और उसकी संस्कृति से जोड़कर देखना चाहिए।

विदेशी मानवशास्त्र में परिवार पर बहुत कार्य हुआ है। इसे कई संदर्शों और उपागमों में देखा गया है। इस पर हमने संक्षेप में पिछले पृष्ठों में देखा है। जब हम परिवार पर हुए अनुसंधानों का विवरण देखते हैं तो निराशा ही हाथ लगती है। यहाँ हमारे देश में परिवार पर समाजशास्त्रियों ने थोड़ा बहुत काम किया है। इन समाजशास्त्रियों में के.एम. कापड़िया, आई.पी. देसाई, जी.एस. घुर्ये, टी.एन. मदन, ए.एम. शाह, इरावती कर्वे और कोलेन्ड्रा आदि मुख्य हैं। इन समाजशास्त्रियों ने जो मुख्य मुद्दा उठाया है, वह संयुक्त परिवार का है। आई.पी. देसाई का तो कहना है कि भारतीय परिवार अनिवार्य रूप से संयुक्त परिवार है।

परन्तु आदिवासी परिवार पर हमारे पास मानवशास्त्रियों द्वारा लिखी गई पुस्तक रूप में कोई अनुसंधान नहीं है। फुटकर रूप में एथनोग्राफिक विवरण में कहीं–कहीं परिवार पर छोटी–मोटी टिप्पणी अवश्य मिल जाती है। इससे अधिक कुछ नहीं हैं।

के.एस. सिंह ने *पिपल आफ इण्डिया* (*People of India*) के अपने वृहद प्रोजेक्ट में बड़े दबाव के साथ यह कहा है कि भारत का मानवशास्त्र एथनोग्राफी में समृद्ध है, लेकिन इसमें सामाजिक संस्थाओं का उल्लेख बहुत कमजोर है। ऐसी अवस्था में हमारे पास जो सामग्री उपलब्ध है, इसके आधार पर हम यहाँ भारत के मानवशास्त्र पर जो कुछ सामग्री उपलब्ध है, उसका विवरण देंगे।

भारत में परिवार—अर्थ और व्याख्या (Family in India: Meaning and Explanation)

परिवार एक आधारभूत सामाजिक संस्था है। हमने पिछले पृष्ठों में देखा है कि परिवार की एक सामान्य परिभाषा देना बहुत कठिन है। इसे विभिन्न अर्थों और धारणाओं में समझा जाता है। वास्तव में परिवार का उद्‌गम समाज, विवाह और संस्कृति से है। संस्कृति के विभिन्न स्वरूप होते हैं। उसकी एक राजनीतिक, आर्थिक और वैचारिक पृष्ठभूमि और इतिहास होते हैं। इसी कारण परिवार के बारे में समझ और विचार भी बदल जाते हैं। इधर समाज में बड़ी तीव्र गति से उतार–चढ़ाव आ रहे हैं। ऐसी अवस्था में परिवार भी बदल रहे हैं। परिवार को परिभाषित करने की समस्या मानवशास्त्रियों, समाजशास्त्रियों और समाज वैज्ञानिकों सभी की है। देखा जाए तो सारी दुनिया में मानवशास्त्र और समाजशास्त्र इस भाँति घुले–मिले हैं कि उन्हें पृथक करना टेढ़ी खीर है। यह स्थिति भारत में तो और भी अधिक जटिल है। यहाँ मानवशास्त्र और समाजशास्त्र इस तरह गड्डमड्ड है कि कहां समाजशास्त्र समाप्त होता है, और कहां मानवशास्त्र शुरू होता है, ऐसी कोई रेखा खींचना कठिन है।

परिवार की परिभाषा में हमें दोहरा रास्ता अपनाना पड़ेगा। हमें मानवशास्त्र से भी उधार लेना पड़ेगा और समाजशास्त्र से भी। पिछले कुछ दशकों में हमारे यहाँ इतने विकास कार्य हुए हैं, भाँति–भाँति की योजनाएं चली हैं, आधुनिकीकरण आया है, प्रजातंत्र है, धर्म निरपेक्षता है, सार्वभौमीकरण और उदारवाद है कि परिवार का हुलिया, उसकी संरचना और सम्पूर्ण कार्य प्रणाली बदल गई है। कठिनाइयां जो भी हों, हम परिवार के अर्थ को स्पष्ट करने का प्रयास करेंगे।

किंग्स्ले डेविस (Kingsley Davis) ने परिवार को परिभाषित करते हुए लिखा है—

"परिवार उन व्यक्तियों का समूह है जिसके पारस्परिक संबंध रक्त पर आधारित होते हैं और जो इसलिए एक–दूसरे के स्वजन हैं। डेविस की परिभाषा अपर्याप्त प्रतीत होती है।" इसका बहुत बड़ा कारण यह है कि दुनिया भर के समाजों में जन्म के अतिरिक्त रक्त संस्कार द्वारा भी परिवार की सदस्यता निर्धारित होती रही है। कुछ समाज ऐसे हैं जिनमें परिवार का आधार सामाजिक मान्यता है। ऐसे परिवार में इस बात पर जोर नहीं दिया जाता है कि बच्चे का प्रजनन करने वाला कौन व्यक्ति है। उदाहरण के लिए मलेनेशिया में बच्चे की परिवार में सदस्यता उसके जन्म के शारीरिक कारक द्वारा निर्धारित नहीं होती, बल्कि सामाजिक संस्थान द्वारा उसकी सदस्यता निश्चित की जाती है। एक द्वीप में ऐसा भी पाया गया है कि वह व्यक्ति जो

प्रजनन कराने वाली दाई के पारिश्रमिक को चुकाता है, बच्चे का पिता माना जाता है। कुछ ऐसे समाज भी हैं जिनमें बच्चे के प्रजनन के साथ पुरुष की शारीरिक भूमिका को कोई महत्व नहीं दिया जाता और ऐसी अवस्था में बच्चे के साथ पिता को प्रजननकर्ता के रूप में नहीं देखा जाता। ऐसे समाज भी हैं जिनमें पति स्वयं अपने बच्चे को उसकी पत्नी की संतान समझता है। इसलिए डेविस की परिभाषा के अनुसार परिवार को केवल रक्त पर आधारित समूह मानना अनुचित होगा। परिवार में रक्त के अतिरिक्त अन्य प्रकार के सामाजिक और सांस्कृतिक कारक भी होते हैं जो इस समूह को बनाते हैं।

बर्जेस और लॉक ने परिवार की संस्था का विश्लेषण एक विशिष्ट दृष्टिकोण से किया है जो औद्योगिक समाज की विशेषता है। वे लिखते हैं—

> परिवार व्यक्तियों के उस समूह का नाम है जिसमें वे विवाह, रुधिर या दत्तक संबंध से बंधे होकर एक गृहस्थी का निर्माण करते हैं। एक गृहस्थी में वे एक–दूसरे पर पति–पत्नी, माता–पिता, पुत्र–पुत्री, भाई–बहन के रूप में प्रभाव डालते हैं और एक–दूसरे के साथ संबंध स्थापित करते हैं। वे सब एक सामान्य संस्कृति को जन्म देते हैं और उस संस्कृति को बनाए रखते हैं।

बर्जेस और लॉक की परिभाषा भी त्रुटियों से रहित नहीं है। इस परिभाषा की सबसे बड़ी कमी यह है कि यह परिवार की संरचना में पाए जाने वाले वास्तविक अन्तर को स्पष्ट नहीं करती। यदि सूक्ष्मता से देखा जाए तो बर्जेस और लॉक की परिवार की यह परिभाषा वस्तुतः केन्द्रक परिवार (Nuclear Family) को ही परिभाषित करती है। केन्द्रक परिवार पति–पत्नी और नाबालिग बच्चों का एक छोटा समूह होता है। इस प्रकार के केन्द्रक परिवार का उद्‌गम मुख्यतया आधुनिक औद्योगिक समाज से हुआ है, जिसमें व्यक्तिवाद पर्याप्त रूप से विकसित है, जिसमें सम्पत्ति–अधिकार को प्रमुखता दी जाती है और जहां व्यक्ति की प्रसन्नता को सामाजिक आदर्श समझा जाता है। ऐसे केन्द्रक परिवार जन–जातियों में भी पाए जाते हैं, लेकिन उनमें परिवार की यह नई प्रकृति औद्योगिक समाजों के अनुकरण के परिणामस्वरूप पनपी है। इसलिए केन्द्रक परिवार मुख्यतया अधिक विकसित औद्योगिक समाजों की विशेषता है। बहुधा इस परिवार की सुदृढ़ता पति–पत्नी यौनाकर्षण तथा बच्चों के पालन–पोषण में रुचि के कारण होती है। परिवार की यह सुदृढ़ता तब और अधिक होती है जब बच्चे होते हैं और यह सुदृढ़ता क्रमशः घटती जाती है, जब बच्चे वयस्क होने लगते हैं और धीरे–धीरे विवाह के बाद परिवार छोड़ने लगते हैं। ऐसे परिवारों के लिए बर्जेस और लॉक की परिभाषा ठीक है, लेकिन आदिम समाजों तथा अनौद्योगिक समाजों में केन्द्रक परिवार एक विशाल पारिवारिक संरचना का अंग मात्र होता है। ऐसे परिवार की ओर संकेत करते हुए बेल और वोगेल (N.W. Bell and E.F. Vogel) लिखते हैं—

> कोई भी ऐसा समूह जो केन्द्रक परिवार की अपेक्षा अधिक बड़ा होता है, जिसमें सदस्यों के संबंध वंश परम्परा, विवाह या दत्तक प्रथा पर निर्भर होते हैं, विस्तृत परिवार (Extended Family) कहलाता है।

लेकिन बेल और वोगेल की यह परिभाषा विस्तृत परिवार की परिभाषा है। इसलिए परिवार की यह परिभाषा भी सर्वांगीण नहीं है। मुरडोक़ ने परिवार की परिभाषा को दो स्तरों पर रखा है—

1. केन्द्रक परिवार (Nuclear Family) और
2. विस्तृत परिवार (Extended Family)

उनके अनुसार विस्तृत परिवार वह है जिसमें दो या अधिक केन्द्रक परिवार माता–पिता तथा बच्चों के संबंधों के विस्तार द्वारा सम्बद्ध होते हैं। यह परिवार बहुविवाह परिवार से भिन्न है क्योंकि बहुविवाह परिवारों में दो या अधिक केन्द्रक परिवारों की सम्बद्धता एकाधिक विवाह से होती है। इसमें बच्चों के लिए माता–पिता सामान्य होते हैं। लेकिन परिवार की यह परिभाषा धीरे–धीरे अधिक भ्रामक होती जा रही है। कई बार विस्तृत परिवार को संयुक्त परिवार के पर्यायवाची रूप में देखा जाता है। वास्तव में परिवार की कोई एक सर्वमान्य परिभाषा देना बहुत कठिन है। यदि कोई ऐसी परिभाषा दी भी जाए, तो वह अधिक पैनी नहीं होगी।

यदि हम परिवार को पति–पत्नी तथा उनसे उत्पन्न बच्चों का समूह मानते हैं, तो ऐसे परिवार भी हैं जिनका आधार विवाह नहीं है। ऐसी अवस्था में परिवार एक घरेलू समूह है, जिसमें माता–पिता और बच्चे सम्मिलित होते हैं। वास्तव में परिवार की परिभाषा का आधार परिवार का वर्गीकरण होना चाहिए। एक बार वर्गीकरण हो जाने के बाद परिवार की परिभाषा दी जा सकती है, लेकिन शायद परिवार की परिभाषा के लिए सबसे अधिक महत्वपूर्ण साधारण परिवार के सदस्यों में पाए जाने वाले सामाजिक संबंध हैं। सामाजिक मानवशास्त्रियों ने एक केन्द्रक परिवार में आठ प्रकार के सामाजिक संबंध पाए हैं। वास्तव में सामाजिक संबंधों के प्रकार परिवार के सदस्यों की निर्धारित भूमिकाएं (Roles) हैं। ये संबंध इस प्रकार हैं—पति, पत्नी, पिता, माता, भाई, बहन, पुत्र और पुत्री। परिवार के सदस्यों के इन आठ संबंधों के दो बड़े आधार हैं—यौन और पीढ़ी (Sex and Generation)। पति–पत्नी का संबंध यौन संबंध है। माता–पिता तथा बच्चों का संबंध पीढ़ियों का संबंध है। हम इन आठ संबंधों को यौन तथा पीढ़ी के आधार पर निम्न प्रकार से रख सकते हैं—

केन्द्र परिवार में संबंध—यौन और पीढ़ी पर आधारित
(Relations in Nuclear Family: Based on Sex and Generation)

	सीधा	*सहभागी*
यौन	पति–पत्नी,	
पीढ़ी	पिता–पुत्र, माता–पुत्र	भाई–भाई, बहन–बहन
	पिता–पुत्री, माता–पुत्री	भाई–बहन

एक केन्द्रक परिवार में केवल चार संबंधों का संलक्षण है (Syndrome)—पिता–पति, पत्नी–माता, भाई–पुत्र, बहन–पुत्री। यदि परिवार के सदस्यों की प्रस्थिति (Status) और भूमि का विश्लेषण किया जाए तो हमें एक व्यक्ति की दो प्रस्थितियां देखने को मिलेंगी। एक व्यक्ति पति है और अपने बच्चों का पिता भी। इसी तरह एक व्यक्ति पुत्री है और साथ ही बहन भी है। ये चार प्रकार के संबंध यौन और वंशानुक्रम (Descent) पर आधारित हैं। केन्द्रक परिवार में संबंध के ये प्रकार दिखाई देते हैं। यदि हम विस्तृत या संयुक्त परिवार को देखें तो संबंधों के प्रकार का यह संलक्षण बड़ा हो जाएगा। उदाहरण के लिए, एक संयुक्त परिवार में ज्यों ही लड़के के विवाह के उपरांत बहू घर में आती है, तो पिता श्वसुर बन जाता है, माता सास बन जाती है और भाई–बहन देवर, जेठ और ननद बन जाते हैं। परिवार के प्रकार के साथ सदस्यों के संबंधों का घेरा भी विस्तृत हो जाता है।

कुछ सामाजिक वैज्ञानिकों की यह धारणा है कि केन्द्रक परिवार प्रारंभिक (Elementary) परिवार नहीं हैं और इसलिए परिवार के इस प्रकार को सर्वव्यापी नहीं कहा जा सकता। मुरडोक का कहना है कि केन्द्रक परिवार को यदि हम प्रारंभिक परिवार मान लेते हैं, तो इसमें परिवार संबंधी विश्लेषण में हम कठिनाई में पड़ जाएंगे। आज भी कुछ संस्कृतियों में मातृ केन्द्रीय परिवार (Matricentric Family) सामाजिक ढांचे की इकाई समझे जाते हैं। ऐसे परिवार में एक स्त्री और उसके बच्चे होते हैं। इस परिवार में पांच संबंध पाए जाते हैं—माता–पुत्र, माता–पुत्री, भाई–भाई, बहन–बहन और भाई–बहन। मातृ केन्द्रीय परिवार किसी एक पुरुष या पुरुषों के समूहों के साथ यौन संबंध रखकर, ऐसे कई परिवार उत्पन्न कर सकता है। पिछले वर्षों में मानवशास्त्रियों ने मातृ केन्द्रीय परिवारों को परिवारों के निर्माण की प्रथम सीढ़ी माना है। यदि हम यह स्वीकार कर लें कि मातृ केन्द्रीय परिवार प्रारम्भिक परिवार हैं, तो इससे स्पष्ट है कि जब ऐसे परिवार की कोई स्त्री अन्य परिवार के पुरुष के साथ यौन संबंध रखती है, तो उनके विवाह के परिणामस्वरूप जो परिवार बनेगा, वह केन्द्रक होगा। यदि दो या इससे अधिक मातृ केन्द्रीय परिवार किसी एक आदमी के साथ संबंध जोड़ते हैं, तो वह बहुपत्नी परिवार होगा, लेकिन हमारा यह विश्लेषण केवल उसी सीमा तक अर्थपूर्ण है, जहां तक हमारे अध्ययन का केन्द्रीय बिन्दु परिवार है। यदि हम विवाह की प्रथाओं को देखें, तो ज्ञात होगा कि मातृ केन्द्रीय परिवार रक्त समूहों की इकाइयों में बांधे जा सकते हैं।

परिवार के अर्थ और विश्लेषण में किसी भी एक सर्वमान्य परिभाषा को प्राप्त करना कठिन है। शायद इसका कारण यह है कि संसार के विभिन्न समाजों में परिवार की प्रकृति में बहुत अन्तर है और इसलिए सभी प्रकार के समाजों के लिए कोई एक परिभाषा दे पाना संभव नहीं है। इस कठिनाई के होते हुए भी परिवार की संस्था के कुछ तत्व ऐसे हैं जो संसार के सभी परिवारों में सामान्य हैं। ये तत्व निम्न प्रकार हैं—

1. परिवार की सदस्यता अनिवार्य है।
2. परिवार एक आधारभूत सामाजिक समूह है।
3. परिवार सामाजिक ढांचे की बुनियादी इकाई है।

4. परिवार का ढांचा मापक और मूल्य के ताने–बाने से बंधा होता है।
5. परिवार में पति–पत्नी और उनके बच्चे होते हैं।
6. परिवार में मुख्यतया चार संबंध होते हैं—पति; पिता–पत्नी; माता; भाई–पुत्र; बहन; पुत्री।
7. परिवार में संबंध यौन और पीढ़ी पर आधारित होते हैं।

परिवार के सामान्य लक्षण (General Features of the Family)

परिवार के कुछ सामान्य लक्षण निम्न प्रकार हैं—

1. विवाह संबंध (Marriage Relation)—परिवार का उद्गम यौन संबंधों से है। बिना यौन–सम्बन्धों के प्रजनन नहीं होता। फलतः परिवार निर्माण के लिए यौन–संबंध आवश्यक हैं। ये यौन संबंध समाज द्वारा मान्य होते हैं। ये यौन संबंध बहुपति–बहुपत्नी या एक पति–पत्नी में हो सकते हैं।
2. विवाह का स्वरूप (Forms of Marriage)—परिवार के लिए विवाह के किसी स्वरूप को अपनाना आवश्यक होता है। हमने कहा है कि विवाह के कई स्वरूप हैं। हमारे देश में खासी, संथाल और कादर जन–जातियों में एक विवाह परिवार है। खस, टोड़ा और कोटा जनजातियों में बहुपति विवाह प्रचलित हैं। नागा, गौंड, बेगा, भील, जनजातियों में बहुपत्नी विवाह का रिवाज है। हिन्दू, बौद्ध, जैन, और सिखों में एक विवाह प्रथा प्रचलित है। परिवार के लिए विवाह का कोई न कोई स्वरूप अपनाना आवश्यक है।
3. वंश व्यवस्था (Descent System)—परिवार को अपने सातप्य और नैरन्तर्य को बनाए रखना चाहिए है। नैरन्तर्य की बहुत बड़ी परम्परा वंश है। वंश के आधार पर परिवार के सदस्यों को पहचाना जाता है। वंश पिता या माता की ओर से चलता है। माता के वंश पर चलने वाले परिवार मातृवंशीय परिवार तथा पिता के नाम पर चलने वाले परिवार पितृवंशीय परिवार कहलाते हैं। सामान्यतया हमारे देश में पितृवंशीय परिवार पाए जाते हैं। केवल खासी, गारो और नायर समूह ऐसे हैं जो मातृवंशीय हैं। इन परिवारों में बच्चे अपनी वंश परम्परा पिता से नहीं वरन् माता से ग्रहण करते हैं।
4. आर्थिक प्रावधान (Economic Provision)—परिवार के अस्तित्व के लिए यह आवश्यक है कि उसके सदस्यों को न्यूनतम आर्थिक सुविधाएं दी जाएं। भोजन, वस्त्र, आवास, स्वास्थ्य और शिक्षा ऐसी मूल आवश्यकताएं हैं, जिनके लिए प्रावधान करना किसी भी प्रकार के परिवार के लिए आवश्यक है।
5. सामाजिक निवास (Social Residence)—परिवार के सदस्यों के रहने के लिए एक सामान्य निवास स्थान होता है। परिवार के सभी सदस्य इस प्रकार एक छत के नीचे रहते हैं। लेकिन यह निवास मातृस्थानीय या पितृस्थानीय होता है। हिन्दुओं में विवाह के बाद वधू पति के यहाँ रहती है इसे पितृस्थानीय कहते हैं। खासी, गारो, नायर, आदि जनजाति समूहों में मातृस्थानीय परिवार पाए जाते हैं। कुछ परिवार नवस्थानीय (Neolocal) भी होते हैं।

परिवार की उत्पत्ति और उद्विकास (Origin and Evolution of Family)

सामाजिक मानवशास्त्र में उन्नीसवीं शताब्दी उद्विकास के सिद्धान्तों को लेकर बहुत महत्वपूर्ण है। इस शताब्दी में मानवशास्त्रियों की बहुत बड़ी रुचि परिवार, विवाह और धर्म में थी। इन वैज्ञानिकों ने जीवविज्ञान के उद्विकास के दौर में सामाजिक संस्थाओं का उद्गम खोजने का प्रयास किया, जिससे परिवार पर भी बहुत कुछ शोध सामग्री सामने आई है। हमारी आज की समस्याओं के संदर्भ में परिवार या विवाह के उद्विकास संबंधी अध्ययन का अधिक महत्व नहीं है। यदि कोई महत्त्व है तो वह केवल ऐतिहासिक ही है, लेकिन ऐतिहासिक दृष्टिकोण कभी–कभी हमें किसी समस्या को सही परिप्रेक्ष्य में देखने का अवसर भी देता है। इसी तथ्य को ध्यान में रखकर हम परिवार की उत्पत्ति के कुछ सिद्धान्तों का उल्लेख यहाँ पर करेंगे।

शास्त्रीय सिद्धान्त (Classical Theory)

सामाजिक मानवशास्त्रियों से बहुत पहले प्लेटो और अरस्तु ने परिवार की संस्था का उल्लेख किया था। उनकी दृष्टि में परिवार का प्रारंभिक रूप पितृसत्तात्मक था। प्लेटो और अरस्तु के कथन की प्रामाणिकता हमें प्राचीन यूनान और यहूदी समाज के इतिहास से मिलती है। सन् 1861 में सर हेनरी मेन (Sir Henry Maine) ने परिवार के शास्त्रीय सिद्धान्त को तथ्यों द्वारा और अधिक स्पष्ट किया। मेन के अनुसार प्रारंभिक सभ्यताओं में परिवार का स्वरूप पितृसत्तात्मक था। इस मत से हमारे देश में मातृसत्तात्मक परिवार बाद में आए।

शास्त्रीय सिद्धान्त अपने उपागम में एक पक्षीय है। यह स्वीकार किया जा सकता है कि दुनिया के कुछ हिस्सों में प्रारंभ में पितृसत्तात्मक परिवार होंगे, लेकिन हमें यह भी स्वीकार करना पड़ेगा कि इन्हीं गुणों में दुनिया के अन्य भागों में मातृसत्तात्मक परिवार भी थे।

यौन साम्यवाद का सिद्धान्त (Theory of Sex Communism)

फ्रेजर, मोरगन, और ब्रिफाल्ट जैसे कुछ उद्विकासवादी सामाजिक मानवशास्त्रियों ने उपलब्ध तथ्य सामग्री के आधार पर यह प्रतिपादित किया कि प्रारंभिक समाज में परिवार या विवाह नाम की कोई संस्था नहीं थी। लोगों में यौन संबंध होते थे और इनका आधार मुक्त था। इसे मानवशास्त्री यौन साम्यवाद (Sex Communism) भी कहते हैं। इसके अनुसार समाज के प्रारंभिक विकास में परिवार जैसी कोई संस्था नहीं थी। सब यौन स्वातंत्र्य था। सामाजिक मानवशास्त्रियों के इस निष्कर्ष पर पहुँचने का एक बहुत बड़ा आधार यह है कि आज भी कुछ जनजातियों में त्यौहारों के अवसरों पर पत्नियों का आदान–प्रदान किया जाता है। आज भी कई व्यक्तियों को पिता के पद से संबोधित किया जाता है। इसी पर मोरगन ने निष्कर्ष निकाला कि अपनी प्रारंभिक अवस्था में मानव समाज में परिवार जैसी कोई संस्था नहीं थी। जैसे वृक्ष पर फल लगते हैं, वैसे ही स्त्रियां संतान को जन्म देती थीं। इस विचारधारा के अनुसार जनन–प्रक्रिया में पुरुष का कोई महत्वपूर्ण स्थान नहीं था।

वर्तमान संदर्भ में यौन साम्यवाद का यह सिद्धान्त अधिक महत्वपूर्ण नहीं माना जाता है। वास्तव में परिवार एक सीमित संस्था है। सीमित होने के नाते यह परिवर्तन की प्रक्रिया से भी गुजरती है। अतः मोरगन तथा उनकी विचारधारा के अन्य मानवशास्त्रियों का यह कहना तो सही है कि अमुक भू–भागों में यौन स्वच्छन्दता थी। लेकिन उनके इस कथन को सर्वव्यापी एवं सर्वकालिक नहीं कहा जा सकता। संस्कृति विसरणवादियों ने भी इस बात को दोहराया है कि परिवार के विकास को एक के बाद एक क्रम में नहीं देखा जा सकता। एक ही समय में दुनिया के विभिन्न समाजों में परिवार के कई स्वरूप देखने को मिल सकते हैं।

परिवार का उद्‌विकास सिद्धान्त (Evolution Theory of Family)

परिवार के उद्‌विकास सिद्धान्त का प्रतिपादन सर्वप्रथम बेशोफेन ने किया था। इसे मोरगन ने परिवर्द्धित किया। मैकलेनन, स्पेन्सर, ल्यूनक और टाईलर इसी सिद्धान्त का समर्थन करते हैं।

बेशोफेन ने परिवार के उद्‌विकास को निम्न स्तरों में बताया है—

1. अपनी प्रारंभिक अवस्था में परिवार बहुत ही अव्यवस्थित थे। यौन संबंधों को लेकर कोई सुनिश्चित मानक और मूल्य नहीं थे। यदि कोई स्थाई संबंध परिवार में था, तो वह माता और उसकी संतान में था। बच्चे माँ को जानते थे। पिता से बहुधा अपरिचित ही रहते थे और माता भी अपने बच्चों के पिता को नहीं पहचानती थी।
2. दूसरी अवस्था में आकर परिवार कुछ सुदृढ़ होने लगे। अब अस्तित्व का संघर्ष अधिक बढ़ गया। अस्तित्व के इस संघर्ष में लड़कियां प्रकृति की आपदाओं से नहीं जूझ सकती थीं। कन्यावध की परम्परा चली। जनसंख्या में पुरुषों का अनुपात बढ़ा और परिणामस्वरूप परिवार की दूसरी अवस्था में बहुपति–विवाह प्रथा का जन्म हुआ।
3. बेशोफेन के उद्‌विकास अध्ययन में तीसरी अवस्था बहुपत्नी परिवार की है। अब मनुष्य समूह कृषि कार्य में संस्थापित हो गए थे। कृषि उनका व्यवसाय बन गया था। इस व्यवसाय में खेती पर काम करने के लिए अधिक हाथों की आवश्यकता होती है। इस संदर्भ में परिवार के सदस्यों की संख्या में वृद्धि हुई। यह वृद्धि तभी संभव थी, जब बहुपत्नी प्रथा प्रारंभ हुई। परिणामस्वरूप बेशोफेन कहते हैं कि इस अवस्था में आकर बहुपत्नी परिवार विकसित हुए।
4. कालान्तर में और आज तक परिवार अपनी चौथी अवस्था से गुजरते रहे हैं। यह अवस्था एक विवाह परिवार की है। आज संसार के विकसित देश एक विवाह परिवार को आदर्श परिवार मानते हैं।

बेशोफेन के उद्‌विकास सिद्धान्त को मोरगन ने संशोधित और परिवर्द्धित किया। उन्होंने आधार सामग्री की बुनियाद पर यह स्थापित किया कि संसारभर के परिवार पांच स्तरों में होकर गुजरे हैं। ये स्तर इस प्रकार हैं—

1. **समरक्त परिवार (Consanguine Family)**—ये परिवार समरक्त इस अर्थ में कहे गए कि इनके सदस्यों में यौन–संबंधों को लेकर स्वतंत्रता थी। भाई–बहन आपस में विवाह कर सकते थे। रक्त संबंधियों में विवाह संबंध होने के कारण इस परिवार को समरक्त परिवार कहा जाता है।
2. **पूनालूआन और समूह विवाह परिवार (Punaluan Family)**—मोरगन द्वारा प्रस्तावित परिवार के विकास क्रम में यह दूसरी अवस्था है। इसमें एक परिवार के सब भाइयों का विवाह दूसरे परिवार की सब बहनों के साथ हुआ करता था। प्रत्येक पुरुष सभी स्त्रियों का पति होता था और प्रत्येक स्त्री सभी पुरुषों की पत्नी। कभी–कभी एक से अधिक पुरुषों का एक से अधिक स्त्रियों के साथ भी विवाह कर दिया जाता था। परिवार के विकास के इस चरण में भी यौन–संबंध बहुत कुछ अनिश्चित और अनियन्त्रित थे।
3. **सिंडेस्मियन परिवार (Syndyasmain Family)**—मोरगन कहते हैं कि परिवार के विकास के तीसरे दौर में एक पुरुष का एक ही स्त्री के साथ विवाह होता था, लेकिन ब्याही हुई स्त्रियों के साथ यौन संबंध स्थापित करने की स्वतंत्रता प्रत्येक पुरुष को होती थी। इस दौर में भी यौन संबंधों पर समाज के मानदण्ड और मूल्य आधारित नहीं थे।
4. **पितृसत्तात्मक परिवार (Patriarchal Family)**—ऐसे परिवारों में पिता की सत्ता सर्वोपरि थी। एक पिता बहुपत्नियों को रख सकता था और सभी के साथ यौन संबंध रखने की उसे स्वतंत्रता थी।
5. **एक विवाह परिवार (Monogamous Family)**—परिवार के इस प्रकार में एक समय में एक व्यक्ति एक से अधिक साथियों को नहीं रख सकता।

उद्‌विकासवादियों ने परिवार की उत्पत्ति को कुछ निश्चित क्रमों में देखने का प्रयास किया है। इनके इस प्रयास की वैज्ञानिक उपयोगिता न्यूनतम है। इसका बहुत बड़ा कारण यह है कि वे अपने सिद्धान्त निर्माण में अनुमान का सहारा अधिक लेते हैं। ऐसा लगता है कि जैसे उन्होंने पहले परिवार के विकास के विभिन्न स्तरों का एक मानचित्र अपने मस्तिष्क में बना लिया हो और इस मानचित्र की पूर्ति हेतु ही आधार सामग्री एकत्रित की हो एवं परिवार के उद्‌विकास सिद्धान्तों का इस आधार पर निर्माण किया हो। एक दूसरी व्याख्या भी है। यदि हम यह मान लें कि परिवार के विभिन्न स्तरों को देखते हुए उन्होंने जो आधार सामग्री दी है, वह प्रामाणिक है, तो भी प्रश्न उठता है कि सामाजिक संस्थाओं का उद्‌विकास दुनिया भर में एक ही लीक पर नहीं हो सकता। जहां एक समाज में पितृसत्तात्मक परिवार है, वहीं दूसरे समाज में मातृसत्तात्मक परिवार भी प्राप्त होते हैं।

एक विवाह परिवार सिद्धान्त (Monogamous Family Theory)

दि हिस्ट्री ऑफ ह्यूमन मेरिज़ (*The History of Human Marriage*) के लेखक वेस्टरमार्क का सिद्धान्त है कि विवाह का प्रारंभिक रूप एकविवाह का ही था। उनके

अनुसार यौन साम्यवाद, समूह विवाह तथा बहुविवाह के सिद्धान्त केवल काल्पनिक हैं। इन सिद्धान्तों की आधार सामग्री वैज्ञानिक और प्रामाणिक नहीं है। वेस्टरमार्क अपने सिद्धान्त के प्रतिपादन में पशुसमाज का उल्लेख करते हैं। उनका कहना है कि बन्दरों में भी वैवाहिक यौन संबंध पाए जाते हैं। इसका कारण है कि इन पशुओं में भी नवजात शिशु कुछ समय तक अपने माता–पिता का संरक्षण चाहता है। मनुष्य में संरक्षण की यह अवधि और भी बढ़ जाती है। प्रारंभ के पांच वर्ष तक तो बच्चा अपने पालन–पोषण के लिए माता–पिता पर ही निर्भर रहता है। इस संदर्भ में यौन साम्यवाद और समूह विवाह के सिद्धान्त निरर्थक सिद्ध होते हैं। ऐसी अवस्था में वेस्टरमार्क के अनुसार एकविवाह परिवार प्रारंभ से ही मनुष्य समाज में पाए गए हैं। मेलिनोस्की का कहना है कि अनुसंधान निष्कर्षों के अनुसार भी कुछ जनजातियों में एक विवाह परिवार आदर्श परिवार समझा जाता रहा है।

वेस्टरमार्क और मेलिनोस्की द्वारा प्रतिपादित एकविवाह परिवार सिद्धान्त भी अन्य उद्‌विकास सिद्धान्तों की तरह अपने तर्क और प्रामाणिकता में कमजोर बैठता है। वेस्टरमार्क का कथन इस अर्थ में दोषपूर्ण है कि कुछ समाजों में एकविवाह परिवार होने के अतिरिक्त बहुविवाह परिवार भी रहे होंगे। इसके अतिरिक्त बच्चों के पालन–पोषण के आधार पर एकविवाह को परिवार का प्रारंभिक स्वरूप स्वीकार करना अनुचित लगता है। ऐसा भी हो सकता है कि एक स्त्री अनेक व्यक्तियों से विवाह करे और सभी से उत्पन्न सन्तान का स्वयं पालन–पोषण करे। आज भी बहुविवाह में ऐसा होता है। वेस्टरमार्क और मेलिनोस्की के पक्ष में यह अवश्य कहना पड़ेगा कि संसार के कुछ ऐसे भाग हो सकते हैं, जहां परिवार का प्रारंभिक स्वरूप एकविवाह का रहा हो, लेकिन यह प्रथा सर्वव्यापक नहीं रही होगी।

परिवार की उत्पत्ति का मातृसत्तात्मक सिद्धान्त
(Matriachal Theory of Origin of Family)

परिवार की उत्पत्ति मातृसत्ता में भी मानी जाती है। यह सिद्धान्त एकविवाह परिवार सिद्धान्त के प्रतिकूल है। परिवार के मातृसत्तात्मक को ब्रिफाल्ट ने प्रस्तुत किया है। इस संबंध में ब्रिफाल्ट की पुस्तक *दि मदर्स* (The Mothers) उल्लेखनीय है। अपनी इस पुस्तक में ब्रिफाल्ट ने वेस्टरमार्क के एकविवाह सिद्धान्त का खंडन किया है। ब्रिफाल्ट का कहना है कि मानव समाज में प्रारंभिक परिवार मातृसत्तात्मक थे। उन्होंने इस प्रमाण पशु परिवार से दिए हैं। उनका कहना है कि प्रारंभ में लोग इस तथ्य को नहीं जानते थे कि गर्भधारण में पुरुष का भी स्त्री की तरह समान योगदान होता है। सामान्य धारणा यह थी कि संतान उत्पत्ति में स्त्री ही सब कुछ है। इसलिए बच्चा जन्म के बाद अपने पिता को नहीं जानता था। माँ ही उसके लिए सब कुछ थी। इस स्थिति ने मातृसत्तात्मक परिवार को जन्म दिया। परिवार की ऐसी व्यवस्था में बच्चों का पालन–पोषण माता पर ही निर्भर था। पुरुष तो केवल यौन आवश्यकताओं की पूर्ति करने वाला ही होता था।

ऊपर हमने परिवार की उत्पत्ति से संबंधित कतिपय सिद्धान्तों का उल्लेख किया है। इन सिद्धान्तों की प्रामाणिकता को स्वीकार करना कठिन है। प्रथम, दुनिया भर के विभिन्न समाजों का विकास अनुरेखीय है। आज इसे समर्थित नहीं किया जा सकता। इसका कारण यह है कि विभिन्न स्थानों में निवास करने वाले समूहों का अपने–अपने पर्यावरण के संदर्भ में पृथक–पृथक विकास हुआ है। कुछ स्थानों पर यौन स्वच्छन्दता रही होगी, कुछ में बहुविवाह और कुछ में एकविवाह। इसलिए उपरोक्त सभी सिद्धान्तों में सर्वव्यापकता नहीं है। द्वितीय, ये सिद्धान्त अपनी आधार सामग्री जनजातियों के रीति–रिवाज और पशु समाज से लेते हैं, लेकिन ये प्रमाण बहुत सीमित हैं। उन्हें सर्वव्यापी बनाना तर्कसंगत नहीं है। इन सिद्धान्तों की ये कुछ कमियां हैं। फिर भी इनकी उपयोगिता इनसे प्राप्त इस तथ्य के कारण तो है कि परिवार की संस्था किसी भी युग में अपरिवर्तनशील या जड़ नहीं रही है। इसी उपयोगिता पर जोर देते हुए मजूमदार और मदन लिखते हैं—

> आज वेस्टरमार्क और मोरगन के सिद्धान्त जीवित हैं, यह इसलिए नहीं कि ये सिद्धान्त सत्य हैं, लेकिन इसलिए कि ये सिद्धान्त परिवार की गतिशील धारणा पर आधारित हैं।

इन सिद्धान्तों पर अधिक बहस करने की आवश्यकता नहीं। यदि हम मान लें कि प्रारंभ में यौन स्वच्छन्दता थी या समूह विवाह थे, तो इससे क्या हुआ? आज परिवार को लेकर कुछ अन्य महत्वपूर्ण समस्याएं हैं। आज केन्द्रक परिवार बहुत शक्तिशाली हो गए हैं। इन परिवारों का आधार यौन संबंध अधिक है और पालन–पोषण कम। वैवाहिक जीवन वैमनस्य पूर्ण हो गया है। परिवार में कटुता आ गई है। परिवार की बुनियाद हिल रही है। इस प्रकार की अगणित समस्याओं ने परिवार की संस्थाओं को घेर रखा है। अब इन समस्याओं के संदर्भ में परिवार का प्रारंभिक स्वरूप क्या था, परिवार का विकास किस प्रकार हुआ, कौन से स्तरों से परिवार गुजरा है, ये सब प्रश्न व्यर्थ हैं। इसलिए आज देखने की आवश्यकता यह है कि हम परिवार के प्रकारों और भेदों को देखें तथा इनके संदर्भ में परिवार की आवश्यकताओं का निदान खोजें।

परिवार के प्रकार्य (Functions of Family)

आखिर परिवार क्यों? क्या आवश्यकता थी इस संस्था की? ये प्रश्न उचित हैं। होबेल ने इन प्रश्नों के उत्तर में कहा है कि किसी भी परिवार का एक अनिवार्य कार्य यह कि वह नवसंतति को प्राथमिक सुरक्षा और सामाजिक प्रशिक्षण प्रदान करे। परिवार का एक दूसरा कार्य अपने सदस्यों को संवेगात्मक घनिष्ठता प्रदान करना भी है। परिवार ही एक ऐसा समूह है जहां सदस्यों में संवेगात्मक पराश्रयता उत्पन्न की जाती है। जन्म के उपरान्त बालक कई वर्षों तक अपने विकास के लिए दूसरों पर निर्भर रहता है। उसे भोजन करना नहीं आता। उसे चलना नहीं आता। वह बोल नहीं सकता और यह सब उसे समाज से सीखना पड़ता है। यह एक प्रकार का प्रशिक्षण है जिसे परिवार नवसंतति को देता है। स्नेह, कृतज्ञता, सहयोग ये सब लक्षण ऐसे हैं जिन्हें एक व्यक्ति

परिवार में सीखता है। होबेल ने किसी भी परिवार के लिए निम्नलिखित दो कार्य अनिवार्य माने हैं—

1. बच्चों की देखभाल करना और उन्हें सामाजिक प्रशिक्षण देना।
2. संवेगात्मक घनिष्ठता से पर्यावरण को बनाए रखना।

परिवार की तरह कुछ और सामाजिक समूह भी हैं जो अपने सदस्यों की देखभाल करते हैं, उन्हें सुरक्षा देते हैं, लेकिन जो आत्मीयता और संवेगों की गहराई परिवार में मिलती है, वह अन्यत्र देखने को नहीं मिल सकती। जब हम परिवार के सदस्यों के प्रशिक्षण और देखरेख की बात करते हैं, तो इसका यह भी अर्थ हुआ कि परिवार इन दो कार्यों से संबंधित कई अन्य और कार्यों को भी करते हैं। उदाहरण के लिए, यह परिवार का ही कार्य है कि वह अपने सदस्यों को आर्थिक सुरक्षा प्रदान करे। परिवार उत्पादन और उपयोग को लेकर एक आर्थिक इकाई भी है। निष्कर्षतः बिना बच्चों का पति–पत्नी का परिवार भी एक सक्षम इकाई है।

परिवार के समस्त प्रकार्यों को यदि हम व्यवस्थित रूप से प्रस्तुत करें तो उन्हें निम्न बिन्दुओं में रखा जा सकता है—

जैविकीय कार्य (Biological Functions)

परिवार का सबसे बड़ा कार्य प्रजनन है। जहां परिवार पुरुष और स्त्री को यौन संतुष्टि देता है, वहीं दूसरी ओर संतान उत्पत्ति भी करता है। परिवार ही वह माध्यम है जहां ये दो जैविकीय यौन संबंध और प्रजनन पूरे होते हैं।

मनोवैज्ञानिक कार्य (Psychological Functions)

परिवार अपने सदस्यों में स्नेह, प्रेम, सहयोग, आदि भावनाओं को उत्पन्न करता है। मनोवैज्ञानिकों का कहना है कि प्रारंभ के दो–तीन वर्षों में मनुष्य के मानस को बनाने का कार्य परिवार ही करता है। अतः व्यक्तित्व निर्माण में मनोवैज्ञानिक दृष्टि से परिवार का बहुत बड़ा योगदान है।

आर्थिक कार्य (Economic Functions)

हमने होबेल के संदर्भ में कहा है कि परिवार का एक अनिवार्य कार्य अपने सदस्यों की मूलभूत आर्थिक आवश्यकताओं की पूर्ति करना है। इन मूलभूत आवश्यकताओं में भोजन, वस्त्र और आवास हैं। इन आवश्यकताओं के बाद शिक्षा, मनोरंजन, आदि अन्य आवश्यकताएं उत्पन्न होती हैं। मनुष्य केवल रोटी, कपड़ा और आवास ही नहीं चाहता, उसे संतोष भी चाहिए। जो कुछ कार्य वह करता है, उसमें वह आनन्द की अनुभूति पाना चाहता है। यह सब कार्य एक सीमा तक परिवार के हैं।

सामाजिक-सांस्कृतिक कार्य (Socio-Cultural Functions)

शायद परिवार का एक बहुत बड़ा प्रकार्य समाजीकरण है। समाज की संस्कृति के नैरन्तर्य को बनाए रखने का कार्य परिवार के माध्यम से एक सीमा तक पूरा हो जाता

है। यह कहना उचित होगा कि समाज की सांस्कृतिक धरोहर को परिवार ही बनाए रखता है। अन्य भी कई समितियां, समूह और समुदाय हैं, जो इस सांस्कृतिक धरोहर को बनाए रखते हैं, लेकिन नवजात और अल्पवयस्क बच्चों के निर्माण में परिवार का योग बहुत महत्वपूर्ण है। समूह की परम्परा, सांस्कृतिक संकुल और व्यवहार के संरूप को संरक्षित रखने का कार्य परिवार ही करता है।

परिवार के भेद (Kinds of Family)

प्रत्येक व्यक्ति कम से कम तीन परिवारों का सदस्य होता है—होबेल का यह कथन चौंका देने वाला है। लेकिन हम थोड़ा इस कथन पर विचार करें, तो लगेगा कि इसमें कोई नवीनता नहीं है।

विवाह के समय पति–पत्नी दोनों होते हैं। यह दाम्पत्य मूलक परिवार (Conjugal Family) है। इस परिवार में बच्चों का जन्म होता है। उदाहरण के लिए इस परिवार को हम 'अ' परिवार कहेंगे। बच्चों के लिए यह उनके जन्म का परिवार है। ये बच्चे वयस्क होने पर विवाह करते हैं। उनके इस परिवार का विश्लेषण के लिए 'ब' परिवार कहेंगे। यह 'ब' परिवार विवाहित वयस्क के लिए प्रजनन का परिवार (Family of Procreation) है। कुछ लोग इसे जैविकीय परिवार (Biological Family) या लघु परिवार (Small Family) भी कहते हैं। अब व्यक्ति दो परिवारों का सदस्य है 'अ' अर्थात् उसके जन्म परिवार और 'ब' अर्थात् स्वयं द्वारा उत्पन्न प्रजनन परिवार, लेकिन परिवार का एक तीसरा प्रकार भी है। जब माता–पिता और बच्चों के अतिरिक्त चाचा–चाची, दादा–दादी, पोता–पोती और ऐसे ही अन्य स्वजन जो संयुक्त या विस्तृत परिवार को बनाते हैं, तो वह परिवार का तीसरा स्वरूप है। यदि एक व्यक्ति विस्तृत परिवार का सदस्य है तो जन्म और प्रजनन परिवार की इकाइयां विलीन हो जाती हैं। ऐसी दशा में तीन परिवारों के बजाय व्यक्ति एक ही परिवार का सदस्य होगा। इसे उपरोक्त चित्र में प्रदर्शित किया गया है।

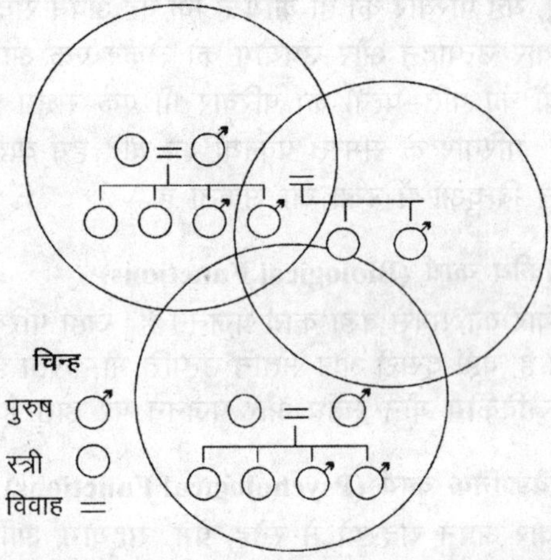

परिवार के वर्गीकरण के कई आधार हो सकते हैं। इन आधारों पर ही वर्गीकरण के प्रकारों की संख्या निर्भर है। श्यामाचरण दुबे ने परिवार के वर्गीकरण के चार आधार स्वीकार किए हैं—

1. निवास, 2. उत्तराधिकार, 3. अधिकार, 4. वंशनाम

परिवार

1. निवास	2. उत्तराधिकार	3. उत्तराधिकार	4. वंशनाम
(क) पितृस्थानीय परिवार	(क) पैतृक परिवार	(क) पितृमार्गी परिवार	(क) पितृनामी परिवार
(ख) मातृस्थानीय परिवार	(ख) मातृक परिवार	(ख) मातृमार्गी परिवार	(ख) मातृनामी परिवार
(ग) पितृ/मातृस्थानीय परिवार		(ग) उभयवाही परिवार	
(घ) नवस्थानीय परिवार		(घ) द्विनामी परिवार	
(च) मामास्थानीय परिवार			
(छ) द्विस्थानीय परिवार			

दुबे ने परिवार के वर्गीकरण के जिन चार उपरोक्त आधारों को स्वीकार किया है, उन्हें हम अगले पृष्ठों में स्पष्ट करेंगे।

निवास के आधार पर वर्गीकरण (Classification on the Basis of Residence)

पति–पत्नी या दंपती के निवास के आधार पर भी परिवार का वर्गीकरण किया जाता है। जब विवाह के बाद पत्नी पति के यहाँ रहने लगती है, तो ऐसे परिवार को पितृस्थानीय परिवार कहते हैं। भील, मुड़िया, डफला, संथाल और ऐसी ही अधिकांश जनजातियों में पितृस्थानीय परिवार पाए जाते हैं।

यदि विवाह के बाद पति अपने माता–पिता को छोड़कर पत्नी के यहाँ जाकर रहता है, तो यह मातृस्थानीय परिवार है। हमारे देश में ब्रह्मपुत्र के दक्षिणी तट पर निवास करने वाली खासी तथा गारो जनजातियों में मातृस्थानीय परिवार हैं। इसी प्रकार केरल की नायर जनजाति भी मातृस्थानीय है। दक्षिण भारत में रहने वाली कादर, इरूला और पुलायन जनजातियों में भी मातृस्थानीय परिवार पाए जाते हैं।

कुछ समाजों में विवाह के उपरांत पति–पत्नी एक–दूसरे के माता–पिता के यहाँ रहने के लिए बाध्य नहीं होते। वे दोनों किसी एक के माता–पिता के यहाँ रह सकते हैं। ऐसे परिवार को मातृ–पितृ स्थानीय परिवार कहेंगे, लेकिन विवाह के बाद जब पति–पत्नी दोनों ही कोई नया घर बसाते हैं, तो ऐसे परिवार को नवस्थानीय परिवार कहते हैं। भीलों में प्रायः विवाह के बाद नवदंपती पिता के पास ही पृथक मकान बना कर रहते हैं। कृषि के व्यवसाय में ये नवदंपती पिता के साथ होते हैं, लेकिन निवास को लेकर ये पृथक रहते हैं। सामाजिक मानवशास्त्र के अनुसंधान से हमें कुछ ऐसे ही और परिवार भी मिले हैं। जब विवाह के बाद नववधु पति के, माँ के भाई के साथ या उसके पास रहते हैं तो इसे मामा स्थानीय परिवार कहते हैं। कुछ जनजातियाँ ऐसी भी हैं जिनमें विवाह के बाद भी पति या पत्नी अपने माता–पिता के पास ही रहते हैं और यदा–कदा एक–दूसरे के यहाँ चले जाते हैं। ऐसे परिवारों को द्विस्थानीय परिवार कहते हैं।

अधिकार के आधार पर वर्गीकरण (Classification on the Basis of Right)

कुछ सामाजिक मानवशास्त्रियों ने परिवार का वर्गीकरण शक्ति (Power) के बंटवारे के आधार पर किया है। प्रश्न है कि परिवार में निर्णय लेने की प्रभावी शक्ति किसके हाथों में है? यदि यह शक्ति पिता के पास है तो वह परिवार का मुखिया है और ऐसे परिवार को पितृवंशीय परिवार कहा जाता है और यदि प्रभावी शक्ति माता के हाथों में है, तो वह परिवार की मुखिया है और ऐसे परिवार को मातृसत्तात्मक परिवार कहते हैं।

उड़ीसा के पहाड़ी प्रदेश में रहने वाली खड़िया जनजाति, गुजरात, मध्यप्रदेश और राजस्थान की भील जनजाति तथा इसी तरह अंगामी, नागा, संथाल, मुड़िया, आदि अधिकांश जनजातियों में पितृसत्तात्मक परिवार पाए जाते हैं। खासी, गारो, नायर, कादर, इरूला, पुलायन, आदि जनजातियाँ मातृसत्तात्मक हैं।

उत्तराधिकार के आधार पर वर्गीकरण (Classification on the Basis of Inheritance)

परिवार के वर्गीकरण का तीसरा आधार उत्तराधिकार है। इसका तात्पर्य है कि परिवार के मुखिया की अनुपस्थिति में सम्पत्ति का उत्तराधिकार किसमें निहित है। सैद्धान्तिक रूप से, पितृसत्तात्मक परिवारों में परिवार की सम्पत्ति पर परिवार के लड़कों का अधिकार होता है। कभी–कभी बड़ा लड़का पिता की मृत्यु के बाद पिता की तरह ही आदर से देखा जाता है। यदि पिता चाहे तो अपने जीवनकाल में ही सम्पत्ति का बंटवारा कर सकता है। इसके विपरीत मातृसत्तात्मक परिवारों में सम्पत्ति पर पुत्रियों का अधिकार होता है। कभी–कभी सबसे छोटी पुत्री को अधिक सम्पत्ति दी जाती है। सामान्यतया पितृसत्तात्मक और मातृसत्तात्मक परिवारों में उत्तराधिकार की शक्ति क्रमशः पुत्र और पुत्री को मिलती है।

वंशनाम के आधार पर वर्गीकरण (Classification on the Basis of Descent)

कुछ सामाजिक मानवशास्त्रियों ने परिवार का वर्गीकरण वंश के आधार पर भी किया है। प्रत्येक परिवार अपने नैरन्तर्य को चाहता है। इतिहास के युगों में यह नैरन्तर्य वंश परम्परा से बना रहता है। जब परिवार का वंश पिता के आधार पर चलता है, तो ऐसे परिवार पितृवंशीय या पितृनामी कहे जाते हैं। इसमें व्यक्ति अपने पितृ कुल से सम्बद्ध हो जाता है। मातृवंशीय या मातृनामी परिवार वे हैं, जहां व्यक्ति अपने आपको मातृ कुल से सम्बद्ध मानता है। कुछ परिवार ऐसे हैं जिनमें वंशानुगत संबंध को अलक्षित कर सभी निकट संबंधियों पर वंशानुक्रम ग्रहण किया जाता है। ऐसे परिवारों को उभयवाही वंश के परिवार कहा जाता है। कभी–कभी परिवार का संबंध पिता और माता दोनों से जोड़ा जाता है तो उन्हें द्विनामी परिवार कहा जाता है। इसमें व्यक्ति एक ही समय में अपने दादा और नानी से सम्बद्ध होता है।

श्यामाचरण दुबे ने परिवार के वर्गीकरण का एक और आधार भी स्वीकार किया है। यह आधार विवाह की रचना और उसका गठन है। विवाह के वर्गीकरण के इस आधार को **श्यामाचरण** दुबे ने निम्न प्रकार से रखा है—

वैवाहिक रचना में हम विवाह साथी की संख्या पर बल देते हैं। उदाहरण के लिए एकविवाही परिवार में एक ही समय में एक स्त्री और एक पुरुष विवाह सूत्र में बंधते हैं और इस प्रकार बनने वाले परिवार में पति, उसकी पत्नी और उसके बच्चे होते हैं। इसे एक विवाही परिवार कहते हैं। खासी, संथाल, कादर आदि जनजातियों में एकविवाही परिवार पाए जाते हैं। जनजातियों में एकविवाही परिवार आजकल अधिक लोकप्रिय हो रहे हैं।

विवाह की रचना के आधार पर दूसरा परिवार बहुविवाही है। इस प्रथा के अन्तर्गत ऐसे परिवार आते हैं जिनमें एक स्त्री या पुरुष एक से अधिक जीवन–साथियों से विवाह करता है। बहुविवाही परिवार के मुख्य तीन स्वरूप हैं—

1. बहुपत्नीक परिवार
2. बहुपतिक परिवार
3. समूह विवाही परिवार

वैवाहिक रचना और गठन

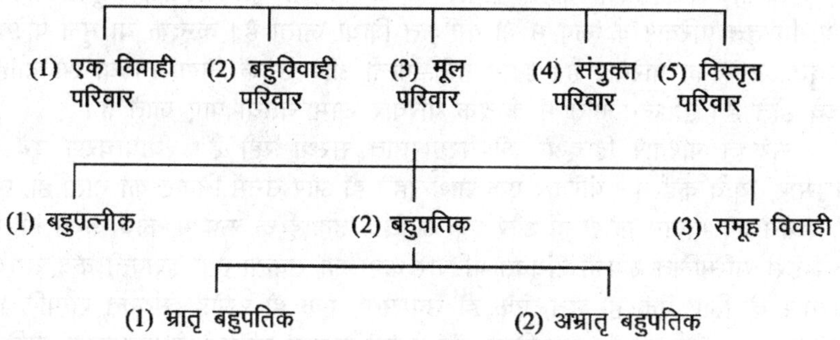

बहुपत्नीक परिवार

बहुपत्नीक परिवार वह है, जिसमें एक पुरुष की एक ही समय में एक से अधिक पत्नियां होती हैं। ऐसे परिवार जनजातियों तथा मुसलमानों में पाए जाते हैं। हिन्दू विवाह अधिनियम, 1955 लागू होने से पूर्व कहीं–कहीं हिन्दुओं में भी ये परिवार पाए जाते थे। नागा, गौंड, बेगा आदि जनजातियों में बहुपत्नीक परिवार पाए जाते हैं। नेफा (उत्तर–पूर्वी सीमान्त) की डफला जनजाति में भी बहुपत्नीक परिवार होते हैं। कभी–कभी पत्नियां अपने माता–पिता के पास रहती हैं और पति उनके पास यदा–कदा पहुँच जाया करता है। उत्तर प्रदेश की भोटिया जनजाति में भी बहुपत्नीक परिवार पाए जाते हैं। उनकी मान्यता है कि एक से अधिक पत्नियां आर्थिक स्थिति को सुधारने में सहायक होती हैं।

बहुपतिक परिवार

बहुविवाही परिवार का दूसरा स्वरूप बहुपतिक परिवार है। बहुपतिक परिवार एक स्त्री एक से अधिक पुरुषों से विवाह करती है। परिवार का यह प्रकार बहुत कम जनजातियों

में पाया जाता है। तियान, टोडा, कोटा तथा खस जनजातियों में बहुपतिक परिवार की परम्परा प्रचलित है। बहुपतिक परिवार के दो स्वरूप हैं—भ्रातृ बहुपतिक परिवार और अभ्रातृ बहुपतिक परिवार। टोडा जनजाति में एक ही पत्नी में कई भाइयों की साझेदारी होती है। इसे भ्रातृ बहुपतिक परिवार कहते हैं। टोडाओं में संतान का पिता वह व्यक्ति समझा जाता है जो जनजाति द्वारा स्वीकृत संस्कार को पूरा करता है। जानसर भामर की खस जनजाति में भी भ्रातृ बहुपतिक परिवार पाए जाते हैं। बड़े भाई के विवाह करने पर उसकी पत्नी अन्य सभी छोटे भाइयों की पत्नी बन जाती है। यदि इन छोटे भाइयों की आयु कम होती है, तो वे बड़े होने पर पति बन जाते हैं।

कभी–कभी एक पत्नी सगे भाइयों के अतिरिक्त अन्य व्यक्तियों अर्थात स्वजनों और अन्य संबंधियों की साझेदारी में भी रहती है। ऐसे परिवार अभ्रातृ बहुपतिक परिवार कहलाते हैं। प्रायः आर्थिक कठिनाइयों तथा वधू–मूल्य दे सकने की असमर्थता से इस प्रकार के परिवारों की प्रथा चलती है। अभ्रातृ बहुपतिक परिवार दक्षिणी भारत में इरावान के पिछड़े हुए सदस्यों तथा मालाबार की शिल्पी जनजातियों में पाए जाते हैं।

सामाजिक मानवशास्त्र में परिवार को केन्द्रक या मूल परिवार, संयुक्त परिवार तथा विस्तृत परिवार के रूप में भी वर्गीकृत किया जाता है। केन्द्रक या मूल परिवार वस्तुतः जन्म का परिवार है। इसमें पति–पत्नी और उनके नाबालिग या अविवाहित बच्चे होते हैं। हौ जनजाति में केन्द्रक परिवार सामान्यतया पाए जाते हैं।

संयुक्त परिवार हिन्दुओं की परम्परागत संस्था रही है। श्यामाचरण दुबे के अनुसार, "यदि कई मूल परिवार एक साथ रहते हों और उनमें निकट का नाता हो, एक ही स्थान पर भोजन करते हों और एक आर्थिक इकाई के रूप में कार्य करते हों, तो इन्हें इस सम्मिलित रूप में संयुक्त परिवार कहा जा सकता है।" इरावती कर्वे संयुक्त परिवार के लिए एक ही छत, एक ही उपासना, एक ही रसोई, संयुक्त सम्पत्ति को आवश्यक तत्व मानती हैं। कापड़िया और देसाई संयुक्त परिवार के विवेचन में पीढ़ियों की गहराई (Generation Depth) पर जोर देते हैं। संयुक्त परिवार में सामान्यतया दो से अधिक पीढ़ियां रहती हैं। कापड़िया और देसाई का संयुक्त परिवार के विश्लेषण में इस बात पर भी जोर है कि इसमें सदस्यों में संवेगात्मक एकता (Emotional Unity) होती है। यह निश्चित है कि संयुक्त परिवार में केन्द्रक परिवार के सदस्यों के संबंधों के अतिरिक्त अन्य कई संबंध उपस्थित हो जाते हैं। जनजातियों में भी संयुक्त परिवार का स्वरूप हिन्दुओं के संयुक्त परिवार से थोड़े भिन्न रूप में पाया जाता है।

केन्द्रक परिवार पारिवारिक व्यवस्था के निर्माण में आधारभूत परिवार है। केन्द्रक परिवार के दो स्वरूप पाए जाते हैं—संयुक्त परिवार (Joint Family) और विस्तृत परिवार (Extended Family)। संयुक्त परिवार विस्तृत परिवार नहीं है। विस्तृत परिवार एक प्रकार के पैतृक विस्तृत परिवार हैं। इसमें दो केन्द्रक परिवार किसी एक पुरुष के माध्यम से सम्बद्ध होते हैं। संयुक्त परिवार में सम्बद्धता का कोई प्रश्न नहीं उठता। इसमें तो एक ही मुखिया की शक्ति के नीचे सभी सदस्य काम करते हैं। विस्तृत परिवार में एक वंश की सीधी पीढ़ी प्रजनन–परिवार स्थापित करती है और इस प्रकार

जन्म तथा प्रजनन के परिवार मिलकर विस्तृत परिवार बन जाते हैं। इसे हमें निम्न चित्र द्वारा दर्शाना होगा—

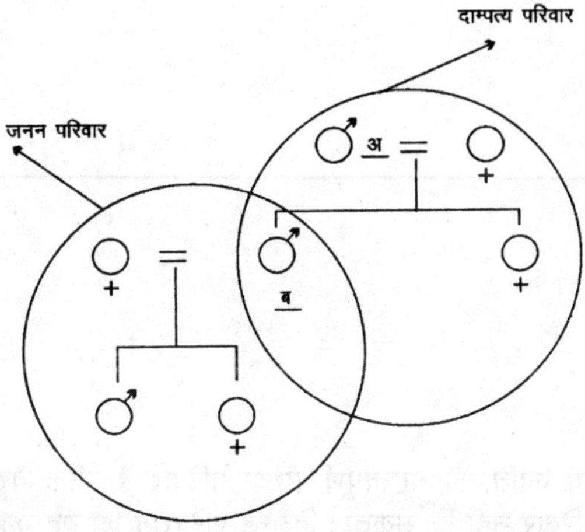

विस्तृत परिवार

अ का दाम्पत्य परिवार तथा
ब का जनन परिवार

परिवार की संस्था आज संसारभर में संघर्ष की स्थिति में से गुजर रही है। वे विकसित देश जिन्होंने एकविवाही परिवार को अपना आदर्श स्वीकार किया है, उनमें विवाह–विच्छेद और वैवाहिक वैमनस्य उत्तरोत्तर बढ़ रहे हैं। परिवार के परम्परागत कार्यों ने गौण रूप ले लिया है। पिछले दशक में हमारे देश में संयुक्त परिवारों के विघटन को लेकर बड़ी चर्चाएं हुई हैं। एक मत के अनुसार संयुक्त परिवार टूट रहे हैं और उनका जब कोई भविष्य नहीं है। संयुक्त परिवार के टूटने के लिए औद्योगीकरण, शहरीकरण, व्यक्तिवाद आदि महत्वपूर्ण कारक बताए जाते हैं। दूसरे मत के अनुसार आज भी संयुक्त परिवार ग्रामीण समुदाय में परम्परागत परिवार हैं। जनजातियों ने हिन्दुओं के अनुसार संयुक्त परिवार तो नहीं अपनाया, लेकिन वे एकविवाह परिवार की ओर अवश्य बढ़ रहे हैं। परिवार का यह प्रकार आदिवासियों को कहां ले जाएगा, इस संबंध में अनुसंधान करने की आवश्यकता है।

15

विवाह

(Marriage)

जिस प्रकार मानव जाति की महत्त्वपूर्ण संस्था परिवार है, ठीक वैसे ही विवाह है। विवाह के बिना परिवार नहीं हो सकता। हिलेन्ड एरिक्सन का यह कहना एकदम सही है कि मनुष्य जाति के जीवित रखने के लिए विवाह आवश्यक है। और इस अर्थ में स्त्री बहुत महत्वपूर्ण है। ये स्त्रियाँ ही हैं जो बच्चों का प्रजनन करती हैं, आदमी नहीं। इसी तरह पुरुष के साथ यौन सम्बन्धों के बिना स्त्री प्रजनन नहीं कर सकती। यहाँ एरिक्सन के कथन को रखना उचित होगा। वे लिखते हैं—

> पुरुष के दृष्टिकोण से देखें तो कहना होगा कि किसी भी समाज में स्त्रियाँ विरल स्रोत हैं। विरल इसलिए कि इनके बिना समाज का जीवित रहना असम्भव है। मातृवंशीय व्यवस्था में, पुरुष की बहनें यह काम करती हैं और पितृवंशीय परिवार में पत्नियाँ करती हैं, सपिण्डीय या बहुवंशीय समाजों में बहनें और पत्नियाँ इस कार्य को सम्पन्न करती हैं। सिद्धान्त रूप में देखें तो किसी भी पुरुष के एक से अधिक बच्चे हो सकते हैं। दूसरी ओर, एक स्त्री वर्ष भर में एक से अधिक बच्चे पैदा नहीं कर सकती। कई ऐसे समाज हैं जिनमें बड़े होने से पहले कई बच्चे मर जाते हैं।

विवाह के साथ कई अनुष्ठान, रीति–रिवाज हो सकते हैं। सात फेरे लिए जा सकते हैं, हवन किया जा सकता है, काजी या पुरोहित की उपस्थिति हो सकती है, यह सब होते हुए भी विवाह एक प्रकार की मित्रता (Alliance) है, एक आपसी समझौता है, संविदा है। इसमें लड़की दी जाती है या बहू स्वीकार की जाती है। भारत में राजकीय परिवारों, ठाकुरों आदि में वैवाहिक सम्बन्ध कई कारणों से स्थापित किए जाते थे। मध्यकाल में तो कई राजनीतिक संधियों के पीछे विवाह होते थे। राजपूतों ने तो मुगलों को अपनी लड़कियों को विवाह में दिया। इस तरह विवाह में पुरुष और स्त्री का विनिमय होता है।

सैद्धान्तिक और व्यावहारिक दृष्टि से आज विवाह की संस्था कठिन परिस्थितियों से गुजर रही है। विवाह के विभिन्न प्रकार देखने को मिलते हैं—एक पति–पत्नी विवाह

से लेकर बहुपति तथा बहुपत्नी विवाह तक। हाल में यूरोप के कुछ समाजों में समूह–विवाह की परम्परा भी चल पड़ी है। दूसरी ओर विवाह–विच्छेद बढ़ रहे हैं। हमारे देश में भी विवाह के क्षेत्र में बहुत परिवर्तन देखने को मिलते हैं। हिन्दुओं में विवाह का कर्मकांड स्वरूप कमजोर हो रहा है। जन–जातियों में बहुपत्नी और बहुपति प्रथा शीघ्रता से लुप्त हो रही है। दक्षिण भारत में मातृसत्तात्मक विवाह व्यवस्था अपने व्यावहारिक और सैद्धान्तिक क्षेत्र में संघर्षपूर्ण स्थिति में है।

विवाह की कोई सुनिश्चित परिभाषा देना कठिन है। इसका कारण यह है कि प्रत्येक समाज अपने सामाजिक, सांस्कृतिक–आधारों पर विवाह की परिभाषा देता है। अर्थ यह है विभिन्नता होते हुए भी कुछ बातों पर समाज सहमत है। रोसेन्थाल **(Rosenthal)** का कहना है कि विवाह का उद्देश्य न तो विवाह की अवधि है और न सन्तानोत्पत्ति। इसका उद्देश्य तो दो विपरीत लिंगी व्यक्तियों को एक सूत्र में बाँधना है। पति–पत्नी के सम्बन्धों को स्थायित्व प्रदान करना, इसका मुख्य लक्ष्य है। एलेन की **(Ellen Key)** विवाह का लक्ष्य समाजीकरण समझते हैं। मनुष्य का बचपन बहुत लम्बा होता है। इसका अर्थ यह है कि जन्म के बाद बच्चा एक लम्बी अवधि तक अपने माता–पिता पर शारीरिक, आर्थिक और अन्य आवश्यकताओं के लिए निर्भर रहता है और विवाह भी इस कार्य को ध्यान में रखकर करता है। एलेन की लिखते हैं—"दो विपरीत लिंगी व्यक्तियों का प्रेम और बच्चों के माता–पिता के रूप में साथ–साथ रहना विवाह है।" वेस्टरमार्क **(Westermarck)** का यह कहना सही लगता है कि "विवाह परिवार का स्रोत है, इसी तरह यह निजी और सार्वजनिक नैतिकता तथा राष्ट्र की शक्ति का स्रोत भी है।" विवाह के इन उद्देश्यों को दृष्टि में रखते हुए माग्रेट **(Margaret)** लिखते हैं—"विवाह यौन सम्बन्धों की जिसमें दो या अधिक विपरीत लिंगी लोग होते हैं, और जिनका सम्बन्ध बच्चों की गर्भविधि और जन्म से भी आगे के समय के लिए होता है, समाज द्वारा स्वीकृत एक संस्था है।" कतिपय संस्कृतियां विवाह का सम्बन्ध लगभग स्थाई सम्बन्धों के साथ जोड़ती हैं और ऐसी स्थिति में केवल लैंगिक जीवन ही वर्जित है। श्यामाचरण दुबे ने विवाह की परिभाषा तो नहीं दी है, लेकिन विवाह के कार्यों का ब्यौरा देते हुए, वे विवाह का अर्थ स्पष्ट करते हैं—"परिवार के कार्यों में से एक महत्त्वपूर्ण कार्य यौन–सम्बन्धों को नियमित कर सन्तानोत्पत्ति में योग देना है।" परिवार–निर्माण के लिए दो आवश्यक सदस्य पति–पत्नी होते हैं। यौन–सम्बन्धों को स्थिर करने और परिवार को स्थाई रूप देने के लिए विवाह की संस्था का जन्म हुआ है। मात्र यौन–सम्बन्ध को ही विवाह का उद्देश्य मानना गलत होगा, क्योंकि कई यौन–सम्बन्ध विवाह की परिणिति नहीं होते। विवाह से आर्थिक, सामाजिक दायित्व और आत्मीय भावनात्मक सम्बन्ध की श्रृंखला भी जुड़ती है।

यदि जैविकीय दृष्टि से देखा जाए, तो यह स्वीकार करना होगा कि विवाह की संस्था का उद्गम मानव प्रजनन और सन्तति के पालन–पोषण से है। सन्तति का पालन–पोषण, जैसा कि हमने कहा है, लम्बी अवधि तक चलता है, और इसलिए विवाह–संस्था का होना आवश्यक है। सब मिलाकर विवाह में दो बातें अत्यधिक

महत्त्वपूर्ण हैं, प्रथम, यौन सम्बन्ध और द्वितीय बच्चों का पालन–पोषण। इसलिए वेस्टरमार्क का कहना है—"विवाह की जड़ परिवार है, न कि परिवार की जड़ विवाह।" मानव–विज्ञान में हमारे पास ऐसे प्रचुर प्रमाण हैं, जिनके आधार पर कहा जा सकता है कि विवाह एक सामाजिक प्रघटना है। विवाह उत्तरदायित्वपूर्ण है। दूसरे शब्दों में, विवाह का कार्य परिवार को दुनिया में सुरक्षित रखना है। विवाह वह संस्था है जो अन्तर्वैयक्तिक सम्बन्धों को बनाती है और इनके परिणामस्वरूप एक ऐसा समरूप प्रस्तुत करती है जिसे हम परिवार कहते हैं। वैसे विवरण के लिए परिवार और विवाह एक ही हैं। दोनों को किसी भी आनुभविक स्थिति में पृथक करना कठिन है। यह केवल विश्लेषण के लिए है कि हम विवाह और परिवार की संस्थाओं को पृथक–पृथक रूप में ले रहे हैं। ऊपर के विवरण के आधार पर विवाह के अर्थ को सुस्पष्ट करने के लिए हम निम्न तत्त्व रखेंगे—

1. विवाह विपरीत लिंगी यौन–समागम है।
2. यह यौन–समागम समाज द्वारा स्वीकृत होता है।
3. पति–पत्नी का यह समागम सापेक्ष रूप से गर्भविधि तथा बच्चों के जन्म से लेकर और इससे आगे अधिक लम्बे समय के लिए होता है।
4. विवाह का बहुत बड़ा कार्य बच्चों का समाजीकरण करना तथा उनका पालन–पोषण करना है।

विवाह और यौन-सम्बन्ध (Marriage and Sex Relations)

विवाह के विश्लेषण में दो महत्त्वपूर्ण तत्त्व हैं प्रथम, यौन–सम्बन्ध और द्वितीय, सामाजिक सम्बन्ध। यौन–सम्बन्धों को लेकर कुछ ऐसे मापक हैं जो सभी समाजों में समान रूप से पाए जाते हैं। सभी समाज और संस्कृतियाँ यौन–सम्बन्धों के प्रति बहुत ही सचेत हैं। उदाहरण के लिए (पितृसत्तात्मक) समाजों में स्त्रियों से यह अपेक्षा की जाती हैं कि वे विवाह के समय अपने कौमार्य (Virginity) को बनाए रखें। यद्यपि सभी पितृसत्तात्मक परिवार कौमार्य के लक्षण को इतनी गंभीरता से नहीं लेते, तथापि विवाह–सम्बन्ध स्थापित करने का यह एक बहुत बड़ा आधार है। अफ्रीका के कुछ समाजों में विवाह से पूर्व होने वाले यौन–सम्बन्धों पर अधिक जोर नहीं दिया जाता। लेकिन वे इस बात पर अवश्य विशेष जोर देते हैं कि सन्तानोत्पत्ति विवाह के उपरान्त ही होनी चाहिए। कुछ अपवादों को छोड़कर समाज विवाह में यौन–सम्बन्धों पर नियंत्रण बराबर रखता है। यौन–सम्बन्धों के नियंत्रण को लेकर सामान्यतया दो अनुशास्त्रियाँ सभी समाजों में पाई जाती हैं। यहाँ हम इनका उल्लेख करेंगे—

निषिद्ध निकटाभिगमन (Incest Taboo)

विवाह बन्धुत्व का जनक है। हम जिन्हें भाई, बहन, मामा आदि कहते हैं, यह बन्धुत्व विवाह के कारण है। फिर भी कुछ नातेदार ऐसे हैं जिनके साथ यौन सम्बन्ध नहीं किए जा सकते। उदाहरण के लिए अति निकट सम्बन्धियों से यौन–सम्बन्ध और विवाह नहीं किए जा सकते। परिवार में यौन–सम्बन्ध केवल पति–पत्नी के मध्य होते हैं और किसी

के साथ यौन–सम्बन्ध वर्जित है। संसार के सभी समाजों में माता–पिता और उनके बच्चों के बीच किसी प्रकार का यौन–सम्बन्ध एकदम वर्जित माना जाता है। कुछ अपवादों को छोड़कर भाई–बहन के बीच में भी ये सम्बन्ध वर्जित हैं। बन्धुत्व का यह सम्बन्ध बहुत निकट का है। अतः इनके साथ यौन–सम्बन्ध रखना निषिद्ध है। इसी को सामाजिक मानव–विज्ञान में निषिद्ध निकटाभिगमन कहते हैं। इन निकट के नातेदारों के बाहर अन्य नातेदारों के साथ यौन–सम्बन्ध के नियमों में विभिन्न समाजों में अन्तर पाया जाता है। इस तत्त्व को हम बहिर्विवाह (Exogamy) द्वारा समझते हैं।

बहिर्विवाह (Exogamy)

निकटाभिगमन के निषेधों के फलस्वरूप ही बहिर्विवाह के नियम बने हैं। जहाँ निकटाभिगमन निषेध बहुत निकट के (भाई–बहन, पिता–पुत्री, माता–पुत्र) रक्त सम्बन्धियों पर लागू होते हैं, वहाँ बहिर्विवाह इन सम्बन्धियों से बाहर लेकिन दूसरे प्रकार के निकट सम्बन्धियों पर लगाए जाते हैं। बहिर्विवाह के अनुसार एक व्यक्ति अमुक रक्त सम्बन्धियों से बाहर विवाह कर सकता है। उदाहरण के लिए एक ही परिवार, वंश या गोत्र के सदस्यों में विवाह वर्जित है। हिन्दुओं में एक ही गोत्र, प्रवर और सपिंड में विवाह नहीं किया जा सकता। आदिम समाजों में अपने गोत्र (Clan) और टोटम समूह में विवाह वर्जित है। उदाहरण के लिए राजस्थान के भीलों में डामोर गोत्र होता है। एक डामोर अपने डामोर समूह में विवाह नहीं कर सकता। उदाहरण के लिए खासी जन–जाति में बहिर्विवाह के नियम को तोड़ना अपनी जन–जाति का सर्वनाश करना है, लगभग सभी जन–जातियों में गोत्र बहिर्विवाह का नियम दृढ़ता के साथ लागू किया जाता है।

बहिर्विवाह के कई रूप हैं। इसका एक रूप गाँव बहिर्विवाह (Village Exogamy) के नाम से जाना जाता है। इसके अनुसार अपने ही गाँव में विवाह करना वर्जित है। सामान्यतया जन–जाति का सदस्य अपने गाँव की लड़की से विवाह करना अपनी बहुत बड़ी हीनता समझता है। अपने ही गाँव की लड़की से क्या विवाह करना। उसे सब जानते हैं। बहादुरी तो गाँव के बाहर की लड़की लाने में है।

निकटाभिगमन-निषेध और बहिर्विवाह के कारण (Reasons for Incest Taboo and Exogamy)

विवाह यौन–सम्बन्धों को समाज द्वारा मान्यता दी गई है। हमने देखा कि थोड़े बहुत अपवाद के साथ संसार के सभी समाजों में निकटाभिगमन और बहिर्विवाह के नियम निषेध पाए जाते हैं। प्रश्न उठता है—समाज भाई–बहन के विवाह को या अपने गोत्र या टोटम में किए गए विवाह को मान्यता क्यों नहीं देता? प्रश्न गम्भीर है। शायद इसका उत्तर भी इसी गम्भीरता में देना कठिन है। हम ऐसे परिवारों को जानते हैं जहाँ निकटाभिगमन निषेध नहीं है, फिर भी वहाँ के परिवारों में कोई खराबी नहीं है। उदाहरण के लिए प्राचीन मिस्र में तथा हवाई, इनका और कांगों समूहों के कुछ सामन्ती घरानों में रक्त की विशुद्धता को बनाए रखने के लिए भाई–बहन में विवाह करना अनिवार्य था। ऐसी अवस्था में भी वहाँ के परिवार किसी भी स्थिति में विकृत नहीं कहे

जा सकते। अर्थात निकटाभिगमन निषेध या बहिर्विवाह के नियमों का परिवार के बनने या न बनने से कोई सम्बन्ध नहीं है। इसका और वैज्ञानिक प्रमाण हमारे पास है। आज तक विज्ञान की जो भी अनुसंधानात्मक उपलब्धियाँ हमारे पास हैं, उनसे निश्चित है कि भाई–बहन में विवाह होने से संतति में कोई खराबी नहीं आती, लेकिन विज्ञान के पास यह प्रमाणित करने के लिए सामग्री आवश्यक है कि यदि दो विभिन्न रक्त समूहों में यौन–सम्बन्ध रखे जाएँ, तो उनसे उत्पन्न संतति अधिक स्वस्थ और बढ़िया होगी। विज्ञान कहता है कि संकर (Hybrid) संतति अधिक बलिष्ठ होती है। अतः यह निश्चित है कि विभिन्न रक्त समूहों में विवाह द्वारा संकरण (Hybridisation) करने से संतति में सुधार आता है, लेकिन यदि एक ही रक्त समूह में विवाह सम्बन्ध रखे जाएँ, तो इससे निश्चित है कि संतति में खराबी नहीं आती। ऐसा तर्क संगत लगता है कि निकटाभिगमन निषेध और बहिर्विवाह के पीछे बहुत बड़ी धारणा यह रही है कि एक सीमित क्षेत्र में संकरण किया जाए, जिससे कि बलिष्ठ संतति उत्पन्न हो।

वेस्टरमार्क ने यौन–सम्बन्धों के इन निषेधात्मक नियमों को एक और मनोवैज्ञानिक कारण द्वारा समझाया है। उनका कहना है "वे लोग जो हमारे बहुत निकट होते हैं, उनके बारे में हमारी कोई विशेष उत्सुकता या जिज्ञासा नहीं होती। उनके प्रति हमारा कोई खास आकर्षण नहीं होता। उन्हें हम जानते हैं क्योंकि वे हमारे पास हैं। दूर के लोगों के प्रति हमें बड़ा कौतूहल होता है। उन्हें हम पाना चाहते हैं।" मनुष्य की शायद इसी प्रकृति में प्रमाण स्वरूप दो एक अनुसंधान रखे हैं। इंग्लैंड की दो सहशिक्षा वाले हाई स्कूलों का उल्लेख करते हैं। इन स्कूलों की प्रधानाध्यापिकाओं का कहना है कि उनके स्कूल के लड़के दूसरे स्कूल की लड़कियों के साथ प्रेम–सम्बन्ध स्थापित करते हैं। वे कहती हैं कि अपनी स्कूल की लड़कियों से क्या प्रेम करना उन्हें तो हम जानते ही हैं। अतः कौतूहल या जिज्ञासा की भावना इन निषेधात्मक नियमों के पीछे है। उनका दूसरा दृष्टान्त उनके स्वयं के नाई का है। एक बार वेस्टरमार्क ने अपने अविवाहित नाई से पूछा, "तुम विवाह क्यों नहीं कर लेते?", नाई ने उत्तर दिया "साहब, लड़की नहीं मिलती"। वेस्टरमार्क का सुझाव था कि यदि उसको अपने गाँव में ही लड़कियाँ उपलब्ध हैं तो विवाह कर लेना चाहिए। इस सुझाव के उत्तर में नाई ने कहा, "अपने गाँव की लड़कियाँ! मैं उन सब को जानता हूँ। वे किसी भी काम की नहीं हैं।" किसी अज्ञात की खोज, नवीनता की कामना, बहादुरी, ये कुछ ऐसी मनोवैज्ञानिक दशाएँ हैं जो शायद निकटाभिगमन निषेध और बहिर्विवाह के नियमों के लिए उत्तरदायी हैं।

निकटाभिगमन निषेध और बहिर्विवाह के नियमों को लोई, रिजले, आंडरे रिचड्र्स (Andrey Richards) आदि ने भी विश्लेषणात्मक रूप में रखा है।

लोई का कहना है कि बहुत निकट के बन्धुत्व में निकटाभिगमन–निषेध इसलिए होता है कि यह सामान्य धारणा है कि निकट सम्बन्धियों में यौन–सम्बन्ध होने से कोई बहुत बड़ा अहित हो जाता है। रिजले का कहना है कि बहिर्विवाह का एक कारण नवीनता की खोज करना है। अपने समूह की लड़कियाँ जानी–पहचानी होती हैं और इसलिए इनके साथ विवाह सम्बन्ध स्थापित करने में कोई विशेषता नहीं है। ऐसी स्थिति में जन–जातियाँ निकटाभिगमन निषेध को पसन्द करती हैं। आंद्रे ने बहिर्विवाह

प्रथा के पीछे जो कारण बताया है, वह और अधिक रुचिकर है। वे कहते हैं कि प्रारंभ में जन–जातियाँ फलफूल और शिकार द्वारा जीविकोपार्जन करती थीं। उनके सामने भोजन की समस्या बहुत विकट थी। इस अवस्था में लड़कियाँ भार स्वरूप थीं। जन्म के बाद ही उन्हें मार दिया जाता था, लेकिन विवाह के लिए लड़कियों की आवश्यकता बराबर रहती थी। इस आवश्यकता की पूर्ति के लिए वे दूसरे समूह से लड़कियों को लाया करते थे। कालान्तर में यह प्रथा बहिर्विवाह के रूप में बदल गई।

ऊपर के विवेचन से यह स्पष्ट है कि विवाह का बहुत बड़ा आधार यौन–सम्बन्ध है। प्रत्येक समूह अपनी परम्पराओं के अनुसार इन यौन–सम्बन्धों को मान्यता देता है। विकृत संतति, नवीनता की खोज, परम्परा का दबाव आदि कई कारण मानव–वैज्ञानिकों के निकटाभिगमन–निषेध और बहिर्विवाह के लिए दिए हैं। कारण एक या अनेक हो सकते हैं, लेकिन इस तथ्य को अस्वीकार नहीं किया जा सकता कि विवाह सम्बन्धों में यौन–सम्बन्धों की मान्यता को लेकर लगभग सभी समाज निकटाभिगमन–निषेध और बहिर्विवाह को लेकर एकमत हैं।

विवाह के उद्देश्य (Aims of Marriage)

सामान्यतया सभी समाजों में विवाह के उद्देश्य एक ही हैं। यदि उनमें कोई अन्तर है तो केवल महत्त्व या दृष्टिकोण का। उदाहरण के लिए किसी भी समूह में विवाह का एक उद्देश्य यौन आवश्यकताओं की पूर्ति करना है। यह हो सकता है कि एक समूह यौन–आवश्यकताओं को प्राथमिकता दे और दूसरा समूह नहीं। विवाह का दूसरा उद्देश्य प्रजनन और संतति का पालन–पोषण करना है। मनुष्य यह चाहता है कि वृद्धावस्था में जब वह अशक्त हो जाए, तो उसकी देखरेख उसकी संतति करे। उसकी यह भी अभिलाषा रहती है कि उसके परिवार की वंश–परम्परा भी बराबर चलती रहे। हिन्दुओं में तो वंश–परम्परा को बनाए रखने की धारणा इतनी बलवती होती है कि प्रत्येक हिन्दू पुत्र जन्म की कामना करता है। पितृसत्तात्मक परिवारों में परिवार का नैरन्तर्य पुत्र जन्म से ही बना रहता है। विवाह का उद्देश्य सामाजिक है।

विवाह का एक अन्य उद्देश्य धार्मिक भी है। हिन्दुओं में विवाह एक संस्कार (Sacrament) है। विवाह के बिना किसी भी हिन्दू को मोक्ष नहीं मिल सकता। पितृ–ऋण विवाह द्वारा चुकाया जा सकता है। हिन्दू–विवाह का दूसरा उद्देश्य प्रजा अर्थात् सन्तानोत्पत्ति है। अपने सम्पूर्ण रूप में हिन्दू विवाह एक धार्मिक व्यवहार है और अविभाज्य है। जन–जातियों में विवाह के इन उद्देश्यों का जिन पर हिन्दू समाज जोर देता है, विशेष महत्त्व नहीं है।

कुछ समूहों में विवाह के आर्थिक उद्देश्य भी होते हैं। यह बात जन–जातियों पर अधिक लागू होती है। वे जन–जातीय समूह जो खाद्य–संग्राहक या कृषि अवस्था में हैं उनके लिए विवाह आर्थिक दृष्टि से बहुत उपयोगी हैं। खेत में काम करने के लिए मजदूरों की आवश्यकता बराबर बनी रहती है। जन–जातियों में बहुपत्नी विवाह का कारण भी आर्थिक अधिक है और इन आर्थिक कारणों में खाद्य–संग्रहण और कृषि मुख्य हैं। अतः कृषि प्रधान जन–जातियों में विवाह का बहुत बड़ा उद्देश्य आर्थिक होता है।

मुरडोक (Murdock) ने अपनी पुस्तक *सोश्यल स्ट्रक्चर* (*Social Structure*) में संसार के विभिन्न भागों की 250 जन–जातियों का तुलनात्मक अध्ययन किया है। उनका निष्कर्ष है कि जन–जातियों में सामान्यतया विवाह के तीन उद्देश्य होते हैं—(1) यौन–आवश्यकताओं की पूर्ति; (2) आर्थिक सहयोग, और (3) सन्तति का समाजीकरण तथा पालन–पोषण।

हमने कहा है कि विवाह के ये उद्देश्य सामान्यतया सभी समाजों में पाए जाते हैं। यह हो सकता है कि कोई समाज पालन–पोषण पर अधिक जोर देता हो और कोई यौन–आवश्यकताओं पर। हम यहाँ एक महत्त्वपूर्ण तथ्य की ओर ध्यान आकर्षित करना चाहेंगे। परम्परा से सामाजिक मानवशास्त्र के विद्यार्थी जब कभी परिवार, विवाह, बन्धुत्व आदि का विवेचन करते हैं तो उनका अध्ययन क्षेत्र केवल जन–जातियों तक ही सीमित रहता है। कुछ ऐसा लगता है कि जन–जातियों के अध्ययन के बाहर सामाजिक मानवशास्त्र अपने चरण नहीं रख सकता। हमारी समझ में यह भ्रामक धारणा है। सामाजिक मानवशास्त्र विकसित और अविकसित, सभ्य–असभ्य, सभी स्तर के समाजों का अध्ययन करता है। वे दिन चले गए जब सामाजिक मानवशास्त्र केवल जन–जातियों का ही अध्ययन करता था। आज तो सामाजिक मानवशास्त्र औद्योगिक समाजों का अध्ययन भी उसी तत्परता से करता है, जितनी तत्परता से वह जन–जातियों का करता है। वस्तुतः सामाजिक मानवशास्त्र सभी समाजों की विवाह संस्था का तुलनात्मक अध्ययन करता है।

जन–जातियों में विवाह के उद्देश्य के तीन पहलू हैं—यौन, आर्थिक सहयोग और समाजीकरण। मुसलमानों में विवाह का पहला उद्देश्य यौन–सम्बन्धी इच्छाओं की तृप्ति और दूसरा, बच्चों का पालन–पोषण है। वे विवाह के साथ किसी आर्थिक पक्ष को नहीं जोड़ते। हिन्दुओं में विवाह का पहला उद्देश्य मोक्ष है, इसके बाद प्रजनन और अन्त में यौन–तृप्ति। सब मिलाकर थोड़े बहुत अन्तर के साथ विवाह का उद्देश्य आने वाली पीढ़ी को समाज का सदस्य बनाना है।

विवाह का विकास (Development of Marriage)

सामाजिक मानवशास्त्र में उद्विकासवादियों ने विवाह की संस्था के क्रमिक विकास पर अनेक शोध कार्य किए हैं। वे सामान्यतया विवाह का प्राथमिक रूप यौन स्वच्छन्दता या कामाचार (Promiscuity) बताते हैं। बेशोफेन (Bachofun) ने अपने द्वारा एकत्रित आधार–सामग्री को लेकर यह बताया कि प्रारम्भ में कामाचारी परिवार थे। इस स्थिति में यौन–सम्बन्धों को लेकर कोई प्रतिबन्ध नहीं थे। कोई भी पुरुष किसी भी स्त्री के साथ यौन–सम्बन्ध रखने में स्वतन्त्र था। इसके बाद धीरे–धीरे इस संस्था में परिवर्तन आया और आज हम एक विवाह (Monogamy) की अवस्था में हैं। कामाचार से लेकर एक विवाह की अवस्था तक आने में इस संस्था ने कई परिवर्तन देखे हैं। यहाँ हम संक्षेप में कुछ अनुसन्धानों का उल्लेख करेंगे।

बेशोफेन और मोरगन का यह कहना है कि प्रारम्भ में मनुष्य कामाचार की अवस्था में था। अपने इस कथन के प्रमाण में इन मानवशास्त्रियों ने जो आधार–सामग्री

रखी है, वह बन्धुत्व के कुछ पद या शब्द हैं। बन्धुत्व के इन शब्दों की सबसे बड़ी विशेषता यह है कि ये शब्द विभिन्न बन्धुओं के लिए पृथक्–पृथक् नहीं हैं। इसका तात्पर्य यह है कि तब प्रजनन और सन्तति किसी से भी उत्पन्न की जा सकती थी। मजूमदार और मदन ने बेशोफेन और मोरगन के इन निष्कर्षों पर आपत्ति की है। उनका कहना है कि आज भी कई जन–जातियों में विवाहपूर्व यौन–सम्बन्ध (Pre-Marital Sex-Relations) किसी न किसी रूप में पाए जाते हैं और इसी कारण बन्धुत्व के पद भी अस्पष्ट हैं। उदाहरण के लिए मध्य भारत की कुछ जन–जातियाँ त्यौहार और उत्सवों पर विवाहपूर्व यौन–सम्बन्ध और विवाह अतिरिक्त यौन–सम्बन्ध पर कोई विशेष प्रतिबन्ध नहीं रखतीं। दूसरी ओर ये जन–जातियाँ निश्चित रूप से एक–विवाही हैं। यही बात जन–जाति पर लागू होती है। हाल में बन्धुत्व पर जो अनुसन्धान हुए हैं, उनमें बन्धुत्व के पदों का वर्गीकरण अन्य आधारों पर किया गया है। इससे ज्ञात होता है कि आज कोई भी ऐसा आदिम समाज नहीं है जिसके रीति–रिवाज हमें ऐसा प्रमाण दें जो किसी कामाचारी अवस्था के द्योतक हों। भारत में यदि हम एकदम पिछड़े हुए जन–जातीय समूह को लें, जैसे कि अण्डमान निवासी जन–जातियाँ या दक्षिण भारत की चेन्यू, कादर और बिरहौर, तो ज्ञात होगा कि इन समूहों की विवाह–संस्थाओं में ऐसी कोई उत्तर जीवितता नहीं है जिससे हम यह निष्कर्ष निकालें कि किसी समय में ये समूह, कामाचार की अवस्था में थे।

मोरगन का आगे कहना है कि कामाचार–विवाह के बाद दूसरी अवस्था समूह विवाह (Group Marriage) की आई। इस विवाह में एक से अधिक व्यक्ति अनेक स्त्रियों के पति थे। समूह–विवाह ने कालान्तर में चलकर बहुपति–विवाह (Polyandry) और बहुपत्नी–विवाह (Polygamy) को जन्म दिया। इसके बाद एक विवाह की संस्था आई। इतिहास इस बात को बताता है कि किसी समय चीन के लोग कामाचार–अवस्था में थे इसके परिणामस्वरूप उत्पन्न होने वाले बच्चे अपनी माँ के साथ रहते थे।

वेस्टरमार्क विवाह के उद्‌गम और विकास पर एक अधिकृत व्यक्ति हैं। वे कामाचार के सिद्धान्त को जिसे मोरगन और वेशोफेन ने रखा है, स्वीकार नहीं करते। उनका कहना है कि हमारा जन–जातियों का अध्ययन कहीं भी यह नहीं बताता है कि इतिहास के किसी भी युग में मनुष्य कामाचार की अवस्था में था। दूसरी ओर इन जन–जातियों के अध्ययन से जो भी आधार–सामग्री हमें मिली है, उससे यही निष्कर्ष निकलता है कि कभी भी मनुष्य ने कामाचार को यौन–सम्बन्धों का आधार स्वीकार नहीं किया। वेस्टरमार्क का तो कहना है कि बन्दरों में भी एक ही विवाह–प्रथा पाई जाती है। वेस्टरमार्क संसारभर की विभिन्न जन–जातियों की विवाह–सम्बन्धी सामग्री के आधार पर यह निष्कर्ष निकालते हैं कि मनुष्य अपनी प्रारम्भिक अवस्था में एक–विवाही था। मेलिनोस्की, जिन्हें क्षेत्रीय कार्य का अच्छा अनुभव है, इसी निष्कर्ष पर पहुँचते हैं कि एक विवाह एकमात्र विवाह का सही स्वरूप है, रहा है और रहेगा।

मजूमदार और मदन ने वेस्टरमार्क तथा मेलिनोस्की के उपर्युक्त कथन को ज्यों–का–त्यों स्वीकार करने में आपत्ति उठाई है। उनका कहना है कि आज एक विवाह–संस्था संसार के अधिकांश लोगों द्वारा स्वीकृत है। यह भी ठीक है कि यह

संस्था अधिकांश जन–जातियों और सभ्य समाजों के लिए विवाह का आदर्शरूप है। फिर भी केवल इसी तर्क पर हम वेस्टरमार्क के कथन को स्वीकार नहीं कर सकते कि एक विवाह–संस्था मनुष्य की विवाह–सम्बन्धी प्राथमिक अवस्था है। आज भी कई ऐसी जन–जातियाँ हैं जिनमें बहुपत्नी–विवाह का रिवाज है। मुरडोक ने 250 आदिम समाजों में 195 में बहुपत्नी–विवाह और केवल 43 में एक विवाह पाए। वे जन–जातियाँ जो आज अपनी परम्परागत बहुपत्नी–प्रथा को छोड़ रही हैं, इसका कारण यह नहीं है कि वे इस प्रथा को अपने लिए बेमतलब समझती हैं। वास्तविकता तो यह है कि बहुपत्नी–प्रथा छोड़ने का कारण जन–जातियों की आर्थिक विवशता है। उदाहरण के लिए जो जन–जाति का सदस्य ललचाता है कि उसे एक से अधिक पत्नियाँ प्राप्त हों—इससे उसकी समाज में प्रतिष्ठा बढ़ती है, लेकिन पत्नियाँ लाने के लिए उसके पास वधू मूल्य नहीं है। ये तथ्य इस बात को बताते हैं कि प्रारम्भ से ही मनुष्य एक विवाह का हामी नहीं रहा है। उसकी अभिरुचि बराबर बहुपति और बहुपत्नी में रही है।

विवाह की उत्पत्ति पर बहुत कुछ लिखा जा सकता है, बहुत कुछ कहा जा सकता है। यह इसलिए कि उन्नीसवीं शताब्दी में सामाजिक मानवशास्त्र में जो अनुसन्धान कार्य हुए हैं, उनका बहुत बड़ा भाग विवाह से सम्बन्धित है, लेकिन विवाह के उद्‌विकास का यह इतिहास हमें किसी महत्त्वपूर्ण निष्कर्ष की ओर नहीं ले जाएगा। क्रमविकासवादी अनुसन्धान की सबसे बड़ी कमजोरी यह है कि यह वर्तमान समस्याओं के निदान में कोई विशेष सहयोग नहीं देता। दुनिया के विभिन्न हिस्सों में एक ही समय में विवाह के कई प्रकार पाए जा सकते हैं। आज भी हमारे देश में जहाँ एक–विवाही परिवार हैं, वहीं बहुपति और बहुपत्नी विवाह परिवार भी हैं। सामाजिक संस्थाओं का विकास इस प्रकार क्रमानुसार नहीं चलता, लेकिन विवाह की उत्पत्ति सम्बन्धी जो भी आधार–सामग्री हमारे पास है, उस पर कहा जा सकता है कि इस संस्था की आवश्यकता यौन–सम्बन्ध की तृप्ति, आर्थिक सहयोग और बच्चों के पालन–पोषण तथा वंश परम्परा को चलाने के लिए हुई है। बहुपत्नी–विवाह और एक–विवाह का जो अन्तर हमें देखने को मिलता है वह समूह की आवश्यकता से सम्बन्धित है। समूह जिन आवश्यकताओं पर अधिक जोर देता है, उसमें विवाह का स्वरूप भी वैसा ही बन जाता है।

विवाह के नियम (Rules of Marriage)

प्रत्येक समाज में विवाह–सम्बन्धी नियम होते हैं। कुछ नियम ऐसे होते हैं जिनका पालन करना समूह के सदस्यों के लिए अनिवार्य होता है और कुछ नियम ऐसे भी होते हैं जिनका पालन अनिवार्य तो नहीं होता, लेकिन सदस्यों से यह आशा की जाती है कि वे इनका पालन करेंगे। ऐसे नियमों को विवाह के अधिमान्य नियम (Preferential Rules), कहा जाता है। सर्वप्रथम हम उन नियमों का वर्णन करेंगे जिनका पालन करना समूह के लिए अनिवार्य है। इसके बाद अधिमान्य नियमों का उल्लेख किया जाएगा।

विवाह के अनिवार्य नियम (Compulsory Rules of Marriage)

विवाह-पूर्व यौन-सम्बन्ध (Pre-Marital Sex-Relations)

सामान्यतया आदिम समाज और सभ्य समाज में विवाह से पहले यौन–सम्बन्ध रखना वर्जित होता है। कौमार्य एक ऐसा मूल्य है जिसकी रक्षा करना सभी अविवाहित स्त्रियों के लिए आवश्यक है। विवाह–पूर्व यौन–सम्बन्धों पर प्रतिबन्ध रखने के कई कारण हैं। आंशिक रूप से विवाह–पूर्व यौन–सम्बन्ध मनुष्य की शरीर–रचना को कमजोर कर देते हैं। केवल यही नहीं होता, ये सम्बन्ध व्यक्ति के मनोवैज्ञानिक विकास को भी रोक देते हैं। एल्विन (Elwin) का यह कहना है कि विवाह–पूर्व यौन–सम्बन्ध का सबसे खराब परिणाम बाद के वैवाहिक जीवन पर पड़ता है।

सामान्यतया जिन जन–जातियों और समाजों में विवाह–पूर्व यौन–सम्बन्ध वर्जित हैं, उनमें इस नियम को तोड़ने वाले व्यक्तियों के लिए विवाह करने में कठिनाइयां आती हैं। समाज में ऐसे व्यक्तियों की प्रतिष्ठा भी गिर जाती है। दूसरी ओर, ऐसी जन–जातियाँ भी हैं जिनमें विवाह–पूर्व यौन–सम्बन्धों पर कोई प्रतिबन्ध नहीं होता। या यूं कहना चाहिए कि ये समाज विवाह–पूर्व यौन–सम्बन्धों के प्रति अपनी उदासीनता जताते हैं। मुड़िया गौंडों की घोटुल प्रथा इस सम्बन्ध में उल्लेखनीय है। इस प्रथा के अनुसार गाँव के सभी अविवाहित लड़के–लड़कियाँ रात के समय एकत्र होते हैं। बोंदों जन–जाति की अविवाहित लड़कियाँ रात को आपस में मिलकर दूसरे गाँवों से आए हुए युवक अतिथियों का सैलानी डिंगो में स्वागत करती हैं। इन डिंगो में ये लड़के–लड़कियाँ अपने वैवाहिक जीवन साथी का वरण करते हैं। अतः विवाह पूर्व सम्बन्धों को लेकर दो प्रकार के मापक हैं। कुछ आदिम समाजों में और प्रायः सभी सभ्य और औद्योगिक समाजों में विवाह–पूर्व यौन–सम्बन्ध स्वीकार नहीं किए जाते। इस मापक का विवाह–पूर्व यौन–सम्बन्धों पर कोई नियन्त्रण नहीं है। दूसरी ओर स्वयं, समूह ही ऐसे सम्बन्धों की व्यवस्था संस्था के रूप में करता है।

निकटाभिगमन (Incest Taboo)

सभी समाजों में अपने निकट सम्बन्धियों के साथ यौन–सम्बन्ध स्थापित करना वर्जित है। जन्म के परिवार में, केवल पति–पत्नी में ही यौन सम्बन्ध होते हैं। अन्य किसी सदस्य के साथ इस प्रकार के सम्बन्ध धार्मिक या परम्परागत रूप से वर्जित होते हैं। इसी प्रकार सगे भाई–बहन में भी यौन–सम्बन्ध वर्जित होते हैं। निकटाभिगमन के कुछ अपवाद प्राचीन मिस्र, इंका और कांगों समूहों में मिलते हैं, अतः निश्चित रूप से यह कहा जा सकता है कि संसार के सभी समाजों में बहुत निकट के बान्धवों के साथ विवाह–सम्बन्ध वर्जित होते हैं।

बहिर्विवाह (Exogamy)

बहिर्विवाह का अर्थ है कुछ विशेष प्रकार के समूहों के बाहर विवाह करना। उदाहरण के लिए हिन्दुओं में, एक गोत्र के सदस्यों में विवाह सम्बन्ध नहीं होते। एक ही गोत्र के

लोग एक पिता की सन्तान हैं और इसलिए वे आपस में भाई–बहन हैं। जन–जातियों में भी गोत्र होते हैं। हो और मुण्डा में बहिर्विवाही गोत्र होते हैं और इन्हें कीली (Kili) कहते हैं। शरतचन्द्र राय का कहना है कि औरांव में भी इस प्रकार के बहिर्विवादी समूह होते हैं जिन्हें गोत्र कहते हैं। गौंड जन–जाति में ऐसे समूहों को गोत्र कहते हैं। खोंड में इसे गोची कहा जाता है। एक खोंड के लिए यह आवश्यक है कि यह अपनी गोची में विवाह नहीं करे।

कुछ जन–जातियाँ ऐसी हैं जिनमें बहिर्विवाह का नियम गोत्र के रूप में नहीं पाया जाता। उदाहरण के लिए कोल जन–जाति में कोई बहिर्विवाही समूह नहीं होता। उनमें केवल अन्तर्विवाही (Endogamous) समूह होते हैं। यदि बहिर्विवाही जैसी कोई चर्चा कोल में है, तो वह केवल यही, कि एक व्यक्ति अपने गाँव में विवाह नहीं कर सकता। अतः एक कील के लिए केवल गाँव ही बहिर्विवादी समूह है। लोर्ड (Luard) ने 1901 ई. में भीलों में टोटम समूहों का उल्लेख किया था। एक टोटम समूह का व्यक्ति अपने समूह में विवाह नहीं कर सकता। नायक (Naik) ने गुजरात के राजपीपला के भीलों का उल्लेख करते हुए कहा है कि ये लोग बहिर्विवाही समूह को जात या वंश कहते हैं। पितृवंशीय समूह को भील अटक कहते हैं। लेखक का राजस्थान के भीलों का अध्ययन बताता है कि उनमें 38 गोत्र हैं और प्रत्येक गोत्र बहिर्विवाही समूह है।

अन्तर्विवाह (Endogamy)

जब एक समूह के सदस्य अनिवार्य रूप से अपने ही समूह में विवाह करते हैं, तो इसे अन्तर्विवाह कहा जाता है। यदि कोई सदस्य–समूह से बाहर विवाह करता है, तो उसे समूह से बहिष्कृत किया जा सकता है। अतः एक ही समूह में बहिर्विवाह और अन्तर्विवाह के नियम लागू होते हैं। जहाँ एक ओर समूह के सदस्य के लिए यह अनिवार्य है कि वह अपने समूह में ही विवाह–सम्बन्ध रखे, वहीं उसके लिए यह भी आवश्यक है कि वह अपने निकट सम्बन्धियों के घेरे से बाहर विवाह करे। राजस्थान के भील और डामोर अन्तर्विवाही समूह हैं। उनमें अन्तर्विवाह का एक और प्रकार देखने को मिलता है। मोटे रूप से क्षेत्र के आधार पर भीलों के दो प्रकार हैं—पाल में रहने वाले भील और मैदान में रहने वाले भील। पाल के भील पालवी कहलाते हैं, क्योंकि वे पहाड़ों की घाटियों में रहते हैं। इन भीलों के साथ प्रायः अ–भील समूह नहीं रहते। मैदान में रहने वाले भील हिन्दू जातियों के साथ रहते हैं। भीलों में पाल अन्तर्वैवाहिकी समूह (Pal-Endogamous Groups) होता है। एक पाल के भील दूसरी पालों और मैदान के भीलों के साथ विवाह सम्बन्ध नहीं करते। सामान्यतया सभी जन–जातियों में विवाह का यह नियम है कि उनके सदस्य अपनी जन–जाति से बाहर विवाह–सम्बन्ध नहीं करते।

अन्तर्विवाह का कारण शायद अपरिचित समूहों से भय है। एक जन–जाति दूसरी जन–जाति के रीति–रिवाज से अपरिचित होती है। दूसरे समूह के व्यवहार को वह नहीं जानती और इसलिए उसके साथ विवाह–सम्बन्ध स्थापित करने में बराबर भय बना रहता है। कोरवा जन–जाति अन्तर्विवाह का परिपालन इसलिए करती है कि उसे

पाई जाती। जन–जातियों में भी विवाह का यह प्रकार बहुत थोड़े समूहों में पाया जाता है। भारत के बाहर अमेरिकन इंडियन, एस्कीमो तथा उत्तरी अमेरिका के अलकान तट की जन–जातियों में बहुपति–प्रथा पाई जाती है। तिब्बत में यह परम्परा आज भी उपस्थित है। हमारे देश में तियान, टोडा, कोटा, खस तथा लद्दाखी, भोटा जन–जातियों में विवाह का यह प्रकार पाया गया है।

हमारे देश में बहुपति प्रथा के दो प्रकार देखने को मिलते हैं—

भ्रातृ-बहुपति-विवाह (Fraternal Polyandry) और **अभ्रातृ बहुपति-विवाह** (Non-Fraternal Polyandry) जब सगे भाइयों के बीच में एक ही पत्नी होती है, तो इसे भ्रातृ–बहुपति–विवाह या सहभ्राता बहुपति–विवाह कहते हैं। हमारे यहाँ जानसर भामर की खस जन–जाति में तथा नीलगिरि की टोडा जन–जाति में विवाह का यह प्रकार प्रचलित है। टोडा में जब एक भाई विवाह कर लेता है, तो उसकी पत्नी अन्य भाइयों की भी पत्नी बन जाती है। बाद में पैदा होने वाले भाई की भी वह पत्नी होती है। सामान्यतया ये भाई सगे होते हैं यद्यपि कभी–कभी गोत्र के भाई भी पति बन सकते हैं। जब टोडाओं में पत्नी गर्भवती होती है तो सबसे बड़ा भाई धनुष बाण द्वारा परसुतपिमि का संस्कार करता है। यह संस्कार उसे होने वाले बच्चे का पिता घोषित करता है। इसी तरह बारी–बारी से या अनुकूलता से अन्य भाई भी इस संस्कार को करने का अवसर पाते हैं। दूसरे शब्दों में वे पिता की स्थिति को प्राप्त करते थे। यदि कोई भाई इस टोडा संयुक्त परिवार से पृथक हो जाता है, तो उससे पिता तथा पति के अधिकार भी छीन लिए जाते हैं।

जानसर भामर के खस लोगों में बड़े भाई की स्त्री और छोटे भाइयों की स्त्रियाँ सभी भाइयों की बराबर पत्नियाँ मानी जाती हैं। बच्चे सभी को पिता मानते हैं। इस जन–जाति में विवाह के परम्परागत नियम हैं जिन्हें दस्तूर उल अल्म कहते हैं। इन नियमों के अनुसार कोई भी छोटा भाई अन्य भाइयों और विशेष करके बड़े भाई की आज्ञा के बिना अलग से पत्नी नहीं रख सकता। विवाह की इस परम्परा में बड़े भाई का महत्त्वपूर्ण स्थान है। पत्नी उसे सहवास के लिए कभी मना नहीं कर सकती और यदि करती है, तो यह जघन्य अपराध समझा जाता है। यदि बड़ा भाई चाहे तो किसी भी भाई को पत्नी की हिस्सेदारी से पृथक कर सकता है। यदि स्त्री विवाह से पूर्व उत्पन्न हुई किसी सन्तान को लाए, तो उस पर एक मात्र बड़े भाई का ही अधिकार होता है। परिवार की सम्पत्ति पर समान उत्तराधिकार होता है। परिवार में अनुकूलन बनाए रखने के लिए यदि दूसरी पत्नी लाई जाती है, तो वह पहली पत्नी की बहन होती है, लेकिन ऐसा करना अनिवार्य नहीं है। खस जन–जाति में बच्चे बड़े भाई को बारीबाबा, दूसरे को डंगर बाबा (डंगर अर्थात् पशुओं को चराने वाला) तथा तीसरे को भेड़ी बाबा (भेड़ चराने वाला) के नाम से पुकारते हैं। इस भाँति हमारे यहाँ भ्रातृबहुपति–विवाह खस तथा टोडा जन–जातियों में पाया जाता है।

अभ्रातृ बहुपति-विवाह वह है जिसमें एक से अधिक व्यक्तियों की साझेदारी में पत्नियाँ होती हैं। कोई भी एक स्त्री एक से अधिक भाइयों और अन्य व्यक्तियों को अपने पति की तरह वरण कर सकती है। दक्षिण भारत के नायर लोगों में एक स्त्री के

एकाधिक पति होते हैं। वह बारी–बारी से प्रत्येक पति के पास जाकर रहती है। जिस समय जिस पति के पास रहती है, उसी का उस पर स्वामित्व होता है। परिवर्तन के इस दौर में अभ्रातृ–बहुपति–विवाह की परम्परा शीघ्रता से समाप्त होती जा रही है।

बहुपति-विवाह आदिम जातियों में कहीं–कहीं दिखाई देता है। वेस्टरमार्क का यह कहना है कि विवाह की इस प्रथा का कारण जन–जातियों में पुरुषों की अपेक्षा स्त्रियों का कम अनुपात होता है। टोडा जन–जाति की जनसंख्या में पिछली तीन पीढ़ियों में 100 स्त्रियों के अनुपात में पुरुषों की संख्या क्रमशः 259, 202 और 171 रही है। स्त्रियों का यह अनुपात बहुत कम है। रामनारायण सक्सेना ने खस जन–जाति में इस विवाह का एक और कारण दिया है कि इस समूह के पास पर्याप्त भूमि नहीं है। यदि प्रत्येक व्यक्ति एक पत्नी को रखे, तो इससे जनसंख्या बढ़ने की पूरी संभावना है। शायद इसलिए खस अब भी बहुपति प्रथा को बनाए हुए हैं, लेकिन जनसंख्या के दबाव को रोकने के लिए इस प्रयास में एक और परिणाम देखने को मिला है। इन जन–जातियों की जनसंख्या में बराबर कमी होती जा रही है। कभी–कभी यह भय लगता है कि कालान्तर में चलकर ये समूह कहीं लुप्त ही न हो जाएँ। बहुपति प्रथा का एक और कारण भी दिया जाता है जो कि आर्थिक है। इन जन–जातियों की आर्थिक स्थिति इतनी खराब है कि इनके लिए बन्धुत्व की व्यवस्था करना बहुत कठिन है।

बहुपत्नी-विवाह (Polygamy)—इस विवाह में एक ही समय में एक पति की एक से अधिक पत्नियाँ होती हैं। बहुपत्नी विवाह नागा, गौंडा, बैगा और भील जन–जातियों में पाया जाता है। बहुपत्नी–प्रथा किसी समय जन–जातियों में एक लोकप्रिय प्रथा थी। इस प्रथा के पीछे कई कारण रहे होंगे। जन–जातियां जंगलों और पहाड़ों में रही हैं। परिवार के जीविकोपार्जन के लिए एक से अधिक व्यक्तियों की बराबर आवश्यकता रही है। खेती की देखभाल करना, बुआई, कटाई करना, जंगल से लकड़ी लाना, पशु चराना आदि कई कार्य ऐसे हैं जिन्हें ऐसे एक परिवार के लिए जिसमें केवल एक ही पत्नी होती है, करना कठिन होता है। अतः कृषि–उत्पादन की इस आर्थिक कठिनाई ने भी बहुपत्नी प्रथा को विकसित किया होगा।

बहुपत्नी–प्रथा का दूसरा कारण जनसंख्या–सम्बन्धी है। जब किसी समाज में स्त्रियों के अनुपात में पुरुषों की संख्या कम होती है, तब भी बहुपत्नी–प्रथा चलने की संभावना है। आदिवासी जीवन प्रारम्भ से ही खतरनाक स्थितियों में रहा है। जंगली जानवरों के बीच में इनका आवास होता है। ऐसी स्थिति में पुरुषों की संख्या का कम होना स्वाभाविक ही है।

आज स्थिति दूसरी है। जंगलों में अब वह सघनता नहीं है और न ही आर्थिक जनसंख्या कृषि–उत्पादन में सहायक सिद्ध होती है। फिर प्रश्न उठता है—जन–जातियाँ आज भी बहुपत्नी–प्रथा को क्यों अपनाए हुए हैं? इसका उत्तर दो बिन्दुओं में रखा जा सकता है—

1. बहुपत्नी–प्रथा जन–जाति की अपनी परम्परा है। वह इस परम्परा को संजोए रखने में गौरव अनुभव करती है।

2. आज भी जन–जातियों में एक से अधिक पत्नियाँ रखना व्यक्ति और परिवार की प्रतिष्ठा को बढ़ाता है। वह व्यक्ति जो एकाधिक पत्नियों को रखता है, यह बताता है कि उसमें इतनी पत्नियों के लिए वधू–मूल्य देने का सामर्थ्य है और यह भी उसका ही सामर्थ्य है कि वह एकाधिक पत्नियों और उनके बच्चों का पालन–पोषण कर सकता है।

ऐसा लगता है कि जिन परिस्थितियों में जन–जातियों में बहुपत्नी–प्रथा को अपनाया गया था, वे परिस्थितियाँ आज विद्यमान नहीं हैं। जन–जातियों के पास कृषि–योग्य भूमि का अभाव है। गरीब होने के कारण वे विशाल परिवार का निर्वाह नहीं कर सकते। शायद इन्हीं कुछ कारणों से जन–जातियों में बहुपत्नी–प्रथा शीघ्रता से कम हो रही है। वे जन–जातियाँ जो आधुनिकीकरण की प्रक्रिया में सक्रिय रूप से आ गई हैं, इस प्रथा को छोड़ रही हैं। कम से कम युवा पीढ़ी में इस प्रथा के प्रति उपेक्षा की भावना बढ़ती जा रही है।

पति-पत्नी के अधिकारों की सीमा (Rights of the Partners)

जब विवाह में अधिकार की सीमाओं को हम देखते हैं, तो हमारा उद्देश्य किसी भी एक संस्कृति में पति–पत्नी के सम्बन्धों के मापकों का अध्ययन करना होता है। वास्तव में देखा जाय, तो हम पति और पत्नी के अधिकारों के अध्ययन में पारिवारिक जीवन का अध्ययन ही कर लेते हैं। वैसे जब हम पति–पत्नी के अधिकार को लेकर मातृ–सत्तात्मक या पितृसत्तात्मक विवाह का नाम लेते हैं, तो हमारा तात्पर्य परिवार से ही होता है। क्या मातृसत्तात्मक विवाह जैसी कोई बात होती है? यदि हाँ, तो इसका अर्थ परिवार की शक्ति–संरचना (Power Structure) से है। यह बहुत स्पष्ट होना चाहिए कि विवाह की संस्था में एक बहुत बड़ी समस्या पति–पत्नी सम्बन्धों की है। यहाँ हम यह देखेंगे कि विवाहित साथियों में अर्थात् पति–पत्नी में शक्ति का बंटवारा किस प्रकार होता है। दूसरे शब्दों में हम परिवार के सत्तात्मक स्वरूप को देखेंगे।

मातृसत्तात्मक परिवारों में सम्पूर्ण पारिवारिक सत्ता का स्रोत माँ होती है। परिवार की आर्थिक, सामाजिक और अन्य समस्याओं में निर्णय लेने का अधिकार स्त्री को होता है। बच्चों की देख–रेख व पालन–पोषण का पूरा उत्तरदायित्व भी माँ पर ही होता है। मातृवंशीय परिवार में जहाँ बहुपति–प्रथा प्रचलित है, स्त्रियाँ स्वयं अपने पतियों का चुनाव करती हैं और प्रथम स्त्री की अनुमति से ही बहुपति–व्यवस्था में दूसरी स्त्री से विवाह किया जा सकता है।

हमारे देश में ब्रह्मपुत्र के दक्षिणी तट पर निवास करने वाली खासी तथा गारो जन–जातियों में, केरल की नायर जन–जाति में, तथा दक्षिण भारत की कादर, इरूला और पुलायन जन–जाति में मातृवंशीय परिवार पाए जाते हैं। इन परिवारों में परिवार की शक्ति पति के हाथों में न रहकर पत्नी के हाथों में रहती है। सम्पूर्ण शक्ति का केन्द्र पत्नी मानी जाती है।

पितृसत्तात्मक परिवारों में विवाहित साथियों को लेकर परिवार की सत्ता पिता के हाथ में रहती है। इसमें पत्नी के पास न्यूनतम सत्ता रहती है। परिवार का वंश पिता के

नाम से चलता है तथा पारिवारिक सम्पत्ति पर भी पिता का ही अधिकार होता है। जन–जातियों के अधिकांश परिवारों में पितृसत्तात्मकता पाई जाती है। भील जन–जाति में पिता परिवार का मुखिया होता है। परिवार–सम्बन्धी सभी निर्णय वही लेता है। उड़ीसा के पहाड़ी इलाके में रहने वाली खड़िया जन–जाति में भी सत्ता का केन्द्र पिता होता है। यही बात अंगामी नागाओं में भी देखने को मिलती है।

पति–पत्नी में अधिकार या सत्ता के वितरण को लेकर एक तीसरा स्वरूप भी देखने को मिलता है। इसे समानवादी परिवार (Egalitarian Family) कहते हैं। ऐसे परिवार में सत्ता पति और पत्नी में समान रूप से बंटी हुई रहती है। यह व्यवस्था एक प्रकार की प्रजातांत्रिक व्यवस्था है जिसे यूरोप व अमेरिका में पाए जाने वाले एक विवाह में देखा जा सकता है। इस प्रकार के विवाह का आधार समानाधिकार अर्थात् पति–पत्नी के बराबर अधिकार होते हैं। हमारे देश में हिन्दुओं में पति–पत्नी के अधिकारों को लेकर समानता नहीं है। आज शिक्षा और सामाजिक विधान द्वारा पति–पत्नी दोनों के अधिकारों को समान स्तर पर रखने का प्रयास किया जा रहा है।

विवाहोपरान्त निवास (Post-Marriage Residence)

विवाह के पश्चात् विवाहित साथी किसी एक के (पति या पत्नी) जन्म के परिवार के साथ निवास करते हैं। यह निवास सामान्यतया पितृस्थानीय (Patrilocal), मातृस्थानीय (Matrilocal) या नवस्थानीय (Neolocal) हो सकता है। जिन परिवारों में पिता के हाथ में सत्ता होती है, उनमें पत्नी–पति के घर आकर रहती है। खड़िया, भील, अगामी, नागा आदि जन–जातियाँ पितृस्थानीय हैं। जिन मातृसत्तात्मक परिवारों में विवाह के बाद पति अपनी पत्नी के जन्म के परिवार में आकर रहता है, मातृस्थानीय हैं। इनमें विवाह के बाद पत्नी अपनी माँ के पास ही रहती है और पति अपने परिवार को छोड़कर पत्नी के पास आकर रहता है। आजकल विकसित देशों में नवस्थानीय विवाह देखने को मिलते हैं। इसमें पति और पत्नी दोनों ही अपने जन्म के परिवार को छोड़कर अपना पृथक परिवार ही स्थापित करते हैं। परिवार का स्थान न तो माता के यहाँ होता है और न ही पिता के यहाँ, और इसलिए इसे नवस्थानीय परिवार कहते हैं। हमारे देश में कुछ पढ़े–लिखे और शहरों में रहने वाले लोगों में नवस्थानीय परिवार विकसित हो रहे हैं। ग्रामीण समाज और जन–जातियों में अभी ऐसे परिवारों का उद्‌गम नहीं हुआ है।

विवाह साथी का चुनाव (Selection of Life Partner)

विवाह के लिए पति या पत्नी का चुनाव महत्त्वपूर्ण है। यह चुनाव पति या पत्नी प्राप्त करने की पद्धति है। मानवशास्त्र में विवाह–सम्बन्धित जो साहित्य है उसमें विवाह साथी के चुनाव की प्रथा को गलत रूप में रखा गया है।

मानवशास्त्री प्रायः पूछते हैं—जन–जातियों में पत्नी प्राप्त करने की कौन–सी विधियाँ हैं? इस प्रश्न के उत्तर में परिवीक्षा, हरण, परीक्षा, विनिमय, सेवा, हठ आदि पत्नी प्राप्त करने के प्रकारों को रखा जाता है। वस्तुतः ये प्रश्न पुरुष द्वारा उठाए गए

हैं। निरपेक्ष रूप से तो वधू कैसे प्राप्त की जाती है, के स्थान पर यह पूछा जाना चाहिए कि जन–जातियों में विवाह साथी प्राप्त करने की कौन–सी पद्धतियाँ हैं। प्रश्न की यह बनावट सही है। लेवी–स्ट्रास, होमन्स (Homans) और नीडहाम (Needham) ने पिछले दिनों में विवाह साथी चुनाव और उसकी पद्धतियों को अपरम्परागत रूप में देखा है। वे वधू प्राप्त करने के आर्थिक कारणों की ओर ध्यान आकर्षित करते हैं। अ–जातियों में स्त्रियाँ वस्तुओं की तरह हैं और वस्तुओं की उपयोगिता की तरह स्त्रियों का बँटवारा भी किया जाता है। इस अवधारणा को विकसित करते हुए लेवी–स्ट्रास लिखते हैं—"स्त्रियाँ न्यून वस्तुओं की तरह हैं और इसलिए उनके वितरण और उपयोग के लिए नियम होने चाहिए।"

होबेल (Hoebel) ने विवाह साथी प्राप्त करने के तरीकों का विस्तृत वर्गीकरण किया है। इस प्रकार का विवरण मजूमदार तथा मदन ने भी दिया है। मानवशास्त्रियों द्वारा दिए गए विवाह के विविध वर्गीकरणों को हम निम्न प्रकारों में रख सकते हैं—(1) क्रय विवाह (Marriage by Purchase); (2) सेवा विवाह (Marriage by Service); (3) विनिमय विवाह (Marriage by Exchange); (4) अपहरण विवाह (Marriage by Capture); (5) सहपलायन विवाह (Marriage by Elopement); (6) पत्नियों पर उत्तराधिकार (Marriage by Inheritance); (7) दत्तकग्राही विवाह (Adoptive Marriage); (8) फर्जी विवाह (Fictive Marriage); (9) हठात विवाह (Marriage by Intrusion); (10) परीक्षा विवाह (Marriage by Trial); (11) विनिमय (अदला–बदली) विवाह (Marriage by Barter)।

(1) क्रय विवाह (Marriage by Purchase)—सामान्यतया सभी जन–जातियों में पत्नी के चयन के लिए क्रय–विवाह–पद्धति अपनाई जाती है। इस विवाह में पत्नी प्राप्त करने के लिए वधू मूल्य देना पड़ता हैं। लड़की के माता–पिता उसका पालन–पोषण करते हैं और इसके बदले में विवाह के समय वे मूल्य स्वीकार करते हैं। वधू–मूल्य का यह अर्थ नहीं है कि जिन समाजों में विवाह का यह प्रकार प्रचलित है, उनमें स्त्रियों का स्थान निम्न है, लेकिन यह प्रथा इस बात को अवश्य बताती है कि वधू के साथ में आर्थिक पहलू लगे हुए हैं। वधू–मूल्य चुकाने के कई तरीके हैं। लड़का और लड़की दोनों के परिवारों के बीच में वधू–मूल्य की धनराशि निश्चित कर ली जाती है। इस धनराशि को सामान्यतया किस्तों के रूप में चुकाया जाता है। यदि लड़के वाला विवाह शीघ्र ही करवाना चाहता है, तो वधू–मूल्य की रकम को एक ही किश्त में चुका सकता है। जिन समाजों में वधू–मूल्य की परम्परा है, उनमें पत्नी को आर्थिक दृष्टि से देखा जाता है। यदि वधू पति को छोड़कर किसी और के साथ भाग जाती है, या पिता के यहाँ लौट आती है, तो वधू–मूल्य वापस लिया जाता है। वधू–मूल्य की रकम में पिछले एक दशक में बड़ी वृद्धि हुई है। किसी समय राजस्थान के भीलों में यह रकम तीन सौ रुपयों के आस–पास हुआ करती थी, और आज यह हजारों रुपयों में है।

दक्षिण पश्चिमी साइबेरिया की किरगीज जन–जाति में वधू–मूल्य सामाजिक प्रतिष्ठा का द्योतक है। न्यूगिनी की काइ जन–जाति में पति तब तक पत्नी के साथ यौन–सम्बन्ध नहीं कर सकता, जब तक कि वह वधू–मूल्य की पूरी अदायगी नहीं कर

देता। दक्षिणी अफ्रीका की थोंगा (Thonga) और बान्टू (Bantu) जन–जातियों में वधू–मूल्य को लाबोला (Labola) कहते हैं और इसमें पशु दिए जाते हैं।

हमारे देश में संथाल, हौ, औरांव, खड़िया, गौंड, भील और अन्य कई जन–जातियों में क्रय विवाह प्रचलित हैं।

मानवशास्त्री क्रय–विवाह प्रथा के कारणों की खोज करते हैं। वेस्टरमार्क का कहना है कि क्रय–विवाह प्रथा के प्रचलित होने का बहुत बड़ा कारण यह है कि पत्नी के माता–पिता लड़की के पालन–पोषण में धन लगाते हैं, और वे इस धन को वधू–मूल्य के रूप में पुनः लेते हैं। दूसरा, लड़की पिता के यहाँ घर में काम–काज करने में उपयोगी होती है। इस उपयोगिता की क्षतिपूर्ति में वधू–मूल्य लिया जाता है। तीसरा, वधू–मूल्य परम्परा का कारण भूतकाल में लड़कियों का कम अनुपात में होना भी हो सकता है। वधू–मूल्य प्रथा के पीछे कोई भी कारण हो, यह निश्चित है कि इस प्रथा ने पत्नी को आर्थिक पहलुओं में बांध दिया है और इसलिए जब कभी भी पत्नी विवाह को तोड़ना चाहती है, या किसी और के साथ भाग जाना चाहती है, तो वधू–मूल्य की समस्या बराबर उसके सामने आती है। ऐसा लगता है कि वधू कोई वस्तु है जिसे बाप ने बेचा और पति ने खरीदा है। वधू तो हांकी जाने वाली वस्तु है, धन देकर चाहे जिधर चाहो उधर उसे हांक कर ले जाओ।

(2) सेवा विवाह (Marriage by Service)—परम्परागत रूप से अधिकांश जन–जातियाँ क्रय–पद्धति से पत्नी प्राप्त करती हैं। हमारे देश की लगभग सभी जन–जातियों में विवाह साथी के वरण की यह पद्धति प्रचलित है। पिछले कुछ वर्षों में वधू–मूल्य की धनराशि में वृद्धि हुई है। कुछ जन–जातियों ने अपने ढंग से वधू–मूल्य की समस्या का हल निकाला है। उदाहरण के लिए यदि एक गौंड, बैगा, या भील अपने आपको इस स्थिति में नहीं पाता कि वह वधू–मूल्य चुका सके, तो वह अपने भावी ससुर के यहाँ जाकर एक निश्चित अवधि तक कार्य करता है। उसके कार्य करने की यह अवधि प्रचलित वधू–मूल्य के अनुपात में होती है। सेवारत गौंड को लामानई (Lamonai), बैगा को लामसेना या गहारियाँ और भील को घर जमाई कहते हैं। बिरहोर में ससुर वधू–मूल्य को उधार रकम की तरह भावी जमाई को दे देता है जिसका भुगतान कर्जे के रूप में जमाई करता है। हिमाचल प्रदेश की गूजर जन–जाति तथा उत्तर प्रदेश की खस जन–जाति में भी वधू–मूल्य के सम्बन्ध में ऐसी ही व्यवस्थाएँ प्रचलित हैं। भावी पत्नी के यहाँ वधू–मूल्य के एकदम से इस प्रकार काम करना और मजदूरी के रूप में वधू–मूल्य चुका देने की पद्धति को सेवा विवाह कहते हैं। सेवा विवाह का उद्‌गम क्रय विवाह के परिणामस्वरूप है।

(3) विनिमय विवाह (Marriage by Exchange)—वधू–मूल्य से बचने का एक और तरीका विनिमय विवाह है। इसके अनुसार दो परिवारों की लड़कियों और लड़कों के विनिमय से विवाह होता है। एक लड़का दूसरे परिवार की लड़की लाता है और अपनी बहन को उस परिवार के लड़के को देता है। कहीं–कहीं हिन्दुओं में भी विवाह साथी के चुनाव की यह पद्धति पाई जाती है, इसे आंटा–सांटा या

अदला–बदली कहते हैं। ऑस्ट्रेलिया तथा टोरेस स्टेट द्वीप समूह में यह पद्धति विशेष रूप से पाई जाती है। होबेल कहते हैं कि विवाह की यह ऐसी पद्धति है जिसमें बिना खर्चे के पत्नी पाई जा सकती है। आसाम की खासी जन–जाति इसका अपवाद है।

(4) अपहरण विवाह (Marriage by Capture)—सभ्य समाजों में अपहरण विवाह कानून द्वारा वर्जित है। भारतीय दंड–संहिता इस बात का निषेध करती है कि कोई भी भारतीय नागरिक किसी लड़की का अपहरण करके विवाह कर लेवे। कानून की यह स्थिति होते हुए भी आज भी जन–जातियों में अपहरण–विवाह होते हैं। नागा जन–जाति में आज भी कभी–कभी स्त्रियों का अपहरण किया जाता है। हौ जन–जाति में इस प्रथा को ओपोरटिपी कहते हैं, गौंड इसे पोसियोथूर के नाम से पुकारते हैं। राजस्थान के भीलों में भी अपहरण विवाह प्रचलित है। इस विवाह में लड़की को उसके माता–पिता तथा उसकी स्वयं की इच्छा के बिना भावी पति अपहरण करके ले जाता है तथा बाद में विवाह की रस्म पूरी कर ली जाती है। कभी–कभी जैसा कि खड़िया और बिरहोर में होता है विवाह का इच्छुक व्यक्ति लड़की को भगा कर नहीं ले जाता। जिस लड़की पर वह आँख उठाए रहता है, उसे किसी सार्वजनिक स्थान, जैसे कि मेला या उत्सव में पकड़ कर उसके सिर पर सिंदूर लगा देता है। इसका अर्थ हुआ उसने उस लड़की से विवाह कर लिया है। इस तरह का विवाह अपहरण विवाह कहलाता है। गौंड जन–जाति में लड़की के अपहरण में माता–पिता की अनुमति होती है। यही बात हिमालय की घाटियों में बसने वाली भोटिया जन–जाति पर भी लागू होती है। भोटियाओं में लड़की को रंग बग कुड़ी (युवा गृह) से भगा कर ले जाते हैं, लेकिन इस बात का पूर्व संकेत लड़की और उसके माता–पिता को होता है। वास्तव में अपहरण विवाह का यह रूप केवल स्वांग ही होता है।

(5) सहपलायन विवाह (Marriage by Elopement)—जब लड़की अपनी सहमति से लड़के के साथ भाग जाती है, तो इसे सहपलायन विवाह कहते हैं। इस स्थिति में लड़के और लड़की में प्रेमाचार होता है और एक ऐसी अवस्था आती है, जब लड़की अपनी इच्छा से लड़के के साथ पलायन कर जाती है। बाद में दोनों विवाह कर लेते हैं। भीलों और हौ जन–जाति में इसे राजी खुशी का विवाह कहते हैं। ऑस्ट्रेलिया की कई जन–जातियों में यह पलायन विवाह प्रथा बहुत सामान्य है। कुरनई जन–जाति में भी सहपलायन विवाह सामान्य है। इस विवाह में कभी–कभी मारपीट भी हो जाती है।

(6) पत्नियों पर उत्तराधिकार (Marriage by Inheritance)—इस प्रकार के विवाह में एक व्यक्ति को अपने भाई और दादा की पत्नियों का उत्तराधिकार मिलता है। ऐसे विवाह में पति–भ्राता और पत्नी–बहन विवाह कर सकते हैं। इस विवाह में वधू–मूल्य नहीं देना पड़ता। विवाह के विस्तृत रीति–रिवाज भी नहीं करने पड़ते। उत्तरी नाइजीरिया की पात्विक तथा बूरा जन–जातियों में एक आदमी अपने दादा की पत्नियों के ऊपर पति का अधिकार पा लेता है। हमारे यहां गौंड जन–जाति में साली विवाह प्रचलित है। इसी तरह भोटिया और थारू जन–जातियों में भाभी–विवाह

प्रचलित है। इन विवाहों में परम्परा से ही एक व्यक्ति के विधवा होने की अवस्था में पत्नियाँ उत्तराधिकार में मिल जाती हैं।

(7) दत्तकग्राही विवाह (Adoptive Marriage)—कभी–कभी जब किसी परिवार में पुत्र नहीं होता, तब वंश परम्परा चलाने के लिए दत्तक पुत्र रखा जाता है। इस पुत्र के साथ अपनी लड़की का विवाह कर दिया जाता है। परम्परा से जमाई पुत्र बन जाता है और इस प्रकार अपनी पत्नी के परिवार में रहता है। यह घर जमाई पद्धति है। वैसे देखा जाए तो दत्तक पुत्र होने के नाते जिसे वह अपनी पत्नी कहता है, वह उसकी बहन ही है, लेकिन ऐसे विवाह में लोग तर्क नहीं लगाते और न ही निकटाभिगमन–निषेध के नियम लगाते हैं। आज भी इंडोनेशिया तथा आधुनिक जापान में कुछ लोग दत्तक विवाह करते हैं। हिन्दुओं में भी विवाह करने की यह पद्धति प्रचलित है। राजस्थान के भील भी जहाँ वे हिन्दू जातियों के सम्पर्क में हैं, ऐसा विवाह कर लेते हैं।

(8) फर्जी विवाह (Fictive Marriage)—वैसे देखा जाए, तो दत्तक विवाह एक प्रकार से फर्जी विवाह है। फर्जी इस अर्थ में कि जो जमाई है, वह वास्तव में दत्तक पुत्र है। फर्जी विवाह का चरम दृष्टान्त हमें नूएर (Nuer) में मिलता है। मिस्र की नील नदी के उत्तरी भाग में रहने वाली नूएर जन–जाति में जब किसी आदमी की हत्या होती है, और इस इत्या के फैसले के अनुसार हत्यारा पशु देकर समझौता कर लेता है, तो इस प्रकार से दिए गए पशु से प्राप्त होने वाले धन से किसी लड़की से विवाह कर दिया जाता है जिससे मृत व्यक्ति की वंश परम्परा चलती रहे। होबेल ने फर्जी विवाह पर बहुत सीमित आधार पर सामग्री दी है। हमारे देश में फर्जी विवाह के दृष्टान्त देखने को नहीं मिलते।

(9) हठात विवाह (Marriage by Intrusion)—यदि एक लड़की किसी लड़के से प्रेम करती है और जबरदस्ती लड़के के घर में घुस जाती है तो उसे हठात विवाह कहते हैं। इसमें लड़के की इच्छा के विपरीत लड़की द्वारा किए गए विवाह को कुछ जन–जातियों में अनादर विवाह भी कहा जाता है। इस विवाह में लड़की लड़के के घर वालों को इच्छा के विपरीत विवाह करती है।

जब लड़की लड़के के घर में इस प्रकार घुस जाती है, तो उसे कठोर यातनाओं का सामना भी करना पड़ता है। लेकिन वह उस घर में जमी रहती है। अन्त में उसका विवाह कर दिया जाता है। संस्थालों में इस विवाह को निर्बोलोक बाप्ला कहा जाता है। इस जन–जाति में लड़की पछावी अर्थात् चावल की बनी शराब को लेकर लड़के के घर में जाकर रहती है। यहाँ लड़की को बड़ी यातनाएँ सहनी पड़ती हैं। घर में लोग मिर्च का धुआं करते हैं और भी कई कष्ट दिए जाते हैं। यदि लड़की इन सब कष्टों और कठिनाइयों को धैर्यपूर्वक सहन कर लेती है, तो उसका विवाह कर दिया जाता है। दक्षिणी भारत के कमार इस विवाह को पैठू कहते हैं। यदि लड़के–लड़की में प्रेमाचार हो रहा हो, और यदि लड़की को गर्भ रह जाए, तो इस स्थिति में भी वह अपने प्रेमी के घर में घुस कर बैठ सकती है। कमारों में यदि अविवाहित लड़की घर में घुस जाती है

तो इसे सामान्य समझा जाता है, पर यदि विवाहित स्त्री इस प्रकार घर में घुस जाती है, तो बड़ी समस्या उठ खड़ी होती है।

(10) परीक्षा विवाह (Marriage by Trial)—परीक्षा विवाह वस्तुतः शक्ति–परीक्षण विवाह है। इस विवाह में इच्छुक युवकों के साहस और बल की परीक्षा ली जाती है। जन–जातियों का जीवन सामान्यतया कठिनाइयों से भरा रहता है। ऐसी स्थिति में जन–जातीय लड़कियाँ ऐसे नवयुवकों से विवाह करना चाहती हैं जो शक्तिशाली और ताकतवर हों। इस विवाह का दृष्टान्त गुजरात की भील जन–जाति है। होली के त्यौहार के दिनों में ये भील गाँव के बीच में एक पेड़ या खम्भे के चारों ओर मिल कर नाचते हैं। नाचने वाले भील युवक विवाह के इच्छुक होते हैं। बीच खम्भे या वृक्ष पर गुड़ के साथ नारियल बाँध दिया जाता है। इसके चारों ओर लड़के–लड़कियाँ नाचते हैं। अन्दर के घेरे में लड़कियाँ होती हैं और बाहर के घेरे में लड़के। जोर से ढोल बजता है। शक्ति परीक्षण प्रारम्भ होता है। युवक लड़कियों के घेरे को तोड़कर खम्भे पर चढ़कर नारियल और गुड़ लाने का प्रयास करते हैं। लड़कियाँ पूरा दम लगाकर युवकों को अन्दर आने से रोकती हैं। अपने इस प्रयास में लड़कों के कपड़े फाड़ देती हैं। इस सब बावजूद भी यदि कोई युवा गुड़ और नारियल को उतार लाता है, तो वह शक्ति परीक्षण में सफल माना जाता है। अन्दर के घेरे की लड़कियों में से एक लड़की को वह अपनी पत्नी के रूप में वरण कर लेता है।

(11) विनिमय (अदला-बदली) विवाह (Marriage by Barter)—विवाह की बहुत बड़ी समस्या जीवन साथी प्राप्त करना है। डेविस ने विवाह के वर्गीकरण के लिए जिन आधारों को रखा है, उनमें विनिमय–विवाह भी एक है। इसके अन्तर्गत डेविस ने वधू–मूल्य, वर–मूल्य और समान विनिमय को सम्मिलित किया है। वधू–मूल्य और इसके विकल्प में विनिमय विवाह आदि का उल्लेख हमने विवाह साथी के चुनाव में किया है। डेविस का मुख्य बिन्दु यह है कि विवाह को हम वधू–मूल्य, वर–मूल्य या समान विनिमय के आधारों पर भी बाँट सकते हैं।

विवाह की आयु (Age at Marriage)

विवाह के किसी भी विवेचन में विवाह की आयु का उल्लेख होना बहुत ही आवश्यक है। इसमें हमारी रुचि जनांकिकीय दृष्टि से है। विवाह की आयु का बहुत बड़ा सम्बन्ध उर्वरता से है। हमारे देश में सरकार ने हिन्दू विवाह अधिनियम, 1955 में लड़के और लड़की के विवाह की आयु क्रमशः (18) 21 और (15) 18 वर्ष रखी है। इससे पूर्व किया गया विवाह इस अधिनियम का उल्लंघन है। जन–जातियों में विवाह की आयु को निर्धारित करने के लिए कोई ऐसा अधिनियम नहीं है, लेकिन ऐसा लगता है कि कम से कम लड़के के लिए विवाह की आयु हिन्दू लड़कों से ज्यादा होती है। हरिश्चन्द्र उप्रेती (*भारतीय जन–जातियाँ,* 1970) ने कुछ विशिष्ट जन–जातियों में विवाह की औसत आयु को प्रस्तुत किया है। उनकी इस तालिका को हम यहाँ देते हैं—

विवाह की आयु

जन–जातियाँ	विवाह की आयु	
	लड़की	लड़का
गड़ासिया	14 से 18 वर्ष	18 से 24 वर्ष
भोटिया	15 वर्ष से ऊपर	20 वर्ष से ऊपर
तंग्सा	15 से 20	25 से 30
डारू	10 से 12	12 से 14
भील	15 से 20 वर्ष तक	20 से ऊपर
संथाल, मुंडा	9 से 10 वर्ष तक	12 से 13 वर्ष
नागा व कुकी	15 से 20 वर्ष तक	18 से 25 वर्ष तक

भारतीय जन–जातियों ने कृषि को अब अपना मुख्य व्यवसाय बना लिया है। इस स्थिति में यहाँ विवाह की आयु का निर्धारण व्यवसाय की प्रकृति के अनुसार ही होता है। लड़का या लड़की कृषि–कार्य करने की शारीरिक अवस्था जब प्राप्त करते हैं, तभी जन–जातियों में विवाह की आयु मान ली जाती है। उदाहरण के लिए भीलों में लड़के का विवाह करने की आयु तब समझी जाती है जब वह स्वयं हल चला सके, कृषि के सरल और कठिन काम कर सके। लड़की के विवाह की आयु भी वही है जब वह कृषि के छोटे–बड़े कार्य ठीक तरह से कर सकती हो, जैसे फसल को पानी पिलाना, गुड़ाई करना, जंगल से लकड़ी लाना, पशुओं की देखभाल करना आदि। अतः शारीरिक विकास विवाह की आयु की बहुत बड़ी कसौटी है। जन–जातियों में प्रायः उन लड़कियों के साथ विवाह पसन्द नहीं किया जाता जो परिवार के लिए भार रूप बन जाए।

विवाह सम्बन्ध की सुदृढ़ता (Rigidity of Marriage Relation)

जन–जाति विवाह की एक विशेष प्रकृति है जो उसे गैर जन–जाति विवाह से भिन्न करती है। जन–जातियों में विवाह का सिद्धांत या उसका लक्ष्य बहुधा अर्थाश्रित होता है। पिता के लिए लड़की एक सम्पत्ति है, जिसे वधू–मूल्य के बदले में विवाह में दिया जाता है। ऐसे विवाह में लगता है कि किसी वस्तु को जैसे बेचा जा रहा हो। लड़के का पिता भी विवाह में लड़की लाते समय इन्हीं आर्थिक मूल्यों पर विचार करता है। इन विवाहों में यौन–आकर्षण पारिवारिक पृष्ठभूमि आदि बातें गौण स्थान रखती हैं।

जन–जातियों में विवाह एक सामाजिक–आर्थिक संविदा है, हिन्दू विवाह की तरह धार्मिक संस्कार नहीं होते। धार्मिक संस्कार होने के कारण सिद्धान्त रूप से हिन्दुओं में विवाह अविच्छेद है। जन–जातियों में विवाह के साथ ऐसी कोई धार्मिक भावना नहीं होती। उनमें तो केवल एक संविदा है जिसे आर्थिक लेन–देन के आधार पर निश्चित किया जाता है। समाज से ऐसे सम्बन्ध को मान्यता प्राप्त है। जन–जातीय

विवाह की इस विशिष्ट प्रकृति के कारण विवाह में अस्थिरता अधिक आ जाती है। उनमें विवाह–विच्छेद का प्रतिशत अधिक होता है।

विवाह-विच्छेद (Divorce)

जन–जातियों में विवाह–विच्छेद सामान्य बात है। विवाह विच्छेद की एक विशेषता यह है कि पति–पत्नी दोनों में से कोई भी विवाह–विच्छेद कर सकता है। इस सम्बन्ध में हांबहाऊस, हबीलर तथा जिन्सबर्ग के अनुसंधानों का उल्लेख आवश्यक है। उनके अध्ययन की 271 जन–जातियों में केवल 4 प्रतिशत जन–जातियों में विवाह–विच्छेद निषिद्ध है, 24 प्रतिशत जन–जातियों में इसकी अनुमति कुछ निश्चित स्थितियों में है और 72 प्रतिशत जन–जातियों में पति–पत्नी की पारस्परिक सलाह से विवाह–विच्छेद हो सकता है। मुरडोक ने 250 जन–जातियों में से 40 जन–जातियों का विशेष अध्ययन किया है। इन 40 जन–जातियों में से 30 जन–जातियों में पति–पत्नी दोनों को ही विवाह–विच्छेद का अधिकार है। केवल छह प्रतिशत जन–जातियों में पुरुषों को विवाह–विच्छेद के विशेष अधिकार प्राप्त हैं और चार में पुरुषों की अपेक्षा स्त्रियों को विशेष अधिकार दिए हुए हैं।

जिन समाजों में स्त्रियों का स्थान पुरुषों की तुलना में ऊँचा स्थिर होता है, उनमें स्त्रियों को विवाह–विच्छेद के विशेष अधिकार प्राप्त होते हैं। जहाँ पुरुषों का स्थान ऊँचा होता है, वहाँ स्त्रियों के विवाह–विच्छेद के कम अधिकार होते हैं। विवाह–विच्छेद बिना कारण के नहीं हुआ करता। पति का निर्दयी होना या पति–पत्नी दोनों में से किसी एक का दुश्चारित्र होना, बांझपन, नपुंसकता आदि कई तथ्य विवाह–विच्छेद के कारण हो सकते हैं।

खासी जन–जाति में स्त्री के व्यभिचारी होने, बांझ और भ्रष्ट होने पर विवाह–विच्छेद किया जा सकता है। कभी–कभी विवाह–विच्छेद के लिए इच्छुक व्यक्ति को क्षति–पूर्ति के रूप में कुछ धनराशि भी देनी पड़ती है। खासी जन–जाति में एक बार विवाह टूटने के बाद पुनः पति–पत्नी के विवाह–सूत्र में बन्धने की सम्भावना नहीं रहती। विवाह–विच्छेद का संस्कार जन–जातीय पंचायत या स्वजनों के सम्मुख होता है, बच्चों के पालन–पोषण का भार माता–वहन करती है।

लूसेई जन–जाति में विवाह–विच्छेद और भी सरलता से होता है। जब पति अपनी पत्नी को निकाल देता है, तो उसे वधू–मूल्य का भुगतान उसी समय करना पड़ता है। दूसरी ओर यदि पत्नी पति से विच्छेद करना चाहती है, तो उसे तत्काल पति द्वारा दी गई वधू–मूल्य की राशि को लौटाने की व्यवस्था करनी पड़ती है। जिन व्यक्तियों में विवाह–विच्छेद हुआ है, उनका पुनः विवाह–सूत्र में बन्धना सम्भव है।

गौंड जन–जाति में पति–पत्नी दोनों में से कोई भी दूसरे पक्ष से दाम्पत्य च्युति (Infidelity), गृहकार्य में लापरवाही, बांझपन और झगड़ालू व्यवहार पर विवाह का विच्छेद कर सकता है, लेकिन इसमें एक शर्त है। पत्नी विवाह–विच्छेद के बाद यदि दूसरे व्यक्ति को अपना पति बनाती है, तो उसे पहले वाले पति को वधू–मूल्य की रकम चुकानी पड़ती है। मुड़िया, गौंड में विवाह–विच्छेद इससे भी सरल है। प्रायः स्त्रियाँ

अपने पतियों को छोड़ देती हैं और जन–जातीय पंचायत क्षतिपूर्ति की रकम निर्धारित करके विवाह–विच्छेद को नियमित कर देती हैं।

खड़िया जन–जाति में भी पति–पत्नी दोनों में से कोई भी एक दाम्पत्य च्युति, स्त्री के बांझपन और आलसीपन पर विवाह–विच्छेद कर सकता है। राजस्थान के भीलों में भी विवाह–विच्छेद सरलता से किया जा सकता है। यदि पति की ओर से विवाह–विच्छेद होता है, तो पत्नी को कुछ भी नहीं देना पड़ता, लेकिन यदि पत्नी विवाह–विच्छेद करती है तो उसे वधू–मूल्य में प्राप्त हुई धन राशि लौटानी पड़ती है।

जन–जातियों में विवाह–विच्छेद कोई विशेष घटना नहीं है। अतः विवाह–विच्छेद की सामान्यतया से विवाह की संस्था की सुदृढ़ता अवश्य कमजोर हो जाती है। बच्चों का पालन–पोषण और समाजीकरण बिगड़ जाता है। आज जन–जातियों में जो नया नेतृत्व आ रहा है, वह इस बात की बराबर माँग कर रहा है कि जन–जातियों की इन सामाजिक संस्थाओं के सुधार के लिए एक सामाजिक विधान बनाना चाहिए।

पुनर्विवाह की सम्भावना (Probability of Remarriage)

विवाह के वर्गीकरण का एक और आधार पुनर्विवाह है। पुनर्विवाह का प्रश्न दो स्थितियों में उठता है—या तो विवाह–विच्छेद हो जाए या पति–पत्नी में से किसी एक की मृत्यु हो जाए। जन–जातियों में इन दोनों स्थितियों में पुनर्विवाह होता है। विवाह–विच्छेद होने के बाद पति–पत्नी दोनों ही पुनर्विवाह कर सकते हैं। समाज इसमें कोई बुराई नहीं देखता। इसी तरह मृत्यु के बाद भी पुनर्विवाह की कोई समस्या नही है। दूसरी ओर यदि कोई व्यक्ति पुनर्विवाह नहीं करता, तो इससे उसकी प्रतिष्ठा को ठेस पहुँचती है।

विवाह साथी का प्रकार (Types of Marriage Partner)

सामान्यतया विवाह साथी दो प्रकार के होते हैं, पति या पत्नी। जन–जातियों में हिन्दू जातियों की तरह रखैल रखने की परम्परा नहीं है। उनमें तो रखैल रखने की अपेक्षा विवाह ही कर लिया जाता है। जिन समाजों में बहुपत्नी–विवाह होता है, उनमें पत्नियों की प्रतिष्ठा के सोपान बने होते हैं। पहली पत्नी मुख्य पत्नी होती है और बाद की पत्नियों का दर्जा क्रमशः घटता जाता है।

पिछले पृष्ठों में हमने डेविस द्वारा दिए गए आधारों पर विवाह का वर्गीकरण किया है। इस विवेचन से स्पष्ट है कि विवाह का कोई एक ही वर्गीकरण नहीं हो सकता। वर्गीकरण का प्रकार उन आधारों पर निर्भर है, जिन्हें हम स्वीकार करते हैं। डेविस ने विवाह के वर्गीकरण का एक मॉडल रखा है। इस आधार पर हम विवाह के 9 प्रकार बना सकते हैं। लेकिन डेविस का यह मॉडल अपने आप में पूर्ण हो, ऐसा नहीं है। इसकी आलोचनाएँ भी हुई हैं। वास्तव में वर्गीकरण के किसी भी मॉडल की सबसे बड़ी विशेषता यह होनी चाहिए कि वह संसारभर की सभी जन–जातियों के विवाह के प्रकारों को अपने में समाहित कर सके।

वैवाहिक व्यवहार (Marriage Practices)

प्रत्येक समूह में विवाह की संस्था के साथ समाज द्वारा निर्धारित कुछ संस्कार और व्यवहार सम्बद्ध होते हैं। हिन्दुओं में विवाह को एक धार्मिक कार्य माना जाता है। इसके संस्कार गणेश मुहूर्त से लेकर, बारात, सप्तपदी और वधू के गृह प्रवेश तक होते हैं। इन संस्कारों का परिपालन दाम्पत्य सुख के लिए आवश्यक माना जाता है। मुसलमानों में भी विवाह के समय काजी निकाह पढ़ता है। ईसाइयों में गिरजाघर में विवाह के संस्कार पूरे किए जाते हैं। जन–जातियों में भी इसी प्रकार के विवाह–सम्बन्धी व्यवहार होते हैं। यह बहुत स्पष्ट है कि जन–जातियों में विवाह धार्मिक कार्य नहीं है और इसीलिए हमने इस खंड का शीर्षक न रखकर व्यवहार रखा है, लेकिन यह कहना गलत होगा कि जन–जातियों के विवाह में देवी–देवता का कोई उल्लेख नहीं होता। प्रत्येक जन–जाति के टोटम होते हैं—स्थानीय देवी–देवता होते हैं और विवाह के अवसर पर इन पूर्वजों, टोटमों और देवी–देवताओं की उपासना की जाती है।

वधू-मूल्य (Bride Value)—लगभग सभी जन–जातियों में वधू–मूल्य की प्रथा है। अधिमान्य विवाह में वधू–मूल्य की कोई रस्म नहीं की जाती। वधू–मूल्य निश्चित करने से पहले भावी पति–पत्नी का वरण हो जाता है। उत्तराखण्ड के उत्तर–पश्चिम इलाके में रहने वाली भोट जन–जाति में सामान्यतया विवाह साथी पसन्द करने में माता–पिता का हस्तक्षेप कम होता है। इन लोगों में घोटुल व्यवस्था है जिसे ये रंग–बंग कहते हैं। रंग–बंग के माध्यम से होने वाले विवाहों में सर्वप्रथम लड़का–लड़की अपने विवाह साथी का वरण करते हैं। युवक अपनी आर्थिक स्थिति के अनुसार युवती को धन भेजता है। जब युवती इस धन राशि को स्वीकार कर लेती है, तो इसका अर्थ है उसे यह विवाह–सम्बन्ध स्वीकार है।

थारू जन–जाति में वधू–मूल्य निश्चित करने का उत्सव दिखनौरी से संबंधित है। लड़की के निकट स्वजन लड़के के गाँव जाते हैं और मध्यस्थ व्यक्ति द्वारा, जिसे मांजपतिया कहते हैं, लड़के के परिवार से परिचय करते हैं। इस अवसर पर एक–दूसरे की आर्थिक स्थिति स्पष्ट की जाती है। इसके बाद जब दोनों पक्ष सहमत हो जाते हैं, तो कन्यापक्ष वाले लड़के को कुछ रुपए भेंट करते हैं। यह दिखनौरी है। अर्थ हुआ दोनों पक्षों का एक–दूसरे को देखना। इसके बाद लड़के का पिता गाँव के कुछ सयानों तथा मांजपतिया के साथ लड़की के गाँव जाता है और वधू–मूल्य के रूप में लड़की की माँ को उसके दूध का मूल्य भेंट करता है।

संथाल जन–जाति बंगाल, उड़ीसा में कटक के निकटवर्ती स्थानों, बिहार में पलामू, हजारीबाग, राँची और संथाल परगना में पाई जाती है। इस जन–जाति में विवाह को बाप्ला कहते हैं। ये लोग अपने ही वंश अर्थात् पारिश में विवाह नहीं करते। उनमें वरण की दृष्टि से विवाह दो प्रकार के होते हैं। पहला विवाह वह है जो मध्यस्थ अर्थात् रैबर द्वारा तय किया जाता है और दूसरा वह जो रैबर की सहायता बिना स्वयं लड़के–लड़की के माता–पिता द्वारा निश्चित होता है। पहले विवाह को रैबर बाप्ला कहते हैं। रैबर बाप्ला के लड़के का पिता कुछ सयानों को साथ लेकर लड़की के गाँव

जाता है। समस्त ग्रामवासी लड़की के वरण की सूचना से अवगत कराए जाते हैं। जब लड़के का पिता लड़की के घर पहुँचता है, तो लड़की के माता–पिता तथा स्वयं लड़की मेहमानों के पैर धोती है। इसके बाद भोजन होता है। इस अवसर पर लड़के का पिता सबकी उपस्थिति में विवाह की स्वीकृति देता है।

विवाह की स्वीकृति के बाद जंवाई धोती संस्कार होता है। किसी शुभ दिन लड़के का पिता लड़की के गाँव जाता है। इस अवसर पर लड़की का पिता लड़के के लिए नई पोशाक तथा कुछ धनराशि भेंट करता है। रात को मद्यपान का आयोजन किया जाता है। संथाल में वधू–मूल्य की धनराशि अधिक नहीं होती। प्रारम्भ में केवल चावल दिए जाते हैं। अब नकद रुपया देने का चलन है। इस संस्कार को टकाचल कहते हैं।

देश के उत्तर–पूर्वी सीमा प्रदेश में रहने वाली डफला जन–जाति में बहुपत्नी–विवाह प्रचलित है। इसका कारण शायद यह रहा हो कि अधिक पत्नियाँ कृषि में सहायक होती हैं। पर वधू–मूल्य की धनराशि अधिक होने से केवल सम्पन्न लोग ही बहुपत्नी–विवाह कर सकते हैं। दूसरी ओर परिवार में अधिक लड़कियों का होना अच्छा समझा जाता है। कन्याएँ वधू–मूल्य के रूप में परिवार को आय देती हैं। लड़के या लड़की के माता–पिता ही विवाह के बारे में निर्णय लेते हैं। वधू–मूल्य दोनों पक्षों के व्यक्तियों द्वारा निश्चित किया जाता है। इसमें कोई उत्सव नहीं मनाया जाता। सामान्यतया वधू–मूल्य की रकम किस्तों में दी जाती है। पूरी किस्तें चुकने के बाद ही लड़की ससुराल में जाकर रहती है।

भीलों में वधू–मूल्य की रकम दोनों पक्ष मिल कर तय करते हैं। यह निर्णय लड़के के घर लिया जाता है। इस अवसर पर उपस्थित लोगों में बकरे का माँस और शराब बाँटी जाती है। वधू–मूल्य की रकम किस्तों में दी जाती है। हाल में भीलों में वधू–मूल्य की रकम बढ़ गई है। इस जन–जाति में पिछले कुछ वर्षों से सुधार आंदोलन चल रहा है। इसे भगत आंदोलन कहते हैं। वस्तुतः यह आंदोलन अपनी प्रकृति में सामाजिक–धार्मिक है। इस आंदोलन ने वधू–मूल्य को समाप्त करने पर बराबर जोर दिया है। भील भगत वधू–मूल्य न तो स्वीकार करते हैं न देते ही हैं।

हो जन–जाति में वधू–मूल्य की रकम बहुत बड़ी होती है। इस रकम का भुगतान नकद और पशु–धन के रूप में किया जाता है। वधू–मूल्य को दोनों पक्ष मिलकर निश्चित करते हैं। वधू–मूल्य निश्चित करने के अवसर पर चावल की शराब दी जाती है।

राजस्थान की गरासिया जन–जाति में भी वधू–मूल्य देने का चलन है। यह रकम वर की आर्थिक स्थिति को देख कर 50 रुपए से 250 रुपए तक होती है। कभी–कभी नकद रुपए के स्थान पर मवेशी भी दिए जाते हैं।

मंडप (Mandap)—विवाह के आचारों में विभिन्न जन–जातियों में बहुत कम समानता है। मोटे रूप में तीन उत्सव ऐसे हैं जिनका विवेचन आवश्यक है। सभी जन–जातियों में वधू–मूल्य किसी न किसी उत्सव से जुड़ा हुआ होता है। दूसरा आचार मंडप निर्माण है और तीसरा विवाह–बन्धन जिसे हिन्दुओं में सप्तपदी कहते हैं।

खोंड जन–जाति में वधू और उसके पक्ष के लोग वर के गाँव में विवाह के लिए जाते हैं। हौ जन–जाति में भी वधू को उसकी सहेलियों के साथ वर के गाँव तक छोड़ दिया जाता है। तारकचन्द दास तथा डाल्टन ने हौ विवाह के विवरण में बताया है कि यह विवाह वर के स्थान पर होता है। थारू, संथाल, भील, डफला जन–जातियों में वर वधू के स्थान पर विवाह के लिए जाता है।

मंडप वह स्थान है जहाँ विवाह का उत्सव मनाया जाता है। मंडप शब्द मूलतः संस्कृत का है। राय की आधार सामग्री से ज्ञात होता है कि मुंडा जन–जाति में वर और वधू दोनों के मकानों पर मिट्टी का एक चौका मंडप के लिए बनाया जाता है। इसे वे मंडोआ कहते हैं। इस मंडप के चारों कोनों पर खम्भे गाड़े जाते हैं जिनके चारों ओर सूत के धागे बाँधे जाते हैं। चारों कोनों में साल पेड़ के पौधे रोपे जाते हैं। संथाल जन–जाति में जैसा कि ब्रेडले बिर्ट (Bradley Birt) का कहना है—"कोई पंडाल नहीं होता।" विवाह खुले चौगान में किया जाता है, लेकिन विश्वास का संथाल विवाह–सम्बन्धी जो विवरण हमें प्राप्त है, उसके अनुसार इस जन–जाति में मंडप बनाया जाता है। इसे वे माँडवा कहते हैं। मंडप के खम्भों को वे मांडवाखूंटी कहते हैं। मुख्य खम्भे के पास महुआ वृक्ष की शाखाएँ रखी जाती हैं। मजूमदार के विवरण के अनुसार ही जन–जाति में विवाह के लिए व्यवस्थित रूप से मंडप बनाया जाता है। गों जन–जाति में मंडप के मध्य सलाई वृक्ष का एक बड़ा खम्भा खड़ा किया जाता है। इस खम्भे को गोंड भंवर कहते हैं। भीलों में मंडप के चारों खम्भे जामुन–वृक्ष के होते हैं। इन खम्भों के ऊपर बाँस डाले जाते हैं। यह एक महत्त्वपूर्ण बात है कि भील बेर के वृक्ष का बड़ा आदर करते हैं, लेकिन इस वृक्ष या इसके पत्ते को मंडप में कोई स्थान नहीं दिया जाता। कोल जन–जाति में मंडप को मरहवा कहा जाता है। यह मंडप नौ खम्भों से बना होता है। केन्द्र के खम्भे को बहुत पवित्र समझा जाता है और इसे मगरोहन कहते हैं।

विवाह बंधन आचार (Marriage Practices)—हौ, ओरांव, मुन्डा और संथाल में विवाह बन्धन में बंधने का आचार वर–वधू द्वारा एक–दूसरे के सिर पर सिंदूर लगाने द्वारा होता है। भील, कोल और गौंड में यह आचार भंवर या फेरों द्वारा पूरा किया जाता है। गौंड में भंवर की संख्या नौ है जो हिन्दुओं के सप्तपदी संस्कार की तरह है। मुंडाओं में इस संस्कार को सिंदूरी रक्ब कहते हैं।

विभिन्न जन–जातियों में विवाह के आचरण को लेकर बहुत बड़ी विभिन्नताएँ हैं, लेकिन ऊपर के विवरण से यह स्पष्ट है कि अधिकांश जन–जातियों में वधू–मूल्य का चलन किसी न किसी रूप में पाया जाता है। इसी तरह मंडप तथा विवाह बन्धन में बंधने के भी कुछ न कुछ आचार अवश्य होते हैं—इनके अभाव में विवाह की रस्म पूरी नहीं मानी जाती। इसीलिए जन–जातियाँ इन रिवाजों का परिपालन करती हैं। संचार और आधुनिकीकरण की प्रक्रियाओं के परिणामस्वरूप इन रीति–रिवाजों में परिवर्तन आ रहे हैं। वधू–मूल्य प्रथा समाप्त हो रही है या उसकी रकम कम हो रही है। मंडप के उत्सव पर ब्राह्मण बुलाया जाने लगा है। ये परिवर्तन हिन्दू प्रभाव की ओर इंगित करते हैं।

जन–जातियों के विवाह के आचार का यह विवरण अधूरा होगा, यदि हम इन समूहों में पाई जाने वाली विवाह प्रणालियों का उल्लेख नहीं करते। देश की सभी जन–जातियों की विवाह प्रणालियों का पृथक–पृथक वर्णन करना बहुत कठिन होगा। अतः हम मातृसत्तात्मक प्रथा वाली जन–जातियों का यहाँ विवरण देंगे। यह विवरण देश की जन–जातियों में पाई जाने वाली विवाह प्रणालियों का लगभग प्रतिनिधित्व करेगा।

कुछ जन-जातियों की विवाह प्रणाली (Marriage System in Some Tribals)
इस खण्ड में हम एक विवाह प्रथा वाली संथाल जन–जाति, बहुपत्नी–विवाह प्रथा वाले भील और मातृसत्तात्मक विवाह वाली गारो जन–जाति में पाई जाने वाली विवाह प्रणालियों का तुलनात्मक विवरण प्रस्तुत करेंगे।

संथाल (Santhal)

संथालों में विवाह को बाप्ला कहते हैं। बाप्ला–विवाह के दो प्रकार होते हैं—

1. रैबर बाप्ला—रैबर बिचौलिया को कहते हैं, जिसके माध्यम से विववाह संबंध निश्चित किए जाते हैं।
2. माता–पिता द्वारा व्यवस्थित विवाह।

संथाल अपने गोत्र में विवाह नहीं करते। इसी तरह वे गैर–संथाल के साथ भी विवाह सम्बन्ध नहीं जोड़ते। रैबर बाप्ला में लड़के तथा लड़की के परिवारों को एक–दूसरे के निकट लाने और बातचीत कराने का काम रैबर अर्थात् बिचौलिया करता है। जब लड़की का पिता विवाह सम्बन्ध करने के लिए सहमत होता है, तो रैबर उसे लड़के वाले के गाँव ले जाता है। यहाँ पर लड़की का पिता लड़के के परिवार के प्रत्यक्ष संपर्क में आता है। इसके बाद लड़के का पिता भी रैबर के माध्यम से लड़की के यहाँ जाता है। दोनों पक्षों के माता–पिता जब सहमत हो जाते हैं, तो किसी उत्सव या त्यौहार पर लड़के–लड़की के मिलने की व्यवस्था की जाती है।

किसी शुभ दिन लड़के का रैबर तथा अपने नातेदारों के साथ कन्या के गाँव जाता है। कन्या का पिता अपने गाँव के मुखिया के साथ लड़के के पिता का स्वागत करता है। उनके घर पहुँचने पर कन्या तथा उसके माता–पिता उपस्थित अतिथियों के पैर धोते हैं। इसका अर्थ होता है कि लड़के वालों ने कन्या को विवाह के लिए स्वीकार कर लिया है।

जंवाई धोती तथा बहुबन्धी उत्सव—विवाह की स्वीकारोक्ति के बाद कन्या का पिता गाँव के मुखिया तथा अन्य स्वजनों के साथ लड़के के गाँव जाता है। वहाँ वर का पिता उनकी अगवानी के लिए आता है तथा सभी अतिथियों को आतिथ्य देता है। कन्या का पिता जंवाई को धोती तथा अन्य पोशाक देता है। साथ में कुछ रुपया भी भेंट करता है। इस उत्सव को जंवाई धोती संस्कार कहते हैं।

जंवाई धोती होने के बाद वर पक्ष के लोग कन्या के घर पहुंचते हैं और भावी ससुर कन्या को नए वस्त्र तथा चूड़ियाँ पहनाता है। इसे बहुबन्धी कहते हैं।

टकाचल (Takachal)—वधू–मूल्य को निर्धारित करना तथा इसकी अदायगी को टकाचल दस्तूर कहते हैं। इस उत्सव के बाद विवाह की तिथि निश्चित की जाती है। संथालों में वैशाख अथवा फाल्गुन के महीनों में विवाह करना पसन्द किया जाता है। उनमें यह परम्परा है कि जिस माह में वे लड़का–लड़की पैदा होते हैं, उसमें उनका विवाह नहीं किया जाता। अतः यदि किसी लड़के का जन्म वैशाख अथवा फाल्गुन में होता है, तो उसका विवाह किन्हीं अन्य महीनों में किया जाता है। विवाह की तिथि निश्चित करने की संथालों में एक विशेष परम्परा है। वर का पिता किसी सादे कपड़े में प्रतिदिन की एक गाँठ के हिसाब से गाँठें लगाकर रैबर के हाथों कन्या के पिता के पास भेजता है। कन्या का पिता यदि विवाह की प्रस्तावित तिथि को घटाना–बढ़ाना चाहता है तो कपड़े की गाँठों को कम–ज्यादा कर देता है। इसके बाद वह रैबर द्वारा गाँठों के कपड़े को लौटा देता है। इस प्रकार विवाह की तिथि निश्चित की जाती है।

मंडप (Mandap)—मंडप की स्थापना विवाह के एक या दो दिन पहले होती है। मंडप वर और वधू दोनों के घरों में बनाए जाते हैं। मंडप के खम्भों को मंडप खूँटी तथा इसे बनाने वाले को मंडप कौर कहते हैं। मंडप के केन्द्र में महुआ की टहनी लगाई जाती है। गाँव की कुंवारी कन्याएँ हल्दी के पौधों की पाँच जड़ें, धान की पाँच बाली तथा पाँच पैसे एक गड्ढे में डालती हैं, जिसे अविवाहित लड़के बनाते हैं।

विवाह के निश्चित दिन बारात कन्या के घर आती है। गाँव के छोर पर कन्या का पिता अन्य नातेदारों के साथ बारात का स्वागत करता है। घर पहुँचने पर कन्या की माँ तथा चाची वर को घर ले जाती है। यहाँ वर का स्वागत कन्या की बहन अथवा चचेरी बहनें करती हैं। इधर कन्या का पिता बारातियों के भोजन की व्यवस्था करता है।

इसके बाद विवाह होता है। कन्या को एक टोकरी में बिठाया जाता है। इस टोकरी को कन्या के रिश्तेदार उठाते हैं। कन्या का सबसे बड़ा भाई पाँच बार बहन के माथे पर तिलक करता है तथा उसके सिर में चावल और गेहूँ रखता है।

भील जन–जाति में बहुपत्नी प्रथा का प्रचलन है। एक से अधिक पत्नी रखना प्रतिष्ठा और समृद्धि का प्रतीक है। वही व्यक्ति एक से अधिक पत्नियाँ रख सकता है जो वधू–मूल्य चुकाने की सामर्थ्य रखता हो। हिन्दुओं के सम्पर्क तथा आधुनिकीकरण की प्रक्रियाओं के परिणामस्वरूप भीलों की नई पीढ़ी में इस प्रथा का धीरे–धीरे लोप हो रहा है।

भील (Bhil)

भीलों में विवाह अपने गोत्र से बाहर तथा अपनी ही पाल में किया जाता है। अभील के साथ विवाह वर्जित है। पत्नी की मृत्यु के बाद साली से विवाह करना अधिमान्य समझा जाता है। इनमें देवर–भौजाई विवाह का प्रचलन भी है। लड़का तब विवाह के योग्य समझा जाता है, जब वह स्वयं खेती के काम–काज करने योग्य हो जाता है। अनिवार्य रूप से उसे हल चलाना आना चाहिए। लड़की के शारीरिक गठन पर अधिक जोर दिया जाता है। वह स्वस्थ होनी चाहिए जिससे कि घर का काम–काज कर सके।

विवाह में स्वजनों और भाँजगड़ियों की सहायता ली जाती है। लड़के का पिता अपने स्वजनों के साथ लड़की के गाँव जाता है। वहाँ वधू–मूल्य पर विचार किया जाता है। वधू–मूल्य की रकम निश्चित होने पर सम्बन्ध पक्का समझा जाता है।

वधू–मूल्य चुक जाने के बाद विवाह किया जाता है। लड़के की बारात अपने रिश्तेदारों के साथ लड़की के गाँव पहुँचती है। सभी पैदल चलते हैं। रास्ते भर बन्दूकें छोड़ी जाती हैं और थाली और ढोल बजाए जाते हैं। लड़की के गाँव पहुँचने पर, गाँव के छोर पर, बारात का स्वागत किया जाता है। बारात को लड़की के घर के पास के खेत के किसी पेड़ के नीचे ठहराया जाता है। रात को दारू–बकरा की दावत होती है। खूब शराब पी जाती है और भुने हुए चने खाने को दिए जाते हैं। रातभर संगीत और नाच चलते हैं। दूसरे दिन सुबह मंडप में बैठते हैं। गुजरात के भीलों में मंडप के पास में मुर्गी रखी जाती है। मुर्गी का बैठा रहना शुभ समझा जाता है। विवाह के उपरान्त मुर्गी को मार दिया जाता है। उसका माँस ग्राम देवी को चढ़ाया जाता है। इसके बाद भोजन में चावल दिए जाते हैं। भोजनोपरान्त बारात की वापसी होती है।

गारो (Garo)

गारो जन–जाति मातृसत्तात्मक है। सभी मातृसत्तात्मक परिवारों की तरह गारो जन–जाति में भी पुरुषों की तुलना में स्त्रियों के अधिकार अधिक होते हैं। वे अपने पति का चुनाव करती हैं। विवाह के बाद पत्नी अपने पति के यहाँ न जाकर अपने माता–पिता के पास ही रहती है और पति उसके पास आकर रहता है। दहेज पत्नी की ओर से नहीं वरन पति के माता–पिता द्वारा दिया जाता है। परिवार में पत्नी का प्रभुत्व रहता है।

इस जन–जाति में विवाह की दो प्रणालियाँ प्रचलित हैं। पहली प्रणाली वह है जिसमें विवाह का प्रस्ताव लड़की की ओर से आता है। लड़कियाँ जिस लड़के को चाहती हैं, उसके बारे में अपने अभिभावक तथा माता–पिता को बता देती हैं। अब माता–पिता और स्वजन उस लड़के को पकड़ने का प्रयास करते हैं। यदि वे सफल होते हैं, तो लड़के का अपहरण करके उसे अपने यहाँ ले आते हैं। लड़की उसके साथ एक कमरे में उसकी पत्नी की तरह रहती है। इस बात की बराबर देखभाल की जाती है कि लड़का कहीं भाग न निकले। यदि लड़का विवाह की स्वीकृति देता है, तो उसका विवाह सम्पन्न किया जाता है, लेकिन यदि वह स्वीकृति नहीं देता है और उसने लड़की के साथ कामाचार किया है तो उसे जुर्माने के रूप में रुपया देना पड़ता है। विवाह की स्वीकृति देने पर लड़का लड़की के घर ही रहता है।

गारो में विवाह की दूसरी प्रणाली वह है जिसमें लड़की को उसके मामा के यहाँ ले जाया जाता है। साथ में भोजन सामग्री भी होती है। मामा गाँव को दावत देता है। इस दावत में उस लड़के को भी आमन्त्रित किया जाता है जिसको लड़की ने पसन्द किया है। भोजन के बाद गाँव के लोग विसर्जित होते हैं। उस लड़के को वहीं रख लिया जाता है। यहाँ बराबर सावधानी रखी जाती है कि वह कहीं भाग न निकले।

गारो जन–जाति में दो तरह के पति होते हैं, नोक्रोम और चौबारी। माता–पिता की सम्पत्ति का उत्तराधिकार सबसे छोटी लड़की को होता है। इस लड़की को नोकडा डोना कहा जाता है। नोकडा डोना का पति नोक्रोम कहलाता है। इस लड़की के अतिरिक्त इसकी अन्य बहनों के पति चौबारी कहलाते हैं। नोक्रोम और चौबारी दोनों ही अपनी पत्नियों के यहाँ रहते हैं, लेकिन इनमें नोक्रोम की सामाजिक प्रतिष्ठा ऊँची होती है। नोक्रोम को अपनी सास के मोचाँग अर्थात आवास में रहने का अधिकार होता है। चौबारी उसमें नहीं रह सकते।

संथाल, भील, और गारो जन–जातियों में पाई जाने वाली विवाह प्रणाली का यदि हम तुलनात्मक विश्लेषण करें तो हमें कुछ महत्त्वपूर्ण बातें बहुत स्पष्टता से ज्ञात होंगी। इन जन–जातीय समूहों में वधू–मूल्य का प्रचलन है। ये समूह अपने गोत्र से बाहर विवाह करते हैं, लेकिन गैर–जन–जातीय समूह के साथ विवाह सम्बन्ध वर्जित है। गारो जन–जाति मातृसत्तात्मक होने के कारण संथाल और भील में भिन्न हैं। तीनों समूह विवाह के क्षेत्र में स्वजनों के पूर्ण सहयोग पर निर्भर है। इन समूहों में भी विवाह के आचार यथास्थिति में नहीं हैं। हिन्दू, ईसाई तथा आधुनिकीकरण के प्रभाव तीनों समूहों की विवाह प्रणाली से स्पष्ट हैं।

16

नातेदारी

(Kinship)

एक कहावत है—खून पानी से गाढ़ा होता है। इसका मतलब है, हमारे नातेदार, बान्धव और सगे–सम्बन्धी हमारे बहुत निकट होते हैं। जब कभी हम संकट में होते हैं, आपदाओं से घिरे होते हैं, तब हम सहायता के लिए अपने नातेदारों की ओर देखते हैं। खून का सम्बन्ध निकटता का सम्बन्ध होता है। मानवशास्त्री कहते हैं कि आदिम समाज नातेदारी सम्बन्धों का एक जटिल संस्थान है। यही लोगों को एक सूत्र में बाँधे रखता है। हमारे यहाँ तो गुजरात राज्य इसका बहुत अच्छा दृष्टान्त है। यहाँ का सम्पूर्ण समाज भाई और बहन में स्तरीकृत है। इस समाज में सम्बोधन का पद—भाई और बहन है, तीसरा और कोई नहीं। मतलब हुआ, सम्पूर्ण गुजराती समाज भाई–बहन यानी नातेदारी के सम्बन्धों से जुड़ा हुआ है।

इवान्स–प्रिचार्ड ने अफ्रीका की नूएर (Nuer) जनजाति में अनुसंधान कार्य किया है। वे कहते हैं कि इस समूह में इनके जीवन में नातेदारों का महत्त्वपूर्ण स्थान होता है। अगर आप किसी नूएर की सहायता चाहते हैं तो अपने आपको नूएर जनजाति के साथ जोड़ दीजिए। कहिए कि "पिता मैं बड़ी आपदा में हूँ, आप मेरी सहायता कीजिए।" बस नूएर के आप रिश्तेदार हो गए। वह उससे जो कुछ बनेगा, आपके लिए अवश्य करेगा। अगर आप अपने आपको नूएर के साथ नातेदार की तरह जोड़ते नहीं हैं, तब आप उसके लिए कुछ भी नहीं हैं।

भारत में इरावती कर्वे ने नातेदारी व्यवस्था पर बड़ा अधिकृत काम किया है। इस सम्बन्ध में उनकी पुस्तक—*किनशिप ऑर्गेनाइजेशन इन इंडिया* (*Kinship Organisation in India,* 1968) एक बहुत बड़ा दस्तावेज है। वे अपनी पुस्तक में भारत को चार नातेदारी भागों में बाँटती हैं। उनका कहना है कि जाति व्यवस्था और कुछ न होकर नातेदारी का विस्तार मात्र है। कुछ समाज वैज्ञानिकों की राय है कि यदि मानवशास्त्र के साहित्य से नातेदारी को हटा दिया जाए तो यह रीता हो जाएगा, इसमें कुछ भी नहीं बचेगा। सच्चाई यह है कि नातेदारी व्यवस्था मानवशास्त्र का एक अभिन्न

अंग है। एरिक्सन ने नातेदारी को मानवशास्त्र के केन्द्रीय स्थान देते हुए लिखा है—"कई आदिवासी समाजों में जटिल नातेदारी व्यवस्थाओं को देखकर मानवशास्त्रियों की पीढ़ियाँ हक्की–बक्की रह गई हैं। ऑस्ट्रेलिया में पाई जाने वाली नातेदारी व्यवस्था के बड़े विख्यात दृष्टान्त मिले हैं। ये आदिवासी परम्परा से शिकारी और फल–फूल बटोरने वाले रहे हैं। दुनिया में उनकी तकनीकी एकदम सामान्य रही है। उनमें न तो कोई धातुओं, आभूषणों का ज्ञान है और न ये पढ़ना–लिखना जानते हैं। यह सब होते हुए भी उनकी नातेदारी व्यवस्था इतनी जटिल है कि किसी बाहरी व्यक्ति को इसे समझने में कई वर्ष लग जाएंगे।" मानवशास्त्र में नातेदारी व्यवस्था का अध्ययन केन्द्रीय अध्ययन रहा है। 1940 के बाद के मानवशास्त्र के ब्रिटेन के विद्यार्थी तो व्यंग्य रूप में मानवशास्त्र को नातेदारी शास्त्र (Kinshipology) कहने लगे हैं। अब तक की स्थिति तो यहाँ तक है कि कई नामी–गिरामी मानवशास्त्री नातेदारी को ठीक से नहीं समझ पाए हैं।

मानवशास्त्र में नातेदारी व्यवस्था इतनी महत्त्वपूर्ण क्यों है? (Why is Kinship so Important in Anthropology?)

प्रश्न महत्त्वपूर्ण है। इसका उत्तर निम्न बिन्दुओं में रखा जा सकता है—

1. यह नातेदारों के सहयोग से ही है कि व्यक्ति अपना जीवनयापन करता है। परम्परागत व्यवसाय को नातेदारों के माध्यम से सीखा जाता है। व्यवसाय का जो हुनर है, वह नातेदारों से ही मिलता है। नातेदार ही व्यक्ति के भले–बुरे के बारे में सोचते हैं।
2. व्यक्ति के भविष्य को बनाने, सँवारने में नातेदारों का बड़ा योगदान है। आज हमारे देश में बेरोजगारी से पीड़ित गाँवों के लोग शहरों की ओर स्थानान्तरण करते हैं। गाँव का एक व्यक्ति जब अहमदाबाद पहुँचता है तो धीरे–धीरे अपने कई नातेदारों को अहमदाबाद बुला लेता है। राजस्थान के मारवाड़ियों में भी ऐसे ही दृष्टान्त देखने को मिलते हैं। अहमदाबाद या गुजरात में घर का काम करने वाले जो रामला होते हैं, वे वस्तुतः आदिवासी होते हैं जो नातेदारी व्यवस्था से जुड़े होते हैं।
3. नातेदारों के माध्यम से ही आदिवासियों में विवाह सम्बन्ध किए जाते हैं। नातेदारों द्वारा विवाह योग्य लड़के या लड़की की जो जानकारी दी जाती है, वह विश्वसनीय समझी जाती है।
4. जीवन में जन्म, विवाह, और मृत्यु के जो अवसर आते हैं, उनकी नातेदारी की निकटता और दूरी के आधार पर मान्यता दी जाती है। इसी भाँति मौत के आधार पर मान्यता दी जाती है। मौत के बाद शोक मनाया जाता है। उसकी अवधि भी नातेदारों की निकटता या दूरी पर निर्भर होती है।
6. नातेदारी आदिवासी समाज के सभी पहलुओं से जुड़ी होती है। आर्थिक व्यवस्था का प्रभाव नातेदारों में देखा जा सकता है। आम होने पर, नातेदारों को भेंट रूप

में आम दिए जाते हैं। यह बात मूँगफली, केला, पपीता आदि पर लागू होती है। नातेदारों का जुड़ाव, तिथि, त्यौहार आदि अवसरों पर भी देखने को मिलता है।

7. समाज का ढाँचा प्रत्येक स्थिति में नातेदारों के इर्द–गिर्द घूमता है।

प्रतिष्ठित समाजशास्त्री आई.पी. देसाई का तो कहना है कि परिवार और कुछ न होकर वृहद् सामाजिक सम्बन्धों का एक अंग मात्र है। वे कहते हैं कि नातेदारी का बुनियादी सम्बन्ध यद्यपि जैविकीय है, लेकिन इसका विस्तार बहुत विशाल है। श्नाइडर (Schnider) का भी कुछ ऐसा ही तर्क है कि नातेदारी खून से सम्बन्ध रखते हुए भी, सामाजिक और सांस्कृतिक है।

मानवशास्त्र में नातेदारी पर अनुसंधान का एक विशाल भंडार है। यह सामान्य मान्यता है कि आदिवासी जीवन के विभिन्न भागों के साथ नातेदार जुड़े हुए हैं। देखा जाए तो जन्म से लेकर मृत्यु तक, आदिवासी नातेदारों से जुड़ा रहता है, लेकिन यह समझना भूल होगी कि नातेदार हमेशा, सहायक ही होते हैं। उनमें संघर्ष नहीं होते हों, ऐसा नहीं है। जमीन, पानी आदि से जुड़े ऐसे कई मसले होते हैं, जो झगड़े पैदा करते हैं।

नातेदारी क्या है? (What is Kinship?)

मनुष्य स्तनी है। इस कथन का अर्थ है कि वह विनाशी है, वह यौन द्वारा प्रजनन करता है और क्योंकि उससे संतति उत्पन्न होती है, उन्हें इनका पालन–पोषण करना पड़ता है। इस संतति को समाज के मापन और मूल्य का प्रशिक्षण देना पड़ता है और मानव जीवन की विशाल सामाजिक संरचना में उचित स्थान प्रदान करना पड़ता है। जब मनुष्य विनाशी है, तो इसका अर्थ यह भी हुआ कि उसकी मृत्यु के बाद जनसंख्या में दूसरे लोगों को स्थान देना होगा। इस प्रकार प्रजनन के साथ–साथ सामाजिक सम्बन्धों की माँग भी सतत बनी रहती है। इन सामाजिक सम्बन्धों में मनुष्य जीवन में सक्षम अंग बनने के लिए एक ऐसी संस्थागत जाल की समाज में निरन्तर आवश्यकता रहती है जो आने वाली पीढ़ी को जाने वाली पीढ़ी के कार्य भार को संभालने के लिए प्रशिक्षित कर सके। इन जैविकीय और सामाजिक तथ्यों के सांस्कृतिक आयाम बहुत स्पष्ट हैं—प्रत्येक संस्कृति की अवधारणा और इस अर्थ का एक स्वरूप अपनी नई पीढ़ी के सामने रखती है और इस भाँति समाज में मापक और मूल्य की परम्परा थोड़े बहुत हेर–फेर के साथ बराबर बनी रहती है। सामाजिक मानवशास्त्र में इन सब तत्त्वों को बन्धुत्व व्यवस्था में रखा गया है।

अपने स्वजनों के साथ हमारा जो व्यवहार होता है, वह अन्य के साथ नहीं होता। प्रत्येक व्यक्ति किसी स्थिति में, हमेशा अपने स्वजनों का आभारी होता है। अन्य लोगों की तुलना में स्वजन की स्थिति अद्वितीय होती है। इवान्स ने अफ्रीका की जनजाति के सामाजिक जनजीवन का अध्ययन किया है। वे बन्धुत्व व्यवहार की व्याख्या में लिखते हैं—

> यदि आप नूएर (Nuer) जनजाति में रहना चाहते हैं तो आपको वह सब कुछ करना पड़ेगा, जिसे यह जनजाति चाहती है। इसका अर्थ हुआ कि आपको नूएर व्यक्तियों को अपना स्वजन

समझना पड़ेगा और तब वे भी आपको एक प्रकार से स्वजन समझेंगे। वहाँ व्यक्ति के अधिकार और आभार बन्धुत्व द्वारा निर्धारित होते हैं। इस जनजाति में या तो एक व्यक्ति बन्धु है, वास्तव में या आख्यान में, या वह एक ऐसा व्यक्ति है जिसके साथ आपके कोई पारस्परिक आधार नहीं हैं और उसे आप एक सशक्त शत्रु समझते हैं।

आज हम एक औद्योगिक समाज में रहते हैं। इसमें बहुत बड़ी सामाजिक गतिशीलता है। इसमें हम बहुत कुछ अपनी प्राप्तियों पर निर्भर हैं। हमारी सहायता में कई धार्मिक और सामाजिक संस्थाएँ हैं, जो हमारे लिए जनकल्याण करती हैं। चिकित्सा सुविधाएँ, पेन्शन, अवकाश आदि ऐसे कल्याणकारी प्रावधान हैं जो हमारी कई आवश्यकताओं को पूरा कर देते हैं। हमें बीमारी में अपने बाँधवों पर निर्भर नहीं रहना पड़ता। इसके लिए चिकित्सालय हैं। हमारी शिक्षा के लिए शिक्षण संस्थाएँ हैं। काम धंधे के प्रशिक्षण के लिए वर्कशॉप हैं। जनजातियों में यह सब नहीं है। शायद इसी कारण हम इस औद्योगिक समाज में बन्धुत्व व्यवस्था के महत्त्व को नहीं समझते। जनजातियाँ अपने अस्तित्व के लिए बराबर बन्धुत्व व्यवस्था पर निर्भर रहती हैं।

बन्धुत्व शब्द के कई अर्थ हैं। वास्तव में इस शब्द की जटिलता इतनी भारी है कि इसके किसी भी अध्ययन में हमें सर्वप्रथम इसका अर्थ स्पष्ट कर लेना चाहिए। जब हम बन्धुत्व शब्द का प्रयोग करते हैं, तो इसका सन्दर्भ कई लोगों से होता है। इसका एक अर्थ जैविक है। दूसरा अर्थ व्यवहार सम्बन्धी है, और तीसरा अर्थ भाषा सम्बन्धी। यह बहुत आवश्यक है कि हम बन्धुत्व के इन तीनों सन्दर्भों को एक–दूसरे से पृथक रखें। यह बात सदैव स्मरण रखनी चाहिए कि बन्धुत्व की अवधारणा एक जटिल प्रघटना है फिर भी हमें इसे सरल बनाना चाहिए।

संक्षेप में हम कह सकते हैं कि जो लोग आनुवंशिकता और जैविकता द्वारा बंधे हुए हैं, स्वजन या बन्धु कहलाते हैं। इस तरह की बन्धुत्व व्यवस्था जैविक जाल का एक स्वरूप है। इस जाल में व्यक्ति एक गांठ की तरह है जो वाहकाणुओं को दूसरों से ग्रहण करता है और इन वाहकाणुओं को दूसरों को प्रदान करता है। जैविक सम्बन्धों को लेकर मनुष्यों में दो प्रकार के सम्बन्ध हो सकते हैं। सम्बन्धों का एक प्रकार वंशज से सम्बद्ध है, और दूसरा प्रकार यौन सम्बन्धों से जुड़ा हुआ है। जैविक अर्थ में सभी बंधुत्व सम्बन्ध या तो वंश या यौन सम्बन्ध की एक श्रृंखला में बंधे हुए होते हैं। दत्तक व्यवस्था एक प्रकार से समाज द्वारा स्वीकृत विधि है जो जैविक सम्बन्धों का स्थान ग्रहण करती है।

बन्धुत्व का अध्ययन, मात्र जैविक अध्ययन नहीं है। यदि यह जैविक ही होता तो सभी समाजों की बन्धुत्व व्यवस्था एक ही होती। वास्तविकता यह है कि बन्धुत्व एक ऐसी व्यवस्था है जो सभी संस्कृतियों में बड़े अन्तर के साथ पाई जाती है।

वे लोग जो स्वजन या बन्धु हैं, इस बात को बराबर जानते हैं कि वे दूसरे स्वजन से किसी न किसी तरह जैविक सम्बन्धों द्वारा बंधे हुए हैं। इस दृष्टि से सभी स्वजनों को दो कोटियों में बांटा जाता है। प्रत्येक कोटि के स्वजनों के लिए बन्धुत्व पद (Kinship Term) होते हैं और प्रत्येक कोटि के लिए अपेक्षाकृत व्यवहार होता है। दूसरे शब्दों में, बन्धुत्व शब्द एक प्रकार का भाषा सम्बन्धी वह सूत्र है जो उसकी भूमिका को

बताता है। वास्तव में बन्धुत्व को बताने वाले ये पद स्वजनों की भूमिकाओं (Roles) को बताने वाले पद हैं। यहाँ यह बात चेतावनी के रूप में कह देनी चाहिए कि बन्धु या स्वजन कहने के लिए कई आधारों को स्वीकार किया जा सकता है। ये आधार जैविक या कार्य सम्बन्धी हो सकते हैं और कोई भी संस्कृति ऐसी नहीं है जो इन सभी आधारों को काम में लाए। वास्तव में व्यवहार की आवश्यकताओं को लेकर ऐसे कई तथ्य हैं जो स्वजनों के कार्यों के साथ जोड़े जा सकते हैं।

संक्षेप में, बन्धुत्व एक जटिल विषय है, लेकिन इसे सरल बनाने के लिए हमारे पास साधन भी हैं। प्रारम्भ में हम बन्धुत्व का अर्थ उस अध्ययन से ले सकते हैं जो सामाजिक सम्बन्धों, सामाजिक कोटियों और सामाजिक समूहों के सांस्कृतिक निर्वचन से सम्बन्धित हैं। ये सम्बन्ध उन लोगों से बने हुए होते हैं जो किसी न किसी रूप में जैविक कड़ी द्वारा एक–दूसरे से सम्बन्धित होते हैं।

मानवशास्त्रियों की कई पीढ़ियों ने बन्धुत्व अध्ययन का विश्लेषण सरल रूप में प्रस्तुत किया है जिसे हम निम्न प्रकार रखते हैं—

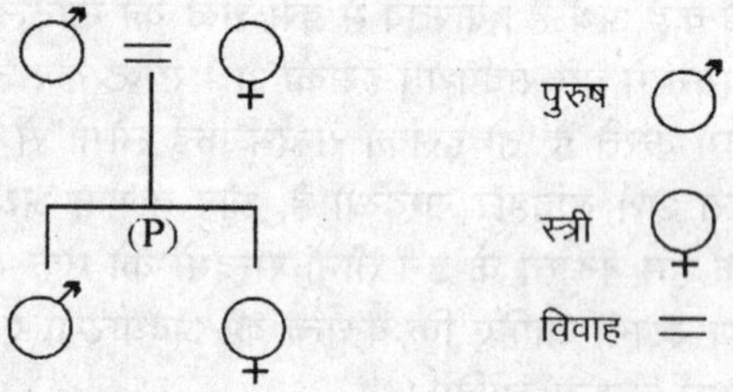

अब हम इस चित्र का विश्लेषण करें। एक पुरूष (♂) एक स्त्री (♀) से विवाह (=) करता है। उन दोनों से सन्तान (P) उत्पन्न होती है। बस यह परिवार बन गया। यह चित्र बहुत सरल लगता है। जब हम इसकी बन्धुत्व या स्वजन सम्बन्धी व्याख्या करते हैं तो हमें इसकी जटिलता का ज्ञान होता है, लेकिन यह विश्लेषण हमें सूत्र रूप में बन्धुत्व की अवधारणा के समझने में सहायक है। हमने विवाह शब्द का प्रयोग किया है। विवाह का अर्थ केवल यौन सम्बन्ध से नहीं है। इसी तरह सन्तान का तात्पर्य केवल संतति से ही नहीं है। जैसे ही इन शब्दों के सामान्य अर्थ के घेरे से हम बाहर निकलते हैं, तो हमें लगता है कि जिस स्त्री और पुरुष में यौन सम्बन्ध हैं, वे पति और पत्नी हैं और पिता और माता हैं और इसी तरह संतति भाई–बहन, भाई–भाई या बहन–बहन हैं, जैविक उत्पत्ति के पश्चात ये सब सामाजिक सम्बन्ध आ जाते हैं, और इसी को बन्धुत्व कहते हैं।

हमने कहा है कि समाज में दो प्रकार के जैविकीय सम्बन्ध होते हैं—

1. यौन सम्बन्धी (Sex Relations)
2. वंशानुक्रम सम्बन्धी (Descent Relations)

जैविक सम्बन्धों के ये दो प्रकार अलग भी दिखाई देते हैं, और साझेदारी में भी। उदाहरण के लिए पति–पत्नी में सीधे यौन सम्बन्ध होते हैं। दूसरी ओर बहुपत्नी

अवस्था में यौन सम्बन्ध साझेदारी में होते हैं। इसी प्रकार माता–पिता और बच्चे का सीधा वंशज सम्बन्ध होता है, इसी तरह भाई–बहन या बन्धुओं का सम्बन्ध साझेदारी का वंशक्रम है। जैविक सम्बन्धों के दो प्रकार निम्न तालिका में रखे जाते हैं—

बन्धुत्व सम्बन्धों के प्रकार (Types of Kinship Relationships)

	सीधा (Direct)	*साझेदारी (Shared)*
यौन सम्बन्ध (Sex Relations)	विवाहित जन (Spouses)	बहुविवाहित जन (Co-spouse)
वंशानुक्रम सम्बन्ध (Descent Relations)	वंशज स्वजन (Lineal Kinship)	समपार्श्व स्वजन (Collaterals)

इस तालिका में विश्लेषण से यह स्पष्ट है कि बन्धुत्व के सम्बन्ध सामाजिक सम्बन्धों को बनाते हैं, चाहे वे यौन पर आधारित हों या वंशानुक्रम पर। पति, पिता, पुत्र, भाई और इसी तरह पत्नी, माता व बहन विभिन्न सामाजिक कार्यों को करने वाले कर्ता हैं और बन्धुत्व व्यवस्था में इन सब पदों को इन्हीं अर्थों में लिया जाता है।

समाज के अध्ययन में बन्धुत्व का महत्त्व (Importance of Kinship in the Study of Society)

सामाजिक मानवशास्त्र में जो अनुसंधान कार्य हैं, उनका बहुत बड़ा भाग बन्धुत्व व्यवस्थाओं के अध्ययन से सम्बन्धित है। सामाजिक मानवशास्त्र में बन्धुत्व व्यवस्था के अध्ययन की इस प्रचुरता के कारण, आकस्मिक होने के अतिरिक्त, अन्य भी हैं। इन कारणों को हम यहाँ नेल्सन ग्रेबर्न (Nelson Graburn) के अनुसार प्रस्तुत करते हैं।

1. बन्धुत्व व्यवस्थाएं सर्वव्यापी हैं।
2. सभी मानव समाजों की संरचना में थोड़े–बहुत अन्तर के साथ बन्धुत्व व्यवस्थाएँ सदैव महत्त्वपूर्ण होती हैं।
3. जिन समाजों का मानवशास्त्रियों ने परम्परागत रूप से अध्ययन किया है, उनमें अधिकांशतः बन्धुत्व व्यवस्था सामाजिक संगठन का एक बहुत महत्त्वपूर्ण सिद्धान्त रहा है।
4. बन्धुत्व व्यवस्थाएं अपेक्षाकृत अधिक सरलता से स्पष्ट की जा सकती हैं और उनका विश्लेषण भी सुबोध हो सकता है।
5. मानवशास्त्र के इतिहास में समाजों के अध्ययन ने यह बताया कि बन्धुत्व एक बहुत महत्त्वपूर्ण संस्था है और यह संस्था सभ्य समाज की संस्था से भिन्न है। इसने सामाजिक मानवशास्त्रियों को इसके अध्ययन के लिए प्रेरित किया है।
6. सामाजिक मानवशास्त्र के आविर्भाव से पहले अन्य सामाजिक शास्त्रियों ने समाज के कई पहलुओं का अध्ययन किया था। उनकी दृष्टि में बन्धुत्व अध्ययन उपेक्षित रहा है। सामाजिक मानवशास्त्रियों ने इस उपेक्षित विषय के अध्ययन के प्रति अपने आपको अग्रसर किया है।

बन्धुत्व का सैद्धान्तिक विकास (Theoretical Development of Kinship)

बन्धुत्व के सिद्धांत का सर्वप्रथम प्रारम्भ मोरगन से है। मोरगन से लेकर लेवी–स्ट्रास तक बन्धुत्व के अध्ययन की विधियों और उसके सैद्धान्तिक कोष में पिछली एक सदी में क्रांतिकारी परिवर्तन आया है। मोरगन ने बांधव वर्गीकरण के लिए सर्वप्रथम वर्गात्मक बन्धुत्व व्यवस्था (Classificatory Kinship System) को रखा। इस सिद्धान्त पर टीका करते हुए लेजली व्हाइट (Lesli Whyte) ने कहा था—

> रिश्तेदारों को मानने के रीति–रिवाज इस बात को बताते हैं कि बन्धुत्व का वैज्ञानिक महत्त्व है।

बन्धुत्व अध्ययन की कई विधियाँ हैं। फ्रायड और उनके सम्प्रदाय के लेखकों ने इस विधि का अध्ययन मनोवैज्ञानिक विश्लेषण और उद्‌गम द्वारा किया है। इसके अतिरिक्त बन्धुत्व अध्ययन की जो विधियाँ हैं, उन्हें दो भागों में रखा जा सकता है। पहली विधि वह है जिसमें बन्धुत्व का अध्ययन ऐतिहासिक विधि या विश्लेषण द्वारा किया जाता है। दूसरी विधि प्रकार्यात्मक–संरचना है। अध्ययन की इन दोनों विधियों का प्रयोग मोरगन के समय से लेकर आज तक बराबर किया जा रहा है। यहाँ पर हम बन्धुत्व का विश्लेषण करने से पहले बन्धुत्व सम्बन्धी सिद्धान्त और विधि का संक्षेप में ब्यौरा देंगे। जो भी विद्यार्थी बन्धुत्व को थोड़ा बहुत गहराई से जानना चाहता है, उनके लिए यह बहुत आवश्यक है कि वह इसकी विधि और तुलनात्मक पक्ष पर भी थोड़ी जानकारी प्राप्त करे। ऐसा करने से इस विषय का अध्ययन वैज्ञानिक और व्यवस्थित रूप ग्रहण कर लेता है।

बन्धुत्व अध्याय का प्रारम्भ (Beginning of Kinship)

सामाजिक मानवशास्त्र के इतिहास में उन्नीसवीं शताब्दी उद्‌विकास के अध्ययन के लिए उल्लेखनीय रही है। इस अवधि में प्राकृतिक विज्ञान और सामाजिक विज्ञान सम्बनधी जो अध्ययन हुए उन पर उद्‌विकास उपागम की छाप स्पष्ट है। इन अध्ययनों का आधार एकान्वयिक (Unilinear) और प्रकार्यात्मक (Functional) विचारधारा है। इस शताब्दी के बन्धुत्व पर शोधकार्य करने वाले सामाजिक मानवशास्त्रियों में मैन, मोरगन, टाइलर आदि हैं। मोरगन ने बन्धुत्व के अध्ययन में एककालिक विधि (Synchronic Method) को अपनाया है। इस क्षेत्र में उनकी पुस्तक *सिस्टम्स आफ कोनसेनग्यूनिटी एंड एफिनिटी ऑफ द ह्यूमन फैमिली* (*Systems of Consanguinity and Affinity of the Human Family,* 1870) एक शास्त्रीय कृति है। इसके आधार पर बाद में लेखकों ने बन्धुत्व के संरचनात्मक सिद्धांत (Structural Theory of Kinship) का निर्माण किया। इसमें मोरगन ने क्षेत्रीय आधार पर एकत्र की गई सामग्री पर बन्धुत्व के विवरणात्मक और वर्गात्मक (Descriptive and Classifications) सिद्धान्तों को रखा है। वर्गात्मक बन्धुत्व में उन्होंने समरक्तता और विवाह सम्बन्ध (Consanguinity and Affinity) की व्यवस्था का उल्लेख किया है। विवरणात्मक व्यवस्था में उन्होंने सम्बन्धी (Kindred) का विवरण दिया है। मोरगन को वर्गात्मक बन्धुत्व के सिद्धान्त का

जनक समझा जाता है। वे अनिवार्य रूप से बन्धुत्व को सामाजिक सम्बन्धों की व्यवस्था के रूप में देखते हैं। मोरगन की अध्ययन विधि को फोर्ट्स (Meyer Fortes) विश्लेषणात्मक उपागम के नाम से सम्बोधित करते हैं। उनका यह उपागम एककालिक और ऐतिहासिक है। मोरगन ने मुख्यतया इरोक्वा (Iroquois) जन–जाति में काम किया है। सब मिलाकर मोरगन ने अपनी कृतियों में इस बात पर जोर दिया है कि बन्धुत्व पदावलियाँ किसी भी समाज के विकास स्तर के विश्लेषण में बहुत बड़ी आधार हैं।

उद्विकास के इस युग में टाइलर का भी महत्त्वपूर्ण स्थान है। टाइलर उन लेखकों में अग्रणी हैं, जिन्होंने विसरण को सामाजिक विश्लेषण के लिए गम्भीरता के साथ प्रयोग किया। उन्होंने मानव–विज्ञान का अध्ययन क्षेत्र मुख्यतया संस्कृति को बताया और इस प्रकार इस विज्ञान को इतिहास और समाजशास्त्र से एकदम पृथक स्थान प्रदान किया। सामान्तया बन्धुत्व के अध्ययन से टाइलर ने मोरगन की विचारधारा को परिष्कृत किया।

उन्नीसवीं शताब्दी के उद्विकास युग में मानव–विज्ञान, बन्धुत्व और सामाजिक संगठन की विधाओं ने अपने अस्तित्व को स्थापित किया। इस युग के मानव–विज्ञान में नई अवधारणाएँ आईं, बन्धुत्व के प्रकार और वर्गीकरण की व्यवस्थाएं बनीं, वंशज समूह (Lineal Group) की अवधारणा संशोधित और परिवर्द्धित हुई। इसी युग में विसरण को विश्लेषण की विधि रूप के काम में लिया गया।

बन्धुत्व के अध्ययन में मनोवैज्ञानिक उपागम
(Psychological Approach to the Study of Kinship)

उन्नीसवीं शताब्दी के अन्तिम चरण में समाज विज्ञान बड़ी संकटपूर्ण स्थिति में था। इसका कारण यह है कि इस युग में एकान्वयिक सिद्धान्तों की बड़ी कटु टीका होने लगी थी। उद्विकास सिद्धान्तों का भवन ढह रहा था। दूसरी ओर क्षेत्रीय आधार सामग्री पर लिखा हुआ साहित्य धड़ल्ले से प्रकाशित हो रहा था। जहाँ एक ओर उद्विकास सम्बन्धी विचारधारा चल रही थी, वहाँ कुछ वैज्ञानिक विश्लेषण के कुछ बुनियादी सिद्धान्तों की खोज में थे। यूरोप में फ्रेजर (1854-1941) ने एक विचारधारा विकसित की, जिसमें वे सामाजिक प्रघटनाओं को क्रम, विकास तथा मनोविज्ञान के उपागम से देखते थे। फ्रायड ने बन्धुत्व का विश्लेषण टोटम के आधार पर किया। दुर्खीम ने सामाजिक प्रघटनाओं को संरचनात्मक स्तर पर रखा। बोआस, क्रोबर और लॉवी ने मोरगन की विचारधारा को कई विधाओं में विकसित किया। इस युग में सभी लेखकों ने नृजाति वर्णना (Ethnography) के आधार पर प्रचुर सामग्री रखी। जहाँ तक बन्धुत्व के अध्ययन का प्रश्न है, कोई नए सिद्धान्त नहीं आए, लेकिन ऐसा लगने लगा कि बन्धुत्व का अध्ययन किसी और विधि से किया जाना चाहिए। यह विधि संरचनात्मक और मनोवैज्ञानिक हो सकती थी। सिद्धान्तों के अभाव में इस युग में लेखकों ने यह तो भली–भांति स्थापित कर दिया कि जन–जाति समाज के अध्ययन में

बन्धुत्व का अध्ययन बहुत महत्त्वपूर्ण है, इसके बिना जनजातियों की सामाजिक व्यवस्था का समुचित विश्लेषण करना कठिन है।

बन्धुत्व के संरचनात्मक सिद्धान्त का विकास (Development of Structural Theory of Kinship)

उन्नीसवीं शताब्दी के अन्त में बन्धुत्व के उद्विकास सम्बन्धी विश्लेषण का खोखलापन स्पष्ट होने लगा था। बीसवीं शताब्दी में रिवर्स, क्रोबर, रेडक्लिफ–ब्राउन, मेलिनोस्की तथा अन्य लेखकों ने बन्धुत्व को संरचनात्मक उपागम से देखा।

बीसवीं शताब्दी के प्रारम्भ में इंग्लैण्ड में रिवर्स और अमेरिका में क्रोबर ने बंधुत्व पदावली (Kinship Terminology) और सामाजिक संगठन में अपनी रुचि दिखाई। दोनों लेखकों को बहुत अच्छा और विस्तृत क्षेत्रीय अध्ययन का अनुभव था, लेकिन दोनों का विश्लेषण परस्पर विरोधी था। रिवर्स उद्विकासवादी थे जिनका झुकाव समाजशास्त्रीय था। क्रोबर संस्कृति को मनोवैज्ञानिक या मानसिक दृष्टि से देखते थे। सन् 1907 में रिवर्स ने मोरगन के वर्गात्मक बन्धुत्व को नए परिवेश में रखा। उनके दो महत्त्वपूर्ण बिन्दु थे—(1) बन्धुत्व पदावली सामाजिक सम्बन्धों को बताने के लिए एक महत्त्वपूर्ण आधार है, और (2) इसलिए सामाजिक व्यवस्थाओं का वर्गीकरण बन्धुत्व के प्रकारों पर किया जा सकता है। दूसरी ओर क्रोबर ने रिवर्स से अपनी असहमति व्यक्त की। उन्होंने अपनी टीका को दो बिन्दुओं में रखा। प्रथम, वर्गात्मक बन्धुत्व कोई सामाजिक व्यवस्था नहीं है और इसलिए इसे समाजों के वर्गीकरण का आधार बनाना अनुचित है। द्वितीय, कई मामलों में बन्धुत्व पदावली सामाजिक संस्थाओं को नहीं बताती। सच में देखा जाए तो बन्धुत्व पदावली का उद्गम और उसकी प्रकृति अपने मूल में मनोवैज्ञानिक है और इसे इसी संदर्भ में प्रयोग में लाना चाहिए। प्रारम्भ में तो रिवर्स ने क्रोबर की आलोचना और उपेक्षा की, पर बाद में उन्होंने वंशावलिक विधि (Genealogical Method) द्वारा यह स्थापित करने का प्रयास किया कि बन्धुत्व का सम्बन्ध सामाजिक संरचना से है और इसलिए सामाजिक संरचना के किसी भी विश्लेषण में बन्धुत्व को महत्त्वपूर्ण चर (Variable) का स्थान देना चाहिए।

रिवर्स और क्रोबर का विवाद बीसवीं शताब्दी के प्रारम्भ में चला। इस युग में अमेरिका के मानवशास्त्रियों ने बन्धुत्व अध्ययन में कोई विशेष रुचि नहीं ली। इधर इंग्लैण्ड में रेडक्लिफ–ब्राउन ने अपने अध्ययन में एक नवीन दृष्टिकोण प्रस्तुत किया। उन्होंने सामाजिक संरचना की अवधारणा को रखा। बन्धुत्व का संरचनात्मक सिद्धान्त रेडक्लिफ–ब्राउन की सामाजिक संरचना की अवधारणा से जुड़ा है। यद्यपि रेडक्लिफ–ब्राउन ने रिवर्स की बन्धुत्व सम्बन्धी स्थिति को स्वीकार नहीं किया, तथापि उन्होंने बन्धुत्व के संरचनात्मक सिद्धान्त को रिवर्स की उपलब्धियों पर ही विकसित किया। रेडक्लिफ–ब्राउन ने वंशावलिक तथा बन्धुत्व व्यवस्था में सम्बन्ध स्थापित किया है, उन्होंने वंशानुक्रम समूह का विश्लेषण दिया है, और इस अवधारणात्मक निर्माण में रिवर्स से बहुत कुछ लाभ उठाया है।

बन्धुत्व के संरचनात्मक सिद्धान्त को रेडक्लिफ–ब्राउन सामाजिक व्यवस्था के संदर्भ में समझाते हैं। रेडक्लिफ–ब्राउन के अनुसार सामाजिक संरचना शरीर रचना की तरह है। सामाजिक संरचना समूहों की एक औपचारिक संरचना है और इसका आधार बन्धुत्व व्यवस्था है। प्रत्येक सामाजिक संरचना में वंशावलिक सम्बन्ध होते हैं। पिता, पुत्र, पितामह, पौत्र आदि के बीच के वंशावलिक सम्बन्ध हैं। इन्हीं वंशावलिक सम्बन्धों पर बन्धुत्व व्यवस्था बनी होती है। वंशावलिक सम्बन्धों के आधार पर बन्धुत्व सम्बन्ध स्थापित किए जाते हैं। बन्धुत्व सम्बन्धों की मान्यता और वैधता सामाजिक आचरण, रीति–रिवाज़ और व्यवहार में देखी जाती है। बन्धुत्व पदावली और विवाह–सम्बन्धों को सामाजिक संरचना के नियम, उपनियम के आधार पर देखा जाता है। बांधवों के सम्बन्ध सामाजिक संरचना के भवन को बनाए रखते हैं। कोई भी सामाजिक संरचना इसलिए बनी रहती है कि इसके विभिन्न अंग एक–दूसरे से जुड़े होते हैं और अंगों को जोड़ने का काम बन्धुत्व सम्बन्ध करते हैं। बन्धुत्व सम्बन्ध आदान–प्रदान पर बने होते हैं और ये सम्बन्ध किसी भी सामाजिक व्यवस्था को नैरन्तर्य प्रदान करते हैं। रेडक्लिफ–ब्राउन, बन्धुत्व व्यवस्था का अध्ययन संरचनात्मक–प्रकार्यात्मक विधि द्वारा करते हैं। उनका यह सिद्धान्त बन्धुत्व के संरचनात्मक सिद्धान्त के नाम से जाना जाता है।

इस युग में मेलिनोस्की की बन्धुत्व सम्बन्धी कृतियाँ आईं। मेलिनोस्की अपने उपागम में संरचनात्मक थे। उन्होंने बन्धुत्व को सामाजिक परिवर्तन के संदर्भ में भी देखा, लेकिन उनके अध्ययन की बहुत बड़ी सीमा यह थी कि उन्होंने समाज को जैविकीय और मनोवैज्ञानिक आधार पर देखा और ऐसा करने में जैसा कि ग्लूकमेन (May Gluckman) का कहना है, व्यक्ति के कार्यों की अवहेलना की।

रेडक्लिफ–ब्राउन और मेलिनोस्की के अनुयायियों ने बन्धुत्व के संरचनात्मक सिद्धान्त को और विकसित किया। इन अनुयायियों में फ्रेड एगन (Fred Eggan) का नाम विशेष रूप से उल्लेखनीय है। संरचनात्मक अवधारणा को बाद में फोर्ट्स और कैथलीन गफ (Kathleen E. Gough) ने नायर बन्धुत्व व्यवस्था के अध्ययन में अधिक परिष्कृत किया। इस युग के सामाजिक मानव–वैज्ञानिकों ने जिस संरचनात्मक सिद्धान्त को प्रतिपादित किया है, उनके निष्कर्ष संक्षेप में निम्न प्रकार रखे जा सकते हैं—

1. एक बन्धुत्व व्यवस्था से दूसरी बन्धुत्व व्यवस्था बनने में धीरे–धीरे परिवर्तन आते हैं। ये परिवर्तन विभिन्न दिशाओं में होकर भी बन्धुत्व के मूल आधार को संगत बनाए रखते हैं।
2. किसी एक प्रकार की बन्धुत्व व्यवस्था से दूसरे प्रकार की बन्धुत्व व्यवस्था लाने के लिए यह आवश्यक है कि केन्द्रक परिवार में नई बन्धुत्व व्यवस्था का कोई मॉडल हो। यह तब सम्भव है जब केन्द्रक परिवार अन्तर्विवाह और उसके परिणामस्वरूप जैविकीय तथा सांस्कृतिक समाजीकरण में परिवर्तन लाए।

3. बन्धुत्व व्यवस्थाओं का पड़ोसी लोगों में विसरण होना अपवाद है। यह तभी सम्भव है जबकि केन्द्रक परिवार जैसा कि हमने ऊपर कहा है, नवीन बन्धुत्व का मॉडल ग्रहण करे। दूसरे शब्दों में, यह बहुत कठिन है कि बन्धुत्व पदावली को कोई दूसरी सामाजिक व्यवस्था ग्रहण करे और इस व्यवस्था को वयस्क व्यक्ति पुनः सीखें।
4. जब किसी सामाजिक व्यवस्था में बाहरी कारकों के दबाव से कोई परिवर्तन आता है, तो कालान्तर में चलकर व्यवस्था के संरचनात्मक नियमों में भी कुछ बुनियादी परिवर्तन आते हैं।

हाल में सामाजिक मानवशास्त्रियों ने जटिल समाजों की बन्धुत्व व्यवस्थाओं का अध्ययन भी किया है। सामान्यतया सामाजिक मानवशास्त्री अपने अध्ययन को वस्तुनिष्ठ बनाए रखने के लिए अपने समाज को छोड़कर अन्य समाजों का अध्ययन करते रहे हैं। अध्ययन की यह परम्परा अब टूट गई है। अब सामाजिक मानवशास्त्री अपने समाज का भी अध्ययन करने लगे हैं। रेमन्ड फर्थ (Raymond Firth) ने अपने स्नातक स्तर के विद्यार्थियों से अपने समाज में ही क्षेत्रीय कार्य करवाया। इस अध्ययन की प्राप्तियों को फर्थ ने 1956 में रखा है। इसमें उन्होंने अकेन्द्रक परिवार के बाँधवों के सामाजिक सम्बन्धों का उल्लेख किया है। अमेरिकी मानव–वैज्ञानिक होमन्स (G.C. Homans) के मार्गदर्शन में श्नाइडर (David M. Schneider) ने अमेरिका के औद्योगिक समुदाय की बन्धुत्व व्यवस्था का अध्ययन किया है। एकत्रित आधार सामग्री का होमन्स और श्नाइडर ने विश्लेषण किया है। इस विश्लेषण का निष्कर्ष यह है कि बन्धुत्व सम्बन्धों की पदावली में एक समूह से दूसरे समूह में बहुत भिन्नता होती है। इस अन्तर का कारण यह है कि अमेरिका में अन्य क्षेत्रों की तरह बन्धुत्व में भी व्यक्तिवाद की अधिक छाप है। यह अन्तर नव–जवान और वृद्ध लोगों के बन्धुत्व सम्बन्धी दृष्टिकोण को भी बताता है। उदाहरण के लिए अमेरिका के वृद्ध लोग सामान्यतया उम्र में छोटे बाँधवों के लिए नाम का प्रयोग करते हैं और बन्धुत्व या रिश्तेदार का नहीं। दूसरी ओर कम उम्र के लोग बन्धुत्व पदावली का प्रयोग करते हैं। ऐसे ही कई कारणों से श्नाइडर और होमन्स कहते हैं कि अमेरिका के समाज में बन्धुत्व पदावली के नवीन रूप ग्रहण करने की सम्भावना है। यह बात इस तथ्य के होते हुए भी खरी है कि अमेरिका में राजनीति, धर्म और आर्थिक जीवन में बन्धुत्व व्यवस्था महत्त्वपूर्ण धुरी नहीं है। श्नाइडर ने शिकागो में क्षेत्रीय कार्य किया और यह निष्कर्ष प्रस्तुत किया कि बन्धुत्व व्यवस्था एक प्रकार से प्रतीकों की व्यवस्था है। श्नाइडर इन प्रतीकों को समझाने का प्रयास करते हैं। रेमन्ड और श्नाइडर ने पारस्परिक सहयोग से अमेरिका और लन्दन की बन्धुत्व व्यवस्थाओं का तुलनात्मक अध्ययन किया है। अभी यह तुलनात्मक अध्ययन प्रकाश में नहीं आया है। जटिल समाजों में बन्धुत्व व्यवस्था का यह अध्ययन सामाजिक मानव–विज्ञान में एक महत्त्वपूर्ण घटना है। इसके परिणामस्वरूप अब हम इन जटिल समाजों के विश्लेषण में और अधिक सूक्ष्म दृष्टि ला सकेंगे।

सन् 1940 के दशक से लेकर अब तक बन्धुत्व व्यवस्था के अध्ययन में कई नए आयाम हमारे सामने आए हैं। इस शताब्दी के चौथे दशक में सामाजिक मानवशास्त्रियों ने बन्धुत्व के अध्ययन क्षेत्र में कुछ शास्त्रीय ग्रन्थ लिखे हैं। इवान्स–प्रिचार्ड ने नूएर (Nuer) पर, नेडल ने न्यूप (Nupe) पर, फोट्र्स ने तालैन्सी (Tallensi) पर अधिकृत कार्य किया है। इसी अवधि में फोट्र्स ने अफ्रीका की बन्धुत्व और विवाह व्यवस्था पर भी बड़ा उल्लेखनीय अनुसंधान किया है।

इन लेखकों के अध्ययन का अपना विशिष्ट उपागम रहा है। उदाहरण के लिए प्रिचार्ड ने नूएर को पैतृक बन्धुत्व वैचारिकी (Agnatic Kinship Ideology) में विश्वास रखने वाला पाया। उन्होंने नूएर के बन्धुत्व सम्बन्धों का सामाजिक संरचना, समय–काल तथा परिस्थिति के संदर्भ में विश्लेषण किया। नेडल ने नूएर जनजाति को एक जटिल सांस्कृतिक तथा राजनीतिक इकाई के रूप में पाया जिसके पीछे बहुत बड़ा इतिहास था। ऐसी स्थिति में उन्होंने इस जनजाति का अध्ययन ऐतिहासिक उपागम द्वारा किया। इसी तरह फोट्र्स ने तालैन्सी जनजाति को पैतृक सामाजिक संरचना के रूप में देखा जो उन पूर्वजों की पूजा में विश्वास करती है जिनका आधार क्षेत्रीय है। तालैन्सी की ऐसी पैतृक सामाजिक संरचना के सन्दर्भ में फोट्र्स के लिए यह बहुत आवश्यक था कि वे दुर्खीम के उपागम को अपनाते। इस उपागम द्वारा उन्होंने पाया कि एक निश्चित क्षेत्र में रहने वाले वंशज समूह में बहुत बड़ी सुदृढ़ता होती है। इस युग में सामाजिक मानव–वैज्ञानिकों ने प्रकार्यात्मक–संरचनात्मक अध्ययन विधियों को अपनाया।

संश्रय और वंशानुक्रम समूह सिद्धान्त (Alliance and Descent Group Theories)

सन् 1950 के दशक में बन्धुत्व के संश्रय और वंशज सिद्धान्तों को लेकर सामाजिक मानव–विज्ञान में बहुत विवाद हुआ है। बन्धुत्व का संश्रय सिद्धान्त (Alliance Theory) दुर्खीम के जैविक सिद्धान्त पर आधारित है। इसके अनुसार किसी भी जनजाति के विभिन्न गोत्र अपने व्यक्तिगत अस्तित्व को रखते हुए जनजाति के अन्य गोत्रों के साथ बंधे रहते हैं। इन विभिन्न संश्रय गोत्रों में पारस्परिक आदान–प्रदान होता है। गोत्र दूसरे गोत्र से विवाह सम्बन्ध द्वारा जुड़ते हैं। वे जनजातियाँ जो बहुअंशक या द्विअंशक हैं, विवाह सम्बन्धों द्वारा एक सूत्र में बंध जाती हैं। एक प्रकार से गोत्रों में पाए जाने वाले सभी सामाजिक सम्बन्ध गोत्रों को बाँधने वाले होते हैं। यह बात सर्वप्रथम मौस (Marcel Mauss) ने सन् 1925 में कही थी। इसी बात को लेवी–स्ट्रास (1949) ने क्षेत्रीय अध्ययन द्वारा स्थापित किया। स्ट्रास ने बन्धुत्व के संश्रय सिद्धांत को एक और पैनी दृष्टि प्रदान की। उन्होंने कहा कि प्रत्येक जन–जाति में कई खण्ड होते हैं। इन खण्डों में विवाह सम्बन्धी व्यवहार का विनिमय होता है। इन खण्डों में लड़कियाँ विवाह में दी जाती हैं और ली भी जाती हैं। स्ट्रास के अनुसार विवाह के इस आदान–प्रदान के दो रूप हैं—(1) एक परिवार के समूह का दूसरे समूह से लड़की लेना या देना, तथा (2) सीमित विनिमय जिसमें कुछ बन्धु समूहों के साथ ही विवाह सम्बन्ध रखना। अपने

कुछ रिश्तेदारों के साथ विवाह सम्बन्ध पसन्द किया जाता है। ऐसे विवाह सम्बन्धों को अधिमान्य विवाह कहते हैं। स्ट्रास ने अधिमान्य विवाह का विशेष रूप से अध्ययन किया है।

बन्धुत्व संश्रय सिद्धान्त के ठीक विपरीत वंशानुक्रम सिद्धान्त (Descent Theory) है। वंशानुक्रम सिद्धान्त जैसा कि फोर्ट्स का कहना है, एकान्वयिक वंशानुक्रम समूहों के विश्लेषण पर जोर देता है। इस सिद्धान्त के अनुसार समाज पृथक–पृथक खण्डों से बना है। ये खण्ड अपनी आन्तरिक एकता के कारण अपने पृथक अस्तित्व को बनाए रखते हैं। ये सब खण्ड समाज की आन्तरिक सुदृढ़ता द्वारा एक सूत्र में बंधे रहते हैं। बन्धुत्व का वंशानुक्रम सिद्धान्त मुख्यतया उस आधार सामग्री पर बना है जिसे सामाजिक मानव—वैज्ञानिकों ने अफ्रीका और ऑस्ट्रेलिया की जन–जातियों के अध्ययन से प्राप्त किया है।

वंशानुक्रम और संश्रय सिद्धान्त एक–दूसरे से पृथक नहीं देखे जा सकते। ये सिद्धान्त समाज की जटिलता से जुड़े हुए हैं। यदि हम वंशानुक्रम और संश्रय सिद्धान्त को देखते हैं, तो हमें इन्हें समाज की प्रकृति और संस्कृति, सामाजिक संरचना की प्रकृति, विवाह के नियम, विवाह के सिद्धान्त आदि के सन्दर्भ में देखना पड़ेगा। यहाँ कहना पड़ेगा कि बन्धुत्व के इन सिद्धान्तों ने सामाजिक संरचना के विश्लेषण को आज और अधिक सशक्त कर दिया है।

बन्धुत्व व्यवस्था के पहलू (Aspects of Kinship System)

ऊपर हमने बन्धुत्व व्यवस्था सम्बन्धी सिद्धान्तों के विकास का एक विहंगम विवेचन दिया है। इससे स्पष्ट है कि सामाजिक–विज्ञान में बन्धुत्व के क्षेत्र में बड़े महत्त्वपूर्ण अनुसंधान हुए हैं। सामाजिक मानव–वैज्ञानिकों की राय में आदिम तथा सभ्य समाजों के विश्लेषण में बन्धुत्व का सन्दर्भ एक पैनी दृष्टि प्रदान करता है। अब हम बन्धुत्व की विस्तृत व्याख्या करेंगे और ऐसा करने में इनके विभिन्न पहलुओं का विवेचन देंगे।

सरल और अविकसित समाजों में मनुष्य की परिस्थिति को उसकी प्रदत्त परिस्थिति जाना जाता है। व्यक्ति का समाज में स्थान, उसके अधिकार और कर्त्तव्य, सम्पत्ति पर उसका दावा, ये सब तो इस तथ्य पर निर्भर हैं कि वंशावलिक सम्बन्धों के जाल में उसका क्या स्थान है। मनुष्य के प्राथमिक सम्बन्ध उसके बन्धुत्व सम्बन्ध ही हैं और बन्धुत्व सम्बन्धों का बहुत बड़ा आधार उसकी वंशानुक्रम समूह की सदस्यता है। बन्धुत्व और वंशानुक्रम एक ही नहीं हैं। एक अर्थ में वे सब लोग बन्धु या स्वजन हैं जिनका समान रक्त है। अर्थ हुआ एक ही पूर्वज की सन्तान जिसकी नसों में एक ही पिता का रक्त बहता है, रक्त सम्बन्धी स्वजन हैं। रक्त सम्बन्धी स्वजन केवल जैविक आधार पर ही नहीं गिने जाते। जैसा कि रिवर्स ने कहा था कि बन्धुत्व व्यवस्था जैविक बन्धन की एक सामाजिक मान्यता है। बाद में लेखक बन्धुत्व के अर्थ को इतना खींच कर ले गए कि बन्धुत्व सम्बन्ध केवल सामाजिक मान्यता मात्र रह गया और इसका जैविक सम्बन्धों से कोई वास्ता नहीं रहा। शायद बन्धुत्व का ऐसा अर्थ अनुचित है। रिवर्स की परिभाषा को थोड़ा संशोधित करके यह कहा जा सकता है कि बन्धुत्व वह

सामाजिक सम्बन्ध है जिसकी अभिव्यक्ति जैविक मुहावरे में होती है। यह अवश्य देखा गया है कि कभी–कभी जैविक सम्बन्धों के नहीं होने पर भी कुछ व्यक्तियों को बान्धव गिना जाता है। इसका उदाहरण दत्तक पुत्र है, लेकिन इस प्रकार के स्वजनों की संख्या बहुत सीमित होती है।

बन्धुत्व के बन्धन एक व्यक्ति को भूमि में हिस्सेदारी, परिवार की सम्पत्ति में साझेदारी और पारस्परिक सहयोग का अधिकार देते हैं। साधारणतया बन्धुत्व व्यवस्था में दो प्रकार के स्वजन होते हैं। एक स्वजन वे हैं जिनका एक सम्बन्ध है, जिनके पूर्वज एक ही हैं, और दूसरे वे हैं जो विवाह द्वारा बन्धुत्व के बन्धन में बंधे हैं।

वंशानुक्रम समूह—उत्तराधिकार (Descent Group: Inheritance)

वंशानुक्रम शब्द का अर्थ उन मान्यता प्राप्त सामाजिक सम्बन्धों से है जिन्हें एक व्यक्ति अपने पूर्वजों के साथ जोड़ता है और पूर्वज वे हैं जिसकी वह सन्तान है। किसी भी व्यक्ति के वंशानुक्रम को या तो उसके पिता के परिवार से या माता के परिवार से या दोनों से गिना जाता है। जब एक व्यक्ति का वंश उसके पिता के नाम से गिना जाता है, तो इसे पितृवंशीय वंशानुक्रम (Patrilineal Descent) कहते हैं। जब वंश को व्यक्ति की माता की ओर से गिना जाता है, तो इसे मातृवंशीय वंशानुक्रम (Matrilineal Descent) कहते हैं। वंशानुक्रम की इस अवस्था को एक पक्षीय वंशानुक्रम (Unilineal Descent) व्यवस्था कहते हैं। कुछ लेखक पितृवंशीय के स्थान पर पैतृकबन्धु (Agnatic) वंशानुक्रम का प्रयोग करते हैं। इसी प्रकार मातृवंशीय के स्थान पर वे मातृक (Uterine) वंशानुक्रम काम में लाते हैं। अपवाद रूप में कुछ ऐसी जन–जातियाँ हैं जिन्हें उभयवंशीय भी कहते हैं। यहाँ यह बात स्पष्ट हो जानी चाहिए कि वंशानुक्रम समूह उन सभी व्यक्तियों से बना है जो अपना उद्‌गम एक ही पूर्वज से मानते हैं तथा इस समूह में वे लोग नहीं हैं जो विवाह सम्बन्धी बांधव हैं। कभी–कभी काल्पनिक जैविक सम्बन्धों को भी स्वीकार किया जाता है। धर्म के आधार पर भी जैविक सम्बन्ध स्थापित किए जाते हैं। हम बोल–चाल की भाषा में प्रायः "धर्म का भाई" या "धर्म की बहन" की चर्चा करते हैं।

वंशानुक्रम बन्धुत्व को और भी अधिक स्पष्ट किया जा सकता है। इसका विश्लेषण हम सुविधा के लिए विवाह से प्रारम्भ करेंगे। प्रत्येक समाज पुरुष और स्त्री में शारीरिक बनावट को लेकर अन्तर करता है। यह इस बनावट के कारण ही है कि स्त्री बच्चे का प्रजनन करती है। मनुष्य का सामाजिक जीवन स्त्री और पुरुष के इस अन्तर से प्रारम्भ होता है। पुरुष और स्त्री में विवाह द्वारा यौन सम्बन्ध होते हैं। इस तरह पहला बन्धुत्व तो पुरुष का उस स्त्री से है, जिससे वह विवाह करता है। इस प्रकार के सम्बन्ध को विवाह बन्धुत्व कहते हैं।

पति–पत्नी से जो सन्तान उत्पन्न होती है उस सन्तान का अपने माता–पिता से जो सम्बन्ध है, उसे वंशानुक्रम कहते हैं। इस परिवार में जब दूसरी सन्तान का जन्म होता है, तो एक नए प्रकार के वंशानुक्रम सम्बन्ध उत्पन्न होते हैं। अब ये दोनों बच्चे अपनी उत्पत्ति अपने माता–पिता से मानते हैं। अतः इन बच्चों का अपने माता–पिता के

साथ जो सम्बन्ध है उसे बन्धुत्व व्यवस्था में वंशानुक्रम सम्बन्ध कहा जाता है। वंशानुक्रम सम्बन्ध के अतिरिक्त यहाँ हमें एक और सम्बन्ध भी मिलता है। परिवार के दोनों बच्चे आपस में भी सम्बन्धी हैं। या तो वे भाई–भाई हैं, बहन–बहन, या भाई–बहन। बच्चों के पारस्परिक सम्बन्ध को बन्धुत्व व्यवस्था में समपार्श्व स्वजन (Collateral Kin) कहते हैं। इस विवेचन का अर्थ यह हुआ कि एक ही माता–पिता के बच्चे एक ही वंशानुक्रम के हिस्सेदार या साझेदार होते हैं, लेकिन वे परस्पर एक–दूसरे के लिए वंशानुक्रम स्वजन नहीं हैं। वे तो केवल भाई बन्धु अर्थात समपार्श्व स्वजन हैं।

बोलचाल की भाषा में वंशानुक्रम सम्बन्ध और समपार्श्व स्वजन को हम रक्त सम्बन्धी के नाम से पुकारते हैं। दोनों प्रकार के रक्त सम्बन्धी बान्धवों का एक में ही समावेश करने वाला यह शब्द बहुत उपयोगी है। बन्धुत्व व्यवस्था में इन दोनों प्रकार के सम्बन्धियों को समरक्त स्वजन (Consanguine Kin) कहते हैं।

यदि हम अपने सभी समरक्त स्वजनों की गिनती करना चाहें, तो इसका यह उपाय है कि हम किन लोगों को अपना स्वजन समझते हैं, और इसके उत्तर में जो स्वजन हमें मिले, उन्हें हम स्वजनों के वर्गीकरण में रख दें। इस प्रकार का कार्य सबसे पहले मोरगन ने किया था। उन्होंने स्वजनों का विवरण देकर उनका वर्गीकरण कर दिया। मोरगन ने बताया कि वे व्यक्ति जिन्हें हम "पिता", "माता", "भाई", "बहन" आदि नाम से पुकारते हैं, उन्हें दूसरे व्यक्ति भी इसी नाम से पुकार सकते हैं। इस प्रकार से सभी व्यक्ति जो रक्त से सम्बन्धित हैं, उन्हें पितृ बन्धु या मातृ बन्धु कहते हैं और वे लोग जो विवाह से सम्बन्धित हैं, विवाह सम्बन्धी कहलाते हैं।

वंशानुक्रम समूह के विश्लेषण में एक और पद का प्रयोग भी होता है जिसे सम्मिलित समूह (Corporate Groups) कहते हैं। इस समूह में वे सभी लोग होते हैं जिनका एक ही वंशानुक्रम होता है, जो वंश की संपत्ति को एक पीढ़ी से दूसरी पीढ़ी तक धारण करते रहते हैं। इस प्रकार के सम्मिलित समूह जो अपना वंशानुक्रम किसी पुरुष से जोड़ते हैं, पितृवंशीय (Patrilineal) या पैतृक बन्धु (Agnatic) कहलाते हैं। अंग्रेजी के इस शब्द पेट्रिनिलियल का प्रयोग रोमवासियों ने किया था। रोम में वंशानुक्रम को स्त्री से नहीं देखा जाता था। ऐसे समूह जिनमें एक बच्चे के साथ वंशानुक्रम की कड़ी स्त्री से जोड़ी जाती है, मातृवंशीय (Matrilineal) या मातृक बन्धु (Uterine) कहते हैं। अंग्रेजी का शब्द यूटेराइन लेटिन भाषा का है जिसका अर्थ स्त्री वंशानुक्रम होता है।

वंशानुक्रम के आधार पर बना हुआ सम्मिलित समूह तकनीकी भाषा में वंश (Lineage) कहलाता है। यदि कोई व्यक्ति वंशीय है, तो इससे उत्पन्न हुई सन्तान पिता के वंश से जोड़ी जाती है। पिता के माध्यम से ऐसे पुत्र का वंश के उत्पादन साधनों पर अधिकार होता है, चाहे ये उत्पादन साधन भूमि हो, पशु हो या कोई छोटा बड़ा व्यवसाय। पुत्र इन उत्पादन साधनों से अपना जीविकोपार्जन करता है। ऐसी अवस्था में पुत्र के लिए वंश के वयस्क व्यक्तियों की आज्ञा को मानना आवश्यक है। यदि वंश के साधनों में कोई बंटवारा होता है, तो इसे वंश के अन्य सदस्यों की सलाह से किया जाता है।

मातृ वंशानुक्रम समाज में प्रत्येक व्यक्ति अपना सम्बन्ध मां के वंश से रखता है, वंश की सम्पत्ति पर अधिकार, ऐसे समाजों में माता का होता है। ऐसे कुछ अपवाद मिले हैं जहाँ मातृवंशीय परिवारों में सम्पत्ति पर माता का अधिकार नहीं होता। उदाहरण के लिए घाना की अशान्ति जन–जाति में यद्यपि स्त्रियों को बड़े आदर के साथ देखा जाता है, तथापि वंश की सम्पत्ति पर उनका अधिकार नहीं होता। ऐसी स्थिति में निर्णायक बिन्दु माँ का सबसे बड़ा भाई होता है।

कभी–कभी किसी समाज में ऐसा भी होता है कि एक ही वंश के सदस्य एक ही स्थान पर एक–दूसरे के बहुत निकट रहते हैं। ऐसी स्थिति में वंश और स्थानीय समूह में कोई अन्तर नहीं रहता। यहाँ दैनिक जीवन की आवश्यकताओं को लेकर वंशानुक्रम समूहों में बड़ा सहयोग देखने को मिलता है। बुवाई और कटाई में फसल के उतार–चढ़ाव में सम्मिलित समूह के लोग बड़े सहायक सिद्ध होते हैं।

सम्मिलित समूह वस्तुतः वंशानुक्रम समूह है। वंशानुक्रम समूह की अवधारणा को लेकर मानव–वैज्ञानिक एकमत नहीं हैं। कुछ मानव–वैज्ञानिक वंशानुक्रम समूह तथा वंशानुक्रमण (Filiation) में अन्तर करते हैं। इस अन्तर पर फोर्ट्स ने सबसे अधिक जोर दिया है। उनके अनुसार, एक व्यक्ति का अपने माता–पिता से जो सम्बन्ध है, वह वंशानुक्रम है और व्यक्ति का अपने माता–पिता के ऊपर पितामह, परपितामह और इनसे भी ऊपर वाले पूर्वजों की वंश रेखा जो सम्बन्ध है, वह वंशानुक्रम समूह है। फोर्ट्स की इस बात को लीच (E.R. Leach) ने दोहराते हुए कहा है कि यदि हम वंशानुक्रम शब्द का प्रयोग पूर्वजों की कई पीढ़ियों तक नहीं करते, तो यह प्रयोग बेमतलब है। वंशानुक्रम के लिए माता या पिता से ऊपर कई पीढ़ियों को देखा जाता है। इसी तरह यदि वंशावली की खोज में एक पीढ़ी में हम पितामह को रखते हैं, और दूसरी पीढ़ी में परदादी को रखते हैं, तो यह वंशानुक्रम समूह नहीं कहलाएगा। वंशानुक्रम समूह के लिए एक पक्षीय होना आवश्यक है।

फोर्ट्स और लीच ने वंशज समूह के कुछ और उदाहरण भी दिए हैं जिनसे यह वंशानुक्रम से भिन्न हो जाता है। वंशानुक्रम समूह वास्तव में एक सतत् समूह है जो विरासत में सम्पत्ति को लेता तथा देता है। इस समूह का दूसरा लक्षण यह है कि इसमें सदस्य का वंश की सम्पत्ति पर बराबर अधिकार रहता है चाहे वह कहीं भी निवास करता हो। सामान्यतया वंशानुक्रम सदस्य एक–दूसरे के निकट रहते हैं, लेकिन यह एक आदर्श स्थिति है। आज एक ही वंशानुक्रम समूह के सदस्य भिन्न–भिन्न स्थानों में रहते हैं। एक ही वंशानुक्रम समूह के सदस्य जो बहुत निकट रहते हैं। लीच उन्हें स्थानीय वंशानुक्रम समूह (Local Descent Group) कहते हैं।

वंशानुक्रम समूह तथा वंशानुक्रमण में अन्तर पीढ़ियों की गहराई को लेकर है। इस अन्तर के होते हुए भी सभी सामाजिक मानव–वैज्ञानिक इस बात से सहमत हैं कि वंश एक वंशानुक्रम समूह है। पितृवंशीय समाजों में वंश की एकता सामान्यतया बहुत गहराई में होती है। लोग अपने वंशानुक्रम स्वजनों को कई पीढ़ियों तक याद रखते हैं। दूसरी ओर उत्तरी घाना में तालैन्सी जन–जाति के लोग 15 पीढ़ियों तक के पूर्वजों को

याद रखते हैं। यद्यपि सामान्यतया 5 पीढ़ी से ऊपर के पूर्वजों को लोग याद नहीं रख पाते।

समपार्श्व स्वजन समूह (Collateral Group)—वंशानुक्रम समूह के दो पहलू हैं। इस समूह में वे लोग हैं जो अपने वंश का विकास अपने से ऊपर की पीढ़ियों के साथ जोड़ते हैं। दूसरे पहलू में एक ही वंश के सदस्य आपस में भाई–बहन हैं। इस सम्बन्ध पर आधारित स्वजनों को वंशानुक्रम स्वजन कहते हैं। वंशानुक्रम स्वजन विवाह समूह से एक अर्थ में बहुत भिन्न है। विवाह का उद्देश्य यौन सम्बन्धी गतिविधि पर नियन्त्रण रखना तथा प्रजनन व्यवस्था को सुचारु रूप से चलाना होता है। वंशानुक्रम समूह का कार्य अपनी वर्तमान पीढ़ी को सांस्कृतिक व्यवहार प्रदान करना तथा समाजीकरण करना होता है। हमने देखा है कि विवाह तथा वंशानुक्रम समूह के कार्यों में जैविक कड़ियाँ हैं जो सदस्यों को एक सूत्र में बाँधे रखती हैं। वंशानुक्रम स्वजनों में ऐसी कोई जैविक कड़ी नहीं होती जो सदस्यों को बाँधे रखे। इस अन्तर के कारण विभिन्न समाजों में वंशानुक्रम स्वजनों के सम्बन्धों में बड़ा अन्तर देखने को मिलता है।

पिछले पृष्ठों में हमने वंशानुक्रम समूह का विवेचन किया है। संक्षेप में हम कहेंगे कि वंशानुक्रम समूह वह समूह है जिसमें लोगों की सदस्यता स्वतः जन्म से होती है, जिसमें वंश का नाम एकपक्षीय, मातृ या पितृ होता है, और जो अपनी इस परम्परा को सतत् बनाए रखता है। इस समूह के दो रूप हैं। एक रूप वह है जिसमें वंश का सम्बन्ध ऊपर की पीढ़ियों के साथ जोड़ा जाता है और दूसरा वह जिसमें सम्बन्धों का आधार वंशानुक्रम न होकर एक वंश की सन्तान होता है। यह समूह समपार्श्व स्वजन समूह कहा जाता है। चित्र में इसे हम निम्न प्रकार प्रदर्शित करेंगे—

वंशानुक्रम समूह (Descent Group)

वंशानुक्रम समूह (Descent Group)	समपार्श्व स्वजन समूह (Collateral Group)
एकपक्षीय वंशानुक्रम समूह (Unilineal Descent Group)	पैतृक, मातृक, समपार्श्व स्वजन समूह (Agnatic and Uterine Collateral Groups)

विवाह और बन्धुत्व—संश्रय और विनिमय (Marriage and Kinship: Alliance and Exchange)

बन्धुत्व व्यवस्था के दो मुख्य पहलू हैं। पहला पहलू उसका वंशानुक्रम सिद्धान्त है और दूसरा संश्रय सिद्धान्त। हमने पिछले पृष्ठों में इन दोनों सिद्धान्तों का उल्लेख किया है। यहाँ हम संश्रय सिद्धान्त को जो बन्धुत्व का दूसरा पक्ष है, थोड़ा विस्तार से देखेंगे। जैसा कि हमने प्रारंभ में कहा है, संश्रय सिद्धान्त इस बात की जाँच है कि किस प्रकार विवाह विनिमय द्वारा एक जन–जाति अपनी सुदृढ़ता को बनाए रखती है। सामाजिक व्यवस्था के लिए एक जन–जाति कई खण्डों—द्विअंशकों और बहुअंशकों में या बहिर्विवाही समूहों में बंटी रहती है। ये समूह विवाह की कड़ी द्वारा एक–दूसरे से बंधे रहते हैं। इन खण्डों में जो विवाह विनिमय के सम्बन्ध होते हैं, उनकी प्रकृति

प्रकार्यात्मक तथा पारस्परिकता की होती है। जन–जाति का एक समूह या गोत्र अपने में से लड़कियों को विवाह में देता है और दूसरे समूहों से लड़कियों को विवाह में लेता है। विवाह को लेकर जहाँ यह विनियम व्यवस्था है, वहाँ संश्रय सम्बन्ध भी है। ऐसे समूह केवल लेते–देते ही नहीं हैं, अपितु उनमें एक प्रकार का भ्रातृत्व सम्बन्ध स्थापित हो जाता है। इस प्रकार के सम्बन्धी विवाह सम्बन्धी कहलाते हैं। इस सिद्धान्त पर सबसे पहले विशद रूप से मौस ने सन् 1925 में लिखा था। मौस की इस अवधारणा को बाद में लेवी–स्ट्रास और लीच ने और अधिक विस्तृत किया।

मौस का यह कहना है कि जन–जातियों में सामाजिक पारस्परिकता (Social Reciprocity) होती है। सामान्यतया जन–जातियों में आर्थिक अर्थ में विनिमय (Exchange) बहुत कम होता है। उनमें वास्तव में सामाजिक विनिमय होता है। सामाजिक विनिमय में मनोरंजन, संस्कार, स्त्रियाँ, नाच–गाने और दावतें होती हैं। त्यौहार के दिनों में या विवाह के अवसर पर जन–जाति के ये समूह भेंट आदि द्वारा आदान–प्रदान करते हैं। वास्तव में जन–जातियों की संस्थाओं की प्रकृति ऐसी होती है जिनके अनुसार वस्तुओं की अदला–बदली होती है। उदाहरण के लिए एक जाति में कुछ समूह ऐसे होते हैं जो "पत्नी देने वाले" होते हैं, और कुछ ऐसे जो पत्नी प्राप्त करने वाले।

लेवी–स्ट्रास ने मैत्री बन्धुत्व पर उल्लेखनीय कार्य किया है। उनका कहना है कि—अगम्यगमन (Incest) का सिद्धान्त सभी समाजों में पाया जाता है। इसके अनुसार कोई भी आदमी अपने निकट के बाँधव में से विवाह के लिए स्त्री प्राप्त नहीं कर सकता। इन स्त्रियों को उसे दूसरे लोगों की पत्नी बनने के लिए छोड़ देना पड़ता है और वह स्वयं दूसरे लोगों से स्त्रियों को पत्नी के रूप में प्राप्त करता है। विवाह का यह बन्धुत्व समरक्तता के सिद्धान्त से एकदम पृथक है और इसलिए बन्धुत्व व्यवस्था का आधारभूत सिद्धान्त है। इस अर्थ में स्ट्रास विवाह को मुख्यतया एक विनिमय की प्रक्रिया मानते हैं जिससे एक आदमी अपने समूहों से पृथक समूहों से पत्नी ग्रहण करता है। प्रत्येक समूह में विवाह के इस विनिमय के लिए सामाजिक व्यवस्था होती है जिसे स्ट्रास प्राथमिक संरचना (Elementary Structure) कहते हैं। बन्धुत्व व्यवस्था में वंशानुक्रम, उत्तराधिकार, निवास आदि सम्मिलित हैं और जब स्त्रियों का आदान–प्रदान होता है, तो इसमें इन सब बातों पर भी ध्यान दिया जाता हैं। स्ट्रास ने स्त्रियों के विवाह के इस आदान–प्रदान के तीन प्रकार बताए हैं। पहला आदान–प्रदान ममेरे–चचेरे–भाई–बहन के विवाह का है। इसमें विवाह साथी एक ही समय में माता के भाई का बच्चा है। दूसरी ओर पिता की बहन का बच्चा है। इस प्रकार के विवाह दो समूहों को आत्मनिर्भर इकाई बनाते हैं और स्ट्रास ऐसे समूहों को बन्द या सीमित विनिमय (Closed or Restricted Exchange) करने वाले समूह कहते हैं। इस सीमित विनिमय के विपरीत एक दूसरा प्रकार वे बताते हैं जो मातृवंशीय हैं। मातृवंशीय समूह में एक आदमी अपनी माँ के भाई की लड़की से विवाह करता है और तीसरे समूह को लड़की देता है और इस विवाह में लड़कियों का आदान–प्रदान चलता रहता है।

विनिमय के इस प्रकार को वे सामान्यीकृत विनिमय (Generalized Exchange) कहते हैं। स्ट्रास के अनुसार विनिमय का एक तीसरा प्रकार भी है जो पितृवंशीय समूहों में पाया जाता है। ऐसे समूहों में विनिमय का जो स्वरूप मिलता है, वह "बन्द" और "सामान्यीकृत" विनिमय का मिला–जुला रूप है।

लेवी–स्ट्रास के विनिमय सिद्धान्त में लीच और नीडहाम (Rodney Needham) ने बाद में चलकर कुछ संशोधन किया है, लेकिन फिर भी आज यह सिद्धान्त बन्धुत्व व्यवस्था विश्लेषण में बहुत महत्त्वपूर्ण है।

विनिमय सिद्धान्त संश्रय सिद्धान्त के नाम से भी जाना जाता है। विवाह द्वारा एक समूह दूसरे समूह से मित्रता के सम्बन्ध स्थापित करता है। इस प्रकार के सम्बन्ध या मित्रता में दोनों समूहों की प्रतिष्ठा, अर्थतन्त्र और राजनीतिक संगठन भी जुड़े रहते हैं। जैसा कि लीच का कहना है, इस सिद्धान्त के कई ऐसे पहलू हैं जिन पर अभी अनुसंधान कार्य होना शेष है। लगता है इस सिद्धान्त का भविष्य उज्ज्वल है।

बन्धुत्व के पहलुओं में हमने दो बातों पर मुख्यतया जोर दिया है। हमने कहा है कि स्वजन दो प्रकार के होते हैं, एक वे स्वजन जो रक्त से बंधे हुए हैं, अर्थात जो वंशानुक्रम समूह के सदस्य हैं, दूसरे वे हैं जो विवाह से सम्बन्धित हैं। दूसरे प्रकार के स्वजनों को विवाह सम्बन्धी स्वजन कहते हैं। अब हम बन्धुत्व की श्रेणियाँ, बन्धुत्व समूह की पदावली (Terminology), प्रत्येक पद के सामाजिक कार्य और बन्धुत्व व्यवहार (Kinship Behaviour) का विवेचन करेंगे।

बन्धुत्व की श्रेणियाँ (Categories of Kinship)

बन्धुत्व की श्रेणियाँ स्वजनों के पारस्परिक सम्बन्धों की निकटता, सहयोग, और घनिष्ठता पर निर्भर हैं। किसी स्वजन की दूसरे स्वजनों के साथ कितनी निकटता है, इसका मूल्यांकन सामाजिक अवसरों और कर्मकाण्डों पर किया जा सकता है। इन अवसरों पर जिन स्वजनों के उत्तरदायित्व अधिक होते हैं, वे निकट के स्वजन हैं। वे स्वजन जिनके कार्य इन अवसरों और कर्मकाण्डों पर सामान्य होते हैं, साधारण स्वजन हैं। स्वजनों की मुख्यतया तीन श्रेणियाँ पाई जाती हैं।

प्राथमिक स्वजन (Primary Kin)

वे व्यक्ति प्राथमिक स्वजन कहलाते हैं जिनके साथ रक्त या विवाह को लेकर प्रत्यक्ष सम्बन्ध होता है। ये स्वजन या तो वंशानुक्रम समूह के होते हैं या समपार्श्व समूह या विवाह समूह के। ऐसे स्वजनों में रक्त सम्बन्ध के आधार पर पिता–पुत्र, माता–पुत्री, पिता–पुत्री, माता–पुत्र, भाई–बहन, और बहन–बहन हैं। विवाह स्वजनों में पति–पत्नी हैं।

द्वितीयक स्वजन (Secondary Kin)

इस श्रेणी में वे स्वजन आते हैं जो व्यक्ति से प्रथम श्रेणी के स्वजन के माध्यम से सम्बन्धित होते हैं। दूसरे शब्दों में प्राथमिक स्वजन के प्राथमिक स्वजन द्वितीय स्वजन

कहलाते हैं। द्वितीय स्वजनों के साथ हमारा प्रत्यक्ष सम्बन्ध नहीं होता। रक्त सम्बन्धियों में हमारे चाचा जो हमारी पिता के भाई हैं, अर्थात पिता के प्राथमिक स्वजन हैं, हमारे द्वितीय स्वजन हैं। इसी तरह हमारा भतीजा जो हमारे भाई का प्राथमिक स्वजन है, हमारा द्वितीय स्वजन है। विवाह स्वजनों में हमारी भाभी जो कि हमारे भाई की प्राथमिक स्वजन है, हमारी द्वितीय स्वजन है।

तृतीयक स्वजन (Tertiary Kin)

तृतीय श्रेणी के स्वजन वे हैं जो हमारे द्वितीय श्रेणी के स्वजनों के प्रथम श्रेणी के स्वजन हैं। उदाहरण के लिए रक्त स्वजनों में हमारे भतीजे का लड़का है। हमारा भतीजा द्वितीय स्वजन है और उसका पुत्र जो उसका प्राथमिक स्वजन है, हमारे लिए तृतीयक स्वजन हुआ। इसी प्रकार हमारी भाभी की बहन या उसका भाई जो भाभी के लिए प्राथमिक है, हमारी लिए तृतीयक है।

स्वजनों का बन्धुत्व व्यवस्था में जो स्थान होता है, उसकी मान्यता समाज या सम्बन्धित समूह द्वारा प्राप्त होती है। जिन स्वजनों के लिए जन्म, विवाह, और मृत्यु पर अधिक सहायता या सहयोग देना आवश्यक होता है, वे निकट स्वजन हैं। उदाहरण के लिए राजस्थान के भील परिवार में मृत्यु होने पर परिवार के मुखिया के सभी भाई मृत्यु दावत के लिए अनाज लाएंगे और इसमें भी सबसे बड़ा भाई अधिक अनाज लाएगा। इसका अर्थ हुआ भाई निकट का स्वजन है। आदान–प्रदान, भेंट आदि के आधार पर स्वजनों की ये श्रेणियाँ निर्धारित होती हैं।

त्रिलोकी नाथ मदन ने कश्मीर के ग्रामीण क्षेत्रों की परिवार और बन्धुत्व व्यवस्था का अध्ययन किया है। उनका कहना है कि कश्मीरी ब्राह्मणों में प्रथम श्रेणी के स्वजन वे हैं जिनका सम्बन्ध चूल्हे से है। इसका तात्पर्य यह है कि वे लोग एक ही चूल्हे से पका हुआ भोजन प्राप्त करते हैं, प्राथमिक स्वजन कहे जा सकते हैं। कश्मीर के पंडितों में ये प्राथमिक स्वजन बहुत थोड़ी संख्या में होते हैं। ऐसे समूह में रक्त संबंधी और विवाह सम्बन्धी दोनों होते हैं। इसके बाद कुटुम्ब आता है जिसके अन्तर्गत विस्तृत परिवार के सभी लोग आ जाते हैं। कुटुम्ब के लोग एक ही वंशावली के होते हैं और समपार्श्व स्वजन की दृष्टि से कई भागों में बंटे हुए होते हैं। समपार्श्व स्वजनों में जो एकता पाई जाती है, उसका कारण पैतृक वंशानुक्रम है। इन पंडितों के कुटुम्ब का संरचनात्मक आधार पितृवंश है। कई कुटुम्बों से मिलकर कुल बनता है। कुल एक ऐसी कोटि है जिसके सदस्य एक–दूसरे के बहुत दूर होते हैं। अतः कुल के सदस्य जो चूल्हे और कुटुम्ब के स्वजन की श्रेणी में नहीं आते, तृतीय स्वजन कहलाते हैं।

बन्धुत्व के सम्बन्ध में एक और महत्त्वपूर्ण बात त्रिलोकी नाथ मदन ने रखी है। उनका कहना है कि कश्मीर के पंडितों में पितृबंधु का स्थान सामाजिक सम्बन्धों में सर्वोपरि होता है। इन पंडितों में चूल्हा, कुटुम्ब और कुल ये बन्धुत्व तीन स्वजनों की श्रेणियाँ हैं जिन्हें उनके सामाजिक कार्यों के अनुसार बन्धुत्व व्यवस्था में स्थान प्राप्त है।

मेयर ने जाति और बन्धुत्व के सन्दर्भ में मालवा के रामखेड़ी गाँव का अध्ययन किया है। रामखेड़ी में पाए जाने वाले बन्धुत्व का विश्लेषण उन्होंने आधार सामग्री पर

किया है। उनका यह विश्लेषण स्वजनों की श्रेणियाँ समझने में सहायक है। मेयर के अनुसार रामखेड़ी में प्रथम स्थानीय स्वजनों में घर के सदस्य हैं। इसमें माता–पिता, भाई–बहन तथा विवाह स्वजनों में भाभी, लाड़ी (बहू), सास, ननद, जेठानी, इत्यादि हैं। घरेलू परिवार से बाहर प्रथम स्थानीय स्वजनों में पिता का बड़ा भाई (वा) छोटा भाई (काका) और माता का भाई (मामा) हैं। इनमें भी पिता के भाइयों का स्थान माता के भाइयों से ऊँचा होता है। माता के भाई को लेने का कुछ भी अधिकार नहीं होता। उसे तो बस देना ही देना है। एक कहावत है—"एक सौ ब्राह्मण और बहन का एक लड़का (भांजा) बराबर हैं।" माता का भाई तो केवल संरक्षक है। पिता का भाई सामान्यतया एक ही गांव में रहता है और विवाह के समय जब कुल देवी की पूजा की जाती है, उस समय उसकी उपस्थिति आवश्यक है। माता के स्वजनों को विवाह के अवसर पर भेंट अर्थात मामेरा लाना पड़ता है। अतः मेयर के अनुसार पिता और माता के भाई प्रथम स्थानीय स्वजन हैं, लेकिन उनमें माता के भाई का स्थान दूसरा है। सभी स्वजनों के उनकी उम्र और लिंग के अनुसार निश्चित कार्य होते हैं, और इन कार्यों के आधार पर उन्हें समूह या जाति में मान्यता मिलती है।

देसाई (I.P. Desai) ने महुवा (सौराष्ट्र) में परिवार के कुछ पहलुओं का अध्ययन किया है। यद्यपि देसाई के अध्ययन का केन्द्र परिवार की प्रकृति और उसके बदलते स्वरूप हैं, तथापि उन्होंने बन्धुत्व के कार्यों का विश्लेषण परिवार की संयुक्तता के सन्दर्भ में किया है। समरक्तता और विवाह स्वजनों के सम्बन्ध आभार के पारस्परिक आदान–प्रदान पर निर्भर रहते हैं। अपने इस अध्ययन में देसाई ने विभिन्न स्वजनों को घनिष्ठता के आधार पर श्रेणियों में बाँटा है। इन स्वजनों को मोटे रूप में दो श्रेणियों में रखा गया है—घनिष्ठ स्वजन और अघनिष्ठ स्वजन। निकट के स्वजनों में घनिष्ठता अधिक पाई जाती है। घनिष्ठता का आधार कई बातों पर निर्भर करता है। यदि स्वजन एक ही स्थान पर रहते हैं, तो उनमें घनिष्ठता अधिक देखी जाती है। उदाहरण के लिए देसाई के निदर्शन में परिवार के मुखियाओं के 755 स्वजनों में से 64 प्रतिशत स्वजनों के परस्पर घनिष्ठ सम्बन्ध थे और 36 प्रतिशत के सम्बन्धों में घनिष्ठता नहीं थी। 482 स्वजन जो घनिष्ठ सम्बन्धों में थे, उनमें 42 प्रतिशत महुवा कस्बे के निवासी थे, 31 प्रतिशत महुवा से बाहर के थे और 17 प्रतिशत अपने–अपने मूल निवास के थे। यदि हम महुवा के सभी स्वजनों को लें तो 64 प्रतिशत ऐसे हैं जो घनिष्ठ सम्बन्धों में हैं। अतः स्थान के आधार पर वे स्वजन जो एक ही समुदाय में रहते हैं, घनिष्ठ स्वजन होते हैं।

देसाई ने घनिष्ठ सम्बन्ध वाले स्वजनों के बन्धुत्व का ब्यौरा भी दिया है। ऐसे स्वजनों में पिता–पुत्र, भाई–भाई, चाचा–भतीजा, चाचा का लड़का और पिता की बहन का लड़का है।

बन्धुत्व पदावली (Kinship Terminology)

स्वजनों के सम्बोधन के लिए पद होते हैं। ये पद व्यक्ति से सम्बन्धित समूह या समाज के लिए निश्चित अर्थ रखते हैं। समाज इस अर्थ को मान्यता प्रदान करता है। पिता, माता, चाचा, नाना और बहू आदि बन्धुत्व के सम्बोधन पद हैं। इन पदों का एक समूह

विशेष की भाषा से दूसरी भाषा में अनुवाद करना बहुत टेढ़ी खीर है। शायद बन्धुत्व पदावली का अनुवाद इसी कठिनाई के कारण दूसरी भाषा में सही रूप से नहीं हो पाता।

स्वजनों को विभिन्न श्रेणियों या समूहों में रखने के कुछ सिद्धान्त हैं। उन्नीसवीं शताब्दी में पहली बार सामाजिक मानव–वैज्ञानिकों ने व्यवस्थित रूप से बन्धुत्व के इस पक्ष के अध्ययन में रुचि दिखाई। मोरगन (1871) ने बन्धुत्व की पदावली पर वैज्ञानिक विधि से अध्ययन प्रारम्भ किया। मोरगन के बाद की पीढ़ियों ने उनकी अनुसंधान प्राप्तियों की कटु–आलोचना भी की। प्रयास तो यहाँ तक हुआ कि मोरगन के निष्कर्षों को निरर्थक कर दिया जाये। यह सब होते हुए भी यदि हम पीछे मुड़ कर देखें तो लगेगा कि मोरगन की बन्धुत्व विश्लेषण की देन अद्वितीय है।

मोरगन के बाद रेडक्लिफ–ब्राउन (1950) ने बन्धुत्व पदावली के क्षेत्र में बड़ी रुचि दिखाई। उन्होंने इरोक्वा इण्डियन्स (Iroquois Indians) का अध्ययन किया और इसके आधार पर बन्धुत्व व्यवस्था की पदावलियों का निर्माण किया, लेकिन रेडक्लिफ–ब्राउन बन्धुत्व पदावली के अध्ययन में मोरगन से भिन्न नहीं हैं। मोरगन ने सबसे पहले बन्धुत्व की पदावली से अपने अध्ययन को प्रारम्भ किया। उन्होंने बन्धुत्व की पदावली को दो प्रकारों में बाँटा। पहला प्रकार विवरणात्मक व्यवस्था (Descriptive System) है। इसमें बन्धुत्व के केवल प्राथमिक पदों जैसे कि पिता, माता, पुत्र, पुत्री, पति, पत्नी और शायद भाई तथा बहन को रखा। ये सब स्वजन विवरणात्मक व्यवस्था में आते हैं। मोरगन की पदावली का दूसरा प्रकार वर्गात्मक व्यवस्था (Classifactory System) है। वर्गात्मक व्यवस्था में विभिन्न प्रकारों के बान्धवों को विवरणात्मक आधार पर एक ही समूह में रख दिया गया है और इस समूह के लिए एक ही पदावली की कोटि दी गई है। उदाहरण के लिए काका पद पिता के और छोटे भाई दोनों के लिए प्रयुक्त होता है। इसी तरह बहन पद के अन्तर्गत व्यक्ति की स्वयं की बहन, माता की लड़की और बुआ की लड़की आ जाते हैं। अंग्रेजी भाषा का पद अंकल (Uncle) भी इसी तरह वर्गात्मक पद है। इसमें माता का भाई, पिता का भाई, माता की बहन का पति, और पिता की बहन का पति, सभी विवरणात्मक पद आ जाते हैं। मोरगन की वर्गात्मक व्यवस्था में, इरोक्वा में पिता और पिता के भाई को एक ही पद से सम्बोधित किया जाता है।

मोरगन ने अपने वर्गात्मक प्रकार को दो और उपभागों में बाँटा है। मलाया और अमेरिकी इन्डियन। मलाया प्रकार में मोरगन ने सभी समपार्श्व स्वजनों को एक ही पीढ़ी के वंशानुक्रम स्वजनों में डाल दिया है। दूसरे प्रकार के समपार्श्व स्वजनों के केवल एक हिस्से को ही उन्होंने वंशानुक्रम स्वजनों में डाला है।

मोरगन की विवरणात्मक और वर्गात्मक व्यवस्था में रिवर्स (1924) ने संशोधन किया। उन्होंने बन्धुत्व पदावली का त्रिपक्षीय (Tripartiate) विभाजन दिया। उन्होंने मोरगन की वर्गात्मक श्रेणी को तो ज्यों का त्यों अपना लिया, लेकिन विवरणात्मक श्रेणी को दो भागों में बाँटा। रिवर्स ने विवरणात्मक व्यवस्था का अर्थ केवल प्राथमिक पदों के संकलन से लिया है। इसके बाद वे दूसरा पद वस्तुनिर्देशक (Denotative) मानते हैं।

रिवर्स के बाद बन्धुत्व पदावली के अध्ययन में महत्त्वपूर्ण योगदान क्रोबर (1909) का है। उन्होंने आठ सिद्धान्तों का प्रतिपादन किया जिनके द्वारा एक स्वजन के बन्धुत्व कार्यों को दूसरे स्वजन से पृथक किया जा सकता है। बन्धुत्व कार्यों को पृथक करने वाले आठ तत्त्व इस प्रकार हैं—(1) पीढ़ियों में अन्तर, (2) समपार्श्व स्वजन और वंशानुक्रम स्वजन में अन्तर, (3) विवाह और रक्त स्वजन में अन्तर, (4) लिंग में अन्तर, (5) उम्र में अन्तर, (6) सम्बोधन करने वाले व्यक्ति के लिंग में अन्तर, (7) सम्बोधित व्यक्ति और उसके सापेक्षिक स्वजन के लिंग में अन्तर, और (8) स्वजनों को जोड़ने वाले व्यक्ति का जीवित रहना या मृत्यु प्राप्त करना। क्रोबर ने बन्धुत्व पदावली निर्माण क्षेत्र में अपने इस योगदान द्वारा विश्लेषण को अधिक पैना बनाया।

लॉवी (1920) और अन्य सामाजिक मानव–वैज्ञानिकों ने क्रोबर के विश्लेषण में कुछ अभाव बताए हैं। लॉवी ने इस बात पर जोर दिया है कि बन्धुत्व व्यवस्था में कुछ ऐसी स्थितियाँ भी आती हैं जब एक स्वजन दूसरे स्वजन को पारस्परिक पदों द्वारा सम्बोधित करता है। लॉवी ने बन्धुत्व पदावली को संशोधित रूप देने में बहुत प्रशंसनीय कार्य किया है। उन्होंने मोरगन का सफलतापूर्वक आधुनिकीकरण कर दिया।

बन्धुत्व पदावली के लिए आज सामाजिक मानव–विज्ञान में चार सिद्धांत हैं। सिद्धांतों के इस निर्माण में विभिन्न सामाजिक मानव–वैज्ञानिकों का पिछले कई दशकों का परिश्रम है। इन सिद्धान्तों के प्रतिपादक या अग्रणी रूप में मोरगन, रिवर्स, क्रोबर और लोई हैं। प्रत्येक सिद्धान्त अपने विशिष्ट सन्दर्श में बन्धुत्व पदावली को बनाता है। अब हम पिछले विवरण के आधार पर पदावली के इन सिद्धांतों का विवेचन देंगे।

पीढ़ी व्यवस्था (Generation System)

इस व्यवस्था में व्यक्ति को केन्द्र मानकर उससे ऊपर की पीढ़ियों को गिना जाता है। उदाहरण के लिए पीढ़ी व्यवस्था में "व्यक्ति" के पिता, उसके पिता के भाई और उसकी माता के भाई एक ही पद द्वारा सम्बोधित किए जाएंगे, बन्धुत्व पदावली का यह एक सामान्य सिद्धान्त है जिसका आधार पीढ़ी है।

वंशज स्वजन (Lineal Kin)

बन्धुत्व पदावली को लिंग और पीढ़ी के आधार पर भी वर्गीकृत किया जा सकता है। वर्गीकरण के इस आधार को क्रोबर ने सशक्त रूप में रखा है। क्रोबर लिंग और पीढ़ी को लेकर व्यक्ति के ऊपर की पीढ़ियों को देखते हैं और इस प्रकार समपार्श्व स्वजन तथा वंशज स्वजन दोनों को एक ही पदावली व्यवस्था में डाल देते हैं। इसमें वंशज स्वजन और समपार्श्व स्वजन के लिए एक ही बन्धुत्व पद होते हैं।

लिंग पर आधारित समपार्श्व स्वजन (Collaterals on the Basis of Sex)

क्रोबर ने समपार्श्व स्वजन और वंशानुक्रम स्वजन के लिए एक ही पदावली बताई है। लॉवी ने इसमें संशोधन किया है। वे समपार्श्व स्वजन और वंशानुक्रम स्वजन को लिंग के आधार पर अलग–अलग पदों में बाँटते हैं—पुरुषों के लिए अलग बन्धुत्व पद हैं, और स्त्रियों के लिए अलग।

लिंग-वंशानुक्रम तथा समपार्श्व सम्मिश्रण
(Merging of Lineal-Collateral on Sex)

लॉवी ने बन्धुत्व पदावली के विश्लेषण में एक और सन्दर्श प्रस्तुत किया है। वे समपार्श्व तथा वंशानुक्रम स्वजनों को लिंग के आधार पर पृथक करने के बाद उन्हें पीढ़ी और वंश के आधार पर देखते हैं। वे ऐसे बन्धुत्व पद पाते हैं जो लिंग समपार्श्व और वंशानुक्रम पर आधारित होते हैं। रेडक्लिफ–ब्राउन ने बन्धुत्व पदावली के विश्लेषण में एक पाँचवां सिद्धान्त भी रखा है जो सम्बन्धी समूह (Kindered Group) की एकता से जुड़ा हुआ है। इस समूह के सदस्यों पर समानता का सिद्धान्त लागू होता है। कुछ समाजों में सम्बन्धी समूह के सदस्यों के लिए एक ही बन्धुत्व पदावली प्रयुक्त होती है।

ऊपर हमने विभिन्न समाजों में पाई जाने वाली बन्धुत्व पदावली का उल्लेख किया है। सामाजिक मानव–वैज्ञानिकों ने इस पदावली को चार सन्दर्शों में देखा है। यहाँ यह स्पष्ट हो जाना चाहिए कि बन्धुत्व पदावली से सम्बन्धित ये सिद्धान्त सब जगह नहीं पाए जाते, किसी समाज में कोई सिद्धांत होता है और किसी में कोई और। पदावली के इन सिद्धांतों को हम सार में इस प्रकार रखेंगे—

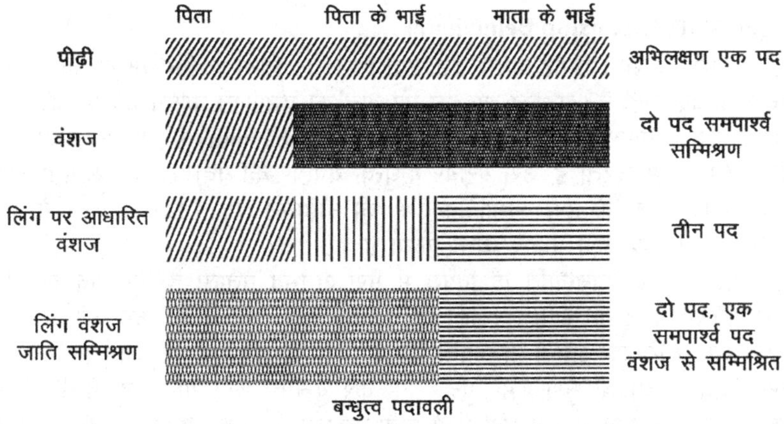

बन्धुत्व पदावली

ऊपर के चित्र का विश्लेषण बताएगा कि बन्धुत्व की वे पदावलियाँ जो केवल पीढ़ी को ही अपना आधार मानती हैं, उनमें पिता, पिता के भाई और माता के भाई के लिए एक ही बन्धुत्व पद होता है। दूसरी व्यवस्था में जहाँ पदावली का आधार वंशज है, दो प्रकार के पद प्रयोग में आते हैं। एक पद वंशज स्वजन के लिए होता है और दूसरा वंशज के लिए। अर्थात् पिता के लिए अलग पद होता है, और पिता के भाई और माता के भाई दोनों के लिए एक ही पद। बन्धुत्व पदावली की तीसरी व्यवस्था वह है जिसमें बन्धुत्व के तीन पदों का लिंग और वंश के आधार पर प्रयोग होता है। चौथी व्यवस्था के लिंग, वंश दोनों के लिए एक पद है और समपार्श्व स्वजन के लिए दूसरा।

हमारे देश में बन्धुत्व पदावली पर न्यूनतम कार्य हुआ है। सर्वप्रथम रिवर्स ने टोडा और दक्षिण की जन–जातियों को बन्धुत्व व्यवस्था पर एक संस्थापक की तरह कार्य किया। इसके बाद यह क्षेत्र अछूता रहा। सन् 1952 में श्रीनिवास ने कुर्ग जनजाति के

समाज और धर्म के विश्लेषण में (*Religion and Society Among the Coorgs of South India, Oxford,* 1952) बन्धुत्व का उल्लेख किया है। इसी अवधि में गफ ने मालाबार के मृत वंशज नायर की बन्धुत्व व्यवस्था का विवेचन प्रस्तुत किया। इसमें बन्धुत्व पर अपेक्षाकृत रूप से कम जोर दिया गया है। सन् 1960 में मेयर ने मध्यप्रदेश की जाति और बन्धुत्व व्यवस्था का अध्ययन किया। उनके अध्ययन में बन्धुत्व के कार्यों का तो आनुभविक ब्यौरा है, लेकिन बन्धुत्व पदावली पर वे कुछ महत्त्वपूर्ण योगदान नहीं दे पाए। बन्धुत्व के अध्ययन में शायद सबसे महत्त्वपूर्ण कार्य इरावती कर्वे (*Kinship Organisation in India*, 1953) का है। उन्होंने सारे देश में पाई जाने वाली बन्धुत्व पदावली का विस्तृत विवरण दिया है, लेकिन उनके कार्य की सबसे बड़ी परिसीमा जैसा कि ड्यूमा और पोकोक का कहना है, गहन क्षेत्रीय कार्य का अभाव है। त्रिलोकी नाथ मदन ने कश्मीरी ब्राह्मणों, जिन्हें पंडित कहते हैं, की बन्धुत्व व्यवस्था का अध्ययन किया है जो 1965 में प्रकाशित हुआ है। मदन ने बन्धुत्व पदावली को विभिन्न सन्दर्भों में रखा है। उनका बहुत बड़ा सन्दर्भ पीढ़ी है। अभी बन्धुत्व पदावली के क्षेत्र में हमारे देश में अनुसंधान करने की बहुत बड़ी सम्भावनाएं हैं।

बन्धुत्व व्यवहार (Kinship Behaviour)

इस अध्याय में सभी जगह हमने इस बात पर जोर दिया है कि बन्धुत्व का सम्बन्ध केवल जैविक नहीं है। बन्धुत्व व्यवहार पर बात को प्रमाणित करता है कि स्वजनों के साथ हमारा व्यवहार अपेक्षित व्यवहार (Expected Behaviour) है। वह अनुसंधानकर्ता जो क्षेत्र में काम करता है, उसे बराबर बन्धुत्व व्यवहार की पदावली का सामना करना पड़ता है। बन्धुत्व के इस सामाजिक पक्ष को बोहानन (Paul Bohannan) ने अपने क्षेत्रीय अनुभव पर इस प्रकार व्यक्त किया है—

"टिव (Tiv) जनजाति के विषय में मेरा अनुभव बताता है कि यदि एक टिव मुझसे किसी वस्तु की अपेक्षा रखता था, तो वह मुझे "मेरे पिता" कह कर सम्बोधित करता था। यदि वह अपनी जनजाति की परम्परा के अनुसार मेरे व्याकरण को सही करना चाहता था तो मुझे, "मेरे पुत्र" कह कर बुलाता था। यदि वह किसी में मेरा सहयोग लेना चाहता था, तो मुझे "मेरी माता का पुत्र" कह कर पुकारता था। अगर वह मुझे मद्यपान करवाना चाहता था, तो मेरे लिए अभ्रातृत्व पद "मेरा साथी" प्रयोग में लाता था। मुझे टिव भाषा में पुरुष के लिए प्रयोग में आने वाले सभी भ्रातृत्व पदों से सम्बोधित किया गया है और यह निश्चित है कि कोई भी टिव अपने साथ मेरा कोई जैविक सम्बन्ध नहीं जोड़ता। इसमें महत्त्वपूर्ण बात अपेक्षित व्यवहार है।"

बोहानन का उपरोक्त कथन भ्रातृत्व व्यवहार के महत्त्व को बहुत स्पष्ट कर देता है। भ्रातृत्व व्यवस्था के लिए महत्त्वपूर्ण बात यह है कि प्रत्येक स्वजन के साथ अपेक्षित व्यवहार की एक कड़ी बन्धी हुई है और जब वह दूसरे के साथ व्यवहार करता है, तो उससे आशा की जाती है कि वह अपने अपेक्षित व्यवहार को पूरा करेगा। इसका तात्पर्य यह है कि प्रत्येक संस्कृति बन्धुत्व के जैविक तत्त्वों को अपने–अपने सन्दर्भ में देखती है। बन्धुत्व पद और बन्धुत्व व्यवहार एक ऐसी आनुभविक घटना है जिसका क्षेत्र में सत्यापन किया जा सकता है। बन्धुत्व पदावली और व्यवहार का इसी कारण

बार–बार सत्यापन होना चाहिए। यहाँ हम अपने देश की जनजातियों के कुछ प्रचलित बन्धुत्व व्यवहारों का उदाहरण स्वरूप उल्लेख करेंगे।

परिहार (Avoidance)

स्वजनों में परिहार व्यवहार लगभग सभी समाजों में पाया जाता है। इसके अनुसार किन्हीं दो स्वजनों के बीच कुछ निश्चित सम्बन्ध होते हैं और इन सम्बन्धों के अनुसार वे एक–दूसरे से दूर रहते हैं, पारस्परिक अन्तःक्रिया में जहाँ तक सम्भव हो, प्रत्यक्ष या आमने–सामने रहकर सक्रिय भाग नहीं लेते हैं। इसे बन्धुत्व का परिहार व्यवहार कहते हैं। उदाहरण के लिए दामाद और सास समपार्श्व हैं। उनमें यह परिहार है कि वे एक–दूसरे के निकट नहीं आएं। सास से अपेक्षा की जाती है कि वह दामाद से पर्दा रखे।

लोई ने यूकाधिर जनजाति में परिहार का उल्लेख किया है। इस जनजाति में वधू कभी भी अपने ससुर या जेठ के चेहरे की ओर नहीं देखती है और न ही दामाद अपनी सास अथवा ससुर के चेहरे को देखता है। यदि इन बान्धवों को एक–दूसरे से बातचीत करना हो तो वे पहले पर्दा कर लेते हैं। ओस्ट्रयाक (Austraq) जनजाति में भी वधू अपने ससुर के सामने और दामाद अपनी सास के सामने नहीं आते जब तक कि सन्तान उत्पत्ति न हो जाए। वधू के लिए यह परिहार आवश्यक है कि वह सास के सामने घूंघट निकाले। हिन्दुओं में भी परिहार का यह व्यवहार देखने को मिलता है।

एक और दृष्टान्त है। न्यूगिनी की बोकाओ जनजाति में सास–ससुर और दामाद न तो एक–दूसरे को देखते हैं, और न ही छूते हैं। वे एक–दूसरे के नाम का उच्चारण भी नहीं कर सकते। कहीं ऐसी स्थिति आ जाए कि ससुर को दामाद के सामने भोजन ग्रहण करना पड़े, तो ससुर अपना चेहरा ढक लेता है। दामाद से भी यह अपेक्षा की जाती है कि वह ससुर के मुंह की ओर न देखे।

ऑस्ट्रेलिया के जनजातियों में भी परिहार देखने को मिलता है। कुछ जनजातियों में सास और दामाद में बातचीत होना तो दूर रहा, सास दामाद के नाम को अपने कानों से सुन भी नहीं सकती। परिहार के नियम तोड़ने पर जनजाति छोड़ने का दण्ड भी मिल सकता है।

भारत की जनजातियों में भी परिहार के दृष्टान्त मिलते हैं। सामान्यतया जब तक सन्तान नहीं होती, तब तक वधू अपने ससुर से बातचीत नहीं कर सकती। भीलों में वधू ससुर से पर्दा करती है। पुरुष तथा उसके छोटे भाइयों की पत्नियाँ तथा दूसरी ओर पुरुष तथा पत्नी की बड़ी बहनों के बीच घनिष्ठ या प्रत्यक्ष व्यवहार परिहार है।

परिहास सम्बन्ध (Joking-Relationship)

परिहास का अर्थ है, हंसी–मजाक। कुछ स्वजन ऐसे होते हैं जिनके साथ बड़ी घनिष्ठता होती है और उनके साथ हंसी–मजाक करना या परिहास सम्बन्ध रखना अपेक्षित व्यवहार है। रेडक्लिफ–ब्राउन ने परिहास के अर्थ में लिखा है—

परिहास सम्बन्ध दो व्यक्तियों के बीच वह सम्बन्ध है जिसमें एक व्यक्ति को प्रथा द्वारा यह छूट रहती है, अथवा किसी समय कभी–कभी उससे यह अपेक्षा की जाती है

कि वह दूसरे व्यक्ति को तंग करे, छेड़े या उससे हंसी–मजाक करे तथा दूसरे से यह अपेक्षा की जाती है कि वह कुछ भी बुरा न माने।

परिहास सम्बन्ध जनजातियों की विशेषता है। ये सम्बन्ध हिन्दू समाज में भी पाए जाते हैं। इन सम्बन्धों में जीजा–साली, देवर–भाभी, समधि–समधिन आते हैं। उरांव तथा बैगा जनजातियों में दादी–पोता तथा दादा–पोती के बीच परिहास सम्बन्ध होते हैं। कुछ जनजातियों में परिहास सम्बन्ध गाली–गलौज के स्तर पर भी आते हैं। कुछ त्यौहारों पर और विशेष करके होली पर यौन सम्बन्धी मजाक या परिहास कुछ जनजातियों की विशिष्टता है।

रिवर्स ने परिहास सम्बन्धों की उत्पत्ति पर टीका की है। वे इन सम्बन्धों का उद्‌गम फुफेरे–ममेरे विवाह सम्बन्ध से जोड़ते हैं। वेस्टरमार्क रिवर्स के उद्‌गम सम्बन्धी इस कथन से सहमत नहीं हैं। उनका कहना है कि एक सामाजिक संस्था से दूसरी सामाजिक संस्था का उद्‌गम जोड़ना सरल है, लेकिन आधार सामग्री से इस उद्‌गम को प्रमाणित करना कठिन है। रेडक्लिफ–ब्राउन परिहास सम्बन्धों को प्रतीक रूप में देखते हैं। मजाक करने वाले स्वजन एक–दूसरे के इतने घनिष्ठ हैं कि उनमें इतना पारस्परिक प्रेम है कि वे इसे परिहास में व्यक्त करते हैं। परिहास बन्धुत्व व्यवस्था को रसिक बना देता है।

अनुसंतति-सम्बोधन (Teknonymy)

स्वजनों के बीच सम्बोधन जब किसी माध्यम से किया जाता है, तो यह अनुसंतति सम्बोधन है। सम्बोधन का यह माध्यम सन्तान होती है। पति और पत्नी को अपनी पुत्र–पुत्री के माध्यम से और इसी प्रकार पत्नी भी इन्हीं माध्यमों से एक–दूसरे को सम्बोधित करते हैं। हमारे देश में हिन्दुओं और जनजातियों में पति–पत्नी के लिए एक–दूसरे का नाम लेना वर्जित है। सामाजिक मानव–विज्ञान में अनुसंतति सम्बोधन का प्रयोग सर्वप्रथम टाइलर की कृतियों में देखने को मिलता है। इसकी उत्पत्ति के सम्बन्ध में उनका कहना है कि यह प्रथा सर्वप्रथम मातृसत्तात्मक परिवार से चली होगी। मातृसत्तात्मक परिवार में पति का स्थान द्वितीयक होता है। ऐसे परिवारों में उत्पन्न होने वाले बच्चों के माध्यम से पति को सम्बोधित किया जाता होगा। धीरे–धीरे अनुसंतति सम्बोधन की परम्परा पितृसत्तात्मक परिवारों में आई होगी। टाइलर ने अपने अध्ययन में 30 जनजातियों का उल्लेख किया है जिनमें यह परम्परा प्रचलित है। हमारे यहाँ खासी जनजाति में यह प्रथा विशेष रूप से पाई जाती है। फ्रेजर ने इस प्रथा का प्रचलन ऑस्ट्रेलिया, न्यूगिनी, मलाया, चीन, उत्तरी साइबेरिया तथा अफ्रीका की विभिन्न जनजातियों में पाया है।

मातुल-सम्बन्ध (Avunculate)

यह सम्बन्ध मातृवंशी जनजाति समाज की विशेषता है। इस समाज में मामा और भांजा या भांजी के सम्बन्धों को विशेष महत्त्व दिया जाता है। मातृवंशी परिवार में पारिवारिक मामलों में मामा का निर्णायक स्थान होता है। वह भांजे–भांजी के लिए भी स्नेह का पात्र होता है। उत्तर–पश्चिमी अमेरिका की हैडा (Haida) जनजाति में एक लड़का दस

वर्ष की उम्र के होने पर अपने पिता का घर छोड़कर मामा के घर जाकर रहने लगता है। मेलिनोस्की के अध्ययन क्षेत्र ट्रोब्रिमंड द्वीपवासियों में भी मातुल सम्बन्धों का प्रचलन पाते हैं। होपी तथा जूनी जनजाति में मामा अपने भांजे का विवाह संस्कार करता है।

ऐसी कुछ आधार सामग्री भी है जिससे ज्ञात होता है कि पितृवंशी समाजों में भी मातुल सम्बन्ध प्रचलित है। दक्षिण अफ्रीका की थोंगा (Thonga) जनजाति में भांजों के लिए मामा का घर दूसरे स्वर्ग की तरह है। किमांचे जनजाति पितृवंशी है, फिर भी उसमें मातुल सम्बन्ध पाए जाते हैं।

पितृष्वसा अधिकार (Amitate)

स्वजनों के ये सम्बन्ध मातुल सम्बन्ध के विपरीत हैं। इन सम्बन्धों में माता के भाई के स्थान पर पिता की बहन का महत्त्वपूर्ण स्थान होता है। ये सम्बन्ध पितृवंशी परिवारों की विशेषता है। रिवर्स ने ऐसी कई जनजातियों का उल्लेख किया है, जिनमें पितृष्वसा अधिकार की परम्परा प्रचलित है। वैक्स प्रायद्वीप में एक व्यक्ति अपनी माता से भी अधिक अपनी बुआ को प्रतिष्ठा देता है। हमारे देश की टोडा जनजाति में दाह संस्कार का अधिकार बुआ को प्राप्त है।

कूवेद (पति) (Couvade)

बन्धुत्व व्यवस्था में कूवेद का सम्बन्ध पत्नी के प्रसवकाल से है। इस प्रथा के अनुसार जब पत्नी प्रसव पीढ़ा का अनुभव करे, प्रसव काल में रहे, तो उसके पति के लिए आवश्यक है कि वह भी इन अवसरों पर प्रसव पीढ़ा की अनुभूति व्यक्त करे और अपनी पत्नी की तरह प्रसव काल को गुजारे। प्रसवकाल में पत्नी जैसा भोजन करती है, जैसे विश्राम लेती है उसी तरह के व्यवहार की पति से भी अपेक्षा की जाती है। हमारे देश में भी कहीं–कहीं जनजातियों में ऐसे सम्बन्ध देखने को मिलते हैं। खासी जनजाति में पति अपनी पत्नी की तरह तब तक नदी पार नहीं करता या कपड़े नहीं धोता, जब तक पत्नी के बच्चा उत्पन्न न हो जाए। सामाजिक मानव–वैज्ञानिकों ने इस प्रथा के पीछे पति–पत्नी के अगाध प्रेम और स्नेह को बताया है।

इस अध्याय के उपसंहार में हम कहेंगे कि बन्धुत्व व्यवस्था किसी भी सामाजिक संरचना का एक महत्त्वपूर्ण अंग है। बन्धुत्व केवल जैविकीय अवधारणा नहीं है। यह एक सामाजिक–सांस्कृतिक अवधारणा भी है। किसी भी देश के विभिन्न समूह एकाधिक संस्कृतियों से बने होते हैं और इसलिए सभी समूहों की बन्धुत्व व्यवस्था एक समान नहीं हो सकती। न ही प्रत्येक सामाजिक–सांस्कृतिक समूह की पृथक बन्धुत्व पदावली होती है। किसी समूह के सामाजिक सन्दर्भों को समझाने के लिए, बन्धुत्व व्यवस्था का अध्ययन अनिवार्य दिखाई देता है। अभी हमारे देश में इस क्षेत्र में अध्ययन की बहुत सम्भावना है।

17

गोत्र
(Clan)

किसी भी सामाजिक संरचना में गोत्र व्यवस्था का महत्वपूर्ण स्थान होता है। जन–जातियों में तो सामाजिक संबंधों का बहुत बड़ा आधार ही गोत्र है। पितृ–बन्धु या मातृक स्वजनों का कोई भी समूह यदि अपने उद्‌गम के पिछले इतिहास को देखेगा तो उसे ज्ञात होगा कि उसकी उत्पत्ति किसी एक पूर्वज से हुई है जो या तो पुरुष रहा है या स्त्री। इस प्रकार प्रत्येक पैतृक समूह (Agnatic Group) या मातृक समूह (Uterine Group) समूह में वंशानुक्रम का एक तत्व अनिवार्य रूप से होता है। पैतृक या मातृक समूह के सदस्य जो अपनी उत्पत्ति किसी एक पूर्वज से मानते हैं, भाई–बन्धु होते हैं। इसके अतिरिक्त इसी समूह के सदस्य परिवार तथा किसी एक वंश परम्परा के भी अपने सदस्य होते हैं। ऐसी स्थिति में जब हम गोत्र की व्याख्या करते हैं तो हमें इससे मिलते–जुलते अन्य पदों के अन्तर को भी स्पष्ट करना चाहिए जैसे कि परिवार और वंश जनजतियाँ सामान्यतया सभ्यता से दूर जंगलों और पहाड़ों में रहती हैं। उनमें सामाजिक सुदृढ़ता स्थापित करने में परिवार, वंश और गोत्र का बहुत बड़ा हाथ होता है। जनजातियों में तो व्यक्ति विशेष की प्रतिष्ठा उसके गोत्र के साथ जुड़ी होती है। दूसरी ओर प्रत्येक व्यक्ति की गतिविधियाँ भी गोत्र की प्रतिष्ठा को बनाती या बिगाड़ती हैं। यहाँ हम सर्वप्रथम गोत्र की परिभाषा, उसका अर्थ, और सामाजिक विश्लेषण में उसके महत्व को स्पष्ट करेंगे।

गोत्र—व्युत्पत्ति तथा अर्थ (Clan : Origin and Meaning)

अंग्रेजी शब्द क्लान (Clan) की उत्पत्ति गैलिक (स्काटलैंड के पहाड़ी लोगों की भाषा) शब्द है जिसका अर्थ बच्चों या वंशज से होता है और इस प्रकार मूल रूप में इसका संदर्भ एक सजातीय वंशानुक्रम समूह (Cognatic Descent Group) से है। सामाजिक मानव–वैज्ञानिक गोत्र का अर्थ सामान्यतया एकान्वयिक समूहों (Unilinear Groups) से लेते हैं। प्रारंभ में गोत्र का अर्थ लेटिन भाषा के शब्द जेन्स (Gens) से लिया जाता था जिसका अर्थ भी एकान्वयिक समूह है, लेकिन जब हम अंग्रेजी के शब्द जेन्स को

प्रयोग में लाते हैं तो इसका अर्थ–बोध पितृवंशात्मक समूहों से होता है और शायद इसलिए अमेरिकी मानवशास्त्रियों ने मातृवंशीय परिवारों के क्लान शब्द का प्रयोग किया है, जेन्स का प्रयोग वे केवल पितृवंशीय अर्थ में करते हैं। लॉवी (Lowie) ने मातृवंशीय और पितृवंशीय दोनों समूहों के लिए कुल (Sib) का प्रयोग अधिक उपयुक्त समझा है। मरडोक ने सुझाव दिया है कि कुल का प्रयोग उन सभी समूहों के लिए किया जाए जो एक पक्षीय समूह हैं और गोत्र का केवल उन्हीं समूहों के लिए किया जाए जो स्थानीय वंशानुक्रम समूह (Descent Group) हैं। ब्रिटिश परम्परा के अनुसार गोत्र शब्द का प्रयोग अधिक व्यापक या जातिगत है जिसके अन्तर्गत मातृ गोत्र तथा पितृ गोत्र दोनों सम्मिलित किए जाते हैं। इस भाँति सामाजिक मानवशास्त्रियों ने गोत्र का प्रयोग विभिन्न रूपों में किया है। मोरगन तथा उसके सम्प्रदाय के उद्विकासवादियों ने गोत्र का अर्थ पितृ गोत्र से लिया है। अमेरिकी लेखक गोत्र का प्रयोग मातृवंश समूह के लिए करते हैं जबकि वे पितृ वंश समूह के लिए जेन्स के प्रयोग को काम में लाते हैं। लोई ने पितृ तथा मातृ दोनों वंश समूहों के लिए कुल का प्रयोग किया है। मरडोक कुल का अर्थ सभी एक पक्षीय समूहों के लिए करते हैं जबकि गोत्र का प्रयोग स्थानीय वंश समूहों के लिए। ब्रिटिश परम्परा को मानने वाले मातृवंश तथा पितृवंश दोनों के लिए गोत्र का ही प्रयोग करते हैं।

मानव–विज्ञान में गोत्र संरचना पर बड़ी शास्त्रीय कृतियाँ आई हैं। क्रोबर की पुस्तक *झूनी किन एण्ड क्लान* (*Zuni Kin and Clan,* 1917), फर्थ की *वी, दि टिकोपिया* (*We, The Tikopia,* 1936), फोर्ट्स की *दि डाइनेमिक्स आफ क्लानशिप एमंगस्ट दी तालैन्सी* (*The Dynamics of Clanship Amongst the Tallensi,* 1945) और इवान्स–प्रिचार्ड की *नूएर* (*Nuer,* 1940) उल्लेखनीय हैं। ये अध्ययन मानव–विज्ञान में अधिक महत्वपूर्ण इसलिए हैं कि सबसे पहली बार इन कृतियों में हमें बन्धुत्व, गोत्र और वंश पर एक सैद्धान्तिक संरचना प्राप्त होती है। आज सामाजिक मानव–विज्ञान में बन्धुत्व तथा गोत्र के क्षेत्र में जो भी ज्ञान कोष है, उसके योगदान में इन कृतियों तथा इनके अतिरिक्त ऐसी ही अन्य कृतियों का महत्वपूर्ण स्थान है।

फोक्स (J.R. Fox) ने गोत्र की जो व्याख्या प्रस्तुत की है वह ब्रिटिश परम्परा के अनुसार है। वे लिखते हैं—गोत्र वह एकान्वयिक वंश समूह है जिसे कोई नाम दिया जाता है अर्थात यह व्यक्तियों का एक समूह है जो किसी एक पूर्वज से (जो सामान्यतः पौराणिक होता है) सामान्य वंशानुक्रम का दावा करता है और अपने सदस्यों की भर्ती या तो पुरुष या स्त्री सदस्यों से करता है लेकिन दोनों से नहीं।

वास्तव में किसी भी समूह के वास्तविक पूर्वज का सही–सही पता लगाना बहुत कठिन है। वंश का चाहे अपना कोई नाम न हो, किन्तु फिर भी आदि पूर्वज या प्रथम पूर्वज का ज्ञान होने के कारण उस इकाई के संबंधों को भली–भाँति देखा जा सकता है। श्यामाचरण दुबे गोत्र की मीमांसा में लिखते हैं—

> सीधे अर्थों में, गोत्र को हम कई वंशों का समूह कह सकते हैं। इसका निर्धारण पिता अथवा माता किसी एक की ओर से किया जाता है। अलग–अलग वंशों में होते हुए भी एक ही गोत्र के सदस्य अपने को किसी दूरस्थ पूर्वज के वंशज मानते हैं। यह पूर्वज पुरावृत्त आधृत भी हो

सकता है। बन्धुता का यह भाव इस समूह को भी बहिर्विवाही बना देता है। इस प्रकार वंश को हम गोत्र और परिवार के मध्य की सन्धि रेखा मान सकते हैं।

दुबे की परिभाषा के अनुसार गोत्र (1) अनेक वंशों का समूह है, (2) यह पितृवंशीय और मातृवंशीय होता है, (3) अलग वंश के होते हुए भी सभी अपना उद्गम एक ही सामान्य पूर्वज से मानते हैं, और (4) इन्हीं कारणों से गोत्र एक बहिर्विवाह समूह होता है।

मजूमदार तथा मदन ने गोत्र को कुछ वंशों का जोड़ माना है जो अपनी उत्पत्ति किसी एक पूर्वज से मानता है। वे लिखते हैं—"बहुधा एक गोत्र कुछ वंशों का योग होता है, जिसकी उत्पत्ति एक काल्पिक पूर्वज से सम्बद्ध होती है। यह पूर्वज मानव, मानव तुल्य कोई कल्पित सत्य, अथवा पशु, पेड़–पौधे अथवा निर्जीव वस्तु तक हो सकता है।"

मजूमदार और मदन के अर्थ में ही *नोट्स एण्ड क्वेरीज इन एन्थ्रोपोलॉजी* में गोत्र की व्याख्या इस प्रकार की गई है—

गोत्र स्त्री–पुरुषों के ऐसे समूहों का नाम है जिसकी सदस्यता का आधार एकान्वयिक वंशानुक्रम है। यह वंशानुक्रम वास्तविक भी हो सकता है, काल्पनिक भी। इस वंशानुक्रम के अन्दर इसके सदस्यों की एक दूसरे के प्रति जिस प्रकार की कर्तव्य बुद्धि होती है, वैसी दूसरों के प्रति नहीं।

पाठ्य पुस्तक लेखक जेकब्स तथा स्टर्न गोत्र की व्याख्या में लिखते हैं—

> समुदाय के भीतर एक ऐसे तथा कथित रक्त सम्बन्ध का नाम गोत्र है जो एकपक्षीय (Unilateral) होता है। गोत्र संबंधी एक–दूसरे से विवाह नहीं करते। अगर एक ही पीढ़ी के हों, तो आपस में समान गोत्रों को भाई–बहन (Sibling) मानते है। ऊपर की पीढ़ी के समाज गोत्रियों को माता–पिता मानते और नीचे की पीढ़ी के समाज गोत्रियों को लड़का–लड़की मानते हैं।

ऊपर हमने गोत्र की व्याख्या में कुछ परिभाषाएँ प्रस्तुत की हैं। यदि इन परिभाषाओं का विश्लेषण और तुलना की जाए तो हमें लगेगा कि गोत्र के अर्थ को लेकर सामाजिक मानव–वैज्ञानिक यद्यपि अलग–अलग शब्दों में बोलते हैं, तथापि इन शब्दों के मूल में जो ध्वनि है वह यही है, कि (1) गोत्र एकवंशीय है, (2) इसका एक पूर्वज होता है, (3) यह बहिर्विवाही है तथा (4) इसके सदस्यों में एकीकरण और सुदृढ़ता होती है।

हमने इस अध्याय के प्रारंभ में कहा है कि गोत्र का निकट संबंध परिवार और वंश से है। संबंधों की निकटता होते हुए भी गोत्र न तो वंश है और न ही परिवार। गोत्र, परिवार, वंश, और टोटम के इस अंतर को संक्षेप में स्पष्ट करना आवश्यक है।

गोत्र और परिवार (Clan and Family)

किसी भी एक व्यक्ति के सभी पूर्वजों का लेखा–जोखा वंश–क्रम कहलाता है। पिछले दिनों में रजवाड़ों में चारण भाट का कार्य राजाओं और ठाकुरों की वंशावली तैयार

करना था। किसी एक राजा के पिता, उनके पिता और इस तरह परिवार के उद्गम के साथ–साथ वंशजों की पूरी सूची देना भी वंशावली का कार्य होता था। इस दृष्टि से प्रत्येक परिवार की अपनी एक वंशावली होती है। किसी एक समूह, जाति या जनजाति में कई परिवार होते हैं। अर्थात् कई वंशावलियाँ होती हैं। इन वंशावलियों के जोड़ को उनकी श्रृंखला का गोत्र कहते हैं। वंश की बहुत बड़ी विशेषता यह है कि इसमें परिवार का पूर्वज वास्तविक होता है। उसने किसी भी पार्थिव शरीर की तरह समाज में जीवनयापन किया है भले ही वह 5 या 6 पीढ़ी पूर्व का हो। इस संबंध में होबेल लिखते हैं—"वह एक वास्तविक व्यक्ति होता है, पौराणिक या आख्यानात्मक आकृति नहीं है।" दूसरी ओर, गोत्र का प्रवर्तक वास्तविक नहीं होता, सामान्यतया काल्पनिक होता है। इस प्रवर्तक को लेकर जनजाति में कई आख्यान प्रचलित होते हैं। कई कथाएँ चलती हैं। गोत्र के प्रवर्तक की विविध गतिविधियों को लेकर लोक साहित्य भरे रहते हैं। उदाहरण के लिए गोत्र का संस्थापक कोई एक काल्पनिक पुरुष हो सकता है। या गोत्र की उत्पत्ति को पशु–पक्षी, पेड़–पौधे तथा किसी अन्य भौतिक पदार्थ में खोजा जा सकता है। कमार जनजाति में यह विश्वास है कि कुजाम गोत्र की उत्पत्ति एक स्त्री तथा बकरे के संसर्ग से उत्पन्न संतान से हुई है और वह सन्तान ही उनकी पूर्वज है। सब मिलाकर गोत्र और वंश में पाए जाने वाले अन्तर को स्पष्ट करने के लिए कहना चाहिए कि गोत्र का प्रवर्तक अतीत की धुंधलाई में खो गया है। उसकी आकृति धूमिल हो गई है, जबकि वंश का प्रवर्तक वंशावली में अंकित है, किसी समय उसने भी सांसारिक जीवन भोगा है और समय के उतार–चढ़ाव को सहा है।

गोत्र और टोटम (Clan and Totem)

दक्षिणी–पूर्वी वुडलैण्ड (Woodland) तथा ऑस्ट्रेलिया के गोत्रों के अध्ययनों के परिणामस्वरूप सामाजिक मानवशास्त्र में टोटम या टोटमवाद की अवधारणा आई है। मानवशास्त्रियों ने इस अवधारणा का अर्थ विभिन्न रूपों में लिया है। वहां इसके अर्थ की जटिलता में उलझने की अपेक्षा हम उसका कामचलाऊ अर्थ ले सकते हैं, जो बहुत सीमित है। टोटम या टोटमवाद उन प्रघटनाओं से संबंधित है जिनमें गोत्र अपनी उत्पत्ति किसी पशु या पक्षी के नाम के साथ जोड़ता है। ऐसे गोत्र अपने उद्गम के पशु या पक्षी के माँस को नहीं खाते या उसे चोट नहीं पहुँचाते। ये गोत्र अपने टोटम पूर्वज के सम्मान में जादू–टोना या धार्मिक संस्कार करते हैं। यदि टोटम के इस कामचलाऊ अर्थ को हम स्वीकार करें, तो ज्ञात होगा कि संसार के अधिकांश गोत्र टोटमवाद के अन्तर्गत आ जाएँगे। वास्तव में टोटम किसी भी समूह के बहुत सीमित लक्षणों को बनाता है और इसलिए टोटम और टोटमवाद विशाल गोत्र संरचना के केवल अभूतपूर्व पहलू मात्र हैं। टोटम गोत्र का एक अंग है, सम्पूर्ण गोत्र नहीं।

गोत्र की उत्पत्ति (Origin of Clan)

संसारभर की विभिन्न जनजातियों के गोत्र की उत्पत्ति को खोजना एक दुष्कर कार्य है। यह इसलिए कि सामाजिक मानवशास्त्र के क्षेत्र में आज हमारे पास गोत्र संबंधी पर्याप्त

सामग्री का अभाव है। मोटे रूप में यह कहा जा सकता है कि किसी भी समूह में गोत्र परिवार का विस्तृत आकार है। गोत्र के संगठन को बनाने के पीछे बहुत बड़ी भावना यह रही है कि विभिन्न वंशों के लोग एक समूह में बंधकर अपने आपको अधिक सुरक्षित महसूस कर सकें।

अपने देश में गोत्र की उत्पत्ति को लेकर हमारे पास कुछ आधार सामग्री है। उदाहरण के लिए हिन्दुओं में गोत्र व्यवस्था है। हिन्दू धर्मशास्त्रों के अनुसार गोत्र की उत्पत्ति सप्तऋषियों विश्वामित्र, जमदग्नि, भारद्वाज, गौतम, अत्रि, वशिष्ठ तथा कश्यप के साथ जोड़ी जाती है। सामान्यतया सभी हिन्दू अपनी उत्पत्ति इन ऋषियों में से किसी एक के साथ जोड़ते हैं। एक ही गोत्र की सन्तान आपस में भाई–बहन माने जाते हैं। सत्यव्रत सिद्धान्तालंकार ने गोत्र की व्याख्या में लिखा है—

> 'गोत्र' शब्द 'गो' तथा 'त्र'—दो वर्णों के मूल से बना है। 'गो' का अर्थ है—गाय तथा पृथ्वी। 'त्र' का अर्थ है—त्राण करना तथा रक्षा करना। इस प्रकार गोत्र का अर्थ बनता है—'गाय तथा पृथ्वी की रक्षा करने वाला संगठन, इनकी रक्षा करने वाला दल'।

जनजातियों में गोत्र की उत्पत्ति को लेकर हिन्दुओं जैसा कोई सीधा सादा सूत्र नहीं है। प्रत्येक जनजाति का अपना एक सामाजिक अस्तित्व है, अपनी एक गोत्र कथा है। यहाँ पर भारत की सभी जनजातियों की गोत्र उत्पत्ति का विवरण देना कठिन है, फिर भी उदाहरण के लिए कुछ जनजातियों के बारे में गोत्र संबंधी विवरण प्रस्तुत किया जा सकता है।

संथाल जनजाति में 100 से भी अधिक गोत्रों की जानकारी मिली है। ये गोत्र अपनी उत्पत्ति पेड़, पौधा, जानवर तथा अन्य भौतिक पदार्थों के नाम से जोड़ते हैं। इसी तरह हो जनजाति में 50 से अधिक गोत्र हैं। इनमें से अधिकांश गोत्र वही हैं जो संथाल जनजाति में पाए जाते हैं। मुंडा जनजाति में 65 से अधिक गोत्र पाए जाते हैं।

राजस्थान की भील जनजाति में 38 से भी अधिक गोत्रों की जानकारी मिली है। इन गोत्रों का संबंध जानवरों अथवा पेड़–पौधों के साथ है। उड़ीसा की जनजातियों में गोत्र का उद्‌गम साँप, सियार, और काशीफल के साथ जोड़ा जाता है। मजूमदार ने छोटा नागपुर की खड़िया जनजाति के 8 गोत्रों को इस प्रकार बताया है—"खोरेन" (चट्‌टान अथवा पत्थर), "म्यूर" (मगर), "समद" (हिरन), "बर्लिहा" (एकफल), "छरद" "पक्षी" "हंसद" "मैल" तथा "तोपना" (एक प्रकार का पक्षी)।

तमरिया जनजाति में गोत्र का उद्‌गम भूत, पशु अथवा पौधे से माना जाता है। इसी जनजाति में पांडुविंग गोत्र की उत्पत्ति के बारे में कहा जाता है कि एक तमरिया स्त्री पीने का पानी लेने के लिए गई। घर पर बच्चा अकेला था। लौटने पर उसने देखा कि एक नाग (पांडुविंग) बच्चे पर अपना फन फैलाए, उसकी रक्षा कर रहा है। स्त्री के पहुँच जाने पर नाग चला गया। इस बच्चे की संतान को बाद में नागगुश्ति या नाग गोत्री कहा गया। अब पांडुविंग एक गोत्र बन गया। इसी भांति इस तमरिया जनजाति में कमल गोत्र की उत्पत्ति में बताया जाता है कि कुछ तमरिया शिकार के लिए गए।

हिरण का शिकार किया। शिकार के माँस को आपस में बांट लिया। किसी एक ने अपने माँस के हिस्से को कमल के पत्ते में रखा। ऐसा करने पर अन्य व्यक्तियों ने इस व्यक्ति को कमल नाम से सम्बोधित करना प्रारंभ किया। कालान्तर में चलकर इस व्यक्ति की संतान कमल गोत्र कहलाई।

किसी भी गोत्र की उत्पत्ति के पीछे कई कारण होते हैं। कारणों की वह खोज जनजातियों के लोक साहित्य में की जा सकती है। सामान्यतः जनजातियाँ जीवन की किसी अनोखी घटना को याद रखने के लिए, उस घटना से संबंधित मुख्य व्यक्ति के आधार पर गोत्र की उत्पत्ति मान लेती हैं। कभी–कभी गोत्र की उत्पत्ति का कारण कुछ व्यक्तियों की विशिष्टता होती है। सामाजिक प्रतिष्ठा को बढ़ाने के लिए भी एक समूह के लोग अपना संबंध किसी विशिष्ट व्यक्ति के साथ जोड़ लेते हैं।

गोत्र की सामाजिक संरचना (Social Structure of Clan)

प्रत्येक जनजाति में कई गोत्र होते हैं। इसी तरह जनजाति के एक गांव में सामान्यतया एक से अधिक गोत्र देखने को मिलते हैं। जनजातियों में ग़ोत्रों की संरचना व्यवस्थित होती है। एक ही जनजाति के गोत्रों में सोपानिकता भी होती है। कुछ गोत्र सोपान में ऊँचे समझे जाते हैं, कुछ मध्य और कुछ निम्न। गोत्रों की संरचना को लेकर दो तरह का वर्गीकरण देखने को मिला है—बहुअंशक (Phratry) एवं द्विअंशक (Moiety)।

बहुअंशक या फ्रेटरी (Phratry)—संगठन की दृष्टि से जब किसी जनजाति के सभी गोत्र मिलकर अलग–अलग समूहों में संगठित हो जाते हैं, तो गोत्र के इस संगठन को फ्रेटरी या बहुअंशक कहते हैं। एक ही 'फ्रेटरी' में संगठित होने वाले गोत्र एक–दूसरे के बहुत निकट होते हैं। अंग्रेजी में फ्रेटरी शब्द का अर्थ भाई–बन्धु से है। अतः बहुत निकट के लोग जब अपने गोत्रों को दो से अधिक गोत्र समूहों में व्यवस्थित करते हैं, तो इस प्रकार के गोत्र समूहों को बहुअंशक कहा जाता है। सामान्यतया: एक व्यक्ति की प्राथमिक निष्ठा अपने गोत्र के प्रति होती है और इसके बाद उसकी निष्ठा अपने बहुअंशक या फ्रेटरी के प्रति होती है। होपी इण्डियन्स (Hopi Indians) में मातृवंशीय गोत्र बहुत बड़ी संख्या में होते हैं, उनमें 12 बहिर्विवाही बहुअंशकों का विवरण मिला है। एजटेक्स (Aztecs) जनजाति में चार बहुअंशक हैं जिनमें 12 गोत्रों का समावेश होता है। इस जनजाति में पिछले दिनों बहुअंशकों का राजनीतिक और धार्मिक मसलों में बड़ा महत्वपूर्ण हाथ था।

द्विअंशक (Moiety)—यदि किसी जनजाति में गोत्रों के केवल दो समूह बनते हैं तो ऐसी अवस्था में प्रत्येक गोत्र समूह को द्विअंशक (Moiety) कहते हैं।

सामाजिक संबंधों का आधार पारस्परिकता होती है। यह पारस्परिकता तब तक नहीं हो सकती जब तक कि व्यक्तियों की समूहों में अन्तःक्रिया नहीं होती। मनुष्य जाति की संरचना ही ऐसी है कि कोई भी व्यक्ति इतना पूर्ण नहीं है कि वह एकाकी जीवनयापन कर सके। मनुष्य को अपनी आवश्यकता के लिए दूसरों पर निर्भर रहना ही पड़ता है। वह व्यक्ति जो एक हाथ से देता है, दूसरे हाथ से ग्रहण भी करता है। जो

भी समाज सामाजिक आदान–प्रदान के इस जाल को बुनता है, उसका विस्तार होता है, उसकी शक्तियाँ बढ़ती हैं। इसलिए सामाजिक संबंधों की पारस्परिकता का यह सिद्धान्त किसी न किसी रूप में सभी समाजों में क्रियान्वित होता है। जनजातियों में इस प्रकार की पारस्परिकता पर अधिक जोर दिया जाता है वे उसे संस्थात्मक स्वरूप देने का प्रयास करते हैं। पारस्परिकता को संस्थागत रूप देने के प्रयास में कुछ जनजातियों ने गोत्र की द्विअंशक व्यवस्था को बनाया है। इसके अर्थ में होबेल लिखते हैं—

> इसमें समाज को दो बराबर भागों में बांटा जाता है। प्रत्येक भाग द्विअंशक कहलाता है। इस व्यवस्था को दोहरा भाग कहते हैं।

होबेल के कथन का तात्पर्य यह है कि जनजाति के विभिन्न गोत्रों में पारस्परिक संबंधों को सुचारु रूप से बनाए रखने के लिए द्विअंशक व्यवस्था होती है। होबेल के इसी अर्थ को अधिक विस्तार से स्पष्ट करते हुए मजूमदार और मदन लिखते हैं—

जब एक जनजाति के सभी गोत्र बहुअंशकों में विभाजित हो जाते हैं, तो इस नवोदित प्रकार की सामाजिक संरचना को द्वैध संगठन कहते हैं।

द्विअंशक सामान्यतया तथा बहिर्विवाही समूह है। एक द्विअंशक का सदस्य अपने ही द्विअंशक में विवाह नहीं करेगा। इसके कुछ अपवाद भी देखने को मिले हैं। टोडा जनजाति में एक द्विअंशक का सदस्य अपने ही द्विअंशक में विवाह कर लेता है अतः टोडाओं में द्विअंशक अन्तर्विवाही हैं। टोडा जनजाति में इस प्रकार के एक बहुअंशक को तारथरोल और दूसरे को लिबलियल कहते हैं।

टोडा जनजाति के अपवाद को छोड़कर अन्य जनजातियों में जहां इस प्रकार की द्विअंशक अवस्था है, प्रत्येक बहिर्विवाही होता है। बोन्दो जनजाति में ओन्टल तथा किल्लो द्विअंशक हैं। इसी प्रकार राजगौंडों में सारबेन सगा गोत्र समूह में द्वैध संगठन है। एक द्विअंशक को वे पाण्डवेन शगा और दूसरे को सरपेसगा कहते हैं—

गोत्र के दो प्रकारों का उल्लेख हमने ऊपर किया है। इस दोनों प्रकारों को निम्न तालिका में रख सकते हैं—

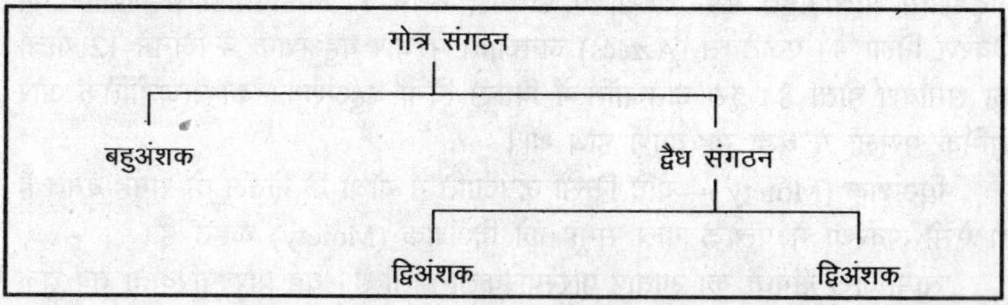

गोत्र की विशेषताएँ (Characteristics of Clan)

जनजातियों की सामाजिक संरचना में गोत्र व्यवस्था का महत्वपूर्ण स्थान है। विभिन्न जनजातियों में गोत्र के अलग–अलग स्वरूप हो सकते हैं। गोत्रों की इस भिन्नता के

होते हुए भी इनकी मूलभूत प्रकृति में कोई विशेष अन्तर नहीं है। थोड़ी बहुत भिन्नता के साथ गोत्रों के कुछ लक्षण ऐसे हैं जो सभी में सामान्य रूप से पाए जाते हैं। यहाँ हम कुछ ऐसे लक्षणों का विवरण देंगे।

(1) सामान्यतया गोत्र एक बहिर्विवाही समूह है। गोत्र के सदस्य अपनी उत्पत्ति किसी सामान्य पूर्वज से मानते हैं और इसलिए एक ही गोत्र के सदस्य आपस में भाई–बहन समझे जाते हैं। इसी कारण एक ही गोत्र के सदस्य परस्पर विवाह नहीं करते।

(2) गोत्र एकपक्षीय होता है। गोत्र में वंश परम्परा या तो माँ की ओर से या पिता की ओर से गिनी जाती है, दोनों ओर से नहीं।

(3) गोत्र का कोई एक सामान्य पूर्वज होता है। साधारणतया यह पूर्वज कोई एक काल्पनिक या पौराणिक व्यक्ति होता है या यह पूर्वज पेड़–पौधा, पत्थर, या पशु–पक्षी होता है।

(4) गोत्र एक पृथक सामाजिक इकाई है और इसलिए यह स्पष्ट रूप से परिवार, वंश और टोटम से भिन्न है।

(5) एक ही गोत्र के लोग सामान्यतः एक ही भू–भाग में पाए जाते हैं। रिवर्स (Rivers) ने टोडा जनजाति के अध्ययन में यह महत्वपूर्ण बात कही थी कि एक गोत्र के लोग सामान्यतयाः एक ही स्थान पर निवास करते हैं।

गोत्र के कार्य (Functions of Clan)

आदिकाल से जनजातियाँ सभ्यता से दूर जंगलों और पहाड़ों में रहती आई हैं। जीवित रहने के लिए उन्हें प्रतिदिन प्रकृति के साथ जूझना पड़ता है। कभी जीविकोपार्जन के लिए सूखे का सामना करना पड़ता है, तो कभी अतिवृष्टि और महामारी से संघर्ष करना पड़ता है। जीवन की इस लड़ाई में जनजाति की सबसे बड़ी आवश्यकता सुरक्षा की है और इन समस्याओं का सामना करने के लिए यदि उसे अपने भाई–बन्धुओं, रक्त संबंधियों अथवा किसी अन्य का सहयोग नहीं मिले, तो वह सफलतापूर्वक आगे नहीं बढ़ सकती। कभी भी एक आदमी अकेला खड़ा नहीं रह सकता। व्यक्ति को अपनी सुरक्षा के लिए दूसरे से सहायता मांगनी पड़ती है। सामान्यतया परिवार इस प्रकार की सहायता और सुरक्षा प्रदान करता है, लेकिन परिवार की क्षमताएं सीमित हैं। इसका आकार छोटा है। इसके स्रोत बंधे हुए हैं। ऐसी अवस्था में इस विशाल जीवन के साथ संघर्ष करने के लिए गोत्र व्यवस्था अधिक उपयोगी है। इस बात में कोई संदेह नहीं है कि गोत्र व्यवस्था सुरक्षा की आवश्यकता पूर्ति में एक बहुत महत्वपूर्ण संगठन है। यदि बहुत सरल शब्दों में कहा जाये तो व्यक्ति को जो सुरक्षा परिवार प्रदान करता है, गोत्र उसे ही विस्तृत रूप से प्रदान करता है। गोत्र इस दृष्टि से और कुछ न होकर परिवार का विस्तार मात्र है, क्योंकि एक ही रक्त संबंधी अर्थात् भाई–बहन किसी एक गोत्र में होते हैं।

गोत्र अपने आप में एक छोटी दुनिया है। संगठित होकर यह दुनिया शेष दुनिया के सामने खड़ी रहती है। गोत्र का सदस्य जब विशाल समाज के संबंधों के साथ

जूझता है, तो गोत्र उसकी सहायता करता है। जनजातियों में गोत्र के जो कार्य हैं, हिन्दू जातियों में नहीं। इसका कारण यह है कि हिन्दुओं के गोत्र सभी जातियों में समान रूप से पाए जाते हैं। एक ही गोत्र किसी सक्षम संगठन का आधार नहीं बनता। इसका कार्य तो केवल विवाह संबंधों को नियन्त्रित करना मात्र है। इसके विपरीत जनजातियों से गोत्र अपने सदस्यों को सुरक्षा प्रदान करता है।

औद्योगिक क्रान्ति की बेला में कार्ल मार्क्स ने दुनियाभर के मजदूरों को संगठित होने के लिए कहा था। उसी धुन में गोत्र भी अपने सभी सदस्यों को एक ही सूत्र में बंध जाने के लिए चुनौती देता है। गोत्र का एक बहुत बड़ा बुनियादी सिद्धान्त यह है कि गोत्र के सदस्य सामान्य सदस्य न होकर भाई–बहन हैं। आपत्ति के समय भाई–बहन को बिना किसी आगा–पीछा किए एक–दूसरे की सहायता करनी चाहिए। एक संयुक्त मोर्चा सबके लिए हितकर है। दूसरी ओर गोत्र अपने सदस्यों को कभी क्षमा नहीं करता। यदि सदस्य अपने व्यवहार द्वारा गोत्र को कलंकित करते हैं, तो गोत्र उन्हें क्षमा नहीं करता है। सब मिलाकर गोत्र का संगठन एक ऐसा सामाजिक प्रशासन है जो अपने सदस्यों को जीवित रहने के लिए सभी सुरक्षाएँ प्रदान करता है। गोत्र का सदस्य अपने किसी भाई–बन्धु के आघात को अपना आघात समझकर कहता है—"मेरे गोत्र बन्धु पर आघात करके तुमने मेरे ऊपर आघात किया है।" वह चुनौती की वाणी में कहता है—"गोत्र का रक्त मेरा रक्त है।" लगता है, गोत्र और व्यक्ति एक–दूसरे में घुल मिल गए हैं। दोनों को पृथक करना कठिन है। गोत्र की प्रतिष्ठा व्यक्ति की प्रतिष्ठा है और व्यक्ति की प्रतिष्ठा गोत्र की। व्यक्ति हमेशा आश्वस्त रहता है कि यदि उसने कोई गलती भी की, तो गोत्र उसकी पीठ के पीछे से उसे आश्वस्त कर रहा है। गोत्र के क्रियाकलाप के पीछे व्यक्ति सुदृढ़ता से खड़े रहते हैं और व्यक्तियों के क्रियाकलाप के पीछे गोत्र। यहाँ हमने गोत्र की मूलभूत भावना का मोटे रूप में उल्लेख किया है। अब हम थोड़े विस्तार से गोत्र के कार्यों का विवरण देंगे।

(1) सुरक्षा और सहायता (Protection and Help)—गोत्र का सर्वप्रथम कार्य अपने सदस्यों को पारस्परिक सहायता और सुरक्षा प्रदान करना है। जब कभी सदस्य आर्थिक कठिनाइयों में होता है, तो गोत्र उसे सहायता देता है। जन्म, विवाह और मृत्यु के अवसर पर एक गोत्र के सदस्य किसी न किसी रूप में परस्पर सहायता प्रदान करते हैं। विवाह के अवसर पर निकट के सदस्य अनाज देते हैं और आवश्यकता पड़ने पर आर्थिक सहायता भी प्रदान करते हैं। यदि सदस्य पर ऋण चढ़ गया है और इसके बोझ से वह टूट रहा है, तो गोत्र ऋण मुक्ति का प्रयास करता है। अकाल, मृत्यु की स्थिति में गोत्र परिवार के सदस्यों का पालन–पोषण करता है, देख–रेख करता है। बीमारी में भी सहायता करता है।

(2) सदस्यों का नियंत्रण (Control on Members)—गोत्र का दूसरा कार्य अपने सदस्यों के लिए नियम बनाना और उनके वैयक्तिक तथा सामाजिक जीवन को नियन्त्रित करना है। सामाजिक मानवशास्त्रियों के पास आज ऐसी प्रचुर आधार सामग्री है जिससे ज्ञात होता है कि गोत्र एक ऐसे सदस्य को जो गोत्र की प्रतिष्ठा को कलंकित करता है, बहिष्कृत कर देता है। गोत्र की सुदृढ़ता गैर जिम्मेदार व्यक्तियों द्वारा नहीं

बनी रह सकती। कभी–कभी दूर जंगलों में रहने वाली जनजातियाँ ऐसे व्यक्तियों को मृत्युदंड भी देती हैं। गोत्र उन सदस्यों को भी दंड देता है जो बार–बार गोत्र के नियंत्रण की अवहेलना करते हैं। अतः व्यक्ति के लिए भी यह आवश्यक है कि वह गोत्र की परिपाटी को बनाए रखे।

सामाजिक नियंत्रण के लिए गोत्र का नेतृत्व या जनजातीय सभाएं बहुत महत्वपूर्ण हैं। ये सभाएँ सतर्क होकर अपने सदस्यों की गतिविधि पर नियंत्रण रखती हैं। आज इन सभाओं और ऐसे परम्परागत नेतृत्व का प्रभाव कम हो गया है, लेकिन फिर भी एक सीमा तक अब भी गोत्र अपने सदस्यों पर नियंत्रण रखता है।

(3) कानूनी कार्यवाही (Legal Functions)—गोत्र अपने सदस्यों पर कानूनी कार्रवाई भी करता है। पिछले दिनों में गोत्र का कानून सर्वोपरि कानून था। मोरिस कारस्टेयर्स (Morris Carstairs) राजस्थान के उदयपुर जिले के कोटड़ा भोमट इलाके के भीलों का उल्लेख करते हुए कहते हैं कि किसी भील अपराधी को दंड देने के लिए एक सुनिश्चित परम्परा थी। यह परम्परा जनजाति का कानून था। इसके अंतर्गत अपराधी को पेड़ पर उल्टा लटका दिया जाता था तथा उसकी आँखों में लाल मिर्च डाल दी जाती थी। उसे धूप में एक पाँव पर खड़े रहने की आज्ञा दी जाती थी और कुछ अपराधों में उसे सारी जनजाति को दावत देने के लिए कहा जाता था। जनजाति कानून का आधार आँख के बदले आँख और दांत के बदले दांत सिद्धान्त पर आधारित था। भारतीय दंड संहिता का घेरा आज जनजातियों तक भी पहुँच गया है और ऐसी अवस्था में गोत्र के कानून की परम्परागत कठोरता आज देखने को नहीं मिलती, लेकिन फिर भी विवाह और दूसरे सामाजिक क्षेत्रों में गोत्र के ये कानून थोड़े बहुत हेर–फेर के साथ अब भी मौजूद हैं। वास्तव में देखा जाए तो गोत्र का परम्परागत कानून आज भारतीय दंड संहिता के सामने घुटने टेकता दिखाई देता है। जनजातियाँ कानून की दृष्टि से भारतीय दंड संहिताओं की सीमा में आ जाती हैं।

(4) बहिर्विवाह (Exogamy)—गोत्र का एक और सर्वव्यापक कार्य अपने सदस्यों पर बहिर्विवाह संबंधी नियमों को लागू करना है। एक ही गोत्र के सदस्य भाई–बहन हैं। इसलिए उनमें विवाह संघर्ष वर्जित है। मेलिनोस्की ने इस संबंध में एक प्राक्कल्पना रखी है। वे कहते हैं कि बहिर्विवाह एक ऐसा साधन है जिसके द्वारा एक गोत्र की सुदृढ़ता दूसरे गोत्र के साथ यौन–संबंध स्थापित करके अर्थात् विवाह करके बनाए रखी जाती है। इस प्रकार एक गोत्र को विवाह द्वारा बने स्वजन बाहर से मिल जाते हैं और इससे गोत्र की शक्ति बढ़ती है। विवाह द्वारा प्राप्त स्वजन निकट संबंधी हो जाते हैं जो कठिनाई के समय सहायक सिद्ध हो सकते हैं।

(5) सरकार (Government)—पिछले दिनों में सरकार के कार्य को भी गोत्र करता था। एजटेक जनजाति के 20 गोत्रों के मुखिया अपनी जनजाति की सभा को बनाते थे। मुखियाओं का यह समूह राजनीति के क्षेत्र में दिन–प्रतिदिन के सामान्य निर्णय लेता था, युद्ध और शांति की घोषणा करता था। अपनी जनजाति के विभिन्न गोत्रों के विवाद और झगड़ों की न्यायिक जाँच करता था। मुखियाओं का यह समूह

राष्ट्रीय स्तर पर भी महत्वपूर्ण था जो कानून बनाता था और राजा का चुनाव भी करता था। अन्य जनजातियों में भी कुछ गोत्रों को इस प्रकार का कानूनी अधिकार दिया जाता है, जो वस्तुतः सरकार का होता है।

हमारे देश में आज परिवर्तन के दौर में जनजातियों के सामने अपनी राष्ट्रीय सरकार है। ऐसी अवस्था में गोत्र द्वारा चलाई हुई जनजातियों की सरकार निरर्थक हो गई है। अब जनजातियाँ राष्ट्रीय सरकार और उसकी नीति के अन्तर्गत काम करने लगी हैं।

(6) धर्म और संस्कार (Religion and Customs)—गोत्र के कार्य का बहुत बड़ा क्षेत्र धर्म और संस्कार है। प्रत्येक गोत्र के अपने देवी–देवता होते हैं, टोटम होते हैं, तिथि–त्यौहार और उत्सव होते हैं। संस्कार और धर्म के इस क्षेत्र में गोत्र का स्थान बहुत महत्वपूर्ण है। गोत्र के सदस्य महामारी, सूखा या बाढ़ में एक साथ मिलकर जादू–टोना करते हैं, पशु–बलि देते हैं। इसी तरह जनजातीय उत्सवों में संचालन का कार्य गोत्र के मुखियाओं का होता है। परिवर्तन के दौर में गोत्र का इस धार्मिक और संस्कार संबंधी कार्य पर कोई विशेष प्रभाव नहीं पड़ा है।

गोत्र के अगणित कार्य हैं, पर संक्षेप में कहा जा सकता है कि संसारभर की जनजातियों के गोत्रों के व्यापक रूप से दो कार्य हैं—(1) अपने सदस्यों के लिए सुरक्षा का घेरा बढ़ाना और इसके लिए बन्धुत्व संबंध स्थापित करना, सामूहिक सुरक्षा देना और विवादों में परम्परागत कानूनी कार्रवाई करना। (2) विवाह को संचालित तथा नियन्त्रित करना। संचार और आवागमन के साधनों में वृद्धि होने के कारण तथा राष्ट्रीय सरकारों के कार्य क्षेत्र बढ़ जाने से गोत्र के इन परम्परागत कार्यों पर बड़ा प्रभाव पड़ा है। गोत्र व्यवस्था बदल रही है। इसके दृष्टिकोण में अन्तर आया है। परिवर्तन के परिणामस्वरूप बदलती हुई जनजाति की सामाजिक संरचना का उल्लेख हम अन्यत्र करेंगे।

18

जादू, धर्म और अनुष्ठान

(Magic, Religion and Rituals)

भारत में धर्म केवल पूजा की परंपरा ही नहीं है, यह एक जीवन पद्धति भी है। वाल्मीकि कहते हैं कि आदिवासियों को भी अपनी धार्मिक पूर्व आवश्यकताओं के अनुसार भोजन को नियंत्रित करना चाहिए है। हिन्दुओं में भी यह धर्म ही है जो निश्चित करता है कि एक हिन्दू को क्या खाना चाहिए और क्या नहीं। जैन धर्मावलंबी सूरज ढलने के बाद खाना नहीं खाते। धर्म पहनने–ओढ़ने के वस्त्र भी निश्चित करता है। मानवशास्त्रियों ने जातियों को पवित्र (Purity) और अ–पवित्र (Pollution) की धारणा के साथ परिभाषित किया है। इस दृष्टि से धर्म केवल एक उपासना ही नहीं है, यह संपूर्ण जीवन का एक दर्शन है।

मानवशास्त्रियों के अनुसंधान के आधार पर यह कहा जा सकता है कि दुनिया में कोई भी आदिवासी समूह ऐसा नहीं है जिसका धर्म न हो। हमारे यहां एकाधिक (Plural) धर्म हैं। इन धर्मों में हिन्दू, इस्लाम, जैन, सिख, बौद्ध और ईसाई मुख्य हैं। आदिवासियों ने कई धर्म अपनाए हैं। मूल में वे जीववादी (Animist) हैं। आज आदिवासियों ने हिन्दू, ईसाई और इस्लाम धर्मों को अपनाया है। भारतीय जनगणना के अनुसार आदिवासियों का धर्म वह है जिसे वे अपना धर्म कहते हैं। अतः जनगणना के अनुसार आदिवासियों का धर्म आदिवासी धर्म (Tribal Religion) है। इस हिसाब से जैसे सिख, हिन्दू, इस्लाम धर्म हैं वैसे ही आदिवासी धर्म भी है।

फ्रेड्रिक बार्थ (Fredrik Barth) ने 1961 में एक महत्वपूर्ण तथ्य का पता लगाया। इस मानवशास्त्री ने बताया कि दक्षिण ईरान में बसेरी नाम की एक ऐसी चारागाही जनजाति है जिसका कोई धर्म नहीं। बार्थ की इस खोज ने मानवशास्त्र में तहलका मचा दिया। यह तहलका इसलिए था कि अब तक मानवशास्त्री मानते आ रहे थे कि दुनिया में कोई ऐसा समूह नहीं है जिसका अपना कोई धर्म न हो। मानवशास्त्र की परंपरा में धर्म का विवेचन केन्द्रीय विवेचन रहा है। यह सब होते हुए भी इवान्स–प्रिचार्ड ने कहा है कि समाज वैज्ञानिक सामान्यतया धर्म के प्रति उदासीन रहे हैं।

भारत का संविधान धर्म विरोधी नहीं है। यहाँ कई धर्म हैं। यह बहु–धर्म (Multi-Religious) समाज है और इसलिए राज्य का कोई धर्म नहीं है। राज्य धर्म निरपेक्ष है। मतलब हुआ, राज्य सभी धर्मों का आदर करता है। यद्यपि इसका स्वयं का कोई धर्म नहीं है। प्रत्येक राज्य में देवस्थान विभाग होता है। यह विभाग सभी धर्मावलंबियों को सुरक्षा प्रदान करता है।

धर्म की कोई भी निर्विवाद परिभाषा देना बहुत कठिन है। प्रत्येक धर्मावलंबी अपने धर्म को सर्वश्रेष्ठ धर्म मानता है। हिन्दू कहते हैं कि हमारा धर्म सर्वश्रेष्ठ है और मुसलमान कहते हैं कि हमारा इस्लाम धर्म सर्वश्रेष्ठ है। देखा जाए तो धर्म व्यक्ति का विश्वास है जो किसी अति प्राकृत (Supernatural) के प्रति होता है। धर्म, जादू–टोना और अनुष्ठान में अंतर है। इसे हम इस अध्याय में रखेंगे। अति प्राकृत को खुश करने के लिए अनुष्ठान किए जाते हैं। फूल–मालाएं चढ़ाई जाती हैं, बकरे की बलि चढ़ाई जाती है, प्रसाद और नैवेद्य अर्पित किए जाते हैं। व्रत होते हैं। कुछ आदिवासी समूहों में जादू–टोना भी किया जाता है। जादू–टोना, पशु बलि और फूल–मालाएं और कुछ न होकर उपासना के साधन हैं। जादू के द्वारा कुछ दैविक या अति प्राकृत व्यक्ति को उपासना करने वाला अपने नियंत्रण कर लेता है और अपनी इच्छाओं को प्राप्त करने का प्रयास करता है।

यहाँ एक महत्वपूर्ण बात और कहनी चाहिए। यह ठीक है कि मानवशास्त्र ने आदिवासियों, ग्रामीणों और हाशिए पर रहने वाले जन समुदायों का अध्ययन किया है। यह इन समूहों की विशेषता रही है कि वे अनुष्ठान की अमानवीय विधियों को अपनाते आ रहे हैं और इन्हीं का ब्यौरा मानवशास्त्री देते हैं, लेकिन आज अनुष्ठान की विधियों में सुधार हो गया है। पशु बलि केवल अपवाद मात्र रह गई है। जादू–टोना केवल आदिवासियों और ग्रामीणों तक ही सीमित नहीं है। शहरों और तथाकथित सभ्य लोग भी जादू–टोने का सहारा लेते हैं।

सामाजिक मानवशास्त्र में धर्म और जादू पर जितना साहित्य है, उतना शायद किसी और विद्या में नहीं। जनजातियों के कानून और विधि के क्षेत्र में हम सर हेनरीमैन को जानते हैं। उनके अतिरिक्त कतिपय अन्य लेखक भी हैं। जब हम बंधुत्व और परिवार की चर्चा करते हैं, तो अन्य कुछ लेखकों के अतिरिक्त मोरगन, रिवर्स, क्रोबर और लीच हमारे सामने आते हैं। जब हम आदिवासियों की अर्थव्यवस्था के बारे में सोचते हैं, तो कार्ल बूचर (Karl Bucher) और उनसे थोड़े निम्न स्तर के लेखकों की याद आती है, लेकिन जब जनजाति धर्म की चर्चा करते हैं, तो हमारे सामने लगभग आधा दर्जन बड़े ही प्रतिभाशाली और अपने विषय के प्रकांड विद्वानों के नाम आते हैं, जैसे सर एडवर्ड टाइलर, सरजेम्स फ्रेजर, विलियम रोबर्टसन् स्मिथ, दुर्खीम, लेबी ब्रुहथल और मेक्स वेबर। इन विद्वानों का प्रभाव न केवल सामाजिक विद्वानों पर ही था, अपितु दर्शन, धर्म, कला और साहित्य पर भी था। यह सब कहने का तात्पर्य यह है कि तुलनात्मक धर्म (Comparative Religion) का संपूर्ण क्षेत्र और विशेषतः जनजाति क्षेत्र बहुत ही जटिल है क्योंकि इस क्षेत्र में अधिकाधिक लिखा गया है।

इन विद्वानों का धर्म और जादू के क्षेत्र में जो योगदान है, उसे अधिक पैना बनाने के प्रयास पिछले कुछ दशकों में हुए हैं। शायद इन प्रयासों में इवान्स–प्रिचार्ड के प्रयास सबसे अधिक उल्लेखनीय हैं। प्रिचार्ड ने इन विद्वानों की कृतियों का बहुत ही संक्षिप्त लेकिन सुस्पष्ट विवेचन किया है। धर्म के अध्ययन को लेकर आधुनिक विद्वानों ने जो भ्रांतियां उत्पन्न की हैं, प्रिचार्ड ने उन्हें सुस्पष्ट करने का प्रयास किया है। प्रथम भ्रांति तो जीववाद (Animism) को लेकर है। टाइलर ने जीववाद की अवधारणा को रखा था। वास्तव में टाइलर की यह अवधारणा जनजाति अध्ययन के लिए एक विश्लेषणात्मक विधि (Analytical Method) है। इसके द्वारा जनजातियों की धर्म संबंधी आधार सामग्री को व्यवस्थित रूप से संगठित किया जा सकता है। इस पद का प्रयोग मानवशास्त्रियों ने धर्म के रूप में लिया है—जैसे जीववाद भी हिन्दू, ईसाई या इस्लाम की तरह कोई धर्म हो। यह धारणा एक भ्रांति है। इसका प्रयोग तो उन्होंने धर्म की अध्ययन विधि के रूप में किया था। अतः प्रिचार्ड ने इस बात पर जोर दिया है कि यदि हम धर्म और जादू की समस्याओं के प्रति बुद्धिमत्तापूर्ण और निरपेक्ष दृष्टिकोण अपनाना चाहते हैं, और जादू–टोने को केवल अविश्वसनीय कहकर टालना नहीं चाहते, उसे समझना चाहते हैं, तो हमें तथ्यों को सिद्धांतों से पृथक करना पड़ेगा।

धर्म के विषय में एक दूसरी भ्रांति है। गैर जनजातीय विद्वान जो जनजातियों के धर्म का अध्ययन करते हैं उनका धर्म संबंधी संदर्भ उनके स्वयं के धर्म का जो ईसाई, हिन्दू या और कुछ हो सकता है, होता है। इन धर्मों में अमूर्तता (Abstractness) पर्याप्त सीमा में होती है। इस अमूर्तता को लाने का श्रेय उच्चकोटि के विद्वानों के कई वर्षों के सतत् परिश्रम को है। जब जनजातीय धर्म के विश्लेषण में हम चेतन या अचेतन रूप से विशाल और व्यापक धर्मों (जैसे हिन्दू और ईसाई) की अमूर्तता को लागू करते हैं तो हमारा निष्कर्ष दोषपूर्ण हो जाता है। होना यह चाहिए कि जनजातियों के धर्म का अध्ययन उन्हीं की सामाजिक संरचना के संदर्भ में किया जाए।

इस अध्याय में हम जादू–टोना, धर्म और विज्ञान का विश्लेषण विशद् रूप से करेंगे। फ्रेजर (J.C. Frazer) ने जनजातियों की सामाजिक संरचना के संदर्भ में जादू–टोने का विवेचन किया है। प्रिचार्ड ने फ्रेजर के जादू–टोने के सिद्धांत की व्याख्या की है। उनका कहना है कि विभिन्न समाजों का विकास तीन अवस्थाओं में होकर गुजरा है—(1) जादू, (2) धर्म, और (3) विज्ञान। वह समाज जो अपने विकास में आज विज्ञान के स्तर पर है, जादू और धर्म के स्तरों से गुजर चुका है। इस अध्याय में हम प्रिचार्ड की इस व्याख्या को केन्द्र बनाकर जादू–टोना, धर्म और विज्ञान का क्रमशः विवेचन प्रस्तुत करेंगे।

जादू और जादू-टोना (Magic and Witchcraft)

आदिम समाज के विचारों का इतिहास बहुत रुचिकर है। आज से सैकड़ों वर्ष पहले जंगलों और दुर्गम स्थानों में रहने वाली जनजातियों का जीवन निरापद नहीं था। जीवित रहने के लिए उन्हें बराबर प्रकृति से जूझना पड़ता था, संघर्ष करना पड़ता था। आपात स्थितियों में वह खुले आकाश की ओर आंख उठाकर सहायता के लिए केवल

अलौकिक (Supernatural) की ओर देख सकता था। उसे विश्वास था कि मनुष्य और उसके चारों ओर की प्रकृति से भी ऊपर कोई बड़ी शक्ति है जो सर्वशक्तिमान है। इस शक्ति को उपासना के अतिरिक्त दबाव द्वारा भी नियंत्रण में लाया जा सकता है। जादू–टोना इसी तरह के दबाव हैं जिनके द्वारा इस सर्वशक्तिमान अलौकिक शक्ति को वश में किया जाता है। धर्म और जादू की विचारधारा का इतिहास इस बात को बताता है कि आदिकाल से मनुष्य दबाव और उपासना द्वारा अलौकिक अर्थात् ईश्वर को वशीभूत या नियंत्रित करने का प्रयास करता रहा है। सामाजिक मानवशास्त्र में जादू पर जो शोध हुआ है, उसकी प्रकृति विश्लेषणात्मक भी है। सबसे पहले टाइलर (1871) ने *प्रिमिटिव कल्चर (Primitive Culture)* में जादू और धर्म के विश्लेषण को प्रस्तुत किया। प्रिचार्ड का कहना है कि टाइलर की जादू और धर्म की व्याख्या बहुत ही सुंदर बौद्धिक प्रयास है। टाइलर की प्राक्कल्पनाओं को सैद्धांतिक जामा पहनाने का महत्वपूर्ण कार्य फ्रेजर ने किया है।

मेकलेनन, रोबर्टसन और अन्य विद्वानों की पीढ़ी में फ्रेजर अंतिम व्यक्ति थे। कहते हैं कि वे धुन के पक्के थे। प्रतिदिन वे लगभग 1750 शब्द लिख लेते थे। एक बार लिखी हुई इबारत को वे फिर कभी मुड़ कर नहीं देखते थे। टाइलर की तुलना में फ्रेजर में दिखावा ज्यादा था, लेकिन उन्होंने टाइलर को लोकप्रिय बना दिया। उन्होंने न केवल टाइलर के सिद्धांतों को परिष्कृत रूप दिया, अपितु अपनी ओर से भी कुछ नए सिद्धांत प्रतिपादित किए।

जादू और धर्म के अध्याय में लेवी ब्रुहथल (Levy Brutal) का नाम भी महत्वपूर्ण है। ब्रुहथल के विचार टाइलर और फ्रेजर की बौद्धिक परंपरा में हैं। इस संदर्भ में ब्रुहथल की पुस्तक *हाउ नेटिव्ज थिन्क* (*How Natives Think,* 1926) एक उल्लेखनीय ग्रंथ है। दुर्खीम ब्रुहथल की पीढ़ी के लेखकों में से हैं। दुर्खीम ने जादू के प्रभाव को राजनीतिक संगठन में देखा।

यदि हम धर्म और जादू के क्षेत्र में किए गए अनुसंधानों को ऐतिहासिक परिवेश में रखें तो इसमें टाइलर से लेकर दुर्खीम तक, बड़े ही महत्वपूर्ण कार्य हुए हैं। इन सामाजिक मानवशास्त्रियों की बहुत बड़ी विशेषता यह है कि इन्होंने जादू और धर्म की व्याख्या सामाजिक संदर्भ में की है। यहां हम पहले जादू का विवरण देंगे और बाद में धर्म का।

जादू किसे कहते हैं? (What is Magic?)

जादू शब्द का अर्थ यदि विस्तृत रूप में लिया जाए तो इसके अंतर्गत भूत–प्रेत विद्या और जादू–टोना भी आ जाते हैं। वास्तव में जादू, और जादू–टोना मनुष्य के विश्वास, मान्यता और व्यवहार में अंतर्निर्भर प्रघटनाएं हैं। जनजाति समाज में यह विचार बहुत महत्वपूर्ण है कि मनुष्य पर आपत्तियां आने का कारण उसका लोगों के साथ आचारहीन व्यवहार है। कभी–कभी मनुष्य अपने विशिष्ट दुर्भाग्य के लिए मनुष्य को ही उत्तरदायी मानता है और ऐसी अवस्था में वह जादू द्वारा दूसरे मनुष्य से बदला लेता है।

जादू के अर्थ में कोई विवाद नहीं है। सभी इस तथ्य को स्वीकार करते हैं कि एक व्यक्ति जादू द्वारा ईश्वर की शक्तियों को अपने नियंत्रण में लाता है और इस शक्ति का प्रयोग अपनी इच्छानुसार करता है। श्यामाचरण दुबे ने जादू की व्याख्या में लिखा है कि यह वह अतीन्द्रिय शक्ति है "जिससे अतिमानवीय जगत या उसकी कतिपय स्थितियों पर नियंत्रण प्राप्त किया जा सके और जिसकी क्रियाओं को अपनी इच्छानुसार भले–बुरे, शुभ–अशुभ उपयोग में लाया जा सके।"

जेकब और स्टने जादू शब्द की व्याख्या करते हुए कहते हैं कि यह एक विशेष प्रकार का व्यवहार है जो अनिवार्य रूप से धार्मिक नहीं है, लेकिन इस बात में विश्वास रखता है कि अलौकिक शक्ति का कोई स्वरूप अवश्य है। यदि मनुष्य देवी–देवता में विश्वास करते हैं तो ये देवी–देवता भी मनुष्य की आवश्यकता को पूरा कर देते हैं। जेकब और स्टर्न के अनुसार, जादू वह क्रिया है जिसमें देवी–देवताओं को बलि या ऐसी ही किसी क्रिया द्वारा वशीभूत किया जाता है और इस वशीकरण द्वारा अपने उद्देश्यों की पूर्ति की जाती है।

मेलिनोस्की ने ट्रोब्रिमंड द्वीपवासियों में जादू–टोने को देखा है। जादू एक ऐसी विधि है जो मनुष्य को सुरक्षा प्रदान करती है। ट्रोब्रिमंड द्वीपवासी जब तूफान की मुद्रा में उठती हुई लहरों के ऊपर मछली के शिकार के लिए अपनी नाव के मस्तूल खोल देता है, तो इस समय उसका रखवाला उसका जादू–टोना है। इस प्रकार मेलिनोस्की के अनुसार जादू मनुष्य के विश्वास की ताकत है जिसका सत्यापन नहीं किया जा सकता। जादू एक अभिलाषानुसारी विचार है। जादू अति आशावादी व्यवहार है। वास्तव में जादू की विधियों का प्रयोग तब किया जाता है जब मनुष्य की अन्य भौतिक विधियां असफल हो जाती हैं—अतः मेलिनोस्की की विचारधारा में "जादू एक विशेष प्रकार की पूरक विधियों की तालिका है जो अलौकिक को नियंत्रण में लाने के लिए प्रयोग में लाई जाती हैं।"

फ्रेजर ने जादू को एक आभासी विज्ञान की संज्ञा दी है। जादू कार्य–कारण संबंध के नियम द्वारा प्रकृति पर दबाव डालता है। जादू–टोना करने वाला व्यक्ति इस बात में विश्वास रखता है कि जादू की शक्ति प्राकृतिक शक्तियों से अधिक शक्तिशाली है। वह प्राकृतिक शक्ति को श्रद्धा और सम्मान की आंख से नहीं देखता। वह इस शक्ति को प्रभाव और नियंत्रण की आंख से देखता है। जादू करने वाले व्यक्ति की दूसरी विशेषता यह है कि वह तंत्र क्रिया करते समय अलौकिक शक्ति के सामने विनयपूर्ण हाथ नहीं जोड़ता, प्रार्थना की वाणी में नहीं बोलता, वह आदेश की भाषा में बोलता है। वह अलौकिक के भेद को जानता है और उसकी शक्ति को अपने नियंत्रण में लाता है।

मजूमदार और मदन ने जादू को समाजशास्त्रीय संदर्श में देखा हैं। मनुष्य की बहुत बड़ी समस्या यह है कि वह अपने समाज या समूह के साथ सफलतापूर्वक व्यवस्थापन कर सके। व्यवस्थापन की इस प्रक्रिया में धर्म एक साधन है। इसके द्वारा वह समाज का मुकाबला कर सकता है, सुख–दुःख उठा सकता है, आवश्यकता पड़ने पर दुश्मन से बदला ले सकता है। अतः इन लेखकों की दृष्टि में जादू व्यवस्थापन उनका एक साधन मात्र है।

रेडक्लिफ–ब्राउन ने अजन्डे (Azande, 1937) जनजाति में जादू–टोना और गण्डे–तावीज पर वैज्ञानिक तथ्य सामग्री एकत्रित की है। वे कहते हैं कि जादू का प्रारंभ दुर्भाग्य के प्रारंभ से है। यह जनजाति दुर्भाग्य को आनुभविक अर्थ में बीमारी, फसल का नष्ट होना, हाथी का मनुष्य को मार देना और ऐसा ही दुःखदाई घटनाओं में देखता है। अजण्डे जनजाति के सदस्य दुर्भाग्य के संदर्भ में प्रश्न करते हैं—"यह दुर्भाग्य इस विशेष व्यक्ति पर ही क्यों आया और दूसरे पर क्यों नहीं?" दुर्भाग्य का अमुक व्यक्तियों पर ही आना इस बात को बताता है कि यह किसी व्यक्ति के जादू के कारण है। रेडक्लिफ–ब्राउन यहां जादू करने वाला व्यक्ति उसे कहते हैं जो किसी प्रकार गण्डे–तावीज द्वारा अलौकिक को अपने वश में कर लेता है। जादू–टोने की परिभाषा में प्रिचार्ड लिखते हैं—

> जादू–टोना किसी व्यक्ति का वह दैहिक लक्षण है जो प्रायः वंशानुक्रम में मिलता है। ठीक इसी तरह से जिस तरह उसे अपने पेट की आंतें मिलती हैं। यह लक्षण ऐसा है जिसकी शक्ति से अदर्शनीय साधनों और दूरी से दूसरों को हानि पहुंचाई जा सकती है। इससे आगे जादू यह विश्वास कर सकता है कि इसकी शक्ति एक आदमी में हो सकती है और क्योंकि वह दूसरों से झगड़ा करने को अभिप्रेरित नहीं होता, जादू की शक्ति शांत रहती है, नुकसान नहीं पहुंचाती।

जादू के तत्व (Elements of Magic)

जादू की क्रिया में कुछ तत्व होते हैं। कतिपय मुख्य तत्वों का उल्लेख निम्न प्रकार है—

(1) जादूगर एक जैसी दिखाई देने वाली वस्तुओं को एक ही श्रेणी में रखता है। टाइलर के अनुसार जादूगर का यह वर्गीकरण वैज्ञानिक विधि की तरह है। प्राकृतिक वैज्ञानिक वस्तुओं को उनके कार्य–कारण के आधार पर विभिन्न श्रेणियों में डालते हैं। हूबहू जादूगर भी यही कार्य करता है। टाइलर ने दृष्टांत दिया है कि यूनान के किसान पीलिया (पाण्डु रोग) और स्वर्ण के रंग को एक जैसा समझकर उनमें कार्य–कारण जोड़ते हैं। बोहानन इसे भूल मानते हैं। वास्तव में जादू कार्य–कारण का संबंध न बताकर तर्क साहचर्य (Logic of Association) को बताता है।

(2) जादू व्यक्ति प्रधान है, वस्तु प्रधान नहीं। एक व्यक्ति वस्तु को जैसा ग्रहण करता है, मान लेता है कि सभी लोग उस वस्तु को उसकी तरह ही ग्रहण करते हैं।

(3) मेलिनोस्की के अनुसार जादुई क्रिया में मंत्रों का बहुत महत्वपूर्ण स्थान है। उनके अनुसार मंत्र प्राकृतिक आवाज की नकल करता है। कार्य की सिद्धि के लिए यह कारण उत्पन्न करता है। द्वितीय, मंत्र में जादूगर अपनी भाषा में वर्तमान परिस्थिति को बतलाता है और अपने उद्देश्य को पूरा करने का आदेश देता है। तृतीय, मंत्र में उन पूर्वजों के नाम का उल्लेख अवश्य करते हैं जिनसे जादू की प्राप्ति हुई है।

(4) मंत्रोच्चारण के साथ जादूगर कुछ क्रियाओं को भी करता है। हाथ–पांव हिलाना या आगे–पीछे करना, मुद्रा बनाना, आदि विशिष्ट क्रियाएं हैं जिन्हें जादूगर

मंत्रोच्चारण के समय करता है। इस प्रकार की क्रियाएं मंत्रोच्चारण को अधिक सशक्त बनाती हैं।

(5) मंत्रोच्चार करते समय जादू करने वाले व्यक्ति की विशेष स्थिति होती है। इन दिनों में यह भोजन और अपने सामान्य व्यवहार पर नियंत्रण रखता है।

(6) किसी भी दिन और किसी भी समय जादू की क्रिया नहीं की जा सकती। जादू के लिए कुछ दिन ऐसे होते हैं जो बड़े अनुकूल समझे जाते हैं। उदाहरण के लिए कृष्ण पक्ष और उसमें भी विशेषकर अमावस्या, दशहरे, नवरात्रि के दिन या ग्रहण के दिन आदि।

(7) मेलिनोस्की ने जादू की क्रियाओं में नियमबद्धता पर जोर दिया है। इस क्रिया को करने से पहले जादूगर अपने उद्देश्य को स्पष्ट करता है और इसके लिए तंत्र के अनुसार जादू विधि का प्रयोग करता है। जादू की क्रिया करने में उसे बड़ी सावधानी बरतनी पड़ती है। उनकी जरा–सी भूल उसके लिए संकट उत्पन्न कर सकती है।

(8) जादू के उद्देश्य के अनुसार जादूगर अलग–अलग संवेगों को व्यक्त करता है। इस प्रकार के संवेग जादुई क्रिया को अधिक ताकतवर बनाते हैं और इससे उद्देश्य की शीघ्र प्राप्ति होती है।

ये तत्व जादू संबंधी सिद्धांतों के निर्माण में महत्वपूर्ण स्थान रखते हैं। टाइलर, फ्रेजर और ब्रुहथल द्वारा दिए गए जादू के तत्वों के आधार पर जिन सिद्धांतों का प्रतिपादन हुआ है, वे जनजातियों की जादू व्यवस्था समझने में बहुत सहायक हैं।

जादू संबंधी सिद्धांत (Theories Regarding Magic)

टाइलर ने जादू को धर्म से पृथक किया है। उन्होंने जनजातियों में पाई जाने वाली जादू की क्रियाओं के अध्ययन पर आधारित जो सिद्धांत रखे हैं, वे इस तरह हैं:

(1) जादू का संबंध ऐसे व्यवहार के साथ है जो सामान्य ज्ञान से संबंधित है।

(2) वास्तव में प्रकृति जिन कार्यों को कर देती है, जादू भी उन्हें ही करता है। ऐसी स्थिति में लोग जादू और प्रकृति के कार्य में अंतर नहीं कर पाते।

(3) यदि जादू में असफलता हाथ में आती है, तो इसका कारण मंत्रोच्चारण और जादूगर के नियमित जीवन में कोई अभाव समझा जाता है।

इस भांति टाइलर ने जादू के सिद्धांत के क्षेत्र में दो महत्वपूर्ण विचार रखे—सबसे पहले, जादू की वैचारिकी और उसकी तार्किक विशेषता है। यद्यपि यह गलत आमुख (Premises) पर आधारित हो सकती है, और द्वितीय उन कारणों का विश्लेषण जो जादू को धोखाधड़ी नहीं होने देते। टाइलर के ये दो विचार आज भी वैज्ञानिक विधि द्वारा जांचे जा सकते हैं। कोई भी व्यक्ति क्षेत्रीय कार्य द्वारा जादू के विचारों में निहित तार्किक प्रक्रियाओं और उन विधियों को निश्चित कर सकता है जिन्हें जादूगर अपनी असफलताओं के कारण बताते हैं।

इवान्स–प्रिचार्ड ने टाइलर की इस विचारधारा को इस भांति व्यक्त किया है—

सभी समाजों में जादू, विज्ञान और धर्म होते हैं, लेकिन मनुष्य के ज्ञान और व्यवहार में विकास के बाद के चरणों में या अधिक विकसित समाजों में विकास के पहले चरण या अधिक पिछड़े हुए आदिम समाजों की अपेक्षा जादुई और जीववादी विचारों का बहुत कम महत्व होता है। इवान्स–प्रिचार्ड ने टाइलर के इन सिद्धान्तों को भिन्न रूप में इस प्रकार रखा है—

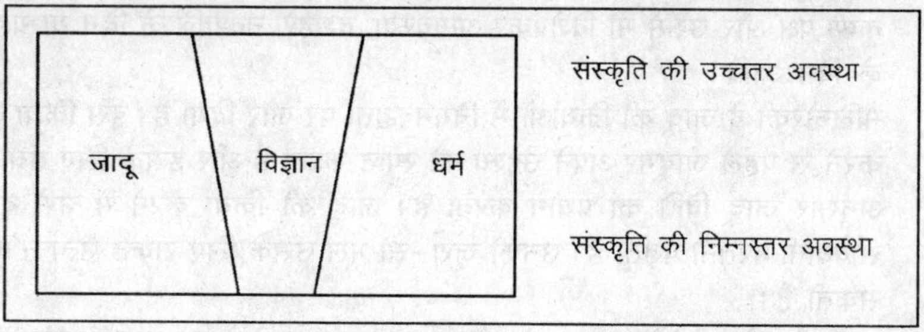

सभी समाजों में विकसित या अविकसित, जादू, विज्ञान और धर्म पाए जाते हैं। अंतर केवल यही है कि जो समाज जितना अधिक पिछड़ा हुआ और रूढ़िग्रस्त होगा, उतना ही अधिक उसमें जादुई विचारों और क्रियाओं को महत्व दिया जाएगा तथा समाज जितना भी अधिक विकसित होगा, उतना ही उसमें कम महत्व जादुई क्रियाओं का होगा। जादू और विकास का प्रतिलोम संबंध है।

टाइलर के जादू संबंधी सिद्धांतों को संशोधित और परिष्कृत रूप देने का कार्य फ्रेजर ने किया है। टाइलर की दो पुस्तकें, *दि गोल्डन बाउ* (*The Golden Bough*) तथा *फोकलोर इन दि ओल्ड टेस्टामेंट* (*Folklore in the Old Testament*) जादू के क्षेत्र में महत्वपूर्ण ग्रंथ हैं। टाइलर ने बताया था कि जादू की वैचारिकी में तर्कसंगतता भ्रामक है। वास्तव में अनुरूपताओं को कार्य–कारण संबंध समझ लिया गया (जैसा कि स्वर्ण और पीलिया का संबंध) है। टाइलर के इस सिद्धांत को फ्रेजर ने उठाया और इसका उन्होंने नामकरण किया—सहानुभूति का नियम (Law of Sympathy)। यहां यह देखने की बात है कि टाइलर ने इसे सिद्धांत का नाम नहीं दिया था जबकि फ्रेजर ने इसे यह स्वरूप दिया। दूसरी बात टाइलर ने यह कही कि जादू अनुरूपता पर आधारित है, कार्य–कारण संबंधों पर नहीं। इसका अर्थ यह है कि जनजातियां अनुरूपता पर कार्य करती हैं और सभ्य लोग ऐसा नहीं करते। फ्रेजर ने बताया कि जनजातियां वस्तुओं के बीच में सहानुभूति देखती हैं और इस विचार की अभिव्यक्ति उन्होंने सहानुभूति के सिद्धांत में की। फ्रेजर के अनुसार सहानुभूति दो प्रकार की होती है—एक सहानुभूति वह है जो दृष्टव्य समानता पर आधारित है जैसे कि स्वर्ण और पीलिया में और दूसरी सहानुभूति संपर्क पर आधारित है।

फ्रेजर ने टाइलर की प्राप्तियों पर सैद्धांतिक कार्य किया है और उसके परिणामस्वरूप जादू के तीन सिद्धांत रखे हैं—(1) सहानुभूति का सिद्धांत, (2) समानता

का सिद्धांत, और (3) संपर्क का सिद्धांत। इस सिद्धांत निर्माण के बाद फ्रेजर सिद्धांतों के क्रियान्वयन पर अपनी टीका देते हैं। वे लिखते हैं—

> यद्यपि इन सिद्धांतों को निश्चित रूप से न तो ढेर सारे शब्दों में रखा गया है और न आदिवासी इन सिद्धांतों के अमूर्तस्वरूप को ग्रहण करते हैं, फिर भी इन सिद्धांतों में प्रकट रूप से आदिवासी विश्वास करते हैं और मानते हैं कि ये सिद्धांत मनुष्य की इच्छा से स्वतंत्र हैं और प्रकृति की गति को नियंत्रित करते हैं।

यदि फ्रेजर के दृष्टिकोण को बहुत स्पष्ट शब्दों में रखा जाए तो कहना पड़ेगा कि एक आदिवासी जब किसी कार्य को करते समय उसके परिणामों के बारे में सोचता है, तो निश्चित रूप से उसके दिमाग में ये सिद्धांत रहते हैं। वास्तव में आदिवासी ठीक उसी तरह से काम करता है, जैसा करने के लिए उसे सिखाया गया है। प्रयोजन यह है कि आदिवासी को जादू के इस सिद्धांतों से कोई मतलब नहीं होता, उसे तो सिद्धांतों के व्यावहारिक परिणाम से प्रयोजन होता है। इसलिए फ्रेजर कहते हैं कि जादू एक आभासी कला और इसी तरह आभासी विज्ञान भी है। कला की दृष्टि से इसमें क्रिया सन्निहित है। फ्रेजर के अनुसार इस क्रिया के दो प्रकार हैं—एक वह क्रिया जिसके अनुसार कुछ उद्देश्यों की प्राप्ति की जाती है और दूसरी वह जिसके द्वारा कुछ वस्तुओं को टाला जाता है। पहली क्रिया को इंद्रजाल (Sorcery) कहते हैं और दूसरी को निषेध (Taboo), जादू के इस क्रिया पक्ष की व्याख्या फ्रेजर इस प्रकार करते हैं :

> सकारात्मक जादू या जादू–टोना कहता है—"इसे करो और इसका परिणाम यह होगा।" नकारात्मक जादू या निषेध कहता है—"इसे मत करो और घटनाएं तुम्हारे अनुकूल हो जाएंगी।" सकारात्मक जादू या जादू–टोने का उद्देश्य इच्छित घटना को पैदा करना है, नकारात्मक जादू या निषेध का उद्देश्य अनिच्छित–अनुरूपता और संपर्क के सिद्धांतों के अनुसार चलाए जा सकते हैं।

सब मिलाकर, फ्रेजर ने टाइलर के सिद्धांतों को अधिक सुदृढ़ स्तर पर रखा और यह स्थापित करने का प्रयास किया कि जादू के सिद्धांत प्राकृतिक सिद्धांतों के अंग मात्र हैं। फ्रेजर ने जादू–टोना और निषेध को जादू व्यवहार के जिन दो प्रकार में रखा है, सभी सामाजिक मानवशास्त्री इसे स्वीकार करते हैं। जैसा कि हमने कहा है फ्रेजर की एक और देन यह है कि उत्पत्ति की दृष्टि से जादू, धर्म या विज्ञान से अधिक पुराना है। यह इसलिए कि जादू की प्रकृति सादी है। वस्तुओं या विचारों में अनुरूपता या संक्रामकता को समझना कठिन नहीं है। फ्रेजर ने ऑस्ट्रेलिया की जनजातियों में प्रचलित जादू का उल्लेख किया है और इसके आधार पर उन्होंने यह स्थापित किया है कि जादू धर्म से पुराना है।

लेवी ब्रुहथल और दुर्खीम ने भी जादू और धर्म के क्षेत्र में कार्य किया है। दुर्खीम की बहुत बड़ी प्राक्कल्पना यह है कि जादू और धर्म समाज में राजनीतिक संगठन को सुदृढ़ बनाते हैं। उनकी यह मान्यता फ्रेजर से भिन्न नहीं है। फ्रेजर का भी कहना था कि जादू और धर्म समाज की राजनीतिक व्यवस्था को सुदृढ़ बनाते हैं। उदाहरण के लिए फ्रेजर ने कहा कि राजा पुरोहित के बराबर है और इसलिए पुरोहित राजनीतिक

नियंत्रण को सरल बना देता है। राजनीतिक और धार्मिक उत्सवों में राजा और पुरोहित केन्द्र बिंदु रहते हैं। इस दृष्टि से उपासना के ये अवसर समाज की राजनीतिक उपासना के केन्द्र हैं।

पिछले पृष्ठों में हमने जादू और जादू–टोने के सैद्धांतिक पक्ष का विवेचन किया है। इस विवेचन में हमने टाइलर, फ्रेजर, दुर्खीम, और लेवी ब्रुहथल की प्राप्तियों का आलोचनात्मक लेखा–जोखा भी रखा है। अब हम जादू के विभिन्न प्रकारों, उद्देश्यों और सामाजिक परिणामों का वर्णन करेंगे।

जादू के प्रकार (Types of Magic)

सामाजिक मानवशास्त्रियों ने सिद्धांत निर्माण में अपनी आनुभविक सामग्री या संदर्श के आधार पर जादू को अलग–अलग भागों में बांटा है। सर्वप्रथम हम फ्रेजर को लेंगे। उन्होंने जादू को दो प्रमुख भागों में विभाजित किया है। इस विभाजन के पीछे कार्य–कारण संबंध और संपर्क का प्रभाव है। पहला जादू सहानुभूति है और दूसरा संक्रामक। पहले प्रकार के जादू में 'समान का समान प्रभाव' का सिद्धांत काम करता है। यदि अपने दुश्मन का एक पुतला आटे से बना दिया जाए और उसे सुई की नोक से खुरचा जाए, तो खुरचने का यह दर्द दुश्मन की रग–रग में भी फैल जाएगा। यह समान का समान प्रभाव है।

संक्रामक जादू संपर्क के प्रभाव के सिद्धांत पर आधारित है। यदि किसी वस्तु का किसी से संपर्क है या रहा है, तो यह समझा जाता है कि संपर्क में आई हुई वस्तु पर जादुई क्रियाएं करने से उस वस्तु को धारण करने वाले व्यक्ति पर भी इस क्रिया का प्रभाव पड़ेगा। यदि एक जादूगर किसी के सिर के एक बाल को रख लेता है और उसे जला देता है, तो इसके परिणामस्वरूप जिसके सिर का यह बाल है, उसके सिर के सब बाल जल जाएंगे।

मेलिनोस्की ने भी जादू का दोहरा विभाजन किया है—(1) सफेद जादू, और (2) काला जादू। सफेद जादू को उन्होंने पुनः दो भागों में बांटा है। पहला वह जो खतरों से मनुष्य की रक्षा करता है और दूसरा वह जो विचित्र घटनाओं से परिपूर्ण है। ट्रोब्रिमंड द्वीपवासी जब गहरे समुद्र में शिकार करने जाते हैं, तो वहां सफेद जादू उन्हें रक्षा प्रदान करता है। विचित्र घटनाओं वाला जादू मनुष्य को एकाएक सफलता की उच्चतम सीढ़ी पर रख देता है। सफेद जादू के ये दो उपभेद जनकल्याणकारी हैं और इसीलिए इन्हें सफेद जादू कहा जाता है।

काला जादू हानि पहुंचाने वाला है। इसके द्वारा जादूगर शत्रु से बदला लेता है—उसे मार देता है या रोगी और दुःखी बना देता है। काले जादू के दो और उपभेद हैं—(1) जादू–टोना, और (2) भूत–प्रेत।

श्यामाचरण दुबे ने जादू के उद्देश्य और क्षेत्र के आधार पर तिहरा वर्गीकरण दिया है—(1) संवर्द्धक जादू, (2) संरक्षक जादू और (3) विनाशक जादू। संवर्द्धक जादू स्वयं जादूगर या अन्य व्यक्तियों के लिए लाभदायक होता है। यह जादू सामाजिक और आर्थिक क्रियाओं को संगठन और सुदृढ़ता देता है। उदाहरण के लिए इस जादू के

अंतर्गत आखेट का जादू, उर्वरता का जादू, वर्षा के लिए जादू और व्यापार तथा प्रेम के लिए जादू सम्मिलित हैं। संरक्षक जादू सामाजिक नियंत्रण का एक साधन है। इसके द्वारा संपत्ति की रक्षा की जाती है, दुर्भाग्य से बचा जा सकता है, रोग का निदान किया जा सकता है। विनाशक जादू के प्रभाव को रोका जा सकता है। विनाशक जादू नैतिक दृष्टि से अशुभ है और इसका संबंध असफलता, दुर्भाग्य और मृत्यु से है। इसका प्रयोग तूफान लाने के लिए, संपत्ति नष्ट करने के लिए, बीमार करने के लिए और मृत्यु बुलाने के लिए होता है।

जादू-टोना (Witchcraft)

पिछले पृष्ठों में हमने जादू का उल्लेख किया है। जादू का प्रयोग करने वाले जादूगर या जादूगरनी कहलाते हैं। जादूगर का काम जादू–टोना करना होता है। अतः जादू को प्रयोग में लाने की प्रक्रिया जादू–टोना है। लोगों की ऐसी मान्यता है कि कुछ स्वार्थी और दुष्ट प्रकृति के लोग कुछ आत्माओं या परमात्मा की शक्तियों को अपने वश में कर लेते हैं और फिर उनका प्रयोग असामाजिक कार्यों और निहित स्वार्थों के लिए करते हैं। ऐसे दुष्ट लोग जादू–टोना करते हैं और इसलिए जादूगरनियां अंधकार की राजकुमारियां हैं। पश्चिमी देशों में पिछली दो शताब्दियों में जादू–टोने की प्रभावोत्पादकता बहुत कम हो गई है और शायद इसीलिए इस समाज के लोगों को जादू–टोने की बहुत कम जानकारी है। हमारे देश में प्रारंभ से ही जादू–टोने में विश्वास रहा है। भूत–प्रेत, चुड़ैल, डाकिन सभी अपने व्यवहार में दुष्ट हैं और सामान्यतया ये मनुष्य को हानि ही पहुंचाते हैं। हिन्दुओं में यह मान्यता है कि असंतुष्ट आत्माएं अंतरिक्ष में विचरण करती हैं और उन व्यक्तियों को अपना कोप भाजन बनाती हैं जिनसे उनकी इच्छाएं पूर्ण हो जाएं। कुछ जादूगरनियां ऐसी होती हैं जो इन भूत–प्रेतों को अपने नियंत्रण में कर लेती हैं और इनका प्रयोग अपनी स्वार्थ सिद्धि के लिए करती हैं।

जादू-टोने में विश्वास करने के तत्व (Elements of Belief in Witchcraft)

जादू–टोना, भूत–प्रेत, डाकिन–पिशाच आदि के साथ जो विचार लगे हुए हैं, वे इस बात को बताते हैं कि जब कभी किसी व्यक्ति, समाज या समूह पर दुर्भाग्य अथवा बीमारी और मृत्यु, विध्वंस और विनाश आता है तो यह समझा जाता है कि इसके पीछे मनुष्य के कुछ कार्य हैं। कुछ दुष्ट लोग हैं जिनके जादू–टोने से समाज या व्यक्ति पर यह आपत्ति आई है। सामान्यतया इस दुर्भाग्य का संबंध किसी डाकिन या जादूगरनी के साथ जोड़ा जाता है।

लोग जादू–टोना या डाकिन में विश्वास क्यों करते हैं। इस विश्वास में कौनसे तत्व हैं? यदि इन तत्वों का विश्लेषण किया जाए तो हमें डाकिन और जादू–टोने की समस्या समझने में सुविधा होगी। इस विश्वास के पीछे पहली बात तो यह है कि ब्रह्माण्ड में जो भी शक्ति है वह सब परमात्मा के पास है। परमात्मा भला बना रहना चाहता है और इसलिए ग्रहीत करने की शक्तियां उसने शैतान को दे दी हैं। इस भांति

ईश्वर की अहितकारी शक्ति शैतान के पास है। संसार के लोक साहित्य में इस तथ्य को प्रमाणित करने के लिए सामग्री की न्यूनता नहीं है कि शैतान के पास विनाशकारी शक्ति है।

जादू–टोने में विश्वास के तत्वों के संबंध में दूसरी महत्वपूर्ण बात यह है कि जादू–टोना करने के कोई–न–कोई व्यवहार अवश्य होते हैं। संभवतयाः इसे पूरा करने का संस्कार या कर्मकाण्ड एक बहुत अच्छा साधन है। जादू–टोना एक सामाजिक क्रिया है—शुद्ध और सादी। इस मानसिक क्रिया के साथ में शारीरिक क्रिया भी जुड़ी रहती है। नजर लगाने में मानसिक और शारीरिक दोनों क्रियाएं हैं। शारीरिक रूप से नजर लगाने में कोई महत्वपूर्ण बात नहीं है, लेकिन इसका मानसिक प्रभाव यह है कि सामने वाला व्यक्ति रोगी हो जाता है।

जादूगर और जादूगरनी का समाज में होना तभी संभव है जबकि समाज में कोई दुर्भाग्यपूर्ण स्थिति हो। जादू–टोने के विश्वास के पीछे बहुत बड़ा सिद्धांत यह है कि परमात्मा के पास में सारी शक्ति है और इस शक्ति का एक विध्वंसक पहलू है। शैतान या पिशाच इस विध्वंस का एजेंट है। जादूगर और जादूगरनियां विध्वंस को संक्रामक रूप देने के माध्यम हैं। पाल बोहानन ने जादू–टोने के विश्वास को तीन सिद्धांतों में रखा है—

(1) जादू–टोने में विश्वास रखने वाले इस सिद्धांत को स्वीकार करते हैं कि कोई एक दुष्ट शक्ति है जो मनुष्य में प्रवेश कर सकती है, लेकिन जिसका संबंध किसी अन्य बड़ी शक्ति से होता है।
(2) जादू–टोने में विश्वास के लिए दूसरा सिद्धांत यह है कि समाज में कोई–न–कोई दुर्भाग्य या आपात स्थिति होनी चाहिए।
(3) जादू–टोना करने के लिए या दुष्ट शक्ति को सक्रिय बनाने के लिए कुछ संस्कार होने चाहिए। ये संस्कार मनोवैज्ञानिक या भौतिक हो सकते हैं।

ऊपर के विवेचन से स्पष्ट है कि जादू–टोना विश्वासों का वह पुंज है जिसके द्वारा किसी व्यक्ति या समूह के दुर्भाग्य का विश्लेषण किसी दुष्ट शक्ति के संदर्भ में किया जाए। यह वह क्रिया–व्यवस्था है जिसके द्वारा जादूगर या जादूगरनी दुष्ट शक्ति को अपने नियंत्रण में रखते हैं।

जादू-टोने की कार्य प्रणाली (Practices of Witchcraft)

जादू–टोना एक विश्वास व्यवस्था है और इसलिए इसका विश्लेषण सामाजिक संदर्भ में किया जाना चाहिए। यह बहुत स्पष्ट है कि जादू–टोने के पीछे जो विश्वास व्यवस्था है, उसे किसी भी तार्किक आधार पर स्वीकार नहीं किया जा सकता, लेकिन इसका यह अर्थ नहीं है कि जादू–टोने की कुछ क्रियाएं ऐसी नहीं हैं जिनको सामाजिक या वैयक्तिक प्रभाव के लिए महत्वपूर्ण नहीं समझा जाए। प्रथम जादू–टोने का सामाजिक प्रयोग और द्वितीय विश्वास व्यवस्थाओं का युक्तायुक्त आधार। सामाजिक मानवशास्त्रियों के लिए दूसरा दृष्टिकोण अधिक महत्वपूर्ण नहीं है। यह दृष्टिकोण तो तंत्रविद्या का अंग है।

दुर्भाग्य एक ऐसी स्थिति है जो मानसिक कारणों से होती है और जिसके पीछे दूसरे लोगों के विध्वंसात्मक कार्य होते हैं, इसे किसी न किसी रूप में दुनिया के सभी भागों में स्वीकार किया जाता है। स्पष्ट है कि दुर्भाग्य से उत्पन्न होने वाले सामाजिक संघर्ष और मानसिक विक्षिप्तता सभी जगह देखने को मिलते हैं। दुर्भाग्य का सामना करने के लिए कुछ लोगों को बलि का बकरा बना दिया जाता है। जनजातियों की संस्कृति के संबंध में आज जो आधार सामग्री हमारे पास है उससे ज्ञात होता है कि सभी जनजातियों में यह मान्यता है कि मनुष्यों में दुर्भाग्य की स्थिति दूसरे लोगों द्वारा लाई जाती है। यदि किसी समाज में इस तरह के विश्वास का अभाव है, तो इससे उस समाज का संतुलन और मानसिक स्वास्थ्य बिगड़ जाएगा।

क्लूखोन (1944) ने दक्षिणी अमेरिका के इंडियन्स में नवाहो (Navaho) जनजाति में जादू–टोने का अध्ययन किया है। इस जनजाति में जादू–टोना करने की बड़ी परंपरा है। उनमें एक ऐसी औषधि होती है जिसे वे जहर कहते हैं। इसमें मनुष्य के मृत शरीर का मांस होता है। वह किसी को दे दी जाए तो बड़ी खतरनाक होती है। इस जहर को या तो किसी के मकान में फेंक दिया जाता है या सोए हुए मनुष्यों के पास रख दिया जाता है। ऐसा करने के बाद रोगी इस जहर का शिकार हो जाता है। ऐसे रोगी का नवाहों में कोई इलाज नहीं है। इस जनजाति में औरतों की अपेक्षा पुरुष अधिक जादू–टोना करते हैं। जादूगरनियां प्रायः वृद्ध होती हैं। जादू–टोने का संबंध मृत व्यक्ति से होता है। इस तंत्र–विद्या को अपने निकट के स्वजनों से सीखा जा सकता है। यह विद्या रात को जब घनघोर अंधकार होता है, दी जाती है। इस क्रिया के संप्रदाय में मनुष्य के कपाल की हड्डियों और मुर्गे या बकरे के मांस का प्रयोग किया जाता है।

नवाहो जनजाति में जादूगर भी होते हैं। सामान्यतया ये जादूगर दूसरों के शरीर में कोई बाहरी वस्तु जैसे पत्थर या कोयला जादू द्वारा डाल देते हैं। कभी–कभी किसी मृत शरीर के हड्डी के टुकड़े को भी दूसरे के शरीर में डाल देते हैं। जादू का यह काम स्त्रियां नहीं करतीं। जादूगर की इन क्रियाओं का प्रतिकार भी किया जाता है। हड्डी या पत्थर के टुकड़े को खून चूस कर बाहर निकाला जाता है। कभी–कभी जादूगर का पता लग जाने पर उसकी जांच जनता की अदालत में होती है और अपराध सिद्ध होने पर उसे सजा भी दी जाती है।

सब मिलाकर, नवाहों की तरह सभी जनजातियों और सभ्य समाजों में जादू–टोने की परंपरा कम या अधिक मात्रा में अवश्य देखने को मिलती है। जब समाज पर आपत्ति आती है, तब व्यक्ति को सभी ओर अमावस का अंधेरा दिखाई देता है, तो यह समझा जाता है कि इस दुर्भाग्य के पीछे कोई न कोई जादू–टोना, जादूगर या जादूगरनी अवश्य है। लगता है संस्कृति में, जादू–टोना और जादू की बड़ी आवश्यकता है। यदि किसी संस्कृति में जादू–टोना न हो, तो वह संस्कृति अपने दुर्भाग्य का विश्लेषण किस माध्यम से करेगी। जादू–टोना, इसलिए समाज की एक सांस्कृतिक आवश्यकता है। समाज में जादू–टोने के प्रतिकार के लिए, जो व्यवस्थाएं हैं, वे इस बात को बताती हैं कि लोगों को जादू–टोने में विश्वास है। यह बात ठीक है

कि जादू–टोने के प्रतिकार की क्रियाएं, दुर्भाग्य को टाल नहीं पातीं, लेकिन ये क्रियाएं समाज को मनोबल प्रदान करती हैं जिससे कि वह इस दुर्भाग्य का साहस के साथ सामना कर सके।

जादू और विज्ञान (Magic and Science)

सामाजिक मानवशास्त्र में जब कभी जादू की चर्चा चलती है, तो इसे विज्ञान के संदर्भ में भी देखने का प्रयास होता है। वास्तव में जादू और विज्ञान की इस समस्या को सबसे पहले टाइलर ने उठाया था। उनके सामने बहुत बड़ा बुनियादी प्रश्न यह था कि जब एक वैज्ञानिक अन्वेषक को जादू झूठा दिखाई देता है, तो जनजातियां उसमें विश्वास क्यों करती हैं। इस प्रश्न का उत्तर टाइलर ने दिया। यद्यपि यह उत्तर जादू को विज्ञान की हैसियत प्रदान नहीं करता, फिर भी विज्ञान के लिए चुनौती अवश्य है। टाइलर ने इस बात को बताने के लिए कि जनजातियां जादू का प्रयोग क्यों करती हैं, निम्न बुनियादी तथ्य प्रस्तुत किए हैं—

(1) जादू का संबंध सामान्य ज्ञान के व्यवहार से है।
(2) जादू वही करता है, जो प्रकृति चाहती है।
(3) यदि किसी कार्य को जादू नहीं कर पाता तो इसका कारण जादू करने की क्रिया में कुछ अभाव है।
(4) जादू का मुकाबला करने के लिए प्रतिकारात्मक साधन भी है।
(5) सामान्यतया जादू की सफलताएं उसकी असफलताओं से अधिक हैं।

टाइलर का यह मत है कि जादू का विकसित स्वरूप ही विज्ञान है।

फ्रेजर ने जादू को आभासी विज्ञान कहा है। उनके अनुसार जादू प्राकृतिक नियमों की व्यवस्था की तरह है। वे कहते हैं कि जादू नियमों का एक बयान है जो घटनाओं को घटित करता है। सामान्य लोग जादू के इस वैज्ञानिक पहलू को नहीं जानते। वे तो केवल उसके व्यावहारिक पक्ष को समझते हैं। अपनी इस व्याख्या में फ्रेजर लिखते हैं—

> आदिम जादूगर केवल जादू के व्यावहारिक पहलू को देखता है। वह कभी भी उन मानसिक प्रक्रियाओं का विश्लेषण नहीं करता, जिन पर उसका व्यावहारिक जादू निर्भर है। वह कभी भी क्रियाओं के पीछे काम करने वाले अमूर्त सिद्धांतों को नहीं देखता। अधिकांश लोगों की तरह उसके लिए भी जादू में सिद्धांत अंतर्निहित हैं, स्पष्ट नहीं। वह उन क्रियाओं को करते समय इनके पीछे जो बौद्धिक और शारीरिक प्रक्रियाएं हैं, उनके प्रति आंख मूंद लेता है। संक्षेप में, जादूगर के लिए, जादू हमेशा एक कला है, विज्ञान कभी भी नहीं। उसके अविकसित मस्तिष्क में जादू के विचार का अभाव होता है। यह दर्शन के विद्यार्थी का कार्य है कि वह जादू के पीछे जो विचारधारा है उसे देखे, व्यवहार के पीछे जो अमूर्त सिद्धांत हैं, उन्हें निकाले और इस जारज कला (Bastard Art) के पीछे जो दोगला विज्ञान है उसे स्पष्ट करे।

इसलिए फ्रेजर के अनुसार जनता की दृष्टि में जादू एक जायज कला है और विश्लेषक की दृष्टि में एक दोगला विज्ञान। वे इस बात को स्वीकार करते हैं कि जादू

का तर्क दोषपूर्ण है और इसीलिए जादू एक खराब विज्ञान है। विज्ञान की तरह जादू में भी नियम होते हैं। विज्ञान में प्राकृतिक नियम होते हैं और जादू में जादुई नियम हैं। जादू की क्रियाओं में प्राकृतिक नियमों की तरह कोई रुकावट नहीं आ सकती। यदि जादुई क्रियाएं नियमानुसार कर दी जाएं, तो जादू का प्रभाव अवश्य पड़ेगा। इस तरह जादू प्रकृति के नियमों की तरह है। फ्रेजर के अनुसार यदि जादू विज्ञान से भिन्न है तो केवल इसी अर्थ में कि जादू की क्रियाओं में संभावना अधिक होती है।

मेलिनोस्की ने ट्रोब्रिमंड द्वीप समूह की जनजातियों में अध्ययन किया है। उन्होंने जादू और विज्ञान के विवाद को नहीं उठाया है, लेकिन उनके जादू के विश्लेषण से लगता है कि प्रकार्यात्मक दृष्टि से जादू और विज्ञान दोनों ही मनुष्य की आवश्यकताओं से संबंधित हैं। दोनों ही सामाजिक प्रघटनाओं का विश्लेषण करते हैं। जादू और विज्ञान की दूसरी समानता विधियों को लेकर है। दोनों कार्य–कारण की विधि को अपनाते हैं।

टाइलर, फ्रेजर, मेलिनोस्की और इवान्स–प्रिचार्ड ने जनजातियों के जादू और विज्ञान के क्षेत्र में महत्वपूर्ण कार्य किया है। ये सभी इस बात से सहमत हैं कि जादू का तर्क दोषपूर्ण है। यह वह तर्क है जो समानता के आधार पर स्वर्ण और पीलिया को एक ही श्रेणी में रखता है। यदि जादू को हेतुमद् अनुमान (Syllogism) के आधार पर रखा जाए, तो ये सभी लेखक इसके मुख्य आमुख (Major Premise), लघु आमुख और निष्कर्ष को दोषपूर्ण मानते हैं, लेकिन इन सभी विद्वानों की यह राय है कि वर्तमान विज्ञान का प्रारंभ जादू से हुआ है। समाज की पहली अवस्था जादू की रही होगी और तब जादू ने अपने अपरिपक्व हेतुमद् अनुमान को इस प्रकार रखा होगा—

मुख्य आमुख—जादूगरनियां बीमारी फैलाती हैं।
लघु आमुख—बीमारी फैल रही है।
निष्कर्ष—जादूगरनियां समाज में उपस्थित हैं।

स्पष्ट है, जादू और विज्ञान एक नहीं हैं। इसके अंतर को निम्न बिंदुओं में रखा जा सकता है—

(1) जादू का संबंध ईश्वर के प्रतिनिधि उस पिशाच या शैतान से है जिसके पास ईश्वर की दुष्ट शक्ति है। विज्ञान पार्थिव प्रकृति से संबंधित है।
(2) जैसा कि रूथ बेनेडिक्ट ने कहा है कि विज्ञान के अवलोकन का सत्यापन किया जा सकता है, जादू की पद्धतियों का नहीं।
(3) वैज्ञानिक विधियों में सुधार और संशोधन बराबर होते रहते हैं, पर जादू में यह संभव नहीं है।
(4) विज्ञान का आधार शुद्ध तर्क है जबकि जादू का आमुख दोषपूर्ण है।

जादू और धर्म (Magic and Religion)

टाइलर ने जादू और धर्म को संसार देखने के दो पृथक संदर्श बताए हैं। इसी दृष्टिकोण को फ्रेजर ने विकसित किया। फ्रेजर का कहना था कि जादू को धर्म से

पृथक करना चाहिए। वास्तव में, जादू, धर्म, और विज्ञान समाज के विकास को बताते हैं। स्वयं फ्रेजर के समय में डार्विन का उद्‌विकास सिद्धांत जड़ पकड़ रहा था। इस युग में धर्म का स्थान विज्ञान ले रहा था। दुर्खीम ने धर्म और जादू को और आधारों पर पृथक किया है। उनका कहना है कि जादू के लिए कोई धार्मिक संप्रदाय नहीं होता जबकि धर्म संप्रदायों से बना है। दूसरा, जादू समाज और सुदृढ़ता में योगदान नहीं देता जबकि धर्म सामाजिक सुदृढ़ता का बहुत बड़ा आधार है। दुर्खीम ने दुनिया की सभी वस्तुओं को दो भागों में बांटा है—पवित्र (Sacred) और प्रोफेन (Profane)। वे वस्तुएं जो सम्मानित हैं, पूजनीय हैं, पवित्र कहलाती हैं और जो वस्तुएं इस श्रेणी में नहीं आतीं, प्रोफेन हैं। दुर्खीम ने जादू को पवित्र वस्तुओं की इस श्रेणी में नहीं रखा है। मेलिनोस्की जादू के प्रति दुर्खीम के इस दृष्टिकोण से सहमत नहीं हैं। उनके अनुसार जादुई क्रियाएं बहुत अर्थों में धार्मिक क्रियाओं की तरह हैं। मेलिनोस्की का आनुभविक अध्ययन बताता है कि धर्म और जादू दोनों की उत्पत्ति मनुष्य की संवेगात्मक आवश्यकताओं से हुई है। जब आपत्ति के बादल सिर पर मंडरा रहे हों और रास्ता धूमिल और बोझिल हो, तो मनुष्य जादू तथा धर्म की ओर देखता है। अतः उत्पत्ति की दृष्टि से जादू और धर्म एक ही स्थिति से चले हैं।

मेलिनोस्की ने धर्म और जादू का एक और अंतर बतलाया है। जब एक ट्रोब्रिमंड द्वीपवासी अपनी नाव को समुद्र में तेज गति से ले जाना चाहता है या अपनी प्रेमिका को अधिक सहृदय बनाना चाहता है, तो जादू का प्रयोग करता है। इसका अर्थ है कि जादू निश्चित उद्देश्यों को लेकर होता है। धर्म में इस तरह के निश्चित उद्देश्य नहीं होते। इसका उद्देश्य तो इस अनियंत्रित संसार के प्रति आश्वस्त होना है।

लीच (E.R. Leach) ने दुर्खीम और मेलिनोस्की के धर्म और जादू संबंधी दृष्टिकोण की व्याख्या की है। दुर्खीम जादू को धर्म में सम्मिलित नहीं करते, मेलिनोस्की दोनों को एक ही क्षेत्र में रखते हैं। लीच ने इस विवाद का एक हल निकाला है। वे संस्कार (Ritual) की एक नई परिभाषा देते हैं। लीच से पूर्व सामाजिक मानवशास्त्रियों ने संस्कार का अर्थ उन औपचारिक और दोहराए जाने वाली क्रियाओं से लिया है जिनका प्रयोग धार्मिक या जादुई संदर्भ में होता है। मेलिनोस्की जादू की क्रिया में मंत्रोच्चारण संस्कार को बहुत महत्वपूर्ण मानते हैं। लीच, मेलिनोस्की और दुर्खीम दोनों को जोड़ते हैं। उनके अनुसार संस्कार वे हैं जो क्रियाओं या गतिविधियों के विभिन्न पहलुओं का वर्णन है और इस दृष्टि से दुर्खीम की पवित्र वस्तुएं और मेलिनोस्की के जादू के मंत्रोच्चारण संस्कार की इस परिभाषा में आ जाते हैं। लीच ने संस्कार की परिभाषा दी है, उसकी व्याख्या नहीं। उन्होंने केवल यह बताया है कि वस्तुएं ऐसी हैं, वस्तुएं ऐसा करती हैं, इसकी व्याख्या नहीं की। लीच की यह व्याख्या सामान्य–जन के लिए बहुत अनुकूल है। संस्कार वे हैं, जिन्हें लोग करते आ रहे हैं, इनके पीछे अर्थ क्या है, इसे संस्कार नहीं बताते। लीच की संस्कार की यह परिभाषा एक सीमा तक जादू और धर्म को एक ही श्रेणी में रख देती है।

जनजातियों में धर्म (Religion Among the Tribals)

यह संसार रहस्यमय है। मनुष्य की बुद्धि ने संसार के रहस्यों को जानने और समझने का प्रयास किया है। हम जानते हैं वर्षा क्यों होती है। हम समझते हैं आंधी और तूफान क्यों आते हैं। हमें मालूम है ज्वालामुखी क्यों आग उगलते हैं और अब हम यह भी जानने लगे हैं कि चन्द्रमा की सतह पर कैसी चट्टानें हैं और वहां की मिट्टी में कौनसी गंध है। यह सब जानते हुए भी आज प्रकृति की अनेक घटनाएं हमारे लिए रहस्य बनी हुई हैं। अतिवृष्टि होती है और हम तहस–नहस होकर भी कुछ नहीं कर सकते। अनावृष्टि होती है और हम हल बैल छोड़कर हाथ बांधकर बैठ जाते हैं। हमने भाग्य के करिश्मे देखे हैं और दुर्भाग्य के द्वंद्व। यह सब देखकर लगता है कि कोई एक अलौकिक सत्ता है जो हम सबसे ऊपर है, वह हमारा नियंत्रण करती है। हम कठपुतलियां हैं और वह सर्वोत्तम सत्ता अपनी अंगुलियों के इशारे से हमें नचाती है। इस सर्वशक्तिमान को प्रसन्न रखना आवश्यक है। उसी की कृपा से, मनुष्य सोचता है, वह सकुशल रह सकता है। विकसित और अविकसित, कोई भी समाज हो, उसमें सर्वशक्तिमान की सत्ता के प्रति आदर और सम्मान व्यक्त करने के कुछ न कुछ आचार अवश्य होते हैं। दूसरे शब्दों में, प्रत्येक समाज में धर्म का कोई–न–कोई स्वरूप देखने को अवश्य मिलता है। संर्वशक्तिमान को अपने पक्ष में करने का, पूजा या आराधना के अतिरिक्त एक और तरीका भी है जिसमें उसकी शक्ति पर अधिकार पाया जाता है। इस तरीके को जादू द्वारा प्राप्त किया जाता है। अब हम धर्म के अर्थ और समाज में उसके महत्व का विवेचन करेंगे।

धर्म की परिभाषा और अर्थ (Definition and Meaning of Religion)

जनजातियों और पिछड़े समाजों के धर्म का विवरण सामाजिक मानवशास्त्र में पर्याप्त रूप से पाया जाता है। उन्नीसवीं शताब्दी से लेकर अर्थात् उद्‌विकासवादियों से लेकर प्रकार्यवादियों तक, सभी सामाजिक मानवशास्त्रियों ने जनजातियों की धर्म व्यवस्था पर खूब खुलकर लिखा है। इस लिखावट में गहराई भी है। यह सब होते हुए भी आदिम समाज के धर्म का यह विश्लेषण अभावों से ग्रसित है। सामाजिक मानवशास्त्रियों में आदिम समाज के धर्म के अध्ययन को लेकर सामान्यतया दो भ्रांतियां रही हैं। प्रथम भ्रांति तो यह है कि इन सामाजिक मानवशास्त्रियों का अपना धर्म व्यापक (Universal) और अधिराष्ट्रीय (National) रहा है। ईसाई धर्म कम ज्यादा रूप में संसारभर में पाया जाता है। इसी तरह हिन्दू और इस्लाम धर्म भी दूर–दूर तक पाए जाते हैं। ये धर्म इसी कारण व्यापक हैं। इन व्यापक धर्मों के प्रति सामाजिक मानवशास्त्रियों ने एक अमूर्तिकरण बना लिया है और जब वे इस अमूर्तिकरण को स्थानीय धर्मों या आदिम समाज के धर्मों पर लागू करते हैं, तो उन्हें ये धर्म बेमतलब और सतही दिखाई देते हैं। दूसरी भ्रांति यह है कि ये सामाजिक मानवशास्त्री जनजाति के धर्म को उनके सामाजिक परिप्रेक्ष्य में नहीं देखते। दृष्टिकोण का यह भेद जनजातियों की धर्म व्यवस्था के विश्लेषण को दूषित कर देता है। जनजातियों के धर्म के विश्लेषण में यह दृष्टिकोण स्पष्ट हो जाना चाहिए कि उनका धर्म उनकी स्थानीयता पर आधारित है और इसका विश्लेषण इस स्थानीयता पर होना चाहिए।

सन् 1871 में टाइलर ने धर्म की न्यूनतम परिभाषा दी थी। उन्होंने कहा कि धर्म मनुष्य की आध्यात्मिक शक्ति में विश्वास का नाम है जो समाज तकनीकी दृष्टि से पिछड़े हुए हैं, उनमें लोगों का विश्वास है कि प्रकृति की सभी क्रियाएं, सभी लीलाएं तथा मनुष्य के प्रयत्नों में सफलता, परमात्मा के हाथ में है। हर कोई व्यक्ति इस परमात्मा को नहीं पा सकता और घटनाओं के घेरों को परमात्मा के बिना तोड़ नहीं सकता। अतः धर्म विश्वास की वस्तु है। टाइलर की परिभाषा धर्म विश्वासों की व्यवस्था के रूप में देखती है।

किसी भी धर्म के दो भाग होते हैं—(1) अलौकिक की शक्ति में विश्वास, तथा (2) अलौकिक के प्रति धार्मिक कार्य–प्रणाली (Religious Practices) शुरू से ही सामाजिक मानवशास्त्रियों की सहमति है कि सभी जनजातियां धार्मिक कार्य–प्रणाली को बहुत बड़ा महत्व देती हैं, लेकिन विश्वास के महत्व को लेकर सामाजिक मानवशास्त्रियों ने विभिन्न युगों में पृथक–पृथक विचार व्यक्त किए हैं। उदाहरण के लिए उन्नीसवीं शताब्दी में यह स्वीकार किया जाता था कि मनुष्य के अनुभव के आधार पर ही विश्वास का निर्माण हुआ है और बाद में चलकर विश्वास पर ही धर्म का निर्माण हुआ है। एक दूसरा युग आया जिसमें धार्मिक कार्य–प्रणाली को सबसे महत्वपूर्ण स्थान दिया गया और कहा गया कि इन आचारों को प्रमाणित रूप देने के लिए विश्वास पैदा किए गए। आज प्रणालियों और कार्य–प्रणाली के इस विवाद को लेकर हम कोई एक राय व्यक्त करने की स्थिति में नहीं हैं, लेकिन यह बहुत स्पष्ट है कि धर्म में विश्वास और कार्य–प्रणाली, दो बहुत महत्वपूर्ण पहलू हैं।

टाइलर ने धर्म के क्षेत्र में विश्वास को कार्य–प्रणाली की अपेक्षा अधिक महत्वपूर्ण माना है। ईश्वर या आध्यात्मिक शक्ति के प्रति लोगों के विश्वास के सभी स्वरूपों को टाइलर ने आत्मवाद में रखा है। इस दृष्टि से जीववाद कोई धर्म न होकर एक आदर्श प्रारूप है जो धर्म की आध्यात्मिक शक्ति पर विश्वास के सिद्धांत के विवेचन में सहायक है।

टाइलर ने आध्यात्मिक शक्ति के विश्वास को दो मुख्य सिद्धांतों में बांटा है। उनका कहना है कि मनुष्य के पार्थिव शरीर में आत्मा होती है। यह आत्मा सनातन है, चिरंतन है। पार्थिव शरीर नष्ट होने के बाद भी आत्मा जीवित रहती है। उनका यह सिद्धांत आत्मा का सिद्धांत (Doctrine of Souls) कहलाता है। उनका दूसरा सिद्धांत यह है कि आत्मा के अतिरिक्त प्रेतात्माएं (Spirits) होती हैं जिनका स्थान आत्मा से ऊंचा होता है। ये प्रेतात्माएं शक्तिशाली देवी–देवताओं के निकट रहती हैं। अतः मनुष्य की आत्माओं के अतिरिक्त भी प्रेतात्माएं होती हैं। टाइलर के विश्वास के सिद्धांतों का यह दूसरा भाग प्रेतात्माओं का सिद्धांत (Doctrine of Spirits) कहलाता है। मनुष्य का जीवात्मा और प्रेतात्मा में जो विश्वास है, निश्चित रूप से उसके आधार के अनुभव रहे होंगे। इन अनुभवों और टाइलर के धर्म के उद्‌गम संबंधी विचारों का विवेचन हम बाद में करेंगे, यहां यही कहना पर्याप्त है कि टाइलर की दृष्टि में धर्म विश्वासों की एक

व्यवस्था है और ये विश्वास जीवात्मा और प्रेतात्मा के प्रति है। टाइलर की इस अवधारणा को सूत्र रूप में इस तरह रखा जा सकता है—

धर्म = विश्वास व्यवस्था → जीवात्मा
→ प्रेतात्मा

जेम्स फ्रेजर ने भी जादू और धर्म के क्षेत्र में उल्लेखनीय कार्य किया है। टाइलर ने धर्म को जादू से नहीं जोड़ा। फ्रेजर ने जादू का संबंध धर्म के साथ जोड़ा है। उनका कहना है कि प्रारंभिक अवस्था में मनुष्य ने प्रकृति की भीषणता को देखा होगा। उसने प्रकृति को अपने नियंत्रण में लाने का प्रयास भी किया होगा, लेकिन वह इसमें असफल रहा होगा और तब उसने सोचा होगा कि इस अलौकिक सत्ता को जादू द्वारा नियंत्रित करना चाहिए। इस प्रकार सर्वप्रथम जादू आया। इसके बाद इस आदिम मनुष्य ने देखा होगा कि कई बार जादू की क्रिया का अपेक्षित प्रभाव नहीं पड़ता और तब उसने धर्म को जन्म दिया होगा। इस भांति फ्रेजर के अनुसार "धर्म वह विधि है जिसके द्वारा उन शक्तियों की संतुष्टि या आराधना की जाती है जिनके संबंध में यह विश्वास किया जाता है कि वे प्रकृति और मानव जीवन को मार्ग दिखलाती और नियंत्रित करती हैं।" फ्रेजर की इस व्याख्या से धर्म के दो बिंदु स्पष्ट होते हैं—(1) कोई ऐसी शक्ति है जिसके पास मनुष्य से ऊंची सत्ता है, (2) यह ऊंची सत्ता मनुष्य को नियंत्रित करती है, और इसलिए मनुष्य को आराधना और पूजा द्वारा इस शक्ति को अपने अनुकूल बनाना चाहिए।

रेडक्लिफ–ब्राउन ने धर्म के अर्थ और व्याख्या के विवाद में पड़ने की अपेक्षा बहुत ही मोटे अर्थ में धर्म की मीमांसा की है। यूरोप के देशों में और विशेषकर सुधार आंदोलन के बाद धर्म को मुख्यतया अलौकिक में विश्वास के रूप में माना जाता है। अलौकिक के प्रति यह विश्वास सामाजिक विकास के साथ उत्तरोत्तर बढ़ता गया है। इसलिए रेडक्लिफ–ब्राउन यह मानकर चलते हैं कि "किसी भी धर्म या किसी भी पंथ में सामान्यतया कुछ विचार या विश्वास होते हैं और दूसरी ओर कुछ अनुपालन होते हैं। ये अनुपालन सकारात्मक और नकारात्मक होते हैं जिन्हें मैं धार्मिक क्रिया कहूंगा।" अतः रेडक्लिफ–ब्राउन के अनुसार, टाइलर की तरह ही धर्म में मुख्य रूप से विश्वास होते हैं और इन विश्वासों को व्यक्त करने के लिए अनुपालन अर्थात् धार्मिक क्रियाएं या संस्कार होते हैं।

मेलिनोस्की ने धर्म के व्यावहारिक रूप को जनजातियों के जीवन में देखा है। वे भी इसकी व्याख्या में विश्वास और व्यवस्था पर अधिक जोर देते हैं—"धर्म मनुष्य की क्रिया का एक तरीका है और इसी तरह विश्वास की एक व्यवस्था है और धर्म एक समाजशास्त्रीय घटना है और इसी तरह एक व्यक्तिगत अनुभव भी।" मेलिनोस्की की धर्म संबंधी इस व्याख्या से निम्न तत्व स्पष्ट होते हैं—

(1) धर्म विश्वासों की व्यवस्था है और यह विश्वास किसी सर्वशक्तिमान और अलौकिक शक्ति में होता है।

(2) प्रत्येक धर्म में विश्वासों से संबंधित कुछ क्रियाएं या संस्कार होते हैं। ये संस्कार अलौकिक के प्रति विश्वास की अभिव्यक्ति हैं।

(3) धर्म अपने मूल में सामाजिक प्रघटना है और इसीलिए समाज में प्रत्येक व्यक्ति का अलग–अलग धर्म नहीं होता।

(4) धर्म को मानना या न मानना व्यक्ति की इच्छा पर निर्भर है। धर्म की मान्यता व्यक्तिगत अनुभव द्वारा प्रभावित होती है।

मजूमदार और मदन ने भारतीय जनजातियों के संदर्भ में धर्म और जादू की व्याख्या की है। धर्म की परिभाषा देते हुए वे इस निष्कर्ष पर पहुंचते हैं कि प्रत्येक धर्म में चाहे वह जनजातियों का हो या सभ्य समाज का, विश्वास और संस्कार होते हैं। संस्कार वे हैं जिन्हें निर्धारित विधि द्वारा किया जाता है और जिनके माध्यम से मनुष्य और अलौकिक शक्ति में संबंध स्थापित होता है। विश्वास संस्कारों का युक्तिकरण है। विकसित धर्मों और आदिवासी धर्मों में जो अंतर दिखाई देता है वह केवल दर्शन को लेकर है। व्यापक और विकसित धर्मों में दर्शन का पहलू अधिक सशक्त होता है। आदिम समाज का सदस्य अपने धर्म को दर्शन की पृष्ठभूमि में नहीं जानता। इसी कारण जनजातियों में अलौकिक शक्ति को विभिन्न रूपों में देखा जाता है। कुछ जनजातियां अलौकिक को प्रेतात्मा और जीवात्मा के रूपों में देखती हैं और कुछ देवी–देवता या पूर्वजों में।

धर्म की समुचित व्याख्या करना कठिन है। विवाद होते हुए भी सभी सामाजिक मानवशास्त्री इस बात को स्वीकार करते हैं कि धर्म का मुख्य आधार अलौकिक शक्ति में विश्वास है। यह अलौकिक शक्ति भिन्न–भिन्न रूपों में देखी जाती है। प्रत्येक समाज का अलौकिक के प्रति अपना निजी अनुभव होता है और इसी आधार पर वह अलौकिक की एक छवि अपने मन में बैठा लेता है। दूसरा, इस अलौकिक के प्रति लोगों में कुछ विश्वास होते हैं। विश्वासों की यह व्यवस्था ही धर्म है। विश्वास का दूसरा पहलू आचार या संस्कार होते हैं। विश्वासों को मूर्तरूप या अभिव्यक्ति देने के लिए अनुपालन, संस्कार, धार्मिक क्रियाएं, उपासना, पूजा, भोग आदि किए जाते हैं। कुछ सामाजिक मानवशास्त्री धर्म की प्रकृति सामाजिक मानते हैं।

पिछले पृष्ठों में हमने धर्म और विशेषकर आदिम समाज में पाए जाने वाले धर्म की मीमांसा की है। सामाजिक मानवशास्त्रियों ने धर्म के विशद विवेचन में कुछ सिद्धांत प्रस्तुत किए हैं। इन सिद्धांतों का आधार आनुभविक अनुसंधान है। सामाजिक मानवशास्त्रियों ने अपने अध्ययन की जनजातियों में धर्म का जो स्वरूप पाया उसी की आधार सामग्री पर सिद्धांत बनाने का प्रयास किया है। यहां हम धर्म के विश्लेषण के ऐसे कुछ सिद्धांतों का आलोचनात्मक विवेचन करेंगे।

धर्म के व्याख्यात्मक सिद्धांत (Explanatory Theories of Religion)

धर्म की अवधारणा का विशद विवेचन हमें कई सिद्धांतों में देखने को मिलता है। मुख्यतः अग्रलिखित सिद्धांत महत्वपूर्ण हैं—

(1) जीववाद (Animism)
(2) जीवात्मवाद और गुप्त शक्ति या माना (Animatism and Mana)
(3) बहुईश्वरवाद (Polytheism)
(4) एकेश्वरवाद (Monotheism)
(5) प्रकृतिवाद (Naturalism)
(6) प्राग जीववाद (Pre-Animism)
(7) प्रकार्यवाद सिद्धांत (Functional Theory)

जीववाद (Animism)

आज से लगभग सौ वर्ष पहले एडवर्ड टाइलर ने धर्म की न्यूनतम परिभाषा देते हुए कहा था कि धर्म आध्यात्मिक शक्ति में विश्वास है। टाइलर ने धर्म के विकास को क्रम में बांधने का प्रयास किया है। उनकी पीढ़ी की परंपरा उद्विकास की परंपरा थी और इसलिए उनके लिए आवश्यक था कि वे धर्म के क्रम विकास को व्यवस्थित रूप में रखें। आदिम समाज के व्यक्तियों ने अपने आपको घोर संकट में पाया होगा। उन्होंने देखा होगा कि जंगल की नीरव शांति में पेड़ के पत्ते का मर्मर शब्द भी गूंजकर प्रतिध्वनि उत्पन्न करता है। शांत सरोवर की लहरों में उन्हें संगीत लहरी दिखाई दी होगी। रात को ओस के कण धरती पर गिरते हुए दिखाई दिए होंगे। यह सब देखकर लगा होगा कि कोई ऐसी अलौकिक शक्ति है जो इन सब अचेतन वस्तुओं में चेतन होकर बोलती है, मुखरित होकर गाती है। तब आदिम जाति समाज के मनुष्यों ने सोचा होगा कि प्रेतात्मा और जीवात्मा सभी ओर विद्यमान हैं। ये प्रेतात्माएं और जीवात्माएं अलौकिक शक्तियां हैं, अनुपम सत्ता हैं और इनके प्रति उसे झुकना चाहिए।

टाइलर ने आदिम समाज के व्यक्ति की मनोदशा की कल्पना की। इस व्यक्ति ने देखा होगा कि उसके शरीर में कोई आत्मा है जो उसे निद्रा में छोड़कर कहीं दूर–दूर विवरण के लिए जाती है। जंगलों और पहाड़ों को लांघती है। समुद्रों को पार करती है और पुनः लौटकर उसके शरीर में आ जाती है। यह जीवात्मा है। दूसरी आत्मा जो देवी–देवता के निकट है, उनके समकक्ष है, अंतरिक्ष में स्वतंत्र विचरण करती है। यह आत्मा प्रेतात्मा है। अलौकिक के प्रति जनजाति के इस अनुभव की कल्पना करके टाइलर ने जीवात्मा और प्रेतात्मा का सिद्धांत रखा। ये दोनों सिद्धांत मिलकर जीववाद का सिद्धांत कहलाते हैं। जीवात्मा के सिद्धांत के अनुसार यह माना जाता है कि मनुष्य की आत्मा उसकी मृत्यु के बाद जीवित रहती है और प्रेतात्मा के सिद्धांत के अनुसार अंतरिक्ष में प्रेतात्माएं वैयक्तिक रूप में रहती हैं। इस प्रकार टाइलर का जीववाद वह है जिसमें अमूर्त, अभौतिक या जीवात्मा और प्रेतात्मा में तथा भूत, पूर्वज, पेड़, पौधा, पिशाच सभी में आध्यात्मिक शक्ति का आरोप किया जाता है। यह माना जाता है कि इन वस्तुओं में भी अलौकिक शक्ति विद्यमान है।

टाइलर का जीववाद का सिद्धांत उद्विकास परंपरा में आगे बढ़ता है। जब मनुष्य विकास के दूसरे चरण में आया, तो उसने पूर्वज, आत्मा और प्रेतात्मा की भावना को विकसित किया और अलौकिक शक्ति को प्राकृतिक देवी–देवताओं में रखा। प्रारंभ

में जीववाद का शुद्ध रूप उपलब्ध था। बाद में जीववाद का यह रूप विकसित होकर बहुईश्वर, एकेश्वरवाद, प्रेतवाद तथा द्वैताद्वैतवाद में देखने को मिला। वास्तव में टाइलर ने धर्म के व्याख्यात्मक सिद्धांत में धर्म के उद्‌विकास को भी प्रस्तुत किया है।

जीववाद के तत्व (Elements of Animism)

टाइलर के जीववाद सिद्धांत में निम्नलिखित तत्व उल्लेखनीय हैं—

(1) जीववाद की अवधारणा अपने आप में धर्म नहीं है। यह तो एक आदर्श प्रारूप या मॉडल है जिसके द्वारा धर्म के उद्‌विकास का अध्ययन किया जा सकता है।

(2) जीववाद में जीवात्मा की अवधारणा है। जीवात्मा वह है जो जीवित व्यक्तियों के शरीर में निवास करती है। मृत्यु के बाद या शरीर नष्ट हो जाने के बाद यह जीवात्मा बनी रहती है। दूसरी, प्रेतात्मा होती है। प्रेतात्मा देवी–देवताओं की तरह शक्तिशाली होती है। अतः जीववाद अपने पूर्ण विकसित रूप से प्रेतात्मा और जीवात्मा के प्रति विश्वास प्रकट करता है और उन्हें नियंत्रण में लाने के लिए उपासना का स्वरूप है।

(3) प्रेतात्मा और जीवात्मा अलौकिक शक्ति के रूप हैं और उन्हें पेड़, पौधा, पत्थर, पूर्वज सभी पदार्थों में देखा जा सकता है।

(4) मनुष्य प्रकृति के साथ होने वाले अपने संघर्ष में प्रेतात्मा और जीवात्मा को उपासना या जादू द्वारा वशीभूत करके जीवन में सुरक्षित रहना चाहता है।

जीववाद की आलोचना (Criticism of Animism)

टाइलर के जीववाद की आलोचना कई लेखकों ने की है। इस आलोचना के विभिन्न संदर्श हैं, विभिन्न दृष्टिकोण हैं। यहां हम आलोचना के कुछ पहलुओं का उल्लेख करेंगे।

इसमें कोई संदेह नहीं कि टाइलर ने जीववाद के सिद्धांत का निर्माण आधार सामग्री पर किया था। उनका यह सिद्धांत केवल विचारों की उधेड़बुन नहीं है। वे अपने विचारों में तार्किक थे, इसमें भी कोई संदेह नहीं, लेकिन शायद उनके इस तार्किक स्वभाव ने जनजातियों के सदस्यों को भी तार्किक बना दिया। उनकी दृष्टि में आदिम मानव दार्शनिक व तार्किक था और उसने अपने अनुभव के आधार पर विचारों का एक हेतुमद् अनुमान (Syllogism) ही उपस्थित कर दिया।

जीववाद की इस अत्यधिक तर्क प्रधानता की सामाजिक मानवशास्त्रियों ने बड़ी आलोचना की है। आदिम मनुष्यों को दार्शनिक बना देना अतिरंजित कल्पना है। वास्तव में आदिम समाज का व्यक्ति इस प्रकार तर्कप्रधान होता तो जीववाद का विकास अपनी पराकाष्ठा को पहुंच जाता। इसीलिए टाइलर के इस सिद्धांत में पर्याप्त मात्रा में तर्क और दर्शन के होने पर भी इसकी आनुभविकता संदेहास्पद है।

टाइलर के जीववाद की दूसरी आलोचना मेरेट ने की है। उनका कहना है कि जनजातियों में किया गया आनुभविक अध्ययन इस बात को बताता है कि इस समूह के

लोग कुछ ऐसी शक्तियों में विश्वास करते हैं जो प्रेतात्मा और जीवात्मा से भिन्न है। ऐसी अवस्था में जनजातियों में धर्म को जीववाद के आधार पर देखना अनुचित है। मेरेट ने जीववाद की अवधारणा के प्रतिक्रिया स्वरूप जीवात्मवाद (Animatism) को रखा।

टाइलर के जीववाद की तीसरी आलोचना एंड्रयू लैंग (Andrew Lang) की है। ऑस्ट्रेलिया की जनजातियों में प्रेतात्मा और जीवात्मा के स्थान पर लोग विशुद्ध रूप में ईश्वर को स्वीकार करते हैं। स्मिट्ज (Schmidt) ने लैंग के विचारों का समर्थन किया है। उन्होंने और आधार सामग्री देकर बताया है कि नीग्रिटो प्रजाति में, अमेरिका के कैलिफोर्निया की जनजातियों तथा फ्यूजी जनजातियों में ईश्वर को शुद्ध रूप में स्वीकार किया गया है और प्रेतात्मा तथा जीवात्मा की शक्ति के रूप में संस्कार की वस्तुओं को नहीं देखा जाता। लैंग और श्मिड के अनुसार कुछ जनजातियां ऐसी भी हैं जिन्होंने अपने विकास की प्रारंभिक अवस्था में जीववाद को स्वीकार नहीं किया है। अतः इन आलोचकों के अनुसार जीववाद को धर्म के विकास का प्रथम चरण कहना अनुचित है।

टाइलर के जीववाद की चौथी आलोचना यह है कि धर्म उतना सरल नहीं है जितना उसे टाइलर ने रखा है। धर्म की उत्पत्ति को परछाई, स्वयं प्रतिध्वनि, आदि कुछ सीमित आधारों पर रखना, धर्म की संपूर्ण समस्या को एकदम सरल कर देना है। ऐसा लगता है कि विभिन्न जनजातियों में धर्म का आदि स्वरूप पृथक–पृथक रहा होगा।

अंत में, प्रकार्यवादी सामाजिक मानवशास्त्रियों ने टाइलर की इस बात को अस्वीकार किया है कि धर्म एक व्यक्तिगत घटना है। दुर्खीम, रेडक्लिफ–ब्राउन और मेलिनोस्की का यह तर्क है कि धर्म एक सामाजिक प्रघटना है और इस विकास को व्यक्ति की अपेक्षा समूह में खोजना चाहिए। प्रकार्यवादियों के अनुसार टाइलर की सबसे बड़ी भूल यह थी कि उन्होंने धर्म के विकास को व्यक्ति के अनुभव में देखा। उन्हें धर्म को समाज या समूह के अनुभव में देखना चाहिए था।

टाइलर के सिद्धांत में कई कमजोरियां हैं। उन्होंने जीववाद के स्वरूप के अंतर्गत जनजातियों के धर्म के उद्विकास को रखा है। उद्विकास का संदर्श उनकी पीढ़ी की विशेषता रही है और इसके लिए टाइलर दोषी नहीं हैं। लेकिन यह बात स्वीकार करनी पड़ेगी कि टाइलर की जीववाद की अवधारणा ने सामाजिक मानवशास्त्र के अनुसंधान को कई पीढ़ियों तक प्रभावित किया है और शायद टाइलर की यह बहुत बड़ी देन है।

जीवात्मवाद और गुप्त शक्ति या माना (Animatism and Mana)

जीवात्मवाद का सिद्धांत ही प्रतिक्रिया स्वरूप आया है। वे सामाजिक मानवशास्त्री जो टाइलर से असहमत थे, उन्होंने अपने अध्ययन के आधार पर जीवात्मवाद के सिद्धांत को रखा है। जीवात्मवाद वह है जिसमें व्यक्ति निर्जीव वस्तुओं की उपासना करता है और यह स्वीकार करता है कि इस निर्जीव और अचेतन वस्तुओं में अंतर्निहित शक्ति है। इसी कारण इसे गुप्त शक्ति भी कहते हैं। जीवात्मवाद को कई नामों से पुकारा

जाता है। इसका एक नाम देवक प्रथा या फेटिश प्रथा (Fetishism) भी है। फेटिश अपने मूल में पुर्तगाली शब्द है जिसका अर्थ तावीज (Charm) है। प्रारंभिक पुर्तगाली यात्री जब पश्चिमी अफ्रीका पहुंचे, तो उन्होंने वहां जनजातियों में धर्म का जो स्वरूप पाया, उसे फेटिश नाम से पुकारा। फोर्ड (D. Forde) ने नाइजीरिया के याको गांवों का अध्ययन किया है। वहां उन्होंने देखा कि लोग उन धार्मिक स्थानों या चैत्यों (Shrines) पर जो संतान वृद्धि को बनाने वाले होते हैं, कई प्रकार की वस्तुएं पूजा में चढ़ाते हैं। वे इन धार्मिक स्थानों में या इन चैत्यों में देवक गुण को मानते हैं। इवान्स–प्रिचार्ड ने नूएर जनजाति में भी जीवात्मवाद का स्वरूप पाया है। इस जनजाति के सदस्य अपने शत्रु को हानि पहुंचाने के लिए अपने देवक या चैत्य को छोटी–छोटी लड़कियों के भार को भेंट करते हैं। इसके अतिरिक्त वे चैत्य पर अपने देवक को भोजन व तंबाकू भी चढ़ाते हैं। वैसे जीवात्मवाद की यह अवधारणा जो देवक प्रथा में देखने को मिलती है, टाइलर की धर्म की परिभाषा के अंतर्गत आती है। फिर भी यह अवधारणा टाइलर से भिन्न इसलिए है कि चैत्य या देवक में जिस शक्ति का आरोप किया जाता है, वह टाइलर की तरह कोई व्यक्ति विशेष न होकर आध्यात्मिक शक्ति होती है। इसीलिए यह टाइलर के जीववाद से भिन्न है।

जीवात्मवाद का दूसरा स्वरूप ओरेन्डा (Orenda) है। इरोक्यूज जनजाति में अलौकिक शक्ति को ओरेन्डा के रूप में देखा जाता है। इस अवधारणा का एक तीसरा स्वरूप मनिटू (Manitou) है। अलगोकिन्स जनजाति के लोग जीवात्मवाद को मनिटू के नाम से जानते हैं। मलेनेशिया की जनजातियां इसे माना कहती हैं। जीवात्मवाद के ये भिन्न–भिन्न नाम हैं। इन सबके पीछे अलौकिक की शक्ति को लेकर जो सिद्धांत काम करता है वह यह है कि सभी निर्जीव और अचेतन वस्तुओं में एक ऐसी अध्यात्म शक्ति निवास करती है जो अभौतिक और अवैयक्तिक है। इस अध्यात्म शक्ति का प्रयोग मनुष्य कर सकता है, यदि वह उसे वश में कर ले। इस शक्ति को वश में करने का सबसे बड़ा साधन पूजा और उपासना है।

जीवात्मवाद और जीववाद में थोड़ा अंतर है। दोनों में थोड़ी समानता भी है। समानता यह है कि दोनों ही अलौकिक शक्ति में विश्वास रखते हैं। दोनों ही यह स्वीकार करते हैं कि यह अलौकिक शक्ति विभिन्न माध्यमों से विकेन्द्रित होती है। अब यहां आकर दोनों में एक अंतर दिखाई देता है। जीववाद सिद्धांत के अनुसार यह अलौकिक शक्ति जीवात्मा और प्रेतात्मा के रूप में विकेन्द्रित होती है। जीवात्मवाद इसके विपरीत यह मानता है कि अलौकिक शक्ति प्रेतात्मा और जीवात्मा के माध्यम से विकेन्द्रित नहीं होती। यह तो अवैयक्तिक और व्यक्तिगत रूप से भौतिक, निर्जीव और अचेतन वस्तुओं में पाई जाती है।

यहां यह स्पष्ट कर लेना चाहिए कि जीववाद और जीवात्मवाद अनिवार्य रूप से एक–दूसरे के विरोधी नहीं हैं। मलेनेशिया की जनजातियों में ये दोनों सिद्धांत कार्य करते दिखाई देते हैं।

जीवात्मवाद के प्रमुख तत्त्व (Main Elements of Animatism)—पिछले पृष्ठों में हमने जीवात्मवाद और उसके विभिन्न स्वरूपों का वर्णन किया है। इसके आधार पर जीवात्मवाद के प्रमुख तत्त्व निम्न बिंदुओं में रखे जाते हैं–

(1) माना या देवक शारीरिक शक्ति नहीं है। यह आध्यात्मिक, चेतन, अवैयक्तिक और अव्यक्तिगत शक्ति है। यह प्रत्येक वस्तु में निवास करती है। यह शक्ति मनुष्य और प्रकृति से ऊपर है।

(2) देवक या माना आध्यात्मिक शक्ति है और इसका विकेन्द्रित रूप अन्य वस्तुओं में देखने को मिलता है।

(3) माना कि शक्ति विभिन्न पदार्थों में भिन्न–भिन्न रूपों और आकारों में पाई जाती है। कहीं यह खेत में उत्पादन बढ़ाने वाली है और कहीं शत्रु को हानि पहुंचाने वाली। किसी पदार्थ में यह शक्ति कम होती है, तो किसी में अधिक।

(4) माना या देवक की शक्ति भली और बुरी, दोनों हो सकती है। यह जनकल्याणकारी है और जन विध्वंसकारी भी। वह व्यक्ति जो इस शक्ति को अपने वश में कर लेता है, इसका मनमाना प्रयोग करता है।

जीवात्मवाद की आलोचना (Criticism of Animatism)

प्रकार्यवादियों ने जीवात्मवाद की आलोचना की है। आलोचकों में दुर्खीम अग्रणी हैं। उनकी आलोचना के निम्न मुख्य तत्व हैं–

(1) मानावाद या देवक प्रथा की सबसे पहली कमजोरी यह है कि इस सिद्धात में इस बात की व्याख्या नहीं है कि जीवात्मवाद का उद्‌गम किस भांति हुआ है। जब एक अलौकिक, आध्यात्मिक, अवैयक्तिक और अव्यक्तिगत शक्ति की कल्पना की जाती है, तो इसका कोई न कोई आधार अवश्य होना चाहिए। जिस प्रकार टाइलर ने जीववाद के सिद्धांत को तर्क और दर्शन पर बनाया है, उसी प्रकार जीवात्मवाद के आधार भी दर्शन और तर्क है। आदिम जाति समाज के सदस्यों को उनके विकास की प्रारंभिक अवस्था में दार्शनिक और तार्किक बताना युक्तिसंगत नहीं लगता।

(2) धर्म की उत्पत्ति वस्तुतः समाज में है। आर्थिक, राजनीतिक और कला संबंधी विभिन्न भागों की तरह धर्म भी समाज का एक अंग है। ऐसी अवस्था में धर्म का उद्‌गम व्यक्ति में खोजकर जीवात्मवाद के प्रवर्तकों ने सैद्धांतिक भूल की है। धर्म एक सामाजिक तथ्य (Social Fact) है, वैयक्तिक तथ्य नहीं।

(3) दुर्खीम का जीवात्मवाद पर बहुत बड़ा आरोप यह है कि यह सिद्धांत संसार की सभी वस्तुओं को माना की कोटि में रखता है। वस्तुस्थिति इतनी सरल नहीं है। संसार में कुछ वस्तुएं आदरणीय, सम्माननीय और श्रद्धेय हैं। ये वस्तुएं पवित्र हैं। दूसरी वस्तुएं उपयोगी हैं और उन्हें हम उपयोगिता की दृष्टि से ही देखते हैं। ये वस्तुएं उपयोगी (Profane) हैं। संसार की विभिन्न वस्तुओं का कोई ऐसा वर्गीकरण मानावाद या देवक प्रथा नहीं करते। इनके अनुसार तो संसार की प्रत्येक वस्तु में आध्यात्मिक और अलौकिक शक्ति है।

(4) मानावाद अपनी व्याख्या में अस्पष्ट है। अशरीरी तथा अलौकिक आध्यात्मिक शक्ति का विवेचन स्पष्ट नहीं है। इसी कारण विभिन्न जातियां मानावाद को विभिन्न रूपों में देखती हैं। इस अस्पष्टता के कारण मानावाद अपनी सामाजिक पृष्ठभूमि को खो बैठा है।

जीववाद और जीवात्मवाद में अंतर
(Difference between Animism and Animatism)

टाइलर के जीववाद की प्रतिक्रिया स्वरूप जीवात्मवाद का सिद्धांत आया। यदि मोटे रूप में देखा जाए तो यह स्वीकार करना पड़ेगा कि धर्म की व्याख्या के इन दोनों सिद्धांतों में कोई बहुत बड़ा विरोध नहीं है। दोनों की पृष्ठभूमि एक ही है। दोनों ही अलौकिक की अनुपम सत्ता को स्वीकार करते हैं। दोनों ही इस अनुपम सत्ता को नियंत्रित करना चाहते हैं। दोनों ही इस सत्ता से भयभीत हैं। इस समानता के होते हुए भी दोनों सिद्धांतों में कुछ अवधारणात्मक अंतर है। यहां हम इस अंतर को स्पष्ट करेंगे।

(1) जीववाद के सिद्धांत का आधार प्रेतात्मवाद और जीवात्मवाद हैं। आत्माओं में सर्वशक्तिमान ईश्वर की शक्ति का विकेन्द्रित रूप पाया जाता है। अतः प्रेतात्मा और जीवात्मा स्वयं अलौकिक नहीं हैं। वे तो अलौकिक की शक्ति को धारण करने वाले हैं। इस दृष्टि से जीववाद बहुत्ववादी है।

जीवात्मवाद या मानावावाद अलौकिक शक्ति के माध्यम को प्रेतात्मा और जीवात्मा नहीं मानता। इस सिद्धांत के अनुसार तो अलौकिक की शक्ति बिना किसी माध्यम के सीधी निर्जीव और अचेतन वस्तुओं में देखने को मिलती है। अलौकिक शक्ति एकत्ववादी है जो अवैयक्तिक और अशरीरी है।

(2) जीववाद प्रेतात्मा और जीवात्मा को विभिन्न रूपों में देखता है। भूत, प्रेत, पिशाच, पूर्वज आदि जीवात्मा और प्रेतात्मा के स्वरूप हैं। इन स्वरूपों का संबंध किसी व्यक्ति विशेष से होता है। अतः जीववाद का आधार शरीरी और वैयक्तिक शक्ति है। दूसरी ओर, जीवात्मवाद अलौकिक शक्ति को भूत, प्रेत, पिशाच आदि से नहीं जोड़ता। वह इस शक्ति को पार्थिव और शरीरी नहीं मानता। अलौकिक शक्ति के भिन्न–भिन्न रूप नहीं हैं। वह तो सभी में विद्यमान है।

(3) जीववाद और जीवात्मवाद में एक ओर अंतर है। जीवात्मवाद अपने संदर्भ में विशाल है। जीववाद सीमित है। प्रेतात्मा और जीवात्मा की शक्ति का दर्शन हरेक व्यक्ति नहीं कर सकता, लेकिन कोई भी व्यक्ति किसी भी वस्तु में अलौकिक शक्ति का आरोप तो कर ही सकता है।

बहुईश्वरवाद (Polytheism)

टाइलर ने जीववाद सिद्धांत के प्रतिपादन में यह कहा था कि आदिम समाज की प्रारंभिक अवस्था में लोग अनेकानेक प्रेतात्माओं और जीवात्माओं में विश्वास करते हैं। ज्यों–ज्यों आदिम समाज विकास के चरण बढ़ाता है, कृषि सभ्यता में प्रवेश करता है, उसमें अनेकानेक देवी–देवताओं का प्रादुर्भाव होता है। यह जीववाद के विकास का दूसरा सोपान है। इस सोपान में लोग बहुदेववादी हो जाते हैं। मिस्र, यूनान, भारत आदि प्राचीन सभ्यताओं का इतिहास बहुईश्वरवाद सिद्धांत की प्रामाणिकता में पर्याप्त आधार सामग्री, सभ्यताओं का इतिहास और बहुईश्वरवाद विद्यमान है। वे लोग जो शैव

संप्रदाय को मानते हैं, वे वैष्णव संप्रदाय को भी श्रद्धा और आराधना की दृष्टि से देखते हैं। हनुमान का उपासक कृष्ण का उपासक भी है।

बहुईश्वरवाद की आलोचना (Criticism of Polytheism)

बहुईश्वरवाद को जीववाद का विकासक्रम मानना, असंगत लगता है। तार्किक रूप में (और टाइलर ने तर्क ही लगाया था) यह कहना संगत है कि अनेकानेक प्रेतात्माओं और जीवात्माओं में विश्वास के बाद, लोगों ने अनेक देवी–देवताओं में विश्वास किया होगा, लेकिन इस तर्क के प्रमाण में आनुभविक आधार सामग्री का अभाव है। अभी यह बात आधार सामग्री पर प्रमाणित नहीं हुई है कि कृषि समाजों में मुख्यतया बहुदेवी–देवताओं की उपासना होती है और खानाबदोश में केवल प्रेतात्मा और जीवात्मा को उपासना का आधार समझा जाता है।

एकेश्वरवाद (Monotheism)

एक ही ईश्वर में जो सर्वशक्तिमान, सर्वव्यापी और सर्वसंपन्न है, विश्वास का विचार आधुनिक समाज से संबद्ध है, लेकिन अभी एकेश्वरवाद को प्रमाणित करने के लिए भी हमारे पास प्रचुर आधार सामग्री नहीं है। यहां एकेश्वरवाद के संबंध में यह निश्चित रूप से कहा जा सकता है कि आदिम अर्थव्यवस्था में, किसी भी तरह, एकेश्वरवाद के विकसित होने के कोई प्रमाण नहीं हैं। यह तो संभव है कि आदिम अर्थव्यवस्था में जीववाद विकसित हुआ होगा, लेकिन विकास की इस अर्थव्यवस्था में एकेश्वरवाद का विकसित होना तर्कसंगत नहीं लगता।

एकेश्वरवाद की आलोचना (Criticism of Monotheism)

जीवात्मवाद, बहुईश्वरवाद और एकेश्वरवाद, वस्तुतः टाइलर के जीववाद सिद्धांत के विकसित स्वरूप हैं। ये सभी स्वरूप अलौकिक शक्ति को विभिन्न रूपों में देखते हैं। कोई इसे प्रेतात्मा या जीवात्मा में देखता है, कोई माना या देवक में, कोई अनेकानेक देवी–देवताओं में, और कोई एकेश्वर में। सभी स्वरूप अलौकिक की शक्ति की अवधारणा मात्र हैं। टाइलर के मत में जीववाद के स्वरूप समाज के बढ़ते हुए चरण के साथ विकसित हुए हैं। ठेठ आदिम समाज में जीववाद था, खाद्य संग्रहक जनजातियों में मानावावाद था, कृषि समाज में बहुईश्वरवाद और सभ्य तथा विकसित समाज में एकेश्वरवाद। उद्विकास की यह कहानी बड़ी अच्छी लगती है। तर्क पर भी सही उतरती है, लेकिन आनुभविकता की कसौटी पर धर्म का यह उद्विकास सिद्धांत लड़खड़ा जाता है। ऐसा लगता है कि एक ही समय में या किसी एक समाज में, जीववाद के ये सभी स्वरूप एक साथ ही देखने को मिल सकते हैं। हमारा देश इसका अच्छा उदाहरण है। यह स्वरूप स्पष्ट है, परस्पर विरोधी नहीं है।

प्रकृतिवाद (Naturalism)

जीववाद का एक और स्वरूप प्रकृतिवाद है। इस सिद्धांत के अनुसार अलौकिक शक्ति का आरोप प्रकृति पर किया जाता है। बिजली की चमक, बादलों की गर्जना और भूकंप

के कंपन में अलौकिक शक्ति का रूप है। जब गंगा में बाढ़ आती है, तो यह अलौकिक शक्ति का कोप है। इसे शांत करने के लिए भेंट और बलि चढ़ानी चाहिए। प्रकृतिवाद अलौकिक शक्ति को इस तरह प्रकृति के विभिन्न तत्वों में देखता है। इस सिद्धांत के प्रणेताओं में मैक्समूलर अग्रणी हैं।

प्रकृति में अलौकिक शक्ति निवास करती है, इस मान्यता के अनुसार लोग प्रकृति को भय, श्रद्धा और सम्मान की दृष्टि से देखते हैं। आदिमानव ने जब तूफान के तांडव नृत्य को देखा होगा तो उसे लगा होगा कि उसकी मुट्ठी भर शक्ति अलौकिक शक्ति के सामने कुछ भी नहीं है। भय और श्रद्धा से उसका सिर प्रकृति के सामने झुक गया होगा। अतः प्रकृतिवाद प्रकृति के अवयवों की उपासना है। सिंधु नदी घाटी की सभ्यता तथा आर्यों की धार्मिक व्यवस्था इस बात को बताती है कि इस सभ्यता में लोग सूर्य, चन्द्र, ग्रह, नक्षत्र, वरुण और वारिधि की उपासना करते थे।

प्रकृतिवाद की आलोचना (Criticism of Naturalism)

मैक्समूलर के प्रकृतिवाद की व्याख्या अपनी परिसीमा में सीमित है। केवल प्रकृति की पूजा से ही धर्म की उत्पत्ति हुई हो, उसका विकास हुआ हो, इसे मैक्समूलर ने केवल तार्किक संदर्भ में रखा है, आनुभविक आधार उनके विश्लेषण में खोया लगता है।

दूसरा, धर्म का स्वरूप सामाजिक है, उसकी प्रकृति भी सामाजिक है। ऐसी अवस्था में प्रकार्यवादियों का कहना है, कि धर्म का उद्‌गम समाज से बाहर प्रकृति में खोजना असंगत है।

प्राग् जीववाद (Pre-Animism)

सामाजिक मानवशास्त्र में फ्रेजर उद्‌विकास परंपरा में आते हैं। धर्म और जादू के विश्लेषण में उनका मुख्य संदर्श उद्‌विकासवाद है। उनके प्राग् जीववाद के सिद्धांत का आधार टाइलर का धर्म सिद्धांत है। वे टाइलर के सिद्धांत को परिष्कृत रूप में रखते हैं। आदिमानव ने अलौकिक शक्ति को प्रेतात्मा और जीवात्मा के रूप में देखा। इस शक्ति को वशीभूत करने के लिए उसने जादू–टोने का सहारा लिया। कालांतर में चलकर उसने देखा कि अलौकिक शक्ति को जादू–टोने द्वारा नियंत्रित नहीं किया जा सकता। तब उसने इस शक्ति के प्रति श्रद्धा और विश्वास व्यक्त किया और यही धर्म की उत्पत्ति है। फ्रेजर का सिद्धांत वस्तुतः धर्म का व्याख्यात्मक सिद्धांत न होकर, उसका उद्‌विकासवादी सिद्धांत है। इस सिद्धांत का सार यह है कि समाज के विकास में सर्वप्रथम जादू–टोना आए और इसके बाद धर्म। टाइलर इसके विपरीत सोचते हैं। उनके अनुसार समाज में पहले धर्म आया और फिर उद्‌विकास के दूसरे चरण में जादू–टोना आए।

फ्रेजर के सिद्धांत की आलोचना में यह कहा जाता है कि उन्होंने जिस प्राग जीववाद सिद्धांत को प्रतिपादित किया, उसमें केवल जादू–टोना ही सब कुछ था। तर्क के आधार पर, इस प्रकार संभावना नहीं लगती है, लेकिन यहां आनुभविक प्रमाण का अभाव है।

प्रकार्यवाद का सिद्धांत (Functional Theory)

प्रकार्यवाद सामाजिक संरचना के विभिन्न खण्डों को संरचना के संदर्भ में देखता है। खण्ड को खण्डों के, और संपूर्ण सामाजिक संरचना के पारस्परिक संबंधों के रूप में देखने का संदर्भ प्रकार्यवादियों का है। सामाजिक मानवशास्त्र में प्रकार्यवाद विधि उद्विकास के विरोध स्वरूप आई है। इस विधि के अग्रणी दुर्खीम हैं। दुर्खीम ने धर्म के समाजशास्त्र में महत्वपूर्ण कार्य किया है। उनकी पुस्तक *एलिमेंटरी फोर्म्स आफ रिलिजयस लाइफ* (*The Elementary Forms of the Religious Life,* London, 1951) धर्म के समाजशास्त्र के क्षेत्र में महत्वपूर्ण ग्रंथ है। महत्वपूर्ण इसलिए कि यह ग्रंथ धर्म की अवधारणा को परंपरागत अवधारणा से हटकर देखता है। प्रथम, धर्म को दुर्खीम उद्विकास संदर्भ में नहीं देखते। जैसा कि उनके पूर्ववर्तियों का दृष्टिकोण था। द्वितीय, वे धर्म की प्रघटना को सामाजिक प्रघटना के रूप में देखते हैं। वे धर्म को समाज का एक अंग मानते हैं, एक सशक्त खण्ड समझते हैं और इसलिए इसकी व्याख्या समाज के अन्य खण्डों और संपूर्ण सामाजिक संरचना के संदर्भ में करते हैं। उनका यह संदर्श स्पष्टतः प्रकार्यवादी है। दुर्खीम के बाद मेलिनोस्की, रेडक्लिफ–ब्राउन और इवान्स–प्रिचार्ड ने भी धर्म को इसी प्रकार्यवाद दृष्टिकोण से देखा है। सभी प्रकार्यवादी धर्म को सामाजिक संरचना के विभिन्न खण्डों में से एक खण्ड समझते हैं। सभी प्रकार्यवादी धर्म की व्याख्या संपूर्ण सामाजिक संरचना के संदर्भ में करते हैं।

दुर्खीम ने टाइलर और फ्रेजर के धर्म की व्यक्ति प्रधान व्याख्या की, आलोचना कई अध्यायों में की है। दुर्खीम की व्याख्या का केन्द्र बिन्दु व्यक्ति का विरोध और समूह या समाज की प्रधानता है। टाइलर और फ्रेजर की आलोचना में वे बहुत अधिक आगे गए और शायद उनका यह बहुत आगे बढ़ना ही उनके सिद्धांत की एक कमजोरी है।

दुर्खीम के अध्ययन में आधार सामग्री ऑस्ट्रेलिया की जनजातियों से संबंधित है। इन जनजातियों में दुर्खीम ने टोटम की अवधारणा को रखा है। एक गोत्र के लोग अपनी उत्पत्ति और विकास को किसी पूर्वज से जोड़ते हैं। ऑस्ट्रेलिया के इन समूहों में उन्होंने द्विअंशक और बहुअंशक गोत्र पाए हैं। इन गांवों में पाए जाने वाले टोटम का अध्ययन दुर्खीम ने किया है। ऑस्ट्रेलिया की ये जनजातियां बड़ी कठिन परिस्थितियों में रहती हैं। शिकार पाना उनके लिए बड़ा कष्ट साध्य कार्य है। शिकार की प्राप्ति के लिए वर्ष में कुछ निश्चित अवसर पर वे धार्मिक संस्कार करते हैं।

खाद्य पदार्थों को लेकर भी ऑस्ट्रेलिया की इन जनजातियों में कुछ निषेध हैं। यदि आपात स्थिति या सूखे में कोई व्यक्ति निषेध की गई खाद्य–सामग्री को ग्रहण करता है, तो उसे शुद्धि के संस्कार करने पड़ते हैं।

दुर्खीम ने इन जनजातियों के धार्मिक विश्वासों को सामाजिक संरचना के संदर्भ में विस्तारपूर्वक देखा है और इसके ऊपर वे संसार की सभी वस्तुओं को दो भागों में बांटते हैं—(1) पवित्र वस्तुएं, और (2) उपयोगी वस्तुएं। इस वर्गीकरण का सैद्धांतिक पहलू यह है कि वस्तुओं को पवित्र, अपवित्र या उपयोगी समझना समाज की मान्यता पर निर्भर है। तात्पर्य है, धर्म का उद्गम समाज की मान्यता से है। धर्म समाज की भूमि

से अंकुरित होता है और समाज के परिवेश में ही विकसित होता है। संक्षेप में, धर्म के विश्लेषण का दुर्खीम का यह प्रकार्यवाद सिद्धांत है।

दुर्खीम की धर्म की अवधारणा के तत्व—दुर्खीम अपने संपूर्ण विश्लेषण में प्रकार्यवादी हैं। उन्होंने ऑस्ट्रेलिया की जनजातियों से जो आधार सामग्री प्राप्त की है, उसका विश्लेषण इस प्रकार्यवाद के संदर्भ में किया है। ऊपर के विवेचन के आधार पर हम दुर्खीम की दृष्टि में पाए जाने वाले धर्म के तत्वों का निम्न बिंदुओं में विवरण देंगे—

(1) दुर्खीम जीववाद और उसके सभी स्वरूपों तथा प्रकृतिवाद का विरोध करते हैं। उनके इस विरोध का बहुत बड़ा तर्क यह है कि जीववाद किसी भी वस्तु को पवित्र इसलिए समझता है कि वस्तु में अंतर्निहित कुछ ऐसे गुण हैं जो इसे पवित्र बना देते हैं। पवित्रता का यह विश्लेषण दुर्खीम के अनुसार, दोषपूर्ण है। उनके अनुसार वस्तु में जो पवित्रता है वह वस्तु के अंतर्निहित गुण के कारण न होकर समाज द्वारा अध्यारोपित (Superposed) है। वस्तु अपने आप में पवित्र या अपवित्र नहीं। पवित्र या अपवित्र की अभिवृत्ति तो समाज द्वारा आरोपित है। इसका अर्थ है धर्म का उद्‌गम समाज से है।

(2) पवित्र और उपयोगी की अवधारणा समाज की अभिवृत्तियों द्वारा बनी है। अतः वस्तुओं का यह वर्गीकरण भी धर्म को सामाजिक रूप प्रदान करता है।

(3) दुर्खीम के अनुसार धर्म समाज में सुदृढ़ता स्थापित करने का एक बहुत बड़ा साधन है। धार्मिक त्योहार, उत्सव और संस्कार ऐसे अवसर प्रदान करते हैं जब समाज के सदस्य एक–दूसरे से मिलकर सुदृढ़ता की अनुभूति प्राप्त करते हैं।

प्रकार्यवादियों में दुर्खीम के बाद मेक्स वेबर का नाम उल्लेखनीय है। वेबर ने संसार के महान धर्मों के धार्मिक संस्कारों का अध्ययन किया है। इन धर्मों के धार्मिक दर्शन की मीमांसा धर्मावलंबियों के सामने प्रस्तुत की है। वेबर ने ईसाई, हिन्दू, बौद्ध, कंफ्यूशियस और यहूदी धर्मों का अध्ययन किया। इन धर्मों के उन आचारों का पता लगाया जो मनुष्य के सामाजिक जीवन को प्रभावित करते हैं। उदाहरण के लिए उनका यह कहना था कि ईसाई धर्म के प्रोटेस्टेन्ट संप्रदाय में ऐसे आचार हैं जो पूंजीवाद को बढ़ावा देते हैं। दूसरी ओर, हिन्दू धर्म में ऐसे आचारों का अभाव है। इस कारण अतीत के भारत में पूंजीवाद विकसित नहीं हो पाया। अपने इस अध्ययन में वेबर ने धर्म का संबंध धार्मिक संस्कार या आचारों से जोड़ा है और यह निष्कर्ष निकाला है कि धार्मिक आचार जीवन के सामाजिक, आर्थिक और राजनीतिक खण्डों को प्रभावित करते हैं। इस भांति धर्म समाज की एक बुनियादी अवधारणा है। वेबर का यह सिद्धांत धर्म की व्याख्या प्रकार्यात्मक संदर्भ में करता है। वेबर धर्म की प्रकृति सामाजिक मानते हैं।

प्रकार्यवादी सिद्धांतवेत्ताओं में दुर्खीम व मेक्स वेबर की तरह मेलिनोस्की ने भी धर्म की व्याख्या के क्षेत्र में नवीन दृष्टिकोण अपनाया है। सच में देखा जाये तो उद्‌विकासवादी सामाजिक मानवशास्त्री प्रत्येक सामाजिक संस्था में उद्‌गम और विकास को देखते थे। इवान्स–प्रिचार्ड लिखते हैं—

> जबकि 19वीं शताब्दी के मानवशास्त्री इस प्रकार के प्रश्नों के उत्तर की खोज में थे कि धर्म का समाजशास्त्रीय महत्व क्या है, आज का मानवशास्त्री, किसी भी तरह इस प्रकार के प्रश्न नहीं पूछेगा। इसकी अपेक्षा वह इस बात को निश्चित करना चाहेगा कि पूर्वजों की पूजा का पंथ अफ्रीका के लोगों की सामाजिक व्यवस्था को किस प्रकार प्रभावित करता है।

प्रिचार्ड का उपरोक्त कथन मेलिनोस्की के प्रकार्यात्मक दृष्टिकोण को स्पष्ट करता है। मेलिनोस्की धर्म को समाज का अंग मानते थे इसकी उत्पत्ति समाज में ही है। उन्होंने ट्रोब्रिमंड द्वीपवासियों का आनुभविक अध्ययन किया है। इस अध्ययन का निष्कर्ष यह है कि इस द्वीप की जनजातियां धर्म और जादू को विश्वास के रूप में देखती हैं। समूह का विश्वास धार्मिक संस्कारों में होता है। सामाजिक उत्सवों, त्योहारों, आपातकालीन स्थितियों आदि में ये लोग धार्मिक संस्कारों को करते हैं। इन संस्कारों का प्रकार्यात्मक महत्व है, इनके बिना समाज का काम नहीं चल सकता और इसीलिए लोग इन संस्कारों को अपनाए हुए हैं। व्यक्ति अलौकिक शक्ति पर भावात्मक रूप से निर्भर है। इस भावात्मक निर्भरता के परिणामस्वरूष वह अपने साथियों पर निर्भर रहता है। इस प्रकार समाज में पारस्परिक विश्वास, सहयोग, स्नेह और प्रेम उत्पन्न होते हैं। सामाजिक संबंध धार्मिक संस्कारों के परिपालन के परिणाम हैं। नेडल (S.F. Nadel) ने मेलिनोस्की की धर्म और जादू की अवधारणा की बड़ी पैनी व्याख्या की है। वे एक स्थान पर लिखते हैं—

> किसी भी धर्म का बहुत महत्वपूर्ण लक्षण यह है कि इसमें मनुष्य की अलौकिक शक्ति के प्रति भावात्मक निर्भरता होती है। यद्यपि इसका परिणाम अपने सहयोगी लोगों पर निर्भर रहता है। तुम सम्मिलित रूप से उपासना नहीं कर सकते जब तक कि तुम में पारस्परिक विश्वास और सहायता अर्थात् दया और प्रेम नहीं हैं। उपासकों को एक–दूसरे के प्रति अपने प्राकृतिक कर्तव्य निभाने पड़ते हैं।

नेडल ने मेलिनोस्की के धर्म के पहलू को सामाजिक परिवेश में रखा है। उन्होंने धर्म के सामाजिक प्रकार्यों का उल्लेख भी किया है। धर्म का यह उल्लेख इस बात को स्पष्ट करता है कि मेलिनोस्की ने टाइलर और फ्रेजर के विपरीत धर्म को उसके सामाजिक संदर्भ में देखा है और यही उनका धर्म का प्रकार्यात्मक सिद्धांत है।

रेडक्लिफ–ब्राउन प्रकार्यात्मक सिद्धांत के मुख्य स्तंभ हैं। अपनी पीढ़ी के प्रकार्यवादी मानवशास्त्रियों की तरह वे भी धर्म को समाज का एक अनन्य भाग समझते हैं। समाज को धर्म की आवश्यकता है। यह धर्म खोटा हो या खरा, बिना किसी कठिनाई के समाज के प्रकार्यों को करता है। रेडक्लिफ–ब्राउन ने एक प्राक्कल्पना रखी है—कई लोग कहते हैं कि एक सच्चा धर्म ही व्यवस्थित सामाजिक जीवन को संस्थापित कर सकता है, यह हमें स्वीकार नहीं है। धर्म अपनी सच्चाई या मिथ्या से परे है। दोषपूर्ण और झूठा धर्म भी, जैसा कि जंगली जनजातियों में होता है, सामाजिक सुदृढ़ता में महत्वपूर्ण स्थान रखता है। रेडक्लिफ–ब्राउन ने अपनी इस प्राक्कल्पना को विभिन्न आधार सामग्री की कसौटी पर रखा है और वे इस निष्कर्ष पर पहुंचे हैं कि (1) किसी भी धर्म के अध्ययन में हमें उसके प्रभावों को देखना चाहिए, (2) धर्म के साथ ऐसे

संवेगों को भी देखना चाहिए जो व्यक्ति को धार्मिक व्यवहार में भाग लेने के लिए प्रेरित करते हैं और (3) किसी भी धर्म दर्शन में उसका व्यावहारिक स्वरूप अधिक महत्वपूर्ण है। रेडक्लिफ–ब्राउन का धर्म के प्रति यह दृष्टिकोण धर्म को सामाजिक धरातल पर खड़ा कर देता है। धर्म की समाज को आवश्यकता है और धर्म के सामाजिक प्रकार्य हैं।

धर्म के प्रकार्यात्मक सिद्धांत की आलोचना
(Criticism of Functional Theory of Religion)

धर्म के व्याख्यात्मक सिद्धांतों की जब हम समालोचना करते हैं, तो सबसे पहली बात यह स्पष्ट होती है कि धर्म को सामाजिक मानवशास्त्र में मुख्यतया दो संदर्शों में देखा गया है। पहला संदर्श टाइलर और फ्रेजर का है। ये संदर्श उद्विकासवादी हैं। इन लेखकों ने धर्म की उत्पत्ति को व्यक्ति को केन्द्र मानकर समाज से बाहर खोजने का प्रयास किया है। दूसरा संदर्श प्रकार्यवादियों का है। प्रकार्यवादियों में दुर्खीम, मेक्स वेबर, मेलिनोस्की, रेडक्लिफ–ब्राउन और इस संप्रदाय के अन्य लेखक हैं। इन लेखकों ने समाज को केन्द्र मानकर धर्म की उत्पत्ति और उसके प्रकार्य को समाज में ही देखने का प्रयास किया है, लेकिन यह कहना अनुचित होगा कि प्रकार्यवादी संदर्श अपने आप में पूर्ण हैं। पिछले एक दशक में प्रकार्य विधि की बड़ी आलोचना हुई है। आमूल क्रांतिकारी (Radical) समाजशास्त्री और सामाजिक मानवशास्त्री प्रकार्यवाद को प्रतिक्रियात्मक विधि मानते हैं। यह विधि यथास्थिति (Status quo) को बनाए रखना चाहती है। यह विधि परिवर्तन के विश्लेषण में सहायक नहीं है। यह विधि दकियानूसी है। जब प्रकार्यवादी लेखक धर्म का विश्लेषण करते हैं, तो वे समाज के गतिशील स्वरूप को समझ नहीं पाते। वे यह मानकर चलते हैं कि धर्म के बिना समाज का काम नहीं चल सकता और इसलिए धर्म समाज के लिए अनिवार्य है। अतः प्रकार्यवाद की बुनियादी अभिधारणाएं दोषपूर्ण हैं। परिणामस्वरूप धर्म की प्रकार्यात्मक व्याख्या भी दोषपूर्ण है।

भारतीय जनजातियों में धर्म और जादू
(Magic and Witchcraft among Indian Tribals)

भारत की जनगणना में अभी कुछ वर्ष पहले तक जनजातियों के धर्म को जीववाद की श्रेणी में रखा जाता था। जनगणना करते समय जनजाति सदस्यों में उनका धर्म नहीं पूछा जाता था और यह मानकर चला जाता था कि उसका धर्म जीववाद है। जनगणना के अनुसार जीववाद का तात्पर्य धर्म के उस स्वरूप से था जिसमें जादू–टोना किया जाता है और धार्मिक संस्कार एकदम पिछड़े हुए होते थे। अब जनजातियों में उनका धर्म पूछा जाता है। हट्टन ने जीववाद के स्थान पर आदिवासी धर्म शब्द का प्रयोग सुझाया था। आज जनजातियों के धर्म के विश्लेषण में बड़ी जटिल समस्या है। कुछ जनजातियों ने ईसाई धर्म अपना लिया है और वे अपने आप को ईसाई धर्मावलंबी कहते हैं। कुछ जनजाति हिन्दू धर्म के संस्कार और आचार अपनाने लगी हैं। कुछ

जनजातियों ने कबीर पंथ, नाथ पंथ आदि पंथों को अपना लिया है। एक ही जनजाति में ईसाई, हिन्दू और कबीरपंथी मिल जाते हैं। ऐसी अवस्था में यह कहना बहुत कठिन है कि किस जनजाति का कौनसा धर्म है। यहां हम धर्म के कुछ आचारों और जादू–टोने को लेकर कुछ जनजातियों का उल्लेख करेंगे।

मजूमदार ने मुन्डा और हौ जनजातियों में बोंगावाद को पाया है। बोंगावाद मानावाद या देवक प्रथा का एक स्वरूप है। हौ जनजाति के लोग बोंगा में अलौकिक शक्ति के अशरीरी रूप को देखते हैं। बोंगा को भौतिक रूप मान्य नहीं है। वे बोंगा को दिवास्वप्न, स्वप्न आदि रूप में देखते हैं। जब कोई शुभ या अशुभ घटना घटनी होती है, तो हौ जनजाति में विश्वास है कि बोंगा स्वप्न में आकर सूचित कर देगा। यह जनजाति अब रेल के इंजन में भी बोंगा की शक्ति को देखती है और वायुयान में तो यह शक्ति और भी विकसित रूप में समझी जाती है। जनजाति के सदस्यों में प्रतिष्ठा और आदर को लेकर जो अंतर होता है, उसका कारण भी व्यक्ति विशेष में बोंगा की शक्ति का कम या अधिक होना समझा जाता है।

मजूमदार ने जीववाद को मिर्जापुर की कौरवा जनजाति में भी पाया है। यह जनजाति प्रेतात्मा के कई स्वरूप देखती है। फसल की प्रेतात्मा, पशु की प्रेतात्मा, आदि कई प्रेतात्माएं हैं जो जीवन के विभिन्न क्षेत्रों में अपनी शक्ति का प्रदर्शन करती हैं। श्यामाचरण दुबे ने छत्तीसगढ़ की कमार जनजाति के संबंध में दो तरह के बोंगा का उल्लेख किया है। "गांव साधारण बोंगा को वे डिह बोंगा कहते हैं। डिह बोंगा का मुख्य काम होता है गांव के पुजारी के रूप में गांव की ओर से की गई संयुक्त पूजा और संचालन। प्रतिवर्ष धान बोना शुरू करने से पहले गांव की ओर एक रस्म की जाती है जिसमें डिह बोंगा अपने मंत्र पाठ के साथ बलि के बकरे के खून से सानकर धान के बीज चारों दिशाओं में बिखेर देता है। इससे यह आशा की जाती है कि चारों दिशाओं में खेती अच्छी होगी।"

कमार जनजाति में दूसरा बोंगा गुणी बोंगा कहलाता है। गुणी बोंगा वह है जिसमें चमत्कारिक शक्ति होती है। चेचक, बुखार आदि बीमारियों में गुणी बोंगा महत्वपूर्ण कार्य करता है। वह भूत–प्रेत को भी सहज ही दूर कर देता है। वे भूत–प्रेत जो वे डिह बोंगा की बात अनसुनी कर देते हैं, डिह बोंगा के सामने गांव छोड़कर चले जाते हैं।

हौ, टोडा, कोटा, उरांव जनजातियों में दोहरा अंत्येष्टि संस्कार (Double Funeral) किया जाता है। पहले अंत्येष्टि संस्कार को कच्चा या हरा दाह संस्कार (Green Funeral) कहते हैं। इसमें व्यक्ति के मरने के बाद तुरंत संस्कार कर दिया जाता है। दूसरा दाह संस्कार पक्का या सूखा दाह संस्कार (Dry Funeral) कहलाता है। यह संस्कार मरने के काफी समय बीत जाने के बाद किया जाता है। जब स्वजन यह आशा छोड़ देते हैं कि मृतक की आत्मा वापस लौटेगी तब यह संस्कार किया जाता है। उरांव जनजाति में कुछ समय पहले तक कच्चे दाह संस्कार में मृत व्यक्ति के शरीर को एक गड्ढे में लिटा दिया जाता था और वर्ष भर बाद उसका पक्का दाह संस्कार किया जाता था। हौ जनजाति में यह विश्वास है कि मृत्यु के पश्चात् शरीर की आत्मा बोंगा नामक शक्ति में मिल जाती है।

भारतीय जनजातियों में प्रकृतिवादी सिद्धांत का स्वरूप भी देखने को मिलता है। कुछ जनजातियों में सूर्य, चन्द्र एवं तारों की उपासना की जाती है। असम की गारो जनजाति सूर्य और चन्द्र की पूजा करती है। मुन्डा जनजाति सिंह बोंगा अर्थात् सूर्य की उपासना करती है।

संथाल जनजाति में जीववाद के आधार पर कई वस्तुओं में अलौकिक शक्ति का आरोप किया जाता है। इस शक्ति पर जादू द्वारा नियंत्रण पाने की परंपरा है। जादू करने वाले व्यक्ति विभिन्न नामों से जाने जाते हैं जैसे ओझा, जंगुरू, रेरेनिक, कामरू, गुरु, अतोनेक, कुदामनेक तथा देहरी। ये विभिन्न स्थितियों वाले व्यक्ति विभिन्न अवसरों पर काम करते हैं। प्राकृतिक कारणों से बीमार व्यक्ति के उपचार में रेरेनिक व्यक्ति काम करता है। इसकी असफलता में बोंगा को बुलाया जाता है। ओझा, जंगुरू आदि व्यक्तियों में कादो की शक्ति का आरोप किया है।

संथाल में विभिन्न बोंगा होते हैं। इन बोंगाओं के अलग–अलग कार्य होते हैं। गृह देवता ओरक बोंगा के नाम से जाना जाता है। गांव की सीमा पर स्थापित बोंगा, सीमा बोंगा कहलाता है। गांव से कुछ दूरी पर स्थित देवता बहरे बोंगा के नाम से जाना जाता है। ये सब बोंगा जीवात्मा का रूप हैं।

थारू जनजाति में जीववाद तथा जीवात्मवाद के मिलेजुले स्वरूप देखने को मिलते हैं। इस जनजाति में यह विश्वास किया जाता है कि बुरी जीवात्माएं मनुष्य को कष्ट देती हैं और प्रेतात्माएं मनुष्य का हित करती हैं। पछावान हितकारी देवता है, खड़गा भूत हानिकारक हैं। कुछ देवता जंगल से संबंधित हैं। इन देवताओं में वनस्पति, एरीमल, अथवा भारमल मुख्य हैं। गांव के देवता अलग होते हैं। ऐसे ही देवताओं में भूमसेन पीपल अथवा नीम के पेड़ के नीचे स्थापित किए जाते हैं। पछाप कड़ियां देवता थारू जनजाति की रक्षा चोर–डाकुओं से करता है। कारोदे और राक्त कलवा देवता पशुओं की रक्षा करते हैं। मियान् मोहम्मद देव भी जानवरों की रक्षा करते हैं।

डबला जनजाति के सदस्य भी भूत–प्रेत और जीवात्माओं में विश्वास करते हैं। इनके प्रमुख देवी–देवताओं में ब्रह्मदेव, हलिया, काका आकासी, खेतफोड़ी, खोकहाली, देवली तथा कनाश्री विशेष रूप से उल्लेखनीय हैं। बीमारी और आपातस्थिति में डबला जनजाति के सदस्य इन देवी–देवताओं की शरण में जाते हैं।

भील जनजाति में भी जीववाद के विभिन्न स्वरूप देखने को मिलते हैं। गुजरात व राजस्थान के भील प्रेतात्मा और पूर्वज की पूजा करते हैं। भीलों में विभिन्न प्रकार के देवी–देवता होते हैं। खेती के देवता अलग होते हैं और इसी तरह पशु और गांव के देवता होते हैं। जन्म, मृत्यु आदि अवसरों पर इन देवी–देवताओं की पूजा की जाती है। मृत व्यक्ति की स्मृति में पत्थरों का ढेर, पालिया किया जाता है। युद्ध या शिकार में मरने वाले भीलों की स्मृति में पत्थर, सिरे लगाए जाते हैं। यह जनजाति प्राकृतिक आत्माओं में भी विश्वास रखती है। इस जनजाति के लोग भूत–प्रेत में भी विश्वास रखते हैं। भूत–प्रेत भगाने वाला भोपा कहलाता है। भील गांव में एक न एक भोपा अवश्य होता है। भोपा गांव की सामाजिक आवश्यकता है।

भारत की उत्तरी–पूर्वी सीमा पर रहने वाली जनजातियों के धर्म के संबंध में हमें वेरिअर एल्विन (Verrier Elvin) की पुस्तक *फिलॉसफी फॉर नेफा* (*Philosophy For NEFA*) से जानकारी मिलती है। नेफा में पाई जाने वाली जनजातियां अलौकिक शक्ति में विश्वास रखती हैं। वे सूर्य, चन्द्र की पूजा करती हैं। दुर्भाग्य के अवसर पर वे अपनी रक्षा के लिए आत्माओं की ओर आशा भरी दृष्टि से देखती हैं। ये अपने पूर्वजों की पूजा में विश्वास करती हैं। धर्म इन जनजातियों को सुदृढ़ता में बांधता है।

जनजाति धर्म के बदलते आयाम
(Changing Dimension of Tribal Religion)

जनजातियां संचार और आवागमन की सुविधाओं की वृद्धि के साथ अ–जनजाति समूहों के संपर्क में आने लगी हैं। इसके परिणामस्वरूप उनके धर्म पर भी प्रभाव पड़ा है। इस प्रभाव के कारण मजूमदार का कहना है कि जनजातियों के देवी–देवताओं का पतन हो रहा है। शरतचंद्र राय छोटा नागपुर की जनजातियों का उल्लेख करते हुए कहते हैं कि ये जनजातियां बहुत शीघ्रता से हिन्दू और ईसाई धर्मों के प्रभाव में आ रही हैं। इस धार्मिक परिवर्तन के कारण फ्यूरर–हेमन्डोर्फ (C. Von Furer-Haimendorf) का कहना है कि जनजातियों को अनुकूलन में बड़ी कठिनाई उठानी पड़ती है। हिन्दू धर्म अपनाने की प्रक्रिया को हिन्दूकरण (Hinduisation) कहते हैं।

हिन्दूकरण का बहुत अच्छा दृष्टांत गौंड जनजाति है। मुरिया गौंड के बारे में लिखते हुए एल्विन कहते हैं कि इस जनजाति ने जहां एक ओर हिन्दुओं के शैव संप्रदाय को अपनाया है, वहीं दूसरी ओर यह जनजाति अपने परंपरागत धर्म को भी अपनाए हुए है।

घुर्ये ने जनजातियों में धर्म के इस बदलते हुए आयाम के संदर्भ में यह प्राक्कल्पना रखी है कि भारत की जनजाति जनसंख्या वस्तुतः पिछड़े हुए हिन्दुओं का एक अंग मात्र है। उनके अनुसार जनजातियों के धर्म को जीववाद कहने की अपेक्षा पिछड़ा हिन्दू धर्म कहना चाहिए। मजूमदार घुर्ये के इस कथन को अतिरंजित मानते हैं। उनका कहना है कि जनजाति धर्म और हिन्दू या ईसाई धर्म में बहुत बड़ा अंतर है। एल्विन एक अलग दृष्टिकोण अपनाते हैं। वे कहते हैं कि जनजातियां सदैव देवी–देवताओं को स्वीकार करने के लिए तैयार रहती हैं। इससे उन्हें कुछ भौतिक या सामाजिक लाभ हैं। एल्विन के अनुसार जनजातियों के बदलते हुए धर्म को प्रांतस्थ धर्म (Marginal Religion) कहना चाहिए।

यह ठीक है कि जनजातियों में होने वाले धर्म परिवर्तन को अभी किसी निश्चित रूप में नहीं रखा जा सकता, लेकिन यह अवश्य कहा जा सकता है कि सभी जनजातियां किसी न किसी तरह दूसरे धर्मों से प्रभावित हो रही हैं। भील जनजाति में भगत आंदोलन चला है। भगत वह है जो जनेऊ पहनता है, नित्य स्नान करता है, शाकाहारी है, और व्रत–पूजा करता है। भगत की उपासना और आचार संबंधी संस्कार हिन्दू धर्म के हैं। उनके देवी–देवताओं में हनुमान, शंकर, राम और कृष्ण हैं। ये लोग अभिवादन करते समय, 'जयराम' कहते हैं। मजूमदार के अनुसार थारू जनजाति के

लोग हिन्दुओं के देवी–देवता, जैसे महादेव, सत्यनारायण आदि की पूजा करते हैं। उड़ीसा की सोरा जनजाति के लोग हिन्दू देवी–देवताओं की उपासना करते हैं।

सीमांत क्षेत्रों में रहने वाले जनजाति समूहों में ईसाई धर्म का प्रभाव बहुत अधिक है। इन क्षेत्रों में नगालैंड, मिजोरम और अरुणाचल प्रदेश आते हैं। इन राज्यों में अपवाद रूप से गैर–ईसाई आदिवासी मिलेंगे। सीमांत प्रदेशों के अतिरिक्त जब हम अन्तः क्षेत्र के आदिवासियों को देखते हैं तो उनमें कहीं ईसाई धर्म का अधिक प्रभाव दिखाई देता है और कहीं हिन्दू धर्म का। दक्षिण बिहार के रांची, छोटा नागपुर, संथाल परगना तथा मध्यप्रदेश के बस्तर क्षेत्र में अपेक्षाकृत रूप से ईसाई धर्म का प्रभाव अधिक है। जब धर्म में परिवर्तन आता है तो इसका प्रभाव लोगों की जीवन पद्धति और जीवन दर्शन में भी देखने को मिलता है। शायद यही कारण है कि सीमांत क्षेत्र तथा अन्तः क्षेत्र के अधिकांश जनजातीय समूह अपनी मांगों की पूर्ति के लिए आंदोलन करने को एकदम तैयार हो जाते हैं। मिजोरम, अरुणाचल और नगालैंड राज्यों की उत्पत्ति ऐसे ही आंदोलनों के कारण है। बिहार में झारखण्ड आंदोलन अब भी आदिवासियों के लिए स्वायत्त राज्य की मांग कर रहा है। पिछले वर्षों में दक्षिण गुजरात के डांग क्षेत्र के आदिवासियों ने भी स्वायत्त राज्य का नारा दिया था। राजस्थान के कतिपय विधानसभा के आदिवासी सदस्यों ने दक्षिण राजस्थान, मध्यप्रदेश तथा गुजरात के भीलों के लिए स्वायत्त राज्य का आग्रह बार–बार किया है। यहां यह बहुत स्पष्ट हो जाना चाहिए कि आदिवासी आंदोलन या स्वायत्त राज्य की मांग का एक मात्र कारण धर्म परिवर्तन नहीं है। कई अन्य कारण भी हैं।

पढ़े–लिखे आदिवासियों में अब जागरूकता आ रही है। ये पढ़े–लिखे आदिवासी यह सोचने लगे हैं कि क्या सामाजिक परिवर्तन या आधुनिकीकरण का तात्पर्य केवल उन्हें ईसाई या हिन्दू बनाना है। यदि तात्पर्य ऐसा ही है तो वे इस परिवर्तन को नहीं चाहते। यह विचारधारा जो आदिवासियों में आ रही है, ऐसा लगता है, पुनरुद्धारवृत्ति (Revivalism) है। हिन्दू या ईसाई बनने की अपेक्षा एक पढ़ा–लिखा आदिवासी अपने समूह की गरिमा के अनुकूल शुद्ध आदिवासी बना रहना चाहेगा। धर्म परिवर्तन का भविष्य पुनरुद्धारवृत्ति के सुदृढ़ या कमजोर होने पर निर्भर है।

19

जनजाति किसे कहते हैं?

(What is Tribe?)

जनजाति शब्द के समान अर्थ वाले कतिपय शब्द भारतीय सामाजिक मानवशास्त्र में प्रचलित हैं। कुछ लोग जनजातियों को वन्यजातियों या वनवासी नाम से पुकारते हैं। इसका कारण यह है कि इस समूह के लोग प्रायः जंगलों में रहते हैं। दूसरे लोग जनजातियों के लिए आदिवासी शब्द का प्रयोग करते हैं। इसके पीछे इतिहास यह है कि ये समूह इस देश में निवास करते थे और इसीलिए इन्हें आदिवासी कहा जाता है। कुछ मानवशास्त्री जनजातियों के लिए आदिम (Primitive) शब्द का प्रयोग करते हैं। इसका अर्थ है ये समूह बहुत प्राचीन हैं। जनजातियों के लिए इस भाँति विभिन्न शब्दों का प्रयोग होता है। प्रत्येक शब्द के पीछे एक विशेष अर्थबोध भी है। ऐसी अवस्था में जनजाति की अवधारणा को स्पष्ट करना बहुत आवश्यक है। वैज्ञानिक विवेचन के लिए इस समूह के सम्पूर्ण लक्षणों को स्पष्ट करने वाला कोई एक शब्द होना चाहिए। दूसरे शब्दों में वे कौन से लक्षण या विशेषताएँ हैं जो इस समूह में पाई जाती हैं और जिनके परिणामस्वरूप इस समूह का दूसरे समूहों से पृथक अस्तित्व है। इस अध्याय में हम जनजाति की इस अवधारणा का विश्लेषण करेंगे और उन तत्वों को जानने का प्रयास करेंगे जो इस समूह की विशेषताएँ हैं।

जनजाति की अवधारणा को स्पष्ट करना एक और कारण से भी आवश्यक है। भारतीय संविधान के 16वें खण्ड में कुछ वर्गों के लिए विशेष प्रावधान हैं। धारा 330 में इस बात का उल्लेख है कि ये धाराएँ किन समूहों या वर्गों पर लागू होंगी। मुख्यतया संविधान द्वारा प्रदत्त ये विशेष प्रावधान अनुसूचित जातियों (Scheduled Castes) और अनुसूचित जनजातियों (Scheduled Tribes) पर लागू होते हैं। धारा 342 में संविधान ने राष्ट्रपति को यह अधिकार दिया है कि वह सार्वजनिक सूचना द्वारा उन जनजातियों, जनजातीय समुदायों के हिस्सों या समूहों में इस संविधान के अर्थ के लिए अनुसूचित जनजातियों के नाम से घोषित करेगा। ये प्रावधान बहुत महत्वपूर्ण हैं। इनके अन्तर्गत जनजातियों को आर्थिक सुविधाएं मिलती है। शिक्षा और व्यवसाय में प्राथमिकता और सुरक्षा मिलती हैं। ऐसी अवस्था में राज्य के लिए भी यह बहुत आवश्यक है कि

जनजाति की अवधारणा को स्पष्ट किया जाए। अवधारणा की अस्पष्टता उन समूहों को विशेष प्रावधान का भागीदारी बना सकती है जिन्हें सुविधाएँ नहीं मिलनी चाहिए। दूसरी ओर इस अस्पष्टता के कारण ऐसे समूह भी हो सकते हैं जिन्हें इस विशेष प्रावधानों का लाभ मिलना चाहिए और वे इससे वंचित रह जाते हैं। अतः व्यावहारिक दृष्टि से भी आज हमारे लिए बहुत आवश्यक हो गया है कि हम जनजातियों के विशेष लक्षणों की खोज करें और इस अवधारणा के पीछे जो स्पष्टता है उसे और नहीं तो कम से कम बौद्धिक स्तर पर तो अवश्य जानें।

जनजाति की अवधारणा की व्याख्या का एक अन्य कारण भी है। यूरोप और अमेरिका में जिस भाँति रंग–भेद को लेकर काले लोगों के बारे में कई भ्रान्त धारणाएँ प्रचलित हैं और पूर्वाग्रह (Prejudice) व्याप्त है, वैसे ही हमारे यहाँ जनजातियों के बारे में भी कुछ ऐसे ही विचार हैं। उन्हें बौद्धिक दृष्टि से जन्मजात पिछड़ा समझा जाता है। उन्हें आदतन अपराधी माना जाता है और उनकी संस्कृति निम्न समझी जाती है। ये कुछ पूर्वाग्रह हैं जिनका स्पष्टीकरण वैज्ञानिक विधि द्वारा होना चाहिए। इस कारण भी जनजातीय अवधारणा का विश्लेषण होना आवश्यक है।

ऐसे कुछ कारणों को ध्यान में रखकर हम यहाँ जनजाति की अवधारणा का निर्वचन करेंगे। ऐसा करने में हम सर्वप्रथम सैद्धान्तिक और बौद्धिक संदर्श प्रस्तुत करेंगे और इसके बाद अवधारणा के व्यावहारिक पक्ष का विवेचन देंगे। साथ ही इन दोनों पक्षों के ऐतिहासिक संदर्भ को भी प्रस्तुत करेंगे।

आदिवासी (Aboriginals)

जनजाति के लिए कुछ सामाजिक मानवशास्त्री और सामाजिक कार्यकर्ता आदिवासी शब्द का प्रयोग करते हैं। भारतीय संविधान के हिन्दी रूपान्तर में भी शिड्यूल्ड ट्राइब्स का अनुवाद आदिम जाति शब्द द्वारा किया गया है। 1943 ई. में वेरिअर एल्विन की पुस्तक *एब्ओरिजिनल्स* (*Aboriginals*) प्रकाशित हुई। इसमें एल्विन ने जनजातियों को आदिवासी नाम से संबोधित किया है। वे लिखते हैं—

> आदिवासी भारतवर्ष की वास्तविक स्वदेशी उपज हैं जिनकी उपस्थिति में प्रत्येक व्यक्ति विदेशी है। ये वे प्राचीन लोग हैं जिनके नैतिक अधिकार और दावे हजारों वर्ष पुराने हैं। वे सबसे पहले यहां आए। उन पर सबसे पहले हमें विचार करना चाहिए।

वेरिअर एल्विन बहुत समय तक जनजातियों के मसीहा समझे जाते रहे, यद्यपि बाद में घुरिए और अन्य सामाजिक मानवशास्त्रियों ने उनकी विचारधारा में कुछ मतभेद व्यक्त किया। एल्विन ने भारतीय जनजातियों पर बहुत कुछ लिखा है। उत्तर पूर्वी सीमान्त और मध्यप्रदेश की जनजातियों से उनका बहुत निकट का संबंध था। अपनी सभी कृतियों में एल्विन ने जनजातियों को आदिम जाति की स्थिति प्रदान की है। उनका कहना है कि आदिम जातियां प्रारंभ से ही जंगलों में रहती आई हैं, उन्होंने जंगलों का प्रयोग किया है। इसी कारण आज भी जंगल आदिवासियों के लिए बहुत निकट हैं। शायद इसी कारण कभी–कभी आदिवासी अपने आप को पशुपति अर्थात् जंगल जानवरों के देवता शंकर के नाम से पुकारते हैं। एल्विन ने जनजातियों को

आदिवासी दो मुख्य कारणों से कहा है। पहला तो यह कि ये लोग आज से छह हजार वर्ष पहले यहाँ आए थे। ये आदि निवासी हैं। दूसरा यह कि इस लम्बी अवधि में इस देश पर कई आक्रमण हुए, कई हुकूमतें बदलीं और फिर भी ये लोग आज भी जंगलों में रहकर अपने अस्तित्व को बनाए हुए हैं। इनकी संस्कृति इस देश की आदि संस्कृति है।

वेरिअर एल्विन के बहुत पहले ओपर्ट्स (G. Opperts) ने अपनी पुस्तक का शीर्षक ही *भारत के आदिवासी* (*The Original Inhabitants of Bharatvarsh*) रखा था। एल्विन और आपर्ट्स की आदिवासी की अवधारणा को संविधान सभा में रखा गया। इस सभा के सामने सबसे बड़ी समस्या नामकरण की तब आई जब विशेष प्रावधान देने की चर्चा उठी। इस सभा के विवादों में ठक्कर बापा और जयपाल सिंह के नाम विशेष रूप से उल्लेखनीय हैं। ठक्कर बापा आदिम समाज के सेवक थे। वे जनजातियों को आदिवासी के नाम से पुकारते थे। उनका कहना था कि लगभग पूर्व ऐतिहासिक काल के पहले से ये समूह गरीबी का जीवन बिता रहे हैं। संविधान सभा में जयपाल सिंह ने बड़ी ताकत के साथ यह पैरवी की कि संविधान में अनुसूचित जनजातियों के स्थान पर आदिवासी शब्द का प्रयोग होना चाहिए। यद्यपि इस विवाद के परिणामस्वरूप संविधान के मूल अंग्रेजी रूप में आदिवासी शब्द का प्रयोग तो नहीं हुआ, फिर भी रूपान्तर में इस शब्द को अपना लिया गया। भारत सरकार द्वारा 1955 ई. में प्रकाशित पुस्तक का शीर्षक भी (हिन्दी और अंग्रेजी दोनों भाषाओं में) *आदिवासी* ही है। पुस्तक का प्रारंभ आदिवासी शीर्षक के अन्तर्गत जवाहरलाल नेहरू के लेख द्वारा है। ये तथ्य भी बताते हैं कि भारत सरकार आदिवासी शब्द का प्रयोग करना पसंद करती है। यदि हम आदिवासी प्रयोग को स्वीकार करते हैं, तो इसके दो अर्थ स्पष्ट हैं—जनजातियाँ इस देश की मूल निवासी हैं और इसके प्रमाणस्वरूप वे आज भी जंगलों में निवास करती दिखाई देती हैं।

सामाजिक मानवशास्त्रियों में एक समूह ऐसा भी है जो जनजातियों को आदिवासी स्वीकार नहीं करता। इस समूह में अग्रणी घुर्ये हैं। घुर्ये अपने तर्क को तथा–कथित आदिवासी की प्राकल्पना को आधार बना कर रखते हैं। घुर्ये का कहना है कि वे लोग जो जनजातियों के लिए आदिवासी शब्द का प्रयोग करते हैं, कुछ प्रजातीय भाषा, सांस्कृतिक तत्व और संस्कृति के स्तर को भूल जाते हैं। वे लोग इस बात को भी याद नहीं रखते कि भारत में तीन या चार देशान्तरण (Migration) हुए हैं और ये देशान्तरण पूर्व, उत्तर तथा उत्तर–पश्चिम सीमान्तों से हुए हैं। इस अवस्था में जनजातियों को आदिवासी कहना केवल आभासी–नृजातीय–ऐतिहासिक (Reseuduo-Ethno-Historical) है। घुर्ये के अनुसार सांस्कृतिक और सामाजिक दृष्टि से जनजातियाँ हिन्दू समाज की ही एक अंग हैं। वे अपनी पुस्तक *दि ऐबॉरिजन, सो काल्ड एण्ड देयर फ्यूचर* (*The Aboriginals So-called and Their Future,* 1943) में लिखते हैं—

तथाकथित आदिम जातियाँ जो अनुसूचित जातियों की बहुत बड़ी अंग हैं और जिन्हें जनगणनाओं में जीववादी कहा गया है, बहुत करके पिछड़ी हिन्दू जातियाँ हैं।

घुर्ये ने इस शीर्षक से पुस्तक को 1943 ई. में लिखा था। बाद के संस्करण में इसका शीर्षक उन्होंने *अनुसूचित जनजातियाँ* (*The Scheduled Tribes*) रखा।

घुर्ये ने जनजातियों को पिछड़े हिन्दू कहने के प्रमाण में ऐतिहासिक आधार सामग्री प्रस्तुत की है। उनका कहना है कि 1921 ई. की जनगणना में इथोवन (Ethoven) ने जनजातियों के धर्म के वर्गीकरण में यह कठिनाई पाई और कहा कि जीववाद में विश्वास करने वाली जनजातियों को हिन्दू जातियों से पृथक करना बहुत कठिन है। इसी तरह के विचार हरबर्ट रिजले ने भी व्यक्त किए। उनका कहना था कि हिन्दू धर्म जीववाद का परिवर्तित रूप है जिसमें दर्शन जोड़ दिया गया है और इसलिए हिन्दू धर्म और जीववाद में कोई विभाजन रेखा खींचना कठिन है। 1912 ई. की जनगणना में बन्स (Athels Tane Baines) ने कहा कि ब्राह्मणवाद जीववादी जनजातीय जनसंख्या को अपने अन्दर मिला रहा है। इसी भाँति 1921 ई. की जनगणना में बिहार और उड़ीसा की जनजातियों के धर्म के संबंध में टेलेन्ट्स (P.C. Tallents) ने कहा कि एक हिन्दू और जीववाद में भेद करना कठिन कार्य है, और छोटी जातियों के हिन्दू धर्म को लेकर यह कठिनाई बराबर देखी जाती है। घुर्ये ने एक के बाद एक जनगणनाओं को लेकर यह स्थापित किया है कि जनजातियों का धर्म बहुत बड़ी सीमा तक हिन्दू धर्म का ही एक अंग है। वे कहते हैं कि पिछले तीन–चार दशकों में जनजातियों ने बहुत बड़ी संख्या में हिन्दू धर्म को अपनाया है। यदि आज जनजातियों के धर्म को और मोटे रूप में उनकी संस्कृति को देखा जाए तो कहना पड़ेगा कि जनजातियां निम्न हिन्दू जातियों से पृथक नहीं हैं। अतः घुर्ये जहाँ एक ओर जनजातियों को आदिम जाति स्वीकार नहीं करते वहीं दूसरी ओर उन्हें पिछड़े हुए हिन्दुओं की स्थिति प्रदान करते हैं। अतः जनजातियों को आपत्ति है। ऐसी स्थिति में जनजातियों का आदिवासी होने का दावा या लक्षण विवादास्पद है।

वनवासी एवं पशुपालक (Forest Dwellers and Animal Herders)

वे समाजसेवक जो जनजातियों को भावुकता की दृष्टि से देखते हैं, पशुपति या जंगल में रहने वाली जातियों के नाम से पुकारते हैं। जनजाति का एक लक्षण जंगल में निवास करना है। यह बात सत्य है कि बहुत लम्बी अवधि तक ये समूह जंगलों में रहे हैं। इन्होंने जंगल को अपने जीविकोपार्जन का साधन बनाया है। बेली (F.G. Bailey) और घुर्ये जनजातियों के जंगल के इस लक्षण को स्वीकार नहीं करते। दोनों का यह कहना है कि आज जंगल की वह भीषणता नहीं है जो किसी समय थी। जंगल कट गए हैं। जंगलों की कमी को कई आयोगों ने बहुत जोरदार शब्दों में व्यक्त किया है। जंगलों के कटने या कम होने के परिणामस्वरूप यह प्रश्न नहीं उठता कि कौन जंगल में रहता है और कौन नहीं। जब तो अ–जनजातियां अर्थात् हिन्दू, मुसलमान और ईसाई भी जनजातियों के साथ रहते हैं, जंगलों में रहने वाले समूहों को जनजाति का स्थान देना अनुचित है। किसी युग में जब घने जंगल थे, जनजातियों का यह लक्षण समुचित रहा होगा। निश्चित रूप से बेली और घुर्ये का कहना है कि आज ऐसी स्थिति नहीं है। न तो आज घने जंगल हैं और न उनमें रहने वाले समूह आदिवासी।

जनजाति का आधार (Basis of Tribals)

भाषा (Language)

कुछ सामाजिक मानवशास्त्रियों ने जनजाति का आधार भाषा को स्वीकार किया है। उनकी भाषा जनजातीय भाषा कहलाती है। जो अन्य समूहों की भाषा से एकदम भिन्न है। अतः विचारकों के इस समूह के अनुसार जनजाति वह है जिसकी भाषा अ–जनजातियों से पृथक है। बेली को जनजाति निर्धारित करने का यह कारक स्वीकार नहीं। उनका कहना है कि कुछ ऐसी जनजातियाँ है जो अ–जनजातियों या हिन्दुओं की भाषा बोलती हैं। उदाहरण के लिए, भील, कुरुआ या मुथूवन जनजातियां अपने क्षेत्र में बोली जाने वाली भाषा या इसकी बोलियों का प्रयोग करती हैं। यदि हम भाषा को छोड़कर भाषा परिवारों की दृष्टि से देखें, तो जनजाति का भाषा का आधार और अधिक खटाई में पड़ जाता है। दृष्टान्त के लिए पूर्वी भारत की गौंड, कोन्ड और ओरॉंव जनजातियाँ द्रविड़ परिवार की भाषाओं को बोलती हैं। दूसरी ओर दक्षिणी भारत के सभी लोग भी द्रविड़ भाषा परिवार के हैं। यदि हम जनजाति का आधार भाषा समझें तो क्या इसके अनुसार दक्षिण के तमिल, तेलुगू, कन्नड़ और इसी तरह द्रविड़ परिवार की अन्य भाषाओं के बोलने वालों को गौंड या कोन्ड की तरह जनजातियों में रखेंगे। भाषा को जनजाति निर्धारण का आधार स्वीकार करना बेली के इन तर्कों को देखकर कठिन है।

धर्म (Religion)

घुर्ये ने जैसा कि हमने अभी कहा है कि जनजातियों का यह बहुत बड़ा लक्षण धर्म स्वीकार करना है। उनका तर्क है कि जनजातियों का धर्म मुख्यतया हिन्दू धर्म है और प्रत्येक जनगणना में इस तथ्य पर बराबर जोर दिया गया है और इसलिए जनजातियों को हिन्दू धर्मावलम्बी कहना चाहिए।

बेली हिन्दू धर्म को जनजातियों का लक्षण नहीं मानते। उनका कहना है कि जनजातियाँ हिन्दू नहीं हैं। अपने कथन की पुष्टि में बेली ने उड़ीसा की कोन्ड जनजाति और उड़िया हिन्दू जातियों की आधार सामग्री को रखा है। आगे चलकर हम बेली के इस अध्ययन का विस्तृत ब्यौरा देंगे। यहाँ केवल यही कहना पर्याप्त होगा कि बेली ने कोन्ड जनजाति को न केवल धर्म के क्षेत्र में वरन सामाजिक और सांस्कृतिक क्षेत्रों में भी उड़िया हिन्दुओं से पृथक पाया है।

बेली ने अपनी पुस्तक *ट्राइब, कास्ट एण्ड नेशन* (*Tribe, Caste and Nation*) में उड़ीसा के पहाड़ी क्षेत्र में बीसीपाड़ा और बदेरी गाँवों का अध्ययन 1960 में प्रस्तुत किया है। बीसीपाड़ा में उड़िया भाषा बोलने वाली हिन्दू जातियाँ रहती हैं। बदेरी में कोन्ड जनजाति रहती है। उड़िया हिन्दू जातियों और कोन्ड में सामाजिक तथा सांस्कृतिक क्षेत्र में बहुत अन्तर है। सांस्कृतिक क्षेत्र में ये दोनों समूह एक–दूसरे से भिन्न हैं। कोन्ड कई भाषा बोलते हैं। जो कि दक्षिण भारत की द्रविड़ भाषा परिवार का एक अंग है जबकि हिन्दू जातियाँ उड़िया भाषा बोलती हैं जो उत्तरी भारत के संस्कृत

भाषा परिवार समूह की हैं। कोन्ड का परम्परागत मकान उड़िया के मकान से भिन्न होता है। इन दोनों समूहों की परम्परागत पोशाक भी भिन्न है, धार्मिक संस्कार और रीति–रिवाज भी भिन्न हैं, अभिवादन के तौर–तरीके भी भिन्न हैं और यद्यपि दोनों चावल की खेती पर निर्भर है। पर कोन्ड का खेती का तरीका उड़िया से भिन्न है। संस्कृति के इस अन्तर को कोन्ड और उड़िया, दोनों समूह स्वीकार करते हैं।

सामाजिक स्तर पर भी दोनों में अन्तर है। कोन्ड के गाँव की बनावट बिखरे हुए मकानों की है। यदि एक मकान पहाड़ी की एक चोटी पर है, तो दूसरा मकान दूसरी चोटी पर। बीसीपाड़ा हिन्दू जातियों का गाँव है, जिसकी बसावट सघन (Compacy) है। कोन्ड का गाँव बदेरी केवल एक ही जनजाति का गाँव है।

बेली का कहना है कि धर्म को जनजाति निर्धारण का आधार स्वीकार किया जा सकता है। वास्तविकता यह है कि जाति और जनजाति के अन्तर को किसी एक स्वीकृत आधार पर स्पष्ट नहीं किया जा सकता। ऐसी अवस्था में जनजातियों को आदिवासी कहना गलत है क्योंकि अधिकांश जनजातियाँ यह कहती हैं कि वे बाहर से अपने इस निवास पर आई हैं और उनके आने से पहले यहाँ दूसरे समूह रह रहे थे। जब दूसरे समूह यहाँ रह रहे थे, तो इन समूहों को आदिवासी कहना कहाँ तक उचित होगा। इसी तरह जनजातियों का लक्षण उनका आर्थिक पिछड़ापन मानना भी अनुचित है। यह इसलिए जैसा कि घुर्ये का कहना है, जनजातियों की तरह कई अन्य समूह हैं जो आर्थिक रूप से पिछड़े हुए हैं। जंगलों में रहने वाले समूह भी जनजाति नहीं कहे जा सकते, आज जंगल के क्षेत्र में अ–जनजातीय समूह भी रहते हैं। अतः जनजाति के इन लक्षणों में से कोई भी एक लक्षण जनजाति निर्धारण के लिए संतोषजनक नहीं है। यहाँ तक कि यदि इन सब लक्षणों को जोड़कर भी किसी समूह को हम जनजाति कहना चाहें, तो नहीं कह सकते।

जब हम जनजाति की अवधारणा के उपर्युक्त लक्षणों या तत्वों को अस्वीकार करते हैं तो इससे हमारी कठिनाई और भी बढ़ जाती है। आखिर हम यह जानना चाहते हैं कि किन समूहों को हम जनजाति कहेंगे? वे कौन से लक्षण या तत्व हैं जो जनजातियों की विशेषताएँ हैं। वैसे जनजाति की अवधारणा के इस विवाद ने उग्र रूप लिया है। विद्वानों ने इस प्रश्न को लेकर एक–दूसरे को खूब उछाला है। यह सब होते हुए भी जनजाति की अवधारणा के लक्षण या तत्व आज भी अस्पष्ट हैं। शायद इस संबंध में बेली का उड़ीसा का आनुभविक अध्ययन एक सीमा तक महत्वपूर्ण है। बेली ने बीसीपाड़ा और बदेरी गाँवों के राजनीतिक व्यवहार को लेकर अध्ययन किया है। इस अध्ययन में उनका मुख्य संदर्श राजनीतिक क्रियाकलाप रहा है। यह बेली के अध्ययन की सीमा है। इस सीमा में रहकर उन्होंने जाति और जनजाति का अन्तर स्पष्ट किया है। इस अन्तर को हम थोड़े विस्तार से यहाँ रखेंगे।

बेली सर्वप्रथम बदेरी के कोन्ड का विवरण देते हैं। कोन्ड को वे जनजाति कहते हैं। उनकी जनजाति की परिभाषा इस भाँति है—

> कोन्ड केवल इस अर्थ में जनजाति है कि उनकी एक सामान्य संस्कृति और एक सामान्य भाषा है।

भाषा और संस्कृति की दृष्टि से जाति और जनजाति में अन्तर है। बेली जाति और जनजाति के अन्तर को केवल राजनीतिक संगठन के रूप में बताते हैं। उनका कहना है कि कम से कम राजनीति में तो जाति और जनजाति का अन्तर मूलभूत है। जनजाति तो राजनीतिक व्यवस्था खंडात्मक (Segmentary) है जिसका आधार पैतृक बन्धुत्व (Agnatic Kinship) है, जबकि जातियों की राजनीतिक व्यवस्था अध्यादेश (Ordinance) पर आधारित है। वैसे कोन्ड और उड़िया हिन्दू जातियों का यह अन्तर व्यवस्था का अन्तर है और इसे जब तक दूसरी वस्तुओं के समान नहीं रखा जाता, वास्तविकता में नहीं देखा जा सकता। यह इसलिए कि कोन्ड केवल अपनी खंडात्मक व्यवस्था के लोगो के साथ ही राजनीतिक संबंध नहीं रखते, वरन् निम्न जातियों के साथ ही रखते हैं। जो उन पर निर्भर हैं। इस दृष्टि से कोन्ड जाति भी है और जनजाति भी। यही बात उड़िया हिन्दुओं की प्रभव जातियों पर भी लागू होती है। ये प्रभव जातियाँ अपने ऊपर निर्भर रहने वाली जनजातियों पर भी अधिकार रखती हैं। ऐसी कठिनाई में बेली कहते हैं कि जनजाति और जाति में नैरन्तर्य (Continuum) है। इस नैरन्तर्य में एक सिरे पर वह समाज है जिसकी राजनीतिक व्यवस्था पूर्णरूपेण खंडात्मक है और दूसरे सिरे पर वह समाज है जिसके खंडात्मक राजनीतिक संबंध सम्पूर्ण समाज के बहुत छोटे हिस्से के साथ हैं और बहुत से लोग इस व्यवस्था में आश्रित व्यवहार करते हैं। इस नैरन्तर्य में किस हिन्दू पर जनजाति समाप्त होती है और जाति प्रारंभ होती है, यह बताना कठिन है। इस कठिनाई के होते हुए भी यहाँ यह बताना बहुत सरल है कि कौन–सा क्षेत्र जनजातीय है और कौनसा जातीय।

किसी समूह को जाति या जनजाति कहने की विधि एक ही है। उदाहरण के लिए, यदि किसी समूह का न्यूनतम आर्थिक स्रोतों पर सीधा अधिकार है और उसकी आर्थिक रुपज किसी भी तरह आर्थिक स्थिति में नहीं है तथा यदि यह समूह क्षेत्र की सम्पूर्ण जनसंख्या का अपेक्षित रूप से बड़ा भाग है, तो हम इसे जनजाति कहेंगे। यदि यह समूह सम्पूर्ण जनसंख्या का केवल लघु भाग है, तो हम इसे जाति कहेंगे। वास्तव में बेली के कथनानुसार जनजाति और जाति का यह नैरन्तर्य एक प्रक्रिया है जिसके द्वारा जनजातियाँ जातियों की स्थिति को प्राप्त करती हैं। यदि कोई जनजाति जाति की स्थिति प्राप्त करना चाहती है तो इसके दो तरीके हैं। पहला तरीका विजय का सिद्धान्त (Conquest Theory) है। इसके द्वारा कोई एक छोटा समूह सैनिक शक्ति द्वारा बड़ी जनसंख्या पर अपना अधिकार कर ले और इस बड़े समूह को अपना आश्रित बना ले। दूसरा तरीका सामाजिक है। इसके अनुसार जातियाँ जनजातियों पैतृक बन्धुत्व पर आधारित राजनीतिक व्यवस्था को स्वीकार कर लेती हैं। जातियों में यह क्षमता है कि वे जनजातियों को अपना आश्रित बना लेती हैं और आश्रित बनाने की यह प्रक्रिया निरन्तर चलती रहती है तथा इसके परिणामस्वरूप जनजातियाँ जातियों के घेरे में आती रहती हैं।

बेली के उड़ीसा की कोन्ड और उड़िया हिन्दू जातियों के अध्ययन की सबसे बड़ी प्राप्ति यह है कि जनजातीय राजनीतिक व्यवस्था पैतृक बन्धुत्व पर आधारित खंडात्मक व्यवस्था है। इस व्यवस्था का आधार गोत्र है। जबकि जातियों की राजनीतिक व्यवस्था

का आधार राज्य द्वारा प्रसारित अध्यादेश है। कुछ सामाजिक मानवशास्त्रियों ने जनजातियों के समाज को सम्पूर्ण समाज (Whole Society) कहा है जबकि जातियों के समाज को हिस्सा या अंश समाज (Part Society) कहा है। अब हम इस अध्याय के अन्त में जनजातियों के समाज में विशिष्ट लक्षणों को देखेंगे। ये लक्षण जनजाति की अवधारणा को स्पष्ट करने में सहायक होंगे।

जनजाति समाज (Tribal Society)

लुइस (I.M. Lewis) ने जनजाति (Tribe) शब्द के प्रयोग को बहुत ही व्यापक और सामान्य अर्थ में लिया है। उनके अनुसार जनजाति मनुष्यों के उस प्राथमिक समग्र को कहते हैं जो किसी मुखिया की देखरेख में आदिम या जंगली दशा में रहती है, लेकिन लुइस जनजाति की इस सामान्य परिभाषा को बड़ा ही नैतिक मूल्यों से भरा पाते हैं। उनका कहना है कि जनजाति शब्द की अपेक्षा जनजातीय समाज अधिक अच्छा है। जनजातीय आदिम समाज (Primitive Society) या पूर्व साक्षर समाज (Pre-Literate Society) से भी अधिक रुचिकर है। जनजातीय समाज के प्रयोग का यह अर्थ नहीं है कि हम जनजाति शब्द का प्रयोग नहीं करें। वास्तव में देखा जाए तो संसारभर में जनजाति शब्द का प्रयोग बड़े ही तकनीकी अर्थ में लिया जाता है और ऐसी अवस्था में हमें जनजातीय समाज के लक्षणों के संबंध में बहुत स्पष्ट हो जाना चाहिए। हमने पिछले खण्ड में जनजातीय समाज का विश्लेषण केवल राजनीतिक संदर्श में किया है। यहाँ हम जनजातीय समाज के लक्षणों को अधिक व्यापक अर्थों में देखेंगे।

जनजातीय समाज के बारे में परम्परागत विचार (Traditional Concept in Tribal Society)

उद्‌विकास युग के लेखकों ने जनजातीय और आधुनिक समाज के अन्तर को स्पष्ट किया है। यह अन्तर उन्होंने दो स्तरों पर देखा है—सामाजिक स्तर, और राजनीतिक संगठन का स्तर। मोरगन और हेनरी मेन का कहना था कि जनजातीय समाज में संगठन का आधार जन्मजात स्थिति या बन्धुत्व व्यवस्था होती है, जबकि आधुनिक समाज के संगठन का आधार संविदा (Contract) होता है। जनजाति समाज के सदस्य एक–दूसरे से गोत्र और विवाह संबंधों द्वारा संबद्ध होते हैं। आधुनिक समाज बन्धुत्व या जन्मजात स्थिति को सीमित अर्थ में ही प्रयोग में लाता है। उसके संबंधों का आधार तो कानून द्वारा की गई संविदा होती है। उद्‌विकासवादियों की दृष्टि में इस भाँति जनजातीय समाज का बहुत बड़ा लक्षण उनका बन्धुत्व पर आधारित संगठन है। बेली की उड़ीसा के कोन्ड की खंडात्मक राजनीतिक व्यवस्था की अवधारणा एक सीमा तक उद्‌विकासवादियों के लक्षण से मिलती–जुलती है। कोन्ड जनजाति बन्धुत्व व्यवस्था पर संगठित है और इसी लक्षण के आधार पर राजनीतिक शक्ति को वह हथियाने का प्रयास करती है।

उद्‌विकासवादियों ने जनजातीय समाज और आधुनिक समाज के अन्तर का दूसरा आधार क्षेत्र (Territory) लिया है। इसके अनुसार यह माना जाता है कि

जनजातियाँ निश्चित क्षेत्रों या हिस्सों (Pockets) में रहती हैं। सामान्य भाषा में हम इसे जनजातीय पट्टी (Tribal Belt) कहते हैं। जनजातियों के इस परम्परागत लक्षण को आधुनिक अनुसंधान द्वारा प्रमाणित नहीं किया जा सकता। लकमेन और शपेरा ने जनजातियों की राजनीतिक और विधि संस्थाओं का अच्छा अध्ययन किया है। इन मानवशास्त्रियों का कहना है कि अफ्रीका की जनजातियों में संविदा तो मिलती है, लेकिन क्षेत्र नहीं मिलता। ऐसी अवस्था में आधुनिक अध्ययनों की आधार सामग्री पर क्षेत्र को जनजातियों का निश्चयात्मक लक्षण नहीं कहा जा सकता। वास्तव में देखा जाये तो जनजातीय समाज को समूह बनने के उद्‌विकासवादी संदर्श में देखना ही दोषपूर्ण है। हमारा संदर्श तो यह होना चाहिए कि जनजातीय समाज का स्वरूप, आकार और डिजाइन क्या है। अब हम इस नवीन संदर्भ से जनजातीय समाज के लक्षणों को देखेंगे।

जनजातीय समाज के लक्षण (Features of Tribal Society)

हमने कहा है कि जनजातीय समाज के समानार्थक कई अन्य पदों जैसे कि सादा समाज, पूर्व औद्योगिक समाज या जनसमाज का प्रयोग होता है। इन समानार्थक पदों को देख कर बहुत स्पष्ट है कि हमें जनजातीय समाज की अन्तर्वस्तु (Content) को देखे बिना उसके स्वरूप को देखना चाहिए। यदि हम जनसमाज या पूर्व औद्योगिक समाज की अन्तर्वस्तु को देखना प्रारंभ करें, तो इस विवरण का कोई अन्त नहीं होगा और हम किसी निष्कर्ष पर नहीं पहुंच पाएंगे। इस अवस्था में हमें जनजातीय समाज के लक्षणों के विवरण में इन समाजों के स्वरूप को ही देखना चाहिए। आदर्श रूप में जैसा कि विल्सन और विल्सन (Godfrey Wilson and Monica H. Wilson, 1945) का कहना है कि जनजातियाँ छोटे आकार में होती हैं, इनका विस्तार क्षेत्र छोटा होता है तथा इनकी सामाजिक विधि और राजनीतिक संबंध भी बहुत सीमित क्षेत्र में होते हैं। इसी सीमितता में बंधे हुए उनके नैतिक, धार्मिक और संसार संबंधी दृष्टिकोण होते हैं। इनकी भाषा अलिखित होती है और ऐसी अवस्था में भाषा संचार एक सीमित क्षेत्र में ही होता है। इनकी अर्थव्यवस्था जीविका स्तर की होती है जिसमें आत्मनिर्भरता की मात्रा अधिक पाई जाती है। ऐसी सामाजिक और राजनीतिक व्यवस्था के कारण जनजातीय समाज में सामाजिक संस्थाएं एक–दूसरे से गुंथी हुई होती हैं। लोगों में सामाजिक सुदृढ़ता भी अधिक होती है।

जनजातीय समाज के उपर्युक्त लक्षणों के आधार पर यह समझना भूल होगी कि ये समाज सभ्य समाजों से एकदम पृथक हैं और इनमें गतिशीलता नहीं होती। ऐसा विचार अतिरंजित होगा। संसार की जनजातियों का जो अध्ययन आज हमें प्राप्त है। इसके आधार पर यह कहना पड़ेगा कि समाज के कुछ पहलुओं को लेकर जनजातियाँ यथास्थिति समाज (Static Society) हैं और कुछ को लेकर गतिशील। फोर्ड ने (1934) बहुत ही उचित कहा है कि जनजातियों में अन्य समाजों की तकनीकी, नैतिकता और सौन्दर्य बोध की अवधारणाएँ होती हैं। इन समाजों का या तो शान्तिपूर्ण ढंग से या युद्ध द्वारा दूसरे समाजों से सम्पर्क होता है और इस सम्पर्क के

परिणामस्वरूप आमूल–परिवर्तन भी होते हैं। अतः यदि जनजातियों ने अपने भौतिक और सामाजिक वातावरण के साथ संतुलन स्थापित कर रखा है तो उन्होंने गतिशीलता भी अपनाई है। इसी संदर्भ में लुइस लिखते हैं—

> केवल जब इन्हीं विशेषताओं को स्वीकार करते हैं, तभी जनजातीय समाज की कामचलाऊ अवधारणा उपयोगी होती है। यही अवधारणा वास्तव में पाए जाने वाले समुदायों पर विशाल आकार में लगाई जा सकती है।

जनजातीय समाज की यह अवधारणा छोटे समूहों पर जो पृथक और आत्मनिर्भर हैं, भली–भाँति लागू होती है। मेलिनोस्की द्वारा अध्ययन किए गए मलेनेशिया के ट्रोब्रिमंड द्वीपवासियों, फर्थ के टिकोपिया, घाना के टेलेन्सी आदि अनेक जनजातीय समाजों पर यह अवधारणा लागू होती है। वास्तव में देखा जाये तो जनजातीय समाज मध्य स्तर के समाज हैं। इन समाजों में राजनीतिक तथा विधि संस्थाओं में बहुत थोड़ी सीमा में आन्तरिक विशिष्टीकरण (Differentiation) होता है। यह विशिष्टीकरण जनजातीय समाज के आदर्श प्रारूप से नहीं मिलता।

जनजातीय समाज के आदर्श प्रारूप (Ideal Type) और वास्तविक स्वरूप में अन्तर देखने को मिलता है। जनजातीय समाज कुछ बातों में कृषक समाज से भी मिलता–जुलता होता है। रेडफील्ड (1956) ने इस तथ्य पर जोर देते हुए कहा है कि जनजातियों की लघु परम्परा कभी–कभी महान् परम्परा से भी जुड़ी होती है। ऐसी स्थिति में जनजातीय समाज कृषक समाज से मिल जाता है। जनजातियों में अ–जन–जातीयकरण (De-tribalisation) की प्रक्रिया प्रारंभ होती है। यहाँ यह कहना कठिन होता है कि जनजातीय समुदाय कहाँ से प्रारंभ होता है और कहाँ समाप्त। जनजातीय समाज की सामाजिक तथा साँस्कृतिक दिशाएँ बराबर खुली रहती हैं और इसलिए वास्तविक जनजाति समाज आदर्श प्रारूप जनजाति समाज के बिल्कुल अनुरूप नहीं हो सकता। जनजातीय समाज की अवधारणा की उपयोगिता समाज के एक आदर्श प्रारूप की तरह ही है, यह कोई एक निरपेक्ष कोटि नहीं है। कुछ समाज लगभग दूसरे समाजों की तुलना में जनजातीय समाज ही हैं। यदि हम जनजातीय समाज और कृषक समाज को नैरन्तर्य की पटरी में देखें तो कहना होगा कि पटरी के एक छोर पर ढीले बंधे हुए जनजातीय समूह हैं। तो दूसरे छोर पर आधुनिक समाज।

जनजातीय समाज की प्रकार विद्या (Typology of Tribal Society)

जनजातीय समाज को विभिन्न प्रकारों में बांटने का कार्य मानवशास्त्रियों ने किया है। इस वर्गीकरण में उन्होंने कतिपय आधारों को स्वीकार किया है। उदाहरण के लिए, जर्मनी और ऑस्ट्रेलिया में काम करने वाले वैज्ञानिकों ने जनजातीय समाजों के वर्गीकरण का आधार कुछ विशेष संस्थाओं के जोड़ को माना है। इनके पीछे इन वैज्ञानिकों की यह मान्यता है कि एक जैसी सामाजिक संस्थाओं के समाजों का उद्गम भी एक ही है। कुछ वैज्ञानिकों ने जनजातीय समाज के वर्गीकरण में सामाजिक तथा राजनीतिक संस्थाओं के सहसंबंध को जनजातियों की अर्थव्यवस्था के साथ जोड़ा है और ऐसा करने में उन्होंने जनजातियों के विकास की एक पट्टी बनाने का प्रयास

किया है। जनजातियों के वर्गीकरण के इस आधार को रखने वाले मानवशास्त्रियों में आब हाऊस, और जिन्सबर्ग हैं। इस प्रयास के बाद भी ऐसा लगता है कि विशेष सामाजिक और राजनीतिक संस्थाओं का लोगों की जीवनयापन विधि और अर्थव्यवस्था से संबंध होना आवश्यक नहीं है।

जनजातियों से संबंधित जो अनुसंधान कार्य हाल में हुआ है, उससे ज्ञात होता है कि सामाजिक संस्थाओं के उद्‌गम की यह समग्रात्मक विधि अधिक लाभप्रद नहीं है। इसीलिए अब सामाजिक वैज्ञानिक जनजातीय समाज के वर्गीकरण में प्रकार्यात्मक विश्लेषण का प्रयोग करते हैं। विगत् कुछ वर्षों में ब्रिटिश सम्प्रदाय और इसके अनुयायियों ने, जिनमें फोट्‌र्स एवं इवान्स–प्रिचार्ड मुख्य हैं, राजनीतिक संगठन की समस्याओं पर अधिक जोर दिया है। इन अध्ययनों से ज्ञात होता है कि एक ही प्रकार की सामाजिक संस्थाएँ जहाँ एक जनजाति में जटिल प्रशासन और राजकीय संरचना का आधार प्रस्तुत करती हैं, वहाँ ये ही संस्थाएँ दूसरे जनजातीय समाज में केवल आंशिक राजनीतिक सुदृढ़ता प्रदान करती हैं और इनमें नेतृत्व और प्राधिकार का कोई औपचारिक स्थान भी नहीं होता। सामान्यतया फोट्‌र्स और इवान्स–प्रिचार्ड के अनुसंधान कार्य इस बात की स्थापना करते हैं कि जब राजनीतिक इकाइयाँ आकार में बढ़ती हैं, तो इन समाजों का आन्तरिक संगठन अपने आप और अनिवार्य रूप से जटिल हो जाता है। उदाहरण के लिए, सूडान की नूएर जनजाति जो राजनीतिक दृष्टि से बिखरी हुई है, थोड़े समय के लिए एक सशक्त राजनीतिक इकाई की तरह काम कर सकती है। इन जनजातियों में नैतिकता या मूल्य व्यवस्था तथा राजनीतिक सुदृढ़ता को पृथक–पृथक रखा जाता है। सोमाली जनजाति में परम्परागत राजनीतिक एकता का गोत्र के क्षेत्र में कोई प्रभाव नहीं है और गोत्र की एकता सामान्य मूल्यों और नैतिक व्यवस्थाओं पर आधारित रहती है।

अब जनजातियों के वर्गीकरण में राजनीतिक संस्थाओं के तुलनात्मक आधार प्रयोग में लिए जाते हैं और इसके परिणामस्वरूप मानवशास्त्री उन सिद्धान्तों की खोज में हैं जिनके द्वारा ये समाज अपनी सुदृढ़ता बनाए रखते हैं। जनजातियों के संबंध में यह स्पष्ट है कि अधिकांश जनजातीय समाज जो राजनीतिक दृष्टि से पिछड़े हुए हैं, उनमें बदला लेने की चुनौती, उनमें अभावों की पूर्ति करने की अपेक्षा सामाजिक व्यवस्था को बनाए रखने में अधिक सहायक है। ये सब अध्ययन जनजातीय समाज को अधिक विशाल संदर्भ में देखते हैं।

वास्तव में देखा जाए तो जनजातियों के समाजों का बहुत ही गहराई से प्रकार्यात्मक विश्लेषण हुआ है। इस विश्लेषण के आधार पर ऐसा लगता है कि हमें जनजाति पद की अवधारणा का पुनर्निर्माण करना पड़ेगा। ब्रिटेन में मानवशास्त्र का जो स्वरूप उपलब्ध है, उसमें जनजाति शब्द को बहुत ही सीमित और तकनीकी अर्थ में लिया जाता है। सामान्यतया वहाँ जनजाति शब्द का प्रयोग उन लोगों के लिए किया जाता है जो एक विशाल भू–भाग में राजनीतिक दृष्टि से स्वतंत्र इकाई के रूप में रहते हैं। अब इस शब्द का प्रयोग सांस्कृतिक और सामाजिक विशिष्ट जनजातीय समूहों के लिए नहीं किया जाता। ऐसी अवस्था में कुछ जनजातीय समाज ऐसे हैं जिनमें कई

जनजातियाँ हैं और दूसरे ऐसे जिनमें एक ही जनजाति होती है। जनजाति की यह अवधारणा इस बात पर जोर देती है कि इस समाज में एक निश्चित भू–भाग होता है और इस भू–भाग में बसने वाले लोग राजनीतिक दृष्टि से एक स्वतंत्र इकाई का जीवन बिताते हैं।

जब हम भारतीय संदर्भ में जनजाति की इस राजनीतिक भू–भाग की अवधारणा को देखते हैं, तो लगता है कि इस पद की व्याख्या हमें अपने देश के संदर्भ में ही करनी होगी। आज हमारे देश की सीमा में रहने वाले सभी लोग एक ही गणराज्य के नागरिक हैं। ऐसी अवस्था में भारतीय जनजातियों को स्वतंत्र राजनीतिक इकाई के रूप में देखना बहुत कठिन है। जैसा कि बेली का कहना है कि हमारे यहाँ, कम से कम, राजनीतिक दृष्टि से जाति और जनजाति का कोई अस्तित्व नहीं है। ये दोनों समूह अपने भाषाई समूहों में खो गए हैं, लेकिन बेली का यह दृष्टिकोण एक अर्थ में हमारी समस्या को हल नहीं करता। हमें जनजातियों को आगे लाना है। उन्हें शोषण से मुक्त करना है। यह संविधान का उनसे वादा है। ऐसी अवस्था में हमें जनजातियों और उनकी समस्याओं को पहचानना आवश्यक है। यदि मानवशास्त्र के अर्थ में देखा जाए तो हमारे सामने घुर्ये, एल्विन और बेली के दृष्टिकोण हैं। घुर्ये जनजातियों को पिछड़ी हिन्दू जातियाँ कहते हैं, एल्विन उन्हें आदिवासी बताते हैं और बेली राजनीतिक दृष्टि से इस समूह को बेमतलब कहते हैं। ये तीनों दृष्टिकोण भिन्न–भिन्न हैं। ऐसी अवस्था में जनजाति की परिभाषा का हमारा कार्य और अधिक जटिल हो जाता है।

शायद भारत सरकार जनजाति परिभाषा की इस जटिलता से अवगत थी। इसलिए संविधान में कहीं भी अनुसूचित जनजाति की परिभाषा यही हो सकती है कि यह वह समूह है जो राष्ट्रपति द्वारा घोषित सूची में सम्मिलित है। सूची में सम्मिलित होने के कारण ही इन समूहों को अनुसूचित जनजातियाँ कहते हैं। अगले अध्यायों में हम भारतीय स्थिति का विश्लेषण करेंगे।

20

जंगल और जमीन

(Forest and Land)

जब कभी आदिवासी अपनी माँगों को लेकर कोई आन्दोलन करते हैं तो उनका लोकप्रिय नारा होता है—"जंगल, जमीन किसकी? जो जोते उसकी।" इसका तात्पर्य यह है कि प्राचीनकाल से आदिवासी जंगलों में रहते आए हैं, और उससे जुड़ी जमीन को जोतते आए हैं। मानवशास्त्री आदिवासियों को दो केन्द्रीय अर्थों में समझते हैं। पहला तो यह कि वे इस देश के मुख्य निवासी हैं यानी आदिवासी हैं और दूसरा यह कि वे वनवासी हैं यानी वन में रहते आए हैं। वन और भूमि पर उनका पुश्तैनी अधिकार है, कोई उनसे छीन नहीं सकता। ऐसी, उनकी समझ है।

जब कभी मानवशास्त्रियों ने आदिवासियों को परिभाषित किया है, उन्होंने कहा है कि यह वह कौम या समूह है जो जंगलों और पहाड़ों में रहते हैं। वस्तुतः आदिवासियों के घर या निवास जंगल और पहाड़ हैं। इसलिए इनका दावा है कि जंगल और पहाड़ इनके अपने हैं।

मानवशास्त्रियों का बहुत बड़ा खोट यह है कि उन्होंने आदिवासियों की एथनिसिटी पर तो खूब लिखा है, पर उनके जंगलों और जमीन पर बहुत कम ध्यान दिया है। वेरियर एल्विन तो आदिवासियों के जंगल और पहाड़ से इतने प्रभावित थे कि उन्होंने तो यह सुझाव तक दे दिया कि किसी भी गैर–आदिवासी को जंगल में प्रवेश करने की स्वीकृति न दी जाए। आदिवासी बहुल क्षेत्र को सार्वजनिक उद्यान (Public Park) की तरह सुरक्षित रखा जाए जहाँ औद्योगिक समाज की भाग–दौड़ से क्लान्त भीड़ प्रकृति की गोद में रहने वाले आदिवासी को देख सके। यह सही है कि आदिवासी प्राकृतिक पर्यावरण में "खाओ–पीओ और मौज करो" के जीवन को बिताते हैं। आदिवासी जीवन के इस पक्ष को मानवशास्त्रियों ने अनदेखा कर दिया है।

आज जंगल नहीं रहे। कट गए हैं। जंगल की उपज उजड़ गई है। जंगल के जानवर समाप्ति की कगार पर हैं। इस सबका परिणाम यह हुआ है कि आदिवासी अपने जीविकोपार्जन के साधन से दूर हो गया है। जंगल नष्ट होने के क्या कारण हैं?

इस पर विवाद है। सरकारी खेमा तर्क देता है कि आदिवासियों ने जंगल को अपने मनमाने ढंग से, अवैज्ञानिक तरीके से काट दिया है। जंगल की लकड़ी का दुरुपयोग किया है। आदिवासी कुछ दूसरा तर्क देते हैं। वे कहते हैं कि उनके लिए जंगल देवता है। वे उसे पूजते हैं। जंगल के कुछ पेड़ ऐसे हैं जो धार्मिक हैं—पीपल, बरगद और आँवला जिन पर वे कभी कुल्हाड़ी नहीं चलाते। उन्हें जंगल से शिकार मिलता है, उपज मिलती है, खेती के लिए लकड़ी मिलती है और रोटी पकाने को ईंधन मिलता है। वे भला जंगल को क्यों काटेंगे?

एक तीसरी विचारधारा भी है। जंगल की कटाई के लिए वास्तव में राज्य सरकार उत्तरदायी है। ब्रिटिश शासन में रेल की पटरियों को जमाने के लिए सागवान की ढेरों लकड़ी काटी गई। जंगल काटने के लिए ठेकेदारों को लगाया गया और उन्होंने बेतरतीब ढंग से पेड़ काट दिए। लकड़ी की चोरी भी की गई। कुल मिलाकर जंगल नष्ट हो गए और जो कुछ बचा उसे कानूनी घेरे में राज्य ने बाँध लिया। राज्य के लिए जंगल राजस्व आय का बहुत बड़ा साधन रहा है। इसलिए इस आय को पाने के लिए राज्य ने कई कानून बनाए हैं। राज्य ने जंगल के प्रति एक निश्चित नीति बनाई है। इस नीति के लागू होने के परिणामस्वरूप अब आदिवासियों को जंगल की लकड़ी के प्रयोग के लिए कुछ सुविधाएँ दी हैं।

जंगल और राज्य सरकार (Forest and State Government)

19वीं शताब्दी से पहले, आदिवासी जंगल के राजा थे। वे जैसा चाहते थे, कर लेते थे लेकिन इसके बाद सरकार का हस्तक्षेप जंगल पर हो गया। राज्य के लिए जंगल आय का साधन बन गया। सन् 1894 में ब्रिटिश सरकार ने जंगल के लिए एक नीति घोषित की। इसके अनुसार आदिवासियों की जंगल पर जो विशेष सुविधाएँ थीं, कम कर दी गई। यह साफ कर दिया गया कि जब तक आदिवासी जितने पेड़ काटते हैं, उसी अनुपात में नया जंगल नहीं लगाते तो वे कटाई नहीं कर सकते। इस तरह के हस्तक्षेप का आदिवासियों पर कुछ प्रभाव पड़ा हो, ऐसा शुरू के वर्षों में नहीं लगा। इसका कारण यह है कि यहाँ जंगल बहुत थे। बहुत ही नहीं, बड़े घने थे। आजादी के बाद जब जंगलों का व्यवस्थित लेखा–जोखा हुआ तब सरकार को लगा कि जंगल की कटाई बहुत अधिक हो गई थी और तब प्रयास हुआ कि इनका आर्थिक दृष्टि से विकास किया जाए। 1952 में जाकर सरकार ने जंगलों की एक स्पष्ट नीति घोषित की। इस नई नीति ने छह आवश्यकताओं को मान्यता दी—

1. भूमि को इस तरह व्यवस्थित किया जाये कि जंगल का सही विकास हो और इससे खाली हुई भूमि काम में आ सके।
2. भूमि के क्षरीकरण पर रोक लगा दी जाए।
3. ऐसी भूमि को निश्चित किया जाए जहाँ पेड़ों को लगाया जा सके।
4. ऐसे जंगल बनाए जाएं जहाँ पशुओं को चराया जा सके। ईंधन की लकड़ी प्राप्त हो सके और खेती के औजार बनाने को लकड़ी मिल सके।

5. सागवान के पेड़ भी लगाए जाएं जिनसे देश की आवश्यकताओं की पूर्ति हो सके।
6. जंगल से अधिक से अधिक आय हो सके।

1952 में जंगल नीति को जो क्रियात्मक ढाँचा दिया गया, वह 1894 से कई अर्थों में भिन्न था। इस अन्तर को निम्न बिन्दुओं में देखा जा सकता है—

1. पहले जंगल कटने से जो भूमि खाली होती थी, उसे आदिवासी अपनी खेती के काम में लेते थे। अब यह सुविधा उन्हें नहीं रही। खाली भूमि सरकार के हाथ में आ गई।
2. सरकार ने ग्रामीण जंगलों की स्थापना की। ये जंगल गाँव की लकड़ी की आवश्यकता पूरा करते थे।
3. जहाँ कहीं भी निजी जंगल थे, वे अब सरकार के नियन्त्रण में आ गए।
4. जंगल में जो जानवरों के चराने की सुविधा थी, नहीं रही। अब इसके लिए चराई शुल्क लगा दिया गया।
5. आदिवासियों पर पाबन्दी लगा दी गई कि वे अब स्थानान्तरित खेती नहीं करें।

सरकार की जंगल नीति ने देशभर के आदिवासियों को निःसहाय बना दिया। उनका आर्थिक धरातल उनके पाँव से खिसक गया। जंगली जानवरों का शिकार अब उनके हाथों में नहीं रहा, जंगल की लकड़ी को अब वे नहीं बेच सकते। लघु उपज अब उनकी नहीं रही। जंगल उनका था, अब सरकार का हो गया। यह कहा जाने लगा कि जंगलों को आदिवासियों ने बर्बाद कर दिया। सच में देखा जाए तो ये सब मिथक है। जंगल का जितना आदर आदिवासी करते हैं, उतना शायद ही कोई अन्य करता होगा। यह मिथक हाल के हैं और इन्हें सरकार तथा गैर–आदिवासी समूहों और उच्च जातियों ने बनाया है। यदि सरकार ने जंगल में आदिवासियों के लिए कुछ छोड़ा है, तो इसे रियायत ही कहा जाना चाहिए। वैसे जंगल को नष्ट करने में सरकार ने व्यवस्थित ढंग से काम किया है और उसने आर्थिक विकल्प के रूप में आदिवासियों को कुछ नहीं दिया।

नई नीति के अनुसार जंगलों का वर्गीकरण
(Classification of Forests According to New Policy)

जंगल की नई नीति के क्रियान्वयन से पहले जंगल, जंगल थे। उनका कोई वर्गीकरण नहीं था। अब वर्गीकरण कर दिया गया है। यह वर्गीकरण इस भाँति है—

1. **सुरक्षित जंगल**—ये वे जंगल हैं जो सुरक्षित हैं। इन्हें स्वयं सरकार भी हाथ नहीं लगाती। इन जंगलों का आबोहवा और वर्षा के लिए बने रहना आवश्यक समझा जाता है।
2. **राष्ट्रीय जंगल**—इन जंगलों को राष्ट्रीय आवश्यकताओं के लिए सुरक्षित रखा गया है। देश की सुरक्षा, आवागमन, संचार और उद्योग के लिए ये जंगल आरक्षित हैं।

3. **ग्राम जंगल**—इन जंगलों को गाँव की जरूरतों को पूरा करने के लिए रखा गया है। ऐसे जंगल गाँव से जुड़े रहते हैं और गाँव की ईंधन, इमारती लकड़ी, औजार आदि की पूर्ति इनसे की जाती है।
4. **पेड़ों के लिए भूमि**—गाँव के इर्द–गिर्द कुछ ऐसी भूमि छोड़ी जाती है, जिस पर पेड़ लगाए जा सकें। ये पेड़ गाँव के पर्यावरण को बनाने में सहायक होते हैं।

यद्यपि जंगलों की नीति पर सरकार बराबर काम नहीं कर पाती फिर इसमें आर्थिक निवेश की आवश्यकता होती है, लेकिन सरकार का जंगलों पर अंकुश बराबर बना हुआ है और इसका खामियाजा आदिवासियों को भुगतना पड़ता है। सरकार के लिए तो जंगल का महत्त्व इसी कारण है कि यह राजस्व का एक अच्छा साधन है। सरकार इसमें कोई विशेष रुचि नहीं लेती कि जंगल कटे नहीं, जंगल सघन हो जाएं। इसका तो सदैव यही प्रयास होता है कि जंगल की भूमि का विस्तार हो जाए। चाहे पेड़ न हों, चाहे भूमि वीरान हो, सरकार चाहती है कि अधिक से अधिक भूमि को जंगल की भूमि बना दिया जाए। परिणाम होता है सरकार के वन विभाग और राजस्व विभाग या कृषि विभाग में रस्साकशी। इधर जंगल विभाग के विस्तार की योजना में आम आदिवासी अपने आपको नितान्त वंचित समझता है। पेड़ विहीन भूमि (Treeless Land) जंगल में आ जाती है और आय कुछ होती नहीं।

राजस्थान, गुजरात और महाराष्ट्र में सैकड़ों बीघा जमीन ऐसी है, जहाँ नाम मात्र को भी पेड़ नहीं हैं फिर भी इस जमीन को जंगल की भूमि घोषित कर दिया गया है। इस भूमि पर आदिवासी आबादी है। ये आदिवासी अतिक्रमण (Encroachment) करने वाले घोषित किए गए हैं। इन आदिवासियों के पास कोई वैध अधिकार नहीं हैं जिनके अन्तर्गत वे जंगल में रह सकें।

जंगल नीति जिसे सरकार ने अधिनियम और नियमों के अनुसार बनाया है, उसका मूल उद्देश्य राजस्व में वृद्धि करना है। जंगल सरकार के लिए कमाई के साधन हो गए। राजस्व पाने की होड़ में सरकार ने ठेकेदारों की नियुक्ति की। इन ठेकेदारों ने मनमाने ढंग से अपनी कुल्हाड़ी चलाई और सरकारी अफसरों की साँठ–गाँठ से खूब पैसा कमाया। सरकार, ठेकेदार और सरकारी कर्मचारियों ने जंगल को नष्ट कर दिया और इसका खामियाजा आदिवासियों को भुगतना पड़ा। इधर पर्यावरण की दुर्गति हुई और उधर आदिवासियों में बेरोजगारी बढ़ गई। आदिवासियों पर यह आरोप लगाना सामान्य हो गया कि वे चोरी–छिपे जंगल की लकड़ी को काटते रहते हैं। आदिवासियों के हाथ से जंगल तो निकल ही गए, कोर्ट कचहरी भी बढ़ गई। आदिवासी निरक्षर हैं। कानून–कायदे से अनभिज्ञ हैं और सरकार तथा ठेकेदार अपनी लगाम खींचते ही रहते हैं और इस सब में आदिवासियों का दोष यह है कि वे जंगल के अन्दर या इसके इर्द–गिर्द रहते हैं। वे तो हमेशा के लिए अपराधी हैं।

लघु जंगल उपज (Minor Forest Produce)

लघु जंगल उपज पर कोई भी टिप्पणी करने से पहले यह स्पष्ट कर देना चाहिए कि केन्द्र और राज्य के सम्मिलित मसलों में भूमि, शिक्षा, जंगल और जमीन राज्य के हिस्से

में हैं। राज्य ही इन विषयों पर कानून बनाने का अधिकार रखता है। इस संवैधानिक व्यवस्था के अनुसार सरकार ही जंगल के नियंत्रण पर कानून बनाती है।

जंगल नीति के लागू होने से पहले आदिवासी ही जंगल की उपज के मालिक थे। वे मनमाने ढंग से इसका उपयोग करते थे। जब इस उपज को बाजार में लाते थे तब व्यापारी शुरू में तो विनिमय के आधार पर सौदा करते थे। तराजू के एक पलड़े में तो चिरौंजी होती थी और दूसरे पलड़े में नमक या तम्बाकू। इस तरह के विनिमय व्यापार पर सरकार कहीं नहीं थी। नई नीति के लागू होने पर सरकार ने वन उपज के लिए कानून बना दिया। वन उपज को परिभाषित कर दिया। कौन सी वन उपज इस सरकारी तालिका में होगी, यह सरकार का विषय था। इस दृष्टि से देश की विभिन्न सरकारों की तालिकाएँ विभिन्न हैं। तालिकाओं में जो वस्तुएँ हैं, उनके भाव सरकार तय करती है।

तेन्दु पत्ते, धोला–मुसली, महुआ के फूल, गोंद, लाख, बाँस, बेंत, घास आदि लघु वन उपज की तालिका में आते हैं। सरकार ने इस उपज को एकत्र करने का काम स्वयं द्वारा नियुक्त ठेकेदारों को दे दिया। इन ठेकेदारों के एजेंट थे। अब स्थिति यह हो गई कि आदिवासियों के हाथ कुछ नहीं रहा, उनका स्थान ठेकेदारों ने ले लिया। वन उपज को स्वयं वन विभाग खरीदने लगा या उसके एजेंट।

जब आदिवासियों ने अपना आक्रोश आन्दोलनों द्वारा प्रकट किया तब सरकार ने मध्यस्थों को हटाने के लिए सहकारी समितियाँ बनाई। इन सहकारी समितियों में आदिवासी सहकारी समितियों को प्राथमिकता दी गई। इसके पीछे उद्देश्य यह था कि वन उपज का लाभ आदिवासियों को ही मिलेगा। वन उपज पर मानवशास्त्र या अर्थशास्त्र में कोई अनुसंधान नहीं हुए हैं, जिनके आधार पर यह कहा जा सके कि इस व्यापार में आदिवासियों के हाथ में क्या आया?

वन उपज में तेन्दु और महुआ के फूल बड़ी महत्त्वपूर्ण उपज मानी जाती है। तेन्दुपत्ता का सबसे बड़ा उपयोग बीड़ी बनाने में होता है। महुआ फूल शराब बनाने के काम में लिया जाता है। यह वन उपज का आर्थिक पक्ष है। लेकिन थोड़ा हम आदिवासियों के बारे में सोचें। महुआ फूल को आदिवासी खाते हैं। इसे खाने के कई तरीके हैं। इसे सेंक कर खाया जाता है। आदिवासी क्षेत्रों में जब कभी अकाल पड़ता है, इसे खाकर आदिवासी जिन्दा रह लेता है। कभी–कभी वह त्यौहारों पर इसकी शराब भी बना लेता है। वन उपज में, कई फल भी होते हैं। टिम्बरू, जामुन आदि आदिवासी खा लेते हैं, लेकिन नई जंगल नीति ने आदिवासियों से सब कुछ छीन लिया है। यह कभी समझा नहीं जाता कि जंगल की उपज का पोषण पक्ष भी है, और उससे आज आदिवासी वंचित हैं।

जंगल उपज के लिए राष्ट्रीय स्तर का विपणन संगठन
(National Level Marketing Organisation for Forest Produce, TRIFED)

देशभर में जंगलों को बिचौलियों के शोषण से मुक्त करने के लिए सहकारी समितियाँ काम कर रही हैं। ये समितियाँ बहु–उद्देश्यीय सहकारी समितियों के नाम से (Large Area Multi-purpose Cooperative Societies – LAMPS) जानी जाती हैं। आज देश

में कोई 2400 ऐसी समितियाँ हैं। इन समितियों में 12 समितियाँ केवल आदिवासियों की हैं। ये समितियां जंगल की लघु उपज का व्यापार करती हैं। इसके अतिरिक्त वे कृषि उपज को भी अपने व्यापार में सम्मिलित करती हैं। ये समितियाँ बाजार की प्रतियोगिता से परे नहीं हैं। इससे बचाने के लिए राष्ट्रीय स्तर पर एक संघ बनाया गया है। इसे आदिवासी सहकारी विपणन विकास फेडरेशन, भारत (Tribal Cooperative Marketing Development Federation of India Ltd – TRIFED) कहते हैं। इस संघ का सृजन भारत सरकार ने अगस्त, 1987 में किया था। यह संघ राज्य स्तर की आदिवासी समितियों को सहायता देता है। अन्तर्राज्यीय जंगल उपज में इस संघ की बहुत बड़ी उपयोगिता है। राष्ट्रीय स्तर के इस फेडरेशन की राज्यस्तरीय शाखाएं भी हैं। बाजार की प्रतियोगिता का मुकाबला करने के लिए फेडरेशन एक कारगर संस्था है। इसने बिचौलियों को कमजोर करने में बड़ी मदद की है।

जंगल में गाँव (Forest Villages)

कुछ गाँव ऐसे हैं जो जंगलों में स्थित हैं। ये गाँव आदिवासियों के हैं। देश में ऐसे गाँवों की संख्या लगभग पाँच हजार है। इनमें रहने वाले आदिवासी परिवारों की संख्या दो लाख के लगभग है। इन गाँवों में विकास नगण्य है। यह अवश्य है कि इन गाँवों के लोगों को जंगल में मजदूरी मिल जाती है। जंगल विभाग या ठेकेदार इन्हें काम पर लगा लेते हैं। रुचिकर बात यह है कि जंगल में बसे हुए इन गाँवों का जंगल पर कोई अधिकार नहीं है। वे न तो जंगल की लकड़ी को काट सकते हैं और न ईंधन की तरह इसका प्रयोग कर सकते हैं। जंगल का केवल एक लाभ यह है कि इन्हें दिहाड़ी मिल जाती है। कभी–कभार इन्हें, चोरी–छिपे शिकार मिल जाता है। लघु उपज इनके हाथ नहीं आती। यद्यपि केन्द्र सरकार ने राज्य सरकारों को यह सिफारिश की है कि जंगल के इन गाँवों को विशेष रियायतें दें, लेकिन राज्य सरकारों ने अभी तक इस विषय में कोई ठोस कदम नहीं उठाया है।

स्थानान्तरित खेती (Shifting Cultivation)

स्थानान्तरित खेती का रिवाज जंगल के इर्द–गिर्द रहने वाले आदिवासियों में प्रचलित है। इसे अलग–अलग नामों से जाना जाता है। झूम खेती या पेड़ी खेती। इस खेती में आदिवासी कृषक जंगल के एक भाग को जला देता है और फिर बारिश होने पर बीज को छिटका कर बोआई (Broadcasting) करता है। फसल तैयार होने पर वह उसे काट लेता है। इसकी पैदावार बहुत अच्छी होती है। एक तो इसमें पेड़–पौधों की राख होती है; दूसरा भूमि में अपार उर्वरता होती है। इन सबसे पैदावार अच्छी हो जाती है और फिर तीन–चार वर्ष बाद कृषक पुनः जंगल में आग लगाता है और बोआई कर देता है।

स्थानान्तरित खेती प्रायः पहाड़ी क्षेत्र में रहने वाले आदिवासी करते हैं। आँकड़ों के हिसाब से लगभग साढ़े छह लाख आदिवासी परिवार यह खेती करते हैं। कई हैक्टेयर भूमि में खेती का यह तरीका काम में लिया जाता है। पहाड़ी क्षेत्र के आदिवासी

इस खेती को करने में कुशल होते हैं। यद्यपि कई राज्यों में स्थानान्तरित खेती पर पाबन्दी लगा दी है फिर भी उत्तर–पूर्व के राज्यों में आज भी यह तरीका प्रचलित है। ये राज्य हैं—असम, अरुणाचल प्रदेश, मणिपुर, मेघालय, मिजोराम, नागालैंड और त्रिपुरा। कुछ अन्य राज्य भी हैं जहाँ स्थानान्तरित खेती आंशिक रूप से होती है। ये राज्य हैं—आन्ध्र प्रदेश, बिहार, मध्यप्रदेश, उड़ीसा, केरल, महाराष्ट्र, कर्नाटक और सिक्किम।

झूम या स्थानान्तरित खेती की विशेषताएँ
(Characteristics of Jhum or Shifting Cultivation)

आदिवासी जंगलों और पहाड़ों पर रहने वाले लोग हैं। वर्षों दूर–दराज क्षेत्रों में रहने के कारण ये लोग सभ्यता की दौड़ में पिछड़े रह गए। जब कभी इनकी समस्याओं पर चिन्तन होता है, तब इस बात पर सभी सहमत हैं कि इनकी मूल समस्या पृथक्करण (Isolation) की है। दूसरे शब्दों में, यदि अछूतों की बड़ी समस्या अस्पृश्यता की है तो आदिवासियों की पृथक्करण की। जंगल और पहाड़ों में रहने के कारण इनके जीविकोपार्जन के साधन जंगल और पहाड़ ही रहे हैं। जंगल से इन्हें लकड़ी मिल जाती है, जंगल की उपज प्राप्त हो जाती है और थोड़ा बहुत शिकार मिल जाता है। अब रही समस्या अनाज की। अनाज को वे पहाड़ों की ढलान पर पैदा कर लेते हैं। पहाड़ों की ढलान पर होने वाली यह कृषि ही स्थानान्तरित खेती कहलाती है। अर्थ हुआ उनके लिए पहाड़ खेती के साधन भी हैं। स्पष्ट है, मैदानों में न जंगल होते हैं और न पहाड़। इसलिए स्थानान्तरित खेती पहाड़ों पर होती है। इस प्रकार की खेती की निम्न विशेषताएँ हैं—

1. स्थानान्तरित खेती पहाड़ी भू–भाग में होती है। इस भू–भाग में रहने वाली जनसंख्या छितरी या फैली होती है।
2. यह खेती इसलिए होती है कि कृषि योग्य भूमि का मैदानों में अभाव है।
3. आदिवासी कृषि करना नहीं जानते। वे हल चलाना भी नहीं जानते। इसी कारण जंगल को जलाकर वे छिटका बोआई (Broadcasting) विधि से बीज रोपते हैं। उन्होंने मैदानों में स्थानान्तरण (Migration) करने के बाद हिन्दू जातियों से खेती करना सीखा। वे खेती के क्षेत्र में नए हैं।
4. पहले स्थानान्तरित खेती के लिए पाँच–सात वर्ष में एक बार जंगल जलाते थे। अब जनसंख्या में वृद्धि के कारण तीन–चार वर्षों में खेती के लिए जंगल जलाने पड़ते है।
5. झूम खेती आदिम और अनार्थिक खेती पद्धति है। इस तरह की खेती से एक सामान्य परिवार का जीविकोपार्जन करना भी कठिन होता है।
6. इस खेती में भूमि की उर्वरता प्रति वर्ष घटती/कम होती जाती है।
7. झूम कृषि आज की स्थिति में बेमतलब हो गई है। इससे पर्यावरण को बड़ी क्षति पहुँचती है। जंगल का विकास रुक जाता है और वीरानी बढ़ जाती है।

स्थानान्तरित खेती की प्रथा पर नियंत्रण के प्रयास
(Steps to Control the System of Shifting Cultivation)

धीरे–धीरे वन विभाग को यह समझ में आ गया कि स्थानान्तरित खेती न तो आदिवासी के लिए लाभदायक है और न पर्यावरण के लिए। इस खेती पर आदिवासी न तो जीविकोपार्जन कर सकता है और न भूमि की उर्वरता में वृद्धि कर सकता है। इस पर पाबन्दी लगाना आवश्यक हो गया। राज्य सरकारों और केन्द्र सरकार ने इस पर नियंत्रण लाने के लिए निम्न कदम उठाए हैं—

1. कई कमेटियों और निगमों (Commission) की स्थापना करके इस बात की खोज की गई कि झूम खेती किस सीमा तक आदिवासियों और कृषि के लिए हानिकारक है।
2. निम्न निगमों ने इस प्रथा पर पाबन्दी के लिए अपनी सिफारिश दी है—
   (i) कृषि पर राष्ट्रीय निगम, 1976 (National Commission on Agriculture, 1976)
   (ii) पिछड़े क्षेत्रों के विकास के लिए राष्ट्रीय कमेटी, 1981 (National Commission on the Development of Backward Areas, 1981)
   (iii) जंगल और भारत के आदिवासियों के लिए गृह मंत्रालय की कमेटी, 1982 (Ministry of Home Affairs Committee on Forests and Tribals, 1982)
   (iv) भारत की स्थानान्तरित कृषि—उत्तर–पूर्व, शिलांग, 1983 (Research Committee for North Eastern Hill Region, Shillong, 1983)
   (v) भारत में स्थानान्तरित कृषि पर टास्क फोर्स, 1983 (The Task Force on Shifting Cultivation in India, 1983)

स्थानान्तरित खेती की कई समस्याएँ हैं। विभिन्न निगमों और कमेटियों ने इसकी जाँच–पड़ताल की है। इसकी सबसे पहली समस्या तो यह है कि जो आदिवासी परिवार इस तरह की कृषि से वर्षों से अपना जीविकोपार्जन कर रहे हैं, इस कृषि पर पाबन्दी लगने के बाद अब वे क्या करें। उनका पुनर्वासन किस तरह किया जाए। उन्हें जीविकोपार्जन का क्या विकल्प दिया जाए? इसकी समस्या यह है कि उनकी अर्थव्यवस्था में किस भाँति सुधार किया जाए कि वे अपने जीवन स्तर को ऊँचा उठा सकें। तीसरा, यह भी देखा जाए कि इन परिवारों को नई तकनीकी विधि सुलभ हो सके और इसमें पूँजी का निवेश किया जाए।

वन विभाग द्वारा स्थापित टास्क फोर्स ने एक विशद् योजना बनाई है जिसके अनुसार आदिवासी परिवारों के पुनर्वासन के प्रयास हैं। आज एक लम्बी अवधि के बाद स्थानान्तरित कृषि करने वाले आदिवासी कृषि को अपने मुख्य व्यवसाय की तरह करने लगे हैं। देखा जाए तो जंगल के क्षरीकरण के बाद आदिवासी मैदानों की तरफ स्थानान्तरण करने लगे हैं। यह स्थानान्तरण टुकड़ों में हुआ है। कई आदिवासी तो कटे हुए जंगल के इर्द–गिर्द ही बस गए हैं। वे यहीं खेती करने लगे हैं। अब स्थानान्तरित खेती अतीत की बात हो गई है।

1988—नई जंगल नीति की शुरुआत
(1988: Beginning of New Forest Policy)

1952 में केन्द्र और राज्य सरकारों ने नई जंगल नीति का सूत्रपात किया था। इस नीति ने आदिवासियों को हाशिए पर खड़ा कर दिया था। अब वे जंगल, जंगल की लघु उपज और जंगल के शिकार से सापेक्षिक रूप से कट गए थे। यह सब होने पर भी जंगल का क्षरीकरण रुका नहीं। वे नष्ट होने लगे। इधर आदिवासियों की अर्थव्यवस्था ने तो सरकारी नीति के कारण अपनी जड़ें खोद दीं और उधर जंगल का जो विकास होना था, उसमें कोई बड़ा अन्तर नहीं आया। अब सरकार ने 1988 में नई नीति में संशोधन किया।

देखा जाए तो सरकार ने 1988 में जो संशोधित नीति बनाई वह थोड़ी उदार थी। उसमें यह कहा कि जंगल और आदिवासी का वास्तविक नहीं तो प्रतीकात्मक सम्बन्ध है। इस नीति के अनुसार उन सभी एजेंसियों को जिनका जंगल के साथ किसी न किसी तरह का सरोकार रहा है, कहा कि वे आदिवासियों को अपने काम–काज के साथ अवश्य जोड़ें। यह कहा गया कि आदिवासियों को जंगल की जो रियायतें दी गई हैं, उन्हें पूरा किया जाए और देखा जाए कि इनका परिपालन बराबर होता है। आदिवासियों के ईंधन की जो आवश्यकता होती है, औजार के लिए—हल, बैलगाड़ी, मकान आदि जो भी लकड़ी चाहिए दी जाए।

ऐसा माना जाता है कि यदि नई जंगल नीति अधिक से अधिक आदिवासियों को अपने साथ जोड़ सके, तो शायद जंगल का विकास कोई गति पकड़ सके।

उपसंहार (Conclusion)

भारत के आदिवासी मूलतः वनवासी हैं। वन में रहने वाले हैं। यह भी कहा जाता है कि प्रारम्भ से ही वे यहाँ के निवासी रहे हैं। उनके बाद और लोग आए हैं। शुरू से ही वे जंगलों और पहाड़ों में रहे हैं। ये ही उनके घर रहे हैं। उनकी यह सामान्य समझ है कि क्यों वे जंगल और पहाड़ों में रहे हैं, ये सब उनके हैं। वे इनके मालिक हैं। इस तरह की सोच भ्रमपूर्ण है। हम प्रजातंत्र, धर्मनिरपेक्ष समाज के सदस्य हैं। किसी का कुछ नहीं। सब कुछ इस राष्ट्र–राज्य (Nation-State) का है। इसलिए जंगल और जमीन सभी इस राज्य के हैं। यह सब होते हुए भी आदिवासियों को उनके हक़ से एकदम बेदखल कर देना भी अनुचित है, अनैतिक भी है। जब कभी आदिवासी किसी आन्दोलन को करते हैं, वे कहते हैं—"हमें हमारा जंगल दे दो, हमें हमारा पहाड़ सौंप दो।" इसका अर्थ यह हुआ कि आदिवासियों के जीवनयापन के साधन हमेशा से जंगल और पहाड़ रहे हैं। ये जब इनके हाथ से निकल जाते हैं तब ये बेसहारा हो जाते हैं।

आज तो स्थिति यह हो गई है कि जंगल नष्ट हो गए हैं, जंगल की उपज उनकी पहुँच के बाहर हो गई है और जंगल का शिकार उनका नहीं रहा है। पहाड़ी क्षेत्र में होने वाली खेती पर कानूनी पाबन्दी लग गई है। अब क्या करें? विकल्प हैं, लेकिन एकदम कमजोर। मैदान की कृषि भूमि उच्च जातियों के हाथों में है। पहले से ही है, वे इस पर जमे हुए हैं। बची–खुची जमीन आदिवासियों के हिस्से में है। इसी में वे अपना

गुज़ारा करते हैं। उन्हें उन्नत कृषि करना नहीं आता। कृषि के क्षेत्र में वे पूरी तरह नौसिखिया हैं। अभी उन्हें बहुत सीखना पड़ेगा।

मानवशास्त्र को अपने परम्परागत संदर्श को छोड़ना होगा। अब एथनिसिटी नहीं चलेगी। भारत में बहुलता है, सभी जगह विचित्र रीति–रिवाज़ हैं। प्रत्येक जाति अपने आप में एथनिक समूह है। प्रत्येक भाषाई परिवार एथनिक है, यहाँ बहुल संस्कृति क्षेत्र (Plural Culture Areas) हैं। आदिवासी के लिए जंगल, पहाड़ और जंगल की उपज और शिकार उसकी वास्तविकता हैं। मानवशास्त्र को अपना अनुसंधान इन पर केन्द्रित करना पड़ेगा। जो बात आदिवासियों पर लागू होती है, गाँव के लोगों पर भी लागू होती है। मानवशास्त्र के भविष्य का आधार, उनके संदर्भ के बदलने पर निर्भर है।

आदिवासी भूमि (Tribal Land)

आदिवासी जीवन में पहला और बहुत बड़ा परिवर्तन जंगल से कृषि की ओर है। वे अपना जीवनयापन जंगल से करते थे। उसमें परिवर्तन आया और उन्होंने खेती करना प्रारम्भ किया। अब वे खेती को अपने व्यवसाय में समझने लगे हैं। आज लगभग 90 प्रतिशत आदिवासी खेती करते हैं। खेती से जुड़े हुए व्यवसाय उनके द्वितीयक व्यवसाय हैं। पशुपालन, मुर्गीपालन, मछली पालन, रस्सी बनाना, आदि इनके दूसरी श्रेणी के व्यवसाय हैं। जहाँ पहले जंगल ही उनके आर्थिक जीवन का आधार था, आज भूमि उनका आधार बन गई है। भूमि से जुड़ी हुई एक और समस्या उनके सामने है। गैर–आदिवासी, साहूकार आदि उनकी जमीन गिरवी रख लेते हैं, खरीद लेते हैं। परिणामस्वरूप वे भूमि हस्तांतरण (Land Alienation) के शिकार हो जाते हैं।

जब आदिवासी के हाथ से उसकी कृषि भूमि चली जाती है, वह कृषि मजदूर हो जाता है, बेरोजगारों की कतार में खड़ा हो जाता है। उसकी हैसियत एक प्रवासी (Migrant) मजदूर की हो जाती है। अब आदिवासी क्षेत्र सबके लिए खुला क्षेत्र है। बहुत बड़ी संख्या में गैर–आदिवासी—बनिए, ब्राह्मण, मुसलमान इन क्षेत्रों में जाकर रहने लगे हैं। आदिवासियों की गरीबी, उनकी अशिक्षा, उन्हें बाध्य कर देती है कि वे अपनी खेती–भूमि को बेच कर अपनी आवश्यकताओं की पूर्ति करें। 1991 की जनसंख्या के अनुसार आदिवासी कृषकों की संख्या में बराबर गिरावट आई है। 1961 में आदिवासी का प्रतिशत जो 68.18 था, 1981 में पहुँच कर केवल 54.43 रह गया। इधर आदिवासी कृषि मजदूरों की संख्या जो 1961 में 19.71 प्रतिशत थी, 1991 में बढ़कर 32.7 हो गई। साफ है कृषक आदिवासियों की संख्या घट रही है, और कृषि मजदूरों की संख्या बढ़ रही है। चिन्ता की बात यह है कि आदिवासियों के हाथ से कृषि जा रही है जैसे जंगल चला गया। अधिकाधिक कृषि मजदूर और प्रवासी बन रहे हैं। सारी गड़बड़ी कृषि भूमि के स्वामित्व से जुड़ी हुई है और इस पर विचार होना चाहिए। ग्रामीण विकास विभाग द्वारा 1988 में किए गए एक सेम्पल सर्वे के अनुसार 30 से 55 प्रतिशत आदिवासी परिवार भूमि हस्तान्तरण के कारण प्रभावित हैं। यह सर्वेक्षण इस तथ्य को भी उजागर करता है कि 80 प्रतिशत आदिवासी परिवारों का भूमि हस्तान्तरण गैर–आदिवासी के हाथों में आ जाता है।

ऐतिहासिक सन्दर्भ में आदिवासी भूमि (Tribal Land in Historical Context)

भूमि से सम्बन्धित कानून, नीति, प्रबन्धन राज्य के क्षेत्र में आते हैं। राज्य ही इस सम्बन्ध में जो भी सुधार करना होता है, उसका निर्णय लेता है। इधर आदिवासी के पास में जो भी भूमि होती है, वह सम्पूर्ण देश में एक जैसी नहीं है। प्रत्येक राज्य का अपना–अपना इतिहास है, अपनी–अपनी भूमि है, और अपनी–अपनी व्यवस्था है। स्वतंत्रता के पहले, ब्रिटिशराज अपनी पहुँच दूर–दराज क्षेत्रों तक नहीं कर पाता था। अतः जैसा आदिवासी चाहते थे, भूमि पर कृषि करते थे। उनके पास भूमि की कोई कमी नहीं थी। जब सम्भव होता वे जंगल को काट कर खेती के लिए, नई भूमि प्राप्त कर लेते थे। जिस भूमि को आदिवासी जोतता था, वह भूमि उसकी थी।

स्वतंत्रता के बाद भूमि सुधार प्रारम्भ हुआ। अब भूमि का जिसके नाम पट्टा था, उसकी व्यक्तिगत सम्पति हो गई। वह उसे बेच सकता था, खरीद कर नई भूमि ले सकता था। धीरे–धीरे भूमि की खरीदी में प्रतियोगिता हो गई। जिसके पास जितनी ज्यादा भूमि है, वह उतना ही मालदार समझा जाने लगा। अब भूमि जीविकोपार्जन का साधन बन गई। इसके बहुत से कारण थे। भूमि का सम्बन्ध बाजार से जुड़ गया। खेती पूँजीवादी बन गई। पहले खेती का उद्देश्य पेट–पालन करना ही था। उतनी पैदावार लो, जितनी आपके लिए आवश्यक हो। अब पैदावार अतिरिक्त उपज—बाजार के लिए ली जाने लगी।

इस नए दौर में भूमि का महत्त्व दो कारणों से बढ़ गया। एक तो यह कि भूमि अब जीविकोपार्जन का साधन ही नहीं रही, यह एक उद्यम बन गई। खेती–बाड़ी पूँजीवादी बन गई। परिणाम यह हुआ कि बड़ा किसान अधिक से अधिक बड़ा बनने लग गया और इस पूँजीवादी दौड़ में सामान्य आदिवासी पिछड़ गया। वह महंगे बीज और उर्वरक नहीं खरीद पाता। भूमि में यंत्रीकरण को लाना, उसके बस में नहीं रहा, वह सुधरा हुआ हल तक नहीं खरीद सकता—ट्रैक्टर तो उसकी कल्पना से बाहर है और सबसे बड़ी परेशानी तो उसकी यह है कि जो कुछ भूमि उसके पास है, बहुत थोड़ी है। उसके पास एक ही विकल्प रहता है कि वह अपनी इस भूमि को बेच दे। जीवनयापन के लिए किसी और धन्धे को अपनाए।

जब भूमि बाजार में आ गई, खेती पूँजीवादी बन गई तब व्यापारी जिनका धन्धा किसानी नहीं है, भूमि खरीद लेते हैं, वे स्वयं तो खेती करते नहीं पर भूमि का पट्टा अपने नाम अवश्य कर लेते हैं। इस तरह के परिवर्तन का दौर आदिवासी को कहीं का नहीं रखता। वे खेती तो करते हैं लेकिन खेती की भूमि के मालिक नहीं हैं, वे पैदावार तो लेते हैं, लेकिन उपज के मालिक नहीं। स्थिति भयावह है। अब आदिवासी की भूमि बाजार में बिकाऊ है। मानवशास्त्री एफ.जी. बैली ने उड़िया के बिसीपाड़ा गाँव की भूमि का जो विवरण दिया है, वह स्पष्ट रूप से बताता है कि आदिवासियों की भूमि पूंजीपतियों के हाथ में आ गई है।

आदिवासी भूमि के बारे में जब कुछ लिखा जाता है, तब जो समस्या उभरकर आती है—घूम फिर कर वह आदिवासियों के भूमि हस्तान्तरण (Land Alienation) पर है। इसका अर्थ है—आदिवासी की भूमि गैर–आदिवासी के पास चली जाती है। भूमि हस्तान्तरण के कई कारण हैं—आदिवासी पर कर्ज चढ़ जाता है, उसे आए दिन

सामाजिक कार्यों के लिए यानी शादी, ब्याह, मेहमानी के लिए कर्ज की जरूरत पड़ती है। पैदावार भी बिगड़ जाती है। अध्याय के इस अंतिम भाग में हम भूमि हस्तान्तरण पर विस्तार से लिखेंगे।

आदिवासी भूमि हस्तान्तरण (Tribal Land Alienation)

मानवशास्त्रियों ने आदिवासियों पर बहुत कुछ लिखा है। उन पर जो अनुसंधान साहित्य आया है, वह बड़ा दिलचस्प है। यह एथनिक सामग्री से अटा पड़ा है। कहा गया है, आदिवासी बड़ा सामान्य और सरल जीव है। वह प्रकृति की बड़ी सुन्दर उपज है। छक कर शराब पीता है, मेले में नाचता–कूदता है। उसके पास कोई सम्पति नहीं है। वह शूर–वीर है। दूसरों के लिए युद्ध में जुट जाता है और ऐसी कई "रोमाण्टिक" बातें मानवशास्त्री अपने अनुसंधान में लिखते हैं। ये सब मिथक हैं। आदिवासियों की बहुत बड़ी समस्या उनकी जमीन की है। आए दिन जमीन जो इनके जीविकोपार्जन का साधन है, दूसरों के नाम पट्टे पर चढ़ जाती है। सामान्यतया मानवशास्त्री इस समस्या पर मौन साध लेते हैं।

भूमि हस्तान्तरण के कारण (Causes of Land Alienation)

भूमि हस्तान्तरण के कई कारण हैं। सामान्यतया आदिवासी ही नहीं, गैर आदिवासी समुदायों में भी भूमि की अदला–बदली होती है। परिवार के विभाजन के समय भूमि लड़कों के बीच बँट जाती है। इससे भूमि का आकार छोटा हो जाता है। नई भूमि पैदा तो नहीं होती, जो होती है, बंटती जाती है। आदिवासियों में भूमि हस्तान्तरण का कारण परिवार का विभाजन तो होता ही है, लेकिन उनमें हस्तान्तरण के कुछ विशेष कारण होते हैं। इन कारणों का हम यहाँ उल्लेख करेंगे—

1. अतिक्रमण के नाम पर कई बार आदिवासियों को उनकी भूमि से बेदखल कर दिया जाता है। कहा जाता है कि उनका भूमि पर कब्जा गैर कानूनी है।
2. कई बार विकास कार्यक्रमों के नाम पर भी भूमि का हस्तान्तरण होता है। नई सड़क या रेल लाइन के लिए यह सब होना सम्भव है।
3. यह भी होता है कि किसी राज्य में विशेष आर्थिक क्षेत्र (SEZ) यानी सेज के लिए भूमि दी जाती है और आदिवासी बेदखल हो जाता है। पश्चिमी बंगाल में नंदीगांव के किसानों को टाटा कम्पनी को जमीन देने पर भूमि छोड़नी पड़ी। कुछ इसी तरह का भूमि हस्तान्तरण उड़ीसा, आन्ध्रप्रदेश आदि राज्यों में भी हुआ है। अब देश में औद्योगिक विकास को भूमि से अधिक महत्त्व दिया जाने लगा है।
4. भूमि हस्तान्तरण में राज्य जो मुआवजा किसान को देता है, वह भूमि के बदले भूमि न होकर नकद पैसा होता है। आदिवासी किसान इससे संतुष्ट नहीं होते।
5. आदिवासी किसान जो हमेशा गरीबी में रहता है, अपनी आवश्यकताओं की पूर्ति के लिए जमीन को गिरवी रख देता है, बेच देता है, या पूरी की पूरी फसल दे देता है। उसे वधू–मूल्य के लिए, मौत–मरण या हारी–बीमारियों में कर्ज की हमेशा आवश्यकता होती है। यह महत्त्वपूर्ण बात है कि कर्ज के लिए आदिवासी के लिए जमीन के सिवाय और कोई सम्पति नहीं होती। सोना, जेवर और मकान

उसके पास कुछ नहीं होते। मकान कच्चा और नाम मात्र का होता है। रहन रखने के लिए, यदि उसके पास कुछ सम्पति है तो यह कृषि भूमि ही है। या कुछ फलदार पेड़ जैसे आम, महुआ आदि हैं। इस सम्पति के नाम पर ही वह कर्ज ले सकता है।

6. भूमि के बचाव के लिए राज्य के जो कानून हैं, वे इतने दोषपूर्ण हैं कि इसका लाभ आदिवासियों को नहीं मिल पाता। परिणामस्वरूप आदिवासी भूमि का हस्तान्तरण हो जाता है।
7. आदिवासी भूमि का हस्तान्तरण आदिवासी के हाथ में होता है। सामान्यतया जब आदिवासी अपनी भूमि बेचता है, तो वह गैर–आदिवासी यानी बनिया, राजपूत और मुसलमान को बेचता है या रहन रखता है, लेकिन ऐसा भी होता है। आदिवासी जो अपेक्षित रूप से अच्छी आर्थिक स्थिति में होता है, गरीब आदिवासी की भूमि को खरीद लेता है। इसका बड़ा कारण यह है कि आदिवासी की भूमि के बचाव के लिए जो राज्य सरकार ने कानून बनाया है, वह दोषपूर्ण है। कानून कहता है कि आदिवासी की भूमि को गैर–आदिवासी नहीं खरीद सकता। ऐसी स्थिति में आदिवासी ही आदिवासी की भूमि को खरीद लेता है। अब आदिवासी, आदिवासी के खेत पर ही काम करता है। उसी का बन्धुआ मजदूर बन जाता है। आदिवासी किसानों के स्तरीकरण में भूमि हस्तान्तरण ने यह नया इजाफा किया है।
8. भूमि हस्तान्तरण सभी राज्यों में एक समान नहीं है, लेकिन कुल मिलाकर हस्तान्तरित भूमि का अनुपात बढ़ रहा है। अगर हम 1961, 1971 और 1981 की जनसंख्या के आँकड़ों को देखें तो स्पष्ट होता है कि भूमि हस्तान्तरण के मामले बराबर बढ़ रहे हैं। कुछ राज्य तो ऐसे हैं जिनमें यह वृद्धि अप्रत्याशित है। ऐसे क्षेत्र जो नगरों, महानगरों की बगल में हैं, उनमें तो भूमि हस्तान्तरण बहुत अधिक है। मुम्बई, अहमदाबाद, जयपुर आदि शहरों के पास की कृषि भूमि को तो शहर डकार ही गए हैं। ये शहर ही हैं जो अपने पास की भूमि का हस्तान्तरण करते हैं।

भूमि रूपान्तरण का निदानात्मक उपाय
(Remedial Measures for Land Alienation)

देश के सभी राज्य इस तथ्य से सहमत हैं कि आदिवासियों में भूमि रूपान्तरण बहुत अधिक हो रहा है। इस रूपान्तरण से आदिवासियों की गरीबी और बढ़ जाती है। पहले तो उनके हाथ से जंगल निकल गए। दूसरा जब उन्होंने खेती करना सीखा, हरितक्रान्ति से नकद फसलें लेना प्रारम्भ किया, तब उनके पास से भूमि निकल गई। इसी को बेसहारा कहते हैं। अब राज्य सरकारों के सामने आदिवासी भूमि को बचाने का एक मात्र रास्ता कानून का रह गया। विशेषज्ञों ने बताया कि आदिवासी जमीन को बचाने के लिए सख्त कानून बनाना चाहिए। साफ है आदिवासी भूमि का हस्तान्तरण किसी भी हालत में नहीं होना चाहिए। राज्यों ने स्थानीय आदिवासियों की स्थिति को देखकर कानून बनाए। इन्हें विभिन्न नामों से जाना जाता है। विभिन्नता होते हुए भी सभी राज्यों की मंशा है कि भूमि हस्तान्तरण को किसी न किसी तरह से रोका जाए।

भूमि बचाव कानून की विशेषताएँ (Specialities of Land Protection Laws)

लगभग 23 राज्यों जिनमें केन्द्र शासित भी सम्मिलित हैं, में भूमि हस्तान्तरण के बचाव के लिए कानून बनाए गए हैं। प्रत्येक राज्य के कानून की यहाँ व्याख्या करना कठिन है फिर भी इस प्रकार के कानून की विशेषताएं हैं, उन्हें यहाँ हम निम्न बिन्दुओं में रखेंगे—

1. आदिवासी की भूमि को गैर–आदिवासी को हस्तान्तरित करना वर्जित है।
2. अगर आदिवासी की भूमि किसी तरह हस्तान्तरित हो जाती है, तब सरकार ऐसी भूमि को अपने अधिग्रहण में ले लेती है।
3. कानून आदिवासी भूमि के हस्तान्तरण पर पाबन्दी लगाते हैं।

इन कानूनों की विभिन्न धाराओं को गहराई से देखें तो स्पष्ट हो जाता है कि आदिवासी भूमि का किसी गैर–आदिवासी के नाम हस्तान्तरण होना लगभग सभी राज्यों में वर्जित है। कहीं–कहीं छूट है कि आदिवासी किसी भी आदिवासी को अपनी भूमि का हस्तान्तरण कर सकता है। ये कानून आदिवासी का भूमि के साथ जो सरोकार है उसकी सुरक्षा के सभी अधिकार राज्य सरकार को देते हैं। आवश्यकता पड़ने पर स्वयं सरकार ऐसी भूमि का अधिग्रहण कर सकती है।

उपसंहार (Conclusion)

आदिवासी ही क्यों, भारत के किसी भी किसान का भूमि के साथ जो आर्थिक और भावनात्मक सम्बन्ध होता है, वह अतुल्य है। देश ने कई पड़ाव देखे हैं। यहाँ साम्राज्यवाद रहा है। अंग्रेजों ने अपने उपनिवेशकाल में भूमि पर कई कानून बनाए। भूमि स्थायी बन्दोबस्त (Permanent Land Settlement) ने जमींदारी व्यवस्था को प्रारम्भ किया। किसान के ऊपर जमींदार था और जमींदार के ऊपर राजा था। किसान तो बेचारा रोंते के बीच की सुपारी था। यही हालत देशी राज्यों के किसानों की थी, जो जागीरदार के दमन के शिकार थे। जमींदारी और जागीरदारी व्यवस्था ने तो आदिवासी किसानों को कहीं का नहीं छोड़ा।

आदिवासी किसान का भूमि के साथ जो सम्बन्ध रहा है, वह इतिहास का दस्तावेज है। किसी भी क्षेत्रीय भाषा को लें—मराठी, गुजराती, बांग्ला और हिन्दी सभी में हमें किसानों और आदिवासी किसानों का दुखड़ा पढ़ने को मिलेगा। मुंशी प्रेमचन्द का लगभग सम्पूर्ण साहित्य गाँवों और किसानों का है।

स्वतंत्रता प्राप्ति के बाद भी यदि आज किसान को उसकी भूमि नहीं मिलती, वह हस्तान्तरण का शिकार बनता है तो उसका आर्थिक धरातल ही उसके पाँवों से खिसक जाता है। उसके बचाव के लिए अधिकांश राज्यों ने कानून बनाए हैं पर कोई भी कानून दोषरहित हो, ऐसा नहीं है। भूमि हस्तान्तरण के कानून भी कमजोर हैं, उनमें भी छेद हैं। सच्चाई यह है कि आदिवासी किसानों के भूमि हस्तान्तरण को तब तक कोई नहीं बचा सकता, जब तक वे स्वयं जागरूक नहीं होते, उनमें साक्षरता और समझ नहीं आती।

21

आदिवासी विकास की रणनीति

(Strategies for Tribal Development)

मानवशास्त्र यह वाद हमेशा से करता आ रहा है कि वह सम्पूर्ण मानवजाति का अध्ययन करता है। यह मानवजाति सार्वभौमिक है। यानी मानवशास्त्र दुनियाभर के लोगों का अध्ययन करता है। यह सब ठीक है—महत्वाकांक्षी है, लेकिन अभी तक मानवशास्त्र ने मनुष्य जाति के एथनिक जीवन पर ही अपने आपको केन्द्रित किया है। उसे चमत्कारिक और अनूठी दुनिया पसंद है। उसे लगता है कि आज भी आदिवासी दो–चार पत्नियों के साथ आनन्द विभोर है, आज भी वह जंगल के नदी–नालों के किनारे बैठकर अपनी बाँसुरी पर तान खींच रहा है। वह समझता है कि आज की ट्रोब्रिमंड (मोलिनोस्की) का आदिवासी जादू के सहारे अपनी जर्जरित नाव चला रहा है। भील आदिवासी आज भी तीर–कमान साधे हुए अपना शिकार करने के लिए तैयार है। मजे की बात यह है कि हिन्दुस्तान और विदेश का हर प्रकाशक मानवशास्त्र की पुस्तक के कवर पर शस्त्रधारण किए आदिवासी की तस्वीर को प्रस्तुत करने का शौकीन है। जब तक यह अजीबो–गरीब वृत्तांत समाप्त नहीं होता, मानवशास्त्र की व्याख्या अधूरी रह जाती है।

मानवशास्त्र की जो परम्परागत तस्वीर हमने ऊपर रखी है, मिथक मात्र है। आज का आदिवासी एक आधुनिक (**Modern**) आदिवासी है। अधिकतर, वह पढ़ा लिखा है—चाहे वह ट्रोब्रिमंड का रहने वाला हो या भारत के मध्यप्रदेश का गौंड या भील या गुजरात का हलपति (दुबला)। आज सब कुछ बदल गया है। हमारे यहाँ जंगलों, पहाड़ों और अलग–थलग वीरान क्षेत्रों में रहने वाले आदिवासी भी विकास की गिरफ्त में आ गए हैं। यह अवश्य है कि सम्पूर्ण आदिवासी क्षेत्र में समान विकास नहीं हुआ है। कुछ आदिवासी बहुत आगे बढ़ गए हैं और कुछ बहुत पीछे रह गए हैं। विकास की दौड़ सबके लिए है। ऐसा नहीं हो सकता कि देश के सम्पूर्ण लोगों के भाग्य की तुलना में आदिवासियों का भाग्य कुछ दूसरा हो। जब देश आगे बढ़ता है, तब अनिवार्य रूप से आदिवासी भी आगे बढ़ते हैं।

इस अध्याय में हम आदिवासियों के विकास की जो रणनीति अपनाई जा रही है, उसका विस्तार के साथ वर्णन करेंगे। ऐसा करने में विकास के लम्बे–चौड़े आँकड़े देने से कुछ नहीं होगा। आँकड़ों में बड़ी मिलावट होती है, घाल–मेल होता है। मानवशास्त्र जहाँ तक सम्भव हो, सांख्यिकी से दूर रहता है। वह गुणात्मक (Qualitative) उपागम को अपनाता है। इसी मुहावरे पर आदिवासी विकास पर हम यहाँ चर्चा करेंगे।

आदिवासी विकास क्यों? (Why Tribal Development?)

अर्थशास्त्री विकास की परिभाषा में एकमत नहीं हैं। जो एक के लिए विकास है, शायद दूसरे के लिए नहीं। आज के कार्पोरेट (Corporate) पूँजीवाद में मुट्ठी भर लोगों के हाथ में देश की सम्पूर्ण पूँजी का बहुत बड़ा भाग है, जबकि बहुसंख्यक लोग हाशिये का जीवन बिताते हैं। यह एक वर्ग के लिए समृद्धि है और दूसरे के लिए गरीबी। सामान्यतया विकास का अर्थ वृद्धि और परिवर्तन (Growth and Change) से लिया जाता है। जब आदिवासी विकास की बात करते हैं—तब इससे इसका सीधा अर्थ यह होता है कि विकास उनकी जीवन पद्धति में गुणात्मक परिवर्तन लाएगा। अब वे दोनों जून खाना खा सकेंगे। उनके कपड़े ऐसे होंगे जो उन्हें सर्दी की ठिठुरन से बचा सकेंगे। उनकी जमीन उनकी अपनी होगी। कोई उन्हें इससे बेदखल नहीं करेगा। वे अपने जीवन को प्रतिष्ठा के साथ जी सकेंगे, ऐसी ही कुछ धारणाओं के साथ आदिवासियों में विकास योजनाएँ चलाई जा रही हैं।

संविधान निर्माता इस तथ्य को अच्छी तरह से जानते थे कि आदिवासियों के साथ हमेशा से भेदभाव की नीति अपनाई जाती रही है। उनका शोषण होता रहा है। इसलिए उन्हें सुरक्षात्मक और विकासात्मक सुविधाएँ दी हैं। इन सुरक्षाओं का उद्देश्य उन्हें देश की मुख्यधारा (Mainstream) में लाना है। इन सुरक्षाओं का उल्लेख अनुच्छेद 15(4), 16(4), 19(5), 46, 330, 332, 335 में किया गया है। इन समुदायों के आर्थिक विकास का प्रावधान अनुच्छेद 275(1) और 339(2) दिया गया है। इन अनुच्छेदों के अनुसार राज्य सरकारों को यह निर्देश दिया गया है कि वे अपने साधनों को देखते हुए सुरक्षाओं को क्रियान्वित करें। जहाँ तक संभव हो, आदिवासियों को आर्थिक सहायता भी दी जाए।

आदिवासी विकास का सम्पूर्ण औपचारिक तंत्र संविधान के अनुच्छेदों में है। इन अनुच्छेदों के आधार पर केन्द्र और राज्य सरकारें नियम बनाती हैं। ये नियम विकास कार्यक्रमों को जमीनी जामा पहनाते हैं। जब नियम बनाए जाते हैं, तब स्थानीय समस्याओं को देखा जाता है। देश के विभिन्न आदिवासियों की आर्थिक और सामाजिक–साँस्कृतिक स्थिति एक जैसी नहीं है। उत्तर–पूर्व में बसे आदिवासी जो बहुसंख्यक ईसाई हैं, अब तक आधुनिकता की लड़ाई लड़ चुके हैं, वे मोटरकार में सवारी करते हैं, सिगरेट पीते हैं। वे मांसाहारी खाना खाते हैं। यहाँ तक कि नागा आदिवासी कुत्ते का मांस बड़े चाव से खाते हैं। वे आधुनिकता से चार कदम आगे हैं। इनकी समस्या राजनीतिक है, वे चीन के निकट पड़ोसी हैं। इन्हें बागी होते देर नहीं लगती।

आदिवासी समुदाय का एक दूसरा तबका देश के मध्य भाग में रहता है। इस तबके का फैलाव उड़ीसा, छत्तीसगढ़, झारखण्ड और बिहार से लेकर, मध्यप्रदेश, गुजरात और राजस्थान तक है। इनकी समस्याएँ, उत्तर–पूर्व के आदिवासियों से एकदम जुदा हैं। यहाँ निरक्षरता है, अटूट गरीबी और पिछड़ापन है। स्पष्ट है, सभी आदिवासियों के लिए कोई एक ही विकास योजना कारगर नहीं हो सकती। विकास कार्यक्रम स्थानीयता को देखकर ही बनाए जा सकते हैं। ये कार्यक्रम जमीनी हकीकत से जुड़े होते हैं। इस सिलसिले में योजना आयोग ने विभिन्न पंचवर्षीय योजनाओं में अपनी विकास की रणनीति में समय–समय पर परिवर्तन किया है। यहाँ हम विकास रणनीति का क्रमबद्ध विवेचन करेंगे।

आदिवासी विकास की रणनीति (Strategies for Tribal Development)

आदिवासियों की बहुत बड़ी समस्या उनका पिछड़ापन है। वे सदियों तक अलगाववाद (Isolation) के शिकार रहे हैं। इस अलगाव के कई कारण रहे हैं और परिणाम शायद कारणों से ज्यादा रहा हो। वास्तविकता यह है कि आदिवासियों के पास कोई ढाँचागत सुविधाएँ नहीं हैं। आवागमन के साधनों का नितान्त अभाव है। स्वास्थ्य की कोई सुविधाएँ नहीं हैं। शिक्षा के लिए कोई विद्यालय नहीं हैं। संचार साधनों का अभाव है। बिजली नहीं है। जीविकोपार्जन के लिए जंगल नहीं, जंगल की उपज नहीं है और खेती करने का हुनर उनमें नहीं है। जो कुछ उन्होंने खेती के नाम पर सीखा है, वह हिन्दू जातियों से सीखा है। नकद फसल—कपास, तम्बाकू, गन्ना और फलों की उपज को लेना उनके बस की बात नहीं है। वे सिंचाई के साधनों से वंचित हैं। यंत्रीकरण और पूँजीवाद जो आज खेती के अनिवार्य अंग हैं, उनसे वे अपरिचित हैं।

आदिवासियों की सामाजिक और साँस्कृतिक समस्याएँ भी हैं। वे नरबलि कभी–कभार कर लेते हैं। बीमारियों की रोकथाम के लिए उनका सहारा जादू–टोना है। उनके भोजन में जो पोषण तत्व था, वह पाबन्दियों के कारण उनकी पहुँच से दूर हो गया है। इस सबका परिणाम यह हुआ है कि ये समुदाय बुनियादी ढाँचे से धीरे–धीरे दूर होते गए।

जब विकास की पंचवर्षीय योजनाओं को लागू किया गया तब सरकार या विकास आयोग और गैर सरकारी संगठनों के सामने सबसे बड़ा कार्य आदिवासियों को ढाँचागत सुविधाएँ या बुनियादी सुविधाएँ प्रदान करने का था। बुनियादी सुविधाओं में आर्थिक, स्वास्थ्य, शिक्षा, बिजली, पानी और सड़क संबंधी मसले सम्मिलित हैं। ये मसले ही विकास की रणनीति के केन्द्र (Hub) हैं। इस रणनीति का निर्माण भारत सरकार का योजना आयोग (Planning Commission) करता है। इन सरकारी संगठनों के अतिरिक्त एक बहुत बड़ा संगठन और है। इसे गैर–सरकारी संगठन (Non-Governmental Organisation—NGO) कहते हैं।

देशभर में गैर–सरकारी संगठनों का एक विशाल जाल है। ये संगठन कई विचारधाराओं के हैं। अधिकांश संगठन गाँधीवादी दर्शन से प्रेरित हैं। जब गाँधीजी आजादी की लड़ाई में जुटे थे, उन्हें लगा कि आजादी की लड़ाई को अधिक

शक्तिशाली बनाने के लिए, संगठित करने के लिए रचनात्मक कार्य (Constructive) का होना आवश्यक है। इसके लिए वे जन सहयोग से धन एकत्र करते थे। उनका सबसे बड़ा प्रयास शिक्षा के क्षेत्र में था। गाँव–गाँव में उन्होंने स्कूल खोले, छात्रावास चलाए। प्रौढ़ों के लिए नाइट स्कूल खोले और जन जागृति की चेतना पैदा की। ठक्कर बापा ने गाँधीजी के दर्शन को आदिवासियों पर लागू किया। बहुत सरल शब्दों में, यदि गांधीजी ने अछूतों में रचनात्मक कार्य किया तो ठक्कर बापा ने आदिवासियों में। गैर–सरकारी संगठनों के बहुत अच्छे दृष्टान्त, साबरमती आश्रम, वर्धा आश्रम और भील सेवा मण्डल हैं।

जब हम आदिवासियों के विकास कार्यक्रमों का उल्लेख करते हैं, तब हमें यह अवश्य कहना चाहिए कि जहाँ सरकार ने आदिवासी रथ को चलाया है, वहाँ गैर–आदिवासी संगठनों का योगदान किसी भी आकलन में कम नहीं है। एक अनुमान के अनुसार कोई पन्द्रह हजार सामाजिक कार्यकर्ता (Social Workers) आज पाँच लाख से अधिक गाँवों में काम कर रहे हैं। ये संगठन आदिवासियों, अछूतों और हाशिये में जीवन बिताने वाले समूहों से जुड़े हैं। ये गैर–सरकारी संगठन किसी विचारधारा (Ideology) से जुड़े होते हैं और कार्य करने के लिए प्रेरित करते हैं। ये लोग नौकरशाही से दूर होते हैं, इनमें लालफीताशाही नहीं चलती और ये संगठन प्रायः जमीनी हकीकत से जुड़े होते हैं। सामान्यतया इन संगठनों को चलाने वाले गैर–राजनीतिक होते हैं। इनकी अर्थव्यवस्था जन सहयोग से चलती है, लेकिन कभी–कभी योजना विशेष के लिए इन्हें राज्य और केन्द्र सरकार से एड (Aid) यानी आर्थिक सहायता भी मिल जाती है।

पिछले दिनों में गैर–सरकारी संगठनों में काम करने वाले कार्यकर्ता केवल एक मिशनरी भावना से ही प्रेरित थे। आज यह काम बाकायदा प्रशिक्षित कार्यकर्ताओं द्वारा किया जाता है। इन कार्यकर्ताओं का एक निश्चित काडर (Cadre) होता है। वेतनमान होता है। कार्य करने की अवधि होती है।

जब हम गैर–सरकारी संगठनों की बात करते हैं, तब हमें ईसाई मिशनरी (Christian Missionary) संगठनों का उल्लेख अवश्य करना चाहिए। उत्तर–पूर्व के आदिवासियों जैसे कि बोडो, नागाओं में ईसाई मिशनरियों ने बहुत बड़ा काम किया है। यह क्षेत्र देश की मुख्यधारा से दूर अलग–थलग क्षेत्र में बसा हुआ है। यहाँ की भाषा भिन्न भाषा परिवार की है। प्रत्येक गाँव की अपनी पृथक बोली है। एक खास प्रकार का अलगाव यहाँ देखने को मिलता है। ऐसे विकट क्षेत्र में ईसाई मिशनरियों ने यहाँ काम किया है। इन्होंने विकास के लिए शिक्षा को अपना केन्द्र बनाया। यहाँ के आदिवासी फर्राटे से अंग्रेजी बोलते हैं। इस अंग्रेजी ने इनके लिए पश्चिमी देशों की खिड़कियाँ खोल दी हैं। ये लोग आज विकसित आधुनिकता की चौखट पर पहुँच गए हैं। इस विकास का श्रेय ईसाई मिशनरियों को दिया जाता है।

देश के मध्य भाग—मध्यप्रदेश, गुजरात और राजस्थान में भी इन मिशनरियों ने पर्याप्त विकास कार्य किया है। शिक्षा इनका मुँहलगा क्षेत्र रहा है। मध्यभारत में तो

इन्दौर, छिंदवाड़ा, झाबुआ जहाँ आदिवासियों का जमावड़ा है, ईसाई मिशनरियों ने खूब काम किया है। इन क्षेत्रों में ऐसे आदिवासी गाँव हैं, जहाँ पहुँचना दूभर है, ईसाई पादरी या फादर पूरी प्रतिबद्धता से आदिवासियों में काम करते हुए दिखाई देते हैं। इन क्षेत्रों में आदिवासी नकद फसल भी ले लेते हैं। कहीं तो इन्होंने हरित क्रांति के आधार पर खेती करना प्रारम्भ कर दिया है। आदिवासियों के धर्म परिवर्तन में भी इन मिशनरियों ने अपना योगदान किया है। ये ईसाई संगठन अपने विशिष्ट तरीके से रचनात्मक कार्य करते हैं। स्कूल खोलते हैं, छात्रावास बनाते हैं, प्राथमिक स्वास्थ्य सुविधाएँ देते हैं और खेती के नए तौर–तरीके सिखाते हैं।

जब हम आदिवासियों के विकास की बात करते हैं, तब हमें केवल सरकारी विकास कार्यक्रमों तक ही अपने आपको सीमित नहीं रखना चाहिए। इस क्षेत्र में गैर–सरकारी संगठनों की भूमिका किसी भी अर्थ में कम नहीं है और इन संगठनों में ईसाई तथा गाँधीवादी संगठन भी पूरी तत्परता से काम करते हैं। अब हम सरकार द्वारा किए गए विकास कार्यक्रमों का उल्लेख करेंगे।

आदिवासी विकास कार्यक्रमों की शुरुआत
(Beginning of Development Programmes)

स्वतंत्रता प्राप्ति के बाद देश में विकास कार्यक्रमों का एक लम्बा सिलसिला प्रारम्भ हुआ। पंचवर्षीय योजना चली। कुछ सीमित क्षेत्रों में सामुदायिक विकास खण्ड (Community Development Project) चले। इनका उद्देश्य गाँवों में विकास योजनाएँ लागू करना था। सामाजिक शिक्षा (Social Education) और कृषि तथा सिंचाई विकास के खास मुद्दे थे। ये प्रोजेक्ट 1950 में शुरू हुए।

बहुउद्देश्य विकास प्रोजेक्ट (Multipurpose Development Project)

ग्रामीण विकास योजनाओं में आदिवासियों के लिए 1954 में पहली बार बहु–उद्देश्य विकास योजनाओं (Multipurpose Development Project) की शुरुआत हुई। इनका मूल उद्देश्य आदिवासियों का आर्थिक विकास करना था। आर्थिक विकास में यह कहा गया कि आदिवासी कृषि के क्षेत्र में स्वायत्त या आत्मनिर्भर हो जाएं। कृषि विशेषज्ञों ने रासायनिक खाद और सिंचाई की जानकारी इन समुदायों को दी। आदिवासियों के बारे में हम इस तथ्य को दोहरा रहे हैं कि वे खेती के क्षेत्र में नए हैं और जब उन्हें इसकी तकनीकी जानकारी दी गई तब उनमें कुशलता आने लगी। उनमें आत्मनिर्भरता का सूत्रपात हुआ। बहु–उद्देश्य योजनाओं में खूब कुएँ खोदे गए और सिंचाई उनकी कृषि में पहली बार आई।

आर्थिक क्षेत्र के बारे भी शिक्षा और समाज सुधार के कार्यक्रम प्रारंभ किए गए। आदिवासियों के सम्पूर्ण विकास पर चहुं तरफ प्रयास इस योजना के अन्तर्गत किया गया। इसी कारण इसे बहु–उद्देश्य प्रोजेक्ट कहते हैं। प्रारंभ में इस प्रोजेक्ट पर पाँच वर्षों की अवधि के लिए 27 लाख रुपयों का प्रावधान किया गया।

विकास में ब्लॉक एप्रोच (Block Approach in Development)

वेरिअर एल्विन (Verrier Elwin) आदिवासियों के कल्याण के साथ जुड़े थे। पेशे से वे मानवशास्त्री नहीं थे। लंदन में जन्मे और वहीं पढ़े–लिखे थे। जब गाँधीजी लंदन गए थे, एल्विन उनसे अत्यधिक प्रभावित हुए। वे भारत में आ गए। उन्होंने यहाँ आदिवासियों के विकास कार्यक्रमों को लागू करने में अपनी खास भूमिका निभाई। वे स्वयं मध्यप्रदेश के माण्डला इलाके में गौंड आदिवासियों में लम्बी अवधि तक रहे। उन्होंने एक गौंड लड़की से विवाह भी किया।

1956 में भारत सरकार ने एल्विन की अध्यक्षता में एक कमेटी बनाई जिसका उद्देश्य आदिवासी विकास के लिए एक कारगर रणनीति की सिफारिश करना था। इस कमेटी ने कहा कि आदिवासी विकास को बड़ी सावधानी से लागू करना चाहिए। आदिवासी संवेदनशील लोग हैं। उनके विकास का कार्य जोखम से भरा है। उन्होंने कहा कि बहुसंख्यक आदिवासी आबादी में ब्लॉक (Block) चाहिए। इस ब्लॉक में लगभग 25000 की जनसंख्या होनी चाहिए। इस ब्लॉक में विकास कार्यक्रम आदिवासियों तक सीमित रहने चाहिए। विकास कार्यक्रमों में निम्नलिखित क्षेत्रों पर जोर दिया जाए—

(1) आर्थिक विकास
(2) शिक्षा
(3) स्वास्थ्य
(4) आवागमन और संचार

पूरे प्रयास करने के बाद भी एल्विन कमेटी की सिफारिशें अपेक्षित सफलता नहीं प्राप्त कर सकीं। इसका अर्थ हुआ आदिवासी विकास में ब्लॉक एप्रोच उचित नहीं रहा।

अनुसूचित क्षेत्र (ढेबर कमीशन) [Scheduled Area (Dhebar Commission)]

आदिवासी विकास कार्यक्रमों का मूल्यांकन अनुसूचित क्षेत्र और अनुसूचित आदिवासी आयोग द्वारा 1960 में किया गया। प्रायः यह आयोग ढेबर कमीशन के नाम से जाना जाता है क्योंकि ढेबर इसके अध्यक्ष थे। इस कमीशन ने अपनी रिपोर्ट 1961 में प्रस्तुत की। इसकी सिफारिशें निम्न प्रकार थीं—

1. आदिवासियों में विकास कार्यक्रमों की गति बहुत धीमी रही है।
2. विकास में धन का निवेश और अन्य सुरक्षाओं पर खर्च अपर्याप्त था।
3. सरकार को अनुसूचित क्षेत्र (Scheduled Area) को विकास का केन्द्र बनाना चाहिए।
4. इस क्षेत्र में रहने वाले सभी आदिवासियों के विकास के लिए सरकार को कानून बनाना चाहिए।

ढेबर आयोग की सिफारिशों को सरकार ने स्वीकार कर लिया और तीसरी पंचवर्षीय योजना में इन्हें लागू करने के लिए सम्मिलित कर लिया गया। इन सिफारिशों को प्रारंभिक तौर पर 500 ब्लॉक में शुरू किया गया।

विकास एजेन्सियाँ—शीलू आओ कमेटी
[Development Agencies (Sheelu Aao Committee)]

आदिवासी विकास के विकास कार्यक्रम को सरकार पूरी सतर्कता से चला रही थी। उसका अनुमान था कि यह विकास संतोषजनक रूप से नहीं चल रहा था। उसने 1969 में शीलू आओ की एक कमेटी को नियुक्त किया। इसका काम आदिवासी विकास का मूल्यांकन करना था। शीलू स्वयं नागा जनजाति के थे। उन्होंने ढेबर कमीशन की रपट को गहनता से देखा। उन्हें ज्ञात हुआ कि ढेबर की बहुत सी सिफारिशें लागू ही नहीं की गई। उन्होंने कहा कि इन सिफारिशों को शीघ्र लागू करना चाहिए। शीलू कमेटी ने अपने मूल्यांकन में निम्न बिन्दुओं पर जोर दिया—

1. ब्लॉक जो विकास का केन्द्र रहा है, आकार में बहुत छोटा है। यह प्रभावशाली ढंग से काम नहीं कर सकता।
2. आदिवासियों की मुख्य समस्याएँ ऋणग्रस्तता, भूमि अलगाव, आर्थिक पिछड़ापन और अपर्याप्त संचार की है।
3. इन समस्याओं को प्राथमिकता के आधार पर लेना चाहिए।

शीलू आयोग ने कहा कि आदिवासी विकास की रणनीति विकास एजेन्सी (Development Agency) होनी चाहिए। इन एजेन्सियों की स्थापना सबसे पहले मध्य प्रदेश और उड़ीसा में हुई। दोनों ही राज्यों में दो–दो एजेन्सियाँ शुरू की गई। इसके बाद अन्य राज्यों में भी एजेन्सियाँ चलाई गई। एक एजेन्सी में कई ब्लॉक सम्मिलित किए गए। ब्लॉक विकास कार्यक्रमों की इकाई (Unit) थे। विकास का एजेन्सी उपागम कई उद्देश्यों की घोषणा तो करता था, लेकिन वास्तविकता यह है कि यह केवल कृषि के क्षेत्र तक ही सीमित था। इसके कार्यक्रम ब्लॉक इकाई तक ही काम करते थे। एजेन्सी के दूसरे क्षेत्र इससे अछूते ही रह जाते थे।

आदिवासी उपयोजना—टास्क फोर्स (Tribal Sub-Plan: Task Force)

पाँचवीं पंचवर्षीय योजना के समय आदिवासी विकास कार्यक्रमों का नए सिरे से मूल्यांकन किया गया। इसके लिए आदिवासी क्षेत्र के विकास के लिए एक टास्क फोर्स (Task Force) का संगठन किया गया। इसे योजना आयोग ने बनाया। इस फोर्स ने आदिवासी विकास की गतिविधियों की गइराई से पड़ताल की। इसके निष्कर्ष को निम्न बिन्दुओं में रखा जा सकता है—

1. सरकार द्वारा चलाए गए विकास कार्यक्रम वस्तुतः विकास कार्यक्रम न होकर कल्याण कार्यक्रम (Welfare Programmes) ही रह गए थे। विकास के नाम पर इनमें कुछ नहीं था।
2. विकास का प्रशासनात्मक ढाँचा ऐसा था कि यह कभी भी आदिवासियों की समझ में नहीं आया।
3. यह सुझाव दिया गया कि आदिवासियों का संतुलित आर्थिक–सामाजिक विकास किया जाए।

टास्क फोर्स की सिफारिशों को 1974 में लागू किया गया। इसका कहना था कि विकास की रणनीति यह होनी चाहिए कि आदिवासियों की जीवन पद्धति में गुणात्मक (Qualitative) परिवर्तन आए और इसके लिए आदिवासी क्षेत्रीय विकास (Tribal Area Development) को अपनाना चाहिए। उन्होंने विकास की इस रणनीति को उपयोजना (Sub-Plan) का नाम दिया है। योजना तो आम लोगों यानी सभी लोगों के विकास के लिए होती है, पर योजना का एक विशेष भाग केवल आदिवासियों के लिए ही होना चाहिए। यह योजना जो उपयोजना है, केवल आदिवासी विकास पर ही केन्द्रित है। टास्क फोर्स की मुख्य सिफारिशें इस तरह हैं—

1. आदिवासी जीवन पद्धति में गुणात्मक परिवर्तन।
2. शोषण का निष्कासन।
3. आर्थिक और सामाजिक विकास के कार्यक्रमों को तीव्र गति देना जिससे इन समूहों में आंतरिक शक्ति आए और इनमें संगठन करने की क्षमता का विकास होवे।
4. एकीकृत साख और विपणन सहकारी समितियों का निर्माण।
5. कर्ज मुक्ति।
6. भूमि अलगाव को रोकना।
7. बन्धुआ मजदूरी पर पाबन्दी।
8. सेज (Special Economic Zone: SEZ) के अन्तर्गत आदिवासी भूमि अधिग्रहण को न्यूनतम करना।

आदिवासी उप-योजना के मुख्य लक्षण (Characteristics of Tribal Sub-Plan)

आदिवासी उपयोजना वस्तुतः पंचवर्षीय योजना का ही एक भाग है। उपयोजना की इस रणनीति को दो भागों में बाँटा गया है—

(1) एकीकृत आदिवासी विकास प्रोजेक्ट (Integrated Tribal Development Projects: ITDPs)
(2) मोडिफाइड एरिया डेवलपमेंट एप्रोच (Modified Area Development Approach: MADA)

एकीकृत आदिवासी विकास प्रोजेक्ट के अन्तर्गत ब्लॉक, तालुका, तहसील या सम्पूर्ण जिला सम्मिलित होता है। इस क्षेत्र में आदिवासी जनसंख्या 50 प्रतिशत या उससे अधिक होनी चाहिए। ऐसा करने में यह देखा जाता है कि प्रोजेक्ट का क्षेत्र सटा हुआ हो जिसे प्रशासनिक काम के लिए सुविधाजनक समझा जाए। कुल मिलाकर एकीकृत विकास के लिए जो क्षेत्र चुना जाए वह भौगोलिक दृष्टि से बिखरा हुआ न हो, जहाँ आधे से अधिक आदिवासी रहते हों और प्रशासन के लिए यह क्षेत्र अनुकूल हो।

मोडिफाइड एरिया डेवलपमेंट में क्षेत्र का सटा हुआ होना चाहिए। यह क्षेत्र विकास के पोकेट्स (Pockets) का चयन करता है। इसमें कम से कम 10,000

आदिवासी जनसंख्या का होना आवश्यक है। माडा (MADA) उपयोजना आदिवासी परिवार के विकास के लिए अपने साधनों को केन्द्रित करती है।

उपयोजना के लिए वित्तीय स्रोतों का प्रावधान

एकीकृत आदिवासी विकास प्रोजेक्ट्स तथा मोडिफाइड क्षेत्र विकास के लिए जिस धन की आवश्यकता होती है, उसके निम्न स्रोत हैं—

1. राज्य
2. केन्द्रीय मंत्रालय
3. आदिवासी क्षेत्रों को केन्द्र से विशेष सहायता का प्रावधान
4. संस्थागत वित्तीय सहायता, विशेष करके बैंक से।

केन्द्र या राज्य जब वित्तीय सहायता की राशि देता है तो इसमें यह देखता है कि विकास क्षेत्र कितना बड़ा है, उसकी जनसंख्या कितनी है और आदिवासियों का पिछड़ा स्तर कितना है। स्पष्ट है, जहाँ आदिवासी जनसंख्या का आकार विशाल होता है और लोगों में नितान्त गरीबी होती है, उस क्षेत्र के लिए सापेक्ष रूप से अधिक आर्थिक सहायता दी जाती है।

आदिवासी उपयोजना का मूल्य निर्धारण (Appraisal of Tribal Sub-Plan)

हमने आदिवासी विकास के लिए जो प्रयास हो रहे हैं, उनकी पड़ताल इस अध्याय में की है। विकास कार्यक्रम दो स्तर पर हो रहा है—(1) सरकारी प्रयास और (2) गैर–सरकारी प्रयास। इन दोनों प्रयासों का उद्देश्य आदिवासी जीवन–पद्धति में गुणात्मक परिवर्तन लाना है। इनमें अन्तर यह कि इन दोनों संगठनों के विकास की रणनीति जुदा–जुदा है। सरकारी विकास के एजेन्ट सरकारी कर्मचारी होते हैं। सरकारी नौकरशाही होती है। सरकार भी बदलती रहती है। यह सरकार की पार्टी की विचारधारा होती है जो प्राथमिकता को बदलती रहती है। मार्क्सवादी या हिन्दुत्ववादी सरकार विकास योजनाओं को अपनी विचारधाराओं के आधार पर लागू करती है।

गैर–सरकारी संस्थाओं में विकास योजनाओं को लागू करने के लिए मिशनरी के लोग होते हैं। उनमें दफ्तरशाही नहीं होती। लालफीताशाही का भी अभाव होता है। इनकी प्रेरणा के स्रोत देश की बदलती विचारधाराएँ हैं—गाँधीवाद, मार्क्सवाद या सर्वोदयवाद। इनके काम करने के तरीकों में भले ही अन्तर हो, लेकिन सभी इस बात से सहमत हैं कि आदिवासी समूह एक पिछड़ा और हाशिए का समूह है। इसका आर्थिक उत्थान आवश्यक है। इस क्षेत्र में बुनियादी ढाँचे में विकास होना आवश्यक है।

इस उपसंहार में दो–एक बातें और कहनी चाहिए। आदिवासी विकास का मसला राज्य का विकास है। यह राज्य ही है जो नीति निदेशक तत्वों के आधार पर विकास योजनाओं को लागू करता है। इन्हीं के आधार पर संवैधानिक सुरक्षाएँ आदिवासियों को दी जाती हैं। ये सुरक्षाएँ किसी सरकार या पार्टी की मेहरबानी नहीं हैं। विशुद्ध रूप से

संवैधानिक हैं। इसी सिलसिले में यह भी कहना चाहिए कि देश के आदिवासी विकास के एक ही पायदान पर हों, ऐसा नहीं है। वे विभिन्न स्तरों पर हैं और उनके विकास के लिए विभिन्न रणनीतियों की आवश्यकता है।

विकास के नाम पर जो कुछ पिछले दशकों में हो रहा है, वह पर्याप्त नहीं है। बात यह है कि विकास ने आदिवासियों की गैर–बराबरी को और बढ़ा दिया है। अब इनमें आदिवासी ही इनके शोषक बन गए हैं। इनमें भेदभाव बढ़ गया है। यह भी आदिवासियों की एक विडम्बना है कि विकास ने जहाँ इनकी समस्याओं का कुछ निदान किया है, जीवन पद्धति में सुधार किया है, वहां उनके सामने परिवर्तन से पैदा हुई समस्याओं की एक नई फसल तैयार कर दी है। यह एक अत्यंत संवेदनशील कौम है और इनमें विकास योजनाओं को सावधानीपूर्वक लागू करना चाहिए।

22

आदिवासी जनसंख्या और भारत के प्रमुख आदिवासी

(Tribal Population and India's Major Tribes)

आदिवासी केवल भारत में ही पाए जाते हों, ऐसा नहीं है। सभी देशों में इनकी उपस्थिति है। यह अवश्य है कि इन्हें अलग–अलग नामों से पुकारा जाता है। उदाहरण के लिए, अमेरिका में इन्हें रेड इण्डियन्स (Red Indians) कहते हैं, ऑस्ट्रेलिया में एबोरिजिन्स (Aborigines) और यूरोप के देशों में जिप्सी (Gypsy) या कंजर कहते हैं। इधर सम्पूर्ण अफ्रीका महाद्वीप में इन्हें ट्राइबल (Tribal) कहते हैं। भारत में इन समूहों को आदिवासी अर्थात् भारत में प्रारंभ से रहने वाले समूह कहा गया है क्योंकि ये प्रायः जंगलों में रहते हैं, इन्हें वनवासी भी कहते हैं। भारतीय संविधान ने सभी प्रकार के आदिवासियों को अनुसूचित जनजातियों (Scheduled Tribes) के नाम से परिभाषित किया है। संविधान की पाँचवीं अनुसूची में सबसे पहली बार आदिवासियों को अनुसूचित जनजातियों के नाम से पुकारा गया है। 1991 की जनगणना के अनुसार भारत की कुल जनसंख्या का 8.2 प्रतिशत आदिवासियों का है। जनगणना के अनुसार में देश में आदिवासियों के सम्पूर्ण समूहों की संख्या 622 है।

आदिवासी जंगल और पहाड़ों में रहते हैं। अब ये मैदानी इलाकों में भी आ गए हैं। जहां भी ये रहते हैं, सघन (Compact) क्षेत्र में रहते हैं, लेकिन इनके गाँवों की बसावट छितरी (Scattered) होती है। कभी–कभी तो एक गाँव का क्षेत्रफल कई किलोमीटर तक पहुँच जाता है और उत्तर–पूर्व के आदिवासी गाँव तो क्षेत्रफल में और लम्बे होते हैं। कहीं–कहीं तो बोडो (Bodo) जनजाति के गाँव इतने छितरे होते हैं कि सम्पूर्ण गाँव की भाषा या बोली भी एक ही होती है।

आदिवासी जनसंख्या—उत्तर-पूर्व और मध्य क्षेत्र
(Tribal Population: North-East and Central Area)

जब हम आदिवासियों की बसावट को देखते हैं तब हमें जनसंख्या के दो प्रारूप स्पष्ट रूप से दिखाई देते हैं। जनसंख्या का एक भाग उत्तर–पूर्व है जिसमें असम, नागालैण्ड,

मिजोरम आदि हैं। दूसरी ओर मध्य क्षेत्र है। जिसमें गुजरात, मध्यप्रदेश, राजस्थान आदि हैं। मिजोरम में आदिवासी जनसंख्या का प्रतिशत 94.75 है। इसी क्षेत्र के दूसरे राज्यों और केन्द्र शासित क्षेत्रों (Union Territories) में, उदाहरण के लिए लक्षद्वीप में 93.15 प्रतिशत आदिवासी हैं। नागालैण्ड में 87.70 प्रतिशत, मेघालय में 84.5 प्रतिशत, दादरा, नगर हवेली में 79.99 प्रतिशत और अरुणाचल प्रदेश में 63.66 प्रतिशत, मणिपुर में 34.41 प्रतिशत और त्रिपुरा में 30.95 प्रतिशत हैं।

अब हम देश के केन्द्र भाग को देखें जहां आदिवासियों की बहुत बड़ी जनसंख्या निवास करती है। इस क्षेत्र के 15 राज्यों में मध्यप्रदेश ऐसा राज्य है जहां आदिवासी जनसंख्या सबसे अधिक है। यहाँ कुल आदिवासी जनसंख्या का 23.27 प्रतिशत निवास करता है। इसके बाद उड़ीसा 22.3 प्रतिशत, गुजरात 14.92 प्रतिशत, असम 12.82 प्रतिशत और राजस्थान में 12.44 प्रतिशत आते हैं।

आदिवासियों की कुल जनसंख्या 6.78 करोड़ है। इसमें से मध्यप्रदेश में 22.73 प्रतिशत, महाराष्ट्र में 10.80 प्रतिशत और उड़ीसा में 10.38 प्रतिशत निवास करते हैं। यह कहना चाहिए कि कुल आदिवासियों का लगभग 40 प्रतिशत इन तीन राज्यों में पाया जाता है। आगे बढ़ें तो 71 प्रतिशत आदिवासी छह राज्यों में रहते हैं। ये राज्य हैं—मध्यप्रदेश, महाराष्ट्र, राजस्थान, गुजरात, बिहार और उड़ीसा। यह रुचिकर बात है कि हरियाणा, पंजाब, चण्डीगढ़, दिल्ली और पांडिचेरी में कोई आदिवासी जनसंख्या नहीं है।

आदिवासी जनसंख्या का ग्रामीण-शहरी विस्तार
(Rural-Urban Distribution of Tribal Population)

मानवशास्त्रियों ने जब कभी आदिवासियों की चर्चा की है, तब उन्होंने सदैव यह कहा है कि आदिवासी पहाड़ों और जंगलों में रहने वाले हैं। जंगल ही उनके जीविकोपार्जन के साधन रहे हैं। वे खेती के क्षेत्र में बड़ी देर से आए हैं। खेती ने ही उन्हें बस्तियों में बसाया है। मैदानों में आकर उन्होंने कस्बों में और शहरों–महानगरों में रोजगार के लिए प्रवसन (Migration) किया है। यह इतिहास ज्यादा पुराना नहीं है। कोई सौ वर्ष पहले का है।

आज की जो जनगणना (1991) है उसके अनुसार 7.39 प्रतिशत आदिवासी शहरों में रहते हैं। इधर देश की सम्पूर्ण जनसंख्या का 25.73 प्रतिशत भाग शहरों में रहता है। शहरों में गैर आदिवासी समूहों की तुलना में आदिवासियों का प्रतिशत बहुत थोड़ा है। इस तरह से देखें तो, मोटे रूप में, आदिवासियों का बहुत बड़ा भाग यानी 93 प्रतिशत गाँवों में रहता है। बड़े शहरों को देखें तो कर्नाटक, महाराष्ट्र और तमिलनाडु में कुल आदिवासियों का केवल 10 प्रतिशत ही निवास करता है। अन्य राज्यों में शहरों में आदिवासी निवास का प्रतिशत आन्ध्रप्रदेश में 7.6, असम में 3-4, बिहार में 7.0, गुजरात में 8.1, केरल में 3.5, मध्यप्रदेश में 4.8, उड़ीसा में 5.1, राजस्थान में 4.6, उत्तर प्रदेश में 5–9 और पश्चिमी बंगाल में 5.2 है।

आदिवासियों की राज्यवार मान्यता (Statewise Recognition of Adivasis)

किसी समूह की यह मान्यता कि वह आदिवासी है इसे राज्य सरकार तय करती है। राज्य सरकार की मान्यता पर ही इस समूह को अनुसूचित होने का लाभ मिल सकता है। कभी–कभी ऐसा भी होता है कि एक समूह जिसके अनुसूचित होने की मान्यता एक राज्य में होती है, इसी समूह की मान्यता दूसरे राज्य में नहीं होती। उदाहरण के लिए डामोर, भीलों की मान्यता अनुसूचित जनजाति की तरह राजस्थान में है, लेकिन गुजरात में डामोर को कोई मान्यता नहीं है। उन्हें गुजरात में अनुसूचित जनजाति का कोई लाभ नहीं मिलता। राजस्थान में उन्हें मान्यता है, अतः यहाँ लाभ मिलता है।

भारत के मुख्य आदिवासी समूह (Major Indian Tribal Groups)

सवाल है—हम किन आदिवासियों को मुख्य आदिवासी समूहों में सम्मिलित करेंगे? इसके कई आधार हो सकते हैं—शिक्षा, व्यवसाय, और जनसंख्या का आकार। भारत सरकार जनगणना के आँकड़ों के आधार पर मुख्य आदिवासी समूहों को परिभाषित करती है। इन समूहों में जिन्हें मुख्य आदिवासी समूह कहते हैं, इस तरह हैं—भील, गौंड, संथाल, मीणा, औराव, मुण्डा और खोण्ड। भीलों की जनसंख्या 49.79 लाख है, इसके बाद गौंड 93.19 लाख, संथाल 49.79 लाख, मीणा 28.01 लाख औराव 20.5 लाख, मुंडा 76.68 लाख और खोंड 11.46 लाख हैं। इन मुख्य आदिवासी समूहों के कुछ और भी महत्वपूर्ण समूह हैं जैसे कि बोडो, कोली, हौ और सौरा। इनकी जनसंख्या पांच से दस लाख के बीच में है। ये सब आंकड़े 1991 की जनगणना के अनुसार हैं। मुख्य आदिवासी समूहों पर परिचियात्मक टिप्पणी हम अध्याय के इस भाग में करेंगे।

भील (Bhil)

भारत में भील सबसे बड़ा आदिवासी समूह है। भीलों को भीलाला और भील गरासिया भी कहते हैं। 1981 की जनगणना में इनकी संख्या 55–29 लाख थी जो 1991 में बढ़कर 97.30 लाख हो गई। भीलों को अनुसूचित जनजाति की श्रेणी में सम्मिलित करने वाले राज्य हैं—मध्यप्रदेश, आंध्रप्रदेश, गुजरात, कर्नाटक, राजस्थान, गुजरात, और त्रिपुरा। देखा जाए तो भीलों का मुख्य निवास या राज्य जहां वे बड़ी संख्या में केन्द्रित हैं—पश्चिमी मध्यप्रदेश जिसमें झाबुआ, धार, खरगोन, रतलाम और पूर्वी गुजरात के जिले जिनमें पंचमहाल, डांग, भडूच, साबरकांठा, बनासकांठा, और दक्षिणी राजस्थान में बांसवाड़ा, डूंगरपुर, और उदयपुर हैं। देखा जाए तो भील एक सटी हुई पट्टी में निवास करते हैं जो राजस्थान, मध्यप्रदेश और गुजरात की सीमा है। संविधान की पांचवीं अनुसूची के अनुसार यह आदिवासी पट्टी अनुसूचित क्षेत्र (Scheduled Area) में आती है।

भील ऐसे आदिवासी हैं जिनका उल्लेख प्राचीन भारत में भी मिलता है। इनका विवरण महाकाव्यों में भी है। शबरी जिसके बेर भगवान राम ने खाए थे, एक भीलनी थी। भील शब्द की उत्पत्ति, द्रविड़ भाषा के शब्द भील (Bheel) से हुई है। इसका मतलब है तीर या बाण। यह भी समझा जाता है कि भील में शक्ति है, फुर्ती है और वे

बहादुर हैं। वे उच्च श्रेणी के तीरंदाज हैं और उनके तीर हवा में सीधे उड़कर जाते हैं। अखिल भारतीय तीरंदाजी प्रतियोगिता में प्राय भील तीरन्दाज अव्वल आते हैं। भीलों का संदर्भ महाभारत में भी मिलता है। एकलव्य ने अपना अंगूठा अपने गुरु को दक्षिणा में दे दिया। यह बताता है कि भील हमेशा से तीरंदाजी में अव्वल रहे हैं।

भील एक मार्शल कौम है। पिछले दिनों इनका राज्य राजस्थान की देशी रियासतों यथा कोटा, बांसवाड़ा, डूंगरपुर और प्रतापगढ़ में रहा है। ये ठाकुर रहे हैं। बाद में स्थानीय मुद्दों में इन्हें राजपूतों ने परास्त करके जंगलों में खदेड़ दिया। जंगलों में रहते हुए भी जब कभी देशी राजाओं का राज्याभिषेक होता था, किसी न किसी भील ठाकुर से तिलक निकलवाया जाता था। यह रिवाज इस बात को बताता है कि राजपूत राजा भीलों की कृपा पर ही राज्य करते थे।

मध्यकाल में भी भीलों की वीरता का वर्णन मिलता है। मुगलों ने मेवाड़ पर जब हमला किया था और हल्दीघाटी में जब घमासान लड़ाई हुई थी, इसमें महाराणा प्रताप की फौज में भीलों ने ही महत्वपूर्ण भूमिका अदा की थी। वे गुरिल्ला युद्ध में पारंगत थे और यह उनकी वीरता से ही था कि अकबर की सेना को हल्दीघाटी छोड़कर जाना पड़ा।

मध्यकाल में भीलों के साथ अपना मैत्री सम्बन्ध बनाए रखने के लिए राजपूतों ने उनके साथ विवाह संबंध भी रखे। यह मित्रता जो भीलों और राजपूतों में थी, वैमनस्य और संघर्ष से परे नहीं थी। भीलों का शोषण और दमन सभी ओर से हुआ है। राजपूतों ने ही उन्हें जंगलों की ओर लौटा दिया। मराठों और मुसलमानों ने उनके साथ अच्छा व्यवहार नहीं किया। खानदेश के तड़बी मुसलमान वस्तुतः भील थे। उन्हें इस्लाम धर्म मानने के लिए विवश किया गया। उन्हें जंगलों में जाना पड़ा। इस दमन के परिणामस्वरूप कुछ भील डाकू और लुटेरे बन गए। 18वीं और 19वीं शताब्दी में जब भारत पर आक्रमण हुए तब भील बागी बन गए। उनके साथ पाशविक व्यवहार किया गया। खानदेश का इतिहास देखा जाए तो भी भीलों के दमन का इतिहास है।

जब ब्रिटिश राज स्थापित हुआ तब अंग्रेजों को ज्ञात हुआ कि भील एक बहादुर कौम है और इसका लाभ लेना चाहिए। उन्होंने 1824 में मेवाड़ भील कोर (Mewar Bhil Corps) की स्थापना की। बाद में 1891 में सेना में भीलों की एक यूनिट ही बना दी गई। एम.ए. शेरिंग (M.A. Shering) ने भीलों की इस वीरता के बारे में कहा है—

> भारत में भील एक बहादुर कौम रही है। उन्होंने कभी भी हिन्दुओं के साथ एकीकरण नहीं किया। वे देश में अपनी स्वायत्तता निभाने में कामयाब रहे हैं।

भीलों में साक्षरता का प्रतिशत बड़ा न्यूनतम रहा है। स्त्रियों में तो यह प्रतिशत अत्यधिक थोड़ा है। सरकारी नौकरियों में भी उनकी संख्या कम है।

भील जिस बोली को बोलते हैं, भीली कहलाती है। संचार, शिक्षा और आवागमन ने भीली बोली को आज स्थानीयता तक ही सीमित कर दिया है। इसका अस्तित्व लगभग हाशिये पर आ गया है।

भीलों का मुख्य व्यवसाय खेती–बाड़ी है। अब ये नकद खेती भी करने लगे हैं। प्रौद्योगिकी उनके व्यावसायिक जीवन में आ गई है। आज भीलों का एक अच्छा तबका

नौकरियों में आ गया है, वे ड्राइवर, मैकेनिक और मकान कारीगर बन गए हैं। नई व्यवस्था ने यानी वैश्वीकरण, उदारीकरण ने भीलों को पूँजीवादी अर्थव्यवस्था की चौखट पर खड़ा कर दिया है।

भीलों के कई त्यौहार हैं। इनमें होली का त्यौहार उनके लिए बहुत महत्वपूर्ण है। सचाई यह है कि भीलों के कोई ऐसे त्यौहार नहीं हैं जो नितान्त रूप से केवल उनके लिए हों। वे जिस क्षेत्र में रहते हैं, उसी क्षेत्र के त्यौहारों को अपना लेते हैं। कर्नाटक के भील या गुजरात के भील स्थानीय त्यौहारों को ही अपने त्यौहार मानकर चलते हैं।

स्थानीय परम्परा के अनुसार ही भील गाँवों में मुखिया होते हैं। मुख्य अधिकारियों में गाँव का बड़वा, पुजारी और कोतवाल होते हैं। अब पंचायतीराज ने गाँव के नए मुखिया बना दिए हैं जैसे कि पंच, सरपंच, प्रधान और प्रमुख।

भील मृत व्यक्ति का दाह संस्कार करते हैं। अस्थियों का विसर्जन स्थानीय पवित्र समझने वाली नदी में कर दिया जाता है।

ऊपर हमने भील आदिवासियों का एक रेखाचित्र प्रस्तुत किया है। ये आदिवासी विभिन्न राज्यों में पाए जाते हैं। सभी राज्यों का आदिवासी विकास कार्यक्रम एक ही स्तर पर हो, ऐसा नहीं है। किसी राज्य में आदिवासी काफी आगे बढ़ गए हैं, वे आधुनिक हो गए हैं और कई जगह आज भी पिछड़ी अवस्था में हैं। ऐसी स्थिति में भीलों की कोई आम तस्वीर रखना असंभव है। हमने तो केवल एक सामान्य नक्शा ही रखा है।

जैसे एशिया, अफ्रीका और ऑस्ट्रेलिया के अन्य देश वैश्वीकरण के दौर से गुजर रहे हैं। भारत के आदिवासी इसके अपवाद नहीं हैं। इस पुस्तक के अंतिम भाग में हम बदलते हुए आदिवासियों की सामाजिक संरचना को रखेंगे। यहाँ तो बस परिचयात्मक टिप्पणी ही पर्याप्त है।

गौंड (Gond)

गौंड भारत में दूसरे नम्बर के आदिवासी हैं। भीलों के बाद जनसंख्या की दृष्टि से इनका दूसरा स्थान है। ये द्रविड़ प्रजाति के हैं। इन्हें मध्य प्रदेश, आन्ध्रप्रदेश, महाराष्ट्र, बिहार, गुजरात, कर्नाटक, उड़ीसा और पश्चिमी बंगाल में अनुसूचित जनजाति की मान्यता है। 1971 की जनगणना में इनकी संख्या 51.54 लाख थी जो 1991 में बढ़कर 93-13 लाख हो गई।

गौंडों की बहुत बड़ी संख्या देश के मध्य क्षेत्र में है। यह क्षेत्र गौंडवाना कहलाता है। कहना चाहिए कि गौंड आदिवासियों का घर मध्यप्रदेश है। मध्यप्रदेश में ये बहुतायत रूप से बस्तर, बिलासपुर, सरगुजा, छिंदवाड़ा और मंडला में पाए जाते हैं। इसी मंडला में वेरिअर एल्विन ने गौंडों पर प्रचुर क्षेत्रीय कार्य किया था। यहीं पर उन्होंने एक गौंड लड़की के साथ ब्याह रचा था।

आन्ध्रप्रदेश में गौंड आदिवासियों की घनी आबादी आदिलाबाद, करीमनगर और वारंगल में पाई जाती है। महाराष्ट्र, मध्यप्रदेश और आन्ध्रप्रदेश में कुछ गौंड ऐसे भी पाए

जाते हैं जिन्हें राज गौंड कहते हैं। 1940 में तो राज गौंड का प्रयोग बहुत अधिक होता था। पर जब राजशाही चली गई तब राज गौंड का प्रयोग भी कमजोर हो गया।

गौंड बहिर्विवाही (Exogamous) गोत्रों में बंटे हुए हैं। गोत्र में विवाह वर्जित होता है। गाँव के मुख्य गौंड मुखिया को फरडांग कहते हैं। इनकी बहुत बड़ी देवी बड़ादेव है।

गौंड आदिवासियों में साक्षरता का प्रतिशत बहुत थोड़ा है। स्त्रियों में यह प्रतिशत और भी नीचा है। गौण्ड सरकारी और गैर–सरकारी नौकरी में तो लग गए हैं पर इनका प्रतिशत बहुत थोड़ा है। गरीबी और पिछड़ेपन ने इन्हें शोषण का शिकार बना दिया है।

गौंड सामान्यतया गौंडी भाषा बोलते हैं। इसके अतिरिक्त वे स्थानीय बोली भी बोलते हैं। इन बोलियों में छत्तीसगढ़ी सामान्य है। देखा जाये तो इनकी भाषा द्रविड़ भाषा परिवार की है। द्रविड़ भाषा तमिल भाषा के निकट समझी जाती है।

सामान्यतया गौंड अपने आदिवासी धर्म को ही मानते हैं यद्यपि ब्रिटिश युग में इनके एक छोटे सम्प्रदाय ने ईसाई धर्म को भी अपना लिया था।

गौंड जनजाति की अर्थव्यवस्था कृषि प्रधान है। 1991 के जो आंकड़े उपलब्ध हैं उनके अनुसार 64 प्रतिशत गौंड अपना जीविकोपार्जन कृषि से करते हैं और 27 प्रतिशत कृषि मजदूरी से। रुचिकर बात यह भी है कि गौंड आदिवासियों का एक छोटा भाग आज भी स्थानान्तरित (Shifting) कृषि करता है। कुछ गौंड शिकार से जीवन निर्वाह करते हैं, कुछ पशुपालन करते हैं और अन्य द्वैतीयक व्यवसाय।

सामान्यतया गौंड में भूमि का आधिपत्य व्यक्ति के नाम पर होता है, लेकिन उनमें से जो लोग स्थानान्तरित खेती करते हैं, उनमें भूमि का स्वामित्व समूह का होता है। स्त्रियों की स्थिति गौंड आदिवासियों में अन्य आदिवासियों की तरह ही है। इनके नाम कोई सम्पत्ति नहीं होती। हिन्दू उत्तराधिकार कानून (Hindu Succession Act) गौंड पर लागू नहीं होता। यहाँ उनके परम्परागत कानून ही चलते हैं।

देश के सभी भागों में पंचायतीराज व्यवस्था है। परिवर्तन के इस दौर में परम्परागत पंचायतें भी आदिवासियों में बराबर काम कर रही हैं। गौंड में आज भी पंचायतीराज प्रभावशाली सिद्ध नहीं हो रहा है। इस जनजाति के सामाजिक और सांस्कृतिक मसले अब भी परम्परागत पंचायतें ही तय करती हैं।

गौंड आदिवासियों का आर्थिक शोषण साहूकार के माध्यम से होता है। उनकी ब्याज की दर चमत्कारिक होती है। इसे दुरुस्त करने का काम सहकारी समितियां करती हैं, लेकिन इन समितियों को गुजरात की समितियों की तरह कोई सफलता नहीं मिली है।

गौंड आदिवासियों की बहुत बड़ी समस्या उनका शोषण है। इस शोषण को दूर करने के लिए राज्य सरकार ने कुछ कारगर कदम उठाए हैं। अब इनमें बन्धुआ मजदूर व्यवस्था समाप्त कर दी गई। स्वयं गौंडों ने शोषण के खिलाफ कई आंदोलन किए हैं। बस्तर विद्रोह जो 1911 में हुआ था, इसमें राजमोहिनी देवी, एक गौंड महिला ने बड़ा रचनात्मक काम किया। उसने गौंड और अन्य आदिवासियों से शराब छोड़ने का आग्रह

किया। अन्धविश्वासों पर आधारित बुराइयों को दूर करने की बात कही। देखा जाए तो 1940 के दशक में गौंड आदिवासियों में जो भी विद्रोह हुए उनका उद्देश्य भूमि और भूमि से जुड़े हुए मसलों को समाप्त करना था।

अब गौंड बहुत बड़ी मात्रा में एक जागरूक कौम बन गई है। पिछले विद्रोहों ने उन्हें बहुत कुछ दिया है। अब वे अपने अधिकारों के लिए, सचेत हो गए हैं। जंगल के मसलों पर वे ठेकेदार के साथ कोई भी समझौता करने के लिए तैयार नहीं हैं। वे अपने विकास की योजनाओं में भी भागीदारी करने लगे हैं।

संथाल (Santhal)

भीलों की तरह संथाल भी आर्यों से पहले भारत में आने वाले आदिवासी हैं। इन्हें तीसरा बड़ा आदिवासी समूह कहा जाता है। 1971 की जनसंख्या में संथाल 36-33 लाख थे जो 1991 में पहुँचकर 49-79 हो गए। संथालों को बिहार, पश्चिमी बंगाल, उड़ीसा और त्रिपुरा में जनजाति की सूची में शामिल किया गया है। 1991 की जनसंख्या में बिहार में ये 23 से अधिक थे; पश्चिमी बंगाल में 20, उड़ीसा में छह लाख तथा त्रिपुरा में केवल 2700। इस जनजाति समूह की सघनता बिहार के संभाल परगना, गिरीडीह और धनबाद में पाई जाती है। पश्चिमी बंगाल में इनकी बहुलता बनकुड़ा, मिदनापुर, पुरुलिया, जलपाईगुड़ी और मयूरभंज में मिलती है। संथाल बहुल क्षेत्र उड़ीसा के क्योंझर और बालासोर हैं।

संथाल आदिवासियों की भाषा संथाली है, इसकी अपनी एक निजी लिपि है। इसे ओईचिकी कहते हैं।

इतिहास बताता है कि सर्वप्रथम संथाल बिहार के संथाल परगना में आकर बस गए। यह घटना 18वीं और 19वीं शताब्दी की है। उन्होंने घने जंगलों को काट दिया और धीरे–धीरे यहाँ बस गए। इस बसावट ने उनमें सुदृढ़ता ला दी। अब वे एक समूह की तरह रहने और सोचने लगे। बिहार के राजमहल पहाड़ियों के इस क्षेत्र में जहां संथालों की सघनता थी, उसे दामिनी कोह कहते हैं। यहाँ साहूकार पहुँच गए और शोषण प्रारंभ हो गया। शोषण करने में केवल साहूकार ही नहीं थे, व्यापारी, जमींदार, और ठेकेदार भी थे। संथाल इन सब शोषण करने वालों को दीकू कहते थे। दीकू का मतलब शोषण करने वाले। इसका दूसरा अर्थ है—बाहर वाले यानी गैर संथाल।

संथालों का दमन, उनका शोषण, लम्बी अवधि तक चला। लोगों का धीरज टूटने लगा और 1855 में सीधू कानू, चंद और भैरव ने विद्रोह का बिगुल बजाया। आखिर ब्रिटिश राज ने इस विद्रोह को तोड़ दिया। संथाल विजयी हुए और इनके नाम से संथाल परगना का निर्माण हुआ। यह वस्तुतः संथाल जिला था। संथाल परगना भूमि बन्दोबस्त (Land Settlement) को 1873 में लागू किया गया। अब इस बन्दोबस्त ने संथाल की भूमि को सुरक्षा प्रदान की। कोई भी गैर संथाल किसी भी आदिवासी की भूमि को खरीद नहीं सकता था। अब संथाल का भूमि हस्तांतरण (Alienation) समाप्त हो गया।

इतिहास के प्रारम्भिक काल में संथाल, जंगल, उसकी लकड़ी और लघुवन उपज से जीविकोपार्जन करते थे। उन्होंने स्थानान्तरित कृषि को भी अपनाया। शिकार और मत्स्याखेट भी किया और फिर कृषि को अपनाया। अब वे गाँवों में बस गए हैं। उनकी अर्थव्यवस्था कृषि और कृषि आधारित उद्योग है। वे कृषि मजदूर की तरह ही दिहाड़ी भी करते हैं।

मीणा (Mina)

राजस्थान और मध्यप्रदेश में मीणा अनुसूचित जनजाति की श्रेणी में आते हैं। अगर संख्या की दृष्टि से देखें तो देश के आदिवासियों में इनका पांचवां स्थान है। राजस्थान में यह सबसे बड़ा समूह है। 1991 की जनसंख्या के अनुसार ये 28 लाख थे। राजस्थान में इनका मुख्य निवास जयपुर, सवाई–माधोपुर, कोटा, भरतपुर, अलवर, चित्तौड़गढ़, उदयपुर, डूंगरपुर, बांसवाड़ा, बूंदी, सीकर, भीलवाड़ा, झालावाड़ और पाली जिले रहे हैं। मध्यप्रदेश में इनकी सघनता साहिबाबाद में रही है। 1991 की जनसंख्या में इनकी संख्या कोई 2000 के लगभग थी।

आजादी से पहले मीणा रिसायती राज्यों में राजा रहे हैं, ठाकुर रहे हैं और कई स्थानों पर उनकी हुकूमत चली है। उनके उत्थान और पतन का इतिहास बहुत लम्बा है। घटनाएं कुछ इस तरह घटीं कि उनका प्रभुत्व राजपूतों के हाथों समाप्त हो गया। इन घटनाओं ने उन्हें विद्रोही बना दिया। ब्रिटिश काल में कानून से इन्हें अपराधी कौम घोषित कर दिया गया और जैसा कि होना था, ये आदिवासी समूह में आ गए।

परम्परा के अनुसार मीणाओं की उत्पत्ति मीन अर्थात् मछली से मानी जाती है। राजस्थान के निर्माण में, मीणा बहुल क्षेत्र के नाम से मत्स्य राज्य की स्थापना हुई थी। इस राज्य में जो 1948 में बना था, अलवर, भरतपुर, करौली आदि भूतपूर्व रियासती राज्य थे। 1955 में जब वर्तमान राजस्थान राज्य बना था, मत्स्य राज्य इसमें विलीन हो गया। राजस्थान के निर्माण में मीणाओं की भूमिका बहुत महत्वपूर्ण रही है। युद्ध में तो ये शूरवीर रहे ही हैं प्रशासन में भी इनका कोई सानी नहीं।

मीणाओं का मुख्य व्यवसाय कृषि रहा है। इनके पास जो भी कृषि भूमि है वह कई प्रकार की है। रेगिस्तान की रेत भी इनके हिस्से में है और उपजाऊ भूमि थी। मीणा जीविकोपार्जन के लिए फसल से लेकर नकद फसल भी करते हैं। इस जनजाति का आर्थिक जीवन काफी समृद्ध है। इसी कारण कई बार यह भी कहा जाता है कि इनका अ–अनुसूचीकरण (De-schedulisation) हो जाना चाहिए। समृद्ध किसान के अतिरिक्त मीणा केन्द्र और राज्य सरकारों में बहुत बड़ी संख्या में अधिकारी हैं। इनकी प्रशासनिक योग्यता अव्वल दर्जे की मानी जाती है।

सब कुछ अच्छा है, मीणाओं के लिए, लेकिन इस जनजाति का आम आदमी आज भी सामान्य स्थिति से नीचे है। 1991 की जनगणना के अनुसार मीणाओं में साक्षरता की दर 10.27 प्रतिशत थी। स्त्रियों में यह दर 1.20 प्रतिशत थी और पुरुषों में 18.85।

मीणा आदिवासी जीवन में विवाह एक बड़ी घटना मानी जाती है। सामान्यतया विवाह अन्तर्वैवाहिक होते हैं। परम्परा से विवाह माता–पिता ही निश्चित करते हैं। इनमें

बाल विवाह भी होते हैं। अन्य आदिवासियों की तरह मीणाओं में विवाह संविदा नहीं होता। यह एक धार्मिक कृत्य है जिसे पुरोहित करता है। देखा जाए तो मीणा हर दृष्टि से अपने आपको हिन्दू समझते हैं। संविधान में इन्हें अनुसूचित जनजाति की श्रेणी में रखा गया है।

औराँव (Oraon)

औराँव द्रविड़ प्रजाति के हैं। वे सामान्यतया कुराव भाषा बोलते है। इन्हें बिहार, मध्यप्रदेश, महाराष्ट्र, उड़ीसा और पश्चिमी बंगाल में अनुसूचित जनजाति की मान्यता प्राप्त है। 1991 की जनगणना के अनुसार इनकी कुल आबादी 26.50 लाख रही है। अगर राज्यवार इनकी जनसंख्या को देखें तो बिहार में ये 12.14 लाख, मध्यप्रदेश में 5.44 लाख, पश्चिमी बंगाल में 5.36 लाख और उड़ीसा में 1.65 लाख पाए गए हैं। बिहार में इनकी सघनता छोटा नागपुर और हाल में झारखण्ड राज्य में रही है। मध्यप्रदेश में इनका घर सरगूजा और रायगढ़ में है, पश्चिमी बंगाल में ये बनकूड़ा, मिदनापुर, पुरुलिया, जलपाईगुड़ी में बहुत संख्या में हैं। चौबीस परगना में भी ये बहुत संख्या में हैं।

औराँव में साक्षरता का प्रतिशत 26.00 रहा है। यह प्रतिशत एक राज्य से दूसरे राज्य में अन्तर रखता है।

यद्यपि औराँव खेती करते हैं, लेकिन हाल में जो आँकड़े मिल रहे हैं, उनके अनुसार खेती करने वाले लोगों की संख्या बराबर घटती जा रही है। इसका कारण इस जनजाति की कृषि भूमि गैर–औराँव जातियों के हाथ में चली गई है। अब औराँव या तो कृषि मजदूरी करते हैं या स्थानान्तरण खेती करने के लिए बाध्य हैं।

इस जनजाति में लड़के और लड़की पारस्परिक सहमति से विवाह कर लेते हैं। इनमें विवाह इनका पुरोहित जिसे पहान कहते हैं, करवाता है।

औराँव गाँव में पहान और महल मुख्य व्यक्ति होते हैं। इनके अधिकार धार्मिक परम्पराओं और कर्मकांडों से सम्मत होते हैं। ये वंशानुगत होते हैं।

इस जनजाति के मुख्य त्यौहार सारहूत और कर्मा हैं। ये आयोजन बड़े उत्साह और उमंग के साथ मनाए जाते हैं। इस समारोह में खूब–नाच गाने होते हैं, छक कर शराब पी जाती है और मनमाने पकवान बनाए जाते हैं। औराँव के एक समूह ने ईसाई धर्म को भी अपना लिया है, लेकिन इन त्यौहारों को इस जनजाति के सभी लोग मनाते हैं।

औराँव सर्वशक्तिमान ईश्वर में विश्वास रखते हैं। यह ईश्वर उन्हें उनके देवता सूर्य में दिखाई देता है।

जब हम औराँव जनजाति की चर्चा करते हैं, तो हमें उनके स्तरीकरण की बात भी करनी चाहिए। यह जनजाति दो भागों में बंटी है। इनका एक भाग मूल औराँव का है। इनमें बदलाव नाम मात्र को आया है। ये रूढ़िवादी (Conservative) हैं, दूसरा भाग सुधारवादी (Reformist) है। इन्हें तन्ना भगत कहते हैं। ये भगत कुरुख धर्म को मानने वाले हैं। इनका उद्‌गम कृषि और धार्मिक आन्दोलनों के साथ जोड़ा जाता है।

ये भगत शाकाहारी भोजन करते हैं और मद्यपान उनके लिए वर्जित है। ब्रिटिश राज ने औराँव का खूब दमन किया। इसका कारण यह भी है कि ये लोग गांधीजी के आंदोलन से भी जुड़ गए। इनमें से कई लोग जेल भी गए। आजादी के बाद बिहार सरकार ने औराँवों को भूमि के प्रभुत्व के कुछ अधिकार भी दिए। आज यह जनजाति, विकास योजनाओं के होते हुए, खस्ताहाल है। इस पर ध्यान देने की आवश्यकता है।

मुंडा (Munda)

मुंडा आदिवासी एक जनजाति है। ये कोलारियन प्रजाति के हैं। इन्हें अनुसूचित जनजाति की मान्यता बिहार, झारखण्ड, मध्यप्रदेश, उड़ीसा, त्रिपुरा और पश्चिमी बंगाल में है। झारखण्ड में ये छोटा नागपुर क्षेत्र में बहुलता में पाए जाते हैं। इनकी सघनता राँची, सिंगभूमि, गुमला और लोहारगढ़ में भी पाई जाती है। उड़ीसा में इनकी बहुलता सुन्दरगढ़, सम्बलपुर जिलों में मिलती है। पश्चिमी बंगाल में मुंडा जलपाईगुडी, मिदिनापुर, प. दिनाजपुर और 24 पारगना जिले में पाए जाते हैं। 1981 की जनगणना में मुण्डाओं की संख्या 14.24 लाख थी जो 1991 में पहुँचकर 16.18 लाख हो गई।

मुंडा जनजाति की भाषा मुंडारी है। इस भाषा में मुड का अर्थ होता है, धनी और प्रतिष्ठावान व्यक्ति। इस जनजाति की कुल आबादी का 62 प्रतिशत भाग बिहार और झारखण्ड राज्य में रहता है।

मुंडा आदिवासियों का मुख्य व्यवसाय कृषि है। प्रारंभ में जैसा कि देश के अन्य भागों में प्रचलित था, भूमि पर सम्पूर्ण समुदाय का आधिपत्य था। ब्रिटिश काल के आने के बाद भूमि का नए सिरे से बन्दोबस्त हुआ और जमींदारी व्यवस्था आई और इसके साथ शोषण प्रथा, दमन का दौर प्रारंभ हुआ। मुण्डाओं को विश्वास हो गया कि जब तक वे जमींदारों के खिलाफ आन्दोलन नहीं करते, शोषण से उनकी मुक्ति नहीं हो सकती और तब 1895 में राँची और इसके आस–पास के इलाकों में बिरसा मुण्डा के नेतृत्व में भूमि आंदोलन हुआ। बिरसा ने आदिवासियों का ईसाई धर्मान्तरण के लिए जो मिशनरी कार्य हो रहा था, विरोध किया। सरकार को आंदोलन के दबाव में आकर भूमि सुधार करना पड़ा। परिणामस्वरूप 1908 में छोटा नागपुर काश्तकारी अधिनियम (Chhota Nagpur Tenancy Act, 1908) पारित हुआ। मुण्डाओं को उनकी भूमि पर मालिकाना हक देने के लिए भूमि नियमन अधिनियम, 1969 (Land Regulation Act, 1969) बना। यह सब हुआ लेकिन कानून में कुछ कमजोरी होने के कारण, मुण्डाओं की भूमि गैर मुण्डाओं के हाथों में चली गई। इधर मुण्डाओं के साथ में एक और ज्यादती हो गई। जंगल की लघु उपज, राष्ट्रीयकरण के आ जाने से उनके हाथ में नहीं रही। उनके लिए तो भूमि और जंगल दोनों ही नहीं रहे। जीविकोपार्जन के साधन के छीने जाने से मुण्डा ठगे हुए से रह गए।

1991 की जनगणना ने चौंकाने वाले आँकड़े दिए। 1971 में जहाँ कृषि करने वाले मुण्डाओं की संख्या 71 प्रतिशत थी, वह 1991 में केवल 50 प्रतिशत रह गई। इससे स्पष्ट हो गया कि अब कृषि जीविकोपार्जन का विश्वसनीय साधन नहीं रहा। इन सब घटनाओं ने मुण्डाओं की अर्थव्यवस्था को एक नई दिशा दी। अब वे औद्योगिक

श्रमिक बन गए। इधर औद्योगीकरण की गति बढ़ गई। मुण्डाओं में इन नई परिस्थितियों के कारण असंतोष बढ़ गया।

मुंडा सिंग बोन्गा की पूजा अपने इष्टदेव की तरह करते हैं। वे अपने पूर्वजों की पूजा भी करते हैं। इस जनजाति के पुरोहित को दोहरी कहते हैं। यह पद वंशानुगत होता है। बीमारियों के इलाज के लिए देओरा होता है। ये जादू–टोना भी जानते हैं। चुड़ैल को भगाने के लिए दौसी होता है।

मुंडा जीवन में त्यौहारों का माहौल बराबर बना रहता है। कुछ त्यौहार तो फसलों के साथ जुड़े होते हैं, और कुछ धार्मिक। आए दिन कुछ न कुछ होता ही रहता है। बीज बोने से लेकर पैदावार काटने तक इन त्यौहारों का सिलसिला चलता ही रहता है। गरम धरम, माघे, परब, साहूल और हलचर कृषि से जुड़े हुए त्यौहार हैं।

मुंडाओं में परम्परागत पंचायत कभी शक्तिशाली थी। यही इनके जीवन पर नियंत्रण रखती थी। आज यह पंचायत कमजोर हो गई है। अब कानूनी पंचायत यानी पंचायती राज प्रभावपूर्ण तरीके से इस जनजाति में काम कर रही है। मुण्डाओं में जनजागृति बहुत अच्छी हो गई है। वे शोषण के विभिन्न आयामों से भली–भाँति परिचित हैं। उनमें सहकारी आन्दोलन कारगर रूप से चल रहा है। कभी–कभी तो मुण्डा अपने हितों की सुरक्षा के लिए गैर–आदिवासियों से संघर्ष भी करते हैं।

खोण्ड (Khond)

खोण्ड द्रविड़ प्रजाति के हैं। इन्हें अनुसूचित जनजाति के रूप में इन राज्यों में मान्यता है—उड़ीसा, बिहार, आन्ध्रप्रदेश, महाराष्ट्र, मध्यप्रदेश और पश्चिमी बंगाल। मध्यप्रदेश और महाराष्ट्र में आदिवासी खोण्ड या कान्ध तथा आन्ध्रप्रदेश में कोण्ड के नाम से पहचाने जाते हैं। देखा जाए तो खोण्ड बहु संख्या में उड़ीसा के कालाहांडी और कोरापून जिलों में मिलते हैं। मीडिया ने लगातार जब कभी आदिवासियों की गरीबी की चर्चा देश में की जाती है। कालाहांडी का दृष्टान्त रखा है। यहाँ के खोण्ड कभी अकाल की चपेट में आ जाते हैं तो कभी महामारी की। दो जून का खाना मिलना इनके लिए अपवाद है।

1981 की जनगणना में इनकी संख्या 9.97 लाख थी। 1991 जनगणना में इनकी आबादी 11.46 लाख तक पहुँच गई।

खोण्ड बड़े ही सादे लोग हैं। वे खोण्डी भाषा बोलते हैं। इनमें से कुछ उड़िया भाषा को भी समझते हैं। आख्यान यह है कि प्रारंभ में यह कौम खानाबदोश (Nomadic) थी। आज यहाँ और कल वहां। ये कन्द–मूल के संग्रहण से अपना जीविकोपार्जन करते थे, लेकिन अब ये स्थाई रूप से बस गए हैं, पहाड़ों और मैदानों में। अब ये कृषि कार्य करते हैं, गाँवों में रहते हैं, कुछ खोण्ड कूटिया और डोंगरिया में स्थानान्तरित खेती भी करते हैं। वे खोण्ड जो भूमिहीन हैं, श्रमिक हैं—दिहाड़ी करते हैं। देखा जाए तो खोण्ड का धंधा कृषि जंगल आधारित (Agro-Forest Based) है। इनकी भूमि ऐसी है जहां हल्दी की पैदावार बहुत अच्छी होती है। वे मक्का, धान और दालों का उत्पादन भी करते हैं। कुछ खोंण्ड आज भी वस्तु विनियम करते हैं। इसके लिए साप्ताहिक हाट उपयुक्त स्थान है।

एक जमाना ऐसा भी था जब खोण्ड नर बलि चढ़ाते थे। इस प्रथा को मेरिहा कहते हैं। जब ब्रिटिश शासकों ने इस पर पाबन्दी लगा दी, तब इसका खोण्डों ने बड़ा विरोध किया। यह रूचिकर बात है कि जिस व्यक्ति की बलि दी जाती थी, वह गैर-खोण्ड होता था। खोण्डों की यह मान्यता थी कि अकाल, महामारी, और प्राकृतिक विपदाएं देवी-देवताओं की नाराजगी से आती हैं और इनका कारण नर बलि नहीं होता था। राजाओं ने भी इस बलि को मान्यता दे दी थी। यह ब्रिटिश राज ही था जिसने इस प्रथा पर रोक लगा दी।

खोण्ड जनजाति में परम्परागत पंचायत बड़ी शक्तिशाली संस्था थी। उनमें गाँव का मुखिया गोन्टिया कहलाता है। अब पंचायती राज ने इस पंचायत के पर कतर दिए हैं। यह कमजोर हो गई है।

खोण्ड सामान्य रूप से आत्मावादी हैं। खोण्ड एकपत्नीक (Monogamous) हैं। वे अन्तर्विवाह करते हैं। उनमें वधू मूल्य का बहुत अच्छा चलन है।

खोण्ड शराब पीने के बड़े शोकीन हैं। नाच गाने इन्हें पसंद हैं। त्यौहारों पर ये शराब और नाच-गाने को कभी नहीं छोड़ते।

उपसंहार (Conclusion)

वैसे देश में अनुसूचित जनजातियों या आदिवासियों के सैकड़ों समूह हैं। इनका सबका ब्यौरा यहाँ देना संभव नहीं है। हमने जनसंख्या के आधार पर सात आदिवासी समूहों का इस अध्याय में उल्लेख किया है। ये प्रमुख आदिवासी समूह हैं। जैसे देश में कई जातियाँ हैं, एथनिक समूह हैं, वैसे ही आदिवासी समूह हैं। इनकी अपनी एथनिक पहचान है और बहुत बड़ी पहचान तो यह है कि ये सब अनुसूचित जनजाति की कोटि में आते हैं। इनमें से प्रत्येक आदिवासी की अपनी परम्पराएं हैं, रिवाज और तौर-तरीके हैं।

आदिवासी समूहों में विभिन्नता तो है ही—पर्यावरण की, इतिहास की, व्यवसाय की और एथनिसिटी की। फिर भी इन सब की परिवर्तन की दिशा एक ही है। अपनी सांस्कृतिक पहचान को रखते हुए भी ये समूह निश्चित रूप से स्थानीय मुख्यधारा में अपना एकीकरण कर रहे हैं। जैसी भी स्थानीय मुख्यधारा है—भाषा है, राजनीतिक उठापटक है, शिक्षा स्तर है, खान-पान और पहनावा है, वैसे ही आदिवासी समूह हैं। ऐसे बदलाव के लिए मानवशास्त्री को जश्न मनाना चाहिए।

23

आदिवासियों को संवैधानिक सुरक्षा

(Constitutional Safeguards to Tribals)

1991 की जनगणना के अनुसार भारत में आदिवासियों की कुल संख्या 6.78 करोड़ है। देश की कुल आबादी का यह 8.98 प्रतिशत है। इन आदिवासियों की सबसे बड़ी समस्या उनका पिछड़ापन है। वे निरक्षर हैं। उनका शोषण होता है। उनकी अर्थव्यवस्था कृषि और जंगल पर निर्भर है। देश की मुख्यधारा में इनके एकीकरण के लिए, हमें कुछ ऐसे प्रयास करने होंगे कि ये अन्य नागरिकों के बराबर हो जाएं। संविधान निर्माताओं ने आदिवासी समस्याओं की पड़ताल करके यह निष्कर्ष निकाला कि मध्यकाल और ब्रिटिश काल में इनका बड़ा शोषण हुआ है। इन्होंने अपना अतीत अमानवीय स्तर पर जीया है। जंगलों और पहाड़ों में रहने के कारण वे पृथक्करण के शिकार रहे हैं। स्वतन्त्र भारत में प्रगति के लिए जो दौड़ लगी है, गलाकाट प्रतियोगिता हो रही है, इसमें साझेदारी के लिए आदिवासियों को कुछ विशेष सुरक्षाएं देनी होंगी। उन्होंने जो पिछड़ापन भोगा है, उसका अनुदान उन्हें मिलना ही चाहिए। जो कुछ संवैधानिक सुविधाएं उनको दी गई हैं, इसके पीछे सबसे बड़ा तर्क यह है कि अब उन्हें सबके बराबर लाने के लिए कुछ विशेष राहत देनी चाहिए। जब वे अन्य नागरिकों के स्तर पर आ जाएंगे, तब ये सुरक्षाएं या अनुदान बन्द कर दिए जाएंगे।

सुरक्षाएँ क्यों? (Why Safeguards?)

पिछले कई वर्षों से आदिवासियों का शोषण होता आ रहा है। उनसे बेगार ली जा रही है। देश में कुछ वर्षों से यह विवाद चल रहा है कि आदिवासियों को सुरक्षाएँ और आरक्षण क्यों दिए जा रहे हैं। प्रजातंत्र में सभी समान हैं फिर इन वर्गों को आरक्षण क्यों? ब्राह्मण भी गरीब हैं। वे भी निरक्षर हैं। राजपूतों की हालत भी कुछ ऐसी ही है। वे भी कोई कम परेशान हों, ऐसा नहीं है। वे राजपूत जो कभी इस देश में ठाकुर और जमींदार थे, आज बर्तन माँज कर अपना गुजारा करते हैं। ऐसी अवस्था में आदिवासियों और कमजोर वर्गों को विशेष सुविधाएँ देना, अप्रजातांत्रिक है। तर्क बहुत हैं और यह बराबर कहा जाता है कि अब आदिवासियों का अ–अनुसूचीकरण

(De-schedulisation) होना चाहिए। यह भी कहा जाता है कि अब तो आदिवासियों में विशिष्ट वर्ग (Elite) पैदा हो गया है। यह वर्ग मौज–मस्ती करता है, राजनेता हैं, पंच और सरपंच हैं, मोटर गाड़ियों में सैर करते हैं, और बंगलों में रहते हैं। इन्हें सुरक्षा की क्या आवश्यकता है? अपनी जगह पर यह विवाद सही है। पर यह भी सही है कि आदिवासियों का बहुत बड़ा भाग आज भी पद्दलित है, शोषित है। इसे आगे लाना आवश्यक है। इस बहुल–भाग को आरक्षण और विशेष सुविधाएँ देने के कुछ प्रमुख कारण हैं जिन्हें हम निम्न बिन्दुओं में रखेंगे—

1. आदिवासियों को जो सुविधाएं दी जा रही हैं, चाहे नौकरी में आरक्षण हो या संसद तथा विधानसभा में, सब संविधान के अनुसार है। इसीलिए हम इन्हें संसदीय सुविधाएँ कहते हैं। ये सुविधाएँ किसी राजनीतिक दल की कृपा नहीं है। अगर सुविधाएँ नहीं देनी चाहिए तो संविधान को खारिज कर दीजिए सब ठीक हो जाएगा।
2. सुविधाएं देने का बहुत बड़ा कारण यह है कि पिछले सैकड़ों वर्षों में इन आदिवासियों ने अमानवीय जीवन जीया है। आधुनिकता के जो लाभ अन्य लोगों को उपलब्ध थे, उनसे वे वंचित रहे हैं। वे शिक्षा से दूर रहे हैं, पढ़ाई–लिखाई उन्हें मिली नहीं है और वे समाज की मुख्यधारा से कटे रहे हैं। जब स्वतंत्र भारत में औरों को बहुत कुछ लाभ मिले हैं तो सामाजिक न्याय की दृष्टि से उन्हें भी वह सब कुछ मिलना चाहिए। किसी भी देश के नागरिकों के दो भाग्य नहीं हुआ करते। आदिवासियों का भी वही भाग्य होगा जो अन्य लोगों का है।
3. असमान लोगों में बराबरी की दौड़ नहीं हो सकती। साबुत पाँवों वाले लोगों की दौड़ में पंगु नहीं दौड़ सकते। आदिवासियों को कुछ विशेष सुविधाएँ देकर सबसे पहले, उन्हें गैर–आदिवासियों के बराबर लाना होगा। तब बराबरी की दौड़ होगी।
4. आदिवासियों की अगणित समस्याएँ हैं। आदिवासियों की ही क्यों, ग्रामीणों की भी समस्याएँ कुछ कम नहीं हैं। एक बार धुरिये ने कहा था कि आदिवासियों की समस्याएँ वही हैं जो किसानों की हैं। फिर भी आदिवासी दूसरे समुदायों की तुलना में बहुत बड़ी लम्बी अवधि तक पृथक जीवन बिता चुके हैं। मुख्यधारा ने इनका शोषण किया है। ऐसी अवस्था में इन लोगों के साथ रियायत बरतना बहुत आवश्यक है।
5. जंगल में रहने वाले आदिवासी मैदानों में आ गए तो उनकी परम्परागत आय के स्रोत भी बदल गए। वे कृषक हो गए। कृषि का काम उनके लिए नया है। ऐसी अवस्था में इन्हें कृषि में सुरक्षा देना बहुत आवश्यक है। आदतन कृषि करने वाले किसानों की तुलना में इन नौसिखिए कृषकों को सुरक्षा देना मुख्य है।
6. आदिवासियों ने आधुनिकता और शहरीकरण के प्रभाव में आकर उद्यमिता (Entrepreneurship) को भी अपना लिया है। वे छोटा–मोटा धन्धा भी करने लगे

हैं, ठेकेदारी भी करते हैं, टेम्पो और ट्रक लॉरी भी चलाने लगे हैं। मैकेनिक भी बनने लगे हैं। उन्हें आर्थिक सुरक्षा और प्रशिक्षण की आवश्यकता भी होती है। इस तरह की आवश्यकता उनके लिए नई है। इसमें सुरक्षा देना प्राथमिकता है।

7. देश के पिछड़े वर्गों में आदिवासी बहुसंख्यक हैं। उनके पिछड़ेपन का बहुत बड़ा कारण उनकी गरीबी है। विकास में निवेश करने के लिए धन की सहायता बराबर बनी रहती है। इसके लिए भी सुरक्षा होनी चाहिए।

सुरक्षा के प्रकार (Types of Safeguards)

संविधान भारत के सभी नागरिकों को सामाजिक, आर्थिक और राजनीतिक तथा समान प्रतिष्ठा प्रदान करता है। इस उद्देश्य की पूर्ति के लिए वह कुछ सुरक्षाएं (Safeguards) देता है। ये सुरक्षाएँ सामाजिक अन्याय (Social Injustice) और शोषण के सभी प्रकारों से मुक्त करने के लिए होती हैं। इन सुरक्षाओं का सबसे बड़ा सरोकार आदिवासियों, दलितों और अन्य पिछड़े वर्गों से है। वैसे सुरक्षाएँ कई हैं। इन्हें सुविधा के लिए, दो भागों में बाँटा जाता है—

1. संरक्षी सुविधाएँ (Protective Safeguards)
2. विकास सुविधाएँ (Development Safeguards)

संविधान ने आदिवासियों और अनुसूचित जातियों की सुरक्षाओं को निम्न चार भागों में बाँटा है—

1. **सामाजिक सुरक्षाएँ** (Social Safeguards)—इन सुरक्षाओं को संविधान के अनुच्छेद 17, 23, 24 और 25 (2)(ब) में दिया गया है।
2. **शैक्षणिक और सांस्कृतिक सुरक्षाएँ** (Educational and Cultural Safeguards)—ये सुरक्षाएँ संविधान के अनुच्छेद 15 (4), 29 और 46 में रखी गई हैं।
3. **राजनीतिक सुरक्षाएँ** (Political Safeguards)—इनका विवरण संविधान के अनुच्छेद 164, 320 (4), 334, 343 डी, 343 टी, 371 ए, 371 बी, 371 एफ, 371 जी और 371 एच में दिया गया है।
4. **सर्विस या नौकरी सुविधाएँ** (Service Safeguards)—इन्हें संविधान के अनुच्छेद 16 (4) 335 और 338 में रखा गया है।

संरक्षी सुविधाओं के बारे में कुछ भी लिखने से पहले यह स्पष्ट कर देना चाहिए कि ये सब सुविधाएँ राज्य के नीति निर्देशक तत्वों (Directive Principles of State Policy) में निहित हैं। यदि राज्य ने ये सुविधाएँ नहीं दीं, तब कोई नागरिक अदालत में नहीं जा सकता है और इन्हें पूरा करने के लिए राज्य बाध्य नहीं है, लेकिन नीति निर्देशक तत्व ऐसे हैं जिन्हें पूरा करना राज्य के लिए आवश्यक नहीं है। अपने साधनों को ध्यान में रखकर राज्य इन्हें पूरा करने का प्रयास करेगा। वह बाध्य नहीं है। इसके लिए उसे अदालत में खड़ा नहीं किया जा सकता। नीति निर्देशक तत्व राज्य क्षेत्र के

हैं।, केन्द्र के नहीं। इसका मतलब यह हुआ कि आदिवासियों को सुविधाएँ देना, राज्य का काम है। किस जनजाति को नौकरी में कितना आरक्षण देना है, इसका निर्णय राज्य करता है। इस कारण संरक्षी सुविधाओं में राज्य के अनुसार अन्तर दिखाई देता है।

यहाँ हम आदिवासियों को दी जाने वाली कुछ प्रमुख संरक्षाओं (Protective Safeguards) का उल्लेख करेंगे। संविधान ने अनुच्छेद 15 के अनुसार यह कहा है कि राज्य अपने नागरिकों के साथ धर्म, प्रजाति, सेक्स या जन्म स्थान के आधार पर कोई भेदभाव नहीं करेगा। उसके लिए सभी नागरिक समान हैं, लेकिन इसी अनुच्छेद के भाग चार के अनुसार वह राज्य को यह अधिकार देता है कि सामाजिक, आर्थिक और शैक्षिक रूप से पिछड़े हुए वर्गों के उत्थान के लिए जो प्रयास सम्भव हों, करे। इस स्थिति में आदिवासियों के उन्नयन के लिए राज्य द्वारा किए गए प्रयास संविधान के अनुरूप हैं। राज्य अपने आदिवासियों को निम्न क्षेत्रों में आरक्षण और सुविधाएँ प्रदान करता है—

(i) शैक्षणिक संस्थाओं में पिछड़े वर्गों के लिए स्थानों का आरक्षण।

(ii) इस तरह के वर्गों के लिए आवास की सुविधा प्रदान करना।

(iii) शैक्षणिक संस्थाओं में भर्ती के लिए योग्यता में जो अनिवार्य शर्तें हैं, उनमें ढिलाई बरतना।

(iv) सरकार द्वारा प्रदत्त भूमि निपटारे में रियायत देना।

(v) आर्थिक क्षेत्र में राज्य का अधिकार है कि वह आदिवासियों के पास जो भी सम्पत्ति है, उसे सुरक्षा प्रदान करे।

(vi) अनुच्छेद 23 में कहा गया है कि राज्य को आदिवासियों पर श्रम जैसे कि बेगार, बन्धुआ मजदूरी पर पाबन्दी लगानी चाहिए। कोई भी जबरदस्ती से लिया गया श्रम (Forced Labour) अवैध समझा जाना चाहिए।

(vii) अनुच्छेद 29 के अनुसार राज्य को आदिवासियों की सँस्कृति, भाषा, नाच–गाने आदि क्षेत्र में कोई छेड़छाड़ नहीं करनी चाहिए। इसके अनुसार आदिवासियों को यह अधिकार है कि वे जैसा चाहें, अपनी सँस्कृति को बनाए रखें। भाषा को साधे रखें। उदाहरण के लिए यदि कोई आदिवासी दो या अधिक पत्नियों को रखता है, तो यह उसकी परम्परा या सँस्कृति के अनुरूप है। राज्य इस संबंध में कोई कानून नहीं बना सकता। राज्य के कानून के अनुसार कोई भी हिन्दू (अर्थात् बौद्ध, जैन या सिख) एक ही समय में एक से अधिक पत्नियाँ नहीं रख सकता। यह कानून आदिवासियों पर लागू नहीं होता।

(viii) संसद और विधानसभा में आदिवासी सदस्यों की संख्या उनकी जनसंख्या के अनुपात में निर्धारित की जाती है।

(ix) संविधान ने सरकारी और निजी संस्थाओं में आदिवासियों को नौकरी के स्थान का आरक्षण (Reservation) दिया है। यह आरक्षण कुल स्थानों (Seats or Posts) का 7.51 प्रतिशत है। अनुसूचित जातियों के लिए यह प्रतिशत 15.05 है।

(x) संविधान में दी गई सुरक्षाएँ एवं आरक्षण पहले 40 वर्ष यानी 1990 तक के लिए दी गई थी। इसके बाद इस अवधि में बराबर वृद्धि होती रही है। इस वृद्धि का बहुत बड़ा कारण संविधान का 334 अनुच्छेद है। इसके अनुसार राष्ट्रपति विशेष अधिकारी (Special Officer) की नियुक्ति करके यह जानकारी लेता है कि सुरक्षा और आरक्षण के अनुसार आदिवासियों ने कितनी उन्नति की है। उनके जीवन स्तर में कितना सुधार हुआ है। इस विशेष अधिकारी को अनुसूचित जातियों और अनुसूचित जनजातियों के कमिश्नर (Commissioner for Scheduled Castes and Scheduled Tribes) के नाम से जाना जाता हैं। इस कमिश्नर की रिपोर्ट को राष्ट्रपति संसद में प्रस्तुत करता है। इसी के आधार पर सुरक्षा और आरक्षण की अवधि बढ़ाई जाती है।

(xi) आदिवासियों के आर्थिक विकास के लिए जो सुरक्षाएँ हैं, वे मुख्य रूप से अनुच्छेद 275 (1) और 279 (2) में निहित हैं। इनके अनुसार केन्द्र और राज्य सरकार आदिवासी विकास के लिए धन का आवंटन करते हैं।

उपसंहार (Conclusion)

मानवशास्त्र सम्पूर्ण मानव का तुलनात्मक अध्ययन करता है। वह यह देखता है कि कुछ तत्व ऐसे हैं जो सभी समाजों में समान रूप से मिलते हैं—वे सार्वभौमिक हैं और कुछ तत्व या संरचनाएँ ऐसी हैं जो समाज की विशेषताएँ हैं। ये दोनों ही संरचनाएँ समाज को समझने के लिए आवश्यक हैं। आदिवासियों की विशिष्टता यह है कि उनका इतिहास प्राचीन और समकालीन दोनों ही, शोषण का है। उच्च जातियों और सरकारी व्यवस्थाओं ने उन्हें ठगा है, उन पर दमन किया है, उन्हें बन्धुआ बनाया है।

स्वतंत्रता प्राप्ति के बाद संविधान ने उन्हें सुरक्षाएँ दी हैं। सामाजिक न्याय के आधार पर देश यह चाहता है कि इन आदिवासियों ने जो कुछ झेला है—सहन किया है, उसके लिए क्षतिपूर्ति में—मुआवजे में उन्हें सुरक्षाएँ दी जानी चाहिए। इन सुरक्षाओं का लक्ष्य यह है कि वे अपने जीवन स्तर में सुधार ला सकें—पढ़ लिख जाएं, धंधा पानी कर सकें—दो जून रोटी खा सकें और एक सम्मानित या शानदार जीवन को बिता सकें।

संविधान के अनुसार कुछ सुरक्षाएँ प्राप्त हैं। ये सुरक्षाएँ नौकरी की हैं, बेगार से मुक्ति की हैं, संसद और विधानसभा में आरक्षण की हैं, और संसदीय सुरक्षाओं के अतिरिक्त कतिपय विकास की सुविधाएँ भी हैं। शिक्षा की सुविधा बहुत बड़ी है। उनके लिए देश के विभिन्न क्षेत्रों में आरक्षण है। सुविधाओं का विस्तार विशाल है।

इधर पिछले कुछ वर्षों से यह विवाद चल रहा है कि सुरक्षाओं और विकास के नाम पर आदिवासियों को बहुत कुछ दिया जा चुका है। अब समय आ गया है कि इन सुविधाओं को बन्द कर दिया जाए। इन पर विराम लगाया जाए। अब आदिवासी विशिष्ट जन हो गए हैं। इनका एक ऐसा तबका उभरकर आया है जो मध्यम और उच्च वर्ग बन गया है। इसे रोकने के लिए अ–अनुसूची होना चाहिए। आरक्षण का जहर देश में ऐसा फैल गया है कि अब उच्च जातियाँ, ब्राह्मण, राजपूत और जैन भी

यह मांग करने लगी हैं कि उन्हें संरक्षी सुविधाएँ दी जाएं। एक अजीब स्थिति देश में पैदा हो गई है। ऐसा लगता है कि पूरा देश दो भागों में बँट गया है। एक भाग उन लोगों का है जिनको संरक्षी सुविधाएँ प्राप्त हैं और दूसरा भाग अ–संरक्षी समूहों का है। संरक्षी समूह अब यह नहीं चाहता कि किसी अन्य समूहों को यह आरक्षण मिले। अगर ऐसा हुआ तो संरक्षी समूहों के हिस्से का भाग बँट जाएगा। हाल में राजस्थान में जब गुर्जरों ने आदिवासी आरक्षण के नाम पर आन्दोलन चलाया, तब मीणा आदिवासियों ने इस मांग का विरोध करने के लिए आंदोलन चलाने की धमकी दी। यदि गुर्जर आदिवासी घोषित कर दिए जाते हैं यानी वे राष्ट्रपति की अनुसूचित जनजाति की तालिका में सम्मिलित कर लिए जाते हैं तो इससे आदिवासियों की आरक्षण की रोटी के गुर्जर हिस्सेदार बन जाएंगे।

संरक्षी सुविधाओं का मसला बड़ा विवादास्पद है। इस पर सामाजिक मानवशास्त्र को अति गहन एवं अत्यावश्यक अनुसंधान करने की आवश्यकता है। यह सोचना चाहिए कि क्या संरक्षी सुविधाएँ और विकास के अवसर कहीं आदिवासियों की अपने पाँव पर खड़े रहने की क्षमता को कमजोर नहीं कर रहे हैं।

24

आदिवासी समाज में जेण्डर समस्या

(Gender Issues in Tribal Society)

बाइबिल में कहा है कि सबसे पहली बार स्त्री ने पाप किया था। यह घटना एडन बाग की है। ना कहने पर भी उसने वर्जित फल को खाया था। खाया ही नहीं उसने आदम को भी प्रेरित किया कि वह इस फल के स्वाद को चखे। और तब सर्व पिता परमेश्वर ने स्त्री को पाप का भागी बताते हुए कहा—

> मैं तुम्हारे दुख–दर्द को कई गुना बढ़ा दूंगा। तुम्हारे प्रजनन को विस्तृत कर दूंगा, चिन्ता से ग्रसित होकर तुम बच्चों को जन्म देती रहोगी और पति के लिए तुम्हारी अपेक्षा बनी रहेगी, वह तुम पर हुकूमत करेगा।

एक मानवशास्त्री बाइबिल के इस कथन को केवल मिथक मानेगा, कोरी किंवदन्ती, लेकिन यह मिथक सचाई है, वास्तविकता है। आज तक स्त्रियों की स्थिति समाज में गैर बराबरी की है। उसे पति की प्रताड़ना सहनी पड़ती है। वह दया की पात्र है। युग–दर–युग, पीढ़ी–दर–पीढ़ी वह मार खाती रही है। स्त्री की दशा को निम्न बिन्दुओं में रखा जा सकता है—

1. स्त्रियाँ बच्चे पैदा करती हैं।
2. स्त्रियाँ माँ और पत्नी होती हैं।
3. स्त्रियाँ खाना पकाती हैं, कपड़े धोती हैं, घर में झाडू–पोंछा लगाती हैं और सिलाई करती हैं।
4. वे पुरुषों की देखभाल करती हैं और मातहत की तरह, उनके कहे अनुसार कामकाज करती हैं।
5. उन्हें प्रतिष्ठित पदों से दूर रखा जाता है और वे शक्तिहीन होती हैं।

इस तरह के सामान्यीकरण लगभग सभी समाजों में देखे जाते हैं। हमारे देश में सभी भाषाओं और खास करके हिन्दी भाषा में ऐसा भरपूर साहित्य है जो स्त्रियों की दयनीय दशाओं का चित्रण करता है। तुलसीदास ने कहा—"ढोर, गँवार, शूद्र, पशु,

नारी—ये सब ताड़न के अधिकारी।" स्त्रियों को पीटना ही उचित है, वे इसी के लायक हैं। हिन्दी कवि मैथिलीशरण गुप्त स्त्रियों की दशा पर कहते हैं—"आँचल में है दूध, आँखों में पानी। अबला जीवन हाय तुम्हारी यही कहानी।" स्त्री बच्चों को जन्म देती और दोनों ही उसके जीवन की कथा है।

दूसरी ओर कुछ समाजशास्त्री हैं जो स्त्रियों की बड़ी सुखद स्थिति को प्रस्तुत करते हैं। उनका कहना है कि किसी समाज में कभी भी स्त्रियों की हालत पुरुषों की तुलना में हल्की नहीं रही है। 1970 के बाद दुनिया में जो नारीवादी आन्दोलन हुए हैं, शिक्षा प्रसार हुआ है, इसके परिणामस्वरूप स्त्रियों की स्थिति में अत्यधिक सुधार हुआ है। उनकी आवाज में दम है और वह अपनी बात को बड़ी ताकत के साथ रखती हैं। वे आग्रही (Assertive) हैं।

1970 के पहले, कुछ अपवादों को छोड़कर मानवशास्त्र और समाजशास्त्र के लेखन में स्त्रियों की कोई भागीदारी नहीं थी। तब जो कुछ था वह था केवल पुरुष मुख्यधारा मानवशास्त्र (Malestrian Anthropology)। यह स्थिति आज बदल गई है। अब बड़ी संख्या में स्त्रियाँ भी मानवशास्त्र के क्षेत्र में काम कर रही हैं। वे बड़े अधिकारपूर्वक क्षेत्रीय कार्य कर रही हैं। रूथ बेनिडिक्ट और हमारे यहाँ इरावती कर्वे, लीला दुबे आदि ने आदिवासियों और दुर्गम क्षेत्रों में जंमकर काम किया है।

सेक्स और जेण्डर (Sex and Gender)

जेण्डर का प्रयोग मूल रूप से व्याकरण में होता है। इसके दो प्रकार हैं—पुल्लिंग और स्त्रीलिंग अर्थात पुरुष और स्त्री। लिंग (Sex) का प्रयोग भी इसी तरह पुरुष और स्त्री के लिए होता है, लेकिन आजकल समाज विज्ञानों में जेण्डर प्रयोग फैशनेबल हो गया है। इसका कारण शायद यह है कि लिंग के साथ कई अन्य अर्थ भी जुड़े हुए हैं। कहते हैं, यह अभिनेत्री बड़ी सेक्सी है यानी कामुक है, उसमें काम वासना भरी पड़ी है। इस तरह सेक्स के साथ वासना की गंध है। इससे बढ़िया पद जेण्डर है। सचाई यह है कि जेण्डर शब्द निरपेक्ष है, इसमें यौन की तरह पुरुष और स्त्री दोनों ही आ जाते हैं।

मानवशास्त्र और समाजशास्त्र में इस पद का प्रयोग पहली बार एन ओक्ले (Ann Oakley) ने 1972 में किया था। उन्होंने इस पद की व्याख्या अपनी पुस्तक—*सेक्स, जेण्डर एण्ड सोसायटी* (*Sex, Gender and Society,* 1972) में की थी। जेण्डर से उनका तात्पर्य पुरुष और स्त्री के बीच के अन्तर को सामाजिक, सांस्कृतिक लक्षणों के आधार पर करना था। वास्तव में 1970 के आसपास समाज विज्ञानों में यह बात गंभीरता से उठी थी कि पुरुष और स्त्री में जो अन्तर है वह जैविकीय नहीं है, सामाजिक और सांस्कृतिक है। जैविकीय अन्तर तो प्रकृति की देन है, वंशानुक्रमण है। वास्तविकता तो वह अन्तर है जिसे समाज और संस्कृति ने दिया है। बहुत स्पष्ट शब्दों में कहें तो कहना होगा कि पुरुष वह है जिसे समाज पुरुष कहता है और स्त्री वह जिसे समाज स्त्री कहता है।

मानवशास्त्र में जेण्डर (Gender in Anthropology)

मानवशास्त्र में जेण्डर की चर्चा या उस पर विमर्श अपवाद स्वरूप ही हुआ है। इसका उल्लेख नहीं मिलता कि अफ्रीका, ऑस्ट्रेलिया और भारत में पुरुष और स्त्री के संबंध कैसे थे। क्या आदिवासियों में भी पुरुष स्त्री का शोषण करते थे? उनका दमन करते थे? या, क्या उनमें भी पुरुष स्त्री में गैर–बराबरी थी?, भेदभाव था? मानवशास्त्री इस मसले पर मौन रहे हैं। थॉमस हिलेंड एरिक्सन ने अपनी पुस्तक *स्माल प्लेसेस, लार्ज इश्यूज़* (*Small Places, Large Issues,* 1995) में कहा है कि मेलिनोस्की जैसे महान मानवशास्त्री जिसने एथनोग्राफिक तथ्य एकत्र करने का बहुत बड़ा कार्य किया है, जेण्डर की समस्या को हाशिये पर ही छोड़ दिया है। एरिक्सन का मेलिनोस्की पर लगाया गया आरोप इस तरह है :

> मेलिनोस्की जिसकी प्रशंसा उनकी एथनोग्राफिक की विस्तृत जानकारी के लिए की जाती है उसके बारे में आज यह कहा जाता है कि उन्होंने पूर्ण रूप से स्त्रियों से जुड़ी हुई संस्थाओं को छोड़ दिया है और दूसरी ओर पुरुषों के ट्रोब्रिमंड समाज के विकास पर अतिशयोक्तिपूर्ण विवरण दिया है। अन्य कई शास्त्रीय ग्रन्थों में भी स्त्रियों को उपेक्षा की स्थिति में रखा गया है।

ब्रिटिश मानवशास्त्रियों ने भी कुछ ऐसा ही किया है। उदाहरण के लिए एच.एच. रिपले, डब्ल्यू. एच. रिवर्स, आर.वी. रसेल आदि ने भी मानवशास्त्री होते हुए आदिवासी स्त्रियों की समस्या पर कुछ नहीं लिखा है। भारतीय मानवशास्त्रियों में डी. एन. मजूमदार, जी.एस. घुर्ये, एस.सी. राय और के.एस. सिंह ने भी आदिवासियों पर बहुत कुछ लिखते हुए भी जेण्डर समस्या पर मौन ही धारण किया है। पुरुष आदिवासी स्त्रियों को किस भाँति भेदभाव (Discrimination) पूर्ण दृष्टि से देखते हैं, इस बारे में भी भारतीय मानवशास्त्री कुछ नहीं बोलते। कुल मिलाकर भारत में जहाँ तक जेण्डर का प्रश्न है, आदिवासी समाज अछूता रहा है।

सेक्स-जेण्डर व्यवस्था (Sex-Gender System)

सामाजिक मानवशास्त्र में सेक्स यानी यौन और जेण्डर को लेकर बड़ा विवाद है। इस विवाद में एक विचार यह है कि समाज में जो भी श्रम विभाजन है, उसका आधार सेक्स है। पुरुष को पुरुष के आधार पर कार्य और स्त्री को स्त्री के आधार पर। मतलब हुआ, स्त्री है तो उसे रोटी बनाना, झाडू लगाना है, कपड़े धोने हैं, बच्चे का पालन–पोषण करना है और यदि पुरुष है तो उसे जंगल से लकड़ी काटनी है, खान में पत्थर तोड़ना है, ट्रक और लॉरी चलाना है। इस विचारधारा के प्रणेता हैं जॉर्ज पीटर मुरडोक (George Peter Murdock), टॉलकट पारसंस (Talcott Parsons) और जॉन बोलबॉय (John Bowlboy)।

सेक्स और जेण्डर के मसले पर दूसरी विचारधारा एन ओक्ले (Ann Oakley) की है। वे कहती हैं कि पुरुष और स्त्री की परिभाषा सेक्स यानी लिंग के आधार नहीं की जा सकती। इस परिभाषा को संस्कृति के माध्यम से दिया जा सकता है। जेण्डर

का आधार सेक्स नहीं है। जेण्डर तो समाज की संस्कृति ही बनाती है। आदिवासी समाज में पुरुष भी घड़े को सिर पर उठाकर नाले या कुएं से पानी लाता है। वह घट्टी चलाकर आटा पीसकर ला सकता है। कुल मिलाकर ओक्ले के अनुसार समाज में काम का बँटवारा सेक्स द्वारा नहीं है, यह बँटवारा संस्कृति यानी सामाजिक भूमिकाओं (Social Roles) द्वारा होता है। यहाँ हम इन दोनों विचारधाराओं का थोड़े विस्तार के साथ वर्णन करेंगे।

श्रम विभाजन का आधार सेक्स या जैविकी होता है (Biology or Sex is the Basis of Division of Labour)

इस विचारधारा को रखने वालों में मुरडोक, पारसंस और बोलबॉय हैं। इन तीनों विचारकों ने अपने–अपने अनुसंधानों के आधार पर यह स्थापित किया है कि समाज में स्त्री और पुरुष को जो भूमिकाएँ मिलती हैं, उनका आधार सेक्स या उनका पुरुष/स्त्री होना है।

मुरडोक—जैविकी और व्यावहारिकता (Murdock: Biology and Practicability)

मुरडोक एक सामाजिक मानवशास्त्री रहे हैं। उनका तर्क है कि पुरुष और स्त्री में जो जैविकीय अन्तर है उसके आधार पर समाज में श्रम विभाजन या काम का बँटवारा होता है। मुरडोक इसे और अधिक स्पष्ट करते हुए कहते हैं कि काम के बँटवारे का यह आधार कभी भी जन्मजात नहीं होता। उनका तो केवल यह कहना है कि जैविकीय अन्तर केवल काम करने की व्यावहारिकता (Practicability) को बताता है। उदाहरण के लिए पुरुष का शरीर मोटा और तगड़ा होता है, उसकी हड्डियाँ मजबूत होती हैं और वह अधिक ताकतवर होता है। दूसरी ओर स्त्री प्रजनन करती है, उसे मासिक धर्म से गुजरना पड़ता है। इस तरह के अन्तर जैविकीय हैं। और इस अन्तर के कारण कुछ काम ऐसे हैं जो पुरुष बढ़िया तरीके से कर सकते हैं और कुछ काम ऐसे हैं जिन्हें स्त्रियाँ आसानी से कर लेती हैं। सेक्स की विशेषता काम का बँटवारा कर देती है।

मुरडोक ने कोई 250 समाजों का अध्ययन किया है। इनमें सभी प्रकार के समाज हैं—शिकार करने वाले, फल–फूल संग्राहक, आदिम और औद्योगिक। इन समाजों में मुरडोक ने पाया कि पुरुष और स्त्री को जो काम दिया जाता है, उसका आधार उनका सेक्स या पुरुष तथा स्त्री होना है। उन्होंने देखा कि पुरुष प्रायः शिकार करने का काम करते हैं, खानों से पत्थर निकालते हैं और जंगल से पेड़ काट कर लाते हैं। स्त्रियों के कार्य कुछ दूसरे हैं। वे खाना पकाती हैं, पानी लाती हैं और घर को साफ सुथरा रखती हैं।

मुरडोक कहते हैं कि स्त्रियाँ कमजोर शारीरिक बनावट के कारण कठोर कार्य नहीं कर सकतीं। प्रजनन और बच्चे के पालन–पोषण के अलावा स्त्री प्रायः गृहकार्य से ही जूझती रहती है। वह घर और घर के कामों में बंधी रहती है। अपने सम्पूर्ण अनुसंधान के कार्यों का निष्कर्ष देते हुए मुरडोक कहते हैं कि उनके अध्ययन के सभी

समाजों में काम का बँटवारा सेक्स या यौन रहा है और यह कहना उचित होगा कि श्रम विभाजन का आधार सेक्स ही है। यह सार्वभौमिक है।

टॉलकट पारसंस—जैविकी और स्त्री की अभिव्यक्ति
(Talcott Parsons: Biology and Female Expression)

पारसंस पेशे से समाजशास्त्री हैं। उनके विचार मुरडोक से मिलते–जुलते हैं। वे कहते हैं कि समाज में स्त्री की भूमिका उसका यौन निर्धारित करता है। जन्म से ही स्त्री की बनावट ऐसी है जो काफी भावनापूर्ण है। वह 'दया, माया, ममता और अगाध विश्वास' की प्रतिमूर्ति है। पारसंस कहते हैं कि सभी स्त्रियाँ काफी एक्सप्रेसिव (Expressive) होती हैं, उनमें वात्सल्य होता है। इसका कारण यह है कि वे बच्चे को अपनी कोख में रखती हैं। उनका पालन–पोषण करती हैं। वही समाजीकरण को प्रभावी तरीके से पूरा करती है। पारसंस का विचार है कि समाज में श्रम विभाजन यौन (Sex) व्यवस्था पर ही आधारित है।

बोलबॉय—लिंग के आधार पर श्रम विभाजन
(Bowlboy: Division of Work According to Sex)

जॉन बोलबॉय एक मनोवैज्ञानिक हैं। उन्होंने बाल अपराधियों का विशद् अध्ययन किया है। पुरुष और स्त्री की परिभाषा के विवाद में वे मुरडोक और पारसंस की तरह ही लिंग के आधार पर श्रम विभाजन करते हैं—जैसा लिंग वैसा काम। यानी पुरुष को पुरुष का काम और स्त्री को स्त्री का। जॉन बोलबॉय का अनुसंधान बताता है कि बच्चे के समुचित विकास के लिए उसे माँ का प्यार और स्नेह मिलना आवश्यक है। इसके अभाव में बच्चा बिगड़ सकता है, आवारा बन सकता है, अपराधी बन सकता है। स्वस्थ समाज के लिए स्त्री की जो भूमिका है, वह जैविकीय है, यौन पर आधारित है। वह जो भूमिका निभाती है, वह पुरुष नहीं निभा सकता। पुरुष बच्चे पैदा नहीं कर सकता।

अध्याय के इस भाग में हमने मुरडोक, पारसंस और बोलबॉय के अनुसंधानों का उल्लेख करते हुए कहा है कि समाज विज्ञानों में एक विचारधारा का यह आग्रह है कि समाज में श्रम विभाजन का आधार सेक्स है। मतलब हुआ समाज पुरुष और स्त्री दोनों के कामों का निर्धारण करता है। सामान्य शब्दों में कहें तो कहना होगा कि जो मटके को सिर पर रखकर पानी लाती है, वह स्त्री है और खान से बड़ी शिला को धकेल कर बाहर करता है, वह पुरुष है। कुछ इस तरह की व्याख्या अपने विशद् अनुसंधान के आधार पर मुरडोक, पारसंस और बोलबॉय ने की है।

श्रम विभाजन का आधार संस्कृति होती है—एन ओक्ले
(Cultural Division of Labour: Ann Oakley)

एन ओक्ले एक महिला मानवशास्त्री हैं। उनकी विचारधारा मुरडोक, पारसंस और बोलबॉय से भिन्न है। वे अपनी पुस्तक *सेक्स, जेण्डर एण्ड सोसायटी* (1972) में यह उल्लेख करती हैं कि पुरुष और स्त्री में जो अन्तर है, वह सेक्स का नहीं है। यह अन्तर

सामाजिक और सांस्कृतिक लक्षणों का है। वे आग्रहपूर्वक कहती हैं कि ये सामाजिक भूमिकाएँ हैं जो सेक्स को पुरुष या स्त्री बनाती हैं। अपने इस विश्लेषण को वे जेण्डर कहती हैं।

ओक्ले अपनी पुस्तक में सबसे पहले मुरडोक की आलोचना करती हैं। वे कहती हैं कि समाज में श्रम विभाजन सार्वभौमिक स्तर पर सेक्स के आधार पर नहीं पाया जाता। समाज में ऐसा नहीं होता कि कुछ कार्य केवल पुरुष ही करते हैं और कुछ स्त्रियाँ ही। यह पाया गया है कि एक कार्य (जैसे कि झाडू–पोंछा करना) जब किसी समाज में पुरुष करते हैं तब दूसरे समाज में इसी को स्त्रियाँ भी करती हैं। मुरडोक ने अपनी तथ्य सामग्री का विश्लेषण पूर्वाग्रह से ग्रसित होकर दिया है। दो पश्चिमी समाजों को ध्यान में रखकर वे सभी समाजों को देखते हैं। ओक्ले कहती हैं कि मुरडोक का यह कहना कि सभी समाजों में जैविकी ही श्रम विभाजन को निश्चित करती है, गलत है। उदाहरण के लिए ओक्ले मुरडोक के आँकड़ों को लेकर ही कहती हैं कि 14 ऐसे समाज हैं जिनमें स्त्रियाँ लकड़ी काटने या काठ–कबाड़ का काम करती हैं। इस काम में उन्हें पुरुषों की मदद मिल जाती है। इससे आगे 36 समाजों में स्त्रियाँ फसल कट जाने के बाद खेत में झाड़–झंकार को हटाने का काम करती हैं, 38 समाजों में खाना बनाने में स्त्रियों को पुरुष सहयोग देते हैं।

ओक्ले ने मुरडोक के 250 समाजों में कई ऐसे समाजों का वर्णन किया है जिनमें स्त्रियों के सेक्स की कोई भूमिका नहीं है। वे दृष्टान्त के तौर पर कोन्गों के जंगलों में रहने वाले आदिवासियों की चर्चा करती हैं। इस जनजाति में श्रम विभाजन में सेक्स की कोई भूमिका नहीं है। शिकार करने का काम पुरुष और स्त्री मिलकर करते हैं। माता और पिता की भूमिकाएँ मिली–जुली हैं। उनमें कोई अन्तर करना बड़ा कठिन कार्य है।

ओक्ले पारसंस के कथन का भी खंडन करती हैं। वे कहती हैं कि इण्डोनेशिया के एक टापू–अलोट में ऐसे आदिवासी हैं जिनकी स्त्रियाँ अपनी संतति से जुड़ी नहीं रहतीं। वे सब पुरुष पर छोड़कर उत्पादन कार्यों से जूझती रहती हैं और रुचिकर बात यह है कि इसका उनके बच्चों पर कोई हानिकारक प्रभाव नहीं पड़ता।

ओक्ले बोलबॉय के अनुसंधान की भी कटु आलोचना करती हैं। वे पश्चिमी समाज का हवाला देते हुए कहती हैं कि बच्चों की सुख–समृद्धि और कल्याण में माँ–बच्चों का आपसी जुड़ाव कोई आवश्यक तत्त्व नहीं है। वास्तव में बोलबॉय ने अपना विश्लेषण पश्चिमी समाज के मूल्यों पर किया है। यह उनका पूर्वाग्रह है।

ओक्ले ने मुरडोक, पारसंस और बोलबॉय के अनुसंधानों के निष्कर्ष को नकारा है। उन्होंने ही जेण्डर की अवधारणा को रखा है। वे सेक्स के अन्तर को स्वीकार नहीं करतीं। यह तो केवल जैविकीय बोध ही है। उनके अनुसंधान के निष्कर्षों को निम्न बिन्दुओं में रखा जा सकता है। यही ओक्ले के अनुसार जेण्डर का अर्थ है—

1. जेण्डर की भूमिका संस्कृति द्वारा निर्धारित की जाती है, जैविकी द्वारा नहीं।
2. विभिन्न समाजों में किए गए अनुसंधानों से यह स्पष्ट है कि ऐसे कोई कार्य नहीं हैं जो केवल स्त्रियों के लिए ही हों। इसमें प्रजनन का कार्य अपवाद है।

3. स्त्रियों में जो जैविकीय लक्षण (प्रजनन, मासिक धर्म, रजोनिवृत्ति आदि) हैं, वे उन्हें किसी भी कार्य को करने से रोकते नहीं हैं।
4. माँ की हैसियत से स्त्री की जो भूमिका है, वह साँस्कृतिक है। विभिन्न समाजों का अध्ययन बताता है कि बच्चों, माँ के साथ निकट और घनिष्ठ संबंधों की कोई आवश्यकता नहीं होती।

ओक्ले का विश्वास है कि पुरुष और स्त्री की समाज में जो भूमिकाएँ हैं, वे सांस्कृतिक यानी संस्कृति निर्मित हैं। स्त्रियाँ जिस समाज में हैं उसी से वे अपनी भूमिकाएँ सीख लेती हैं। वे समझने लग जाती हैं कि उनका कार्य घर की देखभाल करना है, कपड़े धोना है, खेत की रखवाली करना है और वे इस काम को अपना समझकर अपना लेती हैं। मतलब हुआ कि समाज की संस्कृति ही पुरुष को पुरुष बनाती है और स्त्री को स्त्री। ये भूमिकाएँ सेक्स के कारण निर्धारित नहीं होतीं।

इस अध्याय में हमने सेक्स और जेण्डर से जुड़े हुए मसलों को उठाया है। जेण्डर का सीधा मतलब है—पुरुष और स्त्री। लिंग के आधार इन दोनों के बीच में जो अन्तर है, वह जैविक (Biological) है, लेकिन इस अन्तर को स्पष्ट करने के लिए सामाजिक–सांस्कृतिक कारक निर्णायक होते हैं। होता यह है कि स्त्रियों के साथ समाज में बड़ा भेदभाव बरता जाता है। उनमें गैर–बराबरी देखी जाती है। आज ऐसे कई शक्तिशाली आन्दोलन देखने को मिलते हैं जो स्त्री तथा पुरुष के भेदभाव को कम करने की कोशिश कर रहे हैं। स्त्री–पुरुष के इस भेदभाव को जेण्डर समस्या कहते हैं। नारी आन्दोलन, नारी शिक्षा आदि ऐसे कारक हैं जो स्त्रियों के प्रति भेदभाव को कम करने का प्रयास करते हैं।

मानवशास्त्री जेण्डर समस्या को आदिम समाजों, गाँवों और पिछड़े वर्गों में देखने का प्रयास करते हैं। इस अध्याय के दूसरे भाग में हम इन समूहों की जेण्डर समस्या का विस्तार से वर्णन करेंगे। मानवशास्त्र में जो भी अनुसंधान सामग्री हमें उपलब्ध है, इसके आधार पर हम यहाँ आदिवासी स्त्रियों की गैर–बराबरी का उल्लेख करेंगे।

आदिवासियों की जेण्डर समस्या के अध्ययन की आवश्यकता क्यों? (Need for Studying Gender Problem in Tribal Society)

मानवशास्त्र के अध्ययन के लिए समस्याओं की कोई कमी नहीं है। हमारे देश में तो अगणित समस्याएँ हैं। इनकी खिलाफत भी कम नहीं है। ऐसी स्थिति में, मानवशास्त्र ही नहीं, समस्त समाज विज्ञानों में जेण्डर समस्याओं के विश्लेषण की कोई परम्परा नहीं रही है। अधिक से अधिक मानवशास्त्रियों ने इतिहास के उलट–फेर में स्त्रियों की स्थिति का उल्लेख अवश्य किया है। यह विज्ञान अपने उपागम में पुरुष–प्रधान ही रहा है। यह तो 1960 के दशक में है कि अन्तर्राष्ट्रीय घटनाओं ने जेण्डर अध्ययन को एक नई दिशा दी। भारत में ए.आर.देसाई ने कहा कि यह राज्य का दायित्व है कि वह अनुसूचित जातियों, जनजातियों और पिछड़े वर्गों के लिए सशक्तीकरण का कार्य करे। इस तरह की अनिवार्यता को भारतीय संविधान ने कानूनी रूप में निर्धारित कर दिया है।

जेण्डर अध्ययन का कारण एक और है। 1975 को अन्तर्राष्ट्रीय नारी वर्ष घोषित कर दिया गया। बाद में चलकर पूरे दशक को ही नारी दशाबन्दी में बदल दिया गया। यह नया सन्दर्भ जेण्डर समस्याओं को उठाने का पर्याप्त अवसर था। अब यह सामने आया कि जेण्डर समस्या के समझने का उद्‌गम हमारा संविधान ही है। वैसे देखा जाए तो संविधान की निर्देशिका (Index) में स्त्री (Women), विवाह (Marriage) और परिवार (Family) को कोई स्थान नहीं है।

इस अभाव के होते हुए भी संविधान के अनुच्छेद 15, जिसमें मौलिक अधिकारों की तालिका है, में कहा गया है कि स्त्रियों को समान नागरिक (Equal Citizen) समझा जाए। इसमें कहा है कि राज्य नागरिकों में जाति, प्रजाति, धर्म, लिंग, जन्म स्थान आदि को लेकर कोई भेदभाव न रखे। इसी अनुच्छेद के उपभाग (3) में कहा गया है कि राज्य स्त्रियों और बच्चों के लिए कोई भी व्यवस्था का प्रावधान कर सकता है।

इस भाँति संविधान ने स्त्रियों को समान नागरिक का पूरा अवसर दिया है। राज्य को स्त्रियों में जो भी अशक्तताएं (Disabilities) हैं उनका जहाँ तक सम्भव को निराकरण करना चाहिए।

इसी तरह संविधान के भाग चार में जो राज्य के नीति–निर्देशक तत्वों के बारे में है, इस बात का उल्लेख है कि स्त्रियों की स्थिति में सुधार लाने के लिए राज्य को जो भी सम्भव हो, करना चाहिए। संविधान के इसी भाग में अनुच्छेद 39, 42 और 44 में इस बात का मार्गदर्शन है कि राज्य को स्त्रियों को समान नागरिक बनाने के लिए कौनसी व्यवस्थाएँ करनी चाहिए। वास्तव में जेण्डर समस्या के मूल में बुनियादी बात यह है कि राज्य को ऐसे सभी कार्य करने चाहिए जो पुरुष और स्त्री के बीच की गैर–बराबरी को दूर कर सकें। इस संदर्भ में ए.आर. देसाई ने जो मार्क्सवादी समाजशास्त्री रहे हैं, जेण्डर समानता पर निम्न प्रश्न रखे हैं—

1. क्या राज्य संवैधानिक रूप से सेक्स की गैर–बराबरी दूर करने के लिए प्रतिबद्ध है, ऐसे कदम उठा सकता है जो कानून बनाकर धर्म के क्षेत्र में स्त्रियों के साथ जो भेदभाव है, उसे समाप्त कर दें?
2. धर्म के आधार पर विवाह–विच्छेद, निवास, उत्तराधिकारी, सम्पत्ति पर अधिकार आदि क्षेत्रों में क्या राज्य स्त्रियों के साथ जो भेदभाव है, उसे हटा सकता है?
3. पर्सनल लॉ (Personal Law) में ऐसे कौन से तत्व हैं जिन्हें धर्म निरपेक्ष (Secular) और धार्मिक कहा जा सकता है?

देखा जाए तो देसाई ने जो प्रश्न जेण्डर के संबंध में उठाए हैं, बुनियादी प्रश्न हैं। यह देखना महत्वपूर्ण है कि प्रशासनिक क्षेत्र में राज्य स्त्रियों को किस सीमा तक पुरुषों के समान दर्जा देना चाहता है। यह महत्वपूर्ण तथ्य है कि भारत में या इस अर्थ में आदिवासी समाज में जेण्डर के मूल में पुरुष और स्त्री की गैर–बराबरी है।

भेदभाव के प्रकार (Kinds of Discrimination)

संविधान, सेक्स या जेण्डर के क्षेत्र में कोई भेदभाव नहीं करता। राज्य के लिए पुरुष और स्त्री में कोई अन्तर नहीं है। राज्य के लिए पुरुष इंजीनियर है या स्त्री, पुरुष

वकील है या स्त्री, पुरुष फौज का अफसर है या स्त्री, पुरुष पायलट है या स्त्री, बेमतलब है, लेकिन सामाजिक स्तर पर कई क्षेत्रों में स्त्रियों में कुछ निर्योग्यताएँ होती हैं, इसी कारण उनके साथ भेदभाव किया जाता है। ये भेदभाव इस भाँति हैं—

पितृसत्तात्मक प्रभुत्व (Patrinatistic Domination)

जन्म के बाद से ही स्त्री पुरुष के आधिपत्य में रही है। कम से कम भारतीय समाज में तो उसका संरक्षण पुरुष की देखरेख में ही रहा है। बचपन में पुरुष यानी पिता उसका संरक्षक रहता है, विवाह के बाद पति उसका संरक्षक रहता है। किसी भी स्थिति में देखें स्त्री को पुरुष की ही निर्भरता भोगनी पड़ती है। यह उसकी निर्योग्यता है जिसका उद्‌गम संस्कृति है।

यौनाकर्षण और प्रजनन के साधन (Tool of Sexuality and Procreation)

मानवजाति के इतिहास का कोई भी वृत्तांत देखें तो उससे स्पष्ट है कि स्त्री हमेशा सम्भोग और प्रजनन का साधन रही है। यह उसकी कमजोरी है, निर्योग्यता है। पुरुष हमेशा उसे अपनी जायदाद या जागीर समझता आ रहा है। वह उसे पर्दे या बुर्के में रखना पसन्द करता है। मानवशास्त्री क्लाउड लेवी–स्ट्रास विनिमय विवाह के विवेचन के लिए प्रख्यात रहे हैं। इस सिलसिले में वे विवाह में स्त्रियों के विनिमय की बात धन या गिफ्ट के संदर्भ में तो करते ही हैं, वे यह भी कहते हैं कि स्त्री का यौनाकर्षण और प्रजनन भी एक प्रकार की सम्पत्ति है, जायदाद है।

गुलामी की अवस्था (State of Unfreedom)

यह सही है कि स्त्री प्रजनन करती है, लेकिन उसके प्रजनन पर पुरुष का नियंत्रण होता है। प्रजनन के लिए पुरुष आवश्यक है और यह पुरुष उसका पति होता है। यह पति ही है जो अपनी इच्छा पर यौन संबंध रखता है। इसमें यदि स्त्री यौन संबंध के लिए राजी न हो तो पुरुष उसका बलात्कार करता है। स्त्री की दशा ऐसी बेहाल हो जाती है कि वह समाज में एक गुलाम की तरह जीवनयापन करती है। गैर–मुक्ति की स्त्री की इस अवस्था पर टिप्पणी करते हुए लर्नर (Learner) कहते हैं—

स्त्रियाँ सदैव और आज तक पुरुषों की तुलना में अधिक परतंत्र रही हैं। यह इसलिए कि उनके शरीर का यौनाकर्षण (Sexuality) जिस पर पुरुष का आधिपत्य होता है, वह अपने आप को गुलाम समझती है। हमेशा इतिहास ने उसको इस परतंत्रता से मुक्त करने के प्रयासों का उल्लेख किया है। पुरुष की तुलना में इस मुक्ति आंदोलन में स्त्री ने बराबर भागीदारी की है और इस लड़ाई में वह पुरुष से हमेशा पीछे रही है।

रखैल-पत्नी (Stand-by Wife)

इतिहास के प्रारंभिक काल से ही आज तक राजा, महाराजा, नवाब और बड़े आदमी पत्नी के साथ–साथ रखैल भी रखते आ रहे हैं। नवाबों के हरम में सैकड़ों रखैल रहती

थीं। राजाओं के दो–तीन पत्नियाँ होना मामूली बात थी। आज भी आदिवासियों में बहुपत्नी (Polygamy) प्रथा प्रचलित है। राज्य सरकार ने भी परम्परा की दृष्टि से इसको मान्यता दी है। इसे रोकने के लिए कोई कानून नहीं बनाया गया है। आदिवासियों में बहुपत्नी विवाह प्रचलित है। अधिक पत्नियाँ आदमी की प्रतिष्ठा को बढ़ाती हैं। बहुपत्नी विवाह स्त्रियों के बराबरी के दर्जे को घटा देता है।

यौन शोषण (Sexual Exploitation)

यह देखा गया है कि उच्च वर्ग के लोग प्रायः निम्न वर्ग की स्त्रियों का यौन शोषण करते हैं। यह प्रथा सामन्तवादी युग की विशेषता रही है। अगर मार्क्सवादी विचारधारा के संदर्भ में देखें तो यह कहा जाता है कि समाज में केवल दो वर्ग हैं—पुरुष और स्त्री। जैसा कि वर्ग व्यवस्था में होता है, पुरुष वर्ग सदैव स्त्री वर्ग का आर्थिक और यौन शोषण करता है।

आर्थिक शोषण (Economic Exploitation)

आर्थिक दृष्टि से स्त्रियां पुरुषों पर निर्भर रहती हैं। गाँवों में स्त्रियाँ खेत और मकान के रख–रखाव पर अपने–आपको समर्पित कर देती हैं, फिर भी पुरुषों पर ही आर्थिक रूप से निर्भर रहती हैं। औद्योगिक समाज में अब स्त्रियाँ काफी उपार्जन करने लगी हैं। फिर भी रोटी कमाने का उत्तरदायित्व पुरुष के कन्धे पर ही माना जाता है। पुरुष जब स्त्री की कमाई पर ही निर्भर रहता है, तो उसके लिए यह अपमानजनक बात है।

विवाह से जुड़े हुए मसले (Issues Related to Marriage)

स्त्रियों की पद्दलित स्थिति ऐतिहासिक है। व्यवस्थित रूप से उन्हें शक्तिहीन बना दिया है। जो उनको संरक्षण देने वाले रहे हैं, वे ही उनका शोषण करते हैं। इसके कारण उनकी सामाजिक और सांस्कृतिक निर्योग्यताएँ बढ़ गई हैं। बाल विवाह, दहेज प्रथा, आत्महत्या, बहू को जला देना आदि ऐसी रीतियाँ हैं जिन्हें स्त्रियों को भोगना पड़ता है। आदिवासियों में भी दहेज प्रथा चल पड़ी है। इन सब समस्याओं का मूल स्त्रियों की शारीरिक रचना है जो किसी न किसी तरह के विवाह से जुड़ी हुई है।

स्त्रियों के विरुद्ध अपराध (Crimes Against Women)

स्त्रियों के खिलाफ कई अपराध किए जाते हैं। इन अपराधों में वे अपराध अधिक हैं जिनका सरोकार परिवार से ही है। पति पीटता है, सास गाली गलौच करती है। पड़ोसी उसे खराब चरित्र के लिए कोसते हैं। गली–मोहल्ले के आवारा लड़के उसे छेड़ते हैं। वह बलात्कार की शिकार होती है। स्त्रियों की निर्योग्यताओं की कथा बहुत बड़ी है। हार्डिंग (Harding) का कहना है कि जिस समाज में स्त्रियाँ प्रताड़ित होती हैं, पुरुषों की तुलना में गैर–बराबर होती हैं, उस समाज का भविष्य कभी भी सुनहरा नहीं हो सकता। हार्डिंग लिखते हैं—

जब तक पुरुष स्त्रियों की आधी जनसंख्या को अपनी मातहत समझते रहेंगे, समाज का कोई भविष्य नहीं है। स्थिति का सही आकलन करने वाले नारीवादी विचारक इस समस्या का मूल पितृसत्ता को बताते हैं। सबसे बड़ी समस्या पितृसत्ता को समाप्त करना है।

जेण्डर और सेक्स की समस्या, समकालीन समाज विज्ञानों में एक विवादास्पद मसला रहा है। वास्तव में जेण्डर का मतलब पुरुष और स्त्री दोनों से है। इधर कुछ मानवशास्त्री सेक्स का प्रयोग कामुकता से जोड़ते हुए इसे काम में लाने में हिचकिचाते हैं। वे इसके बजाय जेण्डर का प्रयोग अधिक व्यावहारिक मानते हैं। अब विवाद यह है कि पुरुष और स्त्री का अन्तर केवल लिंग ही है या सामाजिक और सांस्कृतिक। इस सिलसिले में मुरडोक, पारसंस और बोलबॉय का मानना है कि लिंग ही काम धंधे को निश्चित करता है। स्त्री है तो उसे घर के काम ही करने हैं और पुरुष को तो पेड़ ही काटने हैं, पत्थर ही तराशने हैं। इस पक्ष के विपरीत दूसरा तर्क है। इसे ओक्ले जैसी महिला मानवशास्त्री ने रखा है। तर्क यह है कि पुरुष और स्त्री का लिंग भेद उनके अन्तर को नहीं बताता। यह तो केवल जैविक भेद को बताता है। पुरुष और स्त्री यानी जेण्डर की व्याख्या समाज की संस्कृति करती है। जेण्डर, इस भाँति जैविक न होकर सामाजिक–सांस्कृतिक है। आज नारी आन्दोलन का सशक्त मुहावरा यह है कि पुरुष और स्त्री में कोई भेदभाव नहीं होना चाहिए। इसमें गैर–बराबरी को कोई स्थान नहीं है।

आदिवासी समाज में जेण्डर का मुद्दा (Gender Issues in Tribal Society)

अगर गैर–आदिवासी समाज जेण्डर की समस्या से जूझ रहा है, तो आदिवासी भी इस समस्या से परेशान। यह अवश्य है कि अभी यह समस्या इस समाज में अधिक गंभीर रूप में नहीं है। सचाई यह है कि मानवशास्त्र में आदिवासियों पर जो अनुसंधान हुए हैं, उनका केन्द्र भूमि, पिछड़ापन, निरक्षरता सामाजिक परिवर्तन से पैदा हुई समस्याएँ, उनकी *एर्थान*, उनका स्तरीकरण और राजनीतिकरण रहे हैं। उनकी जेण्डर समस्या पर कोई विश्वसनीय सामग्री नहीं है। के.एस. सिंह ने अपनी बहुखण्डीय प्रोजेक्ट *पिपल ऑफ इण्डिया*—में कहा है कि अब तक मानवशास्त्र ने जेण्डर के विषय को अछूता ही रखा है। हाल में जो विकास कार्य आदिवासी समाज में हुए हैं, उन्होंने इसमें कई बदलाव ला दिए हैं। अब काफी अच्छी तादाद में आदिवासी स्त्रियाँ पढ़–लिख गई हैं। वे आरक्षण के कारण सरकारी और निजी क्षेत्र में काम करने लग गई हैं। कृषि से हटकर औद्योगिक तथा सेवा वर्ग में आ जाने के कारण स्त्रियाँ निर्णय करने की प्रक्रिया से भी जुड़ गई हैं। विकेन्द्रीकरण या पंचायती राज के विकल्प ने उन्हें शक्तिशाली बना दिया है। आज आदिवासी समाज में भी जेण्डर समस्या प्रमुख रूप से उभर कर सामने आ रही है।

स्वतंत्रता से पहले यह समाज, जंगलों और पहाड़ों में निवास करता था। इसकी विशेषता पृथक्करण (Isolation) की थी। यह एक समतावादी (Egalitarian) समाज था। इसमें स्तरीकरण के नाम पर केवल लिंग और उम्र का ही विभाजन था। लिंग तथा

उम्र दोनों ही जैविक हैं। पिछले आधे दशक ने आदिवासियों के लिए सब कुछ बदल दिया है। अध्याय के इस अंतिम भाग में आदिवासियों की हाल में उभरती हुई जेण्डर समस्या का उल्लेख करेंगे।

भूमि पर प्रभुत्व (Ownership of Land)

भारतीय आदिवासी इतिहास के प्रारंभिक वर्षों में जंगलों में काम करते थे। लकड़ी काटते थे, लकड़ी बेचते थे। जंगल की लघु उपज का संग्रहण करके उसे बाजार तक पहुँचाते थे। कृषि में उनका प्रवेश बड़ी देर के बाद हुआ। उन्होंने खेती के लिए जंगल को काटा, मैदानों की ओर स्थानान्तरण किया और इस तरह कृषि उनका मुख्य व्यवसाय बन गया। उन्होंने हिन्दू जातियों से खेती करना सीखा। बाद में चलकर वे नकद पैदावार भी लेने लगे। आज आदिवासियों का पूरा रुझान कृषि की ओर है। भूमि स्वामित्व उनकी महत्वपूर्ण समस्या है।

जब भूमि स्वामित्व की बात चलती है, तब इस समाज में सेक्स की गैर–बराबरी एक बहुत बड़ी समस्या बनकर सामने आती है। सामान्यतया आदिवासी और गैर–आदिवासियों में भूमि का मालिकाना हक पुरुष का होता है। कृषि भूमि का पट्टा (Entitlement) पुरुष के नाम होता है। आदिवासियों में भी जमीन का स्वामित्व पुरुष का ही होता है। बीना अग्रवाल ने, जो नारी आंदोलन की प्रणेता हैं जेण्डर की समस्या पर विस्तार से लिखा है। वे अपने क्षेत्रीय कार्य का हवाला देते हुए एक सूचनादाता के उत्तर को उद्धृत करती हैं—

> हम भूमि का कब्जा हमारे नाम चाहती हैं। बाकी की सब बात बकवास है। मैं कहती हूँ, आप सरकार के पास जाओ और उससे पूछो कि वह भूमि का पट्टा हमारे नाम क्यों नहीं करती है। जब वह भूमि का बँटवारा करती है, तब हमें कोई पट्टा नहीं देती। क्यों हम किसान नहीं हैं? और अगर मेरा पति मुझे बाहर निकाल देता है, तब मेरी क्या सुरक्षा है?

बीना अग्रवाल ने दक्षिण भारत की सूचनादाता का जो उद्धरण दिया है, उससे एक बुनियादी प्रश्न उठता है—"आदिवासी स्त्री के नाम कृषि भूमि का पट्टा क्यों नहीं दिया जाता?" बीना अग्रवाल ने जेण्डर से उठने वाली इस समस्या के इतिहास को रखा है। इस सिलसिले में वे मातृसत्तात्मक आदिवासी समुदायों का उल्लेख करती हैं। वे कहती हैं कि एशिया और विशेषकर भारत के कतिपय मातृसत्तात्मक आदिवासी स्त्रियों के नाम कृषि भूमि के पट्टे हैं। ये समुदाय इस भाँति हैं—गेरो, खासी, नायर, टीयार और माविला आदि।

यदि गेरो मातृसत्तात्मक समूहों का उल्लेख करें तो इस जनजाति में भूमि का वर्णीकरण तीन प्रकार का है—

1. कुछ समुदाय ऐसे हैं जिनमें सम्पूर्ण भूमि का स्वामित्व समुदाय होता है। यहाँ भूमि व्यक्ति की सम्पत्ति नहीं होती। इस भूमि का हस्तांतरण किसी व्यक्ति के नाम नहीं हो सकता।
2. मातृसत्तात्मक समुदायों में भूमि का उत्तराधिकार स्त्रियों के नाम होता है। यह भूमि सम्पूर्ण परिवार की सम्पत्ति होती है। किसी एक व्यक्ति का इस पारिवारिक

भूमि पर मालिकाना अधिकार नहीं होता। वह चाहे तो इस भूमि को बेच नहीं सकता। परिवार की भूमि की देखभाल, रख–रखाव, वृद्ध व्यक्ति करते हैं, खास करके भाई और मामा।

3. श्रीलंका एक ऐसा देश है, जहाँ मातृसत्तात्मक समुदायों में परिवार की भूमि पर व्यक्तियों का मालिकाना अधिकार होता है। वे चाहें तो जमीन को बेच सकते हैं।

अगर भूमि के स्वामित्व के इस तिहरे वर्गीकरण का हम विश्लेषण करें तो स्पष्ट हो जाएगा कि मातृसत्तात्मक समुदायों में जेण्डर संबंधों की जो तस्वीर उभरकर हमारे सामने आती है, वह घुली–मिली है। अच्छी बात यह है कि यहाँ स्त्रियों को पुरुषों के समान अधिकार प्राप्त हैं। विवाह के क्षेत्र में वे बराबरी का दर्जा रखती हैं। इन सभी समाजों में लड़कियों को भूमि का मालिकाना अधिकार प्राप्त है।

जहाँ मातृसत्तात्मक परिवारों में भूमि के स्वामित्व का मसला घुला–मिला है, वहाँ घर के श्रम विभाजन में कोई खास परिवर्तन नहीं दिखाई देता। घर की देख–भाल करना, जानवरों को पानी–सानी देना, दूध दुहना, खेत की रखवाली करना, पीने का पानी लाना, यह सब कार्य स्त्रियों का ही होता है। स्त्रियों को यौन स्वतंत्रता भी प्राप्त नहीं होती। मातृसत्तात्मक परिवार की प्रकृति से स्त्रियों को भूमि स्वामित्व तथा उत्तराधिकार के हक तो प्राप्त हैं, लेकिन अन्य सब क्षेत्रों में पुरुष ही प्रधान होता है। निर्णय प्रक्रिया में भी उसकी भूमिका मुख्य होती है।

जहाँ आदिवासी परिवार पितृसत्तात्मक है, वहाँ स्त्रियों को उनके नाम से भूमि का पट्टा नहीं होता। ओराँव, भील, गौंड, मीणा, चौधरा आदि पितृसत्तात्मक समुदाय हैं। इनमें स्त्रियों का दर्जा हिन्दू जातियों के समान होता है। स्त्रियाँ पुरुषों की जागीर होती हैं। वे हमेशा अधीनस्थ रहती हैं। भारत में कुछ जनजातियाँ ऐसी हैं जो पुरुषों की बराबरी का आन्दोलन चला रही हैं। वे चाहती हैं कि उन्हें कृषि भूमि का स्वामित्व मिले।

बीना अग्रवाल आदिवासी समाज में स्त्रियों की जेण्डर समस्या पर टिप्पणी करती हुई लिखती हैं—

> आज इस बात की बहुत बड़ी आवश्यकता है कि स्त्रियों को भूमि स्वामित्व दिलाने से पहले उनकी सामाजिक और सांस्कृतिक निर्योग्यताओं को दूर करना होगा और यह भी देखना होगा कि इनके लिए जो कानून हैं, उनका पूरी तरह से क्रियान्वयन हो। यह भी देखना होगा कि स्त्रियाँ अधिक प्रभावपूर्ण ढंग से भूमि पर जो उनका अधिकार है, उस पर नियंत्रण करें।

जेण्डर गैर-बराबरी और स्तरीकरण
(Gender Inequality and Stratification)

जेण्डर गैर–बराबरी की विधा में समाजशास्त्रियों ने खूब काम किया है। इस संबंध में योगेन्द्र सिंह, आन्द्रे बैतई, के.एल. शर्मा, दिपांकर गुप्ता, आदि के नाम उल्लेखनीय हैं, लेकिन इधर मानवशास्त्र में ऐसा कोई महत्वपूर्ण काम नहीं हुआ है। यह अवश्य है कि कुछ मानवशास्त्रियों ने गाँवों का अध्ययन बड़ी गहराई से किया है। इनमें एम.एन. श्रीनिवास, मेकिम मेरियट, एस.सी दुबे, डी.एन. मजूमदार, जी.एस. घुर्ये आदि मुख्य हैं।

मानवशास्त्रियों ने ग्रामीण अध्ययन में पुस्तक आकार में तो नहीं लेकिन फुटकर रूप से सेक्स की गैर–बराबरी का उल्लेख बराबर किया है। ये स्वीकार करते हैं कि गाँवों में स्त्रियाँ बैल की तरह घर के काम काज में रात–दिन खपती रहती हैं, पर इसे अर्थशास्त्री दिहाड़ी की तरह गिनते नहीं हैं।

हाल में वैधानिक स्तर पर स्त्रियों के सशक्तीकरण के लिए राज्य सरकारों ने कुछ ठोस काम किए हैं। संविधान के 73वें संशोधन के अनुसार पंचायतीराज में स्त्रियों को जिनमें आदिवासी स्त्रियाँ भी सम्मिलित हैं, विशेष आरक्षण दिया है। परिणामस्वरूप पंचायतों में आदिवासी महिलाओं की पहचान बनी है।

बलात्कार और आदिवासी प्रतिक्रिया (Rape and the Tribal Response)

आदिवासी समाज में कई विकास कार्य हुए हैं। स्त्रियों में शिक्षा का विस्तार हुआ है। वे नौकरी करने लगी हैं। प्रौद्योगिकी में भी उनका प्रवेश हो गया है, लेकिन आदिवासी स्त्रियों के साथ सब कुछ ठीक हो, ऐसा नहीं है। अन्य पिछड़ी जातियों की तरह वे भी बलात्कार की शिकार होती हैं। भवन निर्माण, सड़क निर्माण और बाँध पर सभी जगह तो आदिवासी स्त्रियाँ और लड़कियाँ दिहाड़ी करती हैं। इन स्थानों पर इनका बलात्कार होना, बहुत सामान्य है। स्त्रियों के बलात्कार के मसलों को हिन्दी, मराठी और बंगाली लेखकों ने बड़ी खूबी के साथ प्रस्तुत किया है। इन भाषाओं से दरिदा के विखण्डन (Deconstruction) को कहानी और उपन्यासों में रखा है और आधुनिकता समाज विज्ञान के महान वृत्तांतों (Great Narratives) को अस्वीकार करती है। यही विखण्डन है। हिन्दी की महान कथाकार महाश्वेता देवी का कहना है कि अब बलात्कार की प्रतिक्रिया नक्सलवादी आदिवासी स्त्रियाँ करने लगी हैं। बड़ी तादाद में आदिवासी स्त्रियाँ भारत के कुछ राज्यों में नक्सलवादी बन गई हैं।

महाश्वेता देवी की एक कहानी है—द्रोपदी। यह द्रोपदी महाभारत की द्रोपदी नहीं है। महाभारत की द्रोपदी का जब चीर हरण हुआ था, कृष्ण आ गए थे और उनकी कृपा से यह चीर अनन्त हो गया था। इसने द्रोपदी की रक्षा कर ली थी, लेकिन महाश्वेता देवी की द्रोपदी किसी कृष्ण की गुहार नहीं करती। कहानी कुछ इस तरह है कि द्रोपदी को सेनानायक अपने पास बुलाता है और बलात्कारियों के गैंडा के सुपुर्द कर देता है। यह द्रोपदी पुरुषों को अपने बचाव के लिए नहीं बुलाती। वह सेनानायक से कहती है—"तुम मेरे कपड़े उतरवा सकते हो, लेकिन पुनः पहनवा नहीं सकते। कपड़े पहनना मेरे हाथ की बात है।" एक संथाल आदिवासी स्त्री की यह प्रतिक्रिया इस बात को बताती है कि अब आदिवासियों में जेण्डर बराबरी की चेतना आ रही है।

अगर हिन्दू जातियों के संदर्भ में देखा जाए तो आदिवासियों में जेण्डर गैर–बराबरी बहुत थोड़ी है। भील, संथाल और गौंड आदिवासियों में पुरुष और स्त्री बराबरी के स्तर पर रहते हैं। उनमें श्रम विभाजन जेण्डर के आधार पर थोड़ा बहुत होता है। पुरुष भी सुबह जल्दी उठकर घट्टी से गेहूँ या मक्की पीस लेता है, नाले से पीने का पानी ले आता है और स्त्री भी बाजार जाकर सौदा ले आती है।

इस समाज में जेण्डर बराबरी का कारण उनकी विवाह और परिवार विच्छेद परम्परा है। विवाह इस समाज में एक संविदा है। लड़की वाला दूल्हे से लड़की के बदले में एक अमुक धन राशि लेता है। मानवशास्त्र में इसे वधू मूल्य (Bride Price) कहते हैं। इस व्यवस्था में बिना किसी कठिनाई के विवाह–विच्छेद हो जाता है। वधू मूल्य लौटाने पर लड़की मुक्त हो जाती है। विवाह–विच्छेद की यह रीति स्त्री को मजबूत कर देती है। इस कारण इनमें जेण्डर विवाद पैदा नहीं हो पाता।

आदिवासी समाज में आज जेण्डर संबंधों में बड़ी तीव्रता से अन्तर आ रहा है। अब पुरुष और स्त्री दोनों पढ़ने–लिखने लगे हैं। दोनों सरकारी और निजी नौकरियों में काम करने लगे हैं। इस स्थिति ने जेण्डर गैर–बराबरी को बढ़ावा दिया है। इधर नारीवादी आन्दोलन भी आदिवासी क्षेत्र में प्रवेश कर गया है। वे आदिवासी जो शहरों में रहने लगे हैं, उनमें जेण्डर को लेकर भेदभाव दिखने लगा है।

25

आदिवासियों के आन्दोलन

(Tribal Movements)

पिछले कुछ दशकों में भारतीय समाज में हाशिये पर रहने वाले लोगों ने सामाजिक आन्दोलन को नई गति दी है। हाशिये पर रहने वाले लोगों में आदिवासी, अनुसूचित जातियाँ, पिछड़े वर्ग और स्त्रियाँ हैं। इन्हें हम कमजोर वर्ग (Weaker Sections) भी कहते हैं। इधर कुछ वर्षों में इन वर्गों में नई चेतना आई है। शिक्षा का प्रसार हुआ है। जन जागृति आई है, राजनीतिक अधिकार मिले हैं और गैर सरकारी संस्थाएं, हजारों कार्यकर्ता दूर–दराज के क्षेत्र में रात और दिन काम कर रहे हैं। ये उपेक्षित वर्ग छटपटा रहे हैं। उन्हें समझ में आ रहा है कि उनका अबाध शोषण लम्बी अवधि से चला आ रहा है। अब वे पिछड़े हुए लोग नहीं हैं। उनकी त्रासदी अब अधिक दिन नहीं चलेगी। सामाजिक जीवन के किसी भी क्षेत्र को देखें, उसमें उपेक्षित वर्ग अपनी उपस्थिति को उजागर कर रहे हैं। अब आदिवासी मानवशास्त्री बन गए हैं, लेखक हो गए हैं, प्रोफेसर हैं, राजनीतिज्ञ हैं और खुलकर अपने शोषण की दास्तान बयान करते हैं।

सामान्यतया मानवशास्त्री और समाजशास्त्री सामाजिक आंदोलनों पर लिखते आ रहे हैं। हाशिये के लोगों की चर्चा कर रहे हैं। पर उनके आंदोलन की सीमा किसानों के आंदोलन से प्रारंभ होकर सामाजिक आंदोलन पर समाप्त हो जाती है। यह नहीं दिखाई देता कि शोषण के छोर पर पहुँचे हुए ये लोग नक्सल बन गए हैं। इन्होंने बन्दूकें उठा ली हैं। कहीं–कहीं आदिवासी स्वायत्त (Autonomous) राज्य की मांग कर रहे हैं। कहते हैं, अब हमें गैर आदिवासी समुदायों पर भरोसा नहीं रहा। वे पूरे 'डीकू' हैं।

थोड़ा सरसरी दृष्टि से देखें तो हाल में जो स्वायत्त राज की माँग आदिवासियों ने रखी है, इसके पीछे कम्युनिस्ट पार्टी का बहुत बड़ा हाथ है। मानवशास्त्री तो प्रायः सरकार परस्त रहे हैं। उन्होंने कभी भी नक्सलवाद का लेखा–जोखा नहीं किया। उन्होंने हिन्दू मानवशास्त्र की स्थापना करते हुए यह बराबर कहा है कि आदिवासी

हिन्दू बन रहे हैं। घुर्ये कहते हैं कि आदिवासी का एकीकरण हिन्दू जातियों में हो रहा है। उनकी समस्याएँ पिछड़ी हिन्दू जातियों की हैं। निर्मल कुमार बोस का कहना है कि आदिवासियों के एकीकरण की विधि हिन्दू जातियों की है। वे हिन्दू बन जाएं तो उनकी समस्याएँ समाप्त। मानवशास्त्र में ऐसी सामग्री इधर–उधर सभी जगह बिखड़ी पड़ी है जो बताती है कि आदिवासी हिन्दू बन गए हैं, उन्होंने हिन्दू देवी–देवताओं को अपना लिया है, वे हिन्दू त्यौहारों को मनाते हैं और जनगणना में दर्ज करवाते हैं कि वे हिन्दू हैं। वास्तविकता क्या है? इसे कौन बताएगा। शायद मानवशास्त्री इधर हिन्दू मानवशास्त्र की रचना में लगे हैं। वे यह नहीं देख पाते कि हाशिये के लाग अब आधुनिक बन रहे हैं, घोर प्रजातान्त्रिक हो रहे हैं, धर्म निरपेक्ष बन रहे हैं। हिन्दू जातियों ने तो अब तक उनका शोषण ही किया है। सामन्तवाद में हाशिये के लोगों का शोषण किसने किया? आजादी के बाद आदिवासियों को किसने ठगा? विशिष्टजन और समृद्ध लोग इस ठगी में कहाँ पीछे रहे?

ये सब प्रश्न आदिवासियों द्वारा चलाए गए आन्दोलनों से सरोकार रखते हैं। ऐसे ही कुछ सामाजिक संदर्भों को ध्यान में रखते हुए हम आंदोलनों का यहाँ उल्लेख करेंगे।

आदिवासी और आन्दोलन (Tribals and Movements)

भारत के आदिवासी भी बड़े विचित्र हैं। मुण्डा और संथाल पीढ़ी–दर–पीढ़ी सापेक्षिक वंचना के शिकार रहे पर उन्होंने इसके निदान के लिए अलग–अलग रास्ते अपनाए। 19वीं शताब्दी के मध्य में सरदार पटेल ने भूमि कर के विरोध में सारे देश में आंदोलन चलाया था। इसका केन्द्र गुजरात का खेड़ा जिला था। इधर बिहार में मुण्डा इस आंदोलन में कूद पड़े यद्यपि उनकी समस्या भूमिकर की नहीं थी। संथाल जिनकी समस्या शोषण की थी, धर्म सुधार आंदोलन में जुट गए।

दक्षिण बिहार के आदिवासी—औराँव, मुण्डा और हौ जो उच्च जातियों के शोषण से परेशान थे, उन्होंने झारखण्ड स्वायत्त राज्य की माँग को उठाया। उनका तर्क था कि जब कभी शक्ति ऊँची जातियों के हाथ में होती है, वे अल्पसंख्यक होकर बहुसंख्यक आदिवासियों के शोषण में जुट जाते हैं। अतः आदिवासी पृथक राज्य की स्थापना ही करेंगे। वे बहुमत में हैं—और अपना राज्य स्वयं चलाएंगे। इधर दक्षिण राजस्थान की वह पट्टी जिसमें भील बहुसंख्यक हैं—भील राज्य नहीं बना पाए। गुजरात के डांग जिले में भी स्वायत्त राज्य नहीं बन सका, पश्चिमी मध्यप्रदेश जिसमें धार, झाबुआ और अली राजपुर आते हैं—और जहाँ भील और भिलाल बहुमत में हैं। शोषण का ओर–छोर नहीं है। इन आदिवासियों ने अपने शोषण को भूलकर धार्मिक सुधार को अपने आंदोलन का मुख्य हिस्सा बनाया। इधर, एक और पराकाष्ठा हैदराबाद के आदिलाबाद में देखने को मिली। यहाँ के गोण्ड नक्सलवाद के आंदोलन के साथ जुड़ गए।

आदिवासियों में चलने वाले सामाजिक आंदोलनों को देखकर लगता है कि कहीं तो आदिवासी विद्रोही हो जाते हैं, कहीं सुधारवादी और कहीं पुनर्जागरणवादी (Revivalist)। जब हम इन समुदायों के आंदोलनों का विवरण दें तो हम इन्हें किस

तरह से समझाएं। वास्तविकता यह है कि किसी भी आंदोलन का उदय उसे उठाने वाली सामाजिक संरचना से होता है। यह संरचना ही तय करती है कि आंदोलन का स्वरूप कैसा होगा।

हाल में एलीन तूरेन (Allen Touraine) ने जो एक समाजशास्त्री और दार्शनिक हैं, कहा है कि दुनियाभर के आंदोलनों का आज यह निष्कर्ष है कि अब कहीं भी आंदोलन होते नहीं। लगता है लोगों ने अपनी परिस्थिति से समझौता कर लिया है या वे सन्तुष्ट हैं।

इवान्स–प्रिचार्ड ने अपने अनुसंधानों के आधार पर एलीन तूरेन से हटकर एक महत्वपूर्ण सलाह मानवशास्त्रियों को दी है। वे कहते हैं कि आदिवासी क्षेत्र की अपेक्षा हमें उनकी समस्याओं का अध्ययन करना चाहिए। भारत की स्थिति बड़ी भयावह है, हमारे मानवशास्त्री आदिवासियों की समस्याओं से हटकर आज भी उनकी एथनिसिटी के अध्ययन में लगे हैं। अगर आदिवासियों का एथनिक जीवन, वधू मूल्य, जादू–टोना, लड़की भगा ले जाने में निहित है, तो यह सब हिन्दू जातियों में पाया जाता है। आदिवासियों की बदनामी की जाती है कि वे शराब पीते हैं नाचते गाते हैं। ऐसी ही स्थिति कम या अधिक मात्रा में हिन्दू उच्च जातियों में भी पाई जाती है।

के.एस.सिंह मानवशास्त्रियों की आलोचना करते हुए कहते हैं कि उन्होंने आदिवासियों में होने वाले सभी आंदोलनों को कृषक आन्दोलन की श्रेणी में डाल दिया है। वे लिखते हैं—

> यहां एक सामान्य झुकाव देखने को मिलता है कि जब कभी आंदोलन की चर्चा होती है तो सभी प्रकार के आदिवासी आंदोलन कृषक आंदोलन की श्रेणी में ही डाल दिए जाते हैं। इस तरह का झुकाव बड़ी आसानी से आदिवासी की अन्य समस्याओं को नजरअन्दाज कर देता है। आदिवासियों की विभिन्न संरचनाएँ विभिन्न आंदोलनों से जुड़ी होती हैं। प्रत्येक आंदोलन अनिवार्य रूप से कृषक आंदोलन नहीं होता।

सामाजिक आंदोलन—सैद्धान्तिक विमर्श
(Social Movements: Theoretical Approach)

मानवशास्त्रियों और समाजशास्त्रियों ने आंदोलन की व्याख्या विभिन्न प्रकार से की है, लेकिन इन परिभाषाओं का मूल तत्व यह है कि कोई भी आंदोलन हो, इसमें समाज के बहुत बड़े भाग की भागीदारी होती है। इसमें सामूहिक क्रिया (Collective Action) होती है। सामान्यतया ये आंदोलन जन सामाजिक व्यवस्था को सुधारने के उद्देश्य से शुरू किए जाते हैं। कभी–कभी इनका उद्देश्य प्रचलित सामाजिक जीवन की नए सिरे से व्याख्या करने का भी होता है। यह भी सम्भव है कि कोई–कोई आंदोलन बड़ी लम्बी अवधि ले लेता है। हमने आजादी की लड़ाई 1857 से प्रारंभ की थी। यह लड़ाई 1947 तक चली है। मद्य निषेध के आंदोलन को हम इसी तरह काफी समय से चलाते आ रहे हैं। कुछ ऐसे ही विकास का आंदोलन भी कितने ही दशकों से चला आ रहा है।

आई.के. महापात्र (I.K. Mahapatra) आदिवासी आंदोलन के अध्ययन के अग्रणी रहे हैं। उन्होंने गोण्ड, कोण्ड और अन्य आदिवासियों में होने वाले आंदोलनों का विस्तृत विश्लेषण किया है। वे आंदोलन को परिभाषित करते हुए लिखते हैं—

> आन्दोलन तब होते हैं जब समाज का बहुत बड़ा तबका अपनी इच्छा से एकजुट होकर आगे आता है। इस एकजुटता का उद्देश्य समाज और संस्कृति की नए सिरे से व्याख्या करना होता है, नए विकल्प देना और वर्तमान व्यवस्था का विरोध करना होता है। आंदोलन का उद्देश्य केन्द्रीय शक्ति का पुनर्विभाजन भी होता है।

एक और समाजशास्त्री एम.एस.ए. रॉय (M.S.A. Rao) भी हैं, जिन्होंने देश में होने वाले विभिन्न आंदोलनों का आलोचनात्मक विवरण दिया है। वे आदिवासी आंदोलनों के अतिरिक्त अन्य आंदोलनों को भी अपने अध्ययन में सम्मिलित करते हैं। वे लिखते हैं—

> अगर हम आंदोलन को एक संगठित प्रयास मानते हैं तो यह समाज के बहुसंख्यक लोगों की एक प्रकार की लामबन्दी (Mobilisation) है जो समकालीन सामाजिक व्यवस्था में बदलाव चाहती है। अगर आंदोलन ऐसा करता है, तब इसे लोगों के बीच में होती सामाजिक प्रक्रियाओं को ध्यान में रखना चाहिए।

आंदोलन की परिभाषाएँ अनेक हैं। इस अनेकता में केन्द्रीय तत्व यह है कि कोई भी आंदोलन हो, प्रायः लम्बी अवधि तक चलता है। इसमें सामूहिक क्रिया बराबर चलती रहती है। आंदोलन का वर्गीकरण उसके लक्षणों के आधार पर होता है। आंदोलन सामाजिक संदर्भ से पैदा होते हैं। जैसा समाज, वैसा आंदोलन है। आदिवासियों में होने वाले आन्दोलन प्रतिक्रियावादी (Reactionary), सुधारवादी (Revisory) और क्रान्तिकारी (Revolutionary) होते हैं। केमेरन (Cameron) कहते हैं कि जब कोई आंदोलन पुराने दिनों की वापसी के लिए होते हैं, तब उन्हें प्रतिक्रियावादी आंदोलन कहते हैं। लिन्टन (Linton) की दृष्टि में जब आंदोलन सुधारवादी है और क्रान्तिकारी होते हैं, तब इनका उद्देश्य समस्त आदिवासी सामाजिक व्यवस्था में आमूलचूल परिवर्तन लाना होता है।

आदिवासी आंदोलन (Tribal Movements)

आदिवासी आंदोलन की व्याख्या कई नामों से की जाती है। कुछ समाज वैज्ञानिक जिनमें इतिहासकार और अर्थशास्त्री भी हैं, इसे आदिवासी असंतोष भी कहते हैं। कुछ इसे विद्रोह के नाम से भी पुकारते हैं। वस्तु स्थिति है कि आदिवासी जब से जंगल छोड़कर गए हैं, उन्होंने अभाव, गरीबी और विपन्नता के जीवन को जीया है। कहीं वे ब्रिटिश सरकार के खिलाफ खड़े हैं और कहीं उन्होंने देशी रियासतों में राजपूतों के हाथों दमन का जुआ ढोया है। साहूकारों और ऊँची जातियों के शोषण ने उन्हें अमानवीय जीवन झेलने के लिए बाध्य कर दिया है। उनमें सहने की सीमा होती है। आधुनिक काल के विभिन्न खण्डों में वे बागी बन गए, विद्रोही हो गए और प्रतिकार के प्रणेता बन गए।

आदिवासी असंतोष के कारण (Causes of Tribal Unrest)

असंतोष जब गहरा और तीव्र हो जाता है, आन्दोलन का रूप ले लेता है। आदिवासियों के आन्दोलनों की तालिका बहुत लम्बी है। सबसे पहला आंदोलन 1778 में हुआ था।

जब बिहार के छो.टा नागपुर में पहाड़िया सिरदारों ने ब्रिटिश राज के खिलाफ विद्रोह किया था। इसके बाद महाराष्ट्र में कोली जनजाति ने 1784–85 में अपनी नाराजगी को आन्दोलन के रूप में रखा था। आंदोलनों का यह सिलसिला अब भी चल रहा है। कभी खुलकर तो कभी छिपकर। अब तो इस आंदोलन ने गुरिल्ला युद्ध और नक्सली लड़ाई प्रारंभ कर दी है। आखिर ये आदिवासी आंदोलन क्यों होते है? इसके निश्चित कारण हैं। यहाँ हम इनके प्रमुख कारणों का संक्षेप में निम्न बिन्दुओं में उल्लेख करेंगे—

1. उपनिवेशवाद और सामंतवाद ने आदिवासियों का भरपूर दमन किया। इनसे बिना किसी भुगतान के श्रम करवाया। मनमाने कर वसूल किए। इन्हें जन्म के आधार पर ही अपराधी घोषित किया। अलगाव और प्राकृतिक आपदाओं में इनके लिए कोई राहत कार्य नहीं किया।
2. ये गरीबी और अशिक्षा का जीवन बिताने पर बाध्य हो गए।
3. इनका जीवन स्तर बहुत नीचा गिरा दिया गया।
4. जंगलों और पहाड़ों ने उन्हें पिछड़ा हुआ समुदाय बना दिया।
5. उच्च जातियों ने उनका पीढ़ी–दर–पीढ़ी शोषण किया।
6. सरकार की राजस्व नीति ने उनमें अत्यधिक शराब पीने की आदत डाल दी।
7. सरकार और गैर आदिवासियों ने उनके आदिवासी क्षेत्र में प्रवेश करके उनकी कृषि भूमि का हस्तांतरण कर दिया।
8. संविधान ने जो सुरक्षाएँ दी हैं, उनका अपर्याप्त क्रियान्वयन किया गया।
9. उन्हें जंगल के स्वामित्व से मुक्त कर दिया गया। जीविकोपार्जन के उनके परम्परागत साधन, जंगल, पहाड़ और भूमि उनके हाथ से निकल गए। वे कुशल किसान नहीं हैं और जो कुछ भूमि उनके पास है, वह गैर आदिवासियों के हाथों में आ गई।

प्रमुख आदिवासी आंदोलन (Major Tribal Movements)

भारत में आदिवासी आंदोलन पर पर्याप्त अनुसंधान सामग्री है। जैसा कि हमने पहले कहा है कि आदिवासी आन्दोलनों को कृषक आंदोलन के साथ जोड़ दिया गया है। फिर भी कुछ आंदोलन विशुद्ध रूप से आदिवासी आंदोलन ही हैं। इस विचारधारा को के.एस.सिंह ने भी स्वीकार किया है। केथलीन गफ और ए.आर. देसाई ऐसे समाज वैज्ञानिक हैं जो कहते हैं कि अधिकांश आदिवासी, आदिवासी होकर भी किसान हैं और इसलिए किसानों का कोई भी आन्दोलन वस्तुतः आदिवासी आंदोलन ही है। आदिवासियों की समस्याओं को आम किसानों की समस्याओं से पृथक नहीं किया जा सकता। कुछ भी समझें, यह निश्चित है कि आदिवासियों ने अपनी माँगों के लिए बराबर आन्दोलन किए हैं। उनकी संस्कृति कभी भी मौन नहीं रही है।

के.एस. सिंह ने आदिवासी आंदोलनों पर दो खण्ड संपादित किए हैं। ये खण्ड—*ट्राइबल मूवमेंट्स इन इण्डिया* (*Tribal Movements in India,* 1982-83) के शीर्षक से

प्रकाशित हुए हैं। सिंह ने इन आंदोलनों को तीन अवस्थाओं में रखा है। पहली अवस्था 1795 से 1860 की अवधि की है। यह अवस्था ब्रिटिश काल की है। इसके बाद जब इस काल में ब्रिटिश भारत में स्थापित हो गए तब आदिवासी आन्दोलन की दूसरी अवस्था आई। इस अवस्था में आदिवासी अर्थव्यवस्था जमीन और जंगल से जुड़ गई। आंदोलन की तीसरी अवस्था आजादी के बाद के समय की है। इस कालखण्ड में आदिवासियों ने स्वायत्त राज्य की मांग रखी और वे राष्ट्रीय तथा कृषक आंदोलनों में भागीदारी करने लगे। के.एस. सिंह ने आदिवासी आंदोलनों को चार निम्न भागों में बाँटा—

1. राजनीतिक स्वायत्तता से जुड़े आंदोलन
2. कृषि तथा जंगल पर केन्द्रीय आंदोलन
3. संस्कृतीकरण आंदोलन
4. लिपि और भाषा पर आधारित आंदोलन

ब्रिटिश राज में होने वाले आदिवासी संघर्ष (Tribal Struggles during British Rule)

जब भारत में ईस्ट इण्डिया कम्पनी स्थापित हुई, तब इस कम्पनी के आधिपत्य में बंगाल, बिहार और उड़ीसा थे। अंग्रेज यहाँ अपने पाँव जमाना चाहते थे। इस समय जगह–जगह पर उन्हें आदिवासियों और गैर–आदिवासियों के विरोध का सामना करना पड़ा। कई आंदोलन हुए। अंग्रेजों की आदिवासियों के बारे में कोई निश्चित धारणा नहीं थी। उनका बोध था कि आदिवासी राहजनी करते हैं और चोरी, डकैती करना उनका धंधा था। ऐसी अवस्था में अंग्रेज कानून और व्यवस्था को बनाए रखना चाहते थे। सचाई यह है कि वे आदिवासी और हिन्दू जातियों में कोई अन्तर नहीं कर पाए थे। इसके परिणामस्वरूप आदिवासी बिफर गए। उन्होंने आंदोलन किए। ब्रिटिश राज ने आदिवासी और गैर आदिवासी के साथ समान व्यवहार किया। इस नीति के कारण आदिवासियों ने आंदोलन का रास्ता अपना लिया। इस युग में जो आंदोलन आदिवासियों ने किए, वे इस तरह हैं—

1. मुण्डा—मुण्डा आदिवासियों ने ब्रिटिश राज की नीतियों के खिलाफ 1789 से लेकर लम्बी अवधि तक बराबर आंदोलन किए। ऐसे आंदोलन भी हुए जब इन्होंने ब्रिटिश राज के विरोध में हथियार उठा लिए पर सरकार ने अपनी पूरी ताकत के साथ इन आंदोलनों को दबा दिया।

1899-1900 में मुण्डाओं का एक गंभीर आंदोलन हुआ। यह आंदोलन बिरसा आंदोलन के नाम से भी जाना जाता है। बिरसा का स्थान मुण्डाओं में सम्मान और आदर का स्थान है। मुण्डा इन्हें परमात्मा का अवतार मानते आ रहे हैं। यद्यपि ब्रिटिश राज ने बड़ी निर्दयतापूर्वक इस आंदोलन को दबा दिया, फिर भी एक लम्बी अवधि तक मुण्डाओं का आक्रोश ब्रिटिश राज के खिलाफ बना रहा।

2. कोल, हौ और औराँव—कोल आदिवासी बिहार के रहने वाले हैं। इनकी बहुलता छोटा नागपुर में थी। उस समय यह इलाका बंगाल में था। कोल अंग्रेजों के

खिलाफ आंदोलन करने के लिए खड़े हो गए। इस आंदोलन में हौ और औराँव भी सम्मिलित हो गए। इस आंदोलन का मुख्य कारण लॉर्ड कार्नवालिस द्वारा लगाई गई स्थाई भूमि व्यवस्था थी। जनजातियों के इस आंदोलन के अग्रणी गंगानारायण सिंह थे। आदिवासियों के अन्य आंदोलनों की तरह इसे भी दबा दिया गया। उड़ीसा के कोण्डा ने भी 1846 में एक विद्रोही आंदोलन खड़ा किया था। उसमें नर बलि करने की परम्परा थी। जब इस पर पाबन्दी लगा दी गई तब वे और कड़े विरोध में खड़े हो गए। इस आंदोलन को भी दबा दिया गया।

3. सन्थाल—बिहार में एक बार फिर उबाल आया। इस बार बिहार के साथ बंगाल में भी संथालों ने आंदोलन किया। 1855 का संथाल विद्रोह सबसे अधिक उग्र था। इस आंदोलन में कोई दस हजार संथाल मारे गए और फिर 1871 और 1885 में संथालों ने ब्रिटिश के खिलाफ आंदोलन किए। इन्हें भी दबा दिया गया।

4. आन्ध्रप्रदेश और उसके आस-पास के आदिवासी—आन्ध्रप्रदेश और उसके आस–पास के आदिवासियों ने भी अपने क्रोध को समय–समय पर आंदोलन करके व्यक्त किया। ये आंदोलन ब्रिटिश सरकार के विरोध में थे। इन आंदोलनों के पीछे बहुत बड़ा कारण था कि आदिवासियों का जंगल पर जो प्रभुत्व था, वह समाप्त कर दिया गया। जंगल को लेकर मध्यप्रदेश के बस्तर जिले के गौंडों ने भी आंदोलन किए।

5. अण्डमान और निकोबार टापुओं के आदिवासी—अण्डमान और निकोबार टापुओं पर ब्रिटिश राज की हुकूमत थी। ब्रिटिश चाहते थे कि यहाँ के आदिवासियों को सभ्य बनाया जाए। इसके लिए उन्होंने कई कानून बनाए। पर ये कानून यहाँ के आदिवासियों को रास नहीं आए। इसके लिए उन्होंने कई आंदोलन किए। इन आदिवासियों में जरावा सबसे अधिक आक्रोश में थे। ये आंदोलन भी समाप्त कर दिए गए।

6. भील—खानदेश भी अंग्रेजी हुकूमत में था। भीलों ने यहाँ की शांति को गड़बड़ा दिया था। 1829 में यहाँ भीलकोर की स्थापना की गई। मालवा में भी भीलों ने उत्पात मचा रखा था। 1846 में उन्होंने ब्रिटिश राज के विरोध में आंदोलन किया, इसे भी दबा दिया गया। देखा जाए तो पूरी 19वीं शताब्दी में आदिवासियों ने उपनिवेशवादी हुकूमत के खिलाफ किसी न किसी आंदोलन को चला रखा था। वास्तविकता यह है कि देशी रियासतों में भी आदिवासी अपने विरोध को प्रकट कर रहे थे। इधर अंग्रेजी राज में आदिवासियों का विरोध जमींदारों से था। इन आंदोलनों का मुख्य मुद्दा जंगल, जमीन और शोषण थे। इसे हम आगे विस्तार से देखेंगे।

आदिवासी विद्रोह ब्रिटिश राज के खिलाफ क्यों?
(Why Tribal Revolt Against the British Raj?)

यह स्पष्ट है कि आदिवासियों ने ब्रिटिश राज और देशी रियासतों के खिलाफ जो आंदोलन किए वे वस्तुतः आजादी की लड़ाई के आंदोलन से पृथक नहीं थे। उसी के भाग थे। यह भी सही है कि अंग्रेजी हुकूमत प्रत्यक्ष रूप से आदिवासियों के

आमने–सामने नहीं थी। फिर भी यह लड़ाई उपनिवेशवाद और देशी रियासतों के खिलाफ थी।

राघवैया (Raghvaiah) ने अपने एक लेख में इस बात का खुलासा किया है कि आदिवासी अंग्रेजी हुकूमत के खिलाफ क्यों थे। वे कहते हैं कि इस राज्य ने भूमि कर बढ़ा दिया, उनकी भूमि पर साहूकारों का कब्जा हो गया और लड़ाई से निकाले गए फौजियों ने आदिवासियों को तबाह कर दिया। कृषक समाज में व्यापक असंतोष व्याप्त हो गया और लोग आंदोलन करने पर उतारू हो गए। स्टीफन फूक्स (Stephen Fuchs) का तो कहना है कि आदिवासी असंतोष का सबसे बड़ा कारण तो आर्थिक है। देखा जाए तो अंग्रेजों ने आदिवासियों की समस्या पर कोई ध्यान नहीं दिया।

के.एस. सिंह जिन्होंने बिरसा मुण्डा (1899–1900) आंदोलन पर अधिकृत सामग्री दी है, कहते हैं कि मुण्डा विद्रोह भूमि की समस्या के कारण हुआ था। मुण्डा इस बात से परिचित नहीं थे कि उनका भूमि पर परम्परा से अधिकार है और इसका लाभ अंग्रेजी हुकूमत ने उठाया। कार्नवालिस ने भूमि का जो स्थाई बन्दोबस्त किया था, उसमें मुण्डाओं की कृषि भूमि का भी अधिग्रहण कर लिया। इधर दूसरी ओर सरकार ने जब जंगल की सुरक्षा (Conservation) के लिए नई जंगल नीति अपनाई तब मुण्डाओं के जंगल पर जो अधिकार थे, उन्हें समाप्त कर दिया गया। पहले वे खेती–बाड़ी और कृषि के लिए जो मुफ्त में लकड़ी काट लेते थे, उस पर पाबन्दी लगा दी गई। अब वे घरेलू काम के लिए जंगल की लकड़ी का प्रयोग नहीं कर सकते थे। वे अपने पशुओं को जंगल में चरा नहीं सकते थे, शिकार उनके लिए वर्जित था। अण्डमान और निकोबार के आदिवासी अपने शांतिपूर्ण वातावरण में सरकारी हुकूमत की उपस्थिति कतई नहीं चाहते थे।

कुछ अन्य मानवशास्त्री हैं जिन्होंने अपने अनुसंधान को लम्बी अवधि तक आदिवासियों में रहकर पूरा किया। फ्यूरर हेमन्डोर्फ (Furer Haimendorf) कहते हैं कि अंग्रेजों ने जिस कानून व्यवस्था को बनाया, उसके अनुसार गैर आदिवासी मजे से आदिवासी क्षेत्र में प्रवेश कर सकते थे। उनका शोषण कर सकते थे। कुछ इसी तरह के विचार वेरिअर एल्विन (Varrier Elwin) भी व्यक्त करते हैं। अंग्रेजों द्वारा पारित कानून ने आदिवासियों को तबाह कर दिया। वे कोर्ट कचहरी के चक्कर में उलझ गए। इधर दक्षिण राजस्थान में मराठा और पिण्डारियों के हमलों ने आदिवासियों को परेशान कर दिया। वे अपने लिए शराब नहीं गला सकते थे। गुजरात और पश्चिमी मध्यप्रदेश के आदिवासी आए दिन प्राकृतिक आपदाओं को झेल कर टूट चुके थे।

स्टीफन फूक्स ने सेंट्रल भारत के आदिवासियों के आंदोलन का विस्तृत चित्रण किया है। वे कहते हैं कि बाहरी लोगों का आदिवासी जीवन पर इतना आधिपत्य बढ़ गया कि उनमें पुनर्जीवन लाने के लिए वृहद् आंदोलन चले। फूक्स इन्हें मेसेनिक (Messianic) मूवमेंट कहते हैं। ये मसीही आंदोलन वस्तुतः सुधारवादी आंदोलन थे।

घनश्याम शाह (1990) ने भी आदिवासी आंदोलनों की अच्छी व्याख्या की है। आंदोलनों के कई कारण हैं। यह होते हुए भी कुछ कारण बुनियादी हैं जो समान रूप

से सभी आंदोलनों में काम करते हैं। आदिवासी अपना जीवन निर्वाह जंगलों से करते हैं। ये जंगल ही उनकी जीवन रेखा हैं। इन जंगलों में अंग्रेजों ने ठेकेदारों का प्रवेश प्रारंभ कर दिया। वन विभाग के कर्मचारी अब आदिवासियों को तंग करने लगे। उनका उत्पीड़न बढ़ गया। इधर आदिवासियों की सदैव से यह धारणा रही है कि जंगल उनके हैं। वे गैर–आदिवासियों के हस्तक्षेप को सहन नहीं कर सकते। उदाहरण के लिए आन्ध्रप्रदेश की सूरा जनजाति ने टोडी पर लगाए गए टैक्स पर बहुत बड़ा आंदोलन किया। बिहार के पलामू इलाके में भी जंगल की पाबन्दी के खिलाफ आंदोलन हुए।

स्वतंत्रता प्राप्ति के बाद के आंदोलन (Movements After the Independence)

आजादी के बाद, आदिवासियों ने अपनी मांगों को लेकर कई आंदोलन किए। कुछ आंदोलन तो ऐतिहासिक आंदोलन कहे जा सकते हैं। ऐसे आंदोलनों में उत्तर–पूर्व के आंदोलन महत्वपूर्ण हैं। इस क्षेत्र में बोड़ो, नगा आदि आदिवासी रहते हैं। इनका निवास अन्तर्राष्ट्रीय सीमाओं पर है। भारत का पड़ोसी चीन है। इसलिए यहाँ के आदिवासियों का विद्रोह बहुत महत्वपूर्ण बन जाता है। देश के मध्य भाग में रहने वाले आदिवासी अन्तर्राज्यीय सीमाओं पर रहते हैं। इस दृष्टि से मध्य क्षेत्र में रहने वाले आदिवासियों के आंदोलन भी महत्वपूर्ण हो जाते हैं। राघवैया ने अपनी पुस्तक *ट्राइबल रिवोल्ट्स* (*Tribal Revolts,* 1971) में कहा है कि देश में कोई 70 आंदोलन 1778 से 1971 की अवधि में हुए हैं।

इधर दूसरी ओर एन्थ्रोपोलॉजिकल सर्वे ऑफ इण्डिया (Anthropological Survey of India) ने 1976 में 36 आदिवासी आंदोलनों की गणना की है। *मेन इन इण्डिया* (*Man in India*) जो एन्थ्रोपोलॉजिकल सर्वे आफ इण्डिया का मुख्य जरनल है, ने अपने आदिवासी आंदोलन के विशेषांक (1945) के संपादकीय में कहा है—

आदिवासी आंदोलन कोई बहुत अधिक हुए हों, ऐसा नहीं है, लेकिन यह निश्चित है कि पिछले डेढ़ सौ वर्षों में किसी मुख्य आदिवासी समूह ने आंदोलन नहीं किया हो, ऐसा नहीं है।

बात यह है कि आजादी मिलने के बाद और संविधान के क्रियान्वयन के बाद यह स्पष्ट हो गया कि सरकार की आदिवासी नीति (Tribal Policy) क्या है? आजादी से पहले देश के विभिन्न भागों के आदिवासी मुक्त जीवन बिताते थे। लगभग स्वायत्त (Autonomous) जीवन बिताते थे। सरकार आदिवासियों से केवल यही चाहती थी कि वे कानून और व्यवस्था में कोई हस्तक्षेप न करें।

के.एस. सिंह ने, एन्थ्रोपोलॉजिकल सर्वे ऑफ इण्डिया को आधार बनाकर आजादी के बाद के आंदोलनों को चार श्रेणियों में बाँटा है। इनका हमने पीछे के पृष्ठों में उल्लेख किया है। ये आंदोलन निम्न प्रकार हैं—

राजनीतिक स्वायत्तता से जुड़े हुए आन्दोलन
(Movements for Political Autonomy)

के.एस. सिंह ने स्वायत्त राज की मांग के आंदोलनों के इतिहास को व्यवस्थित रूप से खंगाला है। वे कहते हैं कि द्वितीय विश्व युद्ध के प्रारंभ में ही गौंड और भीलों ने

राजनीतिक स्वायत्तता की मांग को उठाया था। ये आंदोलन कोई विशेष गति नहीं पकड़ पाए। इसका कारण था कि गौंड और भील इस तथ्य को स्पष्ट नहीं पाए कि इस तरह के राज्य का भौगोलिक क्षेत्र क्या होगा, ऐसे राज्य की जीवन क्षमता क्या होगी और इसी कारण यह आंदोलन बेमौत मर गया। इस आंदोलन का कोई सक्षम संगठन नहीं था। हैदराबाद के आदिलाबाद इलाके के गौंडों ने 1941 में गौंड राज्य की मांग रखी। इसी को उन्होंने राज्य पुनर्गठन आयोग (States Reorganisation Commission) के सामने भी रखा। गौंड नेताओं ने कहा कि विदर्भ, रीवा छत्तीसगढ़ से जुड़े हुए गौंड बहुल क्षेत्र में इस राज्य की स्थापना होनी चाहिए। यह आंदोलन 1950 से प्रारंभ हुआ और 1962–63 में पहुँचकर इसकी साँस फूल गई। गौंड राज की स्वायत्तता का यह आंदोलन मर गया।

आई.पी. देसाई ने अपनी छोटी सी पुस्तक *आदिवासी स्वायत्त राज* (*Adivasi Swayatt Raj*) में दक्षिण गुजरात के डांग जिले के आदिवासियों की स्वायत्त राज की मांग का शक्तिशाली ढंग से विश्लेषण किया है। यह आंदोलन 1960 के दशक में हुआ था। इसमें डांग, भरूच, सूरत, बलसर क्षेत्र सम्मिलित थे। यह राज्य वस्वा, भील, चौधरी, घोडिया और कुनबी ने चलाया था। इन आदिवासियों ने अपनी लड़ाई के लिए किसी राजनीतिक दल को नहीं बनाया था। झारखण्ड राज्य की मांग में झारखण्ड मुक्ति मोर्चा ने अपने आंदोलन को सशक्त रूप से आगे बढ़ाया था। डांग राज के आंदोलन में ऐसे किसी राजनीतिक दल की स्थापना नहीं हुई थी। इस आंदोलन को केवल कम्युनिस्ट पार्टी ऑफ इण्डिया (मार्क्सवादी) का ही सहयोग था। आंदोलन के नेताओं ने यह तर्क दिया कि आदिवासी अब पूर्णतया कृषक हैं और इस हैसियत से उन्हें सुरक्षा मिलनी चाहिए। आदिवासी ठगे गए हैं, उन्हें जंगल के लाभ से वंचित किया गया है और इसलिए कृषक होने के नाते उन्हें सुरक्षा दी जानी चाहिए।

आई.पी. देसाई ने इस पूरे आंदोलन की व्यवस्थित रूप से व्याख्या की है। वे कहते हैं कि स्वायत्तता की यह मांग राजनीतिक मांग थी क्योंकि दक्षिण गुजरात का आम आदिवासी इसमें कोई रुचि नहीं रखता था। देसाई कहते हैं कि इस तरह का आदिवासी स्वायत्त राज, आदिवासियों के कितना हक में जाएगा, यह कहना कठिन है, लेकिन यह निश्चित है कि आदिवासी स्थानीय मुख्यधारा में अपना एकीकरण चाहता है।

गुजरात, मध्यप्रदेश और दक्षिण राजस्थान के आदिवासियों ने भील राज्य की मांग को रखने का प्रयास किया। इस राज्य में बाँसवाड़ा, डूँगरपुर (राजस्थान), धार और झाबुआ (मध्यप्रदेश) सम्मिलित करने का प्रस्ताव था। यह आंदोलन वस्तुतः राजनीतिक ही था क्योंकि भील ऐसा कुछ करना नहीं चाहते थे।

स्वायत्त राज्य की मांग में शायद सबसे ताकतवर मांग झारखण्ड राज्य की थी। इस क्षेत्र में बेशुमार खनिज भण्डार हैं। यह क्षेत्र अपनी असीम प्राकृतिक सम्पदा के कारण आदिवासियों को स्वायत्त मांग करने के लिए उत्साहित करते हैं। झारखण्ड

राज्य की मांग के पीछे ऐतिहासिक कारण हैं। दूसरी मांग के लिए आंदोलन की शुरुआत 1940 के दशक में हुई थी। इस आंदोलन के निम्न कारण दिए जाते हैं—

1. झारखण्ड क्षेत्र ऐसा है जहां प्रशासनिक रूप से पूर्ण एकीकरण है।
2. यह क्षेत्र आदिवासी बहुल है। यहाँ खनिज पदार्थों की भरमार है और प्राकृतिक समृद्धि का लाभ गैर आदिवासी उठा रहे हैं। आदिवासियों का तर्क है कि जैसे जंगल उनकी संपदा हैं, वैसे ही खान भी उनकी सम्पदा हैं। वे इसी क्षेत्र में रहते आ रहे हैं और इसलिए इन पर उनका परम्परागत अधिकार है। गैर आदिवासी लोग इस क्षेत्र के बाशिन्दे नहीं हैं खास करके गैर बिहारी।
3. आदिवासी संस्कृति हिन्दू जातियों की संस्कृति से भिन्न है। दूसरे शब्दों में, छोटा नागपुर और संथाल परगने की संस्कृति बिहार से भिन्न है।

जब झारखण्ड आंदोलन 1940 के दशक में प्रारंभ हुआ, तब आदिवासियों में कोई राजनीतिक चेतना नहीं थी, लेकिन बाद में आदिवासियों को यह समझ में आने लगा कि गैर आदिवासी यानी जिन्हें वे डीकू कहते हैं, उनका शोषण कर रहे हैं। आज यह आंदोलन क्रियान्वित हो गया है। झारखण्ड राज्य बन गया है। इसमें छोटा नागपुर का सम्पूर्ण मैदानी इलाका, उड़ीसा के कुछ जिले तथा बंगाल और मध्यप्रदेश के भाग सम्मिलित हैं। झारखण्ड का शाब्दिक अर्थ पेड़, झाड़ और जंगल से है।

झारखण्ड राज्य को बनाने के लिए जो आंदोलन हुआ, उसकी चार प्रमुख अवस्थाएँ हैं—(1) 1947 से 1954 (2) 1955 से 1963; (3) 1964 से 1969 और (4) 1970 से राज्य बन जाने तक। इसी अवधि में झारखण्ड मुक्ति मोर्चा राजनीतिक दल बना था।

आज झारखण्ड राज्य वस्तुतः आदिवासी बहुल राज्य है। देश के अन्य राज्यों की तरह इसका भी गठन हुआ है। यहाँ गैर आदिवासी अल्पसंख्यक लोगों की तरह रहते हैं। इसे प्राकृतिक सम्पदाओं से धनाढ्य राज्य समझा जाता है।

कृषक और जंगल आधारित आंदोलन (Agrarian and Forest-Based Movements)

जब हम आदिवासी समूहों की कोई भी चर्चा करते हैं, तब हमें उनकी अर्थव्यवस्था को दो भागों में देखना होगा। पहला भाग तो जंगल का है और दूसरा भाग कृषि का। जंगल को वे जीविकोपार्जन का अपना प्राथमिक साधन समझते आ रहे हैं। जब जंगल छोड़कर वे मैदानों में पहुँचे तो उन्होंने कृषि को अपना आर्थिक जीवन आधार बनाया। अब वे किसान बन गए। अतः इनके कुछ आंदोलन तो जंगल और जंगल से जुड़ी हुई मांगों को लेकर हैं और कुछ आंदोलन किसान और किसानी से जुड़ी मांगों को लेकर।

मध्यप्रदेश के गौण्ड परम्परा से ऐसे आदिवासी हैं जिन्होंने कोई लड़ाकू आंदोलन नहीं किए हैं। उन्होंने अपने जंगल और भूमि को अतिक्रमण से बचाने के लिए कोई लड़ाई नहीं लड़ी है। हाल में यानी 1940 के दशक में ये आदिवासी जागरूक हो गए

हैं। अब वे चेतन हो गए हैं कि उन्हें अपने क्षेत्र की रक्षा के लिए लड़ाई लड़नी होगी। आजादी के बाद गौण्डों ने ऐसे कई आंदोलन किए, जिनका उद्देश्य उनके जंगलों को बचाना था।

महाराष्ट्र के घूलिया क्षेत्र के आदिवासी कृषक (Agrarian) आंदोलन करते आ रहे हैं। वहाँ की स्थिति कुछ दूसरी रही है। बहुत बड़ी तादाद में यहाँ के आदिवासियों की कृषि भूमि गैर आदिवासियों के हाथ में चली गई। ये गैर आदिवासी साहूकार, बड़े किसान और व्यापारी हैं। इस परिस्थिति ने धूलिया के आदिवासियों को दिहाड़ी करने के लिए मजबूर कर दिया। सन् 1967 में कुछ समाजसेवियों ने जिनमें सर्वोदय कार्यकर्ता अम्बर सिंह सूरतवंशी जो स्वयं भील थे, शामिल थे ने आदिवासियों को संगठित करना प्रारंभ किया। आंदोलन रंग लाया और जुलाई, 1975 में महाराष्ट्र सरकार ने एक अध्यादेश द्वारा आदिवासी भूमि के हस्तांतरण पर रोक लगा दी।

कृषक आंदोलन का एक बहुत अच्छा दृष्टान्त हाल में छोटा नागपुर में देखने को मिला है। गैर आदिवासियों ने आदिवासी भूमि पर अतिक्रमण कर लिया था। इसे लेकर आंदोलन हुआ और आदिवासियों ने अपनी भूमि पर पुनः कब्जा कर लिया। लड़–झगड़ कर आदिवासियों ने जंगल के भी कुछ अधिकार प्राप्त कर लिए।

भूमि और जंगल पर अपना अधिकार वापस लेने के लिए आदिवासी बहुल क्षेत्र में छोटे–मोटे आंदोलन बराबर होते रहे हैं। ऐसा ही एक आंदोलन चिपको नाम से जाना जाता है। जब ठेकेदार जंगल के पेड़ों पर अपनी कुल्हाड़ी चलाता है तो पेड़ों को बचाने के लिए आदिवासी पेड़ों से चिपक जाते हैं। "हमें काट दो, लेकिन हमारे पेड़ों को नहीं", यह उनकी मांग होती है। हिमालय की तराई में रहने वाले आदिवासियों ने इस आंदोलन को बड़े अहिंसक ढंग से चलाया है। यह सब होते हुए भी भोटियाओं ने इस आंदोलन में बहुत कम भागीदारी की है।

हाल में आदिवासी क्षेत्र में जंगल और जमीन को लेकर एक बड़ा हिंसक आंदोलन चला है। इसे नक्सलवादी आंदोलन कहते हैं। बंगाल के दार्जिलिंग जिले में नक्सलबाड़ी एक स्थान है। यहाँ के किसानों ने ठाकुरों और बड़े किसानों पर हमला बोल कर उनकी जमीन को हथिया लिया। इस आंदोलन के प्रणेता कानू सन्याल हैं। यह आंदोलन कहता है कि क्रांति बन्दूक की गोली से आती है। अहिंसक तरीके से नहीं। दार्जिलिंग और कानू सन्याल का यह नक्सलवाद धीरे–धीरे देश के अन्य आदिवासियों में भी आ गया। आन्ध्रप्रदेश, छत्तीसगढ़, उड़ीसा आदि राज्य नक्सलवादी आंदोलन से प्रभावित हैं। इस आंदोलन का प्रभाव छोटा नागपुर, संथाल परगना और आंशिक रूप से पश्चिम भारत में देखने को मिलता है। यह एक सशस्त्र आंदोलन है।

संस्कृतीकरण आंदोलन (Sanskritisation Movements)

हाल में देश के मध्य भाग में एक एथनिक आंदोलन चला है। इसे संस्कृतीकरण या सुधारवादी आंदोलन भी कहते हैं। कुछ आदिवासी यह विश्वास करते हैं कि उनकी प्रगति का रास्ता सुधारवादी है। उन्हें अपने रीति–रिवाजों में बदलाव लाना चाहिए।

ऐसा करने के लिए उच्च जातियों को विश्वास, धर्म, नियम, उपनियम अपनाने चाहिए। शराब छोड़ देनी चाहिए। मांस खाना बंद कर देना चाहिए। बहुपत्नी विवाह पर पाबन्दी लगनी चाहिए। ऐसे आदिवासी अपने आपको भगत कहते हैं। कुछ मानवशास्त्री इस प्रक्रिया को भगतवाद कहते हैं।

डेविड हार्डिमेन ने सूरत और पश्चिमी भारत के आदिवासियों में संस्कृतीकरण के आंदोलन का अध्ययन किया है। वे कहते हैं कि भगतवाद आदिवासियों को एक खास तरह की राजनीतिक चेतना देते हैं, जिससे वे शोषण का विरोध करते हैं।

स्फीफन फूक्स जो स्वयं एक मिशनरी हैं, पादरी हैं और जिन्होंने भीलों में काम किया है, कहते हैं कि संस्कृतीकरण के आंदोलन ने गरीब आदिवासियों की प्रतिष्ठा को ऊँची जातियों की निगाह में बढ़ा दिया है—अब वे आदिवासी गाय नहीं मारते, शराब नहीं पीते, धूम्रपान इनके लिए वर्जित है।

घनश्याम शाह ने आदिवासियों में चलने वाले एथनिक (सांस्कृतिक) आंदोलनों का विस्तार से उल्लेख किया है। वे लिखते हैं—

> इन एथनिक आंदोलनों ने आदिवासियों की महत्वाकांक्षाओं को बढ़ा दिया है। अब वे एकजुट होकर अपनी सुदृढ़ता बनाते हैं और शोषण के खिलाफ लामबंद होते हैं। गुजरात और मध्यप्रदेश के कुछ आदिवासी इस सुधार आंदोलन से प्रभावित होकर राष्ट्रीय आंदोलन में भी कूद पड़े। राजस्थान के आदिवासी भगत आंदोलन से प्रेरित होकर स्वायत्त राज की मांग करने लगे।

लिपि और भाषा पर आधारित सांस्कृतिक आंदोलन (Cultural Movements Based on Script and Language)

आंदोलनों का यदि गहराई से अध्ययन करें तो एक बात निश्चित है—आदिवासी समाज आज संकट काल से गुजर रहा है। वे बुनियादी रूप से जंगलों और पहाड़ों में रहने वाले लोग हैं। जंगल का क्षरीकरण हुआ है। सरकार ने जंगल काटे, उन पर कानूनी आधिपत्य स्थापित किया। जंगल की उपज पर नियंत्रण किया। जंगल का शिकार अपने कब्जे में कर लिया। आदिवासियों ने इस प्रकार सरकारी शोषण के खिलाफ विद्रोह किया पर उनके हाथ कुछ नहीं आया। परिस्थितियाँ आदिवासियों के लिए विषम बन गई। उनके आंदोलन एक के बाद एक फुस्स हो गए।

पहाड़ स्थानान्तरित खेती के काम आते थे। इस खेती पर सरकार की पाबन्दी लग गई। पहाड़ों से जो कोयला और धातु मिलते थे, उन पर सरकार ने पाबंदी लगा दी। अब आदिवासी खाली हाथ हो गए। उनके पास कुछ नहीं रहा। वे मैदानों में आ गए। खेती करना उनके लिए नया था। वे किसान हो गए। उनका आर्थिक धरातल बदल गया।

इधर उनके सांस्कृतिक जीवन में भी कई बदलाव आए। वे आत्मवादी (Animists) थे। अब भगत हो गए, हिन्दू हो गए, ईसाई बन गए और कुछ मुसलमान और बौद्ध भी हो गए। ऐसा लगा कि आदिवासियों की पहचान ही जैसे खो गई। अब नए संदर्भ में, वे अनुसूचित जनजातियों की श्रेणी में आ गए।

अपनी पहचान के लिए आदिवासियों ने एक नया आंदोलन चलाया है। सभी ओर उनकी भाषा और लिपि बदल रही है। जिस कौम की भाषा नहीं होती, वह कौम अपना अस्तित्व ही खो देती है। इसके लिए कुछ आदिवासियों ने अपनी लिपि और भाषा के लिए पुनरुद्धार आंदोलन चलाए हैं। के.एस. सिंह का कहना है कि इस आंदोलन से आदिवासी अपनी प्राचीन संस्कृति को वापस लाना चाहते हैं।

छोटा नागपुर के आदिवासी इस प्रयास में हैं कि उनकी संस्कृति का पुनरुद्धार हो जाए। वे अपने अतीत के प्रतीकों को वापस लाना चाहते हैं। उत्तरी आन्ध्रप्रदेश के आदिवासी अपनी भाषा को पुनः जीवित करना चाहते हैं। यह सब होते हुए भी अधिकांश आदिवासी संस्कृति के इस पुनर्जागरण में कोई विशेष भागीदारी करते हुए नहीं दिखाई देते।

26

राष्ट्रीय आदिवासी नीति

(National Tribal Policy)

ब्रिटिश राज में और इससे पहले सामंतवादी युग में आदिवासियों का सरकार के साथ कोई निकट का सरोकार नहीं था। वे प्रायः विद्रोही, बागी और अपराधी समझे जाते थे। अपराधी हरकत करने के बाद वे जंगलों और पहाड़ों को लौट जाते थे। सरकार के लिए वे कानून और व्यवस्था (Law and Order) की समस्या थे, लेकिन स्वतन्त्रता के बाद उनकी समस्या विकास की हो गई। जंगल और पहाड़ों में रहने के कारण पिछड़ेपन और अलगाववाद ने उन्हें राष्ट्रीय मुख्यधारा (National Mainstream) से दूर खड़ा कर दिया था। आदिवासियों की इस अवस्था को देखकर देश ने एक राष्ट्रीय नीति का निर्माण किया है। इस नीति के परिपालन के लिए सरकार ने कई कानून बनाए हैं, कमेटियों और निकायों का निर्माण किया है।

राष्ट्रीय आदिवासी नीति के स्रोत (Sources of National Tribal Policy)
केन्द्र और राज्य सरकार एक निश्चित नीति के अनुसार आदिवासियों का विकास कर रही हैं। उन्हें सुरक्षाएँ दे रही हैं, आर्थिक सहायता पहुँचा रही हैं। उनके लिए बहुत कुछ हो रहा है। आखिर, सवाल है—हम उन्हें क्या बना रहे हैं? क्या हम उन्हें हिन्दू बना रहे हैं? क्या ईसाई बना रहे हैं? ऐसे ढेर सारे प्रश्न उठाए जा सकते हैं, लेकिन जो कुछ आदिवासियों के लिए किया जा रहा है, वह कोई मनमाना काम नहीं है। कोई सनक मात्र नहीं है। इसके पीछे एक निश्चित और सोची समझी नीति है। यह नीति आदिवासियों को देश की मुख्यधारा (Mainstream) में एकीकरण (Integration) करने की है। यह मुख्यधारा हमारे संविधान से जुड़ी है। संविधान भारत को एक प्रजातांत्रिक, बहु–सांस्कृतिक (Multicultural), धर्म निरपेक्ष (Secular) और प्रभुसत्ता सम्पन्न (Sovereign) राज्य बनाना चाहता है। इस नीति का दूसरा महत्वपूर्ण स्रोत संविधान के अन्तर्गत बनाए गए कानून हैं। इसलिए आदिवासियों के लिए जो कुछ हो रहा है, सब कानून सम्मत है, कुछ मनमाना नहीं। यदि कहीं यह लगता हो कि मनमाना है तो इसे

अदालत में ले जाया जा सकता है और राष्ट्रीय नीति में हमारा इतिहास और सामाजिक संदर्भ भी निहित है।

राष्ट्रीय एकीकरण का सैद्धान्तिक पक्ष (National Integration: Theoretical Aspect)

संविधान आदिवासियों का भारतीय समाज में जो एकीकरण चाहता है, उसके पीछे सिद्धान्तों का एक पूरा सिलसिला है। मानवशास्त्रियों, समाजशास्त्रियों और कई समाज वैज्ञानिकों ने एकीकरण पर व्यवस्थित रूप से अपने विचार रखे हैं। इसके लिए आनुभविक अनुसंधानों और विचारों का पर्याप्त मंथन हुआ है। जो संविधान निर्माताओं ने निर्धारित किया है, वह इन सब निष्कर्षों को ध्यान में रखकर किया गया है। घुर्ये ने अपनी पुस्तक *शिड्यूल्ड ट्राइब्स* (*Scheduled Tribes,* 1959) में एकीकरण के इस मसले को विस्तार से रखा है।

यहाँ यह स्पष्ट रूप से कहा जाना चाहिए कि जातीय समाज (Caste Society) और आदिवासी समाज (Tribal Society) भिन्न हैं। आदिवासी समाज पूर्ण समाज है जबकि जातीय समाज खण्डित है। इसमें सूक्ष्मतम स्तरीकरण (Stratification) है। इस स्तरीकरण में शीर्ष पर ब्राह्मण हैं और निम्न स्तर पर दलित। आदिवासी समाज में ऐसा कोई स्तरीकरण नहीं है। यह नहीं कहा जा सकता कि गौंड आदिवासियों में सबसे ऊपर हैं और भील या हलपति (गुजरात) सबसे नीचे हैं। गौंड अपने आप में एक पूर्ण जनजाति है। किसी भी जनजाति से ऊपर या नीचे नहीं। सब **जन-जातियाँ** समान हैं। अतः जब हम एकीकरण की बात करते हैं, तब हमें यह स्पष्ट समझ लेना चाहिए कि आदिवासी समाज हिन्दू समाज से तात्विक (Substantive) रूप से भिन्न है। दोनों की अपनी–अपनी पहचान (Identity) है।

यहाँ हम आदिवासियों के साथ कैसा व्यवहार करें, इस पर मानवशास्त्र के कतिपय सिद्धान्तों पर व्यवस्थित ढंग से विचार करेंगे।

आदिवासी एकाकीपन—वेरिअर एल्विन का सिद्धान्त (Adivasi Isolation: Varrier Elwin's Theory)

वेरिअर एल्विन अपने पेशे से मानवशास्त्री नहीं थे, लेकिन उन्होंने मध्यप्रदेश के आदिवासियों को बड़ी निकटता से देखा था। जिसे सहभागी अवलोकन विधि कहते हैं, इसके वे हामी थे। बैगा और गौंड आदिवासियों में वे कई वर्षों तक रहे हैं और उत्तर–पूर्वी आदिवासी राज्यों का जिन्हें पहले नोर्थ–ईस्ट फ्रंटियर (NEFA) कहते थे, बड़ा घनिष्ठ संबंध था। वेरियर की लिखावट जो कई पुस्तकों में फैली पड़ी है, दो बदलाव (Shift) स्पष्ट रूप से देखने को मिलती हैं। जब वे गौंड आदिवासियों के क्षेत्र से लौटे, तब उन्होंने यह प्रतिपादित किया कि आदिवासियों को जातियों और सभ्य समाज से अलग रखना चाहिए। अलगाव इन समुदायों को अपने मूल रूप में रखेगा। उनकी कृतियों में दूसरा बदलाव तब आया जब उन्होंने उत्तर–पूर्व के आदिवासियों को देखा। उन्होंने अपने विचार बदल दिए। उनका कहना था कि आदिवासियों का भारत

के विशाल समाज में एकीकरण होना चाहिए। एकीकरण के इस प्रस्ताव से नेहरूजी प्रभावित हुए। उन्होंने स्वीकार किया कि आदिवासी का भविष्य इसी में है कि वे प्रजातांत्रिक, एकाधिक संस्कृति (Plural Culture), धर्म निरपेक्ष भारतीय समाज में अपना एकीकरण करें। इन सुझावों का हम यहाँ उल्लेख करेंगे।

एकाकीपन (Isolation)

एकाकीपन के सिद्धान्त को एल्विन ने 1943 में प्रकाशित अपनी पुस्तक *दि लोस ऑफ नर्व* (*The Loss of Nerve,* 1943) में रखा है। यद्यपि यह पुस्तक (ऑक्सफोर्ड) के एक लघु पेम्फलेट की तरह है पर इसके प्रकाशन ने मानवशास्त्र में ही नहीं, सम्पूर्ण राजनीतिक भारत में तहलका मचा दिया। इस पुस्तक की जघन्य आलोचना हुई। इसमें एल्विन ने कहा है कि जंगलों और पहाड़ों में रहने वाले आदिवासी प्रकृति से जुड़े हुए हैं। वे विशुद्ध (Pure) हैं। उनमें कोई बुराइयाँ नहीं हैं। वे तथाकथित 'सभ्यता' के प्रभाव से मुक्त हैं और इसलिए इन आदिवासियों को उनके एकाकीपन में ही रखा जाना चाहिए। सभ्य समाज के लोगों को आदिवासी क्षेत्र में प्रवेश करने पर पाबन्दी लगा देनी चाहिए।

जैसे ही गैर आदिवासी–व्यापारी, ठेकेदार और साहूकार इस क्षेत्र में पहुँचेंगे, वे आदिवासियों को दूषित या गँदला (Polluted) बना देंगे। शहर से दारू पीकर आएंगे और गाँव की शांति को तहस–नहस कर देंगे। वे धोखाधड़ी करने लगेंगे। आदिवासी किशोरियाँ और स्त्रियाँ सेक्सवर्कर हो जाएंगी और शहर के लोग आदिवासियों का शोषण शुरू कर देंगे।

इस भाँति एल्विन का एकाकीपन सिद्धान्त इस तथ्य पर जोर देता है कि आदिवासियों को सभ्य लोगों के सम्पर्क से दूर रखना ही ठीक है। कई बार इस सिद्धान्त को पब्लिक पार्क (Public Park) सिद्धान्त भी कहा जाता है। आदिवासी क्षेत्र एक हरे–भरे सार्वजनिक उद्यान की तरह है जिसमें निर्झर हैं, पेड़–पौधे हैं और हरी–भरी दूब है। जब शहर का एक आदमी इस उद्यान में पहुँचता है तब उसके पीछे छूट आता है, शहर का कोलाहलपूर्ण जीवन, धुआं और बदबू, जाल–फरेब और न जाने क्या–क्या। आदिवासी सार्वजनिक उद्यान शहर के आदमी को तरोताजा बना देता है। इसलिए इसका प्रवेश इस उद्यान में सोच–समझ के बाद होना चाहिए। एल्विन की सार्वजनिक उद्यान नीति और एकाकीपन की नीति वस्तुतः एक ही है। कुल मिलाकर एल्विन आदिवासियों को गैर–आदिवासियों से पृथक रखना ठीक समझते हैं। वे न तो उन्हें हिन्दू बनाना चाहते हैं और न ईसाई। वे आदिवासी की तरह ही अच्छे हैं।

एल्विन की विचारधारा में दूसरा बदलाव तब देखने को मिलती है, जब उनकी पुस्तक *ए फिलोसफी फॉर नेफा* (*A Philosophy for NEFA*) प्रकाशित हुई। जब *लोस आफ नर्व* (*Loss of the Nerve,* 1952) प्रकाशित हुई थी तब बड़ा विवाद हुआ। घुर्ये ने इस पुस्तक के प्रत्युत्तर में *दि एबओरिजनल्स—सो–काल्ड एण्ड देयर फ्यूचर* (*The Aboriginals: So-called and their Future*) में एल्विन की बड़ी आलोचना की। पर नेफा की फिलोसफी ने सरकार की आदिवासी नीति को निर्णायक स्थिति में खड़ा

कर दिया। अब सरकार ने निश्चित किया कि आदिवासियों का भविष्य इसी में है कि वे भारतीय समाज में जुड़ जाएं।

हिन्दू समाज में परिपाचन (Assimilation in Hindu Society)

घुर्ये ने *दि शिड्यूल्ड ट्राइब्स* पुस्तक में आदिवासियों के बारे में अपने विचार स्पष्ट किए हैं। वास्तव में इस पुस्तक में उन्होंने एल्विन के सिद्धान्त का खण्डन किया है। एल्विन की पुस्तक 1943 में आई और इसी वर्ष घुर्ये ने इसका प्रत्युत्तर (Rejoinder) दिया। उन्होंने कहा कि सम्पूर्ण देश में आदिवासी अपना परिपाचन (Assimilation) हिन्दू जातियों में कर रहे हैं। वे संस्कृतीकरण की प्रक्रिया को अपना रहे हैं। हिन्दू देवी–देवताओं की पूजा–अर्चना कर रहे हैं और आदिवासियों की जो समस्याएँ हैं, वे केवल उनकी विशिष्ट समस्याएँ नहीं हैं। सभी पिछड़ी जातियों की समस्याएँ हैं। उनकी दृष्टि में आदिवासी वस्तुतः पिछड़ी जातियाँ हैं। एक और बात घुर्ये कहते हैं। उनका विचार है कि आदिवासी कृषक हैं। वे अन्य कृषकों की तरह ही खेती–किसानी करते हैं और इसलिए उन्हें किसान ही समझना चाहिए। उनकी दृष्टि में आदिवासियों का विलय या उनका परिपाचन हिन्दू जातियों में ही होना चाहिए। उन्होंने आदिवासियों की आनुभविक सामग्री के आधार पर यह सिद्ध किया है कि इन समूहों को अपने आपको हिन्दू जातियों में मिला देना चाहिए। घुर्ये के विचारों में आदिवासी हिन्दू हैं।

एन.के. बोस, एक और प्रतिष्ठित मानवशास्त्री हैं। वे मूलतः गाँधीवादी हैं। उनका कहना है कि आदिवासी हिन्दू जातियों के निकट पड़ोसी हैं। ऐसी स्थिति में आदिवासियों को हिन्दू जातियों की व्यवस्था के जोड़ बैठाना सरल होगा। हिन्दू जातियाँ इतनी विशाल हैं कि इनमें अनेक जातियों का समावेश है। आदिवासी भी अपनी एक आदिवासी जाति (Tribal Caste) बनाकर अपनी पहचान बनाए रख सकते हैं। ऐसा करने में वे धर्म निरपेक्ष मॉडल को स्वीकार कर सकते हैं।

एफ.जी. बैली ने उड़ीसा के कोण्ड आदिवासियों का आनुभविक अध्ययन किया है। इस सिलसिले में उन्होंने *ट्राइब, कास्ट एण्ड नेशन* (*Tribe, Caste and Nation*) में आदिवासियों के एकीकरण की चर्चा को उठाया है। वे कहते हैं कि परिवर्तन की अपनी पहली अवस्था में कोण्ड आर्थिक पहलुओं को अपनाते हैं। यही पहलू उन्होंने राजनीति में ले आता है। अतः बैली आदिवासियों के एकीकरण को सम्पूर्ण राष्ट्र, राज्य के साथ जोड़ते हैं।

सरकार की राष्ट्रीय आदिवासी नीति (National Tribal Policy)

आज भारत की आदिवासियों के लिए जो राष्ट्रीय नीति है उसका उद्‌विकास हुआ है। इसके दो प्रमाणित स्रोत हैं—नेहरू योजना या पंचशील और संविधान।

नेहरू योजना—पंचशील (Nehru Yojana)

देखा जाए तो नेहरू योजना और कुछ न होकर वेरिअर एल्विन की पुस्तक *ए फिलोसफी फॉर नेफा* (1951) में पं. जवाहरलाल नेहरू द्वारा लिखा हुआ प्राक्कथन

(Foreword) है। इसमें नेहरू जी के आदिवासियों के बारे में जो भी विचार थे, स्पष्ट हो जाते हैं। बाद में चलकर ये विचार ही नेहरू योजना (Nehru Yojana) का नाम ले लेते हैं। एल्विन की पुस्तक के प्राक्कथन में नेहरू जी लिखते हैं—

> आदिवासी क्षेत्रों में मसलों को हम अनदेखा नहीं कर सकते। या उनमें कोई दिलचस्पी न लें, ऐसा नहीं हो सकता। आज की दुनिया में यह सम्भव नहीं है और ऐसा होना भी नहीं चाहिए, लेकिन हमें इन पर अतिरिक्त प्रशासन (Over Administration) भी नहीं करना चाहिए। विशेष करके हमें बहुत बड़ी तादाद में गैर आदिवासियों को उनके क्षेत्र में नहीं भेजना चाहिए।

नेहरू योजना का मकसद आदिवासियों में विकास योजनाओं को ले जाना था। इन योजनाओं का उद्‌देश्य सड़कों की खस्ता हालत को सुधारना, शिक्षा प्रसार करना, दवा–दारू का प्रबन्ध करना और कृषि तकनीकी में सुधार करना था। वे बराबर इस बात पर जोर देते थे कि किसी भी कार्य को आदिवासियों पर थोपना नहीं चाहिए। उन्हें उनकी विशिष्टता (Genius) पर बढ़ने का अवसर देना चाहिए। ये सब तत्व नेहरू योजना के केन्द्रीय आधार हैं। इस योजना के निर्माण में नेहरू जी वेरियर एल्विन से अत्यधिक प्रभावित थे। उन्होंने आदिवासी विकास के लिए पाँच आचार या पँचशील सिद्धांत स्वीकार किए थे।

पंचशील क्या है? (What is Panchsheel?)

एल्विन की पुस्तक *ए फिलोसफी फॉर नेफा* के प्राक्कथन में नेहरू जी ने आदिवासी विकास के पाँच आचार या सिद्धान्त रखे हैं। बाद में चलकर ये सिद्धान्त आदिवासी राष्ट्रीय नीति के स्तम्भ बन गए। ये सिद्धान्त इस भाँति हैं—

1. आदिवासी अपनी विशिष्टता के आधार पर आगे बढ़ेंगे। हमें किसी योजना को उन पर थोपने से बचना चाहिए। किसी भी हालत में हमें उनकी परम्परागत कला (Arts) और संस्कृति (Culture) को उत्साहित करना चाहिए।
2. आदिवासियों का जमीन पर जो अधिकार है और जंगल से जो सुविधाएँ हैं, उनका आदर करना चाहिए।
3. आदिवासियों पर प्रशासन चलाने के लिए उनके ही आदमियों को तैयार करना चाहिए, उन्हें प्रशिक्षण देना चाहिए। यह संभावना है कि कुछ निपुण (Expert) व्यक्तियों को बाहर से लाना पड़े, पर उनकी संख्या बहुत थोड़ी होनी चाहिए और बाद में इनका आना बन्द कर देना चाहिए।
4. हमें इन क्षेत्रों में अत्यधिक प्रयास नहीं करना चाहिए और कोशिश यह हो कि कम से कम योजनाएँ इन क्षेत्रों में ले जाई जाएं। जो कुछ विकास कार्य किया जाए, वह उनकी संस्कृति और संस्थाओं के अनुसार हो।
5. हमें आदिवासी विकास कार्यों का परिणाम या उनकी उपलब्धियों का लेखा–जोखा केवल साँख्यिकी के आधार पर नहीं करना चाहिए। हमें यह देखना चाहिए कि मानव विकास के आधार पर इन आदिवासियों में कितनी गुणात्मकता आई है।

नेहरू जी ने इन पाँच सिद्धान्तों को 1958 में प्रतिपादित किया था। ये सिद्धान्त व्यावहारिक रूप से कितने लागू किए गए, यह विश्लेषण की वस्तु है, लेकिन यह बहुत स्पष्ट है कि हमें गैर–आदिवासी सँस्कृति को आदिवासियों पर लागू नहीं करना चाहिए। उनका विकास उनकी परम्पराओं के अनुरूप ही होना चाहिए। जब हम एकीकरण की बात करते हैं तब हमारा उद्देश्य भारत को एक राष्ट्र–राज्य (Nation-State) बनाने का है। इस विषय में संविधान बहुत स्पष्ट है कि देश की सभी सँस्कृतियों को अपने–अपने ढंग से जीवित रहने का अधिकार है। गुजराती या पंजाबी और बंगाली जिस सँस्कृति में वे जन्म लेते हैं, इसी में जीते हैं और अन्ततोगत्वा इसी में मरते हैं। इस सँस्कृति पर हमें यानी गैर–आदिवासियों को हमला करने का कोई अधिकार नहीं है।

यहाँ यह साफ करना बहुत जरूरी है कि सँस्कृतियों के बीच में तुलना करना सैद्धान्तिक रूप से गलत है। न कोई सँस्कृति ऊँची है और न कोई नीची। प्रत्येक सँस्कृति अपने आप में महान है। न तो नीग्रो प्रजाति की सँस्कृति निम्न है और न गोरी प्रजाति की संस्कृति ऊँची। इसलिए न ब्राह्मण ऊँचे हैं और न दलित नीचे हैं। सँस्कृति तो सँस्कृति है। न नीची और न ऊँची।

आदिवासियों को और इस अर्थ में अन्य जातियों और सम्प्रदायों को अपनी संस्कृति की महानता को बरकरार रखते हुए राष्ट्र व राज्य की संस्कृति में एकीकरण करना चाहिए। उन्हें धर्म निरपेक्ष, प्रजातंत्र और प्रभुसत्ता–सम्पन्नता के मूल्यों का दोहन करना चाहिए। यदि एक भील को मुख्यधारा में आना आवश्यक है, तो इसी अर्थ में ब्राह्मण और क्षत्रिय को भी इसी धारा में आना है। एकीकरण की इस व्यापक प्रक्रिया में कोई भी सम्प्रदाय अपवाद नहीं है।

उपसंहार (Conclusion)

भारत सरकार की आदिवासियों के लिए जो राष्ट्रीय नीति है, उसका ऐतिहासिक उद्विकास हुआ है। उपनिवेशकाल में इन समूहों को बहिर्समूह (Exterior) समझा जाता था। जब कभी ये समूह बागी या विप्लवी बन जाते थे, उन्हें दबा दिया जाता था। ये कानून और व्यवस्था की समस्या थे। इनके लिए राज्य की नीति दमन (Oppression) की थी। कोई कल्याणकारी कार्य इनके लिए नहीं था। अकाल जो आदिवासी क्षेत्र में साल–दर–साल पड़ते रहते थे, इसके बारे में उपनिवेश और सामंतवादी राजा मौन थे। इनका एक ही उद्देश्य था, राजस्व यानी भूमि कर वसूल करना। इससे आगे कुछ नहीं। आगे कुछ था तो इनका शोषण जो सरकार और ऊँची जातियाँ बेरोक–टोक करती रहती थीं।

मानवशास्त्रियों ने इन समूहों का अध्ययन किया। अफ्रीका में भी जहाँ आदिवासी बहुसंख्यक हैं, ऐसा ही हुआ। यह कहना अनुचित नहीं होगा कि अफ्रीका और भारत में उपनिवेशवाद की जड़ें मजबूत करने में मानवशास्त्रीय अनुसंधान बहुत सहायक रहा है। यह मानवशास्त्र पर लगा हुआ कलंक है जिसने उपनिवेशवाद और सामंतवाद को मजबूत किया।

स्वतंत्रता के बाद और इससे कुछ पहले मानवशास्त्री एकीकरण की समस्या के रुबरु हुए। उनका सुझाव था कि आदिवासियों को उनके भाग्य भरोसे छोड़ दिया जाए। उन्हें एकाकीपन में रखा जाए। इस विचारधारा के प्रणेता वेरियर एल्विन थे और फिर नेहरू जी ने आदिवासियों के बारे में नई सोच दी। उन्होंने कहा कि जो स्वतंत्र भारत का भविष्य होगा, उससे जुदा भविष्य आदिवासियों का नहीं हो सकता। उनको भी विकास के समान अवसर मिलेंगे। संविधान और कानून ने सुरक्षाएँ (Safeguards) प्रदान कीं और इस सारे मंथन के बाद आदिवासी राष्ट्रीय नीति बनी। इस नीति के पोषक तत्व संविधान के अतिरिक्त, इसके तहत बने नियम और पंचवर्षीय योजनाएँ हैं। पंचशील आदिवासी एकीकरण की आधारभूत सामग्री है।

आदिवासी राष्ट्रीय नीति इन समूहों का देश की मुख्यधारा में एकीकरण करना चाहती है। मुख्यधारा की कहीं भी संविधान ने व्याख्या या परिभाषा नहीं दी है। पर फिर भी जो कुछ नियम और विकास योजनाएँ हैं, स्पष्ट रूप से बताती हैं कि आदिवासी अपना एकीकरण राष्ट्रीय मूल्यों के साथ करें। उन्हें देश की राजनीति और अर्थव्यवस्था में पूर्ण साझेदारी करनी है। उनकी स्वयं की संस्कृति इस साझेदारी में व्यवधान नहीं बननी चाहिए। एकीकरण के द्वारा हम एक राष्ट्र राज्य का निर्माण करना चाहते हैं। आदिवासी क्या बनें—हिन्दू या ईसाई, इससे राज्य का कोई सरोकार नहीं। यह सरोकार राजनीतिक दलों का हो सकता है। एकीकरण द्वारा निर्धारित नीति के अनुसार आदिवासियों को धर्म निरपेक्ष, प्रजातांत्रिक और समानता के मूल्यों को अपनाना है।

27

जनजातियाँ: समस्याएँ और समाधान

(Tribals: Problems and Solutions)

भारतीय जनजातियाँ आज परिवर्तन के दौर में हैं। उनकी विडंबना दोहरी है—एक ओर वे अपने सामाजिक अस्तित्व को बनाए रखना चाहती हैं, अपने समूह की विशिष्टता सामाजिक और सांस्कृतिक लक्षणों को संजोए रखना चाहती हैं, दूसरी ओर भारतीय समाज की मुख्यधारा में अपने आपको एकीकृत करना चाहती हैं। पृथकता और एकीकरण की ये प्रक्रियाएं परस्पर विरोधी होते हुए भी, एक सीमा तक परस्पर पूरक हैं। आजादी से पहले जनजातियों की जो समस्याएं थीं, वे आज नहीं हैं, कम–से–कम उस रूप में तो नहीं हैं, लेकिन पिछली दो दशाब्दियों में जो परिवर्तन हुए हैं, उनके परिणामस्वरूप जनजातियों के सामने कुछ ऐसी समस्याएं आई हैं, जो पहले उनके सामने नहीं थीं। सीमान्त क्षेत्र में रहने वाली जनजातियों में राजनीतिक चेतना ने कुछ ऐसी दशा प्रस्तुत की है जिसके परिणामस्वरूप जनजातीय समूह स्वायत्त राज्य की माँग करने लगे हैं। स्वायत्तता की यह हवा ऐसी चली है कि पिछले कुछ दशकों में गुजरात, बिहार और राजस्थान की जनजातियों ने पृथक जनजातीय राज्यों की माँग की है। दूसरी ओर सम्पर्क, संचार तथा आर्थिक, राजनीतिक और सांस्कृतिक प्रक्रियाओं के परिणामस्वरूप जनजातियाँ परिवर्तन के नए मोड़ पर खड़ी हैं। उनकी जीविका बाजार अर्थव्यवस्था के क्षेत्र में पहुँच रही है। पंचायती राज से लेकर संसद के प्रांगण तक जनजातियाँ राजनीतिक गतिविधि में सहभागी हैं। शिक्षा के क्षेत्र में वे भी कला, तकनीकी तथा औद्योगिक लक्षण पाने लगी हैं। ये सब परिवर्तन, जंगलों और पहाड़ों में रहने वाले समूहों के लिए क्रान्तिकारी हैं। इन प्रक्रियाओं के परिणामस्वरूप आज जनजातियाँ और उनकी युवा पीढ़ी जहाँ सशक्त और आश्वस्त दिखाई देती है, वहीं खोई–खोई भी लगती है।

इस अध्याय में हम भारतीय जनजातियों की समस्याओं को ऐतिहासिक संदर्भ में देखेंगे और इस बात का विश्लेषण करेंगे कि इन समस्याओं के निदान के लिए हमने क्या समाधान रखे हैं। ये समाधान किस सीमा तक समस्याओं का हल कर पाए

हैं—क्या ये समाधान जनजातियों को उस मार्ग पर ला पाए हैं, जिस पर चलकर इन्हें अपनी मंजिल मिल जाएगी? क्या हमारे प्रयास ऐसे हैं जिनके परिणामस्वरूप जनजातियों के अलग–अलग समूहों को राष्ट्रीय जीवन की मुख्यधारा में ला पाएंगे? ये कुछ प्रश्न हैं जिनका उत्तर देने का हम यहाँ प्रयास करेंगे। इसके अतिरिक्त हम यह भी देखेंगे कि जनजातियों की समस्याओं के निदान के लिए सरकार और अन्य विचार समूहों की क्या रीति–नीति है। संक्षेप में, हम इस अध्याय में जनजातियों की समस्याओं के समाधान की रीति–नीति और समाधान के परिणाम का विवरण और विवेचन देंगे।

जनजातियों की समस्याएँ (Problems of Tribals)

संविधान निर्माण के लिए भारतीय संविधान सभा ने जनजातियों की समस्या पर पर्याप्त विवाद किया था। इस सभा की यह मान्यता थी कि अतीत में अ–जनजाति समूहों ने जनजाति समूहों का शोषण किया है। इस शोषण ने जनजातियों को जर्जरित कर दिया है। बनियों ने जनजातियों का आर्थिक शोषण किया है। सामन्तों, ठाकुरों और जागीरदारों ने जनजातियों के सम्पूर्ण जीवन पर अपना आधिपत्य रखा है और जनजातियों के दुख–दर्द की यह कहानी राजमहल से लेकर जनपथ तक बराबर शोषण के साथ दोहराई गई है। इस सबको देखकर भारतीय संविधान सभा ने जनजातियों को कुछ विशेष सुरक्षाएं और अभिरक्षाएं प्रदान की हैं। संविधान को लागू हुए आज चार दशक से भी ऊपर हो गए हैं और इस बीच में जहाँ जनजातियों की परंपरागत समस्याओं की भीषणता में कुछ कमी आई है, तो बढ़ती हुई संचार और विकास व्यवस्था ने नई समस्याओं का एक अम्बार उनके सामने खड़ा कर दिया है।

जनजातियों को अन्य समूहों के बराबर लाने के प्रयत्नों के पहले यह आवश्यक है कि उनकी वास्तविक समस्याओं की सही पहचान कर ली जाए। सरकार ने जनजातियों की समस्याओं की जो पहचान की है, उसे अनुसूचित जातियों और अनुसूचित आदिम जातियों के आयुक्त की प्रतिवर्ष प्रकाशित होने वाली रपटों में देखा जा सकता है। इन समस्याओं की पहचान शिक्षण संस्थाओं द्वारा आयोजित गोष्ठियों के ज्ञापनों में भी देखी जा सकती है। उदाहरण के लिए, मई 1972 में विज्ञान भवन, नई दिल्ली ने इंडियन इन्स्टीट्यूट ऑफ एडवांस्ड स्टडी, शिमला तथा भारतीय सामाजिक अनुसंधान परिषद्, नई दिल्ली के संयुक्त तत्त्वावधान में हुई सामाजिक मानवशास्त्रियों की गोष्ठी ने जनजातियों की समस्याओं को निम्न रूप में रखा है—

1. देश की राजनीतिक प्रक्रियाओं में भाग लेने के परिणामस्वरूप उत्पन्न जनजातीय समस्याए—
   (क) नवीन राजनीतिक संस्कृति का उद्‌गम तथा इसके संगठनात्मक तथा विघटनात्मक पहलू
   (ख) पृथकता और अशान्ति में वृद्धि
2. देश की आर्थिक प्रक्रियाओं में जनजातियों के भाग लेने के स्वरूप उत्पन्न समस्याएं—

(क) बाजार अर्थव्यवस्था का जनजातियों की परम्परागत अर्थव्यवस्था पर प्रभाव।
(ख) भूमि समस्याएं
(ग) जनजातियाँ और औद्योगीकरण की समस्या
(घ) जनजातियों द्वारा अ–पराम्परागत व्यवस्था को अपनाना

3. देश की सांस्कृतिक प्रक्रियाओं में जनजातियों के भाग लेने के परिणामस्वरूप उत्पन्न समस्याएं—
(क) सामाजिक, सांस्कृतिक अस्तित्व का अभाव
(ख) अन्य वर्गों के साथ समानता
(ग) जनजातीय समूह के नवीन स्वरूप का उद्‌गम
(घ) प्रकट और प्रच्छन्न तनाव व संघर्ष

संक्षेप में, मानवशास्त्रियों की इस गोष्ठी की बहुत बड़ी प्राप्ति यह है कि आज जनजातियों के सामने जो समस्याएँ हैं, उनमें अधिकांश समस्याएँ नवीन सम्पर्क और संचार से उत्पन्न हैं।

इंडियन इन्सटिट्यूट ऑफ एडवांस्ड स्टडी, शिमला के तत्त्वावधान में हुए एक और सेमिनार में जो भारत में जनजातीय स्थिति (Tribal Situation in India) पर था, जनजातियों की समस्याओं को पहचानने का प्रयास किया गया था। इस सेमिनार में हुई गतिविधियों को अब पुस्तक का रूप देकर प्रकाशित कर दिया गया है। इस सेमिनार के ज्ञापन के अनुसार जनजातियों की मुख्य समस्याएं निम्न प्रकार हैं—

1. भारतीय जनजातियाँ सम्पूर्ण जनसंख्या की लगभग 7 प्रतिशत हैं। सामान्यतया ये पहाड़ी और जंगली क्षेत्रों में निवास करती हैं। इनका एक हिस्सा सीमान्त प्रदेशों में पाया जाता है। अल्पसंख्या में होते हुए भी ये लोग पृथक समुदायों में रहते हैं और इनमें इनका बहुमत होता है। ये समूह अपने क्षेत्र में तथा अन्तःक्षेत्र में भाषा, अर्थव्यवस्था, संस्कृति, जीवन–पद्धति, राजनीतिक चेतना तथा अ–जनजातीय समूहों के साथ सम्पर्क के दर में एक–दूसरे से बहुत भिन्न हैं। अतः सबसे बड़ी कठिनाई इन विभिन्न समूहों की समस्याओं का विवेचन है।
2. सीमान्त क्षेत्र में और विशेषकर उत्तर–पूर्व के पहाड़ी क्षेत्रों में रहने वाली जनजातियों की समस्या राजनीतिक चेतना और संचार व्यवस्था के कारण उत्पन्न हुई हैं। ये समूह अपने स्वयं के अस्तित्व के प्रति चेतन हो गए हैं। इस कारण क्षेत्रीय स्वायत्तता (Regional Autonomy) की माँग कम या अधिक रूप में इन समूहों में रही है। यह एक राष्ट्रीय समस्या है।
3. संविधान जनजातियों से दो बातों का वायदा करता है—विकास और सुरक्षा। सुरक्षाओं में संविधान ने यह प्रावधान रखा है कि वह जनजातियों को शोषण से मुक्ति देगा। यह शोषण भूमि, साहूकार और बलपूर्वक लिए जाने वाले श्रम से संबंधित है। इसी सम्बन्ध में एक और समस्या जंगल से लगी हुई है। लगभग आधे से ऊपर जनजातियाँ प्रत्यक्ष या अप्रत्यक्ष रूप से अपना जीविकोपार्जन

जंगल और उसकी उपज से करती हैं। ऐसी अवस्था में जनजातियों की आवश्यकताओं को देखकर देश की राष्ट्रीय जंगल नीति पर पुनः विचार करना चाहिए।

4. जनजातियों की समस्याओं का एक और स्रोत बांध तथा भारी संयन्त्रों और कारखानों की स्थापना से होने वाला विस्थापन (Displacement) है। भिलाई के इस्पात संयन्त्र ने जनजातियों की एक बहुत बड़ी बस्ती को विस्थापित कर दिया। इसी तरह राजस्थान में माही नदी पर बनने वाले बजाज सागर बाँध से कई जनजातीय लोगों के विस्थापित होने की समस्या है। उनके गाँव और जमीन डूब गए हैं। विस्थापन की स्थिति में जनजातियों के सामने पुनः बसने की समस्या आ जाती है।
5. स्वयं जनजातियों में कुछ लोगों ने नए धन्धों और व्यवसायों को अपनाया है। वे इस नवीन अर्थव्यवस्था में नए उद्यमकर्ता (Entrepreneur) हैं। उन्होंने साहूकारी को भी अपनाया है। ये नए उद्यमकर्ता अपने समूहों के सदस्यों के लिए नए शोषक हैं जो गरीब लोगों की मजबूरी से लाभ उठाते हैं।
6. शायद सबसे बड़ी समस्या जनजातियों की अ–अनुसूचीकरण (De-Scheduling) से सम्बन्धित है। संविधान के अनुसार राष्ट्रपति अनुसूचित जनजातियों की तालिका को घोषित करता है, लेकिन कुछ जनजातीय समूह ऐसे भी हैं जिन्हें अब इस अनुसूची में सम्मिलित नहीं किया जाना चाहिए, क्योंकि इनकी स्थिति में अब सुधार आ गया है। दूसरा, कुछ समूहों को मुख्यतया राजनीतिक कारणों से इस अनुसूची में रखा गया है। ऐसी अवस्था में कहीं–कहीं अ–अनुसूचीकरण (De-Scheduling) करने की आवश्यकता भी है। अतः जनजातियों की अ–अनुसूचीकरण सम्बन्धी समस्या आज भी हमारे सामने है।
7. हमारा यह देश बहुत विशाल है। इसके भूगोल, भाषा, धर्म और संस्कृति में बड़ी विशालता और विभिन्नता है। हमारा यह समाज एकाधिक संस्कृतियों का समाज है। औद्योगीकरण और शहरीकरण के परिणामस्वरूप स्थानीय तथा सामाजिक गतिशीलता बढ़ गई है। इस सन्दर्भ में जनजातियों की बहुत बड़ी समस्या उनके एकीकरण की है। ये समूह अपनी स्वतन्त्र संस्कृति के अस्तित्व को रखकर भी राष्ट्रीय जीवन की मुख्यधारा में आ सकते हैं। एकीकरण की इस प्रक्रिया में संचार साधनों का बहुत बड़ा हाथ है। अतः एक ओर एकीकरण को प्राप्त करना तथा दूसरी ओर संचार साधनों को विकसित करना, जनजातियों के सन्दर्भ में एक बहुत बड़ी समस्या है।

गोष्ठियों के अतिरिक्त सामाजिक मानवशास्त्रियों ने भी जनजातियों की समस्याओं का उल्लेख किया है। इन विद्वानों में घुर्ये, निर्मल कुमार बोस, ललित प्रसाद विद्यार्थी, श्यामाचरण दुबे व अन्य कतिपय सामाजिक मानवशास्त्री शामिल हैं। बहुत समय पहले घुर्ये ने जनजातियों की समस्याओं का विवरण करते हुए कहा था कि जनजातियाँ वास्तव में तथाकथित आदिवासी हैं जिनकी समस्या मूल में पिछड़े हुए

हिन्दुओं और खेतिहर लोगों की है। ऐसी स्थिति में इनकी समस्याओं को इन समाजों की समस्याओं से पृथक् नहीं देखना चाहिए। घुर्ये का कहना है कि तथाकथित आदिवासियों को समस्याओं के अनुसार तीन श्रेणियों में रखा जा सकता है—

1. इस श्रेणी में आदिवासियों के वे समूह हैं, जैसे कि राजगौंड एवं अन्य जिन्होंने एकीकरण की लड़ाई को सफलतापूर्वक लड़ा है और जिन्हें हिन्दू समाज में प्रतिष्ठा का स्थान प्राप्त है।
2. दूसरी श्रेणी में वे समूह हैं जिनका आंशिक रूप से हिन्दूकरण हो गया है और जो हिन्दुओं के निकट सम्पर्क में आ गए हैं।
3. तीसरी श्रेणी में वे जनजातीय समूह हैं जो पहाड़ी क्षेत्र में रहते हैं और जिन्होंने दूसरी संस्कृतियों को स्वीकार करने में प्रतिरोध उत्पन्न किया है।

सभी जनजातियों की समस्याओं को एक ही श्रेणी में नहीं रखा जा सकता। घुर्ये का कहना है कि इन समूहों की समस्याओं का सही मूल्यांकन या उनकी पहचान इस बात पर निर्भर है कि वे एकीकरण की प्रक्रिया में कितनी दूरी पार कर गए हैं।

वेरिअर एल्विन ने अपनी पुस्तक *दि लास ऑफ द नर्व* (*The Loss of the Nerve*) में जनजातियों की समस्याओं को रखा है। उनका कथन है कि जनजातियों की संस्कृति अन्य समूहों से भिन्न है। ये प्रकृति की गोद में रहती हैं। इनकी अपनी सामाजिक संरचना है जो इनकी विशिष्ट ऐतिहासिक परम्परा की उपज है। यह देखा गया है कि जहाँ–जहाँ ये समूह संचार व्यवस्था के कारण दूसरे समूहों के सम्पर्क में आए हैं, इनकी संस्कृति का अस्तित्व खतरे में पड़ गया है। सभ्यता के परिचय ने तो जनजातीय शरीर की नाड़ी को ही ढीला कर दिया है। अतः एल्विन के अनुसार जनजातियों की बहुत बड़ी समस्या सभ्यता के साथ उनका सम्पर्क है। ऐसी दशा में जनजातियों के साथ हमारी नीति यह होनी चाहिए कि हम इनकी संस्कृति को कोई आँच या चोट पहुँचाए बिना उन्हें आधुनिक सभ्यता के सभी लाभ पहुँचाएं। एल्विन की इस नीति का विश्लेषण हम अन्यत्र करेंगे। यहाँ तो यही कहना चाहते हैं कि सभ्यता का सम्पर्क जनजातियों की संस्कृति के लिए मृत्यु का संदेश है और इसलिए सम्पर्क और संचार के संदर्भ में हमें आदिवासियों की समस्याओं को देखना चाहिए।

सामाजिक मानवशास्त्रियों ने जनजातियों की समस्याओं को जिस रूप में देखा है, उनमें निर्मल कुमार बोस का उल्लेख बहुत महत्त्वपूर्ण है। अपने निबन्ध, "हिन्दू मेथड ऑफ ट्राइबल एबजोरप्शन" ("Hindu Method of Tribal Absorption") में बोस ने जनजातियों के एकीकरण के विभिन्न मॉडलों का बहुत सुन्दर निर्वचन किया है। उदाहरण के लिए, वे हिन्दू या ब्राह्मण विधि द्वारा जनजातियों के एकीकरण की समस्या को सोवियत रूस की जनजातीय संस्कृतीकरण के मॉडल के सन्दर्भ में देखते हैं। उनका कहना है कि रूस का यह मॉडल हमें सम्पत्ति सम्बन्धों (Property Relations) की व्यवस्था में जनजातियों के एकीकरण का तर्कसंगत निदान प्रदान करता है। प्राचीन रोम का समाज जो गुलाम व्यवस्था पर संस्थापित था, उसमें जनजातियों के संस्कृतीकरण की जो विधि थी, वह विधि सामन्तवादी समाज में नहीं लगाई जा

सकती। इसी तरह पूँजीवादी समाज में या समाजवादी समाज में जनजातियों के एकीकरण की जो विधि होगी, वह निश्चित रूप से रूस या रोम की विधियों से भिन्न होगी। जनजातियों के एकीकरण के विभिन्न मॉडलों का विश्लेषण करते हुए बोस इस बात को स्थापित करते हैं कि समाज की प्रकृति को देखकर जनजातियों की समस्याओं का निराकरण किया जा सकता है। यह सब कहते हुए बोस इस बात पर बराबर जोर देते हैं कि जनजातियाँ पिछड़ी हुई हैं, शोषित हैं और उनकी इन समस्याओं को भारतीय समाज के प्रस्तावित ढाँचे के सन्दर्भ में देखा जाना चाहिए।

ए.आर. देसाई (A.R. Desai) ने संक्रमणकाल से गुजरती हुई जनजातियों की समस्याओं का विश्लेषण किया है। उनका कहना है कि जनजातियों की समस्याएं कृषि मजदूरों, कृषकों और कारीगरों की समस्याओं जैसी ही हैं। ऐसी अवस्था में जनजातियों की समस्याओं को शोषण के सन्दर्भ में देखना चाहिए। मजदूर, किसान, कामगार या कारीगर जहाँ कहीं काम करते हैं, नियोजक या मालिक उनका शोषण करता है। ऐसी अवस्था में मुख्य समस्या शोषण की है। वे लिखते हैं—

> बहुत सीधा–सादा सत्य यह है कि हमारी जनसंख्या का बहुत बड़ा भाग ऐसा है जो कृषि से जीविकोपार्जन करता है और जिसका शोषण विभिन्न तरीकों से साहूकारों, अनुपस्थित जमींदारों और बिचौलियों द्वारा होता है।

देसाई के दृष्टिकोण में जनजातियों की समस्या वस्तुतः आर्थिक–राजनीतिक हैं। समस्या यह नहीं है कि जनजातियों की विशिष्ट संस्कृति का क्या होगा, उनकी रंग–बिरंगी पोशाक का क्या होगा? मदिरा और मांस से उन्मादित उनके नाच और गानों का क्या होगा? संस्कृति के सम्बन्ध में ये सब प्रश्न जिनकी दुहाई कुछ सामाजिक मानवशास्त्रियों ने दी है, बेमतलब है। संस्कृति के ये तत्त्व उनकी जीविका से बंधे हैं और आज उनकी जीविका ही संक्रमणकाल में है। अतः जनजातियों की मूलभूत समस्याएं तो आर्थिक–राजनीतिक ही हैं। जनजातियों को आज रोजगार की सुरक्षा चाहिए, उनका जीवन स्तर ऊँचा होना चाहिए, सभ्य जीवन की सुविधाएं उन्हें प्राप्त होनी चाहिए, उन्हें ऐसी शिक्षा चाहिए जिससे वे यह निर्णय कर सकें कि उनके कौन से रीति–रिवाज, उन्हें रखने चाहिए और कौन से छोड़ देने चाहिए। इस जागृति से ही वे यह निश्चित करेंगे कि उन्हें किन संस्कृतियों में मिलना है या शायद किसी संस्कृति में नहीं मिलना है। देसाई के अनुसार जनजातियों की समस्याओं का मूल आधार यही है कि उन्हें एक ऐसी सामाजिक व्यवस्था दी जाए जो अवसरों की समानता पर संस्थापित हो तथा जो शोषण मुक्त हो।

श्यामाचरण दुबे का कहना है कि जनजातियों की समस्या का स्वतन्त्र अस्तित्व है। इस समस्या को प्रादेशिक तथा राष्ट्रीय हितों से सम्बद्ध एवं सन्तुलित करने की निश्चित कार्य प्रणाली के रूप में देखा जाना चाहिए। "अब यह आवश्यक हो गया है कि हम आदिवासी हितों के संरक्षण तथा उनकी संस्कृतियों के वैशिष्ट्य और जीवन शक्ति को बनाए रखने के प्रयत्नों के साथ यह भी विचार करें कि विनाशकारी सांस्कृतिक

प्रभावों से उन्हें बचाए रखकर भी उनके तथा क्षेत्रीय एवं राष्ट्रीय विकास की योजनाओं में किस तरह सामंजस्य स्थापित किया जा सकता है।"

पिछले पृष्ठों में हमने भारतीय जनजातियों की समस्याओं को पहचानने का प्रयास किया है। ऐसा करने में हमने बौद्धिक गोष्ठियों और विभिन्न सामाजिक मानवशास्त्रियों का सन्दर्श प्रस्तुत किया है। गोष्ठियों और विद्वानों के विभिन्न दृष्टिकोणों को हम समग्र रूप में देखें तो जनजातियों की समस्याओं को इन बिन्दुओं में रख सकते हैं—

1. आर्थिक (Economic)—बहुत समय पहले 1943 ई. में घुर्ये ने कहा था कि भारतीय जनजातियों की समस्या मुख्य रूप से खेतिहरों की समस्या है। जनजातियों के जीविकोपार्जन का बहुत बड़ा साधन भूमि है। यदि हम अनुसूचित जातियों तथा अनुसूचित आदिम जातियों के आयुक्त की रपटों का विश्लेषण करें तो हमें ज्ञात होगा कि देश की विभिन्न जनजातियों की बहुत बड़ी समस्या भूमि की है। जनजातियों का लगभग तीन–चौथाई भाग खेती–बाड़ी में लगा हुआ है। जनजाति आयुक्त की रपट (1967–68) के अनुसार जनजातियों की सम्पूर्ण जनसंख्या का 68.2 प्रतिशत किसान हैं और 19.7 प्रतिशत खेतिहर मजदूरों का है।

देश की सभी जनजातियां कृषि के एक ही स्तर पर नहीं हैं। सीमान्त क्षेत्र की जनजातियां स्थानान्तरण खेती करती हैं। एक खेती में प्रति वर्ग मील 30 से भी कम लोगों का जीवनयापन हो सकता है। पहाड़ी ढाल पर पुश्ता बाँध कर की जाने वाली खेती प्रतिवर्ग मील के क्षेत्र में लगभग 100 लोगों का गुजारा कर सकती है। उड़ीसा और मध्यप्रदेश की जनजातियों ने काटो और जलाओ ढंग की कृषि को कम कर दिया है। अब मैदानी इलाकों में रहने वाली जनजातियां हल–बैल की सहायता से खेती करने लगी हैं या पास–पड़ोस के गांवों में दूसरों की जमीन पर खेतिहर मजदूरों की हैसियत से काम कर रही हैं।

जनजातियों के सामने सबसे बड़ी कठिनाई यह है कि इनके पास खेती करने योग्य पर्याप्त भूमि नहीं है। इनके पास खेती के साधन भी अपर्याप्त ही हैं। इनके पास कृषि में लगाने के लिए पूंजी की कमी है, इनके पशु घटिया नस्ल के हैं। अच्छे बीज और खाद भी इनको कम ही मिल पाते हैं और इनकी आर्थिक स्थिति भी ऐसी नहीं है कि बाजार में कीमतों के काफी ऊँचा चढ़ने तक ये अपनी पैदावार घर में रोक सकें।

दक्षिणी बिहार और उड़ीसा की कुछ जनजातियों के हाथों से भूमि निकलकर सूदखोर महाजनों के हाथों में आ चुकी है। दक्षिणी उड़ीसा के कुछ भागों में तो गोटी प्रथा या कृषिदास प्रथा अब तक प्रचलित है। राजस्थान में सागड़ी प्रभा है, यद्यपि कानूनी रूप से यह प्रथा वर्जित है। यह बात नहीं है कि जनजातियां दासता के इस जीवन से परिचित न हों, यह जीवन उन्हें सताता न हो, लेकिन रोजगार या भूमि के अभाव में उन्हें यह यंत्रणा सहन करनी पड़ती है। अतः जनजातियों की सबसे बड़ी समस्या कृषि के लिए पर्याप्त भूमि प्राप्त करने की है।

2. परम्परागत रोजगार में फेरबदल (Shift in Traditional Employment)—पिछले दो दशकों में जो आर्थिक प्रक्रियाएं देश में सक्रिय रही हैं, उनका प्रभाव जनजातियों पर भी पड़ा है कि जनजातियों की अर्थव्यवस्था परम्परागत रूप से जीविका अर्थव्यवस्था रही है, लेकिन आधुनिक आर्थिक प्रक्रियाओं ने जनजातियों को बाजार या प्रतियोगी अर्थव्यवस्था के द्वार पर खड़ा कर दिया है। जनजातियों के पास वैसे ही भूमि का अभाव है और बढ़ती हुई जनसंख्या के परिणामस्वरूप भूमि पर दबाव और भी बढ़ गया है। इधर कुछ लोगों ने थोड़ी बहुत शिक्षा पाई है और वे कल कारखानों में काम करने योग्य हैं। इस अवस्था में कृषि के अतिरिक्त अन्य रोजगारों को पाना भी जनजातियों के लिए समस्या बन गया है।

यदि हम जनजातियों की आर्थिक स्थिति को सुधारना चाहते हैं, तो हमें उनकी जीविका अर्थव्यवस्था को शीघ्र ही बदलकर बाजार अर्थव्यवस्था के स्तर पर लाना होगा। भारतीय राष्ट्रीय अर्थव्यवस्था वस्तुतः बाजार अर्थव्यवस्था है और जनजातियों को देश की आर्थिक मुख्यधारा में लाने के लिए जनजातियों की सबसे बड़ी समस्या कृषि में कुशलता लाना और यन्त्रीकरण करना है। रोजगार के अन्य स्रोत खोजना भी है। जब तक जनजातियां आर्थिक या प्रतियोगी अर्थव्यवस्था को जीविकोपार्जन का साधन ग्रहण नहीं करतीं, तब तक वे देश की मुख्य आर्थिक धारा से अलग रहेंगी।

3. स्वास्थ्य (Health)—जो समूह गरीबी के शिकार होते हैं, उनके सामने सबसे बड़ी समस्या पर्याप्त पोषण और संतुलित आहार की है। जनजातियां संतुलित आहार के अभाव में कई रोगों का शिकार बन जाती हैं। इनके गांव गन्दे होते हैं। गांधीजी ने एक बार कहा था कि हमारे गांव "गोबर के घूरे" हैं। लोग खुले में पाखाना करते हैं और इसकी गन्दगी सारे गांव में देखने को मिलती है। अपर्याप्त पोषण और गन्दे गांव में रहने वाली जनजातियां, प्रायः अस्वस्थ और बीमार होती हैं। इन जनजातियों के गांवों में स्वास्थ्य सेवाएं भी पर्याप्त नहीं होतीं। नगालैण्ड या पश्चिमी हिमालयी प्रदेश में क्षयरोग एक आम बीमारी है। भारत की जनता के लिए एक बड़े भाग को ऐसी हालत में पड़े रहने नहीं दिया जा सकता। यह अस्वस्थता ऐसी है जो जनजातियों की कार्य शक्ति और कार्यकुशलता पर रोक लगाती है। अतः जनजातियों की एक बहुत बड़ी समस्या स्वास्थ्य की है।

4. शिक्षा (Education)—जनजातियों की अन्य समस्या साक्षरता और शिक्षा की है। ये लोग प्रारम्भ से ही सभ्यता से दूर रहे, इसलिए इनमें शिक्षा का प्रसार नहीं हो पाया। शिक्षा के अभाव में इनका शोषण बना रहा और आज भी जब तक इनकी शिक्षा पद्धति में इनकी आवश्यकताओं और आदर्शों के अनुरूप परिवर्तन नहीं किया जाता, किसी बुनियादी फेरबदल की आशा नहीं की जा सकती। वे समूह जिन्होंने साक्षरता और शिक्षा को ग्रहण किया है, प्राथमिक शिक्षा स्तर से आगे नहीं बढ़ पाए हैं। कई जांच–पड़तालों के आधार पर यह पता चला है कि अधिकांश छात्र स्कूल की छोटी कक्षाओं से ही पढ़ाई छोड़ देते हैं और वे लोग जो प्राथमिक स्तर से आगे पढ़ते हैं, उन्हें कला पाठ्यक्रम अधिक पसन्द होते हैं। उन्हें बाबूगीरी या रोबदार वाले काम जितना

आकर्षित करते हैं, उतना विज्ञान और प्राविधिकी के नहीं। राष्ट्रीय जीवन की मुख्यधारा में आने के लिए जनजातियों की यह समस्या बहुत बुनियादी है कि वे कला और विज्ञान तथा प्राविधिकी क्षेत्र में समान रूप से और शीघ्रता से आगे बढ़ें।

5. संचार व्यवस्था (Communication System)—जनजातियाँ सामान्यतया पहाड़ी क्षेत्रों में रहती हैं। अतः उनकी मैदानी क्षेत्रों की जनसंख्या से पृथकता होती है। स्वयं मैदानी भू–भाग में रहने वाले समूह भी आवागमन के साधनों के अभाव में एक–दूसरे से पृथक रहते हैं। जनजातियों की सबसे बड़ी आवश्यकता यह है कि वे संचार साधनों द्वारा देश के अन्य समूहों के साथ बंध जाएं। संचार साधनों में सड़क, डाकखाना, तारघर, टेलीफोन, समाचार पत्र, रेडियो और सिनेमा आदि हैं। इन साधनों द्वारा बिखरे हुए होकर भी विभिन्न समूह एक–दूसरे के बहुत निकट आ जाते हैं। आधुनिकीकरण लाने के लिए यह बहुत आवश्यक है कि देश के विभिन्न जनजातीय समूह संचार सूत्रों द्वारा एक–दूसरे से बंध जाएं।

6. सांस्कृतिक प्रक्रियाओं से जनित समस्याएं (Problems Due to Cultural Activities)—जनजातियों की कुछ समस्याएं ऐसी हैं जो सामाजिक, सांस्कृतिक प्रक्रियाओं के परिणामस्वरूप आई हैं। पिछले दो–तीन दशकों में हमारे मूल्यों और मानकों में आमूल परिवर्तन आया है। जन्मजात स्थिति की अपेक्षा अब हम अर्जित स्थिति को महत्त्व देते हैं। निरपेक्षता, व्यक्तिवाद, प्रजातन्त्र और समाजवाद हमारे आदर्श हैं। हम सर्व व्यापक नियमों को मान्यता देते हैं। ये कुछ दृष्टान्त हैं जो सामाजिक, सांस्कृतिक प्रक्रियाओं के आयाम को बताते हैं। इन प्रक्रियाओं ने जनजातियों के सामने अध्यनुकूलन नई समस्याओं को उपस्थित किया है। भारतीय दंड संहिता के सामने जनजातियां जब अपने परम्परागत कानून को देखती हैं, तो उन्हें बड़ी कठिनाई होती है। इसी तरह व्यक्तिवाद और निरपेक्षता के मूल्य उनके परम्परागत मूल्यों से ताल–मेल नहीं खाते। यह नई व्यवस्था जनजातियों को आश्चर्य में डाल देती हैं, लेकिन वे इस नई व्यवस्था को अपनाना भी चाहती हैं।

अनुसूचित जातियों तथा अनुसूचित आदिम जातियों के आयुक्त (रपट 19वीं, 1969–70) ने सामाजिक और सांस्कृतिक सम्पर्कों से उत्पन्न होने वाली समस्याओं का विस्तार से विवेचन किया है। आयुक्त का कहना है कि ब्रिटिश युग में जनजातियों का दूसरे समूहों के साथ सम्पर्क बहुत थोड़ा था। आज आजादी के बाद जो सम्पर्क हो रहे हैं, उनकी प्रकृति एकदम बदल गई है। सड़कें बन गई हैं, खानों और कारखानों की स्थापना हुई है और अब तक पिछड़ी रहने वाली जनजातियों का सम्पर्क बहुत बड़ी तादाद में बढ़ गया है। सम्पर्क में आने के बावजूद जनजातियां अपने पृथक अस्तित्व को बनाए रखना चाहती हैं। जनजातियां मैदानी क्षेत्र में अन्य समूहों के साथ काम तो करती हैं, लेकिन वे अपने अस्तित्व और पृथकता को भी बराबर बनाए रखना चाहती हैं। आयुक्त का कहना है कि जनजातियों की इस अभिवृत्ति के कारण मनमुटाव और संघर्ष उत्पन्न होते हैं और आज यह हमारी एक मुख्य राष्ट्रीय समस्या है।

7. राजनीतिक चेतना (Political Awakening)—संविधान के अनुसार देश के सम्पूर्ण नागरिक एक ही गणराज्य के सदस्य हैं। संविधान की धाराएँ बिना किसी भेदभाव के सभी जगह समान रूप से लागू होती हैं। इसके परिणामस्वरूप जनजातियां भी देश की राजनीतिक रचना की अंग हैं। राजनीति के अन्तर्गत सरकार, विधि और उसकी कार्य प्रणाली आ जाती है। ग्राम पंचायत से लेकर, पंचायत समिति, जिला परिषद् विधान सभा और संसद तक जनजातियों को राजनीतिक गतिविधि में भाग लेने का अधिकार है। बालिग मताधिकार के कारण गरीब से गरीब ग्रामीण तक अपने राजनीतिक अधिकारों के प्रति कुछ अधिक जागरूक हो गया है और सामाजिक तथा आर्थिक क्षेत्रों में उसके साथ जो अन्याय हो रहा है, उसके प्रति वह अधिक संवेदनशील बन गया है, लेकिन इस चेतना के दो अस्वस्थ परिणाम निकले हैं। छोटा नागपुर, आन्ध्र प्रदेश तथा उत्तरी बंगाल के कुछ हिस्सों और तमिलनाडु में इस जागरूकता ने विकट स्थिति उत्पन्न कर दी है। इनमें से कुछ क्षेत्रों में हिंसक उपद्रव हुए हैं। भू–स्वामियों और खेतिहर मजदूरों के आपसी सम्बन्धों में अधिक तीखापन आ गया है। दूसरी ओर पंचायतीराज ने कुछ राज्यों में प्रजातान्त्रिक संस्थाओं के प्रतिनिधित्व को लेकर तनाव की स्थिति उत्पन्न की है। उदाहरण के लिए पंचायतीराज संस्थाओं में कुछ आर्थिक और सामाजिक परिबलों के कारण अल्पसंख्यक होकर भी अ–जनजातियों का प्रभुत्व है। जनजातियां अपनी मजबूरी को समझती हैं। उनकी मजबूरी यह है कि वे आर्थिक दृष्टि से अ–जनजातीय समूहों पर निर्भर हैं और इसलिए उन्हें इन समूहों की प्रभुता स्वीकार करनी पड़ती है। जनजातियों में पढ़े–लिखे लोग शक्ति के बंटवारे की इस चाल को समझते हैं। यह भी एक समस्या है जो आज सामान्य लगती है, पर भविष्य में कभी भी उग्र रूप धारण कर सकती है।

राजनीति के क्षेत्र में एक और कठिनाई है। जनजातियों की परम्परागत राजनीतिक व्यवस्था जैसा कि बैली ने उड़ीसा के कोंड के सम्बन्ध में कहा है यह बन्धुत्व पर आधारित है। आधुनिक राजनीति का आधार बन्धुत्व न होकर राजनीतिक दल है। यह परिवर्तन बहुत बड़ा है और इसमें जनजातियों के सामने जनजाति का दबाव बराबर रहता है।

8. सबसे कमजोर कड़ी (The Weakest Link)—अनुसूचित जातियों तथा अनुसूचित आदिम जातियों के आयुक्त (रपट 1967–68) ने जनजातियों की एक बहुत बड़ी समस्या उनमें से सबसे कमजोर कड़ी को खोजने की बताई है। अपनी एक रपट में आयुक्त ने लिखा है—

> यह एक तथ्य है कि अनुसूचित जातियों और अनुसूचित आदिम जातियों में गरीबी एक आम बात है, लेकिन उनमें भी कुछ लोग अधिक गरीब और कुछ अन्य लोग उन अधिक गरीबों से भी अधिक गरीब हैं। इसी तरह अनुसूचित जातियां और अनुसूचित आदिम जातियां सदियों से उपेक्षित रही हैं, परन्तु उनमें भी कुछ लोग ऐसे हैं जो अधिक उपेक्षित हैं और कुछ लोग उन अधिक उपेक्षितों से भी अधिक उपेक्षित हैं। इसलिए सभी सम्बन्धित व्यक्ति और संस्थाओं का यह सर्वोपरि कर्त्तव्य है कि वे उन अधिक निर्बल लोगों का जो वास्तव में अनुसूचित जातियों और अनुसूचित आदिम जातियों की सबसे कमजोर कड़ी हैं, पता लगाएं और विशेष

कार्यक्रम बनाकर उनके विकास तथा उनकी उन्नति पर विशेष ध्यान दें। उनकी क्या आवश्यकताएं हैं, इसका पता लगाकर उनको पूरा करने की भरसक चेष्टा करें।

अनुसूचित जनजातियों के आयुक्त ने उपेक्षितों से भी अधिक उपेक्षित और अधिक गरीबों से भी अधिक गरीब की सबसे कमजोर कड़ी की खोज की है। इसके अनुसार उन्होंने प्रत्येक राज्य में ऐसे जनजाति समूहों का नामांकन किया है जिनकी समस्याएं विशेष रूप से जटिल हैं और जिनका समाधान शीघ्रता से होना चाहिए। जनजातियों की इस कमजोर कड़ी में, उदाहरण के लिए, गुजरात में मारवाड़, चारण, दुबला, नई कड़ा और वरली आदि जनजातियाँ हैं। मध्यप्रदेश में बैंगा, गौंड, मारिया, भूमिया, कमार, मवासी आदि हैं। उत्तर प्रदेश में सीमान्त निवासी भोटिया, जौनसारी और थारू हैं। महाराष्ट्र और उड़ीसा में कमजोर कड़ी में जनजातियों की संख्या थोड़ी अधिक है। राजस्थान में भील, डामोर और सहरिया कमजोर कड़ी में आते हैं। वे जनजातियां जिन्हें हम कमजोर कड़ी कहते हैं, जनजातियों के समूहों में अधिकतम उपेक्षित और गरीब हैं। इनकी समस्याएं अन्य जनजातीय बन्धुओं की अपेक्षा अधिक गम्भीर हैं।

9. एकीकरण (Integration)—हमारे संविधान का सबसे बड़ा उद्देश्य यह है कि हम सभी कमजोर वर्गों की सामाजिक अन्याय और शोषण के सभी स्वरूपों से रक्षा करना चाहते हैं। राष्ट्र के एक हिस्से को सामाजिक असमानता और शोषण से मुक्त नहीं रखा जा सकता जबकि दूसरे हिस्से इसके शिकार हों। शोषण का सम्बन्ध व्यवस्था से होता है और यदि हम एक समुदाय के लिए व्यवस्था को समाप्त करते हैं, तो हमें इसे सभी के लिए समाप्त करना होगा। शोषणमुक्त अर्थव्यवस्था के निर्माण में सभी समुदायों के नेतृत्व की आवश्यकता है और इसके लिए देश के सभी लोगों को जुटकर काम करना होगा। सम्मिलित प्रयास द्वारा ही अतीत से विरासत में आई हुई यह असमानता समाप्त की जा सकती है। इसका अर्थ हुआ कि देश की मुख्य जीवनधारा में देश के सभी लोगों को आना पड़ेगा। जब हम राष्ट्रीय धारा में जनजातियों के एकीकरण की बात करते हैं, तो इसमें हमारा यही उद्देश्य है कि अल्पसंख्यक समूह अपने आपको देश की राजनीतिक और आर्थिक व्यवस्था के भागीदार बनाएं। जनजातियां विकास की किसी भी अवस्था में हों, उनके लिए यह आवश्यक है कि वे देश की मुख्यधारा के साथ बहें। एकीकरण की यह समस्या आज एक बहुत बड़ी राष्ट्रीय समस्या है और जनजातियों की विकास योजनाओं में इसे व्यावहारिक रूप देना आवश्यक है।

10. सीमान्त जनजातियों की विशेष समस्याएं (Special Problems of Frontier Tribals)—सामान्यतया जनजातियों की समस्याओं के प्रति हमारी सहानुभूति होना आवश्यक है, लेकिन देश के उत्तर पूर्व सीमान्त में बसने वाली जनजातियों की समस्याएं विशेष रूप से महत्त्वपूर्ण हैं। मतदान के अधिकार ने इन जनजाति समूहों में राजनीतिक चेतना उत्पन्न कर दी है। यह चेतना संचार साधनों के विकसित होने के साथ और भी बढ़ी है। इसके परिणामस्वरूप इन जनजातियों ने स्वायत्त राज्यों की मांग की है। वैसे स्वायत्तता की यह मांग हाल ही में स्वतन्त्र हुए सभी नवोदित राष्ट्रों में

देखने को मिलती है, लेकिन फिर भी इस समस्या का निराकरण बहुत बड़ी राष्ट्रीय समस्या है।

जनजातियों की समस्याओं को पहचानने में सावधानी रखने की आवश्यकता है। इन समूहों की समस्याओं को सामाजिक, आर्थिक, राजनीतिक आदि विभिन्न दृष्टियों से देखा गया है। समस्याओं की तालिका बहुत लम्बी है तथा इसे और भी अधिक लम्बा किया जा सकता है, लेकिन समस्या सम्बन्धी सभी दृष्टिकोण इस बात से सहमत हैं कि जनजातियों की बहुत बड़ी समस्या उनकी शोषण से मुक्ति है। इन समस्याओं के समाधान स्वरूप बहुत कुछ लिखा और कहा गया है। भारत सरकार ने जनजाति कल्याण के लिए एक पृथक नीति ही बनाई है जिसे जनजातीय नीति कहते हैं। राज्य के अतिरिक्त समाजसेवी संस्थाओं ने भी जनजातियों के कल्याण के लिए एक दृष्टिकोण अपनाया है जो राज्य की नीति से पृथक है। एक तीसरा दृष्टिकोण बौद्धिकों—सामाजिक मानवशास्त्रियों का है। जनजातियों की विभिन्न समस्याओं के विवरण के बाद यह बहुत आवश्यक है कि हम इन समस्याओं के निदान के लिए विभिन्न संस्थाओं द्वारा जो रीति–नीति अपनाई गई है, उसका आलोचनात्मक विवरण प्रस्तुत करें।

जनजातीय नीति (Tribal Policy)

जनजातियों की जो समस्याएं हम आज देखते हैं, वे स्वतन्त्र भारत में ही पैदा हुई हों ऐसी बात नहीं है। ब्रिटिश युग में और इससे भी पहले इन समस्याओं की अभिव्यक्ति जनजातियों ने समय–समय पर अपने आक्रोश और आन्दोलनों द्वारा व्यक्त की है। सीमान्त क्षेत्र में रहने वाली जनजातियों नागा और अंगामी नागाओं ने कई बार क्रान्ति की आवाज में ब्रिटिश हुकूमत को चुनौती दी है। मध्य क्षेत्र में रहने वाली जनजातियों ने भी समय–समय पर अपना विद्रोह व्यक्त किया है। दूसरी ओर इन जनजातियों ने स्वतन्त्रता आन्दोलन में भी अ–जनजातीय समूहों के साथ कन्धे से कन्धा मिलाकर ब्रिटिश राज्य या देशी राज्यों का मुकाबला किया था। यह एक दुर्भाग्यपूर्ण बात है कि स्वतन्त्रता आन्दोलन में जनजातियों की इस साझेदारी का इतिहासकारों ने ईमानदारी से लेखा–जोखा नहीं किया है, लेकिन यह सब होते हुए भी राष्ट्रीय नेताओं तथा सामाजिक कार्यकर्ताओं ने जनजातियों की समस्याओं के प्रति बराबर रुचि रखी है। स्वयंसेवी संस्थाओं ने जनजातीय क्षेत्र में बहुत अच्छा कार्य किया है। बौद्धिक क्षेत्र में, सामाजिक मानवशास्त्रियों ने भी इन समूहों की समस्याओं के लिए कई निदान प्रस्तुत किए हैं।

बौद्धिकों द्वारा दिया गया समाधान (Solution Given by Intellectuals)

इस खण्ड में हम जनजातियों की समस्याओं के समाधान के लिए सामाजिक मानवशास्त्रियों ने जिस रीति–नीति को प्रतिपादित किया है, उसका विवेचन करेंगे। इस विवेचन के प्रारम्भ में बुनियादी रूप से यह कहना आवश्यक है कि हम अपने देश के जीवन और समाज के संगठन को चार महत्त्वपूर्ण आधारों पर खड़ा करना चाहते

हैं—(1) आधुनिक उत्पादन संगठन, (2) प्रजातन्त्र, (3) समाजवाद और (4) धर्म निरपेक्षता। जनजातियों की समस्या का कोई भी समाधान इन चार आधारों पर होना आवश्यक है। अतः इस समस्या के प्रति सामाजिक मानवशास्त्रियों का जो बौद्धिक प्रेक्ष्य है उसे ऐतिहासिक क्रम से हम यहां स्पष्ट कर रहे हैं।

सामाजिक मानवशास्त्र में भारतीय जनजातियों की समस्याओं और समाधान पर जो साहित्य उपलब्ध है, उसमें तीन प्रकार के समाधान दिखाई देते हैं। विचारकों के एक सम्प्रदाय का कहना है कि जनजातियों की समस्याओं का मूल स्रोत सभ्यता के साथ उनका सम्पर्क है। यदि यह सम्पर्क बढ़ता गया तो इसका परिणाम यह होगा कि जनजातियों की आने वाली पीढ़ियां कमजोर हो जाएंगी और इन समूहों का सामाजिक अस्तित्व संकट में पड़ जाएगा। इस विचारधारा को पुनरुद्धार–वृत्ति (Revivalism) कहते हैं। इसका बहुत बड़ा सूत्र यह है कि जनजातियों में सभ्यता के सम्पर्क से उत्पन्न होने वाले परिवर्तन को रोका जाना चाहिए।

विचारकों का दूसरा सम्प्रदाय वर्णनात्मक अनुकूलन (Selective Adaptation) की नीति को प्रतिपादित करता है। इसके अनुसार जनजातियों को अपनी सामाजिक–सांस्कृतिक धरोहर को बनाए रखना चाहिए। इस सम्प्रदाय का कहना है कि जनजातियों में परिवर्तन तो आना ही चाहिए, लेकिन यह परिवर्तन ऐसा हो जो उनके लिए हानिकारक न हो। जनजातियों की समस्याओं के निदान के लिए जो तीसरी विचारधारा है वह आत्मसातन (Assimilation) की है। इस सम्प्रदाय का कहना है कि जनजातियों का आत्मसातन हिन्दू समाज में हो जाना चाहिए क्योंकि वे विशाल हिन्दू समाज की एक इकाई मात्र हैं। यहां हम इन तीनों विचारधाराओं का थोड़ा विस्तार से विवरण देंगे।

(i) पुनरुद्धार-वृत्ति (Revivalism)—वे लोग जो जनजातियों के सम्पर्क में आए हैं, इस बात को दृढ़ता से कहते हैं कि जनजातियां सीधा सादा जीवन बिताती हैं, सच्ची हैं, ईमानदार हैं और मस्त जीवन बिताती हैं। ऐसी फक्कड़ तबीयत की जनजातियां जब सभ्यता के सम्पर्क में आई, तो इनके मानसिक धरातल पर अभाव और वेदना की सिकुड़न दिखाई देने लगी। 1915 ई. में सर्वप्रथम शरतचन्द्र राय ने छोटा नागपुर की औरांव जनजाति के लिए कहा था कि यह समूह अपनी भौतिक और सामाजिक समृद्धि से नीचे गिर रहा था। 1929 ई. में डी.एन. मजूमदार ने इस बात की सशक्त रूप से पैरवी की थी कि विदेशी विचारों के आक्रमण से जनजातियों को बचाना बहुत आवश्यक है। शरतचन्द्र राय और उनकी पीढ़ी के मानवशास्त्रियों के सामने जनजातियों की सबसे बड़ी समस्या सभ्यता के सम्पर्क से उत्पन्न होने वाले संघर्ष थे। इन संघर्षों के समाधान के लिए पुनरुद्धार–वृत्ति को रखा गया। इसके अग्रणी वेरिअर एल्विन थे।

वेरिअर एल्विन की बैंगा जनजाति पर लिखी गई पुस्तक 1939 ई. में प्रकाशित हुई। बैंगा के सम्बन्ध में एल्विन का कहना था कि सभ्यता और विकास के कार्यक्रम बड़े उतावलेपन और अनियमित रूप से लागू किए गए और इसके परिणामस्वरूप बैंगा लोगों का जीवन दुखदाई हो गया था। गौंड जनजाति के सम्बन्ध में एल्विन का कहना

था कि सभ्यता के सम्पर्क ने गौंड गांवों के जीवन को ही समाप्त कर दिया। वहां बाल–विवाह प्रारम्भ हो गए और स्त्रियों की स्वतंत्रता पर कुठाराघात हो गया।

एल्विन ने सभ्यता के कुप्रभावों को बैंगा और गौंड जनजातियों में देखा था। उनका कहना था कि भारतीय दंड संहिता को जनजातियों की आवश्यकताओं के अनुरूप संशोधित करना चाहिए। वास्तव में एल्विन का तर्क है, यदि हम जंगल को लें, तो वे मूल रूप से जनजातियों के ही हैं। इसी तरह बेगार प्रथा भी जनजातीय भारत का अभिशाप है। 1942 ई. में एल्विन की पुस्तक *लास ऑफ द नर्व* प्रकाशित हुई। इस पुस्तक में उन्होंने बैंगा पर लिखी गई पुस्तक में व्यक्त विचारों को परिवर्तित रूप में रखा। इसमें उनका मुख्य कथन यह है कि जनजातियों की संस्थाओं और जीवन–पद्धति में जब परिवर्तन आता है, तो इससे जनजातीय समूह दुखी हो जाते हैं। इसलिए जनजातियों की संस्थाओं में कोई परिवर्तन नहीं आना चाहिए और जहां तक सम्भव हो उनके प्राचीन रीति–रिवाजों का पुनरुद्धार किया जाए।

परिवर्तन के परिणामस्वरूप जनजातियाँ अपनी भूमि को खो बैठीं। गौंड और कोरकू की भूमि साहूकारों के हाथों में चली गई। सभ्यता के सम्पर्क के परिणामस्वरूप जनजातियों की जंगल के उपयोग की स्वतन्त्रता समाप्त हो गई। बैंगा और गौंड के जंगल में शिकार करने के त्यौहार लुप्त हो गए और इन सब अभावों के परिणामस्वरूप गौंड, बैंगा और कोरकू आर्थिक आर्थिक रूप से गरीब हो गए हैं। *लास ऑफ द नर्व* में एल्विन ने जनजातियों की इस अवनति (Depression) के ये कारण दिए हैं—(1) भूमि की हानि, (2) जंगल की स्वतन्त्रता की हानि, (3) शिकार के त्यौहार का लुप्त होना, (4) आर्थिक गरीबी, (5) जनजातीय उद्योगों का पतन, (6) कानून के सम्पर्क से उत्पन्न मानसिक और नैतिक थकान, (7) मद्यशाला पर पाबन्दी, (8) अव्यवस्थित शिक्षा पद्धति, (9) बाह्य धर्मों से सम्पर्क और (10) संगठिन सुधार आन्दोलन।

वेरिअर एल्विन की जनजातियों की इस दिशा के प्रति बड़ी सहानुभूति थी और इसके निराकरण के लिए 1939 ई. में उन्होंने एक प्रकार के राष्ट्रीय उपवन (National Park) की स्थापना का प्रस्ताव रखा। उन्होंने कहा कि एक ऐसा क्षेत्र बनाया जाए जिसमें केवल निकटवर्ती जनजातियाँ ही निवास करें और अन्य लोगों का प्रवेश इसमें वर्जित किया जाए। उनका सुझाव था कि राष्ट्रीय उपवन के इस क्षेत्र पर जनजातियों के आयुक्त का सीधा नियन्त्रण होना चाहिए। इस उपवन में प्रशासन का भार इसमें रहने वाली जनजातियों का होगा। यदि अ–जनजाति समूह के लोग इस क्षेत्र में प्रवेश करना चाहें, तो उन्हें प्रशासन से स्वीकृति लेनी होगी। राष्ट्रीय उपवन की इस कल्पना में एल्विन का कहना था कि किसी भी मिशनरी संस्था को जनजातियों के इस क्षेत्र में प्रवेश नहीं करने दिया जाएगा। इस राष्ट्रीय उपवन या वर्जित लक्षणों में कोई कमी न आए उनकी संस्कृति ध्वस्त न हो जाए और जनजातीय स्वतन्त्रता बराबर बनी रहे। यदि जनजाति समूह के लोग अपने क्षेत्र से बाहर जाना चाहें तो उन्हें ऐसा करने के कम–से–कम अवसर दिए जाएं। एल्विन की पुनरुद्वार–वृत्ति की अवधारणा की सही अभिव्यक्ति राष्ट्रीय उपवन में है।

एल्विन जनजातियों की समस्याओं के सम्बन्ध में यह आग्रह करते थे कि जनजातियों की सामाजिक संरचना में कोई परिवर्तन नहीं होना चाहिए। बाहरी परिवर्तन जनजातियों के लिए हानिकारक है, दुखदाई है और इसलिए जनजातियों को किसी निषिद्ध या वर्जित क्षेत्र में रखा जाना चाहिए। अपने जीवन के बाद के वर्षों में जब एल्विन उत्तर–पूर्वी–सीमान्त क्षेत्र के सलाहकार हुए तो उनके विचारों में थोड़ा परिवर्तन आया। यह परिवर्तन उनकी पुस्तक *ए फिलोसफी फॉर नेफा* (*A Philosophy for NEFA*) में देखा जा सकता है। अपने संशोधित रूप में एल्विन एकीकरणवादी या आत्मसातनवादी हो गए थे। जब एल्विन ने पुनरुद्धार–वृत्ति को रखा था, तब मानवशास्त्र में उनकी बड़ी तीव्र आलोचना हुई थी। आलोचना के इस बिन्दु को हम बाद में उठाएंगे।

(ii) वर्णनात्मक अनुकूलन (Selective Adaptation)—इस सम्प्रदाय का कहना है कि जनजातियों में परिवर्तन तो आना ही चाहिए, लेकिन यह परिवर्तन ऐसा हो जो उनके लिए हानिकारक न हो। इस प्रकार का परिवर्तन वर्णनात्मक (Selective) होना चाहिए। वर्णनात्मक परिवर्तन के परिणामस्वरूप जनजातियाँ अपनी पृथक्ता को भी बनाए रख सकेंगी। वर्णनात्मक अनुकूलन इस अर्थ में पुनरुद्धार–वृत्ति से भिन्न इस प्रकार होगा कि इसमें परिवर्तन की पूरी गुंजाइश है और पुनरुद्धार पर जोर नहीं है। इस विचारधारा के अग्रणी हटन और डी.एन. मजूमदार हैं।

हटन एक मानवशास्त्री होने के अतिरिक्त भारतीय जनगणना के अधीक्षक भी थे। 1931 ई. की जनगणना पर टिप्पणी करते हुए हटन ने कहा कि ब्रिटिश शासन के आने से पहले जनजातियों में परिवर्तन की गति बहुत धीमी थी। ब्रिटिश शासन में आवागमन और संचार साधनों का विकास हुआ और इसके परिणामस्वरूप जनजातियों में परिवर्तन तेजी से होने लगे। परिवर्तन के इस दौर में, हटन के अनुसार जनजातियों के सामने केवल दो विकल्प थे। या तो जनजातियाँ हिन्दू सामाजिक व्यवस्था में अपने को आत्मसात कर लें और भूमिहीन मजदूरों तथा पिछड़े वर्गों की तरह जीवनयापन करें या नपुंसक जनजाति जीवन को बिताएं। अतः हटन का सुझाव था कि जनजातियों की समस्याओं का समाधान इसी में है कि वे स्वयं–शासित जनजातीय क्षेत्रों का निर्माण करें और स्वयं ही यह निश्चित करें कि दूसरी संस्कृति के कौन से तत्त्वों को उन्हें ठुकराना है और किन्हें स्वीकार करना है। हटन का यह वर्णनात्मक परिवर्तन है।

डी.एन. मजूमदार ने हौ जनजाति में सभ्यता के सम्पर्क के परिणामस्वरूप होने वाले प्रभावों का अध्ययन किया है। उनका कहना है कि सम्पर्क ने हौ जनजाति के व्यक्ति को निर्बल और हतोत्साह बना दिया है। उसके जीवन में महत्त्वाकांक्षाएं नहीं हैं और वह एकदम खाली व्यक्ति है। अखिल भारतीय जनसंख्या सम्मेलन (All India Population Conference, 1938) में बोलते हुए मजूमदार ने आदिम समाज और उसकी असुविधाओं का उल्लेख किया था। मजूमदार ने इस सम्मेलन में कहा कि सभ्यता के सम्पर्क ने जनजातियों को गरीब बना दिया है और वे इस भाँति दलित हो गई हैं कि अपने कल्याण के सम्बन्ध में भी नहीं सोच सकतीं। मजूमदार के अनुसार उनकी इन असुविधाओं के निम्न कारण हैं—

1. आबकारी के नियमों ने जनजातियों को बड़ी कठिनाई में रख दिया है।
2. जनजातियों की स्थानान्तरण कृषि की भूमि उनसे छीन ली गई है।
3. जनजाति अधिकारियों के स्थान पर आए हुए अन्य अधिकारियों ने जनजातियों के जीवन को विघटित कर दिया है।
4. कई क्षेत्रों में स्थानान्तरण खेती करने का निषेध है।
5. भारतीय दण्ड संहिता के मातहत अपहरण विवाह अपराध समझा जाता है।
6. मेले और साप्ताहिक हाट जो जनजातियों के मेल–जोल के स्थान थे, अब साहूकारों के शोषण के स्थान हो गए हैं।
7. जनजातियों को जो शिक्षा दी जाती है वह लाभ की अपेक्षा हानिकारक सिद्ध हुई है।
8. मिशनरियों के कार्य ने जनजातियों में अपनी संस्कृति के प्रति उपेक्षा उत्पन्न कर दी है और उन्होंने ऐसी आवश्यकताएं उत्पन्न कर दी हैं जिन्हें प्राप्त करने के साधन इनके पास नहीं हैं।
9. सम्पर्क ने जनजातियों को कुछ नई बीमारियाँ दी हैं जिन्होंने उन्हें दुर्बल बना दिया है।

मजूमदार ने सभ्यता के सम्पर्क से आने वाली असुविधाओं का उल्लेख किया है, लेकिन वे यह भी स्वीकार करते हैं कि कुछ क्षेत्रों में सम्पर्क से जनजातियों को लाभ भी हुआ है। ऐसी दशा में यह अनुचित होगा कि जनजातियों का सम्पर्क अन्य समूहों के साथ बिल्कुल तोड़ दिया जाए। मजूमदार का सुझाव है कि सभ्य समाजों में कुछ ऐसे लक्षण हैं जो हितकर हैं। जनजातियों को सामाजिक परिवर्तन में सभ्य समाज के केवल उन लक्षणों को अपनाना चाहिए जो उनके लिए हितकर हैं। ऐसा करने में जहाँ एक ओर जनजातियाँ अपने सामाजिक, सांस्कृतिक अस्तित्व को बनाए रखेंगी, वहीं दूसरी ओर उन्हें सभ्य समाज के हितकर तत्त्व भी प्राप्त हो जाएंगे। जनजातियों की समस्याओं का वर्णनात्मक अनुकूलन ही समाधान है।

(iii) आत्मसातन (Assimilation)—सामाजिक मानवशास्त्रियों का एक ऐसा समूह है जो जनजातियों के पृथक सामाजिक अस्तित्व में विश्वास नहीं करता। जनजातियाँ अपने सामाजिक और आर्थिक संरूप में हिन्दुओं के निकट हैं। इस दशा में उनका आत्मसातन हिन्दू सामाजिक व्यवस्था में हो जाना चाहिए। इस विचारधारा के अग्रणी घुर्ये हैं। घुर्ये ने देश की विभिन्न जनजातियों का तुलनात्मक अध्ययन प्रस्तुत किया है। उनका अध्ययन बताता है कि जनजातियाँ परिवार, विवाह, धर्म तथा उपासना के क्षेत्र में अपने पड़ोसी हिन्दुओं के समान हैं। आर्थिक दृष्टि से वे कृषि को जीविकोपार्जन का एकमात्र साधन मानती हैं। अतः उनकी आर्थिक समस्याएं वस्तुतः खेतिहर लोगों की समस्याएं जैसी हैं। घुर्ये का कहना है कि सामाजिक तथा आर्थिक क्षेत्रों में जनजातियाँ पिछड़े हिन्दुओं की तरह हैं। इस अवस्था में उनका आत्मसातन हिन्दू सामाजिक व्यवस्था में पिछड़ी जनजातियों के साथ होना चाहिए। इस अवधारणा के अनुसार यदि जनजातियों का आत्मसातन हिन्दू समाज में हो जाए तो कालान्तर में

चलकर जनजातियों का सामाजिक अस्तित्व या सामाजिक पहचान ही समाप्त हो जाएगी।

अक्षय देसाई तथा निर्मल कुमार बोस के जनजातियों के उपागम को हम यहाँ उपर्युक्त तीन मॉडल की आलोचना के रूप में रख सकते हैं। एल्विन का पुनरुद्धार मॉडल, आज की परिस्थितियों में लागू नहीं हो सकता। यह ठीक भी है कि मोटर या ट्रक गाड़ी का भोंपू जनजाति की मृत्यु का आह्वान है, तो क्या हम मोटर के पहियों को जनजाति क्षेत्र में जाने से रोक सकते हैं? यदि रेडियो के गाने हलके और घासलेटी हैं तो क्या हम आदिवासी पर रेडियो खरीदने का प्रतिबन्ध लगा सकते हैं? क्या हम उन्हें शहर में आकर सिनेमा हाल में बैठने से रोक सकते हैं? इन प्रश्नों का उत्तर उनके मॉडल को मानने वाले नहीं दे सकते। यह केवल कल्पना मात्र है। इसी तरह वर्णनात्मक अनुकूलन भी सम्भव नहीं है। यह निश्चित करना बहुत कठिन है कि जनजातियों के लिए सभ्य समाज के कौन से तत्त्व आवश्यक हैं और कौन से अनावश्यक। सिद्धान्त में तो मजूमदार का वर्णनात्मक अनुकूलन बड़ा सुन्दर लगता है, जब हम इसे अमल में लाने की सोचते हैं तो हमारी कठिनाई बढ़ जाती है।

इन सब कठिनाइयों का विवेचन बोस और देसाई ने किया है। देसाई घुर्ये से एक कदम आगे बढ़ते हैं और कहते हैं कि जनजातियों की समस्या केवल खेतिहरों की समस्या ही नहीं वरन् उन सभी कामगारों, मजदूरों, कारीगरों और अन्य छोटे व्यक्तियों की है, जो शोषित हैं। शोषितों की मुक्ति के लिए जो उपाय हम करते हैं, जनजातियों के लिए करने चाहिए। देसाई जनजातियों का आत्मसातन हिन्दू समाज में नहीं चाहते। यहाँ वे घुर्ये से पृथक हैं। वे तो जनजातियों का आत्मसातन राष्ट्र के जीवन की मुख्यधारा में चाहते हैं।

निर्मल कुमार बोस जनजातियों की समस्या का एक और सार्वलौकिक मॉडल रखते हैं। उनका कहना है कि आज अधिकांश जनजातियाँ हिन्दू धर्म को अपना रही हैं। कुछ जनजातियाँ ईसाई धर्म को स्वीकार कर रही हैं। इस दशा में प्रश्न उठता है—क्या एक भील या बैंगा ने सामाजिक परिवर्तन को इसलिए स्वीकार किया है कि वह अपनी सामाजिक, सांस्कृतिक विरासत को भूलकर हिन्दू या ईसाई बन जाए। यदि किसी वैश्य को क्षत्रिय या ब्राह्मण बनने को कहा जाए, तो उसे यह स्वीकार नहीं होगा। निश्चित है, जनजातियाँ आज इसलिए पढ़–लिख नहीं रही हैं कि उनकी आने वाली पीढ़ियाँ किसी और समाज के नाम से पहचानी जाएं। दूसरा, इस प्रकार का परिवर्तन जो घुर्ये ने प्रतिपादित किया है और कुछ न होकर प्रभावी समूह की निरंकुशता ही है। ऐसा आत्मसातन जो सम्प्रदाय विशेष पर आधारित है, अनुचित है। निर्मल कुमार बोस ने जनजातियों के आत्मसातन के लिए नवीन भारतीय समाज का सन्दर्श रखा है जिसे बनाने का प्रयास हम सभी कर रहे हैं।

बोस का कहना है कि संविधान के घेरे के अन्तर्गत ही हमें जनजातियों का आत्मसातन करना होगा। इस संदर्भ में यह प्रश्न उठाना स्वाभाविक है कि देश के जीवन की मुख्यधारा (Mainstream of Nation's Life) से हमारा क्या तात्पर्य है? क्या

इससे हमारा अर्थ हिन्दू जीवन पद्धति से है? यदि हाँ, तो इससे ईसाई आदिम जातियों या उन आदिम जातियों का जो आधुनिक हैं, भय बढ़ जाता है। इस भय को दूर करने के लिए बोस का कहना है कि यह बहुत स्पष्ट होना चाहिए कि हमारा देश धर्म–निरपेक्ष राष्ट्र है। इसकी बुनियाद प्रजातन्त्र, समाजवाद और उत्पादन लौकिक साधनों पर निर्भर है और इसलिए जनजातियों का आत्मसातन किसी धार्मिक समूह में न होकर राष्ट्र के जीवन की मुख्यधारा में होना चाहिए और यह मुख्यधारा जैसा कि कहा गया है कि धर्म निरपेक्षवाद, प्रजातन्त्र और समाजवाद पर आधारित है।

स्वयंसेवी संस्थाओं द्वारा दिया गया समाधान
(Solution given by Voluntary Institutions)

जनजातियों की समस्याओं के समाधान में स्वयंसेवी संस्थाओं का भी पर्याप्त योगदान है। इस संस्थाओं की कार्य प्रणाली के पीछे कुछ निश्चित सिद्धान्त, आदर्श और मूल्य हैं। ये सब जनजातीय कल्याण की नीति को निर्धारित करते हैं। इन संस्थाओं में मुख्यतया भारतीय आदिम जाति सेवक संघ (नई दिल्ली), आन्ध्र प्रदेश आदिम जाति सेवक संघ (हैदराबाद), रामकृष्ण मिशन (शिलांग), केन्द्रीय समाज कल्याण बोर्ड (नई दिल्ली) आदि हैं। इन संस्थाओं के पीछे मानववादी और जनकल्याणकारी भावनाओं का बहुत बड़ा प्रभाव है। वास्तव में जनजातीय कल्याण की भावना का उद्‌गम महात्मा गाँधी के समाज कार्यों से है। गाँधीजी ब्रिटिश शासन के खिलाफ जन आन्दोलन चलाना चाहते थे। इस आन्दोलन में किसानों, आदिवासियों और पिछड़े स्तरों का सहभागी होना आवश्यक था। ये अल्पसंख्यक समूह देश की कोटि–कोटि जनता हैं और इसलिए गाँधीजी इन्हें एक झंडे के नीचे लाना चाहते थे। पिछड़े वर्गों में गाँधीजी ने दो वर्गों को विशेष रूप से अपनाया था। इन वर्गों में अछूत और जनजातियां हैं। ठक्कर बापा अछूतों के कार्य करते थे। गाँधीजी ने उन्हें आदेश दिया था कि वे आदिम जातियों में कार्य करें। यह इसलिए कि गाँधीजी अपने किसी विश्वसनीय प्रतिनिधि को जनजातियों के कार्य क्षेत्र में रखना चाहते थे।

1941 ई. में ठक्कर बापा ने अपने एक व्याख्यान में जनजातियों की समस्याओं को रखते हुए कहा था कि ये समूह (1) गरीबी, (2) अशिक्षा, (3) बीमारी, (4) कुप्रशासन और (5) समुचित नेतृत्व के अभाव में पीड़ित हैं। ठक्कर बापा ने अपने इस व्याख्यान में इस बात की पैरवी की कि जनजातियों को आधुनिक सुख–सुविधाएं प्राप्त होनी चाहिए। वे इस बात पर जोर देते थे कि आदिम जातियों के क्षेत्र को संचार व्यवस्था द्वारा जोड़ा जाना चाहिए। उन्हें आधुनिक अर्थव्यवस्था को अपनाने का अवसर देना चाहिए। ठक्कर बापा जनजातियों के पृथक्करण के विरुद्ध थे। वे चाहते थे कि जनजातियों की संस्कृति को दबाव में परिवतर्तित नहीं किया जाए। यदि जनजातियां अपने निर्णय से परिवर्तन करती हैं, तो उन्हें सहायता देनी चाहिए। स्वयंसेवी संस्थाएं जनजातियों के सामाजिक अस्तित्व को बनाए रखकर उन्हें अधिक सुख–सुविधा देना चाहती हैं। वे अपनी सेवाओं को राजनीतिक सौदेबाजी के लिए काम में लाना नहीं चाहतीं।

स्वयंसेवी संस्थाओं में ईसाई मिशनरी भी है। ये मिशनरी सामान्यतया प्रोटेस्टेन्ट और कैथोलिक सम्प्रदायों की हैं। इनका उद्देश्य जनजातियों की समस्याओं के समाधान को दो स्तरों पर खोजना है। एक स्तर भौतिक है। इसमें वे स्वास्थ्य सुविधाएं देती हैं। खेती के नए तरीके रखती हैं। दूसरा तरीका मूल्यों के स्तर पर है। धर्म परिवर्तन द्वारा वे जनजातियों को नवीन मूल्य देना चाहती हैं। वे इन समूहों का आत्मसातन भारतीय ईसाई समाज में करना चाहती हैं।

आर्य समाज और दूसरी हिन्दू सुधारक संस्थाएं भी जनजातियों में समाज कल्याण के कार्य करती हैं। इन संस्थाओं का उद्देश्य भी जनजातियों की सामाजिक संरचना में अपनी व्यवस्था के अनुसार परिवर्तन लाना होता है।

यदि हम जनजातियों की समस्याओं के समाधान के लिए रखे गए मॉडलों को देखें, तो लगेगा कि विभिन्न सामाजिक समूह अपने–अपने सन्दर्श में जनजातियों के उत्थान के लिए कार्य कर रहे हैं। किसी भी प्रजातान्त्रिक व्यवस्था में इस प्रकार के कार्यक्रमों का होना स्वाभाविक है। यह बहुत कुछ स्वयं जनजातियों पर निर्भर है कि वे अपने आत्मसातन के लिए कौन से मॉडल को अपनाएं। अभी हमें सरकार की जनजातियों सम्बन्धी नीति का उल्लेख करना बाकी है।

सरकार की जनजातीय नीति (Tribal Policy of the Government)

ब्रिटिश सरकार की जनजातियों की नीति बहुत समय तक अस्पष्ट रही। कई वर्षों तक इन पिछड़े हुए सगूहों को उपेक्षा की दृष्टि से देखा गया। थोड़े समय बाद ब्रिटिश प्रशासन को लगा कि इन समूहों की उपेक्षा कानून और व्यवस्था बनाए रखने में घातक है। सबसे पहला काम जो ब्रिटिश भारत में हुआ वह राजमहल पहाड़ियों में पहाड़िया जनजाति को लेकर है। इस जनजाति के नेताओं को सनद दे दी गई कि वे विद्रोह की सूचना समय से पहले शासन को दें। इसके बाद समय–समय पर जनजातियों ने ब्रिटिश शासन के खिलाफ क्रान्ति उत्पन्न की। इस सब को देखकर ब्रिटिश सरकार को लगा कि जनजातियों के लिए कुछ सुरक्षात्मक कार्य किए जाने चाहिए। हटन ने ब्रिटिश सरकार द्वारा किए गए कुछ महत्त्वपूर्ण कार्यों की विवेचना की है। उनमें जो अमानवीय रीति–रिवाज थे, उन पर प्रतिबन्ध लगा दिया गया। उन्हें आधुनिक औषधियां दी गई और इसके परिणामस्वरूप उनकी बाल मृत्यु दर में कमी भी आई, लेकिन जनजातियों की हानियां लाभ से अधिक हैं। ओ'मेले (O'Malley) ने ब्रिटिश राज्य के जनजातीय सम्बन्धी कार्यों की आलोचना में लिखा है—

> आदिम जातियों के तत्काल उपयोग में आने की बात तो दूर रही, भारत में ब्रिटिश राज्य की स्थापना ने लाभ से अधिक हानियां पहुंचाई हैं।

ब्रिटिश शासन की यह नीति जनजातियों को सहायता देने की कम और नियन्त्रण में रखने की अधिक थी। स्वतन्त्रता प्राप्ति के बाद संविधान ने जनजातियों की समस्याओं का समाधान नए सन्दर्श में खोजा। भारत सरकार की जनजाति संबंधी नीति को संविधान की धाराओं में देखा जा सकता है।

संविधान ने अनुसूचित जनजातियों को विकास के विशेषज्ञ अवसर देने तथा उन्हें शोषण से बचाने के लिए कुछ सुरक्षाएं प्रदान की हैं। ये सुरक्षाएं संविधान के राज्य के नीति निर्देशक तत्त्वों के अनुच्छेद 46 में निहित हैं। इस अनुच्छेद के अनुसार राज्य से यह आशा की गई है कि वह लोगों के कमजोर हिस्सों के शैक्षणिक और आर्थिक हितों को विशेष सावधानी के साथ आगे बढ़ाएगा। ऐसा करने में राज्य प्रमुख तथा अनुसूचित जातियों और जनजातीय हितों को देखेगा और उन्हें सामाजिक अन्याय तथा सभी प्रकार के शोषण से बचाएगा। अनुच्छेद 38 में यह कहा गया है कि राज्य एक ऐसी सामाजिक व्यवस्था को बनाएगा जो जनकल्याण को देखेगी। विशेष रूप से राज्य की नीति इस बात पर ध्यान देगी कि भौतिक साधनों का इस प्रकार उचित बंटवारा हो कि समुदाय के सामान्य हितों की रक्षा की जा सके। अनुच्छेद 39 के अनुसार राज्य इस बात को भी देखेगा कि धन का केन्द्रीयकरण इस प्रकार न हो कि सामान्य हितों को हानि पहुंचे।

संविधान के उपर्युक्त अनुच्छेदों (38, 39 तथा 46) में संशोधन हुआ है और इन्हें मौलिक अधिकारों का दर्जा दिया गया है जिससे कि राज्य बिना किसी रुकावट के जनजातीय विकास के कार्यक्रम बना सकें। संविधान के इन प्रावधानों को दो भागों में रखा जा सकता है—(1) संरक्षी प्रावधान (Protective Provisions) और (2) विकासी प्रावधान (Promotive Provisions)। संविधान किसी भी अन्य नागरिक की तरह जनजातियों को भी मौलिक अधिकारों का उपभोग देता है। संरक्षी और विकासी प्रावधानों का उद्देश्य जनजातियों के हितों की सुरक्षा करना है। इन प्रावधानों में से कुछ तो शुद्ध रूप से जनजातियों के लिए हैं जबकि अन्य जनजातियों और अनुसूचित जातियों, दोनों के लिए।

संरक्षी प्रावधान (Protective Provisions)

संविधान विभेद को वर्जित करता है—सार्वजनिक सेवाओं और अन्य सेवाओं के उपभोग में (अनुच्छेद 15) या शिक्षण संस्थाओं में जिन्हें पूर्णतया या आंशिक रूप से राज्य द्वारा अनुदान प्राप्त है, भर्ती में धर्म, प्रजाति, जाति या भाषा को लेकर विभेद वर्जित है। रोजगार को लेकर भी कोई विभेद नहीं किया जा सकता। अनुच्छेद 244 के अनुसार राज्यपाल को यह अधिकार है कि वह जनजातीय सलाहकार काउन्सिल की राय को जनजातियों में भूमि आवंटन को लेकर नियम बनाए, साहूकारी के धन्धे को व्यवस्थित करे। इस प्रकार के कुछ अनुच्छेद ऐसे हैं जिन पर राज्य जनजातियों की सुरक्षा के लिए नियम और नीति बनाता है।

विकासी प्रावधान (Promotive Provisions)

अनुच्छेद 335 में यह स्पष्ट किया गया है कि जनजातियों को राज्य सेवाओं में नियुक्ति देते समय इस बात को अवश्य देखा जाएगा कि यह नियुक्ति प्रशासन की कुशलता को बढ़ाने के लिए है। विकासी प्रावधानों के अन्तर्गत राज्य को यह अधिकार है कि

जनजातीय सलाहकार समिति का गठन करे। इस काउंसिल के तीन चौथाई सदस्य राज्य विधानसभा के सदस्यों में से होते हैं। काउंसिल का कार्य राज्यपाल तथा विधानसभा को नीति बनाने तथा विकास कार्यक्रम तैयार करने में सहयोग देना है। राज्य के समाज कल्याण निदेशालय का यह कर्त्तव्य है कि वह जनजातीय कल्याण कार्यक्रमों को कार्यान्वित करे।

अनुच्छेद 338 के अनुसार यह प्रावधान है कि राष्ट्रपति जनजातियों के विकास कार्यक्रमों की समीक्षा के लिए एक विशेष अधिकारी को नियुक्त करे जिसका दर्जा आयुक्त का होगा और जो वर्ष में एक बार इस मूल्यांकन को सदन के सामने प्रस्तुत करेगा। अब तक अनुसूचित जातियों तथा अनुसूचित आदिम जातियों की 19वीं रिपोर्ट सदन के सामने प्रस्तुत की जा चुकी है।

यह इन प्रावधानों के अंतर्गत है कि जनजातियों को संसद तथा राज्य विधानसभाओं में सुरक्षित प्रतिनिधित्व प्राप्त है। इन्हीं प्रावधानों के अंतर्गत बिहार, मध्यप्रदेश और उड़ीसा में जनजाति कल्याण के लिए मन्त्री का स्थान रखा गया है। राज्य सेवाओं में जनजातियों के लिए 7.5 प्रतिशत स्थान खुली प्रतियोगिता में सुरक्षित रखे गए हैं और यहीं प्रतिशत अन्य स्थानों के लिए भी है। द्वितीय, तृतीय एवं चतुर्थ श्रेणी की सेवाओं में पदोन्नति सेवाओं में 7.5 प्रतिशत स्थान अनुसूचित जनजातियों के लिए सुरक्षित हैं। जनजातियों को पर्याप्त प्रतिनिधित्व देने के लिए आयु सीमा तथा प्रार्थना पत्र शुल्क में भी रियायत की गई है। ऐसी ही सुविधाएं शिक्षण संस्थाओं में भर्ती के लिए दी गई हैं।

संविधान के अनुच्छेद 331(2) के अन्तर्गत केन्द्रीय सरकार राज्यों को अनुसूचित जनजातियों के कल्याण की योजनाओं के निर्माण और क्रियान्वित करने का आदेश दे सकती हैं। अनुच्छेद 275(1) के अनुसार केन्द्र से यह अपेक्षा की जाती है कि वह जनजातियों के कल्याण की स्वीकृत योजनाओं पर अनुदान प्रदान करेगा।

हमने ऊपर संविधान के विभिन्न अनुच्छेदों का थोड़ा विस्तार से विवरण दिया है, लेकिन यह विवरण तब तक अधूरा है, जब तक कि हम इसके पीछे संविधान का जो अर्थ है, उसका विश्लेषण नहीं करें। संविधान के ये अनुच्छेद बहुत स्पष्ट रूप से निम्न वस्तुओं को हमारे सामने रखते हैं—

1. संविधान जनजातियों को अन्य नागरिकों की तरह समानता और स्वतंत्रता के अधिकार देता है।
2. जनजातियों को कुछ सुरक्षाएं प्रदान की गई हैं जिनके द्वारा शोषण तथा विभेद से उनकी रक्षा की जा सके।
3. ये सुरक्षाएं प्रारम्भ में दस वर्ष अर्थात् 1960 तक के लिए थीं। इन्हें और दस वर्षों अर्थात् 1970 तक बढ़ा दिया गया। 1970 में संसद को यह फिर अनुभव हुआ कि जनजातियों में अपेक्षित विकास नहीं हुआ है और इसलिए इस अवधि को और दस वर्षों अर्थात् 1980 तक बढ़ा दिया गया है।

4. संविधान जनजातियों का एकीकरण देश की मुख्यधारा में करना चाहता है। इस विषय में संविधान के विभिन्न अनुच्छेद इस आशय को स्पष्ट करते हैं कि राज्य जनजातियों के सामाजिक और सांस्कृतिक क्षेत्रों में हस्तक्षेप नहीं करेगा। राज्य एकीकरण के केवल आर्थिक और राजनीतिक क्षेत्रों में लाना चाहता है। अन्य क्षेत्रों में जनजातियां देश के दूसरे समूहों की तरह एकाधिक संस्कृतियों की स्वतन्त्रता को अपना सकती हैं।
5. संविधान के अनुसार राज्य जनजातियों से यह अपेक्षा करता है कि वे सांस्कृतिक और सामाजिक क्षेत्रों को छोड़कर अन्य क्षेत्रों में देश के कोटि–कोटि नागरिकों के समकक्ष और अनुरूप समझें।

संविधान के उपर्युक्त आशय का यह अर्थ हुआ कि जनजातियाँ अपने रहन–सहन, खानपान और रीति–रिवाजों में जैसे भी रहना चाहें रहें, राज्य का इसमें कोई हस्तक्षेप नहीं है। यदि वे एक से अधिक स्त्रियाँ रखते हैं, तलाक देते हैं तो इसमें राज्य कुछ नहीं कहता। राज्य तो केवल यह चाहता है कि जनजातियाँ देश की राजनीतिक और आर्थिक व्यवस्थाओं की अंग बनें, साझीदार बनें। परिवर्तन की प्रक्रिया में यह आशा की जाती है कि आर्थिक और राजनीतिक व्यवस्था में आत्मसातन होने का परिणाम यह होगा कि जनजातियाँ देश के अन्य सामाजिक समूहों की तरह सामाजिक तथा सांस्कृतिक मुख्यधारा में आ जाएंगे। जनजातियों की समस्याओं के समाधान में राज्य की यह़ एकीकरण नीति है।

राज्य की इस जनजातीय नीति की पुष्टि प्रधानमन्त्री जवाहरलाल नेहरू के वेरिअर एल्विन लिखित पुस्तक *ए फिलोसफी फॉर नेफा* पुस्तक के प्राक्कथन से स्पष्ट है—

1. लोगों को अपनी प्रतिभा के अनुसार विकसित होना चाहिए और हमें जनजातियों पर किसी चीज को थोपना नहीं चाहिए। हमें हर तरह से उनकी कला एवं संस्कृति को बढ़ावा देना चाहिए।
2. हमें जनजातियों के भूमि एवं वन सम्बन्धी अधिकारों का आदर करना चाहिए।
3. हमें उनका सा ही एक दल बनाकर शासन एवं विकास–कार्य चलाने के लिए उन्हें प्रशिक्षित करना चाहिए। हो सकता है प्रारम्भ में कुछ बाहरी कुशल व्यक्तियों की आवश्यकता पड़े, परन्तु हमारा यह प्रयास होना चाहिए कि जनजातीय क्षेत्रों में बहुत कम गैर जनजाति के लोग भेजे जाएँ।
4. हम इन क्षेत्रों को अधिक शासित न करें और न ही अनेक योजनाएँ बनाएँ। हमें प्रत्येक कार्य उनकी सामाजिक एवं सांस्कृतिक संस्थाओं के माध्यम से करना चाहिए।
5. हमें परिणामों को धन के व्यय अथवा आँकड़ों के मापदण्ड से नहीं आँकना चाहिए। परिणामों को मानव चरित्र के विकसित होने की दृष्टि से देखा जाना चाहिए।

जनजातियों के विकास की योजनाएँ और उनकी उपलब्धियाँ (Planning for the Development of Tribals and their Achievements)

जनजातियों की समस्याओं के समाधान के लिए मानवशास्त्रियों, स्वयंसेवी संस्थाओं तथा सरकार के दृष्टिकोण का विवेचन हमने किया है। स्वयंसेवी संस्थाएँ अपने उद्देश्यों और आदर्शों के अनुरूप जनजाति कल्याण में संलग्न हैं। इन संस्थाओं द्वारा किए गए कार्यों का हमारे पास कोई प्रमाणित लेखा–जोखा नहीं है। इसके अभाव में यही कहा जा सकता है कि ये संस्थाएँ राज्य द्वारा प्राप्त अनुदान से जनजातियों के आर्थिक, सामाजिक और शैक्षणिक क्षेत्रों में काम कर रही हैं। आर्थिक क्षेत्र में जनजातियों के कुटीर उद्योग को विकसित किया जाता है। कृषि शिक्षा दी जाती है। सामाजिक क्षेत्र में एक विवाही परिवार के बढ़ावे पर जोर दिया जाता है। मद्यपान निषेध का प्रचार किया जाता है। व्यक्तिगत जीवन को शुद्ध और सात्विक बनाने पर बल दिया जाता है। शैक्षणिक क्षेत्र में साक्षरता पर केन्द्रित कार्यक्रम को चलाया जाता है। विद्यार्थियों के लिए छात्रावास की सुविधा दी जाती है। ये कुछ ऐसे समाज–सेवा के कार्य हैं जिन्हें ये स्वयंसेवी संस्थाएँ करती हैं। राज्य द्वारा प्राप्त होने वाले अनुदान के अतिरिक्त अन्य स्रोतों से चन्दे द्वारा धन राशि एकत्र की जाती है। सिद्धान्त रूप में इन संस्थाओं की कार्य प्रणाली आदर्शोन्मुख है।

राज्य की उपलब्धियाँ (Achievements of the State)

अनुसूचित जातियों तथा अनुसूचित आदिम जातियों के आयुक्त की रपट जनजातियों के विकास के विवरण के लिए प्रमाणित साधन है। भारत सरकार ने जनजातियों के कल्याण के लिए कई योजनाएँ क्रियान्वित की हैं। इन योजनाओं में कुछ की तालिका निम्न प्रकार है—

1. जनजातियों के विशेष विकास के लिए बहुउद्देश्यीय विकास खण्डों को गठित किया गया है। द्वितीय पंचवर्षीय योजना काल में ऐसे विशेष बहुउद्देश्यीय जनजातीय खण्डों की संख्या 43 थी। 1966-67 के अन्त में यह संख्या 489 तक पहुंच गई जिसमें जनजातियों की कुल संख्या का 66.66 प्रतिशत आ गया था। इस अवधि के बाद यह निश्चित किया गया कि ऐसे खण्डों की संख्या में कमी कर दी जाए।
2. जनजाति के लोगों को रोजगार दिलाने हेतु जनजातीय क्षेत्रों में कुटीर एवं ग्राम उद्योगों के विकास के लिए प्रशिक्षण एवं उत्पादन केन्द्रों को संगठित करना तथा उन्हें अनुदान दिया जाए।
3. जनजाति लोगों की बस्तियों का निर्माण करना तथा उन्हें स्थाई रूप से बसाना जो स्थानान्तरण कृषि करते थे। इस सम्बन्ध में आन्ध्र प्रदेश में तीन पायलट फार्म एवं पाँच कृषि प्रदर्शन इकाइयों का आयोजन तृतीय पंचवर्षीय योजना काल में किया गया। मध्यप्रदेश में नवीन खेती के लिए औजारों का अनुदान दिया गया। उड़ीसा में झूम कृषि नियन्त्रण के लिए नई बस्तियाँ बनाई गईं। इसी तरह की योजनाएं चौथी पंचवर्षीय योजना में भी लागू रहीं।

4. शैक्षणिक सुविधाएं, छात्रवृत्तियाँ तथा अन्य शैक्षणिक अवसर देना। इस कार्यक्रम के अन्तर्गत प्रथम, द्वितीय और तृतीय पंचवर्षीय योजनाओं में क्रमशः 8,595, 25,592 और 60,058 छात्रवृत्तियों पर पहली योजना में 42 लाख रुपयों का खर्च था जो तीसरी योजना में बढ़कर 2.63 करोड़ रुपये हो गया। अनुसूचित जनजातियों के निपुण छात्रों को विदेश में अध्ययन करने के लिए भी छात्रवृत्तियाँ दी जाती हैं। ऐसी 9 छात्रवृत्तियाँ हैं।
5. जनजातीय जीवन को प्रभावित करने वाली विभिन्न सांस्कृतिक समस्याओं के अध्ययन के लिए जनजातीय सांस्कृतिक संस्थानों को स्थापित करना।

इस प्रकार की अनुसंधान संस्थाओं की स्थापना आन्ध्रप्रदेश, असम, बिहार, गुजरात, केरल, मध्यप्रदेश, महाराष्ट्र, उड़ीसा, राजस्थान, उत्तर प्रदेश और पश्चिमी बंगाल में हुई है। इन अनुसंधान संस्थाओं के अतिरिक्त एन्थ्रोपोलॉजिकल सर्वे ऑफ इण्डिया भी जनजातियों के कल्याण के अनुसंधान करती है। कुछ विश्वविद्यालय भी जनजातीय अनुसंधान में रुचि रखते हैं। जैसे—

सरकारी नौकरियों में जनजाति के लोगों के लिए स्थानों को सुरक्षित रखना। अनुसूचित जनजाति आयुक्त की 19वीं रिपोर्ट के अनुसार 1969 ई. के वर्ष में काम–दिलाऊ कार्यालयों में विभिन्न नौकरियों के लिए जनजातियों के 80,896 प्रार्थना–पत्र पंजीकृत थे। इनमें से 15,237 पंजीकृत प्रार्थियों को विभिन्न व्यवसायों में नौकरी दी जा सकी।

6. साहूकारों के मनमानी दर पर ब्याज लेने पर प्रतिबन्ध लगाने के लिए अधिनियम बनाना।
7. आर्थिक अवसरों को प्रदान करना। सन् 1961 की जनगणना के अनुसार 1.49 करोड़ अनुसूचित जनजातियों की संख्या कृषि में संलग्न थी, इनमें से 33.33 लाख कृषि मजदूर थे। जनजातियों को आर्थिक उपार्जन के अवसर देने के अतिरिक्त राज्य ऋणग्रस्तता को समाप्त करने के लिए अनुदान भी देता है। बिहार, उड़ीसा, आन्ध्र प्रदेश आदि में जनजातियों को ऋण मुक्ति देने के लिए कदम उठाए गए हैं।
8. जनजातीय सदस्यों का संसद और विधानसभा में प्रतिनिधित्व होना।

संविधान के अनुच्छेद 330 के अनुसार जनजातियों के प्रतिनिधित्व को सुरक्षित रखने के लिए संसद और विधानसभा में स्थान सुरक्षित हैं। इसके अनुसार 1970 ई. के लोक सभा के सदस्यों में 37 स्थान जनजातीय सदस्यों के थे। इसी तरह राज्य सभा में 5 स्थान जनजातियों द्वारा भरे हुए थे। राज्य विधानसभाओं के 3,563 स्थानों में से जनजातियों ने 262 स्थान प्राप्त किए थे।

जनजातियों के कल्याण की विभिन्न योजनाएँ राज्य द्वारा लागू की गई हैं। इन योजनाओं का विस्तारपूर्वक विवरण देना बहुत कठिन है। यह इसलिए कि एक ही स्थान पर आँकड़ों की उपलब्धि नहीं होती। इस कठिनाई के होते हुए भी धनराशि के

व्यय का सही आँकड़ा दिया जा सकता है। वित्तीय वर्ष 1969–70 में केन्द्रीय सरकार ने जनजातीय कल्याण के लिए 817.21 लाख रुपया खर्च किया। इस अवधि में राज्य सरकारों ने 357.74 लाख रुपया खर्च किया। इस धनराशि के अतिरिक्त केन्द्रीय तथा राज्य सरकारों ने स्वयंसेवी संस्थाओं को 12,34,488 लाख रुपयों का अनुदान दिया। यह धनराशि जनजातियों की जनसंख्या को देखकर न्यून लगती है। फिर भी यह कहना पड़ेगा कि केन्द्र और राज्य सरकारों ने जनजातियों के कल्याणकारी कार्यों में लगने वाली धनराशि में उत्तरोत्तर वृद्धि की है।

जनजातीय विकास के अन्य प्रयास (Other Efforts for Tribal Development)

राज्य तथा स्वयंसेवी संस्थाओं के जनजातीय कल्याण कार्यों के अतिरिक्त कुछ सामान्य कार्य ऐसे हुए हैं जिनका प्रभाव भी इन समूहों के विकास पर पड़ा है। पिछले दो दशकों में हमारे देश में आधुनिकीकरण (Modernisation) के परिणामस्वरूप संचार साधनों, औद्योगीकरण, शहरीकरण और शिक्षा विकास में बहुत कुछ वृद्धि हुई है। इस प्रक्रिया का प्रत्यक्ष और अप्रत्यक्ष प्रभाव जनजातियों पर भी पड़ा है। यदि राज्य तथा स्वयंसेवी संस्थाओं के कार्यक्रम योजनाबद्ध तरीके से सामाजिक परिवर्तन लाने में सहायक हैं तो आधुनिकीकरण की ये प्रक्रियाएँ किसी–न–किसी रूप में जनजातियों में सामाजिक परिवर्तन का कार्य अवश्य कर रही हैं। बहुत संक्षेप में यहाँ हम आधुनिकीकरण के क्षेत्र में होने वाले परिवर्तनों का उल्लेख करेंगे।

संचार व्यवस्था (Communication System)—संचार साधनों में रेडियो, समाचार पत्र, फिल्म और क्षेत्रीय प्रचार हैं। ये साधन देश के विभिन्न समूहों को एक सूत्र में बाँधने का प्रयास करते हैं। जनजातियों के क्षेत्र पहले इन साधनों से एकदम वंचित थे। जनजातियों के गाँवों में रेडियो या समाचार पत्रों की कल्पना भी नहीं की जा सकती थी। अब कहीं–कहीं रेडियो और समाचार पत्र देखने को मिलते हैं। ग्राम सेवक केन्द्र पर स्थापित मनोरंजन केन्द्र इस क्षेत्र में अच्छा संचार साधन है। राज्य द्वारा संचालित प्रचार वाहन फिल्म शो का आयोजन करता है। डाकघर तथा स्कूल भी जनजातीय क्षेत्र में आधुनिकीकरण के अच्छे साधन हैं। इन सबका जनजातियों पर बराबर प्रभाव पड़ता है। हमारे पास ऐसे आँकड़े तो नहीं हैं जिन पर हम बता न सकें कि जनजातीय क्षेत्रों में संचार साधनों की वृद्धि किस सीमा तक हुई है, लेकिन हम यह अवश्य बता सकते हैं कि सम्पूर्ण देश में इन साधनों में किस सीमा तक विकास हुआ है।

सम्पूर्ण देश में आकाशवाणी के 67 प्रसार केन्द्र हैं जो देश के सभी महत्त्वपूर्ण सांस्कृतिक तथा भाषाई क्षेत्रों को सम्मिलित करते हैं। इन केन्द्रों को देश के चार क्षेत्रों में बाँटा गया है। आकाशवाणी के कार्यक्रम विभिन्न प्रकार के हैं। सभी कार्यक्रमों में 40.31 प्रतिशत कार्यक्रम भारतीय संगीत के हैं। शेष कार्यक्रमों में समाचार दर्शन, भाषण, नाटक और साक्षात्कार आदि होते हैं। आकाशवाणी ग्रामीण क्षेत्रों के लिए विशेष कार्यक्रम रखती है। इसके 67 प्रसार केन्द्रों में से 41 केन्द्र तीस मिनट से लेकर तीन

घंटे तक के ग्रामीण कार्यक्रम प्रतिदिन देते हैं। इस कार्यक्रम को लोकप्रिय बनाने के लिए केन्द्र सरकार ने राज्य सरकारों को 1971–72 में 1,42,451 रेडियो सैट गाँवों में लगाने के लिए दिए हैं। आकाशवाणी बच्चों तथा युवाओं के लिए भी विशेष कार्यक्रम देता है। सबसे रुचिकर बात यह है कि आकाशवाणी 91 जनजातीय बोलियों में प्रसार करता है। इसका उद्देश्य जनजातीय संगीत और संस्कृति को विभिन्न समूहों के निकट लाना है। ऐसे कार्यक्रम 17 प्रसार केन्द्रों से दिए जाते हैं।

समाचार पत्र भी संचार का बहुत बड़ा साधन है। 1969 में देश में प्रकाशित होने वाले समाचार पत्रों की कुल संख्या 10281 थी। 1970 में यह संख्या बढ़कर 11,036 हो गई। यदि हम 1965–70 की अवधि में समाचार पत्रों की वृद्धि को देखें, तो ज्ञात होगा कि दैनिक समाचार पत्रों में वृद्धि का प्रतिशत 31.5 है और साप्ताहिक में 47.1, ये पत्र 51 भाषाओं में प्रकाशित होते हैं। 11,036 समाचार पत्रों में से 755 दैनिक हैं, 3,172 साप्ताहिक हैं और शेष 7,119 विविध। सबसे अधिक समाचार पत्र (1,706) महाराष्ट्र में प्रकाशित होते हैं। इसके बाद उत्तर प्रदेश (1,473), दिल्ली (1,242) और पश्चिमी बंगाल (1,204) में। भाषा की दृष्टि से अधिकांश समाचार पत्र हिन्दी में प्रकाशित होते हैं। इसके बाद अंग्रेजी, उर्दू, बंगाली, मराठी, गुजराती, तमिल, मलयालम तथा तेलुगू आदि में। समाचार पत्रों की खपत में 1969–70 के वर्ष में 6.4 प्रतिशत की वृद्धि हुई है।

संचार साधनों में फिल्म के क्षेत्र में भी पर्याप्त विकास हुआ है। केन्द्रीय फिल्म सेन्सर बोर्ड ने 1970 ई. में कुल 1,227 छोटी फिल्मों को स्वीकृति दी है। बड़ी फिल्में प्रदर्शन के लिए एक वर्ष में लगभग चार सौ से अधिक आ जाती हैं। फिल्म उत्पादन में वृद्धि के साथ–साथ सिनेमाघरों की संख्या में भी वृद्धि हुई है। 1956 ई. में 2827 सिनेमाघर थे। 1970 ई. में यह संख्या बढ़कर 4,553 हो गई। इन सभी सिनेमाघरों में 1970 ई.में कुल सीट 42,76,000 थीं।

भारतीय रेलवे की पटरियां 49,684 किलोमीटर तक फैली हुई हैं। रेलों में लाखों की संख्या में यात्री सफर करते हैं। रेल के अतिरिक्त सड़क भी आवागमन का बहुत अच्छा साधन है। आज देश में राष्ट्रीय मार्ग, राज्य मार्ग तथा अन्य मार्ग हैं। उनके आधार पर यह कहा जा सकता है कि प्रति 100 वर्ग किलोमीटर क्षेत्र में लगभग 30 किलोमीटर सड़क हैं और 1 लाख की जनसंख्या के पीछे 180 किलोमीटर सड़क हैं। ये आंकड़े 1969 ई. के हैं। राष्ट्रीय मार्ग की सम्पूर्ण लम्बाई 24,143 किलोमीटर है जिसमें 215 बड़े पुल भी हैं। सड़क निर्माण में वृद्धि के साथ मोटर वाहनों की संख्या में भी वृद्धि हुई है। मार्च, 1947 में देश में कुल मोटर वाहनों की संख्या 2.12 लाख थी। 1969 ई. में यह संख्या बढ़कर 1673 लाख हो गई। जनजातीय क्षेत्रों में सम्बन्धित ऐसे कोई आंकड़े हमें उपलब्ध नहीं हैं।

पिछले पृष्ठों में हमने जनजातीय जीवन को प्रभावित करने वाली सामाजिक शक्तियों का विवरण दिया है। विश्लेषण के स्तर पर यह स्पष्ट हो जाना चाहिए कि हम जनजातियों को विकास के पर्याप्त अवसर देना चाहते हैं। उनके ऐतिहासिक पिछड़ेपन

को देखकर हमने उन्हें विशेष सुरक्षाएँ भी प्रदान की हैं। हम चाहते हैं कि वे अपने जीवन को ऐसा मोड़ दें कि एक ओर वे अपनी सामाजिक शिनाख्त को बनाए रखें और दूसरी ओर देश के विशाल राष्ट्रीय जीवन में अपना आत्मसातन कर दें। यह दोहरी प्रक्रिया है—स्वयं के सामाजिक अस्तित्व को बनाए रखना और एक सीमा तक राष्ट्रीय मुख्यधारा के साझीदार बनना। इस प्रयास में देश पिछले दो दशकों से बराबर जुटा हुआ है। सरकार और स्वयंसेवी संस्थाओं ने जनजातीय विकास में अपना योगदान दिया है। ये प्रयास कमजोरियों से परे नहीं हैं। कहीं—कहीं इन प्रयासों से लाभ होने की अपेक्षा हानि भी हुई है। सामाजिक परिवर्तन ने जहां आदिवासियों को नई संरचना और मूल्य दिए हैं, वहां उन्हें नई समस्याओं के सामने भी खड़ा कर दिया है। परिवर्तन से उत्पन्न समस्याओं का विवेचन हम अगले अध्याय में करेंगे।

28

बदलता आदिवासी भारत

(Changing Tribal India)

सामाजिक परिवर्तन के जो सुख–दुख आज भारत के आदिवासी महसूस कर रहे हैं नए नहीं हैं। उन्होंने इतिहास की कई परतें उघड़ती देखी हैं। कई साम्राज्य बनते–बिगड़ते देखे हैं। महाराणा प्रताप की फौज में रहकर भीलों ने हल्दीघाटी की लड़ाई को लड़ा है। वे मुगलों की ताकत से जूझे हैं। भारत ही नहीं, कई देशों के आदिवासी सामाजिक विषमता के साथ परिवर्तन को देख चुके हैं। इस संदर्भ में लेवी–स्ट्रास ने एक बड़ी महत्वपूर्ण बात कही है। "प्रत्येक संस्कृति को अपनी देशज ताकत को जो परम्परागत होती है, मुक्त करके इसका साम्यानुकूलन नए सम्पर्कों द्वारा स्थापित करना चाहिए।" स्ट्रास के कहने का तात्पर्य यह है कि आदिवासियों को अपने देशज (Indigeneous) संस्थाओं को छोड़ कर उधारी पर ली गई संस्कृति के साथ साम्यानुकूलन या तालमेल बैठाना चाहिए। उनसे यह अपेक्षा की जाती है कि वे अपनी देशज व्यवस्था को बनाए रखते हुए नई व्यवस्था के साथ संश्लेषण (Synthesis) करें।

विधि के स्तर पर यह संभव नहीं है कि गैर–आदिवासी साइबर युग (Cyber Age) का मजा लें और आदिवासी अपनी यथास्थिति में बने रहें। यह बेईमानी होगी यदि हम आदिवासियों को असभ्य (Savage) और पिछड़ा बनाएं और गैर–आदिवासियों को सभ्य और सुजान कहें। पिछले कुछ वर्षों में आदिवासी समूहों में जो बदलाव आ रहा है, वह अब तक आए बदलाव में सबसे बड़ा है। मेलिनोस्की ने 1922 में पश्चिमी पेसिफिक के अरेगनाट्स का अध्ययन किया था। उन्होंने दृढ़तापूर्वक कहा था कि ये आदिवासी बहुत जल्दी परिवर्तित हो जाएंगे। बीसवीं शताब्दी के पहले भाग में उन्होंने इस तरह कहा था—

> एथनोलॉजी जो आदिवासियों की धरोहर है, आज दयनीय अवस्था में है। जब मानवशास्त्रीय अनुसंधानकर्ता क्षेत्र में होता है, तब उसके सामने ही एथनोलॉजी समाप्त होने लगती है।

भारत की स्थिति को ही देखिए। के.एस.सिंह कहते हैं कि आदिवासियों के अध्ययन में हमारी एथनोलॉजी बहुत मालदार है, लेकिन पिछले तीन–चार दशकों की

अवधि में यह एथनोलॉजी बहुत कमजोर हो गई है। रिज़ले, ओ' मेले, हटन, बोस और मजूमदार का सम्पूर्ण विवरण पुराना हो गया है। अब आदिवासियों का एकीकरण स्थानीय, संभागीय और राज्य स्तर पर होता है। बहुत स्पष्ट तौर पर यह दिखाई देता है कि आदिवासी एकीकरण की पहली अवस्था में निम्न जातियों के साथ अपना मेल–जोल करेंगे और कुछ पीढ़ियों के बाद उनका एकीकरण राष्ट्रीय मुख्यधारा में हो जाएगा।

ट्रोब्रिमंड वासियों में मेलिनोस्की ने जो कुछ देखा वह आज बहुत कुछ बदल गया है। इतना होने पर भी आज ये आदिवासी नातेदारी व्यवस्था और संस्कारों के आदान–प्रदान को बराबर बनाए हुए हैं। इवान्स–प्रिचार्ड ने अफ्रीका के एजेन्डे आदिवासियों का अध्ययन किया था। ये आदिवासी अपना पुश्तैनी धंधा छोड़कर अब अपना जीविकोपार्जन कपास की खेती में दिहाड़ी करके पूरा करते हैं। उनमें आधुनिकता आई है, पर अब भी वे अपने परम्परागत संस्कारों और कर्मकाण्डों से जुड़े हुए हैं।

अगर अफ्रीका में एजेण्डे, नूएर और अरगेनॉट में परिवर्तन आया है तो कुछ इसी तरह का परिवर्तन भारत के भील, गौंड अैर टोडा आदिवासियों में देखने को मिलता है। यह बात नहीं है कि मानवशास्त्री आदिवासियों में आने वाले परिवर्तन से अपरिचित नहीं थे। वे जानते थे कि परिवर्तन का जो दौर आ रहा है, वह आदिवासियों को अछूता छोड़ देगा। इस पर टिप्पणी करते हुए थोमस हाईलेंड एरिक्सन कहते हैं—

> मानवशास्त्र में प्रारम्भ से ही इस बात पर समझ आ गई थी कि सामाजिक परिवर्तन की प्रक्रिया सारी दुनिया को एक मेल्टिंग पोट (Melting Pot) बना देगी। आज इस बात में कोई आश्चर्य नहीं होना चाहिए। जब सम्पूर्ण संसार का इतिहास एक सार्वभौम युग (Global Era) में पहुँच गया है।

एरिस्केन अपनी टिप्पणी में सही हैं। वे कहते हैं कि आज दुनिया के किसी भी कोने में चाहे आदिवासी हो या गैर आदिवासी—सभी बाजार से जुड़े हैं। पटवारी या उसके जैसा कोई भी सरकारी कर्मचारी इस आम आदमी को सरकार से जोड़ता है। बात यह है कि आदिवासी, चाहे वह महानगर में रहता हो या किसी दूर–दराज क्षेत्र में, वह अनिवार्य रूप से सिविल सोसायटी (Civil Society) और राज्य सरकार से जुड़ा होता है। भारत में धन के माध्यम से अन्य नागरिकों की तरह आदिवासी भी राष्ट्रीय अर्थव्यवस्था से जुड़ा हुआ है।

आदिवासियों की परम्परागत जीविकोपार्जन अर्थव्यवस्था (Subsistence Economy) देश की राष्ट्रीय अर्थव्यवस्था के साथ पूँजीवादी बन गई है। पर्यटन, यात्रा, स्थानान्तरण, आवागमन और संचार की प्रक्रियाओं ने आदिवासियों को विशाल समाज के साथ जोड़ दिया है। यह इसी संदर्भ में है कि हम यहाँ बदलते हुए आदिवासियों को देखते हैं।

भारतीय जनजातियाँ आज एक मोड़ पर खड़ी हैं। वे संक्रमण काल में हैं। उन्होंने पिछले दो दशकों में बहुत बड़ा परिवर्तन देखा है। संचार, आवागमन, औद्योगीकरण,

शहरीकरण, शिक्षा और योजनाबद्ध कार्यक्रमों ने उनके जीवन में आमूल–चूल परिवर्तन के अवसर उपस्थित किए हैं। कभी जंगलों और पहाड़ों में रहने वाले ये समूह जो सभ्यता के सम्पर्क से कटे हुए थे, आज संचार शृंखला में बंध जाने से सभ्य समाज के निकट आ गए हैं। उनका भाग्य देश के अन्य समूहों के भाग्य के साथ जुड़ गया है। सम्पूर्ण देश का एक ही भाग्य है, परिवर्तन की एक ही दिशा है, लेकिन परिवर्तन की जिस प्रक्रिया से जनजातियाँ गुजर रही हैं और परिवर्तन का जो प्रभाव उन पर पड़ रहा है, वह अन्य समूहों से जुदा है। जनजातियों की सामाजिक संरचना गोत्र और बन्धुत्व पर आधारित है। उनकी परम्पराएँ विशिष्ट हैं। उनका इतिहास और ऐतिहासिक शक्तियाँ अन्य समूहों में भिन्न हैं। वे एक पूर्ण समाज (Whole Society) हैं। ऐसी अवस्था में आधुनिकीकरण की प्रक्रियाओं का जो प्रभाव जनजातियों पर पड़ा है, वह अन्य समूहों पर पड़ने वाले प्रभावों से भिन्न है। परिवर्तन की इन शक्तियों ने जनजातियों की सामाजिक संरचना को एक नवीन स्वरूप दिया है। यह नवीन स्वरूप कुछ ऐसी समस्या से घिरा है जो जनजातियों के लिए अ–परम्परागत है।

यह निर्विवाद है कि सभी जनजातियाँ विकास के एक ही स्तर पर नहीं हैं। उनकी अर्थव्यवस्था खाद्य संग्रह से लेकर उद्योग अवस्था तक है। उनकी सामाजिक व्यवस्था आदिम स्तर से लेकर जटिल स्तर तक है। इस विभिन्नता के होते हुए भी यह बहुत स्पष्ट है कि जनजातियों ने देश की मुख्य जीवन धारा को अपनाना स्वीकार किया है। जनजातियों के लिए यह भी बहुत साफ है कि वे अब विशाल समाज से अपने आपको पृथक नहीं रख सकतीं। चाहने पर भी उनके लिए ऐसा करना संभव नहीं है। उनमें जो परिवर्तन आ रहा है, वह मुख्यतया दो प्रकार के कारकों से है। एक प्रकार के कारक वे हैं जिन्हें अन्तर्जनित (Endogenous) कहते हैं। दूसरे प्रकार के कारक बहिर्जात (Exogenous) हैं। अन्तर्जनित कारक स्वयं जनजातियों की सामाजिक व्यवस्था से उत्पन्न हैं जबकि बहिर्जात कारक बाहरी संस्थाओं से जनित हैं। इन कारकों के परिणामस्वरूप सम्पूर्ण जनजातियों की सामाजिक व्यवस्था परिवर्तित हो रही है। इस अध्याय में हम जनजातियों की सामाजिक संरचना में आने वाले परिवर्तन से उत्पन्न परिणामों का उल्लेख करेंगे। इन परिणामों की दिशा कौनसी है—जनजातियाँ किधर जा रही हैं इसका निर्वचन भी करेंगे।

राष्ट्रीय लक्ष्य(National Target)

भारतीय राष्ट्र के लक्ष्य उसके संविधान में निहित हैं। हम एक ऐसे समाज को बनाना चाहते हैं जो प्रजातांत्रिक, धर्म निरपेक्ष और समाजवादी हो। इस नवीन समाज के लक्ष्य की प्राप्ति में सरकार ने विभिन्न नीतियाँ, योजनाएँ और कार्यक्रम रखे हैं। हम चाहते हैं कि देश के सभी समूह उन लक्षयों को स्वीकार कर आगे बढ़ें। जनजातियाँ भी देश के अगणित समूहों की तरह एक समूह हैं जिन्हें इन लक्ष्यों को प्राप्त करना है। राष्ट्रीय लक्षणों की एक और मंशा औद्योगिक और तकनीकी विकास की है। यद्यपि संविधान ने कहीं भी यह नहीं कहा है कि हम औद्योगिक और तकनीकी समाज का निर्माण करना चाहते हैं, लेकिन संविधान का अन्तर्निहित भाव यह भी है कि हम एक ऐसे समाज को

बनाना चाहते हैं जो प्रधान रूप में औद्योगिक होगा। ऐसे समाज में नगरीकरण एक अनिवार्य प्रक्रिया है। इस समाज ने यह भी निश्चय किया है कि हम एकाधिक संस्कृतियों की संरचना को स्वीकार करेंगे। इस देश में कई भाषाएँ हैं। भाषाओं की कई बोलियाँ हैं। देश में कई जातियाँ हैं, कई धर्म हैं और इसी तरह के कई संस्कृति समूह हैं। इसका राजतंत्र (Polity) संघात्मक है, इसका प्रजातंत्र बहुदलीय है और इसकी अर्थव्यवस्था मिश्रित है। विजातीयता भारत का सार है और इसे खान–पान, रहन–सहन तथा तिथि–त्यौहारों में देखा जा सकता है। हमारा यह देश ऐसा है जिसमें कोई भी एक समूह ऐसा व्यवस्थित नहीं है कि इसे बहुमत समूह कह सकें। यह देश अगणित अल्प–संख्यक समूहों का देश है जिसे हम देश में बहुमत का शासन कहते हैं। यह वास्तव में संगामी बहुमत (Concurrent Majority) का राज्य है। इन सब विविध समूहों को एक ही ढांचे में नहीं रखा जा सकता। ऐसा होना संभव भी नहीं है। देश की एक ऐतिहासिक सामाजिक, सांस्कृतिक पृष्ठभूमि में हमारे लिए एकाधिक समाज (Plural Society) ही एकमात्र विकल्प उपलब्ध है। इस समाज में हमें प्रत्येक संस्कृति समूह को उसकी स्वायत्तता और स्वतंत्रता देनी होगी। विभिन्न समूहों में हम केवल यही चाहते हैं कि उनकी सांस्कृतिक स्वतंत्रता और स्वायत्तता राष्ट्रीय लक्ष्यों की प्राप्ति में बाधक नहीं बने। सभी समूहों से यह अपेक्षा की जाती है कि वे अपनी स्वायत्तता को बनाए रखकर, देश के मुख्य आर्थिक और राजनीतिक आधारों का अंग बन जाएं। इस सम्पूर्ण प्रक्रिया को हम राष्ट्रीय एकीकरण (National Integration) कहते हैं। एशिया और अफ्रीका के नवोदित देश राष्ट्र निर्माण (Nation Building) प्रक्रिया में लगे हैं। यह प्रक्रिया जितनी अधिक सशक्त होगी, राष्ट्रीय सुदृढ़ता भी उतनी ही अधिक मजबूत होगी। राष्ट्रीय एकीकरण के इस संदर्भ को ध्यान में रखकर हमें यह देखना है कि जनजातियों की सामाजिक संरचना में अन्तर्जनित और बहिर्जात कारकों से जो परिवर्तन आ रहा है, वह राष्ट्रीय लक्ष्यों की इस प्राप्ति के कितना निकट है, कितना दूर है।

जनजातीय सामाजिक-सांस्कृतिक संरचना (Socio-Cultural Structure of Tribals)

सामाजिक, सांस्कृतिक संरचना को हम जनजातियों की परिवार, गोत्र, बन्धुत्व और शिक्षा व्यवस्थाओं में देखते हैं। हम चाहते हैं कि परिवार का आकार छोटा हो तथा जहाँ तक संभव हो विवाह व्यवस्था एक–विवाही हो। इस दृष्टि से जनजातियों के परिवार देश के सामान्य संयुक्त परिवार परम्परा में आते हैं। औद्योगीकरण और शहरीकरण की प्रक्रियाओं के परिणामस्वरूप अब जनजातियाँ भी औद्योगिक संस्थाओं और शहरी केन्द्रों में काम करने के लिए आने लगी हैं। अब इनके परम्परागत संयुक्त परिवार टूट कर केन्द्रीय परिवार का रूप ले रहे हैं। हौ, भील, गौंड जनजातियों के परिवार शनैः शनैः केन्द्रीय परिवार बन रहे हैं। यह अवश्य है कि मातृवंशीय परिवारों में जो खासी और गारो जनजातियों में पाए जाते हैं, कोई विशेष परिवर्तन नहीं आया है। ये परिवार अब भी मातृसत्तात्मक और मातृस्थानिक निवास वाले हैं। अब भी इन परिवारों में निर्णय

परिवार के मुखिया पर पूर्णतया निर्भर हैं। बहुपत्नी परिवारों में थोड़ा अन्तर देखने को मिला है। नागा, गौंड, बैंगा, डफला और भील जनजातियों में परम्परा से बहुपत्नी परिवार रहे हैं, लेकिन आधुनिकीकरण की प्रक्रिया के परिणामस्वरूप अब इन जनजातियों में एक विवाही परम्परा बन रही है। इसका कारण शायद यह है कि अर्थव्यवस्था के परिवर्तित होने से वधू मूल्य बढ़ गया है और इसलिए जनजातियाँ अब एक से अधिक पत्नियाँ रखना पसंद नहीं करतीं। इसमें शिक्षा तथा सामान्य जागृति का प्रभाव भी अधिक है। यह परिवर्तन देश के घोषित उद्देश्य के अनुरूप है।

जनजातियों की सामाजिक संरचना का दूसरा आधार उनकी गोत्र व्यवस्था है। जब तक जनजातियाँ एक ही निश्चित भू–भाग में रहती थीं, गोत्र सामाजिक सुदृढ़ता स्थापित करने का अच्छा माध्यम था, लेकिन अब जनजातियों में भी स्थानान्तरण होने लगा है। जनजाति समूहों के सदस्य औद्योगिक कस्बों और शहरों में धंधे के लिए जाते हैं और इस स्थानान्तरण ने उन्हें गोत्र के प्रतिबन्धों से थोड़ी मुक्ति दे दी है। अब गोत्र सामाजिक नियंत्रण का सशक्त साधन नहीं हैं। ऐसी अवस्था में गोत्र केवल विवाह के नियमों के पालन का संरक्षक मात्र रह गया है। राजस्थान और गुजरात के भीलों में गोत्र राजनीतिक क्षेत्र में कोई प्रभाव नहीं रखता।

जनजातियों की बन्धुत्व व्यवस्था अपेक्षाकृत बहुत कम परिवर्तित हुई है। दूसरी तरफ, संचार और आवागमन के साधनों ने बन्धुत्व विस्तार क्षेत्र को अधिक विशाल कर दिया है। गौंड, संथाल और भील अब विवाह संबंध दूर–दूर तक करते हैं। बिखरे हुए स्वजन संचार साधनों से सुलभता से सम्पर्क स्थापित कर सकते हैं।

विवाह के क्षेत्र में जैसा कि हमने कहा है कि बहुपत्नी विवाह कम हो रहे हैं। जनजातियों के अभिजात वर्ग में उनकी परम्परा के विपरीत और हिन्दुओं की परम्परा के अनुरूप विवाह–विच्छेद की दर कम होती दिखाई देती है। इस क्षेत्र में शायद सबसे बड़ा परिवर्तन विवाह की पद्धतियों में है। संथाल, हो, औरांव, खड़िया, गौंड और भील जनजातियों में क्रय–विवाह की परम्परा कमजोर हो रही है। इसी भांति अपहरण विवाह भी भारतीय दंड संहिता के मातहत दंडित होने लगे हैं। सेवा विवाह जो गौंड तथा बैंगा जनजातियों की विशेषता है सामाजिक विधान के कारण अपवाद हो रहा है। हठात् विवाह कानून की दृष्टि से अपराध हैं। इस भांति पलायन विवाह भी दंडित हैं। विवाह के क्षेत्र में ऐसा लगता है कि जनजातियां निश्चित रूप से एक विवाही व्यवस्था की ओर बढ़ रही हैं।

एक समय था जब जनजातियों को मोटे रूप में धार्मिक दृष्टि से जीववाद की श्रेणी में रख दिया जाता था। आज धर्म को लेकर यह स्थिति नहीं है। जनजातियाँ जिन क्षेत्रों में रहती हैं उनमें रहने वाले अन्य समूहों के धर्म का प्रभाव उन पर पड़ा है। धर्म परिवर्तन की मुख्यतया दो दिशाएं हैं। एक दिशा हिन्दू धर्म की है और दूसरी ईसाई धर्म की। जनजातियों के बहुत बड़े भाग ने हिन्दू देवी–देवताओं, व्रतों और त्यौहारों को अपनाया है। अपने सामाजिक जीवन में जन्म, विवाह और मृत्यु के उत्सवों में इन समूहों ने हिन्दुओं के कर्मकांड और संस्कारों को अपनाया है। लगभग सभी जनजातियाँ मृत शरीर को जलाती हैं। विवाह पर होम करती हैं। साथ ही उनमें सप्तपदी का कोई

न कोई स्वरूप अवश्य विद्यमान है। हिन्दुओं के धार्मिक त्यौहारों को वे उत्साह के साथ मनाती हैं। ग्यारस, पूर्णिमा आदि पर व्रत भी रखने की परम्परा चली है। गणेश, हनुमान, काली, महादेव आदि देवी–देवताओं की उपासना भी जनजातियों ने प्रारंभ की है। यह सब देखकर ही घुर्ये इस निष्कर्ष पर पहुँचे कि जनजातियाँ हिन्दू सामाजिक व्यवस्था की एक अंग मात्र हैं। अन्य सामाजिक मानवशास्त्रियों ने भी घुर्ये के इस निष्कर्ष को आधार सामग्री पर स्थापित किया है।

कुल जनजातियों ने तो हिन्दू धर्म को अपनाने के लिए बराबर आर्थिक आंदोलन भी चलाए हैं। 1895 ई. में छोटा नागपुर की ओरांव जनजाति में भगत आंदोलन चला था। इस समूह का कहना था कि उन्हें एक ही ईश्वर की उपासना करनी चाहिए। इसे उन्होंने कुरूप धर्म के रूप में रखा था। यह धर्म हिन्दुओं के धार्मिक सम्प्रदायों से मेल खाता है। इस आंदोलन को चलाने का बहुत बड़ा उद्देश्य यह था कि इससे ओरांवों की सामाजिक प्रतिष्ठा हिन्दुओं के समकक्ष हो जाएगी। मुण्डा जनजाति में ऐसा ही एक आंदोलन चला था जो हिन्दुओं के भगवान को अपना आराध्यदेव मानता था। इस आंदोलन ने हिन्दू पवित्रता, नैतिकता और आदर्शों को मुण्डाओं के सामने रखा। मध्य प्रदेश के गौंडों ने 1930 ई. के दशक के रूप में एक आंदोलन किया जिसका उद्देश्य गौंडों को क्षत्रियों की प्रतिष्ठा देना था। इस आंदोलन ने क्षत्रिय सूरजवंशीय महासभा का संगठन किया और इसके अन्तर्गत हिन्दू धर्म को स्वीकार किया। गुजरात, मध्यप्रदेश और राजस्थान के भीलों ने भी अपने भगत आंदोलन में हिन्दू धर्म को स्वीकार किया और अपने अनुकरण का मॉडल रखा। ये सब तथ्य इस बात को स्पष्ट करते हैं कि देश की अधिकांश जनजातियों ने धार्मिक क्षेत्र में अपने परिवर्तन की दिशा हिन्दू धर्म की ओर रखी है। सीमान्त क्षेत्र में रहने वाली जनजातियों में यह दिशा मुख्यतया ईसाई धर्म की ओर है।

शिक्षा के क्षेत्र में जनजातियों में बहुत बड़ा परिवर्तन देखने में आया है। 1960–61 ई. में सभी प्रकार की शिक्षण संस्थाओं में आदिम जातियों के विद्यार्थियों की संख्या 19.22 लाख थी। 1965–66 में यह संख्या बढ़कर 29.65 लाख हो गई। छात्राओं की संख्या इसी तरह 1960–61 में 4.76 लाख थी जो 1965–66 में 8.05 लाख हो गई। यदि हम इन आँकड़ों को तोड़ें तो ज्ञात होगा कि इन विद्यार्थियों की बहुत बड़ी संख्या प्राथमिक शिक्षण के स्तर पर है। विश्वविद्यालय और कॉलेजों में जनजातियों के विद्यार्थियों की संख्या 1965–66 में 13,941 थी। ये सब आँकड़े इस बात का संकेत देते हैं कि धीरे–धीरे लेकिन निश्चित रूप से जनजातियों में शिक्षा एक अनिवार्य स्थान प्राप्त कर रही है, शिक्षा के क्षेत्र में समाजशास्त्रियों ने पिछले एक दशक में आनुभविक अनुसंधान किया है। ऐसा ही एक आनुभविक अनुसंधान जो वाई.डी. जड़ेजा ने गुजरात के सूरत जिले की प्राथमिक शिक्षा का किया है, उससे ज्ञात होता है कि 1938–39 में प्राथमिक पाठशालाओं में जनजातीय अध्यापकों की कुल संख्या 12.2 प्रतिशत थी। 1968–69 में यह प्रतिशत 41.4 हो गया। दूसरी ओर अ–जनजातीय अध्यापकों की संख्या में कमी पाई गई।

टी.वी. नायक ने मध्यप्रदेश के धार और झाबुआ जिलों के भीलों का अध्ययन किया है। इसमें उन्होंने भील जीवन में शिक्षा के प्रभाव को देखा है। उनका कहना है कि भीलों में वे लोग शिक्षा ग्रहण करते हैं जो सामाजिक संरचना में उच्च स्थान पर हैं। ऐसी स्थिति में शिक्षा ने भीलों में ऊँचे परिवारों को और ऊँचा बढ़ने का अवसर दिया है। इसने कन्या मूल्य को बढ़ाया है। शिक्षित भीलों ने केन्द्रीय परिवार को पसन्द किया है। उन्होंने कृषि के अतिरिक्त नौकरी और अन्य धन्धों को अपनाया है। पंचायती राज में यह नेतृत्व परम्परागत नेतृत्व की अपेक्षा अधिक लोकप्रिय है। नायक का कहना है कि शिक्षा का एक बहुत बड़ा प्रभाव जो भीलों में देखने को मिला है, वह यह है कि उनमें राजनीतिक जागृति आई है और वे प्रतियोगी माँगों (Competitive Demands) को करने लगे हैं। जनजातियों में जो सुधारवादी आंदोलन चले हैं। उनमें शिक्षित व्यक्तियों का बड़ा महत्वपूर्ण हाथ है।

बृजराज चौहान ने जनजातीय पर्यावरण में बसे हुए कस्बों का अध्ययन किया है। उनका यह अध्ययन दक्षिणी राजस्थान के बांसवाड़ा जिले से संबंधित है। उन्होंने मध्यप्रदेश के झाबुआ जिले के कुछ कस्बों का अध्ययन भी किया है। उनका कहना है कि शिक्षा के प्राथमिक स्तर पर भील विद्यार्थी स्कूल में भर्ती होते हैं। इसके बाद उनकी संख्या घटती जाती है। शिक्षा का प्रभाव जनजातीय जीवन के विभिन्न पहलुओं में देखा जा सकता है। उदाहरण के लिए उनका कहना है कि जनजातियों में एक अभिजात वर्ग धीरे–धीरे उत्पन्न हो रहा है।

आर्थिक संरचना (Economic Structure)

आधुनिकीकरण की प्रक्रिया के परिणामस्वरूप जनजातियों की अर्थव्यवस्था में भी अन्तर आ गया है। आधुनिक अर्थव्यवस्था के जनजातीय क्षेत्र में प्रवेश करने से पहले उनमें जीविका अर्थव्यवस्था थी, अर्थात् ये समूह केवल उतना ही उत्पादन करते थे जितना उनकी जीविका के लिए आवश्यक था। संचार व्यवस्था ने उन्हें बाजार के निकट रख दिया। इसके परिणामस्वरूप अब ये बाजारू फसलें पैदा करते हैं, औद्योगिक संस्थानों में काम पर जाते हैं तथा नौकरी करते हैं। अब जनजातियों में कृषि के अतिरिक्त नया धन आने लगा है। इस नए धन ने उन्हें समाज में नया सम्मान और प्रतिष्ठा दी है। जो लोग इस प्रकार नए धनिक बने हैं, वे पंचायतीराज, धारासभा और अन्य प्रजातांत्रिक संस्थाओं में नेतृत्व करते हैं। जनजातियों में वे अभिजात व्यक्ति गिने जाते हैं। अनुसूचित जनजातियों के आयुक्त ने इसी संदर्भ में कहा था कि जनजातियों में धनिक और धनिक हो रहा है और गरीब और गरीब। इस स्थिति में राज्य को सबसे कमजोर कड़ी की पहचान करनी चाहिए। आज इन कमजोर कड़ियों को सहायता देना सबसे अधिक आवश्यक है।

जनजातियों की अर्थव्यवस्था में होने वाले परिवर्तनों के आनुभविक अध्ययन हुए हैं। इन अध्ययनों में एफ.जी. बैली का *ट्राइब, कास्ट एण्ड नेशन* (*Tribe, Caste and Nation,* 1960) विशेष रूप से उल्लेखनीय है। इसमें बैली ने उड़ीसा के बिसीपाड़ा और बदेरी गाँवों का अध्ययन किया है। बदेरी में कोंड जनजाति रहती है। बिसीपाड़ा में

उड़ीसा भाषा बोलने वाली जनजातियाँ हैं। अपने इस अध्ययन का निष्कर्ष रखते हुए बैली कहते हैं कि कोण्ड देश की अर्थव्यवस्था की मुख्यधारा में आ गए हैं। यही बात राजनीतिक क्षेत्र पर लागू होती है। बैली का कहना है कि आर्थिक तथा राजनीतिक क्षेत्रों में जनजाति और जाति में कोई अन्तर नहीं है। दोनों ही देश की राजनीतिक और आर्थिक व्यवस्था के अंग हैं। जनजातियों के परिवर्तन की दिशा कुछ ऐसी है कि परिवर्तन के पहले दौर में जनजातियाँ, जातियों के समकक्ष में आती हैं और जातियाँ अपने परिवर्तन के दौर में एक राष्ट्र का रूप धारण करती हैं। अपने निष्कर्ष को बैली दृढ़तापूर्वक रखते हुए कहते हैं कि जनजातियाँ अब जीविका अर्थव्यवस्था के घेरे से बाहर आ गई हैं।

बाजार अर्थव्यवस्था ने जनजातियों के जीवन स्तर को ऊँचा उठाया है, लेकिन इस अर्थव्यवस्था के कुछ अपने परिणाम भी हैं। अब जनजातियों की आवश्यकताएँ बढ़ गई हैं। वे शारीरिक परिश्रम पर आधारित पेशों की अपेक्षा सफेदपोश व्यवसायों को करना अधिक पसन्द करती हैं। स्वयं जनजातियों के धनिक (नवीन धनिक) अपनी ही जनजाति के सदस्यों का शोषण करते हैं। ये कुछ दोष हैं जो नवीन अर्थव्यवस्था से उत्पन्न हुए हैं, लेकिन ये दोष उन समूहों में भी हैं जो अ–जनजातीय हैं।

राजनीतिक गतिविधियाँ (Political Activities)

राजनीतिक गतिविधि द्वारा एक व्यक्ति अन्य व्यक्तियों और वस्तुओं पर अपना अधिकार या शक्ति पाना चाहता है। राजनीतिक संबंधों द्वारा वह अपने इन उद्देश्यों की प्राप्ति करता है। जनजातियों में गोत्र के माध्यम से राजनीतिक इकाइयाँ काम करती थीं, लेकिन आज राजनीतिक शक्ति हथियाने में गोत्र का कोई हाथ नहीं है। पिछले दिनों जब राजनीतिक शक्ति गोत्र के इर्द–गिर्द फिरती थी, तब एक ही गाँव में या जनजातीय क्षेत्र में गोत्रों के बीच में तनाव और संघर्ष की स्थिति रहती थी। अब देश की राष्ट्रीय व्यवस्था एक जैसी है। इसके परिणामस्वरूप जनजातियों की परम्परागत राजनीतिक व्यवस्था काम नहीं करती। इस नवीन व्यवस्था में परम्परागत नेतृत्व कठिनाई में आ गया है। परम्परागत नेतृत्व को लेकर आनुभविक अध्ययनों के मुख्यतया दो निष्कर्ष हैं। एक निष्कर्ष के अनुसार परम्परागत नेतृत्व नवीन राजनीतिक व्यवस्था—पंचायतीराज, धारा सभा और संसद—के नेतृत्व में खप गया है। इसने अपने को बदलती हुई हवा के साथ बदल दिया है। दूसरा निष्कर्ष यह है कि परम्परागत नेतृत्व अपनी जड़ें खो चुका है और उसका स्थान नवीन प्रजातंत्र के नेतृत्व ने ग्रहण कर लिया है। ऐसा लगता है कि जनजातियों में राजनीतिक चेतना बढ़ गई है। पिछले पाँच चुनावों के परिणामों का जब हम विश्लेषण करते हैं, तो इससे स्पष्ट होता है कि मतदान में जनजातियों के प्रतिशत में उत्तरोत्तर वृद्धि हुई है। उनके अवैध मतों में बराबर कमी हुई है।

जनजातियाँ पंचायतीराज में गैर–जनजातियों के साथ बैठकर काम करती हैं। अभी राजनीतिक चेतना पूरी तरह जनजातियों में नहीं आई है। शायद इसी कारण राजनीतिक दल उनकी इस कमजोरी का लाभ उठाते हैं। अनुसूचित क्षेत्रों में जहाँ

जनजातियों का बहुमत है, पंचायतीराज में अ–जनजातीय समूहों के सदस्य प्रधान का कार्य करते हैं। जनजातियों का नया नेतृत्व जनता के बहुत निकट नहीं है। इन अभावों के होते हुए भी यह निश्चित लगता है कि जनजातियाँ अपनी राजनीतिक गतिविधियों में पूर्णतया राष्ट्रीय राजनीति का भाग बन गई हैं। यहाँ हम बैली बदेरी और बिसीपाड़ा के अध्ययन का पुनः उल्लेख करेंगे। बैली के अध्ययन की सबसे बड़ी प्राप्ति यह है कि राजनीतिक दृष्टि से कोंड और हिन्दू जातियाँ एक ही हैं। बैली लिखते हैं—

> कम से कम राजनीतिक दृष्टि से जनजाति और जाति में अन्तर कोई उपयोगी नहीं है। आधुनिक जाति जो कि भाषाई क्षेत्र में राजनीतिक दृष्टि से सक्रिय संस्था है, जनजाति के साथ मिल गई है।

आधुनिक राजनीति में जनजाति जाति के बीच में नैरन्तर्य (Continuum) का काम करती है। राजनीति ने जनजाति और जाति दोनों की शक्ति प्राप्त करने के लिए एक–दूसरे को साथ बांध दिया है। इस संगठनात्मक कार्य के अतिरिक्त राजनीतिक के कुछ कार्य ऐसे भी हैं जिनकी प्रकृति विघटनात्मक है। जनजातीय गाँव के स्तर पर राजनीतिक दलों ने तनाव उत्पन्न कर दिया है। इससे गाँव की परम्परागत एकता शीघ्रता से टूटती जा रही है। पंचायतीराज में इस तनाव ने विकास कार्यों को बन्द कर दिया है। कहीं–कहीं जातियों और जनजातियों में वैमनस्य और मनमुटाव की स्थिति है।

बदलता स्तरीकरण (Changing Stratification)

जनजातियों की स्तरीकरण व्यवस्था सामान्यतया बहुत सीधी–सादी होती है। उनमें गरीब–अमीर का अन्तर बहुत थोड़ा होता है। प्रायः सभी कृषि करते हैं। सूखा या अतिवृष्टि सभी के लिए समान है। यह हो सकता है कि किसी के पास थोड़ी जमीन ज्यादा हो और किसी के पास कम। यही अन्तर पशु को लेकर हो सकता है। परम्परागत जनजातीय समाज में स्तरीकरण का मुख्य आधार जन्मजात स्थिति होती है। कुछ गोत्र सोपान में ऊँचे होते हैं। इन गोत्रों के सदस्यों को सामाजिक व्यवस्था में अधिक प्रतिष्ठा मिलती है। इस भाँति परम्परागत जनजातीय सामाजिक संरचना स्तरीकरण की दृष्टि से बहुत सामान्य होती है।

आधुनिकीकरण, राजनीतिक तथा नवीन अर्थव्यवस्था के परिणामस्वरूप आज जनजातियों के सामाजिक स्तरीकरण में बहुत कुछ परिवर्तन आया है। अब व्यक्ति विशेष के लक्षण जैसे कि बहादुरी, शूरता और जिन्दादिली समाज में अधिक प्रतिष्ठा नहीं पाते। वर्तमान संदर्भ में व्यक्ति की प्राप्ति और उनकी अर्जित योग्यता ही उसे स्थिति प्रदान करते हैं। इन नवीन मूल्यों ने स्तरीकरण को थोड़ा और जटिल कर दिया है। जनजातियों में आर्थिक दृष्टि से वर्ग व्यवस्था रही है। उनमें से कुछ लोगों ने जो अपनी माँगों को रखने में वाचाल हैं, राजनीतिक दलों में अपना स्थान बना लिया है। ये लोग राजनीतिक नेता है। इसी तरह जनजातियों में जिन्होंने कृषि के अतिरिक्त नौकरी–धंधे से नवीन धन को कमाया है, अपने समूह में धनाढ्य गिने जाते हैं। इसी

भाँति कुछ पढ़े–लिखे लोग शिक्षितों की श्रेणी में आते हैं। यदि हम किसी जनजातीय समुदाय को देखें तो हमें उसमें दो वर्ग स्पष्ट लक्षित होंगे। पहला वर्ग अभिजात व्यक्तियों का है जिसमें नेता, धार्मिक तथा शिक्षित हैं। ये सब व्यक्ति और उनके परिवार, जनजातीय समाज के ऊपर का तबका है। उनमें नीचे सामान्य जनजातीय जनता है। विवाह और सामाजिक उत्सवों तथा त्यौहारों पर इन तबकों में संबंध थोड़े भेद–भाव के साथ होता है। सामान्यतया नेता अपनी ही जनजाति के निम्न परिवारों के साथ विवाह–संबंध रखना पसंद नहीं करेगा। जनजातियों का यह स्तरीकरण क्षैतिज है। जनजातियों के अभिजात वर्ग की एक और विशेषता यह है कि वह कभी–कभी अपनी संस्कृति को ही हीन दृष्टि से देखता है और अ–जनजातीय समूहों के साथ सम्पर्क रखना गौरव की बात समझता है।

किस सीमा तक एकीकरण? (Integration to What Limit?)

इस अध्याय के प्रारंभ में हमने कहा है कि जनजातियों के संक्रमण को देश एकीकरण के संदर्भ में देखना चाहते हैं। हमारा मुख्य प्रश्न है—जनजातियाँ देश की मुख्य जीवनधारा के कितना निकट आ गई हैं? किसी भी समाज या राष्ट्र में सभी समूहों का पूर्ण एकीकरण नहीं होता। एकीकरण तो एक प्रक्रिया है जो राष्ट्र के जीवन के साथ जुड़ी हुई है, लेकिन किसी भी राष्ट्र के समुचित रूप से जीवित रहने के लिए उसमें एक सीमा तक एकीकरण होना आवश्यक है। इसी एकीकरण की खोज हम अपने देश में कर रहे हैं। हम जनजातियों को परिवर्तन के दौर में देखना चाहते थे। परिवर्तन उन्होंने देखा है, भुगता है, लेकिन जहाँ परिवर्तन संरचनात्मक होता है, वहाँ इसके परिणाम कभी–कभी विघटनात्मक भी होते हैं। सदियों से दबे हुए जनजातीय समूहों ने जब अपने अधिकारों को पाया, तो उनमें राजनीतिक और सामाजिक चेतना का आना स्वाभाविक था। दूसरा, सामाजिक परिवर्तन की प्रक्रियाएं ऐसी जटिल होती हैं कि वे अपने दौर में नई समस्याओं को उत्पन्न करती हैं। यदि व्यवस्था इन समस्याओं का समुचित प्रत्युत्तर नहीं देती, तो उसका अस्तित्व कठिनाई में पड़ जाता है। भारतीय जनजातियों की सामाजिक संरचना आधुनिकीकरण की प्रक्रियाओं के परिणामस्वरूप आज भी हमारे सामने निम्न समस्याओं को प्रस्तुत करती हैं। इन समस्याओं का निराकरण इस बात को निश्चित करेगा कि हमने किसी सीमा तक एकीकरण के लक्ष्य को प्राप्त किया। परिवर्तन की जटिल समस्याएं इस प्रकार हैं—

प्रतियोगी मांगें (Competitive Demands)—आन्द्रे बैतई ने पिछड़े वर्गों पर लिखते हुए कहा है कि आजादी के दो दशक बीत जाने के पश्चात् आज पिछड़े वर्गों में अशान्ति और आक्रोश का होना स्वाभाविक है। स्वतंत्रता से पहले इन समूहों ने घोर कष्ट उठाए हैं। उस समय इन समूहों ने अपने पड़ोसी समूहों के खिलाफ विद्रोह नहीं किया। शायद धर्म, परम्परा और इतिहास की लकीर पर उन्होंने यह मान लिया कि वे समाज में शोषित होने के लिए आए हैं। उनका जन्म ठुकराए जाने के लिए है और इस भ्रान्ति में वे सब अन्याय और अत्याचार चुपचाप सहन कर गए। संविधान और राज्य की

जनजातीय नीति ने उन्हें झकझोरा और कहा कि भारत गणराज्य में सभी को मूल अधिकार प्राप्त हैं और जनजातियों को तो कुछ विशेष सुविधाएँ और सुरक्षाएँ मिली हैं। ऐसी स्थिति में इन समूहों को एक से बढ़कर एक मांग करना अपने अधिकारों के लिए स्वाभाविक है। हमें उनकी मांगें, उनका यह आक्रोश छोटे मुँह बड़ी बात लगती है, लेकिन प्रजातन्त्र में न किसी का मुँह छोटा है और न किसी का बड़ा। सभी एक ढाक के पत्ते हैं। अतः पिछले कुछ वर्षों में हमने जनजातियों के विभिन्न समूहों को बड़ी प्रतियोगी मांगें रखते देखा है, लेकिन मांगों को संविधान तथा जनजातियों को दी गई सुरक्षाओं के संदर्भ में देखना चाहिए।

जनजातीय नेताओं द्वारा शोषण (Exploitation by Tribal Leaders)—अनुसूचित जनजातियों के आयुक्त ने अपनी पिछली दो रपटों में इस बात को बराबर दोहराया है कि इन समूहों में कुछ ऐसा नेतृत्व भी उभरा है जो राजनीति का उद्यमकर्ता के रूप में जनजातियों का शोषण करता है। जनजातीय नेता शासक, राजनीतिक दल के साथ सौदेबाजी करते हैं और शासक दल उन्हें मत बैंक समझते हैं। दोनों समूहों के पारस्परिक हितों में सामान्य जनजातीय जनता पिसती है। इसी संदर्भ में यह विवाद खड़ा हुआ है कि जनजातियों को जो संवैधानिक सुविधाएँ और सुरक्षाएँ दी गई हैं, क्या उन्हें बनाए रखना आवश्यक है?

जनजातियों की सुरक्षाएँ (Protection of Tribals) वापस ले ली जाएँ—प्रारम्भ में जनजातियों को संवैधानिक सुरक्षाएँ केवल दस वर्षों के लिए दी गई थीं। जनजातियों में कोई विशेष सुधार नहीं हो पाया और इस अवधि को अभी तक तीस वर्षों के लिए बढ़ाया जा चुका है। सामाजिक वैज्ञानिकों तथा बौद्धिकों की गोष्ठियों में ऐसा सुझाव कई बार रखा है कि जनजातीय समूहों में जिन समूहों की माली हालत अच्छी हो गई है, जो हिन्दुओं की मध्यस्तरीय जातियों के समकक्ष आ गई हैं, उन्हें अनुसूचित जनजाति का दर्जा नहीं देना चाहिए। राज्य के अनुदान और आर्थिक सहयोग ने जनजातियों को आत्मनिर्भर नहीं होने दिया। दूसरी ओर संवैधानिक सुरक्षा के प्रावधान का लाभ सत्तारूढ़ दल, बिचौलियों, जनजातीय नेताओं और अभिजातों को मिला है। अतः जनजातियों को दी गई सुरक्षाएँ वापस ले लेनी चाहिए। इस विचारधारा के प्रतिकूल एक दूसरा बौद्धिक सम्प्रदाय भी है जिसका कहना है कि इन सुरक्षाओं से आम आदिवासी को लाभ है और इसलिए इन्हें अभी थोड़े समय तक लागू रखना चाहिए।

जनजातीयवाद (Tribalism)—संचार साधनों ने देश की बिखरी हुई जनजातियों को एक सूत्र में बांध दिया है। शिक्षा तथा सम्पर्क ने उनकी महत्वाकांक्षाओं को बढ़ाया है। अब जनजातियाँ अपने सामने दुविधा पाती हैं। एक ओर वे अपने आपको गैर–जनजातीय समूहों की जीवनधारा में ढालना चाहती हैं। दूसरी ओर वे अपनी स्वयं की व्यवस्था को सुदृढ़ रखना चाहती हैं। इसके परिणामस्वरूप जनजातियाँ जब किसी राजकीय या संस्थागत स्थिति में होती हैं, तो वे पहले अपने समूह के हितों की ओर देखती हैं। "जनजातियाँ जनजातियों के लिए हैं।" कुछ इस प्रकार की विचारधारा उनमें उभर रही है। यदि यह वास्तविकता है, तो इसके वे ही दुष्परिणाम हैं जो जाति व्यवस्था में जातिवाद के हैं। प्ररिवर्तन की प्रक्रिया का यह एक विघटनकारी रूप है।

स्वायत्त राज्य (Autonomous State)—वे जनजातीय समूह जिनमें राजनीतिक गतिविधियाँ अधिक तीव्र हैं, अपनी मांगों को राजनीतिक जामा पहनाने में कुशल हो गए हैं। राजनीतिक दलों के माध्यम से वे सौदेबाजी भी करना जानते हैं। पिछले दो–तीन दशकों में कुछ जनजातीय समूहों ने अपनी मांगों को लेकर आंदोलन भी किए हैं आदिवासी राज्य की मांग शायद उनका ताकतवर शस्त्र है। अन्यत्र हमने आदिवासियों की इस आंदोलनात्मक राजनीति का उल्लेख किया है। यहाँ हमें यही कहना है कि संक्रमण के दौर में जनजातियों ने राष्ट्रीय समाज के सामने कुछ पेचीदा समस्याएँ भी उपस्थित की हैं और इन समस्याओं में स्वायत्त राज्य की मांग भी एक है।

संक्रमण के दौर से गुजरती हुई जनजातियों की समस्याएं दोहरी हैं। उनकी पहली समस्या अपनी जनजातीय संरचना की ऐतिहासिक और नृजातीय विशेषता को बनाए रखना है। यह विशेषता उनके समूह को विशिष्टता प्रदान करती है। जनजातियों की दूसरी समस्या देश की मुख्यधारा में भागीदारी बनने की है। जब तक वे मुख्यधारा में नहीं आतीं उनका समुचित विकास नहीं हो सकता। ऐसा लगता है कि जनजातियों के संक्रमणकाल की यह पीड़ा उनकी इस ऊहापोह को बताती है कि वे आदिम संरचना की प्रकृति को बनाए रखना चाहती हैं और यह भी चाहती हैं कि परिवर्तन की छलांग मारकर मुख्यधारा में आ जाएं।

जनजातियों की समस्याओं का यह कोई भी समाधान खोजें, यह समाधान निश्चित रूप से भारतीय संघ और संविधान के क्षेत्र में खोजा जाएगा। यदि जनजातियाँ अपने समूह की पहचान के लिए स्वायत्त राज्य मांगती हैं, तो इस समस्या को भी संविधान के दायरे में ही देखा जाएगा। इस दायरे में जो कुछ संभव हैं किया जा सकता है, इससे बाहर देशद्रोह है, बगावत है। प्रशासक और समाजसेवक जो जनजातियों में काम करते हैं, उन्हें यह सुझाव दिया जाना चाहिए कि जनजातियों की समस्या को वे विशाल धरातल पर रख कर देखें तथा ऐतिहासिक और सामाजिक शक्तियों के दबाव को ध्यान में रखकर समस्या का समाधान करें।

29

सार्वभौमीकरण और आदिवासीः स्थानिक से सार्वभौम तक

(Globalisation and Tribals: From Local to Global)

आज हम एक ऐसी दुनिया में रह रहे हैं जिसमें पारस्परिक निर्भरता बराबर बढ़ती जा रही है। यह पारस्परिकता विभिन्न लोगों में, क्षेत्रों में और देशों में देखने को मिलती है। यह सामाजिक, आर्थिक, राजनीतिक और धार्मिक क्षेत्रों में भी पाई जाती है। इस पारस्परिकता को तकनीकी भाषा में सार्वभौमीकरण (Globalisation) कहते हैं। इसे वैश्वीकरण और भूमण्डलीकरण भी कहते हैं। यह इसलिए कि इसकी सामाजिक, आर्थिक, राजनीतिक, प्रक्रियाएँ सारे संसार को अपनी गिरफ्त में ले लेती हैं। आज समाज विज्ञानों में और विशेषकर समाजशास्त्र और मानवशास्त्र में कोई भी विमर्श अधूरा है, जब तक सार्वभौमीकरण का उल्लेख नहीं किया जाता। कोई भी कृति हो, कैसी ही गोष्ठी हो, चाहे बौद्धिकों का जमावड़ा हो, सब अधूरा है, अप्रासंगिक है जब तक सार्वभौमीकरण का संदर्भ नहीं दिया जाता1 कहना चाहिए—समाज विज्ञानों का आज जो पागलपन है, क्रेज़ (Craze) या सनक है, घूम–फिर कर इसी अवधारणा पर टिक जाता है। इस अध्याय में हम भी छूट नहीं सकते। यहाँ देखेंगे कि किस भाँति सार्वभौमीकरण आदिवासियों को प्रभावित करता है।

सार्वभौमीकरण क्या है? परिभाषा और अर्थ
(What is Globalisation? Definition and Meaning)

सार्वभौम का सरल अर्थ है, वह प्रक्रिया जो सम्पूर्ण विश्व पर लागू होती है। सम्पूर्ण विश्व में भाँति–भाँति के संस्कृति क्षेत्र हैं, लोग हैं, समूह हैं और देश हैं। इसमें अपनी सामाजिक संस्थाएँ हैं, राजनीतिक गठबन्धन हैं। इन सबको जो प्रभावित करता है, इन सब में जो संयोजन और अनुबंध (Linkage) करता है, वही सार्वभौमिक है। इसकी कई परिभाषाएँ हैं। इसके मूल में पारस्परिक निर्भरता (Interdependance) है। यह एक

ऐसा कारक है जो सम्पूर्ण दुनिया को अपनी छतरी के नीचे खींच लाता है। यहाँ हम सार्वभौमिकता की कुछ परिभाषाएं देंगे।

बढ़ती हुई आत्मनिर्भरता—एंथनी गिडेन्स (Growing Interdependance: Anthony Giddens)

एंथनी गिडेन्स एक ब्रिटिश समाजशास्त्री हैं। वे आधुनिकता पर अधिकृत लेखकों में से हैं। उन्होंने सार्वभौमिकता की परिभाषा देते हुए कहा है—

> जैसे–जैसे सामाजिक और आर्थिक सम्बन्ध दुनियाभर में बढ़ते जाते हैं, वैसे ही लोगों, क्षेत्रों और देशों के बीच में पारस्परिक निर्भरता बढ़ती जाती है। यही सार्वभौमिकता है।

गिडेन्स सार्वभौमिकता का मूल आधार अन्तर्निर्भरता को मानते हैं। इसका बहुत अच्छा दृष्टान्त भारत के गाँव हैं। हेनरीमैन ने कहा था कि भारत के गाँव अपने आप में एक गणतंत्र (Republic) हैं। मतलब है अपनी आवश्यकताओं की पूर्ति गाँव स्वयं कर लेता है। वह किसी पर निर्भर नहीं है, लेकिन आज यह आत्मनिर्भरता की बात नहीं रही। चाय, साबुन, कपड़ा, खाने का तेल, मंजन, सभी गाँव के बाहर से आते हैं और गाँव के अनाज, दाल, सब्जी, बाहर जाते हैं। यह अन्तर्निर्भरता है। यानी सार्वभौमिकता है।

कॉर्पोरेट पूँजीवादी व्यवस्था (Corporate Capitalism)

सार्वभौमीकरण की परम्परागत परिभाषाएँ आज अप्रासंगिक हो गई हैं। केवल आर्थिक अन्तर्निर्भरता कह देने से सार्वभौमिकता का अर्थ स्पष्ट नहीं होता। अब तो यह कहा जाने लगा है जैसा कि फ्रांसिस फूकोयामा ने कहा है कि पूँजीवाद आने के बाद "इतिहास का अन्त आ गया है।" कुछ आशाएँ थीं रूस के समाजवाद से। पर इसके अवसान के बाद अब तो दुनिया के सामने केवल पूँजीवाद का विकल्प ही बचा है। ऐसी अवस्था में स्कलेअर (Sklair) जैसे मानवशास्त्री का तो कहना है कि एक प्रकार के सार्वभौम (Global) पूँजीवाद का उदय हुआ है। इस पूँजीवाद के कई अवतार हैं—औद्योगिक, प्रौद्योगिकीय और कॉर्पोरेट। पूँजीवादी विचारधारा से जुड़े हुए विचारकों का कहना है कि सार्वभौमिकता और कुछ न होकर एक विश्वव्यापी पूँजीवादी शक्ति है जो लोगों को एक सूत्र में बाँधती है। यह पूँजीवादी व्यवस्था ही सार्वभौमिकता है।

पूँजीवादी व्यवस्था राष्ट्र–राज्यों के ऊपर (Transnational) है। इस व्यवस्था ने राष्ट्र–राज्यों (Nation-States) को कमजोर बना दिया है। सार्वभौम कॉर्पोरेशन (Global Corporations) में कई कॉर्पोरेट कम्पनियाँ हैं जैसे कि फोर्ड, जनरल मोटर्स, शैल, टोयोटा, नेस्ले, सोनी, कोका–कोला, कोडक, आदि।

इन कम्पनियों ने एक पूँजीवादी वर्ग को विकसित किया है जो आर्थिक अन्तर्निर्भरता तो पैदा करता ही है, जीवन के अन्य क्षेत्रों में भी इस प्रकार का सार्वभौमीकरण देखने को मिलता है। हमारे देश में विदेशी निवेश बराबर बढ़ रहा है।

हाल में कई विश्वविद्यालय इस निवेश के अन्तर्गत बने हैं। ये विश्वविद्यालय जो एक बाढ़ की तरह आए हैं और कुछ न होकर कॉर्पोरेट विश्वविद्यालय हैं। अब दुनिया की पूँजीवादी व्यवस्था सार्वभौमीकरण के नाम पर शिक्षा के स्टेन्डर्ड को भी निर्धारित करने लगी है। अन्तर्निर्भरता के नाम पर ये कुछ कड़वे सत्य भी हैं। यही सब कुछ स्कलेअर कहते हैं।

औद्योगिक समाज से सार्वभौमीकरण समाज तक—स्कूपिन एवं डि-कोर्स (From Industrial Society to Global Society: Raymond Scupin and Christopher De-Corse)

स्कूपिन और डि–कोर्स अमेरिकी के मानवशास्त्री हैं। इन्होंने सार्वभौमीकरण के आदिवासी समाज पर जो प्रभाव पड़े हैं, उनका विशद् वर्णन दिया है। वे सार्वभौमिक समाज से उद्‌गम को औद्योगीकरण के साथ जोड़ते हैं। इन लेखकों का कहना है कि 18वीं शताब्दी में यूरोप में यानी ब्रिटेन में जो औद्योगिक क्रान्ति आई, उसने दुनियाभर में तहलका मचा दिया। भाप की शक्ति और भाप से चलने वाले कारखाने गैर यूरोपीय देशों में भी आ गए। भारत में भी आए। औद्योगिक क्रांति ने पूँजी निवेश को बढ़ाया। प्रौद्योगिकी को विकसित किया। इसके श्रम, संचार तथा आवागमन के साधन राष्ट्र और देश की सीमा को लाँघ कर सभी ओर फेल गए। परिणाम यह हुआ कि गैर–पश्चिमी देशों में बहु राष्ट्रीय कम्पनियाँ अपनी साख को जमाकर बैठ गई।

स्कूपिन और डि–कोर्स का कहना है कि बढ़ते हुए औद्योगिक पूँजीवाद ने हमारे उपनिवेशवादी देश में आधुनिकता को जन्म दिया। वस्तुतः औद्योगिक समाज आधुनिक समाज बन गए और जब यह प्रक्रिया आगे बढ़ी तब इसने सार्वभौमिक समाज को जन्म दिया। इस भाँति आज का सार्वभौमीकरण, औद्योगीकरण और आधुनिकीकरण का परिणाम है।

सार्वभौमीकरण—सैद्धान्तिक उपागम (Globalisation: Theoretical Approaches)

सार्वभौमीकरण की प्रक्रिया बड़ी व्यापक है। इसके कई सिद्धान्त हैं। इसे समझने के कई उपागम हैं। हाल में मानवशास्त्र में इसके विमर्श पर जो सामग्री आई है, सामान्यतया, इसे तीन सैद्धान्तिक उपागमों में देखती हैं। ये सिद्धान्त हैं—

1. आधुनिकीकरण सिद्धान्त (Modernisation Theory)
2. निर्भरता सिद्धान्त (Dependency Theory)
3. विश्व–व्यवस्था सिद्धान्त (World-Systems Theory)

आधुनिकीकरण सिद्धान्त (Modernisation Theory)

इस अध्याय में हमारा उद्‌देश्य यह देखना है कि किस प्रकार सार्वभौमीकरण भारत के आदिवासियों को प्रभावित करता है। इसे देखने से पहले हमें इस व्यापक प्रक्रिया को उसके मूल रूप में समझना पड़ेगा। यह कार्य हम संक्षेप रूप में करेंगे।

आधुनिकीकरण की प्रक्रिया सार्वभौमीकरण का अभिन्न अंग है। जब पाश्चात्य देशों में औद्योगिक समाज का उदय और विकास हुआ, तो इसके साथ आर्थिक, सामाजिक, राजनीतिक और सांस्कृतिक कारक भी आए। अब यह समझा जाने लगा कि दुनियाभर के लोगों के उद्योग के विकास के साथ नए औद्योगिक समाज का आविर्भाव होगा। इस समाज में औद्योगिक पूँजीवाद का भी विस्तार होगा। जब पूँजीवादी समाज का निर्माण होता है, तब इसके साथ ही सामाजिक, सांस्कृतिक और राजनीतिक परिवर्तन भी आते हैं। आधुनिकीकरण के सिद्धान्त शायद सटीक ढंग से डब्ल्यू. डब्ल्यू. रोस्टव (W.W. Rostow) ने रखे हैं। वे कहते हैं कि यद्यपि आधुनिकीकरण सबसे पहले पश्चिमी देशों में आया पर इसका विस्तार दुनिया के किसी भी देश में देखा जा सकता है।

रोस्टव का कहना है कि आधुनिकीकरण के प्रार्दुभाव की कुछ शर्तें हैं जिनके पूरा होने पर ही यह प्रक्रिया चलती है। लोगों में सांस्कृतिक चेतना होनी चाहिए। नई वस्तुओं को अपनाने की मानसिक तैयारी होनी चाहिए। लोगों की अभिवृत्तियों और मूल्यों में क्रांति आनी चाहिए। यह सब होने से आधुनिकता आती है।

यहाँ हम सार्वभौमीकरण के आवश्यक संगठक आधुनिकीकरण के निम्न बिन्दुओं को दोहराएंगे—

1. सार्वभौमीकरण का तत्त्व आधुनिकीकरण है।
2. आधुनिकीकरण में औद्योगीकरण अनिवार्य अंग है।
3. औद्योगीकरण से आर्थिक, सामाजिक और सांस्कृतिक प्रक्रियाएँ आती हैं और इससे एक औद्योगिक समाज का निर्माण होता है।
4. औद्योगिक समाज में औद्योगिक पूँजीवाद विकसित होता है।

निर्भरता सिद्धान्त (Dependency Theory)

आधुनिकीकरण की आलोचना ने एक नए उपागम को जन्म दिया। यह नया सिद्धान्त निर्भरता सिद्धान्त है। इसके प्रणेता मार्क्सवादी मानवशास्त्री हैं। इनका कहना है कि अविकसित देश इसलिए आगे नहीं बढ़ पाए कि ये दकियानूस, परम्परावादी और रूढ़िवादी हैं। इनके विकास में अवरोध का कारण विकसित देशों द्वारा इनका शोषण किया जाना है। इस सिद्धान्त को निर्भरता सिद्धान्त इसलिए कहते हैं कि आधुनिकता लाना या इसका होना, विकसित देशों के कारण नहीं है, लेकिन सामाजिक, आर्थिक और राजनीतिक कारक हैं। अतः सार्वभौमिकता इन कारकों पर निर्भर है।

मार्क्सवादी लेखक आन्द्रे गुन्डर फ्रेंक (Andre Gunder Frank) का कहना है कि औद्योगिक पूँजीवादी देश विकासशील देशों का आर्थिक शोषण करते हैं। वे कच्चे माल को इन देशों से लेते हैं और बदले में उपभोग की वस्तुओं का निर्यात करते हैं। इसके परिणामस्वरूप इन देशों में साम्राज्यवाद पैदा हो जाता है। इस भाँति विकसित देश विकासशील देशों को अपने ऊपर निर्भर रहने को तैयार कर लेते हैं। इसका एक

परिणाम यह भी होता है कि ये पिछड़े हुए देश विकसित देशों के मातहत (निर्भर) हो जाते हैं।

संक्षेप में, आधुनिकीकरण की प्रक्रिया निर्भरता के सिद्धान्त को जन्म देती है। इसके अनुसार विकसित देश पिछड़े हुए देशों से कच्चे माल और श्रम का आयात करते हैं और बदले में उपभोग की वस्तुओं का निर्यात करते हैं। इससे आर्थिक शोषण होता है और पिछड़े हुए देशों की विकसित देशों पर आश्रयता बढ़ जाती है।

विश्व व्यवस्था सिद्धान्त (World-Systems Theory)

इस सिद्धान्त का संदर्श (Perspective) यह है कि विभिन्न देशों के समाजों में जो सामाजिक–आर्थिक अन्तर है, इसका कारण यह है कि ये कारक सार्वभौम (Global) सामाजिक–आर्थिक–राजनीतिक व्यवस्था से जुड़े होते हैं। यह एक प्रकार का अन्तर–पाशन (Inter-Locking) है जो सभी समाजों को अपनी गिरफ्त में ले लेता है और इस विश्वव्यापी प्रक्रिया द्वारा विकसित देश विकासशील देशों का आर्थिक शोषण करते रहते हैं।

सार्वभौमीकरण एक व्यापक प्रक्रिया है। यह दुनिया के सभी देशों को प्रभावित करती है। यह प्रक्रिया आर्थिक, राजनीतिक, सामाजिक और सांस्कृतिक है। इसके तीन अंगभूत (Components) तत्त्व हैं। ये तत्त्व सैद्धान्तिक उपागम कहे जाते हैं—

1. आधुनिकीकरण का सिद्धान्त
2. निर्भरता सिद्धान्त और
3. विश्व–व्यवस्था सिद्धान्त

सार्वभौमीकरण और आदिवासी (Globalisation and Tribals)

वस्तुतः सार्वभौमीकरण का उद्‌गम औद्योगिक और प्रौद्योगिक व्यवस्था से है। यह प्रक्रिया महानगरों और शहरों से चलकर आज गाँवों की चौपालों, खेतों और खलिहानों तक पहुँच गई है। मानवशास्त्र में इसकी चर्चा सबसे पहले कनाडा के लेखक मार्शल मेक्लूहान (Marshall McLuhan) ने की थी। उन्होंने ग्लोबल विलेज (Global Village) का उल्लेख करते हुए कहा था कि इलेक्ट्रोनिक संचार (Electronic Communication) दूर–दराज से गाँव में पहुँच जाता है। गाँव के लोग टी.वी. के सामने बैठकर दुनियाभर की खबरें देखते हैं, मनोरंजन के कार्यक्रम का आनन्द लेते हैं। अपने आस–पास के देशों की जीवन पद्धति देखते हैं।

आदिवासी समुदाय—स्थानिक से सार्वभौम
(Tribal Community: From Local to Global)

आदिवासी इतिहास जंगलों और पहाड़ों में रहने का इतिहास है। यह इतिहास स्थानिक रहा है। इसमें बदलाव तब आया, जब आदिवासी जंगलों से निकलकर मैदानों में आए और उन्होंने कृषि को जीविकोपार्जन का साधन बनाया। अब उनका जातीय समाज से

सम्पर्क हुआ और जब जातीय समाज आधुनिकता और सार्वभौमिकता के प्रभाव में आया तब आदिवासी इससे अछूते नहीं रहे। वे भी स्थानिक से सार्वभौमिक होने लगे। समय की गति ने आदिवासियों को कृषक बना दिया और अब वे कुशल कृषक हो गए। गाँवों में स्थाई रूप से रहकर उन्होंने सार्वभौमिकता को अपने विकास का माध्यम बनाया और वे पूरी ताकत से इस रास्ते पर चल पड़े। उत्तर–पूर्व के आदिवासी ईसाई मिशनरियों के प्रयासों से पहले ही आधुनिकता की दौड़ में सम्मिलित हो गए थे। देश के मध्य भाग में रहने वाले आदिवासी भी सरकारी योजनाओं और शहरीकरण, औद्योगीकरण तथा शिक्षा के कारण सार्वभौमिकता की ओर बढ़ने लगे। स्थानिक की दौड़ से परे उनकी जो दौड़ थी, उसने उनके समुदाय को क्रान्तिकारी ढंग से बदल दिया।

सार्वभौमिकता का आदिवासियों पर पड़ने वाले प्रभाव
(Impact of Globalisation on Tribals)

सार्वभौमीकरण एक व्यापक अन्तरराष्ट्रीय प्रक्रिया है जिसके अन्तर्गत औद्योगीकरण, शहरीकरण, आधुनिकीकरण, शिक्षा और यन्त्रीकरण सम्मिलित हैं। इस प्रक्रिया ने आदिवासी समाज को झकझोर दिया है। इससे पड़ने वाले प्रभावों को हम निम्न बिन्दुओं में रखेंगे—

आदिवासी समुदाय से वर्ग समुदाय तक
(From Tribal Community to Class Community)

सामान्यतया जाति और आदिवासी खेती–बाड़ी करते आ रहे हैं। वे सामन्ती युग से गुजरे हैं। ये सामन्त, जागीरदार, जमींदार और बड़े किसान रहे हैं। इस व्यवस्था में आदिवासी किसान छोटे किसान (Small Peasants), सीमान्त किसान (Marginal Peasants), भूमिहीन किसान (Landless Peasants) और कृषि मजदूर (Agricultural Labourers) रहे हैं।

आधुनिकीकरण की प्रक्रिया ने अब आदिवासियों को वर्ग समुदाय बना दिया। आज जो आदिवासियों का वर्गीकरण किया जाता है, इसमें सबसे ऊपर बड़े किसान आते हैं और सबसे नीचे कृषि मजदूर। इस तरह, वर्गों पर आधारित आदिवासी व्यवस्था नहीं थी।

कृषि की पूँजीवादी उत्पादन विधि (Capitalistic Mode of Production)

सार्वभौमीकरण की बहुत बड़ी शक्ति पूँजीवाद है। औद्योगीकरण का आधार अधिकतम पूँजी निवेश है। कृषि में जितना अधिक पूँजी का निवेश और यन्त्रीकरण होगा उतना ही, अधिक उत्पादन होगा। कुल मिलाकर, किसी भी उद्योग की तरह कृषि में भी धन का निवेश प्रचण्ड हो गया है। इसने कृषि को पूँजीवादी बना दिया है। यहाँ आदिवासी पिछड़ जाते हैं। उनके पास कृषि में लगाने के लिए धन की कमी होती है। उनकी तुलना में गैर–आदिवासी कृषक उत्पादन में अधिक निवेश कर पाते हैं।

जॉन ब्रिमेन (Jan Breman) ने दक्षिण गुजरात के किसानों और आदिवासियों में आनुभविक अध्ययन किया है। वे अपनी प्राप्तियों को *पेट्रोनेज एण्ड एक्सप्लोइटेशन* (*Patronage and Exploitation*) तथा *ऑफ पिजेन्ट्स, माइग्रेन्ट्स एण्ड पापर्स* (*Of Peasants, Migrants and Paupers*) पुस्तकों में रखते हैं। दक्षिणी गुजरात में उन्होंने पाया कि किसानों (जिनमें आदिवासी किसान भी हैं) में सार्वभौमिकता यानी आधुनिकीकरण के कारण खेतिहरों के सम्बन्ध बदल गए हैं। बन्धुआ मजदूरी के उन्मूलन के कारण अब वहाँ हाली प्रथा आ गई है। नई अर्थव्यवस्था ने मुद्रीकरण (Monetisation) को बढ़ावा दिया है। पूँजीवादी कृषि विधि ने आदिवासी किसानों में गैर बराबरी बढ़ा दी है। अब बड़े किसान अतिरिक्त श्रम को बढ़ावा दे रहे हैं। छोटे किसान अपनी न्यूनतम कृषि भूमि को बेच रहे हैं। कुल मिलाकर पूँजीवादी कृषि विधि ने किसानों को प्रवासी (Migrants) बना दिया है, कंगाल (Paupers) कर दिया है।

पहले आदिवासी वस्तु विनिमय (Exchange) करते थे। अब इसका स्थान मुद्रा (Money) ने ले लिया है। आज बाजार का मुहावरा—"पैसा दो और वस्तु खरीदो।" है। इस मुहावरे के कारण आदिवासी संसार की मुद्रा स्थिति के साथ जुड़ गए हैं। उनका सम्बन्ध डालर के साथ हो गया है।

बाजार (Bazar)

वस्तु के मूल्य को बाजार तय करता है। सार्वभौमिकता के आने से पहले किसान का बाजार से बहुत कम काम पड़ता था। वह अपने पहाड़ से उतर कर, जंगल से निकल कर अपनी आवश्यक वस्तुओं जैसे कि नमक, तम्बाकू, चाय और गुड़ खरीदने के लिए आता था। अब उसकी प्राथमिक आवश्यकताएँ बढ़ गई हैं। उसका कृषि उत्पादन पूँजीवादी व्यवस्था में अधिक हो गया है और इस कारण उसके उत्पादन, विनिमय, उपभोग के केन्द्र बाजार हो गए हैं। अब बाजार के माध्यम से किसान व्यापक अर्थव्यवस्था का अंग बन गया है। कृषि उपज मण्डियाँ बढ़ती हुई अन्तरनिर्भरता के बहुत अच्छे दृष्टान्त हैं।

स्थानान्तरण या प्रवास (Migration)

मानवशास्त्रियों ने ऐसी अनुसंधान सामग्री जुटाई है, जो बताती है कि कई आदिवासी क्षेत्रों के लोग ऐसे हैं जिन्होंने अपने जीवनकाल में कभी रेलगाड़ी नहीं देखी। रेडियो और टेलीविजन की बात तो दूर की है। आज यह स्थिति नहीं है। अब आदिवासी गांव से बाहर जाने लगे हैं। दूसरे राज्यों में रोजगार के लिए जाते हैं। उत्तर–प्रदेश के लोग मुम्बई में रोजगार करते हैं। कई आदिवासी देश के औद्योगिक कस्बों, शहरों और महानगरों में—कारखानों में काम करते हैं। स्थिति यहाँ तक पहुँच गई है कि गौंड, भील और चौधरा, देश से बाहर, खाड़ी देशों में काम करते हैं। इस तरह का प्रवास न केवल आर्थिक जीवन को प्रभावित करता है, इसका असर प्रवासी के मूल स्थान पर भी पड़ता है। यहां का नागरिक जीवन (Civil Life) नई दिशा को पाता है। प्रवास एक ऐसा

साधन है जिसके माध्यम से गांव और विदेश दोनों जुड़ जाते हैं। प्रवासी आदिवासी के बातचीत करने का तरीका बदल जाता है। भाषा बदल जाती है, खान–पान नया हो जाता है, पहनना–ओढ़ना परिवर्तित हो जाता है।

इधर एक और बदलाव हमें मानवशास्त्री बताते हैं। प्रवासी तो दूसरे राज्य में काम करने जाता है, विदेश में भी जाता है और इधर उसके परिवार में पत्नी तथा ज्येष्ठ पुत्र–पुत्री अधिक शक्तिशाली हो जाते हैं। वे मुखिया के स्थान को ले लेते हैं। पत्नी परिवार से जुड़े हुए सभी निर्णय लेती है। खेत में क्या बोना है, लड़की की शादी कहाँ करनी है, खेत पर होने वाले अतिक्रमण को कैसे रोकना है, आदि ऐसे मसले हैं, जिन पर प्रवासी की पत्नी को फैसला करना है। सच में देखा जाए तो स्थानान्तरण का दूरगामी परिणाम मूल परिवार में सशक्तीकरण का एक नया आयाम तैयार करता है।

विविध व्यवसाय (Diversified Occupations)

आदिवासी व्यवसाय के क्षेत्र में कहाँ से कहाँ पहुँच गए। वे जंगल की लकड़ी काटते थे; पहाड़ से पत्थर निकालते थे; और अब मैदान में आकर गन्ने, तम्बाकू और कपास की खेती करने लगे हैं। वे कृषक बन गए हैं यानी किसानी करने लगे हैं। यह उनके व्यवसाय का कोई अन्तिम पड़ाव नहीं है। कृषक से आगे बढ़कर उन्होंने भाँति–भाँति के व्यवसाय करने प्रारम्भ कर दिए हैं। आधुनिकीकरण ने उनके व्यवसाय में विविधता ला दी है। अब आदिवासी नगरों में आकर सफेदपोश (White Collar) धन्धे करने लगे हैं। बाबू बन गए हैं, अफसर हो गए हैं, कलाकार और कई तरह के व्यवसाय करने लग गए हैं। कारखाने में मजदूरी करना, भवन निर्माण और सड़क बनाने के काम में दिहाड़ी करना, उनके व्यवसाय बन गए हैं। कुल मिलाकर सार्वभौमिकता और आधुनिकीकरण ने आदिवासियों को कई व्यवसायों में डाल दिया है।

भोजन, वेशभूषा और आवास (Diet, Dress and Home)

सार्वभौमिकता का स्पष्ट दिखाई देने वाला प्रभाव आदिवासियों के भोजन, पहनावा और निवास पर है। अब आदिवासी खेती के बाहर भी, गाँव से दूर भी काम करने लगे हैं। इसने उनके खान–पान में अन्तर ला दिया है। कारखाने और शहर के लोग जिस प्रकार के भोजन को करते हैं, इसे आदिवासियों ने भी अपना लिया है। इस बदलाव ने भोजन की स्थानीय आदतों में बड़ा अन्तर ला दिया है। होटलों के खान–पान का व्यवहार धीरे–धीरे आदिवासियों को रास आने लगा है। पहनावे में परम्परागत पोशाक लुप्त होने लगी है। स्त्रियों के लिए, साड़ी का स्थान कुर्ता–कमीज़ लेने लगे हैं।

वेरिअर एल्विन कमेटी ने कहा था कि आदिवासी गाँवों की बसावट छितरी (Scattered) होती है। देश के अधिकांश आदिवासी ऐसी बसावट में ही रहते हैं, लेकिन हाल के अनुसंधान बताते हैं कि शहरों और कस्बों में रहने वाले आदिवासी अब सघन (Compact) बस्तियों में रहने लगे हैं। मकान बनावट शहरी मकानों की तरह पक्की होती है।

कमजोर होती आदिवासी बोलियाँ (Weakening of Tribal Dialects)

स्थानान्तरण ने आदिवासियों की बोलियों को बड़ा कमजोर कर दिया है। वे अब गैर–आदिवासियों के साथ सम्पर्क में अपनी बोली में बात नहीं करते। या तो वे सम्भाग की बोली में बोलते हैं या हिन्दी–अंग्रेजी में बोलते हैं। बोली के इस बदलाव का कारण स्पष्ट रूप से आधुनिकीकरण के कारण है। बोली का यह परिवर्तन आदिवासी संस्कृति को भी कमजोर कर देता है।

आधुनिक तकनीकी के प्रति रुझान (Orientation to Modern Technology)

आधुनिकीकरण ने आदिवासियों को घनिष्ठ रूप से तकनीकी के रु–ब–रु कर दिया है। अब आदिवासी क्षेत्रों में मीडिया पहुँच गया है। टेलीविजन, रेडियो, सिनेमा और कम्प्यूटर तक इन क्षेत्रों में पहुँच गए हैं। मीडिया का यह नेटवर्क उन्हें पलक झपकते दुनिया के साथ जोड़ देता है।

पूँजीवादी कृषि ने उन्हें ट्रैक्टर, थ्रेशर, सिंचाई पम्प से अवगत करा दिया है। उन्हें यह विश्वास होने लगा है कि आधुनिकीकरण की यह तकनीकी उन्हें विकास की ओर ले जाएगी। बिजली, आवागमन के साधन अब इन समुदायों के लिए, आश्चर्य की वस्तुएँ नहीं हैं। यदि इनकी जेब में पैसा है तो ये एलोपेथिक दवाइयों को अपनी पहली पसन्द देंगे। इसके बाद जादू–टोना। आधुनिकीकरण के प्रभाव को आदिवासी जीवन में अच्छी तरह से देखा जा सकता है। पंसारी और कैमिस्ट की दुकानों पर इनको कॉस्मेटिक्स और डिब्बे में बन्द खाने–पीने की वस्तुओं को खरीदते हुए देखना सामान्य बात है।

परम्परागत पंचायतें टूट रही हैं (Traditional Panchayats are Breaking)

आदिवासी क्षेत्रों में परम्परागत पंचायतों का बड़ा दबदबा था। इन पंचायतों की सदस्यता वंशानुगत थी। आज भी ये पंचायतें जीवित हैं, पर इनका प्रभाव बहुत सीमित है। यह निश्चित रूप से कहा जा सकता है कि अब आदिवासी प्रजातांत्रिक हो गए हैं। वे राजनीति में सक्रिय रूप से भाग लेते हैं। पंचायत से लेकर संसद तक में उनकी भागीदारी है।

इस सिलसिले में यह अवश्य कहना चाहिए कि आम आदिवासी जो गरीबी की रेखा से नीचे है, दिहाड़ी करने वाला है, सीमान्त और भूमिहीन कृषक है, उसे इस व्यवस्था से कुछ विशेष हाथ नहीं लगता। आदिवासी बड़े किसान विकास के नाम पर अपनी झोली भर लेते हैं। सार्वभौमिकता के लाभ उनको मिलते हैं जिनके पास धंधे में निवेश करने के लिए पूँजी है। देखा जाए तो केन्द्रीय और राज्य सरकारों का विशेष ध्यान बड़े आदिवासियों पर है। तकनीकी और प्रौद्योगिकी है, पर गरीबी की रेखा से नीचे रहने वालों के लिए नहीं। आदिवासी प्रजातांत्रिक तो हैं पर उन्हें सामाजिक न्याय (Social Justice) नहीं मिलता।

सार्वभौमिकता ने मनोरंजन के नए साधन दिए हैं
(New Modes of Entertainment)

आधुनिकीकरण के आने से पहले आदिवासियों का मनोरंजन उनकी कला, लोक साहित्य, नाच–गाने, मेले–ठेले में गुजर जाता था। आज ये परम्परागत साधन नए मनोरंजन के सामने—टेलीविजन, रेडियो घुटने टेक कर बैठ गए हैं। सार्वभौमिकता का यह प्रभाव स्थानीय संस्कृति के कमजोर होने के लिए उत्तरदायी है। अब इन परम्परागत साधनों का प्रयोग केवल राष्ट्रीय उत्सवों में ही देखा जा सकता है। गणतंत्र दिवस और स्वाधीनता दिवस के अवसर पर सरकार इनका आयोजन करती है। यह बताने के लिए कि हमारे आदिवासियों की सांस्कृतिक धरोहर बड़ी धनाढ्य है। वास्तविकता यह है कि यह धरोहर सरकार और सार्वभौमिकता के कारण समाप्ति के कगार पर है।

उपसंहार (Conclusion)

इस अध्याय में हमने सार्वभौमीकरण के प्रभाव को आदिवासियों पर देखने का प्रयास किया है। आदिवासी परिवर्तन के भयंकर दौर में हैं। इस दौर में गैर–आदिवासी भी हैं पर शायद इस बदलाव का बहुत बड़ा बोझा आदिवासियों के कंधों पर पड़ा है। वे दूसरों की तुलना में इस भार को उठाने के काबिल नहीं थे। वे सदियों तक राष्ट्रीय मुख्यधारा से अलगाव के शिकार थे। शिक्षा उनमें नहीं थी। उनका दुनिया को देखने का दर्शन (Vision) बहुत भोथरा था। ऐसी अवस्था में जिस गति से सार्वभौमिकता की लहर उन पर आई, उसने उन्हें झकझोर दिया है। इस अध्याय में यही सब कुछ प्रस्तुत करने का हमारा प्रयास रहा है।

और अब इन सब बातों को दोहराने का दोष करते हुए हम निम्न बिन्दुओं में अपनी बात रखेंगे—

1. सार्वभौमिकता ने आदिवासियों को राष्ट्रीय मुख्यधारा की ओर मोड़ दिया है (Globalisation has moved the tribals towards national mainstream)—अब आदिवासी प्रजातांत्रिक, धर्मनिरपेक्ष, बहुल सांस्कृतिक (Plural Culture) और पूँजीवाद के विकास के हामी हो गए हैं। यह कहना केवल मिथक है कि वे हिन्दू हैं। अगर वे हिन्दू बन जाते हैं तो एक आदिवासी की तरह उनकी जो पहचान है, समाप्त हो जाएगी।
2. आदिवासी विश्वव्यापी अर्थव्यवस्था के भागीदार हैं।
3. ये समुदाय जहाँ एक ओर अपनी सांस्कृतिक और स्थानीय संस्कृति को बनाए हुए हैं, वहीं विशाल और व्यापक संभागीय तथा राष्ट्रीय मुख्यधारा के अंग हैं। वे चाहें जैसे अपने नाच–गानों को रखें, बाँसुरी की तान खींचें या मेले में नाचें–कूदें, मुख्यधारा को इसमें कुछ नहीं कहना है। वह तो केवल इनका एकीकरण चाहती है।

4. आदिवासी सार्वभौमिकता के सन्दर्भ में एक वर्ग समाज है। इसकी खेती–बाड़ी पूँजीवादी है। इसके धन्धों की विविधता तकनीकी और विशिष्ट कुशलता की है।
5. अब आदिवासी केवल स्थानीय (Local) नहीं रहा। वह प्रवासी (Migrant) है। यह प्रवास देश और विदेश दोनों में हो सकता है।
6. सार्वभौमीकरण ने सभी आदिवासियों को एक समान बदला हो, ऐसा नहीं है। सच्चाई तो यह है कि सार्वभौमिकता की इस व्यापक प्रक्रिया ने आदिवासियों की सम्पूर्ण स्तरीकरण (Stratification) व्यवस्था को बदल दिया है। इस व्यवस्था के कारण गरीब अधिक गरीब हो गया है।
7. आदिवासियों ने सार्वभौमिकता से बहुत कुछ सीखा है। गाहे–बगाहे उन्होंने रैलियों में भाग लिया है। धुआंधार नारों को बुलन्द किया है। पर आज देशभर में कोई भी आन्दोलन आदिवासियों द्वारा नहीं चलाया जा रहा है। कहीं भी वे यह कहते नहीं सुने जाते हैं कि उनकी संस्कृति संकट में है। कहा जा रहा है कि वे हिन्दू हैं। सब कोई उन्हें अपनी ओर खींच रहा है। आज उनकी केवल एक पहचान है कि वे अनुसूचित जनजाति के सदस्य हैं। यह अनुसूचीकरण यदि लम्बी अवधि तक चलेगा तो इन समूहों की पहचान ही खो जाएगी। ब्राह्मण, ब्राह्मण रहेगा, क्षेत्रीय, क्षत्रीय पर आदिवासी हिन्दू हो जाएगी, ईसाई बन जाएगा। और कुछ हो जाएगा। आदिवासियों की अगली पीढ़ियों को पहचान की इस समस्या से जूझना पड़ेगा।

सन्दर्भ ग्रंथ सूची

(Bibliography)

Agarwal, Bina, *Gender and Command over Property*, Kali for Women, New Delhi 1994.

Bailey, F.G., *Caste and the Economic Frontier*, Manchester University Press, Manchester, 1957.

——, *Tribe, Caste and Nation*, Manchester University Press, Manchester, 1960.

Beals, Ralph and Harry Hoijer, *An Introduction to Anthropology*, The Macmillan Company, New York, 1964.

Beattie, John, *Other Cultures*, Cohen and West, London, 1964.

Benedict, Ruth, *Patterns of Culture*, Houghton Mifflin, Boston, 1934.

——, *Race and Racism*, Routledge & Kegan Paul, London, 1951.

Berghe, Pierre and L. Van Den, *Race and Racism*, John Wiley and Sons, Inc., New York, 1967.

Boas, Franz, *Race, Language and Culture*, Macmillan, New York, 1959.

Bohannan, Paul, *Social Anthropology*, Holt, Rinchart and Winston Inc., New York, 1963.

Bose, Pradip Kumar, *Research Methodology*, ICSSR, New Delhi, 1995.

Breman, Jan, *Of Peasants, Migrants and Paupers*, Oxford University Press, Delhi, 1985.

Bryson, Gladys, *Man and Society*, Princeton University Press, New Jersey, 1945.

Collins, Randall, *Theoretical Sociology*, Rawat Publications, Jaipur, 1997.

Conroy, Glen C., *Primitive Evolution*, Norton, New York, 1990.

Desai, I.P., "The Slogan of a Separate State by Tribals of South Gujarat", ICSSR Research Abstracts, 4, 1971.

——, *Some Aspects of Family in Mahuva*, Asia Publishing House, New York, 1964.

Dhebar, U.N., *Report of the Scheduled Area and Scheduled Tribes Commission*, Manager of Publications, Delhi, 1961.

Doshi, S.L., *Tribal Ethnicity, Class and Integration*, Rawat, Jaipur, 1990.

Doshi, S.L. and P.C. Jain, *Social Anthropology*, Rawat Publications, Jaipur, 2001.

Dube, S.C., *Manav Aur Sanskriti* (2nd ed.), Rajkamal Prakashan, Delhi, 1969.

Elwin, Verrier, *A Philosophy for NEFA*, (2nd ed.), Shillong, 1969.

——, *Loss of the Nerve: A Comparative Study of the Result of the Contact of Peoples in the Aboriginal Areas of Bastar State and Central Provinces in India*, Wagle Press, Bombay, 1943.

Erikson, Thomas Hylland, *Small Places, Large Issues*, Pluto Press, London, 1995.

Evans-Pritchard, E.E., *Nuer Religion*, Clarendon Press, Oxford, 1956.

——, *Social Anthropology*, London, 1951.

——, *The Nuer*, Clarendon Press, Oxford, 1940.

Firth, Raymond, *Social Change in Tikopia*, Allen and Unwin, London, 1959.

Fortes, M. and E.E. Evans-Pritchard (eds.), *African Political Systems*, London, 1940.

Fortes, Meyer, *The Dynamics of Clanship among the Tallensi*, Oxford University Press, International African Institute, 1945.

Fuchs, Stephen, *Rebellious Prophets*, Asia Publishing House, Bombay, 1965.

Ghurye, G.S., *Aboriginals, So-called and their Future*, Popular Prakashan, Bombay, 1943.

——, *The Scheduled Tribes* (3rd ed.), Popular Prakashan, Bombay, 1963.

Gilmore, David, *Manhood in the Making*, C.T. Yale University Press, New Haven, 1989.

Goldenweiser, Alexander, *Anthropology*, New York, 1937.

Goode, W.M.J., *Religion Among the Primitives*, Free Press, Glencoe, 1951.

Graburn, Nelson., (ed)., *Readings in Kinship and Social Structure*, Harper and Row, New York 1971.

Herskovits, M.J., *Cultural Anthropology*, Oxford and IBH, Delhi, 1955.

——, *Man and his Works*, New York, 1956.

Herzfeld, Michael, *Anthropology*, Rawat Publications, Jaipur, 2004.

Hoebel, E.A., *Man in the Primitive World*, New York, 1988.

Homans, G.C. and D.M. Schneder, *Marriage, Authority and Final Causes*, Glencoe, 1955.

Jain, Shobhita, *Bharat Main Parivar, Vivah aur Natedari* (Hindi) Rawat Publications, Jaipur, 1996.

Jolly, Alison, *The Evolution of Primitive Behaviour*, 1985.

Joshi, P.C., "Emergence of the Poor as a Class", *EPW*, XIV, 355-56, 1979.

Kapadia, K.M., *Marriage and Family in India*, Macmillan, Calcutta, Oxford University Press, (Reprinted), 1968.

Karve, Irawati, *Kinship Organisation in India*, Monograph, Deccan College, Poona, 1953.

Kluckhon, Clyde, *Culture and Behaviour*, The Free Press, Glencoe, 1962.

Kroeber, A.L., *Anthropology*, Berkeley, London, 1948.

Leach, E.R., *Political Systems of Highland Burma*, Cambridge, Mass: Harvard University Press, 1954.

——, *Levi-Strauss*, Glasgow, Fontana 1970.

Linton, Ralf, *The Study of Man*, Appleton, New York, 1936.

Liptan, M., *Why Poor People Stay Poor: A Study of Urban Bias in World Developments*, Temple Smith, London, 1977.

Lowie, R.H., *Primitive Society*, Routledge and Kegan Paul Ltd., London, 1960.

Madan, T.N., *Family and Kinship: A Study of the Pandits of Rural Kashmir*, Asia Publishing House, New York, 1965.

——, *Research Methods in India*, Delhi, Trend Reports, Delhi, 1976.

Mair, Lucy, *An Introduction to Social Anthropology*, Oxford University Press, New York, 1965.

——, *Primitive Government*, Penguin, Harmondsworth, 1962.

Majumdar, D.N. and T.N. Madan, *An Introduction to Social Anthropology*, Asia Publishing House, Bombay, 1957.

Majumdar, D.N., *A Tribe in Transition, A Study in Culture Pattern*, Royal Asiatic Society of Bengal, Calcutta, 1937.

——, *Races and Cultures of India*, Lucknow University, Lucknow, 1961.

Malinowaski, B., *Magic, Science, Religion and other Essays*, Glencoe (III), 1940.

——, *The Sexual Life of Savages*, Kegan Paul, London, 1929.

Manager of Publications, *Report of the Commissioner for Scheduled Castes and Scheduled Tribes*, 1-19, Delhi.

Mathur, L.P., *Resistance Movements of Tribals of India*, Himanshu, Udaipur, 1988.

Mayer, Adrian C., *Caste and Kinship in Central India*, University of Califorina Press, Berkeley and Los Angeles, 1960.

Mead, Margaret, *The Changing Culture of an Indian Tribe*, Columbia University Press, New York, 1932.

Murdock, G.P., *Social Structure*, The Macmillan Company, New York, 1949.

Nadel, S.F., *Nupe Religion*, Routledge, London, 1954.

——, *The Theory of Social Structure*, Cohen and West Ltd., London, 1957.

——, *The Foundation of Social Anthropology*, Cohen and West, London, 1958.

Nongbri, Tilput, "Gender and the Khasi Family Structure", *Family, Kinship and Marrige in India*, Particia Oberoi (ed.), OUP, Delhi, 1993

——, "Gender Issues and Tribal Development", Rajiv Gandhi Foundation, New Delhi, 1998.

Omvedt, G., "Capitalist Agricultural and Rural Classes in India", *EPW*, XVI, A 140-59.

Punjabi, Kavita, "First Syllabus of a New Language" in *Women Heritage and Violence*, Shafali Moitra (ed.), Papyrus, Calcutta, 1996.

Radcliffe-Brown, A.R. (edited by M.N. Srinivas), *Methods in Social Anthropology*, Popular Prakashan, Bombay, 1970.

Radcliffe-Brown, A.R., *Structure and Function in Primitive Society*, Cohen and West Ltd., London, 1952.

Ritzer, George, *Post-Modern Social Structure*, The McGraw Hill Co. Inc., New York, 1997.

Schapera, I., *Government and Politics in Tribal Societies*, Watts, London, 1956.

Scupin, Raymond and R. Christopher De-Corse, *Anthropology: A Global Perspective* (5th ed.), Prentice Hall of India, New Delhi, 2005.

Sharma, K.L., *Caste, Class and Social Movements*, Rawat Publications, Jaipur, 1986.

Singh, K.S., (ed.), *Tribal Situation in India*, Indian Institute of Advanced Studies, Simla, 1972.

——, *Tribal Movements in India*, Manohar, New Delhi, 1982.

——, *Tribal Society in India*, Manohar, New Delhi, 1985.

——, *People of India*, National Series, Vol. III, Oxford University Press, New Delhi, 1997.

Stephen, Fuchs, *The Rebellious Prophets*, Asia Publishing House, Bombay, 1955.

Verma, R.C., *Indian Tribes through the Ages*, Publications Division, New Delhi, 2002.

Westernmarck, E., *The History of Human Marriage*, 3 Vols., London, 1925.